Joska Pintschovius
Die Diktatur der Kleinbürger

Joska Pintschovius

DIE DIKTATUR
DER KLEINBÜRGER

Der lange Weg in die
deutsche Mitte

Osburg Verlag

Erste Auflage 2008
© Osburg Verlag Berlin 2008
www.osburgverlag.de
Alle Rechte vorbehalten,
insbesondere das der Übersetzung, des öffentlichen Vortrags
sowie der Übertragung durch Rundfunk und Fernsehen,
auch einzelner Teile.
Kein Teil des Werkes darf in irgendeiner Form
(durch Fotografie, Mikrofilm oder andere Verfahren)
ohne schriftliche Genehmigung des Verlages reproduziert
oder unter Verwendung elektronischer Systeme
verarbeitet, vervielfältigt oder verbreitet werden.
Herstellung: Prill Partners producing, Berlin
Umschlaggestaltung: Sans Serif, Berlin
Satz: Dörlemann Satz, Lemförde
Druck und Bindung: GGP Media GmbH, Pößneck
Printed in Germany
ISBN 978-3-904731-04-3

Inhalt

6

7

Praefatio

Ist sie nicht eine Idylle? Unsere kleine Stadt, wo noch Bürgersinn
herrscht. Sauber sind die Straßen, gepflegt die Grünflächen und in
ordentlichem Zustand die Häuser. Handel und Wandel sorgen für
stete Modernisierung, für eine fortschrittliche Stadtentwicklung, für
Gewerbeansiedlungen am Stadtrand, im Weichbild, wie man einst
jene Flächen draußen vor den Toren nannte, als dort noch die Kühe
der ackerbautreibenden Kleinstädter auf der Bürgerweide standen.
Eine kleine Zeitung, liebevoll das »Blatt« genannt, erscheint täglich,
berichtet über Unglücksfälle, Kreistagssitzungen, aus dem Geschäftsleben, Bauprojekte und über das rege Vereinsleben der Stadt und des
Landkreises. Bürgersinn wird vor allem in den Vereinen zelebriert,
voran im Schützenverein, der nicht nur beim alljährlichen Vogelschießen mit Aufmärschen und Jahrmarkttrubel präsent ist, sondern
auch sonst mit Umzügen Freud und Leid anzeigt. Freude, wenn der
winterliche Königsball die Friseure des Ortes frohlocken läßt, weil
Jung und Alt sich mit mehr oder minder modischer Haartracht geschmückt sehen will. Desgleichen partizipieren die Ausstatter für Da-
menmoden, die mit festlichen Roben dem gesellschaftlichen Ereignis
Glanz zu verleihen trachten. Leid verkündet der Ausmarsch der Vo-
gelschützen, wenn sich die Marschkolonne in Richtung Friedhof bewegt. Eh das Musikcorps die trauernden Kameraden zum Umtrunk
in die »Eiche« führt, wird »Ich hatt' einen Kameraden« intoniert, die
Fahne gesenkt, und der Präsident verspricht ein »ewiges Andenken«.
   »Traditionspflege, dies alles«, freut sich Studienrat i.R. Dr. Wir-
sching, Vorsitzender des Museums-und Geschichtsvereins, der den
Schützen im Stadtmuseum eine ganze Abteilung widmete. Dort sind
auch Zeugnisse aus der 100jährigen Geschichte des Sportvereins bewahrt: vergilbte Fotos, zerschlissene Fahnen und Schärpen, Pokale
und Medaillen. Lächerlich, die alten Exposite, denn mit der alten
»Frisch, Fromm, Fröhlich, Frei«-Romantik hat das moderne Sportgeschehen nichts mehr gemein. Den Breitensport, vor allem Fußball,
gilt es zu fördern. Bis zur Jahrhundertwende war der Tennisclub der

städtischen »Hautevolée« vorbehalten, doch als allenthalben Golfer zum sportlichen Adel erhoben wurden, erwarben einige Bürger mit Hilfe der Kreissparkasse Bauer Krögers Äcker vor der Stadt, gründeten einen Golfclub und ließen schließlich aus Acker- und Weideland einen angemessenen Golfplatz planieren. Für das gesellige Leben errichtete man ein Clubhaus. Timothy, ein echter Brite, wurde engagiert, um den kleinstädtischen Mittelstand in die Geheimnisse des edlen Sports einzuführen.

Über ein Jahrhundert Sangesfreude tradiert der Männerchor »Harmonie«, nicht mit dem gemischten Chor zu verwechseln, der, erst nach dem Krieg von der Musiklehrerin Sylvia Meyer-Ohlendorf initiiert, von Anbeginn in feindlicher Konkurrenz zu den trinkfreudigen Sangesbrüdern der »Harmonie« stand. Jüngeren Datums sind auch der Kulturverein, das Kunstforum und der Theaterkreis, Pflegestätten des »Wahren, Guten und Schönen« als mehr vom Wohlwollen der Ehegatten begleitete hausfrauliche Selbstverwirklichung sowie elitäre kleinbürgerliche Bildungslegitimation. Bei aller Normenanpassung hält man auf ständische Abgrenzung, legt darauf Wert, gesellschaftliche Anerkennung in seiner Schichtung zu finden. Höchste Weihe ist die Berufung in den Rotary Club, ein kostspieliger Männerbund, der unserer kleinen Stadt internationales Flair verleiht und nur den gesellschaftlich anerkannten Lokalheroen vorbehalten ist. Neben Wohltätigkeit dient der Club auch der Beziehungspflege, Handreichungen unter Freunden. Weniger elitär ist der Lions Club, wie Rotary eine amerikanische Gründung mit karitativem Engagement und kleinbürgerlicher Geselligkeitspflege, an der zuweilen auch die Ehegattinnen mit ihren hausfraulichen Qualitäten partizipieren dürfen. Führende Herren der Sparkasse, der Besitzer einer Limonadenfabrikation, Geschäftsleute und Herren der Verwaltungsspitze demonstrieren ihre wichtige Position mit dem kleinen L-Abzeichen am Revers des Businessanzugs.

Mehr als zwanzig Vereine sind im Vereinsregister des Amtsgerichts eingetragen, zum Leidwesen der örtlichen Geschäftsleute, die in steter Regelmäßigkeit von den Schatzmeistern mit Spendenwünschen behelligt werden. Noch vor wenigen Jahren glaubte man zu wissen, daß fast jeder Deutsche sich einem Verein angeschlossen habe, doch heute heißt es, daß allenthalben eine Überalterung drohe und über schwindende Mitgliedszahlen Klage geführt werde. Auch wenn in einträchtiger Harmonie die Vereine alljährlich im Spätsommer ein Stadtfest organisieren, zu dem das Volk zusammenströmt und sich,

umflort vom Fettbrand der Bratwurststände, Pilzpfannen und Döner-
buden, mehr geschoben als flanierend, futternd durch die Festmeile
bewegt. Die selbstdarstellende Präsenz der Vereine bleibt weitgehend
unbeachtet, das Volk drängt zum Bierstand und zur Nahrungsauf-
nahme.

Dennoch, die Vereine prägen noch immer die kleinstädtische Gemeinschaft im engen Kontakt zur Politik, den Damen und Herren der
Ratsversammlung, Lokalpolitikern, die in Eintracht für das Gemeinwohl wirken, sich kaum von Parteienhader geleitet wissen und füg-
sam den Entscheidungen der Verwaltung beipflichten. Wo auf der
Welt gibt es noch derartige gesellschaftliche Harmonie, Normalität,
weil kleinbürgerlicher Ordnungssinn die Geschicke der Stadt leitet?
Freilich, unsere kleine Stadt lebt keinesfalls hinter dem Mond, stets
hatte auch der Geist der Zeit Einzug gehalten. Das Stadtbild bezeugt
Weltoffenheit. Vor allem in den Nachkriegsjahren vollzog sich ein
tiefgreifender Wandel. Lichter und moderner wurde die Stadt. Mittelalter, Renaissance und Barock verfielen der Abrißbirne, entkernt
und saniert sind die alten Handwerkerquartiere, getilgt der alte
Baumbestand, der einst die Hauptstraße säumte. Man will mit der
Zeit gehen und den Puls der Zeit spüren. In der Stadthalle gastieren
berühmte Leute: Künstler, die man vom Fernsehen kennt, und Politiker, wenn sie um Wählerstimmen ringen. Haben hochgestellte
Persönlichkeiten ihren Besuch angekündigt, Minister oder gar Präsidenten, werden keine Ehrenpforten mehr aufgestellt, auch auf begrü-
ßende Jungfrauen wird verzichtet, die Sitten haben sich geändert. Der
Ort wird herausgeputzt – die Leute vom Bauhof erhalten Auftrag, für
Sauberkeit zu sorgen, und das Clopersonal der öffentlichen Bedürf-
nisanstalten wird angehalten, auf besondere Reinlichkeit zu achten.
Doch wie zu allen Zeiten eilen die kleinstädtischen Honoratioren zur
Huldigung des hohen Gastes herbei, genießen das Gefühl, dazuzu-
gehören und ein wenig an der Macht teilzuhaben. Es erinnert dies al-
les an »Krähwinkel«, die Heimat des Bürgermeisters Staar und des
»Herrn Bau-, Berg-und-Weg-Inspektors-Substitut«, an »Frau Ober-
Floß-und-Fischmeisterin« Brendel sowie den »Runkelrüben-Kom-
missions-Assessor« in spe Sperling, die kleinbürgerlichen Karikatu-
ren, die August von Kotzebue 1803 in seinem bösartigen Lustspiel
»Die deutschen Kleinstädter« auftreten ließ.

In jenen Jahren mokierten sich die Großstädter, insbesondere
die freien Reichsstädter, über ihre kleinstädtischen Nachbarn und
schmähten sie als *Kleinbürger*, doch bald war unabhängig von der

Größe der Städte ein neuer Stand ausgemacht – ein Stand, der als eng, kleinkariert und einfältig galt, und von den Wiener Studenten als Ballister bezeichnet wurde, hergeleitet von den mit altertümlichen Waffen ausgestatteten Stadtverteidigern der Unterschicht, deren lächerliche Umzüge die Beschränktheit des Standes symbolisierten. In anderen Städten bezeichnete man die nur mit einem Spieß bewaffneten kleinen Leute als *Spießbürger*, unterstrichen sie doch mit ihrem urväterlichen Kriegsgerät ihre beharrliche Rückständigkeit. Es war die kleinbürgerliche Jugend, die Studenten, die, aufgenommen in den Akademikerstand, sich ihrer Herkunft entledigt sah und, dem Zeitgeist verpflichtet, ihre Vergangenheit zu tilgen trachtete. Die landsitzenden Adeligen, die adeligen Offiziere, die großbürgerlichen Kaufleute und der ackerbautreibende Bauernstand bedurften nicht eines Universitätsstudiums, um zu höherer Reputation zu gelangen, sie alle nahmen ihren Platz auf der Ständetreppe ein und waren damit Teil der göttlichen Ordnung.

Gewiß, auch die Handwerker fanden sich in dieser hierarchischen Gliederung der feudalen Gesellschaft, hochgeachtet waren die kunstfertigen Meister dieses Standes, doch zugleich galten sie auch, eingebunden in die gestrengen Normenkontrollen der Zünfte mit ihren anachronistischen Sitten und Gebräuchen und den von Neid und Mißgunst diktierten Wettbewerbsbehinderungen, als muffige Kleinkrämer. Ihr Normendiktat mißbilligte eine herausragende Leistung ebenso wie schlampige Arbeit und Müßiggang. In der Zunftordnung festgeschriebenes Mittelmaß garantierte allen ein bescheidenes aber sicheres Einkommen. Als *Bönhasen* wurden jene verjagt, die sich den Regeln der Zünfte nicht beugten, die schlechte Leistungen erbrachten oder gar mit Erfindungen und sinnvollen Verbesserungen den Neid der Zunftgenossen herausforderten.

Der strebsamen kleinbürgerlichen Jugend war kaum eine Zukunft außerhalb der tradierten Enge in Aussicht gestellt, einzige Hoffnung, dem Elend zu entfliehen, war, die landesherrschaftlichen Bildungsangebote in Anspruch zu nehmen und womöglich einen adeligen Gönner zu finden. *Wissen ist Macht* war die verheißende Botschaft, zu höherer Reputation zu gelangen als Theologe oder gar Rechtsgelehrter in fürstlichen oder städtischen Diensten. Doch unfähig, sich der Unarten des Standes zu entledigen, entstanden neue neidverhindernde Rituale, Sitten und Normendiktate, die Anpassung und Unterwerfung verlangten. Es mangelte nicht an Versuchen der nachstrebenden Jugend, die festgefügten Strukturen aufzubrechen, sich gegen die Macht und den Muff der Etablierten aufzulehnen: Der Sturm und Drang, die Demagogen, die Jugendbewegten und schließlich jener Aufbruch der 68er des 20. Jahrhunderts, der sogar zu einer Parteigründung führte, waren Protestbewegungen – freilich mit altersbedingten Verfallserscheinungen, die Reife des Alters verkehrte Wollen und Willen zuweilen ins Lächerliche. Spätestens mit der Familiengründung hieß es, wieder »normal« zu werden, sich dem Diktat und der Kontrolle der Normen zu unterwerfen.

Die Normen, das sind die *Tugenden der Kleinbürger*: Ordnung, Sauberkeit sowie jenes Streben nach materieller Sicherheit, mit der ihr zuweilen qualvoller Ehrgeiz motiviert ist. Doch die Strebsamkeit führt sehr bald an Grenzen, denn das kleinbürgerliche Gemeinwesen wird von der Mißgunst geleitet, und wehe dem, der die Verhaltensnormen nicht einhält und gegen die Gebote der neidverhindernden Anpassung verstößt. Anpassung, das heißt vor allem, sich den Normen der Gemeinschaft, aber auch dem herrschenden Zeitgeist, den Moden und Gebräuchen zu unterwerfen.

Daraus ergibt sich ein verhängnisvolles und zuweilen absurdes Phänomen: Der deutsche Kleinbürger hat keine Geschichte, allenfalls eine vom Wandel des Zeitgeistes zerrissene Lebensgeschichte und eine, ebenfalls von der sogenannten »herrschenden Ansicht« diktierte Nationalgeschichte. Als notorischer Opportunist ist er Spreu im Wind der jeweiligen Mehrheitsmeinung, und folglich begleiten Irrungen und Wirrungen seinen Lebensweg, zu denen er sich mit dem Hinweis »man dachte damals eben so« oder »so war man früher, heute denkt man da anders« offenherzig bekennt.

Das Kleinbürgertum stand an der Spitze großer historischer Umbrüche, die städtischen Aufstände im Mittelalter, der Bildungsaufbruch im 16. und 17. Jahrhundert, die demokratischen Revolten des 19. und schließlich die völkischen Massenbewegungen des 20. Jahrhunderts bezeugen alles andere als Muckertum und Obrigkeitsdenken. Mit Einschränkungen: Mißglückte Volksherrschaft verpflichtet nicht zu Konsequenzen. Für die Übernahme historischer Verantwortung finden sich Sündenböcke, da ist man wieder der von der Obrigkeit verführte »kleine Mann«, der, »weil man damals so dachte«, sich stets als Opfer sieht und sich unbefrachtet von Werten und Traditionen mit der neuen Zeit arrangiert. Die stolzen Reichsstädter schmähten die Bewohner der Landstädte als Kleinbürger, doch mit dem Niedergang der Stadtkulturen im 17. Jahrhundert wuchs auch die großstädtische Mittelschicht, aus der sich ein kleinbürgerlicher

Bildungsstand rekrutierte, der dem alten Lockruf *Stadtluft macht frei*, die Botschaft *Wissen ist Macht* hinzufügte. Der fürstlich privilegierte neue Stand der Gelehrten, in enge und kleingeistige, an die Zunftordnungen der Handwerker erinnernde Standesschranken eingebunden, trachtete danach, die Gebote der kleinbürgerlichen Lebenswerte in verbindliche Rechtsnormen zu fassen. Die zaghaften Versuche, in der feudalen Gesellschaft Geltung und Ansehen zu erlangen, der nationalistische Freiheitskampf des 19. Jahrhunderts um Bürgerrechte und schließlich die ebenfalls vom Kleinbürgertum getragenen Massenbewegungen des 20. Jahrhunderts sind die Wegmarken des steten Machtzuwachses eines Standes, dessen geringes Selbstwertgefühl das Mittelmaß zur Norm erhob, der die feudale Ordnung zertrümmerte, ohne Zucht und Maß seine nationalistischen Träume auslebte, über die angedrohte Diktatur des Proletariats obsiegte und sich zur alleinherrschenden Klasse erhob.

Der Preis dieser Herrschaft ist hoch, denn die Gunst des Volkes ist teuer und nur durch Wohlstand und Pläsier zu erhalten. Noch nie war der Masse so viel Tribut gezollt: Die Medien, die Kaufrauschtempel, die politischen Parteien, die sich tunlichst als »Volksparteien« anbieten, die zu »Volkskirchen« mutierten Religionsgemeinschaften sowie die Kultur- und Bildungsinstitutionen ringen um das Wohlwollen der kleinbürgerlichen Mehrheit. Diese Mehrheit bestimmt was »in« ist und damit gesellschaftlich goutiert wird. Bereits der Verdacht elitärer Abgrenzung führt zu mißtrauischem Argwohn und zur ausgrenzenden Ächtung. Die bestimmende politische und gesellschaftliche Kraft ist das Kleinbürgertum, dessen Verhaltensmuster und Normen sich im Lauf der Jahrhunderte kaum wandelten. Auch wenn die Zugehörigkeit zu diesem Stand als Makel empfunden wird, und man danach trachtet, mit dem Aufstieg in die Besitzhierarchie dem elenden Stand zu entrinnen, sorgen Neid und Mißgunst dafür, daß man sich tunlichst den »kleinen Leuten« andient, seine Kleinbürgerlichkeit zumindest verbal tilgt und sich zeitgemäß der »Neuen Mitte« zurechnet. Nicht der landsitzende Adel und die Bauern schmähten die Kleinbürger als Spießbürger, auch nicht die stadtadeligen Patrizier, sondern dem Stand entwachsene Kleinbürger trachteten danach, sich ihrer Herkunft durch die Diskreditierung ihrer Wurzel zu entledigen. Es erscheint uns als Widerspruch, zum einen nicht dazugehören zu wollen, zum anderen dünkelhaft auf seiner mittelmäßigen Normalität zu beharren. Widersprüchlich ist es auch, daß der angestrebte Gesellschaftsvertrag die klassenlose Volksgemeinschaft der Normalen als Ideal preist, sich ihre Führer aber zur »politischen Klasse« erheben und sich die Privilegien einer Elite anmaßen, die der Volksmeinung entsprechen wollen und zugleich sich über den deutschen Stammtisch mokieren, die dem Mehrheitswillen Gestalt verleihen und Populismus als Schmach empfinden. Es ist ein widersprüchlicher Stand, die Kleinbürger, Krähwinkler, Spießbürger. In der Ständetreppe ist ihnen kein Platz zugewiesen, für die Gesellschaftswissenschaften existieren sie nicht, und dazugehören möchte man recht eigentlich auch nicht. Grund genug, auf Spurensuche zu gehen, den steten Aufstieg eines Standes von seinen Ursprüngen bis zur Herrschaft zu verfolgen.

Ursprung

Gottes Ordnung
Die Ständetreppe

Wir müssen tief graben, um an die Wurzel der Kleinbürger zu gelangen. Das getilgte Geschichtsbewußtsein hat auch die Vorstellung
einer althergebrachten göttlichen Hierarchie in Vergessenheit geraten
lassen, und so wollen wir uns erinnern: Im Mittelalter war es noch
nicht Brauch, die Menschen entsprechend einem allgemein gültigen
Normenverhalten zu scheiden, sondern man gestattete auch ungewöhnliche, individuelle Erlebniswelten. Realität und Traum waren
zuweilen miteinander verwoben, und außergewöhnliche Wahrneh-
mungen betrachtete man nicht als psychischen Defekt. Irrenhäuser
und Verwahranstalten für abweichendes Verhalten gab es nicht, sie
waren nicht erforderlich, da die Seele des Menschen, von Gott einge-
haucht, ein schützenswertes Gut war. So wunderte man sich also
nicht, als um das Jahr 1147 die Christenheit von den merkwürdigen
Ohnmachtsanfällen einer frommen Nonne erfuhr, den Gesichten der
Hildegard von Bingen, zu der Gott höchstselbst zu sprechen schien.
Um alle Zweifel auszuschließen, ordnete die kirchliche Obrigkeit
eine gebührend sorgfältige Untersuchung an. Lange insistierte die
Untersuchungskommission, doch bald waren alle Zweifel beseitigt;
dem Heiligen Vater konnte mitgeteilt werden, daß Gott die Nonne zu
seinem Sprachrohr erkoren hatte, zumal ihre Visionen auf drängende
Fragen Antwort gaben. Warum, so war gefragt, sind die Menschen
über die Maßen bösartig und friedlos und vor allem nachlässig in
der Ehrerbietung gegenüber dem Schöpfer? Die heilige Frau hatte
aufgeschrieben, was Gott sie hatte schauen lassen: *Wie soll denn der
Mensch begreifen, daß der höchste Gott mehr als alles gefürchtet, geehrt und geliebt werden muß, wo er doch dem sterblichen Geschöpfe
verborgen ist?* Darum sollte, solange Gott dem sterblichen Geschöpfe
unsichtbar sei, der Mensch wenigstens durch eine sichtbare Behörde
lernen, den Allerhöchsten zu fürchten und zu ehren. *Darum hat Gott*

zugelassen, daß ein Geschlecht die Oberhand habe und das andere unterworfen sei. So wie die Englein im Himmel geteilet, so soll es auch bei den Menschen sein. Es war die feudale Ordnung, die Gott der Heiligen bestätigt hatte, nach der drei Menschengruppen die Erdenscheibe bevölkerten: die machthabenden Fürsten, die Freien, die nicht durch die Knechtschaft der Dienstbaren gebunden waren, und schließlich das gewöhnliche Volk, die Hörigen, die in der Macht der höheren Stände Gottes Größe erkennen sollten und im übrigen ihren Herren zum Gehorsam verpflichtet waren.

Auf dieser Ständetreppe, die Gott Hildegard von Bingen vorgestellt hatte, bildete der Adel den Mittelstand, er war das Bindeglied zwischen den Fürsten und den einfachen Menschen. Adel, das bedeutete in jener Zeit die Zugehörigkeit zu einer Kriegerkaste, die im Auftrage der irdischen Stellvertreter Gottes die bauende und pflügende Bevölkerung zu schützen hatte. Es waren Vasallen ihrer Herren, deren Ehre darin bestehen sollte, in treuer Ergebenheit zu dienen: gehorsam Kriegs- und Hofdienste leisten oder als kirchliche Würdenträger zur Ehre Gottes und des Königs für das Seelenheil der *Civitas dei* zu wirken. Unter anderem waren es die Edelinge jener unterworfenen Stämme, die nach dem Kniefall vor dem Herrscher ihre alten Privilegien als Lehn bestätigt bekamen und damit dem neuen Herrn zu dienen hatten, altadelige Geschlechter, die als Herzöge und Grafen Statthalterdienste zu leisten hatten, Fürstbischöfe, die mehr dem Diesseits als dem Jenseits verpflichtet waren. Ihre stolze Herkunft bedeutete freilich auch eine stete Auseinandersetzung mit der Reichsgewalt. Es waren trotzige Vasallen, die sich nicht immer zum bedingungslosen Gehorsam bereit fanden; überdies waren sie die Wahlmänner der Könige und Kaiser, konnten also selbst zum höchsten Amt auserkoren werden.

Als Gott die heilige Hildegard heimsuchte, war diese Ordnung noch gültig, doch sie war brüchig geworden. An den Nahtstellen des Reiches, in den Marken, mußte das Erworbene geschützt und verteidigt werden, und das Leben an den Höfen wollte organisiert sein. Personalmangel erlaubte keine Rücksicht auf die gottgewollte Standesordnung, Hörige und Freie, Entwurzelte und Landflüchtige, Abenteurer und überzähliges bäuerliches Hausgesinde suchten ein neues Auskommen auf herrschaftlichen Burgen, wo sie die fürstlichen Packpferde warteten, die Finanzen verwalteten, die Weinkeller hüteten oder über die Küchen wachten. Sie waren die *ministeriales,* die für ihre Dienste in den Herrenstand erhoben wurden und als Entgeld ein Lehn erhielten, zumeist einen Landbesitz zur Nutzung auf Lebenszeit, später dann als erblichen Besitz. Freilich, auch sie waren Dienende und gehörten im Sinne der alten Ordnung nicht zum Adel, doch im 13. Jahrhundert wurden sie den kriegsdienstpflichtigen Freien gleichgestellt, den Rittern, die vom Fürsten gerufen, gesattelt und gewappnet Heerfolge zu leisten hatten, Wehrbauern, die Haus und Hof verlassen mußten, wenn der Fürst sie rief. Zusammen mit den *Ministerialen* war dies die Ritterschaft, aus der ein dienender Neuadel erwuchs.

Der mittelalterliche Arbeitsmarkt war also offen, die gottgewollte Hierarchie nicht statisch festgefügt, denn es gab Aufstiegsmöglichkeiten, um die wenigen Stufen der Ständetreppe konnte gerangelt werden. Zwar hatte es geheißen, daß es Gott bestimmt habe, ein jeder müsse in seinem Stand demütig verharren, doch Verdienste wurden mit fürstlicher Huld belohnt. Schließlich waren die Herren mit göttlicher Vollmacht ausgestattet und befugt, im Sinne des Schöpfers zu handeln. Pingelig war man lediglich in Fragen der Eheschließung. Hier galt der Grundsatz »der ärgeren Hand«, die Adler sollten sich mit Krähen nicht mischen, eine Bastardisierung der Zuchtreihe war unerwünscht, wer unter seinen Stand heiratete, mußte – altem Recht folgend – fortan seinen Platz in der niederen Rangstufe einnehmen. Die komplizierten Bestimmungen der alten Ständeordnung sind heute kaum nachzuvollziehen, sie haben sich lediglich in den Satzungen von Kleintier- und Nutzviehzuchtvereinen bis auf unsere Tage erhalten können. Halten wir fest: Nur die von Gottes Gnaden eingesetzten Herrscher waren befugt, in des Höchsten Namen Treue zu belohnen, Untreue zu strafen und in die diesseitige Hierarchie einzugreifen.

Der Burgbau erhielt in jener Zeit besondere Bedeutung. Die expansiven Begehrlichkeiten, die von der Mitte des Abendlandes ausgingen, machten befestigte Plätze notwendig. Sie waren vorgeschobene Posten der Reichsgewalt und zugleich Zwingburgen der feudalen Macht. Nur dem Kaiser war es vorbehalten, wo immer er es wollte, befestigte Plätze zu begründen, so daß die Grafen um huldvolle Gnade zu bitten hatten, eine Burg errichten zu dürfen und als Statthalter der Reichsmacht für Ruhe und Ordnung zu sorgen. In zunehmendem Maße trachteten sie danach, ihre Territorialmacht auszuweiten und mit ihren nachbarlichen Mitgrafen blutige Fehden auszutragen. Die Schwäche des Reiches ausnutzend, entstanden sogar ungenehmigte

Burgen auf schwer zugänglichen Felsformationen, auf die Gegend beherrschenden Hügel und Bergen oder, im Flachland des Nordens, in sumpfigen Niederungen der Flußläufe. In den friedlosen Zeiten des Ungehorsams und der ungebändigten Fehdelust war es schließlich unerläßlich, feste Häuser zu begründen, die eigenen Schutz, aber auch den Untertanen Zuflucht boten. Als – um ein typisches Beispiel zu schildern – der Graf Schwerin seinem Ritter Ullrich im Land Jabeln ein Lehn überantwortete, waren die dort ansässigen Slawen bereits unterworfen und befriedet, aber dennoch schien es dem neuen ritterlichen Herrn geraten, einen festen Platz anzulegen. Seine Hintsassenschaft bestand aus wenigen slawischen Sippen, das Land war dünn besiedelt, und viele sächsische und fälische Kolonisten waren weiter gen Osten gezogen. Die Leute, die ihm verblieben waren, hatten gerodet und urbar gemacht, doch große Erträge schenkte das Land nicht, und entsprechend gering waren die Abgaben an den Grundherrn. Eine mächtige Burg zu bauen war dem Ritter Ullrich nicht gestattet. Seine zum Burgfestendienst verpflichteten Leute karrten Grassoden heran, plackten Heide, schnitten und bündelten Reisig und fällten Bäume. Zunächst schichteten sie im sumpfigen Flußland einen Hügel, vor dessen Zugang wurde aus dem Aushub eines Schutzgrabens eine größere Fläche aufgeschüttet und, ebenso wie der Turmhügel, mit mächtigen Palisaden bewehrt. Erst als sich der Hügelaufbau gesetzt hatte und der Baugrund für gut befunden wurde, bekrönten die bäuerlichen Bauarbeiter die bescheidene Erhebung mit einem Turm, in dessen oberen Stockwerk die Burgmannen des Ritters Ausschau nach feindlichen Eindringlingen zu halten hatten. Nahte Gefahr, so durften die Hintsassen mit Hab und Gut und vor allem dem Vieh Zuflucht in der Vorburg suchen. Ritter Ullrich sollte, so hatte es sein Lehnsherr bestimmt, seinen Leuten auch ein wehrender Herr sein. Zu ihrem und seines Landesherrn Schutz unterhielt er überdies eine kleine Schar von Kriegsknechten, waffengeübte Kerle, die in der kleinen Befestigung, der *castra*, Dienst taten und als *burgenses* von ihm unterhalten wurden.

Einen halben Tagesritt von der *Motte* des Ritters Ullrich entfernt, unmittelbar am Grenzfluß gelegen, hatte der Graf eine mauerbewehrte Befestigung errichten lassen. Ein mächtiger Turm überragte die gewaltige Anlage und gewährte weite Ausblicke über das Land. Darunter lag das Herrenhaus, der *palas*, mit seinem großen beheizbaren repräsentativen Saal, in dem die Burgherren tafelten oder, eingebunden in ein festliches Zeremoniell, vornehme Gäste empfingen.

Über dem Saal befanden sich die Wohn- und Schlafräume der Edelleute; für die Kriegsknechte und ritterlichen Dienstmannen standen Räume in den Nebengebäuden bereit. Dicht an die innere Ringmauer schmiegte sich eine kleine Kapelle, die kleine Glocke im Dachreiter rief mehrmals täglich zum Gebet, denn in Gottes Diensten stand der christliche Ritter, dem es angelegen sein sollte, auch seine Mannen zu christlichen Tugenden anzuhalten. Aus Bohlen und aufgeschüttetem Erdreich war durch das sumpfige Gelände ein Weg zur Burg entstanden. Er schnitt eine trockene Erhebung am Fuße der Befestigung, auf der eine kleine Siedlung entstanden war. Händler und Handwerker hatten sich hier angesiedelt und unter gräflichem Schutz eine *civitas* begründet. Auf der Burg regierte der *praefectus* als grundherrschaftlicher Verwalter und Befehlshaber der Burgmannen und Ministerialen, die für ihre Dienste am Fuße der Burg Lehnhöfe erhielten und damit über den Grund und Boden der *civitas* verfügten. Die Burgdienste und das kriegerische Handwerk machten sie nicht geneigt, das Land zu bewirtschaften, sie gaben es als Pachtland an Händler, Handwerker und Ackersleute. Deren Behausungen lagen freilich außerhalb der Umpfählung, und nur bei drohender Gefahr war ihnen gestattet, in dem befestigten Teil der entstehenden Stadt Zuflucht zu nehmen.

Ihr Wohnort gab ihnen die Bezeichnung *Pfahlbürger*, während die innerhalb der Umzäunung siedelnden Burgmannen sich *Geschlechter* oder *Patrizier* nannten. Im Verteidigungsfall hatten sich die Pfahlbürger um ihren Lehnsherrn zu scharen, ihre Waffe war der Spieß, womit der städtischen Unterschicht ein weiterer Name gegeben war: *Spießbürger*. Fleißige Spießbürger durften neben der Herrenarbeit auch auf eigene Rechnung für die Märkte produzieren, ein Vermögen ansparen, um schließlich von den sich häufig in finanziellen Nöten befindlichen Patriziern Grundstücke zu erwerben, ja mehr noch, mit Hilfe des Geldes persönliche Freiheiten zu erkaufen. Die persönliche Freiheit und der Grundbesitz erhoben sie in einen neuen Stand, sie wurden Bürger. Damit war freilich eine Beteiligung an der Lenkung der Geschicke der Stadt nicht verbunden. Über Burgmannen und Pfahlbürger regierte der Burgherr, er bestimmte die Stadtentwicklung, führte die Aufsicht über Handel und Gewerbe und sprach im Auftrage des Landesherrn Recht. Weise Territorialfürsten wußten um die Vorteile expandierender Zentren des Handels und Wandels und erkannten, daß Privilegien und Freiheiten die Entwicklung nur befördern konnten. Das Recht, Märkte abzuhalten, und eine bescheidene städtische Selbstverwaltung motivierte die Bürger zu mehr Fleiß und Innovation. Heinrich der Löwe statuierte so ein folgenreiches Exempel, als er seinen Lübecker Bürgern die Gnade erwies, *ratmänner zu erwählen, weise, fromme leute, die der stadt vorstehen und nach einer sittte und gewohnheit regieren.* Aus alter Sitte und Gewohnheit erwuchsen das Stadtrecht, eine eigene Gerichtsbarkeit und endlich jene Ratsverfassungen, die die Grundlage des machtvollen Aufstiegs der Städte bildeten. Doch noch überschattete der Praefectus als Verwalter der feudalen Macht die Städte, blieb die Burg das Symbol der Bevormundung. Im Ringen um mehr Freiheiten waren Pfahlbürger und Patrizier zu einer politischen Einheit verschmolzen, man war sich einig im Kampf gegen Gewalt und Willkür der territorialen Herren, die über die Maßen am Wohlstand der Bürger partizipieren wollten. Auf der Ständetreppe hatte ein selbstbewußter neuer Stand seinen Platz eingenommen, der Bürger, der sich seinem Herrn nicht zu Vasallentreue verpflichtet sah, sondern dessen Streben es war, mit Geld und Gut Wohlstand, Freiheit und Ansehen zu erlangen.

Für Kaiser und Recht
Aufstand und Aufstieg der Bürger

Es kam den Ratsherren wohl gelegen, daß sich der Konflikt zwischen den Territorialfürsten und der kaiserlichen Reichsmacht verschärfte. Der Kaiser hatte nicht immer die Macht, doch auf seiner Seite stand das Recht, und so setzten die Städte in ihrem Kampf um Freiheit auf Kaiser und Recht: Im Ränkespiel der Mächtigen galt es, Intrigen zu spinnen, Treue zu bekunden, sie auch notfalls aufzukündigen und schließlich aus sicherer Position sogar den Waffengang nicht zu scheuen.

Als beispielsweise Herzog Magnus von Sangerhausen vom Herzog Wilhelm zum Erben des Herzogtums Lüneburg erkoren ward, stieß dies auf den Unwillen des Kaisers, er wollte eine solche Indoktrination nicht dulden und bestimmte das Haus Sachsen-Wittenberg zur Erbfolge. Herzog Magnus war nicht gewillt, dem kaiserlichen Willen zu folgen, und nahm unbelehnt das Herzogtum in Besitz, stellte sich sogleich auf Kampf ein und verstärkte seine Burgen mit Kriegsknechten. Auch die Lüneburger Burg auf dem Kalkberg erhielt Verstärkung, und angesichts der Militärmacht glaubte er, die Bürger mit Drohungen einschüchtern zu können, verlangte verstärkte Kriegsleistungen und einen Huldigungseid, doch im Rat hatte man längst dem

Kaiser Gehorsam und Treue gelobt. In der Burg, die einst zum Schutz und Trutz der Einwohner bestimmt war, herrschte der Feind, dem nun der Garaus gemacht werden sollte. Die Mauern auf dem Kalkberg bargen nicht nur die herzoglichen Kriegsknechte, in ihrem Schutze arbeiteten und beteten auch Mönche des Ordens der Benediktiner, deren Gottesdienste auch von den Bürgern besucht wurden. Am Abend vor Mariä Lichtmeß des Jahres 1371 erklommen, wie es stets Brauch gewesen, die Mägde und Frauen den Berg, um an der geistlichen Vesper der Mönche teilzuhaben. Der Zug, der sich diesmal zum frommen Gebet gesammelt hatte, war freilich nicht von friedlichen Absichten geleitet. In Weiberkleider gehüllt, mischten sich unter die Frauen wildentschlossene Männer, die unter ihren Röcken Waffen verborgen hielten. Als sie Einlaß begehrten, zögerte der Torwächter, er hatte Verdacht geschöpft, doch als er vorsichtig öffnete, wurde er unverzüglich niedergemacht, und eh die übrigen Wachen es sich versahen, war der Bürgermob schon in die Burg eingedrungen. Rasch war der Widerstand gebrochen, und als endlich der Schloßhauptmann erschien, das Volk mit wilden Drohungen einzuschüchtern versuchte und mit unflätigen Flüchen den Pöbel schmähte, ließ ein ungestümer Axthieb des Knochenhauers Karsten Rodewold den einst so mächtigen Mann für immer verstummen. Für den Rest der Besatzung war Widerstand sinnlos, sie durfte unbehelligt abziehen, der Hauptmann wurde ohne christlichen Segen verscharrt. Auch den Mönchen gewährte man Schonung, sie durften sich mit ihrem Hab und Gut eine neue Bleibe suchen. Die aufmüpfigen Bürger hatten einen großen Sieg errungen, und ihr Triumph vollendete sich mit der Zerstörung der Burg: Nie wieder sollte eine Fronburg die Stadt überschatten.

Die Stadtluft war ein wenig freier geworden. Ungeachtet der städtischen Schichtung hatten Pfahlbürger und Patrizier Gemeinsinn gezeigt, gemeinsam hatte man sich der Fronherrschaft entledigt. *Concordia domi, foris pax* – die Eintracht im Hause verhieß auch mehr Frieden nach außen. Doch der friedvollen Eintracht der Bürger waren Grenzen gesetzt: Die gepriesene freie Stadtluft ließ einige Bürger freier, die Mehrheit jedoch weniger frei atmen. Neue Herren lenkten nun die Geschicke der Stadt; der feudalen Rangordnung entsprechend saßen jetzt die Patrizier, die alten Geschlechter, im städtischen Rat. Die übrigen Einwohner, Kaufleute, Händler und Handwerker waren zwar persönlich frei, aber an der Stadtregierung nicht beteiligt. Ehrenamtlich übten die Patrizier ihre Ratstätigkeit aus, doch genossen sie Steuerfreiheit, verfügten über die Gemeinheit, das heißt den städtischen Grundbesitz, beanspruchten das Jagdrecht und gewährten sich vielfältige Privilegien, die ihren Wohlstand vergrößerten und verfestigten. Ihre gesetzgeberischen Vollmachten erlaubten es ihnen, nach Gutdünken Steuern festzulegen, das »Ungeld« zu erheben, eine drückende Verbrauchsteuer auf alle nur erdenklichen Lebensbedürfnisse. Im Kampf gegen die Fürstengewalt hatten die Geschlechter Einigkeit angemahnt und zuweilen von den einfachen Bürgern einen hohen Blutzoll gefordert, doch nun war man nicht bereit, die Macht zu teilen.

Es rumorte bald in den engen Gassen der Handwerker, ebenfalls von der politischen Macht ausgeschlossen, verbündete sich die Handwerkerschaft mit der zu Reichtum gelangten Kaufmannschaft, gemeinsam forderte man eine Mitbestimmung im Rat. Vergeblich, die städtische Aristokratie war nicht bereit, dem Pöbel nachzugeben. So auch in der stolzen Stadt Nürnberg, wo zunächst die Zeichen der Unruhe unentdeckt blieben. Im Jahre 1349 taten sich der Schwertfeger Geißbart und der reiche Grundbesitzer Pfauentritt zusammen; in konspirativen Treffen beschlossen sie eine Verschwörung gegen den Rat, schürten unter dem einfachen Volk die Unzufriedenheit und machten verlockende Versprechungen, bis schließlich Neid und Haß gegen die Mächtigen sich in offenem Aufruhr entluden. In den Handwerkerquartieren sammelte sich der Pöbel, der sich sodann, mit Knitteln und Spießen bewaffnet, zum Rathaus wälzte. Nur kurz widerstanden die Rathaustüren der wilden Meute, nur mit Mühe vermochten die bedrängten Ratsherren ihr Leben zu retten. Alsdann fiel der Mob zerstörend und plündernd über die Paläste der Patrizier her; wer sich nicht zu retten vermochte, wurde mißhandelt oder gar getötet.

Im Judenviertel der Stadt fand die Orgie der Gewalt schließlich ihren blutigen Abschluß; dumpfe Volksmassen pflegen sich besonders am Fremdenhaß zu berauschen. An ihren Bärten zerrte man die Juden die engen Stiegen herab, ließ sie lange flehentlich um Schonung bitten, um sie schließlich doch zu erschlagen. Die Frauen und Mädchen wurden vergewaltigt. Unter johlendem Beifall legte man Feuer im Bethaus und warf die sichergestellten Schuldscheine der jüdischen Geldverleiher in die Flammen. Die Rädelsführer hielten ihr Versprechen und gewährten Zucht- und Sittenlosigkeit, bis der Kaiser sich schließlich gezwungen sah, Recht und Ordnung wiederherzustellen.

Auch in anderen Städten kam es zu Revolten der bürgerlichen Unterschicht. In Rostock wiegelte der wohlhabende Bürger Heinrich Runge, verärgert über die Zurücksetzung und Mißachtung durch die Ratsherren, die Handwerker gegen die Obrigkeit auf. 1384 folgten die Lübecker Knochenhauer unter der Führung von Hinrich Paternostermaker. Die Stralsunder Bürger hatten bereits 1341 ihre Patrizier vertrieben. Kaum eine größere Stadt blieb von den Unruhen verschont, und in vielen Städten, vor allem in Süddeutschland, konnten die Handwerker einen Sieg verzeichnen, auch sie erhielten Sitz und Stimme im Rat. Doch die eigentlichen Sieger waren jene, die durch geschickten Handel und weitverzweigte Geschäftsverbindungen zu ansehnlichem Vermögen gekommen waren. Das Geld regierte die Stadt, und wer reichlich davon besaß, verfügte auch über Macht und Einfluß. In jenen Jahren des 14. Jahrhunderts hatte sich die große Wende vollzogen: Nicht mehr das Herkommen diktierte den Rang in der städtischen Hierarchie, sondern das mehr oder minder ehrlich erworbene Vermögen.

So mächtig und stolz die mit Wällen, Gräben und trotzigen Mauern umgebenen Städte auch erscheinen mochten, in ihrem Inneren herrschte bedrückende Enge. Die hochaufragenden Kirchen, die Vielzahl kleiner Türmchen auf dem Rathaus, die Dachreiter der Klöster und Stifte stellten eine imposante Silhouette gegen den Horizont, darunter aber fanden sich die elenden Hütten der Bürger, zusammengeklumpt, von schmalen Gassen durchzogen, in denen man in Kot und Unrat versank. Der hohe Adel liebte die Stadt nicht, und als Friedrich III. die Stadt Tuttlingen besuchte, hatte der Rat verfügt, die ärmlichen Häuser mit Tüchern zu verhängen und die Straßen mit Stroh zu bedecken. Beschwörend riet man dem Kaiser davon ab, durch die Gassen zu reiten. Er ließ die Warnungen ungehört und versank sogleich im stinkenden Morast.

Die stelzenartigen Schuhe der Damen waren weniger ein Attribut der Mode, sondern vielmehr ein praktisches Mittel, um durch den Dreck zu waten. Straßenpflaster gab es nicht, allenfalls kippte man Findlinge, die man hüpfend erreichen mußte, in die grundlosen Wege. Dazwischen suhlten Schweine, schmutzige Hühner mit verklebtem Gefieder drängten sich an die Hauswände, und verwahrloste Hunde delektierten sich am achtlos aus Fenstern und Türen geworfenen Hausmüll. Die freie Stadtluft stank. Die Behausungen der Bürger aus Holz und Lehm waren mehr Buden denn Häuser, Brutstätten für

Krankheiten; das Innere rauchgeschwärzt, denn Kamine gab es nicht. Das tägliche Leben vollzog sich am Herdfeuer, karg und nur vom Zweck bestimmt die Einrichtung. Freilich, es gab in der Stadt auch einen bescheidenen Luxus: Die reichen Kaufleute ahmten den Adel nach, indem sie feste Steinhäuser errichten ließen und das Innere kunstvoll verschönten, doch die Raumnot setzte der Ästhetik und der Statik Grenzen. Als Kaiser Friedrich I. einen Reichstag in Erfurt abhielt, versammelte er im vornehmsten Bürgerhaus die Edlen seines Gefolges zu einem festlichen Mahl. Sie ahnten nicht, daß sich unter dem Festsaal die Kloake befand. Der Fußboden vermochte die vielen Gäste nicht zu tragen, und der gesamte Hofstaat versank in der Bürgerscheiße. Acht deutsche Fürsten und an die hundert Ritter ertranken. Der behende Kaiser entging durch einen rettenden Sprung aus dem Fenster dem sicheren Tod.

Unkultur beherrschte die Stadt. Die drangvolle Enge prägte das Zusammenleben der Bürger. Häuser reihten sich an Häuser, die dünnen Wände ließen die Nachbarn am Familiengeschehen teilhaben: Zeugung, Geburt, Tod, aber auch Ehekrach und Gesindestreit. Der Friede unter dem ungesitteten Kleinbürgervolk war nur durch neidverhindernde Maßnahmen zu wahren. Normenverstöße, von Nachbarn denunziert, wurden streng geahndet, und nicht selten mußten die Stadtbüttel eingreifen, wenn keifende Weiber und prügelnde Männer das Quartier in Aufruhr versetzten. Die Schuldigen wurden ergriffen, dem öffentlichen Spott am Schandpfahl ausgesetzt oder – entsprechend der Schwere ihrer Unflätereien – mit Ruten gezüchtigt. Mit einem strengen Strafenkatalog suchte der Rat, das Volk in Zucht und Sitte zu halten. Wo bauliche Enge Menschen zusammenklumpt, grassiert bald eine Seuche, die fortschreitend die Gemüter vergiftet und schließlich die Gemeinschaft beherrscht: Neid und Mißgunst zernagen den nachbarschaftlichen Frieden. Keiner bleibt von diesem zerstörerischen Ungeist verschont, und die bildkräftige Redensart vor *Neid platzen,* kennzeichnet die explosive Kraft, die quälend die Menschen heimsucht. In den kleinbürgerlichen Quartieren der mittelalterlichen Stadt formten sich Sitte und Brauch eines Standes, der zunehmend die urbane Gesellschaft prägte. Um nachbarschaftlichen Hader in Grenzen zu halten, Mord und Totschlag, Weibergekeife und rohe Gewalt zu bändigen, gaben sich die Kleinbürger eine gestrenge Ordnung des Zusammenlebens

Der organisierte Neid
Die Zünfte

Der harte Konkurrenzkampf der handwerklichen Produzenten, die ungleichen Bedingungen sowohl bei der Herstellung als auch beim Absatz, der ständige Streit um günstige Marktplätze und schließlich auch die Lage der Produktionsstätten schürten den Hader in der Handwerkerschaft. Seit dem 12. Jahrhundert schlossen sich daher einzelne Handwerkszweige in Zünften oder Ämtern zusammen.

Damit erfuhr auch das Stadtbild eine wesentliche Veränderung, denn entsprechend dem fachbezogenen Zusammenschluß suchte man auch zu siedeln. Ganze Straßenzüge blieben nur jeweils einem Handwerk vorbehalten, im Gerberbruch wohnten und arbeiteten die Gerber, in der Böttcherstraße die Böttcher und im Bäckergang die Bäcker. Zünftisch organisiert und berufsbezogen separiert, waren fortan produktionsbedingte Reibereien zumindest gemildert. Mit dem genossenschaftlichen Zusammenschluß erhielten die Zünfte überdies mehr Gewicht in der städtischen Selbstverwaltung, bei der Verteidigung des Gemeinwesens und vor allem eine weitgehende Autonomie in den Fragen der Produktion und des Absatzes. Grundlage des genossenschaftlichen Gewaltregimes war der obrigkeitlich gebilligte Zunftzwang. Nur allzu gern hatte die städtische Obrigkeit den strengen Zunftsatzungen zugestimmt, wonach nur Mitglieder der Zunft das entsprechende Gewerbe ausüben durften und sich zugleich verpflichteten, den Bedarf der Bürgerschaft zu decken. Sämtliche Einwohner der Stadt wurden vom Rat aufgefordert, ausschließlich die lieferbaren Produkte der heimischen Zünfte abzunehmen. Zwar konnte man an den Markttagen auswärtige Gewerbetreibende nicht völlig ausschließen, doch hohe Steuern und schikanöse Verkaufszeiten sorgten für eine Steuerung der lästigen Konkurrenz. Die Schaumeister kontrollierten überdies die Ware, nahmen Materialproben, prüften die Qualität der Verarbeitung und belegten Pfusch und Übervorteilung der Käufer mit strengen Strafen, etwa mit der Beschlagnahme der Waren, die sodann an die Armen der Stadt verteilt wurden. Daß von derartigen Maßnahmen vor allem fremde Händler betroffen wurden, legitimierte man mit der Qualitätsgarantie der heimischen Zünfte.

In der Tat hafteten die Zünfte für die Güte der Waren, insbesondere auch durch die genau festgelegten Ausbildungs- und Prüfungsordnungen. Schwer war es, als Meister in den Kreis der Zunftgenossen aufgenommen zu werden. Eine kunstvolle Arbeit, das Meisterstück, mußte den kritischen Augen einer Jury standhalten; doch galt es nicht nur, die Fertigkeiten des Bewerbers zu bewerten. Über die Einhaltung von Brauch und Sitte wachte unter dem Vorsitz des Zunftmeisters oder der Ältermänner die Gesamtheit der Meister. Zumeist in den Morgenstunden traf man sich zu den Morgensprachen, regelte interne Streitigkeiten, schlichtete nachbarschaftlichen Hader, sprach Lehrlinge frei und nahm neue Zunftgenossen auf. Die Gesellen waren freilich an den Beschlüssen nicht beteiligt. Sie gehörten, wie auch die Lehrlinge und das weitere Hauspersonal, für die Dauer des Arbeitsverhältnisses zur Familie ihres Brotherren, der als häusliches Oberhaupt uneingeschränkter Gebieter aller Hausgenossen war und vor seinen Zunftgenossen über Zucht und Sitte seines Hausstandes Rechenschaft abzulegen hatte.Was despotischen Burgherren nicht gelang – die kollektive Zwangsherrschaft kleinbürgerlicher Selbstverwaltung vermochte die städtische Mittelschicht zu bändigen.

Sozial- und Wirtschaftshistoriker wollten das Zunftwesen vor allem als einen Zusammenschluß des Handwerks aus wirtschaftlichen Interessen sehen, als eine Vereinigung von Produzenten, die Einfluß auf die Regelung des Marktes zu nehmen suchten, ein Preiskartell ausübten, über die Rohstoffe verfügten und schließlich über Löhne und Rechte der Arbeitnehmer gemeinsame Absprachen vereinbarten. Dies waren die Zünfte auch, aber vor allem waren sie soziale Gemeinschaften, deren Mitglieder gezwungen wurden, in unerschütterlichen Normen des Zusammenlebens, in Brauch und Sitte wohlgeordnet, sich der Mehrheitskontrolle zu unterwerfen. Sie grenzten aus, institutionalisierten Neid und Mißtrauen, diskriminierten Fremde und Außenseiter und legten das ewige Grundgesetz des Kleinbürgers fest, einen Wertekatalog, der jeden Zeitgeist und politischen Wandel überdauerte.

Selbstverständlich achteten die Genossenschaften auf handwerkliche Fertigkeiten, auch mußte ein bescheidenes Kapital vorhanden und ein guter Leumund attestiert sein. Freien Standes, *urig und nemandes egen*, mußten die Mitglieder sein. Die Aufnahme blieb auch versagt, war der Bittsteller nicht *echt und recht uth einem ehrlichen ehebedde geboren*, oder war die *dudische art und herkunfft* nicht nachzuweisen. Einem Slawen blieb die Zunft verschlossen, denn verlangt war *deutsze zunge von vater und mutter und von allen synen vier ahnen*. Wagte es eine Zunft, diese Gesetze zu mißachten, wurde *gescholten* – und damit gehörte sie nicht mehr zum ehrwürdigen Handwerk, die Gesellen mußten gehen und die Lehrlinge die Ausbildung abbrechen, die soziale und wirtschaftliche Gemeinschaft zerbrach. Nicht anders erging es den Meistern bei Normenverstößen, ihnen wurde von der eigenen Zunft das *Handwerk gelegt,* wodurch sie verachtet und günstigenfalls geduldet oder als *Bönhasen* versuchen mußten, auf fremden Märkten hausierend ihre Produkte zu verkaufen. Für die Gesellen galten ebenfalls fest umrissene Normen des Zusammenlebens, Verstöße wurden auf die schwarze Tafel gesetzt, und damit waren die Betroffenen geächtet. Wehe der Bruderschaft, die einen Normenverstoß in ihren Reihen litt, ihr Buch wurde zugemacht, ihre Gemeinschaft zerschlagen. Ein jeder war zur Denunziation verpflichtet, wollte er nicht Gefahr laufen, gescholten zu werden. Verfehlungen der Nachbarn, der Mitarbeiter und der Hausgenossen mußten zur Anzeige gebracht werden, denn Argwohn war das Fundament kleinbürgerlichen Gemeinsinns.

Die Preisgabe individueller Freiheit betraf nicht nur den Produktionsbereich; von der Wiege bis zur Bahre schrieb die Gemeinschaft das Leben im Quartier vor. Gemeinsam verehrte man in den geistlichen Bruderschaften Gott und die Heilige Jungfrau, stiftete Altäre und ewige Lichter, errichtete eigene Kapellen, denen man Siechenhäuser für die unversorgten Mitglieder anschloß. In der Gemeinschaft feierte man in den Trinkstuben die Feste und ließ Wein und Bier in Strömen fließen, dazu wurde gesungen und ritualisierter handwerklicher Brauch geübt. An Hochzeiten, Kindtaufen und schließlich dem letzten Abschied von einem Zunftgenossen nahmen alle Mitglieder teil, in Freud und Leid stand man fest zusammen.

Mit der Erlangung größerer politischer Rechte wuchs der bürgerliche Stolz, die Zünfte hatten mehr Einfluß gewinnen können und prägten maßgeblich die Stadt. In Notzeiten äußerer Bedrohung verteidigten die Spießbürger auf den Stadtmauern und an den Toren die städtische Gemeinschaft, nach Zünften geordnet und bestimmten Sektionen der Stadtbefestigung zugeteilt, setzten sie zum Wohle der Stadt ihr Leben ein. Vielfältige Zeugnisse städtischen Handwerkerkönnens vermehrten den Ruhm des Standes. Die Meister des Ortes errichteten großartige Bauwerke, Kirchen und öffentliche Gebäude, deren Interieur mit prachtvollen Kunstwerken ausgestattet wurde. Die reichen Kaufleute gaben bei den Meistern künstlerisch gestaltete Gebrauchsgegenstände in Auftrag. Schneider und Kürschner, Schuhmacher und Goldschmiede mußten der bürgerlichen Putzsucht genüge tun. Aus wertvollen Brabanter Stoffen wurden die Kleider gefertigt, mit Pelzen aus Rußland besetzt oder gefüttert, kunstvolle Stickereien zierten die leuchtenden Farben der Tuche, an Hüten und Baretten prangten wertvolle Medaillons, und selbst das Schuhwerk wurde reich geschmückt. Aus Handwerkern wurden Künstler, deren Ruhm weit über die Grenzen reichte, und deren Werkstätten den Namen der Stadt zu einem Markenzeichen erhoben. Zur Ehre Gottes und der Stadt schufen Maler Altarbilder und Epitaphe, Erzgießer wie Peter Vischer brachten handwerkliches Können zur Vollendung. Fürsten beauftragten Meister Riemenschneider, ihren Nachruhm zu verewigen, die Augsburger Silberschmiede wurden in ganz Europa gerühmt. Dem später so geschmähten *finsteren Mittelalter* und der vom Hexenwahn überschatteten frühen Neuzeit gaben Handwerker verheißungsvolle Lichtpunkte, sie nahmen vorweg, was spätere Epochen für sich zu reklamieren suchten, bereicherten die Menschheit mit weltverändernden Erfindungen. Im 14. Jahrhundert erfand ein Augsburger die erste Kanone, Johannes Gutenberg eröffnete mit der Erfindung der Buchdruckerkunst ein neues Zeitalter, in Nürnberg ertüffelte Konrad Henlein die Taschenuhr, ein Bildschnitzer erfand das Spinnrad. Es waren Handwerker, deren Fleiß und Geschicklichkeit das Fundament der neuzeitlichen europäischen Kultur legten.

Was man den hohen Herrschaften zu liefern hatte, weckte eigene Begehrlichkeiten und den Wunsch nach Teilhabe am kulturellen Aufstieg. Im Spannungsfeld nachbarschaftlichen Neides und zünftischer Hemmnisse trug der soziale und wirtschaftliche Aufstieg zuweilen groteske Züge, und so kennzeichneten den Stand der Kleinbürger jener Epoche, die als Blütezeit des Handwerks bezeichnet wird, vielfältige Widersprüche. Unterschiedlich waren die ökonomischen Voraussetzungen in den Regionen: Während in den großen Handelszentren die Handwerker zu Reichtum gelangten, mußten in den kleinen feudalen Stadtgründungen die Zunftgenossen sich mit dürftigen Lebensverhältnissen bescheiden und versuchen, bei schlechter Auftragslage mit Ackerbau und bescheidener Viehzucht den Unterhalt zu bestreiten. Als in Augsburg ein Zinkenbläser eine Bäckerstochter heiratete, vermochte der Brautvater ohne Not acht Tage lang siebenhundertundzwanzig Hochzeitsgäste zu bewirten. An sechzig Tischen wurden zwanzig Ochsen, neunundvierzig Ziegen, fünfhundert Stück Federvieh, dreißig Hirsche, fünfzehn Auerhähne, sechsundvierzig Kälber, neunhundert Würste, fünfundneunzig Mastschweine, eintausendundsechs Gänse, fünfundzwanzig Pfauen, ungezählte Fische, Krebse, Eier und Backwaren verspeist. Bäcker gehörten zu den Wohlhabendsten des Standes, die schwankenden Getreidepreise machten die Preisgestaltung undurchsichtig und erlaubten überdies geheime Preisabsprachen. Doch anderen Berufsgenossen, zum Beispiel im kleinen Städtlein Winsen an der Luhe, mußte eine so herrschaftliche Eheschließung ihrer Töchter versagt bleiben. Argwöhnisch achtete hier der Burgherr auf die Einhaltung ständischen Brauchs; Hoffahrt und Luxus hätte er mit der Erhöhung der Abgaben und Lasten beantwortet.

Exkurs: Der arme Herr Kaiser
Macht und Ohnmacht des Reiches

Max Treitzsauerwein von Ehrentreitz, Geheimschreiber Kaiser Maximilians I., schrieb nach Diktat oder grob umrissener Anregung nieder, was sein kaiserlicher Herr über die Regentschaft seines Hauses für die Nachwelt bewahrt wissen wollte. *Weißkunig* betitelte er diese ungewöhnliche Darstellung seiner und seines Vaters Epoche. Zugleich aber ist es die Autobiographie eines bedeutenden, doch glücklosen Herrschers. In einer mysteriösen Farbanalogie verschlüsselte er die Kontrahenten der Reichsmacht und sinndeutete die politischen Bedrohungen durch colorierte Entsprechungssymbole, um sich schließlich, wohl an die alten Volkssagen vom weißen heilbringenden Fürsten anknüpfend, als *Weißkunig* das Attribut des gerechten heiligen Helden in eschatologischer Zeit beizulegen.

Bereits als junger Mann war Maximilian ein Idol abendländischen Rittertums, ein Parzival, ein strahlender Recke und schließlich, gesalbt und gekrönt, ein Herrscher im Sattel, der die Tugenden des christlichen Regenten wie kaum ein anderer verkörperte. Die Nachwelt wird ihn den letzten Ritter nennen, weil er, schicksalhaft in die Ungunst der Verhältnisse eingebunden, den diesseitigen Seelenkampf um *gottes und der werlt hulde* verlor. Freilich, der Abschied von der alten Zeit wurde von ihm und den *Vesten und Getreuen* seiner Umgebung kaum wahrgenommen, waren sie doch der ritterlichen Tradition noch immer ungebrochen in Sitte und Brauch verpflichtet, so wie es im *Codex manesse* eindrucksvoll festgeschrieben und bewahrt war.

Spuren an diesem einzigartigen Zeugnis ritterlichen Lebensgefühls des 13. Jahrhunderts belegen, daß einer seiner Besitzer die Handschrift an einer Kette gefesselt in seiner Bibliothek hütete, bevor ihre abenteuerliche Reise auf verschlungenen Wegen begann. Der *Codex manesse* muß ein begehrtes Kleinod gewesen sein, verehrt wie ein Buch hermetischer Künste, dessen Symbolik nur jene zu deuten verstanden, die in der Kette der Ahnen standen und nun das letzte Glied waren. Von nun an wird die alte Adelskultur ihren kraftvollen Einfluß verlieren. *Adelige,* so sagte vierhundert Jahre später ein republikanischer Historiker, *sind Menschen der Steinzeit.* Er wollte damit Verständnis für einen mißgedeuteten Stand wecken und auf die archaischen Wurzeln verweisen, die vor undenklichen Zeiten keimten. Seit mystisch-mythischer Urzeit bezog der Adel seine Kraft aus den menschlich-männlichen Urtätigkeiten des Krieges und der Jagd, und daraus ergaben sich seine historisch gewachsenen Aufgaben und seine Kultur, die das gesamte christliche Abendland in sich verwob. Vor allem aber prägte den Stand ein unbedingtes Treueverhältnis zum Lehnsherrn, das nicht auf materiellem Grund ruhte: Vasallendienst war Ehrendienst.

Doch nun regierte der arme Herr Kaiser, dem das Geld fehlte, die Geschicke des Reiches auf dem Schlachtfeld zu entscheiden, der seine Mannen nicht zu unterhalten vermochte, und dem die Bürger in den Städten auf seinen Reisen Unterkunft und Nahrung verweigerten. Der Adel erkühnte sich, auf eigene Hand zu setzen, Lehnstreue wurde verweigert, der Ungehorsam erschütterte die Reichsmacht und ließ den Kaiser neue Verbündete finden: Die Bürger liehen dem hohen Herrn Geld und ließen es sich teuer bezahlen. Für den Adel bedeutete diese Allianz schließlich den Verlust seiner ritterlichen Privilegien.

Im Handwerk des Ritters wohl geübt, stählern hart, wußte Maximilian die Waffen zu führen, nach Herrenart, wie es die Regeln des Zweikampfes bestimmten. Aber auch das Heer seiner Ritter vermochte er nach Maß und Ordnung auf dem Schlachtfeld zu lenken. Es waren kleine Gruppen streitgeübter Reiter, die der Feldherr nach den Regeln der Kriegskunst zu befehligen hatte, eng aneinandergerückt preschten Mann und Roß keilförmig gegen den Feind, berannten ihn mit der Lanze, um sodann im Kampf Mann gegen Mann das Schwert entscheiden zu lassen.

Inmitten des Getümmels wehte die Schlachtfahne des Lehnsherrn, sie galt es zu verteidigen, ihre Unversehrtheit entschied über Sieg oder Niederlage. Die archaische Form solcherart ritterlichen Kriegsrituals kostete bald eine unverhältnismäßig hohe Zahl an Opfern, denn auch die niederen Stände griffen zu den Waffen. Bereits 1315 schlugen die um Freiheit ringenden Bauern von Schwyz und Uri das Ritterheer des Herzogs Leopold. Sie scherten sich nicht um ehrenvolle Kampfesregeln, sondern holten mit gebogenen Mistgabeln die schwerfälligen Panzerreiter vom Roß und schlachteten die Wehrlosen wie ihr Vieh. Ähnlich taten es die dithmarsischen Bauern, die mit Haken die unbeweglichen Ritter vom Pferd zerrten, in die Gräben stießen und dort jämmerlich ersaufen ließen: Die ritterliche Kunst war zur Schmach geworden.

Auch die an Ritterehre nicht gebundenen Bürger reformierten die Kriegskunst. Kleinbürgerlichen Handwerkern in den Städten oblag vor allem die Verteidigung ihres Gemeinwesens. Sie trachteten nicht nach mannhaftem Kriegsruhm, sondern sahen sich lediglich gezwungen, ihren Besitz vor den Begehrlichkeiten der Ritter zu schützen. Die Investitionen in Waffen und Befestigungen mußten sich rentieren. Überdies warben sie Söldner an, die, als Fußvolk mit Pulverrohren ausgestattet, wesentlich effektiver waren als die im Schwertkampf geübten Edelmänner. Die Glockengießer erweiterten ihre Produktion um den Guß feuerspeiender Feldschlangen. Mit der städtischen Aufrüstung kamen die ritterlichen Kampftugenden aus der Mode, der Zweck bestimmte die Waffen, und das Handwerk des Kriegers war nicht mehr dem Adel vorbehalten. Söldner stritten für gutes Geld für ihre Auftraggeber, und ihre Ehre war es nicht, den Heldentod auf dem Schlachtfeld zu finden, sie trachteten danach, mit Geschick die Waffe zu führen, um zu überleben. Aus all dem zog Kaiser Maximilian die notwendigen Konsequenzen. Die Untreue seiner Vasallen und die Auseinandersetzung mit den italienischen Städten zwangen ihn, die Kriegskunst zu reformieren. Auch er ließ Söldner anwerben, Feldschlangen gießen und beauftragte Georg von Frundsberg mit der Organisation des Militärwesens. Landsknechte, die nur entsprechend der Soldzahlung zu soldatischer Pflichterfüllung angehalten werden konnten, lösten die Ritter ab, die sich nun nach einem anderen Gelderwerb umsehen mußten. Doch eine solche Reform kostete Geld – Geld, das der Kaiser nicht hatte, und das ihm seine Vasallen nicht geben konnten. Die Not des Kaisers ließ Macht und Ehre käuflich werden. Einst hatte das Schwert geadelt, Tapferkeit und Treue bedurften nicht der schriftlichen Bestätigung durch den Lehnsherrn, sie waren das Fundament des ungeschriebenen ritterlichen Gelöbnisses. Nun, da die alte Ordnung dahinschwand, war kaiserliche Huld für gutes Geld zu erlangen, auf einem Stück Papier mit Zins und Zinseszins quittiert. Als die Kämmerer des armen Kaisers von den Fuggern 70000 Gulden empfingen, ein Tropfen auf dem heißen Stein und nur geliehen, war der hohe Herr sogleich in das bürgerliche Netzwerk von Soll und Haben, Kredit und Zins, Rente und Ertrag eingebunden.

Für die Nachkommen des kleinen Webermeisters Johannes Fugger zu Graben, nahe Augsburg, hatte sich das Geldgeschäft mit dem Kaiser gut gerechnet, der Kaiser zeigte die erwartete Dankbarkeit und erhob die Familie in den erblichen Adel, damit sie auf ihrem Pfand, der Grafschaft Kirchberg und der Herrschaft Weißenborn, standesgemäß regieren konnten. Der neue Fugger-Adel hatte nichts mit jenen Rittern gemein, die mit Leib und Leben in blutigen Fehden für ihre Herren gestritten hatten. Grollend bekundeten sie nun ihre uradelige Herkunft und rebellierten gegen die neue Zeit. Das hatte weitere Folgen: Der Kaiser beendete das Fehdewesen, bestimmte den ewigen Landfrieden, stiftete Polizeiverordnungen, denen sich auch der Adel zu unterwerfen hatte. Zur Festigung der Reichsmacht verbesserte Maximilian das Rechtswesen mit der Einsetzung des Reichskammergerichts. Freilich, der Kammerrichter war fürstlicher oder gräflicher Abkunft, auch die Kammerpräsidenten waren adelig, doch unter jenen, die das Recht festschrieben und auszulegen hatten, den Kammergerichtsassessoren, dominierten bald die bürgerlichen Rechtsgelehrten, die schließlich das Recht zu einem Geheimwissen machten und die gerichtlichen Auseinandersetzungen mit prozessualen Spitzfindigkeiten unter ihre Federführung zu bringen verstanden. Die bürgerlichen Gelehrten, reichsrechtlich dem Adel gleichgesetzt, aber dennoch nicht voll hoffähig, nutzten ihr erworbenes Wissen auf ihre Weise, indem sie die Staatsgeschäfte mit komplizierten Rechtsgängen befrachteten und so den Grundstein eines bürgerlichen Machtinstruments legten: der Bürokratie, mit der fortan alle Stände geplagt sein sollten.

So sehr auch das städtische Bürgertum an Macht gewann, außerhalb der Stadtmauern verlor sich sein Einfluß. Hier regierte noch immer der Adel, auch wenn es zuweilen galt, städtische Übergriffe energisch abzuwehren. Bürger blieben von den Hofgesellschaften ausgeschlossen, die komplizierte Etikette räumte ihnen keinen Platz ein, denn die schwarzgewandeten Federfuchser hätten das farbenfrohe Bild der höfischen Gesellschaft verunstaltet. Überdies hätte die Hinnahme ihrer Unkenntnis höfischen Rituals zuviel von fürstlicher Nachsicht gefordert.

Durch Gottes Gnade war der Herrscher eingesetzt, und diese

Stellvertreterschaft des Königs aller Könige erforderte Distanz. Der Regent war nicht *primus inter pares*, sondern vom Glanze des Allherrschers beschienen und folglich auch von seinen Untertanen geschieden. Das war keinesfalls vom Hochmut des Auserwähltseins diktiert, sondern Voraussetzung einer gerechten Regierung. Die Distanz sollte Unabhängigkeit demonstrieren: Der Fürst, einzig und allein nur Gott verpflichtet, hatte weniger für die irdische Wohlfahrt seiner Menschen zu sorgen, seine Bestimmung war es vor allem, die *Civitas dei* vor der *Civitas diaboli* zu schützen, die gottgewollte Ordnung zu beschirmen, und erst daraus ergaben sich schließlich die in christlicher Demut angenommenen Pflichten, *witwen und waisen gütig zu umsorgen, verödetes wieder aufzurichten, wiederhergerichtetes zu erhalten und wohlgeordnetes zu bewahren.* Von Gott war alle Ordnung geschaffen, und danach sollte auch jeder Stand die ihm gemäßen Einkünfte haben, dafür zu sorgen, war Aufgabe des christlichen Herrschers. Gegenüber jenen, die aus dem Netz der sorgenden und wehrenden feudalen Ordnung herausgefallen waren, den Armen und Elenden, sollte Mitleid geübt und ihnen in christlicher Nächstenliebe geholfen werden; jedoch nur in Maßen, hatte doch Gott aus unerforschlichem Grund einem jeden sein ihm bestimmtes Los des irdischen Lebens auferlegt, und es war nicht Sache des Menschen, in des Allmächtigen Ratschluß einzugreifen.

Die Abkunft befähigte den Fürsten, zum Herrscher erkoren zu werden, gewählt von Seinesgleichen und von der heiligen Kirche gesalbt. Eine harte, von Pflichten diktierte Erziehung hatte ihn auf das Amt vorbereitet. Früh der weiblichen Obhut entrissen, mußte der junge Fürst, angeleitet von den Besten der höfischen Gesellschaft, die Tugenden des Ritters erlernen. Dem elterlichen Einfluß weitgehend entzogen, oblag es sorgsam ausgewählten Geistlichen und Rittern, den Prätendenten auf die Bürde seiner Bestimmung vorzubereiten: Demut vor dem Höchsten zu empfinden, dem König der Könige nachzufolgen, das Schwert und die Lanze zu führen, im Turnier mannhaft zu streiten und schließlich das Waidwerk und die Jagd mit dem Falken zu erlernen. Weniger vonnöten war dumpfes Gelehrtenwissen, der Fürst sollte nicht die Feder führen, Zahlenreihen addieren oder gar Rechtsdisputationen austragen; weit wichtiger empfand man die Kunde vom Ruhm der Ahnen, deren Taten verpflichtend und beflügelnd das diesseitige Leben bestimmten und das Bewußtsein schärften, in der Kette der Toten und Ungeborenen lediglich das verbindende Glied zu sein. Eingebunden in die Geschichte des Hauses und mit den Geschicken des Abendlandes verwoben, war es des Herrschers Pflicht, das Erbe treuhänderisch zu verwalten und den Nachgeborenen einen wohlbestellten Acker zu überantworten. Aus tiefen Wurzeln bezog er die Kraft, seine Mittlerrolle zwischen dem Allerhöchsten und der diesseitigen Welt zu tragen, und da er sich der Erbfolge nicht zu entziehen vermochte, sollte ihm die Erziehung helfen, die schwere Bürde zu tragen. Es war vor allem eine Erziehung zur Einsamkeit, die durch das Hofzeremoniell und die Etikette unterstrichen wurde und die Höflichkeit zu einer Lebenshaltung erhob, die Gefühle und Nähe nicht zuließ. Der Regent, von seiner Umgebung zwar beratend unterstützt, war in seinen einsamen Entscheidungen allein Gott verantwortlich, der sein einziger Tröster und beschirmender Vater war.

Vor der Königsweihe empfing der Herrscher als erster Ritter die *Schwertleite*, einen Schwur, der Fürsten und Ritter mit gemeinsamen Ehrbegriffen zu einer Einheit verschmolz. Walther von der Vogelweide hatte zusammengefaßt, was diesem Stand im Diesseits zum Glück verhalf: ritterliche Ehre, göttliche Gnade und schließlich weltlicher Besitz. Mit dem *varnde guotd* war freilich nicht das zusammengeschacherte Gold der Kaufleute gemeint. Es war der Lehnsbesitz, zu treuen Händen anvertraut, in dessen Mittelpunkt die Burg als Zeichen der Wehrhaftigkeit stand. Das Gut war weniger die Grundlage des Lebenserwerbs, Reichtümer waren damit nicht zu erlangen, es war vielmehr ein Symbol des Herrschens und Dienens.

Veste und Getreue
Der Adel

Der Manesse Codex zeigt ihn, den meditierenden ritterlichen Dichter, der sich in freier Natur von den Blumen und Tieren inspirieren ließ und seine minniglichen Gefühle in Verse setzte. *Minne*, das bedeutete die Veredelung eines wilden ungestümen Lebensgefühls, dessen heidnische Wurzel mit christlichen Versagungsgeboten, zumindest verbal in Einklang zu bringen war. Am Hof und auf dem Adelssitz pflegte man nicht die gebildete Disputation; das Wissen der Gelehrten war von Klostermauern umschlossen und wurde von den Männern der Kirche gehütet. Die adelige Kultur pflegte die diesseitige Bildung als sinnliche Wahrnehmung der wunderbaren Schöpfung, deren Eros allenthalben zu erspüren war. Die Empfindsamkeit, die Intensität des Naturerlebens steigerte sich bis zum bewußtseinserweiternden Rausch und vollendete sich in der sinnestrunkenen Umarmung der Liebenden. Es war nicht in Worte zu fassen, was so stark empfunden wurde, und so beschränkte sich die Dichtung auf karge Allegorien, deren Bilder den Zuhörer zwangen, seinen eigenen Gefühlen nachzugehen. Die Sprache der Minne erschien nachfolgenden Dichtern als naiv und ungelenk, doch so unbeholfen der ewige Liebesschmerz auch klingt, er war eingebunden in ein auf das Gemüt und die Sinne wirkendes höfisches Arrangement aus Blumen, Farbe, Klang, Duft, Wein und Musik, in dessen Mittelpunkt die Frauen standen. Sie waren es, die von den Recken in jammervoller Klage besungen wurden, weil nichts die Endlichkeit des Diesseits deutlicher vor Augen hielt als die Liebe, die höchste Glückseligkeit, verzweifelte Sehnsucht und verzehrende Trauer zugleich war. Die Endlichkeit des Lebens stand keinem so unmittelbar vor Augen wie dem Krieger, dessen diesseitige Bestimmung der Kampf und dem somit Bruder Tod ständiger Gefährte war. So hieß es, im Bewußtsein eines nahen Endes, die Stunde zu nutzen, wohl wissend, wie kurz das Glück an der Seite des Menschen stand. Alles war ein Werden und Vergehen, und so galt es, zwischen Lenz und Herbst, sich des Sommers zu erfreuen. Die minnigliche Poesie besang diese Sommerwonne, den Sonnenschein, die grüne Wiese mit ihren Blumen und die singenden Vögel und beklagte den Winter, wenn der Schnee das verlorene Paradies mit Kälte bedeckte. *Uns ist zergangen, der liebliche Sommer, da man brach Blumen, da liegt nun der Schnee,* so betrauerte Heinrich von Morungen den Abschied von seiner Geliebten, ein Abschied, der von der Pflicht diktiert wurde und den Zwiespalt der minniglichen Gefühle offenbarte, allegorisiert durch den Wächter, dessen Ruf die Liebesnacht beendete, oder den grauenden Morgen, der den Recken zwang, sich aus der Umarmung zu lösen, und die Geliebte klagen ließ: *Du reitest nun hin und läßt mich allein.*

Für das Abenteuer war der Ritter bestimmt, und über seinem persönlichen Glück stand der Lehnsherr, dessen Ruf zu den Waffen in unbedingtem Gehorsam zu folgen war. *Das Schwert verleiht dem Helden Ruhm, doch der Frauendienst begründet seine Würde,* sang der Recke Ulrich von Liechtenstein, der sich bereits mit zwölf Jahren in eine Gräfin reiferen Alters verliebte und in seiner Minne, zumindest nach bürgerlichen Ehrbegriffen, wenig Würde zeigte. Seine bereits in jungen Jahren ausgeprägte Egozentrik fand bei nachgeborenen Bürgern wenig Verständnis; sie hielten den jungen Ritter Ulrich für unnormal. Freilich, an den Normbegriffen ihres Standes war der Adel nicht zu messen, und so sollten sich die Bürger bis zu ihrer Machtergreifung an ihm reiben.

Die zuweilen pornographisch klingende ritterliche Dichtung mit ihren jammervollen Klagen über die verzehrend-sehnsuchtsvolle Liebe verstellt allerdings in ihrer Einseitigkeit das Bild vom Rittertum des Mittelalters, indem sie nur eine Facette der Adelskultur zeigt. Da war auch noch der Ritter Rauhbein, der, den Musen wenig zugetan, es vorzog, auf eigene Faust zu setzen, der die Burg für Ausfälle gegen Kaufmannszüge nutzte, die pflichtigen Bauern piesackte und lästige Standesgenossen in der Nachbarschaft befehdete. *Rauben und morden ist keine Schand, das tun die besten im ganzen Land,* hieß es, doch es war nicht Lust an der Freibeuterei, der sprichwörtliche arme Ritter, der seine Lehnspflichten zu erfüllen, Familie, Gesinde und Kriegsknechte zu unterhalten hatte, konnte den Zins der Bauern nicht erhöhen, mit Bauernarbeit war kein Geld zu verdienen. Während sich in den Städten der Reichtum mehrte, verarmte das Land. Zu verlockend waren die voll beladenen Wagen der Kaufleute, eine Provokation die sie begleitenden städtischen Kriegsknechte, und so holte man sich mit Gewalt, was einem zu kaufen versagt war. Anders als zum Beispiel in Italien, war die deutsche Kaiserzeit ein Adelsreich gewesen, dessen Fundament die Ministerialen waren. Die Stadt hatte zunächst kein politisches Gewicht, doch ausgehend von einigen großen Handelszentren wuchs zum Ende des Mittelalters der Einfluß der Städte, die sich gegen die Raubritter energisch zur Wehr setzten und massiv gegen die Straßenräuberei vorgingen. Glanz und Ruhm sowie politisches Gewicht der Städte hingen von den Geschäften der Bürgerschaft ab, und nur mit Hilfe großer Geldsummen waren den Fürsten Privilegien abzutrotzen. Auf dem Lande hingegen herrschte der Adel unangefochten, die Grenzen städtischer Macht endeten im Weichbild der Stadt.

Der Vorteil des Adels lag im Lehn begründet, der für die Dienstleistungen überantwortete Besitz sicherte das standesgemäße Auskommen, das freilich mit den Einkünften der wohlhabenden Kaufleute nicht zu vergleichen und kaum zu vermehren war. Ackerbau und Viehzucht sowie der Ausbau der Eigenwirtschaft galten eines Ritters unwürdig, und so zog man es vor, die Bauern mit Abgaben und Lasten zu belegen, und am allgemeinen Wohlstand des 13. und 14. Jahrhunderts zu partizipieren. Dem Elend des zinspflichtigen Landvolkes waren jedoch Grenzen gesetzt: *Stadtluft macht frei,* war der verheißungsvolle Lockruf, und nicht wenige verließen ihre Höfe und entsagten der mühevollen Plackerei.

Nach alter Gewohnheit sollte der Lehnsherr, dem alten Recht verpflichtet, vor allem ein wehrender Herr, Beschützer seiner *Grundholden* sein. Nun wurde ausgerechnet das Recht zum Werkzeug der Unterdrückung. Ursprünglich übte der Gerichtsherr als Bevollmächtigter der Reichsmacht die oberste Gerichtsgewalt in einem genau festgelegten Bezirk aus. Die weit verstreuten Siedlungen und kleinen Hofstellen im Rodungsland wurden in Rechtskreise, das heißt Verwaltungsbezirke zusammengefaßt. Aus diesen geschlossenen Territorien bildeten sich schließlich die Landesherrschaften, die eigenständigen Grafschaften und Herzogtümer.

Mit dem Verfall der Reichsgewalt wurde die Stellung der Gerichtsherren immer stärker; die Schwäche des Reiches ausnutzend, zogen sie stetig mehr Rechtsbefugnisse an sich: Das Münzrecht, Zollbefugnisse, die Polizeihoheit und schließlich auch die Gerichtshoheit. Zur Befestigung ihrer Macht errichteten die Territorialherren Verwaltungszentren mit nachgeordneten regionalen Amtsverwaltern. Im Zuge der Zentralisierung wurden die alten bäuerlichen Genossenschaftsrechte, die Selbstverwaltung der Bauernschaften, abgeschafft und durch fremdes, Römisches Recht ersetzt. Der bürgerliche Rechtsgelehrte Wimpheling zu Straßburg warnte vor den Konsequenzen der sukzessiven Entmündigung der Bauern: *nach der abscheulichen Lehre der neuen Rechtsgelehrten, soll der Fürst alles sein, das Volk aber nichts, damit sie das Volk aussaugen, für alles Unrecht einen Deckmantel finden* und *vor allem neue Steuern aussinnen müssen.* Die alte Dorfgerichtsbarkeit wurde abgeschafft und von im Römischen Recht geschulten Beamten ersetzt. An Stelle der Bauernrichter fällten Rechtsgelehrte nicht mehr nach altem Herkommen, sondern nach starren Paragraphen ihre Urteile und ersannen zugleich neue Lasten und Steuern. Sie waren erbarmungslose Sachwalter der Landesherren und erhoben sich zu kleinen Fronherren, die mit Rechtsgezänk und hochmütigem Gelehrtendünkel das Volk zu drücken suchten. Mit Verachtung schmähten sie das *thumbe* Bauernvolk.

Was den fürstlichen Landesherren Recht war, erschien den adeligen Lehnsmannen billig. Auch sie versuchten, zuweilen im Widerstreit mit ihren Lehnsherren, Grundherrschaft und Leibherrschaft unbeschränkt auszuüben und ihre Bauern in Abhängigkeit zu bringen, die Lasten zu erhöhen und von ihrem Landgut aus eine unumschränkte Fronherrschaft auszuüben. Für sie war die Zeit der ruhmvollen Heldentaten endgültig vorbei, sie saßen nun auf ihrem Besitz und waren gezwungen, wie Bauern ihren Lebensunterhalt zu bestreiten. Die alte ritterliche Kultur war versunken, und manche stolze Burg verfiel. Das Burgleben des 16. Jahrhunderts, von Ullrich von Hutten beschrieben, war bescheiden geworden. Abhängig von den spärlichen Abgaben ihrer Bauern, teilten die Ritter das Leid ihrer Hintsassen bei schlechten Ernten und Futtermangel des Viehs.

Wo einst stolze kastillische Rösser in den Ställen standen, hielt man nun für den Eigenbedarf Kühe und Schweine. Federvieh scharrte Nahrung im Burghof, und nachts huschten Ratten über den häuslichen Unrat, den ein liederliches Gesinde achtlos ausgekippt hatte. Im Palas erklangen keine sinnenfrohen Lieder mehr, und nur selten fanden sich Nachbarn ein, um gemeinsam zu feiern und zu tafeln. Doch geblieben waren die Lehnsverpflichtungen gegenüber dem Territorialherrn. Da mußten Pferde für die Reisen des Fürsten gestellt werden, mit Gefolge hatten die Ritter bei den Hoffesten zu erscheinen, mußten zu Ehren des *ehelichen Beylagers* oder der fürstlichen Jubiläen Turniere bestreiten. Dies alles kostete Geld, denn der Lehnsherr erwartete prunkvolle Aufzüge mit rassigen Rössern und farbenfrohen Kostümen. Bei der latenten Geldknappheit galt es nachzusinnen, wo weitere Ressourcen zu erschließen waren.

Zusammenhängenden Grundbesitz konnte kaum ein adeliger Herr sein Eigen nennen, und auch wenn die Burg das Dorf dominierend beherrschte, die Bauern des Ortes waren selten in ihrer Gesamtheit dem Burgherrn verpflichtet. Die Höfe konnten unterschiedlichen Grundbesitzern eigen sein: dem Landesherrn, einem Adeligen oder einem Kloster. Meist lagen die Höfe der pflichtigen Bauern weit verstreut, und die Einziehung der Abgaben war beschwerlich und wenig lohnend. Durch Tausch, Kauf und durch Eheschließungen sorgfältig vorbereitete Erbansprüche suchte man, den Besitz überschaubarer zu machen und, wenn möglich, eine lohnende Eigenwirtschaft zu begründen. Doch die Ritter waren keine Ackerknechte; Viehzucht und Feldwirtschaft waren nicht ihr Metier. Bis ins 15. Jahrhundert erzählen die Chroniken der alten Familien von Heerzügen, mannhaften Turnieren und kriegerischen Ruhmestaten, festgehalten in fürstlichen Sendschreiben und Friedensurkunden und in den Geschlechterkisten bewahrt. Fortan halten die Annalen weniger Ruhmvolles fest: auf Pergament quittierte Pfandgeschäfte und Zinsabsprachen mit Bürgern. Als der Knappe Cord auf der Burg zu Redefin in Geldnot geriet, mußte er eine wenig ehrenvolle Reise nach Lübeck antreten, ohne

großes Gefolge und in gehöriger Bescheidenheit wollte er bei Kaufleuten um Geld bitten. Die Bürger Bartolde Loddere, Gerd Witten,
Mathias Zedere und Johann Nigenborn entschieden in zähen Verhandlungen über sein Schicksal. Schließlich liehen sie ihm 300 Mark
gute lübsche Währung. Sie erhielten aus seinem Besitz in den Dörfern
Besendorf, Zachun, Ketendorf und Warsow bäuerliche Höfe zum
Pfand. Bis zur Tilgung der Schuld standen ihnen die Abgaben von
jährlich 24 lübsche Mark zu, jährlich zu Michaelis von einem Sendboten des Knappen in Lübeck abzuliefern. Bürger wurden Herren,
die mit Wucherzinsen den Adel bedrängten. Als Demütigung empfanden es die edlen Herren, wie Fronbauern Zinsen an die Pfeffersäcke zahlen zu müssen. Für die Bürger aber waren die Geschäfte
nicht ohne Risiko: Wenn die Not zu drängend wurde, die Sicher-
heiten verpfändet waren, stellten die Knappen und Junker die Schul-
dentilgung ein, bedrohten gar die Gläubiger und spotteten der
Kaufmannsehre, die vor Gerichtsherren eingeklagt werden mußte.
Mahnende Beschwerdebriefe der Bürger an den Lehnsherrn der
Schuldner fruchteten wenig, auch der Landesfürst sah sich in ständiger Geldnot und zeigte sich wenig geneigt, seine Getreuen zur Zah-
lung anzuhalten.

Die Landesherren, vom reichsfeindlichen Streben nach Ausbau der
territorialen Befugnisse geleitet, benötigten Geld, viel Geld, um den
frühneuzeitlichen Staat machtvoll auszustatten. Die höfische Repräsentation, der Verwaltungsaufbau, die Militärausgaben und schließlich die Neugestaltung der Residenzen verschlangen gewaltige Summen – Kosten, die der Adel und die Stände zu billigen und zu
gewähren hatten. Und so feilschte und schacherte man in den Stän-
deversammlungen und ertrotzte sich ständig neue Privilegien und
Rechte, ließ sich Fronerhöhungen gewähren, das vermehrte Bauernlegen gestatten und mehr Gerichtsbefugnisse einräumen. Damit wurden die adeligen Ritterschaftsmitglieder zu uneingeschränkten, allmächtigen Herrschern über ihr Land und ihre Leute. Zuweilen
konnten sich die Fürsten der anmaßenden Untreue erwehren, doch
der Kampf des Adels gegen die Landesherren war latent, vor allem in
den Ostgebieten. Die zweitgeborenen Miterben verließen nicht selten
das heimatliche Gut und traten in den Hofdienst oder residierten wie
Gutsherren als Amtmänner in den regionalen Verwaltungszentren,
andere verpflichteten sich als Offiziere und bewahrten so den alten
ritterlichen Geist in der Armee des Lehnsherrn. Andere begaben sich
in fremde Dienste, erwarben Kriegsruhm und Beute und kauften

sich nach glücklichen Feldzügen Güter oder vermehrten den Familienbesitz. Vorbei war es mit dem *armen Ritter* , der seine Ehre im Dienste seines Herren fand, nun aber wie der Bürger sich um Gut und Geld besorgt.

Die Burg, die mittelalterliche Stadt beherrschend, an strategisch wichtigen Punkten auf Bergeshöhen oder in unüberwindlichen Niederungen, feudale Macht und Ordnung symbolisierend, hatte weitgehend ihre alte Funktion verloren. Die düsteren Gemäuer verkörperten das *finstere Mittelalter*, schmucklos und karg war das Interieur, ohne Zierrat der Bau. Ein neuer, die zu Ende gegangene Epoche schmähender Geist war über die Alpen herübergeweht. Die Wiederentdeckung und Belebung des klassischen Altertums durch gelehrte Studien eröffnete auch ein neues Empfinden für die Kunst der Alten und prägte fortan das Lebensgefühl, vor allem des Adels. Die larmoyanten Gesänge der Minne waren verklungen, der sein Liebesleid bejammernde Rittertölpel war dem weltgewandten, humanistisch gebildeten Schöngeist gewichen, der sich weniger seiner Mitmenschen verpflichtet sah, als vielmehr das eigene Ego in den Mittelpunkt einer diesseitigen sinnenfrohen Weltbetrachtung stellte. In reger Bautätigkeit wurden die alten Wehrbauten ihrer ursprünglichen Bestimmung entkleidet, und so entstanden durch Um- und Ausbauten repräsentative Landsitze, eine *Villa rustica* nach dem Vorbild der prächtigen Villen des Feldherrn Lucullus, des Augustus, Pompejus und Cicero. Das Gut wird fortan die adelige Lebenswelt bestimmend beeinflussen, das nach den Gesetzen der Ästhetik gestaltete Haus, der Garten und die Jagd sowie jenes kultivierte Naturgefühl, das zunächst noch wenig von der Ökonomie der Eigenwirtschaft belastet war.

Lucullus hatte einst von seinen Feldzügen fremde Pflanzen mitgebracht und auf seinem Besitz zur Bereicherung seiner üppigen Tafel anpflanzen lassen. Dem antiken Vorbild folgend, entstanden allenthalben herrschaftliche Nutzgärten, und selbst in Gegenden, wo die Sonne nur kurz den Pflanzenwuchs förderte, befahlen fürstliche Herren den Anbau fremdländischer Gewächse. Aus den Nutzgärten entstanden repräsentative Parkanlagen mit exotischen Bäumen und Sträuchern, in die sich anmutig die zierlichen Orangerien einfügten. Maßstab des Denkens und Handelns waren die antiken Vorbilder, denen man nachstrebte, und die es erlaubten, Bauern zu legen und die Leibeigenen wie Sklaven zu halten. *Der Unterschied zwischen unseren Sklaven,* so schrieb ein bürgerlicher Gelehrter, *und der der*

Römer ist dieser: Die Römer gaben ihren Knechten alles, was sie brauchten: Essen, Trinken, Kleider; daß sie also vor nichts zu sorgen durften, dahingegen bei den Teutschen der Herr die Servos entweder zu seinem Dienst im Hause behalten, oder ihm ein Gut zu bauen gegeben und seine Haushaltung führen lassen.

So sehr auch der Adel sich an der schwärmerischen Verehrung der Antike beteiligte, am Bildungsaufbruch hatte er nur einen geringen Anteil. Das Studium der Alten überließ er den bürgerlichen Gelehrten, deren blutleeren Traktate ihn langweilten und nur insoweit interessierten, als daraus ein Nutzen zu ziehen war. Dem Rostocker Professor Johann Friedrich Husanus zollten die mecklenburgischen Standesherren Anerkennung, als er mit dem Hochmut des kleinen Mannes die Grundherren zum Bauernlegen ermunterte. In seiner Schrift *De nominis propriis* legte er dar, daß ein Staat ohne *servitus*, also ohne Sklaven oder Leibeigene, nicht bestehen könne, und sein Nachfolger Ernst Cothmann vertrat die Auffassung, daß Bauern grundsätzlich zum Sklavendienst bestimmt seien.

In Brauch und Sitte erstarrt
Vom Elend eines Standes

Unbemerkt von den deutschen Kaufleuten und Handwerkern vollzogen sich im 16. Jahrhundert große politische und wirtschaftliche Veränderungen, die sich andernorts in Europa ankündigten, vor allem in Portugal und Spanien. Neue Erdteile wurden entdeckt, der Seehandel erhielt größere Dimensionen, alte Handelswege verloren ihre Bedeutung, der mühsam ausgebaute Landhandel in Deutschland brach zusammen. Länder mit günstigeren Häfen begannen zunehmend, mit den deutschen Kaufleuten zu konkurrieren. Diese hatten die Gefahr nicht rechtzeitig erkannt, und als sie versuchten, den Schaden zu begrenzen, war es zu spät. Elisabeth, Königin von England, versetzte der Hanse einen tödlichen Streich, alte Privilegien im Ostseehandel gingen verloren, und die großen Städtebündnisse im Süden Deutschlands brachen auseinander. Sie mußten einen Teil ihrer Waren durch die Vermittlung italienischer, spanischer und französischer Kaufleute in die Überseegebiete und auf den europäischen Markt exportieren. Dabei hatte die große Blüte der deutschen Handelsstädte die Zahl der Gewerbetreibenden stetig ansteigen lassen und nun, da die Einkünfte zurückgingen, setzte eine allgemeine Verelendung ein und ließ die

Einwohnerzahlen rapide sinken. Im 15. Jahrhundert zählte, um nur ein Beispiel zu nennen, das stolze Augsburg 60000 Bürger und Einlieger, im 17. Jahrhundert, noch vor dem 30jährigen Krieg, war die Stadt auf 30000 Einwohner geschrumpft. Die Krise des Handels und des Handwerks kam den Territorialherren nicht ungelegen, weckte alte Begehrlichkeiten, und es brauchte alle Künste der Diplomatie und vor allem viel Geld, die alten Privilegien zu verteidigen.

Auf engem Raum drängten sich Arm und Reich in unmittelbarer Nachbarschaft, so daß es angeraten schien, die bürgerliche Untugend der Mißgunst mit neidverhindernden Regeln zu mäßigen; also nahmen sich, trotz eines behäbigen Wohlstandes, die Häuser der *gut betuchten* Kaufmannschaft eher bescheiden aus. Ungeachtet des ornamentalen Zierrats an den Giebeln, blieben die Häuserfronten vom Zweck bestimmt: Sie sollten das Dach vor Funkenflug schützen. Künstlerische Gestaltungsfreudigkeit und die Forderung Palladios *Schönheit wird sich ergeben aus der Form und Beziehung des Ganzen zu den verschiedenen Teilen,* fanden nicht das Verständnis der rechnenden Kaufleute.

Massiven Steinbau, Halb- und Vollfachwerk schmückte modischer Zierrat, von ungelenken Handwerkerhänden grob geformt oder geschnitzt. Das Innere des Kaufmannshauses war vom Zweck bestimmt, die neue Mode des *appartemento* verbot sich aus Platzmangel, statt des geschlossenen Zimmers hatte man kleine getäfelte Verschläge, die überdies, bei teurem Brennstoff, leicht zu heizen waren. Auf Wandborten fand sich das Zinngeschirr aus heimischer Produktion, ein *Schapp* barg edles Tafelgeschirr, das dem Wohlstand entsprechend, aus Silber und Gold gefertigt, die bürgerliche Reputation demonstrierte. Den größten Teil des Hauses nutzte man als Stapelraum, darunter befand sich die Diele, die groß genug zum Be- und Entladen der mächtigen Kauffarteiwagen sein mußte. Eine offene Küche, die unterschiedlichen Waren wie Felle, Tuche und Gewürze sorgten für eine eigentümliche Geruchskomposition, die nicht immer als wohltuend empfunden wurde. Wachsame Normenkontrolle setzte der Prachtentfaltung Grenzen. Gewinne aus dem Handel pflegte man anzulegen, in Grundstücken, Pfandgeschäften und Krediten mit Wucherzinsen. Das gesellschaftliche Leben gestaltete sich weitgehend außer Haus, streng hierarchisch geschieden, in den Festsälen der Ämter, und Zünfte. Das gemeine Volk versammelte sich in düstren Kneipen und Spelunken.

Nicht ohne Einfluß war die kleinbürgerliche Mittelschicht, die in den Zünften beziehungsweise den Ämtern organisierte Handwerkerschaft. Vor allem waren sie es, die das städtische Gemeinwesen prägten. Die Zünfte, die einst den Wohlstand der Städte maßgeblich begründet hatten, vermochten desgleichen die großen Veränderungen der Zeit nicht zu erkennen; zur anpassenden Wandlung nicht fähig, verharrten sie in altem Brauch und überkommener Sitte. Sinkende Aufträge erweckten bei manchem Zunftmitglied innovative Ideen, doch die Mehrheit der Genossen fürchtete sich vor der Konkurrenz, beobachtete argwöhnisch die Einhaltung der Zunftgesetze und fahndete verstärkt nach Verstößen und Verfehlungen, um tüchtige Meister auszuschließen. Abstruse Verschärfungen der Aufnahmebedingungen für neue Meister sollten die kargen Erwerbsmöglichkeiten sichern. Verlangt wurde die Anfertigung blödsinniger Meisterstücke, und wehe, es konnten neue Techniken oder verbesserte Fertigungsmethoden nachgewiesen werden. Neue Betriebsgründungen waren ausgeschlossen, es sei denn, der Jungmeister verpflichtete sich, eine Meisterwitwe zu ehelichen – eine durchaus zumutbare Forderung, da nach bürgerlichem Empfinden die Ehe nicht mit sexueller Lust befrachtet sein sollte. Die Zunftmitgliedschaft vermochte jedoch noch im bescheidenen Rahmen das Auskommen zu sichern, garantierte Ausbildung und Unterhalt, und auch die Imponderabilien des Lebens waren weitgehend durch die soziale Fürsorge der Gesamtheit der Genossen gemildert. Der Preis dieser Absicherung war eine strenge Normenkontrolle, und nur wer bereit war, die persönliche Freiheit aufzugeben, durfte die Segnungen der sozialen Sicherheit genießen. Dieser geforderte Verzicht auf Individualität und Kreativität war die Voraussetzung dafür, an der Zwangsherrschaft der Mitglieder beteiligt zu werden. Als Trost blieben den Angepaßten die ritualisierten Schikanen und Strafmaßnahmen, denen Neulinge und Missetäter ausgesetzt waren. Das wohlige Gefühl der Schadenfreude milderte die Pein der totalen Unterwerfung. In diesem Circulus vitiosus kollektiver Herrschaft verkam ein Stand, der einst Großes geschaffen hatte und von dem wertvolle Impulse der Stadtentwicklung ausgegangen waren. Die von Neid und Mißgunst diktierten Normen des Zusammenlebens mußten zwangsläufig ständig verschärft werden, denn aus der nachbarschaftlichen Kontrolle erwuchsen neue, die persönliche Freiheit einschränkende Regeln der Gemeinschaft, die es schließlich keinem gestatteten, mehr Rechte in Anspruch zu nehmen, als von der Mehrheit zugebilligt. So war eine besonders gute Arbeitsleistung des Fleißigen gleichermaßen ein Normenverstoß wie die Schlamparbeit des Faulen. Beide wurden in den Morgensprachen gerügt und bedroht: Der Faule mit dem Ausschluß aus der Zunft, dem umtriebigen Handwerker, der neue Produktionsmethoden oder gar neue Gerätschaften entwickelte, konnte es wie einem Danziger Tischler ergehen, der es gewagt hatte, ein verbessertes Spinnrad zu erfinden: Sein neues Produkt wurde auf dem Richtplatz der Stadt öffentlich verbrannt.

In Wort und Tat war Vorsicht geboten, in der Enge des Quartiers blieb nichts verborgen. Versuche, sich abzuschirmen, erhärteten den Verdacht, sich den Zunftgesetzen entziehen zu wollen, und zunehmend schloß das Handwerksbrauchtum alle Lebensbereiche ein. Wer sich an die *thumben,* in Versform gefaßten Dialoge hielt, konnte nichts Falsches sagen, und entsprechend brabbelten bei Arbeit und Festen, bei Begrüßung und Abschied, ja selbst beim Liebeswerben die zünftischen Handwerker ihre auswendig gelernten Texte herunter. Die zu Saufgelagen verkommenen Zusammenkünfte pflegten in genau festgelegtem Ritual ihren Anfang zu nehmen, endlose vorgeschriebene Sprüche und Grußformeln begleiteten das Zechen, forderten ständig zum Erheben des Glases auf, bis schließlich der Schwachsinn in trunkener Ohnmacht erstarb. Der Suff gewährte die einzige bescheidene Freiheit, dann wurden Worte nicht gewogen, waren polternde Unflätereien gestattet. Solcherart Ventilsitten waren den Frauen allerdings nicht gestattet, sie trafen sich gesondert zu weiblichen Tribunalen, wo sie, mit der nachbarschaftlichen Kontrolle betraut, Sanktionen gegen Außenseiter verhängten und sich am giftigen Klatsch über Nichteingeladene ergötzten. Alsdann brachte man zur Anzeige, was mißfallen hatte, petzte den Zunftgenossen die festgestellten Verstöße, die sie dann an den Morgensprachen gebührend bestraften.

Von mächtigen steinernen Mauern umschlossen, von Torwächtern behütet, in Brauch und Sitte verharrend, so lebte der Bürger des 16. Jahrhunderts. Doch wer sich so eingemauert hatte, sich in nachbarschaftlicher Enge und genossenschaftlichem Zwang bewegte, seinen Tag von dumpfen Gruppenängsten und neidischer Wachsamkeit überschatten ließ, mußte jeden Kontakt nach draußen verlieren. Die Geschehnisse der Welt gingen an ihm vorüber, er nahm nicht Teil an der Gestaltung der Gegenwart und an den Lichtpunkten des kulturellen Fortschritts. Aber auch die Bedrohungen, Kriege, die außerhalb der Mauern tobten, das alles ging ihn nichts an, es sei denn, das Unglück pochte an die eigene Tür, Waffenlärm beunruhigte den eigenen Frieden, oder Seuchen bedrohten die Stadt. Die großen Veränderungen außerhalb der städtischen Befestigung wurden kaum wahrgenommen, der Lauf der Geschichte berührte den Bürger nicht. Weil er keine Geschichte hatte, galt nur dies: Die Sorge um das Auskommen mit dem Einkommen und weiter vielleicht der Kochtopf der Nachbarn, die Kohlköpfe im Garten und die Triefnasen der eigenen und fremden Kinder. Geschichte und Zukunft sollten die Gegenwart nicht bedrücken, denn so wie es ist, so sollte es bleiben.

Was aber geschah mit jenen, die sich den Unwillen der Gemeinschaft zugezogen hatten, deren Tüchtigkeit und Fleiß ein Verbleiben in der Stadt unmöglich machten? Gnadenlos war die Bestrafung für Normenverstöße, und ein Meister, dem das Handwerk gelegt war, fand in keiner Zunft erneute Aufnahme. In tiefes Elend stürzten nicht nur die verantwortlichen Familienvorstände, sondern der gesamte Hausstand. Manche waren gezwungen, sich dem riesigen Heer des herrenlosen Gesindels anzuschließen, heimatlose Nomaden, die in Gruppen das Reich durchstreiften und mit Bettelei und Dieberei zu überleben versuchten, während es anderen vielleicht gelang, mit Handlangerdiensten ein kleines Salär zu verdienen.

Neid, Mißgunst und Normendiktat, diese häßlichen Untugenden, die zuweilen als typisch deutsch bezeichnet werden – in der Enge der eingemauerten Stadt wurde konditioniert, worunter bis heute kleinbürgerliche Gemeinschaften zu leiden haben.

Kampfzeit

Bildung macht frei
Die Gelehrten

Sozialer Aufstieg war in der feudalen Ordnung eigentlich nicht vorgesehen, doch, wie wir gesehen haben, durchaus möglich. Nach christlicher Auffassung hatte Gott bestimmt, daß ein jedes Individuum in seinen Stand hineingeboren werde und damit auch seine irdischen Pflichten festgelegt seien. Wer danach trachtete, diesem auferlegten Schicksal zu entfliehen, handelte gegen die gottgewollte Ordnung. Doch die Macht des Geldes war zuweilen stärker als Gottes Ratschluß, und auch die irdischen Sachwalter des Allmächtigen vermochten es nicht zu verhindern, die Standesschranken überwindbar zu machen, ja zuweilen zwangen die Nöte der Zeit dazu, gegen die Gebote Gottes zu handeln. Der Ausbau der Staatsgewalt erforderte zunehmend rechtskundige Gelehrte, die in der Auseinandersetzung mit der Reichsgewalt juristischen Rat zu geben hatten, die Erbschaftsansprüche im Auge behielten und schließlich um die Stiftung und Durchsetzung der Landesgesetzgebung besorgt sein sollten. Aber auch die Städte bedurften des juristischen Beistandes, wenn es galt, alte Privilegien und Rechte gegenüber der Territorialmacht zu verteidigen oder fürstliche Rechtsangriffe abzuwehren. In den Zeiten der mächtigen Städtebündnisse wurde der Handel von den deutschen Kaufleuten diktiert, doch nun waren die selbstbewußten ausländischen Partner nicht mehr bereit, sich diesem Diktat zu beugen, da galt nicht mehr das Recht des Stärkeren, sondern der Rahmen des jeweils gültigen Rechts, und so war auch hier der Rat von Juristen unerläßlich. Nicht selten mußten deutsche Kaufleute vor fremden Richtern ihre Forderungen erheben oder sich zu ihrem Nachteil einem Spruch nach fremder Gewohnheit unterwerfen. Mit fürstlicher Huld entstanden in vielen Städten, in Konkurrenz zum geistlichen Bildungsmonopol, Universitäten, die den alten Lockruf *Stadtluft macht frei* mit einer hoffungsvollen Verheißung ergänzten, und die lautete: *Bildung macht frei*.

Zuvor war das Privileg der Bildung den geistlichen Ständen vorbehalten, und wer das Wissen der Welt erlangen wollte, mußte sich in die Obhut lehrender Mönche begeben. Der Lehrstoff der Klosterschulen war allerdings bescheiden: Hauptanliegen der frommen Männer war es, eine große Schar Chorknaben für die festlichen Gottesdienste heranzubilden, und folglich lag der Schwerpunkt der Ausbildung beim Gesang und dem Erlernen lateinischer Texte. Diese einseitige Interessenlage der Kleriker ließ die bürgerlichen Räte eine bessere Ausbildung fordern, denn durch die Ausweitung des Handels benötigten die Handelsherren schrift- und rechenkundigen Nachwuchs, der Geschäftsbücher zu führen wußte, Verträge aufsetzen und fremde Währungen umzurechnen verstand. Nach zähem Ringen mit der Geistlichkeit und der weltlichen Obrigkeit, erlangten die Städte die Erlaubnis, eigene Bürgerschulen einzurichten, freilich nicht ganz ohne geistliche Aufsicht, sie wurde den bürgerlichen Stadtkirchen zugeordnet. Auch in den Bürgerschulen wurden Chorknaben ausgebildet, doch zugleich waren die Lehrpläne um jene Fächer erweitert, die einem Kaufmann vonnöten waren. Mildtätige Stiftungen der Kaufmannschaft ermöglichten auch den Kleinbürgerkindern den Besuch dieser Schulen, vor allem, wenn sie eine wohlklingende Stimme hatten und als Gegenleistung für die Bildungswohltat sich verpflichteten, die Kinder der Reichen vom anstrengenden Gesangsunterricht zu entlasten und ohne Murren während der Frühmessen zu singen. Die Schulmeister der Stadtschulen waren nur selten Leuchten der Wissenschaft, und nur in den großen reichen Städten achtete der Rat darauf, daß die Kandidaten eine Universitätsbildung vorweisen konnten. In jedem Fall war das Salär spärlich bemessen und erlaubte nur einen dürftigen Haushalt, und manch städtischer Schweinehirt durfte sich eines besseren Einkommens rühmen.

Für die kleinbürgerlichen Scholaren erwiesen sich die armen Schulmeister jedoch zuweilen als Segen: In sozialer Solidarität und vom Neid und Haß gegen die Reichen geleitet, förderten sie nicht selten die Kinder der armen Leute und verhalfen manch strebsamen Knaben zum Universitätsbesuch. Da der Adel und die Kaufleute kaum daran interessiert waren, ihre Sprößlinge studieren zu lassen, blieben die Universitäten fast ausschließlich den Kleinbürgern vorbehalten, denen damit ein weiterer sozialer Aufstieg eröffnet wurde.

Es waren die kleinen Leute, die durch die Bildung dem Elend des Standes zu entrinnen trachteten, auch wenn der spätere Lohn nur selten die Mühen wert war. Als Lehrer vermochte man nur ein karges Leben zu führen, und selbst den Universitätslehrern war zumeist kein Gehalt gewährt, sie mußten ihren Unterhalt nach ihren Veranstaltungen bei den Studenten einsammeln, so daß ihre Schüler bemüht waren, noch vor dem Ende der Vorlesung die Bildungsstätte zu verlassen. Neben dem Theologiestudium versprach auch das Studium der Rechte Ansehen und Reputation, Rechtsgelehrte hatten die größten Chancen eines beruflichen und sozialen Aufstiegs. Nur die Reichen und Mächtigen bedurften des Rechtsbeistandes, und so genossen es die studierten kleinen Leute, sich im Glanze der Auserwählten bewegen zu dürfen und zugleich an ihrem Reichtum partizipieren zu können. Mit Rechtshändeln war gutes Geld zu erlangen, und oft genug war man sich mit den gegnerischen Advokaten einig, den Rechtsfrieden nicht allzu schnell herbeizuführen.

Aus wilder Wurzel
Neureich

An vielen Höfen und in den großen Handelsstädten war der Rat des hochangesehenen Syndicus Doctor Johannes Dutzendrath wohlgelitten und begehrt. Auch er entstammte dem Dunkel des niederen Standes, so daß sich die Schreibweise seines Namens nicht eindeutig klären ließ. Hieß er Tutzendrath, wie er wohl in seiner sächsischen Heimat genannt wurde, oder Dutzendrath, wie ihn die norddeutschen Lüneburger anzusprechen pflegten? Als er Lüneburg zur Wirkungsstätte erkoren hatte, war sein Herkommen bereits ohne Belang, von den führenden Männern der Stadt geachtet und sogar vom Stadt- und Landadel akzeptiert, war er innerhalb der Stadtmauern und außerhalb, auf den Gütern der Adeligen, ein willkommener Gast. Für diese Anerkennung wußte sich der ehrgeizige Selfmademan mit lucullischen Gastereien und admirablen Festen zu revanchieren. Die Enge der Stadt verbot es ihm, entsprechend seinem Vermögen und seiner Reputation eine angemessene Stadtresidenz zu errichten, und so hielt er in der Umgebung Lüneburgs nach geeignetem Baugrund Ausschau. Die reichsrechtliche Gleichstellung der Gelehrten mit dem niederen Adel erlaubte es ihm, auf dem Lande Grund und Boden zu erwerben, freilich zu überhöhtem Preis. Erst nach drängender Fürsprache eines befreundeten kirchlichen Würdenträgers erhielt er auf klösterlichem Grund eine Bauerlaubnis. Es entstand ein monströses schloßähnliches Gebäude im Stile einer ritterlichen Wasserburg, das an Größe und Pracht die Gutshäuser des benachbarten Adels weit in den Schatten stellte. Überdies wollte der Bauherr seinen kostspieligen Besitz einer breiten Öffentlichkeit publiziert wissen, und so beauftragte er den weithin bekannten Poeten Thomas Mawerus, einen gelehrten Kenner der antiken Literatur, das Bauwerk zu preisen. In 509 lateinischen Versen rühmte der Dichter den Besitzer und sein Haus: *Götter und Göttinnen all: was mit stürmischem Eifer begonnen, nehmt es in Schutz, begabt mich mit glücklicher Ader, daß ich großen Besitz in schwachen Versen mög schildern,* so begann der Dichter seine Wanderung durch die *villa rustica,* um sogleich in die federgefüllte Kammer einzutreten, wo mit erhabenem Schnitzwerk das Bett des Hausherrn stand. Daneben fand sich sogar ein Ort, geeignet zur heimlichen Einkehr. Alsdann erkundete der lobpreisende Besucher die große Halle mit prächtigen Fenstern, durch die das Licht auf einige trefflich gemalte Portraits fiel, Bilder, die eine Ahnenreihe eröffnen sollten und nun erst wenige männliche Mitglieder des neu erwachsenden Stammes zeigten. Eine große Anzahl von Gästezimmern und das prunkvolle Speisezimmer, geschmückt mit belgischer Malkunst, herrlichen edlen Teppichen und bestickten Polsterstühlen verrieten, daß der Bauherr ein offenes Haus zu führen gedachte. Für die lauen Sommertage war ein weiterer Eßsaal konzipiert, in dem – in Ermangelung eigener Ahnen – die ruhmvollen Feldherren aus Vergangenheit und Gegenwart auf die Tafelgesellschaften herabblickten. Adeligem Brauch folgend, die Wappenschilde der Vorfahren zu zeigen, zierten die Hausmarken Lüneburger Ratsherren die Wand. In den weniger behaglichen Teilen des Hauses fand Mawerus das Gesinde untergebracht, die Diener und Mägde, und schließlich in den dunklen Kanzleiräumen, die Schreiber, die für den gelehrten Juristen die Schriftsätze aufsetzten, rechtskundige Zureichungen zu leisten und schließlich die Archivalien zu ordnen hatten.

Mit so viel Prunk und Glanz konnten die adeligen Nachbarn nicht aufwarten, ihre Häuser waren aus schmucklosen Burgen entstanden, das Baumaterial bestand vornehmlich aus Holz, das sich mit den Jahren dem Willen der Erbauer widersetzt hatte und aus Lot und Maß geraten war. Generationen hatten ausgebessert, verändert und umgebaut, und so konnte das Gebäude über gute und schlechte Jahre erzählen, tüchtige und weniger fleißige Vorfahren hatten ihre Spuren hinterlassen – das Haus war in Holz und Stein gefügte Geschichte. Die Bewohner fühlten sich als Gäste, denn sie wußten, wer vor ihnen

hier gelebt hatte, und daß nach ihnen ihre Nachkommen darin leben würden. Syndicus Dutzendrath war von solchen Gedanken unbeschwert. Aus wilder Wurzel hatte er in Hast und Eile sein Gut gestalten müssen, und dennoch war es ihm nicht vergönnt ein langes
ländliches Herrenleben zu führen, nach nur wenigen Jahren verschied er. Für seine erbenden Söhne rechnete sich der Luxus nicht,
und folglich verkauften sie das Anwesen an einen neureichen Stadtadeligen. Dutzendrath hatte keine Dynastie zu begründen vermocht,
wie gewonnen, so zerronnen, sagte das bürgerliche Sprichwort, weil
es kaum möglich war, das Erworbene zu bewahren: Bürgerlicher
Wohlstand stand auf schwachem Boden und überdauerte selten die
zweite Generation.

Der Aufstieg
Eine kleinbürgerliche Familiengeschichte

Der kleinbürgerliche Aufstieg war dornenreich, und es bedurfte zäher Beharrlichkeit, sich aus den Fesseln des Standes zu lösen. Nur wenigen war es vergönnt, die freie Stadtluft zu atmen, auch wenn die
Städte nach wie vor um Zuzug warben. Benötigt wurden Knechte
und Mägde, niedere Arbeitskräfte, denen die Bürgerrechte versagt
blieben.

Als im Frühjahr des Jahres 1483 der Bauernsohn Hans Luder
seinen elterlichen Hof verlassen mußte, weil er heiraten wollte, und
sein ältester Bruder entsprechend dem Meierrecht alleiniger Erbe des
Hofes war, mußte er der Obrigkeit darlegen, wie er seine künftige
Familie zu ernähren gedachte. Im heimatlichen Dorf konnte er nicht
bleiben, ohne Lebenserwerb hätte der Grundherr keine Heiratsgenehmigung erteilt, Stadtrechte konnte er ohne Grunderwerb nicht erlangen, und so blieb ihm nichts anderes übrig, als jenen Glücksrittern zu
folgen, die in Scharen in die Dienste der Mansfelder Grafen traten.

Die Grafen waren mit reichhaltigen Vorkommen des begehrten
Kupferschiefers gesegnet, und so kamen fremde Bergknappen, ge-
scholtene Handwerker, Bauernsöhne und herrenloses Gesindel ins
Mansfeldische. Der große Bedarf an Arbeitskräften ließ die Werber
nicht nach der Vergangenheit der Arbeitswilligen fragen, und so war
es ein wildes Volk, das sich dort in die Erde wühlte. Sie alle hofften, am Reichtum ihrer neuen Herren partizipieren zu können. Verlockend waren die Versprechungen der Werber gewesen, doch bald

stellte sich heraus, daß die elende Plackerei Reichtum nicht bescherte. Hans Luder hatte es bald zum Berghauer gebracht, und als die Grafen von Mansfeld das Abbaugebiet parzellierten und an tüchtige Hauer verpachteten, trat auch Luder einer kleinen Bergwerksgenossenschaft bei. Nur wenige überlebten die harten Pachtbedingungen, doch der ehrgeizige und fleißige Bauernsohn gab den Druck nach unten weiter, preßte aus seinen Leuten heraus, was herauszuholen war, und gelangte so schließlich zu einem kleinen Vermögen, das er sogleich in ein eigenes kleines Hüttenwerk investierte. Seinen Arbeitern und seiner Familie hatte der despotische Kleinunternehmer Armut und Bescheidenheit verordnet, Erspartes wurde zurückgelegt, neu angelegt, bis Luder schließlich an acht Schächten und drei Hütten beteiligt war. Preisschwankungen und herrschaftliche Abgaben gewährten nur einen bescheidenen Gewinn, unsicher war die eigenverantwortliche Selbstständigkeit, und so richtete sich der Ehrgeiz des Hans Luder auf seinen ältesten Sohn Martin, dem es einmal besser gehen sollte und der dem Namen Luder Ehre machen würde.

Auch in Mansfeld hatten die Bürger eine Stadtschule gegründet, in der die Kinder lesen, rechnen und selbstverständlich singen und lateinische Texte erlernen konnten. Vater Luder bestimmte, daß sein Ältester hier den ersten Unterricht erhalten sollte. In den Schulzimmern jener Zeit herrschte ein rauher Ton, der spärliche Wissensstoff wurde im wahrsten Sinne des Wortes schmerzvoll vermittelt. Eine große Kinderschar aller Altersgruppen saß in drangvoller Enge, lernte Texte und Regeln auswendig, löste Rechenaufgaben und hörte von Gottes Zorn und der Liebe des Heilands. Christliche Sanftmut war den Schulmeistern allerdings nicht gestattet, den Lerneifer der Schüler beförderten sie mit kräftigen Rutenschlägen. Mochte es auch an Lehrmitteln mangeln, niemals fehlte die Strafbank, über die, assistiert von einem kindlichen Folterknecht, der Lehrer mit geübtem Griff die unbotmäßigen Frevler zog, um sodann die entblößten Hinterteile mit Rutenstreichen zu traktieren. Für Martin Luder war der Beginn des Bildungsweges zunächst eine dornenreiche Erfahrung, das Gute, so schien es, war nur durch Pein zu gewinnen. Eine Erfahrung, die Vater Luder wohl teilen mochte, denn auch ihm war der bescheidene Aufstieg nicht in den Schoß gefallen.

Mit rücksichtslosem Ehrgeiz hatte es der Alte zu einigem Ansehen gebracht und wurde sogar zum Gemeindevertreter erwählt, doch was war das schon? Bestimmend waren die reichen Herren und gebildeten Rechtsgelehrten im Rat, die hochmütig auf die Kleinbürger herabsahen. Seinem Sohn Martin wollte er diese schmachvollen Zurücksetzungen ersparen, und als es sich herausstellte, daß der Unterricht in der Stadtschule für ein Studium nicht ausreichte, beschloß der Vater, den hoffnungsvollen Knaben in die Obhut der *Brüder vom gemeinsamen Leben* zu geben. Die Lehranstalten dieser Bruderschaft aus Laien und Klerikern hatten einen guten Ruf, und so ist zu vermuten, daß Martin Luder eine gute Einführung in die Wissenschaften erhielt. Doch die Geschäfte des Vaters waren in jener Zeit unbefriedigend, das Schulgeld war nicht mehr aufzubringen, und so mußte Martin abermals die Schule wechseln. Verwandte in Eisenach fanden sich bereit, den Zögling aufzunehmen und den Besuch der dortigen Pfarrschule St. Georg zu ermöglichen. Der Geist des Humanismus erfüllte bereits diese Lehranstalt und eröffnete den Schülern eine neue Welt des Wissens, mit dem Grenzen überschritten, Zusammenhänge erkannt und schließlich die Enge der eigenen Vergangenheit überwunden werden konnte.

In Eisenach aber machte der junge Luder eine weitere schmerzliche Erfahrung: Für die Kinder der reichen städtischen Oberschicht war es leicht zur Bildung zu gelangen, ihnen war Nahrung und Muße gegeben, um unbeschwert den Schulanforderungen zu entsprechen. Um den Lebensunterhalt brauchten sie sich nicht zu sorgen. Martin konnte auf Unterstützung des Vaters nicht hoffen, und die Gasteltern waren arme Leute, die kaum den eigenen Bedarf erwirtschafteten. Als *Partekenhengst,* singend von Haus zu Haus ziehend, versuchte er, sich mit Schulfreunden ein Almosen zu erbetteln. Die kleinen Sänger, in ihren fadenscheinigen Umhängen, barfuß und blaß, die frommen Lieder inbrünstig singend, rührten zuweilen die wohlhabenden Bürger, und so gaben sie aus Mitleid, schlechtem Gewissen und Furcht vor Höllenqualen etwas Geld und Nahrung. Martin Luder hatte Glück: Eine wohlhabende Bürgersfrau war entzückt von der hellen Knabenstimme, erschüttert vom sichtbaren Mangel und beschloß, dem Knaben eine Schlafstelle einzurichten und den reichen Kaufmann Schalbe zu überreden, ihm einen Essensplatz zu gewähren. Am Mittagstisch der vornehmen Familie wurde der Kleinbürgersohn in eine andere, ihm bis dahin unbekannte Welt eingeführt. Hier lernte er die feinen Sitten der Reichen kennen und spürte deutlich die sozialen Gegensätze, auch zu seinem Elternhaus. Jetzt erst begriff er seinen Vater, dem es trotz größter Anstrengung nicht gelungen war, das Joch der Armut abzuschütteln. Dankbarkeit für die Wohltaten, die ihm die Familie Schalbe zuteil werden ließ, wollte sich nicht einstellen, entwürdigend empfand der Knabe die Annahme der Almosen und die Pflicht zur Dankbarkeit. Das Gefühl des Neides, fest im Kleinbürgertum verwurzelt, traf auch jene, die aus schlechtem Gewissen oder sozialer Verantwortung sich den Armen zuwandten. In seiner Schrift *An den christlichen Adel des heiligen römischen Reiches Deutscher Nation* wird der spätere Reformator den Adel wohlwollend kritisch ermahnen, die bürgerlichen Kaufleute aber schmähen und verachten.

Befriedigt nahm der Vater die Aufnahme des Studiums in Erfurt zur Kenntnis, und es mangelte nicht an Ermahnungen, die sich freilich als überflüssig erwiesen. Die Erfurter Universität war streng und wohlgeordnet und ein lustiges Studentenleben kaum möglich. Die Studenten lebten in Bursen, überwachten Internaten, in denen Zucht und Ordnung herrschten. Den neuen Lebensabschnitt unterstrich der junge Student mit einer kleinen Korrektur seines Namens, fortan schrieb er sich Ludher.

Martinus Ludher widmete sich zunächst dem Studium der Freien Künste, die die Fächer Grammatik, Dialektik, Rhetorik, Arithmetik, Geometrie, Musik und Astronomie einschlossen. Seine erste Prüfung legte er bereits 1502 ab, nannte sich nun *Bakkalaureus, septem artes liberales*, ein begehrter Titel, der ihm jedoch nicht genügte. Im Jahre 1505 wurde er schließlich Magister. Vater Luder war überglücklich, hatte doch sein Sohn erreicht, was ihm versagt war. Um deutlich zu machen, daß dies ein Bruch mit der Vergangenheit war, der Sohn den niederen Stand verlassen hatte, verzichtete der Vater auf das vertraute Du und redete den emporgestiegenen Sohn nur noch in der dritten Person an, zum Beispiel als er ehrerbietig den Sohn darum bat, nun doch noch das Studium der Rechte aufzunehmen. Juristen, das waren Männer mit Macht und Ansehen, und Martinus Ludher sollte den Nachbarn und Freunden zeigen, was in ihm steckte. Ein Zeichen Gottes in einem bedrohlichen Gewitter ließ den jungen Magister eine andere Entscheidung treffen. Zum Entsetzen des Vaters beschloß er, Mönch zu werden. Am 17. Juli 1505 schloß sich hinter Martin Ludher die Klosterpforte, eine schmerzliche Niederlage des Vaters, der seinem Sohn alle väterliche Gunst entzog, und bisweilen schien diese Enttäuschung größer zu sein als die Trauer um die beiden Söhne, die in dieser Zeit von der Pest dahingerafft wurden.

Willig und in Demut ertrug Martin Ludher die Klosterregeln der Augustiner, doch den Ordensoberen blieb nicht verborgen, daß er zum Katheder strebte. Die Zeit der klösterlichen Abgeschiedenheit nutzte er zum Studium und zur Promotion, daneben unterrichtete er und zermarterte sein Hirn im Ringen um ein gottgefälliges Leben. Mit großem Ernst erfüllte er sein Predigeramt in der Stadtkirche zu Wittenberg, doch was die Gläubigen zu hören bekamen, überschritt bald die Toleranz der Glaubenswächter. Die Kritik am Papsttum rüttelte an den Grundfesten des katholischen Glaubens und wog schwerer als alle Häresie, denn es war noch nicht lange her, daß böhmische Mordbanden die Christenheit bedrohten, Johannes Hus die Wycliffschen Lehren verbreitet hatte und in aufrührerischen Reden das Volk verhetzte. Sein Flammentod hatte einen Märtyrer geschaffen, und so waren die Kirchenoberen vorsichtig geworden. Mit unendlicher Geduld versuchten sie, den aufmüpfigen Augustinermönch zu disziplinieren, doch der war entschlossen, die evangelische Wahrheit zu predigen, eine Wahrheit, die ausschließlich aus der Heiligen Schrift geschöpft sein sollte.

Mit dem päpstlichen Bann war 1520 die Zeit der theologischen Disputation zu Ende, wider Willen fühlte er sich durch die heilige, doch unbelehrbare Kirche in die Rolle des Reformators gedrängt. Dem Volk schenkte der eifernde Mönch ein brauchbares, weil verständliches christliches Rüstzeug, den kleinen Katechismus, in dem, mit biblischen Beispielen belegt, nachzulesen war, was der evangelische Christ zu verinnerlichen hatte. Es war nur wenig, was die Protestanten von den Katholiken schied, schließlich verehrten beide den Vater, den Sohn und den Heiligen Geist. Doch Kirche und weltliche feudale Ordnung waren im irdischen Kampf um Vorherrschaft und Macht schuldhaft ineinander verstrickt, krank an Haupt und Gliedern, und entsprechend dem Niedergang der diesseitigen Ordnung veränderte sich auch das Gottesbild: Aus dem obersten Richter und Stifter des Rechts, dem Allmächtigen Schöpfer aller Ordnung, war der Feudalherr einer himmlischen Hierarchie entstanden, der als Fürst aller Fürsten in nahezu weltlichem Glanz erstrahlte. Gleich den irdischen Herrschern war auch Gott in das Ränkespiel der Mächtigen verwoben, sein Sachwalter im Diesseits und Stellvertreter Christi auf dem Stuhl Petri verfügte über einen weltumspannenden Machtapparat, ließ im Namen Gottes Kriege führen, spann Intrigen, lenkte Dynastien und erhob und erniedrigte irdische Herrscher. Durch Vermittlung der Kirche war Gott durchaus bereit, mit Frevlern zu handeln und für gutes Geld die Sündenlast zu streichen, der gnädige Gott war bestechlich geworden und wie manch irdischer Herrscher den Verlockungen des Geldes erlegen.

In asketischen Qualen und darbender Enthaltsamkeit erfuhr Martin Luther – eine zweite Namenskorrektur hatte inzwischen das sächsische weiche d hart gemacht – einen anderen Gott. Der Apostel Paulus hatte ihm den Weg gewiesen: *Der Gerechte wird seines Glaubens leben.* Damit war jedem Christ bedeutet, in eine direkte unmittelbare Beziehung zu Gott zu treten. Aus diesem unmittelbaren Kontakt erwuchs der volkstümliche liebe Gott, ein Abbild des sorgenden, behütenden und strafenden Hausvaters, ein Pedell, der hausmeisterlich über das irdische Gebäude wacht. So wie der Feudalherr dem Volke weit entrückt war, war bislang auch der himmlische Herr außerhalb des Begreiflichen. Auf hohem Himmelsthron residierend und nur durch Vermittlung der Kirche erreichbar. Mit Luther bedurfte es nicht mehr der insistierenden und Absolution erteilenden kirchlichen Hierarchie, es galt die Freiheit des Christenmenschen.

Für Hildegard von Bingen waren die Fürsten das irdische Abbild Gottes, für Luther glich Gott dem kleinbürgerlichen Haushaltvorstand, der für die Seinen sorgte, autoritär die Geschicke lenkte, den Gehorsamen Güte erwies und die Ungehorsamen zürnend strafte. Die kleinbürgerliche Familie, in strenge Ordnungsnormen und ritualisierten Brauch eingebunden, sollte die Keimzelle der wohlgeordneten Gesellschaft sein. Die ordnenden Regeln des Zusammenlebens, festgeschrieben in zünftischen Satzungen und städtischen Reglements, Arbeitsanweisungen und belehrenden Merksprüchen wurden vom *Kleinen Katechismus* ergänzt, in dem in einfachen Worten nachzulesen war, wie sich der Christenmensch zu verhalten hatte. Ein jeder sollte den Katechismus auswendig können, und die Hausväter und Kirchenvisitatoren waren angehalten, den Text abzufragen. Erklärt waren die Gebote, die evangelischen Glaubensinhalte und das Vaterunser. Bezüglich der irdischen Obrigkeit, so lesen wir in der *Haustafel*, war von Gott festgelegt, *daß ein jeder seinen festen Ort und sonderlich Dienst* in *der Welt habe.* Der erste Stand, so hören wir weiter, ist der Geistliche und Lehrstand, es folgen die Obrigkeit und der Wehrstand und schließlich der Nährstand, worunter Luther nicht nur die Bauern verstanden wissen wollte, sondern alle, die durch ihrer Hände Arbeit ihren Lebensunterhalt bestritten. Allen Ständen waren ihre diesseitigen Pflichten vorgeschrieben. Von den Pfarrherren und Predigern verlangte er: *unsträflich zu sein, eines Weibes Mann, nüchtern, mäßig, anständig, gastfrei, lehrhaftig, nicht ein Weinsäufer, nicht raufen widerstrebt* Gottes, *nicht unehrliche Hantierung treiben, sondern gelinde und nicht zänkisch sein, Sorge für das wohlergehen der Kinder tragen und dem Hause würdig vorstehen.*

Der weltlichen Obrigkeit wagten die Reformatoren keine Vorschriften zu machen, denn: *es ist keine Obrigkeit ohne von Gott, wo aber die Obrigkeit ist, da ist sie von Gott verordnet, wer sich ihr widersetzt, der widersetzt sich Gott.* Klaglos hatten die Untertanen dem Kaiser zu geben, was des Kaisers war und demütig Gehorsam zu leisten. Gerechtigkeit der Fürsten und Grundherrn war lediglich durch das Gebet zu erflehen, und so sollte jeder Untertan für die Könige und alle Obrigkeit Fürbitte halten. Mit der Reformation war die *babylonische Hure*, das Papsttum, zumindest für einen Teil der Menschen entmachtet, der Investiturstreit hatte für die protestantischen Fürsten sein Ende gefunden, sie vereinten nun die geistliche und weltliche Herrschaft. An ihre Seite hatte Luther sich und die Geistlichkeit gestellt und in maßlosem Gelehrtendünkel obrigkeitliche Rechte und vom Volke Gehorsam verlangt. Von fürstlichen Gönnern hofiert und anerkannt, war er seiner eigenen Geschichte entwachsen. In einer Predigt über den Text Mathäus 11/25 ermahnte er die Obrigkeit, den *rauhen ungezogenen Herrn Omnes zu zwingen und zu treiben, wie man die Schweine und wilden Tiere treibt und zwingt, denn das Volk muß im Zaume gehalten werden und die Obrigkeit fürchten.* Seine Verachtung des einfachen Volkes war ihm nicht anzulasten, die kleinbürgerliche Vita schloß die Familie und die Ahnen nicht ein, sein Großvater hatte die Leibherrschaft erdulden müssen, und seine nächsten Verwandten hatten noch Frondienste zu leisten, doch er war nicht mehr einer der Ihren. Als der sächsische Graf Einsiedel in einem Handschreiben an Luther seine Gewissensnot beichtete, ob es denn mit seinem christlichen Glauben vereinbar wäre, Frondienste zu verlangen, beruhigte ihn der Reformator: Der gemeine Mann müsse mit Bürden beladen sein, würde er doch sonst mutwillig sein,. und in einer Predigt, gehalten 1527, erinnerte er daran, daß *Abraham Sarah Schafe, Kinder, Knechte und Mägde geschenkt hatte, alles leibeigene Güter, wie anderer Vieh, daß sie die verkaufen wie sie wollen ... Wie noch schier das Beste wäre, daß es noch so wäre, kann doch sonst das Gesinde niemand zwingen noch zähmen. Das Volk würde stolz, wenn man es freiläßt oder es gar hielte wie sich selbst oder ein Kind. Es geht in der Welt besser zu, wenn Faust und Zwang da sind und niemand mucken darf.*

Aus weitaus kleineren Verhältnissen entstammte Luthers Mitstreiter Philip Melanchthon, und folglich war sein Urteil über seinen zurückgelassen Stand noch härter, schließlich hatte es kaum vorstellbarer Entbehrungen bedurft, zu akademischen Würden zu gelangen, die Vergangenheit zu besiegen und zu tilgen, und so hieß es, die Früchte des Strebens zu ernten, es den Großen dieser Welt gleichzutun und nach Herrenart sich einzurichten. Recht habe die Obrigkeit, so urteilte Melanchthon, von den Bauern den Zehnten zu fordern, ja mehr noch, sie sollte auch deren Güter einziehen, und wenn nicht freiwillig, dann eben mit Gewalt. Es sei ein Frevel, daß die Bauern nicht leibeigen sein wollen, *denn es ist Not, daß ein solch wildes ungezogenes Volk als die Deutschen sind, noch weniger Freiheit sollen haben, denn es hat. Es ist ein solch ungezogen, mutwillig, blutgierig Volk, die Deutschen, daß man es billig viel härter halten soll.*

Die Nachwelt hat Luther als Stifter der modernen deutschen Familie gepriesen, die kindzentrierte Kleinfamilie unter der Herrschaft des Hausvaters, so wie er es den Menschen vorlebte, nachdem er die entlaufene Nonne Katharina von Bora geehelicht hatte. Richtig ist, daß sich Luther wiederholt zum christlichen Ehebund geäußert hatte und die Familie als Kernzelle der feudalen Ordnung sehen wollte, doch von der römischen Auffassung, daß Gott höchstselbst die Ehe gestiftet hatte, als einen Bund zweier Menschen, der frei und ohne fremden Einfluß geschlossen werden durfte und nicht durch kirchlichen Segen, sondern mit dem Besteigen des ehelichen Beilagers besiegelt wurde, mochte sich auch der Reformator nicht trennen. Diese kirchlich gebilligte Freiheit warf allerdings rechtliche Fragen auf. Die Obrigkeit mußte Eheordnungen festlegen, denn damit galt es, Versorgungsfragen zu klären, Erbschaftsangelegenheiten zu regeln und schließlich die rechtliche Stellung der Kinder festzulegen. Die Kirche, auch mit grundherrschaftlichen Rechten ausgestattet, hatte also zwei unterschiedliche Positionen zu vertreten, über die Luther sich nicht äußern mochte. Das Dilemma löste sich mit der engen Verschmelzung von Thron und Altar, indem der Staat die Geistlichkeit mit der Überwachung seiner Eheregelungen betraute, und schließlich das sächsische Konsistorium im Jahre 1616 die kirchliche Trauung bindend vorschrieb, nachdem bereits die katholische Kirche, anläßlich des Konzils von Trient, sich von der Ehe als frei geschlossenem Bund verabschiedet hatte.

Künftiges Leitbild für die teutsche Familie sollte der Wittenberger Haushalt der Luthers werden. Kleinbürgerliche Ordnungsnormen, selbstgefällige Normalität und bigotte Frömmigkeit wurden zur Tugend erhoben und allen Ständen empfohlen. Ausgenommen waren selbstverständlich die Fürsten, ihnen wurde das alte heidnische Eherecht weiterhin zugebilligt, und keiner wagte es, die morganatische Ehe zu bemäkeln. Aber auch der Adel verbat sich die geistliche Kontrolle, selbst wenn die Gutsherren, freilich von der Gemeinde abgetrennt, im Patronatsstuhl die donnernden Ermahnungen der Geistlichen über sich ergehen lassen mußten.

Im Mittelpunkt des protestantischen Gottesdienstes stand die Kanzelpredigt, und wenn die schwarzgewandeten Pastoren das Treppchen zur Kanzel erklommen hatten, wußte die Gemeinde was sie erwartete: Ermahnung, Belehrung und präventive Drohung gegen die Widerstreiter und Sünder. Steter Wiederholung vermochte sich schließlich keiner zu entziehen, letztlich auch nicht der Adel, der zunehmend die Kargheitsgebote des kleinbürgerlichen Protestantismus zur Tugend seines Standes machte.

Dem Geistlichen oder Lehrstand hatte Luther auf seiner Ständetreppe einen hervorragenden Platz zugewiesen. Für den Fortgang und das Gelingen der Reformation war die Ausbildung von Pastoren unerläßliche Voraussetzung, denn die vertriebenen papistischen Priester hatten Lücken hinterlassen, die nur schwer aufzufüllen waren. Überdies konnte die Schulbildung nicht Klosterschulen überlassen werden, und so forderte Luther von der Obrigkeit verstärkt, die Volksbildung zu fördern. Das Reservoir des künftigen Lehrstandes und der Geistlichkeit war nach wie vor der Kleinbürgerstand, der nun verstärkt das Angebot annahm und zu den Bildungsstätten drängte. Einigen gelang es, durch Fleiß oder Protektion als Leuchten der Gelehrsamkeit zu erstrahlen, doch die meisten mußten sich mit kleinen dörflichen Pfarrstellen begnügen, die ihnen nur einen spärlichen Lebensunterhalt gewährten.

Noch ärger erging es den Lehrern, die zuweilen noch Küsterarbeit zu verrichten hatten und die Pastoren als Dienstvorgesetzte ertragen mußten. Unter Kirchenaufsicht sein Brot verdienen zu müssen, war zuweilen eine schwere Fron, so daß es manchem angeraten schien, sich diesseitigen Disziplinen der Wissenschaft zuzuwenden. Neben der Jurisprudenz lockte auch das Studium der Medizin. Unersättlich verlangte der Staat nach Juristen, und zuweilen beriefen die Fürsten auch Ärzte an den Hof, die dem Landesherrn bei den stets wiederkehrenden Epidemien und Seuchen zu Rat gingen und mit der Behandlung der zahlreichen Hofschranzen ein gutes Zubrot verdienen konnten. Wohl dem Hofphysikus, dem allmorgendlich die Ehre zuteil wurde, in die Bettpfanne des Serenissimus zu schnüffeln, Farbe und Konsistenz des fürstlichen Pipis zu untersuchen, der zur Ader ließ und die Gebresten seines hohen Patienten zu lindern wußte, ihm waren besondere Huld und Anerkennung sicher.

Der Glanz erlischt
Aufstieg und Ende der städtischen Macht

Zum Ende des 16. Jahrhunderts war in den großen Städten Deutschlands die Adels- und Fürstenherrschaft gebrochen, den Angriffen der hohen Herren hatte man widerstanden.

Die bürgerliche Ordnung innerhalb der Stadtmauern ruhte auf zwei festgefügten Säulen, der wohlhabenden Kaufmannschaft und dem zünftischen Handwerk. Die deutschen Handelsherren hatten die europäischen Märkte erschlossen, und wenn sie auch ihre alte Macht verloren hatten, so konnten sie dennoch am Fernhandel partizipieren und einen gesunden Wohlstand begründen. Auch die Handwerker konnten zufrieden sein, sie waren in die guten Geschäfte eingebunden, es mangelte nicht an Aufträgen. Das Selbstbewußtsein der bürgerlichen Führungsschicht fand in den öffentlichen Gebäuden der Stadt seinen Niederschlag. Die mittelalterlichen Rathäuser wurden in modernem Baustil umkleidet, die Empfangsräume nach höfischem Vorbild vergrößert und verschönt. Portraits der Stadtmächtigen zierten die Sitzungsräume und Galerien, stolz zeigten die Würdenträger ihren Reichtum, der ihre Macht begründete. In den Schatzkellern des Rates verwahrte man die prunkvollen Tafelaufsätze, Pokale und Silberteller, die mehrmals im Jahr den großartigen Ratsessen ein fürstliches Gepräge gaben. In den katholischen Regionen Deutschlands, wo fürstliche Bischöfe residierten und die hohe Geistlichkeit einen adeligen Lebensstil lebte, war der bürgerliche Luxus wohlgelitten.In den protestantischen Ländern hingegen zeigte es sich, daß die evangelischen Pastoren mit Vorliebe den Bürgern Sodom und Gomorrha vor Augen hielten und Höllenqualen jenen versprachen, die sich dem Wohlleben so augenscheinlich hingaben. Von den Kanzeln wetterten die schwarzen Männer Gottes auf die geputzten, in Samt und Seide gehüllten Bürger und Bürgerinnen herab, bemäkelten die aufwendigen Gastereien und zünftischen Besäufnisse.

Trotz heftiger Versuche hatten die Landesherren ihre Macht in den großen Städten nicht ausbauen können, ihr Einfluß endete an den Mauern der Stadt. Aber als regionale Oberhäupter der Kirche konnten sie nun erneut versuchen, das Stadtregiment zu beeinflussen. Als Instrument der Einflußnahme diente die lutherische Kirchenverfassung, wonach der Landesherr ein Konsistorium, eine geistliche Behörde innerhalb der Landesverwaltung, benennen konnte. Es waren mächtige Herren, die fortan die geistliche Oberaufsicht über die städtischen Bürger und dorfsitzenden Bauern auszuüben hatten: Geistliche und Juristen, die im Auftrage und im Sinne des Fürsten ein strenges Regiment führen sollten. Im Bündnis mit den Grundherren, die sich für die Besetzung ihrer Pfarrstellen ein Patronatsrecht sicherten, konnten es die Städte durchsetzen, ihre Stadtprediger eigenverantwortlich zu ernennen.

Das hohe Amt hatte die Gelehrten reichsrechtlich dem Adel gleichgestellt, eine Regelung, die sie beim Adel und den Bürgern nicht gerade beliebt machte. Im Auftrage der Ulmer Ratsherrn hatte ein Maler die Gelehrten auf einem Tafelbild in heftiger Disputation dargestellt und unter sein Werk die Worte geschrieben: *Merck dieser doctor zank und streit / die bloß im rechten ursach geiht / es will jr jeder haben war / und rauffen sich umb frembdes haar.* Das Spottbild stellte dar, was allgemein empfunden wurde: Der neue städtische Stand der Gelehrten, der altes Recht und altes Herkommen in Frage stellte, in endlosen Disputationen die alte Ordnung zerredete und Fürstenwillen durchzusetzen versuchte, hatte es verstanden, seine Macht zu stärken und auszubauen. Die kleinbürgerlichen Hausväter und -mütter trugen in derben Zänkereien ihren nachbarschaftlichen Hader aus, der Adel kreuzte scharfe Klingen um Ehre und Stand, die Ratsherren debattierten wortreich um die materiellen Interessen ihres Standes, und die Gelehrten zeterten um Punkt und Komma der juristischen Traktate, bestimmte göttliche Eigenschaften des Heilands oder disputierten die Podagra des Landesherrn.

Am ärgsten war es in den Universitätsstädten, wo Neid und Mißgunst die Männer des Geistes beherrschten. Von der Gnade des Landesherrn abhängig, ging es um Pfründen und Privilegien. Neidverhindernde Ordnungen sollten ein Minimum an Bildungsarbeit ermöglichen, ein eigenes Universitätsrecht und eine hierarchisch geordnete Selbstverwaltung vermochten jedoch gelehrten Geist nicht zu befördern. Die großen Geistesleuchten des 17. Jahrhunderts, die bedeutenden Vorboten der Aufklärung, erstrahlten nicht an den

Universitäten, die allenfalls Beamte und Theologen produzierten. Die bahnbrechenden Erfinder und Entdecker, Philosophen und Baukünstler ließen sich von herrschaftlichen Gönnern protegieren und entflohen der Institution des Neides und der Mißgunst, der kleinkarierten Diskussionen überdrüssig, die einzig dazu dienten, geistige Höhenflüge in die Normen des Mittelmaßes zu zwingen. Dieses Bildungssystem war von der Absicht geleitet, an den Universitäten ein geistiges Handwerkertum heranzubilden; die zünftische Organisation räumte den Lehrenden und Lernenden nur innerhalb der autonomen Rechts- und Prüfungsordnung eine durchschnittliche Bildung ein. Schließlich verlangte der feudale Staat gehorsame und in die Ordnungsnormen eingebundene Diener, die neben dem notwendigen Wissensstoff auch Unterordnung und Anpassung zu erlernen hatten. Die Universität sollte bis in unsere Tage eine Domäne der Kleinbürger bleiben und, gelähmt von hierarchischen Strukturen und neidischer Abgunst, sich allen Bemühungen widersetzen, Pflanzstätten der Bildung zu werden.

Neben den Kaufleuten und Handwerkern bevölkerte mit den Theologen ein weiterer, aus dem Kleinbürgertum hervorgegangener Stand die Stadt. Auch er partizipierte am gesunden Wohlstand des bürgerlich-städtischen Gemeinwesens, auch wenn seine Einkünfte bescheiden blieben, und er mit Scheelsucht auf die wohlhabende Bürgerschaft sah, trotzig seine Kargheit zur Tugend erhob und jenen den Weltuntergang prophezeite, die vom Tanz um das goldene Kalb nicht ablassen wollten. Das Strafgericht blieb nicht aus: Krieg überzog das gesamte Reich, ein Krieg der dreißig Jahre währen sollte. Vor allem wurden davon zunächst die Menschen draußen auf dem platten Lande heimgesucht, noch wußte man sich hinter den Befestigungen sicher. Gemeinsinn hatte vorgesorgt, die Zeughäuser waren gut gerüstet, die Festungswerke wohl bestückt, und in den Lagerhäusern hatte man Getreide gehortet. Nahte der Feind, so folgten die wehrhaften Zünfte dem Alarmruf der Wachen, die Fähnlein der Bäcker, der Fleischer und Schlosser bezogen ihre Posten auf den Mauern und an den Toren. Die Zimmerleute und Maurer hielten in den Gassen Wacht, um Brände zu löschen. Alles war in den Zeiten des Friedens wohl geübt und vorbereitet, galt es doch das Erworbene zu schützen und zu verteidigen. Genug Motivation war vorhanden, alle Kraft für die Gemeinschaft einzusetzen. Motiviert zum Kämpfen waren aber auch die feindlichen Truppen, zusammengesetzt aus beutegierigen

Söldnern, denen fette Beute in den Städten sicher war: Hab und Gut der Bürger und Weiber im Überfluß. Mit Feldschlangen brachen sie das Mauerwerk, erstürmten die Festungswerke und taten sich nach getaner Arbeit gütlich.

Zuweilen war es für die Städter von Vorteil, die feindlichen Feldherren mit Gold zu locken, Schonung zu erkaufen und die Tore freiwillig zu öffnen, das Leben zu retten, die Stadt vor Brand zu bewahren und dafür eine hohe Kontribution zu zahlen. Waren die Stadtkassen geleert, mußten die Bürger in die Tasche greifen, doch ärger war es, wenn die Soldaten und der Tross Seuchen in die überfüllten Städte brachten, wenn die Pest reiche Ernte hielt. Der Handel war in Deutschland weitgehend zum Erliegen gekommen, Stadt und Land versanken im Elend.

Wo Glocken noch vorhanden, nicht zu Feldschlangen umgegossen worden waren, läuteten sie endlich im Jahre 1648 den Frieden ein. Nach dreißigjährigem Morden und Brennen erinnerten sich nur wenige an friedliche Zeiten. Während auf dem Lande die Grundherren bemüht waren, die durch den Krieg verwüsteten Höfe wieder aufzurichten und, wenn nötig, neu zu besetzen, erwiesen sich die Neuordnung und der Wiederaufbau in den Städten weitaus schwieriger. Die alte Führungsschicht, das wohlhabende Bürgertum, war verarmt und hatte damit Macht und Ansehen verloren. Das kleinbürgerliche Handwerk hatte sich freilich zu erhalten vermocht, nicht unbeschadet und in bitterer Armut, doch die Solidargemeinschaft der Zünfte hatte zumindest ein Überleben ermöglicht. In den Nachkriegsjahren hielt man noch zäher am Althergebrachten fest und versäumte es, dem Gebot der Stunde zu folgen und sich energisch am Wiederaufbau zu beteiligen. Das Gesetz des Handelns lag nun in den Händen der Glücksritter des Krieges, Männer, deren Lehrmeister der Krieg war, die sich nahmen, was sich bot und auf Kaufmannsehren keinen Wert legten. Es waren Neureiche, die kaum an der Wohlfahrt des Gemeinwesens interessiert waren. Das Vakuum städtischer Führung füllten die Territorialherren, die das Chaos nutzten und alte Privilegien annullierten. Der Wiederaufbau bedurfte eines unnachgiebigen Regiments; herrenloses Gesindel, Flüchtlinge des Krieges ließen sich kaum bewegen, das verwüstete Land wieder zu bebauen, sie lebten von Diebereien und Überfällen auf herrschaftliche Kutschen und suchten die Enge der Städte, wo sie die Bürger mit Betrügereien bedrängten. Recht und Ordnung wollten wieder hergestellt sein, Handel und Gewerbe mußten befördert und das demoralisierte Volk wieder aufgerichtet werden. Lenkend und leitend griffen die Landesfürsten ein, nur eine strenge Autorität, so glaubten Adel und Fürsten, konnte das Volk zum Wiederaufbau ermuntern und disziplinieren.

Der Staat bin ich ...
Absolutismus und Rechtsherrschaft

Noch in den schweren Zeiten des Wiederaufbaus hatten die deutschen Fürsten ein Vorbild gefunden: Ludwig XIV., König von Frankreich. Der strahlende König hatte sein von Bürgerkriegen und religiösen Unruhen gebeuteltes Land in die festen Hände eines absoluten Herrschertums genommen und damit Frankreich zur ersten europäischen Macht erhoben. Begnadet mit einer erotisch-sinnlichen Leichtigkeit, genoß er das barocke Lebensgefühl seiner Zeit und fügte sich zugleich in die Pflichten, die ihm sein hohes Amt gebot. Als er 1661 die Staatsgeschäfte übernahm, verwarf er das alte Recht und beseitigte überkommene Privilegien. Die neue Qualität des uneingeschränkten Gottesgnadentums faßte er in dem Satz zusammen: *Der Staat bin ich,* wobei seine Ausstrahlung und männliche Erotik den despotischen Anspruch milderte, sein bezwingender Charme das strenge Regiment erträglicher machte. Der junge König zeigte sich von gelehrter Bildung wenig belastet, als phantasievoller Regisseur band er den französischen Adel an den Hof und dekorierte die Würdenträger und nutzlosen Akteure in die prunkvolle Kulisse einer theatralisch-höfischen Inszenierung. Mit untrüglichem Gespür erkannte er die fähigen Köpfe, die er mit der Lösung der drängenden Aufgaben betraute – der Heeresreform und der Ordnung des zerrütteten Staatshaushalts und schließlich einer geschickten, Frankreich stärkenden Außenpolitik. Auf dem Höhepunkt seiner Macht hatte jegliche bürgerliche Selbständigkeit aufgehört, der Adel war entmachtet und entweder mit absurden Hofaufgaben betraut oder im Dienste der Armee zum Gehorsam verpflichtet. In den Städten regierten königliche Beamte, und im Dienste des Königs stehende Intendanten verwalteten die Provinzen. Ständig brach der König überkommenes Recht und kassierte Urteile gesetzestreuer Richter.
Der Ausgang des Dreißigjährigen Krieges hatte in Deutschland einen Zentralismus wie in Frankreich für immer unmöglich gemacht, ein deutscher Herrscher wie Ludwig XIV. war für das Heilige Römi-

sche Reich undenkbar. Der Westfälische Frieden hatte dem Deutschen Reich über 300 Fürstentümer geschenkt und die alten Bestrebungen der Reichsstände, ihre Landeshoheit zu stärken und auszubauen, vollendet. Die Lehnsuntreue der deutschen Fürsten konnten die kriegsbeteiligten Mächte Frankreich und Schweden für sich nutzen und, die Reichsmacht schwächend, eine neue europäische Machtordnung festlegen, wonach das Heilige Römische Reich Deutscher Nation nicht mehr den ihm gebührenden ersten Rang einnahm. Die übrigen Teilnehmer der Verhandlungen stritten über die Etikette und um Titel, gleichwohl fühlten sie sich als Sieger, denn schließlich war für das Reich das monarchische Prinzip zugunsten der Adelsherrschaft ersetzt, die kleinen und größeren Territorialherren konnten fortan nahezu uneingeschränkt die Landeshoheit ausüben. Unter die fürstlichen und adeligen Verhandlungsteilnehmer mischte sich erstmals eine größere Schar rechtsgelehrter Bürgerlicher, die zwar weniger von diplomatischem Ränkespiel verstanden, wohl aber ihren fürstlichen Herren verstaubte Urkunden, uralte Rechtsordnungen und Verträge zureichen konnten und abstruse Vertragskonstruktionen in Schriftform zu bringen verstanden. Die kaiserlichen Rechtsgelehrten Volmar und Crone waren lediglich befugt, dem gewitzten Grafen Trautmannsdorf zu assistieren, während andere, wie Jakob Lampadius und Johann Konrad Varnbühler bereits mit größeren Vollmachten ausgestattet waren. Sie wußten sich mit ihren Rechtskenntnissen Reputation zu verschaffen, aber es blieb noch ein langer Weg bis zur bürgerlichen Gesetzesdikatur der Moderne.

Die ersten Dezennien nach dem Krieg waren vom Wiederaufbau gekennzeichnet, und es bedurfte der landesväterlichen Zuneigung und Ermunterung, das demoralisierte Volk zum fleißigen Streben zu animieren. Stets pflegen der Depression wohlfeile Zeiten zu folgen, und so erblühte in den Territorialstaaten bald ein bescheidener Wohlstand, der den Blick der Fürsten sich auf den Hof des Sonnenkönigs richten ließ. Auch in den winzigsten Residenzstädten wurden Baumeister beauftragt, Miniaturschlößchen nach dem Geschmack des französischen Königs zu gestalten, die farbenfrohe Uniformen der Leibgarden folgten dem gallischen Vorbild, und auch die Rangbezeichnungen orientierten sich an der französischen Militärhierarchie. Der Ausbau der Residenzen zu einem kleinen Versailles verschlang gewaltige Summen, die bald über Kredite nicht mehr aufzubringen waren, und so beauftragten die luxushungrigen Duodezfürsten ihre Beamten, neue Finanzquellen zu erschließen, die nach dem alten Grundsatz, das Volk zu drücken und drängen, mit Steueranhebungen und Imposten die Staatskassen füllten. Am Ende wurde auf fast alle Güter des täglichen Bedarfs wie Mehl, Fleisch, Kaffee, Tee, Tabak, Bier und Branntwein, ja selbst auf Tanzvergnügen und andere Lustbarkeiten, Akzise erhoben. Höhepunkt des neuen Raubrittertums war die Kopfsteuer, der sich fast kein Untertan entziehen konnte.

Um die neu erschlossenen Geldquellen vollständig abzuschöpfen, bedurfte es einer größeren Anzahl von Beamten, so daß dem Unglück der Steuerzahler sich das Glück der privilegierten Staatsdiener hinzugesellte, die von fürstlichen Gnaden geschützt, eine neue bürgerliche Hierarchie zu begründen vermochten. Vom herrschaftlichen Glanz beschienen, entwickelte sich ein maßloser Standesdünkel, der die neuen Herren über ihresgleichen erhob und das gemeine Volk mit einer herrischen Tyrannei bedrängte. Die subalternen Mittler zwischen der adeligen Führungsschicht und den Untertanen prägten das Bild der allgegenwärtigen Staatsgewalt. Die Welt der Großen war dem Volk weitgehend verschlossen; sie sahen zwar die prächtigen Residenzen und farbenfrohen Aufzüge, die Prunkkarossen und edlen Gewänder, doch das war nur der Abglanz des höfischen Lebens, das unerreichbar einer fernen Welt anzugehören schien. Der Hof war der Sitz gottesähnlicher Gnade, und klagte man auch zuweilen über die drückenden Abgaben, dem Landesherrn wollte man dies nicht anlasten. Ungerechtigkeit und anmaßende Herrschaft verkörperten die Staatsdiener, die Emporkömmlinge, die sich dünkelhaft über das Volk erhoben. Schließlich wußte man auch von landesväterlicher Gnade, von Bittgesuchen, die das Ohr des Fürsten erreicht hatten, welcher höchstselbst richterlichen Unrechtsspruch in Recht verwandelt hatte. Vielfältig war der Beweis, daß dort oben ein gnädiger Herr saß, der über das gesprochene Recht verfügen konnte und die verhaßten bürgerlichen Beamten in ihre Schranken verwies. Auch das inbrünstigste Gebet erreichte nicht immer den himmlischen Vater, und so war es eben auch bei seinem irdischen Sachwalter. Die Hoffnung auf den gerechten und gnadenspendenden Herrn verdichtete sich in den Volkssagen und Märchen vom guten König, dessen Gerechtigkeit und Güte die Bedrängnisse des Alltages milderten.

Fürstliches Vorbild
Ein Stand macht sich fein

Der gesellschaftliche Wandel in der zweiten Hälfte des 17. Jahrhunderts zeigte sich augenfällig in der Neugestaltung der kleinen und größeren Residenzstädte. Abseits oder am Rande der Städte fand sich das prachtvolle Schloß des Fürsten mit den Lustgärten und Parkanlagen, in der Nähe der Residenz errichteten die adeligen Herren ihre Stadtpalais, nicht weit davon entfernt wohnten die höheren Beamten und kirchlichen Würdenträger. Im Zentrum des Ortes, in der Nähe des Rathauses, fanden sich die Häuser der wohlhabenden Stadtbewohner, vor allem der Kaufleute. Von den baulichen Veränderungen weitgehend ausgeschlossen war das Quartier der Handwerker, in engen Gassen, jeweils einem Gewerk zugeordnet, lebten sie nach alter Gewohnheit in überkommenem Brauch verharrend, das Mittelalter konservierend.

Die Nähe des Adels und der Fürsten ließ die wohlhabenden Bürger begehrliche Blicke auf die vornehme Nachbarschaft richten. Wenn es die Geschäfte erlaubten, wurden die alten Fachwerkhäuser zum Adelspalais umgestaltet oder gar großzügiger und aufwendiger neu gebaut. Von den Hoflieferanten war zu erfahren, wie das Innere des Hauses zu gestalten und wie ein herrschaftliches Haus zu führen war. Am Ende des 17. Jahrhunderts hatte die feine französische Lebensart auch Einzug ins Bürgerhaus gehalten. Die alte deutsche Untugend der Völlerei wich einer verfeinerten Küche, und zugleich bemühte man sich um vornehme Tischsitten, feines Tafelgeschirr kam in Gebrauch, und mit einer Gabel wurden die Bissen anmutig zum Munde geführt. Der Rechtsgelehrte Thomasius pries die französischen Sitten, *weil die Franzosen doch heutezutage die geschicktesten Leute sind und allen Sachen ein rechtes Leben zu geben wissen.*

Einige Jahre zuvor hatte der Rostocker Gelehrte Lauremberg noch gegen die undeutsche Französelei und den adeligen *compfort* gewettert: *Madame Conjoli, un ander beiles Filles, de bringen Macarons Gniocchis un Roquiles, de synd gebacket un veströwt an allen Ohrt, met politic Diseurs und zuckersöte wort.* So sehr auch die grämlichen Miesmacher den Bürgern das moderne Leben vergällen wollten, protestantische Theologen Bescheidenheit verordneten – das Streben nach Luxus und Mode hatte auch die wohlhabenden Stadtbürger erreicht. Der Zorn der bürgerlichen Gelehrten hatte allerdings Gründe: Die französisch geprägte Adelskultur erschien ihnen im höchsten

Maße verworfen und unsittlich und überdies zu sehr dem Irdischen zugewandt. Mochte der Adel sich mit Theater und frivoler Musik belustigen, unsittliche Gedichte rezitieren lassen und neckische Tändeleien veranstalten, dem Bürger wollte man dies auf jeden Fall versagen. Bereits zum Anfang des Jahrhunderts hatten einzelne Fürsten versucht, ihre Residenzen kulturell zu beleben. Herzog Heinrich Julius von Braunschweig gründete nach italienischem Vorbild ein eigenes Hoftheater, als er 1613 verschied, hatte er bereits viele Nachahmer gefunden. Doch allgemeine Fürstenklage war das Fehlen einer deutschen Nationalkultur, mit deutscher Schauspielkunst konnten ihre Theater nicht bespielt werden, und auch ein eigenes Musiktheater hatte sich noch nicht entwickelt. Vor allem widersetzte sich die deutsche Sprache der Poesie. Die handwerklichen Buchdrucker hatten als Schriftsprache das sächsische Kanzleideutsch festgelegt, eine Sprache, die bereits Karl V. als *Pferdesprache* empfand und die seit dieser Zeit an den Höfen verpönt war.

In rührender Sorge um die deutsche Kultur wurde am 24. August 1617 auf Vorschlag Kaspar von Teutlebens auf Schloß Hornstein bei Weimar der *Palmorden* oder die *Fruchtbringende Gesellschaft* gegründet. Bis zum Jahre 1668 zählten zu dieser, 806 Mitglieder umfassenden Vereinigung 1 König, 3 Kurfürsten, 49 Herzöge, 4 Markgrafen, 10 Landgrafen, 60 Grafen und 600 Adelige und Gelehrte. Ziel des Ordens war es, die deutsche Sprache zu entwickeln, sie der vielen Fremdwörter zu entkleiden und eine deutsche Poesie zu befördern. So sehr man sich auch bemühte, die *Fruchtbringende Gesellschaft* trug wenig Früchte. Man korrespondierte weiterhin französisch und unterhielt sich nur anläßlich der Tagungen in der deutschen Sprache. Die schmerzliche Erfahrung war, daß sich eine Nationalkultur nicht aus wilder Wurzel ziehen ließ. Wenige Poeten versuchten, nach antiken Vorlagen und französischem sowie italienischem Vorbild ein deutsches Reimwerk zu schaffen, doch die Hofgesellschaft zog das Original vor. Martin Opitz verfaßte ein Regelwerk der *Poeterey* und unterwarf die Dichtkunst phrasenhaften Regeln, womit wieder einmal ein endloser Gelehrtenstreit eröffnet war. Zaghafte Dichtkunstversuche der Zweiten Schlesischen Schule fanden zumindest beim Adel verhaltene Anerkennung, lösten aber bei den bürgerlichen Gelehrten wütende Attacken aus. Christian Hofmann von Hofmannswaldaus *An Lisette* beschimpfte noch ein Literaturkritiker des 19. Jahrhunderts als *das Übelste, was je in der deutschen Sprache verfaßt wurde:*

Lisette, willst du alle Lust
Auf deiner schwanenweichen Brust Der was verwegenen Hand
versagen, Da mich dennoch dein warmer Schoß Von aller Menschheit
quitt und los, Soll bis an den Liebeshimmel tragen?

Wird meine Gunst nun weiter gehn Und heiß entzücket vor dir
stehn, Wirst du als Rose dich aufschließen? Wenn dein verliebtes
Auge lacht, Dort in der Blätter Purpurpracht Ein perlenrunder Tau
kommt fließen.

Ich weiß, daß dir durch Mark und Bein Das süße Wesen rinnet ein,
Und du nicht mehr kannst stille liegen Du lehrst durch deiner Len-
den Werk Und den gewölbten Hinterberg,
Daß ich mich tiefer soll verfügen

Der Versuch, an die Minnetradition anzuknüpfen, wurde vom Adel durchaus goutiert, für die Bürger war Hofmannswaldau ein Ferkel, ein franzosenkrankes Hirn. Letztere spendeten dem plattdeutschen Lauremberg Beifall, dessen spießbürgerliche Klage über die Überfremdung des Adels und der undeutschen Hofsitten mit Begeisterung aufgenommen wurde: *Ydt ys gewyßlich wahr, de Welt ys stickenblindt, de nu is ingetreden, kann wol een narrscher syn, dat mocht ick gerne weten, all wat geschicklich ys, all Adelyke Tracht, All Hofligkeit moet syn ut Franckrych hergebracht ...*
Es ist fraglich, ob solcherart volkstümliche Kritik an das Ohr der Geschmähten gelangte, bürgerliche Gelehrte hatten zwar Zugang zum Hof, antichambrierten vor den Audienzräumen, doch anläßlich der Hoffeste fühlten sich die Zugelassenen unbeobachtet, da war man unter sich und seinesgleichen. Seinesgleichen, das waren die Verwandten, Vettern und Cousinen, Schwager und Schwägerinnen der europäischen Höfe, eine bunte multikulturelle Gesellschaft, die sich auf die französische Hofetikette geeinigt und das babylonische Sprachgewirr mit dem wohlklingenden Französisch überwunden hatte. Nicht immer herrschte unter den Verwandten eitel Freude und Harmonie, schließlich war man in ein kompliziertes Erbschaftssystem eingebunden, und Todesfälle konnten bei unklarer Erbfolge zuweilen gewalttätige dynastische Auseinandersetzungen um Länder und Kronen auslösen.
Zeremoniell und Etikette sorgten dafür, daß die Würde des hohen Amtes der Stellvertreterschaft Gottes auf Erden nicht beschädigt

und das höfische Leben zum Abglanz der himmlischen Hierarchie wurden.

Aus dem Kleinbürgertum konnte Kultur nicht erwachsen. Wer es geschafft hatte, den ärmlichen Verhältnissen zu entfliehen, suchte jene zu kopieren, bei denen man gedient und aufgewartet hatte. Die Stadtkultur wuchs aus wilder Wurzel, und folglich entwickelte sich ein bizarres Gewächs bürgerlicher Zivilisation, die sich weitgehend am Adel orientierte und als Subkultur ein eigenes Gepräge erhielt. Den weiterhin unverdrossen gegen Hoffahrt und Luxus mäkelnden Geistlichen zum Trotz ließ man sich nicht davon abhalten zu zeigen, wer man war, und tat es den Großen gleich, die das barocke Lebensgefühl vorlebten. Lange genug hatte man die endlosen eifernden Auseinandersetzungen um den rechten Glauben ertragen. Das ewige Gezänk hatte dazu geführt, daß in der nach- und gegenreformatorischen Zeit auf protestantischer Seite Bildung und Kunst verkümmerten und ein fruchtbarer Kulturboden verkarstete. Insbesondere die ungebildeten protestantischen Theologen, die allenthalben den Teufel lauern sahen, predigten Entsagung und wetterten gegen diesseitige fremde sündhafte Einflüsse. Doch es war nicht zu verhindern, daß neue Ideale, humanistisches Gedankengut und sinnenfroher Barock ihren Weg von den Fürstenhöfen über den Adel auch zu den Bürgern fanden. Überdies lugte man über den eigenen Gartenzaun, spähte nach Anregungen und nahm auf, was aus fernen Ländern herüberwehte. Doch das Epigonentum der braven Deutschen hatte auch seine Schattenseiten: Die Epigonen duldeten kein Genie, denn das Vorbild galt es zu kopieren, werkgetreu und allenfalls in besserer Technik, aber wehe, ein Künstler wagte es, die geforderte Anlehnung zu verleugnen. Das Werk ward nur gepriesen, wenn der Meister zu erkennen war, und so erstarrte die Kunst zur Replik, wurde unverrückbaren Gesetzen unterworfen, und wer es wagte, aus der Norm auszubrechen, wurde mit Schimpf und Schmach belegt.

Die großen Geister der deutschen Nationalkultur hatten es schwer, sich nicht in den Fallstricken des kleinbürgerlichen Neides zu verheddern. So der begnadete Künstler Andreas Schlüter: Seine Bauwerke und Bildhauerarbeiten waren neiderweckende Lichtpunkte in einer Zeit des künstlerischen Mittelmaßes. Sein Wirken in Deutschland war von der Mißgunst der Normalen überschattet, deren Haß das Genie hilflos ausgeliefert war. Eosander Göthe, der geputzte intrigante Höfling aus kleinen Verhältnissen, vom niedrigen Neid gepeinigt, lauerte auf Risse im Mauerwerk, rechnete Statik und Maß nach, um zur rechten Zeit mit bedachtsam gewählten Worten, mit Zahlen und Fakten, bedauernd und mahnend das Genie zu desavouieren. Mit der Häme des kleinen Mannes intrigierte er schließlich mit Erfolg beim König, Schlüter fiel in Ungnade und mußte das Land verlassen. Zerbrochen an der deutschen Neidkultur fand er schließlich in Rußland einen neuen Gönner; doch es war zu spät, an Leib und Seele krank, starb Andreas Schlüter ein Jahr nach seiner Vertreibung.

Die deutschen Lande bedurften keines Genies; sich einfinden in die gottgewollte Ordnung, dem Kaiser zu geben, was des Kaisers war, und Gott die gebührende Ehre zu erweisen, mit diesen lutherischen Forderungen waren der Untertanen Pflichten umfassend beschrieben. Ansonsten hieß es, sich in die Normen des Zusammenlebens zu fügen und Hausstand und Sippe in Ordnung zu halten. Über die Einhaltung des kleinbürgerlichen Brauches wachte der geistliche Lehrstand, der, wie einst die königlichen Administratoren, sich die Schnüffeltätigkeit mit fürstlichen Privilegien entlohnen ließ. Die durch Bildung erworbene Macht ließ sich freilich nicht vererben, denn *Pastors Kinder, Lehrers Vieh, geraten selten oder nie,* sagte der Volksmund, womit auch darauf verwiesen war, daß nur durch das erfolgreiche Studium Ämter und Würden zu erwerben waren.

Nach wie vor war es den schwarz betuchten Männern des geistlichen Standes nicht gestattet, den Großen dieser Welt Höllenqualen vor Augen zu halten. Unbeeindruckt von sauren Hofgeistlichen und meckerigen Gelehrten orientierte sich das höfische Leben am Geschmack der französischen Vettern. Vor allem rühmte der europäische Adel das goldene Zeitalter der französischen Literatur, verglich diese Epoche mit der des Perikles, Augustus und der Medici. Die großen Franzosen jener Zeit stifteten eine neue Hofkultur, die das adelige Lebensgefühl fortan prägen sollte. Ästhetik, Feinheit und dichterische Klarheit bestimmten die französische Literatur, mittelalterliche Denkbarrieren wurden niedergerissen, der neue Geist erhob sich wie ein Phönix aus der Asche und erfüllte die Hofgesellschaften mit euphorischer Begeisterung. Mochten die deutschen Gelehrten auch zetern oder beleidigt dreinschauen, die Überfremdung beklagen und bejammern, die Fürsten ignorierten das deutsche Gezänk und zogen sich in ihre Welt zurück, schlossen sich in ihren Residenzen ein und mieden den Umgang mit den chauvinistischen Bedenkenträgern. Die französische Literatur, die dramatische Poesie, die Kunst des Fabulierens und schließlich die französische Romanliteratur setzten einen unerreichbaren Maßstab, an dem sich der Neid der deutschen Schreiber entzündete, der zugleich aber auch als Herausforderung gesehen wurde.

Was der *Fruchtbaren Gesellschaft* versagt geblieben, wollte nun der bürgerliche Predigersohn Johann Christoph Gottsched auf den Weg bringen: Die deutsche Sprache galt es zu veredeln, um daraus eine deutsche Literatur und Poesie zu entwickeln. Der Vater hatte für den Sohn ein Studium der Theologie bestimmt, doch der erst vierzehnjährige Student empfand die Vorlesungen als langweilig und öde, und so wechselte er zum Entsetzen des alten Gottsched das Fach. Der böse französische Geist hatte den Jungen heimgesucht, und so hörte er Sprachen und die sogenannten *schönen Wissenschaften*, beschäftigte sich mit der Philosophie und verfaßte bereits in jungen Jahren langweilige Gedichte und harzige philosophische Traktate. Preußische Werber konfrontierten den angehenden Gelehrten mit der rauhen Wirklichkeit der feudalen Ordnung und beendeten mit seiner Einberufung zu den Soldaten die geistigen Höhenflüge. Mit einer Flucht nach Leipzig entzog er sich dem Militärdienst, doch mittellos mußte er sich nach einem Broterwerb umsehen. Es fügte sich glücklich, daß der berühmte Polyhistor Johann Burkhard Mencke für seinen Nachwuchs einen Hauslehrer suchte, und, da er Gefallen an Gottsched fand, diesem die Erziehung seines Sprößlings anvertraute. Mencke teilte den Haß des Jünglings auf die Zweite Schlesische Schule; vor allem Hofmannswaldau und Lohenstein, so befanden die Kritiker, hätten die deutsche Poesie zu geschmackloser Rohheit geführt. Die Eintracht des Urteils veranlaßte Mencke, seinen Einfluß geltend zu machen und Gottsched eine Lehrtätigkeit zu vermitteln, der nun mit wohlwollender Billigung seines Mentors den deutschen Poeten die Antike und ihre französischen Nachfolger als Vorbild empfahl.

Klage war auch über die deutsche Schauspielkunst zu führen; auf den Bühnen trieb Hanswurst sein Unwesen, der mit seinen tumben Späßen, Prügeleien, Sauf- und Freßorgien noch immer das Volk zum johlenden Jubel brachte. Gottsched hatte durchaus Recht: Die Poesie und das Theater waren in einem erbärmlichen Zustand und nur noch, so Gottsched, der Hefe des Volkes angemessen. Mit teutonischer Gründlichkeit versuchte er, einen Wandel einzuleiten, indem er zunächst den vernachlässigten Geschmacksregeln wieder Geltung verschaffte und die versunkenen Zeugnisse deutscher Literatur zu heben suchte. Doch Gottsched irrte; was er als deutsche Literatur entdeckt zu haben glaubte, die abendländische Ritterdichtung, war nicht für die geforderte Nationalliteratur zu reklamieren. Minnesang und Ritterliteratur standen der verachteten Schlesischen Schule näher als Gottscheds eigenen Dichtungsversuchen. Als unlesbar erwies sich auch sein *Nötiger Vorrath zur Geschichte der deutschen dramatischen Dichtkunst von 1450 an,* ein Sammelsurium, mit dessen Wissenslast sich der Autor selbst feierte. Sein Anliegen war es, das Unkraut im Garten der deutschen Poesie zu jäten und damit die Voraussetzung eines Neubeginns zu schaffen. Der eigene Versuch, seine aufgestellten Regeln praktisch anzuwenden, mündete in dem Trauerspiel *Der sterbende Cato.* Das Stück bot keine Unterhaltung und weckte beim Publikum die Sehnsucht nach dem alten Hanswurst. Als Sehender unter den Blinden war er zur Autorität emporgewachsen, eine Stellung die er mit grämlicher Zanksucht unterstrich. Als glückloser Dichter zog er es fortan vor, sich als Zensor und Kritiker zu betätigen und mit eitlem Gelehrtendünkel ein intrigantes Netz boshafter Korrespondenz zu spinnen, das ihm schließlich zum Verhängnis wurde, weil seine erbitterten Feinde endlich überhand nahmen.

Zuflucht suchte er in der Leipziger *Poetischen Gesellschaft,* in der er zunächst willkommen war. Derartige Vereinigungen waren nicht vom Geist der Harmonie Gleichgesinnter geprägt, Streit und Zank würzte das Vereinsleben und war ein nicht zu unterschätzender Quell der Unterhaltung, weil die kleinbürgerliche Zelebration des ständigen Übelnehmens gepflegt wurde. Unter den Streitsüchtigen erwies sich Gottsched als Meister, sein Nörgelwesen enervierte selbst die Hartgesottensten, so daß man ihn mit der Ernennung zum Senior, gewissermaßen durch Ehrung, zu besänftigen versuchte. Doch die listige Taktik zeigte keine Früchte, auch der Senior blieb grantig. Als das Maß überschritten war, sah sich Gottsched gezwungen, einen eigenen Kreis zu gründen, die *Gesellschaft der freien Künste.* So sehr auch die nachfolgende Generation sich von ihm distanzierte, wichtige Impulse für das Entstehen einer deutschen Nationalliteratur gingen von Gottsched aus, und sein Mangel an Talent war ihm nicht anzulasten, schließlich mußte auf ausgemergeltem Boden gesät werden. Daß die Ernte so spärlich ausfiel, lag daran, daß nicht heiliger Eifer der Inspiration den bürgerlichen Aufbruch beflügelte, sondern Ehrgeiz und Streben und die Verkehrung des sokratischen Satzes *Wissen ist Gnade* in den verhängisvollen Irrtum: *Wissen ist Macht.*

Über alle Zeit hinaus verkörpert Gottsched den unsterblichen Typ des deutschen Wissenschaftlers, der mit sich und seiner kollegialen Umwelt hadert und grämlich–neidisch seinen steten Argwohn zur Lebensdevise erhebt. Monomanisch auf das zum Lebensinhalt erhobene Thema fixiert, verleiht ihm der eingeschränkte Forschungsgegenstand Kompetenz, die ihm eine geraume Zeit einen Wissensvorsprung und damit Autorität gewährt. Die mühsam erlangte Reputation, durch Titel und Ehrungen von einer gewogenen Obrigkeit verliehen, bedarf allerdings einer steten Verteidigung und einer wachsamen Beobachtung des gleichfalls neidischen Umfeldes; ja selbst von den erbenden Schülern droht Gefahr, und so ist es Brauch geworden, die Begabten klein zu halten und die Unbegabten zu fördern.

Mit Hilfe der *Kritik* wollte man zu neuen wissenschaftlichen Erkenntnisse gelangen und folglich pflegte man disputierend die akademische Auseinandersetzung mit ritualisierter Würde und Häme. Der muffige deutsche Gelehrtenstreit hatte seinen Grund: Die aus England, Frankreich und Italien herübergewehten aufklärerischen Gedanken waren über das geistig daniederliegende deutsche Bürgertum wie eine Flut hereingebrochen, und so ist es verständlich, daß zunächst eine systematische Ordnung gefunden werden mußte, um die vielfältigen Eindrücke aufnehmen zu können. Schließlich war man auf einen rollenden Wagen gesprungen, von dem man nicht wußte, wo er seine Fahrt begonnen, geschweige denn, welches Ziel er ansteuerte.

Die Reformation, die in Deutschland im kulturfeindlichen Protestantismus mündete, hatte einen Bildungsaufbruch im Geiste des Humanismus verhindert. Die Wycliffschen Lehren und ihre Auswirkungen auf Johannes Hus hatten Unruhe gesät, aber Früchte waren nicht gereift. Das alte scholastische, aristotelische Weltbild war durch die naturwissenschaftlichen Erkenntnisse in Frage gestellt. Astronomie, Physik und Medizin begründeten ein mechanistisches Weltbild und verabschiedeten die tradierten Offenbarungswahrheiten der christlichen Theologie. Die metaphysisch, religiös begründete Staats- und Gesellschaftsordnung, so wie sie Luther noch festgeschrieben hatte, wurde durch die *natürliche Religion* in Frage gestellt. Vor allem galt es, die von der Kirche für unentbehrlich gehaltenen theoretischen Auslegungen, mit denen die feudale Ordnung begründet war, durch den Gebrauch der natürlichen Vernunft zu überprüfen. Hirnsprengend waren für die braven, lernhungrigen Deutschen die großen Gedanken des englischen Empirismus und des Rationalismus der Franzosen. Deutscher Ordnungssinn fand vor allem Gefallen an den französischen Enzyklopädisten, während Skeptizismus und Materialismus ihnen zu radikal an der Weltordnung rüttelten. Aufklärung, das hieß in Deutschland, das Nützliche zu befördern, den schönen Gedanken aufzunehmen, durch Bildung die Menschheit zu veredeln und schließlich die kleinbürgerlichen Lebenswerte zu allgemeingültigen Normen der Gesellschaft zu erheben.

Mit der Aufklärung war eine Lawine losgetreten, denn mit dem empirischen Denken waren bald die alten Mysterien entschleiert, Materialismus und Atheismus bedrohten die alte Ordnung. Die tradierte Moral und die christlichen Wertvorstellungen wurden hinterfragt und durch eine *vernünftige* Moral ersetzt. Tugend und Laster, von der Kirche in Glaubenssätzen festgeschrieben, standen fortan auf dem Prüfstand eigener Erkenntnis und vor allem des neuen Zeitgeistes. Das festgefügte Lehrgebäude des Christentums, das manifestierte Mittelalter, wurde angezweifelt, die Dogmen wurden bespöttelt und schließlich als verdummende Priestererfindung gebrandmarkt.

Höfisches Pläsier
Menschen veredeln

Die lustige Freidenkerei entzückte vor allem die Hofgesellschaften, die aus dem neuen Denkaufbruch ein Gesellschaftsspiel machten und die aufklärerischen Gedanken in die höfische Konversation einbanden. Der bürgerliche Gelehrtenstreit hatte freilich keinen Zugang zum Hof. Einige Professoren der Universität Frankfurt/Oder durften 1737 allerdings vor dem preußischen König Friedrich Wilhelm I. und geladenen Offizieren heftig mit dem exzentrischen Magister Morgenstern disputieren, doch das war ein böser Spaß des Königs, denn das von ihm diktierte Thema lautete: *Gelehrte sind Salbader und Narren.*

Durch die Ideen der Aufklärung waren dem Adel und den Fürsten die Menschen, denen sie vorgesetzt waren, in einem neuen Licht erschienen. Bereits zum Beginn des 18. Jahrhunderts wurde es Mode, außerhalb der hermetischen Hofgesellschaft Pläsier zu suchen, sich in den Salons edler Damen einzufinden und in bunter Mischung geistvolle Konversation zu betreiben. Damit war der Kreis der Geladenen nicht mehr von der Hoffähigkeit diktiert, sondern von den zuweilen exzentrischen Damen bestimmt, die zu ihrem erotischen Amüsement und dem Pläsier ihrer Gäste bisweilen auch skurrile, völlig unstandesgemäße, aber schrille Vögel der Subkultur zu sich baten. Der Hochadel und sogar fürstliche Würdenträger waren entzückt, fern der strengen Hofetikette die freie Luft des freien Geistes atmen zu können. Ihr Stand war dem der *Menschen* so fern, daß sie die zur Pflicht gemachte Distanz überwanden und neugierig die Ständetreppe herabschritten.

Noch eine Generation zuvor wäre es undenkbar gewesen, daß gekrönte Häupter und Standesherren das Haus der bürgerlichen Marie Thérèse Geoffrin betreten hätten, war ihr Vater doch der Kammerdiener Rodet, dem es gelungen war, seine bildschöne Tochter mit dem reichen Manufakteur Geoffrin zu verheiraten. Als der jungen Frau das Glück widerfuhr, daß der ungeliebte alte Mann recht bald verstarb, nutzte sie das ererbte Vermögen und gestaltete ihr Haus zu einer Begegnungsstätte für Künstler, Literaten und Angehörige der vornehmen Gesellschaft. Ihr Zirkel erlangte weit über die Grenzen Berühmtheit, und es war für Parisbesucher eine hohe Ehre, wenn sie in das Haus eingeführt wurden. Mit großem Takt förderte sie hoffnungsvolle Talente, eröffnete Künstlern Kontakte zu kunstfreudigen Mäzenen und stellte ihren Gästen literarische Entdeckungen vor.

Auch Damen vom Stand begründeten Salons, wie die Marquise Marie de Vichy Chamrond. Die Eltern hatten sie für das Klosterleben bestimmt und dort wäre sie wahrscheinlich bis zu ihrem seligen Ende geblieben, hätten Verwandte der bald 22jährigen Jungfer nicht den betagten Marquis du Deffand angedient, der sich schließlich überreden ließ, Marie zu heiraten. Die Ehe entsprach nicht ihren hinter Klostermauern erträumten Erwartungen, es fehlte dem Greis die faunische Lust. Eine größere Erbschaft setzte die lebenshungrige Dame in die Lage, sich scheiden lassen zu können und zugleich eine leidenschaftliche Liebesaffäre mit dem Herzog von Orléans zu beginnen. Befördert durch diese Liaison wurde ihr Haus zu einem Treffpunkt der großen Geister jener Zeit. Treffend nannte Voltaire die Gastgeberin die scharfsinnige Blinde: 1750 hatte sie ihr Augenlicht verloren. Wie es seine Art war, mokierte sich Voltaire über ihre stete Verbitterung, ihren enervierenden Pessimismus und ihre despotische Unduldsamkeit. Als sie 1752 ihre 20jährige Nichte Julie Jeanne Eleonore de l'Espinasse zu sich nahm, entwickelte sich ihr Haus zu einem Treffpunkt liebestoller Freier, denn Julie pflegte ihre Gunst freimütig zu verschenken und entzückte überdies mit ihrer Anmut und Bildung. Es entwickelte sich ein neuer Stil der Salons, in denen sich nun kultivierte Konversation mit lustvoller Erotik verband.

Damen der Provinz unterhielten bescheidenere Salons, zuweilen waren es Liebesnester darbender Witwen, die auf diese Weise die Lokalheroen in ihre Betten zu locken versuchten oder durch Mildtätigkeit weniger das Himmelreich zu erlangen trachteten, als förderungswürdige Burschen zu Gespielen heranzuziehen. Als ein Geistlicher in Annency der hitzigen Madame de Warens, den armen, erst 16 jährigen Uhrmachersohn Jean Jacques Rousseau zur Pflegschaft überantwortete, führte sie zunächst den Knaben in die Kunst der Liebe ein, um sodann eine fürsorgende Mutterstelle zu übernehmen. Um seine weitere Karriere besorgt, schickte sie den Pflegling zu einem reichen Bekannten nach Turin, der den Jungen für den diplomatischen Dienst heranbilden wollte, eine Lebensperspektive, mit der sich Rousseau nicht anfreunden mochte, und so beschloß er, sich der Fürsorge seiner Gönner zu entziehen. An der Seite eines Genfer Abenteurers begann er drehorgelspielend ein unstetes Wanderleben. Die Freiheit genießend, aber die Beschwerlichkeiten des Geldmangels beklagend, zog er es schließlich doch vor, eine Sekretärsstelle beim Oberst Godard in Paris anzunehmen, dessen zahlreichen Liebeshändel Rousseau an seine mütterliche Geliebte denken ließen, zu der er bald reumütig zurückkehrte. Es hatte sich herausgestellt, daß dem Jüngling berufliche Einbindungen ein Greuel waren, und so verfaßte er einige untalentierte Musikstücke, versuchte es glücklos mit Komödien und Tragödien, um schließlich, der Not gehorchend, eine Hauslehrerstelle anzunehmen. Der kapriziösen Gesellschaftsdamen überdrüssig, verband er sich mit der schlichten Thérèse Levasseur, die ihm zu Vaterfreuden verhalf – Freuden, die allerdings bald zu Last wurden, so daß man sich entschloß, die Kinder einem Findelhaus zu übergeben.

Der Zufall eröffnete Jean Jacques Rousseau ein neues Betätigungsfeld: Eine Preisaufgabe der Akademie zu Dijon fragte nach dem Einfluß der Künste und Wissenschaften auf die Sitten und bewog Rousseau zu einer Bestandsaufnahme seines bisherigen Lebensweges. Sein kleinbürgerlich-calvinistisches Gewissen war bisweilen ins Wanken geraten, die schlechte Gesellschaft der Höhergestellten hatte ihn vom Pfad der Tugend abgebracht, und so besann er sich auf sein Herkommen, den schlichten väterlichen Handwerkerhaushalt und den prägenden Einfluß der Mutter, die einem evangelischen Pastorenhaus entstammte. Viel zu jung war er dem Elternhaus entrissen und mit der lasziven Welt des Adels konfrontiert, in der schwadronierende

Bildung und Unmoral gepflegt wurden. Madame de Warens hatte sich mit ihrem Friseur liiert und ihrem Zögling ein prickelndes Dreiecksverhältnis angeboten, und Oberst Godard war mehr dem Kampf der Geschlechter erlegen, als um soldatischen Ruhm besorgt. Den genossenen Anschauungsunterricht verglich Rousseau mit seiner tugendsamen kleinbürgerlichen Vergangenheit und erteilte den Preisrichtern eine einfache Antwort: Nein, Kunst und Wissenschaft, so zeige die Geschichte, habe das Gegenteil bewirkt, denn mit dem Erblühen der Wissenschaft sei überall und immer der Verfall der Sitten einhergegangen.

Für Rousseau war der Lebensstil seiner vornehmen Gönner Beweis genug, daß die adelige Kultur verrottet und sittenlos dem Untergang anheimfallen würde, und so folgte er den greinenden Moralaposteln, die schon immer die höheren Weihen des Daseins von entsagender Enthaltsamkeit abhängig gemacht hatten. Durch was aber sollte die überlebte Ordnung abgelöst werden? In seinem *Contrat social* wies Rousseau den Weg: Zum Naturzustand solle die Menschheit zurückgeführt werden, freilich nicht, wie seine Kritiker behaupteten, in den rohen ungebildeten Barbarenstand der Wilden, sondern als Ausgangspunkt des Neubeginns in die gesellschaftlichen Strukturen des klassenlosen Urzustandes, der demokratischen Urgemeinden, in denen jedes Mitglied der Gemeinschaft entsprechend seinen Fähigkeiten mit gleichen Rechten ausgestattet sei. Der künftige Staat solle auf einem Vertrag Aller mit Allen fußen, indem die Mitglieder ihren Besitz in den Dienst der Allgemeinheit stellten, und das Fundament der rechtsstaatlichen Ordnung vom Prinzip geleitet werde, daß es kein Gesetz des Stärkeren, noch ein Recht der Sklaverei gebe, also jedes Staatsglied über gleiche Rechte verfüge. Die Gemeinschaft, der Staat, als Zusammenschluß von Gleichen, die für das Gemeinwesen ihre natürliche Freiheit opfern, sei die Ordnung der Zukunft, wenn aus der Einbindung des Individuums in die Masse der Gleichen eine neue Qualität von Freiheit erwachse. Die Souveränität sei Eigentum des Volkes, das Gesetz der allgemeine Wille, und dieser sei niemals eines Irrtums fähig.

Die Ideen Rousseaus waren so neu nicht, das kleinbürgerliche Handwerk hatte sich bereits Jahrhunderte in diesem Sinne selbst regiert und eine Diktatur der Gleichen praktiziert. Auch Rousseaus Gedanken, daß in der Gemeinschaft kein Mitglied Macht kaufen und keiner so arm sein dürfe, sich verkaufen zu müssen, war festgeschriebenes Gebot der Zünfte. Was für die Aufklärer mit dem Wort

Vernunft umschrieben wurde, erwies sich in der kleinbürgerlichen Realität als angepaßtes Normenverhalten eines Standes, dessen Mittelmaß nun zum Maß aller Dinge erhoben wurde. Trotz dieser unästhetischen Gedanken grauer Gleichmacherei, blieben die adeligen Gönner dem revolutionären Geist gewogen. Nicht so seine bürgerlichen Widersacher. Das Pariser Parlarment drohte mit seiner Verhaftung und veranlaßte die Verbrennung seines *Emile*, so daß Rousseau nach Bern floh, dort aber auch zur Weiterreise gedrängt wurde, bis er schließlich in der preußischen Exklave Neuenburg Zuflucht fand. Hier benutzte der protestantische Geistliche Montmollin die Kanzel zu wilden Angriffen gegen den teuflischen Geist Rousseaus und hetzte die biederen Bauern zum Sturm auf dessen Domizil. Über Lord Keith hatte Friedrich der Große dem Bedrängten seinen königlichen Schutz angeboten und ihn nach Potsdam eingeladen, doch Rousseau zog es wieder nach Paris, wo sich inzwischen die Gemüter beruhigt hatten.

Bald nach seiner Rückkehr lernte er den fast mittellosen Deutschen Friedrich Melchior Grimm kennen, der sich, aus armen kleinbürgerlichen Verhältnissen stammend, als Theaterdichter versuchte, allerdings mit seinen Stücken nur Hohn und Spott erntete. Im Dienste des Grafen Schönburg war er nach Paris gelangt, wurde schließlich Vorleser des Erbprinzen von Sachsen-Gotha, der, in ständigen Geldschwierigkeiten, seinem Bediensteten nur Kost und Logis gewährte. Für Grimm war die Begegnung mit Rousseau Labsal in trostloser Zeit. Es war eine Seelenverwandtschaft zweier mißachteter Genies, deren dürftige Herkunft neben ihrem gemeinsamen Enthusiasmus für die Musik eine innige Freundschaft begründete.

Mit keinen hervorragenden Geistesgaben ausgezeichnet, doch von unbändigem Ehrgeiz getrieben, versuchte Grimm, durch Eleganz und ausgezeichnete Umgangsformen den Damen der Gesellschaft ein angenehmer Unterhalter zu sein. Bestens über die jeweiligen Modetrends informiert, bezog er im Musikstreit, der die *modeste* Welt auf das höchste erregte und als unversöhnliche Fehde zwischen den Freunden der italienischen Musik und den Anhängern der französischen Tonkunst ausgetragen wurde, Partei für die französische Fraktion. Damit gehörte er zur Partei der *coin de la reine* unter der Loge der Königin, eine gute Wahl, denn sie eröffnete ihm den Kontakt zum Herzog von Orléans, der ihn als Sekretär erwählte. Überdies verfaßte er für deutsche Fürsten literarische Bulletins und wurde, endlich baronisiert, außerordentlicher Minister des Herzogs von Gotha am französischen Hof. Grund genug, nun zum erbitterten Feind Rousseaus zu werden. Verständlich, denn schließlich hatte er es geschafft, der häßlichen Herkunft zu entfliehen und am Glanz der Krone zu partizipieren. Von nun an war ihm Rousseaus Sozialkontrakt zuwider; Gleicher unter Gleichen zu sein, hätte seinen mühsam errungenen Aufstieg zunichte gemacht. Die hohe Kunst der Intrige, die Grimm so meisterhaft beherrschte, machte Rousseau zu einem einsamen Menschen.

Melchior Grimm, geadelt und baronisiert, beschloß seine Karriere als bevollmächtigter Minister der Kaiserin Katharina von Rußland im bürgerlichen Hamburg. Er starb hochgeehrt, ohne der Nachwelt bleibendes hinterlassen zu haben.

Anders Rousseau. Er war nach einer mühevollen Lebensodyssee melancholisch geworden. In armenischer Priesterkleidung wandelte er durch Paris und schrieb seine *Confessions,* eine schonungslose Lebensbeichte. Der Marquis de Girardin hatte ihm ein ruhiges Landhaus zur Verfügung gestellt, der einsame Mann sollte Frieden finden. Nach einem ausgedehnten Spaziergang starb Rousseau, und die Gerüchte wollten nicht verstummen, daß er freiwillig aus dem Leben geschieden sei. Am 11. Oktober 1794 wurde sein Leichnam in den Panthéon aufgenommen; die Revolution ehrte ihren großen Wegbereiter.

Was aber bewog die verbündeten Monarchen 1815, nach dem Sieg über Napoleon, darüber nachzusinnen, wie dieser Totengräber der Fürstenherrschaft zu ehren sei? Sie entschieden sich gegen eine Gedenktafel und verwarfen auch ein steinernes Monument, stattdessen handelten sie in seinem Geist: Sie erließen den Bürgern von Ermenonville, seinem Todesort, die Kriegskontributionen. Für viele eine unverständliche Geste, hatten seine Ideen doch der Revolution den Sprengstoff geliefert, einer Revolution, die Ströme von Blut gekostet, einen großen Teil des französischen Adels dahingerafft und Fürstenblut vergossen hatte. Die Revolutionäre hatten vergessen, daß der Adel Jean Jacques Rousseau gefördert und gegen die Anfeindungen der Kirche geschützt hatte. Das Licht der Aufklärung war in den Salons erstmals erstrahlt und zeigte seine Wirkung zuerst beim gebildeten Adel, der den *Contrat social* als Aufforderung zum Umdenken verstanden hatte – oder mehr noch als Besinnung auf die verlorengegangenen ritterlichen Tugenden der Selbstlosigkeit und des pflichtvollen Dienens.

Aus Frankreich hatten die neuen Ideen den Weg nach Potsdam, Weimar, Wien und Petersburg gefunden. Die Revolution war eine

Herrschaft des Pöbels, ein Dammbruch und ein Strafgericht Gottes über die Fürsten. Von Gottes Gnaden waren sie zum Herrschen berufen; daß Gott ungehindert das Walten des Bösen zuließ, war ein Zeichen, daß zwischen dem Höchsten und seinen Dienern eine Kluft aufgerissen war.

Sammlerstolz

Die Ideen der Aufklärung, in den Salons genüßlich debattiert, Destruktion, mokanter Spott und erheiternde Ironie über Etikette und Zeremoniell, von der Jugend des Adels scherzhaft gepflegt, wurden auch von den bürgerlichen Salongästen aufgenommen und kolportiert. Doch für sie waren die Exzentrik und Skurrilität einzelner adeliger Originale ein Beweis dafür, daß sich dieser Stand überlebt hatte und der Bildung nicht die gebührende Ehre erwies. Für den Adel war es eine sportliche Herausforderung, aus *der Hefe des Volkes* zu schöpfen und die wilden Wurzeln mit dem Reis der Kultur zu veredeln. Gutsherren ließen ihre Dorfkinder beobachten, fahndeten nach Talenten und wiesen ihre Schulmeister an, lernbegierige Kinder besonders zu fördern. Landesherren stifteten Förderschulen und übernahmen nicht selten persönlich die Schulvisitationen in der Hoffnung, brauchbares Material zu entdecken. Die Passion, außergewöhnliche Begabungen aus den niederen Schichten zu heben, war nur selten von Erfolg gekrönt, zumal die hohen Damen und Herren sich nicht immer von philanthropischen Gefühlen leiten ließen, sondern der Sammlerstolz sie blind machte.

Die Entdeckung seines Lebens glaubte 1725 Christian von Schöneich in Lübeck gemacht zu haben. Dort war ein Jahr zuvor ein vierjähriger Knabe, Sohn eines einfachen Müllers, der Geistlichkeit durch außergewöhnliche wissenschaftliche Leistungen aufgefallen. Das altkluge Kind wußte die Herren durch eine gelehrte Konversation zu entzücken und zeigte eine unersättliche Lernbegierde. Alberne Kindereien mit seinen Altersgenossen brachten dem Kind kein Vergnügen, und selbst neckische Zudringlichkeiten der Erwachsenen stießen bei dem Jungen auf Unverständnis. In augenscheinlicher Weise war bewiesen, daß im Urboden des Volkes ein ungehobener Bildungsschatz ruhte, der einer fördernden Fürsorge bedurfte. Der kleine Christian Heinrich Heineken wurde zu einer Attraktion für Gelehrte und Menschenfreunde, die aus allen Teilen Deutschlands nach Lübeck strebten, um das Kind in Augenschein zu nehmen. Wohl organisiert hielt Christian Heinrich Hof, stand artig den Gelehrten Rede und Antwort. Das Wunderkind wurde schließlich nach Kopenhagen gebracht, wo es dem dänischen König vorgestellt wurde, der sich eine geraume Zeit angeregt mit ihm unterhielt. Keine fünf Jahre alt, begann der Junge zu kränkeln, die Strapazen der Reise, die ständigen insistierenden Fragen, ließen ihn wie eine überdüngte Pflanze dahinwelken, bis endlich sein armseliges Leben erlosch. Christian von Schöneichs Traktat *Heineckens Leben – Taten, Reisen und Tod* erschien bereits 1726 und bewegte die Gemüter noch lange Zeit, so daß vierzig Jahre nach dem Tod des Kindes eine weitere Auflage erschien.

Es war also nicht immer menschenfreundliche Fürsorge, wenn adelige Mäzene das Füllhorn des Glücks über ihre Entdeckungen ausschütteten; Beweggründe waren auch Eitelkeit, Besitzerstolz und Koketterie mit der in Mode gekommenen Volksverbundenheit. Es bedurfte keiner Wilden aus fernen Ländern, Mohren oder Indianer, um zu beweisen, daß Gottes Schöpfungen zu bilden und zu zivilisieren waren, auch in den heimischen Katen fand sich geeignetes Material, Naturkinder, die unbelastet von Konventionen und Zivilisation zu einem neuen Menschentyp heranzubilden waren. Ihre Treuherzigkeit und Tumbheit bot überdies Amüsement, und zuweilen ersetzen sie den außer Mode gekommenen Narren.

Der französische Hof hatte diese Form des *Poinsinet-Amüsements* in Flor gebracht: Antoine Alexander Poinsinct, aus sehr kleinen Verhältnissen stammend, hatte einige lustige Opern geschrieben und damit sogar den Beifall des Hofes auf sich gezogen. Die Lobpreisungen der vornehmen Gesellschaft hatten ihn zu grenzenloser Eitelkeit verführt, deren Komik die Hofgesellschaft zu ihrer Belustigung nutzte. Höflinge hatten dem Ärmsten vorgeschlagen, sich dem König als Ofenschirm zu verkaufen und ihm angeraten, seine Schenkel vierzehn Tage lang zu rösten, um sich an die Hitze zu gewöhnen. Die Enttäuschung über die unnötige Folter hinderte ihn nicht daran, auf weitere Scherze hereinzufallen. Unter dem Siegel der Verschwiegenheit wurde ihm zugetragen, daß er in die Petersburger Akademie aufgenommen werden solle, allerdings nur unter der Voraussetzung, die russische Sprache zu beherrschen. Ein Lehrbuch, dessen Titelblatt fehlte, wurde ihm zur Verfügung gestellt, und so quälte sich der Narr sechs Monate mit dem schwierigen Sprachstudium, um am Ende festzustellen, daß er die ganze Zeit Niederbretagnisch gebüffelt hatte.

Solcherart Späße auf Kosten der kleinen Streber zeugten von wenig Menschenliebe, aber der Hof war nun einmal ein Ort der Langweile, und so suchte man dort jede Möglichkeit eines bescheidenen Amüsements. Das einfache Volk hielt man für robust und wenig feinfühlig, zumal es ja auch keine Ehre kannte und meistens die Scherze ergeben hinnahm. Poinsinets Torheiten wurden an allen europäischen Höfen kolportiert. In Deutschland übernahm diese Rolle unter anderen der Bäckersohn Johann Friedrich Häcker, der gewisse Meriten als Feldprediger erworben hatte und schließlich zum preußischen Prinzenerzieher ernannt wurde. Als Hofmeister hatte er eine neue Rechenmethode für lernschwache Prinzen entwickelt, die so kompliziert war, daß er sich bei der Demonstration regelmäßig in den endlosen Zahlenreihen verbiesterte. Zur Belustigung der Hofgesellschaft wurde er immer wieder aufgefordert, seine Erfindung vorzuführen, was er auch *geduldig und sehr komisch tat.*

Der großen Mehrheit des Adels war es jedoch sehr ernst, die kleinen Leute zu fördern, vorausgesetzt, die Zöglinge zeigten den gehörigen Eifer und nahmen mit Bescheidenheit die Wohltaten an. Die Erfahrung hatte gezeigt, daß man die Leute nicht verwöhnen durfte: *wer sich zu Höherem berufen fühlt, der arbeitet sich durch Armut und andere Schwierigkeiten hindurch. Man muß den Leuten nicht alles zu leicht machen ... Durch Überwindung von Hindernissen wird das Genie verstärkt wie eine gespannte Feder.* Auf jeden Fall mußte die Fortbildung erarbeitet werden, wobei die mit Kindern gesegneten Gönner die Aspiranten als Hauslehrer einstellten, während kinderlose oder betagte adelige Menschenfreunde den Auserwählten Sekretärsstellen anboten. Für die großen und kleinen deutschen Dichter und Denker jener Zeit stand am Anfang ihres Ruhmes zumeist eine Dienstzeit als Hauslehrer. Die Lehrtätigkeit in einem vornehmen Hause war zugleich Lehrzeit, denn die Dienstherren pflegten darauf zu achten, daß ihre Bediensteten gute Umgangsformen erlernten und jederzeit einem anderen Hause zu empfehlen waren. Tüchtige Hauslehrer, wie zum Beispiel Friedrich Gottlieb Klopstock, erhielten, nachdem sie ihren Zöglingen einen erfolgreichen Unterricht hatten angedeihen lassen, oftmals die Gelegenheit, die Universitätsstudien ihrer Schüler zu überwachen. Mit dieser Aufgabe wurde auch Johann Amadeus Wendt beauftrag, sein Zögling sollte in Leipzig Philosophie studieren, und Wendt wurde angehalten, ihn zu allen Vorlesungen zu begleiten. Während der vornehme Student erhebliche Lernunlust an den Tag legte, konnte sein Hauslehrer binnen kurzer Zeit einen fabelhaften Abschluß erreichen und wurde schließlich zum ordentlichen Professor der Philosophie ernannt. Als Hauslehrer diente auch der Begründer der deutschen Kunstwissenschaften Johann Joachim Winckelmann, bis seinem Brotherrn, dem sächsischen Minister Graf Bünau, der große Bildungshunger des jungen Mannes auffiel und er ihn an die Bibliothek zu Nöthenitz bei Dresden vermittelte. Am gesellschaftlichen Leben des Oberst von Schulz in Potsdam nahm auch dessen Hauslehrer Johann Wilhelm Gleim teil. In seiner Kammer dichtete Gleim kleine Tändeleigedichte und holperige Romanzen, die seinem Brotherrn und den Freunden des Hauses ausnehmend gut gefielen, unter anderen auch dem Markgrafen von Brandenburg-Schwedt, dem es gelang, dem Oberst das Talent abzuschwatzen. Als Sekretär dichtete Gleim eine geraume Zeit für den Markgrafen, bis ihn dieser an den alten Dessauer abtrat. Der notorische Haudegen zeigte sich allerdings an Romanzen wenig interessiert, und so verfaßte Gleim Kriegslieder und Hymnen zu Ehren des großen Preußenkönigs Friedrich. Seine Hoffnung, damit auch den König entzücken zu können, erfüllte sich indes nicht; Friedrich, der deutschen Dichtkunst völlig abhold, reagierte nicht.

Mit dem Sohn des Hamburger Perückenmachers Bassedau glaubte eine holsteinische Adelsfamilie einen besonderen Glücksgriff getan zu haben. Johann Berend Bassedau – nachmals berühmt als Johann Bernhard Basedow – hatte die völlig verwilderten Söhne des Hauses gebändigt und sogar etwas Bildung in die Seelen zu pflanzen vermocht. Als man auf seine Dienste verzichten konnte, vermittelte die dankbare Familie den begabten Lehrer an ein Altonaer Gymnasium. Im Kollegium wurde gerade Rousseaus *Emile* gelesen und sehr unterschiedlich aufgenommen. Basedow war jedoch begeistert und herausgefordert, ein deutsches Elementarwerk der Aufklärung zu verfassen. Seine adeligen Freunde konnten durch eine Spendenaktion das Vorhaben mit 15000 Talern unterstützen; Chodowiecki fertigte über hundert Kupferstiche, die schließlich das Werk zu einem einzigartigen Zeugnis der Zeit erhoben. Adel und Fürsten waren begeistert, erfuhr doch die Jugend etwas über die wirkliche Welt, und so honorierten sie das Anliegen des Pädagogen, bereits in der Jugend Weltbürgersinn zu wecken. Leider hatten seine neidischen Kollegen recht, die das dreibändige Werk als monströsen Unsinnskatalog diffamierten. Mit Fleiß allein war der große Rousseau eben nicht zu übertreffen. Daß aus Eifer und Gründlichkeit das Genie erwachse, war ein

Irrglaube, dem so viele deutsche Epigonen erlegen waren. Trotzig entzog sich Basedow der Kritik und demonstrierte mit seinem Künstlernamen Bernhard von Nordalbingien, daß er sich der vornehmen Welt zurechnete.

Schrill sollten nach Möglichkeit die Lebensläufe der Entdeckungen sein, denn umso größer war der Erfolg der Kultivierung zu bewerten. Johann Joachim Christoph Bodes Vater war nach der Entlassung aus dem einfachen Soldatendienst Ziegelstreicher. Der heranwachsende Sohn zeigte sich derart tölpelhaft bei der Mithilfe, daß der Vater ihn zum Großvater delegierte, bei dem er Schafe hüten mußte. Doch auch hier taugte der dumme Christoph nichts, und so gab man ihn zum Stadtmusikus Kroll, bei dem er tatsächlich eine Lehre als *Hoboist* abschloß. Glückliche Umstände ließen ihn zudem noch Fertigkeiten im Buchdruck erlernen. Durch die Faszination des Druckens angeregt, verfaßte er eigene Gedichte und schrieb kleine literarische Arbeiten, die er sogleich ausdruckte. Als die geheime Rätin Gräfin Bernstorff davon erfuhr, verschaffte sie ihm unverzüglich einen Posten als Geschäftsführer, mit der ausdrücklichen Bedingung, sein löbliches Tun fortzusetzen. Den Vertrieb der treuherzigen Arbeiten besorgte die Gräfin. Der Herzog von Sachsen-Meiningen beförderte den einstigen Schafhirten zum Hofrat und der Herzog von Sachsen-Gotha zum Legationsrat. Einen sicheren Lebensabend in Würde und höchster Achtung schenkte ihm der Landgraf von Hessen-Darmstadt mit der Ernennung zum Geheimrat.

Besondere Freude bereiteten den adeligen Gönnern vielfältige Fähigkeiten, denn Multitalente versprachen Amüsement und verhießen größeren Entdeckerruhm. So war beispielsweise den vornehmen Kunden des Schneidermeisters Jung aufgefallen, daß der Filius des Tailleurs eine überaus artige Konversation zu machen verstand, und eine höhergestellte Dame empfahl en passant einer Anprobe, dem Jungen eine Lehrerausbildung angedeihen zu lassen. Doch der Vater hielt nichts von dieser brotlosen Zukunft und bestand auf einer Schneiderlehre. Durch ein intensives Selbststudium konnte Sohn Johann Heinrich schließlich doch eine Hauslehrerstelle erlangen. Seine Herrschaft finanzierte ihm eine Universitätsausbildung zum Mediziner, wobei sich seine Fähigkeiten im Nähen als förderlich erwiesen. Johann Heinrich Jung wurde ein berühmter Chirurg, der sich sogar an sehr schwierige Augenoperationen heranwagte. Doch damit nicht genug, Jung erhielt des weiteren Professuren für Landwirtschaft, Ökonomie und Kameralwissenschaften. Besondern Ruhm erwarb er sich als Geisterkundiger, indem er eine *Theorie der Geisterkunde* verfaßte und als Fortsetzung *Szenen aus dem Geisterreich* der Öffentlichkeit vorlegte. Mit diesem Thema begeisterte er die Hofgesellschaften, wo Cagliostro, Philadelphia und andere Zauberkundige bereits den Okkult-Acker bestellt hatten.

Auf den Adel und die Fürsten konnten auch jene strebenden Jünglinge nicht verzichten, deren Elternhäuser durchaus in der Lage waren, ein Studium zu finanzieren. Ohne Protektion konnte der Sohn des Schmiedemeisters Goethe eine Gastwirtschaft in Frankfurt übernehmen. Das Speiselokal mit Ausspann und Übernachtungsmöglichkeit florierte so gut, daß Gastwirt Goethe seinem Sohn Johann Caspar den Titel eines kaiserlichen Rates kaufen konnte. Der kleinbürgerliche Aufstieg vollendete sich mit dem Urenkel des Schmiedemeisters, Johann Wolfgang Goethe, dessen Geniefleiß durch die großherzige Förderung des Weimarer Hofes beflügelt wurde.

Zu Recht empfand Friedrich Schiller die Förderung seines Herzogs in dessen Bildungszuchtanstalt als qualvoll. Der Herzog wünschte dort keine Standesschranken, und so teilte Schiller das harte Los mit seinem Freund Graf Wolzogen, dessen Mutter den sensiblen Friedrich in ihr Herz schloß und zu erholsamen und unbeschwerten Aufenthalten in ihr Haus einlud. Auf dem Besitz der Wolzogens entstand Schillers *Kabale und Liebe*, ein Stück, das den Adel nicht gerade lobpreiste. Trotzdem suchten der Erbprinz von Holstein-Augustenburg und der Graf Schimmelmann dem jungen Talent Unabhängigkeit zu verschaffen, indem sie ihm auf drei Jahre ein Stipendium von 1000 Talern andienten. Der Bittbrief, mit dem die Herren den Dichter gewogen machen wollten, die Zuwendung anzunehmen, ist ein bis heute unübertroffenes Zeugnis von Taktgefühl und Herzensbildung. Immerhin entsprach die Summe der Jahreseinnahme eines Großkaufmannes oder Bürgermeisters einer mittleren Stadt.

Fürstliche Huld schützte aber auch vor der Scheelsucht neidischer Dichter- und Denkerkollegen. Goethe bemäkelte die Künste des jungen Lohnfuhrmanns und Taubennestherstellers Gottlieb Hiller. Dessen Gedicht *Auf eine im Spätherbst gefundene grüne Schote* ergötzte jedoch Prinz Louis Ferdinand von Preußen, der über den drolligen Einfall herzlich lachte und darauf den komischen Mann dem königlichen Paar vorstellte. Die Hofaudienz genügte; Hiller wurde in den Kreis der akzeptierten Dichter seiner Zeit aufgenommen. Die vornehme Gesellschaft wollte unterhalten sein und achtete nicht immer auf Versmaß und geistige Höhenflüge – lustige Einfälle, skurrile Typen und treuherzige Einfachheit fanden das gleiche Wohlgefallen, wie die großen Alles- und Besserwisser, die über Farben, Kartoffeln, Heilkunst, Liebe und Leid, Malerei und was sonst noch die Welt beschäftigte, sich zu äußern verstanden. Der Unterhaltungswert wurde belohnt, wobei durchaus Qualitätsunterschiede gemacht wurden

Deutsche Dichter, deutsche Leser
Der Neid der Epigonen

Die Beschäftigung als Hauslehrer oder Sekretär in einem adeligen Haus war, mehrenteils nicht eben die angenehmste, befand 1797 das *Hannoversche Magazin,* doch die Vorteile überwogen, schließlich hatten die Bildungsdiener genug Muße für die fortbildenden Studien und erhielten die Protektion für den weiteren Aufstieg. *Ein Patron ist sehr oft das Mittel zu unserer Beförderung,* schrieb Jacob Michael Lenz, und da Lehrjahre keine Herrenjahre zu sein pflegen, mußte man auch die Nachteile in Kauf nehmen. Vor allem auf dem adeligen Gut genossen die Hofmeister große Freiheiten, die allerdings durch die Öde des Landlebens geschmälert wurden. Es fehlte die geistige Anregung, Theater- und Konzertbesuche, Vorträge und der Zugang zu Bibliotheken. Der Bestand an Büchern, so wurde zuweilen geklagt, entsprach auf den Gütern selten dem neuesten Stand, moderne Literatur war spärlich vorhanden. Das kleine Knechtsgehalt reichte nur zum Ankauf weniger Bücher. Pflichtlektüre waren die Almanache und Periodika für die gebildeten Stände, die zugleich darüber informierten, was man zu lesen hatte.

Trotz der kompetenten Empfehlungen war der Bücherkauf stets ein Risiko. Autoren, die gestern noch hochgelobt als Pflichtlektüre empfohlen wurden, fielen plötzlich, unmodern geworden, in Spott und Ungnade. Nachdem das Lesepublikum erleichtert hörte, daß Gottsched ein Langweiler sei, kam Johann Kaspar Lavater in Flor. Begierig wurde dessen Erkenntnis aufgegriffen, daß eine Übereinstimmung des inneren und äußeren Menschen bestehe. An Hand seiner *Physiognomischen Fragmente zur Beförderung der Menschenkenntnisse* konnte man nun den Freundeskreis analysieren, eine nicht immer vergnügliche Beschäftigung, denn nicht jeder wollte seinen wahren Charakter in seinen Gesichtszügen offenbart sehen. Lavaters Erfolg gründete in der Lesbarkeit seiner Bücher. Er hatte von der trockenen Sprache der Gelehrten Abschied genommen und mit kraftvollen Wortschöpfungen und poetischer Empfindsamkeit seine Leser zu entzücken vermocht. Einige Jahre war der exzentrische Pfarrer in aller Munde. Die Wortgewalt seiner Predigten feierte Triumphe, wobei seine unerschöpfliche Phantasie ihn zu einer sehr subjektiven Bibelauslegung verleitete, die ihn schließlich zum Okkultismus führte. Mit seinen dunkel-wundersamen Prophezeiungen gesellte er sich zum Kreis des berühmten Teufelsbeschwörers Johann Josef Gaßner, der die wissenschaftlich gebildeten Mediziner mit seiner Erkenntnis aegrierte, daß fast alle Krankheiten von bösen Geistern herrührten, deren Macht er mit kraftvollen Gebeten zu brechen versprach. Das war den Aufgeklärten zu viel, das Treiben Lavaters an der Seite des Exorzisten fand ihre Mißbilligung. Der gefürchtetste Stänkerer, Georg Christoph Lichtenberg, verfaßte sogleich eine Schmähschrift, Musäus setzte noch ein Pamphlet hinzu und Lavater war entthront, er galt fortan als unmodern.

Der Lesehunger war kaum zu stillen, und folglich hatte die gute Nachfrage auch Auswirkungen auf die Buchpreise. Für die finanziell weniger gut gestellten Leser hielten die Verleger Kalender und Flugschriften bereit, das wohlhabendere Bürgertum kaufte begierig die von den Verlegern offerierten und meist subskribierten Bücher. Es hatte sich als außerordentlich verkaufsfördernd erwiesen, die Liste der Subskribenten der Veröffentlichung beizuheften, schließlich wurde damit die Bildung des Käufers öffentlich. Für ein gutes gebundenes Buch waren ein bis zwei Reichstaler, also der halbe bis ganze Jahreslohn eines Hauslehrers zu zahlen. Trotzdem konnten die Buchhändler vom Bücherverkauf allein nicht existieren, zumal geschäftstüchtige Pastoren ihnen Konkurrenz machten, und so erhielt man im Buchladen auch Schreibwaren, Sämereien und alkoholische Getränke. Lesen wurde durchaus dem Luxus zugerechnet, mit der Folge, daß manch braver Handwerksmann seinen Kindern dieses Vergnügen untersagte.

Die aus wilder Wurzel entsprossenen Naturkinder konnten nur wahllos ihren Lesehunger stillen, während das gebildete Publikum den berühmten Kritikern folgte, die ihre Empfehlungen in den Almanachen und Intelligenzblättern veröffentlichten. Hohes Lob erfuhr Christian Fürchtegott Gellerts erster Familienroman *Das Leben der schwedischen Gräfin,* ein Bestseller, der fast ein halbes Jahrzehnt als lesenswert empfunden wurde. Auch Brandes' tränenrührende *Miß Fanny* entzückte die Leser eine geraume Weile, doch unübertroffen war die Begeisterung über August Gottlob Eberhard, dessen endloses Gedicht *Hannchen und ihr Küchlein* das Herz der Leser im Sturm eroberte und in aller Munde war. Ein wenig zu belehrend waren Johann Georg Zimmermanns *Betrachtungen über die Einsamkeit*, vermutlich hatte der Autor sein ganzes Leben in Einsamkeit verbracht, denn unerschöpflich waren seine Gedanken zu diesem trostlosen Thema, seine Betrachtungen wollten kein Ende nehmen und füllten hunderte Seiten.

Den ersten Versuchen einer eigenen deutschen Literaturschöpfung war wenig Erfolg beschieden. Gottscheds Suche nach dem roten Faden einer tradierten deutschen Nationalliteratur, an die man hätte anknüpfen können, war vergeblich geblieben, und so suchten die zum Dichten wild entschlossenen Poeten Anregung in fremden Gärten. Gottsched hatte den Deutschen die französische Literatur als Vorbild empfohlen, so daß zunächst dieser Stil nachgeahmt wurde, wobei man sich auch nicht scheute, die französischen Meister zu bestehlen. Oder als sehr spezielle welsche Blüte: Johann Christian Trömer wählte sich als Pseudonym den Namen Jean Chrétien Toucement und schrieb seine lustigen Schriften in enervierenden Alexandrinern und zudem noch in einem französelnden Kauderwelsch, als hätte ein, die deutsche Sprache nicht richtig beherrschender Franzose den Unsinn geschrieben. Das Werk hatte fünf Teile und war angeblich vorgelesen besonders komisch.

Als Hauslehrer der biederen Familie Sinner in Bern war dem dichtenden Pastorensohn Christoph Martin Wieland nur deutsche Hausmannskost eingefallen: frömmelnde Reime und patriotische Verse. Eine aussichtslose Liebesbeziehung mit Sophie Gutermann von Gutershofen eröffnete ihm die höheren Weihen der Dichtkunst. Sophie hatte einen Herrn von La Roche geehelicht, und nach Jahren traf es sich, daß Wieland seine einstige Geliebte in Begleitung ihres Gatten traf. Das Ehepaar war von dem treuherzigen Schwärmer so gerührt, daß sie ihn einem Freund, dem Staatsminister Graf von Stadion, anempfahlen. Der kunstsinnige Graf holte Wieland auf sein Gut mit dem Auftrag, fleißig zu dichten.

Aus entsagungsvollem Liebesschmerz entstanden in der Dichterkammer des Schloßes eine Vielzahl Gedichte und Erzählungen, die seine bürgerlichen Kollegen auf das äußerste erzürnten. Von der vornehmen Gesellschaft ungut beeinflußt, hatte sich Wieland französelnden Obszönitäten zugewandt: Masturbationsliteratur wie *Nadine* oder die als Schweinerei gebrandmarkte Erzählung *Scherz*. Held dieser Geschichte war ein Scherz, der sich auf der Stirn eines bezaubernden Mädchens niedergelassen hatte; vom eifersüchtigen Liebhaber entdeckt und sogleich verfolgt, floh der Kecke zum Ohr, versteckte sich im Grübchen und unter dem Halstüchlein, verbarg sich gar am Nabel und wurde schließlich im haarigen Dickicht zwischen den Schenkeln vom nun nicht mehr eifersüchtigen Liebhaber gefangen. Daß es ausgerechnet der Sohn eines Predigers verstand, die Grazie der Wollust der Franzosen so trefflich zu kopieren, belustigte seinen Gönner, empörte aber die tugendsamen Gralshüter deutscher Gesittung als Herabwürdigung des deutschen Nationalcharakters, denn *der kräftige Deutsche hat eine derbsinnliche Seite und einen frischen Humor, er läßt daher gern der Natur ihr Recht, aber er ist dabei gemütlich edel,* schrieb der Kritiker Menzel, ohne damit jedoch Wieland erreichen zu können, der, dem kleinkarierten Bürgertum weit entrückt, an der Unmoral der feinen Gesellschaft teilhaben durfte. Sein *Agathon* war eine Hommage an jene Damen des Hofes, eingeschlossen seine verklärte Sophie, deren Anmut, Grazie und Bildung Wielands Philosophie bekräftigten, daß der Mensch ein Recht, nein die Pflicht habe, sein Leben erotisch zu genießen, um so in die höheren Regionen der Empfindungen zu gelangen. Der Kampf der Tugendwächter gegen Wieland sollte aber schließlich doch Erfolg haben. Seinen Übersetzungen des Lukian, Horaz und auch den Übertragungen Shakespeares konnte Achtung nicht verweigert werden, doch unverziehen blieb seine Kritik an der Kirche in seinen philosophischen Schriften. Seine pralle Phantasie und seine mustergültige Sprache wäre man anzuerkennen bereit gewesen, wenn er nicht *einem falschen und fremden Prinzip gehuldigt und die christliche Gottesfurcht und deutsche Scham und Treue verleugnet* hätte. Aus der Wieland-Kritik war bereits der künftige Verlauf des verhängnisvollen bürgerlichen Aufbruchs herauszuhören, wenn es hieß: *in ihm* (Wieland) *nahte der Nation eine der gefährlichsten Verführungen, die der erotischen Verweichlichung.*

Ohne adeligen Schutzpatron wagte der Hamburger Dichter Dreyer der republikanischen Öffentlichkeit sein Werk *Schöne Spielwerke bei Wein und Punsch* darzubieten. Ein Aufschrei des Entsetzens hallte durch die ehrwürdige Hansestadt, und sogar der Senat hatte sich mit den unsittlichen Passagen dieser *schmutzigen* Lektüre zu befassen. Die Senatsverfügung, die Schrift öffentlich zu verbrennen, fand ungeteilte Zustimmung, denn vor solcherart Unflat sollten die braven

Bürger der stolzen Stadt geschützt sein. Gehörigen Anteil an diesem Urteil hatte der berühmte und selbsternannte *Zionswächter* Johann Melchior Goeze, Prediger zu St. Katharinen, der unermüdlich gegen die Aufklärung wetterte und dessen Kanzelreden gegen Sittenverderbnis, Religionskritik und Wissenschaftsgläubigkeit weit über die Stadtmauern Hamburgs hinaus Wirkung zeigten. Seine vornehmsten Feinde waren der Philanthrop Basedow und sein aufgeklärter Kollege Alberti, donnernd wütete er aber auch in Wort und Schrift gegen Wieland und Goethe. Für Goeze und seine große Anhängerschar hatte das Wappen Hamburgs, ein fest verriegeltes Stadttor, verpflichtende Bedeutung: Niemals sollte der böse teuflische Geist der Aufklärung die Mauern der Stadt überwinden.

Nach deutscher Art und Sitte
Kleinbürgerkultur

Der kleinbürgerliche Bildungsaufbruch war in Deutschland von einer traurigen Mißstimmung begleitet. Allenthalben in den Landen regten sich Bildung und Streben, und aus allen Regionen meldeten sich vom Geist der Zeit befruchtete Männer und Frauen, die Aufnahme in den Kreis der Gebildeten begehrten. Eine euphorische Aufbruchstimmung wollte sich jedoch nicht einfinden, zu neidisch und mißgünstig wachten die Gralshüter des Zeitgeistes über die neue, noch sprießende Bürgerkultur. Doch was war das für eine Kultur, und was war überhaupt unter Kultur zu verstehen? In der Auseinandersetzung mit der Adelskultur galt es, einen bürgerlichen Kulturbegriff zu bestimmen.

Im fernen Königsberg hatte Immanuel Kant eine subjektive Antwort gefunden. Die eigene Vita vom Sattlersohn zum Hauslehrer und schließlich zum weltgeachteten Philosophen war ihm dabei hilfreich gewesen: Kultur, so befand er, sei ein Entwicklungsprozeß der geistigen, seelischen und leiblichen Naturkräfte des Menschen. Aus dem rohen Urzustand menschlicher Gemeinschaften erwachse langsam und stetig ein Kulturzustand.

Selbstverständlich blieb das von Kant über die Kultur Gesagte nicht unwidersprochen. Herder, zuvor mit dem Königsberger Philosophen freundschaftlich verbunden, nun aber den Ruhm Kants mißbilligend, versuchte mit einer besseren Kulturdefinition seinen Widersacher zu ärgern: Kultur, so bestimmte Herder lapidar, erwachse aus den spezifischen Lebensformen der Völker. Der mit dem politischen Traum des aufstrebenden Bürgertums verknüpfte Kulturoptimismus mündete schließlich in der Auffassung, daß Kultur als Summe der geistigen Errungenschaften einer Zeit, eines Volkes zu verstehen sei. Damit waren die Ungeistigen im Volke ausgeschlossen. Das rohe ungezügelte Volk auf dem platten Lande, die im Kleinbürgerstand verbliebenen Eltern, Geschwister, Vettern und Cousinen verharrten als bildungslos verachtet, gewissermaßen im Urzustand. Auch den Feudalherren bestritt man Bildung, schließlich hatten sie keinen Anteil am Zeitgeist. Kultur jedoch konnte man ihnen nicht absprechen, doch es war eine fremde Kultur.

Dieser Gedanke eröffnete eine weitere trostlose Erkenntnis: Man hatte keine Vergangenheit. Diesem Mangel war zunächst nicht abzuhelfen, das Studium der Geschichte war noch nicht weit genug vorangeschritten; doch half die Wiederentdeckung des Tacitus, der so eindrucksvoll schön den Urcharakter der deutschen Vorfahren überliefert hatte, und so bezog der neue Bildungsstand sein Wertgefühl aus dem urgründigen deutschen Volkscharakter: natürlich, edel, anständig, tugendsam, sittlich. Von Tacitus bereits bemerkt, hob sich die deutsche Nation von ihren Nachbarn durch edelste Tugenden ab und war damit befugt, ein natürliches Richteramt über andere Völker zu übernehmen. Der römische Zeitzeuge hatte aber auch über die verderbten Sitten seiner Landsleute geklagt und in diesem Zusammenhang die edlen Naturkinder nördlich der Alpen gepriesen, womit den bürgerlichen Tugendwächtern bewiesen war, daß die romanischen Völker, die verhaßten Franzosen eingeschlossen, der Moral abhold waren. Überdies verband sich mit der Herrschaft des französischen Geschmacks der soupçon gegen den Adel, dessen feudale Herrschaft eng mit den französischen Einflüssen verknüpft war. *Der pedanteske Schwulst und die Boudoirphilosophie der Nachbarn befremdete und beleidigte das germanische Nationalgefühl,* schrieb der notorische Gralshüter *teutscher* Literatur Wolfgang Menzel.

Mit dieser Erkenntnis galt es, nach neuen Vorbildern Ausschau zu halten, und so *entdeckte man die artverwandten angelsächsisch-germanischen Brüder: einfache, sittenreine Männer Englands, wiesen von der in der Hofluft verderbten Poesie wieder hin auf den ewig jungfräulichen Reiz der Natur.* Vor allem lockte die deutschen Epigonen eine neue Gattung der englischen Literatur, nämlich die dort in Mode gekommenen *Familienromane,* in denen puritanische Moral, entsagungsvolle Pflichterfüllung und Frömmigkeit wieder zur Geltung kamen. Die neuen Lieblinge der Deutschen hießen Samuel Richardson, Oliver Goldsmith, Henry Fielding, Tobias Smollet, und es bedeutete keine Schande, abzuschreiben oder die Originale für das heimische Lesepublikum aufzuarbeiten. Als erster ahmte der Breslauer Superintendent Johann Timotheus Hermes den hochverehrten Richardson nach. Das Erstlingswerk des frommen Schlesiers hatte den Titel *Geschichte der Miß Fanny Wilkes,* es folgte der voluminöse Roman *Sophiens Reise von Memel nach Sachsen;* eine harte Nuß für den Leser, da diese Reise kein Ende fand, und Hermes jede Station mit langen moralischen Exkursen ausdehnte. Sein weiteres Werk *Für Töchter edler Herkunft* blieb auch den wohlmeinenden Lesern nahezu unverständlich, völlig konfus und mit professoraler Zerstreutheit hatte er zahlreiche Sittenpredigten wirr zusammengefaßt.

Eine literarische Sensation überraschte 1748 das Lesepublikum mit einer Veröffentlichung in den *Bremer Beiträgen.* Es war ein Vorabdruck und sollte ein Fanal des Kampfes gegen den französelnden und blutleeren Gottsched sein. Verfasser der Gesänge *Messias* war der Quedlinburger Friedrich Gottlieb Klopstock, der aus dem Dichterolymp zugleich verkündete, daß mit dieser Dichtung der deutschen Literatur eine neue Qualität verliehen werde. Das Vorbild der Engländer vor Augen, hatte er einer feurigen Religiosität und einer ebenso lodernden Vaterlandsliebe Gestalt verliehen. Die hehre Absicht stieß bei den Kollegen freilich auf wenig Gegenliebe. Es rumorte unter den Widersachern, und bald lastete man ihm *Gemütseitelkeit* an, sprach von widerlicher sentimentaler Poesie. Der *Messias wird von jedermann bewundert,* spottete Lessing, *aber nicht gelesen,* und Herder verwahrte sich gegen *den süßlichen Christus.* Ein anderer Kritiker verglich die Gesänge mit einer leeren Leinwand, *auf der hie und da zerstreute Sterne, gantz unten in einer kleinen Ecke aber das gelobte Land zu sehen sei.* Aus dem Mißerfolg Klopstocks wollte Tillich, ein Arzt aus Wittenberg, Früchte ernten. Er schrieb unter dem Titel *Wurmsamen* ein Traktat, in dem er einen Dämon aus skythischer Wüste beschrieb, der Wurmsamen ausstreute, aus dem sodann die modischen klopstockschen Epen sprossen. Trost und Aufmunterung suchte der Geschmähte bei Johann Heinrich Voß, dem er in einem Brief sein Leid klagte und deutlich zu machen versuchte, daß er der barbarischen deutschen Reimerei den Krieg erklärt habe und sich mit den alten Griechen emanzipieren werde. Der gute Geist sei allein bei den alten Griechen gewesen, schrieb er dem Freund, *in die neuen*

Sprachen aber ist böser Geist mit plumpem Wortgepolter gefahren.
Doch als Wortgepolter empfanden die Zeitgenossen auch die Klopstock-Verse.

Aber auch die Klopstock-Nachahmer verzweifelten am Meister: Daniel Jenisch, Prediger zu Berlin, verfaßte Klopstock-Oden zum Ruhme Friedrich des Großen, so sehr er sich auch mühte, es gelang ihm nicht. Entmutigt stürzte sich der Schüler in die Spree. Aus dem Fenster warf sich der Klopstock-Epigone Franz Sonnenberg, nachdem er in 20000 Versen eine Neufassung der Johannes-Offenbarung gereimt hatte

Es war nicht leicht, im Sinne der neuen Schule die frivole, laszive französelnde Adelskultur durch bürgerlichen Biedersinn zu ersetzen und zugleich eine wohlklingende Poesie zu kreieren.

Furore machte hingegen die Gattin des Berliner Buchhändlers Unger, Helene Unger. In ihrem Roman *Julchen Grünthal* gelang es ihr, eine deutsche Spezialität zu entwickeln, nämlich mit höchstem moralischen Anspruch sich verwerflich-empörende Unzuchtsbeschreibungen zu gestatten und damit Masturbationsphantasien zu entfachen. Anschaulich geißelte sie das Unwesen der französischen Mode und die daraus erwachsenden Gefahren für deutsche Sittenreinheit. Ort der Sünde und des Lasters war die preußische Metropole Berlin, vor der die Tugendhüterin die Mädchen eindringlich warnte. Julchen Grünthal erlag als unschuldiges Landmädchen den Verlockungen der eleganten Welt, nachdem die leichtfertigen Eltern ihre Tochter zum Erlernen feiner Sitten einem Berliner Mädchenpensionat überantwortet hatten, das Kontakte zu adeligen Kreisen pflegte. Der Umgang mit dem Adel konnte nur im Elend enden: Julchen verkam als gemeine Buhlerin in den Betten lüsterner Aristokraten. Derartig prickelndes Echauffement begeisterte vor allem das weibliche Lesepublikum, so daß der geschäftstüchtige Buchhändler seine Gattin zu einem weiteren Sittenroman animierte. Auch *Lottchen* erwies sich als Verkaufserfolg, wenngleich sich die Heldin dieses Romans kaum von Julchen unterschied. Der Verkehr mit den Adeligen führte diesmal ins Zuchthaus.

Zum Gralshüter nordischer Sittenreinheit hatte sich auch Gotthold Ephraim Lessing aufgeschwungen. Er zeigte sich außerordentlich indigniert, als er hören mußte, daß sein Freund Johann Wilhelm Ludwig Gleim eine Reise nach Paris angetreten hatte und, wie aus einem Brief des Dichterfreundes zu entnehmen war, sich sogar in diesem Zentrum des Lasters und der Verworfenheit wohl zu fühlen schien. Von größter Sorge beseelt, der Freund könne sich am Franzosentum infizieren, legte Herder sogleich in einem ermahnenden Brief nieder, wie sich ein guter Deutscher im Ausland zu verhalten habe:

Liebster Gleim! Wie glücklich sind Sie solche witzige Köpfe bei sich zu haben! Oder wie glücklich sind diese witzigen Köpfe, daß sie einmal mit einem vernünftigen Deutschen umgehen können! Nunmehr werden sie doch wohl sehen, daß es eben nicht unsere größten Geister sind, die nach Paris kommen. Aber ich bitte Sie inständigst zeigen Sie sich ja als einen wahren Deutschen! Verbergen Sie allen Witz, den Sie haben; lassen sie nichts von sich hören, als Verstand; wenden Sie diesen vornehmlich an, jenen verächtlich zu machen. Das ist die einzige Rache, die Sie jetzt an Ihren Feinden nehmen können. Besonders lassen Sie sich nicht merken, als ob Sie einen von ihren jetztlebenden Skribenten kennten. Wenn man Sie fragt, ob Ihnen Gresset, Piron, Marivaux, Bernis, du Boccage gefielen, so werfen Sie fein verächtlich den Kopf zurück und thuen, statt aller Antwort die Gegenfrage, ob man in Frankreich unsere Schöneichs, unsere Löwens unsere Patzkens unsere Unzerinnen auswendig wiße? Von Fontenellen muß Ihnen weiter nichts bekannt zu sein scheynen, als daß er fast hundert Jahr alt geworden; und von Voltairen selbst müßen Sie thun, als ob Sie weiter nichts, als seine dummen Streiche und Betriegereien gehört hätten. Das soll wenigstens meine Rolle sein, die ich mit jedem nicht ganz unwissenden Franzosen spielen will, der etwan nach Leipzig kommen sollt.

Als Erzsünder hatten die deutschen Dichter Voltaire entlarvt. Von großem Beifall begleitet hatte Professor Johann Gottlieb Schummel seinen *Kleinen Voltaire* vorgelegt, mit der Absicht, den großen Franzosen madig zu machen, und in der Hoffnung, den Voltaire-Verehrer Friedrich den Großen nachdenklich zu stimmen. Der kleine Voltaire hatte es unehelich mit Weibern getrieben, vom französischen Geist verführt und war zum Schluß sogar mit einer Buhle nach Italien gereist. Das konnte nicht gut gehen, von Landstreichern in Italien ermordet, rächte sich seine Lust auf Voltaire. Schummels Romane waren von gesellschaftspolitischer Brisanz, indem der Autor den kleinbürgerlichen Unmut über den Adel bekräftigte, die Unmoral der Weiber geißelte und schließlich in *ächt deutscher Vaterlandsliebe* den in Mode gekommenen Italien-Tourismus mißbilligte, der im übrigen auch nicht ungefährlich war:

Johann Joachim Winckelmann, Sohn eines armen Schusters in Stendal, hatte einst die Begeisterung für Italien geweckt. Wie für Schummels Romanfigur endeten für Winckelmann sexuelle Libertinage und kulturelle Euphorie gleichermaßen tödlich, er fiel in Triest einem Strichjungen zum Opfer. Angeregt von den Franzosen hatte dieser ehemalige Hauslehrer für die Deutschen das klassische Altertum entdeckt. Die Vorliebe der kleinen Leute für fremde Kulturen war vor allem eine Flucht aus der bedrückenden Enge der eigenen Vergangenheit, und so suchte man durch intensives Studium der adaptierten Kultur Kompetenz und Sachkunde zu erlangen, ja mehr noch, sich bei den Wahlverwandten als einer der Ihren anzudienen. Mit den Einblicken in den verlorenen Himmel der antiken Götterwelt wollte man sich über den Mangel an eigener Geschichte trösten, und so polkte man aus den Marmorresten der Skulpturen das Wahre, Gute und Schöne heraus, fügte es zu einem idealen Bild zusammen. Generationen schmuddeliger Schulmeister sollten fortan unter der Gipsfigur des Zeus die Alten preisen und mit dem Rohrstock ihren Schülern antike Werte einbleuen. Von Winckelmann war den Dichterfürsten der Weg gewiesen: Klopstock drechselte pathetische Oden, Wieland reimte frivole Verse, Goethe maß sich in einem selbstauferlegten Wettstreit mit den Alten, Schiller *verliebte sich so zärtlich in das griechische Heidentum.*

Das Ringen der schreibwütigen kleinen Leute jener Zeit um eine deutsche Nationalliteratur werden die nachfolgenden Generationen als Geburtsstunde der Deutschen Klassik rühmen. Was deutsche Schwerenot zusammenwerkelte, geriet zumeist in Vergessenheit, und nur wenigen blieb unsterblicher Ruhm. Nicht die Dichter, sondern die Epoche der literarischen Unrast veranlaßte das deutsche Bildungsbürgertum, sich durch Madame de Staëls Diktum als *Volk der Dichter und Denker* geadelt zu sehen. Ehrgeiz und kleinmütige Abgunst überschattete den Aufbruch zum *Guten, Schönen und Wahren.* Mit dem Rückgriff in das antike Totenreich war die Diskrepanz zwischen der gesellschaftlichen Realität und dem diffusen Ideal leichter zu ertragen.

Dieser Widerspruch prägte bürgerliche Lebensläufe, die durch Wandlungen und Zerrissenheit nicht selten in grotesken Bahnen verliefen: Im Spannungsfeld zwischen moralischem Anspruch und humanistischem Ideal gelang es beispielsweise dem aus kleinen Verhältnissen stammenden Theodor Gottlieb Hippel, seinen Weg nach oben zu finden. Sein disparater Lebenslauf begann mit einem Studium der Theologie, das ihn in den Kreis der Königsberger Pietisten führte. Als der junge deutsch-russische Leutnant van Keyser dem zur Einsamkeit und religiöser Schwärmerei neigenden Hippel begegnete, war er von dem uneitlen Jüngling begeistert und lud ihn ein, ihm nach Petersburg zu folgen. Hippel sagte zu und begleitete den Offizier in die Zarenstadt, wo er sogleich mit dem französisch geprägten gesellschaftlichen Leben der Garnison konfrontiert wurde. Für den jungen Theologen ein Sündenbabel mit Saufgelagen in zweifelhaften Etablissements, mit Konkubinen und lasziven Gesellschaftsdamen. Von Sündenängsten bedrückt und vom Heimweh geplagt, zog er es vor, in seine Heimatstadt zurückzukehren und mit einer dürftigen Hauslehrerstelle vorlieb zu nehmen. Schmerzlich wurde ihm seine Herkunft bewußt, als er in heftiger Liebe zu einem jungen adeligen Mädchen entbrannte, wohl wissend, daß eine eheliche Verbindung illusorisch war. Der Standesunterschied gebot ihm, es bei einer schmachtenden Verehrung zu belassen. Die gesellschaftliche Zurücksetzung nagte aber dennoch an Hippels Seele, und so beschloß er, seiner niederen Herkunft zu entfliehen. Unter großen Entsagungen studierte er Jurisprudenz, mit der Hoffnung, durch eine akademische Standeserhöhung doch noch seine große Liebe ehelichen zu können. In kürzester Zeit erreichte er sein hoch gestecktes Ziel, wurde schließlich in seiner Heimatstadt Königsberg Polizeidirektor und dirigierender Bürgermeister.

Die Diskrepanz zwischen Herkommen und sozialem Aufstieg prägte auf sonderbare Weise diesen zwiespältigen Mann, der seine bewegte Vita auf seine Weise zu harmonisieren suchte. In den Kreisen der Pietisten rühmte man Hippel als Verfasser süßlich-frommer Tugendlieder. Bei den Okkultisten hatte er sich als geisterkundig ausgewiesen, zugleich offerierte er sich aber auch als strenger Verfechter des Vernunftglaubens im Kreise der Freimaurer. Seine Moralpredigten legitimierten ihn als unnachsichtigen Polizeidirektor, der in der Stadt für Sitte und Anstand sorgte. Zu Macht und Ansehen gelangt, hätte er nun seine Geliebte durchaus zum Traualtar führen können, doch er beschloß, der Ehe zu entsagen und als leidenschaftlicher Kavalier die Damenwelt zu beglücken und – begünstigt durch seine Stellung – die Huren der Stadt zu frequentieren. Für das literarische Deutschland verfaßte er eine herzrührende Moralepistel über einen lüstern-geilen Edelmann, der nicht von einem liebenswerten, zuchtvollen einfachen Mädchen ablassen wollte, sie mit verlockenden Angeboten drangsalierte und nicht einmal davor zurückschreckte, mit einem Eheversprechen die Tugendhafte in sein Lotterbett zu locken. Hippel, dessen Amouren in Königsberg nicht mehr zu verheimlichen waren, kaufte sich einen Landsitz, wo er ungestört der außerehelichen Liebe frönte. Moraltheologisch war seine Lüsternheit kaum zu billigen, zumal der abnorm häßliche Mann die Frauen nicht immer freiwillig zum Beischlaf zu bewegen vermochte. Für seine unstillbare Lust schuf er sich eine aufklärerische Legitimation: In einem frauenemanzipatorischen Werk forderte er die selbstbestimmte gleichberechtigte Frau, die auch über ihre Sexualität frei verfügen sollte.

In der Blüte seines Lebens hatte Hippel sehr viel erreicht, aber noch war ihm die höchste Weihe versagt, der Adel. Mit zäher Energie suchte er durch moraltriefende Traktate seine Einnahmen zu verbessern und gewinnbringend anzulegen, so daß er als Spekulant durch seine Raffgier und herzlosen finanziellen Gepflogenheiten zu einem gefürchteten Gläubiger wurde. Als endlich der preußische König ihn in den Adelsstand erhoben hatte, schrieb er *Die Kreuz -und Querzüge des Ritters A bis Z*, eine Spottschrift gegen den Geburtsadel, dessen Ahnenkult den neugebackenen Standesherrn verdroß. Sein Mangel an ehrenwerten Vorfahren wurmte den ehrgeizigen Hippel so sehr, daß er schließlich seine *Lebensläufe in auf- und absteigender Linie* publizierte, um sich damit schließlich doch noch einige Ahnen in die Gruft zu legen. Hippels Vita war eine typische deutsche Lebensgeschichte jener Zeit. Die gelehrte Welt hofierte ihn als gestrengen Moralisten, seine drangsalierten Opfer waren kleine Leute, die sich nicht wehren konnten, die kein öffentliches Gehör fanden und sich lediglich mit dem Volkssprichwort *wenn Schiet wat wird* zu trösten hatten. Der schriftstellerische Erfolg Hippels gründete in einer dreisten Nachahmung seiner englischen Vorbilder Swift und Sterne, doch durch das Epigonentum, so befand einer seiner Kritiker durchaus wohlmeinend, *brach seine deutsche Natur verstohlen, aber mit unwiderstehlicher Macht hindurch.*

Freundschaftsbünde
Ein Jugendaufbruch

Offiziell galten noch immer die alten Standesschranken, doch tatsächlich war die hermetische Gesellschaft des Adels vom Bürgerstand aufgebrochen. Aus den niederen Volksklassen stammende Sekretäre begleiteten adelige Generäle oder fürstliche Gönner zu den Hofempfängen, dem alten Hofschranzentum hatten sich bürgerliche Gelehrte hinzugesellt, von denen freilich devote Zurückhaltung verlangt war. Die Anerkennung, die dem neuen Stand zuteil wurde, hatte spürbare Grenzen. Für den jungen Kriegssekretär Heinrich Christian Boie bot die Betreuung seines greisen und bereits dementen Generals zwar viele Vorteile, doch der Umgang mit den adeligen Offizieren des Stabes bedeutete, von den Herren durchaus ungewollt, eine stete demütigende Zurücksetzung.

Selten war es böse Absicht, die Bediensteten zu kränken, doch war man es noch nicht gewohnt, mit Leuten aus dem niederen Stand auf gleicher Ebene kommunizieren zu müssen, man wähnte sich unter seinesgleichen, hütete nicht die Zunge, wenn erheiternde Geschichten über »Leute« kolportiert oder gar amouröse Techtelmechtel mit Bürgerstöchtern ausgetauscht wurden. Leichthin geäußertes Amüsement über drollige Gelehrte und spinnerte Dichter klang in den Ohren der empfindlichen und nach Höherem strebenden Jünglinge mokant und überheblich, so daß sie sich schließlich in Permanenz gekränkt sahen und begierig auf Bösartigkeiten lauerten, ja selbst in den adeligen Umgangsformen einen Affront gegen sich erblickten. Der derbsinnlichen Adelskultur suchte der Hauslehrer- und Sekretariusstand eigene Umgangsformen entgegenzusetzen, das snobistische Kleinbürgertum zeigte sich besonders »fein«, verfeinerte die Sprache, indem beschreibende Worte animalisch-menschlicher Tätigkeiten eliminiert und die Neigung, sich ständig gekränkt zu fühlen, als gesellschaftliches Ritual des Beleidigtseins kultiviert wurde.

Vom Adel unbemerkt wuchs der Groll der kleinen Leute gegen jene Schicht, die den Anspruch erhob, von Gott zur Führung berufen zu sein, die über Zucht und Ordnung zu wachen hatte, aber die feudalen Ordnungsnormen auf sich nicht angewendet wissen wollte. Was die Obrigkeit für *Rotünde und Canaille* vorschrieb, galt nicht für den Adel. Die schwögen Jünglinge, die lesend und dichtend in ihren Bedienstetenstuben mit ihrem Schicksal haderten, von Freiheit und Aufbruch in bessere Zeiten träumten, suchten schließlich die Gemeinschaft Gleichgesinnter. Dem bescheidenen Herkommen entwachsend, entwurzelt, schlossen sie sich in Freundeskreisen zusammen und gründeten Geistesbruderschaften in Männerbünden. Auch wenn die Zukunftsträume nur aus nebulösen Ahnungen bestanden, und der Weg ins Morgen noch unbestimmt war – eine enthusiastische Stimmung hatte die Jugend erfaßt, die dem Abgelebten und Vermoderten den Kampf ansagte. Der mokante Adel nannte sie durchaus treffend *Kraftgenies,* tolerierte belustigt ihre Fehdelust gegen die Herrschenden. Das Teutonentum der jungen Männer wurde aber auch mit Argwohn beobachtet, dann nämlich, wenn die Angriffe auf die Kunst und Wissenschaften, den Staat, die Kirche und Gesellschaft allzu unflätig wurden und ihr Haß auf alles Französische die Beziehungen zu den westlichen Nachbarn trübte.

Im Süden Deutschlands sammelten sich die rhein-mainländischen Dichterfreunde um den jungen Johann Wolfgang Goethe. Mentor war der dröge und schulmeisterliche Herder, der vor allem Goethe in die Phalanx der Franzosenfeinde einschwor und ihm das Gute, Wahre und Schöne mit Homer, Ossian und schließlich Shakespeare erschloß. Der Freundschaftsbund sollte nicht lange ungetrübt bleiben, zu unterschiedlich waren die beiden Charaktere. Herders Wunderlichkeiten erforderten ein hohes Maß an Toleranz, und Goethes stürmisches Wesen, vom Meister – die sexuelle Konnotation wohl mitmeinend – als *spatzenmäßig* empfunden, erschien Herder als unreif und wenig tugendhaft. Der Freundeskreis war nicht groß und blieb der Nachwelt mit wenigen Ausnahmen unbekannt. Noch zu ihren Lebzeiten gerieten die Mitstreiter Goethes, Hahn und Wagner, in Vergessenheit. Ein herbes Schicksal erlitt Jakob Michael Reinhold Lenz, ein exzentrischer Jüngling aus gutem Bürgerhaus, dessen *Affenstreiche,* wie Goethe empfand, die Freunde zuweilen belustigten, meist aber in unangenehme und peinliche Situationen brachten. Er wurde schließlich kraftgenialisch wahnsinnig, seine Spur verlor sich in Moskau, wo er in totaler geistiger Umnachtung elendiglich verkam.

Einen kurzen literarischen Ruhm erwarb Friedrich Maximilian Klinger mit seinem dramatischen Versuch *Sturm und Drang.* Das Stück geriet bald in Vergessenheit, doch wenigstens der Titel blieb als Bezeichnung dieser literarischen Epoche erhalten. Klingers eigentliche Bestimmung sollte der Soldatenberuf werden, in russischen Diensten avancierte er zur Zeit des napoleonischen Überfalls auf Rußland zum Generalleutnant. Von den Freunden hatte nur Goethe das Beharrungsvermögen, der Dichtkunst treu zu bleiben.

In der norddeutschen Universitätsstadt Göttingen gründeten einige schwärmerische Jünglinge den *Bund,* einen Freundeskreis, der sich Klopstock als Mentor auserkoren hatte. In tiefer Devotion verehrten und feierten sie Klopstock als den Retter der deutschen Sprache, überdies hatte er der deutschen Poesie einen nationalen Stoff und Inhalt gegeben und prophetisch das Erwachen eines deutschen Nationalgeistes verheißen. Auch die Göttinger Freunde einte ein glühender Haß gegen die fürstlichen und fürstenfreundlichen Franzosenknechte, die sich dem deutschen Vaterland verweigerten.

Am Nachmittag eines jeden Sonntags fand man sich zusammen, quälte sich mit Klopstockoden oder trug die eigenen dichterischen Erzeugnisse der Woche vor, um sie alsdann von den Freunden beurteilen und verbessern zu lassen. Auch aus diesem Kreis wurde der Nachwelt kein Genie geschenkt. Die Zeit überdauerte Johann Heinrich Voß als Übersetzer Homers; einigen Ruhm erwarb Gottfried August Bürger. Die anderen Freunde: Hölty, Miller, Wehrs, Ewald, Hahn, Esmarch, Clausewitz, Cramer und Klöntrup waren desgleichen fleißige Dichter, doch Erfolg war ihnen nicht beschieden. Aufgenommen in den Kreis der Kraftgenies wurden auch die Gebrüder Christian und Friedrich Leopold zu Stolberg, die ihrem Makel, aus einem alten Grafengeschlecht zu stammen, mit einem besonders stürmenden und drängenden Geist wettzumachen suchten.

Die ungleichen Freunde einte der bedächtige und ruhige Dithmarscher Heinrich Christian Boie, der ab 1769 in Göttingen Jura studierte und zugleich als Hofmeister junge adelige Engländer und Deutsche bei ihren Studien beaufsichtigte. Das Einkommen aus dieser Tätigkeit war nur gering, wurde aber damit ausgeglichen, daß er wiederholt seine Zöglinge auf größere Reisen begleiten durfte. Die Reisen ins Rheinland, nach Berlin und Holland nutzte er mit en passant geknüpften Kontakten zu Gleichgesinnten. Goethe hatte ihm aus seinem *Werther* vorgelesen, und Klopstock ließ es sich nicht nehmen, in einen längeren Gedankenaustausch mit Boie zu treten. Aus dieser Begegnung war der Enthusiasmus des Bundes für Klopstock erwachsen. Die Begeisterung gründete in der gemeinsamen Unzufriedenheit über die Zustände im deutschen Vaterland. Es war nur ein unbestimmtes Ahnen, eine Sehnsucht, die noch nicht artikulieren wollte, was in Klopstocks Werken bereits bedeutungsschwanger waberte und den Weg zu weisen schien. Ihn zu beschreiten, sollte nur den Auserwählten vorbehalten sein.

Die Universitätsjahre und die Begegnung mit dem Adel hatten den jungen Männern eine neue Weltsicht erschlossen. Zum einen wurde ihnen schmerzlich bewußt, daß sie heimatlos waren, der eigenen Familie entrückt, ihrem alten Umfeld entrissen, hatten sie doch Verwandte und Freunde zurückgelassen. Der dürftigen Lebenswelt entronnen zu sein, war beglückend, doch schwerer wog es, mit den Erinnerungen leben zu müssen, die einen ständig begleiteten, stets präsent waren und vor denen man nicht fliehen konnte. Auch in der Armut oder in der Bescheidenheit eines kleinbürgerlichen Lebensumfeldes hatte man Geborgenheit und Momente des Glückes erfahren. Neidvoll betrachtete man die adeligen Familienclans, den Zusammenhalt untereinander und vor allem den unbeschwerten Umgang mit der eigenen Geschichte. Geborgenheit erhofften die Jünglinge im Freundeskreis, und ihre Vita ließen sie mit ihrem Bildungsweg beginnen, dem Fortschritt zu den höheren Weihen des Wissens. Zugleich wurde ihnen bewußt, daß sie am Vaterland keinen Anteil hatten. Jahrhunderte hatte der Adel die Geschicke der Welt bestimmt, die Rolle der Bürger und Bauern in der feudalen Ordnung war festgelegt: arbeiten und beten und die von Gott auferlegten Pflichten geduldig tragen. Vom Vaterland und der Geschichte der Nation waren sie ausgeschlossen, sie gehörten zur Erbmasse der Fürstenhäuser, verkäuflich und verpfändbar.

Mit Klopstock war der jungen Generation eine neue Sicht eröffnet. Seine christlichen Tugend-Oden gaben ihr zurück, was übereifrige Stürmer der Aufklärung, atheistische Franzosenjünger ihr genommen hatten. Das herrlichste Geschenk aber, das Klopstock ihr dargeboten hatte, war die Entdeckung der Germanen, der alten Deutschen, die, so glaubte man, ohne Fronherren und Fürstenherrschaft frei und ohne Knechtschaft waren. Tacitus hatte sie beschrieben, die tugendhaften, dem Laster und der Unmoral abholden Germanen und damit diesem edlen Naturvolk ein ewiges Denkmal gesetzt. Klopstock war es gelungen, mit seinem *Hermann* den Nachgeborenen einen urdeutschen Heroen zu schenken: Hermann den Cherusker, dem es gelungen war, die zerrissenen Stämme zu einen und das fremde römische Joch abzuschütteln. Der Eigennutz der deutschen Fürsten hatte hernach das deutsche Kaisertum in den Staub fallen lassen und das alte gute Recht mißachtet. Fremde und eigene Fronherren hatten deutsche Art und Sitte genotzüchtigt und das Volk in dumpfer Lethargie verharren lassen.

Im Germanentum fanden die Kleinbürger ihre heroische Wurzel, ihre urgründige Geschichte. Klopstocks Verheißung wurde sehnsuchtsvoll aufgegriffen: Aus dem Volke werde dereinst ein neuer Führer, ein Cherusker Hermann, emporsteigen und dem Volke Freiheit und Einheit schenken. Mochte sich auch das schranzige Höflingsvolk über des Dichters waldschratigen Naturburschen Hermann aus dem germanischen Eichenwald mokieren, enthusiasmiert von der hehren Vergangenheit, suchten sich auch die Göttinger Jünglinge einen heiligen Eichenhain, draußen vor der Stadt in der freien Natur. Heilig sollte dem deutschen Volk die Eiche wieder werden, festverwurzelt in der Erde war sie stummer Zeuge deutschen Werdens, ein Stammbaum des Volkes, das keine geschriebene Geschichte haben sollte, doch dessen heiliger Baum in seinen Jahresringen die Jahre der Unfreiheit stumm gezählt hatte. Einst im heiligen Hain verehrt, sollte er nun Symbol des Freiheitsaufbruchs sein.

Im Spätsommer des Jahres 1772 hatte der Bund seinen Hain gefunden. Bundesfreund Brückner hatte das Ereignis nicht miterleben dürfen, und so übersandte ihm Johann Heinrich Voß einen ausführlichen Bericht über die weihevolle Feier: *Ach den 12. September hätten Sie hier sein sollen. Die beiden Miller, Hahn, Hölty, Wehrs und ich gingen nach einem nahegelegenen Dorfe. Der Abend war außerordentlich heiter und der Mond voll. Wir überließen uns ganz den Empfindungen der schönen Natur. Wir aßen in einer Bauernhütte eine Milch und begaben uns darauf ins freie Feld. Hier fanden wir einen kleinen Eichengrund und sogleich fiel uns allen ein, den Bund der Freundschaft unter diesen heiligen Bäumen zu schwören.*

Wir umkränzten unsere Hüte mit Eichenlaub, legten sie unter den Baum, faßten uns allen bei den Händen und tanzten so um den eingeschlossenen Stamm herum, riefen Mond und die Sterne zu Zeugen unseres Bundes und versprachen uns ewige Freundschaft. Dann verbündeten wir uns, die größte Aufrichtigkeit in unseren Urteilen gegeneinander zu beobachten und zu diesem Endzweck die schon gewöhnliche Versammlung noch genauer und feierlicher zu halten.

Mit diesem Hüpftanz ward aus dem *Bund* der *Hainbund* und die Deutsche Eiche zum Kultbaum des Nationalen Deutschland erhoben. Es sollte noch lange währen, bis Klopstocks messianische Verheißung sich erfüllte und allerorts Führereichen gepflanzt wurden. Einen weiteren Brauch, nämlich mißliche Bücher zu verbrennen, stifteten die Hainbündler einige Wochen nach dem Ausflug in die Mondnacht:

Gleich nach Mittag kamen wir auf Hahns Stube zusammen. Eine lange Tafel war gedeckt und mit Blumen geschmückt. Oben stand ein Lehnstuhl ledig, für Klopstock, mit Rosen und Levkoien bestreut und auf ihm sämtliche Werke. Unter dem Stuhl lag Wielandts Idris zerissen. Jetzt las Cramer aus den Triumphgesängen und Hahn etliche sich auf Deutschland beziehende Oden von Klopstock vor. Und darauf tranken wir Kaffee; die Fidibus waren aus Wielandts Schrif-

ten gemacht. Boie, der nicht raucht, mußte doch auch einen anzün-
den und auf den zerrissenen Idris stampfen. Hernach tranken wir in
Rheinwein Klopstocks Gesundheit, Luthers und Hermanns Anden-
ken, des Bundes Gesundheit, dann Eberts, Goethes, Herders. Klop-
stocks Ode der Rheinwein ward vorgelesen. Nun ward das Gespräch
warm. Wir sprachen von Freiheit, die Hüte auf dem Kopf, von
Deutschland von Tugendgesang. Dann aßen wir, punschten und zu-
letzt verbrannten wir Wielands Idris und Bildnis.

Zuweilen aber traf der Gefühlsterror auch einen Bundesbruder.
Bürger wollte den abstoßenden Haß der Genossen auf Wieland nicht
teilen und hatte es gewagt, den Namen des unaussprechlichen Fran-
zöslings zu erwähnen, worauf die Freunde sich erhoben und den
Schwur ablegten, *Es sterbe der Sittenverderber Wieland! Es sterbe*
Voltaire! Die Todesdrohungen waren freilich nur symbolisch gemeint, der Haß artikulierte sich verbal, noch träumten sie von der Tat
und beließen es einstweilen bei zornschnaubenden Oden gegen Tyrannen und Sittenverderber. Der Tag des Handelns lag in unbestimmter Ferne, *doch*, so schrieb es Voß an den Freund Brückner, *kann es*
nicht anders sein, der Bund muß einmal Deutschlands Vortheil stif-
ten, mit dem Eifer, der alle seine Glieder beseelt und dem würdigen
Zuwachs, den er erhält …

Es waren nicht Zensoren der Obrigkeit, Büttel der Despoten, die
den Hainbund auseinanderbrechen ließen; in der rauhen Lebens-
wirklichkeit zerstoben die Hoffnungsträume, zerrann der Idealismus
der Auserwählten. Boie trat als Kriegskommissarius in die Dienste
des Generalfeldmarschalls von Spörcken, Voß heiratete die Schwester Boies und begründete einen kleinbürgerlichen Haushalt in
Wandsbeck. Der talentierte Bürger verzehrte sich in einem unglücklichen Dreiecksverhältnis und zerbrach schließlich an den boshaften
Rezensionen Schillers. Zunächst von der literarischen Welt hochgelobt, gelang es Schiller, Bürgers Werke derart madig zu machen, daß
sich selbst die Freunde von ihm abwandten. Von Nahrungssorgen bedrängt, von allen Freunden verlassen, sah er dem Tod freudig entgegen, der ihn schließlich 1797 aus dem irdischen Jammertal entließ.

Neid und Mißgunst
Die Streitkultur

Die Bundesgelöbnisse und Treueschwüre stießen an Grenzen, denn schließlich waren auch Konkurrenzen auszufechten. Argwöhnisch betrachteten die Dichter und Denker ihre Rivalen, und so übte man sich in der Kunst der Intrige, pflegte kleinbürgerlichen Neid und genoß die Schadenfreude, wenn ein Hochgelobter als unmodern wieder in den literarischen Orkus gestoßen wurde. Die Koalitionen wechselten, Fraktionen wurden gebildet und zerbrachen, Streithähne fielen übereinander her und versöhnten sich wieder. Nachdem Gottsched seinen Erzfeind Hofmannswaldau in Grund und Boden gestampft und damit seinen eigenen Ruhm vermehrt hatte, formierten sich die Neider unter Johann Christoph Rost zum Generalangriff auf Gottsched. Rost verfaßte sogar ein spöttisches Libell und brachte es in den Gastwirtschaften Dresdens zum Aushang. Der gekränkte Gottsched opferte ein Vermögen, die Schmähschriften den Gastwirten wieder abzukaufen.

Vom Lesepublikum gefeiert wurde der außerordentlich beliebte Johann Kaspar Lavater. Über den Erfolg aufs äußerste erbost, zerfetzte mit beißender Kritik Georg Christoph Lichtenberg den Ruhm Lavaters. In seiner Fehdeschrift *Die Physiognomik der Physiognomen* entlarvte Lichtenberg den Unsinn, daß ein Zusammenhang zwischen dem inneren und äußeren Menschen bestünde. Der boshafte Kritiker wußte sich in dieser Frage kompetent, schließlich war er verwachsen und abnorm häßlich. War die Feindschaft eröffnet, sollte der Streit so bald kein Ende haben. Für Lichtenberg war Lavater ein Schwadroneur, der auch als Pastor die nötige Tugend vermissen ließ. In diesem Punkt allerdings hätte er besser geschwiegen. Zum Entsetzen der Göttinger hatte sich Lichtenberg zwei vierzehnjährige Mädchen in sein Haus geholt, angeblich, um den unschuldigen, unverbildeten Maiden die Wonnen der Bildung angedeihen zu lassen. Nachbarn, Hauspersonal und Freunde wußten es besser, der häßliche Zwerg trieb Kindersex. Den gemütlichen und auf der Woge der Popularität schwimmenden Lavater berührte die Kritik zunächst wenig, er war ohnehin der Ansicht, bereits in den Kreis der Heiligen aufgenommen zu sein, und so nahm er auch die vierteilige Fleißarbeit *Physiognomische Reisen* von Johann Karl August Musäus nicht zur Kenntnis, im Gegenteil, er schenkte der Öffentlichkeit eine *Physiognomie der Hundeschwänze*, womit allerdings sein literarischer Ruhm endgültig verblaßte.

Wallfahrtsort des deutschen Bildungsbürgertums bereits des 19. Jahrhunderts war die kleine Residenzstadt Weimar, wo mit heiligem Schauer und tiefster Ehrfurcht der größten deutschen Dichter zu gedenken war: Johann Wolfgang von Goethe und Friedrich von Schiller. Doch eigentlich war es der von den Kraftgenies als Französling geschmähte Christoph Martin Wieland, der Weimar zu einer geistigen Metropole erhoben hatte. Amalia von Braunschweig, vermählt mit Herzog Ernst August von Weimar, war bereits mit 18 Jahren in den Witwenstand getreten und hatte Wieland zur Erziehung ihres Sohnes an den Hof gerufen. Die Prinzessin hatte mit Entzücken Wielands *Nadine* gelesen, ein den Kraftgenies besonders verhaßtes Werk, weil es, lüstern und sinnlich, niedrigste Instinkte weckte. Für die junge Frau war Wieland ein väterlicher Freund und Erzieher, der ihr Griechischunterricht erteilte, die französische Literatur und Lebensweise erschloß und überdies ein amüsanter Unterhalter war. Beide verband eine herzliche Seelenverwandtschaft, die zuweilen das gestrenge Hofprotokoll durcheinander brachte. Großes Entsetzen bekundete die Hofdame, als sie die Prinzessin und Wieland auf einem Sofa sitzend beim gemeinsamen Mittagsschläfchen entdeckte.

Auch der junge Prinz Carl August verehrte seinen großmütigen Erzieher, der ihm nicht nur trockenen Wissensstoff vermittelte, sondern von den angenehmen Seiten des Lebens berichtete und sein Herz für die Dichtkunst öffnete. Begeistert berichtete er seinem Erzieher von einem Besuch bei Goethe, und als er 1775 die Regierung übernahm, bat er diesen um einen Besuch in Weimar. Am 7. November des gleichen Jahres traf Goethe in Weimar ein. Die Hofgesellschaft zeigte sich zunächst über dessen Kleidung verwundert: Der blaue Wertherfrack mit den Messingknöpfen, die gelbe Weste, weiße Beinkleider und Stulpenstiefel nahmen sich außerordentlich exotisch aus. Das Benehmen ließ desgleichen zu Wünschen übrig, respektlos überging er die Etikette, war laut und wenig manierlich. Der Verleger und Cervantes-Übersetzer Karl Ludwig von Knebel bemerkte begeistert: *Ein Stern ist in Weimar aufgegangen.* Und Wieland, der zuvor von Goethe in einer Satire als Französling hart angegangen worden war, sah ihm dies mit der Weisheit des Alters nach und schrieb an seinen Freund Fritz Jacobi: *Oh mein bestes Brüderchen, was soll ich Dir sagen? Wie ganz der Mensch beim ersten Anblick nach meinem Herzen war! Wie verliebt ich in ihn werde als ich am nämlichen Tage an der Seite des herrlichen Jünglings zu Tische saß. Alles was ich Ihnen jetzt von der Sache sagen kann, ist dies: Seit dem heutigen Morgen ist meine Seele so voll von Goethe wie ein Tautropfen von der Morgensonne.*

Während die Hainbündler im spießigen Gelehrten-Göttingen sich den kleinbürgerlichen Normen unterworfen hatten, die Jünglinge kein großes Aufsehen erregten, kreierte sich Goethe in Weimar als ungebändigtes Kraftgenie, provozierte die Bürger und den Hof in Habit und Auftreten und genoß die Toleranz des Hofes. Man ließ den Jüngling gewähren, ja man zeigte sich entzückt, wenn der kakelbunt gekleidete Goethe jungenfrisch und respektlos mit mehr oder minder geistvollen Aperçus die Gesellschaft unterhielt. Im Verkehr mit den wenigen ausländischen Gesandten, den Standesherren des Landes und der Hofgesellschaft behielt die überkommene Etikette selbstverständlich Gültigkeit, die Narreteien Goethes boten dem jungen Fürsten Pläsier und einen Ausgleich für die eintönig-langweiligen Kabinettspflichten.

Die offenkundigen Sympathiebekundungen bestärkten Goethe in seiner Hoffnung, daß ihm der junge Herr ein wohlaffektionierter Patron sein könnte, und so sparte er nicht, mit Witz und Charme die Geneigtheit zu befördern, um möglicherweise aus dem Besuch eine dauerhafte Verbindung erwachsen zu lassen. Auch wenn der Herzog die Elogen der Höflinge zu werten wußte, er freute sich über des Dichters Lobeshymnen. *Es sei ein Fest Deutscher mit Deutschen zu sein,* verkündete Goethe, *wenn alle Fürsten dem Herzog gleich wären.* Das würdige Hofpersonal und Gäste vom Stand mochten die Begeisterung weniger teilen; auf Schlittschuhen ließ der quirlige Kerl die Jüngeren, einschließlich des Herzogs, hurtig und halsbrecherisch über das Eis gleiten, er organisierte Parforcejagden und richtete Waldlager ein, in denen man nach Art der Zigeuner auch nächtens campierte und wo fleißig *gemieselt,* geliebt wurde. Irritiert zeigten sich auch die braven Bürger der Stadt, wenn der Herzog und Goethe zu später Stunde auf dem Marktplatz wie ausgelassene Studenten mit *abscheulich großen Parforcekarbaten* um die Wette knallten. Den Bubenstreichen ließ Goethe zuweilen dämonisch-kraftgenialische Anfälle folgen, dann pflegte er sich eigentümlich stöhnend und grunzend mit aufgelöstem Haar auf dem Boden zu wälzen. Kein Wunder also, daß der junge Dichter in aller Munde war und nicht ungeteilte Zustimmung fand. Bei allem Wohlwollen ermahnte die würdige Herzogin Amalia zu mehr Distinktion, doch in Wieland hatte Goethe einen wohlwollenden Fürsprecher, der immer wieder um Nachsicht ersuchte. An Merck schrieb er: *Goethe übt und regiert und wüthed und gibt Regenwetter und Sonnenschein tour à tour, comme vous savez, und macht uns alle glücklich, er mache, was er will.*

Mit Erleichterung konnte Goethe feststellen, daß seine anfängliche Besorgnis, Wieland könnte das Verhältnis zu den Fürstlichkeiten trüben, sich als unbegründet erwies. Der alte Herr hatte stets seine jugendlichen Kritiker mit Nachsicht und feinem Humor gewähren lassen und ihren törichten Franzosenhaß als ehrgeizigen Emanzipationsversuch gewertet. Die übermütigen Jungenstreiche belustigten ihn, und gern gestand er der neuen Generation das Recht zu, stürmend und drängend voranzuschreiten. Zudem bemerkte er nicht ohne Schmunzeln, daß sich Goethe keinesfalls dem prüden Muckertum und der Tugend geweiht hatte. Die begehrlichen Blicke der jungen Damen ließ der faunische Jüngling nicht unerwidert. Unter dem Dichtervolk sprach es sich sehr schnell herum, daß Goethe offensichtlich einen spendablen Patron gefunden hatte, und so strebten weitere nahe und ferne Freunde gen Weimar, in der Hoffnung am Wohlwollen des generösen Herzogs partizipieren zu können. Auf Betreiben Goethes wurde Herder zum Oberhofprediger bestellt, Dalberg und Lenz nahmen Wohnung in Weimar, schließlich erschienen noch Klinger, Kaufmann und Merck sowie Corona Schröter, eine Freundin Goethes. Strahlender Mittelpunkt des Freundeskreises blieb Goethe, der meisterhaft die Kunst der subtilen Intrige zu handhaben verstand und zielstrebig seine Position ausbaute und festigte. Mißbehagen bereitete ihm von Anbeginn das innige Vertrauensverhältnis Wielands zur fürstlichen Familie, wohl wissend, daß jeder Versuch hier trennend zu wirken, ernste Folgen für ihn bedeuten würde, und so begnügte er sich zunächst damit, Wieland eine demonstrative Greisenverehrung angedeihen zu lassen, um ihm endlich als *Papa Wieland* ein wohlwollend-gnädiges Dichteraltenteil einzuräumen.

Goethes Bemühen, den alten Herren der Lächerlichkeit anheimfallen zu lassen, war freilich einen Schritt zu weit gegangen und versetzte dem eitlen Kraftgenie eine herbe Niederlage. In jener Zeit hatte Weimar noch kein öffentliches Theater, und so dilettierten unter Goethes Leitung einige Personen des Hofes, Mitglieder der fürstlichen Familie und Freunde des Meisters, in einem winzigen Privattheater. Für diese kleine Laienbühne hatte Seckendorff zum ziemlich blödsinnigen Libretto Goethes eine Oper komponiert, die unter dem Titel *Die geflickte Braut* Obszönes versprach. Zur feierlichen Uraufführung wurde besonders drängend Wieland eingeladen, der freudig seinem jungen Freund zusagte. Goethe hatte in seinem Stück eine peinlich-verletzende Parodie auf Wielands *Alceste* eingefügt, deren Boshaftigkeit natürlich beim allgemeinen Publikum Gelächter hervorrief. Der völlig überraschte Wieland begriff zunächst das Ausmaß der Ungezogenheit nicht, bis ihm schließlich das Publikum deutlich machte, daß er wohl besser das Theater verlassen sollte. Unter Tränen verließ der alte Herr tief gekränkt seine Loge. Er war kein Herr, Johann Wolfgang Goethe, und so wurde ihm von Wieland und den fürstlichen Herrschaften schließlich ohne viel Aufhebens doch noch Generalpardon gegeben.

Erst die Nachwelt wird Weimar als Olymp der Dichter feiern, Deutschland als Volk der Dichter und Denker preisen, als wäre woanders nicht gedacht und gedichtet worden. Es war nur eine kleine Zahl von Geistesgrößen, die sich aus dumpfer Menge erhoben und diesen Ruhm begründeten. Allen voran Goethe und Schiller. In Erz gegossen, in Gips und Marmor gestaltet, ehrt die Kulturnation ihre Heroen des Geistes und der Bildung. In gutbürgerlichen Bücherhränken prunken edle Ausgaben ihrer Werke, ungelesen zumeist, doch als Erbstück wohl gehütet. Mit einem ehernen Doppelstandbild gedachte Ernst Rietschel des Freundschaftsbundes, dem freilich eine lange Zeit des Argwohns und Neides vorausgegangen war und der erst als Zankbündnis mit neuen gemeinsamen Feinden zustande kam.

Freunde hatten Schiller geraten, nach Weimar zu reisen; man hoffte, daß der große Goethe sich des Unglücklichen annehmen würde. Doch die Voraussetzungen waren nicht gut, der Geheimrat, eben aus Italien zurückgekehrt, war ohnehin mißgelaunt. Schlimmer aber war, daß es Schiller gewagt hatte, in der *Allgemeinen Literaturzeitung* in den Jubel über den *Egmont* nicht einzustimmen, sondern das Stück kritisch zu rezensieren, eine Blasphemie, die Goethe übel nahm. Die von den Freunden so hoffnungsfroh herbeigesehnte Begegnung wurde ein Fiasko, man begegnete sich mit Kälte. Caroline Wolzogen schrieb hernach: *Wir hatten von Goethe bei seinem entschiedenen Ruhm und seiner äußeren Stellung mehr entgegenkommen erwartet und von unserem Freund Schiller auch mehr Wärme in seinen Äußerungen ...* Es gab keinen Zweifel, sie mochten sich nicht, unüberbrückbar schienen die Gegensätze. Goethe störte die hölzerne Staksigkeit des ehemaligen Feldschers und vielleicht irritierte ihn auch der spürbare Neid des strebenden Schiller, der nach der ertragenen Sklaverei in der Militärakademie, der Flucht aus der Heimat, ein unsteter Wanderer, schuldengedrückt, zu Recht mit seinem Schicksal haderte. Goethe hingegen konnte auf eine heitere Kindheit zurückblicken, er hatte reichliche Bildungsmöglichkeiten, mühelos war ihm die hohe Staatsstellung zugefallen, mit schönen Frauen beglückt, von devoten Freunden umgeben, hatte er schon hienieden im Olymp Platz genommen. *Dieser Mensch, dieser Goethe ist mir einmal im Wege und erinnert mich so oft, daß das Schicksal mich hart behandelt hat. Wie leicht ward sein Genie von seinem Schicksal getragen und wie muß ich bis auf diese Minute noch kämpfen ...* schrieb Schiller, und an seinen Freund Karl Theodor Körner nach der ersten Begegnung: *Welten liegen zwischen uns!*

Doch dem Drängen der Freunde, dem Bedürftigen zu helfen, konnte sich Goethe nicht entziehen, und so übernahm er die Rolle des Wohltäters, indem er dem Herzog eine Empfehlung vorlegte: *Ein Herr Friedrich Schiller, welcher sich durch eine Geschichte des Abfalls der Niederlande bekannt gemacht hat, soll geneigt sein sich an der Universität Jena zu habilitieren. Die Möglichkeit dieser Acquisition dürfte um so mehr zu beachten sein, als man sie gratis haben könnte.* Die Akquisition eines niederen Hofbediensteten hätte nicht anders geklungen, ihm allerdings wäre ein angemessenes Jahressalär eingeräumt worden, *Herrn* Schiller mutete man das Einsammeln eines Hörgeldes zu. Not kennt kein Gebot, Schiller mußte annehmen, auch wenn er erkannte, daß die Gratisstelle ihn zu einer fleißigen Lehrtätigkeit animieren und damit der Dichtkunst wenig Raum gegeben sein sollte und überdies der Geheimrat ihn nicht in seiner Umgebung zu sehen brauchte.

Als Schiller schließlich Goethe als Dichterkönig anerkannte, in einem Brief, mit *freundschaftlicher Hand* geschrieben, eine Summe der Goetheschen Existenz zog und in gebührender Devotion bekundete, daß ihm dessen Geistesgröße wohl versagt sei, er aber daran zu partizipieren hoffe, wurde Goethe milde gestimmt: *Schiller beginnt mich mehr anzuziehen, als abzustoßen,* äußerte er Freunden gegenüber. Der Freundschaftsbund wurde schließlich gestiftet, als sich Goethe und Schiller entschlossen, das höchste Richteramt über die *Deutsche Dichtkunst* zu übernehmen, die *Xenien* ins Werk setzten, ein Almanach der Bosheit und der Häme: *Du sollst Dein blaues Wunder erleben,* schrieb Schiller an seinen Freund Körner, *Göthe und ich arbeiten schon seit Wochen an einem gemeinschaftlichen Opus für den nächsten Almanach, welches eine wahre poetische Teufelei sein wird, die noch kein Beispiel hat.* Die *Xenien,* ursprünglich bei den Römern begleitende Verse eines wohlgemeinten Gastgeschenkes, waren nun ein Danaergeschenk: *ein wilder Bastard und eine gottlose Satire auf die Schriftsteller und ihre schriftstellerischen Produkte.* Fast die gesamte dichterische Welt sah sich niedergemacht, getroffen hatten die Giftpfeile Jean Paul, Fichte, Nicolai, Stolberg und Lavater. Nicolai trompetete als erster zur Gegenattacke, alte Feindschaften wurden eilends begraben, um unter seiner Leitung gegen den *Furienalmanach* vorzugehen, gegründet wurden die *Humanitätsbriefe,* die nun Goethe und Schiller beharkten.

Der erbittert geführte Xenien-Krieg offenbarte bald die lächerliche kleinbürgerliche Zanksucht, aber auch den boshaften Neid. In Vers und Prosa begifteten sich die deutschen Dichter und Denker, bis schließlich fünfunddreißig Entgegnungstraktate in den *Humanitätsbriefen* zu zählen waren. In Verse faßte August Friedrich Ernst Langbein den Dichterkrieg, den er in einen Hühnerhof verlegte:

Der Kampfhahn sträubt sein Gefieder empor
Und wetzet Schnabel und Kralle
So schreitet ihr immer geharnischt hervor
Und tauchet die Waffe in Galle
Was frommt es, daß ihr euch feindlich verfolgt
Und einer die Ehre des anderen erdolcht?

Kleinbürgerliche Lebenslüge
Ideal und Leben

Der hohe Anspruch, an der Herausbildung besserer Begriffe, reinerer Grundsätze und edlerer Sitten mitzuwirken, die Menschheit zu erhöhen und neue, ewig gültige Ideale zu stiften, maß sich in bedrückender Weise an der eigenen Unzulänglichkeit, dem Unvermögen, aus der kleinbürgerlichen Wurzel einen veredelten Strauch sprießen zu lassen. Ohne eigene Geschichte, doch verhängnisvoll vom Normengeflecht des einfachen Herkommens umrankt, war es unendlich schwer, sich aus dem Gestrüpp der alten Bindungen zu befreien. Sie waren angetreten, die alten Standesschranken niederzureißen, um zugleich mit neuem abgrenzendem Hochmut neue Barrieren aufzurichten. Die Bewältigung der vielfältigen Widersprüche bedurfte eines philosophischen Rüstzeugs, einer Idee zur Befreiung aus dem qualvollen Circulus vitiosus, es galt, die Realität mit dem Ideal zu versöhnen.

Die Realität, das war nicht nur die wütende Streitlust und das unkultivierte Kleine-Leute-Gezänk, sondern auch der karge bürgerliche Alltag mit seiner drückenden Existenznot. Wie sollte sich denn die ersehnte Harmonie einstellen, wenn der Duft der Brennsuppe aus der hausmütterlichen Küche die Ausflüge in die Götterwelt begleitete, das Geschrei der Kinderschar die philosophischen Höhenflüge zum Absturz brachte und die Gattin die pekuniären Sorgen erörtert wissen wollte. Nicht anders erging es den dichtenden Hagestolzen, deren geringes Einkommen ihnen ein Ehebündnis versagte, und die in jungen Jahren als Hauslehrer oder Sekretäre von der Gunst eines Dienstherrn abhängig waren und, älter geworden, zum schmuddeligen Junggesellendasein gezwungen wurden. Die ärmlichen Lebensumstände beförderten eine elende Übellaunigkeit, die das erstrebte Wahre, Gute und Schöne verstellte.

Als göttliche Offenbarung empfand Schiller den Genius, der ihn im August des Jahres 1795 beglückte und ihm einen wegweisenden Gedanken schenkte. Unter dem Titel *Reich der Schatten* zwang er die Idee in eine poetische Form und übersandte das Gedicht sogleich an seinen Freund Wilhelm von Humboldt mit der Weisung: *Entfernen Sie alles was profan ist und lesen Sie in geweihter Stille dieses Gedicht.* Es war die Antwort auf die Widersprüchlichkeiten des irdischen Daseins am Beispiel des Herakles, des Göttersohnes, der sich aus den Schranken und Nöten eines bewegten Lebensweges in das Reich der Schönheit erhob *bis des Erdenleben schweres Traumbild versinkt* und der Held, umrauscht von des Olymps Harmonie, aus der Hand der Göttin ewiger Jugend den Trunk der Unsterblichkeit empfing. Es ist die dem Zeitgeist angepaßte Zwei-Reiche-Lehre, mit der Schiller einer urdeutschen Lebensphilosophie dichterische Gestalt verlieh, mehr noch eine Moral der Moralisten stiftete, indem er den diesseitigen Egoismus mit dem in höheren Regionen waberndem Idealismus in Einklang zu bringen versuchte.

Und es war dabei eine Einladung zu verantwortungsloser Weltflucht, mit der dem schuldbeladenen Erdendasein zu entrinnen war. Die eigene Unzulänglichkeit und die der anderen wurden im Diesseits deponiert, die Ideale des besseren Ichs entrückten in olympische Gefilde. Mit dieser philosophischen Weltbetrachtung schufen sich die Deutschen wenig Freunde, weil ihre Moralisten sich damit legitimiert sahen, vom eigenen hochgetürmten Scherbenhaufen ihrer Unzulänglichkeit herab, der Welt Moral zu predigen. Den geldgierigen Schacherern, grausamen Büttelseelen, blutbefleckten Henkern und neidischen Nachbarn war es vergönnt, ihre irdischen Untaten als Tugend zu preisen: *Deutsch sein heißt, eine Sache um seiner selbst willen zu tun* – so konnte es hierzulande geschehen, daß der Peiniger nach der grausamen Tat in sein Wolkenkuckucksheim entfloh und sich und die Seinen dem Guten, Wahren und Schönen verpflichtete.

Lange hatte Schiller darüber nachgesonnen, ob der Titel des Gedichts *Reich der Schatten* richtig gewählt war, wollte er doch eigentlich das Ideal dem irdischen Schattenreich vorziehen und so überschrieb er es schließlich *Ideal und Leben*.

Freiheit, Gleichheit, Brüderlichkeit?
Hochmut statt Revolution

Während sich das gebildete Bürgertum mit Häme drangsalierte, drückten den Adel und die Fürsten ernstere Sorgen. Die hehren Ziele der Französischen Revolution waren einem Schreckensregime gewichen; Fürstenblut war vergossen, Revolutionstruppen hatten die Grenzen Frankreichs überschritten. Auch in Deutschland rührte sich der Geist der Jakobiner, vereinzelt noch, aber spürbar. Der Xenien-Krieg kam da nicht ungelegen, beruhigt konnte man feststellen, daß die deutschen Geistesgrößen sich lieber dem harmlosen Vergnügen eines Dichterstreites hingaben, als sich der bürgerlichen Revolution anzuschließen.

Die Ereignisse im Frankreich des Jahres 1789 hatten aber auch in Deutschland Hoffnungen geweckt. Freiheitsbäume wurden errichtet, Philosophen und Dichter äußerten Sympathie, doch Schlösser wurden nicht erstürmt, Festungen blieben unberannt, revolutionärer Geist äußerte sich allenfalls bei gutem Trunk im Wirtshaus oder in gelehrten Abhandlungen. Die folgende Herrschaft des Pöbels, das Blutregiment in Frankreich erfüllte die braven Deutschen mit Abscheu und Entsetzen, doch das hieß nicht, daß man mit dem eigenen Adelsregime zufrieden war, unüberhörbar war die Kritik und deutlich wurde es ausgesprochen, daß die selbsternannte Bildungselite einen geistigen Führungsanspruch erhob. *Wo käm die schöne Bildung her, wenn da nicht der Bürger wär,* hatte Goethe gereimt, im Xenien-Krieg jedoch seine gebildet-bürgerlichen Mitstreiter in Grund und Boden gestampft. Eine Solidarität gegen die Herrschenden war undenkbar; in jungen Jahren um die Gunst des Adels buhlend, verbot sich jegliche Aufmüpfigkeit, in Rang und Würden erhoben, mit Fürstenhuld beschenkt, war die Freiheit des gemeinen Mannes nicht das Anliegen der Emporgekommenen. Die Gleichheit und Brüderlichkeit – ein Albtraum. Schließlich hatte man die Bildungsanstrengungen und Entbehrungen auf sich genommen, um dem Kreis der Gleichen, den brüderlichen Leidensgenossen zu entfliehen. *Ich kann nach meinen Erfahrungen kein Demokrat sein und an Mehrheitsbeschlüsse glauben*, schrieb der greise Goethe im Bewußtsein seiner einzigartigen Vorzüglichkeit, *denn alles Große und Gescheite existiert in der Minorität. Es hat Minister gegeben, die Volk und König gegen sich hatten und die ihre großen Pläne einsam durchführten. Es ist nie daran zu denken, daß die Vernunft populär werde. Leidenschaften und Gefühle mögen populär werden, aber die Vernunft wird immer nur im Besitz einzelner Vorzüglicher sein.*

Auch an den Universitäten zündete nicht der revolutionäre Funke, die Studenten fühlten sich strebend dem Studium verpflichtet, und die Professoren hatten andere Sorgen, als volksbeglückend zu wirken. Ihr Ansehen im bürgerlichen Umfeld war nur gering, mit durchweg niedrigen Einkünften war ihnen nur ein bescheidenes Kleinbürgerdasein beschieden. Unsoigniert gekleidet, von verhärmter Gattin betreut und mit einer enervierenden Nachkommenschaft gebeutelt, waren sie dem Spott der Mitbürger ausgesetzt. Als Herzog Karl Eugen von Württemberg die Helmstedter Universität besuchte, war er entsetzt: *Im ganzen genommen, kann ich nicht sagen unter den Lehrern der Helmstätter hohen Schule ein besonderes Genie bemerkt zu haben, noch von ihren Vorlesungen besonders zufrieden geweßen zu sein. Die sehr geringe Zahl der Studenten mag ihnen wohl den Mut nehmen ... Auch hat mich gedunckt, daß die Professores unter sich nicht einig sein, welches immer von bösen Folgen sein muß.*

Revolutionäre Umtriebe waren auch bei den zahlreichen darbenden Dichtern und Denkern nicht zu entdecken, die keinen adeligen Gönner gefunden hatten und, von Hof zu Hof vagabundierend, um einen geneigten Mäzen buhlten. Nicht immer war ein Stipendium zu erlangen, und zumeist wurde nur eine enttäuschend kleine Geldsumme gereicht, die zu keiner Dankbarkeit Anlaß geben konnte. Die sich ständig vermehrende Zahl dichtender oder philosophierender Hauslehrer ließ die Quellen der Wohltätigkeit versiegen und führte zu einer spürbaren Knauserigkeit der hohen Herrschaften. Die verkannten Genies flüchteten in den Hochmut der Märtyrer und schmähten den Stand der Herrschenden, deren gönnerhaft dargebotene

Mildtätigkeit die Unzufriedenheit nur noch verstärkte. Eine Solidarität der Zurückgewiesenen wollte sich dennoch nicht einstellen, Barrikaden aufzuschichten war der Kleinbürger Anliegen nicht. Widerwillig beugte man den Rücken vor den Großen dieser Welt, um sie zugleich mit Bürgerstolz zu verachten.

So sehr auch der gesellschaftliche Wandel notwendig erschien und auch herbeigesehnt wurde, tätige Mitwirkung an der Politik versagte sich die kleinbürgerliche Aufbruchgeneration. Bürgerliche Autoren beließen es bei einem aufklärerischen Kampf gegen die Adelsherrschaft, indem sie am unsittlichen Lebensstil Kritik übten oder vor dem Umgang mit adeligen Sittenstrolchen warnten. Waffe in diesem Kampf war die sogenannte *Hausväterliteratur*, zum Beispiel das *Noth und Hülfsbüchlein oder lehrreiche Freuden= und Trauergeschichte des Hofes Mildheim* des Rudolf Zacharias Becker. Darin enthalten war die Warnung an alle Hausväter und -mütter, ihre Töchter vom Adel fernzuhalten. Unter der Überschrift *Brief eines siechenden Barons an das einfache Volk die Wollust zu meiden* ließ Becker einen von ihm erfundenen Baron eine erschütternde Lebensbeichte ablegen, die mit den Worten schloß: *Ich möchte mit meinem letzten Atemzuge allen Töchtern und Söhnen des Landes zurufen: bleibt wo ihr seid! Hütet euch vor meinen Gleichen! und fliehet vor jeder Gelegenheit zu unerlaubter Wollust, wie vor der giftigen Schlange. Ich schreibe dies zitternd auf dem Totenbette, mit der letzten Kraft, die mir die Wollust übrig gelassen.*

Baron von Sausser Hauptmann der Infanterie

Becker, der zuvor die Preisaufgabe der Berliner Akademie der Wissenschaften über die Frage *Ist es nützlich das Volk zu täuschen?* gewonnen hatte, wollte vor allem philanthropisch wirken, wobei seine belehrenden Traktate auch deutlich machen sollten, daß er nicht mehr zum gemeinen Volk gehörte; diese Vergangenheit hatte er hinter sich gelassen, um nun, durch Bildung zur Führung berufen, die einfachen Menschen durch Belehrung zu veredeln. In Maßen, denn der erreichte Aufstieg sollte ungeschmälert bleiben. Die Leutseligkeit, die man als Sekretär oder Hauslehrer am eigenen Leibe erfahren hatte, gab man nun dünkelhaft nach unten weiter. Boie, aus kleinen Verhältnissen stammend, war während eines Manövers bei einem Leineweber einquartiert. Darüber berichtete er eingehend seiner Freundin Louise Mejer: *wohne bei einfachen Leuten: die Nation scheint treuherzig und gut zu sein.* Die Erinnerung an seine eigene

Herkunft war derart aus dem Gedächtnis geschwunden, daß Boie mit feldforschenden Studien das Volk neu zu entdecken trachtete. *Jawohl*, entgegnete in einem Antwortbrief Freundin Mejer, *man genießt das Leben auf dem Lande. Mit bedauern seh ich aber die Menschen an. Der Ton ihres Umgangs ist niedrig. Ich seh und höre Dinge,die mich beleidigen. Die Weiber folgen ihrer Sinnlichkeit ohne Zurückhaltung.*

Um dem kleinbürgerlichen Milieu zu entfliehen, war man in die Ferne gezogen, hatte einen neuen Freundeskreis begründet und alte heimatliche Bindungen strikt abgebrochen, nur so war das alte Elend zu vergessen. Als Schiller seinen alten Jugendort Ludwigsburg noch einmal besuchte, fand er sich von der Vergangenheit erstaunlich unberührt: *von meinen alten Bekannten sehe ich viele,* schrieb er nach Weimar, *aber nur die wenigsten interessieren mich. Manche, die ich als helle, aufstrebende Köpfe gekannt, sind ganz materiell geworden und verbauert.*

Unangenehm wurde es, wenn zum Beispiel berufsbedingt eine höhere Stelle in der alten Heimat angetreten werden mußte. Boie avancierte vom Kriegssekretär zum Landvogt in der Nähe seines nicht mehr standesgemäßen Vaterhauses. Der Konflikt war damit unausweichlich, den Jubel der Angehörigen und Freunde über die Heimkehr mochte der künftige Vogt nicht teilen. *Ich werde Freunden und Verwandten gezeigt,* klagt er und fügte hinzu: *es sind wenige darunter, mit denen ich jetzt leben möchte.* Als Amtmann vertrat Boie den Landesherrn, hatte Recht zu sprechen, Polizeiaufgaben wahrzunehmen, die Finanzen der Vogtei zu verwalten und schließlich repräsentative Verpflichtungen zu erfüllen, kurz, für die Region war er mit monarchischen Funktionen betraut, so daß sich die nahe Verwandtschaft als außerordentlich peinlich erwies. Im Rahmen der gesellschaftlichen Verpflichtungen konnten sie selbstverständlich nicht eingeladen werden, doch es blieben die unangenehmen Familienpflichten wie Kindtaufen, Hochzeiten und Beerdigungen. Auch beim Wunsch, eine Ehe zu schließen, war häufig die eigene Familie belastend. Der Bericht, den Boie seiner Geliebten Louise über den Verlobungsbesuch seines Bruders übersandte, dokumentiert die Qual des Familienflüchtlings: *Meine neue Schwester kam allein mit ihrem Geliebten. Die Braut war anfangs schüchtern, fand sich aber bald und ist, wie der Bruder sagt, zufrieden. Sie hat zutrauen gefaßt. Das gute Mädchen wird sich in ihre neue Lage bald finden lernen. Schreib lieber nicht an sie. Das gute Kind ist der Feder ganz und gar nicht mächtig und du wirst sie in Verlegenheit setzen. Sie fühlt was ihr fehlt, fühlt auch das sie deswegen nicht weniger geachtet und geliebt wird. Das ist der erste Schritt zur Bildung. An Verstand fehlt ihr nichts und zur Verfeinerung wollen wir sie nicht führen. Sie spricht, wie hier üblich nur Plattdeutsch, versteht aber Hochdeutsch; wir haben schon ausgemacht, daß ich in hochdeutsch mit ihr rede und sie in ihrer Sprache antwortet.* Die Schilderung der neuen Schwägerin sollte bei der Freundin Louise Verständnis wecken. Der Antwortbrief fiel günstig aus, denn auch sie hatte einen schweren Kummer, ihr Bruder teilte nicht ihren Standesdünkel: *Er will eine Schustertochter heiraten, doch glaube ich, daß er zu viel Stolz hat um sich ein Schustermädchen zur Geliebten zu wählen.*

Nein, Freiheit, Gleichheit, Brüderlichkeit waren nicht das Anliegen der kleinen Leute, die sich nach so beschwerlichen Wegen ihrer Vergangenheit entledigt hatten, zumal Feldstudien des gemeinen Mannes ergeben hatten, daß weite Teile der niederen Schichten gar nicht bildungsfähig waren. *Der bloße Anblick des hiesigen Landvolks,* notierte der Pädaoge Joachim Heinrich Campe in seinem Reisebuch, *flößt einem menschlich gesinnten Zuschauer Mitleiden ein, soweit ist dasselbe aller Kultur und Veredelung entfernt, so sehr liegen Dummheit, Aberglauben verschrobene und verunstaltete Menschheit auf jeglichem Gesichte.*

Auch wenn man noch vor zehn oder zwanzig Jahren die Hütte mit den *verschrobenen und verunstalteten Menschen* geteilt hatte, der Wechsel in die andere Welt hatte auch den Umgang mit dem Schrumpelvolk schwierig gemacht, zum Beispiel, wenn man Domestiken anzuleiten hatte. Dr. Friedrich Karl Gustav Gericke hatte sich aus niederen Verhältnissen zum Pächter emporgearbeitet und durch seine Erfahrungen legitimiert gesehen, eine Abhandlung über den Charakter der unteren Volksklassen und besonders der Bauern zu verfassen. *Alle Menschen niederen Standes,* so schrieb er, *insbesondere alle Landleute und Bauern der nördlichen Gegenden Deutschlands, und ich möchte wohl sagen, alle diejenigen Deutschen Provinzen, wo viel Bier getrunken und der Unterricht noch meistens sehr vernachlässigt wird, haben äußerst wenig, vielleicht gar kein rechtes, oder wahres Ehrgefühl; ob man ihnen gleich einen gewissen Ehrgeiz, oder eine sogenannte Ehrbegierde nicht ganz absprechen kann. Es fehlt ihnen, der Regel nach, fast gänzlich an feineren Empfindungen, der Liebe, der Dankbarkeit, Bescheidenheit, Großmuth usw. Bloß der Eigennutz und zwar meistens ein sehr grober Eigennutz, beherrscht und*

*lenkt sie bei ihren Handlungen. Eine grobe Sinnlichkeit ist ihnen
eigen und ihr Gott ist ihr Magen. Um ihre Sinnlichkeit zu befriedigen
und ihren Magen zu füllen, erlauben sie sich alles. Näscherei aller Art
halten sie für kein Unrecht. Sie essen nicht, um sich zur neuen Arbeit
zu stärken, sondern sie arbeiten um sich desto mehr mit Essen und
Trinken zu überfüllen. Sie haben wie alle rohe Menschen einen großen Hang zu Tanzen und zu lärmender Fröhlichkeit.*

*Sie dünken sich wie alle beschränkten Köpfe meistens klüger, als
sie sind und haben ihre ganz eigene Art zu philosophieren. Sie beneiden in der Stille jeden ihrer Vorgesetzten, jeden höher als sie stehenden und den am meisten, dem sie dienen müssen. Sie sind voll Miß-
trauens und heimlichen Unwillens gegen die höheren Stände. Sie sind
meistens nur darauf bedacht, an diesen Fehler zu finden, oder sie zu
hintergehen. Sie haben einen ganz eigenen unerträglichen Stolz, weshalb auch ein übermäßiger, übelangebrachter Hochmut mit Recht
Bauernstolz genannt wird. Geht man also mit dieser Menschenklasse
um, wie man mit seines Gleichen umzugehen pflegt, so trifft man die
rechte Art nicht ...*

Die Charakterisierung des groben und gemeinen Volkes ähnelt in
weiten Teilen auch der Kritik gegenüber dem Adel. Auch der Adel, so
empfand man, war ohne wahre Liebe, es mangelte ihm auch an Bescheidenheit, das Hofleben war von grober Sinnlichkeit beherrscht,
Essen und Trinken war zum gesellschaftlichen Ereignis degradiert
und diente zweifellos nicht der Wiederherstellung der Arbeitskraft.
Oft beklagt wurden auch die höfischen Lustbarkeiten, Tanzsucht,
Spielsucht und schließlich war den Blaublütigen auch Hochmut,
Adelsstolz anzulasten.

Mehr Schein als Sein
Normendiktat Mode

Um zu zeigen, daß man mit der Zeit ging, daß man dazugehörte und
die Meinung der anderen teilte, unterwarf man sich einem weiteren bürgerlichen Diktat: der Mode. Im 17. Jahrhundert, präzise im
Jahre 1643, war dieses kleinbürgerliche Phänomen dem franzosen-
hassenden Philander (Johann Michael Moscherosch) mißbilligend
aufgefallen und von ihm mit einem Spottgedicht bedacht worden:

a la mode macht mir bang
weil der teutschen Untergang
in der newen sucht
seinen anfang sucht
denn was haben will ein schein
muß nur a la mode sein

Philander hatte richtig beobachtet und treffend gereimt, welche Funktion die Mode hatte: mehr zu scheinen als in Wahrheit zu sein. Bürgerlichen Gelehrten, die sich durch Bildung über ihren Stand zu setzten wünschten, war dies aus naheliegenden Gründen ein Greuel. Ihr dorniger Weg des Aufstiegs hatte kaum materielle Früchte erbracht, und so trugen sie trotzig-stolz die schmuddelige Magistertracht, die ihnen immerhin *Weltweisheit* attestierte.

Ein Jahrhundert später hatte sich bereits eine eigenständige bürgerliche Mode entwickelt, mit der die von der Obrigkeit regelmäßig beklagte und durch mäßigende Kleiderordnungen eingeschränkte Prunksucht festen Normen unterworfen wurde. Im Jahre 1753 erschien erstmalig die *Mode- und Galanteriezeitung,* die zu Recht den Untertitel *unentbehrliches Handbuch* führte. Es war unentbehrlich geworden, die Mode zu beobachten, ihrem Diktat wollte man sich gern beugen, hieß doch *à la mode* zu sein, der eleganten, dem Zeitgeist verbundenen höheren Bürgerschicht anzugehören. Ein weiterer Modefortschritt gelang dem findigen Verleger Friedrich Bertuch, der den volkswirtschaftlichen Aspekt bürgerlicher Putzsucht erkannte und mit seinem *Journal des Luxus und der Moden* die heimischen Manufakturen befördern wollte. In Frankreich hatte sich die Mode längst schon zu einem florierenden Wirtschaftszweig entwickelt. In rascher Folge boten dort die Fabriken neue Stoffkreationen, Posamenten und Accessoires an. Das Geschäft blühte, weil jede Saison einen neuen Trend offerierte. Hatte die Französische Revolution, wo *Weiber zu Hyänen* wurden, noch die Bürger in Deutschland verschreckt, die nachrevolutionäre Neureichengesellschaft in Paris entzückte hierzulande die Spießbürger, die begierig aufnahmen und nachahmten, was Bertuch ihnen aus Paris vermeldete.

Die deutschen Fürsten, die sich zunehmend volkstümlich zeigten und Reformen beförderten, paßten sich, zögernd zwar, auch und vor allem der bürgerlichen Mode an. Die äußerlich sichtbaren Standesschranken verschwanden, das weite Feld der Mode eröffnete die Hoffnung auf demokratischen Fortschritt. Damit erhielt die Mode eine weitere Bedeutung: Sie war Teil der bürgerlichen Emanzipation. Mode fand nicht mehr allein in der Putzsucht ihren Ausdruck, sondern schloß die gesamten Lebensbedürfnisse des Aufbruchstandes ein. In Wien erschien ein neuer Ratgeber, die *Zeitschrift für Literatur, Kunst, Theater und Mode*. Fortan war Mode mehr als eine Domäne der Putzmacher, Tailleurs, der Tapisserie und Möbelmacher; Mode schloß das bürgerliche Bildungspläsier ein: Theater, Literatur und bildende Kunst. In diesem Sinne *à la mode* zu sein hieß, sich über die neuen Trends zu informieren, neue Entwicklungen zu erspüren und wenn möglich zu den Erstadepten zu gehören. Mit der kleinbürgerlichen Emanzipation war die Moderne eröffnet. Modern zu sein bedeutete, sich der eigenen kleinbürgerlichen Wurzel entledigt zu haben. Es war eine Abkehr vom Althergebrachten und zugleich eine Waffe im Befreiungskampf, zerstörend bis zur Leichenschändung des Abgelebten, des Überlebten. Weh dem, der sich der Mode widersetzte, sich ihrem Diktat nicht beugte. Traditionen zu brechen, einen Müllhaufen der Geschichte zu häufen, in gestrig und heutig zu scheiden, bedeutete emanzipatorischen Fortschritt. Tradierte Verpflichtungen und verordnete Lebensmaximen waren Ausdruck der Unfreiheit und Hemmnisse für den sozialen Aufstieg. Ohne Rücksicht galt es, die als bedrückend empfundene Vergangenheit zu eliminieren. Mode versprach aber auch ein leichteres Lebensgefühl: Der rasche Wechsel des Geschmacks, des Zeitgeistes, der Moden machte die Vergangenheit und ihre sogenannten überkommenen Werte überflüssig. Nicht nur Kleider machten Leute, sondern auch die Bildungstrends in Kunst, Literatur und Architektur.

Maßstab der Mode war der Zeitgeist, er bestimmte den *guten und schlechten, rohen und feinen, einseitigen und vielseitigen, den reinen und verdorbenen Geschmack* und formulierte damit ein kollektives Geschmacksurteil. Kleinbürgerlicher Standesdünkel verwarf das Rohe des Volkstümlichen wie das Verdorbene des Adels und erhob das Natürliche und Normale zum Maß aller Dinge. Der vom schwankenden Zeitgeist geprägte Kunstsachverstand, der mit der Anmaßung der Halbbildung Gutes vom Schlechten schied, sah sich berufen, bilderstürmend die *überlebten* Zeugnisse der Vergangenheit mit Farbquast und Spitzhacke zu tilgen und wütete fortan gleich den zerstörerischen Kräften der Natur, den kriegerischen Brandschatzungen und Feuersbrünsten. *Wir leben in bedeutungsschwerer Zeit*, klagte Heinrich

Heine, als er in Goslar den ehrwürdigen Dom und den Kaiserthron besichtigen wollte und erfuhr, daß der Dom längst auf *Abbruch* verkauft und vernichtet war, *tausendjährige Dome werden abgerissen und Kaiserstühle in die Rumpelkammer geworfen.* Die Hamburger devastierten das Zeugnis katholischer Bevormundung, den bischöflichen Dom, gotische Altäre landeten in Kaminen und Herdfeuern oder verschwanden günstigenfalls in Dorfkirchen.

Lust und Last
Adelswelt und Bürgerträume

Zum Ende des 18. Jahrhunderts hatte sich das gebildete Kleinbürgertum eine eigene Lebensphilosophie geschaffen, die außerhalb der gesellschaftlichen Realität in einem nur in der Ideenwelt existierenden *ästhetischen Staat freier Bürger* bestand. Während man einerseits unter der erstrebten und bewunderten Adelswelt litt, flüchtete man andererseits in die Welt des schönen Scheins, den erträumten vernünftigen Kleinbürgerstaat, der von Klopstock erwünschten Gelehrtenrepublik, in der alle Stände den Normen der Vernunft unterworfen sein sollten. Der tägliche Umgang mit den Großen dieser Welt, den exzentrischen Individualisten, deren Reichtum ihnen Grillen und unvernünftige Skurrilitäten erlaubte, bestärkte diese Forderung. Zum einen legten die hohen Herren größten Wert auf die sinnlosen und unverständlichen Regeln des höfischen Zeremoniells, während sie zum anderen derbsinnliche Späße zu treiben pflegten, ja sich zuweilen unflätig und bäurisch benahmen und sich trotzig den Ordnungsnormen widersetzten.

Im *ästhetischen Staat* hatten Exzentriker wie der Graf Kaunitz keinen Platz, der nach der festlichen Tafel seine Gäste damit frappierte, daß er sich vom Diener Spiegel, Wasserbecken und Zahnbürste bringen ließ: *der Fürst macht förmlich seine Toilette bei Tisch und wie er fertig ist, wird die Tafel aufgehoben,* meldete Boie an seine Freundin. Das Entzücken des Grafen über die Pariser Wäscherinnen veranlaßte ihn, allwöchentlich eine Kutsche mit seiner Schmutzwäsche nach Paris zu entsenden, um sie dort reinigen und mangeln zu lassen. Kaunitz legte größten Wert auf ein adrettes Äußeres, während sich der irische Reisende Nugent über einen überaus reichen mecklenburgischen Landadeligen wunderte, der ganztägig in einem zerschlissenen Morgenrock herumlief und sogar mit diesem ekligen Kleidungsstück zur üppigen und festlichen Tafel erschien. Um seine Ländereien kümmerte sich der ungepflegte Herr fast gar nicht, er verfügte über eine riesige Bibliothek, die er nur selten verließ.

Die Freunde um Goethe mokierten sich über den exzentrischen Herzog Emil August von Sachsen-Gotha, den Jean Paul den *personifizierten Nebel* nannte. Der Herzog hatte Goethe einen Pedanten genannt, wofür der Dichter sich revanchierte und den hohen Herren als Narren bezeichnete. Seinen fürstlichen Unmut über die Griechentümelei hatte er in einem Roman abgehandelt, mit dem er diese Mode endgültig *abgegriecht* haben wollte. Seine ständigen Selbstinszenierungen stießen auf das Unverständnis der Vernunftbürger, die eine solche Kunstform noch nicht einzuordnen vermochten. Der Herzog lag zuweilen spärlich bekleidet als Grieche auf dem Sopha und spielte ein Stück Arkadien, bald saß er als Mandarin gekleidet seinem Staatsrat gegenüber oder er nahm als Weibsperson verkleidet, einen Kaschmirshawl um die entblößten Schultern gelegt, dem ganzen Hof die Cour ab. Für das von den kleinbürgerlichen Normen abweichende Verhalten, hatte man den Begriff *unnormal* gefunden. Unnormal war zweifellos jene Prinzessin, die im festen Glauben lebte, ein gläsernes Klavier verschluckt zu haben, doch gottlob lebte sie im Schutze einer toleranten Hofgesellschaft, hätte sie diese schöne Idee im Kreise der Vernunftbürger geäußert, wäre sie ohne Zweifel den strengen und aggressiven Sanktionen für Normenverstöße ausgesetzt worden.

Die Klage bürgerlicher Gäste über die exzentrischen Gräfin Stolberg war allerdings berechtigt und verständlich, tyrannisierte doch die Dame mit ihrer Marotte auf penetrante Weise ihre gesamte Umgebung. Die Gräfin war einer unstillbaren Lesegier verfallen, an der alle Hausgenossen bis zur Freiheitsberaubung partizipieren mußten. Nach ihrer eigenen Rechnungslegung las sie jährlich 75 Bände, nicht mitgerechnet die unzähligen Journale und Almanache, daneben schrieb sie an die 1000 Briefe. Diese Leistung wurde den Mitbewohner des Schloßes Tremsbüttel ständig als anspornendes Beispiel vor Augen gehalten, und entsprechend wählte sie aus ihrem reichlichen Fundus wahllos Lektüre aus, die sie ihren Opfern mit angekündigtem anschließenden Examina zum lesen befahl. Gast in Tremsbüttel war auch die unglückliche Louise Mejer. Ihrem Freund Boie schrieb sie verzweifelt: *Ich lese in 6 Büchern und werde gefragt daraus wie ein Kind. Man stopft hier die Menschen mit Lektüre, wie man Gänse mit Nudeln stopft.* Entziehen konnten sich die Gäste und Familienange hörigen dem Bildungsprogramm nicht, denn *die Gräfin kontrolliert ob man liest und lauscht selber an der Tür.*

Bei aller Gastfreundschaft und dem damit verbundenen vertrauten Verkehr auch mit den bürgerlichen Gästen, Kritik oder eine eigene freie Willensäußerung war den Bürgern nicht anzuraten, das wäre als Undankbarkeit aufgefaßt worden. Im übrigen ging die Gräfin mit gutem Beispiel voran, teilte den Tagesverlauf mit den Gästen und Hausgenossen, der des Morgens um 10 Uhr mit einem Frühstück begann. Während dieser ersten Mahlzeit las der Graf *ein Kapitel aus der Bibel, es folgte ein Gesang Klopstocks Lieder. Dann geht jeder auf sein Zimmer und ließt im Spectator, Physiognomik und andere, von der Gräfin ausgeteilt. Dann kommt die Gräfin, läßt sich Lavater vorlesen, 1 Stunde. Während der Lateinstunde der Gräfin, muß Louisen abschreiben oder ließt bis zum Mittag. Dann vorlesen, dann allein, oder zu zweit lesen.* Das Mittagessen durfte ohne begleitende Lesung genossen werden, doch *anschließend lesen der Graf und die Gräfin Plutarch bis um 9 Uhr zur Teezeit, sodann ließt der Graf aus der Bibel, es folgt wieder ein Gesang Klopstock, bis schließlich Gute Nacht gewünscht wird.*

Kaum besser erging es dem Freund Boie, der als Gast des Grafen Bernstorff einige Tage in Gartow verweilen durfte. Auch ihm mißfielen die unüberwindbaren Standesschranken und vor allem der Mangel an Herzlichkeit und Wärme. *In Gartow habe ich entsetzlich viel geschwätzt,* berichtete er seiner Geliebten, *um 1/2 8 kam die Gräfin zu mir. Die Frau hat viel Verstand und wahres Gefühl, eine bemerkenswerte Sanftheit und einen schnellen Blick, dies aber ist alles in eine unleidliche Steifheit gehüllt. Seine Excelenz spricht wenig. Die Kinder sagen in seiner Gegenwart kein Wort. Nach Tisch eine Stunde Konversation. Das Haus ist fürstlich, alles groß und brillant, aber tot und öde. Ich glaube der Graf liebt keine Menschen, denn selbst die Domestiken werden entfernt gehalten.*

Die bürgerliche Aufklärung hatte es sich zum Ziel gesetzt, die Menschheit durch Bildung zu veredeln. Bildung, das war Vernunft, und dementsprechend sollten die Menschen in den Normen des vernünftigen Mittelmaßes ihren Rang in der Gesellschaft einnehmen. Veredelungsbedürftig waren die bildungslosen Unterschichten, aber auch der außerhalb von Zucht und Sitte stehende Adel mit seinem abstrusen Bildungsbegriff, der so hartnäckig an seinen Marotten und Verrücktheiten festhielt.

Trotz der intensiven dienstlichen Alltagskontakte zwischen dem Adel und den Bürgerlichen waren es doch ganz unterschiedliche Lebenswelten und vor allem völlig getrennte Freundeskreise, die das Verständnis füreinander so schwer machten. Das Selbstverständnis des Adels, lenkend und leitend die Geschicke des Staates zu bestimmen, erforderte die Distanz, die von der bürgerlichen Aufbruchgeneration als Herabsetzung empfunden werden mußte. *Daß auf den Redouten kein Vergnügen sei,* klagte Boie, läge daran *daß der Adel sich so absondere und der Fürst mit niemandem rede, als der vom Adel sei.*

So sehr die Bildungsbürger darauf bedacht waren, vom kulturlosen niederen Volk geschieden zu sein und die dumpfe Masse verachteten, so nagend kränkte sie die gnädige Herablassung der höheren Gesellschaft, von der sie eine neue Ständeordnung verlangten, eine Ständetreppe, die das veredelte Bürgertum erhob und das ungebildete Volk dort beließ, wo es immer war, auf der untersten Stufe der arbeitenden Klasse.

Die kränkenden Zurückweisungen der Herrschaften weckten zuweilen revolutionäre Gelüste. Was einem versagt wird und was man nicht besitzen kann, wünscht der Neid gern vernichtet, doch revolutionären Mut vermochte man nicht aufzubringen. Verzweifelt schrieb Boie an seine Freundin: *Bleibe mir künftig die Großen dieser Welt vom Halse, ich bin so bitter wie du gegen diese ersten des Volkes. Ich will entbehren lernen und mich wie eine Schnecke in mein Haus ziehen.*

Was aber war die Alternative? Bacons Satz *Wissen ist Macht* hatte sich bei der kleinbürgerlichen Bildungselite nicht bewahrheitet, für den weitaus größten Teil der Jünglinge, die durch das Studium einen sozialen Aufstieg erlangen wollten, hatten sich die Entbehrungen und Anstrengungen kaum gelohnt, nur wenigen war es vergönnt, ein angenehmes und zufriedenes Leben zu führen. Vor allem erwies sich die pekuniäre Frage als besonders prekär, wenn der Wunsch keimte, einen eigenen Hausstand zu führen oder gar eine Frau zum Traualtar zu führen und eine bürgerliche Ehe einzugehen. Als Ehehindernis erwies sich auch der Bildungshochmut – dem Kleinbürgertum entwachsen, war es schlecht möglich, wieder in den niederen Stand zu heiraten. Das Angebot an gebildeten Frauen war gering, und adelige Mädchen waren allenfalls im Altjungferalter zu haben.

Ein weiteres Hindernis war das liebgewonnene Luxusleben, an dem man partizipieren durfte, die Freuden der flüchtigen Liebe,

Theaterbesuche und *die hochadeligen Bälle, die Picknicks des Adels und die Abende bei Karten und Punsch,* das alles wollte der Kriegssekretarius Boie *entbehren lernen,* um einige Wochen später seiner Geliebten Vorwürfe zu machen, kein Geld zu haben, denn *in meinem Fall ist es zweifelhaft eine Gattin zu finden. Ich brauche durchaus Geld, wenn ich heiraten will und wie selten findet sich das zusammen, was ich nun nicht mehr entbehren kann, nachdem ich es einmal gekannt habe.*

Das süße Leben in der höheren Gesellschaft hatte auch die christlichen Moralvorstellungen und Ehegebote in Frage gestellt. Aus den normenüberwachenden kleinbürgerlichen Nachbarschaften entlassen, war man mit der lasziven Welt der Fürsten und des Adels konfrontiert worden und hatte die *freie Liebe* reichlich auskosten dürfen, und manch adelige Dame hatte sich der Jünglinge liebevoll angenommen. Der steife und in der höfischen Gesellschaft ungewandte Schiller, erfuhr durch die Gemahlin des Kammerpräsidenten von Kalb eine Einführung in die Etikette, vor allem aber vermochte die leidenschaftliche Liebhaberin dem staksigen und gehemmten Dichter die Blödigkeit im Umgang mit den Frauen zu nehmen. Als literarisch verklärte Diotima, feierte Hölderlin seine erste Geliebte, die ihm ihre Kinder zur Erziehung anvertraut hatte, bald auch Gefallen an dem Jüngling fand und mit ihm eine ehebrecherische Beziehung einging. Für die jungen Damen der Hofgesellschaft war es eine lustvolle Abwechslung sich einen einfachen Naturburschen zu halten, Thusnelda von Göckershausen, Kammerpräsidentin von Kalb, die Gräfin Werther, Louise von Imhof und Charlotte von Stein, sie alle hielten es nicht mit der ehelichen Treue, denn nach wie vor gehörte zum Hofleben das galante Abenteuer mit wechselnden Partnern. *Hier ist,* so schrieb Schiller, *schon ziemlich über mich und Charlotte gesprochen worden, wir haben uns vorgesetzt kein Geheimnis aus unserm Verhältnis zu machen.* Die Verführungskünste der Gräfin hatten Schiller völlig verwirrt, und es war ihm unverständlich, mit welcher Gelassenheit die Dame der Rückkehr ihres Gatten entgegensah. Mit mulmigen Gefühlen erwartete der Liebhaber die Ankunft des Kammerpräsidenten, obgleich dieser ihm zuvor in einem Brief versichert hatte, daß er ihm die Mesalliance mit seiner Frau nicht verüble, und auch der Hof maß der Liebesaffäre keine große Bedeutung bei.

Geistliche Moralprediger und Tugendwächter hatten dem Volk Höllenqualen für Ehebruch und verwerfliche Lust im *Beylager* anzudrohen, bei Hofe fanden sie kein Gehör und auch nicht in bäuerlichen Dorfkirchen, denn Adel und Bauern erwarteten von der Ehefrau nicht Liebesfreuden, sondern einen Erben. Erst im 15. Jahrhundert machte die Kirche den Bauern die alten heidnischen Stammesrechte madig, nach denen die Erzeugung eines Erben einziger Zweck der Ehe sein sollte: Ausdrücklich war in den *Weistümern,* den bäuerlichen Rechtsordnungen, Ehebruch gestattet. Vermochte der Gatte seiner Pflicht nicht nachzukommen, war empfohlen, das unbefriedigte Eheweib dem Nachbarn zu überlassen, der *ihre hege und pflege thun kann, damit sie zufrieden sey.* Ein westfälisches Weistum sah sogar vor, die Gattin, wenn der Nachbar nicht helfen konnte, *zu senden uff die nägste Kermesse ... und daß sie sich säuberlich zu mache und verziere und hangen ihr einen beudel wohl mit geld bespickt auf die seide, daß sie selber etwas gewerben könne, kompt sie danach wieder ungeholfen, so helfe ihr dann der teufel.* Seine bäurische Wurzel verriet auch Luther, der im Widerspruch zur christlichen Auffassung, sich und die höheren Stände daran erinnerte, daß, wenn *die ehefrau nicht will, es die magd wohl litte.*

Nachdem die Lust, an der Adelswelt zu partizipieren, eine geraume Zeit genossen war, kamen mit der Reife des Älterwerdens auch Zweifel und Zukunftsängste, denn schließlich hing die Existenz auch vom Wohlwollen und der Gnade der Herrschaft ab. Sich aus dieser Welt zu entfernen, ein bürgerliches Hauswesen zu gründen, ließ die Unzufriedenen nach neuen Lebensmodellen suchen: Gefunden wurde die bürgerliche Ehe, die auf Vernunft, Liebe und Moral gegründet sein sollte.

Die kleine Freiheit
In der Ehe geborgen

Über die kleinbürgerliche Familie in den Städten wachte die Nachbarschaft und als höhere Instanz die städtische Obrigkeit. Der Kleine-Leute-Stand, der sich für das Zusammenleben feste allgemeinverbindliche Normen auferlegt hatte, die auch das Private und Intime einschlossen, war von Sittenlosigkeit weitgehend verschont. Auf engstem Raum zusammengedrängt, Lebensraum und Arbeitsstätte unter einem Dach, bildeten Eltern, Kinder und Gesinde eine in Zucht und Ordnung eingebundene Hausgenossenschaft, die sich den Geboten des Hausvaters gehorsam zu unterwerfen hatte und die damit dem lutherischen Familienbild entsprach. Die Ehe als arbeitsteilige

Wirtschaftsgemeinschaft, in der die sexuelle Lust zu einer vernünftigen alterssichernden Kindererzeugung sublimiert wurde und die Gattenwahl nicht nach Zuneigung oder gar von Liebesgefühlen geleitet war, sondern mit der Töchter oder Witwen versorgt sein sollten, entsprach nicht den Lebensvorstellungen der aus diesem Milieu entflohenen kleinbürgerlichen Aufbruchgeneration.

Es bedurfte mindestens eines Jahresgehalts von 1000 Reichstalern, um sich den in adeligen Diensten gewohnten Lebensstil zu erhalten, eine Summe, die nur mit einem glückhaften Handel oder in hohen Staatsämtern zu erlangen war. Genug Gründe also, es sich reiflich zu überlegen, einen bürgerlichen Hausstand zu begründen. Als die Gräfin Stolberg bemerkte, daß Louise Mejer mit ihrem Geliebten Boie diese Absicht hegte, hielt sie ihr das Schicksal von Boies Schwester vor Augen, die den Schuldirektor Johann Heinrich Voß geheiratet hatte: Louise solle nur nach Wandsbeck fahren *und dort mit Kindern spielen und zusehen wie die Vossen eine Biersuppe kocht.* Eine junge Frau, von der Welt verlassen und ohne Vermögen, so empfahl die Gräfin, solle in *gebildete Dienste gehen* und sich nicht unter die Zwänge eines Mannes begeben. Doch Louise wollte lieber einem Manne dienen, *denn das Dienen,* so schrieb sie an Boie, *hat für mich nicht soviel Demütigendes, aber ich will nicht Personen dienen, deren Stand über dem meinigen und wären sie Engel in Menschengestalt.* Das Bekenntnis unterstrich die dringende Bitte an den Geliebten, sie nun doch endlich zu heiraten, und das Versprechen, ihm eine Dienerin zu sein. Es bedurfte nicht dieses Versprechens, auch Boie hatte sich entschlossen, Louise zu heiraten, ihm ging es nicht darum, ein dienendes Weib zu bekommen; er teilte die Ansicht seiner Geliebten, Geborgenheit in der Ehe zu finden.

Während Goethe, der ehelichen Bindung abhold, mehr den Sinnenfreuden zugetan war, keimte bei seinem Dichterkollegen Schiller der Wunsch nach einer bürgerlichen Ehe. Charlotte von Kalb war für ihn eine hingebungsvolle Freundin, die ratend und lenkend seinen Aufstieg beförderte, doch fest verwurzelt in der ihm fremden Adelskultur wollte sie, entsprechend ihrer Herkunft, den Geliebten in ihre Welt einführen. Sie war eine starke kluge Frau, die den gehemmten Kleinbürger unsicher machte und deren Leidenschaft in ihm widersprüchliche Gefühle weckte. Charlotte war für ihn einerseits eine besorgte Mutter, zum anderen die rückenmarkzehrende *Titanide,* die ihm einen sinnlichen Rausch zu schenken vermochte, dem freilich verzweiflungsvolle Abstürze folgten. Ihm wie vielen seiner Schicksalsgenossen, seinem Freund Körner, aber auch Boie, Voß, Hoffmann und Bode – Leute, die ihre Herkunft hinter sich gelassen hatten und ganz auf sich allein gestellt, die Zänkereien, Zurücksetzungen, die Mißerfolge aber auch Erfolge mit sich selbst ausmachen mußten – bedeuteten Frauen Geborgenheit und Zuflucht. Diese Geborgenheit konnten die Damen der Gesellschaft nicht geben, und so schrieb Schiller an seinen Freund Körner: *Bei einer ewigen Verbindung darf Leidenschaft nicht sein … Eine Frau muß mir Ruhe, Friede und heiteres gleichmäßiges Behagen verschaffen ein Geschöpf, daß mir gehört, daß ich glücklich machen kann und muß, an dessen Dasein mein eigenes sich erschließen kann.*

Im bescheidenen Gutshaushalt der Familie von Lengefeld fand er schließlich das gewünschte Heimchen, seine Charlotte, die, eigentlich zum Hoffräulein bestimmt, seine Liebe erwiderte. In ländlicher Umgebung groß geworden, vom höfischen Leben noch nicht verdorben, entsprach sie dem Ideal des Dichters: Sie ist *das Medium, durch das ich die andere Freuden genieße,* berichtete er an Körner kurz vorseiner Verlobung, *Freundschaft, Geschmack, Wahrheit und Schönheit werden mehr auf mich wirken, wenn eine ununterbrochene Reihe feiner, wohltätiger häuslicher Empfindungen mich für die Freude stimmt und mein erstarrtes Wesen wieder durchwärmt. Ich bin bis jetzt als ein isolierter fremder Mensch in der Natur herumgeirrt und habe nichts als Eigentum besessen. Alle Wesen an die ich mich fesselte, haben etwas gehabt, das ihnen theurer war als ich und damit kann sich mein Herz nicht behelfen. Ich sehne mich nach einer bürgerlichen und häuslichen Existenz.*

In diesem Brief des großen Schiller waren für die Nachwelt die Empfindungen niedergelegt, Empfindungen, die fortan die bürgerliche Ehe und Familie entscheidend prägen werden. Während Goethe, *der alte Buhler,* bereits im besten Mannesalter, in seinen Elegien die sinnlich erotischen Frauen ehrte, beschwor Schiller die *Würde der Frau,* die sich in Tugend, Sitte und Häuslichkeit gründete. Vom Eheweib war gefordert, die häusliche Magd im Besitz des allwaltenden Hausvaters, die Ruhe spendende Bewahrerin des Hauses und die Hüterin der Kinder zu sein.

Das historische Ideal dieser Besitzehe war bei Tacitus gefunden, der den lockeren Römerinnen die germanische Ehefrau vorgehalten hatte, die tugendsam und sittlich ihrem Manne untertan sei – doch vermutlich wohl nicht ganz freiwillig, denn überliefert war auch, daß Ehebrecherinnen im Moor versenkt wurden. Aus der germanischen

Ehe sollte die bürgerliche deutsche Familie wachsen, deren Besonderheit aus dem Vergleich mit der romanischen Ehevorstellung belegt wurde. Bei den europäischen Südländern, so glaubte man zu wissen, hatte sich das romanische Wesen erhalten. Dort war es Brauch, die Töchter in klösterlicher Erziehung unter strenger Aufsicht zu halten, um sie schließlich unberührt einem von den Eltern bestimmten Gatten zuzuführen. Erst mit der Heirat wurden die Frauen gesellschaftsfähig und zugleich sexuell erweckt, mit der Folge, daß in der romanischen Ehe die sinnliche Lust überwog, ja der Ehebruch gesellschaftliche Billigung erfuhr.

Wendepunkt des Lebens war die Hochzeit, mit der der ungestüme Gefühlsüberschwang in die ruhigen Gleise der Pflicht überging, der *schöne Wahn* der stürmischen Liebe zurücktreten und die *schöne Wirklichkeit* eintreten sollte. *Die Leidenschaft flieht, doch die Liebe bleibt,* dieser fromme Wunsch stand als Trost für die bittere Realität am Anfang der bürgerlichen deutschen Ehe, der sich bald auch die Juristen annahmen, die dieser bürgerlichen Zwangsgemeinschaft eine justitiable Gestalt verliehen und zum Beispiel selbst die ursprünglich lustvoll betriebenen Tätigkeiten in den ehelichen Schlafgemächern in Rechtsnormen einbanden, dem Liebesakt als *eheliche Pflicht* den Ruch der sexuellen Ausschweifung nahmen. *Die schöne Wirklichkeit* bedeutete für die Frauen einen klaglosen Verzicht auf die Teilhabe am öffentlichen Leben. Mochten die Frauen um Goethe noch herzlich über Schillers *drinnen waltende züchtige Hausfrau* gelacht haben, Charlotte von Lengefeld oder die Gattin des ständig maulenden Herder hatten sich den Zwängen der bürgerlichen Ehe bereits demütig untergeordnet.

Der Sehnsucht nach Geborgenheit in einem trauten Heim mußte eine vernünftige Legitimation gegeben werden. Ein wenig fröhliches Leitmotiv gab die »Realencyklopädie für die gebildeten Stände«: *Die Ehe,* so war zu lesen, *ist ein Band, welches Mann und Weib des Menschengeschlechts aneinander knüpft und ihre Verbindung über das blos Sinnliche und Thierische erhebt, indem sie derselben die edle Liebe, gegenseitige Achtung und unbedingte Hingebung zur Grundlage gibt und das Gesetz der Selbstbeherrschung, namentlich der Enthaltsamkeit des Sinnengenusses mit jedem Anderen, das gegenseitige Dulden und Ertragen, das treue Ausharren in Not und Tod hinzufügt. Die Selbstbeherrschung hat der Mensch dem Thier voraus, in ihr liegt das Menschliche, die Würde der Menschheit.*

Damit aber war ein vernünftiger Grund für die Ehe noch nicht gefunden. Rousseau hatte ihr einen Sinn gegeben, indem er auf der Suche nach allgemeingültigen Werten die Familie entdeckt hatte, nämlich als *den kleinsten Gesellschaftsvertrag und als älteste, von der Natur unmittelbar durch die langdauernde Hilfsbedürfigkeit des jungen Menschen, durch die tiefer als bei den Thiergeschlechtern eingreifende Verschiedenheit des Geschlechtscharakters und durch die warmen sich unter der Mitwirkung der Sprache weiterstreckenden und lange dauernden Verwandtenliebe begründete Verhältnis unter den Menschen. Sie ist der Keim, die erste Grundlage des Staates und zugleich ihr Vorbild und webt die Menschen zum Volke zusammen.*

Die Familie als kleinste politische Einheit des Staates unterlag damit zugleich einer besonderen gesellschaftlichen Kontrolle, zunächst, wie in den kleinbürgerlichen Quartieren, Sitte und Brauch überwachend, bald aber auch mit gesetzlich verankerten strafandrohenden Eheregelungen. Für schlichtere Gemüter überschrieb Rudolf Zacharias Becker ein Traktat über die neue kleinbürgerliche Ehe mit dem Fazit: *Für den Mann schuf Gott das Weib, Ihn für sie nicht minder. Eins fürs andere leben soll, beide für die Kinder.*

Kindersegen
Die Folgen der Lust

Trotz biblischem Vermehrungsgebot, der feudale Staat versuchte mit vielfältigen Maßnahmen den Bevölkerungszuwachs in Grenzen zu halten. Mit gestrengen Heiratsverboten sollten Eheschließungen erschwert sein, vor allem bedurfte es einer obrigkeitlichen Heiratsgenehmigung, die nur erteilt wurde, wenn ein gesichertes Einkommen nachgewiesen war. Uneheliche Geburten waren Kriminalvergehen, die mit Haft und hohen Geldstrafen belegt wurden. Dies galt nicht für die höhere Gesellschaftsschicht, sondern nur das Volk hatte sich daran zu halten, denn eine reiche Kinderschar armer Leute, hatte noch größere Armut zur Folge, Hilfsbedürftigkeit belastete die zur Sorge verpflichtete Obrigkeit. Die besitzende Herrenschicht war aus naheliegenden Gründen an einem zahlreichen Nachwuchs nicht interessiert, bedeutete dies doch eine größere Erbengemeinschaft, die am Ererbten und Erworbenen zehrte. Der Lust geschuldet, konnte allerdings zuweilen ein reicher Kindersegen nicht verhindert werden, ganz unverhohlen wurde dies als Last beklagt und Hoffnung auf die hohe Kindersterblichkeit gesetzt. Auch das Schlachtfeld reduzierte die Zahl der

Nachgeborenen, und nicht zu unterschätzen war der Duelltod. Entsprechend wurde die holsteinische Familie von Rantzau gelobt, die im 17. Jahrhundert von neun Söhnen sechs im Duell verloren hatte.

Es gab aber noch weitere Gründe dafür, daß die Kinderliebe nicht besonders ausgeprägt war: Der Tod im Kindbett war in jener Zeit eine der häufigsten Todesursachen junger Frauen, und so war der Liebesakt auch überschattet von Ängsten, insbesondere der Frauen. Hinzu kam die zuweilen barbarische *Geburtsarbeit* und der Verlust der Schönheit und Anmut. Es mag dies alles dazu beigetragen haben, daß Kinder zwar erwünscht, doch kaum geliebt wurden. Noch in der »Realencyklopädie für die gebildeten Stände« war dieses gespaltene Verhältnis zur Kindheit und den Kindern offen dargelegt: Weil beide Begriffe *eine Negation enthalten, das heißt eine Eigenschaft hervorheben, welche dem Erwachsenen zukommt, dem Kind aber fehlt und so finden wir schon in den vier negierenden Beiwörtern, unschuldig (kindisch) unmündig, unreif und unverständig ungefähr die Standpunkte angedeutet, von denen aus diese Begriffe von den vier Hauptrichtungen der Wissenschaft aufgefaßt werden*

Die vier Haupteigenschaften der Kinder machten den Umgang mit ihnen lästig und wurden namentlich von den Frauen der gebildeten beziehungsweise höheren Stände als geisttötend und öde empfunden, ganz zu schweigen vom Ekel über die animalischen Verrichtungen, die mit der Kindesaufzucht verbunden waren. Der Sexualakt war zu veredeln, in raffinierten Liebesspielen zu kultivieren, doch die Wartung eines Babys oder Kleinkindes unterschied sich kaum von der Versorgungstätigkeiten einer Äffin oder Kätzin. Der Conte de Buffon hatte sich mit seinen Forschungen über die *Sitten der Tierwelt* einen Namen gemacht und im Verlauf seiner wissenschaftlichen Beobachtungen auch angewidert eine Parallelität des menschlichen und tierischen Mutterschaftsverhalten festgestellt: *Sprechen wir nicht von dem Ekel, den die Einzelheiten der menschlichen Kinderpflege, welches dieses Alter erfordert. hervorrufen können,* schrieb er, wobei er vor allem das *lächerlich anmutende Stillen* eines menschlichen Wesens für unwürdig hielt. Solcherart Tätigkeiten überließ man dem einfachen Volk, Domestiken, Ammen, die der Tierwelt noch nahe waren, denn schließlich, so befand Buffon, seien die Frauen *der galanten Welt keine Milchkühe.*

Buffon wußte sich mit den Damen der Gesellschaft einig, den großen Frauen des 17. bis beginnenden 19. Jahrhunderts: Madame de Rambouillet, Madame Coligny, Marie de Montauron. Madame de

Staël, Dorothea Schlegel und Rahel Varnhagen, deren Erfüllung nicht die bürgerliche Familie war, sondern die ihre Freiheit bewahrt wissen wollten.

Welch kleine Rolle spielst du in dieser Welt? dichtete Ammande, *wenn dir der Zwang des Hausstandes den Sinn gefangen hält. Kann dir die Phantasie kein wahres Ziel vorgaukeln, als: einen Gatten haben und kleine Kinder schaukeln? Beug nicht vor einem Mann in Demut stumm die Knie, vermähle dich doch lieber mit der Philosophie, die alles was gemein und irdisch ist negiert und uns das Reich erschließt, wo nur Vernunft regiert.*

Mangelhafte Verhütungstechniken und todbringende Abtreibungsmittel hatten bereits im Mittelalter und in der frühen Neuzeit den Brauch gestiftet, die lästige Kinderschar zu dezimieren. Das einfache Volk schickte die überzähligen Esser wie Hänsel und Gretel und Brüderchen und Schwesterchen in den finsteren Wald oder gab sie als billige Arbeitskräfte auf fremde Höfe. Wohlhabendere Stadtbürger suchten auf dem Lande nach Ammen, die als Nebenerwerb für ein angemessenes Salär die Aufzucht übernahmen. Viele dieser Kinder gerieten bei Eltern und Verwandten in Vergessenheit und vermehrten so die Not der Gastfamilien. Als im 17. Jahrhundert eine als Hexe bezichtigte Frau unter der Folter ihre Teufelsbuhlschaft bekennen sollte, gestand sie ein Verbrechen, das ihr tatsächlich anzulasten war: Als das Kostgeld für ein Pflegekind Lüneburger Bürger ausgeblieben war, hatte sie es schließlich umgebracht. Für das tote Kind gab es keine Kläger, und so enthielt das Todesurteil für die Hexerei doch ein wenig Gerechtigkeit.

Der Versuch des philanthropischen Arztes Brunan, das Armenwesen zu bekämpfen, scheiterte an der Ignoranz der Obrigkeit, seine erschütternden Berichte über die geldgierigen Kindervermittlerinnen, die in den Städten Kinder einsammelten und auf offenen Karren zusammenpferchten, um sie zu Leihmüttern in die Dörfer zu bringen, blieben ungelesen. Über holprige Wege, ungeschützt vor Kälte und Hitze, karrten die Ammenweiber ihre Fracht über das Land und nicht selten, so war in Polizeiberichten zu lesen, kollerte ein Säugling unbemerkt vom Karren, versank im Wegschlamm oder wurde von nachfolgenden Fuhrwerken überrollt.

Im kultivierten Haus der höheren Stände sollten Kinder möglichst unbemerkt bleiben. Säuglinge gab man zumeist in Pflege und erst wenn der Nachwuchs gelehrig und erziehbar war, kam das Kind wieder in die Obhut des Elternhauses, wo es, von den Erwachsenen streng geschieden, von Domestiken gewartet wurde. Die Erziehung lag in den Händen der Hauslehrer oder Gouvernanten, die sich ihre Dachkammer mit den Zöglingen zu teilen hatten. Auch wenn die Eltern auf eine strenge Erziehung achteten, für das Lehrpersonal war es ratsam, die künftigen Herrschaften pfleglich zu behandeln, und so versuchte man beizeiten und für spätere Zeiten vorsorgend, mit Schmeichelei und Verwöhnung sich beliebt zu machen. Auch der Unterricht litt unter der Milde des Personals, denn schließlich konnten die Kinder durch Klagen und ständig geäußerte Aversion über die Erzieher die Entlassung bewirken. Unter diesen Umständen lernten die Zöglinge recht und schlecht lesen und schreiben, rechnen und Weltkunde und sich anmutig zu bewegen.

Die Mütter sahen ihre Kinder nur selten, meist allmorgendlich und vor dem Schlafengehen, die Väter oft tagelang nicht. Fürst von Ligne hatte die Begegnung eines kleinen adeligen Mädchens mit seiner Mutter beobachtet und niedergeschrieben: Von der Gouvernante begleitet, wurde das Töchterchen in den Salon der Mutter geführt, die sogleich über das Aussehen des Kindes Entsetzen zeigte: *Wie Sie angezogen sind, ändern Sie das!* Als das Mädchen eingeschüchtert verstummte, herrschte sie die Mutter an: *Was haben Sie, Sie sehen heute schlecht aus, legen Sie etwas Rouge auf, nein tuen Sie es nicht und gehen Sie heute nicht aus!* Vom Kind sich abwendend sich einer Besucherin zuwendend: *Wie ich dieses Kind liebe!* Alsdann wieder an die Tochter gerichtet: *Komm gib mir einen Kuß, meine Kleine, nein bitte nicht, wie schmutzig du bist, geh und reinige die Zähne.* Völlig konsterniert zeigte sich die Mutter, als das Kind Fragen stellte: *Komme mir doch nicht immer mit den Fragen, du bist wirklich unerträglich.* Um den zunehmend unersprießlichen Dialog zu beenden, versuchte eine Besucherin mit einem Lob Harmonie zu spenden: *Oh Madame sind eine so zärtliche Mutter!* Glücklich die Audienz beenden zu können, beteuerte darauf die Mutter, das Kind fortschickend: *So ist es nun einmal, ich bin ganz vernarrt in dieses Kind.*

Die Furcht, durch die Beschäftigung mit den unfertigen und noch im Primitivzustand harrenden Kindern zu verblöden, veranlaßte die Frauen der höheren Stände, den Umgang mit ihnen zu meiden. Dieser Brauch sollte sich bis weit ins 20. Jahrhundert erhalten. Auch Elisabeth Castonier sah ihre Mutter nur selten, und erst als sie ein paar Worte sprechen konnte, ließ sich die Mutter herbei, ihre Tochter zu empfangen, *dann wurde ich von Nanny in den Salon gebracht, wenn meine Mutter ihren Teenachmittag abhielt. Ich mußte jeden Gast mit einem Knicks begrüßen und wurde dann in die Nursery zurückgeführt ... Ich sah wenig von meinen Eltern, Kinder gehörten in die Kinderstube, zur Nanny.* Morgens durfte ich im Boudoir meiner Mutter sein, während sie sich frisieren ließ, wenn die Frisur beendet war und nach langer Beratung beschlossen war, welches Kleid sie heute anziehen sollte und sie die weißen Spitzenmatinee abgelegt hatte, mußte ich das Zimmer verlassen, denn beim Anziehen durfte ich nicht dabei sein. Zuweilen sah ich sie erst wieder, wenn ich im Bett lag und sie Gutenacht sagen kam, tief dekoltiert, mit ihrem schönen russischen Schmuck. Vor allem klagten die Damen ständig darüber, daß ihre Kinder in unangenehmer Weise *kleinen Leuten* ähnelten, eigentlich kein Wunder, da die Erziehung ausschließlich in den Händen zunächst des niederen Dienstpersonals lag.

Auf die Frage der Gräfin Stollberg, worin der Sinn einer ehelichen Verbindung liegen könnte, hatte Louise Mejer trotzig geschwiegen, doch der Dame war längst aufgefallen, daß sich die junge Frau verdächtig oft mit den gräflichen Enkelkindern beschäftigte. Diese Kinder waren für Louise *in der unnatürlichen Atmosphäre des Schlosses* einziger Trost, doch der Gräfin waren die Enkel zuwider, zumal ihre Schwiegertochter sich dauernd in unwürdiger Weise mit ihnen beschäftigte, worauf die Großmutter zornig konstatierte, daß *Kinder zu lieben eine unerhörte Schwäche ist und unedle Neigungen verrät.*

Aber gerade diese unedle Neigung entwickelte sich bei den jungen, in den Kreisen des Adels als Gouvernante oder Gesellschaftsdame dienenden Frauen besonders drängend und peinigend. Den alten Familienbindungen entfremdet und entrissen, mangelte es ihnen im besonderen Maße an Geborgenheit, die ihnen der Hof oder das adelige Haus nicht bieten konnte und die auch in den hoffnungslosen Liebesbeziehungen sich nicht finden ließen. Ihr Besitz bestand lediglich aus einigen Kisten und Koffern, die ihre Wanderung zu immer wieder neuen Arbeitsstätten begleiteten, doch recht eigentlich gehörte ihnen nichts. Mochte in jungen Jahren das Leben in der Fremde und die Begegnungen mit der vornehmen Welt ihren prickelnden Reiz gehabt haben, vor allem wenn Schönheit und Anmut die Eitelkeit verwöhnte und galante Freier ihnen die Cour machten, unaufhaltsam und erbarmungslos kam die Zeit, da die Blüte der Jugend dahinwelkte und die Frage gestellt war, ob die schönen Künste, die Philosophie und Literatur es denn Wert seien, den drängenden und bohrenden Wunsch nach etwas Eigenem vergessen zu lassen. In der Einsamkeit der Bedienstetenstube, aber auch des flüchtigen Liebeslagers, reifte der Wunsch nach Änderung des Lebensweges, dem von dumpfen Trieben geleitet, nur eine Richtung gewiesen wurde. Unabhängig von Zuchtinteressen, Besitz und Erbschaftsüberlegungen, keimte eine ungebändigte, animalische Lust, im eigenen Körper ein Kind heranreifen zu lassen, zu gebären und das neue Erdenwesen als persönlichen Besitz sich allein gehören zu lassen.

Die Tag- und Nachtträume waren wenig vom Familienelend ihrer Umgebung überschattet, triebzentriert entwickelte sich ein neues, von Frauenwünschen diktiertes bürgerliches Familienideal, in dessen Mittelpunkt die Kinder standen. Den kleinbürgerlichen Wurzeln entrissen, in den Haushalten der Großen dieser Welt oder in Zirkeln und Freundeskreisen *mitgebildet,* gaben sich die Frauen einen neuen Lebenssinn, die Mutterschaft und Kindesaufzucht innerhalb einer vernünftigen, dem kargen Alltag geweihten Familie. Sich selbst zur Magd degradierend, unterstellten sie sich einem treusorgenden Hausvater, dem freilich der Unterhalt der Lebensgemeinschaft allein aufgebürdet sein sollte und dessen Verzicht auf lustvolle Sexualität mit einer stolzen Vaterschaft und ehrenvollen Stellung eines Familienoberhauptes aufgewogen wurde. Was vordem mehr als Malheur betrachtet wurde, war nun zur Pflicht gemacht. Als Schiller seinem Freund Körner mitteilte, daß *ein kleiner Sohn da ist,* entgegnete dieser, *Wohl Dir und Deinem Weibchen, daß ihr nun auch in unserem Orden seid. Es ist ein eigener Genuß ein solches kleines Wesen um sich zu sehen, daß einem so nahe angehört. Wer diesen Genuß entbehrt, lernt den Werth des Lebens nie vollständig kennen.* Während Goethe seinem Sohn mehr ein Rabenvater war, folgte Schiller wohl oder übel dem neuen Ideal. Nach Auskunft des jungen Voß konnte Schiller *seine Kinder herzen und küssen, sich mit ihnen auf der Erde wälzen. Nie vergesse ich den innigen Blick,* so fuhr Voß fort, *den er manchmal auf seine jüngst geborene Tochter richtete.*

Sich für einen bürgerlichen Haushalt mit Kindern zu entscheiden, hieß aber auch, ein besonderes soziales Risiko zu tragen. Die Männer und Frauen, die sich durch Bildung aus den alten ständischen Bindungen zu befreien versuchten, hatten im Verlauf ihres Lebensweges schmerzlich erfahren müssen, daß die unendlichen Mühen nicht immer belohnt wurden, vielen hatte sich keine glückliche Zukunft eröffnet. Andere hatten es geschafft, mit Bildung und Glück, eine gute Assiette zu erlangen, und vielen gelang sogar eine Familiengründung. Doch damit stellten sich neue Sorgen ein, nämlich die soziale Absicherung des eigenen Nachwuchses. Schließlich, so lesen wir in der »Realencyklopädie für die gebildeten Stände«, *ist es vornehmlich die Familie, welche dem Menschen ein auch über die Lebenszeit hinausreichendes Interesse gibt, ihm die Vergangenheit wert und die Zukunft wichtig macht.*

Wie aber sollte der Familie eine Zukunft gegeben sein, wo Bildung, geschweige denn Genie, so schwer oder gar nicht zu vererben war? Die Antwort bedeutete für die Kinder eine neue Fron, sie hatten sich einem kindheitsmordenden Bildungsterror zu beugen. Kaum der Mutterbrust entwöhnt, begann eine gnadenlose Erziehungsarbeit, die selbst das unschuldige Spiel mit pädagogischem Hintersinn befrachtete. Um die Kinder, fortan der Mittelpunkt der ehelichen Gemeinschaft, bekümmerten sich beide Elternteile, die das Bildungswerk im Hause und in der Schule mit Strenge überwachten und mit harten Strafen den Lerneifer zu befördern suchten. Neben dem schulischen Wissensstoff wurden auch die schönen Künste eingebleut, eine belehrende Kinderliteratur entstand, und zum guten Ton gehörte es auch, beizeiten mit einer musikalischen Ausbildung zu beginnen und die Kinder mindestens ein Musikinstrument malträtieren zu lassen. Den fosen, blutleeren, mit Lernstoff gemästeten Kindern der Bildungsbürger wurden in der deutschen Literatur mit Hanno und Spierfix erschütternde Denkmäler gesetzt.

Das autoritäre Herrschaftssystem der bürgerlichen Familie hatte einen entscheidenden Grund in den vielfältigen Ängsten, die sich besonders auf die Kinder bezogen. Sie sollten es einmal besser haben, ihnen sollte erspart bleiben, was die Eltern noch erduldet hatten. Mit diesem Wunsch wurden die zahlreichen Verbote und bei Widersetzlichkeiten verhängten Prügelstrafen legitimiert. Im behütenden Elternhaus lebten die Kinder weitgehend von der Außenwelt isoliert, und vor allem wurde angstvoll darauf geachtet, daß sie vor den unguten Einflüssen der niederen Stände geschützt waren. Während der Adel es für die künftigen Führungsaufgaben für unerläßlich hielt, daß sein Nachwuchs beizeiten mit allen Schichten des Volkes Berührung erhielt, war es den Bürgerkindern streng verboten, mit den Kindern des gemeinen Volkes Umgang zu haben, bedeutete doch ein schlechter Einfluß die Gefahr eines Rückfalls in den niederen Stand, dem man nach so entsetzlichen Entbehrungen doch eben erst entwachsen war. Die strengen Haftbedingungen im Elternhaus erwiesen sich allerdings für den künftigen Lebensweg als kontraproduktiv, zur Menschenführung ungeeignet, boten sich nur wenige herausgehobene Berufsmöglichkeiten.

Höchste Weihen
Die Standeserhöhung

Mit der Gründung zahlreicher Universitäten hatten die Landesfürsten den Kleinbürgern eine Aufstiegsmöglichkeit eröffnet und vor allem eine Standeserhöhung gestiftet. Eine auf Prüfungen gegründete akademische Graduierung sollte dem Stand Reputation verleihen und dem Akademikerstand einen gebührenden Platz auf der Ständetreppe einräumen. Durch einen Gnadenakt waren die Gelehrten reichsrechtlich dem Adel gleichgestellt, freilich mit erheblichen Einschränkungen: Die bürgerlichen Akademiker waren nicht hoffähig, und ihre bescheidenen Einkünfte erlaubten ihnen lediglich die Führung einer kleinbürgerlichen Lebenshaltung, ja zuweilen fielen sie der Armenfürsorge anheim oder waren von wohltätigen Zuwendungen abhängig.

Worauf auch immer sich das erlangte Selbstbewußtsein gründete, auf Geiz, Spekulation und gute Geschäfte oder auf die Anhäufung enzyklopädischen Wissens, allein mit kleinbürgerlichem Hochmut waren keine Dynastien zu gründen. Eine Familientradition zu stiften war angesichts der als peinlich empfundenen Herkunft und einer ungewissen Zukunft schwierig. Angeregt durch Goethes Jugenderinnerungen, versuchte auch Schiller, den Nachgeborenen über seine Herkunft Bericht zu geben, und so bat er seinen Vater um die Überlassung alter Familiennachrichten, doch über die Vorfahren war kaum etwas zu erfahren. Sowohl bei Goethe als auch bei Schiller war die Vergangenheitsforschung durch die anstehende Nobilitierung seitens des gewogenen Landesherren motiviert. Bei aller Kritik am Adel, gegen die eigene Standeserhöhung hatte man nichts einzuwenden, auch wenn die Annahme des Adelsprädikats nicht ganz unproblematisch war. Vom wahren Adel als *neugebacken* geschmäht und von den Nichtgeehrten neidisch des Verrats geziehen, konnte ungeteilte Freude nicht aufkommen.

Für die Geehrten war die Nobilitierung trotz des Neides und des häßlichen Klatsches höchste Anerkennung ihres Schaffens, und so nahmen sie die fürstliche Gnade ebenso stolz entgegen, wie die Ehrungen der bürgerlichen Revolutionäre in Frankreich. Die französische Nationalversammlung hatte beschlossen, einige hervorragende Revolutionäre des Auslands mit der Verleihung des französischen Bürgerrechts zu ehren: Washington, Kościuszko, Wilberforce, Klopstock, Pestalozzi, Herder und einen *publiciste allemand Gille*. Kein Mitglied der Nationalversammlung wußte vermutlich, wer Gille war, ein deutscher Publizist, den man auch nicht kennen mußte, es genügte, in ihm einen Freund der Revolution sehen zu können. Gemeint war Friedrich Schiller, der erst im März 1798 durch Campe das Schriftstück erhielt. *Aus dem Reich der Toten*, wie Schiller bemerkte, *denn die Unterzeichner Claviere, Roland, Danton, hatte die Revolution verschlungen.*

Für die bürgerlichen Neider war auch die herzogliche Standeserhöhung Schillers ein Akt aus dem Reich der Toten, denn für sie war der Adel ein Relikt der Vergangenheit, ein überlebter Stand aus dem mittelalterlichen Totenreich. Der bürgerliche Aufbruch war indes schon so weit vorangeschritten, daß auch ohne revolutionäre Gewalttaten die alten Privilegien dahingeschwunden waren. Die ungünstigen finanziellen Verhältnisse eines großen Teils des Adels, die zunehmende rechtliche Gleichbehandlung und schließlich die gelockerte Hofetikette, stärkten das Selbstbewußtsein der Bürger, die genüßlich die Niederlagen des einst so stolzen Standes kolportierten. *Der Kammerjunker Graf Platen*, so war zu lesen, *hat einen seiner Kreditoren, der ihn vielleicht ein bißchen grob gemahnt, durch einen Bediensteten anhalten lassen und beinahe totgeschlagen. Der Mann ist trepaniert und wird, wenn er nicht stirbt, seine Gesundheit schwerlich wieder erhalten.* Wenige Jahre zuvor wäre der Graf von den Richtern unbehelligt geblieben, doch die Zeiten hatten sich geändert, wie man mit Genugtuung feststellen konnte, ein Gericht verurteilte den hohen Herren zu sechs Wochen Clevertor, einem Gefängnis, in dem *ganz normale* Spitzbuben einzusitzen hatten. Auch wenn der Kammerjunker die Haftstrafe nicht antreten mußte, allein die Tatsache, daß ein Graf von einem bürgerlichen Richter zur Rechenschaft gezogen wurde, war ein Fanal des Fortschritts und kein Einzelfall. Auch der Vice-Stallmeister von dem Bussche war straffällig geworden. Er hatte in guter Absicht einem Mitglied des fürstlichen Hauses den Weg durch die Menge bahnen wollen und einem Mann, der den Weg nicht hurtig genug frei machte, so heftig über den Schädel gehauen, daß der *gänzlich von Sinnen war*. Die Richter ließen den Unbesonnen 120 Thaler Buße zahlen und scheuten sich nicht, ihm die Auflage zu erteilen, *sich künftig Bürgern gegenüber respektvoll zu erweisen.*

Mit solcherart Berichten und Anekdoten wurde der demokratische Fortschritt belegt, doch zu einer aktiven Mitwirkung an der Durchsetzung gesellschaftlicher Veränderungen mochte man sich nicht entschließen. Jene, die zu Ämtern und Würden gelangt waren, sahen keine Veranlassung, das Erreichte zu teilen, während die noch hoffnungsfroh Nachstrebenden nicht auffallen wollten und bemüht waren, sich die fürstliche Huld nicht zu verscherzen. Politische Ziele verfolgte man nicht, eigennützig betrieb ein jeder seinen persönlichen Aufstieg. Die selbstbefreiten Bürger waren im Grunde genommen doch noch die Landeskinder der fürstlichen Obrigkeit, Kinder, die quengelnd und drängend von der Herrschaft Wohltaten verlangten und denen bisweilen, gleichsam aus pädagogischen Gründen, von den Verantwortlichen auch einmal eine Bitte abgeschlagen werden mußte. In der Dichterkammer ließ Friedrich Schiller die Freiheitsglocken läuten, zugleich aber um seine irdische Reputation besorgt, ärgerte er sich über Goethes Nobilitierung. Die Ehrungen der Sansculotten wogen leichter als die Erhebung in den Adelsstand. Zwei Jahre, so klagte Schiller pikiert, wäre er nun schon in Weimar haussitzend und noch immer war die Frage seiner Hoffähigkeit ungeklärt, obwohl sein Schwager doch immerhin *den ersten Platz am Hofe bekleidet. Es hat etwas Sonderbares, daß von zwei Schwestern, die eine einen vorzüglichen Rang am Hofe, die andere gar keinen Zutritt zu denselben hatte, obgleich meine Frau und ich sonst viele Verhältnisse mit dem Hof hatten.*

Obgleich auch er zusammen mit Herder die Ehrenbürgerschaft der Französischen Republik angenommen hatte, mokierte er sich über den Pharisäer Herder, der sich stets als Demokrat bezeichnet und nun in Bayern ein Gut gekauft hatte. Um es besitzen zu dürfen, mußte er sich adeln lassen. Ohne dazu berechtigt zu sein, hatte der Kurfürst von der Pfalz Herder den Adel geschenkt. Soweit hatte er bei den Freunden noch Verständnis gefunden, denn schließlich machte dieser formale Akt zur Sicherung des Eigentums deutlich, wie widersinnig die feudale Ordnung geworden war. Hohn und Spott erntete der Unglückliche jedoch, als er in Weimar von dieser fragwürdigen Standeserhöhung Gebrauch machte und sogar offiziell beim Hof seinen pfalzgräflichen Titel geltend machte. *Er wurde selbstverständlich abgewiesen,* vermerkte Schiller, *und obendrein ausgelacht; denn er hatte sich immer als größter Demokrat herausgelassen und wollt sich nun in den Adel eindrängen.*

Schillers endlich erfolgte Nobilitierung war rechtmäßig, denn der Herzog hatte es nicht versäumt, die *Wappnung* des Dichters vom Deutschen Kaiser bestätigen zu lassen. Noch etwas geniert, teilte Schiller seinen neuen Stand dem befreundeten Humboldt mit: *Sie werden recht gelacht haben, als sie von unserer Standeserhöhung hörten. Es war ein Einfall von unserem Herzog und da es geschehen* ist, so *kann ich* es *um Lolo und der Kinder willen mir auch gefallen lassen.* Das kaiserliche Adelsprädikat erfüllte den Dichter aber doch mit Stolz, *denn, so schrieb er schließlich, bringt er alles ins Gleiche, weil meine Frau, als eine Adelige von Geburt, dadurch ihre Rechte, die sie vor unserer Heirat hatte, restituirt wird; denn sonst würde ihr mein Adel nichts geholfen haben. Für meine Frau hat die Sache einigen Vorteil, für meine Kinder kann sie ihn mit der Zeit erhalten, für mich freilich ist nicht viel gewonnen. In einer kleinen Stadt wie Weimar, ist es immer ein Vorteil, daß man von nichts ausgeschlossen ist.*

Der Machtverlust des Adels und die unaufhaltsame Gleichstellung mit den Bürgerlichen wurde weniger durch die Zulassung des Briefadels zur Hofgesellschaft forciert, als vielmehr durch die biologische Verbürgerlichung des Adels. Noch galten zwar die alten Schutzregelungen, das Gesetz *von der ärgeren Hand,* nach dem eine Heirat in den niederen Stand zugleich auch den Verlust des höheren Standes zur Folge hatte, doch zunehmend wurden Ausnahmen gestattet. Charlotte von Lengefeld war mit ihrer Eheschließung in den bürgerlichen Stand herabgesunken. Daß die Nachgeborenen desgleichen der *ärgeren Hand* folgten, war ungerecht, aber Gesetz. Die bis dahin weitreichenden Privilegien des Adels in Deutschland waren allerdings auch an strenge Pflichten gebunden, vor allem galt es, die *mesalliance dispargium* zu vermeiden, denn eine Mißheirat bedeutete, insbesondere für den Hochadel den Verlust aller Rechte.

Auch für den niederen Adel galten diese Vorschriften, doch der Uradel konnte sich derartig strengen Gesetzen nicht mehr unterwerfen, weil ihn zunehmend finanzielle Sorgen drückten und durch die Eheschließung mit reichen Bürgerstöchtern eine ansehnliche Mitgift zur Sanierung der Güter zu erlangen war. Der Verlust der Hoffähigkeit und des Rechts, unverheiratete Töchter als Altersversorgung in ein adeliges Stift einzukaufen, war angesichts des schwiegerväterlichen Geldsegens zu verschmerzen. Um an das Geld der reichen Kaufmannschaft heranzukommen, mußten einst die Kauffarteiwagen geplündert und die Händler totgeschlagen werden, nun wurde es Brauch, ihre Töchter zu heiraten. In den Jahren zwischen 1806 bis 1820 hatte bereits ein Drittel der Standesherren zur *ärgeren Hand gefreit,* so daß einzelne Landesfürsten, in der Furcht, ihre Vasallen zu verlieren, sich veranlaßt sahen, diese Mischehen offiziell zu sanktionieren. Vor allem in Sachsen und Süddeutschland lösten die Landesfürsten das Problem der Mißheirat durch eine weitere Standeserhöhung, indem sie die Gatten der bürgerlichen Ehefrauen in den Freiherrenstand erhoben und damit wieder succesionfähig machten. Auf vielen Gütern herrschten nun die in Haushalt und Küche wohlausgebildeten bürgerlichen Hausfrauen, die, zum Leidwesen der an den Genüssen der herrschaftlichen Tafel bislang überreichlich partizipierenden Bediensteten, ein gestrenges Auge auf Küche und Vorratskammer richteten, dem Gutsbetrieb eine bürgerliche Ökonomie verordneten, dem alten Schlendrian ein Ende setzten und dem Junkerhaushalt jenes biedere Ambiente schenkten, das bereits die Philister der Gemütlichkeit zur bürgerlichen Tugend erhoben hatten.

Jene Bürger aber, die keine Aussicht hatten, standeserhöht zu werden, jedoch über Geld verfügten, mußten sich damit begnügen, ein herrschaftliches Haus zu führen. Zum Amtmann mit einem Jahreseinkommen von über 1000 Reichstaler erhoben, war Heinrich Christian Boie endlich in die Lage gebracht, eine Heimstatt nach dem Vorbild seiner einstigen Herrschaft zu begründen: *Von kostbaren Möbeln fehlt mir nichts mehr als ein paar schöne Spiegel für den Saal,* schreibt er seiner künftigen Frau. *Die meisten Stühle sind sehr hübsch, hübscher als in Schloß Tremsbüttel, das Sopha ist es auch.* Überdies war zum wohlfeilen Preis *weißes Kattun für die Gardinen* erworben sowie *weiße Stühle im Geschmack der Gräfin, aber noch schöner, das Stück acht Thaler. Auch brauch ich noch ein Theeservice, dass ich gern hübsch hätte, am liebsten weiß und auch so große Tassen dabei, als die in Tremsbüttel haben.* Mit dem Kauf der Tassen und Bestecke beauftragte Boie die Verlobte mit der Ermahnung, Rücksicht auf ihr neues bürgerliches Umfeld zu nehmen: *bitte kaufe nichts was ihr Neid erwecken könnte, Plattiertes Silber für 24 Personen soll genügen.* Adelige Freunde komplettierten den Haushalt, *Frau von Jessen hatte blau-weißes Meißner* beigesteuert und aus Hannover kamen noch Möbel aus mahagoniähnlichem Holz.

Am Adel orientiert entstand ein bürgerliches Haus, ein Beamtenhaushalt mit Gesinde und Repräsentationspflichten gegenüber dem Landadel und dem gehobenen Bürgertum. Der großen Mehrheit war derartiger Luxus nicht möglich, sie machten aus der Not eine Tugend, indem sie aus der erzwungenen Bescheidenheit literarischen Nutzen zogen. Die Hauptvertreter dieses Stils gingen als *Philister der Natürlichkeit* in die deutsche Literaturgeschichte ein. *Urphilister* war der greise »Papa Gleim«, in dessen gastlichem Hause, genannt das *Hüttchen,* ein gemütlicher Freundschaftsenthusiasmus gepflegt wurde. Genährt von der Begeisterung für die Natur und die Natürlichkeit, wählten sich Dichter wie Senator Brockes, Haller und Ewald von Kleist die nähere Umgebung ihres Lebenskreises, den Wald, die Wiese oder den eigenen Garten zum literarischen Thema, indem sie mit detaillierten, liebevollen Beschreibungen eine poetische Gemütlichkeit schufen. Einbezogen waren bald auch die spießige Wohnidylle, das Haus, die Stube, die Haustiere, ja der Schlafrock, die Schlafmütze, die Pfeife und die Tabakdose. Das Genre verzichtete völlig auf die den Bürger eigentlich interessierenden Unglücksfälle oder dramatischen Liebesgeschichten, sondern gab stattdessen der Familienidylle poetische Gestalt. Geschildert war der Hauspapa im Kreise der Seinen, der gütig und vernünftig das Haus leitete und mit seiner milden Gattin den Alltag organisierte und vor allem eine bescheidene und wohlige Gemütlichkeit zelebrierte. Die neue bürgerliche Gemütlichkeit war auch eine Alternative zum kalten adeligen Lebensstil, aber vor allem ein innehaltendes Überdenken nach den Jahren des Sturm und Drangs, des unsteten Lebens, eine Suche nach Identität und praktikablen Werten, mit denen das Leben neu einzurichten war.

Durchbruch

Der Geist der Revolution
Bürgerfreiheit und Reaktion

Jahrhundertwenden pflegen die Zeitgenossen auch als Zeitenwenden zu empfinden und wahrlich, stürmisch war das 18. Jahrhundert zu Ende gegangen, eine neue Epoche hatte ihren Anfang genommen, und nicht allein die Kräfte der Restauration sahen der Zukunft mit Bangen entgegen. Das revolutionäre Frankreich war noch immer nicht zur Ruhe gekommen, und argwöhnisch beobachtete das alte Europa die kraftvolle Bewegung, die weiterhin die überkommene feudale Ordnung bedrohte. Auf den ersten Blick verlief das alltägliche Leben der Deutschen in den gewohnten altständischen Bahnen, so wie Gustav Freytag es literarisch verdichtet am Beispiel einer kleinen Stadt, irgendwo im nordostdeutschen Flachland, aufgezeichnet hatte, einer Kreisstadt, *in der Mitte einen weiten Marktplatz, der Ring, darauf das Rathaus.*

Es war eine alte Stadt, einst eine Festung, doch nun waren die Mauern brüchig geworden, in dem trockenen Wallgraben breiteten sich Obstbäume aus, und Gänse weideten darunter. In den alten Mauern herrschten noch Ordnung und Stille, *jedermann ging sonntags zur Kirche und nachmittags in den neuen Kaffeegarten und das Hauptfest im Jahr war das Königsschießen.* Zuweilen waren Schausteller im Ort, aber sonst verliefen die Tage bedächtig. Der Wohlstand war bescheiden, doch gab es sogar Kaufleute und Fabrikanten, von denen einer sogar eine Dampfmaschine aufstellen wollte. In der Idylle keimte aber auch Unzufriedenheit der Bürger: mit den königlichen Behörden, die über Stadt und Land selbstherrlich regierten, über die Garnison, die Rohheit der Soldaten und das anmaßende Auftreten der Offiziere. Am Verlauf eines Sonntages des Jahres 1806 suchte Freytag die Stimmung jener Zeit einzufangen, das Geschehene weckte keine revolutionären Ambitionen, doch eine irritierende *Verwunderung über den Lauf der Welt.* Jenseits des Rheines hatte man vor kurzer Zeit König und Adel umgebracht, und nun war dort ein neuer Kaiser aufgeschossen. Daß sich die Welt veränderte war zuweilen auch im eigenen kleinen Lebenskreis der Stadt zu spüren. *Die Stadt befand sich im Zustand stiller Aufmerksamkeit und Beobachtung. Denn der neue Arzt war angekommen.*

Der Doktor erschien den Bürgern durchaus angenehm, aber auch ungewöhnlich. Er trug einen runden Biberhut, sein Haar war halblang, das Gekräusel natürlich, und es fehlte der noch immer übliche Zopf. Das Äußere ließ eine moderne Gesinnung erahnen, und entsprechend verlief die erste Begegnung des Doktors mit den Honoratioren der Stadt in der nur den höheren Ständen vorbehaltenen Weinstube. Sorglich geschieden von den übrigen Gästen, saßen an einem Tisch die Herren Offiziere mit dem adeligen Stadtdirektor und einigen Herren des Landadels. Es hatte sich bald herumgesprochen, daß der junge Mediziner zuvor Frankreich bereist hatte, doch während die Bürger voller Neugierde die Eindrücke des jungen Mannes hören, insbesondere seine Meinung über Napoleon wissen wollten, zeigten die Offiziere eine deutliche Mißbilligung, sprachen laut und verächtlich über den Geist der Revolution, äußerten auch Kriegsbefürchtungen und stellten beruhigt fest, daß Preußen ohne Furcht die Ereignisse auf sich zukommen lassen könne, die Armee stand fest zum König.

Der sonntagmorgendliche Frühschoppenfriede wurde plötzlich von einem Getümmel auf der Straße unterbrochen. Dort wankte zwischen seinen Häschern ein entlaufener Leibeigener, von den Bütteln übel zugerichtet. Die zu erwartende Strafe würde den Wunden noch weitere Torturen hinzufügen. Gerichtsherr des Unglücklichen war sein Brotherr, ein landbesitzender Graf, der durch seinen Inspektor dem in Liebe zu einem Mädchen entbrannten leibeigenen Knecht die Eheschließung verweigert hatte. Darüber erbost, hatte es der Arbeiter gewagt, den Inspektor tätlich anzugreifen und alsdann zu flüchten. In der Weinstube entfachte der Vorfall eine rege Diskussion, doch als der Arzt zu bemerken wagte, daß dem Täter wohl kaum Gerechtigkeit widerfahren werde, wenn das Opfer zugleich der Gerichtsherr sei, und *Zustände, welche dergleichen möglich machen, grausam und im schreienden Widerspruch gegen die Gebote der Menschlichkeit sind,* war am Tisch der adeligen Herren einhellig das Urteil über den Neuankömmling gefällt: Ein Sansculotte, ein Revolutionär.

Preußens konservierte friderizianische Größe ließ ein Nachdenken der Herrschenden über die Veränderungen der Zeit nicht zu. Die alte

Ordnung sollte auf ewig Bestand haben, und an ihr zu rütteln, bedeutete eine frevlerische Gotteslästerung. Das revolutionäre Terrorregiment in Frankreich hatte die deutschen Bürger erschreckt, mit Abscheu erfüllt und resignieren lassen. Nun aber war ein neuer Stern erstrahlt, ein Mann, der alle Empfindungen und Sehnsüchte des deutschen Bürgers in sich vereinte, der Macht verkörperte und bereit war, diese Macht auch ohne Skrupel anzuwenden: Napoleon Bonaparte. Seine Proklamation an das französische Volk des Jahres 1799 fand auch in Deutschland bei jenen ungeteilte Zustimmung, die mit den Ereignissen des Jahres 1789 größte Hoffnungen verbunden hatten und gleichsam auf einen revolutionären bürgerlichen Messias gewartet hatten. Seine Eroberungsgelüste schreckten nicht, solange man selbst davon nicht betroffen war, erschienen sie wie ein Kreuzzug für Recht und Freiheit.

Auch als Napoleon sich zum Kaiser gekrönt hatte, gehörten ihm noch immer die Sympathien der intellektuellen Deutschen, die vor allem seine Friedensliebe priesen und einhellig sein internationales Abrüstungsprojekt begrüßten und die Panikmache des preußischen Militärs bemängelten. Am 5. Mai 1805 bejubelten die *Berlinschen Nachrichten* den französischen Friedenskaiser: *Noch nie war eine Epoche im Zusammenhang aller Umstände mehr geeignet, dieses große, die Menschheit beglückende Abrüstungsprojekt zu realisieren als die jetzige ...*

Siebzehn Monate darauf hatte Napoleon in der Tat *abgerüstet*, freilich nur einseitig. In wenigen Stunden hatte er in der blutigen Doppelschlacht von Jena und Auerstedt Preußens Streitmacht zertrümmert. Die von den Bürgern ohnehin nicht geliebte Armee, deren greise Generale noch immer vom Ruhm des großen Friedrich zehrten und allen Reformen mißtrauisch gegenüberstanden, war vernichtet und überdies dem Hohn der eigenen Landsleute ausgesetzt, die angesichts der siegreichen Okkupationsarmee nicht einmal Mitleid und Trauer für die zahlreichen toten und verwundeten Landsleute zu empfinden vermochten. Im *Kosmopolit* war die Bewunderung für die Eroberer nachzulesen, die Sieger, *das waren Männer, Krieger, Soldaten, Begriffe, mit dem man bei uns* (in Preußen) *alles ... verbindet, was Unwissenheit und Verachtung des Wissens und der Wissenden ausdrückt.*

Das eigene Militär war dem deutschen Bürger traditionell ein Greuel, es bedeutete finanziellen Nachteil und Last bei der Einquartierung, Kontributionen bei Truppendurchzügen und versinnbildlichte schließlich die alte Adelsherrschaft. Soldaten waren *unnützige Mietlinge des Staates, Blutegel der ärmeren Klasse,* oder wie Knigge sie nannte: *herausgeputzte Puppen.* Als drei Tage nach der Niederlage in Berlin Anschläge an den Häuserwänden die Tragödie bekannt gaben und Bürger lasen: *Der König hat eine Bataille verloren. Jetzt ist Ruhe erste Bürgerpflicht. Ich fordere die Einwohner Berlins dazu auf. Der König und seine Brüder leben,* wurde weniger die nationale Schmach beklagt, als vielmehr in furchtsamer Erwartung der französischen Besatzung über die zu erwartenden Kriegskontributionen gejammert. Im übrigen war es ja zutreffend auf den Bekanntmachungen festgehalten: Der König hatte eine Schlacht verloren, nicht das Volk, nicht das Land, nicht Preußen. Der Regent war verantwortlich, schließlich ging es um seine wohlerworbenen Rechte und Ansprüche, das einfache Volk würde sich auch unter der neuen Herrschaft fügen und unterordnen. Die Sympathien für den Korsen schwanden freilich, als er seine Rechnung für die Okkupation vorlegte: Die ersten Forderungen beliefen sich auf weit über eine Milliarde Kriegsgelder, das Sechzehnfache der jährlichen Staatseinnahmen Preußens.

Lieb Vaterland
Eine bürgerliche Liebe

In der kurzen Zeit, da der Usurpator in Berlin residierte, wurde deutlich, daß er nicht der Freiheitsbringer war, sondern in Europa eine neue Qualität imperialer Herrschaft vorstellte. Zum Ende des Jahres 1806 erschreckte ein Dekret vor allem die Hansestädte: Seit dem 21. November dieses Jahres hatte er über die Britischen Inseln den Blockadezustand verhängt und den Handel mit England verboten. In Hamburg, Lübeck, Bremen und Rostock verhalf den Kaufleuten ein Blick in ihr Hauptbuch zu patriotischen Gefühlen, und nach anfänglichem Murren formierte sich sogar Widerstand. Männer fanden plötzlich Gehör, die bereits vor Jahren deutsches Heil in deutscher Vorzeit suchten und nun die französische Besatzung mit der römischen Fremdherrschaft verglichen. Die Uniformen und römisch anmutenden Feldzeichen der Eroberer bekräftigten den historischen Bezug, und so war es ein leichtes, vor allem der Jugend die Helden der Vorzeit Germaniens vor Augen zu halten und nach einem deutschen Messias zu rufen, einen Cheruskerfürsten, der dem neuen Varus Einhalt gebot.

Während auf den Straßen Berlins die französischen Soldaten exerzierten, hielt im Winter 1808 Johann Gottlieb Fichte seine *Reden an die Deutsche Nation,* mit denen er allen Deutschen ein Volk und Vaterland zu stiften trachtete. Sein künftiges Vaterland sollte, *als Träger und Unterpfand der irdischen Ewigkeit und als dasjenige, was hienieden ewig sein kann, weit über den Staat im gewöhnlichen Sinne des Wortes und über die gesellschaftliche Ordnung hinausliegen.* Der Staat als Sachwalter des Rechts, als Hüter des inneren Friedens und schließlich als Förderer der fleißigen, strebenden Bürger, die ihren Unterhalt erwerben, das war für Fichte nur *Mittel, Bedingung und Gerüst dessen, was die Vaterlandsliebe eigentlich will. Die Vaterlandsliebe soll den Staat regieren, indem sie ihn beschränkt in der Wahl der Mittel für seinen nächsten Zweck, den innerlichen Frieden und sodann einen höheren Zweck setzt, denn den gewöhnlichen der Erhaltung des inneren Friedens, des Eigentums, der persönlichen Freiheit, des Lebens und des Wohlergehens aller.*

Der höhere Zweck war für Fichte die Bildung eines Volksheeres, einer bewaffneten Macht, *sie ist die Verheißung eines Lebens auch hienieden über die Dauer des Lebens hienieden hinaus.* Wo wirklich regiert wurde, wo bestanden wurde, da waren ernsthafte Kämpfe, wo Siege gegen gewaltigen Widerstand errungen wurden, *da ist* es *jene Verheißung ewigen Lebens gewesen, die da regierte und kämpfte und siegte.* Um diesem neuen nebulösen bürgerlichen Vaterland Gestalt zu verleihen, reklamierte auch Fichte für das deutsche Volk Frühzeitgeschichte, *unsere ältesten gemeinsamen Vorfahren, das Stammvolk der neuen Bildung, die von den Römern Germanier genannten Deutschen,* von denen die Altertumsforscher jener Zeit glaubten, daß sie ein freies Volk mit urdemokratischen Strukturen gewesen wären. So wie die Franzosen mit ihrer feinen Bildung und Kultur die deutsche Nation verdorben hatten, so hatten auch in der Frühzeit die Römer mit ihrer Zivilisation die Germanen zu verweichlichen gesucht. Doch die Germanen zogen die Freiheit vor, denn *Sklaverei hießen ihnen alle Segnungen, die ihnen die Römer antrugen, weil sie dabei etwas anderes denn Deutsche, weil sie halbe Römer werden mußten.* Ein echter Deutscher, so forderte Fichte, halte sich an das germanische Vorbild *und sterbe lieber ehe er Römer werde, ein Deutscher könne nur leben um Deutscher zu sein und zu bleiben und die Seinigen zu ebensolchen zu bilden.*

Es war nur ein kleiner Kreis, der die zündenden Reden des Philosophieprofessors hören konnte, und doch zeigten sie Wirkung, zunächst nicht im Volke, sondern vor allem unter der Studentenschaft. Neidvoll blickte sie auf Frankreich, in dessen Grenzen lebte in einem geschlossenen Staatsverband das einig Volk der Franzosen, es war eine Nation mit gleicher Sprache und Religion, geführt von einem mächtigen Kaiser, der die Nation zur ersten Macht Europas erhoben hatte. Im verhängnisvollen Schicksalsjahr 1806 hatte der Korse das Heilige Römische Reich Deutscher Nation zerschlagen, ein Reich, das durch die wohlerworbenen Erbschaftsrechte deutscher Fürsten von der Maas bis an die Memel von der Etsch bis an den Belt gereicht hatte, und in dem auch Völker fremder Zunge und Kulturen beheimatet waren. Vom neuen Nationalgeist geleitet, sah sich der Bürger als Erbe dieser fürstlichen Rechte, und so schwärmte man von einem großen Deutschland und einem wiedererstehenden Hermann, der endlich Germaniens Stämme eine.

Die Mehrheit freilich duckte sich unter den Besatzern oder buhlte um des Korsen Gunst, erlag seinem Charme und nahm dankbar seine Huld entgegen. Anläßlich des Erfurter Fürstentages hatte Napoleon die deutschen Geistesgrößen zu Audienz befohlen, unter anderem auch den greisen Wieland, dem wohl in dem Moment, da er vor dem Eroberer stand, das unwürdige Verhalten seiner Dichterkollegen aufgefallen war und der Napoleon deshalb an Tacitus erinnerte. Der geniale und gebildete Kaiser wußte sogleich, worauf Wieland hinauswollte, und erinnerte den Deutschen daran, daß historische Zweifel an der Glaubwürdigkeit des römischen Chronisten angebracht seien. *Vielleicht,* so entgegnete Wieland, *finden Sie Tacitus Griffel wahrhafter, wenn er die Tugenden unserer Vorfahren, der tapferen Germanen, schildert.* Doch der Kaiser hatte gerade das Treffen mit den verzagten und demoralisierten deutschen Fürsten verlassen. Spottend entgegnete er: *Bah, Tugenden der Germanen! Er hat sie erfunden. Sehen sie sich doch ihre Landsleute näher an, Oh diese tugendhaften, tapfren Germanen.* Der belesene Kaiser wußte die fragwürdige Quelle richtig zu werten, doch für die deutsche nationalistische bürgerliche Aufbruchbewegung war Tacitus in diesen Jahren der Schmach Labsal für die tiefgekränkte Seele.

An diese Zeit erinnernd, schrieb Jacob Grimm Jahre später: *Durch dieses Römers unsterbliche Schrift, war Morgenrot in die Geschichte Deutschlands gestellt worden, um das uns andere Völker zu beneiden haben.* Aus dem Germanenkult ließ sich aus tiefer Wurzel eine Nation bilden, ja weit über die deutschen Grenzen hinaus Deutschtum reklamieren, um sogar die Skandinavier, so Fichte, *mehr als Deutsche anzusehen.* Aus Mythen und Legenden stiftete sich das bis dahin geschichtslose Kleinbürgertum jenes eigentümliche deutsche Nationalbewußtsein, das sich nicht an den Ruhmestaten der verhaßten, nur um die Ehre ihres Hauses besorgten Feudalherren orientierte, sondern aus dem kunstvollen Konstrukt phantastischer Vorzeitahnungen bildete. *Nicht das Historische, sondern das Metaphysische macht selig,* verkündete Johann Gottlieb Fichte.

Die Feudalherrn verlangten von ihren Untertanen keine Liebe zum Vaterland, ihnen genügte die Treue zum angestammten Fürstenhaus, dem jeder Stand an seinem vorherbestimmten Platz zu dienen hatte, so wie es im »Allgemeinen preußischen Landrecht« festgeschrieben war: *Die Rechte der Menschen entstehen durch seine Geburt, durch seinen Stand und durch Handlungen und Begebenheiten, mit welchem die Gesetze eine bestimmte Wirkung verbunden haben ...* In kleine Lebens- und Arbeitswelten mit einem eigenen Recht eingebunden, hatte ein jeder seine Pflicht zu tun und der Obrigkeit gehorsam zu sein. Der Lebenskreis endete an der Grenze der jeweiligen Berufswelt. In diese Enge hatte man sich einschließen lassen, soziale Konflikte durch neidverhindernde Regeln der Gemeinschaft weitgehend ausgeschlossen und durch die strengen Normen des ständischen Zusammenlebens, sich nach draußen abschirmend, vor Fremden zu schützen gewußt. In den mittelalterlichen Städten hatte sich der Begriff *patriota* herausgebildet, mit dem die Stadtgeborenen von den nicht zur Gemeinschaft gehörenden *peregrini* geschieden wurden. Nur den Eingeborenen gewährte die Gemeinschaft die Segnungen des Rechts und soziale Sicherheit und verlangte als Gegenleistung einen Beitrag zur Verteidigung des Gemeinwesens.

Aus diesem Gefängnis hatten sich zunächst die Jünglinge des kleinbürgerlichen Aufbruchs zu befreien versucht, wollten Weltbürger sein, zeigten Sympathie für das sich selbst befreiende Amerika, für die Revolution in Frankreich und jetzt für den mächtigen Napoleon. Nun, da deutlich geworden war, daß die fremden Herren neue Fronherren waren, formierte sich zaghafter Widerstand, erinnerte man sich an Tacitus und an die mittelalterliche, mit Bürgerrechten verknüpften *patriota* und forderte fortan von jedem Deutschen einen fremdenhassenden Patriotismus. Ausdruck dieser patriotischen Vaterlandsliebe sollte die Wehrbereitschaft sein, eine allgemeine Volksbewaffnung, mit der auch die Gewährung bürgerlicher Freiheit einhergehen sollte. Der Enthusiasmus für diese hehren Ziele beschränkte sich auf eine kleine Zahl bürgerlicher Intellektueller, Fichtes flammende Reden waren vor einem kleinen Kreis gehalten, und die zündenden Worte des Philosophen Henrik Steffens erreichten nur wenige Breslauer Studenten.

Zwar hegten die Bürger eine tief verwurzelte Abneigung gegen das Adelsmilitär, doch es gab auch eine bürgerliche Tradition der Wehrhaftigkeit: Die städtischen Bürgerwehren, zünftisch organisiert mit der Verteidigung des Gemeinwesens betraut, waren zugleich Ausdruck städtischer Bürgerfreiheit. Der absolute Staat hatte diese Stadtsoldaten überflüssig gemacht, der Schutz des Landes und der Städte oblag dem Landesherrn, und so waren diese kleinen Stadtarmeen ein Haufen von Possenreißern, die nach ihren sonntäglichen Übungen vor der Stadt vor allem die Maßkrüge kühlen Bieres kreisen ließen und die Bewohner der Stadt belustigten, wenn sie voll des Gerstensaftes durch die Gassen torkelten und trunkenen Unsinn trieben. Aber auch die Armee der Landesherrschaft hatte eine bürgerliche Seite, die Genietruppen und die Artillerie bestanden aus Handwerkern, ihre Uniformen waren schmucklos und schlicht, und die Offiziere waren bürgerlicher Herkunft. So sehr auch die Bedeutung der Artillerie wuchs, die als *Bumsköpfe* Geschmähten blieben mißachtet, weil die verheerende Wirkung ihrer Waffe als unritterlich galt.

Anders in der Revolutionsarmee Frankreichs, wo der Ingenieuroffizier Lazare Carnot, Kriegsminister der Jakobiner, das Szenarium des modernen Krieges entworfen hatte. Mit der Volksbewaffnung waren die Menschen zum Material geworden, die allgemeine Wehrpflicht schenkte dem planenden Strategen Massen von Soldaten, über deren Einsatz, fern der Front in Paris entschieden wurde. Im Büro des Kriegsministers erarbeiteten die Fachleute an Hand der einlaufenden Meldungen und über Karten gebeugt die Schlachtpläne. Vom Schrecken der Schlachten unberührt, wurde das Menschenmaterial nüchtern und effektiv eingesetzt, das Potential des Feindes einer realistischen Prüfung unterzogen und entsprechend der Stärke des Gegners den Truppenführern die gebotenen Befehle erteilt. Den Massenheeren war fortan die Artillerie entgegengestellt, deren Feuerkraft der Ingenieur Carnot ständig erhöhen ließ und deren verheerende Wirkung den Ausgang der Schlachten entschied. Dem hatten die feudalen Armeen des alten Europa nichts entgegenzusetzen.

An vorausehenden Warnungen hatte es nicht gefehlt, bereits im ersten Jahr seiner Regierung hatte 1797 Friedrich Wilhelm III. von Preußen den Verfall der Armee beklagt und Heeresreformvorschläge angemahnt, Oberstleutnant von Lecoq hatte damals eine Nationalarmee gefordert und eine bessere Truppenversorgung verlangt. Auch der Soldat sollte ein Bürger des Landes sein. Noch weiter ging sogar die Denkschrift des als erzkonservativ berüchtigten Generaladjutanten Major von Knesebeck, der sogar eine Volksmiliz forderte, ein Vorschlag, der in den Ohren der alten Militärs nach Revoluzzertum klang, doch beim König Interesse fand. Für diese Volksarmee sei Voraussetzung, *die öffentliche Meinung* zu gewinnen und vor allem in der Jugend einen patriotischen Geist zu wecken, um damit die Wehrfreudigkeit zu befördern. Doch die Zeit war für derartige Reformen nicht reif, noch wehrten sich die greisen Generale gegen das keimende Jakobinertum und begrüßten das Gutachten der Immidiats-Kommission, in dem zu lesen war, daß *die preußische Militärverfassung und Staatswirtschaft ein ehrwürdiges Original ist, rührt man ein Glied an, so erhält die lange Kette einen Schlag.*

Nun rächten sich die Versäumnisse, mit dem Frieden von Tilsit lag Preußen gedemütigt am Boden. Die Kräfte des Widerstandes sammelten sich im *Tugendbund,* der umfassende Reformen des Staates und des Militärs erarbeitete, bald aber vom französischen Geheimdienst entdeckt und auf Betreiben der Besatzer vom König verboten wurde.

Die Auflösung des Vereins verstärkte den Willen zur Tat eines jeden einzelnen an seinem Platz. Gegner waren nicht allein die Fremdherrscher, sondern auch jene Kräfte im eigenen Land, die lieber die Besatzung ertrugen, als demokratische Zugeständnisse zuzulassen. Zwischen den widerstreitenden Parteien stand der König, von den einen als Zauderer und zuweilen als Feigling, von den anderen als zu nachgiebig und reformistisch geschmäht. Doch was wie Unentschlossenheit anmutete, war in Wahrheit die realistische Einschätzung der Machtverhältnisse. Die komplizierten unterschiedlichen Interessen der europäischen Mächte mußten zunächst mit diplomatischen Mitteln eruiert werden. Die altständischen reformfeindlichen Kräfte, die für den Erhalt ihrer alten Privilegien auch mit dem Teufel paktiert hätten, mußten beschwichtigt und die Heißsporne, die ohne Aussicht auf Erfolg nach blutiger Schlacht riefen, zurückgehalten werden. Der König war kein Volkstribun, der blumige Zukunftsversprechungen machen, der sinnlose Opfer verlangen konnte und der schließlich leichtfertig seinen Thron aufs Spiel setzen durfte. Vabanque zu spielen war eines königlichen Herrschers unwürdig. Mit dieser Haltung war freilich unsterblicher Ruhm nicht zu erwerben.

Das Volk pflegt strahlende Helden auf Schlachtrössern zu verehren, und Studenten und Intellektuelle ersehnten den messianischen Cheruskerfürsten, der Deutschlands Stämme einte. Friedrich Wilhelm III. zog es vor, ein unprätentiöser Herrscher zu sein, gerade in den Stunden der Schmach einen kühlen Kopf zu bewahren und auf die Gunst des Schicksals zu warten. Noch hatten die Diplomaten genug Möglichkeiten zum Handeln, schließlich waren die mächtigen europäischen Vettern noch unbesiegt und angesichts der Bedrohung zur Allianz gezwungen. Der Fall des Husarenoffiziers Schill hatte es gezeigt – vor Gott und den Menschen war ein sinnloses Blutopfer nicht zu verantworten.

Die Hoffnung Preußens war in diesen Tagen der Schulterschluß mit Österreich und Rußland, doch zunächst mußte im stillen die Stunde der Befreiung vorbereitet werden. In dieser Zeit erhielten die Reformer das Vertrauen des Königs, freilich mit der Einschränkung, daß die Umwandlung des Staates nicht die diplomatischen Bemühungen der Staatsmänner gefährdete. Bürgerliche Freiheiten wurden gestärkt, die Selbstverwaltung der Städte und Gemeinden, die Ernennung bürgerlicher Minister wie der »sackgrobe« Minister Sack, der durch seine undiplomatischen Grobheiten mehr Schaden anrichtete als Nutzen stiftete, und Karl Friedrich Beyme, der mit schleimig-devoter Unterwürfigkeit den Hof mit einem Netz grob gesponnener Intrigen beunruhigte. Als er schließlich das Gerücht verbreitete, ausgerechnet der Freiherr vom Stein kollaboriere mit den Franzosen gegen den König, sah sich Friedrich Wilhelm gezwungen, den Mann zu entlassen. Nach leidvollen Erfahrungen zog es der König vor, die bürgerlichen Räte nur noch mit untergeordneten Aufgaben zu betrauen und die wichtige Reformarbeit erfahrenen Männern seines Vertrauens zu überantworten.

Geburt des Nationalismus
Völkerhaß

Es waren vor allem die Studenten, die dem Freiheitsruf folgten und begeistert zu den Waffen gegen die französischen Eindringlinge eilten. Aber auch Dichter und junge Intellektuelle wie der Dramaturg am Burgtheater in Wien, Theodor Körner, der als gehorsamer Sohn seinem Vater seine patriotischen Gefühle brieflich darlegte und zugleich um die Erlaubnis bat, in die Reihen der Freiheitskämpfer einrücken zu dürfen. Der alte Körner, der treue Freund Schillers, mußte nicht zum Patriotismus bekehrt werden, in seinem Hause verkehrten der Reichsfreiherr vom Stein und Ernst Moritz Arndt, die in kleinem Zirkel von den großen Plänen für Deutschlands Erneuerung flammend gesprochen hatten. Anfang April traf Theodor Körner als Lützower Jäger im elterlichen Hause ein und fand dort die begeisterten Freunde des Vaters versammelt, die den jungen Krieger beglückwünschten und mit hehren Worten ermunterten, am Freiheitswerk mitzuwirken.

Auch Goethe erschien im Körnerschen Haus, doch *der große Mann,* so berichtete Ernst Moritz Arndt, *machte keinen erfreulichen Eindruck. Ihm wars beklommen und er hatte weder Hoffnung noch Freude an den neuen Dingen.* Goethe hatte längst für Napoleon Partei ergriffen, die Naturgewalt, die er bewunderte. Im übrigen mißtraute er vom Haß motivierten Volkserhebungen. In diesem Punkt wußte er sich mit den reaktionären Adeligen einig, die lieber mit dem Feind kollaborierten, als der Volksbewaffnung zuzustimmen. Sie vereinten sich in dem nach dem niederländischen Gesandten Perponcher benannten *Perponcherclub,* um dem *Nattergezücht der Reformer Tod und Verderben zu bereiten.* Ein besonderes Ärgernis war ihnen das Lützower Freicorps, in dem auch Nichtpreußen dienen konnten, eine Freischar, die nach Revolution roch und ungute Erinnerungen an französische Vorbilder weckte. In den Reihen des Freicorps fanden sich wenige Soldaten, sondern Studenten und Freigeister, die sich ihre Offiziere demokratisch wählen durften. Es war ein bürgerlicher Heerhaufen, der den Vorstellungen vom preußischen Soldatentum nicht entsprach und tatsächlich militärisch bedeutungslos blieb. Die kleine Truppe von Freiwilligen Jägern zu Fuß und zu Pferde war während des gesamten Freiheitskampfes vor allem mit der Anwerbung beschäftigt und hatte erhebliche organisatorische und disziplinarische Schwierigkeiten. Die militärischen Mängel wurden von der Begeisterung aufgewogen, die der Schiller-Epigone Körner mit einem neuen Sturm und Drang verglich. Seinem Freund Förster, den er ungefragt in die Stammrolle der Lützower eingetragen hatte, schrieb er: *Nirgends in der Welt findest Du solche Gesellen beisammen, als bei unserer schwarzen Schar. Das Corps zählt schon* 1000 *Mann – ein Wallensteinisches Lager – zusammengeschneit aus aller Herren Länder sind wir, das ist wahr. Auch fehlt es nicht an lustigen Brüdern, da alle Universitäten uns ihre flottesten Burschen geliefert haben; allein Rohheit und Gemeinheit sind gebändigt durch die heilige Weihe unseres Berufes ...*

Vorbereitet vom *Tugendbund* und von den Reformern befördert war es gelungen, das Bürgertum für den Soldatenberuf zu begeistern, ja ihn zu einem *heiligen Beruf* zu erheben. In diesen Freiheitskriegen reifte eine deutsch-nationalistische Bewegung, deren Gefahr Napoleon sehr rasch erkannte, zumal er gebildet genug war, die tradierte Franzosenfeindlichkeit des deutschen Bürgertums richtig einzuschätzen. Die Reformer und ihr intellektuelles Umfeld bezeichnete er zu recht als Ideologen. Mit seiner Geheimpolizei war der politische Aufbruch des deutschen Kleinbürgertums längst nicht mehr zu bekämpfen, und seine Erschießungspeletons schufen lediglich Märtyrer. Sein Versuch, die deutschen Geistesgrößen auf seine Seite zu ziehen, zeigte keine Früchte, die Kosmopoliten und Sympathisanten des Kaisers, wie Goethe und Wieland, fanden bei der Jugend kein Gehör mehr. Es empörte sie, daß sich diese einst so großen Männer das Kreuz der Ehrenlegion an die Brust heften ließen.

Die vaterländische deutsche Geschichtsschreibung hat die Befreiungskriege zu einer gewaltigen patriotischen Volkserhebung verklärt, von der sich der König von Preußen nach langem Zaudern habe mitreißen lassen und deren glückliches Ende aus der Solidarität aller Schichten des Landes erwachsen sei. Doch Preußens Glück war es, in dieser Zeit einen besonnenen, die europäischen Machtverhältnisse richtig einschätzenden König gehabt zu haben, der mit kühlem Kopf die Geschicke des Landes lenkte und den Enthusiasmus in ruhige Bahnen zu führen verstand. Von Anbeginn hatte er auf eine europäische Bündnispolitik gesetzt, die Ereignisse hatten ihm recht gegeben, weil er wußte, daß mit einer ungezügelten Volksbegeisterung und schwankendem Volkswillen keine Politik zu gestalten ist. Die singenden und dichtenden Jünglinge hatten zwar der deutschen Nationalgeschichte das schöne Bild einer nationalen Erhebung geschenkt, die Siege hingegen erfochten die regulären Truppen, die militärisch straff organisiert ins Feld geführt wurden und deren Schlagkraft von der Disziplin der Soldaten und dem Handwerk ihrer Truppenführer abhängig war.

Bei jenen Bürgern aber, die wie eh und je den Krieg passiv erduldeten, hielt sich der Patriotismus in Grenzen, sie bejammerten die Kriegslasten und schieden die Soldaten nicht in Freund oder Feind. Als auch das beschauliche Wandsbeck Truppendurchzüge zu erdulden hatte, meldete Matthias Claudius in seinen Briefen an die Verwandten und Freunde nicht den miterlebten siegreichen Fortschritt des Befreiungskrieges, sondern führte kleinmütige Klage über die Beschädigung seines Gartenzauns und lästige Einquartierungen. So sehr die Ideologen auch um die Beförderung eines deutschen Nationalgefühls bemüht waren, der Kreis der Patrioten blieb auf ein kleines Häuflein beschränkt. Erst die Aussichten auf den Sieg, der Machtverlust Napoleons, öffnete die Ohren des Volkes, das nun freudig den Haß auf die Franzosen teilen und in die patriotischen Gesänge einstimmen mochte.

Es war nicht nur die Liebe zum Vaterland, die fortan die Menschen beseelte, sondern, wie einst in den Städten einte nun die deutschen *patriota* der Haß gegen die *peregrini*, die Fremden, die Franzosen. Die junge Deutsche Nation, in den Befreiungskriegen geboren, hatte einen häßlichen, die Zukunft vergiftenden Paten, der nun in den patriotischen Liedern besungen und von den bürgerlichen Gelehrten zur Tugend erhoben wurde: Haß. Ernst Moritz Arndt hatte ihn wissenschaftlich zu begründen versucht und seinem Volk ins Stammbuch geschrieben: *Jedes Volk hat seine Tugenden und Gebrechen, ja wie der Zustand der menschlichen Dinge ist, liegen gewisse Tugenden desselben sogar notwendig gewissen Mängeln ganz nahe. Aber es gibt Stufen und Grade und ich schäme mich nicht, den Glauben zu bekennen, daß das deutsche Volk in der Weltgeschichte mehr bedeutet hat und mehr bedeuten wird als das französische. Im allgemeinen ist die Frage töricht, welches Volk besser sei, weil die Vergleichung gewöhnlich einen lächerlichen Streit der Eitelkeiten ergeben, so wie es töricht ist, wenn ich frage: ist die Eiche besser als der Dornenstrauch, die Diestel als der Rosenstrauch? Aber wie? Wenn es den Disteln einfiele, sich mit den edlen Kindern des Rosenbusches vermählen zu wollen? Wie wenn wir der Rosenbusch wären und die Franzosen die Dieseln? Ich will den Hass gegen die Franzosen nicht bloß für diesen Krieg, ich will ihn für lange Zeit, ich will ihn für immer. Dann werden Deutschlands Grenzen auch ohne künstliche Wehren sicher sein, denn das Volk wird immer einen Vereinigungspunkt haben, sobald die räuberischen Nachbarn überlaufen wollen. Dieser Hass glühe als die Religion des deutschen Volkes, als ein heiliger Wahn in allen Herzen und erhalte uns immer in unserer Treue und Redlichkeit und Tapferkeit.*

Die Nachwelt hatte über die alten reaktionären fritzischen Generale, die Knesebecks und Müfflings nur lachen können und deren Kampf gegen die Reformer mit Don Quichottes Attacken gegen Windmühlenflügel verglichen. Auch den *Perponcherclub* traf die bürgerliche Metapher vom Müllhaufen der Geschichte, aber es waren die schrillen Töne, die maßlosen Haßgesänge, die die Altständischen das Fürchten lehrten. Aus den Niederungen dumpfer Triebe und Minderwertigkeitsgefühle erwuchs die neue deutsche Religion, der heilige Haß zunächst gegen die Franzosen, denen sich in nicht all zu ferner Zeit andere *peregrini* hinzugesellen sollten. Ehrwürdige Professoren hatten der Nation die Erbfeinde gestiftet und die Jugend das Hassen gelehrt.

Von diesem Geist beseelt, spielten die patriotischen Jünglinge *Wallensteins Lager*, begleitete die Leier das Schwert. Theodor Körner schrieb am nächtlichen Biwakfeuer seine vaterländischen Haßgesänge und blutrünstigen Rachelieder, die nicht von der ritterlichen Soldatenehre oder vom Elend des Krieges erzählten, sondern den Tod und die Vernichtung, den heiligen blutigen Volkskrieg feierten, an dessen Ende nicht der Friede, sondern Sieg und Rache stehen sollten. Den germanischen Ahnen verpflichtet, galt es, allem Welschen, dem Fremden den Garaus zu machen und nach einem deutschen Führer, einem Cheruskerfürsten, Ausschau zu halten, der endlich der deutschen Zwietracht ein Ende setzten sollte.

Am Abend des 25. August 1813 hatten die Lützower Quartier auf dem mecklenburgischen Gutshof Gottesgabe bezogen, hier deklamierte Körner sein eben niedergeschriebenes Lied *Du Schwert an meiner Linken, was soll dein heiteres blinken* .... Am nächsten Tag vollendete sich an ihm sein germanisch-deutsches Schicksal, Körner fiel in einem Scharmützel in der Nähe des kleinen mecklenburgischen Landstädtchens Gadebusch, niedergestreckt von einem deutschen Landsmann, der seine soldatische Pflicht in einem Rheinbund-Regiment erfüllte.

Am 19. Oktober 1813 bestätigte sich die hartnäckig verfolgte Politik Friedrich Wilhelms III., die verbündeten Armeen vernichteten in Leipzig die Okkupationstruppen Napoleons. *Zum Ende des Kampfes wurde Leipzig im Sturm genommen,* berichtete unmittelbar nach der Völkerschlacht Blücher seiner Frau: *An meiner Seite drang die russische Infanterie zuerst in die Stadt; an der anderen Seite die braven Pommern. Unsere Monarchen, das heißt der österreichische, der russische Kaiser und unser König haben mir öffentlich auf dem Markte gedankt. Alexander drückte mich ans Herz. Der König von Sachsen (der bis zuletzt napoleontreu geblieben ist, ist hier in Haft genommen).* Den Sieg ausnutzend verfolgten die verbündeten Truppen die Armee des Feindes bis zum Rhein. Napoleons Macht war gebrochen, nur noch 40000 Bewaffnete waren ihm übriggeblieben. Für die Bürger sollte dies die Stunde der Rache sein, sie teilten die Forde-

rung des Marschall Vorwärts nun nachzusetzen *und hinüberzuge-*
hen, wir wollen Brabant und Holland erobern und Napoleon so zu
Paaren treiben, daß er Frieden machen muß. Dies ist mein Vorschlag,
den ich höheren Ortes eingereicht habe. Der Vorschlag wurde abgelehnt; nach Auffassung der Diplomaten bedeutete ein totaler Sieg
nicht Friede, das militärische Ziel war erreicht, nun hatten die Diplomaten das Wort.

Sieg der Vernunft
Ein feudaler Frieden?

Ein Trümmerhaufen war neu zu ordnen, und die gegensätzlichen Interessen der Sieger am Verhandlungstisch einvernehmlich unter *Vet-*
tern zu regeln. In einem Situationsbericht vom Wiener Kongress
schilderte der in russischen Diensten stehende Graf Nostitz seinen
Freunden die verzwickte Lage: *Niemand ist hier zufrieden und auch*
der Zuschauer wünscht diesem Leben ein Ende. Wann und wie dies
aber geschieht, das mag Gott wissen. Es wogen und stürmen tagtäg-
lich neue Gerüchte durch die Stadt, die bald den Krieg und bald den
Frieden posaunen. Rußland will die Kosten des Krieges durch Polen
sich zahlen lassen, Preußen ist beruhigt durch die Freundschaft Ruß-
lands, entsagt auf Südpreußen zugunsten Rußlands, will aber dafür
Sachsen eintauschen. Österreich kämpft dagegen an, es wird unter-
stützt von Frankreich und England. So geht es durcheinander, bis
man das Schwert zieht, oder, was das wahrscheinliche ist, eine Tei-
lung macht. An Krieg glaube ich nicht; aber viel Zunder bleibt liegen
und wird in wenigen Jahren auflodern, Frankreich sieht dem Spuk
gern zu und vermehrt das Gedränge ...
   Die Koalition gegen Napoleon brach nicht auseinander, doch mit
seiner Zukunftsprognose sollte Nostitz recht behalten, die Neugestaltung Europas blieb nur Flickwerk, faule Kompromisse gefährdeten die Zukunft. Vor allem das deutsche Bürgertum sah sich um
seinen Sieg betrogen und empörte sich über den französischen Unterhändler Talleyrand, der zeitweise wie ein Sieger die Verhandlungen beherrschte. Den bürgerlichen Beobachtern blieb unverständlich,
daß zum Beginn der Fürstenversammlung die Diplomatiker das Wort
hatten und in zähen Verhandlungen eine neue feudale Rangordnung
der europäischen Fürstenhäuser festlegten. Bis zum Jahre 1806 stand
das Heilige Römische Reich Deutscher Nation an der Spitze dieser

fürstlichen Hierarchie, doch dieses Reich existierte nicht mehr, Österreich und Frankreich teilten sich künftig diesen Platz, und damit konnten die Bourbonen kaum für die Untaten des Imperators bestraft werden. Mit diesem Pfund konnte Talleyrand wuchern und Frankreichs Niederlage in einen Sieg verwandeln.

Preußen nahm den Platz neun ein, und entsprechend gering war sein Anteil an der Beute. Sachsen durfte seine Unabhängigkeit behalten. Als Siegeslohn sollten die preußischen Untertanen mit demokratischen Reformen beglückt werden. Noch während des Kongresses in Wien unterzeichnete Friedrich Wilhelm III. eine diesbezügliche Kabinettsorder. *Es soll,* so heißt es darin, *eine Vertretung des Volkes gebildet werden, die,* so im Punkt drei, *aus den Provinzialständen gewählt wird und ihren Sitz in Berlin hat.* Weitgehende Rechte versprach der § 4, nach dem *die Wirksamkeit der Landesvertreter sich auf die Beratung über alle Gegenstände der Gesetzgebung erstreckt, welche die persönliche und Eigentumsrechte mit Einschluß der Besteuerung betreffen.* Die Kabinettsorder war ein Versprechen des Königs, so wie die deutsche Bundesakte vom 8. Juni 1815 ein Versprechen der Fürsten war, das untergegangene Reich der Deutschen wiedererstehen zu lassen.

An einem landesväterlichen Wort, so erwarteten die Landeskinder, war nicht zu rütteln, und so drängte das Volk auf Erfüllung des Versprechens. Und in der Tat, die Kabinettsorder war unüberlegt und voreilig den Bürgern mitgeteilt worden, zumal der König von Preußen und seine deutschen Vettern wußten, daß die innenpolitischen Entwicklungen und vor allem die deutsche Einheit auch Interessen der übrigen europäischen Mächte tangierten. Es hatte größerer diplomatischer Mühen bedurft, bezüglich der erstrebten Reichseinheit einen sowohl den egoistischen Bestrebungen der Territorialfürsten, als auch den mitbestimmenden Nachbarmonarchien genehmen Kompromiß zu finden. Die vorgelegte Bundesakte, mit der sich *die souveränen Fürsten und freien Städte Deutschlands im Deutschen Bund vereinten,* entsprach nicht dem Reich, das sich die intellektuellen Bürger gewünscht hatten. Die deutschen Staaten befestigten ihre Souveränität und waren lediglich bereit, landständische Verfassungen zu gewähren, untereinander Frieden zu halten und militärisch zusammenzuarbeiten.

Das Murren der Bürger offenbarte auch politische Unreife, die komplizierten Verhandlungen in Wien betrachteten sie nicht als filigranes Netzwerk einer diffizilen europäischen Friedenspolitik, sondern als Fürstenwillkür zur Erhaltung der feudalen Macht. Der Sieg über den Korsen im Herzen des deutschen Vaterlandes hatte im Bewußtsein der Nation vor allem die Deutschen mit dem Siegeslorbeer gekrönt, historisch ungebildet, vermochten sie nicht die Bedeutung des mächtigen Rußland einzuschätzen, so wie sie nicht begriffen, daß die nationalistischen Töne das Mißfallen der Nachbarn erregten. An deutschen Biertischen tönte lautstarkes Teutonentum gegen den *Franzmann* und das despotische Zarentum, während die preußische Regierung als unabdingbare Voraussetzung der nationalen Sicherheit ein festes Bündnis mit Österreich und Rußland anstrebte.

Fundament des Bündnisses war der gemeinsame heilige Wille, die alte feudale Ordnung zu erhalten, niemals wieder den Antichristen zur Herrschaft gelangen und keinen blutigen Nationalismus keimen zu lassen. Am 26. September 1815 vereinbarten der Kaiser von Österreich, der russische Zar und der preußische König eine Heilige Allianz und schrieben in einem Vertrag fest, daß *gemäß den Worten der Heiligen Schrift, die allen Menschen befiehlt sich als Brüder zu betrachten, die drei Monarchen durch die Bande einer wahren und unauflöslichen Brüderlichkeit sich verbunden bleiben und sich als Mitbürger eines Landes betrachten.*

Ein Schrei chauvinistischer Empörung hallte durch die deutschen Lande, erhofft hatte man sich ein freies souveränes Deutsches Reich, fremde Herrscher, vor allem der russische Despotenzar, sollten fortan Mitbürger sein, ja Mitherrscher, denen es gestattet sein sollte, auch auf die Innenpolitik Einfluß zu nehmen. Im Gebälk des altehrwürdigen Feudalstaates ächzte es, Professoren und akademische Jugend wollten den Wortbruch des Königs nicht hinnehmen und zumindest in ihrem Lebenskreis Zeichen für die deutsche Reichseinheit setzen.

Die jungen Teutonen
Das ganze Deutschland soll es sein

Ausdruck des deutschen Partikularismus an den Universitäten waren die gesetzlich vorgeschriebenen Landsmannschaften, Zusammenschlüsse der Studierenden, getrennt nach Ländern und Provinzen, ähnlich den Zünften mit eigenen korporativen Regelungen und unter der Leitung landesherrschaftlich anerkannter Vorsteher. Angeregt durch das Freimaurerwesen des 18. Jahrhunderts, bildeten sich innerhalb dieser Landsmannschaften hermetische Gesellschaften, Orden, die das gesellige Leben in geheimnisvolle Rituale einbanden, Sitte und Brauch für das Saufen, Lieben, Fechten und Prügeln stifteten. Daraus entstanden schließlich provinzielle *Corps* und *Kränzchen*, die ihre Zweikämpfe und Trinkgelage einer strengen Ordnung unterwarfen. Diese landsmannschaftlichte Provinzialität sollte beispielhaft überwunden und die deutsche Einheit zumindest unter der deutschen Jugend verwirklicht werden.

Im Jahre 1815 gründeten in Jena vor allem aus dem Befreiungskriegen heimgekehrte Studenten die erste deutsche Burschenschaft, in der sich Jünglinge aller deutschen Stämme vereinten. Gemeinsam wollte man während und nach der Studienzeit vaterländisch-patriotischen Geist pflegen, der sinnlosen Raufereien, Saufgelage und Rüpeleien entsagen und der Vaterlandsliebe in einem festen Zeremoniell Ausdruck verleihen. Ähnliche Verbindungen entstanden bald in Heidelberg, Halle und Gießen, bis schließlich anläßlich des vierten Jahrestages der Völkerschlacht bei Leipzig, am 18. Oktober 1817, etwa 500 Burschenschaftler aus allen Gauen Deutschlands sich auf der Wartburg zu einem ersten Treffen vereinen konnten. Die protestantische Obrigkeit hatte den Untertanen eine 300 Jahrfeier zu Ehren der Reformation verordnet, der die Burschenschaftler eine weltliche Attitüde hinzusetzten, indem sie des *kerndeutschen Luther* gedachten, aber die zelebrierte protestantische Frömmigkeit nicht teilten.

Im Minnesängersaal der ehrwürdigen Wartburg ergriff der Studiosus Karl Riemann das Wort: *Zum vierten Male,* so rief er, *werden heute die Freudenfeuer gen Himmel lodern, uns zu erinnern an das Geschehen und zu mahnen an die Zukunft. Das deutsche Volk hat schöne Hoffnungen gefaßt, sie sind alle vereitelt. Alles ist anders gekommen, als wir erwartet haben.* Nachdem Riemann weitere Klage geführt und die Kleinmütigen angeprangert hatte, ließ er die deutliche Drohung folgen: *Nun frage ich euch, die ihr hier versammelt seid, die ihr einst des Volkes Lehrer, Vertreter, Richter werdet, auf die das Vaterland seine Hoffnungen setzt, ob ihr solcher Gesinnung bestimmt? Nein, nun und nimmermehr. Der Geist, der uns hier zusammengeführt, soll uns leiten durch unser ganzes Leben, daß wir alle Brüder, alle Söhne eines und desselben Vaterlandes, eine eherne Mauer bilden gegen jegliche innere und äußere Feinde dieses Vaterlandes, daß uns in offener Schlacht der brüderliche Tod nicht schrecken soll, wenn der Eroberer droht, daß uns nicht blenden soll der Glanz des Herrscherthrons, zu reden das starke freie Wort, wenn es Wahrheit und Recht gilt.*

Als die Dunkelheit sich über die Wartburg senkte, entzündeten die Jünglinge die Freuden- und Mahnfeuer. An die Flammen traten nach und nach weitere Redner, die nun kühner und radikaler nach Bürgerfreiheit verlangten. Endlich verbrannten sie als Symbol des überlebten Feudalismus Zopf, Schnürbrust und einen Korporalstock. Als Höhepunkt aber setzten sie den von den Hainbündlern gestifteten deutschen Brauch des Bücherverbrennens fort und ließen die Werke von Kotzebue, Schmalz und Albrecht von Haller von den Flammen verschlingen. Unter dem Gejohle der Menge verzehrte das Feuer diese undeutschen Autoren.

Kotzebue, den russischen Staatsrat, der als vaterlandsloser Geselle geschmäht wurde, Theodor Anton Heinrich Schmalz, der in seiner kleinen politischen Schrift *Berichtigung einer Strecke in der venturinischen Chronik für das Jahr 1808* den *Tugendbund* beleidigt und angeblich die Opfer der Befreiungskriege verhöhnt hatte. Besonderen Zorn hatte Haller auf sich gezogen, der in der gelehrten Abhandlung *Restauration der Staatswissenschaften* die reaktionäre Auffassung vertrat, daß der Staat ursprünglich ein Verein von Grundeigentümern war, nach deren Bedürfnissen alle Einrichtungen bemessen gewesen seien. Den achtbaren Kern eines Volkes hätten diese Besitzenden gebildet, während die große Masse der hinzutretenden nichtansässigen Besitzlosen das alte System in Unordnung brachte. Ziel sollte es nach Haller sein, die alte Ordnung wiederherzustellen. Die Germanenverehrer vertraten dagegen die Auffassung vom Gesamteigentum des Volkes, das durch die Feudalordnung widerrechtlich in den Besitz des Adels gelangt wäre.

Es waren nur einige wenige, die auf der Wartburg das neue Deutsche Reich der Bürger beschworen, doch rasch verbreitete sich die Kunde vom politischen Aufbruch des intellektuellen Deutschland und beunruhigte die sensibilisierte Obrigkeit, die sogleich revolutionäre Umtriebe konstatierte.

Die Begründung des *Staates auf Volksgewalt und Alleinherrschaft der Idee des materiellen Gemeinwohls* mißbilligte auch der zeitgenössische Historiker Karl Adolf Menzel, der vor allem den unwissenschaftlichen Umgang mit der deutschen Geschichte bemängelte und in dem Streben *Deutschland zu einem Reiche mit neuthümlicher Verfassung und alterthümlicher Benennung zu gestalten* mit Skepsis betrachtete. Auch Menzel forderte Reformen, doch entsprechend der *Sinnesart des deutschen Volkes auf ruhigem Gehorsam und einträglichem Erwerb begründet und in gebahnten Wegen voranschreitend.*

Mit prophetischer Weitsicht sah er in der ahistorischen Germanen- und Mittelalterromantik eine verhängnisvolle nationalistische Frucht reifen, die aus Fichtes deutscher Philosophie gekeimt war, *nach welcher alles scheinbar Wirkliche nur ein Erzeugnis unserer Thätigkeit ist und das Ich durch sein Denken die Welt außer sich schafft.* Dieser in nationalistische Bahnen gelenkte Gedanke wurde zudem, so Menzel, *mit der inzwischen eingetretenen Liebhaberei in alt- und mitteldeutsche Geschichte und Literatur verwoben, die aber nur Geburten einer verdorbenen Einbildungskraft waren und der Realität der Zeit nicht entsprachen und als Träger der neudeutschen Welt und Staatsschöpfung ungeeignet waren.*

Eine Gesundung des Staates an Haupt und Gliedern war nicht nur das Anliegen bürgerlicher Heißsporne, schließlich hatten sich aus allen Schichten des Volkes reformwillige Menschen einst im *Tugendbund* versammelt, der nach seiner Zwangsauflösung eine Nachfolge im *Charlottenburger Verein* gefunden hatte, aus dem sich schließlich der *Deutsche Bund* gründete. Mit der Verhaftung des führenden Mitglieds Staatsrat Gruner durch die französische Geheimpolizei in Prag mußten sich die patriotischen Vereine auflösen, bis endlich, nach der Befreiung, in Usingen die *Deutschen Gesellschaften* ins Leben gerufen wurden, die sich zum Ziel gesetzt hatten, für die deutsche Einheit und für ein demokratisches Parlament zu wirken. Erbitterter Feind dieser Vereinigung war der Geheime Rat Schmalz, der ein Verbot durch die Regierung bewirken konnte.

Auch etablierte Bürger hatten sich den Forderungen nach politischer Emanzipation angeschlossen. Von den Versprechungen der Fürsten war bis auf die erneute Bestätigung der allgemeinen Wehrpflicht nichts übrig geblieben und selbst das Begehren nach einer *festeren Verbindung der deutschen Völkerschaften, damit diese in Krieg und Frieden Größeres zu leisten vermöchten,* blieb ungehört. Der bürgerliche Unmut wurde freilich nicht auf die Straße getragen, schließlich waren die deutschen Freiheitsapostel Männer der Bildung, Gelehrte, die den neuen Geist in Almanachen und Traktaten verbreiteten und sich nicht mit Eckenstehern und Randalierern gemein machen wollten. Der Unmut richtete sich gegen den preußischen König, der es freilich unterließ, die außenpolitische Konstellation nach dem Wiener Kongress darzulegen und seine Landeskinder darüber aufzuklären, daß die Einheit Deutschlands von den Fürsten Europas abhängig war. Europa hatte sich in Wien neu geordnet, jede Veränderung der Machtverhältnisse bedeutete Krieg. In einer Kabinettsorder versuchte der König von Preußen, die Gemüter zu beruhigen, indem er darauf verwies, daß *weder im Erlass vom 22. Mai 1815, noch im Artikel 13 der Bundesakte eine Zeit bestimmt ist, wann die landständische Verfassung eintreten soll,* und, *nicht jede Zeit die rechte ist eine Veränderung einzuführen.* Daß er ohne Mitwirkung seiner fürstlichen Vettern keine Reformen durchführen konnte, verschwieg er und beförderte damit einen noch größeren Unmut, der auch durch die Erneuerung seines Versprechens, eine Verfassung zu gewähren, nicht gemildert wurde. *Wer den Landesherrn an diese Zusicherung erinnert,* so ließ der König verlautbaren, *die er in freier Entschließung gab, zweifelt freventlich an der Unverbrüchlichkeit seiner Zusage und greift seinem Urteile über die rechte Zeit der Einführung dieser Verfassung vor. Ich werde bestimmen, wann die Zusage einer landständischen Verfassung in Erfüllung gehen soll und mich durch unzeitige Vorstellungen im richtigen Fortschreiten zu diesem Ziel nicht übereilen lassen. Der Untertanen Pflicht ist es, im Vertrauen auf meine freie Entschließung den Zeitpunkt abzuwarten ...*

Mehr konnte freilich Friedrich Wilhelm III. nicht tun, hätte er seinen Untertanen die Gründe seines Zögerns mitgeteilt, nämlich die zuvor notwendigen Konsultationen mit den Nachbarn erklärt, die Heißsporne hätten es nicht verstanden oder Diplomatenränke vermutet.

Nieder mit der Reaktion
Jugendgewalt

Der großen Menge der Deutschen war die Wiederherstellung des deutschen Reiches mit einem Deutschen Kaiser allerdings ziemlich gleichgültig. Ihnen genügte ihr Landesfürst und dessen Familie, an deren Geschick man teil hatte, der gewissermaßen in der Nachbarschaft lebte, dessen man zuweilen ansichtig wurde und dem man sogar letztinstanzliche Bittgesuche überreichen durfte. Niemals wären die Landeskinder zu bewegen gewesen, die Herrschaft gewalttätig zu bedrängen, und selbst die demokratischen Eiferer wagten es nicht, die Fürsten zu nötigen. Der Unmut und Haß gegen das Abgelebte richtete sich gegen jene bürgerlichen Verräter, Fürstenknechte, die gegen die neue Zeit opponierten oder sich als Ultramontane über die Deutschtümelei lustig machten.

Vor allem war es der Urweimarer August Friedrich Ferdinand Kotzebue, der Opfer dieses Stellvertreterkrieges wurde. Die zeitgenössische Literaturkritik wollte in ihm und Jean Paul das humoristische Genre der deutschen Dichtung personifiziert sehen – eine Schmähung, denn Humor sollte aus einer ernsthaften Literatur verbannt sein. Ein deutscher Dichter hatte keinen Humor zu haben, zumal damit meist Unanständiges verbunden war. Insbesondere Kotzebues Stücke waren wegen ihrer *Frivolität einem gebildeten Publikum nicht zu empfehlen.* Auch sein abenteuerlicher Lebensweg ließ strebenden Sinn vermissen und Flatterhaftigkeit vermuten.

Als Advokat war Kotzebue wirtschaftlich unabhängig, zudem hatte er ausgezeichnete Beziehungen zur preußischen Ministerialadministration. Auf Empfehlung des preußischen Gesandten trat er in russische Dienste und wurde schließlich, noch keine 24 Jahre alt, Präsident des Gouvernementmagistrats der Provinz Estland, womit er nach russischem Brauch *ex officio* geadelt war. Der Posten ließ sich jedoch nicht mit seinem unruhigen Geist verbinden, er bat um Entlassung, um sich auf sein Gut zurückziehen zu können. Hier schrieb er in nur drei Jahren mehr als zwanzig Schauspiele. Des Landlebens überdrüssig, trat er eine Reise nach Paris an, anschließend besuchte er Wien, wo er eine Anstellung als Hoftheaterdichter fand. Auch in Wien war der Weimarer Dichterkreis in aller Munde, und so drängte es den Poeten, in der Hoffnung am Ruhm der Stadt partizipieren zu können, in seine Vaterstadt zurückzukehren. Die Aufnahme in Weimar war jedoch enttäuschend, man mochte ihn nicht, und folglich kehrte er nach Rußland zurück. Bereits an der Grenze wurde er verhaftet und sogleich nach Sibirien deportiert. Im Heer der namenlosen Sträflinge wäre er wohl bald vergessen und elend untergegangen, doch wieder einmal wendete sich sein Schicksal, indem er dem jungen, ihm wohlgesonnenen Russen Krasnopulski begegnete, dem er sein kleines Drama *Der Leibkutscher Peter des Großen* zeigte, und der das Stück dem Zaren vorlegte. Der Zar war von dem Stück begeistert, hob unverzüglich die Verbannung auf und ernannte Kotzebue zum Direktor des *Deutschen Theaters.*

Als der huldvolle Zar starb, zog es den Dichter abermals nach Weimar, doch so sehr er dort auch um die Freundschaft Goethes warb, sie blieb ihm verwehrt, ja mehr noch, er hatte sich den Unmut des großen Mannes zugezogen und war damit aus dem Kreis der Eingeweihten verbannt. Wieder einmal begab er sich auf Reisen, diesmal nach Berlin, wo er mit Garlieb Merkel in der Zeitschrift *Die Freimüthigen* tintenschwarze Rache an Weimar und Goethe nahm.

Mit dem Einzug Napoleons in Berlin schien es dem einstigen russischen Beamten geraten, Preußen zu verlassen und sich auf sein Gut in Sicherheit zu begeben. Hier verfaßte er wütende Schmähschriften gegen den französischen Usurpator. Seine große Stunde war nach der Niederlage des Korsen gekommen, Zar Alexander erhob ihn zum Generalkonsul für die preußischen Staaten und schließlich zum Staatsrat im Departement für auswärtige Angelegenheiten mit dem Auftrag, dem Zaren Berichte über die politischen und literarischen Tendenzen in Deutschland übersenden. Seine Dossiers waren Quell größten Amüsements, denn Kotzebue verfaßte keine trockenen Situationsberichte, sondern satirische Beschreibungen der *Neudeutschen Germanentümler* und spießbürgerlichen *Krähenwinkler*. Die Berichte waren keinesfalls konspirativ-geheim, sondern im Rahmen der Allianz mit Preußen durchaus legal und gelangten deshalb auch an deutsche Leser. Für die Opfer seiner Spottlust waren dies Spionageberichte eines Verräters und vaterlandslosen Russenknechts. Indessen hatte er wieder in Weimar Wohnung genommen, doch die offenen Haßkampagnen gegen ihn und die Nähe der radikalen Jenaer Studenten zwangen ihn abermals zur Flucht, diesmal nach Mannheim. Kein Ort der Sicherheit, denn Kotzebue war mittlerweile der Erzfeind der Neudeutschen in allen Gauen, und mehr als einmal war ihm der Tod gewünscht.

Dieser erschien ihm alsbald in Gestalt des braven Theologiestudenten Karl Ludwig Sand, der, um gute Manieren besorgt, sich zur üblichen Besuchszeit im Hause Kotzebues meldete. Doch der Dichter war indisponiert und bestellte den Jüngling auf den Nachmittag. Pünktlich um 4 Uhr erschien der Studiosus abermals, um in das Besuchszimmer geführt zu werden, in das sogleich auch Kotzebue eintrat, den unbekannten Gast liebenswürdig begrüßend. Nach einer kurzen Konversation, zog Sand einen Dolch hervor, den er mit Worten *Hier du Verräther des Vaterlandes* wohlgezielt in das Dichterherz stieß. Nachdem er noch zweimal nachgestoßen, riß er ein kurzes Germanenschwert aus der Scheide und rammte es sich in die eigene Brust, zog es wieder heraus und schritt aufrecht und stolz erhobenen Hauptes die Treppe herab. An der Haustür übergab er dem Diener mit höflicher Verbeugung eine Handschrift, der er den Titel *Todesstoß dem August von Kotzebue* gegeben hatte.

Die folgenden Szenen hätten einer Theaterposse zu Ehren gereicht, denn vom Mordiogeschrei der Bediensteten angelockt, strömte aus allen Richtungen eine Menge sensationslüsternen Volkes herbei, das in gehöriger Entfernung und neugieriger Passivität aufmerksam das weitere Geschehen mit entzücktem Entsetzen beobachtete. Diesem, gewissermaßen das deutsche Volk vertretenden Publikum widmete der Mörder, begleitet von einer dramatischen Gebärde, den Zuruf *Hoch lebe mein deutsches Vaterland,* um sodann auf die Knie zu sinken und sich abermals das Kurzschwert in die Brust zu stoßen. Das Werk war vollbracht, und während das Schwert noch immer in der Brust stak, röchelte Sand *Ich danke dir Gott für diesen Sieg.*

In ein Hospital gebracht, gelang es den Ärzten den mordenden Selbstmörder zumindest für die polizeiliche Vernehmung wiederherzustellen. Zunächst unfähig zu sprechen, verfaßte er schriftliche Erklärungen, rechtfertigte darin seine Tat als patriotische Pflicht und unterließ es nicht, in pastoralen Worten die Angehörigen des Toten zu trösten.

Mit größter Umsicht untersuchte eine eigens für diesen Fall gegründete Sonderkommission in Mannheim das Verbrechen, unterstützt von Kommissionen in Weimar, Gießen, Darmstadt und unter Mitwirkung des Berliner Polizeiministeriums. Im September des Jahres 1819 konnten die Akten an das Mannheimer Hofgericht übergeben werden, wo ein ordentlicher Richter am 5. Mai 1820 das Todesurteil fällte, daß nach Bestätigung des Großherzogs von Baden am 20. Mai, 6 Uhr morgens, mit dem Schwert vollzogen wurde. Daß Täter und Opfer auf demselben protestantischen Friedhof ihre letzte Ruhe fanden, kennzeichnete das ambivalente Verhältnis der Öffentlichkeit zu dieser Tat.

Die Untersuchungsbeamten, Richter und Bürger empfanden großes Mitleid mit dem verwirrten und verführten Jüngling. Die eigentlichen Schuldigen waren die brandstiftenden Hetzer, die entweder schwiegen oder sich angesichts der Bluttat nun die Hände in Unschuld wuschen. Entsetzen löste das Verbrechen aber vor allem bei den Fürsten aus, die aus dem Abschlußbericht ersahen, daß die Radikalisierung der Jünglinge dramatisch vorangeschritten und weitere Gewalttaten zu erwarten waren. *Der Inquisit,* so war in dem abschließenden Gutachten des Mannheimer Stadtphysikats zu lesen, *ist im Besitz richtiger Sinne, sein Verstand aber ist mittelmäßig und ganz in der Herrschaft eines heftigen und überspannten Gemüths.*

Den Verantwortlichen war endlich deutlich geworden, daß die Sehnsucht der Jugend nach vaterländischer Größe und eines mächtigen Reiches aller Deutschen nicht mehr aufzuhalten und ein den europäischen Frieden ernsthaft bedrohender Nationalismus durch halbherzige Versprechen kaum noch zu bändigen war. Auch wenn die Radikalen nur eine Minderheit waren, die Mehrheit sich noch immer mit der behaglichen altständischen Gesellschaft zufrieden zeigte, und die Kosmopoliten am liebsten die vorrevolutionäre Zeit konserviert hätten, das Ferment der Gärung erfaßte unaufhaltsam das gebildete Bürgertum. Den Fürsten und Kosmopoliten wie Kotzebue war der kleinkarierte Nationalismus zuwider, weil er kulturzerstörend und dem hoffnungsvollen Streben nach einem geeinten christlichen Abendland entgegenstand. Politisch unreif, zum Dialog nicht befähigt und vom dumpfen Haß gegen alles Fremde geleitet, forderten die studentische Jugend und ihre akademischen Lehrer die Konfrontation mit der Staatsmacht heraus. Aus dem der Bundesversammlung vorgelegten Bericht zur Ermordung Kotzebues zogen die Fürsten den Schluß, mit Entschlossenheit jeglichen Terrorakten zu begegnen. Für sie war die Bluttat *ein Produkt der durch die akademischen Lehrer aufgehetzten Studenten*, die umso schwerer wog, da der Anschlag kein Einzelfall war. Nur seine Geistesgegenwart und größere Körperstärke bewahrte den nassauischen Präsidenten Karl Friedrich von Ibell vor dem Mordanschlag des Apothekers Karl Löning. Auch Löning zeigte ein *verwirrtes Gemüth*, sein geistiger Zustand konnte jedoch nicht untersucht werden, da er sich in der Haft erhängte.

Die personell und fachlich schlecht auf die Terrorakte vorbereiten Sicherheitsbehörden der Regierungen sahen sich überfordert, gesicherte Erkenntnisse über das Treiben der nationalistisch-demokratischen Zirkel vorzulegen, konnten aber feststellen, daß vor allem an den Universitäten die Keimzellen des nationalistischen Bürgeraufbruchs zu entdecken waren. Entsprechend dieser Einschätzung, faßten Österreich, Preußen und einige weitere kleinere deutsche Staaten am 20. September 1819 in Karlsbad jene fünf Beschlüsse, die als *Karlsbader Beschlüsse* fortan von den bürgerlichen Nationalisten zum Synonym feudal-reaktionärer Gewaltherrschaft wurde.

Doch in Wahrheit hielten sich die Zwangsmaßnahmen in Grenzen und beschränkten sich vor allem auf eine gründliche Observation. An den Universitäten sollten Bevollmächtigte der Regierungen über *die strengste Vollziehung bestehender Gesetze wachen*, des weiteren *den Geist der akademischen Lehrer* sorgfältig beobachten *und demselben eine heilsame Richtung geben*. Universitätslehrer, so verpflichteten sich die Vertragspartner, *welche die Grenzen ihres Berufs überschritten, seien zu entfernen.* Geheime Verbindungen und die *Allgemeinen Burschenschaften* wurden verboten. Sämtliche Veröffentlichungen unterlagen der Zensur, ein Zentraluntersuchungsausschuß, bestehend aus sieben Mitgliedern war angehalten, alle 14 Tage in Mainz zusammenzutreten, um *gegen die Verfassung und innere Ruhe gerichtete revolutionäre Umtriebe und demagogische Verbindungen* geeignete Maßnahmen einzuleiten.

In den nächsten zwölf Monaten hatte endlich eine große Zahl Geheimpolizisten und Spitzel einiges Belastungsmaterial zusammengetragen, das in einem Aktenkonvolut gesammelt, den Kommissionen vorgelegt wurde, doch was dann schließlich in der *Preußischen Staatszeitung* zur Veröffentlichung gelangte, war weitgehend harmlos und wenig beunruhigend. Zitiert wurden radikale Gymnasiastenäußerungen und Stammbucheintragungen, patriotische Verse und schließlich Berichte über politisch motivierte Bubenstreiche. Aus diesen mageren Ergebnissen zog die Mainzer Kommission 1822 den richtigen Schluß, *das politische Treiben spricht sich weniger in bestimmten Tathandlungen als in dem Versuch der Einleitung und Vorbereitung aus.* Angeraten wurde, auf staatliche Gewalt weitgehend zu verzichten und weiterhin aufmerksam zu observieren.

Größere Sorge bereiteten die deutschen Emigranten in der Schweiz, die enge Kontakte zu den demokratisch-nationalistischen Zirkeln in der Heimat unterhielten und Verbindungen zur terroristischen italienischen *Carbonaria* geknüpft hatten. Nur der konspirativen Unerfahrenheit der deutschen Jünglinge war es zu danken, daß die Sicherheitsbehörden in diese kriminellen Vereinigungen Einblicke erhielten und entsprechende Vorsorge treffen konnten. Dies galt auch für die deutsche Geheimorganisation *Germania*, eine konspirative Gruppe nach dem Vorbild der *Carbonaria*. Im Jahre 1825 zog die Mainzer Kommission Bilanz, danach waren in Bayern 42 Dissidenten festgenommen worden, vor allem Studenten, Professoren und leider auch einige Pfarrer. Württemberg meldete 22 Haftstrafen zwischen 14 Tagen und 4 Jahren auf dem Hohenasperg, und Preußen verwahrte 17 Jünglinge, die fast alle zu 12 Jahren Festung verurteilt waren. Aus den Zentren der studentischen Unruhen in Weimar und Jena konnte der Großherzog Karl August von Sachsen-Weimar nur 3 Hochverräter vermelden, ihnen blieb die Haft erspart, der liberale Herzog wollte seine akademische Jugend nicht eingeschlossen wissen und befürchtete durch derartige Zwangsmittel eine Radikalisierung der Studentenschaft. Die kleineren Staaten des Bundes folgten dieser Auffassung, zumal deutlich wurde, daß die breite Masse ihrer Untertanen die Ruhe und Ordnung unter dem Schirm der sorgenden Landesherren vorzog. Vom Landesvater erwarteten sie, daß er die Ständeinteressen schützte und für eine gute Ökonomie sorgte; für das Revoluzzertum der Jugend zeigte das einfache Volk wenig Sympathie.

Teutschtümler und Ultramontane
Biedermeiers Vormärz

Die abwieglerische Milde der Fürsten forderte die Radikalen zu verstärkter Provokation heraus. Zu diesem Zweck zusammengetan hatten sich Philipp Jakob Siebenpfeifer und Johann Georg Wirth, gemeinsam wollten sie *ein Fanal zur Erweckung des Gedankens der politischen Nationaleinheit der Deutschen* setzen. Von 34 Bürgern der Stadt Neustadt unterschrieben, verfaßte Siebenpfeifer einen Aufruf, der Deutsche aller Stände und Stämme zu einem *großen Bürgervereine* am 27. *Mai 1832 nach Hambach rief, Frauen und Jungfrauen eingeschlossen, zum Ziele der friedlichen Besprechung und inniger Erkennung entschlossener Verbrüderung für die großen Interessen, welche sie ihre Liebe und Kraft geweiht.* Johann Wirths zusätzlicher Aufruf richtete sich an *alle Vaterlandsfreunde in Deutschland* und enthielt die Forderungen nach politischer Einheit der Nation, Volkssouveränität, Abschaffung des Adels als Grundlage der Neuordnung der Gesellschaft und schließlich nach Bildung neuer Verfassungen durch *Urversammlungen, die über die Grundformen des Staates entscheiden sollen.* Überdies verteilten die Initiatoren zu tausenden den Abdruck der französischen Konstitution von 1793, eine Provokation, die ein sofortiges Handeln der Behörde herausforderte, nämlich die Verweigerung des Versammlungsrechtes. Die Stadträte von Neustadt und die Räte einiger Nachbargemeinden protestierten empört gegen diesen Eingriff in ihre Rechte, schließlich war die bürgerliche Selbstverwaltung durch fürstliche Gnade garantiert und der Landesherr stand mit seinem Wort dafür ein. Es blieb nichts anderes übrig, die Zusammenkunft mußte genehmigt werden.

Vor allem aus dem Rheinland, aber auch aus anderen Staaten des Deutschen Bundes strömten etwa 30000 Menschen nach Hambach. Siebenpfeifers pathetische Rede blieb freilich für den größten Teil der Besucher ungehört, doch seine Schlußworte wurden von den Nahestehenden aufgegriffen und weitergetragen und jubelnd wurde sein

Freiheitsruf wiederholt *Vaterland, Freiheit und ein freies Deutschland!* Wirths politische Reden fanden wenig Resonanz, das Volk zog es vor, gemeinsam zu singen und in Gruppen zu disputieren. Lediglich die Spitzel notierten die staatsfeindlichen Äußerungen Wirths für die neu anzulegende Akte Hambach. Auf Geheiß des Veranstalters rief die Menge in steter Wiederholung Hochrufe auf die *vereinigten Freistaaten Deutschlands und dem conföderierten Europa* aus, so hatten die Spitzel gemeldet und in diesem Zusammenhang auch die Namen der eingeladenen ausländischen Terroristen notiert. Geschworen hatte man sich, weitere Freiheitsdemonstrationen folgen zu lassen, doch dank der fleißigen Agenten konnte die Obrigkeit mit dem Hinweis, daß ausländische Terroristen die Veranstaltungen mißbrauchen könnten, künftige Zusammenkünfte verbieten.

In den Befreiungskriegen hatte der alte Marschall Blücher einen Dichter vaterländischer Freiheitsoden mit den Worten *Dichten Sie mal ordentlich feste druff, der eine machts mit dem Schnabel, der andere mit dem Sabel* zum fleißigen Reimen angespornt. Der Säbel war nicht die Waffe der Bürger, sie dichteten und schrieben Pamphlete, mit denen sie den gewalttätigen Pöbel kaum auf die Straße locken konnten. Auch wenn einige kleine Scharmützel mit Constablern die braven Kleinbürger ängstigten, der Staat sah sich nicht bedroht. Als 1833 ein marodierender Haufe die Constabler-Wache in Frankfurt erstürmte, und es sogar tote Stadtbüttel gab, ahndete die Obrigkeit die Mordtaten überaus milde, empfohlen wurde den Tätern die Auswanderung nach Amerika. Waren Haftstrafen unumgänglich, wurden sie auf Festungen abgebüßt, wo den Inhaftierten wissenschaftliche Forschungen oder literarische Tätigkeiten möglich waren.

Zwei Jahrzehnte nach den siegreichen Feldzügen gegen Napoleon war die ersehnte und durch ein königliches Wort versprochene Reichseinheit nicht näher gerückt, begonnene Reformen waren stecken geblieben oder gar rückgängig gemacht. Bereits bei der Gründung des Deutschen Bundes, diesem unverbindlichen Zusammenschluß eigensüchtiger Duodezfürsten, war deutlich geworden, daß die Territorialherren kaum an der Auferstehung des Reiches interessiert waren, darin und in den Fragen der Sicherung der bestehenden politischen Verhältnisse herrschte Einmütigkeit. Mit Siegeslorbeer waren die Studenten, Bürger, Handwerker aus dem Krieg heimgekehrt, die einige Nation hatte, wie einst Hermann im Teutoburger Wald die Römer, nun die Franzosen aus ihrem Lande gejagt. Nicht alle deutschen Fürsten hatten sich der Fremdherrschaft erwehren wollen und abermals die Uneinigkeit der deutschen Stämme eindrucksvoll bewiesen. Aber auch die Bürger sprachen nicht mit einer Zunge, Parteienstreit und Hader lähmte den politischen Kampf gegen die alte, so augenfällig abgelebte Feudalherrschaft. Der Deutschen Vaterland sollte das ganze Deutschland sein, ein Deutschland freier Bürger, so hatte es Fichte gepredigt. Er und andere Gelehrte hatten dem bis dahin geschichtslosen Volk eine Nationalgeschichte und Selbstwert geschenkt, und so berauschte man sich an den patriotischen Liedern Körners und Uhlands, in einem gestählten germanischen Körper, so wollte es Turnvater Jahn, sollte ein germanischer Geist herrschen, und fortan turnte man vor den Toren der Stadt, ertüchtigte *die starken Manneskräfte.* Patriotische Literaten erdichteten aus altem Stoff romantische Ritterromane, erzählten von römischen Fremdlingen, heldischen Blondlingen und antipapistischen Deutschchristen.

Der Deutschtümelei konträr waren die Ultramontanen, die das christliche Abendland beschwörenden vaterlandslosen Gesellen, die adeligen restaurativen Kräfte oder die bürgerlichen Kosmopoliten, die nach Volkssouveränität und Menschenrechten riefen und die Solidarität mit den Freiheitsbewegungen Europas beschworen. Die eben erst geschaffene historische Legitimation für den Freiheitskampf erwies sich als wenig tragfähig, Tacitus und die Germanen lagen im fernen Dunkel der Geschichte, an den großen Taten der mittelalterlichen Feudalherren hatte das Volk keinen Anteil, die Epochen der Fürstenherrschaft waren vom Bauernlegen, von Eigennutz und Adelsherrschaft überschattet und ein Wandel war nicht zu erwarten, wie die Fürstentage des Deutschen Bundes den Zeitgenossen eindrucksvoll belegten. Nirgendwo in Deutschland war ein Führer, ein neuer Cherusker zu entdecken. Dem einst geschmähten und gehaßten Franzosenkaiser mußte Abbitte getan werden, und viele Deutsche, enttäuscht von ihren Fürsten, resigniert und an Reformen nicht mehr glaubend, flochten dem so tragisch geendeten Kaiser einen deutsch-eichernen Ehrenkranz, ja spotteten über jene Brüder, die sich sinnlos in Leipzig und Waterloo geopfert hatten.

Den alten Haß begrabend, knüpften deutsche Liberale Kontakte zu französischen Abgeordneten der Deputiertenkammer, um sich mit ihnen im Kampf gegen Despotie und Willkür zu vereinen. Französische Literatur, einst verpönt und verteufelt, fand wieder Eingang in die Buchhandlungen, voran Eugène Sue, dessen *Geheimnisse von Paris* und *Der ewige Jude,* gleichzeitig in zehn Übersetzungen erschie nen. Seit der Aufklärung bezog das strebende Bildungskleinbürgertum aus der sogenannten *schönen Literatur* seine moraltriefende Halbbildung, die entsprechend der rasch wechselnden Mode einem steten Wandel unterzogen war. Im ersten Drittel des 19. Jahrhundert war es zur Pflicht gemacht, französische Revolutionsliteratur zu konsumieren, Romane, in denen das Abgelebte verhöhnt und die kirchliche und staatliche Ordnung lächerlich gemacht wurden. Dem deutschen Spießer war mit diesem Lesestoff ein gefahrloses Engagement für die hohen revolutionären Ideale eröffnet, denn sich bei Kerzenschein in der Geborgenheit des häuslichen Schlafgemachs über die Zustände der Welt zu alterieren und mit revolutionären Gedanken in Morpheus' Reich hinüberzudämmern, war dem Barrikadenkampf vorzuziehen. Deutsche Autoren folgten dem welschen Vorbild, Ernst Dronke, dessen *Polizeigeschichten* entzückten, beschrieb darin einen Handwerker, der einen Aristokraten überfahren und zum Krüppel gemacht hatte und darum Weib und Kind verlassen mußte.

Von revolutionärem Geist war nur eine kleine Minderheit erfüllt, auch wenn der brave Bürger wie eh und je am Stammtisch murrte und nörgelte, Politik war ihm ein garstig Lied. Moritz von Schwind hat die bürgerliche Idylle jener Zeit liebevoll-kritisch festgehalten: Behäbige Bürger und Bürgerinnen, die des sonntags nach der Woche Mühen und Arbeit, herausgeputzt und würdevoll vor den geöffneten Toren der Stadt flanieren, sich artig begrüßen oder en passant ein Schwätzchen halten. Aus dem hohlen, finsteren Tor sind sie hervorgekommen, um festtäglichen Brauch zu üben, nach dem Gottesdienst und gutbürgerlicher Mahlzeit in des Schöpfers schöner Natur ihren Sonntagsstaat, trautes Familienleben und Reputation zu zeigen. Schwind vergaß auch nicht den Kontrast auf der Leinwand festzuhalten: den wandernden Studenten, dessen Studienzeit ein Ausbruch aus dem kleinbürgerlichen Mief des Herkommens war, der die ihm zugebilligte Freiheit auf Zeit nutzte, das Vaterland zu erwandern, um in Ost und West, Süd und Nord die deutschen Stämme kennenzulernen.

Der Rückzug in die eingemauerte, des nachts von einem Wächter behütete Stadt, an der das Weltgeschehen vorüberging, so befanden spätere Geschichtsbetrachter, sei die resignierende Antwort des Volkes auf der Fürsten Wortbruch gewesen, enttäuscht von der Restauration, hätten sich die Bürger ihren eigenen stillen Lebenskreis geschaffen. In Wahrheit jedoch entsprach dieser Rückzug in die Gemütlichkeit dem tiefinnerlichen Streben des deutschen Kleinbürgers, der großen, stets gehegten Sehnsucht der Mehrheit nach Ruhe und Ordnung, nachdem die Fürsten ihren Untertanen die Selbstverwaltung geschenkt und ihnen gestattet hatten, ihre Gemeinwesen entsprechend ihren Lebensvorstellungen zu gestalten. Nach den Revolutionswirren in Frankreich und den Auswirkungen und Beunruhigungen, die auch die deutschen Länder inkommodiert hatten, den Befreiungskriegen und Notzeiten, erfüllte die Deutschen das Bedürfnis nach Ruhe und stiller Zufriedenheit. Zugleich fühlte man sich dem Vernunftdenken der Aufklärung verbunden und zeigte ein reges Interesse an den Früchten dieser Bewegung, die nun durch neue wissenschaftliche Erkenntnisse und technische Errungenschaften so eindrucksvoll vor Augen standen.

Literarisch entdeckte man die *Philister der Gemütlichkeit* und las mit Vorliebe jene zeitgenössischen Autoren, die aus diesem Born schöpften und sich Gleims sittliches Ziel der Selbstbescheidung und einfachen Häuslichkeit zum Vorbild nahmen. Tränenreicher Weltschmerz einer genüßlichen Melancholie vereinte sich mit einer tugendhaften Frömmigkeit, die durch den wissenschaftlichen Fortschritt, die Entdämonisierung der Natur, zum einen von der Ratio bestimmt war, und die zugleich, von der Vernunft bestätigt, allenthalben Gottes sinnvolle Ordnung, aber auch seinen geheimnisvollen unerforschlichen Ratschluß erkannte: *Siehst du den Mond dort stehen, er ist nur halb zu sehen und steht doch hell und klar, so sind denn viele Sachen, die wir getrost belachen, weil unsre Augen sie nicht sehen,* dichtete der *Wandsbecker Bote,* vor der Blasphemie der Wissenschaftsgläubigkeit warnend, erinnerte er an das letzte, das unantastbare Geheimnis des Schöpfers. Maß und Mitte Geltung zu verschaffen, die kleinbürgerlichen Tugenden zu allgemeinverbindlicher Norm zu erheben und den Weltenlauf aus der Behaglichkeit eines geordneten Lebenskreises interessiert zu beobachten – auch wenn man zuweilen den Reisenden in den Postkutschen fernwehgeplagt nachschaute – das war des Bürgers Streben jener Epoche, und noch niemals in der Geschichte war man diesem Ziel so nahe gewesen. Zuweilen konnte es auch geschehen, daß man den Demagogen beipflichtete, im geselligen Kreis wurde die Aufmüpfigkeit rezipiert, doch mehr noch galt, daß Aufruhr nicht den Tageslauf behelligen sollte.

So wie das Gemeinwesen wohlgeordnet war, wünschte man sich auch die eigene Häuslichkeit, die in ihrer uniformen Gestaltung Anpassung und das kollektive Lebensgefühl unterstreichen sollte. Das

Bürgerhaus war nicht mehr vom Geschmack des Adels geprägt, sondern entsprach den eigenen Vorstellungen und Bedürfnissen. Im Haus wollte Geselligkeit, ein trautes Familienleben gepflegt sein und eine reiche Kinderschar herangezogen werden, und so war der wichtigste Raum die Wohnstube mit dem alles dominierendem Sopha und dem davor stehenden, die Familie und Gäste einenden, großen runden Tisch. Die Menschen, die Familie und der geladene Besuch, sollten den Geist des Hauses prägen, und dementsprechend verzichtete man auf Luxus und Tand, Tischzeug, farbige Dekorationsstoffe sollten dem Adel vorbehalten sein, karges Mobiliar, Fenstervorhänge aus glattem Mull und baumwollene Fransen unterstrichen die zur Tugend erhobene Bescheidenheit. Das kindzentrierte Familienleben konzentrierte sich auf diesen gemeinsamen Wohnraum, hier saß die Mutter am Nähtisch, die Kinder beaufsichtigend, denen ein ruhiges Spielen gestattet war, die Älteren erledigten hier ihre Schularbeiten oder übten ein Musikinstrument. Verlangt waren von ihnen artiges Betragen, Lernfreude und klaglose Hilfsbereitschaft, wobei den Knaben ein wenig mehr Freiheit gestattet wurde, vorausgesetzt sie suchten nicht die Gemeinschaft mit den Gassenbuben der Unterschicht. Die Mädchen waren angehalten, sich auf ihre künftige Lebensbestimmung als Hausfrau und Mutter vorzubereiten, im Spiel mit Puppen und Puppenhaus und, älter geworden, mit Handreichungen in Küche und Haus. Zur Konfirmation erhielten sie einen eigenen Nähtisch, der am Fenster seinen Platz fand, damit während der Flickarbeit ein Blick auf das Geschehen der Straße Abwechslung bot.

Arm und reich
Spießbürger

Weniger die Restauration, mehr die Vollendung kleinbürgerlicher Ideale schenkte uns seit Beginn des 19. Jahrhunderts den Prototypen des deutschen Spießbürgers. August von Kotzebue hatte ihm in seinen *Deutschen Kleinstädtern* ein Denkmal gesetzt: Fest verwurzelt in seinem engen kleinen Lebenskreis, unterwarf er sich den normenbefestigenden Konventionen, die zum Gesetz des Zusammenlebens der Gemeinschaft erhoben wurden. Die Tage verstrichen in ritualisiertem Gleichmaß, verschönt von fröhlicher Geselligkeit, und ebenfalls in Brauch und Sitte eingebunden, den wenigen Höhepunkten des Jahreslaufes, die Feiern im Kreise der Familie und der Freunde, die Geburtstage, Hochzeiten und kirchlichen Feiertage und schließlich das Vogelschießen oder der gemeinsame Besuch einer Vorstellung wandernder Schauspieler, die nach Möglichkeit die in Mode gekommenen harmlos-lustigen Volksstücke zur Aufführung gelangen ließen.

Die von den Fürsten huldvoll gewährte Selbstverwaltung hatte dem städtischen Bürgertum ein gesundes Selbstvertrauen geschenkt, aber auch einem größeren Teil der städtischen Einwohner Bürgerrechte geschenkt; die alte städtische Hierarchie war in Unordnung geraten, die bürgerlich-revolutionäre Forderung *Freiheit, Gleichheit, Brüderlichkeit* wollten diejenigen, die mit mehr materiellen Gütern und damit auch Reputation gesegnet waren, in Bezug auf den Adel wohl gelten lassen, aber nicht auf die unter ihnen stehenden niederen Klassen angewendet wissen. Eine neue städtische Hierarchie mußte gebildet werden, eine eigene bürgerliche Ständetreppe entstand, deren Rangfolge altem Brauch gemäß, sich nach den Einkünften richtete. Ungeachtet der Liberalisierung durch die Landesherren gelang es, die alten Standesschranken weitgehend beizubehalten. Vollberechtigte Bürger blieben die Ratsmänner, Handelsherren und die höhere Handwerkerschaft. Darunter stand das niedere Gewerbe, die Höker und kleinen Beamten und schließlich folgten die Schutzverwandten, Beisitzer oder Beisassen, Untermieter niederer Profession und die Zugereisten.

Doch nach wie vor war die hierarchische Ordnung nicht statisch, immer noch wurde um die Rangfolge gerangelt, mit Geld und Gut waren auch Reputation und Macht zu erlangen. Die Erneuerung der städtischen Führungsschicht war nicht das Ergebnis revolutionären Treibens der unteren Klassen, sondern vollzog sich durch finanziellen Aufstieg und glückhafte Geschäfte der Nachdrängenden und schied lediglich die Oberklasse in sogenannte *alte Familien* und *Neureiche*. In seinem *Preußischen Wörterbuch* teilte Georg Ernst Henning 1785 die Bewohner Königsbergs in *Klein- und Großbürger*, wobei er deutlich machte, daß die unterschiedlichen Erwerbsquellen und Gehaltsstufen eine differenzierte neue Schichtung gebildet hatten. Noch immer durften die reichen Handelsherren, deren Einkünfte 2500 Reichsthaler überstiegen, also nach heutigem Geldwert etwa eine halbe Million, sich als Großbürger bezeichnen. Zum höchsten Bürgerstand rechneten sich auch die obersten Beamten der Staatsverwaltung, die dem Adel Hilfestellung bei der Aufrechterhaltung der alten Ordnung leisteten. Sie waren im Bunde mit den Neuadeligen die zweite Klasse der städtischen Gesellschaft. Ein zu dieser Schicht gehörender *Geheimer Kabinettsrat* erhielt die stattliche Summe von 2875 Reichsthalern, über 800 Thaler weniger verfügte der normale Rat. Diese Beamten fanden sich vor allem in den Residenzstädten und hatten einen wesentlich Anteil am bürgerlich-kulturellen Leben, da ihre Hoffähigkeit meist eingeschränkt war und sie bemüht waren, außerhalb des Hofes, gemeinsam mit den Reichen der Stadt, ein reges kulturelles, literarisches Leben zu entfalten.

Schwieriger war die Zuordnung der großen Zahl der Bürgerschaft der Steuerklasse à 6 Reichsthaler, also jährlichen Einkünften, die 1000 Thaler nicht überstiegen. Das waren die noch unverheirateten Akademiker, die am Anfang einer Beamtenkarriere standen, und deren Ansehen sehr hoch war, da ein glänzender Aufstieg erwartet wurde und Väter unversorgter Töchter um die Gunst dieser Herren buhlten, während die der gleichen Steuerklasse angehörenden Pastoren weniger Achtung genossen. Ihr Gehalt betrug etwa 900 Thaler, das sie in keine guten Verhältnisse stellte, so daß sie zur Bereicherung des Tisches eines kleinen Ackers vor der Stadt bedurften und zusätzliche Einnahmen durch Beerdigungen, Hochzeiten und sonstige kirchliche Inanspruchnahmen der ersten Klasse nötig hatten.

Ein ähnliches Salär erhielten die Sekretäre in den fürstlichen Verwaltungen und die höheren Stadtbediensteten, wie zum Beispiel der Bürgermeister einer typischen Mittelstadt wie Göttingen, dessen einziger Trost die Zugehörigkeit zum Akademikerstand war, und der als Entschädigung für das bescheidene Gehalt besonderen Wert auf Ehrerbietung und Titel legte. Freundlich jovial uzte Goethe seinen Sekretär Eckermann, indem er den Hang der niederen Akademiker, ihrem Namen den Doktortitel voranzustellen oder auf den wenig reputierlichen Familiennamen ganz zu verzichten, mit der scherzhaften Anrede *Herr Doktor*. Fischfrauen, Milchmädchen und Höker beförderten die Kauffreudigkeit der zur Sparsamkeit angehaltenen Akademikergattinnen, indem sie diese in die akademische Standeserhöhung einschlossen und der *Frau Pastor* und *Frau Doktor* mit Ehrerbietung ihre Produkte offerierten. Bei guten Geschäften konnten die Fischfrau und der Höker durchaus in eine höhere Steuerklasse gelangen, für beide war es aber ungleich schwerer, damit auch eine höhere Rangstufe zu erreichen. Kleinhändler und Handwerker blieben trotz größerer Steuerlast zumeist im Kleinbürgerstand.

Einfacher war die Klassifizierung der nicht akademisch vorgebildeten übrigen Stadtbewohner, die öffentlichen Bediensteten und Angestellten im *Comptoir* eines Kaufmanns, die im Kirchendienst stehenden Organisten und Küster oder Lehrer, die städtischen Gerichtsdiener und Büttel, Berufsgruppen, die zwischen 100 und 300 Reichsthaler Jahresgehalt bezogen und allenfalls durch kostenlose Dienstwohnungen und Naturalzuschüsse ein wenig besser gestellt waren. Nicht ohne Amüsement beobachteten Fürsten und Adel die gestrengen bürgerlichen Standesunterscheidungen und den Hochmut der Höherstehenden. Freiheit, Gleichheit Brüderlichkeit, so konnte man beruhigt feststellen, waren nicht das Anliegen der Bürger. Staatliche Maßnahmen gegen den bürgerlichen Standesdünkel, wie sie der Freiherr von Knigge gefordert hatte, unterblieben tunlichst, und so ermahnte Knigge die Bürger, freilich erfolglos, indem er ihnen vor Augen hielt, *daß die unnützesten Bürger die Vornehmsten und Reichen sind und die welche mit ihrer Hände Arbeit den Staat aufrecht erhalten, verachtet – und dürftig. – Ehret alle nützlichen Stände und leidet nicht, daß sich gewisse Klassen privilegiert glauben, durch Hochmut, Unwissenheit und Müßiggang sich über fleißige, und bessere Menschen erheben.*

Eine weitere bürgerliche Rangfolge bezog sich auf die Größe der Städte. Großstädte wie Lübeck, Hamburg, Nürnberg oder Frankfurt blickten verachtungsvoll auf ihre kleineren Nachbarstädte herab und bezeichneten diese Stadteinwohner als Kleinstädter, und das hieß nach Johann Adelung *der Art kleiner Städte und ihrer Einwohner gemäß*, worunter er *ein kleinstädtisch gezwungenes Betragen* verstand.

Vor allem aber mokierten sich die Studenten der Universitätsstädte über das muffige Kleinbürgertum, allen voran die Wiener Studiker, die aus der Verballhornisierung der Balistarie, den Ballistern, jenen mit Armbrüsten ausgestatteten Stadtverteidigern der Unterschicht, ein neues Schmähwort für den verachteten Stand beilegten: Kleinbürger, das waren Philister, kleinkarierte Stadtbürger, die bestrebt waren, die altständische Ordnung zu konservieren und die es sich in ihrem engen Lebenskreis wohlig-behaglich eingerichtet hatten.

Als nach über drei Jahrzehnten Frieden im März 1848 endlich wieder ein wenig Blut floß, eine kleine Revolution Deutschland erschütterte, war für die zurückliegende Epoche stiller Behaglichkeit ein Begriff gefunden: *Vormärz*. Die Märzrevolution war vor allem für die Linksliberalen ein erster großer Erfolg, war es ihnen schließlich gelungen, erstmals einen größeren Teil des bis dahin dumpfen, teilnahmslosen Volkes zu mobilisieren und auf die Barrikaden zu hetzen. Die rechtsliberalen Historiker und Kulturwissenschaftler fanden größeres Gefallen an der Witzfigur der *Fliegenden Blätter*, die als Persiflage des dichtenden Vormärzbürgers Samuel Friedrich Sautter 1857 einige Verse eines fiktiven Gottlieb Biedermeier zum Abdruck brachten, der als Typus seiner Zeit den Nachgeborenen zum *Zwecke einer kritischen Belustigung vorgestellt* wurde. Die Verfasser der Parodie waren der Arzt und Professor Adolf Kussmaul und sein Freund Oberamtsrichter Ludwig Eichrodt, die, so die *Fliegenden Blätter,* damit der *vormärzsündflutlichen Zeit wo Deutschland noch im Schatten kühler Sauerkrauttöpfe gemütlich saß und das übrige Gott und dem Bundestage anheim stellte* spöttisch gedachten.

Um die Jahrhundertmitte hatten sich bereits unterschiedliche Parteiungen des bürgerlich politischen Aufbruchs herausgebildet, ihnen allen gemeinsam war die Enttäuschung über die Lethargie der großen Mehrheit des Volkes und der Unmut über die Fürsten, die noch immer der restaurativen Politik Metternichs folgten. Aus Vorzeitmythen und Mittelaltersagen hatten sich die uralten Hoffnungen der Deutschen nach einem strahlenden Messias, auf die Wiederkehr des Cheruskers oder Barbarossas zu einer dumpfen Führersehnsucht verdichtet, die nun in einem neu gestifteten Sagenschatz über Friedrich den Großen eine weitere Bereicherung erfuhr. Angeregt von den Gebrüdern Grimm, hatten heimatforschende Schulmeister aus dem Urgrund des Volkes auch Friedericus-Sagen gesammelt. Am Herdfeuer der Spinnabende war zu erfahren, daß die Macht des großen Königs aus dem Volke gekommen wäre, denn einer seiner Dragoner hätte ihm die Krone des Schlangenkönigs besorgt, deren Besitz ihn unbesiegbar machte. Wie Wotan hätte er einen Schimmel geritten oder wäre märchenhaft in einem goldenen Wagen gefahren, der im Schleusentempel bei Laugwitz versunken lag. Auch der tote König erfüllte noch immer die Wünsche seiner Untertanen, um Mitternacht sollten sich die Hilfesuchenden unter der Bittschriften-Linde vor dem Eckfenster des Potsdamer Schlosses einfinden und ihr Anliegen vorbringen. Die volkstümliche Heldenverklärung unterstrich die Klage der bürgerlichen Gelehrten über die Unfähigkeit der Biedermeier-Fürsten, die so augenscheinlich vor der deutschen Geschichte versagten und sich sogar des langen Friedens ihrer Regierungszeit rühmten. Bürgerliche Historiker wollten die Staatenlenker auf Schlachtrössern sehen und ruhmreiche Blutopfer bejubeln. Ihren Friedensfürsten versagten sie das Ruhmesblatt in den Annalen der Geschichte.

So ruhig-beschaulich-muffig, wie von der Nachwelt bejammert, war die Biedermeierzeit freilich nicht. Philanthropische Bürger bekümmerten sich um die Volksbildung, um die Außenseiter und Gestrauchelten der Gesellschaft und auch um die Verbesserung der sozialen Verhältnisse. Das bislang verachtete Bauerntum fand das Interesse der Stadtbürger, die endlich dem volksernährenden Stand die gebührende Achtung entgegenbrachten, ihn durch Bildungsmaßnahmen und Aufklärung förderten und schließlich an der Volkswirtschaft gerecht partizipieren ließen.

Die gemächliche Steigerung der Lebensqualität in den deutschen Ländern ließ die Bevölkerung stetig wachsen. Lebten um 1815 im Deutschen Bund nur etwa 36 Millionen Menschen, so stieg die Einwohnerzahl in nur knapp 30 Jahren auf über 45 Millionen. Der rasche Bevölkerungsanstieg forcierte das große Werk der Bauernbefreiung, der Ablösung aus den grundherrschaftlichen Bindungen. Damit verbunden waren die Aufhebung der strikten Heiratsverbote für das nichtgrundbesitzende Volk und die Möglichkeit der bäuerlichen Unterschichten, Land zu erwerben und Kleinbetriebe zu gründen, so daß auch im ländlichen Raum ein deutlicher Anstieg der Bevölkerung verzeichnet wurde.

Mit deutscher Larmoyanz wurde zwar geklagt und gemäkelt, der stete Fortschritt war jedoch nicht zu übersehen und selbst das geistige Leben dieser Epoche war vielfältig und facettenreich, der allgemeine Bildungsfortschritt zeigte Früchte, wie die Lesefreudigkeit jener Zeit eindrucksvoll belegt. Im Jahre 1800 warben etwa 500 Buchhändler um die Gunst einer kleinen Leserschaft. Etwa 40 Jahre später war die Anzahl der Buchgeschäfte auf 1321 gestiegen. Um die Jahrhundertwende wurden alljährlich etwa 3900 Neuerscheinungen angeboten, 1840 waren es bereits 10808, nun allerdings größtenteils wertloses Zeug, wie die Kritiker befanden, Almanache, Kalender und Taschenbücher für den biedermeierlichen Hausgebrauch, belehrende Hausväterliteratur mit Kochrezepten, Lehrgedichten und Strickanleitungen. Daneben enthielten die Traktate erschröckliche Geschichten von Scheintoten, absonderlichen Unglücksfällen und, nach wie vor, Elendsberichte über junge Frauen und Mädchen, die von adeligen Lüstlingen verdorben, ins Elend gestürzt wurden. Produziert wurde diese Literatur vor allem für die weibliche Leserschaft, bürgerliche Damen, die mit ausreichend Gesinde gesegnet, überreichlich Muße fanden und die langweiligen Tage lesend zu verkürzen suchten.

Für das kritische Publikum schrieb das *Junge Deutschland,* Heinrich Heine, Karl Gutzkow, Heinrich Laube, Ludolph Wienbarg und Theodor Mundt. Respektlos gegenüber den Gralshütern der deutschen Literatur, allen voran Goethe, wählten sie einen mokanten Ton, provozierten mit Ironie und Spott, um damit liberale Reformen anzumahnen. Nicht ohne Erfolg, denn die Sicherheitsbehörden beobachtete mit Argwohn das literarische Treiben des *Jungen Deutschland* und erwirkten schließlich ein Verbot. Die publizierte Begründung des *Deutschen Bundes* aus dem Jahre 1835, diese Literatur auf den Index zu setzen, konnte von wohlmeinenden Kritikern kaum besser formuliert sein: *die Bemühungen dieser literarischen Schule,* so war amtlich festgestellt, *gehe unverhohlen dahin, in belletristischen, von allen Klassen von Lesern zugänglichen Schriften, die christliche Religion auf die frechste Weise anzugreifen, die bestehenden sozialen Verhältnisse herabzuwürdigen und alle Zucht- und Sittenlosigkeit zu befördern.*

Dem gehobenen biedermeierlichen Publikum war der einstige Privatsekretär der österreichischen Kaiserin Franz Grillparzer empfohlen, von dem eine freundliche Kritik hervorhob, daß er den Typus seiner Zeit im besonderen Maße verkörperte, denn schließlich habe *er nur zweimal und nur für kurze Zeit sein geräuschloses, allem politischen Treiben und selbst dem literarischen Verkehr fern stehendes Ruheleben durch Reisen unterbrochen, um 1819 Italien und hernach Kleinasien und Griechenland kennen zu lernen.* Nach dieser Anregung schrieb er in Anlehnung an das klassische Altertum Schicksalstragödien, nahm sich aber auch des mittelalterlichen Stoffs an, wobei ihm die Gelehrten anlasteten, daß er *vorwaltend eine lyrisch-sentimentale Richtung vertrat und sich dort ein entschiedener Mangel an historischen Sinn und ein Unvermögen, Gestalten in festumrissenen Linien zu zeichnen, offenbarte.* Den liberalen Kritikern war Grillparzer zu biedermeierlich und unpolitisch, weshalb sie seinen *Beruf zum Dramatiker überhaupt in Frage zogen.*

Wohlmeinender betrachteten sie die *Vormärzler* August Heinrich Hoffmann von Fallersleben, Georg Weerth, Franz Dingelstedt, Ferdinand Freiligrath, Adolf Glasbrenner und Georg Herwegh, die gegen den Liberalismus der *Jungen Deutschen* opponierten, weil deren Stil, unverbindlich und prinzipienlos, zu gefällig wäre. Insbesondere Heine war überdies anzulasten, daß er ernste Dinge mit geistreichem Witz behandelte, eine Todsünde der ideologisch verbiesterten Deutschen, deren radikaler Kampf für Demokratie, Sozialismus oder Kommunismus das Scherzen nicht vertrug. Von höchsten Idealen beseelt, wollten sie volkspädagogisch wirken, mit deutschem Ernst und heiligem Eifer agierend, galt es die ersehnte Revolution vorzubereiten.

Demokraten und Sittenhüter

Die Demokratiebewegung war nach wie vor das Anliegen der gelehrten, kleinbürgerlichen Beamtenschaft. Herausragender Kämpfer für die Volkssouveränität war der geschichtsforschende Sekretär der *Fortwährenden Deputation der schleswig-holsteinischen Prälaten und Ritterschaft,* Friedrich Christoph Dahlmann. Durch seine Tätigkeit politisch erfahren, durch den Umgang mit den Großen des Landes diplomatisch geschult, nahm er einen hervorragenden Platz unter den Demokraten ein, zumal er einer der ersten war, der mit seinen Verfassungsstudien den bürgerlichen Forderungen eine Rechtsgrundlage gab, die sich weitgehend am englischen Vorbild orientierte. Rechtsgelehrter war auch Jakob Venedey, der trotz wiederholter Verfolgungen unbeirrt für die Einrichtung von Geschworenengerichten eintrat. Als unbestechlicher Streiter für die bürgerlichen Freiheiten machte auch der dichtende Jurist Ludwig Uhland von sich reden. Erstaunlicherweise fanden seine aufrüttelnden Gedichte den Beifall einiger Fürsten. Der König von Bayern und der preußische König fühlten sich veranlaßt, den Dichter mit Orden zu bedenken, doch der stolze *teutsche Barde* wies diese Ehrungen empört zurück. Vortrefflich den unruhigen Geist der Zeit in Worte zu fassen, gelang dem demagogischen Umtriebler Heinrich Laube. Nachdem er Theologie studiert hatte, bewarb er sich um ein geistliches Amt, doch als *Demagoge* blieben ihm die Amtskirche und ein Staatsamt verwehrt, er wurde Hauslehrer und schließlich freischaffender Freiheitsdichter.

Der bürgerliche Freiheitskampf war schwer geworden, im Grunde mit den fürstlichen Landesvätern zufrieden, war im Kleinbürgertum ein revolutionärer Geist nicht zu entfachen. Das etablierte Bürgertum hatte es sich bequem eingerichtet und wollte nicht durch unangepaßtes Verhalten seinen mühsam errungenen Status gefährden. Für die Umtriebler war schmerzlich zu erfahren, daß viele der einstigen Mitstreiter abtrünnig geworden waren und sich mit den Mächtigen arrangiert hatten. Enttäuschend verhielten sich auch die bürgerlichen Freien Reichsstädte, die an der Seite der Fürsten im Bundesrat sich kaum für Reformen einsetzten. Besonders unbeliebt war der Hamburger Gesandte beim Bundesrat Gustav Heckscher, der als politisch erfahrener Advokat auf die Heißsporne mäßigenden Einfluß zu nehmen versuchte und vor allem vor dem blinden Nationalismus der Demagogen warnte Mit den politischen Forderungen der Vormärzler waren in Deutschland keine Volkserhebungen zu entfachen. Die Umtriebler sprachen nicht mit einer Zunge, und die führenden Köpfe lagen zuweilen in Zank und Streit. So sehr auch die Einheit aller Deutschen beschworen wurde, auch die Demokraten und Republikaner litten unter der alten Krankheit der Deutschen, dem eigensinnigen partikularistischen Stammesdenken. Die geforderte Reichseinheit lag in ferner Zukunft.

Die deutschen Kleinbürger waren die Tugendwächter der Nation, ihr spießiges Familienideal war auch allgemeinverbindliche Norm für das staatliche Zusammenleben, und gelehrte Moralisten, bürgerliche Beamte und nicht zuletzt die muffige Geistlichkeit wachten über Sitte und Brauch aller Stände. Hatte man bislang in Romanen und Traktaten die Bürgermädchen vor der Unmoral des Adels gewarnt, das höfische Mätressenwesen bekrittelt, war es nun an der Zeit, massiv von den Herrschenden Tugend und Moral zu fordern. Als am 27. Februar 1821 Wilhelm II., Kurfürst von Hessen und Großherzog von Fulda, den ererbten Thron bestieg, waren große Hoffnungen erweckt, und in der Tat, bald nach seinem Regierungsantritt setzte der neue Herrscher zahlreiche Reformen durch. Zahlreiche Bürger ernannte er zu Räten, das Militär wurde neu organisiert, eine Landvermessung angeordnet, die alte bürgerliche Forderung nach Trennung der Rechtspflege von der Verwaltung endlich durchgesetzt und schließlich auch der Staatsaufbau vereinfacht. Lediglich zu einer verfassungsmäßigen Wirksamkeit der Landstände mochte sich der Kurfürst nicht entschließen, unaufgefordert erarbeite der Marburger Staatsrechtler Sylvester Jordan dennoch eine liberale Verfassung, die er seinem Landesherrn vorlegte. Der Entwurf verschwand unkommentiert und undebattiert in einem Kanzleischrank. Jordans Freunde, bürgerliche Räte und gelehrte Juristen, zeigten sich empört, doch das Volk blieb ungerührt, für eine Verfassung ging man nicht auf die Straße.

Dennoch, die kleinbürgerlichen Dunkelmänner des Hofes wußten sich zu rächen. Als Tugendwächter konnten sie dem Volk die Unmoral der Fürsten vor Augen halten, indem sie das Sexualleben ihres Herrn öffentlich machten und pikante Schlafzimmergeschichten des Hofes kolportierten. Kurfürst Wilhelm liebte die Berlinerin Emilie Ortlöpp, ein sinnenfrohes Mädchen, die er sogleich zur Gräfin Reichenbach erhoben hatte. Seit Urzeiten war es höfischer Brauch, die Kurtisanen in den Adelsstand zu erheben, doch die Kurfürstin, eine Tochter Friedrich Wilhelm II. von Preußen, zeigte sich darüber aegriert und zog mit ihrem Hofstaat nach Bonn. Mit Sexualneid und Prüderie war im biedermeierlichen Deutschland das Volk auf die Straße zu treiben. Mit Knitteln und urtümlichen Donnerbüchsen bewaffnet wälzte sich der Mob zum Kasseler Schloß und machte Revolution. Der Kurfürst war zunächst der irrigen Meinung, das Volk verlange nach der Jordanschen Verfassung, so daß er unverzüglich die Landstände einberief und sich zwingen ließ, die Verfassung anzunehmen. Als Gegenleistung holte er seine Geliebte, nun zur Gräfin Lessonitz erhoben, wieder nach Kassel, worauf der Mob abermals das Schloß berannte und, Verfassung hin, Verfassung her, die sofortige Abreise der Konkubine verlangte. Des Regierens überdrüssig, verlegte Wilhelm II., von seiner Geliebten nicht lassend, seine Residenz nach Hanau und verzichtete zugunsten seines Sohnes, Kurprinz Friedrich Wilhelm, auf den angestammten Thron. Endlich war in einem deutschen Land auf der Straße ein Sieg errungen, ein Fürst hatte abdanken müssen, und eine Verfassung war erzwungen worden. Gegenüber dem nachfolgenden Kurfürsten Friedrich Wilhelm zeigten sich die bürgerlichen Philister großherzig, seine Konkubine, Gertrude Falkenstein, geschiedene Lehmann, durfte, zur Gräfin Schaumburg erhoben, dem Kurfürsten nach Recht und Gesetz morganatisch angetraut werden

Auch in Bayern war das Volk für die Freiheitsrechte nicht auf die Barrikaden zu bringen, wohl aber für spießige Moral und kleinbürgerliche Tugend. An Biertischen und in den Gassen zerrissen sich die Philister die Mäuler über König Ludwig I., dessen Bettgeschichten durch klatschmäulige Hofbedienstete an das Ohr der prüden Biedermänner gelangt waren. Der König hatte sich in eine schottische Lebedame verliebt, deren bewegtes Leben bald durch gezielte Indiskretionen ruchbar wurde und den Moralaposteln höchst zuwider war. Die außergewöhnliche Schönheit der Dame weckte schmuddelige Altmännerphantasien und neidischen Haß auf das glückliche Paar. Hofschranzen entdeckten in ihrem Gesicht *eine verdorbene Vergangenheit* und veranlaßten, unautorisiert, eine polizeiliche Untersuchung des Lebensweges der königlichen Favoritin, die selbstverständlich nicht vertraulich behandelt wurde, sondern gezielt an die Öffentlichkeit gelangte.

Laut Polizeibericht war die Dame die illegitime Tochter Rosanna des schottischen Offiziers Gilbert, die Mutter war Kreolin. Da der Vater sich um das Kind nicht bekümmern konnte, wurde das Mädchen in einem Pensionat in Bath untergebracht. Mit 17 Jahren heiratete sie einen Leutnant James, der unmittelbar nach der Eheschließung nach Ostindien abkommandiert wurde, wohin er seine junge

Frau mitnahm. Doch die schöne Rosanna empfand wenig Vergnügen an dem entbehrungsreichen und langweiligen Leben in den Kolonien, und so verließ sie ihren Mann und schiffte sich heimlich nach England ein. Noch während der Überfahrt unterhielt sie ein intimes Verhältnis zu einem schottischen Offizier. Die Münchener Polizisten hatten eine saubere Arbeit abgegeben: Listenmäßig hatten sie die weiteren Liebesverhältnisse aufgezeichnet, darunter große Männer des Empires, wie der Lord Malmesbury, der sich Rosanna lange Zeit gewidmet hatte. Eine weitere flüchtige Liebesbeziehung führte die schöne Frau nach Paris, wo sie unter dem Künstlernamen Dolores Montez als spanische Tänzerin auftrat. Während ihrer Tourneen durch ganz Europa feierte sie wahre Triumphe, weniger wegen ihrer künstlerischen Darbietungen, sondern vor allem als begehrenswerte Frau, um die sich die vornehmsten Männer duellierten. Die stetig wachsende Zahl ihrer Opfer, im Ehrenhändel dahingeraffte Freier der ersten Gesellschaft, führten schließlich zu Polizeiverfolgungen, Passierverboten an den Grenzen und Landesverweisungen.

Anläßlich eines Auftritts in der biederen Residenzstadt München erfuhr König Ludwig I. das große Glück, dieser sinnlichen Frau zu erliegen. Wie ein Hurrikan wirbelte sie durch das Schloß, verärgerte die Hofschranzen durch übermütige Streiche und aus dem Benehmen des Königs war deutlich zu ersehen, daß sie dem hohen Herrn die Wonnen der Lust im überreichen Maße schenkte. Das pikiert entrüstete Hofministerium wußte es dem König heimzuzahlen: Als er die Herren ersuchte, Lola Montez das übliche Prädikat fürstlicher Mätressen zu erteilen beziehungsweise ihre Ernennung zur Gräfin Landsfeld zu bestätigen, lehnten die Vasallen des Königs dies ab. Den Ungehorsam nicht ungestraft lassend, verfügte Ludwig die Auflösung des Ministeriums, ein Schritt der ohnehin längst fällig war, da die Regierung von der Ständevertretung abgelehnt wurde und insbesondere der Minister Abel einer der meist gehaßten Männer Bayerns war. Doch Abel gelang es, die Karten für sich zu mischen, er offerierte sich als Opfer der Mätresse des Königs und gewann damit sogleich die Sympathie seiner einstigen Feinde. Die nachfolgende Regierung bestätigte die Standeserhöhung, doch inzwischen hatte sich Abel zum Sittenretter des Königreichs erhoben und die Unmoral des Monarchen mit beredten Worten öffentlich gemacht. Studentische Tugendbündler rebellierten und riefen das Volk auf die Straße, wo nun nicht Freiheit, Gleichheit, Brüderlichkeit gerufen wurde, sondern der König ultimativ aufgefordert wurde, sein sündhaftes Beilager zu beenden. Wieder war ein glorreicher Volkssieg errungen: Der König mußte sich von Lola Montez trennen, ihr den Grafentitel nehmen und schließlich abdanken.

Bürgerlichen Unwillen hatte auch der König von Hannover auf sich gezogen. Mit der Ablehnung der Konstitution hatte er den Verfassungsbruch gewagt und eine Restauration eingeleitet. Nennenswerter Widerstand gegen die reaktionäre Politik des Königs blieb zunächst aus, Bauern und Handwerker zeigten sich mit den Verhältnissen weitgehend zufrieden und sahen keinen Anlaß, demokratische Forderungen zu erheben. Protest artikulierte sich schließlich in der Universitätsstadt Göttingen, wo die erlauchtesten Professoren, Leuchten ihrer Zeit, ein gegen den König gerichtetes Manifest verfaßten und im ganzen Reich verbreiteten. Die Professoren Friedrich Christoph Dahlmann, Jacob und Wilhelm Grimm, Georg Gervinus, Heinrich Ewald, Wilhelm Albrecht und Wilhelm Weber, die *Göttinger Sieben*, erklärten den Verfassungsschutz zur Bürgerpflicht und riefen damit zum offenen Widerstand auf. Die Folge war ihre Entlassung, worauf Solidaritätsbekundungen aus ganz Deutschland den Bundesrat und die königliche Regierung in Hannover erreichten, freilich ohne Erfolg, der König war nicht gewillt nachzugeben. Als Herzog von Cumberland hatte Ernst August bereits in England Partei für die konservativen Hochtories ergriffen und war als militanter Protestant dem radikalen irischen Orangeorden beigetreten. Nach bayrischem Vorbild versuchten nun auch die bürgerlichen Oppositionellen, in der Vita des Königs Unsittliches zu finden. Unterstützung erhielten sie von der damals noch liberalen britischen Zeitung *Times,* die bereits vor Jahren den Herzog von Cumberland mit der Ankündigung *interessante Einzelheiten seines Privatlebens zu veröffentlichen* zu erpressen versucht hatte, seine konservativen Ansichten zu mäßigen. Doch pikante Einzelheiten waren nicht zu entdecken, und so war man gezwungen, es bei dem Hinweis zu belassen, *daß an des Königs privater und öffentlicher Vergangenheit die bedenklichsten Erinnerungen haften.* Die Hoffnung, damit kleinbürgerliche Phantasien zu wecken, erfüllten sich nicht, die braven Welfen ließen sich von den *Göttinger Sieben* ihre Treue zum angestammten Fürstenhaus nicht nehmen, Revolten waren im Königreich nicht zu entfachen.

Deutschland, Deutschland über alles
Deutsche Revolution

An den Tuilerien in Paris hing im Februar 1848 ein Schild mit der Aufschrift *Kramladen zu verkaufen.* Der Kramladen war die Hinterlassenschaft des *Bürgerkönigs* Louis Philippe, des Bürgerkönigs, der nun nach verzweifelten Versuchen, einen volkstümlichen Retter seines Thrones zu finden, von einer Revolution hinweggefegt worden war. Frankreich war wieder eine Republik. Die Nachricht vom Sieg des Volkes erreichte mit einiger Verspätung die Weltöffentlichkeit, die französischen Telegraphen waren ausgefallen und der Postweg noch behäbig. Als endlich die neuesten Meldungen auch in den abgelegensten Winkeln Deutschlands bekannt wurden, versammelten sich vor allem in den Universitätsstädten die Studenten und ihre akademischen Lehrer zu Sympathiekundgebungen, berauschten sich an flammenden Reden, Flugblätter wurden verfaßt und unters Volk gebracht, nach *altgermanischer Sitte* erklommen patriotische Schwärmer Hügel und Gipfel, wo sie Freudenfeuer entzündeten, vaterländisches Liedgut anstimmten und pathetische Aufrufe verkündeten.

Der Enthusiasmus hätte wohl kaum eine weitere Verbreitung gefunden, wenn nicht die bürgerliche Presse in Sensationsmeldungen die Vorfälle publiziert und mit Extraausgaben die Flugblätter der Studenten zum Abdruck gebracht hätte. Ein süddeutsches Flugblatt hatte die *Forderungen des deutschen Volkes* zusammengefaßt und zum Programm erhoben: *Allgemeine Volksbewaffnung, mit freier Wahl der Offiziere. Ein deutsches Parlament, frei gewählt durch das deutsche Volk. Jeder Deutscher ohne Rücksicht auf Rang, Stand, Vermögen und Religion kann Mitglied dieses Parlaments sein, sobald er das 25. Lebensjahr zurückgelegt hat. Das Parlament wird seinen Sitz in Frankfurt haben und seine Geschäftsordnung selbst entwerfen. Unbedingte Preßfreiheit, vollständige Religions-Genossen- und Lehrfreiheit, Volkstümliche Rechtspflege mit Schwurgerichten, allgemeines deutsches Staatsbürgerrecht, gerechte Besteuerung nach dem Einkommen, Schutz und Gewährleistung der Arbeit, Ausgleichung des Mißverhältnis von Kapital und Arbeit, Volkstümliche und billige Staatsverwaltung, Abschaffung aller Vorrechte.*

Zum Gelingen einer Revolution bedurfte es des Straßenpöbels, der mit diesen Forderungen kaum zu mobilisieren war. Um den Mob in Bewegung zu setzen, schloß das Flugblatt mit dem in Fettdruck gesetzten Versprechen *Wohlstand für alle.* Derartige Botschaften fielen auf fruchtbaren Boden, erschreckten aber jene fortschrittlich-liberalen Bürger, die bereits zu Reputation oder Wohlstand gekommen waren, die durch den geschürten sozialen Neid das Erlangte gefährdet sahen. Sie verhielten sich abwartend oder ergriffen Partei für die Altständischen. Einst hatten auch sie für bürgerliche Freiheiten das Wort ergriffen, doch nun drohte ein Dammbruch den bürgerlichen Frieden zu zerstören. Berichtet wurde über eine Kohlenträgerin, die einer Bürgersfrau angekündigt hatte, daß sie bald schöne saubere Kleider tragen werde und die Bürgerin dann die Kohlen tragen müsse. In der *Kölner Zeitung* war zu lesen, daß der Mob sogar die städtische Selbstverwaltung bedrängt hatte. *Es hat eine Anzahl von Personen gewagt, den im Rathause versammelten Gemeinderat mit Forderungen des Volkes zu bestürmen. Diese wurden in vielen Exemplaren verteilt und laut verlesen. Es wurde ferner unter aufrührerischen Reden die Versammlung der Gemeindeverordneten eine geraume Zeit im Rathaus verlagert, bis die bewaffnete Macht den Rathausplatz von der Menge säuberte und einer der Rädelsführer zur Haft gebracht wurde ...*

Aus Frankfurt wurde gemeldet: *Das Volk stürmte gestern abends, dem 5. März den Römer und war nur durch ansehnliche Militärkräfte aus demselben zu vertreiben. Die Stadtwehr wurde mit Steinen beworfen. Die Bürger sind gegen die Unruhestifter erbittert. Vor dem Römer werden Kanonen aufgefahren. Alles in Waffen.* Die auf Ruhe und Ordnung bedachten Bürger konnten jedoch aufatmen, denn bald kam die Kunde aus den Residenzstädten, daß die Fürsten zum Einlenken bereit waren. Aus Baden war zu hören: *Soeben trifft die Nachricht ein, daß der Großherzog Preßfreiheit bewilligt hat. Ebenso sind allgemeine Volksversammlungen zugestanden.* Einen ersten Sieg konnte die *Frankfurter Zeitung* verkünden: *Der König von Württemberg hat einen seiner Minister nach Frankfurt geschickt, um dem Bundestag zu eröffnen, daß in den nächsten zwei Wochen im Königreiche Württemberg diejenigen zeitgemäßen Reformen eingeführt werden sollen, auf welchen das deutsche Volk gegründete Ansprüche hat ...*

Gespannt blickte die Öffentlichkeit auf das mächtige und im Bundestag entscheidende Preußen. Dort hatte der preußische Gesandte zunächst eine diplomatische Erklärung abgegeben und recht vage erklärt: *daß die Umstände dem Bundestage die Pflicht auferlegten, dem dringenden Verlangen nach Einigung aller nationalen Kräfte den rechtmäßigen Anhaltspunkt zu geben.* Es waren schöne unverbind-

liche Worte, die beschwichtigen sollten und die den Bundestag veranlaßten, sich in diesem Sinne zu äußern und auf das Ruhebedürfnis des
etablierten Bürgertums zielend, lediglich zu verkünden, daß *die Bundesversammlung mit voller Zuversicht auf den in schwierigen Zeiten
stets bewährten gesetzlichen Sinn, auf die alte Treue und die reife
Einsicht des deutschen Volkes vertraut.* Und in der Tat mit dem johlenden gewalttätigen Pöbel wollte sich das gebildete Bürgertum nicht
gemein machen. Auswüchse wie in Frankreich entsprachen nicht
der deutschen Art. In diesem Sinne versammelten sich 51, meist süddeutsche Landtagsabgeordnete in Heidelberg um *Rat zu halten.* Beschlossen wurde, ihre Regierungen aufzufordern, die zahllosen Versprechungen endlich einzulösen und angesichts der revolutionären
Gefahren sofort eine Vertretung der ganzen deutschen Nation zu-
sammenzurufen. Sieben Männer aus der Versammlung bildeten
einen Ausschuß, der am 12. März einen Aufruf an die Mitglieder
aller deutschen Landtage verfaßte und zugleich eine Einladung für
den 30. März 1848 nach Frankfurt aussprach, um über die Bildung
eines deutschen Parlaments zu konferieren.

Während in Frankfurt die Vorbereitungen zu der Zusammenkunft deutscher Parlamentarier getroffen wurden, mehrten sich in
Berlin die Unmutsäußerungen in der Bevölkerung über die Haltung
der preußischen Regierung. In großer Auflage geriet eine dubiose
Adresse der Arbeiter an den König in Umlauf, die, wohl kaum von
Arbeitern verfaßt, radikale Forderungen volkstümlich zu machen
suchte. Als sich am 13. März kleinere Gruppen formierten, die lär-
mend durch die Stadt zogen, entschloß sich der Stadtkommandant,
den Anfängen zu wehren und mit Gewalt die Menschenansammlun-
gen durch Soldaten zu zerstreuen, worauf an einigen Stellen der Stadt
die Demonstranten Barrikaden errichteten, die sogleich vom Militär
unter Anwendung von Schußwaffen geräumt wurden. Damit konzentrierte sich der Volkszorn gegen das Militär, und als anläßlich
einer Massenkundgebung *Unter den Linden* der Aufruf erfolgte, nun
Gewalt mit Gewalt zu begegnen, löste sich aus der Menge sogleich
eine bewaffnete Schar, die sich bedrohlich den Soldaten der Wache
näherte. Nach einem kurzen Schußwechsel lagen einige Tote auf der
Straße, die Volksunruhen hatten zum Entsetzen des Königs erste Opfer gefordert. Fest entschlossen, weitere Blutvergießen zu verhindern,
erließ der König unter dem Eindruck einer großen Volksversamm-
lung in der Nacht vom 17. auf den 18. März ein Edikt, in dem er
feierlich gelobte, in Zukunft nach einer Verfassung regieren zu wol-

len – zu spät, denn inzwischen brachten Eisenbahnzüge unablässig polnische Berufsrevolutionäre in die Stadt, denen es am 18. März gelang, den offenen Aufstand professionell zu organisieren. Bis in die Nacht tobten die Straßenschlachten und Barrikadenkämpfe, so daß sich das Militär entschloß, Artillerie einzusetzen und gemeinsam mit der Infanterie den Widerstand zu brechen. Als es still geworden war, hatten 183 Revolutionäre ihr Leben gelassen. Für den tiefreligiösen König war dies sein Strafgericht Gottes und er zweifelte nicht daran, daß er diese Blutopfer auf sein Gewissen zu nehmen hatte. Sein Aufruf *An meine lieben Berliner* ist ein rührendes Dokument der verzweifelten Hilflosigkeit eines Mannes, der die neue Zeit des Hasses und der Gewalt nicht zu begreifen vermochte.

Großdeutschland soll es sein
Wortgepolter in der Paulskirche

Indessen war in Frankfurt das Vorparlament zusammengetreten. Beschlossen wurde eine Verfassung für das gesamte Deutschland zu erarbeiten, eine Verfassung, die von einer Nationalversammlung, bestehend aus Männern aller Schichten, selbständig und ohne Mitwirkung der Fürsten erarbeitet werden sollte.

Am 18. Mai 1848, nachmittags 3 Uhr, zogen die gewählten Abgeordneten des deutschen Volkes in einem festlichen Zug unter Kanonendonner und Glockengeläut an ihren Sitzungsort, die Paulskirche in der alten Kaiserstadt Frankfurt am Main. Die bürgerliche Machtergreifung schien sich endgültig zu vollenden. Bereits in der ersten Sitzung mußte ein für die Legitimation des Parlaments wichtiger Punkt ausgefochten werden, nämlich die schwierige Frage der Doppelzugehörigkeit jener Abgeordneten, die gleichzeitig einem Landesparlament angehörten, zum Beispiel Sitz und Stimme im preußischen Landtag hatten, und nun auch Volksvertreter in der Nationalversammlung waren und dadurch in einen Gesetzeskonflikt kommen konnten. Zur Lösung des Problems wurde der Antrag gestellt, die Nationalversammlung solle feierlich erklären, daß sie aus dem Willen und den Wahlen der ganzen deutschen Nation hervorgegangen und somit das Organ zur Begründung der Einheit und Freiheit Deutschlands sei und daß alle Bestimmungen einzelner deutscher Verfassungen, die nicht mit dem zu erarbeitenden Verfassungswerk übereinstimmten, nur mit ausdrücklicher Genehmigung der Nationalversammlung Gültigkeit erhielten. Mit der Annahme dieses Antrags hatte sich das Frankfurter Parlament zum souveränen Schöpfer einer deutschen Verfassung erhoben. In euphorischer Stimmung bejubelten die Abgeordneten ihren Mut, das Volk zum Souverän und sich selbst zu Abgesandten des Volkswillens und legitimen Vertretern der ganzen Nation zu erklären. Einigkeit bestand allerdings nur in dem Willen, eine Verfassung für das Deutsche Reich auszuarbeiten, in der die Freiheitsrechte aller Deutschen festgeschrieben sein sollten. Endlose Debatten zeigten aber auch, daß es schwer sein würde, die unterschiedlichen Interessen der Volksvertreter in einem Gesetzeswerk zu vereinen.

Das deutsche Wahlvolk hatte kaum Gelegenheit gehabt, die politischen Ziele der Kandidaten zu prüfen, gewählt wurden vor allem die Honoratioren des jeweiligen Gemeinwesens, engagierte Demokraten, Lokalheroen, denen der bürgerliche Aufstieg gelungen und deren Reputation offenkundig war. In der überwiegenden Mehrheit waren es Männer mit einer akademischen Ausbildung, gelehrter Mittelstand, während Männer der Wirtschaft, Fabrikanten, Handwerker, Bauern und Kleinbauern kaum vertreten waren. Vorbild der deutschen Parlamentarier waren die Freiheitskämpfer der europäischen Nachbarn, die sich den feudalen Widrigkeiten entgegenstellten und das Selbstbestimmungsrecht der Völker gegen die sogenannten *Wohlerworbenen Rechte* der Fürsten durchzusetzen trachteten.

Nationalistische Gefühle mißachtend, hatten die feudalen Herren dreiunddreißig Jahre zuvor in Wien Europa neugeordnet. Die Großmächte Rußland, Österreich und Preußen hatten sich in der Heiligen Allianz verbunden, man sprach vom *Konzert der Mächte*, ein Bild, das die friedenstiftende Absicht der Vertragspartner allegorisch beschrieb: Die europäische Völkerfamilie sollte, wie ein Orchester geordnet, bei unterschiedlicher Instrumentierung, sich dennoch zu einem harmonischen Ganzen fügen und, um des Friedens willen, eigene Interessen hintanstellen. Die dilettierenden Politiker in der Paulskirche vermochten dieses komplizierte Geflecht aus Verträgen, fürstlichen Absprachen und stillen Übereinkünften nicht zu begreifen, der Diplomatik unkundig, beriefen sie sich auf Volkes Willen und forderten mit beleidigtem Trotz die Respektierung mehrheitlicher Beschlüsse.

Unter den Volksvertretern befanden sich allerdings auch gebildete, der Staatskunst kundige Abgeordnete, die in Kenntnis der tatsächlichen europäischen Machtverhältnisse zur Mäßigung mahnten und vor allem die Versammelten beschworen, über das Verfassungswerk mit den deutschen Regierungen zu verhandeln. Sie wußten, daß die deutsche Einheit nicht nur eine Angelegenheit des deutschen Volkes, sondern auch der europäischen Nachbarn war, die argwöhnisch den stürmischen deutschen Nationalismus beobachteten. Aufgabe des Parlaments sei, so erklärten sie, lediglich eine Verfassung auszuarbeiten und alsdann in politische Verhandlungen einzutreten. Wortführer dieses Standpunkts war der General Joseph von Radowitz, ein enger Freund des preußischen Königs und eine unbestrittene Autorität in völkerrechtlichen, politischen und militärischen Angelegenheiten. An seine Seite gesellten sich die Abgeordneten Graf Schwerin, von Vincke und andere. Vincke hatte sich bereits im preußischen Landtag für weitreichende Reformen eingesetzt und vor allem eine Stärkung der Ständevertretung verlangt. Sein Vorschlag war, dem englischen Beispiel zu folgen, nach dem die Krone ihre souveränen Rechte an die Volksvertretungen delegierte. Bereits im Verlauf der ersten Arbeitswochen in der Paulskirche bildeten sich parlamentarische Interessengruppen, die sich an bestimmten Plätzen des Versammlungsraumes sammelten. Die Gruppe Radowitz hatte auf der rechten Seite Platz genommen, überdies traf man sich in der sitzungsfreien Zeit in sogenannten Clubs in Frankfurter Wirtshäusern, um politische Gespräche zu führen und Abstimmungsabsprachen zu treffen. Die Namen der gastronomischen Etablissements gaben den Parteien ihre Namen, und so gab es unter anderem eine Café Milano-Partei, eine Hotel Hirschgraben Gruppe und eine Casino-Fraktion.

Zu den Konservativen zählten auch einige bürgerliche Abgeordnete, vor allem Vertreter der Hansestädte, wie der Hamburger Ernst Merck, und einige hohe Beamte der Staatsregierungen. Es waren zumeist Vertreter des bereits zu Rang und Würden gelangten Kleinbürgertums, die sich zwar auf ein gemeinsames Programm nicht verständigen konnten, wohl aber in einigen Zielen Übereinstimmung fanden, wie zum Beispiel dem Streben nach Erhalt der heimatlichen Stammeseigentümlichkeiten, womit sie sich zu den Verfechtern des föderalistischen Prinzips bekannten. Mit Sorge betrachteten sie die revolutionären Unruhen in Deutschland, die sie mit einem starken Parlamentarismus bekämpfen zu können glaubten.

Hervorragender Vertreter der Casino-Partei war der Drogist Bassermann, der sich überdies mit einer törichten Schrift außenpolitische Kompetenz anzumaßen suchte, indem er Deutschland zum Hauptgegner Rußlands erklärte. Monarchistisch gesonnen, freilich mit konstitutioneller Einschränkung, war sein Kampfgefährte Becke-rath, der sich vom Bankangestellten zum angesehenen Bankier em-porgearbeitet hatte und nun für Währungsangelegenheiten zustän-dig, in den entsprechenden Parlamentsausschuß delegiert worden war. Politische Kompetenz hatte sich der Lehrer und spätere Profes-sor für Geschichte Johann Gustav Droysen durch sein Spezialgebiet *Neue Geschichte* erworben. Als Mitbegründer der nationalistischen Geschichtsbetrachtung genoß er bei seinen Kieler Studenten höchstes Ansehen. Gemeinsam mit seinem ebenfalls zur Casino-Partei gehö-renden Freund Professor Friedrich Christoph Dahlmann engagierte er sich in der Schleswig-Holstein-Frage als erbitterter Dänenfeind. Der hohe Anteil von ruhigen norddeutschen Abgeordneten mag der Casino-Partei den Ruf der Besonnenheit eingetragen haben, ob-wohl auch sie massive demokratische Reformen verlangte, jedoch angesichts der zahlreichen Hemmnisse die begrenzten Möglichkei-ten realistisch einzuschätzen wußte. Geschlossen forderte sie Groß-deutschland, wollte aber die Macht Österreichs eingeschränkt wis-sen. Gemäßigt zeigten sich auch die schleswig-holsteinischen Brüder Beseler, ihr Vater war ein braver Deichinspektor, der beiden Söhnen ein Jurastudium ermöglicht hatte; gemeinsam mit ihrem Freund, dem Rechtsanwalt Johann Heckscher, bereicherten sie die Debatten durch ihre kühle Besonnenheit. Insbesondere Heckscher brillierte mit seinen fundierten Plädoyers für eine vorsichtige, ausgewogene Außenpoli-tik, die er sich weniger nationalistisch wünschte und entsprechend seinem hanseatischen Hintergrunds mehr von der Handelspolitik ge-leitet wissen wollte.

Das Linke Zentrum, die Partei des Hotels *Württembergischer Hof*, war von ständigen Spaltungskämpfen bedroht, und selbst die Wort-führer dieser Gruppe, Biedermann und Fallati, hielten ihrem politi-schen Club nicht die Treue.

Im besonderen Maße war die gemäßigte Linke der *Westendhall* für das Parlament prägend. In weitgehender Übereinstimmung mit den Abgeordneten des *Württembergischen Hofes* kämpften sie für die uneingeschränkte Souveränität des deutschen Volkes, vertreten durch die Nationalversammlung, die eigenständig und ohne Abspra-che mit den Ländern eine freiheitliche, das Landesrecht brechende Verfassung auszuarbeiten befugt sein sollte.

Die Linke traf sich im *Deutschen Hof*. Es war die einzige Gruppe des Frankfurter Parlaments, die bereits die Merkmale einer politi-schen Partei trug, indem sie sich ein Programm gegeben hatte. Danach sollte die Verfassung das allgemeine Wahlrecht enthalten, die Volksvertretung die ausschließliche gesetzgeberische Gewalt erhalten, eine verantwortliche Reichsregierung geschaffen werden, das deutsche Volk in freier Wahl über die Regierungsform entscheiden dürfen, eine starke Volksarmee sollte unter den Oberbefehl der Reichsregierung gestellt und schließlich eine Reform des Unterrichtswesens, der Strafrechtspflege sowie des Nationalitätenrechts eingeleitet werden.

Wortführer des *Deutschen Hofes* war der Gürtler Robert Blum, dessen markante Unbildung im Kontrast zu seinen pathetischen Reden stand, die ihm wiederum eine große Popularität im Volke verschafften, den gelehrten Herren Parlamentariern hingegen ein Greuel waren. Geprägt hatte ihn sein Lebensschicksal, das ihn die sozialen Ungerechtigkeiten jener Zeit am eigenen Leibe erfahren lassen hatte. Vom Gürtler in einer kleinen Laternenfabrik hatte er sich innerhalb der Firma zum Kontorarbeiter emporarbeiten können. Sein Prinzipal hatte sich zuweilen von Blum auf den Geschäftsreisen begleiten lassen, so daß der strebsame junge Mann Gelegenheit hatte, die Welt kennenzulernen. Zum Militär eingezogen, widerfuhr ihm das traurige Soldatenlos und schließlich, nach seiner Entlassung, das weitaus schlimmere Schicksal des heimatlosen, unversorgten Kriegers, von dem der Volksmund sagte *Entlassener Soldat-armer Soldat.*

Nach langer Wanderung und vielfältigen Gelegenheitsarbeiten war er zum Theaterdichter und Journalisten avanciert. An seiner Seite stand unter anderem der Mediziner Karl Vogt, ein vielseitiger Mann, der überdies einiges Aufsehen durch seine waghalsigen Gletscherexpeditionen erregt hatte und fortan auch als Fachmann der Petrefaktenkunde galt, geologische Lehrbücher schrieb und nach einem längeren Aufenthalt in Paris 1847 für dieses Fach eine Professur in Gießen erhielt. En passant hatte er in Paris Kontakte zu Republikanern und polnischen Emigranten gefunden, die sein politisches Bewußtsein beförderten, so daß er sich, nach Deutschland zurückgekehrt, in die Paulskirche wählen ließ und hier demokratisch-republikanisch dilettierte.

In der Gastwirtschaft, nomen est omen, *Donnersberg,* versammelte sich die radikale Linke um die Abgeordneten Ruge, Simon und Genossen. Sie beschworen die revolutionäre Entwicklung des zurückliegenden halben Jahrhunderts und forderten die radikale Durchsetzung der bürgerlichen Revolution unter dem Kampfruf Freiheit, Gleichheit, Brüderlichkeit.

Im Bewußtsein, den neuen Souverän, das Volk, zu vertreten, versuchten die Abgeordneten, die entsprechende Würde an den Tag zu legen und trotz des Widerstreits der Meinungen einen angemessenen Umgangston zu finden. Vor allem die Vertreter der Konservativen hielten sich an die Devise *noblesse oblige* und versuchten, sich dem zuweilen aufkeimenden Gezänk zu entziehen. Während die Gelehrten der Mitte sich, entsprechend der akademischen Tradition an den Universitäten, begifteten, erlaubte sich die Linke zuweilen einen kräftigen teutschen Unflat.

Doch der Prototyp des Abgeordneten der Nationalversammlung war der behäbig, schlagflüssige deutsche Biedermann, dem der Konservative Johann Hermann Detmold den Namen *Piepmeyer* schenkte und dem er durch seine *Thaten und Meinungen* ein karikierendes Denkmal setzte. Eine von dem Künstler A. Schrödter gefertigte Zeichnung charakterisierte so treffend den typischen deutschen Volksvertreter, daß gegen ihn und Detmold die heftigsten Vorwürfe erhoben wurden, das Präsidium des Parlaments in der Satire eine Beleidigung aller Volksvertreter sah und, sich selbst als Hohes Haus bezeichnend, mehr Respekt anmahnte.

Bereits in den ersten Wochen der parlamentarischen Arbeit wurde deutlich, daß es kaum möglich war, tragfähige Mehrheiten zu finden. Trotz der Clubs bildeten sich keine verlässlichen Fraktionen, denn die Abgeordneten beharrten in der Mehrheit auf ihrer Unabhängigkeit und waren nicht gewillt, sich einem kollektiven Willen zu beugen. Entsprechend ihren politischen Absichten und Vorstellungen wechselten sie auf der Suche nach Kampfgefährten ständig die Clubs, so daß die Abstimmungsergebnisse kaum vorherbestimmbar waren. Weitgehender Konsens aber bestand in der Nationalversammlung darüber, daß, fußend auf des Volkes heiligem Willen, nun endlich Großdeutschland geschaffen werden sollte.

Ehe in die Verfassungsdebatte eingetreten wurde, gelüstete es die Mehrheit nach einer kraftvollen Reichsmarine als Voraussetzung der bürgerlichen Großmachthoffnungen, und so wurde sogleich ein entsprechender Ausschuß gebildet, der bereits am 8. Juni 1848 den Antrag auf Schaffung einer deutschen Kriegsmarine dem Plenum vorlegte. Errechnet hatten die Ausschußmitglieder einen Finanzbedarf von 6 Millionen Thalern, die zu beschaffen angesichts der Bedrängnis der Schleswig-Holsteinschen Brüder zur Priorität erklärt wurde. Nationalistische Kräfte in Dänemark und vor allem die sogenannten Eiderdänen bedrängten ihren König Friedrich VII., das in Personalunion mit Dänemark verbundene Schleswig der Krone einzuverleiben.

Sowohl in Dänemark, als auch in Deutschland wurde in diesen Tagen offenkundig, daß die Fürsten nicht mehr Herr ihrer Entscheidungen waren, daß das nationalistische Bürgertum de jure zwar noch nicht die Macht errungen hatte, sie jedoch, gestärkt durch den Massenwillen, de facto in den Händen hielt. Damit war der heilige Schwur der Monarchen, wie Familienhäupter ihre Untertanen zu regieren, sie im Geiste der Brüderlichkeit zu leiten, um Religion, Frieden und Gerechtigkeit zu schützen, zur Disposition gestellt. Die deutsche Nationalversammlung ersehnte den Krieg gegen Dänemark so wie die Eiderdänen, gegen den Willen ihres Königs, gleichermaßen nach einem Waffengang riefen. Pathetische Reden und vaterländische Bekenntnisse mobilisierten auf beiden Seiten die Nationalisten. In der Paulskirche solidarisierten sich die gewählten Vertreter des deutschen Volkes mit den Brüdern im Norden, die bereits zu den Waffen gegriffen hatten und gegen die Dänisierung erbitterten Widerstand leisteten, ja sogar eine eigene Regierung gebildet hatten.

Altem feudalen Brauch entsprechend, setzten die Monarchen ihre Hoffnung auf die Diplomaten, die ungeachtet des Volkswillens Blutvergießen verhindern und mit der Diplomatik die Erbansprüche verifizieren sollten. Herzog Friedrich von Augustenburg ließ ein kompliziertes Erbgutachten erstellen, das seine wohlerworbenen Rechte bestätigte. Erst jetzt sah sich Preußen mit einem Mandat des Deutschen Bundes in die Lage versetzt, zur Durchsetzung der Erbansprüche des Herzogs Truppen einzusetzen. Unter dem Oberbefehl des Generals von Wrangel rückte eine Armee siegreich in Jütland ein. Die deutschen Bundesfürsten hofften, damit eine Verhandlungsbasis für eine Lösung des Problems zu erhalten. Das Dilemma der deutschen Fürsten und des dänischen Königs war jedoch kaum zu lösen, keiner der hohen Herren wollte den Krieg, und in Diplomatenkreisen sprach man bereits vom *Bosporus des Nordens*, weil der Konflikt russische und schwedische Ostseeinteressen tangierte, und England eine Veränderung des Gleichgewichts der Kräfte befürchtete. Das Ausmaß des Konflikts richtig einschätzend und um den drohenden europäischen Krieg zu verhindern, den Preußen kaum überstanden hätte, rief Friedrich Wilhelm IV. seine Truppen zurück.

Ein Schrei des Entsetzens und lautstark geäußerte Empörung durchtobte die Nationalversammlung. Die dilettierenden Politiker, diplomatische und militärische Laien, zudem mit nationalistischer

Blindheit geschlagen, vermochten das komplizierte europäische Sicherheitssystem nicht zu erkennen, forderten ein fragwürdiges Selbstbestimmungsrecht, ohne zu erahnen, welches Ausmaß ein neuer europäischer Krieg gehabt hätte. Im Überschwang der patriotischen Gefühle erklärte die Nationalversammlung die Schleswig-Holstein-Frage zu ihrer Angelegenheit. Lediglich die besonnenen Konservativen erinnerten daran, daß sich das Parlament noch keine verfassungsrechtliche Legitimation gegeben habe, und die Militärdebatte somit verfrüht und gefährlich sei. Ungeachtet der Warnungen, faßte eine satte Mehrheit den Beschluß, daß die Schleswig-Frage als eine Angelegenheit der deutschen Nation in ihren Bereich fiele, und das Parlament befugt sei zu verlangen, daß dieser Krieg zu Ende geführt werde und daß im Falle eines Friedensschlusses mit der dänischen Krone, die Rechte und die Ehre der Herzogtümer Schleswig und Holstein gewahrt werden müßten. Noch einmal erinnerten die Konservativen daran, daß die hehren Absichtserklärungen keine Wirkung hätten, solange das Reich über keine verfassungsmäßig legitimierte Exekutive verfüge. Angesichts der Machtlosigkeit des Parlaments trat der gemäßigte, aber in der Schleswig-Holstein-Frage persönlich involvierte Abgeordnete Dahlmann ans Rednerpult und erklärte: *Es ist mit Deutschland dahin gekommen, daß man im Ausland schon anfängt, die Frist zu bestimmen da es (Schleswig-Holstein) ganz die Beute der Parteien werde.*

Damit hatte Dahlmann einen Punkt getroffen, der seit dem Wiener Kongress das nationalistische Bürgertum aegriert hatte und als *deutsche Not* mit Hinweis auf den Westfälischen Frieden beklagt wurde: Über das deutsche Schicksal entschieden fremde Mächte. Unter dem Jubel der Abgeordneten fuhr Dahlmann fort: *Täuschen wir die Besorgnisse! Gründen Sie eine feste Zentralgewalt und treten Sie dann mutig den Besorgnissen, den Drohungen des Auslands entgegen. Fassen Sie Ihre weisen Entschlüsse; Sie werden durch den Weltteil widerhallen, diesen davon überzeugen, daß Deutschland aufgehört hat, seine besten Kräfte zu vergeuden im Dienste der Zwangsherrschaft, möge diese von oben oder unten drohen.* Eine Woche debattierten die Volksvertreter über diesen Vorschlag und 16 weitere Anträge bis schließlich nach 223 Wortmeldungen der Präsident von Gagern die entscheidende Frage stellte: Wer soll die Zentralgewalt schaffen? Er gab zugleich die Antwort: *Meine Herren! Ich tue einen kühnen Griff und sage Ihnen, wir müssen die einstweilige Zentralgewalt selbst schaffen!* Das Protokoll verzeichnete an dieser Stelle einen langanhaltenden, stürmischen Beifall, der noch einmal anschwoll als von Gagern erklärte, die künftige Zentralgewalt müsse einem Reichsverweser mit verantwortlichen Ministern übertragen werden.

Merklich geringer wurde die Begeisterung der Abgeordneten, als der Vorschlag laut wurde, der künftige Reichsverweser müsse der adeligen Oberschicht entstammen, denn, so von Gagern: *Es gibt keinen Privatmann, der unter solchen Umständen das Amt übernehmen können wird.* Einen Fürsten an der Spitze der Regierung wollten jedoch die Linken nicht akzeptieren, und so beschwichtigte Gagern die Republikaner mit dem Hinweis, *daß darin kein Abgang von dem Grundsatz der Souveränität der Nation gefunden werden kann, wenn etwa meine Meinung ist, daß diese hochgestellte Person ein Fürst sein müsste … nicht weil es, sondern obgleich dies ein Fürst ist.* Abermals entbrannte eine heftige Diskussion, die schließlich mit einem Kompromiß in der Person des östereichischen Erzherzogs Johann beendet werden konnte.

Ausschlaggebend für die Wahl des Erzherzogs zum Reichsverweser mit einer überwältigenden Mehrheit von 436 zu 112 Stimmen war eine, das deutsche Gemüt anrührende Liebesheirat des fürstlichen Herren mit der Posthalterstochter Anna Plochl, derentwegen er die Sanktionen des Wiener Hofes demütig ertragen und mit seiner Frau auf einem einfachen Bauernhof Wohnung genommen hatte. Anna Pochl war zwar zur Gräfin von Meran erhoben, nannte sich aber nach dem Flurnamen des Anwesens Freiin von Brandhofen. Es war ein idealer Kompromiß, für die einen war die Wahl auf einen Fürsten gefallen, und für die anderen wurde ein Feudalherr geehrt, der den Standesdünkel mißachtend, zum Volk herabgestiegen war und damit die Forderung nach Abschaffung des Adels unterstrichen hatte.

Eine Deutsche Reichsregierung
Deutschland über jede Rücksicht

In einer feierlichen Prozession hielt am 11. Juli 1848 der Erzherzog Einzug in Frankfurt, und zum Beweis der als glückhaft empfundenen Wahl legte die Bundesversammlung ihre verfassungsmäßigen Befugnisse in die Hände der provisorischen Zentralgewalt, ja mehr noch wurde feierlich die Mitwirkung aller deutschen Regierungen versprochen und das Ende ihrer Tätigkeiten erklärt. Dieser Entschluß war den Fürsten nicht schwer gefallen, denn allen Regierungen war die

Machtlosigkeit der Zentralgewalt bewußt, und so war es lediglich eine wohlfeile Geste, den Bundespräsidialgesandten sagen zu lassen, daß der Erzherzog nun die Würde eines deutschen Regenten antrete. Beschlüsse und Anordnungen des Reichsverwesers bedurften der Umsetzung durch die Landesfürsten, die damit das letzte und entscheidende Wort hatten.

Die Siegesreden der Abgeordneten in der Paulskirche konnten nicht darüber hinwegtäuschen, daß die Macht nach wie vor bei den Ländern und vor allem bei Preußen lag. Aus diesem Grund überantwortete der Erzherzog dem preußischen General von Peucker das Amt des Reichskriegsministers. Die weiteren Minister hatte sich der Reichsverweser aus den unterschiedlichen Clubs der Nationalversammlung geholt: Der weltgewandte Handelsanwalt Johann Gustav Heckscher aus der Casino-Partei wurde Justizminister, der freisinnige Vertreter der österreichischen Interessen und Metternichhasser Anton Schmeling erhielt das Innen- und Außenministerium, Handelsminister war der Bremer Kaufmann und spätere Gründer des Norddeutschen Lloyd Arnold Duckwitz.

Der offenkundige Sinneswandel der deutschen Fürsten, ihre hilfreiche Bereitschaft, das Parlament und den Reichsverweser zu stärken, hatte freilich einen naheliegenden Grund. Das Jahr 1848 hatte zum ersten Mal das revolutionäre, gewalttätige Potential in Deutschland offenkundig werden lassen, und alle Sicherheitsbehörden verwiesen darauf, daß die blutigen Märztage sich wiederholen könnten. Der Zentralgewalt und der Nationalversammlung die Sorge um Ruhe und Ordnung zu überantworten, hieß, daß Regierung und Volksvertretung im Ernstfall die Blutbefehle zu erteilen hätten, und folglich beeilten sich Bayern und Preußen, dem Reichsverweser Truppen, die unter seiner Befehlsgewalt standen, zur Verfugung zu stellen. Vor diesem Hintergrund war auch der Vorschlag Preußens zu verstehen, die Bevollmächtigten der Länder zu einem Rat zu vereinen, der dafür sorgen sollte, die Beschlüsse der Zentralgewalt auszuführen.

Nicht ohne Häme beobachteten die Feudalherren den langsamen Fortschritt der Verfassungsarbeit. Die widersprüchlichen Meinungen waren kaum zu koordinieren, und die gelehrten Juristen verloren sich in endlosen Disputationen. Nicht cinmal in der Formulierung der allgemeinen Volksrechte konnte Einigkeit erzielt werden. Während die Vertreter der Linken in der Verfassung ein republikanisches Großdeutschland verankert wissen wollten, wollte die Rechte diesen Punkt gänzlich ausgeklammert sehen. Diese und weitere Uneinigkeiten nutzte die außerparlamentarische Opposition, in der Öffentlichkeit einen Unmut über die Nationalversammlung zu schüren. Provokativ rief sie zu einem Demokratenkongress nach Frankfurt, dessen, das Parlament schmähende Beschlüsse, in Flugblättern und als Maueranschläge dem Publikum mitgeteilt wurden. Die Linke des Parlaments, der Demokratenkongress und eine breite öffentliche Meinung verlangten vor allem Großdeutschland und deutsche Weltgeltung, so wie es sieben Jahre zuvor der Breslauer Professor Heinrich Hoffmann in einem Gedicht niedergeschrieben hatte: Anläßlich eines Erholungsurlaubs auf der englischen Insel Helgoland reklamierte er die Insel für Deutschland und reimte in vaterländischer Stimmung:

Deutschland, Deutschland über alles
Über alles in der Welt
Wenn es stets zum Schutz und Trutze
Brüderlich zusammenhält
Von der Maas bis an die Memel
Von der Etsch bis an den Belt
Deutschland, Deutschland über alles, über alles in der Welt

Heinrich Hoffmann, der trotz seiner demokratisch-republikanischen Gesinnung, sich durch die Hinzufügung seines Geburtsortes den adelig klingenden Namen Hoffmann von Fallersleben gab, war in den Augusttagen des Jahres 1841 auf Helgoland in einigen Geldnöten und höchst erfreut, als sein Verleger Campe ihn besuchte, dem er sogleich das kleine Gedicht mit dem Bemerken: *das kostet aber vier Louisdor*, offerierte. Noch ehe Hoffmann den Vortrag seines Poems beendet hatte, legte Campe ihm das Geld auf die Brieftasche, in der Gewißheit einer guten Investition. In der Tat, das *Lied der Deutschen* entsprach den vaterländischen Gefühlen und dem Willen und Wollen des bürgerlich-politischen Aufbruchs jener Jahre.

Nach dem Frankfurter Demokratenkongress rückten die nationalistischen Fragen wieder in den Mittelpunkt der Debatten der Nationalversammlung. Das ganze Deutschland sollte es sein, und in diesem Sinne hatte man auch die Abgeordneten gewählt. Bereits in den ersten Debatten des Vorparlaments war deutlich geworden, daß die fremden Nationen an einem deutschen Nationalstaat kein Gefallen fanden und sich nicht von einem Deutschen Reich einverleiben lassen wollten. Die Tschechen waren gar nicht erst erschienen und hatten demonstrativ einen Panslawistenkongress nach Prag einberufen und die Polen kämpften um ihre nationale Unabhängigkeit und die Gründung eines eigenen Staates. Auch der sogenannte Fünfziger-Ausschuß hatte das Nationalitätenproblem nicht zu lösen vermocht; mit einem gütlich-versöhnlichen Aufruf an die slawischen Bewohner Böhmens, Mährens und Schlesiens, hatte man diesen fremden Volksteilen eine Mitwirkung am deutschen Staat angedient, und zugleich heimlich die österreichische Regierung gebeten, mit unerbittlicher Härte die Wahlen zur Nationalversammlung durchzusetzen und die deutschstämmigen Landsleute vor den Slawen zu schützen.

In der Paulskirche eskalierte der Streit schließlich, weil die Mehrheit des Parlaments am Anspruch auf Böhmen festhielt, und der Präsident erregt ausgerufen hatte: *Es gibt weder Bedingungen noch Berechtigungen zu einer selbständigen Entwicklung in Böhmen.* Ähnlich verlief der Streit um Posen. Preußen hatte ein Gebiet mit 600 000 und ein weiteres mit 280 000 Einwohnern als mit Deutschland vereinigt erklärt, damit hatten zwölf Abgeordnete aus diesen Gebieten im Frankfurter Parlament Sitz und Stimme. Die freiheitskämpfenden Polen betrachteten diese Regionen als Stammgebiet, aus dem das neue Polen entstehen sollte. Tausende polnische Emigranten kehrten in ihre Heimat zurück und eröffneten einen erbitterten terroristischen Kampf gegen die deutsche Bevölkerung und das preußische Militär. Ein Erfolg war ihnen nicht beschieden, das preußische Militär blieb Herr der Lage, so daß acht polnische Abgeordnete in der Nationalversammlung den Antrag stellten, das deutsche Parlament möge den Beschluß fassen, den polnischen Staat wiederherzustellen und Posen und Galizien die Selbständigkeit zu geben.

Damit wurden die Absurdität des erwachenden Nationalismus und die deutsche Selbstüberschätzung in grotesker Weise offenkundig. Erträumt hatte man zunächst ein demokratisches Europa, eine Solidarität der volksherrschaftlich regierten Nationen. Polnische Freischärler hatten noch im März an der deutschen Revolution mitgewirkt, hatten die unerfahrenen deutschen Revoluzzer im Barrikadenkampf unterwiesen, waren einst auf der Wartburg als Helden gefeiert worden, die Portraits polnischer Freiheitshelden zierten die guten Stuben vieler braver deutscher Bürger, und nun sahen sich die deutschen Abgeordneten in der verzweifelten Lage, auch Solidarität gegenüber den bedrängten deutschen Brüdern und Schwestern in den Grenzgebieten zeigen zu müssen. Die Forderung der Demokraten, vor allem der Süddeutschen, war ein freies Deutschland und ein unabhängiges Polen, doch die Grenzlanddeutschen sahen dies anders.

Der ostpreußische Abgeordnete Jordan empfand diesen kosmopolitischen Idealismus als schwachsinnige Sentimentalität, der aus dem revolutionären Polenrausch erwachsen sei. Zur Freude des anwesenden Ernst Moritz Arndt erinnerte Jordan an die Lehrmeinung der neudeutschen Geschichtsschreiber, nach der die deutsche Überlegenheit rassisch begründet sei und einen gesunden Egoismus legitimiere. *Es geht nicht um die Rechte der Deutschen in den Grenzgebieten*, so Jordan, *sondern um die naturhistorische Tatsache der Überlegenheit der Deutschen über die Slawen.* In dieser Grundstimmung fand man den Kompromiß, die deutschen Teile im Osten dem Reich einzuverleiben und die endgültige Regelung der Zentralgewalt zu überlassen. Der außenpolitische Ausschuß hatte dafür bereits eine Richtlinie gefunden, nämlich: *Freiheit und Recht Deutschlands über jede Rücksicht.*

In diesem Sinne wurde auch der Antrag der italienischen Abgeordneten aus dem Trentino, ihr Land aus dem Deutschen Bund zu entlassen, empört zurückgewiesen. Bezeigte zunächst der westliche Nachbar Holland der demokratischen Entwicklung in Deutschland einige Sympathie, so änderte sich das im Verlauf einer unerquicklichen Debatte in der deutschen Volksvertretung um die Provinz Limburg. Nach dem niederländischen Verfassungsentwurf war Limburg eine holländische Provinz. Trotzdem saß einer der Vertreter dieses Gebiets, der Abgeordnete Freiherr von Scherpenzeel, in der deutschen Nationalversammlung – eigentlich nur, um die deutschen Kollegen darauf hinzuweisen, daß er sein Mandat nicht annehmen könne und unverzüglich mit den Niederlanden über die Gebietsfrage verhandelt werden müsse. Die uneinsichtige Reaktion der großdeutschen Mehrheit trübte fortan das Verhältnis zu den Niederlanden.

Angesichts der zahlreichen ungeklärten Grenzfragen zogen es die Parlamentarier vor, lautstark mit dem Schwert zu rasseln und nach einem starken Heer zu verlangen. Der Ausschuß für Wehrfragen schlug vor, die Regierung zu veranlassen, die Truppenstärke zu erhöhen und zudem für den erhofften Waffengang eine 340.000 Mann starke Reservearmee bereit zu halten. Das hätte freilich bedeutet, daß in der Mitte Europas eine Millionenarmee in Bereitschaft gelegen hätte, die offensichtlich nicht der Verteidigung dienen sollte. Der Beschluß der Nationalversammlung entsprach den Vorschlägen des Ausschusses, genehmigt wurde eine zweiprozentige Erhöhung, gemessen an der tatsächlichen Einwohnerzahl. Ferner eine ausnahmslose gleiche Wehrpflicht und die Vorbereitung einer sparsamen, prunklosen Uniformierung, die den Charakter einer Volksarmee unterstreichen sollte, mit der, so der Abgeordnete Vogt, *ein Volkskrieg gegen die Barbarei im Osten geführt werden muß, weil wiedergeborene Völker der Feuertaufe bedürfen ... und kein Kanonenschuß auf der Welt erschallen darf, ohne daß Deutschland dabei ist.*

Ohnehin in kriegerischer Stimmung, wurde in derselben Debatte die Welt mit einer weiteren Provokation erschreckt, indem die Versammlung die schwarz-rot-goldene Fahne zur Bundesfahne, Kriegs- und Handelsflagge erklärte. Damit sollten, obgleich historisch nicht korrekt, die mittelalterliche Kaisermacht beschworen und europäische Erbschaftsansprüche deutscher Fürsten auf den neuen Souverän, das deutsche Volk, übertragen sein. Erträumt wurde eine starke Kriegsmarine, eine starke Volksarmee unter den großdeutschen Farben – eine Vision, die von den europäischen Nachbarn mit gemischten Gefühlen zur Kenntnis genommen wurde; sie zogen es vor, diese Fahne nicht anzuerkennen. Verhalten reagierten auch die deutschen Fürsten, die keine Sympathie für die *Blutfarben* hegten. Als Reichskriegsminister von Peucker auf Veranlassung der Nationalversammlung die Landeskriegsminister anwies, die Truppen müßten fortan schwarz-rot-goldene Kokarden anlegen, wurde dem nur widerwillig Folge geleistet. Schwerer taten sich die Landesregierungen mit der gleichzeitig verlangten Huldigung des Reichsverwesers. Die kleinen deutschen Staaten folgten zwar der Anweisung, doch Preußen und Bayern versuchten, sich diesem Ansinnen zu entziehen. In Bayern ließ man zunächst den König hochleben, sodann den Reichsverweser und schließlich das Vaterland. Preußen gestattete das Zeremoniell lediglich in den Bundesfestungen. Nur in Wien zeigte man keine Bedenken, denn schließlich betraf die Huldigung ein Mitglied des kaiserlichen Hauses.

Während die Nationalversammlung sich an den großdeutschen Blütenträumen berauschte, hatte Preußen versucht, die Schleswig-Holstein-Frage friedlich-diplomatisch zu lösen. Wohlweislich hatte man das Parlament über den Fortgang der Verhandlungen uninformiert gelassen, doch die Gerüchte besagten, daß England und Schweden zu vermitteln suchten, wobei als Voraussetzung einer friedlichen Einigung die Nichtanerkennung des Reichsverwesers ausgehandelt worden sei. Nach gründlicher Prüfung der europäischen Machtkonstellation und den unterschiedlichen Interessen der europäischen Mächte im Ostseeraum, sah sich Preußen zu einem sofortigen Friedensabschluß genötigt, nicht ohne zuvor die Reichsregierung von den Plänen in Kenntnis gesetzt zu haben. General von Below wurde nach Frankfurt entsandt, der dem Reichsverweser und den Regierungsmitgliedern die komplizierte Situation darlegte, auf die vielfältigen Gefahren einer kriegerischen Auseinandersetzung hinwies und schließlich die Vollmacht für einen Vertragsabschluß erbat. Grundsätzlich stimmte die Reichsregierung zu, jedoch nicht nach den Malmöer Bedingungen Schwedens und Englands, sondern entsprechend dem zuvor ausgehandelten für Deutschland günstigeren Vertrag. Darüber hinaus wurde darauf bestanden, den Unterstaatssekretär der Reichsregierung von Gagern zu den Verhandlungen hinzuzuziehen, nicht als Verhandlungspartner, sondern als Kontrolleur und Berichterstatter des Reichsverwesers.

Mit diesem Affront war weiteren Verhandlungen der Boden entzogen, und Preußen blieb nichts anderes übrig, als den Malmöer Frieden zu unterzeichnen. Eigentlich hätte es den Abgeordneten zu diesem Zeitpunkt klar werden müssen, wie töricht es war, die Schleswig-Holstein-Frage zur Angelegenheit des Parlaments zu machen. Mit pathetischen Reden war keine Politik zu machen, und wütende Drohungen ersetzten keine Diplomatie. Die Ablehnung des Malmöer Friedens durch die Nationalversammlung löste die erste schwere Regierungskrise aus, die zum Rücktritt sämtlicher Minister führte. Ein neues Kabinett war selbst unter der Ägide des angesehenen Schleswig-Holsteiners Dahlmann nicht zu bilden. Zum konstruktiven Handeln nicht mehr befähigt, übten sich die Abgeordneten in patriotischen Haßgesängen, bis schließlich, vom Zorn ermattet, eine resignierte Ruhe eintrat.

Hochmut kommt vor dem Fall
Das Ende eines Traums

Die Vorgänge um den Malmöer Frieden bedeuteten im Grunde das Ende des Frankfurter Parlaments, nicht durch einen fürstlichen Boykott, sondern durch die dilettantische Ahnungslosigkeit seiner Abgeordneten. In seiner letzten Klagerede gegen die preußische Diplomatie hatte der Abgeordnete Blum die fortan in Mode kommende deutsche Passion gestiftet, indem er ausgerufen hatte, man solle lieber *in Ehren untergehen, als solche Schmach hinzunehmen.* Just als er diese Worte ausgerufen hatte, vernahmen die Volksvertreter ein lautes Getöse vor den Türen der Paulskirche. Ein randalierender Pöbel war zuhauf gelaufen und drohte, das Parlament zu erstürmen. Grölend zogen aus allen Teilen Deutschlands herbeigereiste Revolutionäre durch die Straßen, wütende Haßtiraden und Racheschwüre gegen Dänemark ausstoßend. Vor dem Gasthof *Zum englischen Hof* erkannte eine Schar aufgebrachter Bürger den Abgeordneten Zell aus Trier, der sogleich erbärmlich zugerichtet wurde, und in der *Westendhall* bangte der greise Turnvater Jahn in einem Versteck um sein Leben.

Als demokratische Vereine zu einer Massenkundgebung auf der Pfingstwiese aufgerufen hatten, wurde deutlich, wer die Hintermänner dieser Unruhen waren. Der Frankfurter Rechtsanwalt Reinmann schlug der Versammlung vor, eine Petition mit den Forderungen des Volkes an die Nationalversammlung zu senden, doch die Versammelten, die Rede ohnehin nicht verstehend, tobten und lärmten oder bölkten in Sprechchören dumpfen Haß. Als dann die Volksvertreter der Nationalversammlung Schlöffel, Simon und Zitz auftauchten, waren die Initiatoren des Aufstandes gefunden. Ihre Abstimmungsniederlage in der Schleswig-Holstein-Frage nicht akzeptierend, hatten sie den Mob mobilisiert. Mit dem Ruf *Jetzt schreiben wir Fraktur* zog Zitz ein Papier aus der Tasche, in dem, im Namen der 20000 versammelten Bürger, die 258 Abgeordneten der Volksvertretung, die dem Schandfrieden zugestimmt hatten, zu Verrätern am deutschen Volk, der deutschen Freiheit und Ehre erklärt wurden. Organisator der Verschwörung gegen das Parlament war der Abgeordnete Zitz, dessen Frankfurter Wohnung das Hauptquartier der gewalttätigen Kriegstreiber wurde. Um die Parlamentarier vor weiteren Übergriffen zu schützen, erbat das Präsidium militärischen Schutz. Zwei Bataillone Österreicher und Preußen eilten herbei und hielten am 18. September die Zufahrten zur Paulskirche frei, damit die Abgeordneten ungehindert das Parlament betreten konnten. Mit aufgepflanzten Bajonetten mußten Soldaten die Volksvertreter vor dem Volke schützen.

Initiatoren der außerparlamentarischen Volksversammlungen waren einige linke Abgeordnete, die mit ihren antiparlamentarischen Aktionen Neuwahlen erzwingen wollten. Als dies mehrheitlich abgelehnt wurde, versuchten einige Radikale, das Plenum zu erstürmen, doch das Militär konnte abermals die Volksvertreter vor Schaden bewahren. Darauf beantragten einige Linke den bedingungslosen Abzug der Soldaten, wiederum vergebens, und so entschlossen sie sich, die Ausschreitungen eskalieren zu lassen. Erneute Straßenkämpfe entbrannten, Barrikaden wurden errichtet. Vor den Toren Frankfurts ermordeten aufgehetzte Bauern den preußischen General Hans von Auerswald und den Fürsten Lichnowsky, eine Bluttat, die endlich zu einem härteren Vorgehen des bis dahin sehr vorsichtigen Militärs führte. Mit Hilfe von Kanonen wurde dem Spuk ein rasches Ende bereitet. Zehn Tote waren zu beklagen, und wieder einmal hatte es nicht die Rädelsführer getroffen, die saßen sicher im Parlament und begriffen nicht, daß sie mit ihrem Kriegsgeschrei die Autorität des Hohen Hauses demontiert und das Ende des hoffnungsvollen demokratischen Aufbruchs eingeläutet hatten. Die bis dahin schwankende Mehrheit wandte sich den Konservativen zu, die von Anbeginn vor dem politischen Dilettantismus gewarnt und nun so augenscheinlich recht behalten hatten.

Die eigentliche Aufgabe der Nationalversammlung, eine Verfassung zu erarbeiten, war durch die selbst produzierten Krisen nicht vorangekommen. Der Entwurf lag zwar vor, wurde aber in endlosen Debatten zerredet. Die Folge des Versäumnisses war, daß weder die Regierung, noch das Parlament verfassungsrechtlich legitimierte Hoheitsrechte besaßen. Machtlos gegenüber den Fürsten und den demokratischen Vereinen, begaben sich die Abgeordneten auf eine Gratwanderung des Überlebens. Republikanisch-demokratische Ausschreitungen in Baden, Hohenzollern-Sigmaringen und in Sachsen-Thüringen führten zu anarchischen Zuständen, bis endlich die Zentralgewalt sich gezwungen sah, die Regierungen um militärisches Eingreifen zu ersuchen. Im Auftrage des Reichsverwesers formierten sich einige Regimenter zu einer Reichstruppe, die als strategische Maßregel die Unruhegebiete besetzte. In den Augen der Radikaldemokraten war dies der Beweis, daß die Nationalversammlung gegen das Volk angetreten war, und als im Parlament die Niederschlagung des Wiener Aufstandes gebilligt und zur Angelegenheit der österreichischen Regierung erklärt wurde, schwand der Konsens der Demokraten vollends dahin.

Vom Parlament unautorisiert, reisten daraufhin einige linke Abgeordnete nach Wien, um der Bevölkerung der *Ostmark* das Mitgefühl der Nationalversammlung zu bekunden. Die Abgeordneten Blum und Fröbel protestierten bei der Regierung gegen den Einsatz des Militärs, und als sie mit dem Hinweis auf den Paulskirchenbeschluß abgewiesen wurden, bewaffneten sie sich, gesellten sich zu den Aufständischen und nahmen an den Barrikadenkämpfen teil. Abgeordnete der Nationalversammlung mit der Waffe in der Hand gegen Regierungstruppen, damit hatte sich das Wohlwollen der Fürsten erschöpft. Blum, der sich in einem Gasthof verborgen hatte, wurde entdeckt, vor ein Kriegsgericht gestellt und zum Tode durch den Strang verurteilt. Sein Hinweis auf die Immunität als Reichstagsabgeordneter und der Protest der Nationalversammlung fanden nur insoweit Beachtung, als ihm der Strang erspart blieb und er schließlich am Morgen des 5. November in Brigittenau erschossen wurde. Sein Mitstreiter Fröbel hatte die gleiche Strafe erhalten, doch erinnerte sich der Fürst Windisch-Graetz an eine vom Wiener Hof sehr wohlwollend aufgenommene Schrift Fröbels, was ihn veranlaßte, das Urteil in eine Gefängnisstrafe umwandeln zu lassen.

Blum und Fröbel waren nicht die einzigen Volksvertreter, die an Gewalttaten beteiligt waren. Der Assessor am Appellationsgericht in Dresden, Wilhelm Adolf von Trützschler, begab sich anläßlich des badischen Aufstandes nach Mannheim und organisierte dort einen Aufstand. Nach der Niederschlagung flüchtete er, wurde jedoch ergriffen, an Preußen ausgeliefert und am 14. August 1849 erschossen. Zusammen mit Gustav von Struve hatte der Abgeordnete Hecker die badische Republik ausgerufen. Als die Lage für Hecker mulmig wurde, flüchtete er in die Schweiz, um von dort aus die Revolutionierung und Republikanisierung Deutschlands zu propagieren. Zeitgleich debattierte wieder einmal die Nationalversammlung über die Verfassung und beklagte, daß die Heißsporne durch ihre Gewalttaten alle demokratischen Hoffnung zerstörten. Nachdem preußische Truppen auch den badischen Aufstand niedergeschlagen hatten, floh Struve nach Heidelberg ins Hauptquartier des polnischen Rebellen Ludwig von Mierowslawski, den die deutschen Aufständischen zum Obergeneral der revolutionären Truppen berufen hatten.

Mieroslawski hatte als Freischärler zunächst gegen die Russen gekämpft, war dann nach Paris emigriert, wo er in der Exilregierung mitwirkte, um sodann, nach Posen entsandt, den dortigen Widerstand zu organisieren. Im Jahre 1846 wurde er von preußischen Soldaten verhaftet, zum Tode verurteilt und kurz vor der Hinrichtung von Friedrich Wilhelm IV. begnadigt. Im Gefängnis entwickelte Mieroslawski seine Idee vom unabhängigen Polen, als Bollwerk des Westens gegen die asiatische Barbarei, ein Gedanke, der bei jenen Abgeordneten der Nationalversammlung Anklang fand, die in Rußland den Hauptfeind Deutschlands sehen wollten – wie zum Beispiel Arnold Ruge, der sich eigentlich als Pazifist profiliert hatte, nun aber als Abgeordneter nach einem Volkskrieg gegen das barbarische Zarentum Verlangen zeigte.

Der preußische König erhoffte sich durch den Mieroslawski-Plan eine Lösung der Polenfrage und suchte den Rebellen auf, um in einem versöhnlichen Gespräch die polnischen Rebellen auf die Seite Preußens zu ziehen. Vergeblich, denn Mieroslawski forderte auch die mehrheitlich deutschbesiedelten Gebiete im Osten und eine ethnische Bereinigung vor der endgültigen Grenzfestlegung.

In die Eskalation treibender Dänenhaß, dumpfwabernde Kriegsgelüste gegen Rußland und, sich daraus ergebend, eine kindische Verehrung der polnischen Freiheitshelden, deren Expansionsgelüste einfach nicht zur Kenntnis genommen wurden, dies alles belastete Deutschlands außenpolitische Positionen und wurde nur durch den Umstand gemildert, daß die europäischen Hofgesellschaften noch immer nach überkommenen Brauch miteinander kommunizierten, und die noch intakte Feudalordnung einen nationalistischen Dammbruch verhindern konnte. Trotz der Gewalttätigkeiten blieben die deutschen Regierungen gelassen und in der Gefahrenabwehr maßvoll, zumal die Revolutionsgestalten in Habit und Auftreten nicht ohne Komik waren. So sorgte Friedrich Hecker für Belustigung, als er auf Flugblättern sein Bildnis verteilen ließ, dargestellt als greulicher Wildschütz, mit martialischem Säbel und zwei gewaltigen Pistolen im Gürtel. Um größeren Schaden von der Nationalversammlung abzuwenden, erging ein Mehrheitsbeschluß, Hecker auf Grund seiner Mittäterschaft bei den badischen Unruhen zum Hochverräter zu erklären. Als er trotzdem als Abgeordneter des Wahlbezirks Thiengen ins Parlament gewählt wurde, erklärte das Präsidium die Wahl für ungültig. Hecker wanderte nach Amerika aus und wurde Farmer. Auf Einladung der liberalen Zeitschrift »Die Gartenlaube«, besuchte der greise Hecker nach der Reichseinheit im Jahre 1873 noch einmal seine Heimat, von der liberalen Presse als deutscher Patriot gefeiert, doch Hecker hatte kaum noch vaterländische Empfindungen für Deutschland; er hatte die Vergangenheit abgestreift und war Amerikaner geworden.

Untergang
Suizid der Demokraten

Der Todeskampf des ersten deutschen Parlaments war begleitet von einem nationalistischen Wortgepolter, daß die europäischen Gesandten in Frankfurt aufmerksam zur Kenntnis nahmen und in mehr oder minder dramatischen Berichten ihren Regierungen übermittelten. Als der Abgeordnete Dahlmann in der Septemberkrise des Parlaments sich hinreißen ließ, die wahren Absichten der Volksvertretung mit den Worten zu verkünden: *die Bahn der Macht ist die einzige, die den gährenden Freiheitstrieb befriedigen und sättigen wird, denn es ist nicht nur die Freiheit, die der Deutsche meint, es ist zur größeren Hälfte die Macht, nach der es ihm gelüstet,* war ausgesprochen, was die europäischen Nachbarn vom deutschen Nationalismus zu erwarten hatten. Begründet wurde der Machtanspruch mit dem unerschütterlichen Glauben an die Überlegenheit der deutschen Kultur, die, so der Abgeordnete Reichensperger, *uns Deutschen eine welthistorische Mission auferlegt.* Künftigen Generationen den Weg weisend, stiftete die Paulskirchenversammlung die imperialen Machtgelüste und großdeutschen Hegemonialträume zur Beherrschung der Randvölker und Nachbarstaaten. Skandinavien, Südosteuropa, die Nord- und Ostseestaaten, die Adria und das Schwarze Meer sollten zu Einflußgebieten des Großdeutschen Reiches werden.

Um seinen König, der sich über dieses gefährliche Teutonentum besorgt zeigte, zu beruhigen, nannte der preußische Gesandte Bunsen die Heißsporne im Parlament scherzhaft *Altgermanen.* Die Nachbarstaaten vermochten diese nationalistischen Töne allerdings nicht mit Humor zur Kenntnis nehmen, insbesondere Rußland sah sich genötigt, an seiner Westgrenze militärische Vorsorge zu treffen. Daß der Zar keine ernsteren Maßnahmen ergriff, war dem russischen Geschäftsträger in Frankfurt und Berlin, Baron Budberg zu danken. *Seine Berichte,* so notierte Bismarck später in seinen »Gedanken und Erinnerungen«, *über die Verhandlungen und die Bedeutung der Paulskirche, waren von Hause aus satirisch gefärbt und die Geringschätzung mit welcher dieser junge Diplomat von den Reden der deutschen Professoren und von der Machtstellung der Nationalversammlung in seinen Berichten sprach, hatte den Kaiser Nicolaus dergestalt befriedigt, daß Budberg Karriere dadurch gemacht und er sehr schnell zum Gesandten und Botschafter befördert wurde.*

Budberg referierte seiner Regierung den Standpunkt der altpreußischen Kreise, in denen er verkehrte und die fest davon überzeugt waren, daß der nationalistische Spuk bald ein Ende haben würde. Die Entwicklung in Frankfurt gab ihnen recht, und so vertraute der Petersburger Hof auf jene Kräfte in Preußen, die Europas Sicherheit garantierten und die feudale Ordnung zu konservieren gedachten.

Auch die Engländer betrachteten die Frankfurter Vorgänge skeptisch, während das Haus Coburg noch einige Sympathien für die demokratische Entwicklung zeigte, fand Disraeli die treffenden Worte *that dreamy and dangerous nonsense called german nationality.* Vor allem die Linke glaubte, zumindest in Frankreich Gewogenheit erwarten zu können, schließlich war man der französischen Revolution gefolgt und hatte sich Frankreich zum Vorbild genommen. Daß der westliche Nachbar nun die kalte Schulter zeigte, ja deutliches Mißfallen über die gewünschte Reichseinheit äußerte, enttäuschte die Demokraten zutiefst; in ihrem politischen Dilettantismus vermochten sie nicht zu erkennen, daß Frankreichs außenpolitische Aktivitäten in Rußland eine Antwort auf das Großdeutschlandgetümel der Nationalversammlung war.

Das längst fällige Ende der Nationalversammlung wurde schließlich durch tumultuarische Szenen der Abgeordneten eingeleitet, als von Gagern unmittelbar nach seiner Wahl zum Präsidenten des Reichsministeriums und Minister des Auswärtigen sein Regierungsprogramm vorlegte, wonach in der Trennung von Österreich die einzige Möglichkeit bestünde, einen Deutschen Bundesstaat zu gründen. Mit Österreich, so schlug die neue Regierung vor, sollte das 1815 begründete Bundesverhältnis bestehen bleiben. Am 11. Januar 1849 begann die Debatte über das Gagern-Programm. Die Großdeutsche Mehrheit war kaum zu bändigen, und ständig mußte die Sitzung unterbrochen werden. Als schließlich, trotz des stürmischen Protestes und nach der Drohung Gagerns zurückzutreten, doch eine knappe Mehrheit seinem Vorschlag zustimmte, bestritten die 60 österreichischen Abgeordneten die Kompetenz der Nationalversammlung, ihr Land auszuschließen, und bekundeten, zusammen mit dem Rest der Großdeutschen, die Spaltung Deutschlands niemals anzuerkennen.

Unbeirrt von den Drohungen der Nationalisten verhandelte die Mehrheit des Parlaments nach dieser Klärung über die Frage des Reichsoberhauptes, wobei zunächst zu entscheiden war, ob Deutschland eine Republik oder eine Monarchie werden sollte. Alarmiert von diesen Vorgängen, ließ Preußen unverzüglich verlauten, daß eine Annahme des Amtes des Reichsoberhauptes für das Haus Hohenzollern nur mit Einwilligung der deutschen Fürsten in Frage käme und ein preußisches Kaisertum nicht zur Debatte stehen könnte. Österreich stellte klar, daß es auch weiterhin am deutschen Gedanken mitwirken wollte, ohne eine Reichseinheit, sondern nur mit einem Umbau des Staates im Sinne eines festen und mächtigen Deutschen Bundes. Auch Bayern versagte sich einem deutschen Kaiser und verlangte einen Staatsvertrag, der Österreich in den Deutschen Bund einbezog. Eine ähnliche Forderung erhob Baden. Sachsen befand die ausgearbeitete Verfassung als zu zentralistisch und wünschte sich statt eines Reichsoberhauptes ein Direktorium. Die übrigen 24 Regierungen hatten ähnliche und weitere Bedenken und protestierten gegen die zu weit gehenden Vollmachten der Reichsregierung. Die tiefe Resignation der Abgeordneten über diese Absagen, faßte der greise Turnvater Jahn in die Worte: *Die Versammlung ist matt, totmatt, sie sehnt sich nach Haus und hat das Zutrauen zu Deutschland verloren.*

Die endgültige Absage Österreichs erfolgte am 9. März 1849, wobei in einer Note unverbindlich versprochen wurde, auch weiterhin an der Einigung Deutschlands mitwirken zu wollen, doch ohne ein die Zentralgewalt einschränkendes Volkshaus, sondern lediglich mit einem von den Regierungen gebildeten Ausschuß. Ein für die Nationalversammlung nicht zu diskutierender Affront, der nun auch die Großdeutschen in das Lager der Kleindeutschen trieb. Unter dem Druck der österreichischen Note wurde endlich und viel zu spät die Verfassung in zweiter Lesung verabschiedet und eine Kaiserwahl beschlossen. Noch einmal hatten sich 538 Abgeordnete in der Paulskirche versammelt, um in einer feierlichen Stimmung einen Deutschen Kaiser zu wählen. Vorgeschlagen war Friedrich Wilhelm IV. von Preußen, der 290 Stimmen erhielt, 248 Abgeordnete enthielten sich des Votums. Unter dem Glockengeläut der Frankfurter Gotteshäuser und einem martialischen Kanonendonner machte sich eine Delegation parlamentarischer Würdenträger auf den Weg nach Berlin.

Friedrich Wilhelm empfing die Herren mit ausgesuchter Höflichkeit, indem er seinen Hofstaat um sich versammelt hatte, seine Minister, die Prinzen des Hauses und die Würdenträger des Landes. Leutselig lauschte der König der Verlesung der Adresse des Parlaments durch den Präsidenten der Nationalversammlung Simson. Die Antwort des Monarchen war eine blumige Rede, die den Bittstellern Respekt zollte, aber auch erkennen ließ, daß er nicht geneigt war, aus den Händen des Volkes eine Krone zu empfangen. Er wäre bereit, die Reichskrone anzunehmen, so war das Fazit, wenn die deutschen Fürsten ihr Plazet geben würden.

Niedergeschmettert und zutiefst resigniert kehrte die Abordnung nach Frankfurt zurück, wo die bittere Kunde sich bereits herumgesprochen hatte, worauf der größte Teil der Abgeordneten abgereist war und der verbliebene Rest sich mit pathetischen Trauer- und Trotzreden zu trösten versuchte. Einige Unermüdliche hofften auf den Druck der Straße, und in der Tat rumorte vor allem in Süddeutschland der Volkszorn. Auf Plätzen und Wiesen versammelten sich aufgebrachte Bürger, die feierliche Gelöbnisse auf die Reichsverfassung ablegten. In der Rheinpfalz forderten Volksversammlungen die Gemeinden auf, unter Leitung der Ortsvorsteher zusammenzutreten und den Beschluß zu fassen, die Reichsverfassung auch ohne die Wahl eines Reichsoberhaupts für gültig zu erklären und die Nichtanerkennung als Hochverrat zu ahnden. In theatralischen Schwüren gelobten die enthusiasmierten Bürger, mit Blut und Gut jeden Angriff auf die Verfassung abzuwehren und notfalls zu den Waffen greifen zu wollen. Die Aufforderung der linken Abgeordneten zur Volkserhebung wurde lediglich in Dresden befolgt, wo sogleich sächsische und preußische Truppen die Unruhen im Keim erstickten.

Die wenigen noch verbliebenen gemäßigten Abgeordneten beschworen die Radikalen, von Gewaltmaßnahmen abzusehen und mit Hilfe der Regierungen einen Neuanfang zu versuchen. Als ersten Schritt einigte man sich auf einen Appell an den Reichsverweser, endlich Maßnahmen gegen die antiparlamentarischen Kräfte zu ergreifen, doch der vom Wiener Hof als Reichsvermoderer geschmähte Volksregent zeigte sich nun als treuer Sohn des Hauses Habsburg, indem er klarstellte, daß er eine doppelte Legitimation habe – zum einen sei ihm das Amt von der Reichsversammlung überantwortet, zum anderen hätten ihm aber die deutschen Regierungen seine Machtstellung übertragen, woraus zu folgern sei, daß er zwar sein Amt dem Parlament zurückgeben könne, nicht aber die Macht. Trotzdem wurde nun in der Nationalversammlung die Beseitigung der Zentralgewalt beantragt und eine Reichsregentschaft von 5 Parlamentsmitgliedern gefordert. Wieder einmal entbrannte zu diesem Antrag eine sinnlose, nicht endenwollende Debatte, die schließlich am 30 Mai 1849, der letzten Sitzung in der Paulskirche, ohne Ergebnis beendet wurde. Der 30er-Ausschuß schlug vor, den kleinen Rest der Unentwegten nach Stuttgart einzuladen und, ungeachtet der Machtlosigkeit, dort die parlamentarische Arbeit fortzusetzen.

Die erste Sitzung des sogenannten Rumpfparlaments geriet zur Posse, wie angekündigt setzte die Versammlung den Reichverweser ab und wählte fünf Reichsregenten, die zugleich den Oberbefehl über die gesamte bewaffnete Macht übernahmen. In grotesker Einfalt verlangten die Regenten für das Kriegswesen, Raveaux und Becher, von der württembergischen Regierung eine Streitmacht von 5000 Mann, um zunächst Rastatt zu besetzen, ein Ansinnen, das selbstverständlich strikt abgelehnt wurde. Als Antwort ließen die Parlamentarier die Stuttgarter Rennbahn festlich schmücken und riefen die Bevölkerung zur feierlichen Proklamation einer Volksbewaffnung auf, womit die Geduld der Regierung ihr Ende fand, die Abgeordneten wurden unmißverständlich aufgefordert, derartige Kundgebungen zu unterlassen und überdies mit dem Rumpfparlament aus Württemberg zu verschwinden. Die Aufforderung mißachtend, zogen die Abgeordneten am 18. Juni in einem langen Zug zu ihrem Versammlungsort, doch dort hatte bereits Militär Aufstellung genommen, und ein junger Offizier forderte die ankommenden Volksvertreter auf, sich unverzüglich zu zerstreuen. Der Präsident Loewe wollte sich an das versammelte Volk und seine Soldaten wenden, als er jedoch mit seiner Rede anhob, befahl der umsichtige Kompaniechef einen Trommelwirbel, die Soldaten setzten sich in Bewegung, und Volk und Volksvertreter zogen es vor, nach Hause zu gehen.

Die zarte Pflanze der Demokratie war damit eingegangen. Die bürgerliche Geschichtsschreibung gab die Schuld den Feudalherren und dem reaktionären Adel, nicht ganz zu unrecht, doch zur ganzen Wahrheit gehört auch, daß die Herren Professoren in der Nationalversammlung in törichtem Teutonentum im Konzert der europäischen Mächte schrille Mißtöne erklingen ließen und die mühsam bewahrte Friedensordnung in Frage stellten. Die Redner in der Paulskirche hatten vorweggenommen, was nachfolgende selbsternannte Politiker nicht nur in wohlfeilen Proklamationen verkündeten, sondern mit verhängnisvollen Folgen auch durchzusetzen vermochten. Auf das großdeutsche Wortgetöse, den deutschen Kultur- und Rassewahn und den zwar noch leisen, aber nicht überhörbaren Antisemitismus, in der Nationalversammlung vom Abgeordneten Robert von Mohl vorgetragen, konnten sich die alldeutschen Erben berufen.

Vom Holzzeitalter zur Eisenzeit
Sozialer Kapitalismus

Das kurze parlamentarische Intermezzo in Frankfurt war ohne Krieg und schweren diplomatischen Schaden sang- und klanglos eingegangen. Die Bürger hatten nun andere Sorgen als den Wunsch, Kriege zu führen und ein Großdeutsches Reich von der Maas bis an die Memel, von der Etsch bis an den Belt zu errichten. Die politischen Streithähne hatten sich beruhigt und waren in ihre Kanzleien und Studierstuben zurückgekehrt. Über wirtschaftliche Fragen, darüber, daß Deutschland ein rückständiges Entwicklungsland war, hatte man sich in der Paulskirche keine Gedanken gemacht. Für die Höker und Händler-Kleinbürger war die Industrialisierung, etwa wie in England oder in Frankreich, ein lebensbedrohlicher Albtraum, und folglich wehrte man diesbezügliche Aktivitäten ab. Unter Einsatz seines in Amerika erworbenen Vermögens wollte Friedrich List das Eisenbahnwesen fördern, die deutschen vom freien Verkehrsfluß überzeugen, doch seine Bemühungen stießen auf Unverständnis und schließlich auf Feindschaft, als Staatsfeind wurde er in Haft genommen und zur Rückkehr nach Amerika gedrängt. Trotzdem gab er nicht auf, er kehrte zurück und versuchte, seinen Landsleuten die Eisenbahn schmackhaft zu machen, indem er ihnen Hoffnung machte, man könne auch Eisenbahnen aus Holz bauen. Es nutzte nichts, als sein Vermögen aufgezehrt war, erntete er nur noch Häme.

Vor allem aber sperrten sich die Gelehrten gegen jeglichen wissenschaftlichen Fortschritt, empörten sich, daß Chemiker an den Hochschulen lehren sollten, warnten vor einem Materialismus, wie er an den Universitäten im übrigen Europa gepflegt werde. Hierzulande wollten die Professoren Hüter des Geistes sein, *Seifensieder,* wie Liebig, und die ganze *Barbarenkohorte* der Naturwissenschaftler gehörten *nicht an die Universität und werden hoffentlich bald von dieser weggeschickt,* hieß es noch 1864 in einem Bittgesuch an die Obrigkeit.

Nicht anders erging es Erfindern, auch sie erfuhren keine Förderung. Die Erfindung der zylindrischen Schnellpresse des Schriftsetzers und Buchdruckers Friedrich Koenig fand in Deutschland kein Interesse, sie war ja nicht zünftig aus Holz gefertigt. Schließlich baute er sie für die Londoner *Times.*

Erfolgreicher war der Unternehmer Friedrich Harkort, der einen deutschen Kapitalismus predigte, der im Gegensatz zu den englischen und belgischen Auswüchsen von sozialer Verantwortung getragen sein sollte. Damit fand er das Ohr der Fürsten, vor allem des Bayern-Königs Ludwig, der verkündet hatte, daß *gegen eine maßvolle Industrialisierung nichts einzuwenden ist, wenn seine Vorbehalte gegen die Fabriken beachtet würden. Die Körper und Seele verkümmernde Lebensart der Fabrikarbeiter, die Konzentration der Produkte auf wenige Großbetriebe und daraus folgend die Gefahr von Communismus und Sozialismus ist zu verhindern.*

Der Industrielle und Abgeordnete im westfälischen Landtag Friedrich Harkort, der in seiner Schrift *Über die Hindernisse der Zivilisation und die Emanzipation der unteren Klassen* einen gemäßigten Kapitalismus vorschlug *und unsere Wünsche für die industriellen Klassen dahinaus zusammengefaßt* sehen wollte: *Höhere Schul- und Körperbildung, Ausschließung der Kinder aus den Fabriken und ein Maximum der Arbeitsstunden für die Erwachsenen; Verbesserungen der Wohnungen, so nach Möglichkeit auf das Land zu verlegen sind; billigere, gesunde Nahrungsmittel; Bildung von Vereinen zur wechselseitigen Unterstützung; Teilnahme am Gewinn des Kapitals; Vereine zur Verbreitung gemeinnütziger Kenntnisse ... Die meisten dieser Punkte liegen bereits der öffentlichen Meinung in mehr oder weniger scharfen Umrissen zur Beratung vor, man kann sie vertagen, wie leider in England geschah, allein die Stunde der Entscheidung wird einst schlagen und wohl dem Staate, welcher sie weise vorbereitet hat ...*

Harkort wollte zwar nicht den wirtschaftslenkenden Staat, wohl aber eine freiwillige Selbstbescheidung und soziale Verantwortung der Unternehmer, ein idealistisch-blauäugiger Wunsch, der die grenzenlose Profitgier der neureichen Kleinbürger nicht berücksichtigte. Aus diesem Grunde blieben die Fürsten skeptisch und versagten den Liberalen den Wunsch, die alte feudale Ordnung zu lockern. Von Gott zur Wahrung des sozialen Friedens und zur Fürsorge für alle Untertanen verpflichtet, mußten sie darauf bestehen, die ständischen Schutzbestimmungen zu erhalten. Dieser Vorgabe hatten die Unternehmer Rechnung zu tragen.

Harkort praktizierte die soziale Fürsorge beispielhaft in seinen Unternehmen, ihm zur Seite gesellte sich der Sozialpolitiker des 48er Parlaments Hermann Schulze-Delitzsch, eigentlich ein Rechtsgelehrter, der mit seinen sozialen Ideen die Fürsten zu überzeugen versuchte, daß ein deutsch-kapitalistischer Weg möglich sei.

Im Jahre 1858 hatten sich in Gotha die führenden deutschen Fabrikanten zum ersten Mal zu einem volkswirtschaftlichen Kongreß zusammengefunden und vehement Gewerbefreiheit, Freizügigkeit und eine Reform der Zollpolitik gefordert. Forderungen, der sich die Regierungen nicht verschließen wollten, vorausgesetzt das mittelständische Handwerk wäre vor der neuen Konkurrenz zu schützen. Der Vorschlag von Schulze-Delitzsch und einigen weiteren verständigen Liberalen erschien als Lösung des Problems, danach sollte das alte Innungswesen von Grund auf reformiert werden. Die neue Idee war freilich nicht in Deutschland entstanden, sondern ausgerechnet in England. Dort hatte Robert Owen in den Elendsgebieten des Nordens die verarmten Fabrikarbeiter zu überreden vermocht, ihre letzten Pennies zusammenzulegen, um damit größere und somit günstigere Sammeleinkäufe tätigen zu können. Angeregt von diesen Kooperativen initiierte Schulze-Delitzsch genossenschaftliche Vereinigungen der Handwerker, *deren Zweck nicht die Ansammlung und Sicherstellung eines vielen gemeinsam gehörenden Kapitals, sondern die Vermehrung dieses Kapitals durch fruchtbringende Anlagen in einem Großgeschäft, welches entweder einen distributiven oder produktiven Verein darstellt.*

Hauptanliegen war der genossenschaftliche und damit günstigere Ankauf des Rohmaterials und Werkzeugs, darüber hinaus aber sollten die Zusammenkünfte der Genossen auch mit Bildungsprogrammen bereichert werden und so die sittlichen und intellektuellen Kräfte des Kleinbürgertums gestärkt werden. In kürzester Zeit entstanden in allen Teilen Deutschlands Kredit- und Vorschußvereine, *deren Zweck,* so Schulze-Delitzsch, *es ist, das kleine und mittlere Handwerk in seinem Bedürfnisse kleiner Kapitalien zu unmittelbarer und mittelbarer Förderung des Geschäfts von dem Fluche und Druck des Wuchers zu befreien, der oft auf 20/30, oder gar 40 % steigt und mit vielen anderen materiellen und sittlichen Nachteilen verbunden ist.*

Im Jahre 1859 gab es bereits 200 Kreditvereine mit etwa 30000 Mitgliedern und einem Betriebskapital von 6 Millionen Talern. Ferner gab es hundert Rohstoffvereine mit über 6000 Mitgliedern, die einen jährlichen Einkauf von 500000 Talern tätigten. Schuhmacher, Schneider, Tischler, Weber, Buchbinder und Schmiede konnten endlich einer gesicherten Zukunft entgegensehen, indem das alte wettbewerbsfeindliche Zunftwesen beseitigt wurde, in bezug auf die schwankenden Rohstoffpreise jedoch eine größere Sicherheit eintrat und vor allem gleiche Einkaufspreise garantiert waren. Weniger erfolgreich waren die für die Arbeiterschaft gegründeten Konsumvereine. Bis zum Jahre 1860 konnten nur 50 Kooperationen gegründet werden. Sie beschränkten sich vor allem auf den billigen Einkauf von Mehl, Brot und Heizmaterial und nur wenige Vereine, wie der erfolgreiche Hamburger Konsumverein, nahmen in ihr Angebot auch Kolonialwaren auf.

Der erste große Vereinstag der Kredit- und Rohstoffvereine in Weimar zeigte, daß die Mehrheit der Genossenschafter kleinbürgerlicher Herkunft war, und entsprechend nannte sich das Organ der

Genossenschaften auch *Innung der Zukunft.* Unvertreten waren die unteren Klassen des Volkes, die Handwerksgesellen, das Gesinde, die Tagelöhner und Fabrikarbeiter. In der feudalen Ordnung waren sie weitgehend rechtlos der Schutzverpflichtung ihrer Hausherren überantwortet. Den Druck der zunehmenden Industrialisierung spürten als erstes die wandernden Handwerksgesellen, die im Ausland mit den sozialen Konflikten konfrontiert wurden. In Deutschland fanden sie noch Lohn und Brot einschließlich des Familienanschlusses in den traditionellen Handwerksbetrieben, doch in den Industrieländern mußten sie vornehmlich Fabrikarbeit annehmen, vom Arbeitsentgelt eine Unterkunft bezahlen und für das Essen selbst sorgen, womit durch Mietwucher und überhöhte Lebensmittelpreise der Lohn erheblich geschmälert wurde.

Das liberale Bürgertum zeigte sich in Maßen bereit, in den Fabriken englische Verhältnisse zu verhindern, doch ein enges Vertrauensverhältnis verband die bürgerlichen Fabrikherren nicht mit ihren Arbeitern, sie mißtrauten den niederen Ständen und fürchteten sich vor den Begierden der Zukurzgekommenen. Auf keinen Fall aber wollte man ihnen ein Wahlrecht einräumen, das unweigerlich die kleinbürgerliche Macht in den Städten gebrochen hätte, und so hieß es nun: *Das ein allgemeines Wahlrecht nach der Bildungsstufe, auf welcher sich sehr viele und namentlich die meist ländlichen Arbeiter, also die ganz überwiegende Mehrzahl sich noch heute befinden, zur Zeit weder dem freiheitlichen noch dem wirtschaftlichen Fortschritte förderlich sei. Das Wahlrecht ist das Endziel, nicht aber der Anfangspunkt aller sozialen Bestrebungen und liegt in weiter Ferne.*

Die Liberalen, die einst so vehement Volksrechte eingefordert hatten *freie, gleiche und geheime Wahlen,* dem Vierten Stand wollten sie diese Rechte nicht zubilligen, und so mußte Bismarck gegen den Willen der *Demokraten* das allgemeine und freie Wahlrecht der Frankfurter Verfassung in die Verfassung des Norddeutschen Bundes aufnehmen – nicht zuletzt weil dies auch der Wille des Königs war.

Aufstieg durch Abstieg
Arbeiterführer

Ein außerhalb der deutschen Grenzen wirkender Geheimbund der *Gerechten* nahm sich der Not der Industriearbeiter an, zunächst von französischen Sozialutopisten geprägt, gelangte der Verein bald unter den Einfluß von zwei deutschen Sozialtheoretikern, dem Fabrikanten Friedrich Engels und dem Philosophen und Juristen Karl Marx. Aus den *Gerechten* wurde der *Kommunistenbund*, für den Marx und Engels ein Programm schrieben: *Das Kommunistische Manifest,* das von den Arbeitern zunächst kaum beachtet wurde. Größeren Zulauf in Deutschland hatten die von bürgerlichen Liberalen gegründeten Arbeiterbildungsvereine. Entsprechend dem alten aufklärerischen Gedanken, daß rohes Menschentum durch Bildung zu veredeln sei, glaubten philanthropische Liberale, durch schulische Maßnahmen bei der unteren Klasse das politische Bewußtsein stärken zu können. Den eigenen Aufstieg vom Schuhmachergesellen zum Priester zum Vorbild setzend, hatte Adolf Kolping in Elberfeld den *Katholischen Gesellenverein* gegründet und damit liberales Bildungsstreben mit der christlichen Soziallehre vereint. Kolping hatte das Gesellenelend selbst erfahren und während seiner Vorbereitung zum Priester die sich verschärfenden sozialen Konflikte in den Industriegebieten im Westen Deutschlands kennengelernt. Kleinbürgerliche Wertvorstellungen, christliche Sozialethik und schlichte katholische Volksfrömmigkeit waren das Fundament seiner Kolpingsfamilien, die bald 250000 kleinen Leuten Geborgenheit und Heimat im Schoße der Kirche gaben.

Die größere Masse der Handwerkergesellen und Arbeiter war jedoch in weltanschaulich ungebundenen Vereinen organisiert, und es fehlte nicht an Versuchen, sie unter einem Dachverband zu vereinen. Arbeiterkongresse, sogenannte Arbeitertage, hatten gezeigt, daß aus der Arbeiterschaft kein Führer zu erwarten war, die Wortführer waren kleinbürgerliche Gelehrte, die erhebliche Verständigungsschwierigkeiten mit den Proleten hatten. Auch der rührigste Arbeiterverein in Leipzig wurde von einem Akademiker geleitet. Vorsitzender war der als Querulant unter seinesgleichen wenig geschätzte Dr. Dammer, der für einen von ihm geforderten *Allgemeinen Deutschen Arbeiterkongress* zunächst eine wissenschaftliche Vorbereitung verlangte. Nach endlosen Debatten wurde endlich beschlossen, ein diskussionsfähiges Gutachten zum Thema »Verbesserung der Arbeiterverhältnisse in Deutschland« in Auftrag zu geben.

Als Gutachter wurde der Breslauer Kaufmannssohn Ferdinand Lassalle bestimmt, wahrlich kein Mann mit proletarischer Vergangenheit. Von seinem Vater zum Kaufmannsberuf bestimmt, widersetzte sich der Jüngling dem väterlichen Willen und studierte in Breslau und Berlin Philosophie. Sein Umgang waren weniger die niederen Schichten des Volkes, gesellschaftlich zog es ihn eher zum Adel und zu den höheren Gesellschaftskreisen, die seine sozialpolitischen Theorien exotisch und interessant fanden. Seine Erkenntnis, daß eine Veränderung der politischen Verhältnisse mit den liberalen bürgerlichen Demokraten nicht zu erreichen und daß vor allem das Kleinbürgertum nicht für revolutionäre Ziele zu motivieren war, ließen ihn auf eine Zuspitzung der sozialen Konflikte hoffen, die zwangsläufig zu einer Revolution der entrechteten und verelendeten Industriearbeiterschaft führen würde. Nirgendwo aber sah er eine politische Führernatur, die sich an die Spitze der Arbeiterbewegung setzte und die zerstrittenen Gruppen einte. Die Märzrevolution hatte die Führungslosigkeit bereits erkennen lassen, auch wenn sich einige Heißsporne wie Hecker und Struve als Volkstribune hatten feiern lassen, ein Mieroslawski waren sie trotz ihres martialischen Auftretens nicht.

Mit Ferdinand Lassalle trat erstmals ein bürgerlicher politischer Führer hervor, der von den kleinen Leuten, den Handwerksgesellen, dem Gesinde und den Arbeitern verstanden wurde und dessen politische Zukunftsvisionen sich nicht nur auf nebulöse Freiheitsideale beschränkten. Lassalle benannte in klaren Worten die Forderungen der Proleten, sprach ihre Sprache und vermochte zugleich, die intellektuelle Disputation mit den Gelehrten und der herrschenden Klasse zu führen. Werner Sombart mag Ferdinand Lassalle vor Augen gehabt haben, als er seine Schrift über das politische Führertum als Phänomen der neuen bürgerlichen Zeit verfaßte. Mit dem Zusammenbruch der alten Ordnung verlangten die Massen nach einem Führer, *der aus eigener Machtvollkommenheit das Wollen und Handeln der Menschen auf ein von ihm aufgestecktes Ziel hinlenkt, der den Kollektivwillen von Gruppen bildet ...*

Auf sein politisches Ziel hinlenkend, nutzte Lassalle die Bitte des Leipziger Arbeitervereins, einen weiteren Kongress vorzubereiten. In einem offenen Antwortschreiben verlangte er die Gründung einer selbständigen und schlagkräftigen Arbeiterpartei, die als neue politische Kraft für die Rechte der Entrechteten eintreten und für allgemeine, gleiche und direkte Wahlen kämpfen sollte. Eine klare Absage erteilte er den liberalen Demokraten, deren Versuche, die Arbeiterfrage mit Vorschuß- und Kreditvereinen zu lösen, die sozialen Konflikte nur zukleisterten, da sie dem Einzelnen vielleicht zu helfen vermochten, an der Situation der Klasse aber nichts änderten. Die gesellschaftlichen Verhältnisse wären nur durch den sozialdemokratischen Staat zu verbessern, unter dessen Mitwirkung Produktionsgenossenschaften für Arbeit ohne Ausbeutung zu sorgen hätten.

Tatsächlich konstituierte sich 1863 ein *Allgemeiner deutscher Arbeiterverein,* dessen Präsidentschaft Lassalle übernahm. Wiederum war ein bürgerlicher Intellektueller Arbeiterführer geworden, der seinen Führungsanspruch mit Bildung legitimierte und damit auch demokratische Strukturen innerhalb des Vereins eingeschränkt wissen wollte. Seine wissenschaftlichen Erkenntnisse zum Wohle der Proleten erhob er zu unumstößlichen Wahrheiten, die nicht zur Disposition standen. Damit war der Führer kein Diktator aus eigener Machtvollkommenheit, sondern ein Hüter der reinen Lehre, dem sich die Mitstreiter zu beugen hatten. Wer gegen die wissenschaftlich belegte Wahrheit opponierte, wurde eliminiert.

Lassalle, der Intellektuelle, wußte, daß dem Traum der alten Aufklärer, die unteren Klassen durch Bildung zu veredeln, Grenzen gesetzt blieben. Eine betuliche liberale Hausväterliteratur, eine Verbesserung des Schulwesens und die Etablierung von Arbeiterbildungsvereinen waren allenfalls geeignet, den rohen Barbarenstand des gemeinen Volkes zu mildern, erwiesen sich aber für den Verteilungskampf um die materiellen Güter des Volkes und den Klassenkampf eher als hinderlich. Als Agitator hatte Lassalle die faszinierende Entdeckung der Macht der Rede erfahren, die Kraft der auf ein Minimum reduzierten Schlagworte, mit denen in einer verblüffenden Metamorphose aus einer Menge von Individuen sich eine enthusiasmierte, dem Führer unisono zustimmende Masse bildete. Diese Masse legitimierte den lenkenden Kopf zum politischen Handeln, die zur statistischen Größe multiplizierte Anhängerschaft erlaubte dem Parteiführer, den Mächtigen das drohende »WIR« entgegenzuschleudern, wir, die Genossen, die Klasse wurde zur Waffe machtlüsterner Volkstribune.

In der Frühzeit des Lassallschen Arbeitervereins zeigte es sich jedoch: Das kleinbürgerliche Leitungsgremium war kaum zu disziplinieren, kleinkariertre Querelen, Eifersüchteleien und Mißtrauen erschwerten Lassalle die Zusammenarbeit mit dem Vorstand, der dem Vorsitzenden Einzelgängertum vorwarf. Die führenden Genossen teilten zwar seine Auffassung, im liberalen Bürgertum den Hauptfeind der Arbeiterklasse zu sehen – was zweifellos eine Spaltung der Demokratiebewegung bedeutete, wohl aber in Kauf genommen werden mußte, da die bürgerliche Arbeiterpolitik bereits von Klasseninteressen bestimmt wurde. Im Gegensatz zu den ideologisch verbohrten Marxisten, scheute sich Lassalle nicht, mit der *herrschenden Klasse* zu disputieren, zum Beispiel mit Bismarck, mit dem er sich darin einig war, daß nur der Staat englische Verhältnisse verhindern konnte, vorausgesetzt es gelänge, die Arbeiterschaft an den Staat heranzuführen, zum Beispiel durch ein gleiches Wahlrecht und eine umfassende Sozialgesetzgebung.

Die Marxianer nahmen ihm derartige Kontakte übel, doch der eigentliche Grund des Mißfallens waren nicht die vorgeworfenen diktatorischen Allüren und politischen Winkelzüge, die Vorbehalte galten in Wahrheit dem jüdischen Grandseigneur, dem Gesellschaftsmann, der den Frauen nicht abhold war, und dessen Lebensstil nicht so recht zum Arbeiterführer passen wollte. Als Lassalle im Jahre 1863 vor dem Leipziger Arbeiterverein seine berühmte richtungsweisende Rede hielt, befand sich unter den Zuhörern ein Mann, der den Worten des eben erkorenen Arbeiterführers mit Skepsis lauschte. Es war der Drechslergeselle August Bebel, der das Mißbehagen eines Teils seiner Leidensgenossen über die Führerschaft Lassalles auf den Punkt zu bringen verstand: Lassalle hatte das Proletendasein nicht am eigenen Leibe gespürt, sein soziales Gewissen war im Studierzimmer geweckt. Bebel, der Armenschüler und Wandergeselle, hatte das Elend der Unterschichten durchlitten und selbst, nach Bildung strebend, den rohen barbarisch-niederen kulturlosen Zustand des gemeinen Volkes schmerzlich erfahren müssen. Mit Abscheu betrachtete er dieses gemeine Menschentum und war alles andere als ein Sozialist, weil er wußte, daß die Arbeiterschaft zur politischen Mitwirkung noch nicht befähigt war. Vor dem politischen Kampf sollte die Bildungsarbeit stehen, und so finden wir Bebel 1861 unter den Gründungsmitgliedern des Leipziger *Gewerblichen Fortbildungsvereins*. Sein Bekenntnis lautete: Durch Bildung zur Freiheit, womit er die Auffassung der Linksliberalen teilte, die Bildungsarbeit zu verstärken.

Aus den fest gefügten Normen des bäuerlichen Dorfes und den tradierten Bindungen der städtischen Handwerkerschaft hatte die Industrie die Arbeiter herausgerissen und alte Wurzeln zerstört. Männern und Frauen verhießen die Fabriken Freiheit und guten Lohn, und so strömten die neuen Glücksritter zu tausenden in die sich langsam entwickelnden industriellen Zentren. Bereits 1843 verfaßte Eduard Pelz unter dem Pseudonym Treumund Welp die Flugschrift: *Über den Einfluß der Fabriken und Manufakturen in Schlesien,* mit der er vor der Verwahrlosung der Arbeiterschaft männlichen und weiblichen Geschlechts warnen wollte. *Zunächst ist es nicht die Armut,* so behauptete Pelz, *die den Niedergang des Standes befördert, im Gegenteil, das schnelle Geld, der Tagelohn, der Wochenlohn verführt zur*

Schamlosigkeit vor allem in geschlechtlichen Dingen, Dieberei, Trunk und Spielsucht, Liederlichkeit, Verschwendung und schließlich zu Mangel an häuslichem Sinn. Die Arbeiter und Arbeiterinnen der Fabriken kommen fast in Mehrzahl aus entfernten Gegenden herbei und quartieren sich nur zeitweilig am Orte ein ... Man sieht auf solche Weise nicht selten bis zehn und zwanzig junge Leute beiderlei Geschlechts zusammen in einem Raume schlafen, ohne das jemand sie beaufsichtigt ... Zustände, die Pelz den Fabrikherren und den Polizeibehörden anlastete, *die diese Sittenlosigkeit geschehen ließen.*

Die Sorge des menschenfreundlichen Treumund Welp galt freilich weniger der Arbeiterschaft, als vielmehr der kleinbürgerlichen Idylle, die durch das asoziale Fabrikgesindel gestört wurde. *Man besuche in Sommermonaten solche von Fabrikarbeitern bewohnte Ortschaften,* so klagte Pelz, *das Unwesen, welches in sittlicher Hinsicht hier stattfindet läßt sich nicht beschreiben. In Freiburg sagte man mir, die Bürgerschaft habe sich letzthin geweigert, Vormünder für die vielen unehelichen Kinder zu stellen.* Die örtliche Zeitung zitierend, belegte der Tugendwächter die Gefährdung der Öffentlichkeit: *An öffentlicher Straße von hier nach Sörgau wurde an jenem Abend (vor dem Johannisfest) auf eine freche Weise, ohne Scham und Scheu, das abscheulichste Laster mehrfach ausgeübt. Man will wissen, daß fast jeden Abend den Spaziergängern in der nächsten Umgebung eine solche Veranlassung zu öffentlichem Ärgernis sich darbietet. Der Degeneration der Sitten,* so Pelz, *folgt eine weitere, die körperliche: Betritt man die Fabriklokale, so wimmelt es daselbst namentlich von jungen Mädchen und Knaben, die im Alter von vierzehn bis achtzehn Jahren stehen, sich also recht eigentlich in der Entwicklungsperiode und Lehrzeit des Lebens befinden. Da wo der Körper durch entkräftigende Bewegung und Übungen im Freien gestählt, um für eine lange Folgezeit ertragungsfähig zu den Lasten eines Lebens in Armut gemacht werden solle, finden wir sie in Räume gesperrt, deren Atmosphäre weder den Lungen noch der Haut zuträglich sein kann. Was hier überdies verrichtet und gelernt wird kommt im übrigen Leben fast bei keiner anderen Beschäftigung zustatten, da es sich geisttötend, nur auf einen kleinen Punkt der sehr zusammengesetzten Maschinentätigkeit bezieht. Die Folge ist ein mattes Gehenlassen, ein dumpfes Hinbrüten und eine Erschlaffung von Körper und Seele.* Die Folge solcherart Menschenhaltung, glaubte Pelz zu wissen, sei eine *geschwächte und verderbte Bevölkerung, die ein ärgeres Joch zu tragen hätte, als es die früheren Feudalverhältnisse waren. Unlustig zu ernsthafter Betätigung macht es verdrossen und unzufrieden und führt bereits in diesen Jahren zu dem Versuch der bürgerlichen Gesellschaft entgegenzutreten.*

Mit dem Erscheinen der Proleten auf der untersten Stufe der Ständetreppe trat dem Kleinbürgertum ein neuer verachtenswerter Feind entgegen. In den *Hinterlassenen Papieren eines lachenden Philosophen* faßte Karl Julius Weber den Zustand dieses elenden und gefährlichen Standes zusammen: *Sie sind auch geneigter krumme Finger zu haben, denn die Reichtümer ihrer Brotherren reizen ihre Begierden, sie sind ungenügsamer, da sie täglich die Genüsse des Städters vor sich haben, sie sind knechtischer und niedriger gesinnter, weil sie abhängiger sind von harten Reichen; unmäßiger, weil sie oft mit wenig Mühe viel gewinnen; wollüstiger und sinnlicher, weil sie zuviel besitzen und dumm, unruhig, tückisch, weil ihre mechanische Arbeit den Geist unbeschäftigt läßt; kränklich und mürrisch, weil sie in den Städten und engen Löchern eingeschlossen leben, ja nicht selten ungesunde, giftige, animalische und mineralische Substanzen verarbeiten, unglücklicherweise ihre Nahrung vertrocknet ...*

August Bebel hätte Demokritos wohl zugestimmt, als Geselle hatte auch er unter mißgünstigen und primitiven Mitgesellen gelitten, wären da aber nicht auch seine Erfahrungen mit hartherzigen Brotherren hinzugekommen, die durch das unsolidarische Verhalten der Proleten mit Brot und Peitsche die Arbeiterschaft ungehemmt auszubeuten vermochten.

Mit einer pedantisch-ordentlichen kleinbürgerlichen Lebensführung demonstrierte Bebel seinen schulmeisterlichen Führungsanspruch, der sich im Jahre 1865 durch die Bekanntschaft mit Wilhelm Liebknecht erfüllte. Beide distanzierten sich zunächst von den sozialistischen Ideen eines Lassalle, gründeten die *Sächsische Volkspartei*, die dem preußischen Ministerpräsidenten von Bismarck den Kampf ansagte, ein Großdeutsches Reich forderte und überdies für die politischen Rechte, das Koalitions- und Wahlrechts der Arbeiterschaft, eintrat.

Noch immer war August Bebel ein Suchender, der seinen Bildungsmangel durch eifrige Studien und Gespräche mit Bildungsautoritäten zu beheben trachtete, ein schwieriges Streben, das die Sinne verwirrte, weil sich die Ordnung des Geistes nicht einstellen mochte. Seine Teilnahme an einem Kongreß der von Karl Marx gegründeten *Internationalen Arbeiterassoziation* beendete die Zweifel, dort hatte man in einfacher klarer Form und verständlichen Worten die Ursache des Arbeiterelends zu beschreiben vermocht und die notwendigen Schritte zu ihrem Wandel in unmißverständlichen Forderungen zu Papier gebracht.

Der Feind war benannt, die herrschende Klasse der Bourgeoise und Feudalherren, mit denen zu paktieren Verrat an der Arbeiterklasse bedeutete. Bebel und Liebknecht gründeten die erste marxistische Partei in Deutschland, die *Sozialdemokratische Arbeiterpartei Deutschlands*, die vor allem die strikte Abgrenzung zu den bürgerlich-demokratischen Parteien vollzog. Damit ging ein tiefer Riß durch die Gesellschaft, der den Feudalherren zunächst nicht ungelegen kam, da sie den bürgerlich-demokratischen Kräften auch nicht wohlgesonnen waren. August Bebel, der Kleinbürger, kämpfte noch eine geraume Weile um die Mitte, den kleinbürgerlichen Mittelstand, doch für seine Genossen war, unabhängig vom Geldbeutel, ein Bourgeois ein Klassenfeind. Der Gründungsort gab den Initiatoren die Bezeichnung *Eisenacher*, die zunächst mit den konkurrierenden Lassallern einen erbitterten Richtungskampf zu führen hatten, ein Kampf, der bald zugunsten der Marxisten entschieden wurde.

Führungslos, nach dem Duelltod Lassalles des intellektuellen Kopfes beraubt, stritt man nur noch um das geistige Erbe des Meisters, formte es in Schlagworte, die dem vulgären Materialismus der Sozialdemokraten nicht standhielten. Der hehre Kampf für die Rechte der Entrechteten war von kleinbürgerlichen Eifersüchteleien, Neid, Zank und Streit überschattet. Lassalle, der sich mit Marx befreundet glaubte, ahnte nichts von den Intrigen Friedrich Engels': In einem Brief an Marx nährte er den soubçon der reichsdeutschen Juden gegen die Ostjuden und schmähte Lassalle als Juden von der slawischen Grenze, dem Parvenü aus einem Gemisch aus Frivolität und Sentimentalität, Judentum und Chevaleresktuerei. Die Haßtiraden fielen auf fruchtbaren Boden, der von Geldsorgen geplagte Marx vermochte aus dem Mangel keine Tugend zu machen und sah mit Neid auf den provozierend wirkenden Lebensstil des Konkurrenten, der alles besaß, was ihm versagt blieb. Lassalle hatte in Berlin einen großbürgerlichen Haushalt geführt, seine sozialpolitischen Veröffentlichungen fanden Beifall, er war ein glänzender Redner, der nach wenigen Worten die Zuhörer zu begeistern vermochte. Vor allem aber betrachtete er sich nicht als Schüler des oft verdrießlichen Marx, und als er gar dem Meister Ratschläge zu erteilen wagte, sah Marx dies als *Unverfrorenheit eines inkompetenten Itzigs*.

Erst nach dem Tode Lassalles milderte Marx sein Urteil und ließ sich zu einer positiven Würdigung herab. Von einem messianischen Wahrheitsanspruch beseelt, zeigte er sich hart und unduldsam gegen Abweichler vom rechten Glauben. Mit eisiger Kälte wurde niedergemacht, wer sich ihm widersetzte, so der brave Pionier der deutschen Arbeiterbewegung, der Schneidergeselle Wilhelm Weitling, dessen idealistische tiefe Gläubigkeit an eine gerechte Weltordnung am Nerv des Meisters zerrte. Mit schneidender Polemik wurde der schlichte Mann in die Reihen der Proleten zurückverwiesen, die als Masse zu wirken und das Denken den Intellektuellen zu überlassen hatten. *Die Emanzipation der Deutschen*, so Marx, *ist die Emanzipation der Menschen. Der Kopf dieser Emanzipation ist die Philosophie, ihr Herz, das Proletariat.* Das von Karl Marx pathetisch geforderte Bündnis der Philosophie mit dem Proletariat setzte freilich die Philosophie, die Intellektuellen an die Spitze der Führung. Arbeiterführern wie August Bebel und Wilhelm Liebknecht oblag es, die unterschiedlichen Richtungen der Arbeiterbewegung zu einem breiten Strom zusammenzuführen, eine kraftvolle Massenbasis für den revolutionären Kampf zu schaffen, Individualismus und Eigennutz dem großen Traum von der klassenlosen Gesellschaft unterzuordnen, aus dem egoistischen *Ich* ein kollektives *Wir* zu formen.

Ohne Fleiß kein Preis
Kleinbürgerliche Lebensläufe

Als der junge Friedrich Carl Witte die Schule verließ, war es ihm nicht vergönnt, ein Studium zu beginnen, als einzige Starthilfe konnte sein Vater ihm eine Apothekerlehre verschaffen. Apotheker pflegten in jenen Jahren zum gehobenen Mittelstand zu gehören, und so hatte es der junge Witte gut getroffen. Zu seinem Glück war der Provisor des Betriebes der bereits dichtende Theodor Fontane, der das literarische Interesse Wittes bemerkte und seinen Lehrling in die Vereinigung ambitionierter Literaten *Tunnel supra pream* einführte. In diesem Kreis hatten sich vor allem freisinnige Bürger vereint, die sich damit der Bildungselite zugehörig fühlten und zugleich ein Netzwerk nützlicher Verbindungen knüpften.

Ein größeres Vermögen vermochte Witte in Berlin nicht zu erlangen, doch mit Hilfe guter Beziehungen und günstiger Kredite wagte er es, in Rostock eine Apotheke zu kaufen. Damit war freilich wenig

Profit zu machen, und so gründete er zusätzlich eine kleine chemische Fabrik. Seit der Mitte des 19. Jahrhunderts versprach durch die forcierte naturwissenschaftliche Forschung die Produktion chemischer Erzeugnisse gute Geschäfte, und allenthalben in Deutschland entstanden entsprechende Betriebe. Für Witte erfüllten sich die großen Hoffnungen zunächst nicht, Mecklenburg sperrte sich in jenen Tagen gegen die Mitgliedschaft im Zollverein, womit der Export seiner Produkte erheblich eingeschränkt blieb. Grund genug für den jungen Unternehmer, sich bei den Liberalen zu engagieren, sich zum kaufmännischen Senator in den Rat wählen zu lassen und nach Mitstreitern unter den Fabrikherren zu suchen. Der politische Kampf zeigte Früchte, als der engagierte Politiker in die Beitrittkommission zur Aufnahme seines Landes, zunächst in den Norddeutschen und später dann in den Deutschen Zollverein berufen wurde.

Witte war nun ein wohlangesehener Mann seiner Stadt und des Landes, gehörte freilich nicht zu den alteingesessenen *guten Familien*, doch mit Hilfe der *Clubs* konnte er sich durchaus aufgenommen fühlen. Maßstab der Integration in die feine Gesellschaft waren die sogenannten Clubbälle als alljährliche Manege der Schaustellung der reputierlichen Bürgerschaft, wo man das Erreichte ungeniert zeigen durfte, allerdings unter dem Vorbehalt der Einhaltung kleinbürgerlichen Brauchs und normenstrenger Sitte.

Viele Wochen vor dem festlichen Ereignis begannen die mühevollen Vorbereitungen, besonders der Damen, die sich extra für dieses Ereignis neue Roben fertigen ließen und es genossen, daß die alten Kleiderordnungen keine Gültigkeit mehr hatten, und es jedem, der es sich leisten konnte, gestattet war, Gold und Seide zu zeigen. Es war der Stolz der Männer, ihre aufgetakelten Frauen und Töchter der städtischen Gesellschaft vorzuführen, in Kleidung und Pretiosen zu zeigen, *daß man es hatte.* Die großen Bälle wurden in den Festsälen der guten Lokale der Stadt abgehalten, und die Gastronomen ließen es sich zur Ehre gereichen, mit immer aufwendigeren baulichen Maßnahmen den wachsenden Ansprüchen zu genügen. Das gleiche galt für die Küche, denn eingeleitet wurde das gesellschaftliche Ereignis mit einem opulenten Mahl, dem sich eine bis nach Mitternacht ausgedehnte Tanzerei anschloß. Noch größeren Kleiderpomp erforderte der sogenannte Sozietätsball, das vornehmste Ereignis der Stadt, das monatelanger Vorbereitungen bedurfte. Drei Herren der Kaufmannschaft oblag es, die Einladungsliste zusammenzustellen, ein schwieriges Unterfangen, denn die Gäste mußten zueinander passen beziehungsweise zum Stand gehören, also über einen ausreichenden Kontostand verfügen, der einzige Maßstab bürgerlicher Reputation.

Im wahrsten Sinne geadelt wurden die Sozietätsbälle durch die Anwesenheit einiger Landadeliger, Gutsbesitzer der Umgebung, die vom Standesdünkel kaum gedrückt, ihren Damen mit der Teilnahme an diesem Pläsier das eintönige Landleben zu verschönen suchten. Daß sich vor allem die jungen Leute der Stadt über die *altfränksche* Festkleidung des Adels mokierten, blieb den Altadeligen verborgen, sie trugen die seit Generationen eingemotteten Roben, von der Dorfschneiderin ein wenig aufgearbeitet und nur kaum vom Mottenkugelgeruch befreit, mit denen sie sich auch bei Hof zu zeigen pflegten. Die bürgerlichen Damen hatten nicht selten mit der Müdigkeit zu kämpfen, denn die wenigen Friseure der Stadt mußten die Termine für ihre Haarkunst sehr frühzeitig ansetzen, Tage vor dem Fest, so daß nicht wenige Damen einige Nächte aufrecht im Bette gesessen hatten, um den Erhalt ihrer Haartracht kämpfend. Zugelassen zum Ball war auch die akademische Lehrerschaft der höheren Schulen und der Universität, wobei Nachsicht bezüglich der Festtracht der Professorengattinnen geübt werden mußte, deren geringes Einkommen eine aufwendige Kleiderpracht nicht zuließ.

Stetes Ärgernis der bürgerlichen Gesellschaft war der sogenannte Subskriptionsball, ausgerichtet vom Offizierskorps des in der Stadt stationierten Regiments. Zu diesem festlichen Ereignis waren nur Adelige oder allenfalls streng konservative, in herzoglichen Diensten stehende Bürgerliche zugelassen. Die Ausgrenzung der Neureichen war weniger vom Standesdünkel diktiert, sondern fußte auf den Erinnerungen an die 48er Revolution, als das Militär gezwungen war, gegen die demokratischen Umtriebe des liberalen Bürgertums vorzugehen, und den durchaus in Betracht zu ziehenden Ernstfall einer Wiederholung gewalttätiger Aktivitäten des liberalen Bürgertums. Die adelsfeindlichen Forderungen der Freisinnigen trugen überdies nicht dazu bei, den gesellschaftlichen Kontakt untereinander zu befördern. Aus dieser offenkundigen Zurücksetzung der städtischen Führungsschicht erwuchs eine latente Feindschaft gegenüber dem Adel und zugleich das Bemühen, die Adelskultur zu übernehmen und zu verfeinern.

Für den Apotheker Witte war es eine triumphale Genugtuung, in der *Langen Straße* in Rostock die prachtvolle Stadtwohnung eines Landedelmanns erwerben zu können. Der Standesherr war in Geldschwierigkeiten und mußte schweren Herzens dem Neureichen seinen Winterwohnsitz überlassen, einen repräsentativen Bau mit einem Festsaal für hundert Personen, ausgestattet mit herrlichen Kronleuchtern, verziert mit wertvollen italienischen Stuckarbeiten und teuren Gemälden. Das vornehme Ambiente wollte zunächst so gar nicht zum bürgerlichen Lebensstil passen, und es bedurfte einer geraumen Weile, sich im Palais einzuleben und dem alten Gemäuer eine neue Seele zu geben. Man bemühte sich, fein zu sein, feiner als der Adel, dessen zuweilen derbe ländliche Sprache verpönt war, der mit seiner Schlichtheit enervierend kokettierte und dessen Liebenswürdigkeiten eine hochmütige Leutseligkeit vermuten ließen. Im Festsaal wurden die großen Familienereignisse gefeiert und Hausbälle ausgerichtet, die in nichts den Adelsfesten nachstanden.

Schwierig, vor allem anläßlich der Familienfeste, war die Auswahl der Gäste. Nicht alle Verwandten waren gesellschaftsfähig und vorzeigbar. Als im Hause Witte eine Schwiegertochter aus gutem Hause einheiratete, war der Bräutigamsvater schier verzweifelt auch einen nahen Onkel einladen zu müssen, der stets Plattdeutsch zu sprechen pflegte und auf derbe Weise den Frauen zugetan war. Die anmutige Braut, eine Berlinerin, versuchte eine Konversation mit jenem Onkel, die sie mit der Bemerkung eröffnete, daß sie sich als Großstädterin zunächst einmal an das kleine Rostock gewöhnen müßte. Das Entsetzen des Bräutigamvaters über die Antwort des Onkels wurde dadurch gemildert, daß die junge Frau des Plattdeutschen nicht mächtig war: *Laß man gut sein*, hatte der Greis im Niederdeutschen gesagt und dabei der zarten Braut kräftig auf die Schulter geklopft, *ich will dir was* sagen, *die Katze lernt dort am besten das Mausen, wo sie jungt.*

In den sogenannten Clubs wurde der Standesdünkel und Hochmut des Adels beklagt, gegen fürstlichen Machtanspruch gewettert und mehr bürgerliche Freiheit gefordert, zugleich aber wurde ein nicht minder trennender Standesstolz gegenüber den unteren Klassen, den Proleten, gepflegt, was nicht bedeutete, daß man in den literarischen Bildungsvereinen den revolutionären Idealen Freiheit, Gleichheit und Brüderlichkeit entsagte. Die reale Welt des Profits war eine Sache, die Bewahrung der ideellen Werte des Humanismus eine andere. Proletarier und der zurückgelassene Kleinbürgerstand wurden als *Volk* verachtet.

In den Männerturnvereinen hatten sich die niederen Kleinbürger, *das Volk,* organisiert, deren Stiftungsfeste in den Gartenlokalen an der Peripherie der Stadt das gesellschaftliche Leben dieses Standes prägte. Wer dem Kraftsport abhold war, zog die Mitgliedschaft im Sängerkranz vor, wo neben den Sangesübungen heftig gezecht werden durfte. So wichtig die Club- und Vereinsaktivitäten auch genommen wurde und so stark sie das städtisch-gesellschaftliche Leben prägten – im Mittelpunkt des Alltags stand die Familie. In den kleinbürgerlichen Handwerkerquartieren hatten sich die alten gesellschaftlichen Strukturen noch weitgehend erhalten. Unter einem Dach lebten die Familie, das Gesinde und die Gesellen, vereint zu einer Lebens- und Wirtschaftsgemeinschaft.

Die industrielle Produktion veränderte diese Lebensform und schuf damit auch einen neuen Familientypus. Wohnung und Arbeitsort waren getrennt, der gelderwerbende Familienvater verließ des morgens das Haus und kam nach einer langen Arbeitszeit erst zu später Stunde heim. Die Bewirtschaftung des Hauses und die Betreuung der Kinder blieben fortan weitgehend der Hausfrau überlassen. Dies betraf nicht nur die proletarische Unterschicht, sondern auch die mittleren bis höheren Führungskräfte in den industriellen Betrieben sowie die Angestellten und Prokuristen in den Kontoren der Kaufmannschaft. Damit veränderte sich zugleich das Stadtbild, am Rande der Stadt entstanden aufwendige Villen für Fabrikanten und wohlhabende Bürger, aber auch Mietwohnhäuser, die mehrere Familien aufnahmen. Mittelständische Bauunternehmer, wie der Maurermeister Vogel in Leipzig, errichteten Wohnkasernen für die Arbeiterschaft und mehrstöckige, gut ausgestattete Mietshäuser für die Beamtenschaft, Offiziere der Garnison und Ingenieure der Fabriken, die mit Gesindestuben und modernen Komfort ausgestattet, ein nahezu herrschaftliches Wohnen erlaubten und zugleich einen Wandel der städtischen Schichtung einleiteten.

Großbauprojekte mit einer städtebaulichen Gestaltung der Vorstädte bedeuteten eine Mischung der Stände, die alten ständisch geprägten Wohnviertel innerhalb der Stadtmauern lösten sich auf. Stadtadel und gehobenes Bürgertum lebten bisweilen unter demselben Dach eines Miethauses, desgleichen der wohlhabende produzierende Mittelstand und die höheren Angestellten der Verwaltung und des Handels. In den Bildungsanstalten erfuhren die Kinder aller Stände eine gemeinsame schulische Erziehung, die Unterschichten in der Volksschule, der Mittelstand, das Großbürgertum und der Stadtadel, der sich Hauslehrer kaum noch leisten konnte, in den höheren Lehranstalten. Die gemeinsame Erziehung bedeutete auch eine nivellierende Anpassung an den Lebensstil und die Lebenswerte des städtischen Bürgertums und eine weitere Verbürgerlichung des Adels, der zunehmend seine Vorbildrolle verlor.

Nicht immer war der Aufstieg in einen höheren Stand freiwillig und vom Ehrgeiz diktiert. Als der Moislinger Bauer Calm starb, übernahm sein ältester Sohn den kleinen Hof, der Zweitgeborene mußte damit weichen, die Bauernstelle war zu klein, um auf Dauer weitere Familienmitglieder zu ernähren. Große berufliche Perspektiven hatte der jüngere Bruder nicht. Er begab sich in preußische Dienste, wurde Soldat in einem Dragonerregiment, mit dem er 1848 am Feldzug in Schleswig-Holstein teilnahm. Nach Beendigung der Kampagne im Norden Deutschlands wurde Calm abgemustert, als Starthilfe für eine neue Existenz erhielt er eine kleine Abfindung, die er, aufgestockt mit einem Kredit, für den Kauf eines alten Hauses mit winzigem Grundstück im Lübecker Handwerkerquartier verwandte. Der Zinsabtrag machte es notwendig, einige Mieter aufzunehmen, unter anderem einen alten Kapitän, der an der Familientafel teilnahm und von der Hausfrau und dem Gesinde betreut werden mußte.

Mit dem Erwerb des Grundstückes hatte Calm die Bürgerechte der Stadt erworben, ein Vorteil bezüglich der sozialen Schutzverpflichtung der städtischen Oberschicht, politische Rechte hatte er jedoch nicht. Die Geschicke der alten Hansestadt lenkten die wohlhabenden Familien, die Großbürger, die sich als Patrizier fühlten. Sich seiner bäuerlichen Wurzel erinnernd, heiratete Calm eine Bauerntochter, die ihm in rascher Folge fünf Kinder gebar und mit der er in einem harten Arbeitsalltag eine kleine Gastwirtschaft betrieb. Das winzige typische Kleinbürgerhaus unterschied sich kaum in Aufteilung und Nutzung von den elterlichen Häusern auf dem Lande. Den größten Raum nahm eine Vorder- und Hinterdiele ein, daran schlossen sich eine Küche und die kleine Wirtsstube an. Mittelpunkt des täglichen Lebens waren diese Bereiche des Hauses. In der Diele versammelte man sich zu den Mahlzeiten, bei schlechtem Wetter spielten hier die Kinder, und die Eltern empfingen hier am gleichen Ort die Gäste, Freunde und Nachbarn des Quartiers. Eine steile Stiege führte in die oberen Etagen, in denen sich die Schlafräume und die gute Stube befanden. In den Kammern unter dem Dach hausten das Gesinde und, entsprechend dem Mietzins einfacher oder komfortabler, die Aftermieter. Der winzige Garten war zum Anbau von Gemüse nicht geeignet, die Schatten der Nachbarhäuser ließen nur wenig Licht und Sonne in das eingemauerte Geviert dringen.

Die Hauptlast der Arbeit hatte die Mutter zu tragen, während sich der Hausherr vornehmlich um den Bierverkauf bekümmerte und die Gäste bewirtete. Die kleinbürgerliche Ehe war nicht mit dem Anspruch einer großen Glückserfüllung befrachtet, gemeinsam tat man seine Pflicht, zeugte Kinder, für die zu sorgen war, und so war bei des Alltags Mühen und Plagen kein Platz für Zärtlichkeiten und Gesten der Zuneigung. Vielmehr beherrschten zänkische Auseinandersetzungen um das Haushaltsgeld, die Kindererziehung und die tägliche Arbeit die eheliche Gemeinschaft. Zur Hausgemeinschaft gehörte auch ein Dienstmädchen, eine Tochter aus guter kleinbürgerlicher Familie, die nach dem Willen ihrer Eltern beizeiten Gehorsam erlernen und überdies auf ein eigenes karges Eheleben vorbereitet werden sollte.

Noch immer war das nachbarschaftliche Miteinander von den althergebrachten Sitten und überkommenem Brauch beherrscht, und so preist der Chronist die Hilfsbereitschaft und das harmonische Verhältnis der Quartiersbewohner, worin auch ein landfahrender Jude und seine Familie eingeschlossen waren. Dessen Geschäft wurde während seiner Reisetätigkeit von der Frau betrieben, unterstützt von den Nachbarn, wenn Hilfe notwendig war. Das fremde Gebaren wurde zwar registriert, besonders an den großen jüdischen Feiertagen, aber nicht mit den üblichen Sanktionen für Normenverstöße geahndet. Als die Lewensteens ihr goldenes Ehejubiläum zu feiern gedachten und anläßlich ihrer großen Verwandtschaft über die hohen Kosten klagten, versprach die Nachbarschaft Hilfe und Unterstützung. Die Verwandten fanden Unterkunft in den umliegenden Häusern, Girlanden wurden über die Straße gezogen und Lebensmittel für die Festtafel gestiftet. Gemeinsam feierten Juden und Christen das Jubiläum. Große Feste waren selten, doch Gäste wurden gern empfangen, wenn sie mit dem vorlieb nahmen, was auf dem Tisch stand.

An der Erziehung der Kinder und Jugendlichen war die gesamte Nachbarschaft beteiligt, das war auch notwendig, wie der Chronist berichtete, denn die Streiche und Ungezogenheiten hätten oftmals ein Ausmaß gehabt, das in der Zeit seiner Niederschrift im Jahre 1928 undenkbar gewesen wäre und zu einem massiven Einschreiten der Polizei und der Jugendämter geführt hätte. Die Prügeleien mit den Jugendlichen der Nachbarstraßen und die kleinen Raubzüge hätten die behördlichen Jugendschützer als ernste Gefährdung der Ordnung betrachtet, düstere Prognosen für die Zukunft der Heranwachsenden stellen lassen und eine Einweisung in staatliche Korrektionsanstalten gerechtfertigt. In alten Zeiten hielt man diese stürmische Jugendphase für die Entwicklung nötig, wobei erwischte Übeltäter mit harten Prügelstrafen zu rechnen und mit zusätzlich verordneten erzieherischen Strafarbeiten die Frevel zu büßen hatten. Ultima ratio der Erziehung waren Schläge und Arbeit.

Chronist Calm wurde schon als Knabe von seinem Vater zur Arbeit in kirchlichen Diensten verpflichtet. Unter der Obhut des Küsters von St. Marien mußte er in der Dienstwohnung dieses verbitterten und harten subalternen Kirchenmannes für Ordnung und Sauberkeit sorgen. Daneben mußte er das Gotteshaus säubern und bei Abwesenheit des Küsters für Fremde kleine Führungen machen. Gebilligt von der hohen Geistlichkeit, wurden die sogenannten Kösterjungs als billige Arbeitskraft ausgenutzt und entsprechend ihrem Herkommen aus der städtischen Unterschicht mit gnädigem Hochmut behandelt, zuweilen aber auch mit boshaften Schikanen gequält. Armut und Arbeit waren nach Ansicht der geistlichen Herren der Boden, auf dem ein frommes Christentum wuchs, stand doch geschrieben: *Gehe hin zu den Ameisen, du Fauler, siehe ihre Weisen an und lerne.* Mit dieser salomonischen Weisheit ließ es sich wohl predigen und das Volk ermahnen, es den Ameisen gleichzutun – und den Reichen damit die Solidarität der Kirche zu bekunden und deutlich zu machen, auf wessen Seite sie stand.

In seiner Zeit als Kirchendiener reiften bei dem jungen Calm sozialistische Gedanken und sein Widerwille gegen die eitlen Männer Gottes, die in seiner Anwesenheit häßliche Bemerkungen über das einfache Volk machten. Sein sozialistisches Weltbild geriet allerdings bald wieder ins Wanken, als eines Tages einige wohlgekleidete Herren um eine Führung durch das Gotteshaus baten. Da der Küster nicht zu erreichen war, übernahm der junge Calm pflichtgemäß diese Aufgabe. Die Fremden bemerkten bald, daß dieser einfache Junge Kunstverstand besaß und mit großer Begeisterung auf die Schätze verwies und überdies sich auch historische Kenntnisse angeeignet hatte. Wiederholt fragte einer der Herren nach seinen Lebensverhältnissen und seinem Elternhaus. Bei der Verabschiedung fragte ihn der Herr, ob er wüßte, wen er geführt habe, und als Calm dies verneinte, sagte er: *Ich bin der König von Dänemark, du gefällst mir, weil du ein offenes ehrliches Wesen hast. Solltest du mich in späteren Jahren einmal gebrauchen, so erinnere mich an diesen Besuch und ich will dir helfen.* Überschattet wurde diese Begegnung vom wütenden Zorn des Küsters und des Pastors, als sie erfuhren, daß der Junge den hohen Herren empfangen hatte. Daß ein schweres Goldstück nicht der Küster erhalten hatte, sondern in seiner Tasche war, erfüllte Calm mit schadenfroher Genugtuung. Verwundert war er, daß ein so großer König so ganz anders war, als die hochmütige Stadtobrigkeit, die auf die niederen Schichten mit offensichtlichem Ekel herabschaute. Welch ein Interesse hatte der Fürst an seinem Leben genommen – und wie anders waren die Pastoren, die dafür Sorge trugen, daß in der Kirche Oberschicht und Unterschicht geschieden Gottes Wort hörten, und die sich über den zahlreichen Besuch von Knechten und Mägden verärgert zeigten, obwohl es doch hieß, daß vor Gott alle Menschen gleich seien.

Für die Bewohner des Armeleutequartiers war der Arzt die einzige Quelle, etwas von den hohen Herren und Damen der städtischen Oberschicht zu erfahren, denn er behandelte Arm und Reich, nahm von den Gutbetuchten freilich ein höheres Honorar, um die Armen kostenlos behandeln zu können.

Thomas Mann, auch ein Sohn der ehrwürdigen Stadt Lübeck, hatte diesem Arzt, dem er den Namen Dr. Grabow gab, in seinem Roman *Buddenbrooks* ein Denkmal gesetzt. Am Beispiel seiner Familie hatte Mann das Schicksal des städtischen Großbürgertums geschildert, den Aufstieg aus dem Kleinbürgertum, die durch gute Geschäfte erlangte Reputation und schließlich das Verblassen des nur zwei Generationen währenden Glanzes. Als der Niedergang der Familie Mann bereits seinen Anfang genommen hatte, begann der bescheidene Aufstieg des jungen Calm. Sein Kapital waren eine rasche Auffassungsgabe und ein großer Lerneifer, doch in der freien Reichsstadt Lübeck gab es keine fürstliche Obrigkeit und folglich keine Universität, denn die höhere Bildung rechnete sich nicht, und so mußte der Jüngling sich in der Vorstadt um eine Lehrstelle bei einem Schulmeister bewerben. Für ein geringes Taschengeld, spärliche Kost und karges Logis, hatte er als Gehilfe des Lehrers beim Unterricht und an der Seite der Magd als Hausknecht zu dienen.

Die Schulmeister des einfachen Volkes verfügten nur über ein geringes Elementarwissen, und die geringen Einkünfte erlaubten keine Weiterbildung. So hatten die Kinder den Katechismus zu pauken, lernten ein wenig rechnen, schreiben und lesen und halfen im Haushalt und Garten des Lehrers. Für Zucht und Ordnung sorgte eine Haselnußgerte, mit der bereits bei geringsten Anlässen den Knaben und Mädchen die Hintern traktiert wurden. Für die Kinder der städtischen Oberschicht gab es selbstverständlich höhere Bildungsanstalten, Stadtschulen mit akademisch ausgebildeten Lehrern, denen es nicht erlaubt war zu prügeln, die mit ironischer Häme straften oder bei größeren Vergehen im Karzer einsitzen ließen. Auf eine gute Bildung legte das städtische Bürgertum inzwischen großen Wert, sowohl für die Firmenerben als auch für die nachgeborenen Kinder, die im Falle eines Vermögensverlustes immer noch im Bildungsbürgertum versuchen konnten, eine bürgerliche Reputation zu halten. An diesen Ausbildungsstätten konnte der lernbegierige Calm nicht partizipieren, er hatte den primitiven, cholerischen Lehrmeister zu erdulden und seinen Bildungsstart mit Hilfe des spärlichen Bücherbestandes seines Prinzipals zu versuchen. Mit Erfolg und Glück, denn mit seiner unstillbaren Lernbegierde gelang ihm schließlich, eine erfolg- und segensreiche Schulmeisterkarriere.

Während die Kaufmannschaft-Bürger durchaus berechtigte Zweifel hegten, ob man von Bildung leben könne, sich das Schreiben und Dichten rechnete, schöpften die Bildungsbürger aus ihrer Weltweisheit still-zufriedenen geistigen Hochmut, auch wenn sie wußten, daß die reichen Pfeffersäcke sie nicht so recht ernst nahmen und mit Mitleid auf sie herabschauten. Die marxistische Erkenntnis, daß erst nach dem Fressen sich Moral einstelle, auf materiellen Erfolgen Kultur gründete – in den Bürgerstädten fand der Lehrsatz seine augenscheinliche Bestätigung.

Es war eine stete Herrschaft von Emporkömmlingen mit meist nur kurzer Familiengeschichte, mit zwei oder drei Generationen währender Familientradition. Nach hartem Kampf um den Aufstieg, folgte unweigerlich ein tiefer Fall in den Abgrund, so wie ihn Thomas Mann am Schicksal seiner Familie geschildert hatte. Trotz des häufigen Wechsels der städtischen Führungsschicht, gab es eine weit zurückreichende bürgerliche Stadtkultur, die sich auf das Recht und überkommenen Brauch gründete. In den Rathäusern wurde die städtische Geschichte konserviert, Portraits der Senatoren und Bürgermeister erinnerten an die abgetretenen Familien, in den Kirchen kündeten Epitaphien und prunkvolle Begräbnisse von untergegangenen Geschlechtern. Der kaiserlichen Privilegien und Rechtsstiftungen gedachte man in den altehrwürdigen Ritualen und Zeremonien. Würde und Ansehen wurde mit prachtvollen Insignien und Amtstrachten dokumentiert und von den nachrückenden Emporkömmlingen als Zeichen ihres Aufstiegs übernommen, die in der Fortführung der städtischen Tradition ihre Nobilitierung bestätigt sahen. Ja mehr noch, ohne Scheu ersteigerten sie aus der Konkursmasse der Abtretenden die zum Lebensstil des Großbürgertums gehörenden Mobilien und Immobilien.

Voraussetzung des Aufstiegs war ein ansehnlicher Gelderwerb, der zugleich eine Familiengeschichte begründete. Bei den Buddenbrooks war dies ein zu Geld gekommener Gewandschneider, der als Pfahlbürger einiges auf der hohen Kante hatte. Der Weg nach oben war begleitet vom Ankauf eines repräsentativen Anwesens in der guten Gegend der Stadt, möglichst von einer einst angesehenen Familie nachgelassen; des weiteren, in Ermangelung eines unerreichbaren Adelstitels, war es von Vorteil einen Konsultitel zu erwerben. Als der dritte Buddenbrook sein für billiges Geld erworbenes repräsentatives Haus den Freunden vorstellte, erfuhr er die geschäftsbefördernde Bewunderung. Der Holzhändler Köppen, der noch nicht lange reich war und sich seine Dialektschwächen leider noch nicht abgewöhnt hatte, konnte seinen Neid kaum verbergen und bemerkte: *Alle Achtung, diese Noblesse, hier läßt sich's leben* und fügte lobend hinzu, *daß es nicht einmal Geld gekostet …* Hausherr und Gäste unterließen es nicht, beim gemeinsamen Festmahl, der vorigen Besitzer zu gedenken – eine glänzende Familie, die das Haus erbaut und bewohnt hatte und die verarmt heruntergekommen, davongezogen war. Die schlechte Wirtschaft der Vorgänger erweckte kein Mitleid, schließlich war diese alte Familie *passée*, wie man nicht ohne Schadenfreude erwähnte, denn, *des einen Unglück, ist des anderen Vorteil*, spricht der kleinbürgerliche Volksmund.

Gegen derartiges Mißgeschick war man selbst auch nicht versichert, und die tägliche Auseinandersetzung mit den nachdrängenden Kontrahenten machte beunruhigend deutlich, daß nur rastlose Tätigkeit und argwöhnische Aufmerksamkeit das Erworbene sicherten. Auch die Familie Buddenbrook konnte sich nicht lange ihres Besitzes erfreuen, als verkauft werden mußte, erinnerte man sich daran, daß man nicht anders gehandelt und auch die Ratenkamps beerbt hatte, und so schreibt Thomas Mann, aus eigener Erfahrung schöpfend: *daß nun die neuen Leute emporgekommen, an Geld und Ansehen nun den Ersten gleich. Aber es fehlt ihnen etwas, worauf sie bislang verzichtet: Die historische Weihe, das Legitime, sie verschaffen es sich mit dem Hauskauf, sie werden nichts verändern und das alte konservieren …*

Historische Weihe und bürgerliche Legitimation hatten sich die Buddenbrooks in zwei Generationen verschafft: Ein Haus, das durch bauliche Veränderungen und Anbauten den neuen Stand glücklich unterstrich. Den Räumlichkeiten hatte man mit Versatzstücken der Adelskultur die entsprechende Gestaltung verliehen. Sogar ein Raum für größere Festlichkeiten war vorhanden, wobei größere Gesellschaften aus naheliegenden Gründen selten waren, der Freundeskreis war nicht groß, und fernere Bekanntschaften, meist Konkurrenten, sollten wenig über die Familie und den Broterwerb erfahren, *Geschäft verträgt das Reden nicht*, pflegt der Kaufmann zu sagen. Vorbild in Sitte, Brauch und Lebensstil blieb der Adel – der Adel, so wie man ihn sich vorstellte, wobei die Neigung zum Superfeinen und Aristrokratischen der ersten Gesellschaft der Stadt nur von einem kleinen Kreis geteilt wurde, denn die regierenden Familien waren entsprechend ihrem Aufstieg ungleich vornehm, viele waren noch mit dem Ausbau der Geschäfte derart in Anspruch genommen, daß die Kultivierung der Sitten noch nicht die gebührende Aufmerksamkeit erfahren konnte. Zum Adel aber hatte man dennoch ein distanziertes Verhältnis, man wähnte einen dünkelhaften Hochmut, den man seinerseits mit Herablassung beantwortete, insbesondere dann, wenn die Junker in ihrer ständigen Geldnot vor den Kontoren antichambrierten, ihre Ernte auf dem Halm verkaufen mußten, oder um Vorschuß und Kredit bettelten.

Thomas Mann war zwischen den beiden Ständen eine leicht vergiftete Hochachtung aufgefallen, womit er treffend das Verhältnis der Bürger zum Adel benannte. Zum einen bewunderte man das aus tiefer Wurzel genährte Selbstbewußtsein, den *bon ton* im Umgang mit Menschen, die personifizierte Geschichte, zum anderen aber schöpften die neureichen Bürger aus ihrer Wohlhabenheit eine satte Zufriedenheit und einen hochmütigen Stolz, der sie vor allem auf die Landjunker mitleidsvoll herabschauen ließ. Der Übernahme der Adelskultur waren Grenzen gesetzt, der Umgang untereinander duldete keine ausgesuchte Höflichkeit, denn in der Auseinandersetzung um Preise und Kredite pflegte man ohne Rücksicht auf Rang und Stand Tacheles zu reden und die Gebote des feinen Tons getrost zu vernachlässigen. Während man im privaten und im gesellschaftlichen Verkehr den Empfehlungen der in Flor gekommenen Anstandsbücher folgte oder auf den Rat der Gattinnen hörte, die in der Jugend zumeist in adeligen Diensten gestanden und in dieser Zeit die feine Lebensart adaptiert hatten, hielt man im Geschäftlichen am alten Brauch fest, mit Mißtrauen, Pfennigfuchserei und Schacher dem eigenen Vorteil zu dienen.

Trotz höchster bürgerlicher Weihen, einem Konsul- oder Senatorentitel, *der alte Name war nur ein Bürgername*, klagte Thomas Mann, *und man pflegte ihn, indem man einer Handlung zum Flor verhalf*, indem man seine eigene Person in einem kleinen Stück Welt geehrt, beliebt und mächtig machte. Doch wußte man auch, auf welch dünnen Balken das alles stand, wenn Familienmitglieder und Erben Kümmernisse machten, in sittenloser Gesellschaft über die Verhältnisse lebten, durch schlechte Heiraten und unglückliche Scheidungen, Krankheiten und sonstige Imponderabilien des Lebens das Erworbene aufgezehrt wurde. Darüber hinaus verschlang der die Reputation begleitende gehobene Lebensstil große Geldsummen, wobei bei unglücklichen Geschäften der Haushalt nicht bescheidener geführt werden konnte, hätten doch daraus die Geschäftspartner und Konkurrenten Rückschlüsse auf die Liquidität der Firma ziehen können, womit böse Folgen für den Fortgang der Geschäfte zu erwarten gewesen wären.

Die Sorge um die Zukunft überschattete das bürgerliche Hauswesen, und es bedurfte gewaltiger Anstrengungen, die vielfältigen Bedrohungen abzuwehren. Als solche galt auch ein übermäßiges Bildungsstreben, und so hatte man in den großen Handelsstädten mit Erfolg die Gründung höherer Bildungsstätten abzuwehren vermocht, zuviel Gelehrsamkeit und Kultur wollte man nicht befördert wissen. Doch unaufhaltsam, nicht zuletzt durch die Verbesserung des Schulwesens und der in Mode gekommenen Liebe zur Dichtkunst, die Sentimentalität und Ehrfurcht vor den großen Gefühlen weckte, gerieten die alten materiellen Lebensinhalte ins Wanken, lag das Gute, Wahre und Schöne mit dem praktischen und nüchternen Geschäftssinn im Hader. Als tragisch für die Entwicklung des Hauses Buddenbrook erwies sich die Gattenwahl des Juniorchefs, der es nicht verhindern konnte, daß seine musenbegeisterte Frau in ihrem einzigen Sohn den Sinn für die brotlosen Künste weckte und ihn damit untauglich für die diesseitige Welt des Handels und Wandels machte. In einer Stunde des Besinnens und Innehaltens läßt Thomas Mann seine Romanfigur Thomas Buddenbrook Bilanz ziehen und fragen, was ihn denn nun eigentlich von den Kleinbürgern seiner Vaterstadt trenne, worauf sich sein Hochmut gründe. Angesichts des Niederganges seines Hauses zog er den Schluß, daß mit dem unaufhaltsamen Verlust des Vermögens auch das Ende der jungen Dynastie gekommen, das Erworbene auf Dauer nicht zu halten war. Trotz des wirtschaftlichen Niedergangs des Adelsstandes, trotz des Verlusts seiner Privilegien war da noch etwas, was einem selbst versagt geblieben war und was die hochmütige, auf das Vermögen gegründete Herablassung lügen strafte.

Senator Buddenbrooks Sohn Hanno hatte zum Entsetzen des Vaters unter dem täglichen Eintrag im Familienstammbuch mit dem Lineal einen Strich gezogen und auf die Frage, warum er diesen Frevel getan hätte, geantwortet: Weil ich dachte, das nun nichts mehr kommt. Als der Junge, ohnehin schwächlich, von einer todverheißenden Krankheit heimgesucht wurde, schenkte ihm sein Freund, der junge Graf Mölln, Kraft und Zuversicht, über beides verfügte der Aristokrat in überreichem Maße. Was aber recht eigentlich die beiden Jungen trennte, versuchte Thomas Mann mit einer Schilderung des Grafen deutlich zu machen, *der zweifellos ein Kind vornehmer Herkunft, aber von gänzlich verwahrlostem Äußeren, in kein Matrosenhabit, sondern mit ärmlichem Anzug von unbestimmter Farbe bekleidet, an dem hie und da ein Knopf fehlte und der am Gesäß einen großen Flicken zeigte die Hände imprägniert von Staub und Erde, aber schmal und fein gebildet, den Kopf ungekämmt und vernachlässigt und nicht sehr reinlich, aber von Natur mit den Merkmalen einer reichen, edlen Rasse ausgestattet.*

Graf Mölln entsprach nicht den bürgerlichen Vorstellungen von Vornehmheit, sein Vater war verarmt und auch die Freundin Tony Buddenbrooks, Armgard von Schilling, Tochter eines mecklenburgischen Landjunkers, zeigte dafür gar keinen Sinn, wie Tony enttäuscht feststellen mußte. Armgard, so bemerkten die bürgerlichen Mitschülerinnen, bereitete sich gottergeben auf ihre Rolle als Gutsbesitzerfrau vor, zeigte sich verständnislos für die Schwärmereien ihrer Freundin und lauschte mit neidloser Bewunderung den ungenierten Angebereien der verwöhnten Bürgertöchter, staunte über deren Kleiderpracht und reichen Erfahrungsschatz. Die Fossilien aus alter Zeit, die Adeligen, sie blieben den Bürgern rätselhafte Wesen, zumal das Spektrum ihres Erscheinungsbildes so widersprüchlich und ihre Art den bürgerlichen Normen so konträr war. Da gab es den verbürgerlichten, beamteten Stadtadel, dessen finanzielle Mittel begrenzt waren, der mit dem Luxus der Großbürger kaum Schritt halten konnte und diesen Mangel mit Hochmut zu mildern versuchte, dann den Offiziersadel, der die Bürger mied und sich ausschließlich dem Soldatenberuf widmete und für den die Zivilisten niedere Kreaturen zu sein schienen, die leichtlebigen Leutnants, vor denen die Töchter bewahrt werden mußten, die *syphilitischen Rückenmärker*, die die Folgen ihres Lebenswandels mit einem Sturz vom Pferd erklärten, und schließlich die braven Landjunker, die Krautjunker, die recht und schlecht ihre Ländereien bewirtschafteten, mehr Bauern als stolze Feudalherren.

Es wird ein Phänomen bleiben: Theodor Fontane, Thomas Mann und viele andere Autoren des Genres des *bürgerlichen Romans* bis hin zu Walter Kempowski werden von den zwiespältigen Gefühlen, die sie mit dem alten Stand verbinden, nicht lassen können.

Der Bürgerjunker
Otto von Bismarck

Als Karl Wilhelm Ferdinand von Bismarck im reifen Alter von 35 Jahren, die bürgerliche Beamtentochter Wilhelmine Mencke freite, erregte diese Liebesheirat kaum Anstoß bei den Standesgenossen. Die Menckes waren aus dem Kaufmannsstand in den Gelehrtenstand gewechselt, Anastasius Ludwig Mencke, der Vater der jungen Braut, avancierte zum Haupt der Juristenfakultät der Universität Helmstedt und ging schließlich nach Berlin, wo sich ihm eine diplomatische Karriere eröffnete. Friedrich der Große berief ihn mit den warnenden Worten *aber sei er ehrlich, ja ehrlich* in sein Kabinett, eine Vorsichtsmaßnahme, die der König bei allen bürgerlichen Staatsbeamten für notwendig hielt. Unter Friedrich Wilhelm II. fiel Mencke in Ungnade, bis ihn dessen Nachfolger, Friedrich Wilhelm III. wieder ins Vertrauen zog und in seine Dienste nahm. In schwerer Zeit Preußens hatte sich die Umgebung des Königs einen besseren Kabinettschef gewünscht, über den der Freiherr vom Stein urteilte, *daß er seinem König aufrichtig ergeben, gebildet, feinfühlig, wohlwollend und von edler Gesinnung und von liberalem menschenfreundlichen Grundsätzen erfüllt war, aber seinem Wesen fehlte die Kraft.*

Mencke war Gelehrter und Beamter, Diplomat war er nicht, und vor allem hatte er in der Zeit, als er in Ungnade gefallen war, erfahren, daß seine Standeserhöhung auf tönernen Füßen stand, er vom Wohlwollen des Königs abhängig, tief fallen konnte. Die bürgerlichen Beamten hatten kein Lehngut, das sorgenfreie Sicherheit gab, und so bedeutete die königliche Ungnade nicht nur finanzielle Einbuße, sondern auch den Verlust von Reputation, dem die gesellschaftliche Isolierung folgte. Kränkend war aber auch, daß für die nahen Angehörigen die Lebenswelt des Gatten und Vaters nicht erreichbar war, vor allem schmerzte es, daß die Ehefrau und die Töchter nicht an den Hoffesten teilnehmen durften. Diese Zurücksetzung vollendete sich mit dem Tode des bürgerlichen Amtsinhabers, wenn die Witwe und die Halbwaisen wieder in den einfachen Bürgerstand zurückverwiesen wurden.

Anastasius Mencke starb 1801 an der Halsschwindsucht, als seine Tochter Wilhelmine Luise erst zwölf Jahre alt war. Das Mädchen litt besonders unter dem sozialen Abstieg, bis dahin als Ministertochter geehrt und verwöhnt, mußte sie sich nun in ein normales Bürgerleben einfinden. Ehrgeizig und von den Anschauungen des Vaters erfüllt, galt sie im Freundeskreis als hochmütig und distanziert. Die Nähe des Vaters zum König hatte die Familie hoffen lassen, daß der hohe Herr seine Dienste mit einem Adelsprädikat belohnen werde, doch dem war nun der Tod zuvorgekommen.

Minchen Mencke holte nach, was dem Vater nicht vergönnt gewesen, mit 17 Jahren gab sie dem Landjunker Bismarck ihr Ja-Wort. Das ungleiche Paar lebte zunächst auf dem Gut Schönhausen, um sodann auf die pommerschen Besitzungen Jarcheln, Külz und Kniephof überzusiedeln. Im schlichten Herrenhaus Kniephof nahmen sie Wohnung, die Minchen entsprechend dem städtischen Geschmack behaglich zu machen versuchte. In das ländliche Leben mochte sie sich nicht einfinden, sie vermißte die gelehrten Anregungen ihres geliebten Vaters und zeigte deutlich ihre Mißachtung für das einfache Landleben, indem sie ihren geistigen Hochmut kultivierte. Ein Greuel waren ihr die Gesellschaften im Kreise der Landjunker der Nachbarschaft, deren Themen sich um den landwirtschaftlichen Alltag rankten. Ihr Gemahl hatte sie zwar in den Adelsstand erhoben, aber wenn sie ihn mit dem hochverehrten und geliebten Vater verglich, dessen Bildung und Gelehrsamkeit sie so verzückte, war das bäuerische Landjunkertum ihres Gatten kaum zu ertragen, dessen Gesichtskreis sich auf die Pferdezucht, die Reiterei, Jagd und landwirtschaftliche Ökonomie beschränkte. Eine Zumutung war ihr auch der vertraute Umgang mit seinen *Leuten,* und zuweilen schien es ihr, daß er sich von ihnen kaum unterschied, wenn er sich unter ihnen zeigte, ein deftiges Essen bevorzugte und nach einem guten Trunk sich lustiger als gewöhnlich zeigte. Ihr Mißmut blieb vom Gemahl weitgehend unbeachtet, und so tyrannisierte sie ihre Umgebung mit einer ständigen Kränkelei, mit der sie ihre scharfen, mokanten Urteile erklärt wurden. Bei Freunden, Verwandten und dem Personal fürchtete man die Unhöflichkeiten Minchen Menckes, und es bedurfte einiger Mühe des humorvollen Hausherrn, die Taktlosigkeiten zu mildern.

Auch das Kindbett verhalf der jungen Frau nicht zum Glück, zwei ihrer Kinder starben, nur ein Sohn überlebte. Endlich, am 1. April 1815 wurde ein weiterer gesunder Knabe geboren, der auf den Namen Otto Eduard Leopold getauft wurde. Es folgten darauf wieder ein Sohn, der jedoch an einer Bohne erstickte, und eine Tochter, die den Namen Malwine erhielt. Während Vater Bismarck seine Kinder mit wohlwollender Wärme liebte und vor allem an den ausgelassenen Spielen seiner Söhne mit der Dorfjugend in der freien Natur Gefallen fand, zeigte die Mutter sich streng und unnachsichtig, wenn die Studien vernachlässigt wurden, wie ihr denn überhaupt der Umgang ihrer Kinder mit dem einfachen Volk zuwider war. Das Landleben hatte ihre Begabung nicht zur Reife kommen lassen, der Verkehr mit den öden Nachbarn verstärkte ihre Unzufriedenheit, und so konzentrierte sich ihr Ehrgeiz auf die Söhne, aus denen sie Gelehrte zu machen suchte. Auf keinen Fall wollte sie es leiden, daß sie einmal als Landjunker Ackerbau und Viehzucht betrieben und sich lediglich an der Jagd ergötzten. Der Familie Mencke sollten sie nachschlagen und dem Vorbild des Ministers folgen. Minchen Mencke reagierte unwirsch, wenn die bismarcksche Verwandtschaft die Ähnlichkeit des heranwachsenden Otto Leopold mit dem bei Möckern an der Spitze seiner Husaren heldenhaft gefallenen Leopold von Bismarck konstatierte.

Noch als Kind, mit sieben Jahren, mußte Otto das Gut Kniephof verlassen und die Schule des Theologen Plamann besuchen. Plamann hatte 1805 in Berlin ein Pädagogium nach dem Muster Pestalozzis gegründet und im Verlauf der Jahre die Grundsätze des Turnvaters Jahn hinzugefügt. Es war nicht der Ort, wo man mit Freude lernte, es war ein Zuchthaus, in dem die Zöglinge von morgens 6 1/2 bis abends 8 1/2 in Tätigkeit versetzt wurden. Otto von Bismarck pflegte noch im hohen Alter die Torturen zu beklagen, die er in dieser Anstalt erlitten hatte. Die Schule war am Stadtrand gelegen, so daß man auf der rückwärtigen Seite auf ein freies Feld hinausschauen konnte, ein schmerzvoller Ausblick für den Landjungen Otto, wenn dort ein Ochsengespann die Ackerfurchen zog und ihn an sein geliebtes Kniephof erinnerte. Zuhause wurde der Körper im freien Spiel mit den Kameraden gestählt, im Dorfteich geschwommen oder sich ein wenig geprügelt, bei Plamann mußte nach den strengen Regeln Jahns diszipliniert und in Reih und Glied geturnt werden. Angewidert von dieser Turnerei und der gespreizten Teutonenzucht, die durch die burschenschaftlichen Reminiszenzen der Lehrer noch unterstrichen wurden, versuchte Bismarck, sich nach Möglichkeit zu drücken, meist ohne Erfolg. Mit diesen Erfahrungen erklärte Bismarck seine spätere Abneigung gegen das deutsch-nationalistische Getöse der bürgerlichen Liberalen, dem er nichts abgewinnen konnte und das ihm stets peinlich war.

Die Plamannsche Anstalt verließ er mit 13 Jahren, um auf dem Friedrich-Wilhelm-Gymnasium die Schulzeit fortzusetzen. Damit besserte sich die Lage erheblich, da er nun mit seinem Bruder eine kleine Wohnung teilen konnte, und die Jungen von einem Hofmeister sowie der treuen Trine Neumann aus Schönhausen betreut wurden. Im Winter bezogen auch die Eltern in Berlin eine Wohnung, und im Sommer durften die Brüder die Ferien auf dem heimatlichen Gut verbringen. Indes die Schulleistungen ließen zu wünschen übrig, und so befahl die Mutter den Besuch des Gymnasiums zum Grauen Kloster, wobei sie es für angezeigt hielt, Otto in die Obhut des gestrengen Direktors dieser Anstalt zu geben, der nebenbei noch eine Pension unterhielt. Die persönliche Betreuung zeitigte freilich wenig Früchte. Erst die Jubelbücher über den großen Bismarck berichten von überragenden Schulleistungen dieses genialen Mannes, doch in Wahrheit hatte er kaum das Bildungsziel erreicht, von 18 Schülern erreichte er gerade einmal den 15. Platz. Zumindest hatte die Mutter ihr Ziel erreicht, ihre Söhne dem adeligen Einfluß zu entziehen und eine bürgerliche Erziehung durchzusetzen.

Damit, so schrieb Bismarck später, *war ich ein normales Produkt unseres staatlichen Unterrichts*, und die bürgerlichen Normen und Werte waren auch auf fruchtbaren Boden gefallen. Der junge Bismarck war zwar kein fanatischer Republikaner geworden, doch hatte er sich überzeugen lassen, daß die Republik die vernünftigste Staatsform sei, ja er war sogar bereit, zumindest darüber nachzusinnen, warum Millionen Menschen nur einer Person, dem Monarchen zu gehorchen hatten. Die abstoßenden Erfahrungen mit den kleinbürgerlichen Deutschtümlern beließen es bei der theoretischen Betrachtung und waren nicht geeignet, angeborene preußisch-monarchische Gefühle auszutilgen: *Meine geschichtlichen Sympathien blieben auf Seiten der Autorität.* Niemals aber konnte er es seiner Mutter verzeihen, daß sie ihm die Heimat des Herzens versagt und aus kaltem Ehrgeiz die Jugend genommen hatte. Sein Leben lang war ihm am wohlsten in Schmierstiefeln, weit weg von der Zivilisation:

am besten ist mir da zumute, wo man nur den Specht hört. Die zwei
Welten seines Herkommens, die bürgerliche der Menckes und das
altständische Junkertum der Bismarcks, wollten sich in ihm nicht
versöhnen, und so klagte seine enge Freundin, die Baronin Spitzemberg, wiederholt über die schreckliche Zerrissenheit ihres verehrten
Freundes, der einerseits ein Grandseigneur und Kavalier sein konnte,
andererseits aber auch eine kleinkarierte, polternde Seite hatte. Äußerlich souverän und respekteinflößend, zeigte er sich bei geringstem
Ärger und Mißmut als jammernder Hypochonder oder reagierte auf
vermeintliche Kränkungen mit Wutgebrüll und Tränenausbrüchen.

Nicht Landwirt, nicht Soldat
Eine preußische Karriere

Glanzvoller wäre für Otto von Bismarck eine Soldatenlaufbahn gewesen, doch er zog die Ochsentour in der preußischen Beamtenhierarchie vor, die ohne Höhen und Tiefen ihren Gang zu gehen pflegte,
bis er sich schließlich entschloß, mit seinem Bruder gemeinsam die
pommerschen Güter zu bewirtschaften und politisch die bescheidene
Rolle des Kreisdeputierten und Landrats auszufüllen. Bei seinen Guts-
nachbarn machte er sich verdächtig, liberal zu sein. Um diesen bürgerlichen Ruf zu tilgen, spielte er den tollen Bismarck mit wilden
Zechgelagen, Ehrenhändeln und halsbrecherischen Ausritten. Bald
stellte er jedoch fest, daß ihn auch das Landjunkerleben nicht befriedigte. Anregung suchte er in der Literatur, las Anastasius Grün, Freiligrath, Lenau, Rückert, beschäftigte sich in Lesekreisen mit Goethe
und Schiller, um schließlich bei Byron zu verweilen. Auf der Suche
nach einem festen Halt, nach einer Weltanschauung, durchlebte er
quälende Anfechtungen, die sich dramatisch verstärkten, als in ihm
eine glühende Leidenschaft zu Ottilie von Puttkamer entbrannte. Ver-
bittert reagierte er auf die Zurückweisung und tat, was man unglück-
lich verliebt zu tun pflegt: Er ging auf Reisen, besuchte Schottland,
Frankreich und Italien. Zurückgekehrt, wurde Bismarck durch seinen Freund Blanckenburg in das Haus Adolf von Thaddens auf
Trieglaff eingeführt.

Dieses Gut war das Zentrum jener pommerschen Pietisten, die ab-
gesondert von der Amtskirche in ihren Häusern Gebets-und Erbauungsstunden abhielten. Zur Mitte des 19. Jahrhunderts hatte diese
süßlich-strenge Christenbewegung ganz Norddeutschland erfaßt. Als

Bismarck in diesem Kreis Aufnahme fand, erschien er den Frömmlern als verlorener Sohn, der dringend der Fürbitte bedurfte und dem in gemeinsamer Glaubensarbeit Satan abgerungen werden mußte. Freund Blanckenburg scheute sich nicht, schwerste Geschütze pietistischer Missionstätigkeit aufzufahren, so als er Bismarck von einer frommen jungen Verwandten berichtete, die ihn in christlicher Keuschheit liebte, sterbenskrank daniederlag, doch nicht zum Heiland einkehren konnte, solange sie nicht Gewißheit hätte, daß Otto sich zum Erlöser bekannte. Geängstigt entzog sich Bismarck zunächst dem Glaubensterror, um schließlich dann doch noch einer letzten Generalattacke der Eiferer zu erliegen. Mit Sorge erfüllten Blanckenburg die ständigen Anfechtungen durch die vom bösen Ruf des Freundes herausgeforderten Frauen, die fortwährend Bismarck lüstern umgarnten.

Schwaches Fleisch, so versprach ein altes protestantisches Rezept, war nur mit einem Ehebund zu zügeln, und folglich arrangierten die besorgten Heiligen eine gemeinsame Harzreise, an der nicht ohne Absicht auch Johanna von Puttkamer teilnahm, *das einzig fromme, reine liebe Mädchen*, wie Blanckenburg avisierend schrieb. Auf Johanna setzten die Freunde ihre letzte Hoffnung, Otto auf den Weg der Tugend zu lenken. Schicksalsschläge, die der Freundeskreis zu betrauern hatte, klopften schließlich Bismarck weich. Als Maria von Blanckenburg vom Totenbett Otto bestellen ließ, daß er sich jetzt bekehren lassen müsse, es die letzte und höchste Zeit sei, strich Bismarck endlich die Segel und ehelichte die ihm zugeteilte Johanna von Puttkamer. Es habe lange gedauert, so schrieb Bismarck später, *bis Johanna meine Frau wurde*. Die bigotte Erziehung, der Hader mit der bösen Lust und der argen Vergangenheit des Gemahls, hatten krankhafte Stimmungen hervorgerufen, die zunächst das Ehepaar belasteten und Bismarck den ersehnten Seelenfrieden verwehrten.

Freunde und Gegner beklagten seinen schwierigen Charakter, zum einen liebenswürdig und gewandt, ließ er sich zum anderen gehen, konnte verletzend und kränkend sein und zuweilen die Gebote der Höflichkeit völlig mißachten. Eigentlich keine gute Voraussetzung für den diplomatischen Dienst, doch der Mangel wurde durch seine angeborene Autorität gemildert. Für seine bürgerlichen Kontrahenten war er die Inkarnation des Landjunkers, seine Standesgenossen hingegen vermißten die Gradlinigkeit des Edelmanns. Gegen den Rat seiner Familie und des Hofes, berief König Wilhelm I. den umstrittenen Mann zum Ministerpräsidenten, Bismarck war in einer schweren politischen Krise die letzte Rettung. Nach der Entlassung der Regierung Manteuffel hatte der König sogar erwogen, der Krone zu entsagen. Gemeinsam hatte man die preußische Staatkrise überwunden.

Bismarcks nächstes Ziel war die deutsche Reichseinheit unter Preußens Führung, mit Blut und Eisen, so hatte er zum Entsetzen der Liberalen und der Hofgesellschaft verkündet und alsdann tatsächlich den Bruderkrieg gegen Österreich und seine Verbündeten herausgefordert, um Preußen die Machtstellung zu geben, die Einheit zu vollenden. Der österreichische Bevollmächtigte und Präsidialgesandte hatte ihm einst in einem offenen Gespräch den österreichischen Standpunkt über die künftige Rolle Preußens in Deutschland deutlich gemacht: *nämlich sich an die wahre providentielle Bestimmung zu erinnern, um sich seiner alten Aufgabe des Reichskämmeramtes hingeben zu können.*

Diesen alten Streit um die alte Reichshierarchie, den die Fürsten in endlosen Debatten nicht zu lösen vermochten und der den Parlamentariern unverständlich blieb, gedachte Bismarck mit preußischen Soldaten in einem Bruderkrieg zu entscheiden, nicht mit der Unterstützung der Liberalen, doch mit jenen Bürgern, die nach englischem Vorbild sich anschickten, Preußens Industrie zu entwickeln. Emporkömmlinge, die sich mit dem Staat arrangierten und gegen die demokratischen Abgeordneten zu handeln bereit waren. Ihnen war die feudale Ordnung sehr genehm und Voraussetzung einer effizienten Betriebsführung. Militärisch, gutsherrschaftlich organisierte Betriebsgemeinschaften versprachen geringe Lohnkosten bei hoher Arbeitsleistung. Der Fabrikherr als Patriarch und Obrigkeit nach Gutsherrenart unterschied sich durch seine Fürsorgepflicht für seine Arbeiter vom englischen Manchesterkapitalisten und trug damit der feudalen Forderung Rechnung, daß der Schwache einem *wehrenden* Herrn untergeordnet sein müsse.

Im Herbst 1869 hatte Bismarck seinem bewährten Agenten Wilhelm Stieber den Auftrag erteilt, konspirativ die militärische und politische Situation Frankreichs zu erkunden. Der Geheimagent, der bereits vor dem österreich-preußischen Krieg gute Dienste geleistet hatte, fuhr sogleich nach Paris, wo es ihm gelang, den Kammerdiener Napoleons III. anzuwerben. Einem als Anstreicher getarnten Spion glückte das Meisterstück, während seiner Malerarbeiten die militärischen Aufmarschpläne Frankreichs abzuzeichnen. Nach knapp einem Jahr konnte Stieber dem Ministerpräsidenten einen dezidierten Bericht vorlegen, wonach das französische Militär sich in einem erbärmlichen Zustand befand, und der Kaiser kaum noch einen Rückhalt bei den Politikern hatte. In der Bevölkerung war sein Prestige auf den Tiefpunkt gesunken. Stiebers Bericht bestätigte Bismarcks Eindruck, und so kommentierte er die Agentenrecherche mit der Bemerkung, daß sie *eine Einladung an den deutschen Soldatenstiefel* sei.

Mit der Zuspitzung der Krise um die spanische Thronfolge durch einen Hohenzollern der katholischen Linie Sigmaringen und der Forderung Napoleons III., daß Frankreich auf der Zusicherung bestehe, daß Preußen für alle Zeiten auf den spanischen Thron verzichte, war der Krieg mit Frankreich unausweichlich. Frankreich war von Bismarck gezwungen worden, mit Preußen die Klingen zu kreuzen. Die sich überstürzenden Ereignisse ließen keine Zeit mehr für diplomatisch-politische Erörterungen, und so blieb dem König nichts anderes, als seine Pflicht als erster Soldat Preußens zu erfüllen. Die Hofgesellschaft sah ihre alten Befürchtungen bestätigt, der Ministerpräsident war ein Vabanquespieler und Hasardeur. Daß Bismarck zielstrebig auf diesen Krieg hingearbeitet hatte, er unter dem Einsatz von Spionen, Geheimgesprächen und Bestechungen seinen König düpiert hatte, das freilich war ungeheuerlich und zu glauben unvorstellbar.

Für die Gesandten der deutschen Fürstenhäuser war der Kriegsausbruch ein Beweis für die politische Skrupellosigkeit des preußischen Ministerpräsidenten, nun bestätigte es sich, daß der grobe Landjunker auf dem glatten Parkett der Diplomaten versagen mußte. Bayerns Gesandter Perglas, Sachsens Vertreter Baron Könneritz und der württembergische Legationssekretär Heine, so vermerkte die Baronin Spitzemberg in ihrem Tagebuch, waren voller Erbitterung gegenüber Bismarck und behaupteten, daß er den Krieg hätte vermeiden können. *Sie führen allerlei Einzelheiten an, die allerdings beweisen, daß die Sache etwas burschikos und formlos behandelt worden ist und eine Reihe von Mißverständnissen, unglücklicher Zufälle, diplomatischer Fehler vorkamen.*

Für Bismarck galt es nun, sich den bürgerlichen Politikern zuzuwenden, die ohnehin seine verzwickten Schachzüge nicht durchschauten und über die Anmaßung Frankreichs am heftigsten zu empören waren. Bei ihnen brauchte der Geist Fichtes und Ernst Moritz Arndts nicht beschworen werden, tief verwurzelt war der Franzosenhaß, und genüßlich konnte Bismarck in der bürgerlichen Presse nachlesen, daß die Saat, die er gesät hatte, zu sprießen begann. Sein Triumph wollte genossen sein, und so betrat er an jenem denkwürdigen Tag im Juni des Jahres 1870 den Reichstag des Norddeutschen Bundes unbemerkt. Der Präsident verlas gerade einige langweilige geschäftliche Mitteilungen und war sichtlich ärgerlich, als Bismarck das Wort verlangte. Forsch und knapp teilte der Ministerpräsident den Abgeordneten mit, daß ihm der französische Gesandte soeben die Kriegserklärung Frankreichs überreicht habe. Als das Wort Kriegserklärung gefallen war, brach im selben Moment ein mörderisches Gewitter aus und ein tosender Donner begleitete Bismarcks Worte. Die Abgeordneten erhoben sich von den Sitzen, und, begleitet von zuckenden Blitzen und krachenden Schlägen, begann ein nicht endenwollender Jubel, der schließlich in Hurrarufen auf Bismarck und den König mündete. Der einst von den Männern des Volkes als Blut-und-Eisen-Mann Geschmähte, ließ sich nicht bewegen, weitere Erklärungen abzugeben, nach all den Jahren harter Kämpfe, böser Anwürfe und Kränkungen wollte er nun schweigen. *Wie Schwertgeklirr und Wogenprall* durchbrauste Deutschland der Ruf *Zum Rhein, zum Rhein, zum Deutschen Rhein*, dem verhaßten Feind im Westen sollte nun das Fell gegerbt werden.

Im 18. Jahrhundert hatten die bürgerlichen Literaten aus deutschem Minderwertigkeitsgefühl den Keim dieser Feindschaft gelegt, in den Freiheitskriegen hatte man die Franzosen hassen gelernt, und nun wurde es zur Gewißheit, daß es sich um eine Erbfeindschaft handelte. Das deutsche Volk, alle seine Stämme waren in Wut und Empörung geeint, und wenn auch die süddeutschen Landesherren die Begeisterung nicht teilen mochten, ihre Landeskinder zogen vor ihre Residenzen, jubelten und priesen den Krieg. Die nationale Euphorie, der ungebändigte Haß, geschürt von der bürgerlichen Presse, versetzte die deutschen Fürsten in äußerste Sorge.

Nur widerwillig empfing König Wilhelm die patriotischen Huldigungen seiner Untertanen, doch nun, da Bismarck ihn in diese Lage versetzt hatte, hieß es, sich dem Unvermeidlichen zu fügen. Das Berliner Hoftheater hatte in aller Eile das Singspiel *Der Racheflug des Preußen Aars* uraufführend inszeniert. Heinrich von Treitschke hatte die Verse geschrieben. Im Schlußakt, so hatte der dichtende Historiker bestimmt, sollte der als Siegfried kostümierte Sänger die scharfe Klinge des preußischen Heeres demonstrieren. Begleitet von einem auf dem hohen C intonierten *So schneidet Deutschlands Schwert*, hieb dabei der unglückliche Sänger kraftvoll auf einen aus Pappmaché gefertigten Amboß, der die Aufschrift *La France* trug, doch das von den Bühnenarbeitern zu durabel gefertigte allegorische Schmiedegerät widersetzte sich entschieden dem preußischen Schwert, der französische Amboss war nicht zu zerstören. Derartigem Patriotenkitsch ohnehin abhold, verließ der König peinlich berührt seine Loge, noch bevor der Vorhang fiel, doch der frenetische Jubel der Berliner, bewegte ihn, noch einmal zurückzukehren, um stumm und würdevoll die Ovationen zu empfangen.

Eine Nummer zu klein
Das zweite Reich

Einhellig stand das deutsche Volk hinter Bismarck, mit Ausnahme der Marxisten, die durch die Kriegseuphorie in eine existentielle Bedrängnis kamen, da Teile ihrer weniger ideologisch gefestigten Anhängerschaft auch dem Nationalrausch zu erliegen drohten. Für die Funktionäre war dies ein Krieg der Herrschenden, und folglich verfaßte eine Arbeiterversammlung in Braunschweig eine Resolution, in der darauf verwiesen wurde, daß der leichtfertig entfachte Krieg lediglich als dynastischer Streit zu betrachten sei, und forderte für alle Völker das alleinige Recht, sich selber für Krieg oder Frieden und damit ihr eigenes Schicksal entscheiden zu können. Im Reichstag des Norddeutschen Bundes erntete August Bebel wütenden Protest, als er den deutschen Waffengang als Völkermorden zum Nutzen der Oberen brandmarkte, eine Äußerung, die die Sozialisten den Austritt einer größeren Zahl ihrer Gefolgschaft kostete.

Bereits kurz nach Eröffnung der militärischen Operationen zeigte sich im deutschen Hauptquartier ein verhaltener Optimismus. Allerdings waren die Verluste höher als zunächst erwartet, weil die Organisationsschwäche des Gegners von der hervorragenden Moral seiner Soldaten aufgewogen wurde. Überdies beunruhigte die Heeresleitung die Störung des generalstabsmäßigen Ablaufs der militärischen Maßnahmen durch Franktireurs, die in den rückwärtigen Gebieten der Front eine erhebliche Bedrohung ausmachten.

Um die militärischen Führer scharte sich stets eine größere Gruppe Zivilisten, Journalisten, Literaten und Politiker, die nicht wenig dazu beitrug, daß dieser Krieg in der Heimat als Volkskrieg betrachtet und nicht nur das militärische Geschehen mit Interesse beobachtet, sondern auch eine Debatte über das Kriegsziel und die Zukunft

Deutschlands ausgelöst wurde. Militärisch war die deutsche Einheit bereits vollzogen, die deutschen Stämme standen, mehr noch als in den Befreiungskriegen, in Kampf und Sieg unter Preußens Führung zusammen. Widerwillig dem Druck ihrer Landeskinder folgend, hatten sich die Fürsten Bismarcks Krieg aufdrängen lassen und viele Landesfürsten standen an der Spitze ihres Truppenkontingents im Felde, unter König Wilhelm geeint, wie einst Cherusker-Hermann die Germanenstämme in den Kampf gegen die Römer geführt hatte.

Mit dieser altdeutschen Reminiszenz im Herzen, rührten sich nun auch wieder nationalbürgerliche Hoffungsträume, die zur Bildung einer parlamentarischen Initiative für die Reichseinheit unter der Ägide des Abgeordneten Lasker führte. Unwillig nahm der König derartige Reichseinheitsforderungen zur Kenntnis, ihm war die zunehmende Volksagitation für Kaiser und Reich ein Greuel, und so zitierte er in diesem Zusammenhang wiederholt seinen Bruder, daß *einer vom Volk angetragenen Krone der Ludergeruch der Revolution anhafte.* Auch teilte er die Auffassung Friedrich Wilhelms IV., nur den deutschen Stammesfürsten sei nach altem Brauch die Kaiserwahl zuzubilligen.

Unbemerkt von seinem Herrn, spann Bismarck bereits die Fäden, bediente sich seines bewährten Geheimdienstlers Stieber, der abermals konspirativ tätig wurde und nun in den deutschen Residenzen observierend spionierte. Die einlaufenden Berichte bestochener Lakaien und Hofbeamter zeichneten ein düsteres Bild von der Reichsfreudigkeit der deutschen Fürsten und ihrer Meinung über Bismarck. Im ehemaligen Königreich Hannover regte sich erbitterter Widerstand der Welfenpartei, vor allem die ländliche Bevölkerung, die Bauern und der Adel, hielten treu zu ihrem angestammten Fürstenhaus. Auch der Wittelsbacher Ludwig II. hielt eine Reichseinheit unter Preußens Führung für unvorstellbar. In Württemberg opponierte vor allem die Königin gegen Bismarck, und auch aus Dresden war eine strikte Ablehnung zu hören. Nahezu in allen Residenzen regte sich fürstlicher Widerstand und vor allem im Süden Deutschlands Preußenhaß, der freilich nur im liberalen Württemberg vom Volke geteilt wurde, da in Erinnerung an das Jahr 1848 das Bürgertum Preußen mit Militarismus und freiheitsbedrohenden Soldatenstiefeln gleichsetzte.

In die Hände Stiebers gelangten aber auch vertrauliche Kabinettsbeschlüsse und administrative Geheimanweisungen, die Bismarck zum entsprechenden Handeln befähigten. Als unfreiwilligen Verbündeten suchte er sich seinen erbittertsten Gegner, den bayrischen Abgesandten im Feldlager, Graf Holnstein. Stieber hatte die genaue Schuldenlast des bauwütigen bayrischen Königs Ludwig ermittelt, die bereits auf vier Millionen Thaler angewachsen war, so daß die Fertigstellung einiger Bauvorhaben in Frage stand. In einem Gespräch unter vier Augen bot Bismarck dem Grafen Holnstein aus dem von Preußen konfisziertem Welfenschatz und dem beschlagnahmten Privatvermögen der hessischen Kurfürsten für die Bautätigkeit seines Königs sieben Millionen Thaler an, wobei er nicht unerwähnt ließ, daß Graf Holnstein selbstverständlich 10 % Provision beanspruchen dürfe. Als Gegenleistung erwartete Bismarck lediglich, daß Holnsteins königlicher Herr im Namen aller deutschen Fürsten dem Preußenkönig die Kaiserkrone andienen sollte, den entsprechenden Brief hatte Bismarck bereits vorbereitet.

Den Fortgang dieser Bestechung konnte Bismarck dem Agentenbericht Stiebers entnehmen, den ein Kammerlakai Ludwig II. angefertigt hatte. Danach hatte der König sich der Unterschrift unter das Bismarckpapier mit dem Vorwand, bohrende Zahnschmerzen zu haben, zu entziehen versucht. Doch Holnstein blieb hartnäckig, bis Ludwig trotzig wurde und die Unterschrift verweigerte, dann aber, nach heftigem Drängen seines Vertrauten, mit den Worten nachgab *Wenn's denn durchaus sein muß, das Entsetzliche, so mach's halt wieder du! –* worauf Holnstein zum Sekretär schritt und die Unterschrift des Königs perfekt nachahmend unter das Papier setzte.

Damit war der Widerstand des preußischen Königs gebrochen, der Bitte des mächtigen bayrischen Königs, die Kaiserwürde anzunehmen, konnte er sich nicht verschließen. Fassungslos und völlig geknickt nahm Wilhelm das Schreiben entgegen, nicht ahnend, daß er das Opfer eines Ränkespiel Bismarcks geworden war. Eine letzte Möglichkeit zu retirieren bot sich Wilhelm, als ihm gemeldet wurde, daß eine dreißigköpfige Adreßdeputation des Reichstages eingetroffen wäre, um ihm im Namen des deutschen Volkes die Kaiserkrone anzutragen. Zwei Tage mußte Bismarck den König bearbeiten, die Delegation zu empfangen. Mit eisigem Gesicht nahm er schließlich das in rotes Leder eingebundene, auf Pergament geschriebene Dokument aus der Hand des Parlamentpräsidenten Eduard von Simson entgegen. Die Übergabe der Adresse begleitete der Abgeordnete Eduard Lasker mit einer feierlichen Rede, *deren echt patriotischer Geist* dem Kronprinzen Tränen der Rührung entlockten. Daß alle Herren jüdischer Abstammung waren, wurde vermerkt und als Zeichen der gelungenen Emanzipation der jüdischen Bürger Preußens gewertet. Wohlwollend nahm der König während des anschließenden Diners die Tischrede des Frankfurter Abgeordneten Baron Carl Rothschild auf, der darauf verwies, daß bis zu dieser Stunde sechstausend jüdische Soldaten unter der preußischen Fahne standen und 300 für König und Vaterland ihr Leben gelassen hatten. Gerührt überreichte der König mit herzlichen Worten den Roten Adler Orden, worin Bismarck ein Zeichen erblickte, daß sich beim hohen Herrn ein Sinneswandel vollzog.

Inzwischen war in Berlin die neue Reichsverfassung im Druck erschienen, womit das zweite Deutsche Kaiserreich sein konstitutionelles Fundament erhalten hatte, doch eine Reichsadministration war nicht vorhanden. Nach der Verfassung war der preußische König nun Deutscher Kaiser, der noch bei der Truppe seine Pflicht tat und sich *jeden öffentlichen Circus* verbat. Einer Kaiserproklamation wollte er ohnehin erst nach Beendigung des Krieges zustimmen, ja er erwog sogar zurückzutreten und seinem Sohn diesen *leeren Anstandstitel* überlassen.

Wieder handelte Bismarck gegen den Willen des Königs, indem er die Kaiserproklamation auf den 18. Januar legte und als Ort den Spiegelsaal des Versailler Schloßes bestimmte. Der König zeigte sich jedoch immer noch unwillig und suchte verzweifelt nach Gründen, den Proklamationsrummel zu konterkarieren, indem er Bismarck mitteilte, den Titel *Deutscher Kaiser* nicht annehmen zu wollen, und allenfalls bereit wäre *Kaiser von Deutschland* zu werden, ein verfassungsmäßig unmöglicher Titel, der als widerrechtlicher Anspruch auf nichtpreußische Gebiete gewertet werden konnte und unweigerlich den Protest der Bundesfürsten herausgefordert hätte. Auch diese Klippe überwand Bismarck, der die Einwände seines Herrn ignorierte und mit dem Großherzog von Baden vereinbarte, daß dieser nach der Verlesung der Krönungsurkunde ein Hoch auf *Seine Majestät Kaiser Wilhelm der Siegreiche* ausrufen sollte. So geschah es, und damit war Wilhelm Deutscher Kaiser, worüber der alte Herr derart erbost war, daß er einige Tage mit Bismarck grollte. Aegriert aber waren auch einige Fürsten, die sich erst jetzt über die ganze Tragweite ihrer Zustimmung im klaren waren. Prinz Otto von Bayern, beschrieb seinem königlichen Bruder Ludwig in einem Handschreiben die Kaiserproklamation: *ich vertraue Dir an, wie unendlich übel mir wurde angesichts jener anmaßenden Prozedur, wie sich mein inner-*

stes auflehnte und empörte gegen alles was ich hörte und sah; so großsüchtig, herzlos und falsch! Aus solchen Quellen springt immer ein neues Übel und zuletzt der Untergang Deutschlands.

Der zum Kaiser Erhobene dachte kaum anders, und seine Schwiegertochter, die Kronprinzessin von Preußen, schrieb an ihre Mutter, Königin Viktoria von England: *Ich glaube nicht an dieses Reiches Bestand, denn es tut nicht gut, ein solches der Demütigung seiner Nachbarn zu danken ... Ach Mutter, ich fürchte Deutschland wird gar bald zwischen Frankreich und Rußland erdrückt.* Der Kronprinz und seine Gemahlin waren Bismarck wenig gewogen, und so hätte dem Kanzler die Klage *des englischen Ponys* nicht sonderlich erzürnt, schmerzlicher war ihm, daß sein kaiserlicher Herr diesen Standpunkt weitgehend teilte, sich zur Annahme der Würde gezwungen sah und seine Zustimmung als Verrat an Preußen und dem monarchischen Prinzip betrachtete. Der russische Zar teilte seinem Oheim Kaiser Wilhelm in einem familiär-privaten Schreiben seine Sorge über das neue Reich mit und beschloß seinen Brief mit den Worten: *Solches Unheil wird nicht kleiner dadurch, daß es das Werk eines Königs und nicht der Revolution gewesen.*

Auch wenn die Bürger über die Reichsgründung jubelten, ungetrübt war die Freude nicht, denn eigentlich hatte man sich ein Großdeutsches Reich und die Verfassung von 1848 gewünscht, stattdessen hatte Bismarck die Verfassung des Norddeutschen Bundes übernommen, die recht eigentlich nur ein Organisationsstatut der Bundesstaaten war. Zwei starke Säulen sollten des Reiches Bestand garantieren, zum einen die auf Bismarck zugeschnittene Kanzlerverantwortlichkeit mit der dominierenden Stellung der Reichsbürokratie, und zum anderen die weitreichenden Entscheidungsbefugnisse der im Bundesrat vertretenen verbündeten Regierungen. Der aus freien und geheimen Wahlen hervorgegangene Reichstag hatte eine geringere Bedeutung. Nach der Verfassung war das zweite Deutsche Reich keine Monarchie; der monarchische Gedanke war lediglich durch den Bundesrat in die Verfassung eingebracht, wobei allerdings auch die drei republikanischen Stadtstaaten in der zweiten Kammer mitzuentscheiden hatten.

Die komplizierte Rechtssituation des deutschen Kaisers, dessenBefugnisse ungefähr denen des amerikanischen Präsidenten entsprachen, veranlaßten den Kaiser zu Unrecht, seinen Titel als *Anstandstitel* zu bezeichnen, denn Preußen hatte mit 17 Stimmen im Bundesrat eine machtvolle Position. Demokratische Legitimation erhielt die

Verfassung schließlich durch den Deutschen Reichstag, das frei gewählte Parlament, das mit nur 7 Gegenstimmen der Verfassung zustimmte. Reichskanzler Bismarck, der gegen den Widerstand mächtiger Kräfte das Einigungswerk vollendet hatte, mußte nun ausgleichend und versöhnend die Skeptiker im Reich und die argwöhnisch-feindlichen europäischen Nachbarn beruhigen. Vor allem galt es, das liberale Bürgertum gegen nationalistische Heißsporne unempfindlich zu machen und das Ausland davon zu überzeugen, daß *Deutschland saturiert* sei, das heißt keine weiteren Gebietsforderungen erhebe. Noch klang manch Konservativen das nationalistische Wortgepolter der 48er in den Ohren und viele befürchteten in den Debatten des Reichstages eine Wiederholung dieser *unerfreulichen und gefährlichen Stimmungen.* Als Bewährungsprobe wurde die Debatte um die Wahl der Reichsfarben gewertet, denn die Nationalisten plädierten selbstverständlich für die Farben schwarz-rot-gold der Großdeutschen. Bismarck versuchte den Bürgern deutlich zu machen, daß dies im Ausland als Provokation gewertet würde und bestimmte die Farben schwarz-weiß-rot, der Fahne des Norddeutschen Bundes, die aus dem schwarz-weiß des bodenständigen Preußen und dem rot-weiß der handeltreibenden Hansestädte entstanden war, zur Reichsflagge.

Geld regiert die Welt
Gründerbürger

Reichsgründer war Bismarck, doch sehr bald sprach man von weiteren Gründern, Männern der Wirtschaft, die bereits lange vor dem Krieg die Voraussetzungen für die Reichsgründung vorbereitet hatten. Ohne die Stahlproduzenten in Schlesien und an der Ruhr, die Waffenschmiede und Kanonenkonstrukteure, aber auch die mittelständischen Hersteller der sonstigen militärischen Ausrüstung, wäre der Sieg nicht zu erlangen gewesen. Auch ihnen gebührte der Dank des Vaterlandes und der Siegeslorbeer, hatten sie nicht gegen vielerlei Widerstand die Wirtschaftskraft des Landes unter Beweis gestellt und deutlich gemacht, daß ein stolzes kraftvolles Heer der Industrie bedurfte. Bankiers hatten Bismarck errechnet, wie hoch die Kriegsentschädigung Frankreichs sein könne. Sie nannten eine Summe, die nicht zum französischen Staatsruin führen konnte und kamen auf die ungeheuerliche Zahl von fünf Milliarden Goldfrancs.

Damit fiel ein unvorstellbarer Goldregen auf das Reich hernieder, ohne daß im Finanzministerium Pläne für eine sinnvolle Verwendung vorlagen. Notwendig wären langfristige Zukunftsinvestitionen gewesen, zum Beispiel die Verbesserung der Infrastruktur in den abgelegenen oder unterentwickelten Reichsgebieten. Von der Geldflut völlig überfordert, obsiegte im zuständigen Ministerium bürokratischer Biedersinn, als man beschloß, unverzüglich sämtliche Kriegsschulden zurückzuzahlen. In patriotischer Euphorie hatten die Bürger Kriegsanleihen gezeichnet, die nun der Staat nicht stehen ließ, sondern auf einen Schlag zurückzahlte. Damit gelangte ein ungeheures Kapital in die Hände der Bürger, die sofort das erst 1870 in Kraft getretene neue Aktiengesetz nutzen.

Bis dahin war für die Gründung einer Aktiengesellschaft eine staatliche Konzession vonnöten, doch nun war jedem Bürger der freie Zugang zur Börse gestattet, Groß- und Kleinunternehmer konnten nach Belieben Anteile ihrer Firma feilbieten, mit der Folge, daß im ganzen Reich das Volk vom Spekulationsfieber ergriffen wurde. Ohne Kontrolle konnten marode Firmen, Kleinbetriebe ohne ausreichendes Kapital oder mit Absatzschwierigkeiten die Rechtsform der Aktiengesellschaft wählen und ein immenses Gründungskapital erlangen. Wie Haie tauchten allenthalben *Gründer* auf, die mit lockenden Angeboten Besitzer von Kleinbetrieben köderten, indem sie deren Betriebe zu weit überhöhten Preisen aufkauften, um sodann entsprechende Aktien auszugeben, deren Wert weit über dem des Betriebes lagen. Beliebteste Spekulationsobjekte waren die kleinen mittelständischen Brauereien, vor allem in den rasch wachsenden Industriestädten mit einer zahlreichen Arbeiterschaft. War eine kleine Hausbrauerei gefunden, erwarb ein Kommissionär über dem Zwei- bis Dreifachen des tatsächlichen Wertes die Firma, das Börsenkonsortium schlug noch einmal das Gleiche drauf, so daß die Aktieneinnahmen den Wert der Brauerei um etliches überstiegen. Der Erfolg stellte sich ein, wenn man über korrupte Journalisten verfügte, die sich auf das Anpreisen von Aktien spezialisiert hatten und mit dem Hinweis auf den gewaltigen Bierdurst der Arbeiterschaft zum Kauf solcherart *todsicheren* Brauereiaktien animierten. Die Empfehlungen waren zumeist todsicher, denn nach hohen Dividenden, die weitere Aktionäre anlocken sollten und einen raschen Sturz der Aktien verhinderten, war am Ende das Fiasko nicht mehr aufzuhalten. Selbstverständlich wurde nicht investiert, kurzfristige höhere Produktionsmengen erreichte man durch das Panschen mit Wasser und anderen Bierzusätzen, bis schließlich ein minderwertiges Ekelgesöff entstand, dem der Volksmund die Bezeichnung *Dividendenjauche* gab.

In den ersten beiden Gründerjahren waren allein in Preußen 780 Aktiengesellschaften entstanden. Viele dieser Gründungen bestanden nur wenige Monate, wurden sie liquidiert, waren einige wenige reich geworden, die Mehrheit der Aktionäre aber verlor alles Hab und Gut.

Mit einem gewaltigen Paukenschlag hatte im Mai 1873 der erste Gründungsschub sein vorläufiges Ende gefunden, der Zusammenbruch der bedeutendsten Wiener Kreditanstalt war der Auslöser für die schwerste Wirtschaftskrise des Jahrhunderts. Tausende verloren ihre gesamten Ersparnisse und fielen in Armut, viele suchten verzweifelt den Freitod. Der Zusammenbruch hatte aber auch eine reinigende Wirkung, betroffen waren die kleinen Leute, unerfahrene Spekulanten, Handwerker, Privatiers und schließlich zahlreiche Gutsbesitzer, die, von *Gründern* verleitet, das wenige flüssige Kapital oder gar den ererbten Besitz in dubiose Aktien angelegt hatten und nun mit Schimpf und Schande die angestammte Klitsche verlassen mußten. Die Gründungshaie aber hatten das Desaster überlebt und Berlin zu ihrem Dorado erkoren. Der alte kleinbürgerliche Händlerspruch *Für Geld tanzt der Teufel* war in dieser Stadt der Neureichen Wirklichkeit geworden.

Zum Entsetzen der konservativen Altständischen, die angewidert das Treiben beklagten und sich des alten Marwitz erinnerten, der bereits vor Jahren im preußischen Landtag vor der Börsenfreiheit gewarnt und prophezeit hatte, daß bei einem freien Aktienhandel *der Bürger Werkstatt und Laden verlassen würde, um aus dem Lehnstuhl mit der Spekulation sein Geld zu machen.* Der Teufel war nun heraufgestiegen und im Begriff, die überkommenen Werte, die gute alte Ordnung zu zerstören, um seine Herrschaft des Materiellen zu errichten. *Es wird jetzt weit einträglicher an der Börse zu lauern und Staatspapiere zu kaufen, bald zu verkaufen, als sich mit dem Ackerbau, mit Fabriken oder mit Handarbeit zu quälen,* schrieb Marwitz und beklagte, *daß die fleißigen Arbeiter, die doch am Ende den Aufwand zahlen müssen, immer weniger werden.*

Die karg-preußische Redlichkeit war außer Mode gekommen, nicht Verdienste und Ehren, sondern Reichtum öffnete den Einstieg in die erste Gesellschaft, und wer sich zuweilen gegenüber dem Staat großzügig zeigte, durfte sogar auf eine Nobilitierung hoffen. Otto von Bismarck war für seine Verdienste zunächst in den Grafenstand und nach der Reichsgründung zum Fürsten erhoben worden – eine Ehre, die ihm einiges Kopfzerbrechen bereitete, weil mit der Standeserhöhung keine finanziellen Zuwendungen verbunden waren, und er sich außerstande sah, ein fürstliches Haus zu führen. Die Güter Varzin und Schönhausen ließen eine hochadelige Hofhaltung, so wie sie im neureichen Berlin nun en vogue war, nicht zu. Vertrauens- und erwartungsvoll konnte sich der Reichskanzler auch mit diesem Problem an seinen Berliner Bankier wenden, den ihm schon 1859 sein Freund Baron Meyer Carl Rothschild als ebenso gewandt wie zuverlässig anempfohlen hatte – Gerson Bleichröder. Nach langer vorteilhafter Verbindung war es auch Bleichröder, den Bismarck zu den Friedensverhandlungen in Versailles hinzugezogen hatte und mit dem er nun einen lukrativen Deal machte, indem er Bleichröder mit Informationen aus der Wirtschaft und Politik versorgte, so daß der Bankier dann mit diesen Kenntnissen aus erster Quelle vorzüglich spekulierte.

Das Geschäft war für beide von Vorteil, wobei Bleichröder neben den satten Gewinnen überdies aus den persönlich-geschäftlichen Beziehungen zum Kanzler einen weiteren Nutzen zog, nämlich die fürstliche Protektion zum Eintritt in die ersten Kreise Berlins. Als Zeichen seines Aufstiegs hatte er sich in der Behrensstraße ein fürstliches Palais errichten lassen, dessen Pracht und Luxus hohes Aufsehen erregte und zum Vorbild aller Parvenus der Hauptstadt wurde. *Der Einweihungsball,* so berichtet die Baronin Spitzemberg, *war äußerst brillant,* um sodann über den Stil des Hauses zu schwärmen, dessen Tanzsaal *in oblogen gelb-weiß gehalten war* und von dem *verschiedene Türen in die Salons führten und einen als Wintergarten hergerichteten Gang ...* Verwundert zeigte sich die Baronin über das taktvoll arrangierte Fest, *die netten Überraschungen im Cottilon, sowie das lukullische Souper. Das alles vereinigte sich zu einem wirklich genußreichen Fest, so daß mit großem Animo bis drei Uhr getanzt* wurde. Wie es möglich war, daß fast nur *Leute der ersten Gesellschaft anwesend waren,* konnte die Gräfin nicht erklären, zumal es nicht üblich war, daß die Hofgesellschaft sich zu den Veranstaltungen der Neureichen einfand.

Neben der Verbindung zum Reichskanzler halfen Bleichröder auch seine adeligen Kunden, die sich ihren Bankier gewogen halten wollten, und es nicht wagten, eine Einladung auszuschlagen. Bleichröder revanchierte sich mit feinem Takt, indem er *zweifelhafte Elemente* ausschloß, ja sogar seine nicht vorzeigbare Verwandtschaft von den

Festen fernhielt, *was*, so befand die Spitzemberg, *eigentlich schrecklich jämmerlich ist*. Die gesellschaftliche Anerkennung war vollzogen, wenn es gelang, die Offiziere der Garde einladen zu dürfen, und so lockte Bleichröder mit einer excellenten Bewirtung und schönen Frauen auch die Marsjünger in sein Haus. Ein Mißverständnis beendete allerdings sehr bald die sich zunächst sehr freundlich entwickelnden Kontakte Bleichröders zum Militär. Der bunte Rock des Kaisers stand über Rang und Stand, aufgenommen in das Offiziercorps war die Herkunft ohne Belang, der Treueid einte die Kameradschaft, Feldmarschall und Leutnant standen im gleichen Verhältnis zum obersten Kriegsherrn. Als Zivilist konnte Bleichröder diesen Corpsgeist schwerlich verstehen, und so ereilte ihn anläßlich eines Festes in seinem Hause das schreckliche Mißgeschick, diesen soldatischen Ehrencodex sträflich zu zu mißachten, mit der Folge, daß sein Haus fortan von den Soldaten gemieden wurde. Ein adeliger Gardeoffizier hatte zu einem Bleichröderfest einen bürgerlichen Kameraden mitgenommen, ein Affront, wie der bürgerliche Bleichröder befand und sogleich den gräflichen Gardeoffizier zu Seite nahm, um ihm mitzuteilen, *daß dies doch wohl entschieden zu tief gegriffen sei*. Konsterniert berichtete der Offizier seinen Kameraden diesen unglaublichen Vorfall, worauf die Herren nach ihren Mänteln riefen und sich höflich von Neureichs verabschiedeten.

Bescheidener zeigte sich der Eisenbahnkönig Borsig. Er hatte seine Villa inmitten des Arbeiterbezirks Moabit errichten lassen, als Patriarch wollte er inmitten seiner Leute residieren. Ambitionen, in der höheren Gesellschaft zu verkehren, hatte er nicht, sein Reichtum und seine angesehene Stellung in der Wirtschaft waren ihm genug. Sein Hauptvergnügen waren der herrliche Park und ein botanischer Garten, die seine Villa umgaben, und die er an bestimmten Tagen gegen ein geringes Entgelt für das Publikum öffnete. Die Eintrittsgelder flossen in seine Arbeiterinvalidenkasse.

Das Borsighaus, Altmoabit Nr. 5, entsprach dem Geschmack der Zeit. Die auftraggebenden Gründer verlangten von den Baukünstlern repräsentative, den Reichtum demonstrierende Prachtbauten. In Ermangelung einer eigenen Geschichte und Familientradition mußte aus wilder Wurzel eine architektonische Selbstdarstellung geschaffen werden. Die Hoffnung war, daß es gelingen würde, eine neue Dynastie zu begründen, deren Gründer sich mit dem Familiensitz ein ewiges Denkmal setzten wollten. Die Familiengeschichte lag im Dunkeln,

unbekannt war das Woher, und so suchte man in der eben erst gestifteten deutschen Nationalgeschichte die Wurzeln des Herkommens.
Historische Vorbilder wurden als Ahnen reklamiert, und so identifizierte man sich mit den Gründern vergangener Epochen. In der Gotik
hatten kleine Leute mit Handel und Wandel die Macht in den Städten
errungen, keine Einzelpersonen, sondern der Kaufmannstand hatte
die Welt verändert. In der Renaissance waren Handwerkerfamilien,
wie die Fugger, fürstengleich emporgestiegen. Sie alle hatten Zeugnisse des Reichtums hinterlassen, und auch wenn die Geschlechter
fast ausnahmslos untergegangen waren, ihr Ruhm war in den Annalen festgeschrieben. Dieses bürgerliche Erbe adaptieren die neuen
Gründer, indem sie ihren Palästen historisierende Fassaden gaben.

Der Baustil der Gründerzeit subsumierte deutsche Geschichte zu
einem wilden Stilkonglomerat, vereinte Gotik und Renaissance und
demonstrierte damit das verbogene Geschichtsbild der recht eigentlich geschichtslosen Aufbruchgeneration. Das Lieblingswort dieser
Epoche war *kolossal,* kolossal mußten die Bauten sein, die burg- oder
palastähnlichen Villen. Kolossal war das Interieur, gewaltige Thea-
terkulissen, in denen die neue Gesellschaft mit Protz und Pomp das
Herkommen zu vergessen suchte. Für die nachkommenden Generationen sollten diese steinernen Zeugnisse des Reichtums verpflichtende Erinnerung an die Gründer sein, wenn sie denn das Erbe zu bewahren imstande waren. Die Männer der ersten Stunde hatten
geglaubt, eine Familientradition begründen zu können, aber nicht
bedacht, wie rasch die Mode wechselte, und daß die in den Wohlstand hineingeborene zweite Generation sich womöglich für einen
anderen Lebensstil entschied.

Borsig-Sohn Albert empfand die proletarische Nachbarschaft in
Moabit als lästig, weil die feine Gesellschaft diese Gegend mied, und
so kaufte er vom Fürsten Pless ein Grundstück am Wilhelmplatz und
ließ dort in der Nachbarschaft der ersten Gesellschaft ein Palais er-
bauen. Seine Hoffnung, daß dieser Standortwechsel den Ruch des
Parvenus tilgen würde, erfüllte sich nicht, und so sah er sich genötigt,
die Abschaffung der *nobilitas realis* zu nutzen. Der Besitz eines Rit-
tergutes war mit Sitz und Stimme im Herrenhaus verbunden, und so
bedeutete der Kauf eines adeligen Besitzes, vorausgesetzt der Landesherr gab seinen Konsens, eine gewisse Standeserhöhung. Lieber hätte
Albert Borsig eine Adelige geheiratet, doch trotz seines Vermögens
hatte sich dieser Wunsch nicht erfüllt. So freite er die Tochter des bürgerlichen Rittergutsbesitzers Paul Guticke, der etwas neureich nach

Landjunkerart auf seinem Besitz residierte und zwangsläufig mit seinen adeligen Nachbarn verkehrte.

Diese Möglichkeit der Standeserhöhung wollte auch Borsig nutzen. Als er erfuhr, daß der Graf Itzenplitz in Geldnöten war, griff er zu und kaufte den Familiensitz dieses altbrandenburgischen Geschlechts in Groß Behnitz im Westhavelland, ein Fehler, wie sich herausstellen sollte, denn der Bruder des bankrotten Gutbesitzers war der preußische Handelsminister, der über den Verlust des angestammten Lehngutes derart empört war, daß er Rache schwor. Die Gelegenheit bot sich, als die Firma Borsig Konkurrenz erhielt. Nicht bessere und auch nicht billigere Lokomotiven baute auch Louis Schwartzkopf, der nun den Auftrag erhielt, Preußen mit Lokomotiven zu beliefern. Die Glanzzeit der Borsig war damit zu Ende, was nicht hieß, daß die Erben darben mußten, sie hatten ohnehin nicht am Lokomotivenbau Freude und zogen es vor zu privatisieren. Erbe Ernst Borsig ließ sich auf einer Insel des Tegeler Sees eine monströse Villa errichten, Bruder Konrad folgte dem Ältesten und wurde Gutsbesitzer in Pommern.

Das war wiederum eine Herausforderung für den schillernden Eisenbahnkönig Bethel Henry Strousberg. Er kaufte sich die Rittergüter Tarnowo, Rumianek und Karlshof, ein ansehnlicher Besitz von 6000 Morgen, doch nicht so groß wie die Besitztümer der schlesischen Magnaten, und so erwarb er auch noch die Herrschaft Zbirow in Oberschlesien im Werte von weit über zwanzig Millionen Reichsmark. Auf 100000 Morgen Land standen Sägewerke, Eisen- und Kohlengruben, Hochöfen, Walzwerke und eine Waggonfabrik, verbunden waren die Produktionsstätten mit einem eigenen Schienennetz. Im Zentrum der Reichsmacht, in der Berliner Wilhelmstraße, residierte Strousberg in einem fürstlichen Palais wie ein Regierungschef über seinem Imperium. Wiederholt warnte Bleichröder Banken und Anleger vor den undurchsichtigen Finanzgeschäften des Eisenbahnkönigs, der aus ärmsten Verhältnissen kommend, aus dem Nichts ein riesiges Firmenkonglomerat aufgebaut hatte, von dem tausende Arbeiter, Politiker und Adelige abhängig waren. Gekaufte Journalisten wurden von ihm angehalten, für eine gute Presse zu sorgen und der Öffentlichkeit Seriosität zu suggerieren, so als die Blätter berichteten, daß Strousberg den Alleinauftrag für den Eisenbahnbau in Rumänien erhalten hatte. Ein Wagnis, denn das Land war ohne jegliche Infrastruktur, das Baumaterial mußte größtenteils aus Deutschland herangebracht werden und kam wegen der fehlenden

Straßen nicht zur Trasse. Als Gerüchte besagten, daß Strousberg zahlungsunfähig war, beauftragte Bismarck seine Finanzexperten Bleichröder und Hansemann dem nachzugehen, doch sie benötigten über ein Jahrzehnt, um Licht in die dubiosen Geschäfte und verworrenen Firmenverflechtungen zu bringen. Hoch war der Konjunkturritter gestiegen, der sich stolz zu seinen monatlichen Millioneneinkünften bekannte. Als er geschäftlich in Russland war, platzten plötzlich Wechsel, einer der reichsten deutschen Gründer kam in Haft. Als er schließlich nach Berlin zurückkehrte, war er ein armer Mann, der seinen Lebensunterhalt erbetteln mußte, seinen Aufstieg begleiteten etliche Opfer, die er skrupellos ruiniert hatte, ohne Scham und Ehre, nun war ihm Gerechtigkeit widerfahren.

Partikularisten, Sozialisten, Konservative

Es war noch nicht lange her, daß die Repräsentanten des neuen Deutschlands Bismarck als reaktionären Landjunker und Verräter an Großdeutschland geschmäht hatten, jetzt war er der Garant des bürgerlichen Aufbruchs geworden, und das liberale Bürgertum stand an seiner Seite. Doch es gab auch erbitterte Gegner, die Reichsfeinde, das waren vor allem die unfreiwilligen Mitglieder des Reiches, die Abgeordneten aus Preußisch-Polen, die Zwangsdeutschen aus Elsaß-Lothringen. Sie alle scharten sich um den hannoverschen Abgeordneten Windthorst, der die Schmach von Langensalza und das Unrecht am Welfenhaus nicht verwinden konnte und es im Parlament den preußischen Wölfen heimzahlen wollte. Die Gründung des Deutschen Reiches mit der Vorherrschaft des protestantischen Preußen hatte aber auch den Unmut des Vatikans hervorgerufen, der nun das Bündnis mit den antipreußischen Kräften suchte, den Autonomisten und dem politischen Katholizismus in Deutschland. Gemeinsam wollte man um jeden Preis opponieren, ohne gemeinsame Ziele, doch im Haß geeint Widerstand leisten, und so zeigte man sich zuweilen erzkonservativ, bisweilen sozialistisch oder aber auch radikalliberal, vorausgesetzt, es schadete Preußen.

Bedeutungslos waren noch die Sozialdemokraten, die Wähler hatten ihnen die vaterlandslose Gesinnung und Franzosenfreundlichkeit während des Krieges übel genommen, und so waren nur die Abgeordneten Bebel und Schraps in den Reichstag eingezogen. In der *Volksstimme* hatten die Herren der sozialdemokratischen Zentralleitung in Braunschweig noch während des Krieges prophezeit, *daß Bebel und Liebknecht uns die Herzen des Volkes entfremdet haben, fährt Liebknecht in dieser Weise fort, so haben* wir *am Ende des Krieges nur noch ein Dutzend eingefleischte Sozialrepublikaner.* Die Parteilinie blieb jedoch in ihrer Ablehnung des Staates kompromißlos und schielte nicht auf Wählergunst. Die Parteiführer beharrten auf ihrem Standpunkt, daß die Reichsgründer *Schurken und Narren* seien, die in lächerlicher Weise das Wort Vaterland im Munde führten und Klassenherrschaft meinten. *Der ganze Patriotismus im Jahre 1870*, so rief Bebel im Reichstag aus, *war viel Geschrei und wenig Wolle, eine Kaiserposse, mit einer bettelhaften Gestaltung der deutschen Einheit.* Als Bebel schließlich Kaiser Wilhelm als *lieben Bruder des Schurken auf Wilhelmshöhe* (Napoleon) bezeichnete, waren sogar die Windhorstleute ungehalten. Massenaustritte mußte die SPD hinnehmen, nachdem enthüllt wurde, daß der französische Gesandte an die Parteileitung ein Dankschreiben für die gezeigte frankreichfreundliche Haltung vor und während des Krieges übersandt hatte.

Tragisch war die Rolle der Konservativen im neuen Deutschland. Sie hatten zunächst in Bismarck einen der Ihren gesehen und seinen Beteuerungen, stets ein gehorsamer Diener seines Herrn sein zu wollen, Glauben geschenkt, doch der hatte auf die Liberalen gesetzt. Erst nach der Gründung des Reiches verdichteten sich die Spannungen, die ihren Ursprung im denkwürdigen Jahr 1866 hatten, als der König und die Altpreußen erkannten, daß Bismarck *Preußen in Deutschland aufgehen lassen wollte.* Ausgerechnet Bismarcks treuester Weggefährte, der Generalfeldmarschall und Kriegsminister Roon, war einer der ersten, der dem Reichskanzler die Gefolgschaft versagen mußte. In der Konfliktzeit hatte er an der Seite des Ministerpräsidenten gegen die Liberalen gefochten, und nun hatte Bismarck sie zu seinen Verbündeten gemacht. Altpreußen, so schien es Roon, war dem Untergang geweiht und damit letzten Endes auch das im Nationalrausch blind gewordene Reich. Sein Neffe war der Führer der Konservativen, Moritz von Blanckenburg, ihm offenbarte er am 21. Mai 1874 seine große Enttäuschung und Sorge: *Die Erfolge von 1866, oder die an diese Erfolge geknüpften Illusionen von allgemeiner Versöhnung der politischen Gegensätze, haben uns das erste Bein gestellt, so daß unsere Politik ins bedenklichste Stolpern und Schwanken gerät, woraus uns zu erretten der Heldensprung von 1870/71 nicht gedient hat, die damit verknüpfte Berauschung verhinderte die*

Rückkehr zu gesunder Nüchternheit, und so taumeln wir denn an Abgründen hin weiter ...

Eine Weile hatten die Konservativen geglaubt, die nationalistische Reichstümelei mäßigen zu können, doch resigniert schrieb Roon seinem Neffen: *Durch Bismarcks Verdeutschung à tout prix ist mir mein preußisches Programm unbrauchbar geworden; mit ihm gegen den liberalen Strom wäre es allenfalls noch eine Weile gegangen, gegen beide, das geht über meine Kräfte. Es schneidet mir das Herz, daß ich nicht mehr steuern und wehren kann, aber der Wille allein tut's nicht.* Den Konservativen waren überdies die Hände gebunden, Bismarck war der Kanzler des Kaisers und damit verbot sich ein energischer Widerstand. Gewiß, es gab auch Stimmen, Bismarck zu stürzen, und vielleicht wäre das mit Hilfe der einflußreichen Hofgesellschaft noch möglich gewesen. Auch Roon hatte diesen Schritt erwogen, dann aber wieder verworfen. An Blanckenburg schrieb er: *Man kann Bismarck doch nur dann unmöglich machen, oder ihm auch nur dann Schwierigkeiten bereiten, wenn man einen besseren Mann an seine Stelle zu bringen hätte. Aber wo ist ein solcher? Ich halte ihn so lange für unentbehrlich, bis ich einen besseren weiß und ich weiß keinen.*

Bereits die Gründung einer Konservativen Partei war im Grunde genommen absurd – wenn man doch eigentlich das Parteienwesen ablehnte. Auch zu einem Parteiprogramm wollten sich die Konservativen nicht entschließen, was sollte man schließlich darin für Ziele festschreiben, mit volksbeglückenden Parolen und Versprechungen konnte man nicht aufwarten, und der Mißmut über die neue Zeit, das Reichsgetümel der *Heutigen*, der neureichen Gründerdeutschen, war nicht in ein Programm zu fassen. Das alte Preußen war untergegangen, einige Jahre zuvor wäre es vielleicht noch zu retten gewesen, 1868 hatte Roon seinem Neffen Blanckenburg in einem Brief seine Vorstellungen über eine Konservative Partei umrissen: *Die konservative Partei, so schrieb er, muß eine Partei des konservativen Fortschritts sein und werden und die Rolle des Hemmschuhs aufgeben, so wesentlich und notwendig solche zur Zeit des demokratischen Fortschritts und der damit angedrohten demagogischen Überstürzung auch sein mochte und in der tat gewesen ist.*

In jener Zeit hatte Roon noch gehofft, daß die Konservativen in Bismarck auch einen Parteiführer ihrer Sache sehen konnten, doch der hatte sich den Neudeutschen zugewandt, verständlicherweise, denn er brauchte im Reichstag eine Mehrheit und überdies war er der ständigen Querelen und des Jammerns über den Verlust der alten preußischen Tugenden überdrüssig geworden. Die Altständischen hatten ihren politischen Einfluß verloren, ihre Partei, so schrieb der Abgeordnete von Berg an Roon, *liegt nach meiner Empfindung auf dem Rücken, mit den Beinen nach oben, in ihrer Mehrzahl ohne zu wissen was sie will und ohne zu können was sie soll ...* Roon sah dies auch so und folgerichtig bat er am 5. Oktober 1873 seinen König um die Entlassung aus allen seinen Ämtern. Erklärend schrieb er seinem Neffen: *Ich, abgestumpft wie ich bin, fühle mich außerstande, die heranbrausenden Fluten aufzuhalten und zurückzudämmen. Ich habe mit meiner Zustimmung zur Kreisordnung und den Maigesetzen bewiesen, daß ich den konservativen Standpunkt von 1848 überwunden habe und vernünftige Fortentwicklung aufrichtig will. Aber zu einer übersteigernden Cadence fehlt mit der Athem, in physischem und bildlichem Sinn ...*

Damit hatte der Kaiser einen seiner Getreuesten verloren, Roon stand ihm näher als Bismarck, dem zu folgen er gezwungen war, der ihm aber fremd und zuweilen auch unheimlich blieb. Der Briefwechsel zwischen dem greisen Kaiser und Roon ist ein rührender Beweis alter Lehnstreue, die ernsten und besorgten Gespräche über die Zukunft des Reiches bewiesen eine Weitsicht, die, wären sie an die Öffentlichkeit gelangt, in jenen Tagen nur Gelächter hervorgerufen hätte. Beide stimmten darin überein, daß nichts mehr zu ändern war, *weil er* (Bismarck), *wohl die Empfindung hat, daß der Bau unter dem Hohngelächter der Welt zusammenfällt, sobald er die Hand davon tut. Das ist auch nicht unrichtig, aber die Mittel zum Zweck! Werden sie um seinetwillen geheiligt?* (Roon)

Der Unmut über die neue Zeit wurde durch des Kaisers fürsorgende Güte und seinen unprätentiösen Regierungsstil gemildert. Er verkörperte unbeirrt das alte Preußen, zeigte sich gegenüber den Neudeutschen nachsichtig, seinen alten Lehnsleuten blieb er der wohlaffektionierte König. Mit eiserner Disziplin absolvierte er seinen Dienst, die anstrengenden Empfänge, Einweihungen, Eröffnungen, ehrte mit Besuchen im Theater und der Oper die Künstler und überwachte die Staatsgeschäfte seines Kabinetts. *Und doch*, so notierte die Baronin Spitzemberg, *zeigte er eine unglaubliche Rüstigkeit, Unpäßlichkeiten mißachtend wollte er unter Menschen sein, auch einige bedenkliche Male wankte, aber die Adjutanten folgten ihm stets und halfen beim Auf- und Niedersetzen. Rührend wie er keinen vergaß, jedem freundlich begegnete ...* In der wenigen Zeit, die ihm verblieb,

besuchte er Freunde, gratulierte persönlich bei erfreulichen Familien-
ereignissen oder machte Trauerbesuche. *Da ließ sich heute der alte
Herr auf 1/2 4 anmelden,* schrieb die Spitzemberg, *kam ganz allein
und blieb bis 5 Uhr in lebhafter, heiterer Unterhaltung. Zuletzt ging
er noch in den drei Stuben umher und besah die Bilder ... es tut wohl
wenn der gute, treue, altehrwürdige Herr der Person und nicht dem
Amt so hohe Anerkennung schenkt.*

Die Neudeutschen
Der Geldadel

Der spartanische Lebensstil des Kaisers wollte freilich zum gewünschten pompösen Glanz des Bürgerreiches wenig passen. Die
Borsigs, Bleichröders und Siemens, die Hansemanns und Krauses
hatten neue Maßstäbe der Moden und der *feinen Lebensart* gestiftet,
und es fehlte nicht an Versuchen, ohne Wissen des Kaisers, die bescheidene Hofetikette zu entpreußen und mehr Glanz und Gloria zu
entfalten. *Byzantinische, verrückte Maßregeln, hinter des Kaisers
Rücken,* empörte sich die Gräfin Spitzemberg, empörend empfanden
die Altpreußen auch die Dotationen an die Schöpfer des Reiches,
die Kriegshelden und Politiker. Moltke erhielt 300000, Roon, Manteuffel und Delbrück bekamen 200000 Thaler, *unwürdig, wo jeder
einfache General und Soldat den gleichen Dienst für König und Vaterland geleistet haben.*

Eine weitere Sorge erfüllte die Konservativen, als im Zusammenhang mit der geplanten Kreisreform ein neuer Pairsschub, die Berufung neuer Mitglieder in das preußische Herrenhaus, angekündigt
wurde. Zur Durchsetzung ihrer politischen Ziele wollten Bismarck
und Eulenburg einige neureiche Gründer in das Oberhaus gelangen
lassen, um mit einem frischen Wind die Konservativen ein wenig zu
bedrängen, doch in diesem Punkt blieb der König hart, *die Bitterkeit,*
notierte die Gräfin Spitzemberg, *neben Judenbaronen und Gründern
zu sitzen, welche den vornehmen Herren ernstlich zugedacht war, ist
durch die Treue des Kaisers erspart geblieben. Mit der Ernennung
einer kleinen Schar hoher Beamter, alter Generale und Gutsbesitzer wurde verhindert, daß das Protzentum ins Herrenhaus gekommen ist.*

Nicht abzuwenden war die vom Bürgertum geforderte Nobilitierung nach dem Kontostand jener, die einst für die Abschaffung des

Adels auf den Barrikaden gestanden hatten. Damit war eingetreten, worüber sich bereits zur Zeit der 48er der alte Marwitz mokiert hatte: *Die bloße Verleihung des Adels*, so Marwitz, *ist eine Absurdität, wie in Österreich ist der Baron im Schwange, wie sauer dies auch einem Brandenburger, Pommern und Preußen ankommen mag, da es bei uns nie Freiherren und Barone gegeben hat und man sicher sein kann, daß wenn bei uns ein Einheimischer sich Baron nennen läßt, es ein Neugebackener ist.* Diese *Neugebackenen* pflegte der Uradel als *Mamelucken* zu bezeichnen, womit der Befürchtung Ausdruck verliehen war, daß die Neureichen, wie einst die rebellischen kaukasischen Kriegssklaven in Ägypten, die Mamelucken, die Macht im Staate an sich reißen würden. Bereits zu Marwitz' Zeiten war der Adel, so wie er ihn definierte, bereits ausgestorben. Bürgerliche Eheschließungen, Heiraten zur ärgeren Hand, waren zunächst mit dem Verlust bestimmter Privilegien geahndet, mit der Baronisierung konnte zumindest die Hoffähigkeit erhalten bleiben, andere Rechte gingen verloren. So war der Adel zum Scheinadel herabgesunken, von dem *eine ganze Masse von Unheil und Verderben ausging,* klagte Marwitz, *der bessere Teil diente in der Armee, der schlechtere faulenzte in den Städten oder am Hofe und verpraßte das väterliche Erbteil, welche auf die Güter des Bruders oder Vetters aufgenommene Kapitalien beweglich gemacht wurden.*

Die verbliebenen alten Familien zogen sich zurück oder gönnten sich *einen feinen Rout,* zum Beispiel bei Waldersees, wo man unter sich blieb und ungeniert plaudern konnte, ohne Gefahr zu laufen, Gegenstand des reichshauptstädtischen Klatsches zu werden. Die offiziellen Einladungen schlossen indessen die *Mamelucken* ein, und so blieben viele der Altständischen diesen Veranstaltungen fern, nicht aus Adelsstolz, sondern weil man sich angesichts des Protzentums der Neureichen deplaziert fühlte. Als in der Ballsaison 1874 die ledigen Herren der Gesellschaft zu ihrem traditionellen Ball einluden, war die Einladungsfrage kaum noch zu lösen. Gebeten waren auch die Töchter des Prinzen Friedrich Karl, zu deren Ehre sich auch der Kaiser angesagt hatte. Abgesagt hatte der Kronprinz, weil er es für unpassend hielt, daß der Ball in der als *Gründerhalle* geschmähten protzigen *Passage* stattfand. Die Baronin Spitzemberg hingegen empfand das Fest *wirklich lustig* und gönnte den Gastgebern den Erfolg, *der doch fraglich war, bei der ziemlich gelichteten Gesellschaft und der allseitigen Verschnupfung über die Zu- oder Nichtzulassung.*

Ein trennendes Mißverständnis stand zwischen dem alten Adel

und den neureichen kleinbürgerlichen Gründern; die einen legitimierten ihren Führungsanspruch aus ihrer Verpflichtung, als Teil einer langen Ahnenkette dem Lehnsherrn zu dienen, nach überkommenem Brauch und alten Ehren, die anderen beanspruchten entsprechend ihrer Geldmacht Anerkennung und Reputation, wollten belohnt wissen, daß sie die moderne Gesellschaft aufrichteten, Deutschland in der Welt Glanz und Ansehen verliehen, den Menschen Arbeit gaben und Motor des Geldumlaufs waren. Die neuen Industrie- und Geldfürsten konnten mit Stolz darauf verweisen, daß sie dem Staate das Fundament seines gesellschaftlichen Wirkens ermöglichten und daß nur die Summe des Erwirtschafteten zählte. In diesem Sinne errechnete ein Redakteur Krause den Nutzen des Adels und wies nach, daß sogar in den Zeiten der absoluten Adelsherrschaft, vor der Auflösung des Heiligen Römischen Reiches deutscher Nation, zum Beispiel in Preußen das Sachvermögen aller adeligen Familien zusammengenommen nur 430 Millionen Thaler betrug, aus dem nur 17 Millionen Thaler Gewinn zu schöpfen waren. Eine Summe, die Krupp, Henckell von Donnersmarck, Bleichröder oder Stumm nicht einmal als Lohnkosten gereicht hätte.

Wozu also benötigte die moderne Industriegesellschaft noch den alten ritterlichen Adel, über den »Meyers Konversations-Lexikon« schrieb: *Billigung kann es nimmer finden, wenn das Staatsoberhaupt, welches nach unseren heutigen Begriffen vom Staate, nicht das besondere Interesse eines einzigen Standes, sondern das Wohl des gesamten Volkes gleichmäßig im Auge behalten soll, statt die Würdigsten der ganzen Nation um sich zu versammeln, sich ausschließlich mit den Mitgliedern des am wenigsten zahlreichen und dazu an wahrer Bildung keineswegs überreichen Standes umgibt, eines Standes, der mit der Richtung und dem Vorwärtsstreben der Zeit sich aus einleuchtenden Gründen immer am wenigsten befreunden wird; der vielmehr zu sehr geneigt ist, bereits untergegangener und dem Geiste der Gegenwart und Interessen der Civilisation der Staaten widersprechende Zustände selbstsüchtig wieder ins Leben zu rufen ...*

Unbefrachtet vom Totenreich verblichener Ahnen, unbeschwert von der eigenen Geschichte, hieß es für die Kleinbürger, nicht zurückzuschauen, sondern vorwärtsstrebend der neuen Zeit entgegenzublicken, eigenen und vom Zeitgeist diktierten Visionen Gestalt zu geben. Aus diesem Geist waren Parteiprogramme zu schöpfen, die dem Wähler diesseitiges Glück verhießen. Die Zukunft war nicht die altständische partikularistische Feudalordnung, die eigentlichen Grün-

der des Reiches, die Männer der Wirtschaft und des Geldes, verhießen ein machtvolles, starkes Deutsches Reich, dessen Weltgeltung auf
Handel und Industrie gründete. Mit deutschem Fleiß und deutscher
Tugend wollte man dem englischen Schachertum, dem seelenlosen
harten amerikanischen Business zeigen, daß es auch anders ging, daß,
im idealen deutschen Wesen begründet, die Wirtschaft im Dienst der
Nation stand und daß das gesamte Volk der Welt mit seinem Fleiß
das Fürchten lehrte. Das hieß freilich nicht, daß die Gründer auf ihren Gewinn verzichten wollten, dem Gemeinwohl sich übermäßig
verpflichtet sahen und ihnen die soziale Frage auf der Seele lastete.
Vaterländische Solidarität beschränkte sich auf verbale patriotische
Bekundungen, die Stiftung von Kriegerdenkmalen und Fürstenstand-
bildern sowie Ermahnungen an die Arbeiterschaft, mit bescheidenem
Lohn an der Erringung deutscher Weltgeltung mitzuwirken und auf
jenen Tag zu warten, da Deutschland seinen Platz an der Sonne gefunden haben und dann ein jeder seinen gerechten Lohn erhalten
würde.

Das einst rückständige Agrarland Deutschland wurde, trotz einiger Krisen, den europäischen Industrienationen ein gleichberech-
tigter Handelspartner und ernstzunehmender Konkurrent auf dem
Weltmarkt. Aus dem Nichts entstand eine Handelsflotte, der forcierte Eisenbahnbau schuf den Verkehrsanschluß zu den europäischen Nachbarn, Industrietrusts entstanden, Großbanken lenkten
den Geldstrom und vergaben Kredite an nachdrängende Wirtschafts-
pioniere. Weltgeltung erhielt die chemische Industrie, deren Erzeugnisse eine goldene Zukunft mit reichen Ernten und den Sieg über bedrohliche Seuchen versprachen. Die optische Industrie entwickelte
als Ergebnis wissenschaftlicher Forschung staunenswerte Wunder-
werke. Durchdrungen vom neuen Geist der wirtschaftlichen Expansion leisteten Kaufleute die Vorarbeit zum Erwerb überseeischer
Kolonien. Eingebunden in das Geflecht der Weltwirtschaft wuchs zugleich die Vision vom ewigen Frieden, die globalen, multilateralen
Wirtschaftsbeziehungen erlaubten keine kriegerischen Störungen des
weltweiten Handels, zumal die zivilisierten Staaten untereinander
multilaterale Verpflichtungen eingegangen waren.

Bereits 1871 hatte das Reich die Goldwährung akzeptiert und
konnte damit der großen internationalen Währungsgemeinschaft
beitreten. Deutschland war maßgeblich an der Gründung des Welt-
postvereins beteiligt. Anläßlich internationaler Konferenzen über
den Frachtverkehr oder die Bekämpfung der Sklaverei sprachen

deutsche Diplomaten ein gewichtiges Wort. Angesichts dieses allenthalben sichtbaren Fortschritts erntete das Gemäkel des altständischen Adels über die modernen materialistischen Zeiten, ihre Klage über Werteverlust und Sittenverfall im Reichstag und in der Öffentlichkeit nur noch Hohn und Spott. Alle Schichten des deutschen Volkes wollten am verheißenen Fortschritt partizipieren, die Bürger wie auch die Proletarier, und so sehr auch der Kampf um die Erlöse ideologisch untermauert wurde, letzten Endes reduzierte sich der Klassenstreit auf den Verteilungsschlüssel der gemeinsam eingebrachten Ernte. Jene Klasse, die diese Ernte bereits in ihren Scheunen hatte, die nicht zu teilen bereit war, verwies mit Stolz und Überzeugung auf die Unfähigkeit der Arbeiter und des Adels, die marktwirtschaftlichen Gesetze zu nutzen. Der gnadenlose Wirtschafts-Liberalismus hatte die hehren Ideale der Demagogen und 48er vergessen lassen.

Naturrechte?
Eine königliche Frage

Nach der Reichsgründung hatte sich in der Hauspostille der Kleinbürger, in der *Gartenlaube*, noch ein wenig der liberale Geist der alten Demokraten konserviert, wurde an die alten Kämpen Kinkel, Wangenheim, Hecker und all die anderen erinnert, über die, wie man so treffend sagte, *die Geschichte hinweggegangen war*. Viele dieser 48er waren nach Amerika ausgewandert, die in der Verfassung garantierten Menschenrechte, die Bürgerfreiheiten hatten sie dazu bewogen, und etliche hatten dort als Soldaten und Politiker Karriere gemacht. Folglich berichtete die *Gartenlaube* häufig aus der *Neuen Welt*, in der die Freiheitsrechte Wirklichkeit geworden waren, so in der Nr. 6 des Jahres 1873 über den schweren Kampf für die Zivilisation und das Recht:

Ein Deutscher war Zeuge eines Indianeraufstandes geworden und hatte mit einem Kolonisten und einem Armeeoffizier gesprochen, die an die deutschen Leser ausgerichtet wissen wollten, wie schwer der Kampf um Kultur und Zivilisation noch war. *Ich bin der Ansicht*, erklärte der Kolonist, *daß der Weiße Mann und der Indianer nicht nebeneinander existieren können, eine von beiden Racen muß untergehen, dies ist eine Naturnotwendigkeit. Und wer soll siegen? Der Weiße, der mit allen seinen Fehlern nun einmal der Träger der Cultur ist, oder der Wilde, der sich nicht civilisieren lassen will, der von Na-*

tur wild, blutdurstig, treulos, unzähmbar, seinem sogenannten Unterdrücker ewige Rache geschworen hat, und darum, wie die reißenden Thiere der Wildnis, je schneller je lieber ausgerottet werden muß? Der Armeeoffizier, der eben sein blutiges Handwerk mit Erfolg ausgeübt hatte, nickte beifällig: *In diesem Kampfe hat der Weiße Mann das Recht auf seiner Seite. Das Gebot Gottes an den Menschen, die Erde zu füllen und sich untertan zu machen, ist zugleich ein Naturgesetz. Hier stand nun auf der einen Seite der Träger der Cultur, bereit, überall wo er seinen Fuß hinsetzte, dies Gesetz zu erfüllen. Der Wilde, im jahrhundertelangen Besitz eines herrlichen Kontinents, hatte nichts getan, denselben aus dem Zustande einer unwirtlichen Wildnis zu erheben, hat dadurch seinen Besitztitel verwirkt.*

Wie aber, so mochte sich manch ein Leser der *Gartenlaube* gefragt haben, war dieses Naturgesetz mit den in der Unabhängigkeitserklärung postulierten Menschenrechten vereinbar: *Alle Menschen sind gleich geschaffen. Sie haben das Recht auf Leben, Freiheit und Streben nach Glück.*

Der Oberst hatte es erklärt: Der Wilde war ja nicht das Volk, kulturlos und gottlos stand er außerhalb der Zivilisation, des Gemeinwesens und seiner staatlichen Organisation. Das Volk, hatte sich Recht und Gesetz gegeben und mehrheitlich gebilligt, die Wilden auszurotten und *Mehrheitswillen,* so hatte es Rousseau gesagt, *kann nicht Unrecht sein.* Völkermord, Sklaverei, und Raubzüge überschatteten auch das zivilisierte Europa, rechtlich legitimierte Erbfolgekriege, Leibeigenschaft, Sklaverei und Mordbrennerei. Das geschriebene, *gesetzte* Recht konnte Willkür und Herrschaftsinstrumentarium sein, aber auch Wohltat und Gerechtigkeit. Bereits die Philosophen der Antike hatten darüber nachgesonnen, ob es darüber hinaus nicht ein übergeordnetes Recht gab, ein Naturrecht, was heißen sollte, ein dem Menschen entsprechendes Recht, daß von Anbeginn der menschlichen Gemeinschaften bestand. Etwa, wie die griechischen Sophisten glaubten, das Gesetz des Stärkeren, mit dem die christlichen Kirchenväter später die Sklaverei rechtfertigen konnten. Die Beschaffenheit dieses Naturrechts war eine Zentralfrage der abendländischen Geistesgeschichte und führte zu unterschiedlichen Positionen, vom Recht des Stärkeren, der Rechtfertigung der feudalen Stellvertreterschaft Gottes durch die Fürsten bis zu der Erkenntnis, daß die Menschen zum vernunftgemäßen Handeln innerhalb der Gemeinwesen bestimmt sind, und folglich das Naturrecht die Sittengesetze einschloß.

In der feudalen Ordnung stifteten die von Gottes Gnaden eingesetzten irdischen Sachwalter Recht und, obwohl doch vor Gott alle
Menschen gleich waren, hieß das nicht, daß jedem das gleiche Recht
gewährt wurde: *Die Menschlein sind auf Erden wie die Engelein im
Himmel geteilt,* hatte Hildegard von Bingen verkündet, was heißen
sollte, daß die himmlische Hierarchie auch auf Erden galt. Aus refor-
matorisch-calvinistischem Urgrund schöpfend, hatte J.J. Rousseau
das feudale Gottesgnadentum verworfen und für die säkularisierte
Welt die Gleichheit als naturrechtlich bestimmte Menschheitsidee
verkündet: *Vor Gott, vor der Sittenordnung und der Rechtsordnung
gilt kein Ansehen der Person.* Mit der Französischen Revolution
hatte dieses menschheitsbeglückende Ideal die Völker erfaßt, und
fortan floß mit der revolutionären Forderung *Freiheit, Gleichheit,
Brüderlichkeit* mehr Blut als je zuvor. Für Hegel hatte sich in jenen
Tagen die Welt auf den Kopf gestellt, nein *auf den Gedanken, und die
Wirklichkeit nach diesem erbaut,* doch angesichts der bisweilen man-
gelnden Brüderlichkeit und der plebejischen Auswüchse der Revolution lobte er die vertiefende Erforschung des Naturrechts der Gleichheit durch die Deutschen, denn: *Die Philosophie hat sich zu den
Deutschen geflüchtet und lebt allein noch in ihnen fort.* In der Tat,
deutsches Gegrübel hatte fortan ganz unterschiedliche Früchte hervorgebracht: wissenschaftlich begründeten Neid und die Forderung
nach Besitzgleichheit, liberale Chancengleichheit um Geld und Gut –
und schließlich die Gleichheit der Volksgenossen gleichen Blutes und
deutschvölkischen Sinnes – gleichgeschaltet.

Seit der Mitte des 19. Jahrhunderts waren aus dumpfem Volkswillen, Vernunftglauben und philosophischen Gedankenausflügen Parteien entstanden, die dem Volk höchstes Glück verhießen, aber jene
ängstigten, deren Rechtsvorstellungen in einfachen Moralbegriffen
gründeten und die der von Meinungen und Interessen beherrschten
Volkssouveränität mißtrauten.

Ex officio hatte der Bayernkönig Maximilian II. besorgt die *Tendenzen der Zeit* beobachtet, begeistert von der historischen Schule Ran-
kes hatte er im Herbst 1854 den Gelehrten nach Berchtesgaden eingeladen und ihn gebeten, über d*ie Epochen der neuen Geschichte*
einen Vortrag zu halten. Im Schlußgespräch stellte der König dem
Gelehrten die Frage: *Was man als leitende Tendenz des Zeitalter, das
man gemeinsam durchlebte, bezeichnen könnte? Zweifellos,* so bekannte Ranke, *sei dies die Auseinandersetzung der beiden Prinzipien*

der Monarchie und der Volkssouveränität, mit der alle anderen Gegensätze verflochten seien. Ferner die gewaltigen materiellen Kräfte und die vielfältigen Entwicklung der Naturwissenschaften. Durch die offenkundigen Gegensätze sei die Entwicklung des menschlichen Geistes in einer unermesslichen Fortentwicklung begriffen.

Im weiteren Verlauf seiner Analyse kam Ranke auch auf die Wirkung der Französischen Revolution und erinnerte an die ungeheure Kraft, die von ihr ausgegangen war, indem sie ganz Europa unterjocht hatte. Doch die Revolution hatte auch offenbart, *welche Kräfte das übrige Europa zu mobilisieren im Stande war, dieses revolutionäre Frankreich zu bändigen. Aus diesem Kräftespiel bezog Europa seine Erneuerung.* Ranke führte England als Beispiel an: *Eine solche Macht wie sie England hatte, war noch nie vorhanden gewesen. Mit ihrem Handel beherrschten sie die ganze Welt als Beweis der ungeheuren Übermacht des konstitutionellen Prinzips. Wer allerdings die Ansicht vertritt, daß in der vom Bürgertum angestrebten Nationalsouveränität das Heil der Welt liegt, weiß nicht »was die Glocke geschlagen hat«, denn in diesem Bestreben haben sich so viele destruktive Tendenzen vereinigt, daß, wenn sie überhand gewinnen, das Christentum und die Kultur bedroht sind. Zur Abwehr dieser Gefahr ist die Monarchie gefordert, sie ist notwendig, um die destruktive Seite auszurotten. Was,* so fragte der König, *ist in dieser Lage die Aufgabe der deutschen Regenten?* Ranke plädierte für einen Mittelweg, denn *es ist schwer die vorwaltenden Tendenzen der Zeit zu ignorieren. Der Fürst muß am Prinzip der Erblichkeit der Regierung von oben festhalten, so lang er kann und zugleich der Richtung der Zeit maßvoll folgen. Seine Aufgabe ist es auch, die Nationalität zu fordern, wohl aber zu bedenken, daß jede der Fragen nach ihrem inneren Wert behandelt werden muß.*

Die Frage des Nationalismus war für den König das Stichwort, seine Befürchtungen bezüglich der Gewährung der Volkssouveränität in die Frage zu kleiden: Ob nämlich Ranke glaube, daß *man annehmen kann, daß es jetzt eine größere Menge von ausgezeichnet gesitteten Menschen gibt, als früher? Das läßt sich kaum behaupten,* entgegnete Ranke, *in der Sittlichkeit kann ein Fortschritt beobachtet werden, man betrinkt sich nicht mehr so und prügelt sich vielleicht weniger, doch an eine Potenzierung von Sitte und Moral in jedem nachfolgenden Jahrhundert ist nicht zu glauben*

Damit kam der König zur Kernfrage: *Was ist wohl von der Nemesis in der Geschichte dann zu halten, wenn nicht bloß die leitende*

*Persönlichkeit, sondern das ganze Volk ein Nationalverbrechen be-
gangen hat und sich auf einer unrechten Basis bewegt?* Es war dies
der entscheidende Punkt fürstlichen Unbehagens an der Volkssouveränität. Ein fortschrittlicher Gelehrter hätte an dieser Stelle auf die
abstrakten revolutionären Menschenrechtsdeklarationen verwiesen
oder philosophische Gedankengebäude errichtet, doch Ranke wußte
was Konstitutionen und hehre Bekundungen ohne religiöse Bindungen wert waren und gab die prophetische Antwort: *Das ganze Volk
wird darunter leiden müssen.*

Abgesang
Die Konservativen

In die Mottenkiste der Geschichte stopfte man nicht nur die alten Demokraten der kleinbürgerlichen Revolution, sondern auch den landständischen Adel, von dem ein entlassener preußischer Legationsrat
schrieb, er sei nur noch der *Rest der verfaulten feudalen Ordnung,
ein Institut des Mittelalters, das sich selbst überlebt hat, ein Trüm-
merwerk aus der Vorzeit und die noch stehenden Trümmer der
feudalistischen Reste aufrecht zu erhalten, bedeutet ein ohnmäch-
tiger Schwimmversuch gegen den Strom der Zeit.* Der berühmte
Staatsrechtler Ludwig Schlözer, der sich mit adeliger Protektion vom
Hauslehrer zum Juristen empor gedient hatte und sich hoch geehrt
fühlte, als er vom russischen Zaren geadelt wurde, äußerte vor einem
Kreis, vor dem Opportunismus geboten schien, daß der *Adel ein keineswegs notwendiges Übel* sei. Gegen den Strom der Zeit zu schwim-
men, war die trotzige Herausforderung für die Konservativen, deren
einziger Kotau vor der neuen Zeit die Bildung einer politischen Partei
sein sollte, damit die Voraussetzung gegeben war, daß die Leute ihre
patriarchalischen Herren wählen konnten, ja mußten, wie der alte
Kleist-Retzow prophezeit hatte, *weil wir für sie sorgen.*

Er hatte zunächst recht behalten, aus den gutsherrschaftlich geprägten Wahlkreisen hatten auffallend viele Adelige Parlamentssitze
erlangen können. Von den 17 ostpreußischen Abgeordneten waren 11 adelig, von den 15 Wahlkreisen der Provinz Posen gingen
10 Kreise an Standesherren, 9 von 14 pommerschen Volksvertretern
gehörten zum Adel. Anders sah es in der Nähe der Städte aus, nur in
6 der 20 Wahlkreise Brandenburgs errangen die Konservativen die
Mehrheit. Das stark industrialisierte Schlesien entsandte 25 bürger-

liche Abgeordnete ins Parlament, aus den ländlich strukturierten Gebieten kamen 10 adelige Herren. In den Ballungsräumen, zum Beispiel in Berlin, nahm die sozialdemokratische Wählerschaft stetig zu, während die bürgerlichen Parteien in den kleinen und großen Städten mit den klein- und großbürgerlichen Wählern rechnen konnten. Daß die Wähler der Konservativen nur aus dem Adel und seinen Leuten kamen, lag nicht zuletzt am fehlenden Wahlprogramm und dem nun vollends unverständlich gewordenen Parteiziel, so wie es Julius Stahl und die Brüder Gerlach postuliert hatten.

Julius Stahl hatte das neue Deutsche Reich nicht mehr erlebt, er war bereits im Jahre 1861 gestorben. Als siebzehnjähriger Jüngling jüdischen Glaubens konvertierte er zum protestantischen Christentum und entschloß sich zum Jurastudium. Aus diesen zwei Strängen, seinem fundamentalistisch-pietistischen Christsein und seiner feudalistischen Rechtsauffassung, entstand ein reaktionärer Konservativismus, der von seinen gelehrten Zeitgenossen mehr als *Kuriosität denn als Ausdruck von Autorität* gewertet wurde. Hohngelächter ernteten Stahls Reden und Traktate, wenn er gegen den Vernunftglauben wetterte und dem Gottesgnadentum der Fürsten das Wort redete. Für ihn sollte das aus germanisch-christlicher Wurzel stammende Recht einer ständigen Überprüfung im Sinne der christlichen Glaubensinhalte ausgesetzt sein. Jede Verbesserung des Rechts durfte nur einem Prinzip folgen, den christlichen Glauben zu fördern und zu befestigen.

Für Julius Stahl waren abstrakte Rechtskonstruktionen unverbindliche Willensbekundungen, weil das von Gott höchstselbst gestiftete Recht, die göttliche Ordnung, im Diesseits bereits unverbrüchlich festgeschrieben war. So fußte für Stahl auch das Staatsrecht im Privatrecht, nach den geschriebenen Satzungen des privaten Rechts wollte er auch die Staaten geordnet wissen, denn aus diesem Recht erwuchs die Regierungslegitimation, eine Legitimation, die sich aus dem Besitz ergab, der *Prätor* war der Besitzer des Landes und damit der einzige legitime Herrscher. Wer diesen Maßstab, Besitz und Recht, nicht erfüllte, bewegte sich auf ungesetzlichem Boden, wer diese alte Ordnung in Frage stellte, war revolutionär. Für den preußischen General Leopold von Gerlach und seinen Bruder Ernst Ludwig, war Julius Stahl Mentor und Freund, gemeinsam kämpften sie für die Wiederherstellung der mittelalterlichen Adelsprägorativen im *Club in der Wilhelmstraße*, im *Politischen Wochenblatt*, dessen Wahlspruch lautete: *Nous ne voulons pas le contrerevolution, mais le contraire de la revolution.*

Die Gründer der *Konservativen* waren Gelehrte, Stubenkonservative, deren akademischer Streit von der breiten Masse unverstanden blieb und den leutseligen Marwitz veranlaßte, die Disputation einleuchtend darzustellen. Für ihn war die aus dem *Naturrecht* abgeleitete Utopie, *vom größtmöglichen Glück Aller, ein leuteverdummender Bauernfang. Vom Staat, so interpretierte er die Naturrechtler, wurde gelehrt, er sei aus dem Bedürfnis gegenseitiger Hilfeleistung entstanden. Die Menschen seien zu diesem Zweck zusammengelaufen und hätten sich Oberhäupter gewählt, um diese gegenseitige Hilfeleistungen zu dirigieren, überhaupt um das Volk glücklich zu machen. Wird diese grundfalsche Prämisse zugegeben, so folgt auch die ganze Teufelei, die seitdem Europa auf den Kopf gestellt hat, ganz logisch aus derselben. Nie ist noch gesehen worden, daß sich ein Hauswesen zusammengefunden hätte von selbst, Kinder, Dienstboten, Erzieher, Kutscher, Koch usw.- und nachdem sie sich zusammengefunden, gesprochen hätten:* »*da sind wir nun ein Hauswesen, lasset uns nun einen Hausherrn wählen*« *Umgekehrt ist es: Der Hausvater ist immer zuerst da und da er Kinder hat und hinreichende Macht und Geld, um Dienstboten, Erzieher, Kutscher und Koch halten zu können, so nimmt er sie in Dienst und dadurch entsteht eine Familie und das Hauswesen. Ebenso wenig verlangen die Hausgenossen, daß er die gegenseitigen Hilfsleistungen dirigiere, und überhaupt, daß er sie glücklich mache. Im Gegenteil der Hausherr legt einem jeden die Leistungen auf, die er der Familie leisten soll, aus eigener Macht und weil es sein Wille so ist. Er erhält Ordnung und übt Gerechtigkeit unter seinen Hausgenossen, das ist sein Amt, wie glücklich ein jeder sich dabei fühlen möge oder nicht, das ist nicht des Hausherrn, sondern jedes einzelnen Dieners Sache ... Genauso ist es mit dem Staate. Es ist nie vorgekommen, und kann auch gar nicht sein, daß ein Volk zusammengelaufen wäre, ohne vorherigen Zusammenhang und ohne Oberhaupt, und hätte nun gesprochen:* »*Wohlan! Da sind wir nun ein Volk, Vornehme und Geringe, Bürger und Bauern, lasset uns ein Oberhaupt wählen, auf das es unsere gegenseitige Hilfeleistung dirigiere und damit es uns glücklich mache*« *Umgekehrt: Nachdem Gott Familien und Hauswesen instituiert hatte, so ließ er zu, daß es darunter Ungerechte gab, welche die anderen bedrängten. Wo nun ein mächtiger Familienvater schon da war, da schlossen sich andere an ihn an, damit er sie beschütze. Er nahm sie in seinen Schutz unter der Bedingung, daß sie ihm ebenso gehorchten, wie seine eigene Familie es tat, und so entstanden Stammeshäupter, Fürsten und Könige. Nim-*

mermehr haben die Schutzgenossen verlangt oder verlangen können, daß er Leistungen verteile oder daß er beglücke! Sie mußten sich die Leistungen gefallen lassen, die ihnen auferlegt wurden, weil sonst der Schutz, dessen sie bedurften, ihnen unmöglich gewährt werden konnte. Ob sie dabei glücklich seien, das blieb nach wie vor ihre eigene Sorge. Des Fürsten Pflicht war nur, Ordnung und Gerechtigkeit unter ihnen zu handhaben, deswegen hatte Gott ihn Fürst werden lassen und konnte er außerdem einem zu seinem Glück behilflich sein, so war dies wiederum eine Liebespflicht, die er als Christ übte, keineswegs eine ihm durch sein Fürstenamt gebotene gesetzliche Pflicht.

Damit hatte Marwitz volkstümlich klar gestellt, was in der gelehrten Debatte der Rechtsphilosophen unverständlich geblieben war – die Legitimation der feudalen Ordnung aus Gotteswillen.

Das weitere Handicap der Konservativen, sich in der Öffentlichkeit verständlich zu machen, war die Unmöglichkeit, so etwas wie ein Parteiprogramm zu verfassen, da der Wähler in einem Programm auf die Zukunft gerichtete Ausblicke und Ziele erwartet. Dies ist aber dem Konservativen nicht möglich, da er der grundfesten Überzeugung ist, daß Optionen auf die Zukunft unredlich sind, denn stets liegt das Morgen im Ungewissen – jede Planung, jedes Versprechen kann durch vielfältige Imponderabilien zum Wortbruch führen. Konservatives Denken geht stets von der Realität des Augenblickes aus und mißtraut allen abstrakten Visionen, was einmal sein könnte. Der eigene Lebensweg bewies die unumstößliche Wahrheit, daß alle Lebensplanung zuweilen eine schöne Hoffnung ist, die nur allzu oft in den Fallstricken der Realität schmählich endete.

Der Historiker Heinrich Leo stellte 1864 im *Preußischen Volksverein* in Halle die Frage: *Was ist conservativ?* und antwortete: *Es gibt keine Regel des Conservativismus, negativ läßt sie sich freilich formulieren: daß er sich nicht wie das gemeine Volk unter den sogenannten Gebildeten durch die Gespenster der Abstraktion die Augen verblenden läßt, sondern diese Einsicht überall vorweg fasse: daß alle Versuche das Leben Abstraktionen unterzuordnen, immer nur zum Gegenteil dessen, zur Karikatur dessen führen, was man ursprünglich beabsichtigte ...*

Leo konnte am Beispiel dreier Generationen, die nach der großen Revolution in Frankreich im Geiste von *Freiheit, Gleichheit, Brüderlichkeit* vorangeschritten waren, Vision und Realität einander gegenüberstellen, und in der Tat, das liberale Bürgertum war zur Karikatur seiner eigenen Ideale mutiert. Erspart blieb ihm die Teilhabe am weiteren Stolperweg der Fortschrittler, die erst im 20. Jahrhundert ihr Cannae erleben sollten und trotz ihrer Geschichte der Niederlagen unverdrossen mit alten und neuen Visionen in das 21. Jahrhundert taperten.

Freilich die Konservativen waren mit der Reichsgründung endgültig in den Orkus des Zeitgeistes hinabgestoßen, ihre letzten prophetischen Reden waren im Hohngelächter der Progressiven untergegangen, denn nichts ist den deutschen Kleinbürgern ein größerer Verdruß als die Vergangenheit, die eigene, die ihres Standes und ihres Volkes. Der deutsche Kleinbürger ist progressiv, er sieht in der Gegenwart den Anfang der Zukunft, und so hört man in seinen Liedern stets einen lichten Morgen heraufziehen, sieht ihn mit seinen Marschweisen unaufhaltsam voranschreiten, der brandigen Sonne mutig entgegen – und, wenn alles in Grund und Boden getrampelt, neue Zukunftstexte zu alten Melodien reimen. Für jene, die in der Gegenwart die letzte Etappe der Vergangenheit sehen, für die Konservativen, hatten die Fortschrittler die Bezeichnung *ewig Gestrige* gefunden, womit dem deutschen Kleinbürger ein ewiger Feind geschenkt war.

Neudeutschland
Bismarcks Reich

Die alte ständische Ordnung war Vergangenheit, Macht und Ansehen gründeten sich nicht mehr auf das tradierte Pflicht-und-Recht-Prinzip, nach dem die Leistungen für das Gemeinwesen mit Rechten entgolten wurde, sondern günstigstenfalls wurden wissenschaftlich-technische Leistungen honoriert, doch zumeist erfolgte die Standeserhöhung auf Grund des Kontostandes, womit das einst verpflichtende *Ich dien* zum *Ich verdien* umgewertet wurde.

Der gesellschaftliche Wandel zeigte freilich auch absurde Züge. Die Nachkommen ultraliberaler Revolutionäre, wie der Sohn des radikal-demokratischen Republikaners Hansemann, empfand die Vergangenheit seines Vaters nicht verpflichtend, er ließ sich adeln und wurde Rittergutsbesitzer. Die Familiengeschichte der erloschenen Familie von Ramel übernahmen die Erben des Berliner Bankiers Moritz Oppenfeld, alias Oppenheim, indem sie sich das Wappen des untergegangnen Geschlechts verleihen ließen. Als Revolutionär floh der Vater des neukonservativen Wolfgang Kapp nach den Barrikadenkämpfen des Jahres 1848 nach Amerika. Trotzdem avancierte sein Sohn in die preußische Beamtenhierarchie, heiratete die Tochter des Rittergutsbesitzers Rosenow und erwarb aus der stattlichen Mitgift das Rittergut Pilzen im Kreis Preußisch-Eylau. Die Vergangenheit der Familie Kapp versöhnte sich mit der Gegenwart, als Wolfgang Kapp seinen greisen Vater nach Deutschland zurückkehren ließ.

Skurril entwickelte sich auch der Kampf der Altständischen gegen die neue Zeit. In der *Kreuzzeitung* giftete der Redakteur Wagener wenig vornehm gegen Bismarck. Unter Mißachtung alter Ehrbegriffe scheute das Blatt sich nicht zu verleumden und trug sogar verbale Ehrenhändel vor Gericht aus. Andere Standesherren versuchten, sich mit altem Ritterbrauch gegen den Strom der Zeit zu sperren. Wegen einer politischen Meinungsverschiedenheit forderte der junge Leutnant von Schlieffen den königlichen Minister von Patow zum Duell, und als der Chef der Polizeiabteilung im Innenministerium Graf Hinckeldey den unverschämten Ton der *Kreuzzeitung* beanstandete und er zudem noch einen adeligen Spielclub schließen wollte, erschoß ihn Herr von Rochow-Plessow stilvoll im Ehrenhandel im Morgengrauen vor den Toren Berlins. Gottlob nur verletzt wurde im Duell der biedere Berliner Stadtgerichtsrat Twesten. Er hatte es gewagt, eine Broschüre des Chefs des Militärkabinetts von Manteuffel zu kritisieren. Daß Manteuffel den bürgerlichen Beamten für satisfaktionsfähig erachtete, ehrte den Geforderten und milderte den Schmerz der Blessur. Andere Herren des Adels demonstrierten ihr Mißfallen über die neue Zeit, indem sie sich auf ihre Güter zurückzogen und ihre Marotten pflegten oder gefielen sich in der Zelebration eines skurrilen Junkertums. Sehr zur Freude der Karikaturisten, die in den satirischen Wochenblättern bürgerliche Vorurteile über die Itzenplitze und Zitzewitze kultivierten.

Vorwärtskommen, sich anpassen, mehr jubeln als opponieren, nach oben streben, das waren die Leitmotive der deutschen Kleinbürger in den Gründer- und Nachgründerjahren des Wilhelminischen Deutschland, in dem Ruhe, Ordnung und Patriotismus herrschten, aber auch durch Bismarcks entschlossene Politik den großdeutschen nationalistischen Bürgerträumen Grenzen gesetzt waren. Noch in den ersten Tagen des jungen Reiches hatte man im Reichstag über die angekündigte Friedenspolitik der Regierung murren gehört, und nach einer Thronrede des Kaisers, in der er den europäischen Nachbarn die

Achtung und Unantastbarkeit der Grenzen versicherte, empörte sich die Zentrumspartei, die zu einem Waffengang nach Italien drängte.

Das alles war nun Vergangenheit, das Reich erblühte im Frieden und trotz heftiger politischer Zwistigkeiten blickte das Volk hoffnungsvoll in die Zukunft. Für die Weitsichtigen aber wuchs auch ein Unbehagen: Das Deutsche Reich war Bismarcks Reich, es war sein Werk und unvorstellbar, was geschehen würde, wenn er *die Hand davon lassen müßte*. *Die Entwicklung hat Werk und Meister gepriesen*, schrieb der Abgeordnete Marcks, *er aber lebte in dieser Schöpfung und sie in ihm, er war dieses neue Reich, der Erfüller und die Erfüllung und für alle größte Sehnsucht der Nation*. Der Reichsgründer, aber auch der Ausgleichende und die über allem stehende Autorität, *der alte Kaiser*, standen nicht mehr im Lenz des Lebens, und so war vor allem bei den Konservativen immer wieder die bange Frage zu hören: *Was kommt danach?* Daß angesichts der aufblühenden Wirtschaft sich bei den europäischen Nachbarn Mißtrauen regte, bemerkte auch das aufstrebende Wirtschaftsbürgertum, dessen immer lauter werdende Forderungen nach einem gebührenden Anteil am Welthandel und kolonialen Besitz nicht gerade beruhigende Wirkung hatten – wobei die Zunahme der deutschfeindlichen Stimmungen ihren Nährboden nicht nur in der wirtschaftlichen Expansion hatte, sondern auch in einem wachsenden penetrantem Auserwähltheitsanspruch der neudeutschen Gründer, deren stolzes Selbstbewußtsein den Nachbarn auf die Nerven ging.

Bislang war der zipfelmützige *Michel* die Karikatur des Deutschen, doch sukzessive gesellte sich zur harmlosen Tumbheit die Gestalt des *häßlichen Deutschen*. Die Reichseinheit hatte die Frage Fichtes *Was ist des deutschen Vaterland?* beantwortet: Das ganze Deutschland sollte es sein, und Bismarck hatte es geschaffen, freilich nicht großdeutsch, wie es sich Fichte und seine Freunde erhofft hatten, doch mit Österreich war man brüderlich verbunden. Das einigende Band der deutschen Einheit war die Verfassung, auf die sich die deutschen Stämme wider Erwarten so rasch hatten einigen können. Die ewigen Nörgler behaupteten zwar, daß es eine Reichsgründung von oben war, ein Werk Bismarcks, aber was galt diese Kritik angesichts der breiten Zustimmung der Parlamentarier und des Volkes.

Die rechtshistorische Forschung hat zuweilen das zweite Deutsche Reich *halbabsolutistisch* oder eine Kanzlerdiktatur genannt, eine Schmähung, die von der Mehrheit der Deutschen und ihrer Parlamentarier in jener Zeit vermutlich zurückgewiesen worden wäre. Die großen Gesetzeswerke sprechen für eine rege parlamentarische Arbeit und Sachverstand, in den kleinsten Provinzzeitungen wurden unter der Rubrik *Aus dem Reichstag* ausführliche Berichte über die Debatten veröffentlicht, denn eine breite Öffentlichkeit nahm regen Anteil am Wirken ihrer Abgeordneten, deren ehrenamtliche Arbeit nicht mit Diäten belohnt wurde, und die zweifellos ihren Wählern näher standen als die nachfolgenden Berufsabgeordneten. Das in der Verfassung festgeschriebene demokratische Prinzip wäre vom Parlament zweifellos in größerem Umfang zu nutzen und ausbaufähig gewesen, doch die Abgeordneten waren mit dem zufrieden, wie es war.

Die überragende Gestalt Bismarcks mag bei vielen Zeitgenossen den Eindruck erweckt haben, daß es auch ohne Parlament ging, doch ohne Parteienbündnisse hätte auch Bismarck nicht zu regieren vermocht. Es war ein gesellschaftliches Ereignis, den großen Reden des Kanzlers auf der Zuschauertribüne des Reichstages zuzuhören. Bereits sein Anfahrtsweg war von Menschenmassen gesäumt und wurde von Jubel begleitet. Für das Volk war Bismarck die große Heldenfigur, er verkörperte den deutschen Recken, der mit starker Hand die Geschicke des Reiches lenkte und der dafür sorgte, daß der Bürger in Frieden seinen Geschäften nachgehen konnte. Die ewige Sehnsucht des deutschen Kleinbürgers nach Ruhe und Ordnung sublimierte sich in der Vaterfigur des *eisernen Kanzlers*, der über das deutsche Hauswesen patriarchalisch wachte.

Dreißig Jahr zuvor hatten Bürger Barrikaden erklommen und lautstark die Volkssouveränität gefordert, in der Konfliktzeit war Bismarck die Inkarnation des autoritären Fürstenknechts, doch nun zeigte es sich, daß die radikalen Parolen verblaßt waren und im Parlament konstruktiv zusammengearbeitet wurde – was nicht bedeutete, daß nicht hart, mit großem Sachverstand und von Gruppeninteressen geleitet, gestritten wurde. Der politische Kampf um Freihandel contra Schutzzollpolitik, die Dispute der Reichsfeinde gegen die Reichsfreunde, die zuweilen majestätsbeleidigenden Äußerungen der Sozialisten, die Debatten um die Stempelsteuer, das Schnaps- und Tabakmonopol und schließlich das peinliche Ringen um Abgeordnetendiäten belegten den modernen Rechts- und Verfassungsstaat.

Dem Kaiser waren damit wenig Machtmittel an die Hand gegeben, politischer Gestaltungswille war ihm lediglich über den Kanzler möglich. Nicht gering allerdings war die in seiner Person liegende Funktion des Verfassungsschützers zu bewerten. Ein *Kaiserwort* wachte über das Recht. Als auf Bismarcks Drängen das Parlament mehrheitlich die Sozialistengesetze verabschiedete, die praktisch ein Verbot der Sozialdemokratie bedeuteten, garantierte dieses Kaiserwort den sozialdemokratischen Abgeordneten weiterhin die Ausübung ihrer in der Verfassung festgeschriebenen Rechte, sie blieben Abgeordnete des Reichstages, so wie ihre Wähler auch trotz der Zwangsgesetze weiterhin sozialdemokratische Abgeordnete ins Parlament entsenden konnten. Sogenannten Feinden der Freiheit die Mitwirkung an der parlamentarischen Arbeit zu versagen, Wählerwillen zu eliminieren, wie dies zum Beispiel in der zweiten Republik möglich war, wäre in der konstitutionellen Monarchie ein Wortbruch und damit undenkbar gewesen.

Der moderne Staat mit seinem Streben nach Volkswohlfahrt, effektiver Organisation der Verwaltung, Verbesserung des Verkehrswesens, der Wirtschafts- und Handelsförderung unterlag den Zwängen der Vernunft und beförderte die Säkularisierung der Gesellschaft, in der kaum noch Raum war für die alte Reichsromantik mit ihrem Mythos vom deutschen Wesen. Die heiligen Werte der deutschen Seele waren vom Materialismus des Aufbruchs verschüttet, und jene, die dies beklagten, suchten nach neuen Idealen und Werten. Symbolfigur des emporstrebenden Reiches war der Reichskanzler Bismarck, bald kultisch verehrt, von großen Künstlern der Nation in Erz gegossen, aus Stein gemeißelt, auf Leinwand gemalt, zierte er Rathäuser, Plätze und Parkanlagen der Städte. Bismarck-Eichen wurden gepflanzt, auf Hügeln und Bergen errichtete man ihm zu Ehren Türme und Obelisken. In Kitsch und Kunst huldigte das deutsche Volk seinem Heros.

Jenseits des alltäglich-politischen Haders vereinten die Bismarck-Ikonographien deutschen Wabermythos, mal war er Siegfried, mal Ritterrecke, lederschurztragender Schmied, der vollbusigen Germania das Schwert reichend, oder martialischer Preußenkürassier. Im Kanzler vereinigten sich die Tugenden und Vorzüge des Deutschseins, er verkörperte den Cheruskerfürsten, der die deutschen Stämme geeint hatte. Doch was war in diesem geeinten und neuen Deutschland das deutsche Wesen? Was der Deutschen Vaterland ist, war offenkundig, was aber machte die Bayern, Württemberger, Mecklenburger und Hanseaten zu Deutschen? Aus tiefer Überzeugung meinte man, um die Besonderheit des Deutschseins zu wissen, und erahnte auch die Verpflichtung einer Weltmission deutscher Tugend.

Schmerzlich bewußt aber war den zum Realismus gezwungenen Kaufleuten, Industriellen und Wissenschaftlern, daß die Industrienationen, namentlich die Engländer und sogar das kleine Belgien wirtschaftlich weitaus besser entwickelt waren, daß Deutschland als Jüngling unter den Nationen außenpolitisch und ökonomisch von den Großmächten abhängig und keinesfalls der Nabel der Welt war. Wo war der Platz der Deutschen, nachdem der Weltwirtschaftskuchen bereits weitgehend aufgeteilt war, und die anderen Nationen Handel und Wandel beherrschten? Noch hatten deutsche Handelserzeugnisse keinen guten Ruf, *made in germany* bedeutete Plunderware und mußte zu Niedrigpreisen auf dem Weltmarkt verramscht werden. Der Blick über den Gartenzaun erweckte Neid, drängte zu größeren Anstrengungen und ließ nach Gründen suchen, warum es sich die Deutschen so schwer fallen ließen, es den anderen zivilisierten Staaten gleichzutun. Trostvoll und hilfreich war der Deutschen Gewißheit, eigentlich besser zu sein, weil deutsche Gründlichkeit selbstverständlich mehr Zeit beanspruchte – schließlich verbot der deutsche Idealismus, was den weniger nachdenklichen Ausländern erlaubt war. Weil die Realität so schwer mit dem Ideal in Einklang zu bringen war, mußten die Deutschen auf einen raschen Fortschritt verzichten.

Daß die Franzosen luschig und oberflächlich wären, hatten bereits die großen Geister der Aufklärung herausgefunden, und im Krieg hatten deutsche Krieger den schlechten Charakter dieses lasziven Volkes erfahren müssen. Von den Russen ganz zu schweigen, bei denen die einfachen Menschen noch in tiefster Primitivität verharrten und sich nur in den Städten eine westliche Kultur entwickelt hatte, nicht ohne deutschen Einfluß, der maßgeblich auch das geistige Leben geprägt hatte. Deutsche trugen die Aufklärung in das zaristische Despotenland, das sich der Renaissance, dem Humanismus verschlossen und damit den kulturellen Anschluß an den Westen versäumt hatte. Bei den Engländern mißfielen das Schachertum, die Arroganz und die hochmütigen Taktlosigkeiten. In Italien, ohnehin durch den germanischen Blutzufluß aufgewertet, war der Geist der Antike nur noch in Rudimenten erhalten, touristischen Erinnerungen an die Wiege der abendländischen Kultur. Bei soviel Unvollkommenheit der Anderen wollte herausgefunden sein, wie das Deutschsein zu postulieren wäre, was bislang nur erahnt, sollte philosophisch-wissenschaftlich dargelegt werden.

Deutscher Grübelgeist
Damit die Welt genese ...

Friedrich Nietzsche faßte in Worte, worüber bislang Gelehrte vergeblich nachgesonnen hatten. Unbehagen über die Deutschen und Deutschland hatte ihn auf den Weg philosophischer Wahrheit geführt, vor allem aber der unglückliche Beginn seines Bildungsweges in der strengen Internatschule zu Pforta. Die Schwögereien der Lehrer um das Wahre, Gute und Schöne, die betuliche Germanenromantik und die sinnentleerte Deutschtümelei standen in Diskrepanz zu den kleinkarierten Lehrern, dem autoritären Schulbetrieb, so daß er unter ständigen Kopfschmerzen und schließlich unter Depressionen litt. In einem Antiquariat erfuhr er mit der Entdeckung von Schopenhauers *Welt als Wille und Vorstellung* seine erste Offenbarung: *Hier war jede Zeile, die Entsagung, Verneinung, Resignation schrie, hier sah ich einen Spiegel, in dem ich Welt, Leben und eigen Gemüt in entsetzlicher Großartigkeit erblickte. Hier sah mich das volle, interesselose Sonnenauge der Kunst an, hier sah ich Krankheit und Heilung, Verbannung und Zufluchtsort, Hölle und Himmel. Das Bedürfnis nach Selbsterkenntnis, ja Selbstzernagung packte mich gewaltsam.*
Die eigenbrötlerischen, selbstzernagenden Grübeleien auf dem Wege seiner Selbsterkenntnis hatten bereits in seiner Jugend mit der Lektüre seines Lieblingsdichters Hölderlin ihren Anfang genommen, in dessen *Hyperion* er die tränenrührend-verzweifelte Klage über Deutschland und die Deutschen fand:
So kam ich unter die Deutschen. Ich forderte nicht viel und war gefasst, noch weniger zu finden Barbaren von alters her, durch Fleiß und Wissenschaft und selbst durch Religion barbarischer geworden, tief unfähig jedes göttlichen Gefühls, verdorben bis ins Mark zum Glück der heiligen Grazien, in jedem Grad der Übertreibung und der Ärmlichkeit beleidigend für jede gut geartete Seele, dumpf und Harmonielos, wie die Scherben eines weggeworfenen Gefäßes. Es ist ein hartes Wort und dennoch sag ich's, weil es Wahrheit ist: ich kann kein Volk mir denken das zerißner wäre, wie die Deutschen. Handwerker siehst du, aber keine Menschen, Herrn und Knechte, Jungen und gesetzte Leute, aber keine Menschen – ist das nicht wie ein Schlachtfeld, wo Hände und Arme und alle Glieder zerstückelt untereinander liegen, indessen das vergossne Lebensblut im Sande zerrinnt? Deine Deutschen aber bleiben gerne beim Notwendigen, und darum ist bei ihnen auch so viele Stümperarbeit und so wenig Freies,

Echterfreuliches. Doch das wäre zu verschmerzen, müßten solche Menschen nur nicht fühllos sein für alles schöne Leben, ruhte nur nicht überall der Fluch der gottverlaßnen Unnatur auf solchem Volke. Ich sage dir: Es ist nichts Heiliges, was nicht entheiligt, nicht zum ärmlichen Behelf herabgewürdigt ist bei diesem Volk, und was selbst unter Wilden göttlichrein sich meist erhält, das treiben diese allberechnenden Barbaren, wie man so ein Handwerk treibt, und können es nicht anders, denn wo einmal ein menschlich Wesen abgerichtet ist, da dient es seinem Zweck, da sucht es seinen Nutzen, es schwärmt nicht mehr, bewahre Gott! es bleibt gesetzt, und wenn es feiert und wenn es liebt und wenn es betet und selber wenn des Frühlings holdes Fest, wenn die Versöhnungszeit der Welt die Sorgen alle löst, und Unschuld zaubert in ein schuldig Herz, wenn von der Sonne warmem Strahle berauscht der Sklave seine Ketten froh vergisst, so bleibt der Deutsche doch in seinem Fach und kümmert sich nicht viel ums Wetter. Es ist auch herzerreißend, wenn man eure Dichter, eure Künstler sieht, und alle, die den Genius noch achten, die das Schöne lieben und es pflegen. Die Guten! Sie leben in der Welt wie Fremdlinge im eigenen Hause. Es ist auf Erden alles unvollkommen, ist das alte Lied der Deutschen. Wenn doch einmal diesen Gottverlaßnen einer sagte, daß bei ihnen nur so unvollkommen alles ist, weil sie nichts Reines unverdorben, nichts Heiliges unbetastet lassen mit den plumpen Händen, daß bei ihnen nichts gedeiht, weil sie die Wurzel des Gedeihns, die göttliche Natur nicht achten, daß bei ihnen eigentlich das Leben schal und sorgenschwer und übervoll von kalter stummer Zwietracht ist, weil sie den Genius verschmähn, der Kraft und Adel in ein menschlich Tun, und Heiterkeit ins Leiden und Lieb und Brüderschaft den Städten und den Häusern bringt. Und darum fürchten sie auch den Tod so sehr, und leiden, um des Austernlebens willen, alle Schmach, weil Höhers sie nicht kennen, als ihr Machwerk, das sie sich gestoppelt.

Im *Hyperion* war der ewig quälende Antagonismus des deutschen Bildungsstrebens deprimierend festgeschrieben. Zurückgekehrt aus Frankreich, litt Hölderlin am Mittelmaß der Deutschen. Mit dem Bildungsfortschritt war vielen Literaten bedrückend klar geworden, daß sie an fremdem Nektar saugten, ihr einstiger Stolz, Epigonen der großen Geister Europas zu sein, artig kopieren zu können, war unbefriedigend, und so stellte sich die Frage nach dem deutschen Wesen. Epigonentum pflegt den Meister übertreffen zu wollen, und so war bald aus der Not eine Tugend gemacht. Deutsche Dichter und Denker hatten sich ein Tempelchen der Innerlichkeit errichtet, die innerlichen Werte sollten ihnen das Wichtigste sein, und darin wollten sie sich von den Anderen unterscheiden.

Hirnblockierend war ihre Suche nach der Innerlichkeit, wie sollte man greifen, was hinter den Dingen vermutet, doch unbekannt war. Die einfachen Erklärungsmodelle der Anderen galt es, mit deutschem Tiefsinn einer Überprüfung zu unterziehen. Es war eine bestimmte Vermutung, daß hinter den Dingen die eigentliche Wahrheit lag. Zunächst entzündete sich der Ehrgeiz der deutschen Dichter und Denker an der Sprache, sie galt es von allem profanen zu reinigen und gewissermaßen auf den tiefinnerlich ruhenden Schatz vorzubereiten. Allgemeinplätze und Altbekanntes erhielten in der neuen Bildungssprache ein größeres Gewicht, und waren die Gedanken auch nicht neu, oder gar von welschen Philosophen bereits in dürren Worten dargelegt, die deutsche Tiefsinnssprache gemahnte daran, daß nichts auf der diesseitigen und in der jenseitigen Welt einfach war. Noch freilich lag das deutsche Wesen im Dunkeln, und so wechselte die Hölderlinklage mit der freudigen Gewißheit, daß es dereinst den Deutschen vorbehalten sein würde, die unfertigen Ideen und Gedanken der Anderen mit Fleiß und deutscher Gründlichkeit zu vollenden.

In dieser manisch-depressiven Stimmung hatten viele Gelehrte, Dichter und Denker den Freitod gesucht. Andere, wie Hölderlin, waren die Sinne irre geworden. Syphilis oder Denkerschicksal, verrückt wurde auch Nietzsche, doch zuvor griff er die Hölderlin-Klage über die Deutschen auf, indem er die Frage stellte: *Ist es wahr, daß es zum Wesen des Deutschen gehört, stillos zu sein, oder ist es ein Zeichen seiner Unfertigkeit? Es ist wohl so,* so vermutete Nietzsche, *daß das, was deutsch ist, sich noch nicht völlig herausgestellt hat, das deutsche Wesen ist noch gar nicht da, es muß erst werden, es muß irgendwann herausgeboren werden, damit es vor allem sichtbar und ehrlich vor sich selber sei.*

Auf die Geburt des deutschen Wesens hatten vor ihm bereits andere gehofft und gewartet. Hölderlin hatte verzweifelt gerufen: *Wir sind nichts; was wir suchen ist alles.* Fichte glaubte zuversichtlich an *die unendliche Verbesserlichkeit des deutschen Wesens,* und Schlegel war sich gewiß, *daß Deutschland nicht hinter uns, sondern vor uns liegt.* Die Ursache dieses *allen Deutschen erb- und eigentümlichen Strebens und Suchens* nach dem deutschen Wesen wollte Nietzsche herausfinden. Herauszufinden war damit auch die Ursache des deutschen Anders- und Besonderssein. Die Franzosen, Engländer und Italiener, so schien es ihm, hingen einem eigentümlichen realistischen Denken an, offerierten ihre Denkergebnisse in einer verdächtig verständlichen Leichtigkeit, die Oberflächlichkeit vermuten ließ. Durch ihre lange Bildungstradition glaubten sie an eine Evolution des Geistes, eine kontinuierlichen Weiterentwicklung, wobei das erlangte Ergebnis lediglich als Gegenwartsstand betrachtet wurde, was nicht ausschloß, daß erst die Zukunft die Wahrheit schenken würde, solange aber war das Erkannte Realität. Diese flache und faule Denkweise habe ihren Ursprung in der lateinischen Wurzel der romanisch geprägten Völker, und so sei es nicht verwunderlich, daß sich diese Nationen die quälende Frage nach dem Sein nicht stellten. Britisch sein, französisch sein, mußte nicht hinterfragt werden, ihr Sein war ihnen des Nachsinnens nicht wert, sie hatten eine Geschichte, die Gegenwart und Zukunft bestimmte. Die Deutschen, so Nietzsche, entdeckten ihre philosophische Wurzel hingegen bei den Griechen, vor allem bei Heraklit, mit der Konsequenz: *Das ganze Wesen der Wirklichkeit nur ein Wirken sei und, daß es keine andere Art Sein gäbe.*

Bei Schopenhauer hatte Nietzsche den Satz gefunden, *daß das Sein der Materie ihr Wirken sei.* Dies freilich war nicht nur griechisch, sondern auch urdeutsch gedacht, eindrucksvoll durch unsere Sprache belegt, denn *pflegt nicht der Deutsche den Inbegriff alles Materiellen als Wirklichkeit zu bezeichnen, ein Wort welches viel bezeichnender ist, als die lateinische Realität,* erfahren wir von Nietzsche, der sodann den Gedanken fortführte und folgerte, wenn aus der deutschen Etymologie ein besonderes Gefühl für das Wirkende des Seins herzuleiten ist, so mußte daraus ein bedeutungsvoller Zusammenhang erkennbar sein: *Wir Deutsche,* so lesen wir in der *Fröhlichen Wissenschaft, sind Heglianer, auch wenn es nie einen Hegel gegeben hätt, insofern wir (im Gegensatz zu den Lateinern) dem Werden, der Entwicklung instinktiv einen tieferen Sinn und reicheren Wert zumessen, als dem was ist – wir glauben kaum an die Berechtigung des Begriffs Sein.*

Nietzsche faßte damit zusammen, was vor ihm erahnt, aber in der Konsequenz noch nicht artikuliert war: *Deutsches Wesen empfindet sich als werdend; deutsch sein, heißt im Werden sein, deutsch ist so viel wie: Werdend; deshalb drückt das Wort für das Seiende, Wirklichkeit, nicht Sein, sondern ein Wirken, ein Werden aus.*

Bereits in der Reformation hatte sich diese deutsche Idee offenbart: Während die papistischen Römer sich als vollendete Christen betrachteten und daraus ihren Herrschaftsanspruch herleiteten, rief Luther den Menschen zu: *Dies Leben ist nicht Frommsein, sondern Frommwerden, nicht Gesundsein, sondern Gesundwerden, überhaupt nicht ein Wesen, sondern ein Werden, nicht eine Ruhe, sondern eine Übung. Wir sind noch nicht, wir werden es aber, es ist noch nicht getan und geschehen, es ist aber im Schwung, es ist nicht das Ende, es ist aber der Weg.*

Der Deutsche auf einem unbestimmten Weg verheißungsvoller Ideale und Ideologien, das ist die tragische Allegorie des Deutschseins, das Ziel ist nicht bekannt, aber voller Hoffnung. Deutschsein ist Werden, es ist dies die Philosophie des geschichtslosen, zukunftpreisenden Kleinbürgers, der so seinen traurigen Minderwertigkeitsgefühlen, seinem schnöden Materialismus eine philosophische Legitimation verlieh. Mochte die Vergangenheit düstere Schatten werfen, die Gegenwart bedrückend und unvollkommen sein – die Zukunft war den Deutschen verheißen, die einstweilen im Wartesaal des völkischen Glücks verharrten und dem lichten Morgen entgegensahen. Ernst Bertram, der große Nietzsche-Verehrer, griff diese Idee auf und interpretierte seinen Meister, indem er das Deutschsein mit der Insektenmetamorphose verglich: *Deutschsein,* so befand er, *ist ein Puppenzustand des Geistes, als Ungegenwart und Wachstum, als widrige Unzulänglichkeit und ungeheure Hoffnung.* Das aus diesem Kokon in naher oder ferner Zukunft ein herrlicher Schmetterling schlüpfen würde, war für die Nietzsche-Jünger hoffnungsfrohe Gewißheit, und keiner zog die zoologische Möglichkeit in Betracht, daß in diesem Kokon ein bösartiger, zerstörerischer Schädling sein Kommen vorbereitete.

Bildung, das war noch in den Zeiten des ersten Bildungsaufbruchs die Kenntnis von den großen geisteswissenschaftlichen Entwicklungen der benachbarten Kulturnationen, und es war nicht Schande, sondern Ausdruck von Bildung zu plagiieren oder sogar abzuschreiben. Auch wenn zuweilen über den Zudrang fremder Kultureinflüsse geklagt wurde, um eine bürgerlich-deutsche Nationalkultur gerungen, und in den Annalen nach eigenen historischen Denkmalen gefahndet wurde, es war nichts herausragend Deutsches zu entdecken. Auch die Entdeckung und Erforschung der sogenannten Volkskultur vermochte lediglich regionale Besonderheiten festzustellen, hübsche, mündlich tradierte Volksmärchen, Verse und Reime, die nur durch eine literarische Aufwertung durch die Sammler lesbar wurden. Auch die kurze deutsche Literaturgeschichte war nur allgemein zu loben, bei näherer Betrachtung der einzelnen Dichtkünstler war nur schwer ein einhelliges Urteil über ihren Wert oder Unwert zu fällen, was zunächst gelobt, wurde alsdann wieder geschmäht, hielt dem Ewigkeitsanspruch nicht stand, weil der Zeitgeist Thema und Kunststil getilgt hatte.

Was für die Literatur galt, betraf auch die bildende Kunst, zu der das geschichtslose Tagespublikum bald keinen Zugang mehr empfand, weil der Künstler in einer mißachteten Epoche gewirkt hatte und sein Werk nun unzeitgemäß geworden war. Stolz war auch nicht aus dem wissenschaftlich-technischen Entwicklungsstand herzuleiten, die epochalen, weltverändernden Erfindungen waren kaum in Deutschland ersonnen, wo man sich mit bescheideneren menschheitsbeglückenden Tüftlerergebnissen begnügen mußte – immerhin Buchdruckkunst, Nürnberger Ei, Schwarzwalduhr und Magerkäse.

Mit der Unfertigkeitsphilosophie war der Mangel in eine Tugend zu wandeln. Aus der Gewißheit vom Werden des Deutschseins erwuchs ein pubertärer Zukunftsglaube, und so weste die deutsche Wesenheit in den Hirnen der Gelehrten und Literaten, der Politiker und Ideologen. Endlich war der große philosophische Wurf gelungen und der Welt mitgeteilt, daß Deutschsein eine Mission bedeutete, es den Deutschen vorbehalten war, die Dinge hinter den Dingen zu sehen, deutscher Grübelgeist das Unvollkommene der Anderen zur Vollkommenheit führen werde. Grundsätzlich teilte Nietzsche mit Schopenhauer einen misanthropischen Kulturpessimismus, erkannte den Zusammenbruch aller Werte und prophezeite für die nächsten zweihundert Jahre den Untergang des Christentums mit der Folge eines wachsenden Nihilismus, doch sah er in diesem historischen Prozeß auch eine Chance zur Läuterung. Durch das Christentum sei der Sinn für Wahrhaftigkeit derart entwickelt, daß die Menschen den Anspruch, den die Christen erhoben hatten, kritisch überprüfen und die Verlogenheit der abendländischen Welt und ihrer falschen Geschichtsdeutung erkennen und verwerfen würden.

Der vom Menschen erdachte Gott ist tot, rief Nietzsche, *und die ihm errichteten Kultstätten sind nur noch Grüfte und Grabstätten dieses toten Gottes.* Sein Sterben, das bis in das dritte Jahrtausend hineindauern würde, hatte er gleich einer Vision als schreckliche Apokalypse gesehen, es war eine *lange Fülle und Folge von Abbruch, Zerstörung, Untergang, Umsturz, wie die Welt noch nicht erlebt.* Der Weg dahin würde begleitet sein von der devastierenden Erkenntnis: *Es gibt keine Seele, sie ist der Gesellschaftsbau der Triebe und Affekte, sie ist Kultur, das Resultat von gesellschaftlich gebotener Selbstzähmung und Triebunterdrückung.* Und die Welt? Sie war für Nietzsche chaotisch-sinnlos und die göttliche Ordnung oder alles, was als vernünftig gesehen wurde, war für ihn menschliche Interpretation. Wissenschaft wolle zwar erklären, doch in Wahrheit ständen dahinter nur unsere Triebe, Interessen, Idealisierungen, denn die Welt sei unmenschlich und ungöttlich. Alle Betrachtungen unterlägen dem menschlichen Triebleben und den erdachten konstruierten Moralvorstellungen und erwiesen sich als interessengebundene Instrumente der Machtausübung. *Das alles ist tot!*

Jenen aber, die im Fortschritt, in der Zerstörung der alten Ordnung, in der Volkssouveränität und Demokratie einen hoffnungsvollen Neubeginn sahen, schleuderte Nietzsche seine niederschmetternde Erkenntnis zu: *Demokratie ist Sklaverei!*, denn die Demokratie radikalisiert den Nihilismus, indem sich mit ihr die Herrschaft der Mittelmäßigkeit vollendet. Der Massenmensch ist die unausweichliche Folge der Demokratisierung, denn diese Herrschaftsform fordert einen neuen Menschentyp, das Herdentier, das seine Nützlichkeit beweisen muß, arbeitsam und vielseitig verwendbar, mobil und überall einsetzbar und vor allem angepaßt. Demokratie bedeutet aber auch großräumige Wirtschaftsherrschaft mit einer eigenen Profitgesetzgebung, die wiederum eines Heeres von Sklaven bedarf – Sklaven, die funktionieren und mit den Tugenden jener ausgestattet sind, die sie bedienen.

Die *Werden-und-Wirken-Philosophie* Nietzsches aber gab auch Hoffnung: Wie dem Christentum mit seinen unerreichbaren Ansprüchen zwangsläufig der Nihilismus folgen müsse, so werde desgleichen zwingend dem Nihilismus eine Gegenbewegung erwachsen und nach einem langen Prozeß der Reifung eine Lichtgestalt vor die Welt treten, ein *Besieger Gottes und des Nichts und der Demokratie, dessen Größe wir, die wir noch in unseren Wertmaßstäben befangen sind, nicht einmal erahnen können.* Im orakelhaftem Dunkel ließ Nietzsche das unbestimmt Werdende, die lichtvoll Kommenden: *Ich bezeichne dieselben als Ausscheidung eines Luxusüberschusses der Menschheit: in ihr soll eine stärkere Art, ein höherer Typus ins Licht treten, der andere Entstehungs- und andere Erhaltungsbedingungen hat als der Durchschnittsmensch. Mein Begriff, mein Gleichnis für diesen Typus ist, wie man weiß, das Wort: Übermensch.* Damit war deutschem Werden- und Wirkenträumen eine Verheißung gegeben und in bescheidener Gegenwart ein trübes, mystisch-mythisches Gebräu angerührt, an dem sich nachfolgende Generationen recht ordentlich den Magen verderben sollten.

Zeitenwende

Die Geschicke des Reiches liefen in wohlgeordneten Bahnen, fest hielt der eiserne Kanzler die Zügel in der Hand, der *alte Kaiser* vertraute ihm und ließ ihn gewähren. Beide genossen bei der Mehrheit des Volkes eine hingebungsvolle Verehrung, ihr Werk, die Einheit des Vaterlandes, eine umsichtige Friedens- und Sicherheitspolitik, die moderne, in der Welt einzigartige Sozialgesetzgebung erfüllte die Menschen mit Zufriedenheit. Doch an der Spitze des Reiches standen unzeitgemäße, in ferner Feudalzeit verwurzelte Greise, die ihre Pflicht taten, über genug Autorität verfügten und gegen die zu opponieren nicht geboten erschien. Für alle jene, die es sich behaglich eingerichtet hatten, stellte sich zuweilen die bange Frage, wie es wohl weitergehen sollte, wenn Bismarck nicht mehr sein würde. In der Jugend aber regte sich ein zunehmendes Unbehagen über die selbstzufriedene Gesellschaft, den hohlen Patriotismus und altväterlichen Biedersinn.

Im März 1888 starb der *alte Kaiser,* tief erschüttert nahm das deutsche Volk Abschied. Dem Sarg folgte der älteste Sohn des nun regierenden Kaisers Friedrich, der schwerkrank an einem Fenster des Charlottenburger Schlosses den Trauerkondukt vorüberziehen sah. Noch im selben Jahr erlag er seinem Krebsleiden. In nur einem Jahr hatte das Volk den Tod von zwei Kaisern betrauern müssen, und nun blickte die Welt gespannt auf Deutschland: Würde Bismarcks Schöpfung Bestand haben, würden die Bundesfürsten weiterhin zum Reich stehen? Trotz erheblicher Gegenströmungen – auch der junge Kaiser beließ den greisen Kanzler im Amt, mehr noch, er überschüttete ihn mit Beweisen seines Vertrauens. Zugleich aber formierten sich die Feinde Bismarcks, nicht nur die Intriganten der Staatsbürokratie und die selbstsüchtigen Schmeichler und Liebediener des Hofes, auch Männer, die mit Sorge den autoritären Führungsstil des Kanzlers bemängelten und darauf hinwiesen, daß der alte Herr über die Jahre das Staatsschiff in allzu ruhige Bahnen gelenkt und manch notwendige Veränderung unterlassen hatte. Ihr Ziel hatten sie erreicht, als der Kaiser soziale Mißstände zu beseitigen trachtete und dem Kanzler in der Einschätzung des großen Bergarbeiterstreiks des Jahres 1889 widersprach. Damit war das Zerwürfnis eingeleitet und für die Dunkelmänner der Boden bereitet, den Machtwechsel zu betreiben.

Im März des Jahres 1890 kam es zum Bruch, Bismarcks Entlassung erfolgte. Die Hofschranzen und maßgeblich Verantwortlichen konnten ihre Erleichterung kaum verhehlen, und nun zeigte es sich, wie dünn der Freundeskreis des Reichskanzlers geworden war. Andere brachen den Kontakt zur Familie ab – oder wechselten die Straßenseite, wie August von Dönhoff, *der Lumpenhund,* so Bismarck, um nicht Herbert von Bismarck grüßen zu müssen. Während der Kaiser zu beteuern versuchte, daß eine Änderung der Politik nicht zu erwarten sei, schwelgten jene, die den Kanzlersturz betrieben hatten, in Zukunftsträumen und beschworen den *Neuen Kurs,* den der Kaiser maßgeblich betreiben werde. Die Entlassung war lange erwartet, und so hielt es der Präsident des Reichstages nicht einmal für nötig, den Abgeordneten die Abdankung mitzuteilen, und Herr von Boetticher verlas im Landtag ohne jede Gemütsbewegung lediglich die amtliche Verlautbarung. In der Tat, der neue Kurs hatte bereits seinen Anfang genommen, der Rückversicherungsvertrag mit Rußland wurde nicht erneuert und der politisierende Generalstabschef Graf Waldersee äußerte lautstarke Aufrüstungspläne und forderte nachdrücklich größeren kolonialen Besitz. Außenpolitisch gedachte der Kaiser klare Verhältnisse zu schaffen und auf innenpolitischem Feld, die von Bismarck hinausgezögerten oder vernachlässigten Reformen nun endlich rasch voranzutreiben.

Mit Volldampf voraus! rief der Kaiser seinem Volke zu, und mit ebendiesem Volldampf rauschte das Staatsschiff fortan von einer Krise in die nächste. Doch zunächst gefiel der Herrscher dem nationalistischen Bürgertum mit vollmundigen Reden. Während der *Alte Kaiser* bestrebt gewesen war, gegen den Zeitgeist und gegen das Protzentum der Gründerbürger das alte Preußen zu repräsentieren, zeigte sich der junge Kaiser als pompöser Imperator. In prachtvoller Kulisse symbolisierte er ein neudeutsches Cäsarentum, das Gott und sonst nichts auf der Welt zu fürchten hatte. Wie sehr er damit den Nerv des aufstrebenden, nach Weltgeltung und Macht heischenden Bürgertums traf, zeigte sich in einem ungebremsten Personenkult und in der merkwürdigen Form einer neuen devoten Verehrung des jungen Herrn, der als *Unser Kaiser* zu einer Kunstfigur des selbstbewußt gewordenen Bürgertums wurde, ein Volkskaiser, der in *ächt deutscher Art* die Gefühle der Deutschen auszudrücken vermochte.

Für das bürgerliche Deutschland war England das Haupthindernis auf dem Wege zur Weltgeltung, denn als gefesselter Riese wurden die Deutschen allenthalben auf der Welt mit englischen Interessen konfrontiert. Als Wilhelm II. mit England ein Tauschgeschäft aushandelte, deutsche Kolonialgebiete preisgab und dafür die Insel Helgoland erwarb, war die deutsche Öffentlichkeit empört und veranlasste den Pionier deutschen Kolonialmachtstrebens, Carl Peters, die Kolonialenthusiasten nach Frankfurt einzuberufen und am 28. September 1890 einen Verein zu gründen, der nicht nur Kolonialbesitz forderte, sondern zugleich die deutschnationalen Interessen befördert wissen wollte. Der von Peters initiierte Zusammenschluß gab sich den Namen *Allgemeiner deutscher Verband,* der die nationalen Kräfte nicht nur in Deutschland, sondern auch in Europa und Übersee in ihrem Kampf um das Deutschtum tatkräftig unterstützen wollte. Auch der Reichstag beschäftige sich mit der Frage, ob Deutschland sich verstärkt um Auslandsbesitzungen bemühen sollte, was mehrheitlich gutgeheißen und nur von den Altkonservativen für unnütz befunden wurde.

Die Sozialdemokraten erhoben Bedenken, nicht weil sie grundsätzlich gegen den Erwerb von Kolonien waren, ihnen mißfielen Leute wie Carl Peters, die lediglich darauf abzielten, die Gebiete auszubeuten und die Eingeborenen zu versklaven, wogegen sie einen Bildungsfeldzug europäischen Geistes und den Export gesitteter Zivilisation zu unterstützen bereit waren. Auch für die Sozialdemokraten bedurften die primitiven Wilden der Entwicklungsarbeit, und dementsprechend ermahnte August Bebel im Reichstag die Kolonialdeutschen: *Wenn sie zu fremden Völkern als Freunde, als Wohltäter, als Erzieher zur Menschlichkeit kommen, wenn sie hingehen, um jenen zu helfen die natürlichen Reichtümer ihres Landes zu entwickeln, zum Nutzen der Eingeborenen, wie zum Nutzen der Zivilisation, dann stellen wir uns an ihre Seite, aber so sieht ihre Kolonialpolitik nicht aus. Sie kommen nicht als Befreier und Erzieher, sondern als Eroberer, als Ausbeuter.*

Der Sozialdemokrat Bebel träumte von marxistisch veredelten Wilden, Männer wie Lüderitz und Peters erhofften sich Rohstoffe und billige Arbeitskräfte und überdies deutsche Weltgeltung, während die Altkonservativen und die Regierung den Expansionsdeutschen die enormen, ständig steigenden Kosten vorrechneten, die nach zehn Jahren deutscher Kolonialpolitik die Summe von 100 Millionen Reichsmark erreicht hatten. Trotzdem, der wirtschaftliche Aufschwung Deutschlands schritt unaufhaltsam voran. Im Jahre 1885 betrug der Anteil des Reiches am Welthandel 10 %, zehn Jahre später, 1895, hatte Deutschland bereits Frankreich und die Vereinigten Staaten von Amerika überflügelt. Für England Grund genug, die Entwicklung des Deutschen Reiches aufmerksam zu beobachten, zumal die Konkurrenz deutlich zu spüren war. Die englische Zeitung *Saturday Review* benannte 1897 den britischen Unmut und schrieb: *England und Deutschland wetteifern miteinander in jedem Winkel des Erdballs, in Transvaal, am Kap, in Mittelafrika, in Indien, in Ostasien, auf den Inseln der Südsee und im fernen Nordwesten, überall hat der deutsche Handlungsreisende mit dem englischen Hausierer gestritten, wo es gilt, ein Bergwerk zu bauen oder eine Bahn, wo die Eingeborenen von der Brotfrucht zum Handelsschnaps übergeleitet werden sollen, da suchen Deutsche und Engländer einander zuvorzukommen. Eine Million kleiner Nörgeleien schaffen den größten Kriegsfall, den die Welt je gesehen hat. Wenn Deutschland morgen aus der Welt vertilgt würde, so gäbe es übermorgen keinen Engländer in der Welt, der nicht um so reicher wäre.*

Derartige Drohungen waren Wasser auf den Mühlen der nationalistischen Deutschtümler im *Allgemeinen deutschen Verband,* der solcherart britische Zeitungsmeinungen zur allgemeingültigen Politik Englands pauschalierte und für deren Verbreitung Sorge trug. Offizielle Unterstützung erfuhren die deutschen Nationalisten nicht, und so dümpelte ihr Verband, unter Geldmangel und Organisationsschwächen leidend, ziemlich inaktiv dahin. Eine durchgreifende Reform mit einer Straffung der Leitungsgremien hatte schließlich Erfolg, der Verein konnte die Mitgliederzahl erhöhen und eine wachsende Spendenbereitschaft verzeichnen. Unter dem neuen Namen *Alldeutscher Verband* war der Bezug zu den alten großdeutschen Bürgerträumen des demokratischen Aufbruchs von 1848 hergestellt und eröffnete damit dem nationalliberalen Bürgertum ein parteiübergreifendes nationalistisches Betätigungsfeld. Alte, von Bismarck konterkarierte politische Ziele wurden durch den Verband reaktiviert, in den gemischten Volkstumsgebieten Deutschlands und Österreichs wurden die fremdstämmigen Slawen mit der Forderung *Deutschland den Deutschen* geängstigt, und um die Vereinigung mit den österreichischen Brüdern und Schwestern zu forcieren, gründete der *Alldeutsche Verband* einen *Ostmarkverein.* Den Anschluß der Schweiz und der Niederlande sollte ein Zollverein vorbereiten. Mit Stolz meldete der Verband im Jahre 1896, daß auf dem gesamten Erdball sich Ortsgruppen gebildet hätten, die vom Weltgeltungsanspruch der Deutschen kündeten.

Den *Alldeutschen* organisatorisch und personell eng verbunden waren auch der 1894 gegründete *Kolonialverein* und der *Flottenverein*. Es war die bürgerliche Antwort auf den neuen Kurs der kaiserlichen Regierung, auf die englische Karte zu setzen und die Anzeichen einer Wendung in der britischen Politik zu nutzen. In der alldeutschen Zeitschrift *Burenfreund* tobte es gegen England und den englandhörigen Kaiser. Zu diesem Zeitpunkt führte, nomen est omen, der Leipziger Professor Ernst Hasse die Alldeutschen. Unter seiner Ägide war es gelungen, den Verband zu einer unüberhörbaren außerparlamentarischen politischen Kraft emporzuführen. In 200 Ortsgruppen hatten sich 22000 Mitglieder organisiert, die in Städten und Gemeinden das politische Leben maßgeblich prägten. Eng verflochten mit dem Kolonialverein und dem Flottenverein appellierten sie an die dumpfen Gefühle des deutschen Kleinbürgers, beschworen die Gefahr der *überstaatlichen Mächte:* Juden und Freimaurer, so gifteten sie, beeinflußten die Kandidaten des Reichstages. Die rührigen Vereinsmitglieder organisierten nationalistische Jubelfeiern und erinnerten zuweilen daran, daß die deutschen Fürsten auf Grund ihrer europäischen Familienbindungen nur bedingt gute Deutsche sein konnten und also auch nicht deutsch zu handeln vermochten.

Der Alldeutsche Ernst Graf zu Reventlow erinnerte seine Leser im *Burenfreund* an diese Gefahr in seinem Artikel *Der deutsche Kaiser, das deutsche Volk und die Buren.* Es war eine deutliche Warnung an Wilhelm, wenn er feststellte, daß sich der Kaiser *frei und unabhängig gegenüber der Meinung des Volkes fühlt, allein vor Gott und der Geschichte verantwortlich, fühlt er sich stark genug auch eine Politik zu führen und durchzusetzen, welche dem Fühlen seines Volkes unter Umständen auch der eigenen Neigung entgegensätzlich.* In perfider Demagogie versteckte Reventlow seine Kaiserkritik in einem persönlichen Kaiserlob, dem er das *gesunde Volksempfinden* gegenüberstellte, das den Grund der pro-englischen Regierungspolitik *in den verwandtschaftlichen Beziehungen der Höfe von Berlin und London* sah. Auch wenn er seine Leser zu beruhigen versuchte und an die englandkritischen Kaiserworte erinnerte, wurde deutlich, daß er und seine Alldeutschen vom Kaiser Schwertgeklirr erwarteten, denn durch die Englandreise und die damit verbundene anglophile Wendung der deutschen Politik, sei evident geworden, daß England in einem perfiden Täuschungsmanöver den Kaiser zu betrügen versuche, worauf es nur eine Antwort geben konnte: *daß die großdeutschen Interessen nur dann wirksam geschützt werden können, wenn man eine achtungsgebietende Anzahl von Panzern über See schicken kann.* Die geforderten Panzerschiffe sollten allerdings nicht nur *großdeutsche Interessen schützen,* unverhohlen kritisierte man bereits die ständigen Friedensbeteuerungen des Kaiser, der sich sogar als Friedenskaiser feiern ließ. *Junge Völker,* so hatte es bereits 1848 in der Paulskirche geheißen, *bedürfen der Feuertaufe durch den Krieg,* und bereits damals verstanden die demokratischen Bürger unter *Großdeutschland* nicht nur das gemeinsame Reich mit Österreich. Ein bißchen mehr sollte es schon sein: von der *Maas bis an die Memel* ...

In *Meyers Konversations-Lexikon für die gebildeten Stände* war festgehalten, wie gutbürgerlich-allgemeingültig über Waffengänge gedacht wurde: *Die Bestrebungen der sogenannten Friedensapostel, wie Burritt, Cobden usw, ist gegen die Natur der menschlichen Verhältnisse und läßt solche schönen Bestrebungen wohl als unerreichbar erscheinen. Zudem darf nicht übersehen werden, wie segensreich die Kriege oft gewirkt, vor welchen großen Übeln sie bewahrt haben, welche Wohltaten für das Volks- und Staatsleben ein Krieg, und selbst ein unglücklicher häufig mit sich führt, welche Kraftentfaltung und welchen lebendigen Aufschwung er herbeiruft. Eine Entwicklung der Weltgeschichte ohne Kriege läßt sich kaum denken, sie sind das eigentliche Weltgericht.*

Die Entdeckung des Krieges als Wirtschaftsförderung und Anreiz nationaler Kraftentfaltung war eine neue Erkenntnis der einst doch eher pazifistischen Bürger. Aus dem glorreichen Sieg über Frankreich schöpften die Bürger ihren Patriotismus und ein Gefühl deutscher Überlegenheit. In den alljährlichen Sedanfeiern gedachte man der Schlachten, der Reiterattacken und der Infanteriestürme – aber auch der wirkungsvollen Artillerie, deren Kanonen beredte Zeugen deutscher Tüchtigkeit waren. Nicht einig war sich *Alldeutschland* über die künftigen Feinde: Neben dem Erbfeind Frankreich wollten es nicht wenige Rußland besorgen: *Die Wandlungen in dem Geschicke der Völker sind ebenso seltsam wie die Geschicke jedes Menschen. Eine hundertjährige durch Blut und Eisen geheiligte und erprobte Freundschaft verband bislang Deutschland mit Rußland. Wir kannten nur einen »Erbfeind«, und das waren die Franzosen. Heute ist es uns schon in unser Gefühl übergegangen, wir finden es schon als selbstverständlich, daß wir in dem Zukunftskriege unsere Waffen auch nach Osten, nach Rußland wenden müssen*, hieß es im *Patriotischen Hausschatz*, den *Illustrirten Unterhaltungsblättern für das deutsche Volk und Heer.* Für jene, die sich England als Feind erkoren hatten, konnte der *Hausschatz* vermelden, daß die britische Armee nur das farbenprächtigste Heer der Welt sei, die bunten Uniformen aber nichts über die Schlagkraft aussagten. Zu fürchten sei lediglich die Kriegsflotte, also Grund genug, den Flottenverein zu unterstützen.

An kleinbürgerlichen Stammtischen pflegte man die Erinnerung an einstigen Kriegsruhm und schlug im Geiste neue Schlachten, doch den Alldeutschen war dies nicht genug. Das angestrebte Großdeutschland, das kommende Weltmachtdeutschland bedurfte einer historischen Legitimation, einer geschichtlichen Wurzel, aus der sich die Zukunftsvisionen nähren sollten. Männer wie Reventlow, Kapp und Hasse sahen in der Wohlstandsgesellschaft des zweiten Reiches eine verhängnisvolle Diskrepanz zwischen den schwindenden altständischen Strukturen und dem zwar äußerlich angepaßten, jedoch von Eigennutz und Gruppeninteressen geleiteten Bürgertum, das an politischer Macht gewonnen hatte, aber kaum eine Idee hatte, wie die Zukunft zu gestalten sei. Voraussetzung für die neue Zukunftsidee war eine revidierte Volksgeschichte, die, vom Ahnenkult des Kaisers befreit, in die Zukunft wies. Dem geschichtslosen Kleinbürgertum sollte abermals eine neue Geschichte gestiftet werden, eine Geschichte, die der neuen Zeit und ihrem politischen Gestaltungswillen entsprach.

Der Alldeutsche Mainzer Rechtsanwalt Claß schrieb unter dem Pseudonym *Einhart* zu diesem Zweck ein alldeutsches historisches Rüstzeug, das als *Einhart* zu einem Bestseller wurde und in keinem bürgerlichen Bücherschrank fehlen durfte. Absicht des Autors war, aus der ruhmvollen deutschen Vergangenheit jene Stränge klarer herauszuarbeiten, die für den neuen Geist des nationalistischen Aufbruchs zu reklamieren waren. Es galt, in kraftvoller Schilderung die historische Bestimmung der Deutschen darzulegen. Aus Fürstenbanden und feudaler Bevormundung, neidvoller Unterdrückung durch die Nachbarn und Uneinigkeit der deutschen Stämme hatte sich das Volk bereits befreit, nun hieß es, in Konsequenz dieses bisherigen historischen Weges zu höchster Größe emporzusteigen. Die ruhmreichen Schlachten der Vergangenheit wiesen den Weg und ließen es gewiß sein, daß ein gewaltiger Waffengang bevorstünde, ein Volkskrieg, der alle Schichten und Stände einen und ein machtvolles Großdeutschland entstehen lassen werde. An die Nachwelt gerichtet schrieb Max Weber:

Nicht Frieden und Menschenglück haben wir unseren Nachfahren mit auf den Weg gegeben, sondern den ewigen Kampf um die Erhaltung und Emporzüchtung unserer nationalen Art ... Nicht in erster Linie für die Art der volkswirtschaftlichen Organisation, die wir ihnen überliefern, werden unsere Nachfahren uns vor der Geschichte verantwortlich machen, sondern für das Maß des Ellenbogenraumes, den wir ihnen in der Welt erringen und hinterlassen. Wir müssen begreifen, daß die Einigung Deutschlands ein Jugendstreich war, den die Nation auf ihre alten Tage beging und seiner Kostspieligkeit halber besser unterlassen hätte, wenn sie der Abschluß und nicht der Ausgangspunkt einer deutschen Weltmachtpolitik sein sollte.

Deutscher Sozialismus
Sozialistische Deutsche

Erzfeind der bürgerlichen Parteien waren nach wie vor die Internationalisten, die Sozialisten, die Bismarck mit seinen Zwangsgesetzen lange im Zaum gehalten hatte. Eine Erneuerung der Sozialistengesetze hatte Bismarck unter Wilhelm II. nicht durchzusetzen vermocht, der Kaiser bevorzugte die offene Auseinandersetzung mit den Sozialdemokraten und glaubte, ihren Einfluß durch eine moderne Sozialgesetzgebung eindämmen zu können.

Die Wiederaufnahme der Parteiarbeit zeigte bereits 1898 Früchte: 2,1 Millionen Wählerstimmen konnte die Partei erlangen, die seit dem Parteitag des Jahres 1891 in Halle sich *Sozialdemokratische Partei Deutschlands* nannte. In Halle wurde zudem ein neues Programm beschlossen, in dem, im Vergleich zu den *Gothaer Beschlüssen*, radikalere Forderungen erhoben wurden, sehr zur Freude des anwesenden greisen Friedrich Engels, der sich lediglich darüber enttäuscht zeigte, daß die Forderung nach Zerschlagung des Staatsapparates und die Errichtung der Diktatur des Proletariats nicht festgeschrieben worden war. Vorsichtshalber hatte man auch das Verlangen nach einer Republik nicht in das Programm genommen, wie man überhaupt versucht war, die von der Mehrheit des Reichstages gebilligte Verfassung zu tolerieren.

Im Vergleich zu den anderen europäischen Nachbarn hatte es die Sozialdemokratie in Deutschland zum Ende des Jahrhunderts nicht leicht. Am wirtschaftlichen Aufschwung des Reiches partizipierten auch die Arbeiter durch einigermaßen gute Löhne, hinzu kamen die fortschrittliche Sozialgesetzgebung und gesetzliche Regelungen bezüglich der Arbeitsbedingungen. Auch wenn die Unternehmer ständig daran erinnerten, daß zu große Konzessionen an die Arbeiter den Wirtschaftsstandort Deutschland gefährdeten, Großunternehmen wie Krupp bewiesen, daß innerbetriebliche Sozialleistungen die Arbeitsproduktivität erhöhten und überdies durch die Bindung qualifizierter Arbeitnehmer an den Betrieb letzten Endes die Kosten gesenkt wurden.

Wie Fürsten regierten die Großunternehmer über ihre Leute, allein die Firma Krupp beschäftigte 41 600 Arbeitnehmer, für die Angehörigen der unteren Klasse bestand die Aussicht, in einer sogenannten Arbeiterkolonie ein geräumiges Haus mit großem Gartenstück und kleinem Stall zu bekommen, 5000 Krupp-Familien lebten um 1900 bereits in solchen Kolonien. Eine eigene Konsumanstalt mit Gewinnbeteiligung übernahm die Versorgung der Werksangehörigen, sie verfügte über Schlachtereien, Bäckereien sowie Schneiderwerkstätten und Schuhmachereien. Die medizinische Betreuung erfolgte in firmeneigenen Krankenhäusern, Erholungsheimen und Bädern. Für die weiblichen Arbeiterkinder hatte Krupp eine Haushaltsschule eingerichtet, die Jungen konnten eine Industrieschule besuchen. Für die schulische Grundausbildung sorgten Elementarschulen. Zusätzlich zur gesetzlichen Krankenkasse hatte die Firma eine Hilfs- und Unterstützungskasse gestiftet, die gesetzliche Altersversorgung erhöhte sich durch Leistungen aus der Kruppschen Arbeiter- und Beamtenpensionskasse. Um die von den Frauen so beklagten Saufgelage in primitiven Arbeiterkneipen einzudämmen, ließ Krupp Arbeiter- und Beamtenkasinos einrichten, in denen die Geselligkeit gepflegt wurde, aber auch Familienfeste gefeiert werden konnten. Damit sollte das Niveau der Freizeitgestaltung der unteren Klassen gehoben werden. Zu diesem Zweck finanzierte Krupp auch einen Bildungsverein, eine Bücherhalle verfügte über 38 000 Bände unterhaltsamer Literatur, zur Weiterbildung stand darüber hinaus noch eine 40 000 Bände und 1100 Zeitungen und Zeitschriften umfassende technische Bibliothek zur Verfügung. Die Betreuung der Invaliden erfolgte in der vorbildlichen Siedlung Altenhof.

Über ähnliche soziale Einrichtungen verfügten auch andere Großunternehmen, wie Bosch oder Siemens & Halske, aber auch kleinere, mittelständische Firmen folgten diesem Beispiel. Solcherart soziale

Wohltaten wurden durch das Lob des Kaisers befördert, der es nicht unterließ, ausländischen Gästen besonders vorbildliche private Sozialeinrichtungen zu zeigen – so einer Gruppe englischer Sozialisten, die derart beeindruckt waren, daß sie ihre deutschen Genossen fragten, warum sie denn noch Sozialisten wären.

Die SPD betrachtete diese Unternehmerinitiativen mit gemischten Gefühlen, zumal die Bewertung der staatlichen und kapitalistischen Arbeitnehmerfürsorge die Partei zu spalten drohte. Der radikale Flügel versuchte, die Fortschritte der Sozialpolitik als Trick der herrschenden Klasse zu brandmarken, die mit Almosen die Arbeiterklasse zu ködern versuchte, dem Klassenkampfe zu entsagen und auf die Errichtung einer sozialistischen Republik zu verzichten. Dagegen standen die sogenannten Revisionisten, die bereit waren, mit den Kapitalisten und der Regierung zu kooperieren und den gesellschaftlichen Wandel durch demokratische Wahlen, das hieß einer parlamentarischen Mehrheit, herbeizuführen. Dies war eine Revision der marxistischen Forderung nach einer Diktatur des Proletariats, womit den Gralshütern der wahren Lehre mit den Revisionisten ein innerparteilicher Feind erwachsen war, der zeitweise erbitterter bekämpft wurde als der Klassenfeind.

Unterstützung erhielten die Revisionisten durch jene Sozialdemokraten, die, durch Bildungs- und Leistungsstreben innerhalb der Betriebshierarchien in Leitungsfunktionen aufgestiegen, dem Proletenstand entrissen waren und zuweilen als Unternehmerknechte Schmähungen erfuhren, wenn sie auf der Durchsetzung von Arbeitgeberweisungen bestehen mußten. Ihre alten Bindungen an die Partei wollten sie freilich nicht aufgeben, ja als sogenannte Arbeiteraristokraten war ihre Mitarbeit in den Parteigremien zumeist erwünscht, zumal die Parteifunktionäre sich weitgehend von der proletarischen Basis entfernt hatten und sich mit den gesitteteren, kleinbürgerlichen Genossen besser verstanden. Dem Kleinbürgerstand waren auch die über 15 000 Funktionäre zuzurechnen, die in wenigen Jahren eine starre Parteibürokratie etabliert hatten und besser bezahlt wurden als die Arbeiter in der Produktion, ein Ärgernis, das immer wieder Gegenstand heftiger Diskussionen und Beschwerden war.

Zur entscheidenden Auseinandersetzung zwischen den Revisionisten und den Marxisten kam es auf dem Parteitag des Jahres 1903, als der Revisionist Eduard Bernstein darlegte, daß die SPD durch ihre parlamentarische Arbeit inzwischen als politische Kraft in Deutschland anerkannt und mit der Verbürgerlichung weiter Teile der Arbeiterschaft bereits eine Vorstufe des Sozialismus erreicht worden sei. Entschieden wandte sich August Bebel gegen diese These, weil er sehr wohl wußte, daß sie die Spaltung bedeutete. Indem Bebel an der reinen Lehre festhielt, rettete er die Einheit und wurde damit zur Integrationsfigur der unterschiedlichen Fraktionen. Für die Mehrzahl der Genossen war Bebel der unermüdliche Kämpfer, der die Partei durch schwere Stürme und Verfolgungen geführt hatte, er war der große alte Mann der Internationalen, dem man die Treue nicht versagen konnte. Seine nähere Umgebung erkannte allerdings seinen zunehmenden Altersstarrsinn und die Unfähigkeit, ideologische Dogmen in Frage zu stellen. Das deutsche Laster der Halbgebildeten, die Besserwisserei und der Anspruch, Moral und Wahrheit gepachtet zu haben, kultivierte auch Bebel anläßlich der internationalen Arbeiterkonferenzen. Am sozialdemokratischen deutschen Wesen sollte die Internationale genesen.

Der Bebel-Bernstein-Streit des Jahres 1903 hatte damit geendet, daß Bebel die Partei darauf eingeschworen hatte, grundsätzlich jede konstruktiven Mitarbeit an der Regierungsgewalt in einem bürgerlichen Staat abzulehnen – eine verhängnisvolle Entscheidung, wie der spätere Chefredakteur des *Vorwärts* Konrad Haenisch beklagte und Bebel anlastete, daß er bereits anläßlich des 2. Kongresses der Internationalen, 1900 in Paris, den Beitritt des französischen Sozialisten Millerand in die bürgerliche Regierung Waldeck-Rousseau scharf kritisierte. Karl Kautsky hatte daraufhin eine Resolution verfaßt, in der er die Frage der Regierungsbündnisse zu einer Frage der Taktik und nicht des Prinzips erklärte und forderte, daß solche Fälle nicht der Beurteilung internationaler Kongresse unterliegen sollten. Doch Bebel gab nicht auf, im Jahre 1904 ritt er abermals eine schwere Attacke gegen die Revisionisten, insbesondere gegen den großen französischen Sozialisten Jean Jaurès, diesmal mit Erfolg, indem es ihm gelang, die Internationale auf die Dresdener Beschlüsse der generellen Regierungsverweigerung einzuschwören, worauf die französischen Genossen gehorsam aus der Regierungskoalition ausschieden.

Nach dem großen Völkermorden 1914/18, stellte Konrad Haenisch seinen Genossen die Frage, *ob nicht ohne Dresden und ohne Amsterdam die Sozialisten dieseits und jenseits des Rheins im Jahre des Unheils 1914 doch die Macht besessen hätten, das heraufziehende Verhängnis zu beschwören?* Die Staatsverweigerung und die radikalen Forderungen der deutschen Sozialdemokraten kamen ihren Feinden äußerst gelegen, allen voran dem Alldeutschen Verband, der die Gründung eines weiteren Vereins initiierte, dessen Name Pro-

gramm war: *Reichsverband zur Bekämpfung der Sozialdemokratie.*
Mit erheblichen Geldmitteln ausgestattet, schickte der Verband Wanderredner durch die Lande, die für eine nationalsoziale Politik warben, mit Flugblättern und Broschüren warnten die Vaterländischen vor den fremden, internationalistischen Interessen der Hintermänner der Sozialisten, und schließlich wurde mit konspirativen Mitteln versucht, sozialdemokratische Arbeiterführer zum Parteiverrat zu animieren. Zumindest in den der Sozialdemokratie nahestehenden sogenannten *Verbänden* wurde alldeutsches Gedankengut diskutiert, denn hieß nicht großdeutsche Weltmacht auch mehr Arbeit und Brot, und so dachte man darüber nach, *daß die Völker aus wirtschaftlichen Gründen um den Weltmarkt kämpfen müssen und daß in diesem Kampfe Kolonien und Kriegsflotten nötig sind.* Als der Arbeiterführer Georg Thöne anlässlich eines sozialdemokratischen Kongresses in Berlin seine Genossen dies fragte, schwieg man betreten, und Max Schippel *rückte an seiner Brille und sagte … Schlußfolgerungen zu ziehen ist Ihre Sache.*

Alldeutscher Nationalismus, kapitalistenschonender Sozialismus und christlich-soziale Verantwortung erschien einigen politisierenden Geistlichen *ultima ratio* zur Lösung der Arbeiterfrage zu sein, allen voran der streitbare Hof- und Domprediger Adolf Stoecker, der seinen christlichen Sozialismus mit einem kräftigen Antisemitismus würzte. Weniger christlich, sondern vor allem nationalistisch agierte der liberale Pastor Friedrich Naumann, der in seinen Hauspostillen *Die Zeit* und *Die Hilfe* die Idee eines nationalen Sozialismus verbreitete.

Naumann hoffte, die Arbeiterschaft dafür gewinnen zu können, einzusehen, daß auch sie an der wirtschaftlichen Expansion einer Weltmacht Deutschland partizipieren würde, wenn die liberalen Nationalisten und eine national gesonnene Arbeiterschaft gemeinsam den Aufbruch der Nation zur Weltgeltung gestalteten. Für das große Ziel sollten Klasseninteressen hintangestellt sein, wobei es dem Staat oblag, für den sozialen Frieden zu sorgen. Soweit es der internationale Konkurrenzkampf zuließ, wollte Naumann den Arbeitern eine Gewinnbeteiligung an den Früchten ihres Schaffens zugebilligt wissen, denn nur so wären sie für das gemeinsame Werk zu begeistern, wie überhaupt alle Schichten des Volkes vom Sendungsbewußtsein der Deutschen erfüllt sein müßten. *Das Nationale,* so Naumann, *ist der Trieb des deutschen Volkes seinen Einfluß auf der Erdkugel auszudehnen.* Voraussetzung dafür sei eine aktive Kolonial- und Flottenpolitik, mit der Deutschland der Welt seinen Großmachtanspruch unmißverständlich zeigen sollte, wobei für die Mobilisierung aller Kräfte des deutschen Volkes zugleich gesellschaftliche Reformen unerläßlich seien. Als erbitterter Feind der antinationalistischen konservativen Junker forderte Naumann, das Reich radikal vom Agrarstaat zur Industrienation umzugestalten und unter der Führung des liberalen Bürgertums ein Volkskaisertum zu etablieren. Dieser Volkskaiser sollte, *als Diktator der neuen industriellen Aristokratie das Volk in das maschinengeprägte neue Zeitalter führen.*

Eine Massenbewegung vermochte die politische Geistlichkeit freilich nicht auf die Straße zu locken, und das Werben um die Arbeiterschaft blieb theoretischer Natur. Von Friedrich Naumann angesprochen fühlten sich die akademische Jugend und kleinbürgerliche Jungakademiker, die in Burschenschaften korporiert waren, in denen noch ein wenig der Geist der 48er waberte, großdeutsche Sehnsucht und romantische Freiheitsideale konserviert wurden. In mitreißenden Reden verstand es Friedrich Naumann, diese mit den gesellschaftlichen Verhältnissen der wilhelminischen Ära unzufriedene Kleinbürgerjugend zu begeistern und ihr eine politische Alternative zum flachen Hurrapatriotismus der Sedanjubelfeierdeutschen zu geben. Für viele spätere Politiker war Naumann geistiger Ziehvater: Gustav Stresemann, Theodor Heuss oder Otto Nuschke, deren unterschiedliche politische Karrieren allerdings auch belegen, daß der kleinbürgerliche Lebensweg selten geradeaus führt, sondern von vielfältigen Irrungen und Wirrungen begleitet ist.

Die christlich-sozialen und national-sozialistischen Anfechtungen schwächten die Sozialdemokratie nicht, im Gegenteil: die Mitgliederzahl wuchs bis zum Jahre 1912 auf über eine Million. Über 4,5 Millionen Deutsche wählten sozialdemokratisch und machten die SPD mit 30% der Abgeordnetensitze zur stärksten Fraktion. Der rasche Zuwachs bereitete der Partei jedoch nicht nur Freude; vor allem den proletarischen Altgenossen, jenen, die in den Zeiten der Sozialistengesetze im Untergrund gewirkt hatten und an der reinen Lehre festhielten, mißfielen die vielen Nichtproletarier, die nun verstärkt in die Partei drängten, intellektuelle Kleinbürger, niedere Akademiker und vor allem Volksschullehrer, Stehkragenproletarier, die von den Revisionisten umworben wurden.

Hinzukamen die aus dem Kleinbürgertum stammenden Jungakademiker, für die der Eintritt in die SPD eine Form des Jugendprotestes gegen die selbstgefällige Wohlanständigkeit ihres Standes und ihrer spießigen Elternhäuser bedeutete. Des schnöden Neureichenmaterialismus, der muffig behäbigen Sattheit und der verkrusteten Konventionen überdrüssig, suchten sie Zuflucht beim derb-gesunden Proletariat, schockierten ihre braven Eltern, indem sie sich das Habit russischer Revolutionäre gaben und ein lotteriges Bohèmeleben führten. Sie hatten Marx und Engels gelesen und verinnerlicht und konnten mit ihrem Bildungsvorsprung den Proleten in beredten Worten die wahre Lehre predigen, in den Wahlkämpfen agieren und im Reichstag in wohlgesetzten Reden dem Klassenfeind entgegentreten, wie die Lehrertochter Clara Zetkin oder der Beamtensohn Franz Mehring, dessen Mutter sogar der altbrandenburgischen Adelsfamilie von Itzenplitz entstammte.

Es war ein schleichendes Gift, und die Symptome der Vergiftung wurden besonders bei den Parteiversammlungen deutlich, wenn die Herren des Vorstandes im Bratenrock präsidierten und bei den Proleten liebedienerten, längst Kleinbürger geworden waren und im Bierdunst Stammtischseligkeit verströmten. Auch die Arbeiter mochten ihr Heil nicht mehr ausschließlich im Internationalismus sehen. Freilich, sie hielten ihrer Partei die Treue, aber auch ihren Brotherren, mit denen sie gemeinsam den Stolz teilten, die besten Kanonen der Welt zu gießen und die herrlichsten und mächtigsten Schlachtschiffe zu bauen. Wenn dann der Kaiser kam, um das Werk zu loben, seinen Arbeitern Dank zu sagen und mit Hinweis auf ihre Arbeit und ihren Fleiß, Deutschlands Größe und Stärke beschwor, war der Klassenkampf vergessen, und eine heilige Lohe vaterländischer Gefühle erfaßte für einen Moment auch jene, die sich sonst als vaterlandslose Gesellen geschmäht sahen, und die nun auch in das Unisono des brausenden Hurras auf den Kaiser mit einstimmten. Daß im Reichstag die Parteiführer gegen den Militarismus und gegen die Flotte wetterten, war die andere Seite der Medaille, so wie es auch selbstverständlich war, im Betrieb mit den Genossen solidarisch zu sein und im Kampf um Arbeiterrechte geschlossen zusammenzustehen.

Zum zehnjährigen Regierungsjubiläum Wilhelms II. im Juni 1898 schrieb Georg Büxenstein als Herausgeber eines Jubelbandes auf den noch nicht vierzigjährigen Kaiser in seinem Vorwort über den Monarchen und seine Zeit: *Welcher Wandel in den Anschauungen, Gedanken und Gefühlen! Wie ist uns, die wir sie miterleben durften, dieser Zeitraum verflogen. Wie ist der Blick frei geworden, das Herz ruhig! Wie fest fühlen wir den Boden unter uns, wie sicher schauen*

wir in die Zukunft! Wo ein für das deutsche Volk wichtiges Gebiet
zur Geltung kommt, zeigt sich des Kaisers Interesse, greift seine för-
dernde und helfende Hand ein, in Heer und Marine, in äußerer und
innerer Politik, in Kirche und Schule, in Wissenschaft und Kunst, in
Sport wie in jeder körperlicher Übung – überall Fortschritte, die sei-
ner Unterstützung, häufig sogar seiner Initiative zu verdanken sind.
Büxenstein und seine Mitautoren wollten *durch Schilderung der Art*
und des Wesens, des Wollens und des Schaffens unseres Kaisers das
Verständnis seiner Persönlichkeit in immer weitere Kreise tragen.
Nach zehn Jahren *persönlichem Regiment* war dies auch zweifellos
nötig, weniger bei der breiten Masse des Volkes, das sich mit dem
Wilhelminismus weitgehend identifizierte, sich kaisertreu zeigte und
seinem Kaiser in größter Ehrerbietung zugetan war. Über den Parteiungen stehend, wollte er als gerechter Friedensfürst in die Geschichte
eingehen, sich persönlich um die Geschicke seiner Untertanen bekümmern, mitgestalten und seine Zeit vorbildhaft mitprägen.

Allen zu gefallen ist unmöglich, hatten einst die Kapitäne der altehrwürdigen Lübecker Schiffergesellschaft als Haussspruch über das
Eingangsportal ihres Amtshauses schreiben lassen, und so mußte
auch der Kaiser schmerzlich erfahren, daß seine *fördernde und hel-*
fende Hand nicht immer mit Wohlwollen angenommen wurde, und
er es mit seinen innen-und außenpolitischen Vorstellungen nicht jedem Recht machen konnten. Den Liberalen mißfiel seine ständig beteuerte Friedensliebe, den Sozialdemokraten seine säbelrasselnden
Reden und seine Flottenmarotte, die Bismarckianer verargten ihm
die Entlassung des großen Kanzlers, doch als ärgster Feind erwies
sich der Adel, der in der verfassungsmäßigen Schwäche des deutschen Kaisers eine Chance für die Errichtung einer Aristokratie sah.
Als eines Fürsten unwürdig empfand er die bewußt zur Schau ge-
tragene Volkstümlichkeit, die pompösen Selbstinszenierungen und
markigen Reden, mit denen Wilhelm II. beim neudeutschen Protzen-
bürgertum wohl Gefallen finden mochte, dem Adel aber zutiefst wi-
derstrebte.

Es ist etwas Schreckliches um diese Redewut und diese Prahlerei,
schrieb die Baronin Spitzemberg in ihr Tagebuch, *besonders wenn es*
sich um Dinge handelt, die er nie zu tun gedenkt, und der Staatssekretär von Marschall notierte: *Er ist zu wenig König v. Preußen und*
zu sehr Deutscher Kaiser. Von diesem Kaisertum hat er völlig falsche
Vorstellungen und einen ganz falschen Begriff zusammengeschmie-
det, falsch, gesetzlich falsch, weil im Gefühl seiner Deutschen nicht

vorhanden. Dadurch stößt er alle Augenblicke seine fürstlichen Bundesbrüder und die anderen deutschen Stämme vor den Kopf am meisten aber die partikularen Empfindungen seiner Preußen selbst, vor allem Landadel und konservativen Beamten. Das Spielen mit mystisch-mittelalterlichen Begriffen, die tot oder im Aussterben sind, macht ihn lächerlich und zwingt eine Menge Menschen zur Heuchelei.

Heuchelei war im wilhelminischen Berlin aber nicht nur bürgerlicher Brauch, Opportunismus hatte sie alle erfaßt: Als August von Dönhoff einen den Landständen zuwiderlaufenden Handelsvertrag mit Rußland schloß, schrieb ihm Konrad von Falkenhausen: *Da Sie so wenig Kreuz hinten haben, werden Sie nun wohl vorne eins kriegen.*

Jugendaufbruch
Die Jugendbewegung

Allgemeiner Wohlstand pflegt nicht immer Zufriedenheit zu stiften, wie das Märchen vom Fischer und seiner Frau volkstümlich allegorisiert. Rasche Industrialisierung und wirtschaftliche Expansionsgelüste hatten auch ihre Schattenseiten, die Landschaft ganzer Regionen wurde zerstört, unwirtliche Städte entstanden, der Ruß der Schlote drückte auf die Häuser und machte das Atmen schwer, die Fische in den Flüssen starben, Spekulanten gierten im Weichbild der Städte nach Grund und Boden, unaufhaltsam fraßen sich neue Stadtteile und Industriebetriebe in das Land. In Gruben und in Fabrikhallen, in Büros und Kontoren mußten Arbeiter und Angestellte bis zu 14 Stunden arbeiten, um dann nach des Tages Last ihren Feierabend fern der Natur im Schatten der Schlote in den grauen Städten zu verbringen,

Städtische Medizinalräte beklagten vor allem den Gesundheitszustand der Kinder und Jugendlichen in den Großstädten und industriellen Ballungsräumen, die, von der Schule überlastet, als kleine Erwachsene in Zucht und Ordnung gehalten, kaum Gelegenheit hatten, wie die Landjugend in frischer Natur zu spielen und zu tollen.

Im kleinbürgerlich geprägten Randgebiet von Berlin, in Steglitz, suchten nach der Schulzeit einige Schüler des Gymnasiums sich eine eigene Jugendwelt zu schaffen. Fasziniert von der Stenographie bildeten sie einen Übungskreis, um die, wie eine Geheimschrift anmutende Kunst des Schnellschreibens zu erlernen und zu vervollkommnen. Von Eltern und Lehrern wurde dieses nützliche Tun mit Wohlwollen unterstützt, doch bald genügte den Jungen die gemeinsame Stubenhockerei nicht, angeregt vom jungen Studenten Karl Fischer, wurden gemeinsame Ausflüge in die nähere Umgebung gemacht. Mit den Kameraden die Natur entdecken und für einige Stunden des kleinbürgerlichen Lebenskreises zu entfliehen, war eine neue Erfahrung und wurde bald regelmäßiger Brauch. Es ist dies die Geburtsstunde des *Wandervogels*, der Ausbruchversuch junger Menschen aus den Fesseln kleinbürgerlicher Konventionen, ein romantischer Protest gegen das menschenverachtende Städtertum mit all seinen Schattenseiten zivilisatorischen Fortschritts.

Es war ein stiller Protest, ein Suchen und retirierendes Ausweichen vor der Erwachsenenwelt, der muffigen erstarrten Gesellschaft mit ihren abgelebten Vorbildern, den für den kulturmordenden Fortschritt verantwortlichen Industriekapitänen, den Zucht und Ordnung predigenden schmuddeligen Lehrern, die tote Wissenschaften predigten, den Gymnasialprofessoren, die mit Tacitus, den Staufern, Fridericus Rex und Sedangedenken die Vergangenheit vertrocknen ließen und die ihren öden Paukstoff mit autoritären Zwangsmitteln darboten. Den Spießbürgern in ihrer muffigen Alltagswelt zu entfliehen, war der Ansporn, und bald lautete die Forderung: *Jugend will von Jugend geführt sein.* Gesucht war die charismatische Führergestalt, das männliche, tugendhaft-reine Vorbild, fern der alten Standesschranken und Privilegien, ein wenig Nietzsches Übermensch und ein bißchen von der Alphaspezies Darwins, im Spannungsfeld der Meute geboren und geprägt, nicht in demokratischer Wahl auf den Schild gehoben, sondern im männlich-kämpferischen Widerstreit zum natürlichen Führertum erkoren.

Die Jugendbewegung kam aus der Stadt. Die zunehmend zivilisationsgeschädigte städtische Jugend entdeckte mit wachsender Neugier das Draußen, erkundete jene Welt, die kleinbürgerlicher Hochmut als plattes Land mit rohen ungezügeltem Menschentum geschmäht hatte. Mit und in der Natur zu leben, galt es zu erlernen, Erfahrungen wollten gesammelt sein, gegen die Widrigkeiten und Unbilden des Wetters hieß es, gefeit zu sein. Sicherlich, der englischen Jugend war es verheißen, in fernen Ländern ihre Abenteuerlust zu stillen, im wilden Afrika oder geheimnisvollen Indien, auch für deutsche Schriftsteller Stoff für phantasievolle Geschichten und Romane. Der Jugendbewegung genügten die weniger gefahrvollen Entdeckungsreisen in die märkische Heide.

Fluchtbewegungen der Jugend aus dem kleinbürgerlichen Milieu des Herkommens waren nicht neu und pflegen sich in vorherbestimmbaren Zeiträumen zu wiederholen, der Sturm und Drang, die Burschenschaften waren solche Protestbewegungen, die nachhaltige gesellschaftliche Auswirkungen auf die Mode hatten, der Wertherfrack, das Wilddiebhabit und nun als Protest zum Bratenrock, die kurzen Hosen und das offene Hemd. Auch die Stadtkultur war verpönt, das bürgerliche Theater, die Konzerte in weihevollen Musikhallen, die privaten und öffentlichen konventionssteifen Tanzvergnügen oder die ordinären Köckschenbälle in verqualmten Etablissements. Verschüttete Weisen des Mittelalters, der Renaissance wurden ausgegraben und vergessene Musikinstrumente, vor allem die Laute, wiederentdeckt. Von Einfachheit, Anspruchslosigkeit, Natürlichkeit und männlicher Kameradschaft sollte das Jugendreich beherrscht sein. Doch das Jugendreich wollte geführt sein, und so suchte man nach Leitbildern, rang um einen neuen Begriff des Führertums, dem der charismatische Karl Fischer so recht entsprach, und der vorbildhaft mit natürlicher Autorität seine Jungen führte. Als selbsternannter *Oberbarchant* verpflichtete er jeden *Burschen* mit Handschlag und feierlichem Unterwerfungsritual auf seine Person und die Gefolgschaft. Die Resonanz in der Presse, aber auch die Bedenken der gelahrten Schultheoretiker trugen dazu bei, daß sich auch an anderen Schulen Berlins Wandervogelgruppen bildeten, und schließlich die Idee ganz Deutschland erfaßte. Die vielen Gründungsmeldungen bestärkten bei Fischer die Hoffnung vom unmittelbar bevorstehenden *Jugendreich,* einem Reich nicht gegen die Erwachsenenwelt, sondern einem, in dem sich die Jugend ihre Lebensformen selbst gestaltete.

Größere Werbekampagnen verstärkten den Zulauf, und so sah sich Fischer gezwungen, über die Organisation nachzusinnen, weil mit dem Zustrom neuer Mitglieder die Gefahr verbunden war, daß seine Idee vom Jugendreich verloren ging – zumal junge moderne Lehrer die Mitgliedschaft erwarben, den Verein mit pädagogischen Disputationen befrachteten und versuchten, den Wandervogel in die schulische Erziehung zu integrieren. Fischer sah sich zunehmend genötigt, auf die vereinsinternen Diskussionen einzugehen und Kompromisse zu machen. Schließlich kam es doch zu einer Spaltung, als der Schulmeister Gurlitt aus Teilen des Wandervogels einen gesitteten Jugendverband machte und mit einigen Lehrerkollegen den Einfluß der Schule auf die Gruppen durchsetzen konnte. Erstaunlicherweise fand Gurlitt bei den preußischen Schulbehörden keine

Unterstützung, die Beamten unterstützen Fischer und teilten seine Auffassung, daß Schule und Jugendarbeit strikt zu trennen wären. Gurlitt wurde aus dem Schuldienst entlassen und gründete daraufhin den *Wandervogel e. V.*

Um seine alte Idee zu retten, schuf Fischer einen *Eltern- und Freundeskreis,* womit auch Erwachsene Mitglieder seines Verbandes werden konnten, freilich nur fördernd und begleitend, denn eine Einfußnahme auf die Jugendarbeit sollte ihnen verwehrt bleiben. Zermürbt von den Querelen, dem kleinkarierten Lehrerhader gab Fischer auf, setzte sein Studium fort und ging schließlich nach China. Seinen Verein überließ er seinen treuen Freunden, dem Kaufmann Hermann Fries und dem Gutsbesitzer Wilhelm Jansen.

Es wäre unziemlich für das deutsche Wesen, die Jugend nur wandern und sinnestrunken Natur genießen zu lassen. Deutschem Grübelgeist wäre das zu oberflächlich erschienen, also galt es nachzusinnen, was tiefinnerlich das Wirken und Werden des neuen Jugendgeistes war. Die jugendbewegte Suche nach neuen Lebensinhalten und Werten bedurfte eines geistig ideologischen Hintergrunds, das erahnte Kommende, der Bau des erstrebten Jugendreiches sollte auf einem urgründigen Fundament errichtet sein. Ehemalige Schüler der Realschule am Doventor in Bremen hatten einen Verein gegründet, der sich zur Aufgabe gestellt hatte, aus der Naturbegeisterung neue Ideale zu stiften. Nietzsche hatte ihnen den Weg gewiesen. In seiner *Geburt der Tragödie* stand es geschrieben: *Die Bilder des Mythos müssen unbemerkt allgegenwärtige dämonische Wächter sein, unter deren Hut die junge Seele heranwächst, an deren Zeichen der Mann sich sein Leben und seine Kämpfe deutet.* Der Bremer Schulverein hatte es herausgefunden, es galt: *In der Landschaft den Mythos zu erspüren.*

Uns, so klagte Susanne Bräutigam, *hat die Schule Jahr für Jahr von den Göttern Griechenlands erzählt, wie blieben sie mir aber fremd. unnahbar, gefühllos, so fern erhaben über unseren Sorgen, unserem Leben und Hassen. Einmal nur und bloß für kurze Zeit erschien ein junger begeisterter Lehrer, der uns mittenhinein führte in die germanische Gedankenwelt. Balder und Loki, der Nibelungen Lust und Leid – das war die eigene Sehnsucht nach Licht und Höhenluft, der urewige Kampf gegen die Nacht, das war des eigenen Lebens süßherbe Lehre und uralt der Stoff Geschichte, Sage und Mythos vermischt, am reichsten in der Edda erhalten. Die Fahrten erhielten nun einen weiteren Sinn: Die Frühlingsgöttin Ostara, die dort draußen ih-*

ren Sitz hatte, griff ganz anders an das Herz, als ein Besuch der Feste der griechischen Diana. Blickt nicht draußen noch heute das Auge Gottes durch den deutschen Wald, wenn flimmernde Strahlen ihre Himmelsleiter durch sachtes Rauschen auf den tannennadelgefütterten, weich wohligen Waldboden stellen? ... Und daß alle deutschen Märchen hier zu Hause sind, hat schon mancher bestätigt, der bei den moosigen kleinen Backofen, fernab der Häuser die Geschichte von Hänsel und Gretel nun erst richtig verstand und aus einem strohdachbepelzten Katen das leibhaftige Rotkäppchen treten sah, während tief unterm Ziehbrunnenrand Frau Holles Reich beginnt ...

Wallender Mythos, vielgedeutete Märchen und Sagen, germanische Symbolik und vorzeitliche Hünengräber, aus diesem Stoff sollte das neue, junge Deutschland entstehen, und so wie es Nietzsche verheißen hatte, würde dann aus diesem Geist ein neues Menschentum erwachsen, ein edles in der Gemeinschaft gestähltes Führertum sich bilden: der Übermensch. Für den Bremer Schulverein – und viele folgten ihm – war es der Beginn eines Geisteskampfes, dem *germanischen Wesen zu Wort zu verhelfen.*

Dem verstädterten Naturalismus eines Gerhart Hauptmann, den Elendsschilderungen der niederen Klasse und dem ungesunden Zivilisations-Intellektualismus war der Kampf angesagt, ihm wurde das gesunde Germanentum entgegengehalten. Aus der mystisch-mythisch motivierten Flucht in Landschaft erwuchs ein neues Genre der deutschen Literatur, die schlichte Heimatdichtung, die nicht den Anspruch erhob, zum unsterblichen Schatz der Weltliteratur zu gehören. Den Dichterlorbeer wollten diese Literaten aus der Hand des Volkes empfangen, den einfachen stillen Menschen, für die sie schrieben und von denen sie erzählten. Vergangenes, Urzeitliches, Bodenständiges wollten sie mit der Gegenwart verknüpfen, erhaltene Tugenden des einfachen Volkes der maroden Welt vor Augen halten. *Inspiriert von der schwankenden Rohrammer, dem pfeifenden Brachvogel und dem Gequarr der Krähen*, beschrieben sie Heimat, *weitab von den großen Städten, erneuerten sie Luft und Leben und so ist ein neuer Dichterfrühling angebrochen*, jubelte Ludwig Bräutigam in seiner Kampfschrift Die neue Kunstkritik, die er mit den Worten schloß: *Die neue Heimatdichtung ist eine Heimkehr aus der Ferne in das angestammte Land.*

Nicht nur Schriftsteller und Oberlehrerliteraten zog es zur Wurzel, zur Heimat, auch bildende Künstler wurden von der Idee mitgerissen, entdeckten eine neue Art des Schauens. Während draußen, vor allem in Frankreich, sich eine Revolution in der bildenden Kunst ankündigte, zelebrierte das moderne Deutschland Provinzialität. Es war vor allem ein Protest gegen die offizielle, unter kaiserlicher Huld stehende Historien- und Militärmalerei und die protegierten Kunstakademieprofessoren, unter deren Diktat man sich nicht mehr beugen wollte. Valentin Ruths hatte seine künstlerischen Weihen, so wie es Brauch war, in Italien erhalten, zurückgekehrt, schockierte er seine Freunde mit der Erkenntnis, daß die heimische Heide mit norditalienischen Landschaften durchaus zu vergleichen sei. Sein Bildungspublikum war zunächst entsetzt, Ruths war seiner Zeit voraus, noch fürchtete man sich vor jeglicher Provinzialität und bemitleidete Ausbrüche aus der klassischen Bildung als ahnungslose Dummerhaftigkeit. Wohlmeinend wurde Ruths mit Theodor Storm verglichen, dem unzeitigen Provinzdichter, über dessen Schlichtheit sich bereits Fontane mokiert hatte. Ruths konnte seinen Entdeckerruhm nicht mehr ernten, erst um die Jahrhundertwende war es keine Schmach mehr, die Motive in der engeren Heimat zu suchen, mit der eigenen provinziellen Wurzel zu kokettieren. Hinaus aufs Land rief es die Künstler, allein und in Gruppen hieß es, das einfache Volksleben zu beobachten, den Landmann und sein Gesinde auf Zeichenblock und Leinwand festzuhalten, die Landschaft zu erspüren und stimmungsverdichtet zu malen.

Deutsche Kunst
Das Wesen hinter den Dingen

Um die Jahrhundertwende besuchte der junge Deutsche Arthur Moeller van den Bruck Paris. Seine Eltern lebten in guter Assiette und goutierten den suchenden Müßiggang ihres hoffnungsvollen Sohnes, der zuvor kunsthistorische Studien in Italien betrieben hatte. In seinem Gepäck hatte er Nietzsches *Fröhliche Wissenschaft* und *Der Wille zur Macht* als deutschmahnendes Rüstzeug für die Zeit in der Fremde. Wie viele seines Alters wollte er am pulsierenden Leben der europäischen Metropole teilhaben, genoß die vielfältigen Anregungen, suchte Kontakte zu französischen Intellektuellen und Künstlern, lernte russische Emigranten kennen und knüpfte Kontakte zu den führenden Kunstkritikern jener Zeit. Er war ein Suchender, und hier in Paris hoffte er, einen Weg zu dem von Nietzsche verheißenen Wandel zu finden. Die Kunst sollte ihm den Weg weisen, denn schließlich offenbarte die Kunst die Seele einer Nation, aus ihr waren die gesuchten Lebenswerte zu schöpfen.

Begeistert zeigte er sich zunächst vom Impressionismus, doch bald wurde ihm deutlich, daß mit dieser Malkunst deutsches Wesen nicht zu befreunden war. Die flüchtigen Impressionisten erschienen ihm oberflächlich undeutsch, ja mehr noch dokumentierten sie den Niedergang der westlichen Kultur; verkommen waren die alten bürgerlich-revolutionären Ideale. Intellektuelle Spielereien mit Ideen verrieten, daß diese ehrwürdigen Völker auf dieser Welt keine Aufgaben mehr hatten, kraftlos geworden waren, die Probleme der Zeit zu lösen. Ihre Seele war ihnen abhanden gekommen, nicht mit Idealen, sondern mit wohlfeilem Zeitgeist huldigten sie einem gnadenlosen Materialismus. Schmerzvoll erkannte er aber auch, daß durch das materialistische Weltmachtstreben des jungen Gründerdeutschlands die deutsche Seele verloren gegangen war, der Wettstreit mit dem kapitalistischen Westen das deutsche Wesen verschüttet hatte.

Auf diesen Weg hatten ihn die russischen Emigranten geführt, nächtelang hatte er mit ihnen disputiert und schließlich erkannt, daß ihr politischer Reifeprozeß der russischen Seele entsprossen war. Erst als er seinen westlichen Intellektualismus hinter sich gelassen, begriff er, woher diese jungen Slawen ihre Kraft bezogen. Was er an ihnen zunächst als fremd empfand, diese animalische Rohheit und zugleich anrührende Kindlichkeit, das war die russische Seele. Es war das Wechselspiel von dämonischen Tiefen und heroischem opferfreudigen Menschentum. Sie nahmen ihre schicksalbestimmende Besoffenheit der Seele hin, die unbefrachtet von dürren Menschheitsidealen ihre Kraft aus russischer Erde bezog. Nicht Zola, sondern Tolstoi und Dostojewski wiesen ihm den Weg, hier war auch die Antwort auf die Frage nach dem deutschen Wesen zu finden. Er lernte russisch, denn Satz für Satz wollte er seine neue Verheißung ergründen.

Eine weitere Frohbotschaft für Moeller van den Bruck, Labsal für seine deutsche Seele, war desgleichen nicht auf heimischen Humus gewachsen. Die Verheißung kam aus dem skandinavischen Norden. Dort war endlich ein Stil, eine Kunstform gefunden, die eigentlich aus deutschem Wesen hätte sprießen müssen. Diesen Künstlern ging es nicht mehr um den sinnlichen oder dekorativen Eindruck der bloßen Erscheinung: Jetzt galt es die Dinge hinter den Dingen zu ergründen. Das entsprach so ganz dem Meister Nietzsche, deutsches Wesen wollte bei der Betrachtung eines Bildes einen seelischen, geistigen Hintergrund entdecken.

Im hohen Norden war der Expressionismus geboren, im Land der langen Winter und kurzen Sommer, schwermutsschwanger schrieb Henrik Ibsen seine realistisch-moralisierenden Werke. Nicht gerade in Freundschaft, aber in enger Geistesverwandtschaft verbanden sich August Strindberg und der noch unbekannte Edvard Munch. In alkoholisierter Seelenverbundenheit explodierten sexualpathologische Männerphantasien, verwarfen sie das impressionistische Frauenideal, desillusionierten, ja entlarvten die wahre Seele des Weibes. Hinter der impressionistischen Anmut, der Grazie, der lockenden Schönheit und dem frivolen Exhibitionismus, erspürten sie die andere Seite des weiblichen Geschlechts, feindlich und fremd von dunklen Mächten geleitet, ein Mysterium, so wie es dominikanische Inquisitoren in Literatur und Flugblatt einst festgeschrieben hatten. Die Mutter Maria, die heiligen Frauen und Märtyrerinnen der Civitas dei und die Schwachen vom Teufel verführten Dienerinnen des Bösen, der Civitas diaboli.

Diese Seite des Expressionismus fand in Deutschland kaum einen Widerhall. Aus skandinavischem Pinsel und nordischer Feder floß nicht nur das Leiden der Lust; vor allem die Deutschen entzückte die gleichermaßen drängend beschriebenen und gemalten sozialen Mißstände. Edvard Munch hatte das Elend in seinem heimatlichen Christiana gesehen und auf der Leinwand festgehalten. In Berlin zeigte sich davon jenes Publikum begeistert, das bereits dem Sozialkritiker Gerhart Hauptmann Beifall zollte. Seine anklagenden Stücke, in ungestelzter realistischer Sprache gefaßte Arme-Leute-Stücke, waren nun in plüschigen Theatersesseln zu genießen. Dem Proletariat freilich blieb derartige Kunst unzugänglich, dem Bildungsbürgertum hätte die Anwesenheit von Arbeitern den Kunstgenuß vergällt. Auch der Meister war von den Armen und Unterprivilegierten weit entfernt, seine Sozialkritik hatte ihm ein großbürgerliches Auskommen geschenkt. Leid zu beklagen, heißt in Deutschland nicht, das Leid zu teilen.

Herwarth Walden wollte den Begriff Expressionismus für alle künstlerischen Richtungen der Moderne jener Zeit angewandt wissen, für Deutschland mag das wohl gelten, denn aus dieser nordischen Wurzel entsproß, unabhängig von dem individuellen Gestaltungswillen der Künstler, eine spezifisch deutsche Kunst. Zunächst als Protest gegen die Mottenkunst der damaligen Bildungsinstitutionen. In der Zeitschrift *Jugend* des mutigen Verlegers Hirth wurden sogar Majestäten beleidigt und Akademieprofessoren geschmäht. In

Arno Holz' Schrift *Die Kunst, ihr Wesen und ihr Gesetz* wurde deutschgründlich Emile Zolas Bekenntnis zum literarischen Experiment auseinandergepolkt und über das von Erbanlagen und sozialem Milieu bestimmte menschliche Sein und seine Darstellung durch die Kunst gemutmaßt. Unüberhörbar war der Unmut, der in den Sezessionen proklamiert wurde. Düster drohend waberte deutsches Wesen in den Künstlerkreisen. Anklagend und mit dem Kunstgeschmack der Vergangenheit brechend, wurde mit heiligem Ernst eine revolutionäre Geisteshaltung definiert. Ohne einen Akademiebesuch wollten die Rebellen in künstlerischer Unbildung nach deutscher Art und deutschem Sinn die als unfertig empfundene Idee des Nordens vervollkommnen. Dichter und schlagkräftiger wollte das von den Nichtdeutschen nur Erahnte mit teutonischer Gründlichkeit zum Kern geführt sein. Belehrung sollte den Betrachter Kunst genießen lassen und, je nach Bildungsstand und Weltanschauung, entstanden Kompositionen des Unheilvollen, Bedrohlichen, gesammelte deutsche Weltenklage. Aber auch die nie endende Suche nach dem Weltgeist, der Weltseele fand hier bildnerischen Ausdruck.

Die Lust, nach den Dingen hinter den Dingen zu suchen, geriet zur Qual, so sehr man auch auf die Erfüllung von Nietzsches Prophezeiung hoffte, daß nach dunkler Nacht ein lichter Morgen anbrechen würde, einstweilen träumte man in bündischer Gemeinschaft im Künstlerkreis von kommenden Dingen, doch konkrete Zukunftsbilder waren aus den nebulösen Visionen nicht zu erhaschen. Moeller van den Bruck sah ein *Drittes Reich,* andere eine läuternde Apokalypse mit anschließendem Neuerwachen, doch die erlösende Heilsbotschaft für die Kommenden stiftete Stefan George.

Seelenwanderer
Von der Kargheit des Deutschseins

Peinigend war bislang der Widerspruch zwischen der Sehnsucht nach bündischer Gemeinschaft und dem Erleben eines Wir-Gefühls, freilich in Abgrenzung zur Massengesellschaft und in der Suche nach dem Ich und dem individuellen Sein. Stefan George war ein Suchender unter den Suchenden, dem es nach ruheloser Wanderung schließlich gelang, für sich selbst und seine Jünger den Individualismus zur Tugend zu erheben, indem er den schnöden Materialismus als Entartung des Ichseins brandmarkte und dazu aufforderte, das wahre Menschsein in sich selbst zu entdecken. Auf diesen Weg hatte auch ihn Nietzsche geführt. Dem *Donnerer, der Einzig war,* hatte George eine Hymne geweiht, in der er den *unseligsten, der das land der sehnsucht nie hat lächeln sehn,* zum Erlöser erkor, *der auf flaches mittelland und tote stadt die letzten stumpfen blitze sandte,* um schließlich *aus langer nacht zur längsten nacht zu schreiten.*

Nietzsches Qual war auch Georges Leid, doch beide erahnten das Licht am Endes des Weges: *Blöd trabt die menge drunten – scheucht sie nicht! was wäre stich der qualle – schnitt dem kraut! noch eine weile walte fromme stille und das getier das ihn mit lob befleckt und sich im moderdunste weiter mästet. Der ihn erwürgen half sei erst verendet! Dann aber stehst du strahlend vor den zeiten – führer mit der blutigen krone …*

Nietzsche, dem Einsamen, dem Märtyrer, war es nicht vergönnt, Jünger um sich zu sammeln, in einem Kreis von Gleichen Geborgenheit zu finden, und so war sein Schicksal, *zur längsten nacht zu schreiten,* denn, *der kam zu spät, der flehend zu dir sagte: dort ist kein weg mehr über eisige felsen- und horste grauser vögel – nun ist not: sich bannen in den kreis der liebe schließt. und wenn die strenge und gequälte stimme dann wie ein loblied tönt in blaue nacht und helle flut – so klagt: sie hätte singen, nicht reden sollen diese neue seele!* Zum Künder dieser neuen Seele ward George erkoren, ein Seher war gefunden, ein gestrenger Wahrer des Geheimnisses einer anderen Welt, der Gegenwelt zu den kleinbürgerlichen Tausch- und Handelswerten, Marktwerte, die da sind: Arbeit und Leistung, Umsatz und Besitz, materialistische Ziele, die man haben, machen, kaufen, erreichen und erstreben kann und so klingt die *Hehre Harfe: Sucht ihr neben noch das übel / Greift ihr außen nach dem heile / Gießt ihr noch in lecke kübel / Müht ihr euch noch um das feile / Alles seid ihr selbst und drinne: des gebets entzückter laut / Schmilzt in eins mit jeder minne / Nennt sie Gott und freund und braut! keine Zeiten können!*

Fegt der sturm die erde sauber: Tretet ihr in euren morgen, Werfet euren blick voll zauber / Auf die euch verliehnen gaue / Auf das volk das euch umfahet / Und das land das dämmergraue / Das ihr früh im brunnen saht.! Hegt den Wahn nicht: mehr zu lernen / Als aus staunen überschwang / Holden blumen hohen sternen, EINEN sonnigen lobgesang …

George wäre kein deutscher Künder gewesen, hätte er das Kommende verständlich klar dargetan, und so ließ er seine Heilsbotschaften geheimnisumwölkt. Deutsch sein heißt werden, hatte der Meister gesagt, und so genügte es, der zu bildenden Elite kein Ziel vor Augen zu stellen, sondern das Unmachbare, Unerreichbare trotzig sich nicht von der Realität nehmen zu lassen. *Alles seid ihr selbst und drinne,* hatte er gerufen, im *Drinne* lagen das Geheimnis und die Offenbarung und verhießen *gestaltiges Sein.* Dies erfaßbar zu machen, gelang nur jenen, die *im Sein ruhten* und dieses unveräußerliche, *daseiende Göttliche* als Geheimnis des Menschseins erkannten. Die George-Kreise sollten die *blöd trabende Menge nicht scheuchen,* sie hatten keine messianischen Absichten, denn es galt, der Welt eine neue Elite zu schenken. Elite – das konnten nur wenige sein, Auserwählte, die mit göttlichen Weihen führen sollten. In tiefem Urgrund hatte George geschürft und war bei den Märchen, Mythen, der Antike, im Orient und Okzident, bei den Mystikern fündig geworden. *Wan gat lebet und weset und wirket,* so hatte der Mystiker Johannes Tauler gerufen, *so sind alle seine Werke in dem von Gott durchgossenen Menschen ... Gott ist die wirkende Kraft in allen Dingen, die in allen Creaturen weset und alles in allem wirket ...*

Für George war dies freilich nicht der Juden- und Christengott, den hatte Nietzsche bereits entthront, Gott, das war das unaussprechliche Geheimnis, das im Sein Ruhende und Erfahrbare. Es sollte ein Geheimnis bleiben, und so rief George seinen Jüngern zu: *seid verschwiegen, nicht verschweigende, sondern verschwiegene* gegenüber jenen, die nur danach fragen können: *was kostet das, was bedeutet das und nach Erklärungen des nur Erfahrbaren heischen.* Es *weste* im Tempel Georgeschen Geistes, esoterisch, geheimnisvoll, doch eine Philosophie wollte der Meister nicht stiften, kein konstruiertes Denkgebäude, seine Jünger sollten ein ewiges Gesetz erspüren, ein Gesetz, das in den alten Mythen verborgen lag, und so wie für die Mystiker durch Kontemplation sich *Gottes wirkende Kraft, die in allen Creaturen west,* offenbarte, führte George seine Brüder zum *Selbst und Drinne,* zur Mitte. Aus der Mitte des erfüllten, ungeteilten und unteilbaren Wesens erwuchs Wirkung und bildete einen Kreis, denn Kreis entsteht überall, wo eine Mitte ausstrahlt und Raum schafft oder findet. Nur wer seine Mitte gefunden hatte, konnte einen Kreis bilden. Jene, die so das ganzheitliche Wesen erfahren hatten, denen die Offenbarung des Seins geschenkt war, würden, ob sie es wollten oder nicht, kraftvoll wirken.

Das neue Georgewesen fand seine Vollendung in der Dreieinigkeit von Mitte, Kreis und Strahlung, außerhalb von Zeit, Raum und ohne Ziel oder gar eine menschlichen Ideenwelt. Mit dem *Selbst und Inne-*

sein vollendete sich die göttliche Ordnung und Bestimmung, und damit wirkte Gottes Geheimnis. Der wirkende Kreis war bereits das Ziel: *vollendet am ersten Tag dem ich ihm war, Gott, Künder und Jünger im heiligen Feuer geeint.* Das Bewußtsein der Auserwählten, im Sein die göttliche Ordnung zu wissen, sollte nicht zu einem organisierten Sektierertum führen, einem hermetischen Kreis von Wissenden, die Jünger sollten Same sein, *und wie ein Same das ganze Gewächs bereits in sich trug, weste das Ganze bereits in ihm.* In diesem Sinne sammelte man sich in George-Kreisen, gewissermaßen als Symbol für *Mitte und Kreis,* denn der *Kreis das war der Geist der natürlichen Allgegenwart des Ganzen.*

Mit dem wohligen Gefühl des Auserwähltseins weste und wirkte es fortan in Kameradenkreisen, an bündischen Nestabenden lauschte man dem *Selbst und Inne,* suchte dem Meister zu folgen – wie Friedrich Gundolf, Professor für Literatur in Heidelberg, der als *Wirker und Weser* verständlich zu machen suchte, was aus der Mitte des Predigers weste: daß die Natur, *die Ungeduld des Fortschritts nicht hemmt, in der Natur ist aber Schöpferwille konditioniert und wohlgeordnet, der Same, der in die Erde fällt keimt, wächst, verdorrt, ist eingebunden in einem ewigen Kreislauf und stets in seiner Lebensphase vollendet. In diesem Sinne ist auch ein geistiger Organismus ohne Zielsuche, denn auch er trägt in seiner Mitte die in sich zeugende und wachsende Kraft und ist an jedem Punkt seiner Entwicklung in sich vollendet. Dazu im Gegensatz steht jeder Fortschritt der Staats-und Wirtschaftsverbände, die manipulierend in eine beglückende Zukunft wirken, es ist Ausdruck eines ganz gemeinen Glückshungers ... Das Glück des Einzelnen oder der Massen, der Mensch als Götze der Gesellschaft, als Fetisch der Masse ist stetes Haschen und friedloser Kampf. Wo aber ewiges Leben in der Mitte »west«, da wächst Glück, Erfüllung, Vollendung in jeder Stunde, auf jeder Stufe, da ist kein Haben, sondern Sein und hier werden die Edlen, die Sein wollen sich scheiden von den Gemeinen, die Haben wollen, die Wirker und Weser, von den Händlern und Machern.*

Aus deutscher Sprache gedrechselt, orakelhaft, *in einem sange den keiner erfasste,* weste und waberte Georges Reimwerk in den Hirnen der Jugendbewegten, die endlich vom Meister – nach dem großen Krieg – das *Neue Reich* prophezeit bekamen. Als es dann tatsächlich über die Deutschen kam, und deutsches Wesen und Wirken Vollendung erfuhr, wollte George freilich nicht Prophet gewesen sein.

Die Macht dem Bürger
Kriegsgeschrei

Das deutsche Bürgertum, voran die Liberalen, stand *Für des Vaterlands Größe, Ehre und Recht, für die bürgerliche Freiheit und Gleichberechtigung.* Die Bürgerlichen hatten alles erreicht, und auch der Typus des liberalen Politikers hatte sich geändert, die zuweilen weltfremden Gelehrten waren den Nurpolitikern gewichen, Leuten wie dem Vorsitzenden der Nationalliberalen Ernst Bassermann. *Aus gutem Hause,* was heißen sollte, daß bereits die Eltern dem kleinbürgerlichen Herkommen entwachsen waren, hatte er Jurisprudenz studiert, als Corpsstudent Mensuren geschlagen, war zum Stadtrat in seinem Heimatort Mannheim aufgestiegen, pflegte engste Kontakte zum Adel und wurde in einem guten Regiment zum Major der Reserve befördert. Er gehörte zur Gesellschaft – ein Herr, gebildet, gewandt und gesellschaftlich anerkannt. Im engen Kontakt zu Konservativen und Männern der Regierung, wurde ihm die Kritik am Kaiser nicht verübelt, er war es, der im Reichstag die *Daily Telegraph*-Affaire zum Skandal machte und den parlamentarischen Kampf gegen den Monarchen eröffnete, ihn undeutsch und anglophil nannte.

Hinter Bassermann standen die hohen bürgerlichen Beamten und die etablierten Wirtschaftsneureichen, die akademische Jugend allerdings fühlte sich mehr zu Friedrich Naumann hingezogen, Jungliberale, aus kleinen Verhältnissen stammend, die in den nationalsozialen Ideen des Theologen gleichermaßen eine Alternative zum Marxismus wie zum Kapitalismus sahen. Zum Naumann-Kreis gehörte auch der junge Angestellte eines mittelständischen Wirtschaftsverbandes Gustav Stresemann. Bereits in seiner Jugend hatte er die Probleme des Mittelstandes erfahren, sein Vater besaß einen sogenannten Bierverlag, in den 1870er Jahren ein risikobeladenes Geschäft, die *Dividendenjauche* spekulierender Aktionäre erfreute sich keiner großen Beliebtheit und war großen Preisschwankungen ausgesetzt, für den Doktoranden Gustav Stresemann wirtschaftswissenschaftlicher Stoff genug, um daraus eine Doktorarbeit zu fertigen. Eine geraume Weile beflügelten Stresemann die Hoffnungen seines politischen Mentors, die Arbeiter für den nationalen Sozialismus gewinnen zu können, doch man blieb unter sich, Widerhall in der Arbeiterschaft war nicht zu erlangen, und so löste sich der Kreis 1903 bereits auf.

Naumann und sein Mitstreiter Theodor Heuss fanden bei den Freisinnigen eine neue Heimat, Stresemann wurde Mitglied im *National-*

liberalen Reichsverein, wo er zunächst noch für die Naumannschen Ideen eintrat, bald aber mehr den kapitalistisch-volkswirtschaftlich begründeten Weltherrschaftsanspruch der Alldeutschen unterstützte. Für diese emporstrebenden Jungliberalen verkörperte der deutsche Adel den Anachronismus einer abgelebten Zeit. In den Pläsierzentren der großen Gesellschaft, in Biarritz oder St. Moritz, wurden en passant Staatsgeheimnisse gehandelt, undurchsichtige Absprachen getroffen, Geheimdiplomatie betrieben, unter sich war man sich noch einig in der Klage über den wachsenden Nationalismus in Europa. Im Reichstag und anläßlich seiner Vorträge geißelte Stresemann die Unfähigkeit des Adels, sich für die neue Zeit deutscher Weltgeltung zu begeistern und beklagte, daß zum Beispiel im Auswärtigen Amt von 139 Diplomaten nur neun nicht adelig waren.

Es war zweifellos kaiserliche Absicht, die nationalistischen Heißsporne vom auswärtigen Dienst fernzuhalten und die wachsende Zahl bürgerlicher Beamte mit der Führung der Reichsämter zu betrauen. In seinem Bemühen, allen zu gefallen, bestärkte der Kaiser mit seinen martialischen Reden in verhängnisvoller Weise die bürgerlichen Hoffnungsträume, um zugleich, seine Autorität aufs Spiel setzend, völlig gegensätzlich zu handeln.

Unverhohlene Kritik erfuhr Wilhelm II. von den Alldeutschen, als er zum Beweis seiner Friedensabsichten den des Pazifismus verdächtigten Bethmann Hollweg zum Reichskanzler ernannte. Verstärkt agierte der Alldeutsche Verband gegen die anglophilen Neigungen des neuen Mannes, dem die rheinischen Vertreter der Großdeutschen 1910 mitteilten, daß sein Auswärtiges Amt ihr Vertrauen verloren habe, weil es fremdländische Interessen fördere und die reichsdeutschen schädige. Für Bethmann *eine unverschämte Bierphilisterei vom Rhein,* die er entschieden zurückwies. Vertreter der Alldeutschen saßen bereits in Schlüsselstellen der Reichsbehörden, vor allem im Reichskolonialamt, wo man unverdrossen gegen des Kaisers Kanzler wirkte und waghalsige außenpolitische Aktivitäten entfaltete. So, als kurz nach der portugiesischen Revolution ein Unterstaatssekretär dieses Amtes seinem Kollegen im Auswärtigen Amt, Sternrich, den von Kolonialbeamten ausgearbeiteten Plan unterbreitete, die Schwäche Portugals zu nutzen, um mit einem raschen militärischen Gewaltakt die portugiesischen Kolonien zu besetzen und dem Reich einzuverleiben. Der loyale Sternrich trug die Angelegenheit dem Reichskanzler vor, der empört die *alldeutschen Aufwiegler* rügte, damit freilich eine, die deutsch-portugiesischen Beziehungen belastende, öffentliche Diskussion entfachte, in der die Kolonialdeutschen mit dem Hinweis, daß in den portugiesischen Kolonien eine große Zahl Deutscher lebe und damit der Überfall gerechtfertigt sei, auf ihrem Standpunkt beharrten.

Kriegsbereit zeigte sich auch der Verbandsredner Lüttwitz, der auf Vortragsreisen im ganzen Reich einen deutschen Angriffskrieg verlangte und seinen bierseligen Zuhörern als Siegespreis die Niederlande versprach. Was Bismarck noch unter der Decke halten konnte, das großdeutsche Teutonentum, 1848 in der Paulskirche gestiftet, erhob nun abermals sein Haupt, und längst gelüstete es die Alldeutschen nicht mehr nach einem Reich *von der Maas bis an die Memel, von der Etsch bis an den Belt,* nun sollte es mehr sein, in Europa und Übersee. Die Kräfte, die dem hätten entgegentreten können, hatten längst die Macht verloren, die alte Führungselite hatte sich resigniert zurückgezogen, und der schwache Kanzler kapitulierte vor der öffentlichen Meinung.

Systematisch demontierten die Verantwortlichen die Autorität des Kaisers: *Die entlassenen Kanzler,* so notierte die Baronin Spitzemberg, *wühlen und hetzen, schreiben enthüllende Briefe, mit denen sie den Kaiser desavouieren und eigene Fehler seinem Unvermögen anlasten.* Aus Hofkreisen gelangte die Äußerung des entlassenen Kanzlers von Bülow an die Öffentlichkeit, daß er sich *noch lange nicht für abgetan halte und sich durchaus eine Kanzlerschaft unter einem liberalen parlamentarischen Kaisertum oder gar einer Republik vorstellen könnte ...;* und der amtierende Kanzler Bethmann Hollweg erklärte, daß *ihm die Art des hohen Herrn immer gegen den Strich ginge, Bülow habe ihm oft gesagt: Der Kaiser ärgert mich oft fürchterlich – aber irgendwie liebe er ihn doch – Das habe er (Bethmann) in den ersten zwei Jahren auch sagen können – aber jetzt nicht mehr.*

Die Zeiten hatten sich geändert, alte Ehrbegriffe waren obsolet geworden, einst hätte man eine deutliche Sprache gesprochen, sich des Vertrauens des Monarchen versichert oder den Abschied genommen, jetzt wurde übelgenommen, im Hintergrund agiert und intrigiert, unter Seinesgleichen der Verlust der alten Werte beklagt und zugleich an der Demontage des monarchischen Prinzips mitgewirkt. Die kleinbürgerlichen Emporkömmlinge, von verstaubten Ehrbegriffen nicht belastet, konnten ohne die Fesseln verpflichtender Geschichte wirken und handeln. Für sie galt es, ein neues Reich zu gestalten: gefürchtet und großmächtig, die Welt geistig und wirtschaftlich beherrschend. Noch fühlte man sich als gefesselter Riese. Unter dem Wutgeheul der bürgerlichen Presse beschloß die kaiserliche Regierung 1911 die Marokkokrise mit einem schmählichen Rückzug, so wie es Wilhelm II. vorausgesehen hatte. Das außenpolitische Fiasko wurde freilich ihm angelastet, weil er sich als Friedensfürst sehen wollte und das Risiko scheute. *Ja der Kaiser,* notierte die Baronin Spitzemberg, die Meinung der Hofgesellschaft wiedergebend, *den halten eben alle für foncierement feig, das heißt des Mutes des Starken entbehrend, der Frieden hält bis zum Äußersten, aber nicht um jeden Preis. Er fürchtet die Verantwortung, die Störung seines Daseins, die Arbeit, die Opfer jeder Art. Groß an Worten, schlapp in Taten wie der Chef des Militärkabinetts v. Lyncker zu sagen pflegte.*

Ungeachtet der englandfeindlichen Stimmung hatte der Kaiser den britischen General French huldvoll empfangen und ihm zum Abschied ein kaiserliches Erinnerungsfoto überreicht, woraufhin das Organ der Liberalen, *Die Post,* Wilhelm II. als einen *den Fremden gefügigen Feigling* bezeichnete. Das einfache Volk freilich feierte Wilhelm als Friedenskaiser, so 1911 die Kieler Werftarbeiter, die in Massen herbeigelaufen waren, den Kaiser zu bejubeln – mit der Folge, daß Außenamts-Staatssekretär von Kiderlen-Waechter sich veranlaßt sah, die deutsche Kriegsbereitschaft zu verkünden und alsdann verbreiten ließ, daß auf Grund seiner Rede ihn eine Flut von Glückwunschtelegrammen der deutschen Jugend erreicht habe. In höchsten Kreisen bis herab zu den kleinbürgerlichen Stammtischen sprach man vom Krieg und harrte der kursierenden Prophezeiung: 1911 = Glut, 1912 = Flut, 1913 = Blut.

Während das bürgerliche *Alldeutschland* unbehindert nationalistisches Wortgetöse produzierte, glaubten Kaiser und Kanzler, den Friedenskurs weiterhin halten zu können, zumal man guter Hoffnung war, daß die bisherigen Übereinkünfte mit England halten würden. Eine trügerische Hoffnung, so wie es auch ein Trugschluß war, noch immer an die diplomatischen Möglichkeiten auf der Grundlage eines allgemeinen Konsenses der europäischen Fürsten zu glauben. Das Gesetz des Handelns lag allenthalben in Europa in den Händen des zum Krieg drängenden nationalistischen Bürgertums.

Als das *Deutsche Rote Kreuz* zum Jahresende 1912 von seiner humanitären Hilfsaktion vom Balkan zurückkehrte, hatten die Teilnehmer über grauenvolle Verbrechen nationalistischer Fanatiker zu berichten. Fotografisch hatten sie die Morde, Verstümmelungen und Massaker der Serben und Griechen dokumentiert, Berichte über Vertreibungen und Vergewaltigungen verfaßt. Der Leiter der Hilfsorganisation, Präsident des *Deutschen Roten Kreuzes*, beklagte sich bitter *über das elende feige Europa, daß die Verbrechen nicht sehen wollte und schweigend die Gräueltaten geschehen ließ, während über jedes gepeitschte Negerweib Entrüstungsstürme sich erheben.*

Der Balkan lag fernab deutscher Interessen, das bunte Völkergemisch war allenfalls Gegenstand lustiger Satiren im *Simplizissimus* und seinem österreichischen Pendant *Die Muskete*. Die Vorgänge auf dem Balkan tangierten die deutsche Öffentlichkeit lediglich im Rahmen des deutsch-österreichischen Bruderbundes. Der von den europäischen Mächten nicht unerwünschte Konfliktfall trat am 28. Juni 1914 mit der Ermordung des österreichischen Thronfolgers und seiner Gemahlin durch serbische Extremisten ein. Schlagartig legte sich mit dieser Bluttat über Europa eine bedrohliche Gewitterstimmung. Auch in Deutschland traten die Menschen auf die Straßen, versammelten sich vor den Militärverwaltungen, Pressebüros und Regierungsbehörden, verharrten dort in gespannter Erregung und in lüsterner Erwartung des Weltenbrandes.

Auch am 1. August 1914 standen seit den frühen Morgenstunden unübersehbare Menschenmassen vor dem Berliner Schloß und warteten geduldig und in fiebriger Erwartung auf das erlösende Wort: Krieg. Als die Schloßuhr fünf schlug, öffneten sich die Gittertore, die Menschenmenge teilte sich und ließ mehrere Lastwagen aus dem Schloßhof herausfahren, auf denen Offiziere standen, die in großen Packen Flugblätter in die Menge warfen und emphatisch riefen: *Krieg, es ist Krieg!* und damit jubelnde Begeisterung auslösten. In Windeseile verbreitete sich die Nachricht in der Hauptstadt und überall im Reich. Die wochenlange Spannung entlud sich in frenetischen Beifallsstürmen, eine ungeheure Kriegsbegeisterung erfaßte alle Schichten der Bevölkerung. Als Wilhelm II. am 4. September im Reichstag vor die gewählten Vertreter des deutschen Volkes trat, lobte er, gerührt vom herzlichen Empfang, die patriotische Gesinnung der Abgeordneten, einstimmig hatten sie die Kriegskredite bewilligt. Zwar bemäkelten die Alldeutschen den gemäßigten, etwas ernsten Ton des Monarchen und fanden es unnötig, daß er in seiner Rede sagte, *uns treibt nicht Eroberungslust, uns beseelt der unbeugsame Wille, den Platz zu bewahren, auf den uns Gott gestellt hat, für uns und alle kommenden Geschlechter.*

Verglichen mit seinen Reden in den Zeiten des Friedens, klangen nun angesichts des Krieges seine Worte verhalten, Pathos erschien ihm angesichts der drohenden Gefahren unangemessen. Dennoch hatten sich die Abgeordneten in eine patriotische Hochstimmung versetzt und stimmten freudig dem Kaiser zu, als er in seiner Rede fortfuhr und erklärte: *Ich kenne keine Parteien mehr, ich kenne nur noch Deutsche. Zum Zeichen dessen, daß sie fest entschlossen sind, ohne Parteiunterschiede, ohne Konfessionsunterschiede durchzuhalten, mit mir durch dick und dünn, durch Not und Tod zu folgen, fordere ich die Vorstände der Parteien auf vorzutreten und mir dies in die Hand zu geloben.* Es war eine anrührende Szene, als die Parteivertreter feierlich zu ihrem Monarchen schritten und ihm in tiefer Devotion die Hand reichten.

Alle politischen Parteien, Sozialdemokraten, Liberale, Konservative und sogar das Zentrum billigten die Kriegsmaßnahmen der Regierung und beschworen als Volksvertreter die patriotische Pflicht eines jeden Deutschen zum uneingeschränkten Dienst am Vaterland. Der Kaiser hatte im Parlament als Oberster Kriegsherr gesprochen, und manch einer mochte gedacht haben, daß er nun an der Spitze seiner Truppen die Soldaten in die Schlacht führen würde. Tatsächlich reiste er noch am selben Tag ins Hauptquartier, doch dort entschieden andere, die Zeiten strahlender Feldherren waren endgültig vorbei, die militärische und politische vollziehende Gewalt übernahm der Große Generalstab. Beeindruckt vom bejubelten Ausmarsch der Soldaten rührte sich auch das intellektuelle Deutschland, die Dichter und Denker, die Künstler, Literaten, Maler und Mimen. Auch sie hatten sich in einen nationalen Rausch versetzt, selbst wenn sie sich vorher kritisch und feindselig gegenüber Kaiser und Reich und dem Wilhelminismus geäußert hatten.

Maximilian Harden, dessen Enthüllungsjournalismus eine Staatskrise ausgelöst hatte, forderte nun in seinem Blatt *Zukunft* alldeutsches Teutonentum: *Jetzt geht es um die Macht,* leitartikelte er, *nicht um Recht oder Unrecht: Ums Vaterland. Die Horde will uns ans Leben. Ein Bastardgebilde brüstet sich im Wahn die Enkel der Kohorten, besiegen, vernichten zu können. Das Schwert heraus: Der Fuß frecher Feinde schändet unsern Boden! Schlagt sie tot! Das Weltgericht fragt Euch nach den Gründen nicht!* Bluttriefende Verse verfaßte Gerhart Hauptmann; für ihn sollte Haupt auf Haupt fallen und Leichenberge gehäuft werden. Heinrich Mann, zuvor nicht gerade dem wilhelminischen Deutschland zugetan, zeigte Verständnis, als der Redakteur von *Zeit im Bild* ihm nahelegte, die Arbeit an seinem *Untertan* nicht weiter fortzusetzen. Bruder Thomas, zunächst durch den Kriegsausbruch finanzielle Nachteile befürchtend, teilte sodann die *Schicksalsergriffenheit eines geistigen Deutschtums, dessen Glaube so viel Wahrheit und Irrtum, Recht und Unrecht umfaßte ... und* zeigte sich dankbar *für das Vollkommene und Unerwartete, so große Dinge erleben zu können. Mein Hauptgefühl, so schrieb er, ist eine ungeheure Neugier und, ich gestehe es, die tiefste Sympathie für das verhaßte, schicksal- und rätselvolle Deutschland, wenngleich dieses Deutschland die Civilisation nicht unbedingt für das höchste Gut gehalten hat. Aber nun da es sich aufgemacht den verworfensten Polizeistaat der Welt zu zerschlagen: das zaristische Rußland.*

In diesem Punkt war Thomas Mann sich mit seinem Feind Alfred Kerr einig, der die *Russenhunde peitschen, peitschen* wollte. *Peitscht sie bis die Lappen fliegen, Zarendreck, Barbarendreck, Peitscht sie weg ...* Freudig begrüßte Rilke den Krieg, und Richard Dehmel, bereits fünfzigjährig, war zur Front geeilt und sah Wilhelm II. mit Gott im Bunde stehend, weil er die stolze Flotte geschaffen hatte. Als erste Siegesglocken läuteten, schrieb Thomas Mann nieder, was Angesichts des Krieges viele junge Menschen über die zurückliegenden Friedensjahre empfanden: *Wimmelte sie nicht von dem Ungeziefer des Geistes wie von Maden? Gor und stank sie nicht von den Zersetzungsstoffen der Civilisation. Wie hätte der Künstler, der Soldat im Künstler nicht Gott loben sollen für den Zusammenbruch einer Friedenswelt, die er so satt, so überaus satt hatte! Krieg! Es war Reinigung, Befreiung, was wir empfanden und eine ungeheure Hoffnung ...*

Hoffnung hatten sie alle, die Alldeutschen hofften auf ein deutsches Weltreich, die Jugendbewegten auf das Jugendreich, die Liberalen auf Weltgeltung, Expansion und Annexion, die Sozialdemokraten erhofften sich den Sozialismus und andere erahnten nur diffus und unbestimmt eine deutsche Verheißung.

Die Jugend im Feld erlebte zunächst die Faszination eines kriegerischen Massengefühls, im grauen Heer nicht ungeschlachte Menge, sondern von einem einzigen Willen beseelte Masse zu sein. *Wir hatten Hörsäle, Schultische und Werktische verlassen,* schrieb Ernst Jünger, *und waren in den Ausbildungswochen zusammengeschmolzen zu einem großen begeisterten Körper, Träger des deutschen Idealismus der nachsiebziger Jahre. Aufgewachsen im Geiste einer materialistischen Zeit, wob in uns allen die Sehnsucht nach dem Ungewöhnlichen, nach dem großen Erleben. Da hatte uns der Krieg gepackt wie ein Rausch. In einem Regen von Blumen waren wir hinausgezogen in*

trunkener Morituri-Stimmung. Der Krieg mußte es uns ja bringen,
das Große und Starke, Feierliche. Es schien uns männliche Tat ...
Das Männliche, Starke hatte auch der Freiwillige Walter Flex im
Krieg gesucht. Er fand das Ideal in seinem Kameraden Ernst Wurche –
der Wandervogelsoldat und Typus eines neuen soldatischen Men-
schentums. *Der Wanderer zwischen den Welten,* die Führungsgestalt,
die sich aus dem Grau der Massensoldaten als Lichtgestalt erhob,
edel von Gestalt, im Kampf hart geworden, wurde er zum Künder
einer neuen Zeit. Während der Ruhepausen, inmitten der Kameraden, las er in seiner Goethe-Feldpostausgabe, studierte Nietzsche
oder schaute in das Neue Testament. Die alte Welt hatte er abgestreift, um nun mit heiligem Ernst, fern jeder bürgerlichen Empfindung, das Leben eines Kriegers zu führen oder besser, in der Sprache
der Wandervögel, ausgedrückt: zu durchschreiten.

Aber noch quälten Widersprüche die jungen Seelen, Ballast, der
noch auf einem lastete, die deutsche Kultur, das Gute, Wahre und
Schöne, die Bergpredigt und Goethe, humanistische Ideale, das alles
wollte nicht zum Erleben des Krieges passen – und so wurde nicht
nur der Krieg verklärt, sondern auch der Kämpfer, der Männerbund,
die Schönheit des asketischen Kriegerantlitzes, die edlen Züge eines
natürlichen Führertums der reinen Seele, die Faszination der geordneten, geplanten zernierenden Zerstörung. Das andere Gesicht
des Krieges, der Soldatentod, die zerfetzten Leiber, die unheroischen
Schmerzensschreie sollten unbetrachtet bleiben – das war nicht mehr
Teil des Heldenkampfes, sondern Beschluß.

Es war eine deutsche Passion – eine mystisch-mythische Verklä-
rung der heroischen Todessehnsucht, der Opfertod brachte Erfüllung
und war dem elenden *Strohtod* auf dem Siechenlager vorzuziehen.
Männliche Erfüllung, Lebenskrönung und soldatische Herausforderung, Bewährung des Starken war für Wurche der Sturmangriff. Hier
erst zeigte sich, ob das *Ich* überwunden und getötet, das Geschlecht
reif für den Übermenschen war. Als Wurche dann schließlich gefallen
war, hatte Walter Flex es sich nicht nehmen lassen, der Mutter persönlich die Nachricht zu überbringen. Die erste Frage der Frau war,
ob ihrem Sohn ein Sturmangriff vergönnt gewesen sei, und als Flex
dies bejahen konnte, war die Mutter getröstet, denn sie wußte, daß
dies der sehnlichste Wunsch ihres Jungen war.

Militärisch sinnlos war der Sturm der jungen Regimenter vor Langemarck, doch Blut fließt nie vergeblich, so schrieb ein junger Nach-
kriegsschriftsteller später, der Märtyrertod sollte für die Nachwelt

größere Wirkung haben, als eine kleine Veränderung auf den Lagepplänen der Heeresleitung. Für die im Frieden aufgewachsene behütete Jugend war der Krieg das große Abenteuer, eine todbringende Droge. Ernst Toller, der den Kriegsausbruch in Frankreich erlebte und in patriotischer Begeisterung sich der Internierung entzog, um sich als Kriegsfreiwilliger in der Heimat registrieren zu lassen, schrieb seine Empfindungen nieder, als er endlich an der Front aus der Deckung des Grabens beobachtete, wie die Granaten unter dem heranstürmenden Feind tödliche Ernte hielten: *eine rote Fieberwelle, überspülte mein Hirn.*

Der Krieg hatte hoffnungsvoll begonnen, eine Siegesmeldung folgte der anderen. Weihnachten, so schien es, würden die deutschen Soldaten in Paris feiern. Im Osten freilich sah es etwas brenzliger aus, die russische Dampfwalze rückte unaufhaltsam voran, die ostpreußische Bevölkerung mußte flüchten. Doch schließlich gelang es, in der großen Hindenburgschlacht auch hier die Russen vernichtend zu schlagen. Glückloser verlief nun der Krieg im Westen, das Fiasko an der Marne nahm seinen Anfang, der Vormarsch stockte, man grub sich ein, der Stellungskrieg begann. In der Heimat hatten die Parteien *Burgfrieden* geschlossen und sich um den obersten Kriegsherren geschart. Wilhelm II., der in den Friedensjahren so viele kriegerische Reden gehalten hatte, war nun merklich stiller geworden. Die bürgerlichen Politiker hätten sich in dieser Zeit einen martialischen Volksredner gewünscht, doch stattdessen sprach der Kaiser noch immer vom aufgezwungenen Krieg und davon, daß Deutschland von keiner Eroberungslust geleitet sei
   Für den jungen Politiker Gustav Stresemann war diese Haltung des Kaisers und seiner Regierung unhaltbar und Verrat am Deutschen Volk. In seiner berühmten Rede im norddeutschen Aurich machte er sich zum Sprecher jener bürgerlichen Kreise, für die aus diesem ersehnten Krieg die so lange beschworene Weltmacht Deutschland hervorgehen sollte. Zum Hauptfeind hatte er England erklärt, weil es stets die größte europäische Kontinentalmacht bekämpft habe, zum Beispiel Napoleon, dessen Kampf ein einziges Ringen gegen England gewesen sei. Die Völkerschlacht bei Leipzig hätte gezeigt, daß nicht Österreich oder Preußen die Sieger waren, auch nicht Rußland, sondern allein England, das zum Beginn des 19. Jahrhunderts seine Weltmacht begründete. Mit dem Ausbruch des Krieges wäre eine Kontinentalmacht erwachsen: Deutschland, das bislang unter dem Neid

der Engländer zu leiden hatte, nun aber zu keinen Rücksichten mehr gezwungen werden konnte. Der Feind stand für Stresemann nicht in Paris oder in Petersburg – der Feind war England, und nur eine Nation konnte diesem Raubstaat entgegentreten: Das gleichberechtigte Deutschland, und da mit Sicherheit vorherzusagen war, daß England den Deutschen stets feindlich gegenüberstehen würde, sei es unbedingt notwendig, das Deutsche Reich zu vergrößern, durch Gebietserweiterungen Deutschland zur ersten Kontinentalmacht zu erheben. Annektiert werden müßte das Baltikum, denn *Dorpat sei einst eine deutsche Universität gewesen, Riga und Liebau deutsche Hansestädte und Lüttich hätte* 1815 *beim Wiener Kongress für Deutschland optiert.* Stresemann beanspruchte auch Flandern und Brabant, denn *die Flamen sind uns blutsverwandt.* Als Vorposten gegen England sollte Calais als deutsches Gibraltar besetzt gehalten werden.

Mit diesen Forderungen begaben sich bürgerliche Politiker zum Reichskanzler, dem selbstverständlich die teutonischen Gelüste weiter Teile der Öffentlichkeit nicht unbekannt waren und der überdies wußte, daß die kriegsbegeisterten Bürger von der Regierung das Kriegsziel erfahren wollten, welcher Lohn den unzweifelhaften Sieg bekrönen werde. Bethmann Hollweg wollte sich nicht festlegen und beharrte auf des Kaisers Auffassung vom *aufgezwungenen Krieg.* Enttäuscht verließen die Herren das Reichskanzlerpalais, um fortan in Vorträgen und in den Debatten des Reichstages auch im Namen der deutschen Wirtschaft einen Eroberungskrieg zu fordern.

Sogar das einst reichsfeindliche Zentrum fühlte angesichts der Siegesmeldungen nun plötzlich großdeutsch und ließ seinen Abgeordneten Spahn in der Reichtagssitzung am 2. Dezember 1914 *im Namen aller bürgerlichen Parteien* verkünden: *In dem uns freventlich aufgedrungenen schwersten Kriege, wollen wir durchhalten, bis ein Friede errungen ist, ein Friede, der den ungeheuren Opfern entspricht, welche das deutsche Volk gebracht hat und der uns dauerhaften Schutz gegen alle Feinde gewährleistet.* Ein Jahr später erläuterte derselbe Abgeordnete, was man unter dem Schutzverlangen des Reiches zu verstehen haben sollte: *Auch wir,* so erklärte Spahn im Reichstag, *wollen Frieden, die Stunde ist abzusehen, wo Friedensverhandlungen möglich, die auf Dauer Deutschlands militärische, wirtschaftlichen, finanziellen, politischen Interessen in ganzem Umfange, einschließlich der dazu erforderlichen Gebietserweiterungen gewahrt sind.*

Der stürmische Beifall des *Hohen Hauses,* machte deutlich, daß dieser Krieg von den Parlamentariern als *Volkskrieg* betrachtet wurde, und daß am Ende des blutigen Ringens das Volk nicht noch einmal um die Früchte des Sieges geprellt werden dürfe. Zu diesem Zeitpunkt standen auch noch die Sozialdemokraten zum *Burgfrieden* der Parteien. Bereits vor dem Krieg hatten sich im Parteivorstand die gemäßigten Kräfte durchgesetzt, den Berufsrevolutionären waren brave Arbeiteraristokraten gefolgt, biedere Handwerker, wie der Sattler Friedrich Ebert, der Holzarbeiter Gustav Noske oder der Buchdrucker Philipp Scheidemann. Sie alle waren stolz auf das Errungene und hatten dafür gesorgt, daß die Partei Schritt für Schritt sich dem Staate verpflichtete. Die bürgerlichen Abgeordneten glaubten ihren Ohren nicht zu trauen, als ausgerechnet der Abgeordnete Landsberg im Reichstag den von der SPD bislang so geschmähten preußischen Militarismus leugnete und mit harschen Worten die Militarismusvorwürfe des Feindes zurückwies.

Front und Heimat
Ein neues Deutschland soll es sein

Während in der Heimat alldeutsche Biertischphilister von Großdeutschland träumten, an Kneipentischen Schlachten geschlagen wurden, entwuchs der Frontsoldat der bürgerlichen Vergangenheit. In den Schützengräben entstand eine vom Alltag des Krieges geprägte Männergemeinschaft, die nichts mit der heroischen Frontberichterstattung gemein hatte. In den Unterständen hockten die Krieger aus allen Ständen der Bevölkerung auf engstem Raum zusammen, und mit jedem Tag verblaßten die hehren Ideale, mit denen sie einst in den Krieg gezogen waren, verschwammen die prägenden Einflüsse des Herkommens, der Klassenkampf der Proleten, die bürgerlichen Bildungsideale, die Standesschranken, berufliches Streben, das alles war vergessen, gehörte in eine andere Welt.

Noch zu Beginn des Krieges hatte man die alten ruhmvollen Fahnen entrollt und war mit dem Deutschlandlied und Hurrarufen dem feindlichen Maschinengewehrfeuer entgegengestürmt. Die Kavallerie hatte mit gefällten Lanzen Attacken geritten, bis Roß und Reiter, von der Artillerie zerfetzt, den Boden mit Blut tränkten. Für die Kriegsmaler war der Sturm auf Langemarck noch Motiv, doch das realistische Bild war kaum darstellbar, die Soldaten im Dreck und Schlamm der Gräben, das stolze Heer ein graue Masse im Kampf gegen Läuse und Ratten, furchtbaren Bombardements ausgesetzt, um sodann aus den Sappen auszubrechen, um in Sturmangriffen lächerliche Geländegewinne zu erzielen, die jedes Mal eine unverhältnismäßig hohe Zahl an Opfern kosteten. Zu Höhlenmenschen waren sie geworden, die in den Unterständen archaische Überlebenstechniken entwickelten und abgestumpft den Leichengestank der verwesenden Körper von Feind und Kamerad im Niemandsland ertrugen. Die bunten Kriegspostkarten zeigten ihn noch, den gertenschlanken Leutnant, hoch zu Pferde, seinen Leuten voranreitend, doch der hockte nun mit seinen Männern gleichermaßen dreckverkrustet im Graben und hatte anderen Führungsanforderungen zu genügen, als an der Kriegsakademie gelehrt.

Freilich, da gab es auch die verhaßten Etappenschweine, die zur Front abkommandierten Drückeberger, die nationalistischen Heißsporne, rasch ausgebildete Reserveleutnants, die Oberlehrerleutnants, die, so Toller, *sich aufspielten und uns bei jeder Gelegenheit schikanierten, als müßten sie sich uns beweisen, wie mächtige Herren sie geworden sind ... Am besten vertrugen wir uns mit den aktiven Offizieren, ihre Überlegenheit ist dem Sachlichen und Notwendigen zugewandt, verliert sich selten ins Kleinliche ...*

Die adeligen Offiziere, vor dem Krieg Motiv der Karikaturisten, gemeinhin als borniert und dümmlich gezeichnet, erwiesen sich als Rückgrat der Armee, auch wenn ihr Anteil in der Führung des Heeres bereits 1904 auf 30 % gesunken war. Unverhältnismäßig hoch war das Blutopfer der alten Familien, die bereits zehn Jahre zuvor Walther Rathenau in einem Brief an Frank Wedekind für tot erklärt hatte: *Was bedeuten heute die adeligen Nachkommen und Erben der Starken?*, fragte Rathenau und antwortete: *Als Schatten sitzen sie heute auf den letzten Thronen, kommandieren ein paar Exerzierplatztruppen und bekleiden Hofchargen. Die wahre Macht halten die klugen Emporkömmlinge: Vanderbilt, Rockefeller, Carnegie, Krupp sind die Könige und das Schicksal unserer Zeit. Kein Xerxes und Attila ist so angebetet worden und hat so effektive Macht besessen. Wie ein brünstiges Tier stürmt die Epoche in die Sklaverei des Plutokratismus.*

In der Tat, der Krieg zeigte das endgültige, tragische Ende einer Epoche und eines Standes, dessen Jugend an den Fronten verblutete. Ihr Tod war weniger kriegsentscheidend, entscheidend waren die Stahlproduzenten, die neuen Könige, die das gigantische Kriegmaterial produzierten und die dem Kriegsgeschehen einen neuen Namen gaben, nicht mehr der König gewann oder verlor eine Bataille, jetzt entschied das Material, das die Wirtschaft produzierte: Materialschlachten wurden geschlagen.

Angesichts der aussichtslosen Lage suchte die kaiserliche Regierung nach einer Friedenslösung, doch nun, 1917, gab es kaum noch Hoffnung. Anders die bürgerlichen Politiker, die noch immer unverdrossen alldeutsche Hoffnungsträume kultivierten. Am Sedanstag trafen sich im ostpreußischen Königsberg Männer des Alldeutschen Verbandes, um in wenig glorreicher Zeit endlich eine Großdeutsche Partei zu begründen. Der in Ungnade gefallene, von Wilhelm II. geadelte Admiral Tirpitz und der Sohn des 48er Revoluzzers Kapp, stifteten die *Deutsche Vaterlandspartei*, mit der ein Zeichen gegen die immer lauter werdenden Friedensforderungen gesetzt werden sollte. Im Parteistatut wurden der Endsieg und die Annexion nichtdeutscher Gebiete festgeschrieben. Zukunftssorgen erfüllten auch den Verleger Eugen Diederichs, der eine größere Schar deutscher Intellektueller ins Thüringische einlud, um mit ihnen über Deutschlands Lage und das Gebot der Stunde zu disputieren. Erschienen waren Gelehrte, unter anderem Max Weber, Friedrich Meinecke und Werner Sombart, Schriftsteller wie Richard Dehmel, Walter von Molo und der Arbeiterdichter Bröger sowie bildende Künstler wie der Leibplastiker des Kaisers Max Koner.

Die Not des Vaterlandes hatte sie nach der Zeit des Jubelns aufgescheucht und ließ sie nun an den Werten von gestern zweifeln. *Doch,* so der auch eingeladene Ernst Toller, *nur die Jungen wollten Klarheit. Reif zur Vernichtung scheint ihnen diese Welt, sie suchen den Weg aus den schrecklichen Wirren der Zeit, die Tat des Herzens, das Chaos zu bannen, sie glauben an den unbedingten unbestechlichen Geist ...* Die Zusammenkunft offenbarte das Dilemma der alldeutschen Romantiker, die sich in gelehrten Disputationen eine deutsche Reichsgeschichte zusammengebastelt hatten und die das Bismarckreich als Übergangsphase zum Teutonenreich sehen wollten. Toller ahnte, wie sehr sich diese Männer in ihrem eigenen Lügengespinst verfangen hatten: *Diese Männer sind keine Propheten,* schrieb er, *die eine verirrte Welt mit mächtigen Worten richten und verdammen, die bereit waren den Zorn der Könige und Tyrannen furchtlos ertragen, keine Rebellen und Anführer, sie flüchten in das Gespinst lebensferner Staatsromantik. Der besondere, der neue, der deutsche Geist möge sich offenbaren, in religiöser Erde sich verwurzeln und alle retten, hoffen die einen, auf eine neue deutsche Arche und sehen den Krieg als eine Schickung des deutschen Gottes ...*

Andere träumten noch immer vom Großdeutschen Reich und hofften auf einen Wandel des Systems, den Hohenzollern lasteten sie an, daß sich ihre Träume nicht erfüllt hatten. *Das Hauptübel,* hatte

Max Weber in Wilhelm II. erkannt, *der dilettierende Fatzke*, den er nach dem Kriege so lange beleidigen wollte, bis er ihm einen Prozeß machen würde, und dann sollten die verantwortlichen Staatsmänner Bülow, Bethmann und Tirpitz gezwungen werden, unter Eid auszusagen. Wie kleine Kinder waren die Herren enttäuscht, daß ihnen des Reiches Größe versagt wurde, und nun endlich war der Sündenbock gefunden: Der Kaiser, Sproß der Hohenzollern, die sich ein Jahrhundert lang dem Großmachtstreben des deutschen Volkes entgegengestellt hätten. *Sie wollten,* so empfand es Ernst Toller, *mehr als den Kaiser treffen, anderes als nur das Wahlrecht reformieren, ein neues Fundament wollten sie bauen, sie glaubten, daß die Umwandlung der äußeren Ordnung auch den Menschen wandle.*

Die Herren wollten eine Ordnung, die freilich nicht der Unruhe der Jugend entsprach, denn sie hatten nicht in den Schützengräben gelegen und nicht die Gemeinschaft des grauen Heeres erlebt: *Haben wir nicht als im Feld der Tod unser Kamerad war, der bei uns hockte im Schützengraben und Unterständen, in zerschossenen Dörfern und Wäldern, im Hagel der Schrapnells und unter der Licht der Sterne, geschworen mit heiligem Ernst, daß dieser Krieg nur einen Sinn haben kann: Den Aufbruch der Jugend? Dieses Europa muß umgepflügt werden, von Grund auf geloben wir, die Väter haben uns verraten; die Frontjugend, hart und unsentimental wird das Werk der Reinigung beginnen ... Wir müssen Rebellen werden.* Für derart radikale Ansichten zeigten die Herren kein Verständnis, sie hielten unbeirrt an ihren alten Zielen fest. Richard Dehmel, der einst Wilhelm II. für *einen Verbündeten Gottes* gehalten hatte, wollte davon nun nichts mehr wissen, nun träumte er von einer neuen Zeit, einer Zeit, die des Monarchen nicht mehr bedurfte. Daß Deutschland militärisch am Ende war, wollte man nicht glauben, fern aller Realität hoffte man noch immer auf den Endsieg.

Ernst Toller gründete den *Kulturpolitischen Bund der Jugend in Deutschland,* in dem rebellisch disputiert wurde, ein anderes, ein sozialistisches Deutschland sollte wie Phönix aus der Asche nach diesem blutigen Ringen emporsteigen. Nicht mehr für Kaiser und Reich sollte die deutsche Jugend kämpfen, nun hieß es die Waffen nieder, Krieg dem Krieg, für eine Zukunft ohne Armut.

Eine andere Jugend scharte sich um den charismatischen Moeller van den Bruck, ein Mann, der in einem erneuerten Preußentum die Kraftquelle für ein künftiges starkes Deutschland sehen wollte. In Frankreich hatte Moeller van den Bruck die grundtiefe Krisis des

Westens zu erkennen geglaubt. Das *Zivilisatorische und der Intellektualismus* einer dünnen Oberschicht, fernab des Volkes, hatten eine säkularisierte, entgottete Gesellschaft hervorgebracht, die, dem Tode geweiht, neuen Kräften erliegen würde. In der Fremde offenbarte sich Moeller van den Bruck das *Deutsche Wesen,* im französischen Gegenbild erschloß sich ihm die deutsche Geschichte. Es war ihm schmerzlich zu konstatieren, daß seine zuweilen verirrten, verschwärmten deutschen Brüder im Verlauf der Geschichte so oft gescheitert waren, weil sie sich der Kontinuität der französischen Westpolitik nicht gewachsen zeigten. In welch morbidem Zustand sich die französische Gesellschaft auch befand, nach Außen verstanden es die Politiker, der *grande nation* im politischen Ränkespiel die gebührende Weltgeltung zu sichern. Während Deutschland den Militärs die Zukunft des Reiches überantwortete und Krisen mit Kanonenbooten zu lösen trachtete, spannen französische Diplomaten ihre Fäden über den Kontinent. In Frankreich hatte Moeller van den Bruck das deutsche Dilemma erkannt und aus dem Vergleich beider Nationen politische Rückschlüsse gezogen. In einer kleinen Schrift *Geschichte der Menschheit* hielt er Gericht über sein Volk und seine Generation und gab zugleich die Hoffnung zu einem neuen Aufbruch.

Eine zweite Formung erhielt Moeller van den Bruck in Italien, dem Land kleinbürgerlicher Sehnsüchte, Bildungserlebnisland und sonnig heiterer Fluchtpunkt aus provinzieller Enge. Seit der lockenden Renaissance Eldorado der Kunstbeflissenen, war eine Italienreise bildungsbürgerliche Pflichtübung deutscher Gymnasialprofessoren, die mit Baedeckers Hilfe auf den Spuren Winckelmanns, Seumes und Goethes wandelten. Moeller van den Bruck begab sich auf eine andere Spurensuche, er wollte in Italien die kulturdüngenden Germanen entdecken. Nicht den Stätten der Antike galt seine Aufmerksamkeit, sondern der Geist der Landschaft inspirierte ihn zu der Erkenntnis der schicksalhaften Bedeutung des Blutes und des Bodens. Fremdes Blut hatte den italienischen Boden getränkt: Etrusker, Mauren, Ostgoten, Langobarden und Normannen hatten die Erde genährt, mit neuer Kraft befruchtet und schließlich die, so Moeller van den Bruck, *Italienische Schönheit* emporwachsen lassen.

Mit dieser Erkenntnis wollte er das professorale idealistisch-ästhetische Italienbild zertrümmern und darauf hinweisen, daß die Germanisierung Italiens prägende Wirkung gehabt hatte und Schicksal dieser Nation war. Ohne die nordische Blutzufuhr hätte es zum Beispiel die Kunst des Piero della Francesca als Typus des reinen germanischen Italientums nie gegeben. Das Genie eines Leonardo, aber auch Dantes und Giottos entsprossen nordischer Wurzel, desgleichen war die Architektur Veronas für das Germanentum zu reklamieren. Das von Moeller van den Bruck gesammelte Material, die Zeugnisse nordischer Herkunft dokumentierten die Macht des Blutes und des Bodens in der Geschichte, noch aber fehlte die letzte Erkenntnis, die Konsequenz aus dem Beobachteten: Wie stand es um die zentrierende Mitte, die Gesellschaft und den Staat?

Aus Italien zurückgekehrt, betrachtete er die Kunst, die eigenes Blut auf eigenem Boden geschaffen, mit anderen Augen, suchte nach der Einheit von Blut und Boden und fand im *Preußischen Stil* eine weitere wegweisende Erkenntnis. Die Architektur Gillys und Schinkels war nicht nur mit ästhetischen Kriterien zu messen, im preußischen Klassizismus offenbarte sich ihm auch eine durch das Wesen des Staates bedingte Haltung. Im Stil hatte sich die Wirkung des preußischen Ideals gebündelt, ein Ideal, das sich aus einem kolonialen, durch ein Gelübde aus Befehl und Dienst gebundenen Priesteradel entwickelt hatte, und dessen Wille zur Freiheit und Herrschaft zur geschichtsbildenden Macht erwachsen war. Preußentum, das war für Moeller van den Bruck, stete Erneuerung, unbeschadet hatte dieses Land den Säkularisierungsprozeß überdauert. Kant und Fichte hatten das soziale Wesen zur überindividuellen Verpflichtung erhoben, das Maß der Freiheit war von der sozialen Verantwortung abhängig. Die Architektur dokumentierte den preußischen Weg: Gesetz und Freiheit waren das Geheimnis des *Preußischen Stils,* der preußischen Idee. Moeller van den Bruck und sein Freundeskreis begründeten mit dieser Idee eine jugendliche Oppositionshaltung gegen den nachgründerzeitlichen Geist des wilhelminischen Deutschland. Es war eine ästhetisch-literarische Opposition, zunächst noch ohne politische Ambitionen.

Revolution ohne Revolutionäre
Der Putsch der Generäle

Am 9. November 1918 trafen sich drei Freunde, Moeller van den Bruck, Hildebert Boehm und Hans Grimm, in einer Berliner Mittelstandsküche in der Nähe der Wilhelmstraße zu einem gemeinsamen Mahl. Von der kargen Mahlzeit kaum gesättigt, gingen die Freunde anschließend entlang der Leipziger Straße zum Potsdamer Platz. Auf ihrem Weg beobachteten sie die graue Masse revolutionären Volkes und verwunderten sich über die dumpf dahintrabenden Menschen. *Eine Revolution ohne Enthusiasmus,* bemerkte Moeller van den Bruck, die bewaffneten aufständischen Arbeiter und Soldaten mit den Bildern der großen, weltverändernden Revolutionen vergleichend.

Zur gleichen Stunde hatte die Wachtruppe des *Neuen Palais* in Potsdam einen *Soldatenrat* gebildet, der den Schutz der kaiserlichen Familie übernahm. Seine erste Amtshandlung war die Aushändigung von Passierscheinen für die Familienmitglieder und Bediensteten des Hauses Hohenzollern, denn schließlich mußte verhindert werden, daß Unbefugte sich Eintritt verschafften. Einige Soldaten hatten bereits bei der Kaiserin vorgesprochen und sie gebeten, Verständnis für ihren Wunsch nach Frieden zu zeigen, sie wollten nun endlich nach Hause, wo genug Arbeit auf sie wartete. Später erschienen zwei Soldaten mit roten Armbinden und forderten sie auf, die *Geheimen Akten* herauszugeben. Sie wurden von der Monarchin hinausgeworfen, gehorsam verließen die Vertreter des Arbeiter- und Soldatenrates die Gemächer der Kaiserin, im Hinausgehen sagte einer der Revolutionäre: *Das ist ne ordentliche Frau, die rückt nix raus.*

Revolutionen hatten in Deutschland stets auch eine komische Seite, weil der ausgeprägte Sinn der Deutschen für Ordnung und Disziplin revolutionäres Chaos nicht zulassen wollte. So auch im November 1918, als die Kieler Matrosen meuterten und damit das Fanal zum Aufstand setzten. Doch die Arbeiterklasse war bereits zum Beginn der Revolution gespalten, Sozialdemokraten bekleideten, auf den Kaiser vereidigt, Staatsämter und sahen sich am Ziel ihres politischen Strebens, die Errichtung einer sozialistischen demokratischen Republik. Einige der Arbeiterführer hätten sogar gegen eine konstitutionelle Monarchie nichts einzuwenden gehabt.

Die andere Seite der Arbeiterklasse, die revolutionären Heißsporne, verlangten eine Sowjetrepublik. Ihr Führer, Karl Liebknecht, hatte bereits am 21. Oktober, eben aus dem Zuchthaus entlassen, in Berlin Einzug gehalten. Sein erster Weg führte ihn in die russische Gesandtschaft, auf deren Dach bereits seit dem 1. Mai, symbolträchtig eine rote Fahne wehte. Im Schutze der diplomatischen Vertretung hielt Liebknecht seine erste Rede als revolutionären Auftakt und zum Zeichen brüderlicher Gemeinsamkeit mit der Sowjetmacht. Am folgenden Tag arrangierte der Geschäftsträger zu Ehren des deutschen

Genossen Liebknecht einen festlichen Empfang, eingeladen waren die Abgeordneten der *Unabhängigen Sozialdemokraten,* verdiente Proleten der Arbeiterbewegung, linke Intellektuelle und russische Emigranten. *Zeitgleich mit dieser Einladung,* so verkündete in einem Trinkspruch der Gesandte Joffe, *marschieren in Moskau Hunderttausende mit Fackeln zum Roten Platz, um Karl Liebknecht zu ehren, den Verkünder und Schöpfer der brüderlichen deutschen Revolution, Helden des revolutionären Proletariats Deutschlands und der Welt, zu dessen Ehren das ehemalige Leibregiment des Zaren jetzt seinen Namen trägt.*

Es war eine merkwürdige Gesellschaft, die sich hier in der ehemaligen Zarenbotschaft im prunkvollen feudalen Bankettsaal versammelt hatte, der greise, bereits vom Tode gezeichnete Franz Mehring, der Abgeordnete Haase, Oskar Cohn, der streitbare Fanatiker Ledebour, der spätere Polizeipräsident Berlins, Eichhorn, die Musterproletarierin Luise Zietz, *schwer abgearbeitet, in Not und Kämpfen vertraut.* Kestenberg, Pianist und später Ministerialrat im preußischen Kultusministerium, wurde genötigt, sich an den Flügel zu setzen, *man hoffte von ihm die Internationale zu hören, doch er schien sie nicht zu kennen und so wurde es nur die Marseillaise.* Während der üppigen Tafel, *im vierten Kriegsjahr ein willkommener Genuß,* erhob sich ein junger Russe, sein Name Bucharin, der schärfste und unerbittlichste Theoretiker der Bolschewisten. Seine Rede war eine vernichtende Abrechnung mit Kautsky und Genossen, den Renegaten, die sich bereits mit dem Klassenfeind verbündet hatten und im Begriff standen, der Revolution in den Rücken zu fallen. *Das russische Proletariat,* fuhr Bucharin fort, *blickt nun hoffend auf zu dem alten Kämpfer, dem Märtyrer und ehrwürdigen Wegbereiter der deutschen Revolution: Karl Liebknecht.* Geschmeichelt von soviel Ehren, erhob sich Liebknecht zu seiner Entgegnung: *Ein Wunder ist mir widerfahren, vor 24 Stunden saß ich noch in einer Zuchthauszelle, heute in diesem lichtdurchfluteten Raum unter Genossen, Blumen und Musik. In weiteren 24 Stunden aber wird das Wunder geschehen sein, die deutsche Befreiung.* Wie ein Hammer schlug seine Faust auf den Tisch, und er forderte zum Abschluß seiner kurzen Rede: *Wir müssen zur Tat schreiten, keine Zeit verlieren, zur Tat!*

Doch die Tat blieb zunächst aus. Es wurde debattiert, wie die Massen zu mobilisieren seien, theoretisiert, so daß Liebknecht befürchtete, die Mehrheitssozialisten würden schlußendlich den Sieg davontragen, sie hatten offensichtlich die Massen hinter sich. Also beschloß

Liebknecht, den Regierungssozialisten zuvorzukommen, und befahl, am 8. November loszuschlagen, *eh die anderen uns vor der Geschichte und uns selbst blamieren.* Kurz vor Beginn der Aktionen wurde das vorgelegte Flugblatt jedoch mehrheitlich abgelehnt, die Revolution mußte auf den nächsten Tag verschoben werden. Mit zwei Revolutionsaufrufen, einer von Liebknecht und Meyer und ein weiterer von Barth, Ledebour, Liebknecht, Müller und Pieck, sollte es nun endgültig am 9. November losgehen. Für die Entente war es sicher, die Revolution hatte begonnen, und so berichtete Pierre Desgranges an Paris: *Die deutsche Revolution ist in dem Augenblick ausgebrochen, den wir vorausgesehen hatten und man weiß noch nicht, ob die Revolution den militärischen Zusammenbruch herbeigeführt oder umgekehrt. Diese Revolution geht von den Leuten aus, die wir kennen und wird wie wir vorausgesehen haben bis zum Äußersten gehen.*

Als am Abend des 8. November Prinzessin Alexandra von Preußen, verheiratet mit dem Kaisersohn August Wilhelm, in ihrem Kalender die Tagesereignisse festhielt, Spazierengehen und Teetrinken, fiel ihr doch noch etwas Interessantes ein, ein Gerücht war ihr zu Ohren gekommen, und so notierte sie: *Ob Papa wohl abdanken muß?* Am Morgen des 9. November fand im Hauptquartier eine Befragung der Frontkommandeure statt, würde die Truppe zum Fahneneid stehen? Der Kaiser und der Kronprinz warteten im Park auf das Ergebnis. Die Anhörung dauerte länger als erwartet, schließlich überbrachte der Oberst i. G. Heye den Fürsten das niederschmetternde Ergebnis – von neununddreißig Kommandeuren konnte sich nur einer für seine Soldaten verbürgen. *Niemals,* so der Kaiser, *niemals will ich glauben, daß meine Soldaten den Fahneneid brechen, ihren obersten Kriegsherrn jetzt in der Not verlassen.* Seine höchsten militärischen Führer schwiegen betreten, bis schließlich einer hervortrat, der bürgerliche General Groener, ein Mann, der im besonderen Maße die kaiserliche Protektion genossen hatte, fand nun in der Stunde, da die alten Fahnen in den Staub sanken, klare Worte. Groener hatte die Last der Geschichte nicht zu tragen, der Eid war für ihn lediglich ein Relikt aus grauer Vorzeit, ein hübsches Ritual, und so erklärte er seinem einstigen Herren, emotionslos mit rauher Stimme: *Der Fahneneid, Majestät, das ist doch in revolutionärer Zeit nur ein Wort.*

Mit einem Satz hatte der General ausgesprochen, was in den Zeiten der Gründung des Deutschen Reiches die Altpreußen vorausgesehen hatten, damals hatte man im Reichstag über ihre Prophezeiungen schallend gelacht, und die lange Zeit des Friedens hatte sie zunächst Lügen gestraft, doch nun war die alte Ordnung endgültig zusammengebrochen. Wie Verschwörer standen die Generäle und Obristen noch eine geraume Weile beieinander, dann raffte einer sich auf und ließ nach Berlin melden: *Die Abdankung des Kaisers steht unmittelbar bevor* ... Das reichte dem Reichskanzler, ohne offizielle Bestätigung verkündete er: *Seine Majestät der Kaiser hat dem Throne entsagt.*

Machtergreifung

Eine deutsche Revolution

In Erwartung der Revolution saßen die führenden Herren der SPD in den Räumen des Parteivorstandes. Die Führer der Unabhängigen Dittmann, Ledebour und Vogtherr tagten in ihrem Hauptquartier im Reichstag. Bei den Kontrahenten herrschte Unsicherheit, die Revisionisten waren vom Reichskanzler in die Regierungsverantwortung geholt, und noch am Mittag hatte eine Kabinettsitzung stattgefunden, weil der sozialdemokratische, noch kaiserliche Staatsekretär Scheidemann um seine Entlassung gebeten hatte. Eine Entscheidung war noch nicht gefallen, doch Scheidemann verließ die Sitzung und eilte zu seinem Amtssitz in der Wilhelmstraße, um von hier aus den Fortgang der Unruhen zu beobachten. Endlich erschienen bei ihm Ebert und David, und so beschloß man, zu den Genossen der Unabhängigen zu eilen, man wollte versuchen, gemeinsam zu handeln. Davon war der alte radikale Feuerkopf Ledebour eigentlich ausgegangen, denn auf einem Flugblatt des *Vorwärts* hatte die SPD-Führung verkündet, daß *die Bewegung gemeinschaftlich von der SPD und der USPD geleitet wird.* Dieses Flugblatt war bereits verteilt.

Beruhigt trennten sich die Genossen, Ebert begab sich zum Reichskanzler, um mit ihm die Übernahme der Regierungsgeschäfte durch die SPD zu verhandeln, und Scheidemann suchte die Reichstagkantine auf, um hier eine dünne Wassersuppe zu löffeln. Vor dem Reichstag waren tausende Berliner zusammengeströmt, die nun ungeduldig auf eine Entscheidung warteten und, wer weiß warum, in freudiger Erwartung die Mützen schwenkten. Im Reichstag herrschte geschäftige Unruhe, Arbeiter und Soldatenräte strömten ein und aus, und plötzlich hörte Scheidemann Soldaten rufen: *Liebknecht ruft auf dem Balkon des Stadtschlosses die Republik aus!* Das war für Scheidemann der Moment zu handeln, denn sofort wurde ihm bewußt, daß dies die Errichtung einer Sowjetrepublik bedeutete, *nicht noch das nach all dem Elend,* dachte er und ließ ein Fenster öffnen, um zu den

Massen zu sprechen: *Arbeiter und Soldaten*, rief er, *furchtbar waren die vier Kriegsjahre, grauenhaft die Opfer, die das Volk an Gut und Blut hat bringen müssen. Der unglückselige Krieg ist zu Ende. Die Folge des Krieges wird viele Jahre auf uns lasten. Die Niederlage, die wir unter allen Umständen verhindern wollten, ist uns nicht erspart geblieben. Der Kaiser und seine Freunde sind verschwunden, über sie alle hat das Volk auf der ganzen Linie gesiegt. Prinz Max von Baden hat sein Reichskanzleramt dem Abgeordneten Ebert übertragen.*

Die Masse jubelte, obwohl sie wohl kaum die Worte verstehen konnte, die der neue Volkstribun dort oben aus dem Fenster herunterrief, *daß der kommende Weg hart und opfervoll sein werde, nichts geschehen dürfe, was der Arbeiterbewegung zur Unehre gereichen würde, daß eine Regierung aus den sozialistischen Parteien gebildet werden sollte und alles für das Volk, alles mit dem Volk geschehen werde.* Zum Schluß aber glaubte Scheidemann doch noch einmal des Volkes Sieg preisen zu müssen, in der Niederlage einen Triumph zu feiern: *Das Alte und Morsche, die Monarchie ist zusammengebrochen! Es lebe das Neue, es lebe die deutsche Republik!*

Für wenige Stunden existierten nun zwei Staatsgebilde, die von Liebknecht vom Schloßbalkon proklamierte Sowjetrepublik und Scheidemanns Revisionistenrepublik. Beider Parteifreunde zeigten sich über die spontanen Proklamationen wenig entzückt, für die Unabhängigen war der Zeitpunkt zu früh, und recht eigentlich wollte man mit den Mehrheitssozialisten zusammen losschlagen, während der Vorstand der SPD die Abschaffung der Monarchie für eine noch nicht beschlossene Sache hielt, und namentlich der neue Reichskanzler empört war, daß Scheidemann unautorisiert die Republik verkündet hatte.

Wo aber waren in diesen Stunden die anderen demokratischen Parteien, die Liberalen, die Männer des Zentrums und die Konservativen, das Bürgertum, die große Mehrheit. Die konservative *Mittwochgesellschaft* hatte zuletzt am 30. Oktober getagt. Mit Erleichterung hatten die Herren die milden Waffenstillstandsbedingungen des amerikanischen Präsidenten zur Kenntnis genommen und sodann für das Danach optimistische Pläne geschmiedet, darüber debattiert, wie jetzt gegen den rebellischen Pöbel vorzugehen sei. Einer der betagten Herren hatte vorgeschlagen, Volksredner auf den Potsdamer Platz zu schicken, die das Volk beruhigen sollten, doch das wollten die anderen Honoratioren nicht gutheißen, und im übrigen, wer sollte sich denn da hinstellen, womöglich totschlagen lassen? Ja wenn unsere

Jugend zur Verfügung stände, aber die stand noch im Felde bei der Truppe. Ratlos gingen die Herren auseinander, um einstweilen erst einmal abzuwarten.

Hilflos abwartend verhielten sich auch die bürgerlichen Parteien, die, wie die große schweigende Mehrheit, die Vorgänge hinter den Vorhängen ihrer Fenster beobachteten und auf die Mehrheitssozialisten hofften, *im Grunde ja anständige Leute,* die es schon schaffen würden, Ruhe und Ordnung wiederherzustellen.

Der ewige Spießer aber, der deutsche Kleinbürger, schickte sich an zu retten, was zu retten war, sorgte sich um seine Kriegsanleihen und hieß, wie Thomas Mann, *die neue Welt willkommen, die mir nicht feindlich sein wird.* Das Getöse auf den Straßen war freilich lästig, Unsicherheit herrschte, und bisweilen waren sogar Schüsse zu hören. *Der Humbug ist so stark,* notierte Thomas Mann, *daß ich mich weigere, mich seelisch und geistig länger zu engagieren. Ich wünsche, nicht zu verarmen, das ist der Wunsch, den ich anmelde.* Der Dichter war bescheiden geworden, wenige Monate zuvor hatte er im *Svenska Dagbladet* den Schweden noch den Sieg der deutschen Waffen verheißen und bekannt, daß Deutschland den Krieg zwar nicht gewollt, aber begrüßt hätte, weil aus diesem Krieg das *Dritte Reich* hervorgehen würde, *eine Synthese von Macht und Geist.*

Als Scheidemann das Ende der Monarchie herausgeschrien hatte, war der Parteivorstand ratlos, vor allem für Ebert war das zu weit gegangen. Doch nach der Verfassung bedeutete der Abgang des Hohenzollernkaisers genau genommen noch nicht das Ende der Monarchie, denn bekanntlich war der monarchische Gedanke durch die Bundesfürsten in die Verfassung eingebracht. Also mußten noch weitere Kronen fallen, wollte man die alte Ordnung zerstören. Daß der revolutionäre Funke als nächstes ausgerechnet auf das königstreue Bayern übersprang, war kaum erwartet worden.

In München war der Radikalsozialist Kurt Eisner den Mehrheitssozialisten zuvorgekommen und hatte die *Bayrische Räterepublik* ausgerufen. Als dem greisen König Ludwig die Unruhen gemeldet wurden, war er fest entschlossen, dem Treiben ein schnelles Ende zu bereiten, befahl seinen Kriegsminister zu sich, um mit ihm die notwendigen Maßnahmen zu erörtern. Als schließlich der König den Einsatz von Truppen befahl, erklärte der Minister, daß er keine verläßlichen Regimenter habe und die Offiziere des Ministeriums nicht in der Lage seien, Maschinengewehre zu bedienen. Während er noch mit seinem König konferierte, hatte ein junger Offizier des IR. 15 zuverlässige, gut bewaffnete Soldaten und Unteroffiziere um sich geschart, bereit, sich schützend vor den König zu stellen. Doch das entsprach nicht den Dienstvorschriften, Revolutionen waren in den königlich-bayrischen Reglements nicht vorgesehen, und so beschieden die höheren Dienststellen, daß der Offizier *entschieden seine Zuständigkeiten überschreite* und in seine Kaserne zurückkehren solle. Mit dem schmerzlichen Gefühl, daß sich keiner zur Rettung der Monarchie hatte finden lassen, entsprach der König der dringenden Bitte seines Kriegsministers und verließ mit der Königin das Land, ohne allerdings die Abdankungsurkunde zu unterzeichnen.

Dramatischer verliefen die Ereignisse in Württemberg, wo am 9. November sich eine erregte Menschenmenge vor dem königlichen Schloß eingefunden hatte. Auf roten Transparenten wurde die Republik gefordert, radikale Einpeitscher verlangten die Erstürmung des Palastes, und bald war das Haupttor aufgebrochen. Ein junger Offizier versuchte, sich mit dem Degen den Eindringlingen zu widersetzen, er wurde zu Boden geworfen und schwer verletzt. Als die Spitze des Pöbels das Zimmer des Königs erreicht hatte, fand sich abermals ein mutiger Verteidiger, der unbewaffnete Leibarzt des Königs, der sich mit Mannesmut vor die Tür stellte und mit barschem Kasernenhofton die Revolutionäre anbrüllte. Der Anpfiff verfehlte seine Wirkung nicht, der Anführer, ein Unteroffizier, hielt inne, entschuldigte sich und veranlaßte seine Kameraden, sich mit ihm zu verdrücken.

Damit war die Gefahr freilich noch nicht gebannt, auf dem Schloßhof war die Menschenmenge weiter angewachsen und schickte sich an, nochmals ins Schloß einzudringen. Im Gewoge des aufgebrachten Volkes befand sich auch ein Mann mittleren Alters, der sich aus Neugier unter die Menge gemischt hatte und der eigentlich nur einmal sehen wollte, wie eine Revolution vonstatten ging. Belustigt beobachtete er schließlich eine einfache Blumenfrau, die lautstark ihre Empörung über die undisziplinierten Randalierer kundtat. Eigentlich mußte er der braven Frau recht geben, was hier geschah, ging entschieden zu weit, und während im Inneren des Schloßes die Hofschranzen um ihr Leben bangten, ergriff er die Initiative.

Es mag sein unheimliches Aussehen der Grund gewesen sein, daß die Menge ihm respektvoll den Weg ins Schloß frei machte; von einer Verwundung noch nicht genesen, sah er überaus bleich aus, seine Augen lagen in tiefen Höhlen und ein dunkler Hut und eine schwarze Pelerine gaben ihm etwas diabolisches, als er humpelnd in die Vorhalle trat, wo sich bereits einige Revolutionäre in den Barockstühlen rekelten. Wütend drohte er ihnen mit seiner Krücke und wies sie darauf hin, daß sie gefälligst vorsichtig mit dem Volkseigentum umgehen sollten. Erschrocken sprangen die Frevler auf, dieser Ton war ihnen in Fleisch und Blut übergegangen, und es schien so, daß sie nur darauf gewartet hatten, daß ihnen endlich eine Autorität gegenüberstand. Als fronterfahrener Soldat wußte der Mann, was zu tun war, die Überraschung ausnutzend, bestimmte er ein Dutzend Männer zur *Volkswache,* worauf die Zurückgewiesenen sich enttäuscht zeigten, denn ein jeder hätte es sich zur Ehre gereichen lassen, unter diesem offensichtlich hohen Herrn, der neuen Macht zu dienen.

Mit dieser Wendung zeigten sich einige Weiber, die sich aus der Plünderung des Schloßes fette Beute versprochen hatten, nicht einverstanden, keifend wollten sie die Männer zum Ungehorsam drängen, doch die neue Ordnungsmacht warf die Vetteln kurzerhand hinaus. Nach Beseitigung dieser Gefahr gab der selbsternannte Schloßhauptmann einigen Leuten etwas Geld und den Befehl, unverzüglich roten Stoff für Armbinden zu kaufen. Kaum waren die Leute zurück und die Armbinden hergestellt, rückte eine weitere Bedrohung heran, ein gewaltiger, über 30000 Menschen umfassender Demonstrationszug hatte sich das Schloß zum Ziel gesetzt. Eskortiert von einigen Leuten seiner Wache, einen roten Stoffetzen schwenkend, humpelte der schwarze Mann den Demonstranten entgegen, hob den Arm und brüllte nach Soldatenart: *Links um ... marsch,* worauf der Demonstrationszug tatsächlich gehorsam links schwenkte und am Palast vorbeimarschierte. Sieben Stunden bewachte der Mann seinen König und beschämte jene, die einst so feierlich ihren Schwur auf ihren Herrn abgelegt hatten. Als schließlich die Gefahr einigermaßen gebannt war, verabschiedete er sich höflich, nahm Pelerine, Hut und Krückstock und ging nach Hause, wo er er alsdann seiner ungehaltenen Frau Rechenschaft über sein langes Fernbleiben abzulegen hatte. In der Aufregung hatten die Hofschranzen es versäumt, den Retter des Königs nach seinem Namen zu fragen, erst viel später wurde bekannt, wie er hieß: Gustav Esterle, ein Mann, der sich nie mit Politik befaßt hatte und der nicht einmal erklären konnte, warum er sich so mannesmutig vor den König gestellt hatte.

Noch am Abend des 9. November verließ der König von Württemberg Stuttgart, um niemals wieder die Stadt zu betreten. Erst am 20. November legte er die Krone nieder, zugleich nahm er mit einer Proklamation Abschied von seinem Volk. Wenige Tage später tagte die erste republikanische Regierung. Ganz wohl war den Herren nicht, denn eigentlich hatte man ja über das Fürstenhaus nicht klagen können, und so beschloß man, eine Dankadresse an den König zu senden: *Die Regierung dankt im Namen des Volkes dem König, daß er in allen seinen Handlungen von der Liebe zur Heimat und zum Volke getragen war, das württembergische Volk vergißt nicht, daß der König mit seiner Gemahlin in wahrer Nächstenliebe stets edel und hilfreich gehandelt hat.*

Früher als seine anderen fürstlichen Vettern hatte der sächsische König die prekäre Situation des Reiches erkannt. Die Kriegslasten waren ungleich verteilt, und mit Sorge betrachtete er die katastrophale Ernährungslage bei den einfachen Leuten. Als 1917 Hungerunruhen in Chemnitz ausbrachen, und bald auch in Leipzig die Arbeiter auf die Straße gingen, verlangte der Innenminister ein scharfes Eingreifen, doch der König lehnte dies mit der Bemerkung ab, *wenn ich hungrig bin, dann werde ich auch ganz unruhig.* Allerdings vermochte der König kaum zu helfen, die Lagerhäuser waren auch in Sachsen leer, trotzdem begannen die revolutionären Unruhen erst am 9. November.

Eine große Marschsäule bewegte sich von der Dresdner Neustadt über die Elbbrücke zum Schloß, und es bestand kein Zweifel, daß eine Erstürmung des Palastes bevorstand. Dringend wurde dem König die Flucht geraten, doch der lehnte ab. *Die Erregung der Massen läßt befürchten, daß Majestät Leben in Gefahr ist,* hatte der Kabinettchef gewarnt, doch der König entgegnete: *Im Krieg kommt es wohl mal vor, daß einem jemand an den Kragen will – und wir haben doch Krieg ...* Als die Berater weiterhin zur Flucht drängten und darauf verwiesen, daß mit einer Geiselnahme des Königs, die Getreuen erpressbar seien, wurde der Sachsenkönig über die Feigheit seiner Vasallen unwirsch und forderte sie bitter-ironisch auf, doch auch auf die Straße zu gehen und seine Abdankung zu fordern. Betreten entfernten sich die Herren, und so wartete der König gelassen und gefaßt auf die Erstürmung des Schloßes, doch es blieb ruhig, die Demonstranten waren diszipliniert vorbeigezogen.

Am 10. November rief der Arbeiter- und Soldatenrat die Republik aus, worauf der König seine Koffer packen ließ und am Schreibtisch sitzend auf den Fortgang der Geschehnisse wartete. In der Mittagsstunde meldete sich endlich telefonisch sein Finanzminister – er war soeben zum Minister der Republik ernannt – und druckste eine Weile herum, bis der König den verlegenen Herrn schließlich fragte: *Na, ich hab wohl nischt mehr zu sagen?* Der Minister vermochte nur etwas Unverständliches zu stammeln, so daß der Monarch ihn ungehalten anherrschte: *Was haben Sie gesagt?*, worauf sich der Beamte sammelte und sagte: *Ja Majestät, die Sache hat sich erledigt.* Nun allerdings verlor der König seine Fassung: *Die Sache?* rief er, *die Sache, nach tausend Jahren Herrschaft der Wettiner, eine Sache?* Die Abschiedsworte des letzten regierenden Wettiners, Legende oder nicht, waren angesichts der folgenden Jahre deutscher Volkssouveränität von prophetischer Weisheit: *Na, denn macht euern Dreck alleene ...*

Demokratie aus der Mottenkiste
Siegreicher Bürgeraufstand?

Der erbitterte Kampf um die Früchte der Revolution war erst im Verlauf des Jahres 1919 entschieden. Gesiegt hatte das Bündnis der sozialdemokratischen Revisionisten mit den staatstragenden Mächten des untergegangenen Kaiserreichs. Nun galt es, vergessen zu lassen, wie sehr das ganze deutsche Volk den Krieg ersehnt, das Bürgertum sich einst aus dem Waffengang fette Beute versprochen und selbst die Sozialdemokratie der Kriegsfinanzierung zugestimmt hatte.

Angesichts des 14-Punkte-Friedens des amerikanischen Präsidenten Wilson, eines milden, annehmbaren Friedens, hielten es die Politiker für angebracht, die Revolution als einen Sieg des Volkes zu feiern und den Eindruck zu erwecken, daß der kaiserliche Krieg nicht dem deutschen Volke angelastet werden könne. Die Hoffnung auf Schonung zerstob bereits in den ersten Tagen der Waffenstillstandsverhandlungen des Novembers 1918. Unterzeichnet vom Staatssekretär Solf gab in diesen Tagen das Auswärtige Amt bekannt, welche Bedingungen die deutschen Unterhändler hinzunehmen hatten: Neben den Regelungen des Rückzuges der Armee enthielt der Vertrag bereits Kontributionsbestimmungen. Einstweilen sollten 5000 Lokomotiven, 150000 Waggons und 10000 Kraftwagen abgeliefert werden. Die deutsche Regierung wurde ferner aufgefordert, im Hinblick auf künftige Annexionen sämtliche Fabriken des linken Rheinufers intakt zu lassen und schließlich für eine reibungslose Abgabe der U-Boote, Kreuzer und Kampfschiffe Sorge zu tragen sowie den Unterhalt für die Besatzungssoldaten zu gewährleisten. Bezüglich der gegen Deutschland gerichteten Hungerblockade wurde bis auf weiteres eine Fortführung bestimmt. Von den Versprechungen Wilsons war nicht mehr die Rede, die Neuordnung Europas hatten die beiden europäischen Mächte Frankreich und England übernommen.

Die Hoffnung der neuen Herren, daß sich schließlich doch noch alles zum guten wenden würde, gründete in dem naiven Glauben, daß mit dem Sturz der Monarchie und der Gründung einer demokratischen Republik die Sieger milde gestimmt würden, denn schließlich war während des gesamten Krieges der Kaiser das propagandistische Haßziel der Alliierten, den man nun sogar als Kriegsverbrecher vor ein Tribunal stellen wollte. In diesem Sinne richtete der bayrische Ministerpräsident diplomatische Noten an die Feindmächte. Die Gründung der *Bayrischen Republik* sollte die Sieger von der Zerschlagung des Reiches überzeugen. Darüber hinaus bekannte Eisner die Alleinschuld des kaiserlichen Reiches am Krieg, dem durch die Revolution ein Ende gemacht worden sei und mit dem das revolutionäre Deutschland nichts zu tun habe, weshalb nun auch einen *Freundschaftsfrieden* erwartet werde. Ein Antwortschreiben erhielt der Ministerpräsident nicht, lediglich sein Alleinschuldbekenntnis wurde von den Alliierten zur Kenntnis genommen und zu den Akten gelegt.

Mit der Rückkehr der Fronttruppe und vor allem des intakten Offiziercorps war im gesamten Reich wieder eine Ordnungsmacht vorhanden, in deren Schutz die Politiker Handlungsfähigkeit erlangten. Für den Januar 1919 waren die Wahlen zur Nationalversammlung angesetzt, die dem deutschen Volke eine Verfassung geben und aus der eine demokratische Regierung hervorgehen sollte. Gespalten war die Sozialdemokratie, den führenden Mehrheitssozialisten unter der Führung braver Handwerker, wie Ebert, Scheidemann, Noske und Schmidt, standen die radikalen Intellektuellen Luxemburg, Liebknecht, Mehring und Ledebour in zunehmender Feindschaft gegenüber. Uneinig aber waren sich auch die bürgerlichen Liberalen, auch sie konnten ihre alten Fraktionskämpfe nicht beilegen und gingen zersplittert in den Wahlkampf.

Provisorisch leiteten fünf *Volksbeauftragte* in Berlin die Regierungsgeschäfte. Sie unterbreiteten der vor den revolutionären Unruhen nach Weimar geflohenen Nationalversammlung einen Verfassungsvorschlag, der am 11. August 1919 nach verhältnismäßig kurzer Beratung und mit nur wenigen Änderungen gutgeheißen und mehrheitlich angenommen wurde. Die Wahl des Staatsoberhauptes sollte nach dieser Verfassung in direkter Wahl durch das Volk geschehen, doch zunächst bestimmte die Nationalversammlung den Abgeordneten Friedrich Ebert zum Reichspräsidenten, dessen erste

Amtshandlung die Verkündung und Bestätigung der Verfassung als Reichsgesetz war.

Ein Sieg des Volkes, so hatte Scheidemann die Abdankung des Kaisers gefeiert, und die Verfassung sollte nun die Krönung sein, alles politische Handeln sollte fortan *durch das Volk und für das Volk* geschehen. Jubel über diese demokratische Wohltat wollte freilich nicht aufkommen, denn recht eigentlich gab es nur wenige, die mit der alten Ordnung unzufrieden gewesen waren, und bald sprach man *von der guten alten Zeit* und auch noch von *unserm Kaiser,* in dessen Reich man es sich gut eingerichtet hatte, in dem die Wirtschaft florierte, der Mittelstand erblüht war, die Bauernschaft zufrieden und für die Arbeiterschaft Europas modernste Sozialgesetzgebung geschaffen worden war. Auch die Kritiker des Kaisers hatten nicht klagen können, Oppositionelle waren keinen despotischen Zwangsmaßnahmen ausgesetzt, im Reichstag konnte frei gesprochen werden, ja selbst die Karikaturisten dankten es seiner Majestät anläßlich seines Regierungsjubiläums, daß er ihnen soviel Gelegenheit zum Spott gegeben hatte. Beleidigungen von Verfassungsorganen, wie die Majestätsbeleidigung, wurden milde beurteilt, kurz, es war für die Menschen kaum einsehbar, warum ein Wandel vonnöten, ja mehr noch, sie blieben skeptisch bezüglich des verheißenden Vorspruchs ihrer neuen Verfassung: *Das deutsche Volk einig in seinen Stämmen und von dem Willen beseelt, sein Reich in Freiheit und Gerechtigkeit zu erneuern und zu befestigen, dem inneren und äußeren Frieden zu dienen und den gesellschaftlichen Fortschritt zu fördern, hat sich diese Verfassung gegeben.*

Recht, Freiheit und gesellschaftlicher Fortschritt, dafür hätte man sich vielleicht mit vollem Magen begeistern können, doch noch herrschte Hunger, darüber hinaus auf den Straßen das Chaos, und angesichts der bisherigen Verlautbarungen über die *Friedensverhandlungen* im Schloß zu Versailles sah es nicht so aus, als würde sich das Schicksal zum besseren wenden. Ausgerechnet am Tag der Verkündigung der Verfassung lag auch das Friedensvertragswerk vor, kein Vertrag, sondern ein Diktat, festgehalten in einem voluminösen Buch, in dem in 440 Artikeln die Sieger niedergelegt hatten, wie sie Europa neu zu ordnen gedachten – und vor allem wie Deutschland zu bestrafen war. Als besonders schmerzlich wurde der Verlust eines Siebtels des deutschen Reichsgebiets empfunden, womit zehn Prozent der Reichsdeutschen unter fremder Herrschaft zu leben hatten. Maßlos waren auch die geforderten Reparationsleistungen, im sogenannten Londoner Ultimatum vom Mai 1921 auf 132 Milliarden Goldmark festgelegt, mit 5 % zu verzinsen und mit 1 % Tilgung.

Die Sieger wußten, daß Deutschland mit daniederliegender Wirtschaft, bei Abtrennung wichtiger Rohstoffquellen und Beschlagnahme der Handelsflotte, eine so große Summe gar nicht aufbringen konnte. Folglich begnügte man sich zunächst mit einem jährlichen Abtrag von 3,3 Milliarden, vorausgesetzt der deutsche Außenhandel verbesserte sich nicht. Zusätzlich mußte noch etwa eine Milliarde für die Besatzungstruppen, die interalliierten Kommissionen, Restitutionen und Ausgleichszahlungen aufgebracht werden. So sehr sich die Regierung auch bemühte – die Reparationsforderungen waren nicht zu erfüllen, der Währungsverfall nahm dramatische Formen an, Deutschland versank im Elend.

Kein hoffnungsvoller Beginn der ersten deutschen demokratischen Republik, deren sozialdemokratische Regierung schon bald nach der von den Militärs abgelehnten Unterzeichnung des Diktats mit der sogenannten Dolchstoßlegende konfrontiert wurde.

Aber auch die Verfassung hatte verhängnisvolle Schwächen, deren gefahrvolle Auswirkungen freilich in der Eile ihrer Entstehung zunächst unbemerkt geblieben waren. In dem Rechtsgelehrten und profunden Kenner der deutschen Verfassungsgeschichte Hugo Preuß hatten die Volksbeauftragten einen allseits anerkannten Verfassungsschöpfer gefunden, der mit einer kleinen Schar von Fachleuten bereits kurz vor der Wahl zur Nationalversammlung das Gerüst der neuen Verfassung vorlegen konnte. Der Rückgriff auf die alten Bürgerträume der Paulskirchendemokraten war nicht zu übersehen. Preuß hatte sich für ein starkes Reichspräsidentenamt und eine zentralistische Reichsmacht entschieden; vernachlässigt hatte er freilich die Grundrechte der Staatsbürger, ein Mangel, den insbesondere die SPD beklagte.

Das Parteienbündnis aus Sozialdemokraten, Zentrum und der linksliberalen DDP sorgte dafür, daß die Rechte und Pflichten aller Deutschen Aufnahme in der Verfassung fanden, wobei entsprechend den Parteienintentionen Kompromisse geschlossen werden mußten, die zu einem eher unbefriedigenden Ergebnis führten. Eingeflossen waren liberale, katholische, naturrechtliche und sozialistische Postulate, programmatische Willensbekundungen, die, mit Gesetzesvorbehalten versehen, kaum verbindlich waren, so daß die Realisierung des versprochenen *gesellschaftlichen Fortschritts* den jeweiligen Regierungsmehrheiten vorbehalten blieb.

In die Verfassung aufgenommen wurde auch der 48er Groß-
deutschlandtraum, der angesichts der außenpolitischen Lage Deutschlands Zeugnis eines ahnungslosen Dilettantismus war. Im Artikel
116 war die Vereinigung mit Österreich festgeschrieben, einen gleichen Beschluß hatte auch das österreichische Parlament gefaßt. Weit-
sichtige Politiker warnten davor, die Alliierten mit derartigen verpflichtenden Verfassungsartikeln zu provozieren, doch eigensinnig
beharrte die Mehrheit auf dem *Recht auf Selbstbestimmung,* ja mehr
noch, entschloß sich überdies für die großdeutschen Reichsfarben schwarz-rot-gold. *Der deutsche Freistaat,* so konnten die Bürger,
aber auch die Sieger nach der Abstimmung lesen, *das deutsche Reich
wählte in der Hoffnung auf den Anschluß Deutsch-Österreichs ein
neues Panier. Es ist das Wahrzeichen des einen großen Deutschlands.
Der Artikel 3 verkündet daher: Die Reichsfarben sind schwarz-rot-
gold.*

Zu den Großdeutschlandgelüsten gesellte sich ein weiteres verfassungsmäßig festgeschriebenes Unheil, das, gutgemeint, unter dem
Eindruck der revolutionären Unruhen der Sicherung der jungen Republik dienen sollte. Danach oblag es dem Reichspräsidenten, ex officio die Verfassung zu schützen. Direkt vom Volke gewählt, nahm er
gegenüber dem Reichstag eine selbständige Stellung ein. Als Oberbe-
fehlshaber der Reichswehr lag bei ihm die Reichsexekution gegenüber den Ländern, und bei erheblichen Störungen der öffentlichen
Sicherheit und Ordnung verfügte er über diktatorische Vollmachten, aus denen schließlich ein Notverordnungsrecht hergeleitet wurde. Diese weitgehenden Präsidialrechte konnten zwar vom Reichstag
eingeschränkt werden, vor allem hatte das Parlament das Recht, die
Notmaßnahmen des Präsidenten aufzuheben, doch bedurfte es dazu
konstruktiver Mehrheiten, die nicht immer vorhanden waren.

Erster Reichspräsident war der einstige Sattler Friedrich Ebert,
Sohn eines braven Schneidermeisters aus dem Badischen, seit Bebels
Tod Parteivorsitzender. Im Revolutionsjahr 1918 in der Regierungsverantwortung, versuchte er, in Deutschlands schwerster Stunde Bürgerkrieg und Chaos zu verhindern. Von der radikalen Linken als
Arbeiterverräter und von der Rechten als Hoch- und Landesverräter
geschmäht, trug er mutig und standhaft die verantwortungsvolle
Bürde. In der Nachfolge des strahlenden und redegewandten Kaisers
nahm sich das neue Staatsoberhaupt bescheiden aus, als Bürgerprä-
sident wollte er auf Glanz und Gloria verzichten, und selbst im Verkehr mit den akkreditierten Diplomaten verzichtete er auf Staatsre-

präsentation. Als sein Staatssekretär Otto Meißner ihm vorschlug, doch wenigstens gegenüber den ausländischen Gesandten ein wenig mehr Repräsentation zuzulassen entgegnete Ebert: *Vergessen sie nicht, daß wir in Deutschland in einem Trauerhause leben.* Diese Haltung ehrte den Präsidenten, sorgte aber auch für Mißverständnisse, denn andererseits unterstrich diese Kargheit auch die deutsche Büßerrolle, und so war der erste Mann der Republik für eine große Zahl der Deutschen das Symbol für das Nachkriegselend. Die gehässigen Angriffe von rechts und links trafen weniger die Person, sondern nagten an Amt und Staat. Konkursverwalter pflegen bei allen Beteiligten, Gläubigern wie Schuldnern wenig Sympathien zu erwecken, und so glaubte die dumpfe Volksmeinung, den Mangel und die Not ihrer pleiteverwaltenden Regierung anlasten zu können. Angesichts der Maßlosigkeit der Sieger konnten die Politiker keine Hoffnung predigen, und wenn sie es dennoch taten, folgte sogleich die wütende Reaktion des enttäuschten Volkes.

Retter aus der Not
Die Suche nach dem deutschen Messias

Geisteswissenschaftler, vor allem die Ethnologen kennen das weitverbreitete Phänomen: Unterdrückte, unter Fremdherrschaft oder Zivilisationsdruck stehende Völker entwickeln messianische Hoffnungsträume und pflegen einen mystisch-mythischen Erretter zu erwarten. Tief innen im Kyffhäuser wartete der sagenhafte Kaiser Barbarossa auf seine Wiederauferstehung, so erzählte eine Volkssage, um in Deutschlands höchster Not die Stämme zu einen und das Volk aus dem Elend zu führen. Freilich, das war eine Mär, so wie sich zahllose Sagen um die Wiederkehr des großen Preußenkönigs Friedrich rankten. Zumindest ikonographisch erinnerte man sich nun an diese großen deutschen Heroen und beschwor mit ihrem Ruhm Mut und Zuversicht: Billige Druckgraphiken wurden feilgeboten, auf denen Barbarossa zu sehen war, in der Bergeshöhle sitzend, sein Bart durch den Tisch gewachsen, oder Friedrich der Große, der goldgerahmt mit stahlblauen Augen in deutsche Wohnzimmer blickte, die Bildunterschrift sollte Mahnung und Aufforderung zum Widerstand sein: *Und meine Taten, habt ihr sie vergessen?*
Wer aber sollte in diesen Zeiten des nationalen Niedergangs der Retter sein, und woran sollte man den deutschen Messias erkennen?

Vergeblich hatte die Jugendbewegung nach der großen Führergestalt des ersehnten Jugendreiches gesucht, der Kaiser, die martialische Lichtgestalt des Jahrhundertendes, war nach Holland geflohen, und mit der Republik verband man die braven Biedermänner im Bratenrock, deren hehre Absichtsbekundungen an der Realität der Niederlage scheiterten.

Was den neuen Typus des Führers auszeichnete, darüber hatten vor allem im denkwürdigen Jahr 1917 die Künstler, Literaten und Gelehrten im Hause des Verlegers Eugen Diederichs debattiert. Zu diesem Kreis gehörte auch der angesehene Nationalökonom Werner Sombart, der in seinem Buch *Der proletarische Sozialismus* den Versuch unternahm, die *Idee des politischen Führertums* zusammenzufassen. Ein Führer, so legte Sombart dar, ist nicht nur Vorbild, denn ein Vorbild ist lediglich nacheiferungswürdig, er ist auch nicht Herrscher im monarchischen Sinne, denn ein Herrscher drückt etwas statisches aus, einen formellen Ausdruck der Willensbeeinflussung, ein Führer, so Sombart, setzt ein dynamisches, inhaltliches Wollen voraus, *aus eigener Machtvollkommenheit das Wollen und Handeln der Menschen auf ein von ihm gestrecktes Ziel hinzulenken ist das Bemühen des Führers, der den Kollektivwillen von Gruppen oder Ganzen bindet und zur Verwirklichung zu bringen trachtet. Vor allem ist ein Führer gläubig, sein Denken und Tun ist transzendent verankert, er fühlt sich als gottgesandt, eine Missionsidee beherrscht sein Handeln – auch wenn er nicht gläubig im christlichen Sinne ist, sondern lediglich von einer höheren Idee besessen, von einem Dämon getrieben wird.*

Eindeutig und gradlinig von seinen Intentionen beherrscht, wird er zum *Gestalter plastisch-praktischer Ideen.* Im Besitz der Idee von einer lebensfähigen Gemeinschaft betrachtet es der Führer als Lebensaufgabe, die Menschen zu diesem Ideal zu führen. Dieses Ideal, die staatliche und gesellschaftliche Harmonie, ist seine Vision, der Führer erlebt voraus, was er zu schaffen gedenkt. Für Sombart konnte diese Gemeinschaft *in ihrer höchsten irdischen Gestalt immer nur eine nationale Gemeinschaft sein, die Volksgemeinschaft, weshalb jeder echte Führer in diesem höheren Sinn national, völkisch, staatlich denkt.*

Für die Aufbauarbeit dieses großen Werkes setzte Sombart *Zucht, Autorität, Unterordnung, Ehrfurcht, Dienstbereitschaft und Opferwilligkeit* voraus. Neben der prophetischen Gewißheit des Kommenden bedurfte der Führer des eisernen Willens, dies alles auch durchzusetzen, wozu politisches Talent vonnöten, aber vor allem eine *geistige Unbefangenheit gegenüber den Mitteln der Machtdurchsetzung und der Sinn für das Wirksame* Voraussetzung war. Im Gegensatz zum parlamentarischen Volksvertreter macht der Führer keine Versprechungen, predigt nicht Glück, sondern Kampf, und weil zum Führertum der Held gehört, ergibt es sich, *daß er sachergeben, opferbereit und kampfbereit ist, das heißt er denkt nur an die Aufgabe, er ist nicht selbstsüchtig eitel, ja nicht einmal ehrgeizig, entschlossen für sein Werk, seine Idee zu sterben, im Kampf sieht er den letzten Sinn des Lebens. Er ist nicht weichlich, nicht genußsüchtig, sondern stählern mit einem Zug zur Askese.*

Indem der Führer seiner Idee verpflichtet ist, kann er auch kein Demagoge sein, denn der Demagoge ist nie Volksführer, sondern splittert Volksteile ab. Der Massenführer trachtet danach, das ganze Volk seinem willkürlich gewählten Ziel folgen zu lassen, wobei er sich nicht auf die wetterwendische Menge verläßt, er führt kraft seiner Autorität die durch seine Idee die zur Gefolgschaft gewandelte Masse. *Der echte Führer wendet sich immer an diejenigen Seelenkräfte, die nach oben, zum Licht führen, er weckt die aufbauenden positiven gemeinschaftsbildenden Instinkte und Gefühle, er befreit die Menschen, indem er sie über ihr enges Selbst hinaushebt. Niemals aber folgt der Führer den Süchten einer dumpfen Masse, wie Freiheit oder Gleichheit.* Weil er aber national und völkisch *denkt, führt er einen naturgegebenen Willen seiner Volksgenossen aus, eben den echten Willen, den diese Menschen haben sollen.*

Als Sombart dies niederschrieb, hatten sich bereits einige *Führer* dem deutschen Volke angeboten, die vor allem die Jugend für ihre Heilsideen zu begeistern versuchten. In München hatte sich der junge Ernst Toller dem Führer der Radikalsozialisten, Kurt Eisner, angeschlossen. Doch der ersten Räterepublik auf deutschen Boden war ein rasches Ende durch eine energische Reichsexekution beschieden. Der Traum der Linksintellektuellen zerstob in den Haftanstalten oder endete vor den Erschießungspeletons der *Konterrevolution.* Einem wundersamen Geschick hatte es Toller zu verdanken, daß er nicht erschossen, sondern in Haft genommen wurde, wo er sich seine Enttäuschung und Resignation von der Seele schrieb.

Eine Jugend in Deutschland betitelte er seine Lebensbeschreibung, schilderte darin den Lebensweg eines jungen Juden, der sich in seiner polnischen Umgebung als Deutscher empfunden hatte, doch von den Deutschen abgewiesen fühlte, der im Weltkrieg für Deutschland gefochten und dennoch einen offenen und versteckten Antisemitismus gespürt hatte, und der sich schließlich vom Internationalismus der Arbeiterklasse Emanzipation versprach. In seinen subalternen Bewachern erkannte er das gefährliche Potential an Bösartigkeit und feiger Gemeinheit des kleinen Mannes, wenn ihm denn die Macht gegeben war, wenn er im Dienste für Ruhe, Ordnung und Sauberkeit seine rechtslegitimierten Grausamkeiten ausleben durfte.

Die radikale Linke war durch die Ereignisse in München zum Bürgerschreck geworden, zumal die Namen der Führer ihre Herkunft verrieten, so daß sich an ihnen der kleinbürgerliche Fremdenhaß entzündete: Ostjuden, Knechte der Bolschewisten, mit denen *abgerechnet* werden sollte. Thomas Mann schrieb nieder, was der anständige Bürger dachte: *Wir sprachen auch von dem Typus des russischen Juden, des Führers der Weltbewegung, dieser sprengstoffähnlichen Mischung aus jüdischem Intellektual-Radikalismus und slawischer Christus-Schwärmerei. Eine Welt die noch Selbsterhaltungsinstinkt besitzt, muß mit aller aufbietbaren Energie und standrechtlicher Kürze gegen diesen Menschenschlag vorgehen ...* Und so geschah es dann auch, in München, in Berlin und anderswo in Deutschland wurde von Reichswehr und Freiwilligenverbänden im Auftrag der sozialdemokratischen Regierung in *standrechtlicher Kürze* dem Treiben ein Ende gemacht. Aus Sicht der Radikalsozialisten war das die Konterrevolution, die eine Änderung der revolutionären Taktik erforderlich machte, nämlich das parlamentarische System konspirativ und mit offener Gewalt zu bekämpfen.

Bei den Rechten wollte sich ein *Führer* zunächst nicht zeigen. Konservative Monarchisten, national-sozial-antisemitische Eiferer und romantisch-jugendbewegte Landsknechtshaudegen fanden keine gemeinsame Basis des politischen Handelns. In kleinen Zirkeln debattierte man über das *Kommende*, ohne dem ersehnten Zukunftsreich visionäre Gestalt verleihen zu können. Bereits in den ersten Revolutionstagen hatte Moeller van den Bruck im chaotischen Berlin einige Freunde um sich geschart, die sich schließlich in der *Vereinigung für nationale und soziale Solidarität* zusammenschlossen. Hier lauschte man dem Meister, der sich Heil von einem geläuterten Konservativismus versprach. Sein Buch *Das Dritte Reich* war zugleich Programm.

Der Traum vom *Dritten Reich* war nicht neu, bereits im Mittelalter geisterte es durch die Hirne, um die Wende zum 20. Jahrhundert hatte Johannes Schlaf einem Roman diesen Titel gegeben, dessen Held sich auf die Suche nach einer Alternative zum Sozialismus und Materialismus begeben hatte, und auch Thomas Mann träumte angesichts des Zusammenbruchs der alten Ordnung vom *Dritten Reich*, erklärte es zum Kriegsziel.

Die über das kommende Reich nachsinnenden Freunde um Moeller van den Bruck, die *Solidarier*, hatten sich als Dachverband für ihre politische Arbeit den *Verein Kriegerhilfe Ost* des Majors i.G. von Willisen ausgesucht – eine Symbiose, die sich als äußerst nützlich erwies und von der alle profitierten. Die Osthilfe benötigte für die expansive Grenzarbeit im Osten politische Aktivisten, und da sie mit ausreichenden Geldmitteln ausgestattet war, ermöglichte sie den *Solidariern* die Herausgabe einer eigenen Publikation, das Wochenblatt *Gewissen* und die Gründung des *Juni Clubs*.

Moeller van den Bruck gab sich und seinen Freunden die Bezeichnung *Konservative Revolutionäre*, eine Contradictio in adiecto, wenn man den Ursprung und das Wesen des Konservativismus, namentlich in Preußen, kannte. Konservativ und Revolution schlossen sich aus, und selbst die schwögen nationalistischen Reichsideen entsprachen nicht dem konservativen Denken. Auf ein gefährliches Terrain begab sich Moeller van den Bruck am Ende des Krieges mit seiner Entgegnungsschrift auf des amerikanischen Präsidenten Wilson europäische Neuordnungspläne, der er den Titel *Das Recht der Völker* gab. Es war eine Kritik am wilhelminischen Deutschland und zugleich eine politische Forderung für die zukünftige Gestaltung Europas. Das Industriezeitalter war unleugbar mit der Massengesellschaft verknüpft, Masse aber bedeutete Verproletarisierung und damit Verlust der überkommenen Werte, vor allem das Ende der Nationen.

Die nationale Erstarkung, und hier griff Moeller den national-sozialen Gedanken Friedrich Naumanns auf, war ohne die Lösung der sozialen Probleme nicht zu erreichen. Im wilhelminischen Deutschland hatten die Industriekapitalisten mit den Marxisten um die Verteilung des Erwirtschafteten gerungen, große Gewinne der Kapitalisten hatten höhere Lohnforderungen zur Folge, die von den Arbeitern, wenn nötig, mit einem Arbeitskampf erzwungen wurden. Beide, Arbeitgeber und Arbeitnehmer, waren an der Expansion der Wirtschaft interessiert, denn sie bedeutete für alle Profit. Aus Profitsucht forderten die Unternehmer Kolonien und schließlich die Annexion größerer Gebiete in Europa, doch Moeller van den Bruck ging es nicht um Profit, deutscher Annexionismus, die Ausweitung deutschen Lebensraumes war das eigentliche soziale Problem der Zeit, denn das *Volk* darbte und wurde in seiner nationalen Entwicklung behindert, weil es überbevölkert und vermasst nicht genügend *Raum* hatte. Der zum Programm gewordene Begriff *Volk ohne Raum* war eine Schöpfung Moeller van den Brucks, von seinem Freund Hans Grimm aufgegriffen, entstand unter diesem Titel ein Roman, der bald zu einem Bestseller wurde.

Nationaler Sozialismus hieß für Moeller Gerechtigkeit, nicht in der Verteilung der Güter, sondern bei der Landverteilung: *den Entvölkerten treten die Überbevölkerten entgegen.* Eine Nation, fleißig Güter und Kinder produzierend, kraftvoll strebend, sollte das Recht haben, sich das Land der Faulen, der Kinderlosen als Akt sozialer Gerechtigkeit nehmen zu dürfen, so wie zur Zeit der Völkerwanderung die Germanen unterbesiedeltes Land eroberten oder in Gebiete drängten, deren Bewohner durch Mißwirtschaft und Sittenlosigkeit das Recht des Besitzes verloren hatten. Aus der ewigen Kampfidee vom Großdeutschen Reich sollte diese kraftvolle Idee vom großen, neuen *Dritten Reich* erwachsen. Und so träumten die Moeller-Jünger von dieser Verheißung, vom Kommenden, ohne daß der Meister sagen konnte, wann und wie dieser Traum sich erfüllen würde.

Die Menschheit hat sich immer Aufgaben gestellt, so beruhigte Moeller van den Bruck die Verzagten und Zweifler, *die sie nicht lösen kann. Hier liegt ihre Größe, hier ist ihr Genius, der sie leitet, hier ist der Dämon der sie treibt. Der deutsche Nationalismus ist Streiter für das Endreich. Es ist immer verheißen – und es wird niemals erfüllt. Es ist das Vollkommene, das nur im Unvollkommenen erreicht wird, und es ist besondere Verheißung des deutschen Volkes, die ihm alle anderen Völker streitig machen. Sie haben im Weltkrieg das Reich um des Reiches Willen bekämpft, um der Weltherrschaft willen, an der wir unseren sehr materiellen Teil haben wollen, den man für einen imperialistischen Anspruch hielt. Ein jeder von ihnen mochte selber ein Reich sein, Reich im Bereich des lateinischen, des angelsächsischen, des alt slawischen Gedankens. Sie haben unser materielles Reich vernichtet. Auch jetzt noch fürchten sie seinen politischen Schatten. Aber das Reich mußten sie lassen stehen. Es gibt nur ein Reich, wie es nur eine Kirche gibt. Was sonst diesen Namen beansprucht, das ist Staat, oder das ist Gemeinde oder Sekte. Es gibt nur ein Reich, der deutsche Nationalismus kämpft für das mögliche Reich. Der deutsche Nationalist ist als deutscher Mensch noch immer ein Mystiker – aber als politischer Mensch ist er Skeptiker geworden.*

Skepsis war angesichts der katastrophalen Niederlage Deutschlands in der Tat geboten, und so hieß es nun, mit gebundenen Händen zu hoffen und zu harren. Einstweilen konnte der *Juni Club* lediglich agitieren, in Vorträgen bei der bündischen Jugend und nationalen Zirkeln vom Kommenden schwärmen und an der Gestaltung des *neuen Menschen* wirken. In seinen Wanderjahren hatte Moeller van den Bruck die westliche Welt und ihren Materialismus verachten gelernt und, angeregt durch den Kontakt zu russischen Emigranten, das kraft-und seelenvolle Slawentum bewundert. Nun, im Berlin der Nachkriegszeit, lernte er auch die ehemalige zaristische Führungsschicht kennen, jene Elite, vor der seine russischen Freunde in die Schweiz und nach Frankreich geflohen waren. Anders als bei seinen deutschen Landsleuten, die von Parteiungen und Ideologien zerrissen waren, einte die Russen eine tiefe Liebe zur russischen Erde, offenbarten sie alle ein kaum zu ergründendes russisches Wesen.

Der Deutschen *Wesenheit* wollte Moeller erfahren, und die russische Literatur sollte ihm den Weg weisen. Kein Wort, kein Gedanke sollte durch mangelhafte oder verwestlichende Übersetzungen verloren gehen, und so lernte er zusammen mit seiner Schwägerin und mit Hilfe seines Freundes Mereschowski russisch. Gemeinsam übersetzten sie Dostojewski, Satz für Satz sollte dieser große Geist ergründet werden. Die Auseinandersetzung mit dem vorrevolutionären Rußland ließ ihn den Kontakt zu deutschen Kommunisten suchen, wohlwollend verlief ein Gespräch mit dem Radikalsozialisten Karl Radek. Unter dem Schutt des westlichen Einflusses die deutsche Seele zu entdecken, blieb für Moeller van den Bruck jedoch eine qualvolle Sisyphusarbeit und führte schließlich zu einer depressiven Verzagtheit. Den Freunden vermochte er seine ahnungsvollen Gefühle und Visionen kaum noch mitzuteilen, unfähig in Worte zu kleiden, was er als deutsche Wesenheit erspürte, vereinsamte der immer noch verehrte Meister, irritierte seine Jünger, wenn er wirren Blickes Dante und die Edda rezitierte, um sodann mit stierem Blick in ein langes Schweigen zu verfallen.

Moeller van den Bruck wußte, daß vor ihm die Suche der großen Deutschdenker und Wesenheitssucher in geistiger Umnachtung geendet hatte. Aus Furcht, ihr Schicksal teilen zu müssen, erschoß er sich mit den Worten: *Ich rette unsere Sache.* Ein Getreuer, Hans Schwarz, schrieb in seinem Nachruf: *Als Dämonen ihn erniedrigen wollten, starb er einen germanischen Tod.* Ratlose Freunde ließ Moeller van den Bruck zurück, ihr *Drittes Reich* blieb hoffnungsvolles Ahnen, Zukunftsvision.

Deutsche Wesenheit, die deutsche Seele suchte auch der in Moskau geborene Komponist Hans Pfitzner, auch ihm fehlten die Worte, und so setzte er das Unaussprechliche in Noten, komponierte seine romantische Kantate: *Von deutscher Seele*. Die Kritiker glaubten *ein Zeugnis Deutscher Romantik* herausgehört zu haben, dramatisch vertont, offenbarte sich die Wesenheit der Deutschen: *Nachdenklich, übermütig, tiefernst, zart, kraftvoll und heidnisch*. Widersprüche, tief in der deutschen Seele wirkend, erhielten durch Pfitzners Musik eine versöhnliche Komponente, ja mehr noch, so ein Kritiker, *diese tiefinnerliche Zerrissenheit wird Chance und Hoffnung sein*.

Die musikalische Seelensuche wurde ergänzt durch ein Traktat des Marburger Philosophen Paul Natorp, das er *Die Seele des Deutschen* betitelt hatte. In der 9. Symphonie Beethovens hatte er die deutsche Seele entdeckt, ja mehr noch, auch das Heil der Welt, das er aus dieser deutschen Seele fließen sah.

Während in Deutschland noch tief im Urgrund der Mythen geschürft wurde, nach der Seele der Deutschen, nach Wesenheit und nationaler geschichtlicher Bestimmung, aber auch darüber nachgesonnen wurde, wie der Retter aus Not und Verzagtheit, der Führer des Dritten Reiches, der deutsche Messias aussehen würde, hatte sich Italien bereits seine Lichtgestalt erkoren, den Duce, Benito Mussolini, der seinem Volk in wenigen Sätzen seine Idee vom Reich dargetan hatte: *In der Lehre des Faszismus ist das Reich nicht nur ein territorialer oder militärischer oder händlerischer Begriff, sondern ein geistiger oder moralischer. Man kann sich ein Reich denken, das ist ein Volk, das direkt oder indirekt andere Völker führt, ohne es nötig zu haben auch nur einen einzigen Quadratzentimeter Land zu erobern. Für den Faszismus ist das Streben nach einem Reich, d.h. nach Ausdehnung der Nation, eine Offenbarung der Lebenskraft; sein Gegenteil ist ein Zeichen der Dekadenz. Völker, die sich erheben, oder wiedererheben, sind imperialistisch, Völker die sterben, verzichten*

Gewiß, auch in Deutschland offerierten sich einige Herren als Führer, doch so sehr sie sich bemühten – das Charisma des italienischen Duce fehlte ihnen. Die deutsch-völkische Bewegung hatte sich ihren Führer zwar erkoren, Herrn von Graefe-Goldebee, den *roten Junker,* wie ihn seine mecklenburgischen Gutsherrnnachbarn nannten, nicht etwa, weil er sozialdemokratische oder gar kommunistische Ideen vertreten hätte, ihnen genügten die national-sozialen Phantastereien für die schmähende Bezeichnung, der zuweilen noch hinzugefügt wurde, daß der Vater als berühmter Augenarzt geadelt worden war, der Sohn also gut daran getan hätte, sich dieser Ehre würdig zu erweisen. Stattdessen hatte er im Verlauf des Parteitages der Deutsch-nationalen im Oktober 1922 zusammen mit den Delegierten Henning und Wulle den Antrag gestellt, eine *deutschvölkische Arbeitsgruppe* zu bilden, die sich gezielt mit der *sogenannten Judenfrage* beschäfti-gen sollte. Dies wurde mehrheitlich abgelehnt, schließlich gab es in der Partei zahlreiche jüdische Mitglieder, achtenswerte Bürger, auf deren Mitgliedschaft man nicht verzichten wollte.

Die Konservativen, Juden und Nichtjuden, sympathisierten mit dem *Verband nationaldeutscher Juden*, den 1921 Dr. Max Naumann gegründet hatte und der, parteipolitisch ungebunden, *deutsche Inte-ressen vertrat und tatkräftig alle internationalistischen Bestrebungen abzuwehren gedachte*. Antikommunistisch und antizionistisch ge-sonnen, sollte *das Nationalgefühl den Abgrund der Stammesver-schiedenheit überbrücken*. Unterstützenswert, weil damit die *Juden-frage* gelöst, erschien den Deutschnationalen Naumanns Bestreben, den Zufluß von Ostjuden zu inhibieren, *weil die deutschen Juden*, so Naumann, *seit Jahrhunderten im Heimatboden verwurzelt seien, ein gleicher Kulturzusammenhang bestehe, das gleiche Schicksal getra-gen haben und die gleiche Sprache pflegen*.

Die Niederlage der antisemitischen Rebellen in der Deutschnatio-nalen Volkspartei führte zur Spaltung, Graefe-Goldebee, Hennig und Wulle gründeten die *Deutschvölkische Freiheitspartei*, ihre Abgeord-netensitze im Reichstag behielten sie. Damit hatte der Antisemitis-mus im Parlament wieder eine Stimme, erhielten die *Deutschvölki-schen* als Mittelstandspartei in der Öffentlichkeit Gehör.

In deutschen Parlamenten gab es von Anbeginn, seit der Frankfur-ter Paulskirchenversammlung lautstarke Hasser und Hetzer, die im Judentum den Feind der Deutschen sahen. Damals, 1848 eine Einzel-stimme, doch in den Gründerjahren durch die sogenannte *Berliner Bewegung* des Hofpredigers Adolf Stoecker salonfähig geworden, gründete sich 1880 die *Antisemitenliga*, daraus entstand der *Deut-sche Volksverein* unter der Leitung eines Herrn Liebermann von Son-nenberg, dem freilich unterstellt wurde, daß die Gründung dieses Vereins ihm einen makellosen arischen Nachweis schenken sollte. Radikalere Thesen vertrat Ernst Henrici mit seinem *Socialen Reichs-verein*, der 1886 maßgeblich am Zustandekommen eines antisemi-tischen Kongresses in Kassel beteiligt war. Trotz unterschiedlicher Auffassungen, entschloß man sich zum Zusammenschluß in der *All-gemeinen deutschen antisemitischen Vereinigung*, mit Erfolg, denn einig stark geworden, gelang es, einige Reichstagsmandate zu gewinnen. Ermutigt vom Erfolg, beschloß ein folgender Kongress in Bochum den keinbügerlich-mittelständischen Aspekt der Bewegung herauszustreichen, und so wurde abermals gegründet, der neue Name der Partei lautete *Deutsch-sozial-antisemitische Partei,* die allerdings dem mehr demokratisch-republikanischen Flügel unter einem Herrn Böckel zu konservativ war, der alsdann mit einer *Antisemitischen Volkspartei* zur Reichstagswahl antrat. Tatsächlich konnte diese Partei fünf Abgeordnete ins Parlament entsenden, zusammen mit den anderen antijüdischen Vereinigungen, stellten die Antisemiten insgesamt 13 Volksvertreter, die sich die *Bekämpfung des politischen und wirtschaftlichen Judentums* zum Ziel gesetzt hatten. Die Revolution hatten diese Parteien nicht überlebt, ihr Erbe trat nun die *Deutschvölkische Freiheitspartei* an.

Die Führerfrage wurde auch im Kreis um den einstigen General, nun zum Professor für Geopolitik erhobenen Karl Haushofer debattiert. Einer seiner Schüler war der *aus gutem Hause* stammende und in den Nachkriegswirren nach einem neuen Betätigungsfeld suchende Kriegsheimkehrer Rudolf Heß. Geopolitisch zwingend, so hatte er von seinem Mentor Haushofer erfahren, sei eine deutsche Expansion, die Erweiterung des deutschen Reichsgebietes, worauf sich der Schüler über den künftigen Erretter aus deutscher Not Gedanken machte. In einem kleinen Aufsatz beschrieb er die deutsche Schmach nach dem verlorenen Krieg, die aber trotz des Verrats und der Untreue Hoffnung bot, daß eine charismatische Figur auferstehen würde, die mutig und unbeirrt das sozial, ständisch und völkisch zerrissene Deutschland einige.

In dieser Zeit hörte Heß von einer Gruppe in München, die sich in einem völkischen Geheimorden zusammengeschlossen und bereits ihren *Führer* gefunden hatte: Rudolph Freiherr von Sebottendorf, ein Mann, der wie Heß längere Zeit in Ägypten gelebt hatte und schließlich einige Jahre vor dem Krieg als Ingenieur in Konstantinopel tätig gewesen war. Hier hatte er versucht, einen theosophischen Orden zu gründen, doch bei Kriegsausbruch zog es ihn in die Heimat, nicht in seinen Geburtsort Hoyerswerda, sondern nach München, wo er ungeachtet des Burgfriedens politisch tätig werden wollte. Trotz der notvollen Kriegsjahre führte er ein großes Haus mit einer zahlreichen Dienerschaft, vom Mangel an Lebensmitteln war er nicht betroffen, und so war man gern bei ihm zu Gast, nahm entzückt seine Einladungen zu *politischen Gesprächen an.* Im Hungerjahr 1917 beschloß er schließlich die Neugründung des vor etlichen Jahren eingegangenen

Germanenordens, der sich der Reinhaltung des deutschen Blutes widmen sollte.

Mitglied des Ordens konnte jeder Deutsche werden, der seine Blutreinheit bis in das dritte Glied nachzuweisen vermochte. Eine weitere schöne Zutat der Logensatzung bedeutete die erwünschte Mitgliedschaft von Frauen, der Germanenorden sollte kein Männerbund sein, sondern im Gegenteil, dazu beitragen, daß sich rassisch gesunde Menschen hier kennenlernten und womöglich den Ehebund schlossen. Die hermetischen Logensitzungen dienten der völkischen Erbauung und Belehrung sowie der politischen Schulung. Außerhalb des Ordens sollten die Brüder und Schwestern die Rasselehre verbreiten, vor der *Rassevermanschung* warnen und vom künftigen Großgermanischen Reich künden, den Zusammenschluß aller arischen Völker, selbstverständlich unter deutscher Führung. Im festlichen Rahmen konnten Weihnachten 1917 die Ordensräume geweiht werden, und trotz des Mangels an Papier gelang es Sebottendorf, zum gleichen Zeitpunkt ein Vereinsblatt erscheinen zu lassen. Honorige Bürger hatten sich dem Orden zugesellt, auf den Syndikus des Vogelschutzvereins, Herrn Gaubatz, und den Vorsitzenden des Schulvereins, Herrn Schulrat Rohme, war Sebottendorf besonders stolz.

Dem Ordensblatt wurden werbende Gelöbnisurkunden beigelegt, die zu einem Blutbekenntnis aufforderten. *Unterzeichneter versichert nach bestem Wissen und Gewissen,* so lautete der Text, *daß in seinen und seiner Frau Adern kein jüdisches oder farbiges Blut fließt und daß sich unter den Vorfahren auch keine Angehörigen der farbigen Rassen befinden.* Nach Einsendung dieser Versicherung wurde dem Kandidaten ein Werbeblatt mit zwei Hakenkreuzen und einem Wodansbild übersandt, sodann folgte die Aufforderung, ein Lichtbild zur weiteren Rasseprüfung vorzulegen. Die für reinrassig Befundenen hatten noch eine Probezeit zu absolvieren, um schließlich in einer feierlichen Weihestunde mit der Verleihung des *Freundschaftsgrades, als verirrte Arier zum deutschen Halgadom zurückzukehren.*

Der große Zulauf machte es notwendig, in den Münchener *Vier Jahreszeiten* weitere Räume anzumieten. Auch das bisherige Mitteilungsblatt wurde als zu bescheiden empfunden, und so erwarb Sebottendorf den *Münchener Beobachter,* ursprünglich das Fachorgan der Fleischerinnung, aus dem der Herausgeber Franz Eher später ein Sportblatt gemacht hatte. Von der Witwe Eher kaufte Sebottendorf für 5000 Mark das Verlagsrecht. Das Blatt hatte keine Abonnenten, sondern wurde auf der Straße vertrieben, die stets aktuellen Nachrichten vom Sportgeschehen machten das Blatt besonders bei der Jugend beliebt, ein Umstand der dem Germanenorden gerade recht war, denn vor allem sollte die Jugend rassenpolitisch indoktriniert werden. Insbesondere in einem Sportblatt war deutlich zu machen, daß in einem sportlich gestählten germanischen Körper auch ein germanischer Geist wohnen sollte, Rasseneinheit auch Volksgesundheit bedeutete. Aus zunächst unerklärlichen Gründen hielt sich Sebottendorf stets im Hintergrund, als Eigentümerin des *Beobachters* bestimmte er die Ordensschwester Fräulein Käthe Bierbaumer.

Als die Revolution ausbrach hatte Sebottendorf bereits sein *völkisch-nationales Netzwerk* geflochten, doch der Geheimorden blieb nicht geheim, die Räteregierung erfuhr von den Aktivitäten der Gruppe und verhaftete am 26. April 1919 sieben Mitglieder der sich nun *Thuleorden* nennenden nationalen Loge. Vom Ordenssaal in den *Vier Jahreszeiten* verfrachteten einige Rotgardisten die Häftlinge in ein Revolutionsgefängnis, wo sie sogleich erschossen wurden. Der in der Öffentlichkeit des ganzen Reiches beachtete Märtyrertod kam dem Thuleordenchef für seine weiteren Pläne nicht ungelegen, bereits seit längerem hatte er eine Parteigründung geplant, eine Partei, die die Ordensziele politisch umsetzen sollte. Bruder Karl Harrer wurde auserwählt, einen Arbeiterring zu bilden, der die national-soziale Idee Friedrich Naumanns in die Arbeiterschaft bringen sollte. Als Agitator wurde ihm der redegewandte Bruder Gottfried Feder beigesellt. Bedauerlicherweise fanden die beiden kaum Arbeiter, die sich für den Nationalsozialismus begeistern konnten, was sie nicht hinderte, dennoch eine *Deutsche Arbeiterpartei* zu gründen. Vorsitzender war Karl Harrer, der jedoch bald darauf verstarb. Für seine Nachfolge war tatsächlich ein Arbeiter gefunden, der Metalldreher Anton Drexler. Sebottendorf hatte der Partei auch den *Münchener Beobachter* überlassen und einer Umbenennung in *Völkischer Beobachter* zugestimmt.

In diesem Blatt fand sich unter der Rubrik *Aus der Bewegung* in der 55. Ausgabe vom 22. Oktober 1919 ein kurzer Bericht: *Im Hofbräuhaus hat Herr Dr. Erich Kühn über das Thema »Die Judenfrage – eine deutsche Frage« einen Vortrag gehalten. Die Diskussion gestaltete sich sehr lebhaft. Herr Hitler von der DAP behandelte mit zündenden Worten die Notwendigkeit des Zusammenschlusses gegen den gemeinsamen Völkerfeind.* Bereits in der 63. Ausgabe des *Völkischen Beobachters* wurde *Herr Hitler* schon als Parteiredner gewürdigt. Sein Vortrag über den Frieden von Brest–Litowsk, im Gegensatz zum Versailler Diktat ein wirklicher Friedensvertrag, so Hitler, erweckte *tosenden oft sich wiederholenden Beifall über die gediegenen Ausführungen Herrn Hitlers.*

Neben der DAP hatte Sebottendorf noch eine weitere Partei gegründet, die DSP unter der Leitung des Betriebsleiters Georg Grassinger, der bald in den Schatten des wortgewaltigen Adolf Hitler geriet. Die Nürnberger Gruppe der DSP beschloß auf Drängen des dortigen Thule-Mitglieds Julius Streicher, Germanenorden und Partei in die DAP zu überführen, womit ein neuer Name gefunden werden mußte. Man einigte sich auf *Nationalsozialistische deutsche Arbeiterpartei, NSDAP.* Als Parteiemblem übernahm die Partei vom Thuleorden das Hakenkreuz und als Kampfruf den Ordensgruß *Sieg Heil.* Mit dem Eintritt Adolf Hitlers in die Partei verlor Sebottendorf zunehmend an Einfluß, und bisweilen kamen auch einige Zweifel bezüglich seiner Vergangenheit auf. Kenner adeliger Sitten empfanden den Baron als zu forciert vornehm und zuweilen erschien er ihnen wie ein schlechter Komödiant, der einen Adeligen zu spielen hatte.

Unbekannt blieb, wer der *Münchner Post* einen Tip gegeben hatte, den Lebenslauf des Baron von Sebottendorf näher zu durchleuchten. In einem Enthüllungsbericht offenbarte das Blatt, daß der Ordensstifter gar kein Baron war und auch nicht Sebottendorf hieß. Sein bürgerlich-schlichter Name lautete Rudolf Jauer, Kind braver Kleinbürger aus Hoyerswerda. Für seine Behauptung, er sei von einem Herrn Siegmund von Sebottendorf-Rose nach türkischem Recht adoptiert, vermochte er keine Belege vorzulegen, und die Umstände der Verleihung der türkischen Staatsangehörigkeit erhärteten den Verdacht, daß er sich bei Kriegsausbruch dem Waffendienst für Kaiser und Vaterland entzogen hatte.

Als unstrittig erwies sich, daß der falsche Baron mit einem großen Vermögen gesegnet war, doch hatte ihn seine Ehegattin wegen seiner Verschwendungssucht unter gerichtliche Zwangsverwaltung stellen lassen. Die Verschwendungssucht betraf vor allem seine kostspieligen amourösen Abenteuer und die aktive Teilnahme an der rassisch-reinen Partnervermittlung des Ordens. Seine Zuneigung zu Schwester Fräulein Bierbaumer, die er mit ihrer Ernennung zur Verlegerin des *Völkischen Beobachters* bekräftigte, blieb seiner Gattin nicht verborgen, zu Recht bezichtigte sie den Gatten des Ehebruchs. Angesichts der erdrückenden Beweise verzichtete Jauer auf den von den Ordensmitgliedern erwarteten Verleumdungsprozeß gegen die Zeitung und zog es vor, sich als Märtyrer der Bewegung zurückzuziehen. Er ging wieder in die Türkei, wo er sich wenige Tage nach dem Freitod jenes Mannes, dem er die Partei überlassen hatte, am 8. Mai 1945 erschoß.

Landsknechte der Revolution

So sehr auch die Zivilisten, die Intellektuellen, Schwadroneure und gelehrten Geister über die Führerfrage nachsannen, aus Mythen und Mären einen deutschen Messias konstruierten, fern der bürgerlichen Welt – draußen an der Front war ein neuer Typus des Führers entstanden. Das Fronterlebnis hatte eine Generation geprägt, und nun in die Heimat zurückgekehrt, sprach man vom politischen Soldatentum. Draußen in den Schützengräben hatte man die bürgerliche Welt mit ihren Konventionen und Standesschranken hinter sich gelassen. Das gemeinsam ertragene Elend im Schlamm und Dreck, die schmucklose Kriegertracht des Frontsoldaten hatte sie zur grauen Masse gemacht, was galt in der Todesbedrohung noch Rang und Stand:

Dies waren ja keine Arbeiter, Bauern, Studenten, nein dies waren nicht Handwerker, Angestellte, Kaufleute, Beamte, nicht Verkleidete, nicht Befohlene, nicht Entsandte, dies waren Männer, die dem geheimen Anruf gehorchten, dem geheimen Anruf des Blutes, des Geistes, Freiwillige so oder so, Männer die eine harte Gemeinsamkeit erfuhren und die Dinge hinter den Dingen – und die im Krieg ihre Heimat fanden. Die Front war deren Heimat, war das Vaterland, die Nation, schrieb Ernst von Salomon und fuhr fort: *Niemals werden sich diese Männer wieder dem Althergebrachten beugen, dieses Hineinfügen in die friedliche, in die gefügte, in die bürgerliche Welt, darum werden sie, die Soldaten, marschieren für die Revolution, für eine andere Revolution, ob sie wollen oder nicht, gepeitscht von Gewalten, die wir nicht ahnen können, Unzufriedene, wenn sie auseinandergehen, Sprengstoff wenn sie beisammen bleiben.*

Das Frontheer blieb nicht beisammen, der Friedensvertrag hatte die Armee auf 100000 Mann reduziert, der Rest wurde entlassen, und so kehrte die Mehrheit zu ihren Familien zurück, kehrte zurück an ihre Arbeitsstätten, der Handwerker in seine Werkstatt, der Arbeiter in die Fabrik, der Bauer auf seinen Hof, der Angestellte ins Büro.

Aber da war auch noch der *verlorene Haufen,* Männer, die das Kriegserlebnis nicht hinter sich lassen wollten, es für undenkbar hielten, in die bürgerliche Welt zurückzukehren. *Ungebändigte, Ungebärdige, nannte sie Salomon, Ausgestoßene, aus der Welt der bürgerlichen Normen, Versprengte, die sich in kleinen Gruppen sammelten, ihre Front zu suchen. Da waren viele Fahnen, um die sie sich sammeln konnten. Landsknechte waren sie – wo war das Land, dem sie Knechte waren? Den großen Betrug des Friedens hatten sie erkannt, sie wollten nicht teilhaben an ihm. Sie wollten nicht teilhaben an der bekömmlichen Ordnung, die man ihnen schleimig pries. Sie waren unter Waffen nach einem unbeirrbaren Instinkt. Sie knallten allerorts herum, weil ihnen knallen Spaß machte ... weil ihnen überall der Ruch herber Abenteuer winkte. Und dennoch suchte jeder etwas anderes und gab andere Gründe für sein Suchen an, das Wort war ihnen noch nicht geboten. Sie ahnten das Wort, ja sie sprachen es aus und schämten sich vor dessen verwaschenen Klang. In tiefer Dumpfe eingehüllt stand das Wort, verwittert, lockend, geheimnisreich, tragische Kräfte strahlend, gespürt und doch nicht erkannt, geliebt und doch nicht geboten. Das Wort aber hieß Deutschland. Wo aber war Deutschland? War es beim Volk? Das schrie nach Brot und wählte seine dicken Bäuche.*

Aus den Zeiten des Friedens hatten sich die großdeutschen Sehnsüchte und Hegemonialansprüche über die katastrophale Niederlage hinübergerettet, nicht mehr aus kapitalistischer Expansionsgier, sondern als kulturdüngende Tat zur Errettung der Welt. Das neue Deutschland, *in verwegenen Hirnen brennend*, konnte nicht aus intellektueller Vernunft oder aus Parteiprogrammen erwachsen, das *Kommende*, die neue Zeit, stand schicksalhaft bevor, sie konnte nur ein Ahnen sein, unbeschreibbar war es ein wirrer Traum aus Angst und Hoffnung.

In Berlin gründeten sich politische Büros aller Couleur, sie taten sich wichtig und konspirativ, die alten Männer einer abgelebten Zeit, die blutleer und ohne Opferbereitschaft sich Mut zu machen suchten, und lediglich den alten Zeiten nachtrauerten. Die gewählten Volksvertreter, die Politiker, Gewerkschaftssekretäre, Politjournalisten und Parteifunktionäre, die neue Führungsschicht, kleine Leute, die nun das Elend zu verwalten hatten und, der Erfüllungspolitik geziehen, die wütenden Attacken der Rechten erdulden mußten und von der Linken als Konterrevolutionäre geschmäht wurden, dilettierten, weil politisch unerfahren und ideologisch verbiestert, das Reich in eine hoffnungslose Lage. Es war ja richtig, die Siegermächte waren im Begriff, das Reich hemmungslos auszuplündern, aber bald wurde deutlich, daß sich die Feindkoalition über die künftige Rolle Deutschlands im kommunistisch bedrohten Europa nicht einig war. In dieser Situation war staatsmännische Weisheit gefordert, doch das Elend und die wirtschaftliche Not überschatteten alles Handeln, ließen keinen Raum für diplomatisches Ränkespiel mit den Alliierten.

Als im Osten der Sturm gen Westen begann, warb die Regierung auf Geheiß der Engländer deutsche Freiwillige an. Sie sollten Europa vor der roten Flut bewahren, von britischen Offizieren beobachtet, standen deutsche Freiwilligensoldaten wiederum an der Front. Unter dem Kommando meist junger Frontoffiziere führten sie an der Seite der Balten einen mitleidlosen, erbitterten Kampf. Es war ein Krieg, den es offiziell nicht gab, ein Krieg *verlorener Haufen*, der ohne Haager Landkriegsordnung und ohne die ehernen Gesetze der Kriegskunst auskam. *Ein Bund von Kriegern waren wir*, schreibt Ernst von Salomon, *durchtränkt mit aller Leidenschaft der Welt, toll im Begehren, jauchzend im Nein und Ja.*

Der Osten, das war für die jungen Krieger aus dem Altreich ein fernes Land, die Trutzburgen der Ordensritter erzählten ihnen deutsche Kolonialgeschichte, hier an der Nahtstelle zweier Kulturen, wiederholte sich der alte Ruf, *gen Ostland woll'n wir reiten*. Nun, da die Nachkommen der Kolonisten in Bedrängnis waren, erbittert gegen die *asiatische Flut* anrannten und wieder einmal zu beweisen hatten, daß der alte ritterliche Geist noch in ihnen lebte, spürten auch die Entwurzelten und Suchenden, die im Westen Geschlagenen, daß hier eine historische Herausforderung auf sie wartete. Das neue Deutschland sollte seine Wurzel im Osten haben, *die Artikel des Versailler Friedens sagten uns, wo Deutschland war:* An der Seite der baltischen Kämpfer, der Grenzlanddeutschen, die mit stolzem Selbstbewußtsein die Nation in Reichsdeutsche und Deutsche schieden und auf seltsame Weise deutsches und slawisches Wesen vereinten, reifte das Bild vom *kommenden Deutschland: Die ersten, die das kommende Reich zu denken wagten,* so erinnerte sich Salomon in seinen »Geächteten«, *ahnten mit lebendigem Instinkt, daß der Ausgang des Krieges jede Bindung nach dem Westen hart zerstören mußte. Sie wieder anzuknüpfen, das hieß Unterwerfung, das hieß Sichfügen in den kalten Rhythmus, der dem Westen seine ungeheuerliche Macht über diesen Erdball gab. Das hieß, den in der Unerbitterlichkeit der Trichterfelder jäh erkannten Sinn des deutschen Krieges fälschen.*

Dem *Volk ohne Raum* war im Osten Land verheißen, der alte bürgerliche Traum von nationaler Größe durch Expansion, hier sollte er sich erfüllen. Ein deutsches Wehrbauerntum würde dort siedeln, wobei das gemeinsame Schicksal, vom Westen betrogen worden zu sein, die slawischen und germanischen Stämme eine. Konfrontiert mit der *Roten Armee*, reifte ein weiterer Gedanke, denn in der Entschlossenheit dieser politischen Soldaten waren auch *die Elemente eines neuen nationalen und sozialen Stolzes* zu erkennen, der sich freilich *mit asiatischer Willkür mischte.* In diesem Sinne war man dem militärischen Gegner näher als den Auftragebern im Westen, denen man nicht trauen konnte, und die bald ihr wahres Gesicht zeigen sollten.

Die Grenzschutzmänner der Freicorps hatten nicht nur die deutschen Reichsgrenzen geschützt, sondern hatten, unterstützt von legalen deutschen Reichswehrverbänden, die Grenzen überschritten und eine Offensive begonnen. Die lettische Regierung hatte überdies den Freiwilligen Siedlungsland versprochen, achtzig Morgen und ausreichende Aufbaukredite, kriegserfahrene Soldaten brauchte das Land, um sich angesichts der Bedrohung aus dem Osten auch in der Zukunft sicher zu wissen. Auf den Dank des Vaterlandes wollte man angesichts der Zukunftsaussichten verzichten, das Vaterland, das waren die lavierenden Politiker in Berlin, die blutleeren Bürger, die das Freiwilligenheer aus Angst vor dem Bolschewismus gerufen hatten und nun, da die Gefahr gebannt war, Freicorps in Berlin und Weimar für Ruhe und Ordnung gesorgt hatten, die Bolschewisten im Osten zurückgeworfen waren, ihrer Dienste nicht mehr bedurften. Im Baltikum tauchten verstärkt britische Offiziere auf, die an ihre Hauptquartier meldeten, daß die deutschen Soldaten erfolgreich gewesen waren und nun abgezogen werden konnten.

Wir glaubten den Bürger zu retten – und wir retteten den Bourgeois, notierte Salomon, *und da wir das Vaterland vor dem Chaos retteten, machten wir dem Werdenden die Fenster zu und gaben dem Verzicht die Straße frei. Wo immer nach dem Niederbruch sich Männer fanden, die nicht verzichten wollten, erwachte eine unbestimmte Hoffnung auf den Osten. Der erste Verrat, die Sünde wider den Geist, war die Festigung der ungeliebten Reichsregierung, es folgte der zweite Verrat: Was unser Kampf im Kurland möglich machte, das war die Furcht des Westens vor dem Bolschewismus. Nicht einen Vorstoß machten wir, der nicht genehmigt war vom Gremium jener Männer, das Deutschland als Regierung anerkannte. Nicht einen gültigen Befehl gab die Regierung her, der nicht von den alliierten Kabinetten gesehen und gebilligt war. Wir waren Söldner Englands, des Westens Schutzwall gegen den geheimnisvollen Aufbruch eines Vol-*

kes, das wie wir um Freiheit rang. Das war unsere zweite Sünde wider den Geist.

Die Vermutung bestätigte sich, auf Befehl der Alliierten wurde der Rückzug der Freicorps angeordnet, die Illusion, *Deutschland müsse so weit reichen, wie seine Kraft,* zerstob. Für viele war dieser Verrat die Stunde der Entscheidung, ein großer Teil folgte dem Befehl, andere schlugen sich auf die Seite der Bolschewisten, und viele traten in die *Weiße Armee,* trugen fortan die russische Kokarde. Für die zurückkehrenden Baltikumkämpfer gab es keinen Empfang mit Girlanden, Ehrenjungfrauen und vaterländischen Dankreden der Honoratioren. Auf mecklenburgische Güter verteilt, erhielten die Männer des Freicorps Roßbach Nahrung und Unterkommen, der Rest des Hamburger Corps campierte bei Bauern im Land Kehdingen. Von den 600 Männern die 1919 ausgezogen waren, waren nur noch ein Leutnant und 24 Mann übriggeblieben, nur drei waren seit der ersten Stunde dabeigewesen.

Nach sechs Jahren Trommelfeuer, Grabenkrieg und Landsknechtsleben im Osten taugten die Männer nicht mehr zum bürgerlichen Leben, denn ihr Haß gegen die kleinbürgerliche Heimat, die Spießer, die so taten, als wäre nichts geschehen, die nach dem großen Morden es sich nun wieder behaglich einrichteten, war unversöhnlich und voller Verachtung. Die Heimkehrer wollten es nicht glauben, *daß das Leben unter Männern und Waffen zu Ende sei,* sie wollten sich bereit halten, für den Kampf gegen den Bourgeois, egal unter welcher Fahne.

Der Unteroffizier Schmidt, zwei Jahre hatte er im Osten gegen die Roten gekämpft, verabschiedete sich von seinen Freicorps-Gefährten, er hatte gehört, daß jetzt die Rote Armee im Ruhrgebiet *ein bißchen Blut rühren wollte.* »*jedenfalls auf Wiedersehen«, sagte er, »und sollte es auf den Barrikaden sein, ... dann wollen wir uns in Anbetracht alter Freundschaft bloß gegenseitig in die Fresse schlagen«. Aber Schmidt lachte und sagte: Nee wennschon – dennschon. Da kommt es nun wirklich darauf an, wer schneller schießt«.*

Lange brauchten die anderen, die nicht mit den Rotkämpfern die Bürger schrecken wollten, nicht auszuharren, sich nach Landsknechtsart durchschlagend, bis ihre Führer nach Konspirationen mit Kapp und Lüttwitz sie wieder zusammentrommelten, auch gegen die Republik, aber von rechts: Die Brigade Erhardt marschierte durch das Brandenburger Tor, schwenkte sodann in die Wilhelmstraße ein, wo zu diesem Zeitpunkt *zufällig* der General Ludendorff seinen Morgenspaziergang machte. Das Regierungsviertel wurde besetzt, doch die Reichsregierung vermochte zu fliehen, und Reichswehrminister Noske gelang es, mit der Reichswehrführung Kontakt aufzunehmen. Sofortigen militärischen Einsatz verlangte der Minister vom Chef der Reichswehr General von Seeckt, doch der erklärte: *Truppe schießt nicht auf Truppe.*

Es war unmißverständlich, die Rechte schickte sich an, die junge Demokratie zu beseitigen, Generallandwirtschaftsdirektor Kapp, Sohn eines berühmten 48er-Revolutionärs, war der politische Kopf, und Teile der Armee standen hinter ihm. Vier Tage war Reichskanzler Wirth in seinen Amtgeschäften behindert, doch dann kam endlich Rettung, die Arbeiter standen zur Republik, mit einem das gesamte Deutsche Reich umfassenden Generalstreik zwang die Linke die Putschisten zur Aufgabe. Nach dem triumphalen Sieg verlangten die Roten ihren Lohn, die Rote Armee im Ruhrgebiet griff zu den Waffen, doch diesmal war die Reichswehr bereit einzugreifen, ja mehr noch, Freiwilligenverbände, die zuvor am Kapp-Putsch teilgenommen hatten, beteiligten sich nun an der Niederschlagung des Aufstandes. Als polnische Aufständische in Oberschlesien einrückten, zeigten sich die Alliierten uninteressiert, ihre im Versailler Frieden gezogenen Grenzen zu garantieren. Abermals mußte die Reichsregierung die Freicorps zum Schutz der Grenzen rufen. In zahlreichen Scharmützeln und schließlich in der Schlacht um den Annaberg gelang es der illegalen Truppe, die Insurgenten zurückzuschlagen.

Deutsche Mißverständnisse
Realisten, Idealisten – Nihilisten, Utopisten

Nicht der totalen Niederlage wurde das deutsche Elend angelastet, die Regierungen waren schuld, die dem Wahlvolk versprachen, in Verhandlungen den Alliierten eine Milderung der Friedensbedingungen abtrotzen zu wollen, und die auch von den Siegern freundlich angehört wurden, dann aber von Finanz- und Wirtschaftsexperten vorgerechnet bekamen, daß Deutschland seine Verpflichtungen sehr wohl einhalten konnte, und man daher auf Erfüllung bestehen würde. Damit war ein weiteres Schmähwort für die Politiker der Republik gefunden, neben den Novemberverbrechern, geiferte die radikale Opposition gegen jene Männer, die sich außerstande sahen, auf dem

Verhandlungswege die Feindmächte zur Einsicht zu bewegen, und gezwungen waren, dem deutschen Volk stetig mehr Opfer abzuverlangen, um die maßlosen Forderungen erfüllen zu können. *Erfüllungspolitiker,* Knechte der Sieger, Verräter am Volk wurde ihnen entgegengeschrien.

Deren Bemühungen, das deutsche Elend zu mildern, scheiterten an der Hartnäckigkeit der Sieger, aber auch an den Fallstricken der verhängnisvollen demokratisch-republikanischen Bürgergeschichte, die seit Beginn des 19. Jahrhunderts so viel Ungemach über Deutschland gebracht hatte. Volksdemokratisch legitimierter Mehrheitswille konnte, so hatte es Rousseau gesagt, nicht Unrecht sein, was freigewählte Parlamente beschlossen, war Recht und konnte von den eigenen Bürgern und fremden Völkern eingefordert werden. Minderheiten im eigenen Land konnte man mit der Gewalt der Mehrheit bezwingen, doch an den Grenzen des Reiches endete das Volksrecht und war allenfalls nur mit Soldaten und Kanonen durchzusetzen. Diese Macht war Deutschland genommen, und so konnte man vorerst nur über das Unrecht von Versailles wehklagen, das unter Völkerbundsmandat stehende Danzig und die Gebietsabtretungen bejammern.

Einstweilen durfte man lediglich in den Schulbüchern großdeutsch träumen, auf die Gunst der Stunde hoffen, da *die Ostmark ihren Brautschatz dem Reich darbieten werde, die Ostmark deren Bewohner durch Jahrhunderte die im Südosten deutschen Gebiets wohnenden Fremdstämme staatlich zusammengefaßt und damit Deutschland gegen Angriffe östlicher Völker erfolgreich schützten. Mit, dem Reich verbunden, durch Zustrom neuen Blutes gestärkt, werden sie ihre geschichtliche Aufgabe weiterhin nachkommen können. Aber deutsches Blut brauchen sie. Und während alle Länder der Welt sich gegen Deutsche absperren, als wären sie Pestverseuchte, wird der deutsche Volksbruder im Alpenlande mit offenen Armen empfangen. Die auf diesem Weg erzielte Steigerung deutscher Kraft, die Tatsache, daß die bloße Vereinigung der Ostmark mit ihrem Stammlande viele Millionen anderer Völker in den deutschen Wirtschaftskreis zwingt, machen es begreiflich, daß dieser Anschluß eine Herzenssache für das deutschösterreichische Volk geworden ist und für die reichsdeutschen Brüder ehestens werden muß. Wird der Anschluß durchgesetzt, dann beginnt der Wiederaufstieg des geeinten Volkes.*

Der Österreich-Schlesier Emil Bamert schrieb diese Zeilen für die Zeitschrift *Heim ins Reich,* die sodann Aufnahme in einem reichsdeutschen Schulbuch für die Gymnasialoberstufe fanden. Der Jugend sollte vergönnt sein, was die Alliierten untersagt hatten. Der außenpolitische Vorstoß, mit einer Zollunion den Anschluß zu befördern, scheiterte 1923 durch einen Haager Gerichtshofspruch. Bei aller Unterschiedlichkeit der Parteien, die *Deutsche Idee* war eine Klammer, das einigende Band der bürgerlichen Parteien, die Sozialdemokraten eingeschlossen, auch wenn es nur Vision, Zukunftsträume waren.

An der Spitze des Reiches standen Parteipolitiker, meist kleine Leute, die sich von Krise zu Krise hangelten, deren Patentrezepte zur Lösung der Probleme an der harten Haltung der Alliierten scheiterten, die sich im Reichstag begeiferten, während draußen im Reich die Not immer drückender wurde. Ein Mann der Wirtschaft, Walther Rathenau, versprach Wandel, indem er das Wesen des kapitalistischen Westens in seine Außenpolitik einbezog. Das kapitalistische System kannte keine Ideale, kein Vaterland, die Staaten wurden zunehmend von weltwirtschaftlichen Notwendigkeiten geleitet, Handel und Industrie folgten anderen Geboten als nationalistischen Heilslehren und völkischen Rachegelüsten. Rathenau nutzte als Mann der Wirtschaft seine alten internationalen Verbindungen. Entsprechend den Fortschritten auf diesem Wege wäre auch Frankreichs Drohpolitik zurückzuweisen und schließlich die Kriegsschuldfrage neu zu bestimmen gewesen.

Den Westen und sein System aber hatten die jungen politischen Frontkämpfer hinter sich gelassen, die Roten hatten daraus die Konsequenz gezogen, für sie war das Kriegsmorden der letzte imperialistische Akt der Ausbeuterklasse, die sich in ihrem Kampf um die Neuaufteilung der Welt von einem neuen Räuber, dem deutschen Imperialismus, gestört sahen und mit nationalistischen Parolen die Völker für ihre Profitgier aufeinandergehetzt hatten. Wie ein leuchtender Stern überragte die junge Sowjetmacht die Völker der Welt, weil das Sowjetvolk mit dem Abfall vom kapitalistischen System die Lehren aus der Geschichte gezogen hatte.

Die Außenpolitik Rathenaus stellte auch die entwurzelten Frontsoldaten, die Freicorpsleute, vor die alles entscheidende Frage: Wo lag Deutschlands Heil, im Osten oder im Westen? Sie waren der roten Flut entgegengetreten und hatten damit die Republik gerettet, aber standen sie damit nicht auf der falschen Seite?

Die Bereitschaft der deutschen Politiker, sich in den Westen einzufügen, hieß für die junge Weltkriegsgeneration, sich der Tyrannei des Wirtschaftlichen zu beugen. Hatten also die Kommunisten doch recht, wenn sie sich der Sowjetunion anschlossen? Über diese Frage debattierten einige Freunde in einer Berliner konspirativen Wohnung, einem Waffenlager, in dem sich Handgranaten- und Munitionskisten türmten. Ernst von Salomon war Zeuge dieser Zusammenkunft und schrieb nieder, wie sein Kamerad Kern die Lage einschätzte: ... *wie wir ringt auch Rußland um seine Freiheit. Beide Völker haben sich in ihrer Geschichte gegen die Überfremdung durch den Westen wehren müssen, nun haben sie die Idee des Westens, den Marxismus, aufgegriffen, um damit den Westen, den Kapitalismus, aus ihrem Land zu vertreiben, den Teufel Kapitalismus mit Belzebub Marxismus den Garaus zu machen. Sie sprechen von der Weltrevolution und glauben dabei an ihr altes heiliges Rußland, durch den Bolschewismus schaffen sie ein Reich, einigen das große, viele Stämme und Völker umfassende, Sowjetvolk. Und wir?« fragten die Kameraden, »heißt das, daß wir nun Bolschewisten werden?« Setzen wir«, so Kern, »statt Gesellschaft oder Klasse die Nation – dann ist das preußischer Sozialismus, mit dem wir die Herrschaft des Wirtschaftlichen brechen. Im Gegensatz zu den Russen, haben wir, als wir vom Westen unterdrückt wurden, nicht unseren eigenen Freiheitskampf begonnen, wir waren passiv, wo wir aktiv hätten sein müssen ...*

Und dann erwähnte Kern den Namen Rathenau und sagte: *Dieser Mann ist Hoffnung, denn er ist gefährlich. Ich könnte es nicht ertragen, wenn aus dem zerbröckelnden, aus dem verruchten Bestand dieser Zeit noch einmal Größe erwachsen würde. Wir fochten nicht, damit das Volk glücklich werde, wir fochten, um es in eine Schicksalslinie zu zwingen. Wenn dieser Mann noch einmal einen Glauben schenkt, wenn er es noch einmal emporrisse, zu einem Willen, zu einer Form, die Willen und Form sind einer Zeit, die im Kriege starb, die tot ist, dreimal tot, das ertrüge ich nicht.*

Als sich die Freunde, Kern, Fischer und Salomon, am Abend am Großen Stern im Tiergarten noch einmal trafen, spürte Salomon etwas Unheilkündendes und ... *Kern sagte: »Wenn jetzt das Letzte nicht gewagt wird, kann es für Jahrzehnte zu spät sein. Ich habe die Absicht, den Mann zu erschießen, der größer ist als alle, die um ihn stehen.« »Rathenau?«* fragte Salomon und Kern antwortete: *Rathenau, das Blut dieses Mannes soll unversöhnlich trennen, was auf ewig getrennt werden muß.*

Kern und Fischer fühlten sich auserwählt zu richten und zu vollstrecken, und so folgte die Tat: Am 24. Juni 1922 ermordeten Kern und Fischer den Außenminister Walther Rathenau. Ihr Handeln sei nicht vom Haß bestimmt, nicht vom Verlangen nach Grausamkeit oder Rache, sondern notwendige *völkische Pflicht*. Soldaten waren sie im Krieg, an Recht und Eid gebunden, zum Gehorsam verpflichtet, doch nun waren sie allenfalls ein *verlorener Haufen*, zwischen den Fronten. Wofür sie kämpften, wußten sie nicht, wohl aber, daß sie gegen die alte Ordnung angetreten waren. In ihren Köpfen waberte ein diffuses *Kommendes*, eine Zeit, die einen neuen Menschentyp verlangte: *Wir brauchen für die kommenden Zeiten,* schrieb Ernst Jünger, *ein eisernes, rücksichtsloses Geschlecht. Wir werden wieder die Feder durch das Schwert, die Tinte durch das Blut, das Wort durch die Tat, die Empfindsamkeit durch das Opfer ersetzen – wir müssen es, sonst treten andere uns in den Dreck. Eine Zeit von einer Brutalität, von der wir uns gar keine Vorstellung machen können, zieht herauf ... Über den Wust von Redensarten, die uns fruchtlos ermüden, über Krämer, Literaten und Schwächlinge wird die Aufforderung zur Tat in das neue Europa fegen, eine reißende Flutwelle mit blutleerem Kamm ...*

Niedergang eines Standes
Kleinbürgerelend

Trotz der Kriegslasten, des offenkundigen Elends, investierte der Staat in große Projekte, stiegen die Importe und nur wenige nahmen zur Kenntnis, daß dies alles auf Pump geschah. Der einstige Arbeiterführer August Winnig, nun zu Reputation gelangt und mit einem Staatsamt betraut, hatte sich zuweilen gefragt, wohin der Weg der jungen Republik wohl führen mochte. Er war ins Grübeln gekommen, als er die Außenhandelsbilanz des Reiches betrachtete: *Ungedeckte Einfuhren, die mit Geld bezahlt werden mußten. Da wir das Geld nicht hatten, mußten wir es leihen. Wir bestritten also einen wachsenden Teil unseres Aufwandes mit geborgtem Geld.* Als biederer Hausvater wußte er, daß dies nicht gut gehen konnte angesichts einer daniederliegenden Volkswirtschaft, und als es sich traf, als Gast des *Berliner Clubs* führende Bankleute kennenzulernen, trug er seine Befürchtungen vor, *ohne Verständnis zu finden, als ich an Solmßen, den maßgebenden Mann einer Großbank, geriet. Der richtete sich auf:* »*So gibt es also doch einen Menschen außer mir, der sich über unseren Weg klar ist? Ich fragte, ob diese Einsicht wirklich so selten sei. Solmßen wies auf das meist mit Finanzgrößen gefüllte Zimmer:*

»Sie alle nehmen nur die Geschäfte wahr und kümmern sich nicht um den Ausgang. Es wird schwer verdient. Nach uns die Sintflut. Das ist ihre Geistesverfassung.«

Zwei Jahre nach diesem Gespräch brach die amerikanische Wirtschaft zusammen, die kurzfristigen Kredite wurden zurückverlangt, 26 Milliarden flossen zurück zu den Kreditgebern. Es war nach der Inflation der zweite schwere Schlag, der die deutsche Wirtschaft traf, die Sintflut, die alle Schichten der Bevölkerung in ihren Strudel riß, Bürger aller Schichten der Bevölkerung verloren Vermögen, Haus- und Grundbesitz, Fabriken, Banken, Mittel- und Kleinbetriebe waren in jenen Tagen billig zu haben, nun trat tatsächlich ein, was Marx prophezeit hatte, die kapitalistischen Haie fraßen sich gegenseitig auf. Die alte Ständetreppe, so wie sie Gustav Kühn in Neuruppin so anschaulich und einfach auf seinen Bilderbögen festgehalten hatte, war zusammengebrochen, die Armut hatte die Stände nivelliert, Großbürger waren in den Kleinbürgerstand herabgesunken, Kleinbürger zu Proletariern geworden.

Als der Nationalökonom Gustav von Schmoller anläßlich des 8. evangelisch-sozialen Kongresses den Versuch machte, die Schichtung der deutschen Bevölkerung in Zahlen zu fassen, legte er für seine Statistik nicht das Einkommen zugrunde, sondern hielt sich noch an die alte feudale Ständeordnung, an deren Spitze er die aristokratische Oberschicht setzte. Ihre Zahl schätzte er auf 250000 Familien, mit den Familienangehörigen also etwa eine Millionen Mitglieder. Die obere Mittelschicht, Akademiker, sogenannte Großbürger und höhere Beamte zählten 2,75 Millionen, also 10 Millionen, der Mittelstand 3,75 Millionen, insgesamt 16 Millionen und die untere Klasse 5,15 Millionen beziehungsweise 27 Millionen. Diese alte Ordnung war bereits in den ersten Jahren der Weimarer Republik zusammengebrochen.

Der Soziologe Wernicke trug dem gesellschaftlichen Wandel der Nachkriegsjahre am ehesten Rechnung, indem er die Schichtung entsprechend der Einkommensverhältnisse einteilte. Für ihn bestand das Kleinbürgertum aus der *Mehrzahl der Handwerker, sowie der Einzel- bzw. Kleinhändler und aller sog. Minderkaufleute, wie der § 4 des Handelsgesetzbuch sie im Auge hat, dh. solche Kaufleute, deren Geschäft nicht über den Umfang des Kleingewerbes hinausgehen, mit Ausnahme der mittleren und größeren Kleinbetriebe, wie Warenhäuser, Kaufhäuser und Spezialgeschäften.* Dem Kleinbürgertum rechnete Wernicke noch den größten Teil der unteren Beamten und Privatan-

gestellten hinzu, *denn gerade in diesen beiden, heute so angeschwol-
lenen Berufsständen ist die Differenzierung nach dem Einkommen
sehr groß.* Mit der Zugrundelegung des Einkommens für die Stände-
zuordnung war für Wernicke der wirtschaftsbedingte ständige Wandel der bürgerlichen Gesellschaft am ehesten realistisch erfaßt, so ließ
sich zum Beispiel im Hinblick auf *die gegenwärtige Geldentwertung
der größte Teil der Beamten und privaten Angestellten zum Kleinbürgertum, bzw. zur höheren Schicht des Proletariats zurechnen.* Dasselbe *trifft*, so Wernicke, *unter heutigen Verhältnissen auf einen mehr
oder wenigen großen Teil der Schriftsteller, der Ärzte, der Rechtsanwälte und Schauspieler zu.*

Der Chronist der Mittelstadt Lüneburg hatte die Auswirkungen
des Wandels besonders eindrucksvoll festgehalten: Seit der Reichsgründung *hatten drei Generationen in ehrlichen Mühen eine glückhafte Entwicklung der Stadt erarbeitet. Neun Kriegsanleihen sanken
in sich zusammen, Gold und Silber und manches kunstvolle Erbstück
war für immer dahin. Sparkassen und Lebensversicherungen mußten
versagen. Aus Reichtum war über Nacht Armut geworden.* Nicht
mehr die alten Honoratioren regierten die Stadt, die Parteizugehörigkeit entschied über öffentliche Ämter, und so konnte es geschehen,
*daß gar städtische Beamte und Angestellte maßgebenden Einfluß ge-
wannen. Das Verhältnis von Vorgesetzten und Untergebenen konnte
gelegentlich in wunderlicher Weise vertauscht werden.*

In den drei Generationen hatte sich eine satte Bürgerkultur entwickelt. Der Ort, wo man seine Reputation zeigen konnte, war das
kleine Stadttheater, aus Bürgerspenden einst gegründet, wurde es nun
zum *Volkshaus* degradiert, die Bürgerbibliothek, 1899 vom *Haus-
vaterverein* eingerichtet, sollte nun geschlossen werden und die eben
gegründete *Volkshochschule* mußte auf Grund der *Sorgen, Last
und Not um Brot* ihre gemeinnützige Tätigkeit wieder einstellen. Ge-
meinnützigkeit und Lust an der Bildung konnte sich das um die
nackte Existenz ringende Kleinbürgertum nicht mehr leisten. Das gehobene Bürgertum und der Adel aus dem Umland waren sparsam geworden. Die gesunkene Kaufkraft der Arbeiter, im Vergleich zu den
Vorkriegsjahren um 60%, und die unregelmäßigen Gehaltszahlun-
gen sowie die Kürzung der Bezüge um 40% bei den Beamten hatten
das Geschäftsleben der Stadt nahezu zum Erliegen gebracht. Am här-
testen hatte es die Handwerker und Kleinproduzenten getroffen, ihre
Absatzmärkte waren total zusammengebrochen, überdies hatte sich
der Außenhandel dramatisch verringert, so daß die Industriezuliefe-

rer vermehrt ihre Betriebe schließen mußten. Als im Verlauf des Jahres 1932 Kapital und Renten aufgezehrt waren, hatten nur noch die Gerichtsvollzieher Konjunktur. Zum Ende dieses Jahres stellte der Reichstag fest, daß ein Sechstel des Mittelstandes durch die öffentliche Fürsorge erhalten werden mußte, große Teile des Kleinbürgertums ins Proletariat herabgesunken waren.

Von den Kleinbürgern wurde der Niedergang ihres Standes, eines Standes, der sich im Kaiserreich besonders privilegiert gesehen hatte, äußerst schmerzvoll empfunden. Das Selbstbewußtsein der Kleinbürger gründete ausschließlich auf materiellem Wohlstand oder allenfalls auf Bildung. Nichts war diesem dünkelhaften Stand konträrer als Armut, nichts schmählicher als Armeleutegestank, und nun umflorte auch sie der Mief von Kohl und Rüben, war ihre einstige *Haste was, biste was* und *Jeder ist sich der Nächste* Philosophie zusammengebrochen, wobei sie, im Gegensatz zu den verachteten Proleten, nicht auf die Solidarität ihres Standes bauen konnten, im Gegenteil, um zu retten, was noch zu retten war, entbrannte mit Hilfe der Zivilrichter und Gerichtsvollzieher ein ruinöser Kampf um den verbliebenen Rest, indem man sich, in den Trümmern fleddernd, gegenseitig in den Konkurs zwang.

Partei der kleinen Leute
Die Hitlerpartei

Seit 1922 hörte man im Reich von einer kleinen Münchener Partei mit einem endlos langen Namen, deren Leiter ein Herr Hitler war. In der bayrischen Landeshauptstadt hatte diese Partei angeblich 6000 Mitglieder, außerhalb der Stadt gab es lediglich im sächsischen Zwickau eine kleine Ortsgruppe. Der Mitgliederzuwachs dieser Thuleordengründtung war ohne Zweifel dem Redetalent des Parteivorsitzenden zu verdanken, der die Parteiagitation aus den Bierkneipen herausholte und zunehmend Massenkundgebungen und Freiluftaufführungen veranstaltete. Solcherart Veranstaltungen entbehrten nicht des Unterhaltungswertes, wenn der kleine Mann mit der Tolle und sogenannten Rotzbremse theatralisch gestikulierte und mit röhrender Stimme auf die Novemberverbrecher und Juden eindrosch. Die kleine Stadtpartei erregte zunehmende Aufmerksamkeit im ganzen Reich und, es war nicht nur in der Münchener Lokalpresse eine Meldung wert, wenn der 1923 gegründete militante *Nationale Jung-*

sturm der Partei auf politische Gegner dreinschlug oder Versammlungen anderer Parteien gewaltsam sprengte. Für drei Wochen wurde der Parteivorsitzende wegen des Deliktes des Landfriedensbruchs in Haft genommen, weil er sich persönlich an der Störung einer Versammlung des Bayernbundes beteiligt hatte.

Das radikale Auftreten sollte dem Anspruch gerecht werden, eine Arbeiterpartei zu sein, doch Arbeiter fanden sich kaum in den Reihen der Mitglieder, und die Versammlungen wurden mehrheitlich vom kleinbürgerlichen Mittelstand besucht. Zusammen mit Gottfried Feder hatte Hitler 1920 ein Parteiprogramm erarbeitet, daß in 25 Punkten zusammenfaßte, was kleinbürgerlicher Neid gern hörte. Nach dem Krieg vom Dividendenleben ausgeschlossen, war es angenehm zu hören, daß die Nationalsozialistische Deutsche Arbeiterpartei das *mühelose Einkommen* abschaffen wollte. Zustimmung der kleinen, von Bankzinsen gebeutelten Mittelständler, fand auch die Forderung: *Brechung der Zinsknechtschaft*. Die Kriegslasten hatte der Mittelstand allein tragen müssen, während die Großen riesige Gewinne eingestrichen hatten, und so zeigte man sich beglückt, daß die Partei die Kriegsgewinne einziehen wollte. Die Gesundung des Mittelstandes versprach die NSDAP durch die Verstaatlichung der Trusts, eine Bodenreform und die Vergabe der öffentlichen Aufträge an kleine Gewerbetreibende. Ein besonderes Ärgernis der kleinbürgerlichen Händler war die ständige Zunahme von Großkaufhäusern, die den Kleinhandel in den Ruin trieben und damit tausenden Familien die Existenzgrundlage nahmen. Auch hier wollte die Partei Abhilfe schaffen, wobei sie es nicht unterließ, darauf hinzuweisen, daß fast alle Kaufhäuser in jüdischem Besitz waren, ein Grund mehr, die Warenhäuser zu kommunalisieren und zu billigem Zins an kleine Gewerbetreibende zu vermieten.

So sehr auch mit den 25 Programmpunkten das Kleinbürgertum umworben wurde und auch der Antisemitismus die NSDAP als Mittelstandspartei auswies, der Masseneintritt in die Partei blieb aus, noch fehlte es an Mut, sich zu dieser Radaupartei zu bekennen. Die Umzüge und Saalschlachten mit den ungehobelten SA-Leuten mißfielen dem deutschen Kleinbürger, der sich nach Ruhe und Ordnung sehnte und schon gar nichts von Revolution, sei sie rot oder braun, hören wollte. Entsprechend fielen die Wahlergebnisse aus, die Partei hatte ihr Wählerpotential noch nicht gefunden.

Größere Chancen maß man der antisemitisch-mittelständischen *Deutschvölkischen Freiheitspartei* des Herrn von Graefe zu. Die Partei war im Reichstag vertreten, auch wenn ihre Abgeordneten ihre Mandate nur von den *Deutschnationalen* geerbt hatten, war es doch ein großer Vorteil für die politische Agitation. Albrecht von Graefe beobachtete die Hitler-Umtriebe im Süden des Reiches mit gemischten Gefühlen. Er war ein vornehmer Mann, mecklenburgischer Gutsbesitzer, dem die Maskeraden seines Konkurrenten gegen den Strich gingen. Dem protestantischen Norden lagen diese, an katholische Prozessionen und Faschingsumzüge erinnernden Aufmärsche nicht. Poltische Versammlungen, vor allem Wahlversammlungen pflegten die radikalen Parteiengegner mit Vorliebe in wüsten Saalschlachten enden zu lassen, Fäuste und geschwungene Stuhlbeine waren wirkungsvoller als Argumente, und so war es für Graefes Deutschvölkische ein Segen, daß der Freicorpsführer Roßbach ihm seine Baltikumtruppe, die noch immer tatenlos auf mecklenburgischen Gütern campierte, zur Verfügung stellte.

Die beiden Mittelstandsführer mochten sich nicht, doch als Adolf Hitler in München einen Putsch inszenierte, half ihm Graefe mit seinen Freicorpsleuten, der Putsch scheiterte und war auch nicht zu retten, als Hitler es seinem Vorbild Mussolini, dessen Marsch auf Rom die Faschisten hatte siegen lassen, gleichtat und mit einem Marsch durch München seine Revolte zu retten versuchte. Mit dem ruhmlosen Ende des Hitlerputsches liefen dem Parteiführer die Mitglieder davon, ein großer Teil suchte Zuflucht bei den Deutschvölkischen. Trotzdem einigten sich Graefe und Alfred Rosenberg für die Reichstagswahl auf eine gemeinsame Liste, von der immerhin 32 Kandidaten ins Parlament gewählt wurden.

Für die Zeit der Haft hatte Hitler den Parteivorsitz niedergelegt, und so hatte er in seiner gemütlichen Zelle, betreut von freundlichen Beamten auf der Festung Landsberg, Zeit und Muße, Pläne für die Zukunft zu schmieden und vor allem seinem getreuen Paladin Rudolf Heß ein Buch zu diktieren, dem er den Titel *Viereinhalb Jahre Kampf gegen Lüge, Dummheit und Feigheit* gab. Doch als das Werk fertig war, stellte sich heraus, daß es ein Bericht über sein Leben und politisches Werden war, und so entschloß er sich das zweibändige Werk *Mein Kampf zu* nennen. Der erste Teil erschien im Juli und der zweite, rechtzeitig für den deutschvölkischen Weihnachtsgabentisch im Dezember 1925. Zu diesem Zeitpunkt hatte Hitler bereits seine Haftzeit beendet, zum Weihnachtsfest 1924 hatten sich die Festungstore für ihn geöffnet, mit düsteren Minen seiner Freunde empfangen, die ihm nur schlechte Nachrichten zu vermelden hatten. Die Partei war praktisch zerschlagen, wovon Graefe kräftig profitiert hatte, doch Hitler hatte in der Haft Kräfte gesammelt und begann unverzüglich mit dem Wiederaufbau der Partei. Nachdem es ihm gelungen war, die Getreuen und Versprengten wieder aufzusammeln, konnte er bereits im Februar 1925 die Neugründung der NSDAP verkünden.

Damit war auch die Zeit gekommen, mit seinem Widersacher Graefe abzurechnen. In einem harschen Artikel im *Völkischen Beobachter* griff er den mecklenburgischen Landjunker persönlich an und verlangte von ihm, daß er sich der NSDAP unterstellen sollte, oder aber mit erbitterter Gegnerschaft zu rechnen hätte. Damit war das alte Abkommen, daß die NSDAP im Süden und die Deutschvölkischen im Norden agieren sollten, aufgekündigt und das Wirkungsfeld der NSDAP auch in norddeutschen Gauen angekündigt. Hitlers innen- und außenpolitische Ziele waren in *Mein Kampf* nachzulesen und waren fortan Parteiprogramm, wobei es ihm zunächst geboten erschien, für die Parteiagitation nur einige wenige Programmpunkte herauszuheben.

Vordringlich war es, das Parteivolk zu disziplinieren und eine schlagkräftige Parteiorganisation aufzubauen. Ein Staat im Staate sollte die NSDAP sein, ausgerichtet auf den Führer, mit einer eigenen Gerichtsbarkeit, einer Sozialkasse, einer Parteiarmee und Schattenministerien unter der Leitung treu ergebener Paladine, die zunächst Interessenvereinen vorstanden und sodann als *Reichsleiter* sogenannte *Reichsämter* mit einem Stab von Fachleuten leiteten. Mit diesen Parteiorganisationen war der Versuch unternommen, das gehobene Bürgertum zu gewinnen, denn noch schreckte die ordnungsliebenden Bürger das Rabaukentum der SA-Stürme sowie die kleinbürgerliche Klientel der Partei. Mit einer wissenschaftlich-ideologischen Publikation, den *NS-Monatsheften* wagte es die Partei, auch das Bildungsbürgertum anzusprechen, und der Ideologe der NSDAP Alfred Rosenberg verfaßte sein Werk *Der Mythus des XX. Jahrhunderts* in der Hoffnung, eine rechtsintellektuelle *wahre Lehre* geschaffen zu haben. Die Mühen wurden nur mit einem Teilerfolg belohnt, die Partei rückte zwar ins Interesse der Öffentlichkeit, weniger allerdings auf intellektueller Ebene, sondern vor allem durch die Schlagzeilen der Presse, die zunehmend von Straßen- und Saalschlachten zu berichten hatte.

Kleinbürger-Prolet
Jupp aus dem Pott

Für diese Schlagzeilen sorgte ein Außenseiter der Partei, ein Kleinbürger, der junge, behinderte und damit nicht zum Kriegsdienst herangezogene Germanist Dr. Joseph Goebbels, dem Hitler die Eroberung der Reichshauptstadt aufgetragen hatte. Mit der Ernennung zum Gauleiter von Berlin war Goebbels nach einigen Jahren der Irrungen und Zweifel in die Spitze der Parteihierarchie aufgestiegen. Als unsoldatischer Intellektueller gehörte er nicht zu den Frontkämpfern, die sich um Hitler geschart hatten. Aufgewachsen im engen Kleinbürgermilieu seiner Vaterstadt Rheydt litt er unter den miefigen Lebensumständen. Sein Vater war kleiner Handlungsgehilfe, der seinem jüngsten Sohn Josef wegen der schweren Fußbehinderung eine gute Ausbildung zukommen lassen wollte. Eine Qual war die Schulzeit, denn, so der junge Goebbels, *Kameraden liebten mich nicht, Kameraden haben mich nie geliebt ... und so war es wichtig, daß jemand lieb zu mir ist.* Bei den Mädchen holte er sich, was ihm die Kameraden versagten, auch wenn er zuweilen darüber klagte, daß er wohl gar nicht lieben konnte. Schulzeit und Studium hatte er nicht mit Glanz, aber respektabel durchlaufen. Seine Promotionsarbeit schrieb er unter dem Titel *Wilhelm Schütz als Dramatiker, ein Beitrag zur Geschichte des Dramas der Romantischen Schule.* Für Goebbels, aber vor allem für die Familie war es ein triumphales Ereignis, als er seinem Vater am 18. November 1921 mitteilen konnte, daß der Doktorvater Professor Waldberg ihn als erster mit *Herr Doktor angeredet hatte.*

Mit den akademischen Weihen war allerdings der Lebenserwerb noch nicht gesichert, und genau betrachtet, bemühte sich der junge Doktor auch nicht sonderlich darum, eine geregelte Tätigkeit zu finden. Peinlich war es ihm, vom spärlichen 150 Mark Gehalt des Vaters immer wieder Geld annehmen zu müssen. Mit Theaterstücken und Romanen suchte er seinen Unterhalt zu verdienen, doch der Erfolg blieb aus. Umso mehr wandte er sich der Politik zu, verstand sich als nationaler Kommunist, beobachtete aber zugleich interessiert die Hitler-Bewegung in München. Im Verlauf des Jahres 1924, als der Kampf zwischen den Völkischen und der NS-Arbeiterpartei entbrannt war, hatte er sich schließlich entschieden, *die beiden gehören ja auch gar nicht zusammen,* schrieb er in sein Tagebuch, *wohin ich jetzt gehe, kann kaum die Frage sein. Zu den Jungen, die tatsächlich den neuen Menschen wollen. Mit dem guten Willen und der vornehmen Gesinnung allein ist's nicht getan.*

Und doch bewegten ihn Zweifel, so einfach, wie es sich die Agitatoren machten, konnte er die Probleme der Zeit nicht sehen. Als er die Briefe Rosa Luxemburgs gelesen hatte, notierte er: *Rosa Luxemburg-Briefe aus dem Gefängnis an Karl Liebknecht. Vielleicht eine Idealistin, unnormal überraschend in ihrer Innigkeit, in dem warmen, lieben Freundschaftston. Jedenfalls hat Rosa für ihre Ideale gelitten, hat dafür im Gefängnis jahrelang gesessen und ist schließlich dafür gestorben. Das darf man doch nicht bei all den Gedankengängen vergessen. Aber diese jüdischen Ideologen lassen das außer acht, was als ewiges Gesetz in der Brust des abendländischen Menschen geschrieben steht: die Liebe zum Vaterland. Darum bekämpfen wir diese phantastische, lügenhafte, weil unnatürliche Ideenwelt. Dabei muß wohl mancher Idealist auf beiden Seiten zu Grunde gehen.*

Noch waren Goebbels die nationalen Führer, sowohl der Völkischen als auch der Nationalsozialisten suspekt, und so verweigerte er ihnen einstweilen die unbedingte Gefolgschaft. *Herr zeige dem deutschen Volk ein Wunder!* flehte er, *ein Wunder!! Ein Mann!! Bismarck stah up. Hirn und Herz sind mir wie ausgetrocknet vor Verzweiflung um mich und mein Vaterland! Eine drückende Schwere liegt über Deutschland.* Eine drückende Schwere lag aber auch auf seinem Hirn, schwer war ihm die Entscheidung welcher Partei er sich zuwenden sollte und so liest er Karl Marx, August Bebel, Lenin. Karl Marx fasziniert ihn, er empfindet es als *schwierig hinter diesen Mann zu kommen. Überhaupt sind die Juden da gerissener. Sie erzählen flüssiger, gebildeter, interessanter, vermeiden die Klippen der Kulturlosigkeit und reden mehr um die Sache herum.* Aus August Bebels Lebenserinnerungen schöpfte er Sympathien für den großen sozialdemokratischen Arbeiterführer, *man schätzt ihn als aufrichtigen geraden Menschen. Aber er gibt geistigen Menschen nichts, rein gar nichts. Er hat keine Kultur, schreibt einen gräßlichen Stil und ist überhaupt für einen feinen Kopf ungenießbar.* Anders die Bolschewisten: Lenin oder Trotzki; sie bewundert der junge Intellektuelle, denn, *der Bolschewismus,* so schreibt er, *ist in seinem Kern gesund, aber die phantastisch extremistischen Führer des deutschen Kommunismus gehen am deutschen Spießer zu Grunde. An der deutschen Dummheit – oder Einsicht – je wie man's nimmt.*

Das Gefangensein in seiner spießigen Umgebung in Rheydt, das kleinbürgerliche Herkommen weckten bei Goebbels Unzufriedenheit und zuweilen verzweifelte Zukunftsängste, aber auch Haß auf das Mittelmaß seiner Lebenswelt. Auf dem Weg der Suche nach einer Richtschnur des Lebens entdeckt er schließlich den Grafen Eduard Keyserling, liest das wehmütige Buch *Abendliche Häuser. Eine andere Kost,* als das bisher gelesene, ... *bis in das letzte verfeinerte und köstlich aufgearbeitete Kultur. Er erzählt gelassen und doch voll heimlich bebender Melancholie – die Schwermut der Häuser, in denen es Abend wird, da geht eine köstliche Kultur zu Ende. Wir Bürgerlichen dürfen nicht zuviel von diesen Dingen hören, dürfen uns nicht anstecken lassen. Denn wir müssen weiterschaffen und am neuen Geschlecht arbeiten. Wer wollte so verbürgerlicht sein über diese Wehmut zu lachen und sich darüber erhaben zu fühlen? Keyserlings Menschen sind in ihrer morbiden Unbrauchbarkeit doch noch Edelmenschen, Menschen die man lieb gewinnt. Aber wir müssen sie überwinden. Wir dürfen nicht daran kleben bleiben. Wir haben gegen sie und über sie noch hinaus – noch eine Aufgabe, noch ein Amt, noch eine Mission. Der beste Teil des Adels hat vielleicht noch eine. Nicht alle mögen da verbraucht sein. Aber die Quintessenz des neuen Menschen stellen wir, wir die jungen Männer ohne Tradition und ohne Geschlecht. Wir sind das Salz der Erde.*

Das Salz der Erde, das waren nun die kleinen Leute, jene, die nichts zu verlieren hatten, weil sie sich von ihrem Stand gelöst hatten und nun auf etwas Neues hofften, ohne zu wissen, wohin diese ersehnte neue Zeit sie führen würde. *Ich bin unzufrieden mit mir und allem was mich betrifft,* schrieb Goebbels in sein Tagebuch, *keine Anregung, keine Begeisterung, kein Glauben. Warten! Warten!!*

Endlich, im August 1924, raffte er sich auf, mit seinem Freund Fritz Prang nach Weimar zu fahren, wo sich die nationale Rechte versammelt hatte. Hier sah er Ludendorff zum ersten Mal, hörte die antisemitischen Haßtiraden von Streicher, bis er schließlich Ludendorff, *dem großen Mann Auge im Auge gegenübersteht, neben ihm Graefe, hoch schmal – der geborene Aristokrat – etwas dekadent. Ein Rassetyp. Ich denke an ein rassiges Rennpferd.* Kleinbürgerlich dagegen der plumpe *Strasser, der gemütliche Apotheker aus Bayern, auch Feder ist da, der Korpsstudent.* Am Gartenhaus Goethes schämte er sich etwas der lauten Geräusche, die aus der Stadt herüberklangen, die Marschtritte, das dumpfe drohende Trommeln, was würde Goethe dazu gesagt haben *und doch er war ja auch mal jung, nicht immer der würdige Geheimrat. Tamtam, Hakenkreuz am Stahlhelm. Jugend schlägt über die Stränge, ein Hoch auf Roßbach.*

Nach Hause zurückgekehrt, gründete er im besetzten Ruhrgebiet weitere NSDAP-Ortsgruppen und fühlte sich ein wenig wie Robespierre, sein Vorbild, weil grausam-fanatisch und bis zum Märtyrertum der Revolution verpflichtet. Zwei Jahre später, im April 1926, durfte Goebbels endlich in der Hauptstadt der Bewegung in München sprechen, Adolf Hitler war sein Zuhörer, der ihn am Schluß der Rede mit Tränen in den Augen umarmte. *Ich bin so etwas wie glücklich*, notierte Goebbels in seinem Tagebuch, *wir essen zusammen zur Nacht*. Noch ist ihm der Parteivorsitzende nicht der *Führer*, sondern der *Chef*, dessen Entschlußlosigkeit und Unzuverlässigkeit von ihm bemängelt wurde, doch als ihn Hitler im Herbst 1926 nach Berlin mit der Aufforderung, die Reichshauptstadt für die Partei zu erobern, berief, hatte sich Goebbels gegen die Opponenten Hitlers, die Gebrüder Strasser, für Hitler entschieden.

Der politische Kampf in der Heimat war von der kleinbürgerlichen Enge seines Herkommens überschattet, Rücksichtnahme auf die Familie und unlösbare Bindungen an Brauch und Sitte seines spießigen Umfeldes behinderten seinen revolutionären Elan. In der morbiden Reichshauptstadt der 20er Jahre sah er sich von diesen Fesseln befreit und stürzte sich ungehemmt in den Eroberungskampf um die Straße, forderte die Massen zu Gewalt und Haß auf, führte seine SA-Stürme zu Straßenschlachten mit den Kommunisten. Die bürgerliche Presse zeigte sich entsetzt und geißelte den braunen und den roten Terror, worauf Goebbels in seinen Versammlungen die Namen und Adressen der kritischen Journalisten verlas, um sie damit Gewaltakten auszusetzen. Zu seinem persönlichen Feind hatte er den Polizeichef Berlins, Isidor Weiß, erkoren, der freilich den Fehdehandschuh aufgriff und Goebbels mit Prozessen und Haftstrafen verfolgte. Zu einem Verbot der Berliner NSDAP kam es bereits nach einem Jahr Goebbelscher Parteiarbeit, als sein SA-Saalschutz – während einer seiner Versammlungen den wiederholt mit Zwischenrufen störenden Pfarrer Stucke aus dem Saal geprügelt und SA-Männer auf dem Kurfürstendamm jüdische Passanten belästigt hatten. Solcherart Gewaltakte fanden nicht die ungeteilte Zustimmung der Parteigenossen, die sich durch das katastrophale Wahlergebnis des Jahres 1928 bestätigt sahen. Mit dem Proletariat waren Wahlen nicht zu gewinnen, und die große Mehrheit des wahlentscheidenden Kleinbürgertums fühlte sich von Gewalttaten und dem öffentlichen Rowdytum abgestoßen. Nur

2,6 % Stimmen konnte die NSDAP erringen, damit blieb sie in den Augen der Bürger eine Sekte, die kaum die schwierige Lage des Reiches zu ändern imstande war.

Dem Kleinbürger aufs Maul geschaut
Ein erster Sieg

Die parteiinterne Kritik an Goebbels bestätigten die Parteigenossen der Ortsgruppe Coburg, die den verpflichtenden Parteinamen Arbeiterpartei mißachteten und im Wahlkampf vor allem um den kleinbürgerlichen Mittelstand warben. Am 23. Juni 1929 konnte erstmals ein nationalsozialistischer Bürgermeister in ein Rathaus einziehen. Er hielt, was er den Bürgern versprochen hatte, Coburg bekam einen *freiwilligen Arbeitsdienst* und weitere Arbeitsbeschaffungsprogramme, überdies wurde die vor allem die Kleinbürger drückende *Bürgersteuer* abgeschafft. Von einer gewaltigen Propaganda begleitet, beschlossen die Stadtverordneten den Kampf gegen das jüdische Kaufhauswesen zu eröffnen. Mit einer Kaufhaus- und Filialsteuer war der kleinbürgerlichen Geschäftswelt ein alter Herzenswunsch erfüllt, und so zeigten sich die städtischen Gemischt-, Kolonial-, Weißwaren-, Schuh- und Konfektionshändler begeistert von der neuen Stadtregierung. Während in Berlin Goebbels SA-Stürme grölend und gewalttätig durch die Straßen mobten, offerierte sich die Coburger SA der beglückten Einwohnerschaft als ruhe- und ordnungsliebender Bürgerschutz. Mit dem Mittelstand ließen sich Wahlen gewinnen, und also wurde zum Ärger der Parteirevoluzzer diese Wählerklientel zunehmend hofiert – mit Erfolg, wie bald die Wahlen in Thüringen zeigten.

Die Partei hatte in diesem armen Land erstmals ein Exempel statuiert, wie man auf legalem Wege an die Macht gelangen konnte. Als Innenminister versuchte der NS-Politiker Wilhelm Frick zunächst, die Polizei zu einem Machtinstrument der NSDAP zu machen, indem er NS-Leute in die Führungspositionen einsetzte. Der daraufhin folgende Konflikt mit dem Reich war gewollt, und als der Reichsinnenminister dem Land die Reichsgelder sperrte und alle dienstlichen Beziehungen abbrach, sah sich Frick als Sieger, da sich Innenminister Carl Severing auf rechtlich schwankendem Boden befand. Nach dem Rücktritt des Kabinetts Müller, war Reichskanzler Joseph Wirth gezwungen, die Sanktionen wieder aufzuheben, worauf Frick mit weiteren Ernennungen das Reich abermals provozierte. An die ehrwürdigen Weimarer *Vereinigten Kunstlehrwerkstätten* berief er den NS-Mann Paul Schulze-Naumburg und der Rassepapst der Antisemiten, Hans Günther, wurde Professor an der Universität Jena. Zum wiederholten Bruch mit dem Reich kam es, als Frick einen Nationalsozialisten zum Weimarer Polizeidirektor ernannte. Als Berlin durch den Staatsgerichtshof die Einführung nationalsozialistischer Schulgebete verbieten ließ, honorierten dies die Thüringer Bürger mit einem weiteren Rechtstrend bei den Wahlen, in der bürgerlichen Koalition wurden die Nationalsozialisten bei den Kleinbürgern salonfähig.

Darüber hinaus schien vor allem die Jugend, sich dieser Partei zuzuwenden, in den Universitätsstädten verstärkten sich die Aktivitäten des *Nationalsozialistischen Studentenbundes* und die älteren Schülerjahrgänge ließen sich vermehrt vom *NS-Schülerbund* vereinnahmen.

Völlig glücklos verlief indes die Werbung um die Arbeiterschaft, die Nationalsozialistische Deutsche Arbeiterpartei hatte kaum proletarische Mitglieder, und die mehrheitlichen Kleinbürger zeigten auch wenig Neigung, Arbeiter in ihre Reihen aufzunehmen. Ausdrücklich hatte der Führer die Gründung einer NS-Gewerkschaft verboten. Einen ersten Versuch, die Partei für die Arbeiterschaft zu erwärmen, unternahm der Mitarbeiter der *Berliner Knorrbremse* Johannes Engel, indem er 1928 innerhalb des Werkes eine *Nationale Wählerschaft der Knorrbremse* gründete, aus dem dann später der *Nationalsozialistische Arbeiterkampfbund* hervorging, der sich zwar nicht zu einer Massenbewegung entwickelte, aber doch den Führer veranlaßte, bei der Parteileitung ein *Sekretariat für Arbeiterangelegenheiten* einzurichten. Mit den *Nationalsozialistischen Betriebszellen* gestattete Hitler den Arbeitern erst 1931 eine gewerkschaftsähnliche Organisation, der es zwar aus Angst vor klassenfeindlichen Tendenzen verboten blieb, als Tarifpartner aufzutreten, die aber als innerbetriebliche Sachwalterin von Arbeiterinteressen im Sinne der NS-Volksgemeinschaftsidee tätig sein durfte.

Im Sinne dieser Volksgemeinschaftsidee sahen die Nationalsozialisten im großen Heer der Arbeitslosen ihr eigentliches Wählerpotential, denn schließlich vereinte diese Gemeinschaft der sozial Entrechteten alle Stände des Volkes. Akademiker, hohe und niedere Angestellte, Fabrik- und Landarbeiter bildeten eine große Gemeinschaft der Not und Armut, die in der Partei des nationalen Sozialis-

mus Heimat finden sollte – Menschen, denen nicht mit Klassen-
kampfparolen geholfen war, sondern denen die Solidarität der
Volksgemeinschaft helfen würde. Es war ein gutes Fundament für die
angestrebte Volksgemeinschaft ohne Standesschranken, die Gesellschaft der Volksgenossen, wo der Einzelne nichts gelten sollte und jeder Individualismus dem Volksganzen unterzuordnen war.

Was nun?
Rot und Reaktion

Kleiner Mann – was nun?, fragte sich Johannes Pinneberg, nach
trostloser Erfahrung als kleiner Verkäufer, der sein Verkaufssoll nicht
zu erfüllen vermochte, folglich arbeitslos wurde und nicht mehr
wußte, wie er seine kleine Familie ernähren sollte. Johannes Pinneberg und seine tapfere Frau Lämmchen sind Romanfiguren. Hans
Fallada wählte diese verzweifelte Frage als Titel seines Romans, weil
die hoffnungslose Situation des kleinen Mannes in der Weimarer Republik von der trostlosen Frage überschattet war: Was nun? Erst mal
hieß es *stempeln,* unterhalb des Existenzminimums in einer Gartenlaube hausen, und als Pinneberg, heruntergekommen und in sichtli-
cher Armut, sehnsüchtig vor den Auslagen eines Feinkostgeschäfts
steht, verscheucht ihn ein Polizist, und da *begreift er, daß er draußen
ist, daß er hier nicht mehr hergehört, daß man ihn zu Recht verjagt:
ausgerutscht, versunken erledigt. Ordnung und Sauberkeit: es war
einmal Arbeit und sicheres Brot: es war einmal … Armut ist nicht nur
Elend, Armut ist auch strafwürdig, Armut ist Makel, Armut ist Verdacht*
Falladas Protagonist sah keine Hoffnung, glaubte nicht, daß Politiker sein Los zu ändern vermochten, und selbst als er Arbeit hatte,
bedrückten ihn Armut und Existenzangst. Als Lämmchen in Erwägung zieht, die Kommunisten zu wählen, sagt er: *Das wollen wir uns
noch einmal überlegen … Vorläufig haben wir ja noch eine Stellung,
da ist es ja noch nicht nötig …* Die Proletenpartei zu wählen, so weit
wollte man doch nicht hinuntersteigen, wenigstens einen kleinen
Rest bürgerlicher Reputation wahren. Zurückgesehnt wird die *gute
alte Zeit* des geregelten Lebenserwerbs, des bescheidenen Wohlstands
und den Idealen der kleinbürgerlichen Familie im plüschigen Wohnambiente mit der nur an Festtagen genutzten *guten Stube,* mit ihrem
Tand und Nippes als dürftige Replik des großbürgerlichen Vorbilds

und schließlich mit der die Familie zusammenführenden Wohnküche, damit wollte man sich einstweilen begnügen, nur zurückerhalten, was die neue Zeit einem genommen hatte.

Johannes Pinneberg ist die eine Seite des Nachkriegsdeutschlands jener Zeit. Mit dem Zusammenbruch der kleinbürgerlichen Lebenswerte *Ordnung und Sauberkeit*, wie Fallada seinen Johannes Pinneberg sagen läßt – und hinzuzufügen wäre *Sicherheit* – fällt und zerfällt dieser unglückliche Stand in ein Nichts. Seine Hoffnung richtet sich auf die Obrigkeit, die es dann bitte wieder richten soll.

Die andere Seite sind die *Wilden Zwanziger*, der Tanz auf dem Vulkan, nicht in der Provinz, Berlin ist die Verheißung für dubiose Glücksritter, Kriegsgewinnler, Neureiche, größenwahnsinnige Intellektuelle, Kinder reicher Eltern, betrügerische Wunderheiler und Okkultisten. Getrieben von Lebensgier zog es sie in die Stadt, die neben dem nicht zu übersehenden Elend in einem Taumel exzessiver Vergnügungssucht verfallen war. Ein Dorado für die Unterwelt, Drogenhändler, Zuhälter, wie Franz Biberkopf in Döblins Roman *Berlin Alexanderplatz*.

Ende der Zwanziger Jahre waren zu viele Regierungen verschlissen, daß man noch Hoffnung haben konnte. Den Parteien und ihren Führern war zu mißtrauen, und was war von Leuten zu halten, die sich auf der Titelseite der *Berliner Illustrirten* im Badedress zeigten, wie der Reichspräsident Ebert und sein Genosse Scheidemann. Die Männer der Republik waren ohne Glanz, keine Autoritäten, nach dem forschen Kaiser und seiner strahlenden Umgebung. Von haltlosen Verdächtigungen, einem Landesverratsprozeß und angeblichen Verwicklungen in Korruptionsfällen zermürbt, starb Ebert im Jahre 1925. Der zweifellos redliche Mann, der sich als einfacher Sattler in die Führungsspitze seiner Partei emporgearbeitet hatte, symbolisierte bei einer breiten Mehrheit die Kümmerlichkeit der ungeliebten Republik. Seine Bescheidenheit und unprätentiöse Amtsführung ehrte den Kleinbürgerpräsidenten, doch das Volk wünschte sich einen glanzvolleren Repräsentanten, einen Heros, und wenn es nicht ein fürstlicher hoher Herr sein durfte, zumindest eine höher gestellte Person.

Nicht die extremen Nationalisten, sondern bürgerliche Parteien schlugen als Nachfolger Eberts den idealisierten Weltkriegshelden Paul von Hindenburg für das Amt des Reichspräsidenten vor. Wahrlich kein Freund der Republik, sondern ein nach außen treu wirkender Monarchist, der zurückgezogen in Hannover privatisierte. Als die Abgesandten der *Deutschen Volkspartei* und der *Deutschnatio-*

nalen Volkspartei dem Feldmarschall die Kandidatur antrugen, warf dieser die Herren mit den Worten hinaus: *Hol Euch alle der Teufel!* – worauf einer der Parlamentarier entgegnete: *Er wird es nicht tun, wenn Sie unser Reichspräsident sein werden.* Hindenburg gefiel diese schlagfertige Antwort, lehnte aber dennoch ab, bis ihn schließlich sein Freund, der Großadmiral Tirpitz überzeugen konnte, sich der Wahl zu stellen, vorausgesetzt, der Kaiser in Doorn würde plein pouvoir geben, denn noch fühlte sich Hindenburg an den Eid auf Kaiser und Reich gebunden.

Im April 1925 erwählte sich das deutsche Volk Hindenburg als Reichskanzler, einen Ersatzkaiser, denn wohl kein anderer verkörperte seit dem Weltkrieg Preußen-Deutschland mehr als der *Sieger von Tannenberg*. Das Bekenntnis zur Demokratie heißt nicht zwangsläufig, das Votum des Volkes zu goutieren, und so brach bei der Linken ein Wutgeheul aus, Volksschelte und boshafter Spott. Andere, wie der noch in den letzten Kriegstagen großdeutsch tönende Gustav Stresemann, dessen Partei Hindenburg nominiert hatte, äußerte als Außenminister Bedenken, er sah seine Annährung an Frankreich durch diese Wahl gefährdet, und in der Tat, die Reaktion in der französischen Presse schien ihm recht zu geben. Doch die britische Presse zeigte sich verständnisvoll: *Deutschland findet sein Gleichgewicht wieder,* schrieb die *Sunday Times: Der alte Soldat, der Sieger von Tannenberg, mit tausend guten Eigenschaften, ist zum Präsidenten der Republik gewählt worden, weil er ... als der beste und typischste Vertreter des nationalen Lebens gilt. Es ist besser für Deutschland und für Europa, daß an der Spitze des deutschen Staates ein Mann von Ehre und Festigkeit steht. Es mag sein, daß unter seiner Führung die deutsche Front gegenüber den Alliierten fester werden wird. ... Hindenburgs Wahl ist, kurz gesagt, nur dann eine Provokation, wenn die Franzosen und wir selbst eine solche daraus machen.* Die in der britischen Zeitung dargelegten Aspekte tangierten die deutschen Politiker kaum, sie bekamen Probleme mit dem Soldaten Hindenburg. Aus gutem Grund hatte er bei Wilhelm II. nachfragen lassen, ob sein Amtseid mit seinem geleisteten soldatischen Eid auf Kaiser und Reich vereinbar sei. Als Soldat war ihm der Eid auf die Verfassung eine bindende Verpflichtung, die nicht zur Disposition stand. Diese Verfassungstreue mißfiel vor allem der Rechten, ausgerechnet jenen, die dem Feldmarschall besonders nahe zu stehen glaubten.

Die bösartigen Anwürfe der Rechten gegen den Reichspräsidenten offenbarten, daß Preußen tot war, preußische Tugenden nur noch leere Worthülsen waren. Als Gast des einstigen Kammerherrn Oldenburg-Januschau erfuhr Hindenburg, wie fremd selbst den Standesgenossen die alten Werte waren. Als der alte Herr den Salon verließ, begann ein allgemeines Murren über die Verfassungstreue des Präsidenten. Der alte Herr hatte jedoch im Nebenraum die Kritik vernommen, um sodann den Herren einen kleinen Unterricht in Preußentum zu erteilen, indem er an die Bedeutung des Eides erinnerte. Die beschämende Belehrung hätte den Parteiführer Hitler nicht beeindruckt, er titelte seinen Hetzartikel gegen den Reichspräsidenten im *Völkischen Beobachter* mit den Worten: *Hindenburgs Abschied von Deutschland*, und der einstige Waffengefährte Ludendorff schrieb: *Herr Paul von Hindenburg, hätte das Recht verloren das feldgraue Ehrenkleid zu tragen und es mit ins Grab zu nehmen.* Im Vorstand des *Stahlhelms, Bund der Frontsoldaten* debattierten die Herren, ob es nicht ratsam wäre, den Ehrenvorsitzenden Hindenburg aus dem Verband auszuschließen. Die gemäßigte Linke zeigte sich erstaunt über die Haltung des bislang als senilen Greis geschmähten Reichspräsidenten, doch auch sie beeindruckte das gelebte Preußentum des ersten Repräsentanten des Staates wenig, es überwog die Freude über den Zwist der Rechten.

Die Unabhängigkeit des Amtes glaubte der Reichspräsident durch die Wahl seiner Umgebung gewahrt; nicht Parteipolitiker bildeten den republikanischen Hofstaat, sondern vermeintlich treu ergebende Soldaten, Kameraden vor allem des 3. Garderegiments unter der Führung des zur Reichsinstitution erhoben Hindenburg-Sohn Oskar, der als Adjutant seines Vaters politische Fäden zu spinnen begann. Graue Eminenz im Palais war der politische Soldat neuen Typus, der intrigante und stets etwas undurchsichtig wirkende General Kurt von Schleicher, mehr Ratgeber des Hindenburg-Sohnes, als Vertrauter des Präsidenten. Im Kreis der Soldaten fühlte sich der alte Herr geborgen, setzte er doch kameradschaftliche Treue und soldatische Ehre voraus und teilte überdies die vorherrschende Meinung, daß die kleinen Leute einer Führung bedurften. Tumulte und Prügeleien im Reichstag, Korruption und Neureichentum zehrten an der Reputation des Staates, und so bedurfte es eines Korsetts, einer führenden Hand, die dem Geist des alten Preußens wieder Geltung verschaffen sollte. Insgeheim war man monarchisch gesonnen, und so betrachteten die Herren den Präsidenten als Sachwalter des

Hohenzollernhauses, der mit seinen weitgehenden verfassungsmäßigen Rechten den ungeliebten Parlamentarismus mäßigen und zugleich die radikalen Führer, Thälmann und Hitler im Zaum halten sollte.

Daß Hindenburg dem Kommunistenführer Ernst (Teddy) Thälmann nicht zugetan war, bedurfte keiner Erwähnung. Gleichermaßen mißfiel ihm auch der unpreußische Hitler, den er verächtlich den *böhmischen Gefreiten* zu nennen pflegte. Besonders aegrierten ihn dessen braunen Möchtegernsoldaten, die mit ihren Radau-Aktionen alles andere als soldatische Disziplin demonstrierten. Der Reichspräsident ahnte nicht, daß in seiner Umgebung einige Herren bemüht waren, Hitler salonfähig zu machen und ihn angesichts seiner Wahlerfolge in ihr politisches Kalkül zu ziehen. Dank ihrer Beziehungen vermittelten sie einen Auftritt vor Vertretern der deutschen Wirtschaft, denen Hitler die wirtschaftspolitischen Vorstellungen seiner Partei darlegte und deutlich von den bisher vertretenen radikalsozialistischen Forderungen abrückte.

Nach hartnäckiger Weigerung gelang es schließlich der Präsidentenkamarilla, den Reichspräsidenten zu überreden, Hitler und Göring zu empfangen. In einem 70-minütigen Vortrag durften die Herren dem Feldmarschall die außenpolitischen Pläne der NSDAP darlegen. Mit wenig Erfolg, der alte Herr blieb bei seiner Ablehnung. Staatsmännische Weisheit verströmte Hitler im *Kaiserhof* vor der internationalen Presse, die verwundert einen gemäßigten Hitler kennenlernte, der sich offensichtlich den Politikern des Westens andiente. Das Mißtrauen Hindenburgs gegen den Führer der NSDAP erwies sich als berechtigt, denn die anstehende Wahl des Reichspräsidenten zeigte, wie fragwürdig die Volkssouveränität im Ränkespiel der Volksvertreter um Einfluß und Macht war. Die Parteienzersplitterung im Reichstag hatte zur Folge, daß keine Mehrheitsregierungen zu bilden waren, und die Minderheitsregierungen schließlich nur noch mit den Machtmitteln des Reichspräsidenten zu regieren vermochten.

Da die Amtszeit des Reichspräsidenten 1932 ihrem Ende entgegen ging, und damit zugleich die Notverordnungsregierung endete, plante die Regierung nach Absprache mit den demokratischen Parteien die Verlängerung der Amtszeit des Präsidenten unter Verzicht von Neuwahlen. Für diesen Kuhhandel bedurfte es allerdings der Stimmen der NSDAP, und folglich beauftragte man den Reichswehrminister Groener, Hitlers Einverständnis zu erlangen. Das denkwürdige Gespräch fand im Januar 1932 statt. Hitler begriff sofort, daß ihm damit eine Chance für seine Machtergreifung entging, er lehnte ab, und folglich mußten Neuwahlen stattfinden.

Der folgende Wahlkampf geriet zur politischen Posse: Für das Amt des Reichspräsidenten bewarben sich Ernst (»Teddy«) Thälmann, ein unbekannter Herr Winkler, Adolf Hitler und der Stahlhelmführer Theodor Duesterberg. Kandidat der demokratischen Mitte, einschließlich der Sozialdemokraten war Hindenburg, der sich widerwillig und erst nach hartnäckigem Sträuben noch einmal in die Pflicht nehmen ließ. Damit waren die bisherigen Fronten auf den Kopf gestellt, kleinbürgerliche Gesinnung und Ehre sind verbale Werte, die nach Belieben zur Disposition stehen, und so geiferte die Rechte gegen den Weltkriegshelden, und die Linke bejubelte den einst so heftig geschmähten Hindenburg als Garanten der Freiheit, und sogar der Pazifist und Linksintellektuelle Kurt Tucholsky, wahrhaft kein Freund des Feldmarschalls, betrieb nun Wahlunterstützung für Hindenburg, indem er Hitler in der *Weltbühne* als Ausländer madig zu machen suchte: *Hitler*, so schrieb er, *ist doch die verkörperte Illegalität, nämlich ein Ausländer, der sich politisch betätigt, was ist sonst ein Nicht-naturalisierter, der sich aktiv und geräuschvoll in die Geschicke eines Landes mengt, das ihm Gastfreundschaft gewährt? Ein Objekt der Fremdenpolizei – mehr nicht!* Der *Deutsche Handlungsgehilfenverein*, ein betont antisemitischer Interessenverein kleinbürgerlicher Angestellter, faßte in einer Kampfschrift die Hindenburgfeindschaft der Rechten zusammen und bekannte sich für den Stahlhelmführer Duesterberg – mit dem Hinweis, daß Hindenburg ein Werkzeug der jüdischen Presse sei, *die mit Eifer für Hindenburg geschrieben und gedruckt hat, als ob es wahrhaftig um Einstein ginge und es ist ihr wahrhaftig gar nicht um Hindenburg gegangen, sondern um den Zustand, sie wollen den Zustand von heute bewahren.* Hindenburg als Judenknecht und Garant des Novemberverbrecherstaates, das war der Tenor der Auseinandersetzung. Dennoch, Hindenburg verfehlte nur knapp die absolute Mehrheit, und immerhin konnte der NS-Führer über 30% der Stimmen auf sich vereinen. Wahlunterstützend erwies sich eine Kampagne gegen den zweiten Rechtskandidaten Duesterberg, dem ein jüdischer Familienforscher einen makellosen jüdischen Stammbaum präsentierte. Die Stichwahl brachte für Hindenburg die geforderte absolute Mehrheit. Damit konnte die Minderheitsregierung ihre Arbeit fortsetzen, doch überschattet war der Erfolg vom Teilsieg Hitlers, der mit seinen bedrohlichen 37% Wahlstimmen und angesichts der schwachen Koalitionen kaum noch von der Regierungsbeteiligung fernzuhalten war.

Für den kleinen Mann, wie Johannes Pinneberg, hieß es abwarten, an der Volksherrschaft sah er sich nicht beteiligt, für ihn gab es nur *die da oben und wir da unten.*

Heilslehren
Die Erben des deutschen Idealismus

Die schweren Heimsuchungen, Krieg, Seuchen, Revolutionen, die großen gesellschaftlichen Veränderungen, Siegesfahnen und Kapitulationen, trafen das Volk gleichermaßen, doch auf materiellen Vorteil fixiert, wußten sich die Kleinbürger stets strebend und schaffend am ehesten den Gegebenheiten und Notwendigkeiten anzupassen. Mochten auch Heroen stürzen, Weltanschauungen zusammenbrechen, die kleinbürgerlichen Normen tangierte das nicht. Sie sind eine Konstante im Lauf der Zeit. Mochten sie auch noch so sehr an ihren Standesfesseln zerren, mit Jugendträumen ihren Stand schmähen, mit Revolten und Aufbruchbewegungen die Zurückgelassenen ängstigen und irritieren – am Ende fanden sich die Standesflüchtlinge wieder in der Sicherheit und Ordnung der kleinbürgerlichen Gesellschaft.

Nicht daß man danach strebte, an den Familientisch der Wohnküche zurückzukehren, auch in der von Sitte und Brauch diktierten Enge des Quartiers war keine Heimat mehr. In der feudalen Zeit war der Adel das Vorbild, das Rackern und Schachern sollte mit der feinen Lebensart der Oberschicht belohnt sein. Nun war die Oberschicht entthront, der Glanz versunken, es galt neue Idole zu finden, doch die neue Elite war kein erstrebenswertes Vorbild, weder die wortbrüchigen Bratenrock-Politiker, noch die lautstarken Ideologen. Auch nicht die neuen Reichen, die Trüffelschweine und Bofkes, die mit ihrem Protzentum allenfalls Haß provozierten. In kargen Zeiten pflegen sich die Menschen – besonders wohl aber die Deutschen – Mystisch-Mythischem zuzuwenden, weniger den staatstragenden Kirchen, sondern mehr religiösen Erweckungsbewegungen und Sekten, fernöstlichen Weisheitsspendern, okkulten Naturaposteln oder geheimnisschwangeren Esoterikern.

Die Teutonenschwärmer folgten den Germanenverehrern des 19. Jahrhunderts und entdeckten ihr Heil im heimischen Bauerntum und dessen angeblichen wurzeltiefen altgläubigen Urgrund. Mit der

Idealisierung des noch im 18. Jahrhundert von den Bürgern als primitives, rohes ungezügeltes Volk verachteten Bauernvolks brüskierte die nachfolgende Generation ihre standesstolzen Eltern. Wiederum bedurfte es einiger Dezennien, bis die Bürger einen noch niederen Stand zu verachten hatten: Die Arbeiter, unzivilisiertes Proletariat, sittlich verroht und ohne jegliche Kultur.

Im antibürgerlichen Kampf sozialistischer Heilslehrer war bereits der Arbeiter zu einem bürgerbedrohenden Heros mutiert: *Alle Räder stehen still, wenn dein starker Arm es will.* Mit den Arbeiter-Marschkolonnen suchten die Kommunisten ihren Klassenkampf zu entfachen, an dessen siegreichem Ende die *Diktatur des Proletariats* aufgerichtet sein würde. Auch die sozialistische Rechte entdeckte den *Arbeiter* als Bürgerschreck, literarisch 1932 von Ernst Jünger in seinem gleichnamigen, schwer verdaulichen Buch idealisiert, in dem er im Gegensatz zum linken Proletengrusel eine neue Arbeiterromantik stiftete: *Der Bürger ist zu begreifen als der Mensch, der die Sicherheit als den höchsten Wert erkennt und demgemäß seine Lebensführung bestimmt. Der Bürger bildungsbefrachtet sucht die Triebkräfte des Lebens im Zaum zu halten, doch der Arbeiter lebt in seinem heroischen Realismus eine wilde, erhabene Leidenschaftlichkeit, er lebt im wahrsten Sinne des Wortes, weil nicht eingezwängt in bürgerliche Machtvorstellungen und sucht nicht wie der Bürger das Ziel, sondern sein Lebensinhalt ist die Arbeit, die Betätigung, darin sieht er die Erfüllung ...*

Für Jünger ist der Arbeiter das Synonym für *Masse*, und damit spannt er einen Bogen von der chaotischen und zugleich geordneten Stadt zum Schlachtfeld des modernen totalen Krieges, der den Gesetzen *Feuer und Bewegung* folgt, genau so anarchisch und organisiert wie die Stadt mit ihrer Bewegung, Geschwindigkeit und Effizienz. Militärische Begriffe überträgt Jünger auf die Arbeitsprozesse, für den Soldaten mit modernen Waffen, für den Arbeiter mit modernen Maschinen. Waffen und Maschinen scheren sich nicht um individuelle Gefühle, Bindungen und bürgerliche Werte, im Einsatz haben sie keine Bedeutung, alles ist dem Gesetz des Krieges oder Arbeitsprozeßes untergeordnet. Es wird nicht nach dem Tod gefragt, auch nicht warum, nur *das Klappern der Webstühle, das Rasseln der Maschinengewehre – das sind Zeichen, Worte, Sätze einer Prosa, die von uns gedeutet und beherrscht sein will!*

Die Zukunft, so deutet Jünger, wird nicht das Parlament – kein Gesellschaftsorgan – sondern ein Staatsorgan sein, denn es geht um kollektive Unterordnung, um kollektive Bewährung, und dann wird nicht nach sinnhaft oder sinnlos gefragt, nicht nach Nutzen und Kosten. Der Arbeiter mit der Kraft der Maschine, der Soldat mit der Feuerkraft, beide wissen sich als Teil einer Macht, sind *Mitglieder eines Menschenschlages, der in seiner Todesverachtung die Bestätigung seiner Ordnung sieht, je zynischer, spartanischer, preußischer oder bolschewistischer das Leben geführt wird, desto besser wird es sein. Arbeiter, Soldaten eingeschlossen, sind die Elite, die sich durch Tugend der Armut, der Arbeit, der Tapferkeit auszeichnet.* In diesem Sinne werden zwei Schritte die Gesellschaft verändern: 1. Die allgemeine Wehrpflicht und 2. die allgemeine Arbeitspflicht.

Arbeitspflicht und Wehrpflicht als gesamtgesellschaftliches Modell, diese Aussichten sollten nicht mehr lange nur *Zeichen und Worte* bleiben, denn in diesen Tagen rüstete sich ein Mann zur Übernahme der Macht – Adolf Hitler, der den Arbeiter zwar realistischer einzuschätzen wußte, aber dennoch um das Proletariat warb. In *Mein Kampf* hatte er sich bereits über das deutsche Bürgertum geäußert: *Darüber sollen wir uns keiner Täuschung hingeben: Unser derzeitiges Bürgertum ist für jede erhabene Aufgabe der Menschheit bereits wertlos geworden, einfach weil es qualitätslos zu schlecht ist; und es ist zu schlecht, weniger aus – meinetwegen – gewollter Schlechtigkeit heraus, als vielmehr infolge einer unglaublichen Indolenz und aus allem was aus ihr entspringt. Das eine solche politische »Bourgeois-Gilde« zu allem taugt als zum Kampf, liegt auf der Hand, besonders, wenn die Gegenseite nicht aus vorsichtigen Pfeffersäcken, sondern aus Proletariermassen besteht, die zum Äußersten aufgehetzt und zum Letzten entschlossen sind ...*

Hitlers politisches Kampfziel war ein Substrat kleinbürgerlicher Träume des 19. Jahrhunderts, völkische Gedankenspiele ohne revolutionären Elan, *Altertumsschwärmer,* die sich Hitler vom Halse halten wollte, *Wortmenschen und äußerliche Sprücheklopfer der sogenannten »völkischen Ideen«* ... und die *Ritter mit dem »geistigen Schwert«, all den Jammerlappen, welche die geistige Waffe als Schutzschild vor ihre tatsächliche Feigheit halten.* Mit dem Kleinbürgertum war die Gesellschaft nicht radikal zu verändern, und so diktierte Hitler seinem Paladin Heß: *Wenn die völkische Idee aus dem unklaren Wollen von heute zu einem klaren Erfolg kommen will, dann muß sie aus ihrer weiten Gedankenwelt bestimmte Leitsätze herausgreifen, die ihrem Wesen und Inhalt nach geeignet sind, eine breite Menschenmasse auf sich zu verpflichten, und zwar diejenige,*

die allein den weltanschaulichen Kampf dieser Idee gewährleistet:
Dies ist die deutsche Arbeiterschaft

Entgegen dem Parteinamen und trotz des verstärkten Buhlens um die Arbeiterschaft, auch unmittelbar vor den Toren der Macht war die NSDAP eine Mittelstandspartei, selbst wenn der Anteil der Arbeiter mit 33,55 % sehr hoch erschien; denn bei genauerer Betrachtung der Statistik zeigte sich, daß auch jene wurzellosen berufslosen Frontsoldaten und kriegsbedingten Arbeitslosen aller Berufe der Arbeiterschaft zugerechnet wurden. 13,4 % der Parteimitglieder kamen aus der Land- und Forstwirtschaft, immerhin 45,2 % waren dem Mittelstand zuzurechnen und nur 3 % Freiberufler hatten sich für die NSDAP entschieden. Als mitteloser Postkartenmaler hatte der Führer der Partei in seiner Wiener Zeit Aushilfsarbeiten auf Baustellen angenommen, körperliche Arbeit geleistet, die ihn nun legitimierte sich als Deutscher Arbeiter zu bezeichnen. Weitere Arbeiter waren in der Führung der nationalen Arbeiterpartei nicht vertreten, und auch unter den mittleren und unteren Amtsträgern entstammten nur wenige dem Proletariat. Aus den gewerblich-industriellen Berufen kamen 23 % der Funktionäre, 17,2 % entstammten akademischen Berufen und 14,6 % hatten als Offiziere in der kaiserlichen Armee gedient, 13 % waren Beamte und nur 2 % hatten einst ein Handwerk betrieben. So war die NSDAP alles andere als eine Arbeiterpartei, sowohl von der Mitgliedsstruktur, als auch von den Wählern war sie eine Mittelstandspartei, und nicht zuletzt der Antisemitismus lockte das stets fremdenfeindliche Kleinbürgertum in die Reihen der braunen Partei.

Es war wohlkalkulierte Taktik ihres Führers, zum einen den pseudorevolutionären Kampf auf der Straße auszutragen, und zum anderen angesichts der Wahlerfolge sich dem kapitalistischen Großbürgertum anzudienen. Während sein Berliner Gauleiter als Volkstribun die Massen zu mobilisieren suchte, mit kleineren antisemitischen Aktionen den Pöbel bediente, offerierte sich der Führer staatsmännisch und rückte zunehmend von den radikalsozialistischen Forderungen ab. In einer parteiinternen Säuberung hatte er zuvor die nationalistischen Salonbolschewisten unter der Führung Otto Strassers eliminiert. Strasser hatte daraufhin die Parole ausgegeben *Die Sozialisten verlassen die Partei* und eine Kampfgemeinschaft revolutionärer Nationalsozialisten gegründet.

Nach außen zeigte sich die Partei führerdiszipliniert und einig, doch in Wahrheit gab es unterschiedliche Richtungen und Vorstellungen über die wahre Lehre des Nationalsozialismus und zuweilen wurde deutlich, daß der Führer seine Gefolgschaft nicht im festen Griff des Führerprinzips hatte. Neben den Abspaltungen und Parteiquerelen agierten noch weitere rechte Heilsbringer, selbsternannte Führer, Freicorpsführer, fossile Alldeutsche und Rechtsintellektuelle, die sich zumeist durch das Weltkriegserlebnis zur Führung legitimiert sahen. Opposition zur Hitlerpartei waren Teile der rechtsintellektuellen Frontsoldaten, die dem Diktat der kapitalistischen Westmächte Deutschlands Unglück zuschrieben. Ihr Ideal war der bolschewistische Reitergeneral Budjonny, der soldatische Haudegen an der Spitze einer wilden Reiterhorde. Aus solchem Holz sollte auch der deutsche Führer geschnitzt sein, nicht Hitler, sondern soldatische Naturen wie Leutnant Scheringer oder der Oberlandführer Beppo Römer seien auserkoren, an der Spitze des jungen Deutschlands zu stehen. Tief verachtet wurden die in braune Uniformen gesteckten NS-Freizeitsoldaten, biedere Handelsgehilfen, Angestellte und Familienväter, die in den Abendstunden und am Wochenende Bürgerkrieg übten, aber kaum von revolutionärem Geist erfüllt waren und keine Vorstellungen vom politischen Soldatentum hatten.

Die große Masse der heimatlosen Rechten, die antibürgerlichen Freicorpsleute, unzufriedene politisierte Frontsoldaten waren antiwestlich gestimmt und fühlten sich zu jenen Linken hingezogen, die im Bündnis mit Sowjetrußland einen antikapitalistischen deutschen Weg suchten. Für sie war die Bezeichnung Nationalbolschewisten gefunden, Männer wie die Aristokraten Maltzan und Brockdorff-Rantzau, die Kommunisten wie Radek und Neumann, der Altwandervogel Paetel und der Publizist Ernst Niekisch, dessen Kampfschrift *Widerstand* Pflichtlektüre der alten Freicorps-Kämpen war.

Das antikapitalistische bolschewistische Sowjetrußland hatte sich vom Westen gelöst und war im Begriff, sich wie Preußen großzuhungern und unter unsagbaren Entbehrungen einen eigenen Weg zu beschreiten. Niekisch und Jünger glaubten, sowjetisch-preußische Parallelen erkannt zu haben, als Stütze der Gerechtigkeit einen starken autoritären Staat, der lenkend und leitend über die Geschicke der Nation wachte. Darüber hinaus sah sich das deutsche Wesen der russischen Seele verwandt, und nicht von ungefähr hatte sich in preußischen Notzeiten die Waffenbrüderschaft mit Rußland als segensreich bewährt, während Feindseligkeiten und blutige Waffengänge stets zum Vorteil des Westens ausgegangen waren. Als deutscher Führer bot sich auch der ehemalige Freicorpsführer Roßbach an, der ver-

kündete, daß nicht politische Ränkespiele und brüchige Parteienbündnisse den Kampf um Deutschland bestimmen sollten. Er wollte
mit offenem Visier um das neue Deutschland kämpfen. Was aber, so
fragte der Schriftsteller Arnolt Bronnen, steht hinter dem Wort »Mobilisierung der Deutschen?«, Roßbach antwortete: *Dahinter steckt,
ich bin dessen sicher, die tiefste und furchtbarste und umfassendste
Reformation irgendeiner Rasse in irgendeinem Lande der Welt. Dahinter steckt Tod und Ausrottung vieler Millionen, härteste Not der
Gläubigen, Hunger und Einsamkeit. Dahinter steckt das Ziel, aus
diesem Reich das einer einzigen Herrenrasse zu machen, die in aller
Härte des Daseins nichts kennt als Macht und Verantwortung.*

Viel Zeit, ein furchtbares Geschlecht der Deutschen heranzubilden,
blieb Roßbach freilich nicht mehr; viele seiner Getreuen hatten sich
bereits der Hitlerpartei zugewandt, Martin Bormann und Edmund
Heines machten Karriere in der NSDAP und beschworen Roßbach,
ihnen zu folgen. Für Hitler gehörte auch Roßbach zu den Sonder-
bündlern, die den nationalen Aufbruch behinderten. Sonderbündler
waren demnach auch die *Deutschsoziale Partei* des Berliner Agitators
Richard Kunze, der es sich zur Aufgabe gemacht hatte, mit der KPD
unzufriedene Arbeiter zu sammeln und in den Schoß des Vaterlandes
zurückzuführen. Überlebt hatten des weiteren alldeutsche Gruppen,
die unverdrossen ihre völkischen Erbauungsstunden zelebrierten und
von Großdeutschland träumten.

Vor allem in Hessen und Thüringen bestanden noch größere Gruppen des *Jungdeutschen Ordens*, der 1920 von A. Mahraun gegründet,
national-soziale Reformen forderte. Dem *Deutschen Orden* nachge-
bildet, pflegte man bündische Traditionen und verherrlichte das
Fronterlebnis als Zäsur einer neuen Volksgemeinschaft. Politische
Wirksamkeit versprach sich ein Teil der Mitglieder durch die Umwandlung des Ordens in die *Volksnationale Reichsvereinigung*, die
der Deutschen Demokratischen Partei nahestand. National-soziale
Romantik pflegten zahlreiche Turnvereine, deren Ertüchtigungsarbeit
unter dem Motto stand: *Ohne germanischen Körper, kein germanischer Geist* und die sich dem nationalen Lager zurechneten, gleiches
galt für die kleinbürgerlichen Gesangvereine, die mit deutschem
Liedgut deutsche Art und Gesittung kultivierten. An den Universitäten gewann der *Hochschulring deutscher Art* Einfluß, ein Zusammenschluß zahlreicher Studentencorporationen, der vor allem jüdische Hochschullehrer drangsalierte. Dem Kampf gegen undeutsche
Literatur hatte sich der dem *Deutschen Sprachverein* unterstellte

Deutsche Schulverein gewidmet. Während der Schulverein es sich zur Aufgabe gemacht hatte, im Ausland deutsche Schulen zur Beförderung des Deutschtums zu begründen, versorgte der Sprachverein in- und ausländische Bibliotheken mit germanischem Schriftgut.

Das Volk als Souverän
Wahlentscheidungen

Der Souverän, das Volk, hatte in den Wahlen des Jahres 1932 die NSDAP zur stärksten Partei gemacht, sich damit jedoch keinesfalls mehrheitlich zur NS-Ideologie bekannt. Wahlentscheidungen des Tagespublikums lassen zumeist Parteiprogramme unberücksichtigt, sie folgen Stimmungen und herrschender Meinung, schichtungsbezogener Vorteilsnahme, vielfältigen Einzel- und Gruppeninteressen und tradierter Gesinnungsgruppentreue.

Der konservative Gutsbesitzer Major v. B. achtete auch nach der Revolution darauf, daß seine Leute richtig wählten, und versprach bei Erfüllung seiner Wahlempfehlung einen bescheidenen Extralohn. Bei der Auszählung der Stimmen wußte er genau, wer *unanständig gewählt* hatte und somit eine üble Gesinnung zeigte. Milde beurteilte er den Wahlwunsch einer seiner Leute: Tagelöhner R. hatte seinen sehnlichsten Wunsch an seine Volksvertreter gerichtet und mit ungelenker Schrift: *Ich wähl mich eine Kuh* auf den Wahlzettel gekritzelt.

Aber auch jene, die sich über Parteien und Kandidaten informiert, womöglich sogar eine Parteiversammlung besucht hatten, zeigten sich von hehren sozialen und vaterländischen Wortgebrause unbeeindruckt und entschieden sich eher entsprechend ihrer subjektiven Anliegen und Forderungen. Frau v. R., engagierte Vorsitzende des örtlichen Tierschutzvereins, gab ihre Stimme Hitler und empfahl dies auch den Mitgliedern, nachdem sie in *Mein Kampf* gelesen hatte, daß der Führer auch Mäuse in seine Tierliebe einschloß. In seiner Münchener Zeit, so schrieb er, hätte er zunächst keine größeren Anforderungen an Wohnkomfort stellen können, nicht selten teilte er sein Zimmer mit Mäusen, mit denen er selbstverständlich auch seine spärliche Nahrung teilte und gerührt die Spiele der possierlichen Tiere beobachtete.

Der Landwirt Walther B. entschloß sich für Hitler nach dem Kauf einer langen Mako-Unterhose in einem jüdischen Geschäft, die nach einmaliger Wäsche von seiner Frau als minderwertig und überteuert beurteilt wurde und die überdies nicht der vom Juden versicherten Friedensqualität entsprach. Der junge Kieler Kommunist Werner Busch wechselte zu den Nationalsozialisten, weil er von der Solidarität seiner Genossen enttäuscht wurde. Einige Jahre war es für ihn Ehrensache, an der Seite seiner Kampfgenossen für die Interessen des Proletariats zu marschieren. In stolzer Armut ertrugen er und seine Familie Arbeitslosigkeit und das Elend des staatlichen Almosenempfangs. Sein Onkel Ernst hingegen war bereits in der Parteihierarchie aufgestiegen, er war Schauspieler geworden und sang für gutes Geld kommunistische Agitprop-Lieder. Ihm und den Seinen ging es gut, und zuweilen konnte es geschehen, daß die Tante den hungrigen Neffen Werner zu sich rief und zu einem Butterbrot einlud. Dann holte sie einen *großen Klacks gute Butter* aus der Dose, bestrich und kratzte die Butter so lange auf die Brotscheibe, bis nur noch ein Hauch davon übrig war. *So waren die*, erzählte der Enttäuschte, *Solidarität war für solche Leute ein Fremdwort.*

Der einstige Unteroffizier Bruno K. nahm Hitler gut, daß er im Weltkrieg Meldegänger war, eine Aufgabe, von der Zivilisten nicht ahnten, wieviel Tapferkeit dafür vonnöten war. Auch die Wahlmotivation der Putzmacherin Fräulein Frieda F. dokumentiert, wie subjektiv der Souverän zuweilen entschied. Fräulein F. empfand die rauchige Stimme des Führers ansprechend, womit sie wohl eine von vielen Frauen verspürte erotische Ausstrahlung zu beschreiben versuchte, die möglicherweise deshalb so stark empfunden wurde, weil das Liebesleben Hitlers geheimnisumwoben blieb und, mit dem Reiz priesterlich-zölibatärer Entsagung verknüpft, Raum für weibliche Sexualphantasien eröffnete.

Bereits in *Mein Kampf* hatte Hitler die Voraussetzungen einer wirkungsvollen Propaganda beschrieben: *Die Psyche der breiten Masse ist nicht empfänglich für alles Halbe und Schwache. Gleich dem Weibe, dessen seelisches Empfinden weniger durch Gründe abstrakter Vernunft bestimmt wird als durch Sehnsucht nach ergänzender Kraft, und sich deshalb lieber dem Starken beugt als den Schwächling beherrscht, liebt auch die Masse mehr den Herrscher als den Bittenden.*

In diesem Sinne agierten sein Propagandachef Goebbels und sein Leibfotograf Hoffmann, der, Hitler ständig begleitend und ablichtend, die Presse mit Fotos versorgte, die den Parteiführer wandernd und über Deutschland nachsinnend, in Besprechungen mit seinen Getreuen, aber sehr selten am Schreibtisch arbeitend zeigten. Abge-

lichtet wurde der Führer vor allem inmitten des Volkes oder in Feld-
herrnpose Parteisoldatenparaden abnehmend, sich volkstümlich ge-
bend, Kinderköpfe streichelnd und Greisenhände schüttelnd. Nicht
zuletzt durch die massive, das Kleinbürgertum ansprechende moderne
Propaganda, war Hitler in aller Munde und zunehmend der Hoffnungsträger des verelendeten Mittelstands.

Im verhängnisvollen Jahr 1932 brachen nicht nur im Palais des
Reichspräsidenten die Fronten gegen eine Hitlerregierung, auch die
liberalen Erben der Alldeutschen und die Altkonservativen begannen
zu schwanken. Sogar die Herren des Ringes, beziehungsweise des
Herrenclubs, sahen sich endlich veranlaßt, Hitler zur Kenntnis zu
nehmen, und kamen überein, Hitler als Chance zu sehen, weil nur er
die breite Masse zu begeistern vermochte. Von der Regierung wollte
man ihn freilich so lange wie möglich fernhalten. Konservativem
Denken widersprach die Anbiederung bei den Volksmassen, und so
war man entschlossen, für künftige Zeiten und angesichts der Wagnisse des Wählerwillens ein konservatives Netzwerk aufzubauen, in
die Machtapparate des Staates und der Wirtschaft *Herren* einzu-
schleusen, die Garantie dafür boten, daß Massenparteien und Volks-
verführer ohne wesentlichen Einfluß blieben. Dafür galt es, unter der
gebildeten Jugend zu werben und dafür Sorge zu tragen, daß die
junge Elite als Führungsreserve zur Verfügung stand.

Spiele um die Macht
Die Reaktion agiert

Der baltische Baron Manteuffel wurde mit der Aufgabe betraut,
Kontakte zu den großbürgerlich-adeligen studentischen Corps zu suchen und Herrenclub-Tagungen zu organisieren. Vor den Studenten
einer vornehmen Verbindung in Marburg erläuterte Manteuffel die
Pläne des Herrenclubs und verwies darauf, daß die Gunst der Stunde
zu nutzen sei, denn die Wahlen des Jahres 1932 hätten den Niedergang der klassischen Volksparteien bestätigt. Der westliche Kapitalismus und der östliche Bolschewismus hätten einen neuen Men-
schentypus geschaffen, den Massenmenschen, dem nun ein neues
Herrentum entgegengestellt werden müsse. Diese Herrenschicht
könnte nur jenen Familien entstammen, die durch Herkunft und Geschichte zum Herrschen geboren seien. Der künftigen Geburtselite
empfahl Manteuffel, sich von der Masse fernzuhalten und die Unab-

hängigkeit zu suchen und überall dort tätig zu werden, wo auf höchster Ebene Entscheidungen getroffen würden, dort *Herren* zu sammeln, sie zu aktivieren, miteinander in Verbindung zu bringen und gemeinsam zu handeln. Manteuffel erhielt vor allem von den *Alten Herren* lebhaften Beifall.

Bei einem Auftritt Manteuffels wurde die Veranstaltung durch einen Jüngling getrübt, der kurz und prägnant Widerspruch erhob. *Masse*, so entgegnete er, *kann nur aus sich selbst heraus geführt werden, der neue Führertyp wird aus der Masse hervorgehen, denn die Zeit der Führung von oben ist unwiderruflich zu Ende. Der Führer von unten entspricht der eigentlichen germanischen Adelsauffassung, der es wieder Geltung zu verschaffen gilt, denn ein neuer deutscher Adel muß entstehen und wer das Volk in Herr und Masse scheidet, gibt dadurch erst der Masse Existenzberechtigung. In Deutschland soll es keine Knechte und Herren mehr geben, sondern nur noch Deutsche.*

Aus dem die Worte begleitenden mißbilligenden Gemurmel war deutlich die Frage, wer dieser Abtrünnige wohl sei, herauszuhören. Es war Baldur von Schirach, der sich bereits für Hitler entschieden hatte und vermutlich seinem Herrn über diese Veranstaltung Bericht erstatten sollte. Die Abrechnung mit den Herren der Reaktion war auf einen späteren Zeitpunkt verschoben, einstweilen schwieg Hitler über die Aktivitäten des Herrenclubs, er würde ihn noch benötigen. Unter den Zuhörern in Marburg saß auch der junge Friedrich Christian, Prinz zu Schaumburg-Lippe, der bald nach der Veranstaltung vom Baron Manteuffel besucht wurde. In einem Gespräch von Herr zu Herr appellierte der Baron an das Verantwortungsgefühl des Fürsten und bat ihn eindringlich, sich im Sinne des Herrenclubs zu engagieren. *Was heute herrscht*, so Manteuffel, *das sind doch durchweg kleine Leute. Man darf die gar nicht ernst nehmen, sondern muß sie behandeln wie es ihrer geziemt und sich nur nicht mit ihnen auf eine Stufe stellen. Die allgemeine Gleichmacherei des Herrn Marx ist naturwidrig und der größte Unsinn, den man sich denken kann. Wer sich auf den Boden des Parlamentarismus stellt, kapituliert vor der Französischen Revolution und begibt sich seines Herrentums, schlimm genug, daß sogar Monarchen diesen Fehler begingen.*

Mit dem Hinweis auf die Französische Revolution war ein fürstlicher Nerv getroffen, von Jugendtagen an hatte den Prinzen die Klage über dieses Ereignis begleitet – die Revolution, das war die große Prüfung, die Gott seinen irdischen Stellvertretern auferlegt hatte, eine Prüfung die schließlich zum Strafgericht wurde, als Fürstenhader und Eigeninteresse die Fürstenmacht lähmten. Die Frage der Wiederherstellung der Monarchie ließ Baron von Manteuffel allerdings dahingestellt, offensichtlich dachten die Herren des Ringes eher an eine Aristokratie, denn zunächst wollte man überall seine Leute haben, *erst dann können wir die verschiedenen politischen Gruppen gegeneinander ausspielen, ohne selbst in Mitleidenschaft gezogen zu werden. Das ist wahre Politik. Nur so kann man mit der Masse umgehen. Alle anderen Wege führen dazu, daß die Masse uns absorbiert.*

Auf Nachfrage des Prinzen, ob schon ein konservatives Netzwerk existiere, zierte sich Manteuffel ein wenig, *immerhin*, so erklärte er, *wenn wir unseren Leuten in der Industrie sagen, daß wir es für richtig halten eine bestimmte politische Gruppe oder Partei finanziell zu unterstützen, dann wird das geschehen und diese Gruppe oder Partei wird in Zukunft parieren. In der so hoch gepriesenen Demokratie macht man nämlich die Politik mit Geld – um später Geld mit Politik zu machen.*

Über die Ziele einer künftigen Außen- und Sozialpolitik hatten sich die Herren offensichtlich keine Gedanken gemacht, denn über diese drängenden Fragen verlor der Baron kein Wort. Möglich, daß ihnen das faschistische Italien gesellschaftspolitisches Vorbild war, ein revolutionärer Volkstribun, gebändigt durch einen Monarchen, mit dieser Konstruktion konnte man sich anfreunden, und so bot ein weiterer Werber dem Prinzen eine höhere Beamtenstelle in der Deutschen Botschaft in Rom an, mit dem Auftrag, das Amt für eine Kontaktaufnahme zu Mussolini zu nutzen. Prinz Friedrich Christian mißfiel der Herrenclub-Ton, die Arroganz und der Hochmut waren ihm peinlich und widerstrebten seiner fürstlichen Auffassung von den Pflichten des Adels. *In völliger Verkennung der Grundbegriffe des Adels*, so notierte der Prinz, *sei der Adelstitel meist nicht mehr nach öffentlichem Verdienst und vorbildlicher Haltung verliehen, sondern geradezu verkauft, nicht mehr das gute Beispiel wäre geehrt, sondern der materielle Erfolg belohnt.*

Für den jungen Fürsten war damit entschieden, Partei für den Nationalsozialismus zu ergreifen. Ein Gespräch mit Hitler hatte ihn endgültig überzeugt, ein *Herr vom Scheitel bis zur Sohle*, schrieb der Prinz, denn als der Führer ihm mit einer Handbewegung einen Sessel anbot, *ohne ein Wort dabei zu sagen, diese Handbewegung war irgendwie faszinierend. Ich hatte mich innerlich auf einen revolutionä-*

ren Arbeiter eingestellt und war verblüfft; wie kommt dieser Mann zu einer solchen Handbewegung – sie war ganz typisch die eines Grandseigneurs. Sie konnte nicht erlernt und kopiert sein, sie war absolut natürlich. Dieser Mann war nicht Bürger, nicht Prolet, er war ohne Stand und Rang der deutsche Messias, der Übermensch?, der von Gott gesandte Retter?

Die häßliche SA-Uniform, eine Mischung aus Pfadfindertracht und Bolschewistenmontur, mußte er nicht tragen, er trug die schwarze Uniform der SS. Prinz August-Wilhem von Preußen, genannt Auwi, trat öffentlich als Obergruppenführer der SA auf, den gleichen Rang erhielt Prinz Philipp von Hessen. Während der Preußenprinz nur der Staffage diente, zeigte Hitler am Hessenprinzen größeres Interesse, beziehungsweise an dessen Gemahlin, der Prinzessin Mafalda, einer Tochter des italienischen Königs Vittorio Emanuele III. Diesem Umstand hatte es Philipp zu danken, daß er unmittelbar nach der Machtergreifung das Amt des Oberpräsidenten von Hessen-Nassau bekleiden durfte. Später wurde er mit diffizilen diplomatischen Missionen in Italien betraut, zuletzt 1943 im Zusammenhang mit dem Sturz Mussolinis. Dieser Führerauftrag erwies sich als verhängnisvoll, König Umberto setzte auf die Karte der Alliierten und folglich wurden Malfalda und Philipp in KZ-Haft genommen.

Das Unheil nimmt seinen Lauf
Der Griff nach der Macht

Für die Mehrheit der Deutschen war der 30. Januar ein ganz gewöhnlicher Regierungswechsel, davon hatte es in der kurzen Geschichte der Republik viele gegeben und geändert hatte sich wenig. Alle Politiker hatten einen Wandel zur Besserung versprochen, doch die Arbeitslosenzahlen wuchsen, der Mittelstand darbte, und die angekündigten sozialen Reformen blieben im Ansatz stecken. Mehrheitlich blieb man skeptisch, und so sah es das gemeine Wahlvolk eher wie die *New York Times*, die am 31. Januar den Regierungswechsel mit den Worten kommentierte: *Eines ist jedenfalls sicher; das Dritte Reich, von dem »Herr« Hitler tausendundeinmal leidenschaftlich geredet hat, hat sich seit heute ebenso weit verflüchtigt, wie die Republik des Herrn Ebert und seiner hoffnungsvollen Kollegen.*

In Amerika betrachtete man Hitler als Gefolgsmann der Junker und Monarchisten unter Führung von Papens, Doktor Hugenbergs und sieben reaktionären Ministern, und herrschen taten die preußischen Nabobs, das Militär. Ernster waren die Stimmen der großen deutschen Zeitungen, beispielsweise des *Berliner Tageblatts*, dessen Kommentar daran erinnerte, daß *die Ziele der Harzburger Front, jenem Bündnis der Rechten, das noch vor Monaten gescheitert war, nun erreicht wären und vor dem man so nachdrücklich gewarnt hätte. Nun hätte man ein Kabinett, in dem die Leute sitzen, die seit Wochen und Monaten verkündet haben, alles Heil – gemeint war das ihrige – liege im Staatsstreich, im Verfassungsbruch, in der Beseitigung des Reichstags, in der Knebelung der Opposition, in der unbegrenzten diktatorischen Gewalt.*

Während der Kommentator des Tageblatts noch Hoffnungen hegte, daß *es eine Grenze gibt, über die hinweg die Gewalt nicht dringt, da nicht verhindert werden kann, daß in einem großen Volke seelischer und geistiger Widerstand wartet und, seinem eigenen Tag entgegenstrebt,* beurteilte die *Vossische Zeitung* den Machtwechsel skeptisch: *Was aber wird dann geschehen, wenn die Menge merkt, daß die Wunder nicht eintreten, die eine jahrelange hemmungslose Agitation vorgespiegelt hatte? ... Dann, und das ist die größte Gefahr, die mit dem 30. Januar in die deutsche Politik getreten ist, dann wird die Versuchung riesengroß werden, den Weg des geringsten Widerstandes zu gehen. Mit dem Widerspruch der Tatsachen kann man durch Gewalt nicht fertig werden, aber den Widerspruch im Volke kann man mit Gewalt zum Schweigen bringen. Armut kann man nicht abschaffen, aber die Freiheit kann man abschaffen. Die Not läßt sich nicht verbieten, aber die Presse läßt sich verbieten. Der Hunger läßt sich nicht ausweisen, aber die Juden kann man ausweisen.*

Warnende Stimmen gab es genug, doch sie blieben ungehört, nicht zuletzt durch die Qualität der Propaganda, die bereits am Tage des Regierungswechsel auf das deutsche Volk niederprasselte. In noch nie gekanntem Ausmaß gelang es der NSDAP, die Massen zu mobilisieren und zuhauf strömen zu lassen, die neue Regierung zu bejubeln. Reporter des Reichsrundfunks standen am Palais und berichteten über den Vorbeimarsch der Massen, SA- und SS-Stürme, Stahlhelmverbände, Polizisten in Uniform und tausende von Bürgern, Anhänger der Nazipartei und Neugierige, die sich mitreißen ließen und vor der fassungslosen Weltöffentlichkeit demonstrierten, daß dem deutschen Volk ein Messias erschienen war.

Als am 31. Januar in der Presse auf einem Photo das Kabinett vorgestellt wurde, machte sich freilich ein wenig Enttäuschung breit, der neue Kanzler machte keinesfalls einen martialischen Eindruck, den Führer hatte man sich anders vorgestellt, und auch die Herren, die ihn umgaben, wirkten zivil und bieder, und so glich die Ablichtung eher dem Gruppenbild eines Geselligkeitsvereins, so wie es allenthalben in deutschen Vereinslokalen zu hängen pflegte. Auch wenn die NSDAP den 30. Januar zum Tag der nationalen Revolution ausgerufen hatte – noch hatte sie die Macht nicht errungen, denn noch gab es den Reichstag, eine zahlenmäßig starke Opposition und vor allem den Reichspräsidenten mit weitgehenden verfassungsmäßigen Rechten.

Erwartungsvoll blickte die Öffentlichkeit auf die Kommunisten, die unmittelbar nach dem Machtwechsel in ihrem Parteiblatt *Die Rote Fahne* die Massen zum Widerstand aufriefen: *Sturm über Deutschland Nazi-Terrorbanden ermorden Arbeiter und zertrümmern Gewerkschaftshäuser. Antifaschistische Massendemonstrationen und Streikbeschlüsse im ganzen Reich. Verteidigt euch! Verteidigt eure Partei! Fort mit der faschistischen Diktatur!*

So wollten es die Nationalsozialisten hören, kommunistische Unruhen hatten sie zu provozieren versucht, um mit ihren Parteisoldaten und der Staatsmacht rigoros zuschlagen zu können. Doch es geschah nichts, Rotfront blieb still, so still, daß im holländischen Leiden ein kleiner Mann an seinen deutschen Brüdern zu verzweifeln begann und im Geiste des Internationalismus den deutschen Genossen ein Zeichen zum Sturm geben wollte. Anfang Februar 1933 machte er sich auf den Weg nach Berlin, nächtigte dort im Obdachlosenheim und besuchte die Protestversammlungen der KPD und SPD, die seinen Eindruck bestärkten, daß die Genossen offensichtlich resigniert und kraftlos waren. Am 25. Februar erwarb der junge Mann vier Pakete Kohlenanzünder der Marke Odin, wartete bis zum Abend, um im Schutze der Dunkelheit an der Baracke des Neuköllner Wohlfahrtsamtes, am Rathaus und am Schloß mit seinen Kohlenanzündern zu zündeln. Die Probebrände scheiterten an der Wachsamkeit des Brandschutzes, aber seinem gewünschten Fanal, den Reichstag in Flammen zu setzen, war Erfolg beschieden. Die von den Nationalsozialisten ungeliebte *Quasselbude* brannte aus.

Für die Nazis war das der Auftakt des kommunistischen Widerstands, in Wahrheit ein Vorwand die KPD zu zerschlagen und beim Reichspräsidenten eine entsprechende Notverordnung zu erwirken. Am 28. Februar trat die Notverordnung zur Abwehr kommunistischer staatsgefährdender Gewalttakte in Kraft, womit der Regierung alle Vollmachten gegeben waren, die Opposition zu zerschlagen. Dies geschah gründlich, und traf nicht nur Kommunisten, wobei es Brauch wurde, den Medien zu gestatten, von der Brutalität der Verfolgungen zu berichten, damit den Bürgern deutlich vor Augen gehalten war, daß der neue Staat nicht mit sich spaßen ließ.

Dennoch, einige wenige Zeitungen und Journalisten ließen sich nicht einschüchtern und wagten, ihre Beunruhigung zu äußern, so das *Berliner Tageblatt*, das mutig eine Hitlerrede kommentierte und darauf verwies, daß der Kanzler in immer wechselnden Variationen gesagt hätte, *daß er das deutsche Volk zur Größe und zum Glück emporführen wolle, daß er den Marxismus austilgen und die Klassengegensätze beseitigen wolle, er trug zwölf Leitsätze vor, die in allgemeiner Form immer wieder vom Kampf des Volkes, von der Arbeit des Volkes, von der Erziehung des Volkes, von der schöpferischen Kraft des Einzelnen, von der Herstellung der Sauberkeit handelt – aber auf die Frage, wie dies alles geschehen solle, welches sein Programm sei, lehnt er eine Antwort ausdrücklich ab.*

Der Kommentator des Tageblatts ahnte die Konsequenz der Drohung Hitlers: *Wenn das deutsche Volk uns in dieser Stunde verläßt, so möge uns der Himmel verzeihen: Wir gehen diesen Weg, der nötig ist, daß Deutschland nicht verkommt. Will sich Hitler,* so fragte das Blatt, *auch nicht durch ein Votum des Volkes beirren lassen, wenn es gegen ihn und seine Bewegung ausfällt?* Der mutige Journalist hatte in eine Frage gekleidet, was die kleine verbliebene Opposition bereits vor der Machtergreifung mit Gewißheit wußte: An die Macht gekommen, würde der Führer der Nationalsozialisten nicht mehr weichen. Es hatte in der Tat nur weniger Wochen bedurft die Opposition der Linken zu brechen.

Ein kleinbürgerlicher Traum
Gleichschaltung und Ausrichtung

Die Zerschlagung der Linken war ein leichtes Spiel, schwieriger gestaltete sich die Ausschaltung der Rechten, sowohl der bürgerlichen Parteien, als auch vor allem der Konservativen, die in der Nähe zum Militär standen, von denen man wußte, daß die alte monarchistisch gesonnene Führung den NS-Leuten und vor allem den paramilitärischen Parteiorganisationen nicht gewogen war. Dieser gefährlichen Opposition – einschließlich des Reichspräsidenten, war mit

Gewaltakten nicht zu begegnen, und so entschloß sich Hitler zu einer Inszenierung, die dem Reichspräsidenten gefallen mußte, einer Demonstration der Versöhnung Preußen-Deutschlands mit dem revolutionären jungen Deutschland des Nationalsozialismus.

Konservatives Denken war den braunen, traditionslosen Revoluzzern ein Greuel, ihre Verbündeten waren die Massenmenschen, die ihre Massengefühle in Massenaufmärschen kundtaten, und folglich mußten die braunen und schwarzen Verbände, militärisch diszipliniert und geordnet, neben der Reichswehr vor dem Reichspräsidenten an jenem Ort aufmarschieren, der das alte Preußen im besonderen Maße verkörperte, in Potsdam. Es erschien wie ein Kotau des Reichskanzlers vor der alten Führungsmacht, als er klein und in Frack und Zylinder neben dem greisen Hünen Hindenburg die Treppen der Garnisonskirche erklomm. Der Reichspräsident trug seines Kaisers Rock, umgeben vom feldgrau seiner Soldaten und noch einmal schien es, daß die alte Welt voller Kraft und Würde war und Bestand haben würde. Ein Volkswitz kommentierte die Inszenierung treffend, indem er den Feldmarschall angesichts der vorbeimarschierenden SA, seinen Reichskanzler fragen ließ, *wo er denn die vielen Russen gefangen genommen hätte.* In der amtlichen Verlautbarung über den Tag von Potsdam war der Kern der Regierungserklärung des Kanzlers festgehalten, der vor allem an die Adresse der einstigen Kriegsgegner gerichtet war: *die Novemberrevolte von 1918 ist staatsrechtlich überwunden, die Jahre der Knechtschaft sind vorbei. Die deutsche Revolution beginnt jetzt mit der Abrechnung; im Zeichen des Hakenkreuzes ist unter das marxistische System der Schlußstrich gezogen.*

In den wenigen Tagen der nationalsozialistischen Reichskanzlerschaft hatte sich an den Lebensverhältnissen der Deutschen nichts geändert, der Kanzler hatte sich vier Jahre ausgebeten, doch neben den Säuberungen war viel geschehen, so daß der neuen Regierung Untätigkeit nicht vorzuwerfen war. Unermüdlich hämmerte die Propaganda dem Volke ein, daß zunächst die Voraussetzungen zum Wandel geschaffen werden müßten, zu denen auch jenes Ereignis gehörte, daß im Reichstag am 23. März 1933 in Szene gesetzt wurde. Die Wahl vom 5. März hatte den Nationalsozialisten nicht die absolute Mehrheit gebracht. Im Reichstag vertreten waren noch die Kommunisten mit 81 Abgeordneten, freilich keiner der Gewählten war erschienen, die Mehrheit war auf der Flucht, in Haft oder hatte es vorgezogen, in die Illegalität abzutauchen. Vertreten waren noch die Deutschnationale Volkspartei, die Deutsche Volkspartei, die Wirtschaftspartei, das Zentrum, die Bayrische Volkspartei, die Staatspartei und die Sozialdemokraten. Die 441 nationalsozialistischen und bürgerlichen Abgeordneten ermächtigten die Regierung, ohne Mitwirkung des Parlaments zu handeln.

Gegen das Gesetz stimmten lediglich die 94 SPD-Genossen, die sich jedoch nach diesem letzten einhelligen Votum spalteten. Viele Sozialdemokraten glaubten, ihr Volk in diesen schweren Stunden nicht im Stich lassen zu können, und blieben in Berlin, während andere, die Lage richtig einschätzend, Deutschland verließen und in Prag eine Exilparteileitung gründeten und sich auf einen längeren Widerstand einrichteten. Jenen Abgeordneten, die im Reichstag Hitlers Friedensdeklaration zugestimmt hatten, warfen die Exilgenossen Parteiverrat vor, was sogleich eine heftige innerparteiliche Diskussion auslöste und Hitler den Vorwand bot, mit dem Hinweis auf die angebliche Prager Fremdsteuerung der Rest-SPD, die Partei zu verbieten.

Die zweitstärkste Kraft, das Zentrum, hatte nicht gezögert, dem Ermächtigungsgesetz zuzustimmen, ihr Vorsitzender Prälat Ludwig Kaas glaubte, damit der katholischen Sache gedient zu haben. So jedenfalls hatte es ihm der Vatikan nahegelegt, der mit Hitler ein Reichskonkordat abschließen wollte, dessen Preis die Auflösung des Zentrums war. Die kirchliche Obrigkeit war der Ansicht, daß mit dem Konkordat eine katholische Präsenz im Parlament nicht mehr nötig sei. Die bürgerlichen Parteien hatten nicht einmal den Ansatz eines Widerstandes gezeigt, ja mehr noch, Empfehlungen ausgesprochen, sich der NS-Partei anzuschließen.

Mit dem am 24. März verkündetem Gesetz *Zur Behebung der Not von Volk und Reich* hatte Hitler die uneingeschränkte Macht für seine Ziele, sich einen deutschen Volkskörper zu schaffen und die Nation zum völkischen Aufbruch zu führen. Dazu war es zunächst nötig, das deutsche Volk zu disziplinieren und zu einem Volk eines einheitlichen Willens zu schmieden. Für diesen Prozeß hatte man einen modernen Begriff aus der Elektrotechnik gefunden: *Gleichschaltung,* doch mit dem Umlegen eines Schalters, der die unterschiedlichen Strömungen der Gesellschaft in die gleiche Richtung lenkte, war es nicht getan, zuweilen hemmten Widerstände den Fluß des Fortschritts, die harter Eingriffe bedurften. Doch in einem Land, in dem Individualismus und Außenseitertum suspekt und gleichbedeutend mit Unordnung, Unsauberkeit oder gar Unsittlichkeit waren, zeigte die mehrheitliche

Mitte Verständnis für die gesellschafspolitischen Ordnungsmaßnahmen. Die Neigung der deutschen Kleinbürger, ihr gesundes Volksempfinden zum allgemein gültigen Maßstab des Zusammenlebens zu erheben und von Neid und Mißgunst beherrscht, die friedenstiftende Normalität zur ersten Bürgerpflicht zu erklären, ließ schließlich die Gleichschaltung in kurzer Zeit zum Erfolg werden.

Gleichgeschaltet wurden die Länder, die Presse, die Gewerkschaften, Vereine und Jugendverbände und schließlich alle Einzel- und Gruppeninteressen vertretende Vereinigungen. Proteste der Kommunisten und Sozialdemokraten konnten im Keim erstickt werden, wobei es nationalsozialistischer Brauch wurde, die Zwangsmaßnahmen in der Presse publik zu machen, Verhaftungen, Polizeimaßnahmen und Erschießungen *auf der Flucht* nicht zu verschweigen. Einem jeden Deutschen sollte deutlich gemacht werden, daß Widerstand zwecklos war und tödlich enden konnte.

Nur wenige Monate nationalsozialistischer Herrschaft offenbarten, daß sich Hitlers konservative Helfer grundlegend getäuscht hatten, Hitler bestimmte den Lauf der Dinge und die Träume des Herrenclubs schwanden dahin, der alte fossile Kern der Konservativen, die ostelbischen Junker lebten zurückgezogen auf ihren Gütern, der kleine Haufen des monarchistischen *Bundes der Aufrechten* wurde aufgelöst, wobei überliefert ist, daß ihr jugendliches Mitglied Walter Schott als Einzelkämpfer letzten Widerstand leistete, indem er durch Deutschland reiste und auf Häuserwände seinen Spruch malte: *Lieber ein Kaiser von Gottesgnaden, als ein Verrückter aus Berchtesgaden.*

Immerhin waren die Deutschnationalen in der Regierungskoalition, was sie allerdings nicht davor bewahrte, daß ihre Parteiarmee, der Stahlhelm, in die SA überführt wurde. Der Versuch, in letzter Minute eine neue schlagkräftige Truppe, die *Deutschnationale Kampfstaffel,* als Sammelbecken eines konservativen Widerstandes zu gründen, mißlang, noch in der Gründungsphase löste Hitlers Staatspolizei den Haufen auf. Die Proteste seines Ministers Hugenberg wischte der Kanzler vom Tisch. Solange der greise Reichspräsident noch lebte, hatte die konservative Rechte eine gewisse Schonzeit, der Kampf gegen die Linke war ohnehin in den ersten Tagen nach der Machtergreifung entschieden, und so galt es verstärkt, um die Arbeiterschaft zu buhlen. Dem einfachen Arbeiter wollte man seine Mitgliedschaft in den Reihen der Kommunisten nicht anlasten, denn schließlich hatten Gewerkschaften und Sozialdemokraten an ihrem Schicksal nichts zu ändern vermocht, so daß die Radikalisierung nur verständlich war.

Mit der Gleichschaltung der Gewerkschaften und der Gründung der Deutschen Arbeitsfront, in der Arbeitnehmer und Arbeitgeber unter der Aufsicht des NS-Staates zusammengeschlossen waren, sollte der Klassenkampf beendet und eine gerechte Verteilung des gemeinsam Erwirtschafteten gesichert sein. Nicht gegeneinander, sondern miteinander sollten im neuen Deutschland die Interessenverbände zusammenwirken und ohne Eigensucht für den nationalen Wiederaufbau arbeiten. Ein geschickter Propagandafeldzug hatte die Arbeiterschaft zwar nicht zum Nationalsozialismus bekehrt, aber in großen Teilen zum Abwarten bewogen. Mit dem sogenannten *Reinhardt-Programm* wollten die Nationalsozialisten der Arbeitslosigkeit begegnen, der Erfolg blieb in den Industriegebieten aus, doch nach gewaltigen Anstrengungen gelang es, im industrieschwachen Ostpreußen eine Vollbeschäftigung zu erreichen, ein Hoffnungsschimmer, der durchaus vertrauensbildend war. Allen Schichten der arbeitenden Bevölkerung *stiftete der Führer* den arbeitsfreien *Tag der Nationalen Arbeit*, ausgewählt hatte er den 1. Mai, den traditionsbefrachteten Kampftag der Arbeiterklasse, der nun Arbeitgeber und Arbeitnehmer friedlich zwangsvereinte.

Mit gleichem propagandistischem Spektakel widmete sich die Partei dem bislang mißachteten und drangsalierten Bauernstand. Entschuldungsprogramme und das Reichserbhofgesetz sollten die Landbevölkerung günstig stimmen, ein Unternehmen, das zunächst an den ideologischen Träumereien des Reichsbauernführers Darré zu scheitern drohte, der weniger an den praktischen Notwendigkeiten für die krisengeschüttelte Landwirtschaft interessiert war, sondern vielmehr das Landvolk als gesundes Blutreservoir für die nationalsozialistische Rassepolitik reklamierte und mit seiner Blut-und-Boden-Romantik die Fachleute in den landwirtschaftlichen Gremien enervierte. Unmut löste auch die im Erbhofgesetz festgeschriebene Scheidung in Bauern und Landwirte aus, mit der sich Großbauern aus der Förderung ausgeschlossen sahen. Mit Massenaufmärschen der Bauern anläßlich des Erntedanks auf dem Bückeberg ließ sich der erste Bauer hofieren, doch Darrés Rolle in der Partei war wenig gefestigt, auch wenn er in Cäsarenpose und geschniegelter SS-Uniform vor seine Bauern trat oder gar an der Seite des Führers Delegationen trachtengewandeten Landvolks begrüßte, solcherart Inszenierungen vermochten nicht darüber hinwegzutäuschen, daß die Landbevölkerung skeptisch blieb.

Des Führers eiserner Wille war es, sich einen deutschen Volkskörper zu schaffen, der gleichgeschaltet zum Werkzeug seiner historischen Mission gebildet werden mußte. Einstweilen durfte er sich freilich nur mit symbolisch-propagandistischen Zeichen einer deutschen Volksgenossenschaft begnügen, dem *Eintopfsonntag* zum Beispiel, mit dem alle Klassen der Gesellschaft durch ein bescheidenes sonntägliches Mittagsmahl geeint sein sollten. *Nicht nur in Privathaushalten*, so erläuterte der *Berliner Lokal Anzeiger*, *sondern auch in sämtlichen Hotels und Gaststätten im Deutschen Reich wird das Eintopfessen zugunsten des Kampfes gegen Hunger und Kälte auf den Tisch kommen.* Empfohlen wurde das Rezept des Pestalozzi-Fröbelhauses: Weiße Bohnen, Mohrrüben und Schweinebauch, das für 30 Pfennige pro Person zuzubereiten war. Nur ungern beugte sich das Volk diesem wenig lukullischen Diktat, beim Essen hatte sich das gesunde Volksempfinden Grenzen gesetzt. Ein zwangsverordneter Armeleutetisch war zuviel der Gleichschaltung. Propagandistisch eindrucksvoller verlief eine Maßnahme des Propagandaministers Goebbels, der in einer Großaktion ein Zeichen zur Gleichschaltung der Deutschen Kultur setzten wollte. In Erinnerung an die Bücherverbrennungen der um Freiheitsrechte ringenden deutschen Studentenschaft am Ende des 18. Jahrhunderts und zum Beginn des 19. Jahrhunderts, den eichenumtanzenden Hainbrüdern und den schwarz-rot-goldenen studentischen Demokraten, ließ er von NS-Studenten die reichsinstitutionellen Bibliotheken plündern und die *artfremde undeutsche Literatur* den Flammen des Scheiterhaufens überantworten.

Rassehumus
Vom deutschen Blute

Im Parteienspektrum der Weimarer Republik galt die NSDAP als Mittelstandspartei, eine Zuordnung, die dem bürgerfeindlichen Hitler nicht genehm war, doch hingenommen werden mußte, denn tatsächlich rekrutierte sich das Wählerpotential noch immer aus dem mittelständischen Kleinbürgertum. Anläßlich einer Grundsatzrede während des Reichsparteitags des Sieges in Nürnberg, klärte Hitler sein Verhältnis zum Bürgertum, indem er unmißverständlich deutlich machte, wie er die Zukunft zu gestalten gedachte: Das deutsche Bürgertum als gesellschaftliche Substanz sei das Produkt einer im wesentlichen weniger aus politischen, als vielmehr ökonomischen Funktionen beruhenden Auslese. Geld und Besitz seien der Maßstab der bürgerlichen Wertung gewesen, und daß die Bürger auch auf anderen Gebieten als denen des Handels und der Produktion Großes geleistet hätten, sei nicht aus ihrem Wertebegriff erwachsen, sondern aus rassisch vorhandenen Grundwerten entstanden. Dem Handel und Wandel des Bürgertums fehle das Heroische, ja diese Tugend widerspräche geradezu dem Wirtschaftlichkeitsdenken der Bürger, wie es die Parteiherrschaft der Liberalen nach dem Weltkrieg gezeigt hätte. Indem aber das Bürgertum eine Führungsrolle beanspruchte, habe es sich eine Funktion angemaßt, für die es nie geboren wäre.

Er habe sich gefragt, ob es im deutschen Volke unabhängig von der Schichtung, von den Ständen einen genügenden Kern deutschen Rassebestandes gäbe, der fähig sein könnte, die Gemeinschaft weiterzuführen und zu erhalten, und ob es gelänge diesen Teil des Volkes zu finden und mit Führungsaufgaben zu betrauen. Aus vollem Herzen konnte Hitler seine Frage mit einem klaren Ja beantworten. Aus der Kampfzeit der Bewegung hätte sich eine echte Lebensverfassung des deutschen Volkes herausgebildet, mit der die blutleere Verfassung von Weimar bedeutungslos geworden sei. *Keine Verfassung verbindet Führer und Gefolgschaft, sondern das eherne Lebensgesetz des deutschen Volkstums. Ausgehandelte Paragraphen sind nur eine Übereinkunft zwischen Obrigkeit und Untertanen, der echte Führer fußt in seinem Handeln auf seinem Ehrbegriff, dem Ehrbegriff des Mannes aus deutschem Blut. Der deutsche Blutzusammenhang, die rassische Wurzel verbietet Klassenunterschiede, ein jeder Nachbar ist Volksgenosse und nicht irgendeiner, dem man gleichgültig oder ausbeuterisch gegenüberstehen darf.*

In der Kampfzeit war diese Gefolgschaft entstanden, und nun sollte das gesamte deutsche Volk eine Gefolgschaft werden. Der Blutzusammenhang schloß selbstverständlich auch jene Deutsche ein, die nicht in den Grenzen des Deutschen Reiches leben durften, die Deutschen in den durch den Versailler Frieden abgetrennten Gebieten ebenso, wie die Auswanderer, die sich fern der Heimat ihr Deutschtum bewahrt hatten. In den Reichsgrenzen lebten 60 Millionen Deutsche und verstreut in fremden Ländern und Kontinenten etwa 30 Millionen Menschen deutschen Blutes. Der *Verein für das Deutschtum im Ausland* hatte es sich zur Aufgabe gemacht, die Deutschen jenseits der Grenzen zu betreuen, und der nationalsozialistische Staat versicherte sie des Schutzes des Reiches, davon ausgeschlossen selbstverständlich die Emigranten, die mit dem Verlassen der Heimat die Staatsbürgerschaft verloren hatten beziehungsweise ausgebürgert worden waren.

Für die Rassenideologen war der Blutzusammenhang des deutschen Volkskörpers nicht leicht zu dokumentieren. Mit aufwendigen Vermessungen des Schädels, des Gesamteindrucks des Körperbaus, der Körperhaltung, Nasenform und Augenfarbe war der Idealtyp des arischen Menschen zwar zu entdecken, doch außerordentlich selten zu finden. Betrübt vertraute der Propagandaminister seinem Tagebuch an, daß den Kriterien der Rassenkundler nur wenige Deutsche entsprächen, und daß vor allem in der NS-Führung kaum jemand mit einer arischen Idealgestalt glänzen könne.

Im *Deutschen Volkshandbuch* wurden dann auch jene getröstet, die nicht den Anforderungen der Wissenschaftler entsprachen. *Es sind die Gegebenheiten verschiedener rassischer Substanzen in unserm Volke nicht zu leugnen,* hieß es dort, *und der Nationalsozialismus ist auch weit davon entfernt, diese Mischung, die das Gesamtbild des Lebensausdruck unseres Volkes gestaltet, an sich abzulehnen ... Er wünscht aber, daß die politische und kulturelle Führung unseres Volkes das Gesicht und den Ausdruck jener Rasse erhält, die durch ihren Heroismus allein dank ihrer inneren Veranlagung aus einem Konglomerat verschiedener Bestandteile das deutsche Volk überhaupt erst geschaffen hat.*

Mit Gesetzen und aufklärenden Schriften sollte die Rassenpflege eine langfristige Zukunftsaufgabe sein, jenen aber, denen angesichts des Blonden-Kults Minderwertigkeitskomplexe drohten, war in der Ratgeber-Ecke des *Westdeutschen Beobachter* Trost gespendet. Weil es insbesondere unter den westdeutschen Volksgenossen viele Dunkelhaarige gab, die unter dieser Idealisierung zu leiden hatten, fragte das Blatt: *Muß die deutsche Braut blond sein?* Worauf der deutsche Rassen-Professor M. beruhigend ausführte, *daß es wohl richtig ist, daß eine blonde Haarfarbe ein Merkmal der nordisch-germanischen Rasse ist, so ist damit noch lange nicht gesagt, daß eine vorbildliche deutsche Frau nicht dunkles oder schwarzes Haar haben darf. Bitten Sie ihre Braut, sich doch einmal andere Frauen und Mädchen anzuschauen. Sie wird dann feststellen, daß sehr viele brünett oder schwarz sind, obgleich sie im übrigen ein typisch nordisches und deutsches Aussehen haben. Die moderne Rasseforschung hat festgestellt, daß es eine reine germanische Rasse nur noch in wenigen schmalen Gebieten gibt, überall sonst ist fremdes Blut eingedrungen.*

Diese Mischung ist kein Fehler, solange nicht artfremdes, das heißt asiatisches oder jüdisches Blut unsere nordische Wesenseigenschaften zersetzt oder zerstört haben. Ob blond oder brünett oder schwarz ist gehupft wie gesprungen, wenn nur die Seele und die Gesinnung deutsch sind. Im übrigen machen sie Ihrer kleinen hübschen Braut deutlich, daß im Leben gut und schön immer nur das Echte sein kann.

An Familien-und Volksgeschichte kaum interessiert, sollte dem Kleinbürgervolk zudem eine neue Geschichte gestiftet werden, denn Ideologen bedürfen der historischen Legitimation, und so war es wieder einmal erforderlich, die deutsche Geschichte umzuwerten, weil die bisherige Geschichte sich *auf einem Holzweg* befunden hätte. *Die Geschichtsauffassung einer liberalen Zeit, vermengt mit Werturteilen konfessioneller und jüdischer Herkunft, ist umzuwerten in die deutsche Geschichtsauffassung, die den geschichtlichen Weg als einen Weg des Blutes betrachtet.* Alfred Rosenberg, Chefideologe der Partei, erläuterte das neue Geschichtsdiktat, indem er deutlich machte, daß es *fortan keine Weltgeschichte im alten Sinne mehr gibt, sondern nur eine Geschichte der Völker und Rassen, eine Geschichte verschiedener Charaktere und eine Darstellung dieses Kampfes.*

Dem geschichtslosen deutschen Kleinbürger war Rosenbergs tiefschürfende ideologisch-historische Urgrundsuche kaum verständlich zu machen, der Gegenwart verpflichtet und stets seinen materiellen Vorteil im Auge, wollte er sich von der Vergangenheit nicht belastet sehen. Gefallen fand er freilich am historisch legitimierten Herrentum eines jeden Deutschen: Mit der Abschaffung von Herren und Knechten und der Erhebung zum *Herrenmenschen* war endlich dem mißlichen Stande zu entfliehen.

Diesen Neuadel gründete Rosenberg im nordischen Ahnenerbe, *der Vernordung Europas 2500 vor der Zeitrechnung, als die Nordleute der Großsteingräberkultur aufbrachen, um ihr nordisches Blut in die europäischen Völker einfließen zu lassen und damit den Keim der nordischen Gesittung, nordischer Tüchtigkeit, nordischer Rechts – und Staatsorganisation gelegt hatten. Solange das Blut rein gehalten wird, blühen und gedeihen die Völker. Erst mit der Vermischung, mit dem Versickern des Blutes schwindet die Volkskraft und mit ihr das Recht und die Kultur,* predigte Rosenberg, auf den Niedergang der zweiten germanischen Blutswelle warnend verweisend, *als die nicht einigen germanischen Stämme in der Auseinandersetzung mit den Römern und Bruderkämpfen furchtbare Blutverluste erlitten. Von den arglosen Germanen unbemerkt, hatten Räuber des Blutes syste-*

matisch die germanischen Stämme gegeneinander aufgehetzt und sie schließlich mit dem Geist des verfaulenden Roms infiziert, so daß die eherne Gemeinschaft des geschlossenen Männerbundes der Nordleute zerfiel.

Mit einem weiteren *Blutfraß* am nordischen Volkskörper verwies Rosenberg auf den politischen Gegenwartskampf. Gegen den germanischen Volkswillen und mit Hilfe der fränkischen Diktatur *war die politische Kirche mit Feuer und Schwert, eine breite Blutspur hinterlassend in Germanien eingebrochen. Die Kreuzzüge hatten germanisches Ritterblut gekostet. Im Zeichen des Kreuzes verwüstete der 30jährige Krieg das Land und forderte Millionen Opfer, Hexenverfolgungen dezimierten die geburtsfähige weibliche Bevölkerung und im Zölibat wurden Tausende Männer verurteilt, dem deutschen Volk keine Nachkommen zu schenken. Darüber hinaus raubte die Kirche dem Bauernstand deutsche Erde und erhob sich zum Fronherrn über das Landvolk.*

Die Existenz der Kirche, so war im *Deutschen Volkshandbuch* nachzulesen, *ist gegen das Blut gerichtet: sie ist der Ort aussterbenden Blutes, ein Ort des Untergangs. Mit dieser Blutsfeindlichkeit stimmt es zwangsläufig überein, daß die Kirche gegen alle Maßnahmen des Dritten Reiches, die der Gesundheit dienen (Verhütung des erbkranken Nachwuchses) Widerstand leistet. Die politisierende Kirche hat als Existenzvoraussetzung ein krankes und daraufhin trostbedürftiges Volk. Sie betreibt deshalb Staatsopposition, weil der Gedanke nahe liegt, daß ein gesundes Volk des politischen Trostes wenig bedürftig ist und daraufhin einer politisierenden Kirche in keiner Weise bedarf.*

Den Nationalsozialisten war nicht vorzuwerfen, ihre politischen Ziele dem deutschen Volk und auch ihren Feinden verschwiegen zu haben, in Wort und Schrift hatten sie ihre Untaten angekündigt und von Anbeginn ihrer Machtübernahme auch angefangen, der Absicht die Tat folgen zu lassen. Die katholische Kirche hatte mit dem Abschluß des Reichskonkordats der Forderung Hitlers entsprochen, sich der politischen Einflußnahme zu enthalten, ihre Zentrumspartei aufgelöst und begnügte sich damit, lediglich im Rahmen des Konkordats Gemeindearbeit zu betreiben. Widerstandshandlungen katholischer Geistlicher und Laien wurden vom Vatikan nicht gebilligt. Auch das Verhältnis der evangelischen Kirche zu den neuen Machthabern blieb zunächst ungetrübt. Luthers Obrigkeitslehre, die in der feudalen Ordnung, in der Einheit von Thron und Altar festgeschrieben war, beherrschte noch immer das evangelische Christenvolk, das sich, stets dem Zeitgeist verpflichtet, mehrheitlich den *Deutschen Christen* unter dem Reichsbischof Ludwig Müller zuwandte.

Widerstand regte sich in der Dorfkirche zu Berlin-Dahlem, wo der einstige U-Bootkommandant Pastor Martin Niemöller in seinen Predigten die Unrechtstaten der Nationalsozialisten anprangerte und Kontakte zu anderen mutigen Seelsorgern knüpfte. Aus dem von ihm mitinitiierten *Pfarrernotbund* erwuchs die *Bekennende Kirche* jener evangelischen Christen, die dem Neuheidentum des Reichsbischofs nicht folgen mochten. In der Bevölkerung blieb der Christenstreit weitgehend unbeachtet, und auch als die Presse meldete, der streitbare Pfarrer Niemöller sei einem KZ überstellt worden, überwog die Ansicht, daß der Staat dafür wohl Gründe habe.

Die Hannoversche Landeskirche hatte indessen in der Nähe der Heidestadt Uelzen eine Theologenschule gegründet, deren Aufgabe es war, die Theologen mit dem Nationalsozialismus vertraut zu machen. *Es darf,* so der Vizepräsident der hannoverschen Kirchenregierung, *um des Volkes und der Kirche willen nicht mehr möglich sein, daß Geistliche dem Deutschen, der im Braunhemd marschiert, verständnislos oder gleichgültig gegenüberstehen. Für die Kirche im nationalsozialistischen Deutschland ergibt sich deshalb die Forderung: die Diener der Kirche, die nationalsozialistischen Gemeinden und einer nationalsozialistischen Jugend dienen wollen, müssen Nationalsozialisten sein.* Die opportunistische Tolerierung der Neuheiden durch die Kirchen griff der politische Volkswitz auf: Goebbels hat ein Buch geschrieben: *Vom Kaiserhof zur Reichskanzlei.* Jetzt hat auch der Reichsbischof eines geschrieben: *Vom Kirchenlicht zum Armleuchter.*

Gemeinnutz vor Eigennutz
Völkische Erziehungsarbeit

Parteiideologen, sogenannte Rassenkundler und Hochschullehrer suchten in Wort und Schrift, dem dumpfen Antisemitismus eine wissenschaftliche Legitimation zu geben, für die mittelständisch-kleinbürgerliche Mehrheit des nationalsozialistischen Deutschlands bedurfte es freilich dieser Anstrengung nicht, mit dem jüdischen Kaufhauswesen, der jüdischen Konkurrenz im sonstigen Handel, am Kapitalmarkt, unter Ärzten und im Rechtswesen ließen sich wirkungsvoller Neid, Mißgunst und Haß schüren und Begehrlichkeiten wecken, als mit notzüchtigender historisch-geisteswissenschaftlicher Tiefenarbeit.

Gleichgeschaltet war der Mittelstand in der NS-Organisation *Hago*, dem die Organisation des Sektors Handel, Handwerk und Gewerbe oblag. Die Partei wußte selbstverständlich, daß der Mittelstand das stabilisierende Fundament der Bewegung war, doch geliebt wurde die kleinbürgerliche Mehrheit nicht. In Mecklenburg war Pg Walter Röpke Führer der *Hago*, die aus der Kampfgemeinschaft gegen Warenhaus und Konsumvereine hervorgegangen war. In einem Rundschreiben im Amtsblatt der NSDAP für Mecklenburg erinnerte Röpke an die Zeit des Kampfbundes der Partei gegen das jüdische Kaufhauswesen, der später in *Kampfbund des gewerblichen Mittelstandes* umbenannt wurde, weil der Führer, sich nicht grundsätzlich auf die Schließung von Kaufhäusern festlegen wollte, sondern lediglich die Arisierung verlangte. Der mecklenburgische Kleinbürgerführer Röpke wußte von der Enttäuschung des zwangsvereinten Handels über diesen Wortbruch des Führers und erinnerte die Gefolgschaft daran, *daß je weiter die Zeit fortschritt, desto klarer war, daß es nicht galt, einem einzelnen Stand um seiner selbst willen zu helfen, sondern lediglich die Kräfte und Fähigkeiten der ihm angehörenden Menschen den anderen Schichten des Volkes zu erhalten und nutzbar zu machen.*

Die *Gemeinnutz vor Eigennutz*-Parole der Partei stieß nicht auf die Zustimmung des Höker-Standes, dem der abendliche Kassensturz wichtiger war als die weltanschaulich-ideologische Wurzeltiefe des Nationalsozialismus. Den kleinbürgerlichen Materialismus galt es zu bekämpfen, und so erläuterte Röpke in seinem Rundschreiben das Tätigkeitsfeld der Hago und definierte sie unmißverständlich als *Kampforganisation zur Erziehung des Standes zum nationalsozialistischen Denken und Handeln. Wie schwer diese Aufgabe ist,* so klagte Röpke, *wird bei der Erwägung klar, daß es gerade die wirtschaftlichen Teile unseres Volkes sind, die vom Geist des Liberalismus, des Eigennutzes und der Profitgier am stärksten durchdrungen waren und infolgedessen der Erziehungsarbeit des Nationalsozialismus den erbitterten Widerstand leisten. Es ist unter solchen Umständen verständlich, daß von einem Erfolg unserer Bemühungen noch nicht gesprochen werden kann, jedoch gemäß den wiederholten Erklärungen des Führers, daß einst das ganze Volk dem Nationalsozia-*

lismus gehören muß, hegt unsere Gliederung das Vertrauen, daß dieses Ziel einmal erreicht wird.

Im zweiten Jahr der Machtausübung war ein solches Eingeständnis durchaus ungewöhnlich, belegt aber augenfällig die Hartnäckigkeit des deutschen Kleinbürgertums, dessen spießbürgerliche Beharrlichkeit sich bislang allen gesellschaftlichen Veränderungen zu widersetzen vermochte. Gauführer Röpke hatte sich auf einen langen Kampf eingestellt, *denn,* so Röpke, *die aus dem liberalistischen Zeitalter übernommene Wirtschaftsform, die auch in den Rechtsnormen heute noch verankert ist, bildet zusammen mit dem ihr behafteten Menschen sehr oft ein schweres Hindernis für die Durchsetzung nationalsozialistischen Gedankengutes. Es ist daher erforderlich, gerade auf diesem Abschnitt der Bewegung, wo mit dem liberalistischen Geist gewissermaßen Mann gegen Mann gerungen werden muß, die besten Kräfte zum Einsatz zu bringen.*

Wachsamkeit und Kontrolle war diesen besten Kräften anempfohlen, wobei die Hago eingestandenermaßen nicht über ausreichend NS-gefestigte Führer verfügte und mancher Bock als Gärtner wirkte, mittelständische Altparteigenossen, die selbst handeltreibend, sich der heimischen Geschäftswelt mehr verpflichtet sahen als der Partei. Nicht öffentlich, doch in Geschäftskreisen maulte man darüber, daß sich die Parteimitgliedschaft nicht gerechnet hatte und größere Vorteile nicht lockten, die Parteiführung den Handel mit kitschigen NS-Devotionalien verbot und sogar die Werbung mit der nationalsozialistischen Gesinnung der Geschäftsinhaber untersagt wurde. In einer Anordnung der obersten Parteiführung hieß es sogar: *Ich verbiete ausdrücklich allen Mitgliedern der NS-Hago mit ihrer Zugehörigkeit zur NS-Hago Geschäftspropaganda zu betreiben, insbesondere durch die Anbringung von Schildern in den Geschäften und handwerklichen Betrieben mit der Aufschrift:* »Mitglied der NS-Hago«- *oder durch den Abdruck eines Hinweises auf die Mitgliedschaft zur NS-Hago auf Geschäftspapieren. Solches Gebaren ist mit dem Begriff Nationalsozialismus schlechthin nicht zu vereinbaren.* Ein wenig Vorteil gewährte die Partei lediglich jenen nationalsozialistischen Kaufleuten und Handwerkern, die als *Alte Kämpfer* Träger des goldenen Parteiabzeichen waren, für sie war im Erlaß nicht ausgeschlossen, daß sie bei *Auftragsvergebungen und ähnlichem bevorzugt berücksichtigt werden.*

An Parteitagen, Massenaufmärschen und Parteigedenktagen fand sich die Hago kaum beachtet und vor allem war ihr in der Gefolgschaft des Führers kein besonderer Rang eingeräumt.

Arbeiter, Bauern und Soldaten
Muckertum und Reaktion

Militärisch organisiert wünschte sich der Führer die deutsche Gesellschaft. Die staatstragenden Kräfte sollten in drei *Heersäulen*, der Bauernschaft, der Arbeiterschaft und dem politischen Soldatentum bestehen und vom nationalsozialistischen Geist durchdrungen, Garanten der Bewegung sein. Der Bauernstand als Wahrer des deutschen Blutes und Bodens, die Arbeiterschaft als weitere Heersäule *der Führergefolgschaft, die zuweilen zu Gewalttaten neigte, aber als kampfgeeignet mit seinen besten Elementen in den Reihen über die Tatkräftigsten verfügte, denn die Überfeinerungen der sogenannten Intellektuellen hatten hier noch nicht ihre zersetzenden und zerstörerischen Wirkungen ausgeübt. Der neue Stand war in seiner breiten Masse noch nicht vom Gift pazifistischer Schwäche angekränkelt, sondern robust und, wenn nötig brutal.* Robuste und brutale Volksgenossen benötigte der Führer für seine Zukunftspläne, der Arbeiter, romantisch verklärt als ehrenvoller Arbeitssoldat, aber doch im Grunde nur blöd und kräftig, mit ihm ließ sich siegen. Zur dritten *Heersäule* war das *politische Soldatentum* bestimmt.

Dem Traum von einer nationalsozialistischen Armee waren allerdings Grenzen gesetzt, die Reichswehr war nicht zu vereinnahmen, die politische Tätigkeit der Berufssoldaten blieb verboten und erst nach der Zusage Hitlers, daß die Wehrmacht einziger Waffenträger des Reiches sein sollte, versprach die militärische Führung den neuen Machthabern Loyalität. Politische Soldaten durften sich einstweilen nur die SA und SS nennen, wobei die *Sturmabteilungen* nach der Machtergreifung überflüssig geworden waren und als Freizeitsoldaten nur noch für die niedere Parteiarbeit herangezogen wurde, während die *Schutzstaffel* unter der Führung Heinrich Himmlers hingegen zur Elite der Partei erzogen, zu unbedingter Treue und zum bedingunslosen Morden abgerichtet wurde: *Denn der politische Soldat behält sein unerschütterliches Vertrauen und rührt und rückt sich nicht, auch wenn er den Grund der Maßnahmen seiner Führung nicht weiß und nicht erfahren kann; denn er hat die von allen intellektuellen Gründen unabhängige Gewißheit des rechten Geführtseins, wie sie nur innerhalb des gefolgschaftlich gebundenen Lebens möglich ist.*

Nicht zur Heersäule der Bewegung gerechnet, weil ungeliebt, blieb die eigentliche Stütze des nationalsozialistischen Staates: Der deutsche Kleinbürger, für den sich nach der Machtergreifung ein jahrhundertealter Traum verwirklichte, indem ihm erstmals in der Geschichte der Deutschen die Macht gegeben wurde, seine Sehnsüchte und Hoffnungen durchzusetzen und ihnen Gestalt zu verleihen. Revolutionäre Kämpfe hatte der deutsche Spießbürger stets ängstlich hinter der Gardine seines Fensters beobachtet und feige abgewartet, was dabei herauskam. Mannesmut und Tapferkeit waren nicht seine Sache und überdies wollte er die für die Geschäfte notwendige Ordnung und Ruhe nicht gestört sehen.

Mit der nationalsozialistischen Revolution hatte der Führer dem Volk eine geordnete, von Polizisten und Parteisoldaten bewachte Revolution geschenkt, die weitgehend ungefährlich war und auch nicht an den Grundfesten der Ordnung rüttelte. Diese Revolution hatte auch den Kleinbürger aus dem Haus geholt, der gaffend und beifallzollend sein gesundes Volksempfinden erfüllt sah, wenn SA-Leute Juden drangsalierten, Außenseiter und normenverstoßende Bürger zur Ordnung diszipliniert und Asoziale abgeholt wurden. Genüßlich leistete auch der Kleinbürger seinen revolutionären Beitrag, *meldete* korrekturbedürftige Bürger der Partei und den Sicherheitsbehörden. Mit besonderer Freude begleitete das gesunde Volksempfinden den Kampf der Partei um die Gleichschaltung, der seinen Höhepunkt mit der Kampagne gegen den wahren Feind der Nationalsozialisten erreichte, dem breit angelegten und von der Presse begleiteten Kampf gegen die Reaktion.

Am 18. Januar 1934, dem Gedenktag der Reichsgründung von 1871, eröffneten die Nationalsozialisten die Abrechnung mit den Konservativen, die an diesem Tage traditionsgemäß des großen historischen Ereignis gedenkend, sich überall im Reiche versammelten, vor allem im Osten, den Gebieten des gehaßten preußischen Junkervolks. In Vorbereitung der Kampagne traf sich am 16. 1. 1934 die Gauleitung Pommern mit ihren Kreisleitern in Stettin *zu einer bedeutsamen Tagung,* wie die Presse berichtete. In der *Pommerschen Zeitung* waren die Beschlüsse der Partei nachzulesen: Die Gauleiter entwickelten die Richtlinien für den Kampf der Parteiorganisationen gegen die überhand nehmenden reaktionären Kreise und bezeichneten als Ziel, im Verlauf dieses Jahres die Reaktion im Gau Pommern zu vernichten.

Anläßlich eines Vorfalls im Berliner Sportpalast hatte zuvor Staatsrat Görlitzer auf höchster Ebene Maßnahmen gegen die Konservativen angekündigt. Görlitzer hatte der Presse mitgeteilt, daß im Verlauf einer Parteiversammlung im Sportpalast der Zuruf für richtig befunden worden war: *Hitler hat manches geleistet, aber er soll uns unseren Kaiser Wilhelm holen.* – *Ich halte es weder für lebenswichtig für uns noch für ihn*, hatte der Staatsrat den Zuruf kommentiert, *daß der hohe Herr nach Deutschland zurückkehrt. Wir verbitten es uns auch, wenn der hohe Herr in einem Brief schreibt, man möge dafür tätig sein, daß Deutschland durch die Rückkehr zur Monarchie endlich wieder glücklich werde. Wir werden die Menschen, die sich zu Trägern solcher Versuche machen genauso behandeln wie die anderen, die glauben für Moskau Propaganda machen zu dürfen. Sie sind nur gefährlicher als diese, da sie an die Intellektuellen herankommen und uns brauchbare Leute für unsere Mitarbeit wegnehmen.*

Als der Ministerialrat des Innenministeriums Diel auf die Frage eines Journalisten, wohin das besondere Interesse der augenblicklichen Arbeit der *Geheimen Staatspolizei* gerichtet sei, antwortete, *daß weiterhin darauf geachtet werde, daß die monarchischen Bestrebungen nicht zu einem Unterschlupf für marxistische und reaktionäre Absichten werden*, war deutlich, daß die Konservativen dem Widerstands zugerechnet wurden, und man fest entschlossen war, diese Opposition zu zerschlagen.

Die Gestapo, bei der Verfolgung der politischen Gegner wahrlich nicht zimperlich, sah sich mit dem gefährlichsten Feind des Nationalsozialismus konfrontiert, denn noch befanden sich in den Schlüsselstellungen des Staates zahlreiche Konservative, vor allem beim Militär und in der hohen Beamtenschaft. Überdies konnte man gegen die hochgeehrten Kriegshelden und alldeutschen Veteranen kaum mit Zwangsmitteln vorgehen oder sie gar verschwinden lassen, Konzentrationslagern zuführen, so wie es mit der linken Opposition geschehen war. Für die Sonderbehandlung der Rechten konnte man sich allerdings des verläßlichsten Partners der Nationalsozialisten bedienen, des gesunden Volksempfindens des dumpfen, zeitgeisthofierenden, stets die modernen Zeiten preisenden Kleinbürgers.

Gesundes Volksempfinden wollte jedoch inszeniert sein, und so ließ man SA-Leute in Zivil die Versammlungen konservativer Kreise besuchen, um beleidigtes Volksempfinden zu bekunden, zum Beispiel am 27. Januar 1934 in den Festsälen des Berliner Zoos, wo die Offiziersverbände der Reichshauptstadt Kaisers Geburtstag feierten. Der *Völkische Beobachter* berichtete: *Im Verlauf der Festrede des Grafen v.d.Goltz entstand unter einem Teil der Zuhörer starke Empörung.*

Als von der im Saal herrschenden Empörung Nachricht zu der in den Festsälen stehenden Menschenmenge gelangte, versuchte diese in den Saal einzudringen ... Der Versammlungsleiter schloß infolge der Unruhe vorzeitig die Versammlung. Auch aus anderen Städten meldete die Presse Protestaktionen, zum Beispiel aus Stettin, wo es sogar zu Handgreiflichkeiten gekommen war.

In der Provinz vermochte die Gestapo zuweilen auch härter durchzugreifen, hier bediente man sich ungeniert der probaten Schutzhaft. Auf der Insel Rügen hatten die Stahlhelm-Redner Volkmann Streu und Gutsbesitzer Platen-Poggenhof laut Pressemeldung *anläßlich eines Appells und wie aus Kreisen der empörten Öffentlichkeit zu erfahren war, unter anderem folgende Ausdrücke fallen lassen:* »*Goebbels habe nur eine große Schnauze, im Stahlhelm hätte er zur Not als Trommler gebraucht werden können. Die NSDAP sei die Bewegung der verkrachten Existenzen und Hitler sei zwar ein Idealist und seine Ziele im allgemeinen gut, aber die Unterführer seien schlecht.* Der Kommentar der *Pommerschen Zeitung* stellte klar, daß die Schonzeit für die Rechte vorbei war: *Diese Unverschämtheiten stellen nur ein Glied in einer Reihe reaktionärer Frechheiten dar, mit dem ganz offensichtlich auf ein angegebenes Stichwort hin die nationale Bewegung planmäßig beschimpft wird. Den Gipfel der Gemeinheit erreichten einige Reaktionäre, die bei einer Treibjagd die Hasen im Kessel mit Namen von Führern der Bewegung bezeichneten. Deutlicher kann nicht bewiesen werden, daß es allerhöchste Zeit ist, der Reaktion endgültig das Genick zu brechen.*

Einbezogen in den Kampf waren auch die bürgerlichen Deutschnationalen; sie seien, wie der Gebietsführer Gustav Staebe im *Völkischen Beobachter* schrieb, *Hauptfeinde der Bewegung, jene Miesmacher Kritiker und Nörgler der Reaktion. Wir finden darum eigentlich nirgends Miesmacher und Nörgler mit schwieligen Händen und Gesichtern, um so mehr aber unter solchen ehrbaren Bürgern, denen es tausendmal besser geht ... als den Millionen unbekannten Arbeitern einer wieder angekurbelten deutschen Industrie. Und da dieser schlechte Typ des deutschen Bürgers, den wir heute fast in jedem Miesmacher und Nörgler verkörpert finden, ehedem die Parteien der sogenannten* »*Rechten*« *seine Stimme gab, ist es nicht vermessen, wenn wir heute versucht sind zu bekennen: Der Feind steht rechts.*

Hatte man einst das preußisch-deutsche Soldatentum gepriesen und geehrt, mit der Machtergreifung konnte deutlich gemacht werden, daß man der Konservativen nicht mehr bedurfte. In Hamburg brandmarkte der *Hamburger Anzeiger* den würdigen General von Ledebur, der alte Herr hatte anläßlich einer Versammlung des *Nationalen Deutschen Offiziersverbandes* den Referenten SS-Gruppenführer Wittje leutselig und herablassend Belehrungen über die Vorzüge des alten Deutschlands Wilhelms II. erteilt und wenig Verständnis für die Notwendigkeit einer Verbundenheit zwischen Bauer, Arbeiter und Soldat gezeigt. *General Ledebur ist nicht irgendwer*, schrieb das Blatt, *er ist ein typischer und bekannter Vertreter jener reaktionären Clique in Hamburg, die den Nationalsozialisten stets feindlich gegenüber stand. Herr von Ledebur gehört zu jener Sorte von Menschen, die sich mit dem Zeitalter in dem sie keine Rolle mehr spielen, weil sie sich vor der Geschichte nicht bewährt haben, nicht abfinden können. Der junge Staat pfeift auf ihre Erfahrung des Alters, die nicht verhindern konnte, daß der Vorkriegsstaat an sich selbst zugrunde ging. Wir wollen Deutschland nicht noch einmal an der Reaktion vor die Hunde gehen lassen.* Der ewigen Deutschen Mitte, den Kleinbürgern, gefiel die Aktion gegen die Von und Zus, denen erstmals in der deutschen Geschichte nun endlich der Garaus gemacht wurde.

Geschickter, weil humorvoll, gestaltete der Reichspropagandaminister Goebbels seinen Beitrag gegen das konservative Deutschland. Er ließ den Brief eines Herrn von Kamastra, preußischer Rittmeister a.D., abdrucken. Der alte Herr hatte im Schaufenster eines Konfektionshändlers ein Plakat mit dem Führerwort: *Es gibt nur einen Adel, den Adel der Arbeit*, entdeckt. Eine Beleidigung, wie der Rittmeister empfand und sogleich in einem Brief an den Händler seinen Unmut bekundet. *Sehr geehrter Herr! Zu meinem großen Erstaunen habe ich soeben festgestellt, daß in ihrem Schaufenster Ihres Geschäfts ein Hetzplakat gegen den Adel angebracht ist. Wenn das in einem kleinen Kramladen im Kaschemmenviertel geschieht, wundert das mich nicht, wenn das ein großes Geschäft macht, das seit Jahren den Adel zu seinen Kunden zählt, so empfindet man das als Takt- und Geschmacklosigkeit ersten Ranges. Es ist selbstverständlich, daß wir sämtliche Standesgenossen einen Laden nicht mehr betreten, in dem tendenzielle Hetzplakate gegen uns öffentlich aushängen.* Der NS-Getreue Ladeninhaber hatte selbstverständlich den Rittmeister *gemeldet* und den Brief an die Partei weitergeleitet, der schließlich auf dem Schreibtisch des Propagandaministers landete, der ihn im *Angriff* mit dem Kommentar abdrucken ließ: *Das kämpferische Adels-*

erwachen kommt verdammt spät und ihr verschlafenes Gesicht, behaftet mit den Spuren hochmütiger Träume erregt nun öffentliche Heiterkeit. Der Adel als Boykottgemeinschaft gegen Ladenbesitzer, das wäre eine Verabschiedung seiner Geschichte ... In seiner Hauspostille *Angriff* ließ Goebbels Otto Paust dichten:

Die Reaktion
Kameraden! Ich weiß einen Feind,
Der verschlagen ist und verlogen.
Jahrelang hat er das Recht verbogen.
Jahrelang hat er das Volk betrogen:
Kameraden! Auch ihr kennt den Feind!
Kameraden! Ihr wißt wer gemeint!
Der Totengräber der Nation:
Der einst regiert, hieß:
Reaktion

Wer baute am Wedding die steinernen Kästen?
Wer schröpfte den Mietzins mit Wohltäter-Gesten?
Wer zwang den Proleten ins Hinterhaus?
Wer raubte die Heimarbeiterin aus?
Wer hat der Nation die Sonne genommen?
Ließ Kinder in schmutzigen Höfen verkommen?
Und sättigte sich an der Spekulation?
Wie hieß die Kulturschande?
Reaktion!

Der Arbeiter sollte betteln gehen:
Betteln um Lohn und betteln um Brot! –
Weißt du noch: Krankheit und früher Tod,
Kindergesichter an den Maschinen,
Kinderhände, verkrüppelt vom Dienen,
Sonntagsarbeit und Feiertagsfron:
Das war der Segen der Reaktion!

Kameraden! Ich weiß einen Feind!
Kameraden! Ihr wißt, wer gemeint!
Denkt an den Todfeind der Nation,
Der einst regiert, die:
Reaktion!

Verwirrung stiftete die Kampagne gegen die Rechten im Ausland, vor allem in England, das die nationalsozialistische Machtergreifung bislang als gemeinsamen Deal der Konservativen mit den nützlichen Idioten der NS-Partei dargestellt hatte. Konservative, monarchistische und militärische Kreise, die der Tradition nach eine so große Rolle in Deutschlands Entwicklung spielen, so glaubte die *Times*, *scheinen sich wieder sicher zu fühlen und die SA scheint deren passiven aber wirksamen Widerstand gegen die nationalsozialistischen Ideen eine Gefahr zu wittern.* Für die Engländer waren noch aus Vorweltkriegstagen die Konservativen und das preußische Militär die Hauptfeinde, diesen Kräften galt ihre Kriegspropaganda, und so war nicht zu überhören, daß die Anti-Rechts-Kampagne der Hitlerpartei in England schadenfrohe Genugtuung auslöste und die Sympathie für *Herr Hitler* wuchs, der, in Großbritannien richtig erkannt, mit dem reaktionären Preußentum nichts gemein hatte.

Während einerseits die Propaganda die Machtergreifung als Sieg des gesunden Volksempfindens bejubelte, und die Regierung mit ihren ersten Maßnahmen vor allem bei der mehrheitlichen Mitte zu gefallen suchte, wuchsen in der Parteiführung Bedenken gegen den spießbürgerlichen Verlauf der nationalen Revolution. Als revolutionäre Umgestaltung des Staates waren die Machtergreifung und die folgende Neuordnung des Staates nicht zu bezeichnen, und so wuchs der Unmut jener politischer Haudegen in der Partei, die sich *eine Nacht der langen Messer* erträumt hatten. Damit wäre zweifellos der machtstabilisierende Mittelstand verloren gegangen, und entsprechend setzte Hitler auf eine nationalsozialistische Erziehungsarbeit, die sich der Wünsche und Bedürfnisse der Kleinbürger bediente.

In der sogenannten Kampfzeit hatten sich die Repräsentanten zuweilen an der Seite der altehrwürdigen Kaiserzeitdeutschen gezeigt, doch nun bedurfte es ihrer nicht mehr, das junge Deutschland war modern, moderner als die westlichen Kapitalistendemokratien. Für den stets den Zeitgeist huldigenden Kleinbürger hatte Dr. Goebbels die neue Zeit mit einem D-Zug verglichen, *ein Zeit-D-Zug der mit wachsender Geschwindigkeit modernen Zeiten entgegenrollte.* Noch sei es an der Zeit, den Zug zu besteigen, doch bald würde die Lokomotive an Fahrt zulegen und jene hinter sich lassen, die den Zug der Zeit verpaßt hätten. Dieses Bild gefiel der Mitte, die geschichtslos auf die Zukunft baute und nur allzu gern ihre diffusen Hoffnungen dem

Führer übertrug. Für manch vereinsgeborgenen Spießer waren die Folgen der Gleichschaltung schmerzlich, doch die Auflösung mancher Vereinsidylle hieß nicht, daß der deutsche Kleinbürger unorganisiert bleiben mußte, NS-Gliederungen sorgten weiterhin für organisierte Geborgenheit, und überdies blieb die vereinsmäßige Karnickel- und Taubenzucht weiterhin gestattet. Mit der Gleichschaltung war das große Erziehungswerk begonnen, dem von Anbeginn Erfolg beschieden war, nicht zuletzt weil es der Führer verstanden hatte, die Untugenden des *deutschen Wesens* zu nutzen.

Nach wie vor mangelte es der NSDAP an einer verläßlichen Gesinnungsanhängerschaft, so wie sie sich in Jahrzehnten bei den Kommunisten, Sozialdemokraten oder dem Zentrum gebildet hatte, und Hitler wußte nur zu genau, daß der unmittelbar nach der Machtergreifung einsetzende Zulauf von beitrittswilligen Opportunisten die Partei nicht unbedingt stärkte. Hoffnung setzte er auf seine alten Getreuen, auch wenn diese heillos zerstritten waren und in ihrer Eifersucht um die Gunst des Führers sich gegenseitig erbittert befeindeten. In einer Rede vor seinen Gauleitern hatte er deutlich gemacht, daß für die NSDAP mit der Übernahme der Macht die Zeit als Partei vorbei war. Ihre ausschließliche Aufgabe sollte es fortan sein, dafür Sorge zu tragen, *daß der Kern, der bestimmt ist die Führung in Deutschland zu gewährleisten, erhalten bleibt und durch eine geniale Methode der Auswahl nur jene Ergänzung stattfindet, die das innerste Wesen dieser tragenden Gemeinschaft unserer Nation niemals mehr verändert.* Darüber hinaus galt es für den Führer *für jede Funktion des Lebens aus meinem Volke den dafür Geborenen zu suchen, um ihm auf diesem Gebiete die Verantwortung zu übertragen, ohne Ansehen seines bisherigen wirtschaftlich bedingten oder gesellschaftlichen Herkommens.*

Für die Zukunft glaubte Hitler das Dritte Reich durch seine Erziehung der Jugend auf tausend Jahre gesichert, indem er den heranwachsenden Volksgenossen von der Hitlerjugend, dem Arbeitsdienst, der Partei bis zur Wehrmacht nicht aus den Krallen der NS-Erziehung zu entlassen trachtete. Doch soweit war es noch nicht, einstweilen galt es, aus dem deutschen Volk eine Gemeinschaft von gesinnungsgeadelten nationalsozialistischen Volksgenossen zu bilden. Dazu bedurfte es freilich nicht tiefschürfender ideologisch-weltanschaulicher Theorien, sondern klarer Anweisungen, von denen Hitler sagte, daß *sie nicht unbedingt verstanden, wohl aber gemacht zu werden* müßten. Überdies erfüllten die Kernpunkte des Nationalsozialis-

mus ohnehin die tradierten Wünsche und Sehnsüchte der kleinbürgerlichen Mitte, so daß die Erziehungsarbeit nicht nur den Gliederungen
der Partei und der Beihilfe der Sicherheitsbehörden überlassen blieb,
sondern gleichermaßen effektiv im Rahmen der nachbarschaftlichen
Beobachtung und Überwachung stattfand.

Erziehungsarbeit
Vom Bürger zum Volksgenossen

Der Ausscheidungsprozeß unliebsamer Außenseiter war rasch vorangeschritten, weil bereits unmittelbar nach der Machtergreifung die
Volksgenossen plein pouvoir hatten, gewissermaßen staatlich sank-
tioniert zu melden, was mißfiel. Endlich durfte der deutsche Kleinbürger nachbarschaftlichen Hader ausleben, alte Rechnungen beglei-
chen und nach Lust und Laune denunzieren. Das Denunziantentum
erreichte schließlich ein solches Ausmaß, daß Partei und Sicherheitsbehörden zur Mäßigung auffordern mußten.

Das *Berliner Tageblatt* publizierte am 20. 2. 1934 die Klage und
schrieb: *Das neue Denunziantenpack, gegen das führende Männer
des neuen Staates schon wiederholt mit Entschiedenheit Stellung genommen haben, hat sich neuerdings der mehr oder weniger geistrei-
chen Witze bemächtigt, die ab und zu über führende Persönlichkeiten
verbreitet werden und hat die Kolporteure dieser Witze vielfach denunziert. Gauleiter Bürckel beklagt, daß einzelne Denunzianten in
nicht wenigen Fällen soweit gingen, diesen oder jenen harmlosen
Witz zur Kenntnis der Behörden zu bringen, um auf diese Weise zu
versuchen, ihnen unliebsamen Personen Schwierigkeiten zu bereiten,
es wird keinen Führer von Format geben, der sich darum kümmert,
wenn das Volk auf anständige Weise schließlich einmal seine Tätigkeit in scherzhafter Form kritisiert.* Für die Sicherheitsbehörden gingen diese harten Äußerungen gegen das Denunziantentum doch
zu weit, schließlich bedurfte es der freiwilligen Spitzel, und so wies
die Polizeidirektion Berlin dann doch daraufhin, daß *jeder, der sich
herabwürdigender Äußerungen über Mitglieder der Regierung oder
über Führer der NS-Bewegung in Form sogenannter Witze erlaubt,
gerichtliche Bestrafung zu erwarten hat.*

Geordnete Denunziationen erreichte man schließlich durch presse-
gesteuerte Kampagnen, mit denen das gesunde Volksempfinden mobilisiert, und eine Selbsterziehung befördert wurde. Ein gemeinsamer

Kampf des geeinten Volkskörpers gegen das Unnormale, Auffällige und für die Einhaltung von Brauch und Sitte des Normalen entsprach aus tiefstem Herzen dem Bedürfnis des Kleinbürgers, dem mit dem Verfall der alten ständischen Ordnung kaum noch Sanktionen für Normenverstöße verblieben waren. Das kleinbürgerliche Quartier in den Städten, einst durch Zunftordnungen in Brauch und Sitte eingebunden, war zwar noch durch das Zwangsmittel des Klatsches, Tratsches, der üblen Nachrede und verleumderischen Mißgunst vor dem bedrohlichen Unnormalen geschützt, doch hatte dies keine Auswirkungen auf die Gesellschaft, in der im Verlauf des demokratischen Fortschritts die alten ständischen Machtstrukturen brüchig geworden waren.

Für das kollektive Selbsterziehungsprogramm blieben die nationalsozialistischen Blut-und-Boden-Ideale weitgehend unbedeutend, während für die Rassepolitik der Nationalsozialisten der tradierte Fremdenhaß kleinbürgerlicher Gesellschaften zu nutzen war und auch tatsächlich Nutzanwendung fand. Andere Kampagnen fanden desgleichen dankbaren Widerhall, vor allem Neidaktionen, wie zum Beispiel gegen Damen, die mit auffälligen Make-up und Modeextravaganzen die von der Last der Mutterschaft gezeichneten Frauen provozierten, und so teilte die Kreisleitung der NSDAP Breslau mit, *daß Frauen mit geschminktem Gesicht der Zutritt zu allen Parteiveranstaltungen der NSDAP verboten ist. Die Amtsleiter sind angewiesen eine entsprechende Kontrolle durchzuführen.* Ein Schlagerdichter gefiel dem Propagandaministerium mit seinem Liedchen *Kleine entzückende Frau*, der er nahelegte auf die entstellende Schminke zu verzichten.

In der neuen Gesellschaft sollte es nicht Herren und Knechte geben, aber auch nicht Damen und Herren, sondern Volksgenossinnen und Volksgenossen, Anreden wie *gnädige Frau* hatten zu unterbleiben, und auch der Handkuß galt als nicht mehr zeitgemäß. Ein undeutsches Ärgernis waren auch rauchende Frauen, und so hieß die Parole: *Die Deutsche Frau raucht nicht*, und folglich ließ der Erfurter Polizeipräsident in der *Sächsischen Tageszeitung* verlautbaren, *daß er die Inhaber von Gaststätten und Cafés aufgefordert hat, in ihren Lokalen Schilder mit der Aufschrift »Damen werden gebeten nicht zu rauchen«* anzubringen.

In sentimentaler Anhänglichkeit tradierten gemischte Chöre und Männergesangvereine deutsches Liedgut, eingebunden in eine streng organisierte deutsche Sangesbewegung, führten sie einen erbitterten Kampf gegen eine entartete Unterhaltungsmusik vor allem die *amerikanischen Niggermusik*. Die Jugend wurde angehalten, derartiges Gedudel nicht zu hören und vor allem nicht nach solchen Weisen zu tanzen. Der Inspektor West im Jugendherbergswerk hatte für alle westdeutschen Jugendherbergen die Aufführungen von modernen Tänzen und das Spielen von Schlagern verboten. *In Zukunft sollen in den Jugendherbergen nur noch deutsche Weisen und alte Volkstänze zu sehen sein*, berichtete die *Frankfurter Zeitung*. Für die Ohren der Mehrheit der Volksgenossen waren auch die Kompositionen der modernen Tondichter ein Greuel, dennoch hatte es die Sendeleitung des Reichsrundfunks in Berlin gewagt, Hindemiths *Mathis der Maler* auszustrahlen. Es bedurfte nur eines zweiminütigen Protestes wachsamer Volksgenossen und die Sendung wurde abgeschaltet.

Die sogenannten *Nazissen* der Frauenschaft, hatten es sich zur Aufgabe gemacht, der kleinbürgerlichen Modesucht vor allem der weiblichen Bevölkerung zu begegnen, dem ruinösen Kleiderkult, der überdies Neid und Mißgunst beförderte, sollte ein Ende bereitet werden, indem man an einer *Deutschen Tracht* arbeitete, einer den *weiblichen Bedürfnissen angepaßten hygienischen Kleidung*, von der man hoffte, daß sie zu einem *einheitlichen Erscheinungsbild der deutschen Frauen führen* würde. Mit den Trachten der NS-Gliederungen, zum Beispiel der Arbeitsmaiden, war bereits ein Anfang gemacht. Während sich die Frauen diesem Kleidungsdiktat hartnäckig widersetzten, und die vorgeschlagene Dirndltracht und Gretelfrisur den Nazissen überließen, schritt die Uniformierung der Männer rasch voran, mit dem verordneten militärischen Kleid sahen sich die im Volksmund als *Volksgenossen wichtig* gehänselten Männer in ihrer Stellung gehoben und zu Amtshandlungen im Sinne des gesunden Volksempfindens berufen.

Wer auch immer vom deutschen Wesen sprach, schloß darin die deutscheigentümliche Liebe zur Sauberkeit und Ordnung ein. Diese Erziehungsarbeit fand wohl die breiteste Zustimmung und erfuhr auch über das Ende des Dritten Reich hinaus höchste Anerkennung. Die Disziplinierung der Volksgenossen umfaßte das Verbot im öffentlichen Raum zu spucken, eine allgemeine Hygieneerziehung, zum Beispiel die Zwangsanschaffung von Badewannen für die Lebensmittelberufe, aber auch Zwangsmaßnahmen gegen Asoziale, die das ästhetische Empfinden der Bürger beleidigten. Zustimmende Resonanz fand der Appell des Berliner Polizeipräsidenten, die Reichshauptstadt von Bettlern zu säubern. Die Volksgenossen sollten *darauf achten, daß den Asozialen kein Geld gegeben wurde, denn der weitaus größte Teil aller Bettler befindet sich gar nicht in Not, sondern bezieht eine hinreichende Unterstützung. Verschiedene Beispiele haben gezeigt, daß Mildtätigkeit gar nicht am Platze war. Es wird darauf aufmerksam gemacht, daß sich hinter den fragwürdigen Gestalten, die auf das Mitleid des Publikums spekulieren, auch denkbar asoziale Elemente wie Gelegenheitsdiebe und gewerbsmäßige Einbrecher befinden.*

Eine die kleinbürgerlichen Lebensgemeinschaften beherrschende Sorge war die Jugenderziehung. Im Kindesalter überversorgt und in gestrengen Zwangsregeln der Häuslichkeit und der Schule drangsaliert, begannen mit der Pubertät die sogenannten Flegeljahre des kleinbürgerlichen Nachwuchses, die zuweilen in erbitterte Eltern-Kinder-Auseinandersetzungen mündeten. Jugendlicher Protest und radikale Befreiungsversuche der Kleinbürgerjugend überschatteten die mittelständische Idylle, indem die renitenten Sprößlinge die Ordnungsnormen des Standes in Frage stellten. Noch einige Jahrzehnte nach dem Ende des nationalsozialistischen Erziehungswerkes lobten angesichts ihres mißratenen Nachwuchses verzweifelte Erziehungsberechtigte des Führers Jugendpolitik, die HJ, den BDM und den Reichsarbeitsdienst. Hitler hatte die Jugend von der Straße geholt und mit militärischem Drill eine ordentliche, begeisterungsfähige und vor allem saubere, gehorsame Jugend herangebildet.

Das von der bündischen Jugend erträumte Jugendreich schien Wirklichkeit geworden zu sein, *Jugend erzog Jugend,* freilich unter massiver Mitwirkung der Partei, die in der Hitlerjugend den Garanten der Zukunft des Dritten Reiches zu sehen glaubte. Die Bindung der jungen Generation an den Nationalsozialismus war so erfolgreich, weil das Erziehungsziel dem der mehrheitlichen Mitte entsprach und dementsprechend eine breite Unterstützung erfuhr. Besonders traf dies für den *Bund Deutscher Mädel* zu, den *BDM,* der es sich zur Aufgabe gemacht hatte, das tradierte kleinbürgerliche Familienideal zum Erziehungsziel für die weibliche Jugend zu machen. Zur deutschen Männerstammtischweisheit gehörte auch das spießbürgerliche Frauenbild, das dem Weibe die Küche, Kinder und die Kirche als Betätigungsfeld zugewiesen hatte. Im neuen Deutschland war der modernen Frau an Stelle der kirchlichen Betschwerngemeinschaft die religiöse Verinnerlichung des Nationalsozialismus empfohlen.

Das dem Weibe ureigene Bedürfnis nach karitativer Betätigung sollte in der Frauenschaft und der NS-Volkswohlfahrt Befriedigung finden. In Vorbereitung der künftigen Aufgaben der deutschen Frau beschränkte sich die Erziehung der weiblichen Jugend auf Bastelanregungen, nähen und flicken, gesundheitsbefördernden Sport und familienbrauchbares Spielen und Musizieren. Am lodernden Feuer kultischer Scheiterhaufen gelobten die Maiden, ihr deutsches Blut reinzuhalten und dem Volke eine reiche Kinderschar zu schenken. Das Erziehungsziel des BDM legte eine enge Zusammenarbeit mit der NS-Frauenschaft nahe, deren junge Führerin Gertrud Scholtz-Klink im Begriff war, des Führers erste Forderung an die deutsche Frau vorbildlich zu erfüllen: Neben ihrer Tätigkeit als Reichsfrauenführerin gebar sie 11 Kinder und übertraf damit sogar den Hitlersekretär Bormann, der 9 Kinder zeugte. Angesichts dieser exorbitanten nebenberuflichen Gebärfreudigkeit sah sich die Frauenführerin befugt, *jeder deutschen Frau die Möglichkeit einen Beruf zu ergreifen zuzugestehen, aber sie muß wissen: Sie wird nur solange jedem Beruf gerecht werden und selber zufrieden sein, wie die geforderte Leistung im harmonischen Verhältnis zu ihrer organischen Kraft steht.*

Frauen, die sich ihrer organischen Kraft widersetzten und womöglich der Kinderaufzucht und nationalsozialistischen Kameradschaftsehe entsagten, sahen sich einer Drüsenkrankheit bezichtigt und auf jeden Fall im Berufsaufstieg behindert. Vor allem weibliche Akademikerinnen mißfielen dem Führer, dessen Widerwillen gegen Frauen in leitenden Positionen auch nicht gemildert wurde, als die im Reichsverband der deutschen Beamten organisierten Beamtinnen ihm *zu seinem Geburtstag 1465 Säuglingskörbchen, bzw. Bettchen für das Hilfswerk Mutter und Kind schenkten.* Auch die Reichsfrauenschaftsführerin sah sich innerhalb der Parteihierarchie mißachtet, zu Staatsempfängen wurde sie nicht eingeladen, und erst eine Beschwerde veranlaßte Hitler zu der Anweisung: *auch Frauen können ruhig an offiziellen Empfängen teilnehmen.* Frauenemanzipatorische Forderungen waren unerwünscht, nachdem bereits in der Kampfzeit der von Frau Rogge-Börner kreierte völkische Feminismus nur insoweit Zustimmung gefunden hatte, als nach Ansicht der nationalistischen Frauenrechtlerin die deutsche Frau dazu berufen sei, als *Rassebewahrerin und Hüterin des deutschen Blutes besondere Verantwortung zu tragen.*

Hitler und sein Weltanschauungspapst Rosenberg mißtrauten freilich der deutschen Frauen Rassebewußtsein, vor allem der Führer neigte zu jenem dominikanisch-inquisitorischen Frauenbild, nachdem das Weib schwach und minder an Verstand ist, und folglich setzte er auf eine harte Erziehungsarbeit indem er den Sexualneid des gesunden Volksempfindens instrumentalisierte und die anständigen Bürger zur Wachsamkeit aufforderte, Obacht zu geben, wenn Frauen Rasseschande etwa mit Juden trieben. Während Rosenberg dafür die Todesstrafe verlangte, glaubte Hitler die Denunzianten belohnen zu müssen, indem er die inkriminierten Frauen der öffentlichen Schimpf und Schande preisgab. Den mittelalterlichen Rechtsbrauch wiederbelebend, Verstöße gegen Sitte und Brauch am Pranger büßen zu lassen, inszenierten SA-Leute eine volksvergnügliche Vorführung von *Judenhuren*, die Schilder mit völkischer Reimkunst zu tragen hatten: *Ich bin im Ort das größte Schwein und laß mich nur mit Juden ein.* Unnachsichtig verfuhr man mit den jüdischen Partnern, über deren Bestrafung die Presse freimütig Bericht erstattete. *Das hessische Staatspresseamt,* so lesen wir, teilte mit, *daß ein 25jähriger Jude aus Mainz, der unerlaubte Beziehungen zu Mädchen arischer Abstammung unterhielt, sich wegen der Empörung der Bevölkerung freiwillig in Schutzhaft begab.* Einer anderen Pressemeldung zufolge wurde der Handelsmann Wilhelm Kahn aus Friedberg abgeholt und in ein Konzentrationslager gebracht, *weil er mit seinem arischen Dienstmädchen geschlechtlich verkehrte und auch andere Frauen und Mädchen unter Angebot von Geld zum Geschlechtsverkehr zu bewegen suchte.*

Die volkswirtschaftlichen Erfordernisse verlangten freilich auch eine Berufsausbildung für Frauen, doch nach Möglichkeit in Berufszweigen, die auf eine erhoffte spätere Ehe und Mutterschaft vorbereiteten. Gefördert wurde die Ausbildung in Heil-, Pflege- und Erziehungsberufen, aber auch in jenen Dienstleistungstätigkeiten, die der Führer nicht von Männern ausgeübt sehen wollte. Eine Führeräußerung, nach der der Beruf des Kellners eines Mannes unwürdig sei, veranlaßte Martin Bormann zu einem Rundschreiben an die Deutsche Arbeitsfront, in *Zukunft in Cafés und Restaurants nur weibliche Bedienerinnen einzusetzen.*

Das kleinbürgerliche Familienideal der kindzentrierten ehelichen Gemeinschaft unter der Führung des Ehegatten, der lenkend und sorgend das putzende und kochende deutsche Hausmütterchen und die Kinderschar regierte, bereitete in seiner Spießigkeit der nationalsozialistischen Führung auch Unbehagen. Der männerbündisch organisierte

Staat, der seine Wurzel in der soldatischen Schützengrabenkamerad-schaft des Weltkriegs sah, wünschte sich weniger die kleinbürgerliche Hausmütterchenidylle, als vielmehr die Kameradschaftsehe weltan-schaulich gefestigter Partner, die gemeinsam im Dienste des deut-schen Volkes standen und in der Familie, als Keimzelle des Staates, die nationalsozialistischen Ideale verwirklichten.

Empfohlen war den Männern, die familiäre Weiberherrschaft ent-schieden zu brechen, und selbst hohe Parteiführer, die im Verdacht standen, von ihren Frauen beherrscht zu werden, erhielten strenge Rügen. Als den Hitlersekretär Bormann die Denunziation erreichte, daß die Frau des Gauleiters Giesler, die kinderlos war, *in ihrem Haus ständig von vielen Verwandten und anderen Frauen umgeben ist und daß Gauleiter Gießler wegen der vielen Frauen, die sich in seinem Heim aufhalten, nur ungern nach Hause kommt*, schrieb Bormann an den Rand des Schreibens: *Also sogenannte Weiberherrschaft!!! Gott behüte!!!* und nahm die Denunziation zu den Akten.

Auch die nationalsozialistische Ehe sollte nicht unbedingt von se-xueller Lust beherrscht sein, die von Schwangerschaft und Mutter-schaftspflichten bedrängten Frauen sollten die Last der Familienfür-sorge freudig tragen und die Lust auf den Zeugungsakt beschränkt wissen. Weibliche Anmut und eine saubere völkische Sexualität ver-band die Volksbewegung *Glaube und Schönheit*, mit der die in den Dienst des Volkes gestellte Liebeslust eine weltanschauliche Überhö-hung erfuhr.

Regierungskunst

Die Kunst der Führung eines Volkes hatte Hitler bereits in *Mein Kampf* verraten, eine Erziehungsarbeit mit Härte und Liebe sollte es sein. Für die Liebe waren die Propaganda zuständig und die Wohlta-ten für das gehorsame Volk, die harte Hand vertraten die Sicherheits-dienste, die Gerichte und schließlich jene Lager, in denen hartnäckige Außenseiter und Volksschädlinge durch Arbeit zur Disziplin und Ordnung erzogen werden sollten. Zunächst als philanthropisches Werk nationalsozialistischer Fürsorge gepriesen, hatte die SA Schutz-haftlager eingerichtet, in denen sich politische Gegner der National-sozialisten vor dem revolutionären Volkszorn sicher fühlen durften. Schon immer glaubte kleinbürgerliche Wohlanständigkeit, Außensei-ter und Normenfrevler durch Arbeitszwang disziplinieren und normalisieren zu können, und so wurde bald publik gemacht, *daß Konzentrationslager zur Erziehung von Volksschädlingen ihre Arbeit aufgenommen hätten.*

Mit seinem bisweilen eigentümlichen Humor hatte der Führer einer illustren Gesellschaft in der Reichskanzlei weitere Vorteile derartiger Konzentrationslager vor Augen geführt. Sein Einzug in das Präsidentenpalais, so erzählte er, sei von einem bestialischen Gestank aus den Kellerräumen überschattet gewesen, vor allem bei starkem Regen war der Fäkaliengeruch unerträglich. Der greise Reichspräsident hatte dies nicht abzustellen vermocht und mußte das Urteil von Handwerkern und Ingenieuren hinnehmen, daß auf Grund des hohen Grundwasserspiegels Abhilfe nicht zu schaffen sei. Mit einer solchen Auskunft war dem Führer nicht zu kommen, er habe die Spezialisten zu sich zitiert und nur den Namen Oranienburg fallen lassen, wohin er die Herren verfrachten lassen würde, wenn der Schaden nicht binnen kurzem behoben wäre. Es bedurfte nur weniger Tage und der Schaden war auf ewig beseitigt.

Die kleinbürgerliche Sucht des Tratsches und Klatsches und die Neigung, sich durch gerüchtestiftende Hiobsbotschaften interessant zu machen, wurde geschickt forciert, indem man bisweilen vage Gerüchte verbreitete und es der sogenannten Mund-zu-Mund-Propaganda überließ, bedrohliche Schreckensnachrichten zu verbreiten. Ein jeder Deutsche sollte wissen, daß allenthalben in Deutschland Konzentrationslager existierten und keine Erholungsheime seien, sondern Erziehungslager, in denen es hart, aber gerecht zuging.

Die Scherze des Führers über sein Lieblingskonzentrationslager Oranienburg amüsierten auch den Ersten Heldenbariton und Zweiten Gralsritter der Bayreuther Festspiele, Dr. Karl Schlottmann. Nach seiner Begegnung mit Hitler im Hause Wahnfried, wollte er unbedingt seine Führereindrücke in seinen Lesungen zum besten geben, und so fragte er an, *ob er auch die anekdotische Geschichte verbreiten dürfte, die der Führer im Wagner Haus erzählt hätte.* Schalkhaft hatte der Kanzler über die Trottel geklagt, die ihn vor den Aufführungen noch mit unwichtigen Dingen aufhielten. Die Höflichkeit würde es ihm gebieten, nicht durch spätes Kommen die anderen Besucher zu stören und folglich würde er lieber auf den Besuch verzichten – auch wenn die Logenschließer ihn noch hereinlassen würden, *aus Angst, daß sie sonst nach Oranienburg kommen.*

Von der Möglichkeit, unbotmäßigen Volksgenossen einen Denkzettel verpassen zu können, sollten alle anständigen Deutschen wissen,

denn schließlich war ihre Mitwirkung an der kollektiven Erziehungsarbeit gefordert. Der Aufbau des nationalen Sozialismus war eine
Gemeinschaftsarbeit, und so galt es zunächst, asoziales Verhalten zu
melden. Gemeldet und sogleich eingeliefert wurde der Regierungsrat
Karl Fleischmann, *weil er das Winterhilfswerk sabotiert hatte*. Gemeldet hatten auch fromme Traunsteiner Kirchenbesucher ihren
Stadtpfarrer Stelzle. Seine Predigt wurde als Kritik am Nationalsozialismus empfunden, Grund genug, ihn in Schutzhaft zu nehmen. Gemeldet und dem nächstgelegenen KZ zugeführt wurde auch
Schuhmachermeister Krüger aus Greifenhagen, weil er sich geweigert
hatte, eine kinderreiche Familie in seinem Mietshaus aufzunehmen.
Genugtuung erfuhren auch die Nachbarn eines Münchener Bäckers,
sie hatten den unliebsamen Mann gemeldet, worauf eine Untersuchung seines Betriebs erfolgte. Festgestellt wurde, daß die Räume der
Angestellten und die Backstube schmutzig waren, Ungeziefer herum-
krabbelte, so daß der Meister in einem KZ erst einmal Sauberkeit
und Ordnung lernen sollte. Zur Meldung gebracht wurde der Geschäftsinhaber Straßner, ein Leuteschinder, der seine Mitarbeiter beschimpfte, dem sogar Mißhandlungen vorgeworfen wurden und der
Löhne unter Tarif zahlte. Seine Arbeiter und Angestellten jubelten,
als er abgeholt wurde. Vor Betriebsangehörigen hatte Direktor Kat-
tenstedt von den Rheinisch-Westfälischen Kalkwerken sich abwer-
tend über den Nationalsozialismus geäußert, bereits Stunden nach
der Meldung wurde auch dieser Volksschädling von seinem Arbeits-
platz abgeholt ...

Ausführlich berichtete die Presse über die erfolgreiche Wachsamkeit der Volksgenossen, die sich darüber hinaus auch von den Zeitungen über KZ-Interna informiert sahen. Mitgeteilt wurde, daß der
Publizist und Nobelpreisträger Ossietzki im KZ den Freitod gesucht hätte und daß Sturmbannführer Schäfer mit der Einrichtung
eines Strafgefangenenlagers in Papenburg betraut worden sei, dessen Insassen Moore kultivieren sollten. Berichtet wurde auch, daß
acht Kriminalbeamte der Polizeiverwaltung Stettin in Haft genommen seien, *nachdem sie ihrem Schutz anvertraute Häftlinge mißhandelt hätten.*

Die erfolgreiche Mitwirkung zahlreicher Volksgenossen am Ausbau
der Konzentrationslager machte es überflüssig, die Existenz dieser
von der Justiz unabhängigen Haftlager mit betulicher Sorge um die
Sicherheit der Volksschädlinge zu legitimieren. In diesem Sinne teilte

das hessische Staatspresseamt mit, daß sich Personen auch freiwillig vor dem Volkszorn in die Obhut von Schutzhaftlagern begaben. Damit wurde zunächst der Eindruck erweckt, daß nur die revolutionäre Umgestaltung Schutzhaftlager erforderlich mache, bald aber wurde deutlich, daß Konzentrationslager als eine wesentliche Stütze der Bewegung vonnöten waren und deren Organisatoren, Verwalter und Bewacher eine weitere Heersäule der Gefolgschaft des Führers sein sollten.

In Schutzhaft genommen wurden bald auch jene Juden, denen der SA-Mob die Scheiben zertrümmert hatte und die damit – entsprechend einer alten deutschen Logik, nach der nicht der Täter, sondern das Opfer gegen das Gebot der Ruhe und Ordnung verstößt – auch für die Zerstörungen verantwortlich waren, wobei die Haftungsfrage im wohlgeordneten Deutschland ein ernstes Problem wurde, als der Verband der Glasversicherer darauf hinwies, welche wirtschaftlichen Folgen es hat, wenn in vereinzelten Fällen die Fensterscheiben größerer Firmen eingeschlagen werden. *Von zuständiger Stelle wird durch diesen Verband darauf hingewiesen, daß beispielsweise beim Einwerfen von Fensterscheiben jüdischer Geschäfte nicht die Geschäftsinhaber geschädigt wurden, sondern daß durch solche Handlungen die deutschen Versicherungsgesellschaften einen Schaden erlitten und damit deutsches Volksvermögen mutwillig vernichtet würde.*

Auch das Gesetzeswerk zur Reinhaltung des deutschen Blutes, die sogenannten Nürnberger Rassegesetze, sorgte für einen steten Zuwachs an jüdischen Häftlingen, die nach verbüßter Gefängnishaft auf Grund eines gerichtlichen Rassenschande-Urteils nicht selten in ein Konzentrationslager überstellt wurden. Bezüglich der Meldefreudigkeit jüdischer Verstöße gegen die Rassengesetzgebung konnten die Sicherheitsbehörden nicht klagen, dumpfer kleinbürgerlicher Sexualneid denunzierte freudig artfremde Liebesbeziehungen. Ungeliebte Tugendwächterinnen und von sexualpathologischen Männerphantasien gequälte Sittenhüter nutzten den institutionalisierten Voyeurismus – im Volksmund als Spanner bezeichnete Sittenstrolche, deren Lustbefriedigung sich mit einer Anzeige erfüllte. Für eine entsprechende Anregung sorgte Julius Streichers *Stürmer*, der im prüden, zum normalen Sexualleben auffordernden Staat mit seiner politischen Pornographie die deutschen Stammtische mit Obszönitäten versorgte. Zuweilen nahm sogar die Parteiführung Anstoß an den hemmungslosen Sauereien im *Stürmer*, der allenthalben im Reich in Schaukästen aushing und von Jugendlichen gelesen werden konnte.

Ein Bericht über jüdische Ritualmorde wurde sogar vom Reichspropagandaministerium *als ekelerregend und unsachlich beanstandet, worauf die Ausgabe 31/32 polizeilich beschlagnahmt und das Blatt auf die Dauer von 14 Tagen verboten wurde.*

Er ist auferstanden
Der deutsche Messias

Ein deutscher Traum schien in Erfüllung gegangen sein. In Legenden und Sagen angekündigt, von Gelehrten ersehnt und von Philosophen prophezeit, war gleichsam der Cherusker, der Kyffhäuser-Friedrich, der Preußen-Friedrich, der Übermensch, der deutsche Messias erschienen. Für das in seiner Geschichte so häufig von eigenen und fremden Fronherren bevormundete deutsche Volk hatte Klopstock den Deutschen ihren Retter gestiftet, *hoffnungsvolle Morgenröte,* so die Grimms, war mit der Entdeckung der Germanen in die deutsche Geschichte gekommen, denn prophezeit war damit, daß eine wiedererstandene Lichtgestalt das Volk in die Freiheit führen werde. Nun war er auferstanden, der Übermensch, der Führer, ein Mann aus dem Volke, der sich durch eine Fügung der *Vorsehung* ausersehen sah, der Deutschen Retter zu sein und deshalb seinem Volk zugerufen hatte: *Es ist ein Wunder, daß ihr mich gefunden habt, so wie es ein Wunder ist, daß ich euch gefunden habe.*

In einem grandiosen historischen Sprung hatte sich ein kleinbürgerlicher Traum erfüllt, hatte eine deutsche wohlgeordnete und nicht vom Pöbel diktierte, sondern von staatlicher Autorität geleitete Revolution einer annähernd 200jährigen deutschbürgerlichen Aufbruchbewegung zum Sieg verholfen. In dem der Nationalhymne *Deutschland, Deutschland über alles* hinzugefügten Revolutionslied *Die Fahne hoch, die Reihen fest geschlossen* hatte es geheißen, daß auch die Kameraden, von Rot und Reaktion erschossen, im Geiste der Bewegung mitmarschieren würden, jene also, die in der Kampfzeit der NSDAP gefallen waren, aber doch wohl auch die Opfer der verruchten Feudalherrschaft.

Gesiegt hatten auch die aufgeklärten Bürger, die mit Schrift und Tat gegen die Standesprivilegien gestritten hatten, die Demagogen, die der deutschen Fürstenzwietracht entgegentraten, die Männer in der Paulskirche, die weniger von einer Verfassung, sondern von Großdeutschland und imperialen Machtgelüsten träumten, die Alldeutschen mit ihrem Kampfruf *Deutschland den Deutschen* und die am deutschen Wesen die Welt genesen lassen wollten. Die haßerfüllten Antisemiten, die mit ihren neidisch-mißgünstigen Vorurteilen sich mittelständische Vorteilsnahme versprachen, die nationalsozialen Liberalen, die unter einem diktatorischen Volkskaiser für das Ringen um Deutschlands Weltgeltung Proleten und Bürger disziplinieren wollten, die Landreformer, die mit dem *Ruf Junkerland in Bauernhand* die ostelbische Reaktion zu entmachten trachteten.

Deutschland erwache, hatten die braunen Kolonnen gegrölt, und nun schien es so, daß tatsächlich die Nation erwacht war, oder besser, die von den Nietzsche – Epigonen verheißene Metamorphose des Deutschtums Gestalt angenommen hatte, der jahrhundertelang währende Puppenzustand beendet und ein vollendetes deutsches Wesen herangereift und geschlüpft war. Auch wenn der neue deutsche Messias dem Bild eines arischen Heros kaum entsprach, man sich einen Blondschopf gewünscht hätte, einen stolzen Recken – die bildenden Künstler vermochten nachzubessern und mit Farbe und aus Bronze oder Gips Ideal und Wirklichkeit zu versöhnen. Darüber hinaus waren seine Vita und sein Lebensstil nicht dazu angetan, die Billigung des deutschen Kleinbürgers zu finden, als Ungelernter hatte er sich zum Volksführer erhoben und sein Tagesablauf widersprach kleinbürgerlichen Normen und Sitten, wenn er des morgens nicht aus den Federn kam und die Nacht zum Tage machte, er mit seinen getreuen politischen Kampfgefährten zwar kameradschaftlich in ritualisiertem Zeremoniell kommunizierte, doch im Kreise seiner Künstler und Bohemiens sichtlich erblühte.

Die Propaganda offerierte nun den Tatmenschen, den Volksführer, der, von der Vorsehung geleitet, das Volk in glückliche Zeiten führen würde, stilisierte den Führer zum unfehlbaren Übermenschen und förderte die Meinung des Volkes, daß Mängel und Fehler in der Gesellschaft seinen fehlbaren Jüngern anzulasten seien, die, *wenn der Führer dies wüßte*, bald abgestellt sein würden. Noch nie in der deutschen Geschichte erfuhr ein Herrscher so viele Beweise der Liebe seines Volkes. Körbeweise gelangten Geschenke und Briefe der Dankbarkeit in die Reichskanzlei, bei Reisen in die Provinz und in die Städte säumten die Menschen die Straßen und streckten ihrem Volkskanzler die Hände entgegen, jubelten oder zeigten sich ergriffen. Vor allem die Frauen wanden sich in orgiastischen Krämpfen, und nicht wenige wünschten sich vom Führer ein Kind oder sahen ihre sexuelle Erfüllung in einer kontemplativen Verehrung ihres deutschen Messias. Eltern ersuchten die Standesämter, ihre Tochter *Hitlerine* nennen zu dürfen, ein Wunsch dem nicht stattgegeben, und statt dessen *Adolfine* vorgeschlagen wurde. Kindpatenschaften wurden dem Führer angetragen, und für die wenigen Eltern, deren Kinder von des Führers Hand getätschelt wurden, war dies ein religiös-segnender Akt des Auserwählten, der dem Zeugungsakt nachträglich die völkische Weihe verlieh.

Die hysterischen Liebesbeweise waren kaum Ausdruck der Dankbarkeit für die wiedererlangte Weltgeltung und Korrektur des Verlaufs der Geschichte, denn für den deutschen Kleinbürger liegt vor der eigenen Erinnerung die Steinzeit, und Geltung hat nur das Jetzt und Heute, dem man sich zeitgeistverpflichtet hingibt und an dessen Vorzügen man ungeschmälert zu partizipieren wünscht. Brot und Spiele waren reichlich geboten, der nationalsozialistische Staat wußte, die kleinbürgerliche Mitte für ihre Treue zu belohnen, doch der weitaus größere Lohn war es, daß die Führung die miese kleinbürgerliche Lebenswelt zur gesellschaftlichen Norm erhob, Neid und Mißgunst beförderte, Außenseitertum dem gesunden Volksempfinden preisgab, das Denunziantentum forcierte, Fremdenhaß gestattete und die nachbarschaftliche Kontrolle zur staatsbürgerlichen Pflicht erklärte.

Als Außenseiter und Männerheimbewohner hatte der Führer die grausamen Sanktionen der kleinbürgerlichen Gesellschaft für Normenverstöße am eigenen Leib erfahren, nun, an die Macht gelangt, wußte er dieses Herrschaftsinstrument virtuos zu nutzen, indem er die bösartigen Seiten des mittelständischen Deutschtums zur deutscheigentümlichen Tugend erklärte. Auch das aus dem Kleinbürgerstand erwachsene Bildungsbürgertum brauchte sich seiner ererbten Ressentiments nicht mehr zu schämen, für den Gelehrtenstand war es freudig erfüllte Pflicht, die gesellschaftspolitische Nutzanwendung dieser Normen wissenschaftlich zu legitimieren und auf seine Weise dafür Sorge zu tragen, daß der Vulgärdarwinismus des Führers und die moralbefrachtete deutsche Jammerphilosophie zu einer brutal-weinerlichen völkisch-nationalistischen Ideologie mutierte. Mit seinem Gedicht *Ideal und Leben* war Schiller aus der schnöden irdischen Welt in die ideale Götterwelt entflohen, andere taten es ihm gleich und suchten auf ihre Weise ihr deutsches Walhalla, die jenseitige Welt, in der sich das wahre Deutschtum offenbaren würde.

Mit der einfachen Parole *Du bist nichts, dein Volk ist alles* befreite der Führer sein Volk aus diesem alten hirnzermürbenden Widerspruch, indem er den völkischen Aufbruch, die Sehnsüchte des bürgerlichen Kampfes des 19. Jahrhunderts vollendete und für dieses hehre Ziel, Moral und scheinheilige Skrupel zur Disposition stellte. Moralisch, edel und gut war, was diesem Ziel diente. Mit dieser zur Staatsraison erhobenen Prämisse sah sich das deutsche Volk endlich aus seinen Fesseln befreit und dazu ermuntert, seine neidbefrachteten Minderwertigkeitsgefühle als deutsche Tugend auszuleben. Fortan war es kein Widerspruch, im Kreise der Familie am *Julabend Hohe Nacht der klaren Sterne*, aber auch *Stille Nacht, heilige Nacht* zu singen und den jüdischen Nachbarn die Pest an den Hals zu wünschen, sie nicht zu grüßen oder ihnen kleine Scherzkarten, Fahrkarten nach Jerusalem, in den Briefkasten zu stecken. Vor allem aber war Schluß mit der alten quälenden deutschen Verlogenheit, Eigennutz und niederen Materialismus, dumpfen Neid und zerstörerische Mißgunst, üble Nachrede und denunzierende Klatschsucht, mit der als deutsche Wesenseigenart im nationalen Liedgut gepriesenen deutschen Treue, Aufrichtigkeit und Edelmütigkeit in Einklang zu bringen. Für der Welt Herrenvolk sollten moralische Skrupel das Gewissen nicht bedrücken, denn im Kampf für Deutschlands Größe galt fortan das Recht des Starken gegenüber dem Minderwertigen.

Die Geschichtslosigkeit des deutschen Kleinbürgers bedeutet nicht, daß nicht zuweilen dennoch ein Interesse an der deutschen Vergangenheit zu wecken ist. Parteiideologen pflegen sich eine historische Legitimation zu geben, und zeitgeistbedingt werden Epochen, Personen und Bewegungen der Geschichte Teil der Gegenwart. Der nationale Aufbruch zum Beginn des 19. Jahrhunderts erkor sich Hermann den Cherusker zum nationalistischen Idol, die Romantiker wählten das christliche Mittelalter, die Demagogen die mittelalterlichen Freiheitsbewegungen, die Alldeutschen wurzelten im nationalen Liberalismus der 48er und die Sozialisten im historisch begründeten Klassenkampf ihres Meisters Karl Marx, die unter der Schmach des Versailler Vertrages deprimierte nationale Rechte pflegte an Friedericus Rex, den siegreichen Preußenkönig zu erinnern. Deutscheigentümlich ist die Unfähigkeit, den Verlauf der Geschichte in einen historischen Kontext zu setzen und vor allem die Ereignisse und Gestalten der Weltgeschichte aus der jeweiligen Zeit, nämlich vom aktuellen Zeitgeist unbefrachtet zu betrachten.

Auch die Nationalsozialisten suchten für ihre Ideologie eine historische Legitimation, doch diese Legitimation verknüpften sie mit der

Erinnerung der Zeitgenossen an die Schmach des Friedensdiktats von Versailles, das als Höhepunkt eines jahrhundertelangen Kampfes einer feindlichen Welt gegen die Reichsmacht die tragische Seite der deutschen Geschichte symbolisierte. Zu erinnern war daran, daß die Männer der Paulskirche für Großdeutschland gekämpft hatten und Bismarck den Deutschen nur die kleindeutsche Lösung zu bieten vermochte. Den *Systempolitikern* von Weimar war vorzuwerfen, daß sie in der Verfassung die Vereinigung mit Österreich zwar festgeschrieben hatten, vor dem Veto der Alliierten jedoch zurückgewichen waren.

Alle demokratischen Parteien des Reichstages hatten den Anschluß gefordert, und die Repräsentanten des politischen und geistigen Deutschlands hatten mit Volksreden in der *Ostmark* und im Reich Hoffnungen geweckt: der sozialdemokratische Präsident des Reichstages Paul Löbe, Max Weber und Gertrud Bäumer und viele Parlamentarier aller Parteien. Für einen großdeutschen Krieg waren die 48er auf die Barrikaden gestiegen, und dafür hatten die Alldeutschen Jahrzehnte lang gewirkt, doch die des Volkskriegs abholden Fürsten hatten dies zu abzuwenden versucht. Ihrem Zögern und ihrer Uneinigkeit galt der Vorwurf, Deutschlands Größe verhindert zu haben, wobei die Großdeutschen unberücksichtigt ließen, daß auch im Volke ein urtümlicher Partikularismus gepflegt und die Stammeseigentümlichkeiten unter dem angestammten Fürstenhaus gepriesen wurden. Während man also als Pöbel sich durchaus bereit fand, für Großdeutschland zu randalieren und Volkswillen zu demonstrieren, im Kreise der heimischen Stammtischbrüder schimpfte man über die Piefkes im Norden und über das listige Bergvolk im Süden und zeigte sich wenig reichspatriotisch.

Die wissenschaftliche Volkskunde war damit herausgefordert, dem Führerwillen zu entsprechen und ein reichseinheitliches Brauchtum zu stiften. Unter dem Kürzel *Brausi* für Brauchtum und Sitte erarbeiteten Volkskundler und Vorgeschichtler im SS-Verein *Deutsches Ahnenerbe* ein einheitliches Reichsbrauchtum, das vor allem kirchlich-christlichen Brauch oder primitive Sitten, die womöglich *Ähnlichkeiten mit den Hottentotten aufwiesen*, beseitigen sollte. Tradierte Volksfeste, vor allem der Bayern, mußten fortan vom Landvolk, dem BdM und der HJ auch im Norden zelebriert werden, süddeutsche Maibäume verschönten allerorten den Tag der nationalen Arbeit, urtümliches Julgebräuch aus nordischen Gefilden war den Süddeutschen anempfohlen. Verboten wurde dem Reichsrundfunk, mundartliche Sendungen auszustrahlen und im Heimatfunk einen kleinkarierten Partikularismus zu pflegen.

Die geistige Vorbereitung auf das künftige Großdeutschland zeigte Früchte, als die Propaganda die großdeutsche Frage zum Hauptthema der Medien machte. Als am 13. März 1938 das Gesetz über die Wiedervereinigung Österreichs mit dem Deutschen Reich unterzeichnet wurde, erfüllte sich Wille und Wollen der Paulskirchendeutschen und Weimarer Verfassungsstifter, Hitler gelang, was den 48ern nicht gelingen konnte, weil die Fürsten den großdeutschen Demokraten ein starkes Reichsheer verweigerten.

Während das österreichische Volk dem Führer einen triumphalen Empfang bereite, und Adolf Hitler *vor der Weltöffentlichkeit, der deutschen Nation und vor der deutschen Geschichte den Anschluß seiner Heimat an das Deutsche Reich meldete*, blieb das Großdeutsche Reich von der Maas bis an die Memel von der Etsch bis an den Belt eine Illusion. Große deutsche Bevölkerungsgruppen waren durch den Versailler Vertrag unter fremde Herrschaft geraten – der Preis für die Staatenbildung jener Volksgruppen, denen die Großmächte im 19. Jahrhundert die Unabhängigkeit verweigert hatten, war durch die Zwangseinverleibung von Minderheiten fremder Bevölkerungsgruppen sehr hoch gewesen.

Dies betraf vor allem die 1919 gegründete Tschechoslowakei, in deren Grenzen 48 % Tschechen, 23,4 % Deutsche, 16,1 Slowaken, 5,6 % Ungarn, 1,4 % Ruthenen und 0,6 % Polen zwangsvereint waren und die vor allem vom polnischen Nachbarn als ein zum Tode verurteiltes Land betrachtet wurde, weil, so der polnische Botschafter in Paris, Lukasiewicz, die willkürliche Komposition zahlreicher einander äußerst feindlicher Minderheiten einen unhaltbaren Zustand hervorgerufen hätte. Polen beanspruchte ein kleines Gebiet mit mehrheitlich polnischer Bevölkerung, da wollte das Reich nicht nachstehen, und nachdem Hitler zunächst die Sudetendeutschen heim ins Reich geführt hatte, nahm er sich anschließend die Tschechei und richtete seinen Blick auf das nächste Ziel: Danzig.

In der Krise des Jahres 1938 hatte sich eine militärische Opposition gebildet, die freilich nicht gegen das politische Ziel, die Revision des Versailler Vertrages, opponierte, sondern vor dem Vabanquespiel Hitlers warnte, der zunehmend die Wehrmacht in seine Drohpolitik einbezog. Für den Chef des Generalstabes des Heeres, Ludwig Beck, der zunächst Hitlers Aufrüstung goutiert hatte, wurde mit der Tschechenkrise offenkundig, daß Hitler die *Raumfrage gewaltsam* zu lösen gedachte. Einhellige Ansicht der Generalität war es, daß Deutschland frühestens 1945 in der Lage sein würde, einen Krieg zu überstehen. Beck sah es als seine Pflicht an, mit Denkschriften den Führer zu warnen: *Es ist ein Mangel an Größe und an Erkenntnis der Aufgabe, wenn ein Soldat in höchster Stellung in solchen Zeiten seine Pflicht und Aufgabe nur in dem begrenzten Rahmen seiner militärischen Aufgaben sieht, ohne sich der höchsten Verantwortung vor dem gesamten Volk bewußt zu werden. Außergewöhnliche Zeiten verlangen außergewöhnliche Handlungen! ... Es stehen hier letzte Entscheidungen über den Bestand der Nation auf dem Spiele. Die Geschichte wird diese Führer mit einer Blutschuld belasten, wenn sie nicht nach ihrem Wissen und Gewissen handeln. Ihr soldatischer Gehorsam hat dort eine Grenze, wo ihr Wissen, ihr Gewissen und ihre Verantwortung die Ausführung eines Befehls verbietet.*

Der Kritik folgte nicht die Einweisung in ein KZ, denn noch glaubte Hitler, mit der Wehrmacht vorsichtig umgehen zu müssen, obwohl Becks Bemerkung, *Außergewöhnliche Zeiten verlangen außergewöhnliche Handlungen* als Putschdrohung verstanden werden konnte. Als Beck bei der Mehrheit seiner Kameraden keinen Rückhalt erfuhr, gab er auf und nahm seinen Abschied. Von Hitler als *Heulboje* verspottet, gelang es ihm dennoch, den kritischen General Franz Halder als seinen Nachfolger durchzusetzen, der innerhalb der Wehrmacht eine schlagkräftige Truppe aufzubauen gedachte, die im Falle eines Kriegsabenteuers des Führers, diesen festnehmen und vor Gericht stellen sollte. Halder hatte Verbündete gefunden, den kommandierenden General des III. Armeekorps, Erwin von Witzleben, den Oberstleutnant i.G. in der Zentralabteilung der Abwehr, Hans Oster, und den Chef der Abwehr, Admiral Wilhelm Canaris. Sie alle waren bereit, sich an einem Staatsstreich zu beteiligen und dafür verlässliche Truppen bereitzuhalten und überdies weitere Verschwörer zu gewinnen. Hinzu kamen der hohe Polizeiführer von Berlin Fritz-Dietlof von der Schulenburg, der Reichsbankpräsident Hjalmar Schacht und der konservative Staatssekretär im Auswärtigen Amt Ernst von Weizsäcker, Generale, wie Carl-Heinrich von Stülpnagel, und weitere Offiziere.

Emissäre des Widerstandes hatten Kontakte in England aufgenommen, um die britische Regierung zur Härte gegen Hitler zu bewegen und auf die Opposition aufmerksam zu machen, doch für die Engländer hieß dies, den Teufel mit Beelzebub auszutreiben, sie hielten an ihrem alten Feindbild des Ersten Weltkriegs fest, nach dem das preußische Junkertum und die Schlotbarone das Fundament des konkurrierenden deutschen Imperialismus seien, und Hitler als Volkstribun sich als kleineres Übel erweisen werde. Mit dem Münchener Abkommen war der konservativen Opposition das Heft aus der Hand genommen, resigniert hatte Halder feststellen müssen: *Dem Kerl gelingt eben alles.*

Kleinbürgerlicher Alltag

Den Führer plagten andere Sorgen, fest davon überzeugt, daß ihm sein Erbgut kein hohes Alter gewähre, drängte die Zeit, sein Werk, dem deutschen Volk den ihm gebührenden Platz auf der Welt zu verschaffen, rasch zu vollenden. Eine weitere Sorge war propagandistischer Art: *Jahre lang habe ich nur vom Frieden geredet,* klagte er, und nun schien es so, daß die Deutschen es sich in seinem Dritten Reich wohlig eingerichtet hatten und wenig kriegsbereit waren.

Nicht, daß sich das Kleinbürgertum zu wenig begeistern ließ, dem Zeitgeist verpflichtet, war es empfänglich für nationalistisches Brimborium, plapperte nach, was die gleichgeschaltete Presse vorsagte – nicht, wie zuweilen geäußert, weil der deutsche Kleinbürger besonders obrigkeitshörig ist, sondern weil er opportunistisch sich stets der herrschenden Meinung anschließt, freilich vor allem als Mitläufer und Claqueur und mehr noch als wohlwollender Beobachter. Wenn es heißt, das ganze Volk sei ergriffen, so teilt er die Ergriffenheit, ist Jubel angesagt, so wird gejubelt, sollte Volkszorn verlangt sein, wird er sich auch zornig zeigen, nicht gerade an vorderster Front und mit offenem Visier, doch gleichermaßen staatstragend als Denunziant, Jubelstaffage oder als blockleitender *Volksgenosse wichtig,* der befugt, ist über Ordnung und Sauberkeit zu wachen.

Mochten zuweilen Engpässe in der Fettversorgung oder bei den Kaffeelieferungen Anlaß zur Unzufriedenheit geben, die Führung zeigte sich ehrlich und wußte die Sündenböcke zu benennen. Als kurz vor Kriegsbeginn der Kaffee knapp wurde, konnte Goebbels die *hamsternden Kaffeetanten* als Schuldige entlarven und im übrigen den Vorteil der Verknappung benennen: *Der Mangel an Kaffee ist für die Gesundheit aller Familien außerordentlich zuträglich und keineswegs ein alltäglicher Trank für die breiten werktätigen Massen, da er für diese viel zu teuer sei.* Gestattet waren harmlose Scherze über die

Schwierigkeiten bei der Butterversorgung, aber das alles waren ja nur kleine Widrigkeiten gemessen an dem großen Aufbauwerk des Führers, das so sichtbar voranschritt.

Der deutsche Kleinbürger vermag sogar Entbehrungen zu tragen, vorausgesetzt die Regierung erfüllt die Grundforderung der Mehrheit der Deutschen: Ordnung, Sauberkeit und die Einhaltung kleinbürgerlicher Normen und Gewohnheiten. Viele Unwägbarkeiten des Volkscharakters haben Regierungen zu befürchten und zu berücksichtigen, aber auf eine Tugend kann sich jede Obrigkeit verlassen: das gesunde Volksempfinden. In Jahrhunderten gewachsen, Jahrhunderte von der Fürstenherrschaft und vom Adel unterdrückt, wurde diesem *gesunden Volksempfinden* vom Führer und Reichskanzler endlich zum Sieg verholfen. Die Herrschaft des Normalen, meisterhaft von Partei und Staat organisiert, fand die ungeteilte Zustimmung der Kleinbürger und in den Kleinbürgerstand strebender Arbeiter. Musik war wieder Musik und nicht mehr Niggergedröhne oder Zwölftonkakophonie, Tanz war wieder Anmut und Schönheit, Fraulichkeit und trautes Heim wurden gefördert, Literatur und bildende Kunst erbauten wieder, die Umgangsformen waren natürlich geworden, in der Filmkunst und im Theater durfte man vergnügliches, besinnliches, auch spannendes, doch immer ein positives, aufbauendes Erlebnis erwarten. Wo immer das *gesunde Volksempfinden* beleidigt wurde, griff der Staat ein, schützte den Bürger vor öffentlichem Ärgernis, und noch lange nach dem Zusammenbruch war es ein geflügeltes Wort: *Bei Hitler wäre so was im KZ,* wenn ein moderner Künstler, ein wilder Interpret, ein jugendlicher Raufbold oder ein auffälliger Ausländer kleinbürgerliche Kreise störte.

Überdies kam dem strebenden Mittelstand die hierarchisch-militärische Organisation der Gesellschaft überaus gelegen, ohne Ansehen der Person hatten die Partei und ihre nachgeordneten Organisationen ein breites Angebot an Posten und Ämtern zu vergeben, die dem Amtsinhaber Macht und Reputation verliehen. Unterstes *Hoheitsgebiet* der NSDAP war der *Block,* betreut vom *Blockleiter,* der zumeist auch *Blockwart* des Luftschutzes, der Arbeitsfront und der Nationalsozialistischen Volkswohlfahrt war und damit als Beitragskassierer Zutritt zu den Wohnungen von 40 bis 60 Familien hatte. Direkt dem *Kreisleiter* unterstellt, sollte er *schädliche Gerüchte* notieren, das Ohr am Volke haben und *asoziales Verhalten* melden, Denunziationen entgegennehmen, aber auch Anwärterinnen für das *Mutterkreuz* vorschlagen.

Nächsthöheres *Hoheitsgebiet* war die *Zelle*, mit einem *Zellenleiter*, es folgten der *Ortsgruppenleiter* und schließlich der *Kreisleiter*. Die Nichtangepaßten mußten sich vor den überwiegend aus kleinen Verhältnissen stammenden niederen Amtswaltern fürchten, mit den *kleinen Hitlers* war nicht zu spaßen. Ihre goldbetreßten gelb-braunen Uniformen gaben ihnen den Spottnamen *Goldfasan,* und das Volk mokierte sich über die *Volksgenossen wichtig,* die nicht selten mächtiger waren als die Bürgermeister und Landräte mit Witzen: *Wer war der erste Amtswalter?,* wurde gefragt. *Joseph, denn heißt es nicht in der Bibel: Er trug einen bunten Rock und dünkte sich mehr als seine Brüder.*

Die zahlreichen Aufmärsche, Weihestunden und Kundgebungen boten den Lokalheroen Gelegenheit zur Präsentation ihrer Macht: Am 1. Mai, dem Tag der nationalen Arbeit, am fünften Sonntag vor dem Osterfest der Heldengedenktag, später auf den 16. März als Jahrestag der Wiedereinführung der Wehrpflicht verlegt, am Erntedanktag, und am 9. November, dem Gedenktag für die *Gefallenen der Bewegung,* pflegten Großveranstaltungen mit allen Gliederungen der Partei stattzufinden. Das *NS-Feierjahr* kannte aber noch weitere Anlässe, das Volk zusammenlaufen zu lassen: Der Tag der Machtergreifung am 30. Januar, der Gründungstag der NSDAP am 24. Februar, Hitlers Geburtstag, Muttertag, Maibaumfeiern, Sommersonnenwende und Wintersonnenwende. Überdies waren weitere Feiergelegenheiten die Enthüllungen von Gedenksteinen und Tafeln für regionale Helden oder bedeutsame Ereignisse.

Nicht immer erlangten die örtlichen Parteigrößen mit ihren Auftritten Respekt und Anerkennung, vor allem wenn die Feiern dem Vergleich mit den großen Massenveranstaltungen des Reiches nicht standhielten, die Fanfarenstöße und der Trommelwirbel der Hitlerjugend mit Mißtönen fehlgingen oder dem BDM-Chor harmonischer Gesang nicht gelingen mochte, die obligaten Sprechchöre den Einsatz verpaßten und die SA aus dem Tritt kam. Schlimm auch, wenn die Parteigewaltigen nicht die Kunst der Rede beherrschten, Dialektschwächen zeigten oder sich verhaspelten. Dann half auch nicht der üblich gewordene martialisch-militärische Sturmschritt: Kreisleiter Mahler erntete Heiterkeit bei einer seiner Reden, und bald war in den *Winsener Nachrichten* unter *Vermischtes* zu lesen: *Pb. Wegen Beleidigung des Kreisleiters wurde am Sonnabend ein Anwohner des Garthofes dem Untersuchungsrichter vorgeführt.* Der Bericht über die Einweihung eines Gedenksteines im gleichen Blatt preist den

Kreisleiter als revolutionären Nationalsozialisten, doch die Weihefeier entsprach mehr den zeitlosen kleinbürgerlichen Vorstellungen kollektiver Erbauung: *Lachender Sonnenschein lag über dem weiten Platz, als gestern Nachmittag die Partei= und Volksgenossen sich zur Weihestunde einfanden. Flotte Marschmusik ertönte als die SA-Stürme 1/428 und 8/428, der Marinesturm Winsen, eine Abordnung der SS, der NSDFB, HJ, DJ.,BDM, NS-Frauenschaft, die NSBO, Kyffhäuserbund und die zu einem großen Chor zusammengestellten Männergesangvereine »Germania« und »Frohsinn« und »Augusta« anrückten und mit ihren Fahnen um das Denkmal Aufstellung nahmen. Als Einleitung des Weiheaktes sangen die vereinigten Männerchöre unter Hermann Dubbers Stabführung »Die Himmel rühmen des Ewigen Ehre« mit Begleitung des Orchesters. Nach einem Vorspruch »Das Erwachen der Nation«, gesprochen vom Hitlermädel M. Peper, begrüßte Ortsgruppenleiter Pg. Grell=Stöckte die große Zahl der Festteilnehmer mit herzlichen Worten ... Dann nahm Kreisleiter Mahler das Wort zu seiner Weiherede. Kreisleiter Mahler führte etwa folgendes aus: Wenn wir uns heute in den schönen Frühlingstagen hier zusammengefunden haben, um diesem Gedenkstein die Weihe zu geben, so soll niemand glauben, daß solche Steine eine Lobhudelei auf den Führer sein sollen. Doch sollen solche Steine Mahner sein, jedem soll die Erinnerung an Deutschlands Erhebung und Einigung lebendig vor Augen gerückt werden, sobald der Name Adolf Hitler von einem solchen Stein herabgrüßt ... Das Wort »Adolf Hitler« an diesem Stein, der ohne Kosten durch selbstlose Mithilfe aller errichtet ist, soll allen, die glauben, nörgeln und kritisieren zu müssen, eine Mahnung und ständige Warnung sein. Die Nationalsozialisten werden eines Tages ihre Langmut aufgeben und die Nörgler und Kritiker werden unter Druck gesetzt. Wenn die in Stöckte und Hoopte ansässigen zerstörenden Kräfte ihr verderbliches Tun nicht aufgeben, wird mit ihnen in gleicher Weise verfahren wie kürzlich mit der gleichen Sorte in Winsen. Es mögen viele fragen, warum dieses »gerade bei der heutigen Weihefeier gesagt werden muß. Es muß aber sein, weil die, an die diese Worte gerichtet sind, sonst nicht da sind. Jedem wird die nackte Wahrheit ins Gesicht gesagt, dafür wird aber nicht hinter dem Rücken geredet. ... Jetzt ist eine neue Gruppe aufgetaucht. Diese verbreiten die Weisheit, daß der Nationalsozialismus christentumsfeindlich sei. Mit Hilfe gleichgesinnter Pastoren versuchen sie, das Volk vom Nationalsozialismus abzuwenden ... Kreisleiter Mahler wandte sich dann an alle Gliederungen der Partei und an die Volksgenossen, ein wachsames Auge zu haben und alle die zu melden, die sich am Nationalsozialismus vergehen ... Die Hände reckten sich empor und alles stimmte in den Gesang der nationalen Lieder ein. Dem Führer Adolf Hitler erklang als Gelöbnis ein begeistert aufgenommenes Sieg-Heil. Dann sangen die vereinigten Männerchöre als Abschluß der Feier das Lied »Mahnung«*

Der Bericht über die Weihestunde am Denkmal fand sich unter *Lokales,* die Schlagzeile der Frontseite wurde in Berlin diktiert: *Der Führer spricht im Reichstage!* Eine Meldung, die sich am selben Tag und auf gleicher Seite im *Krähenwinkler Heimatboten,* der *Frankfurter Zeitung,* dem *Lübecker General-Anzeiger* und allen anderen Zeitungen des Reiches fand. Pressefreiheit gab es lediglich für *Unglücksfälle und Vermischtes,* nach wie vor des deutschen Spießbürgers liebste Lektüre: *Mehlbeck. Das Gespann des Bauern Rehbock war auf dem Acker beim Pflügen in die Nähe des Bienenzauns gekommen, als ein Bienenschwarm über die Pferde herfiel und sich am Schwanz des einen Tieres festsetzte. Das Pferd ist am Hinterteil von den Bienen ganz zerstochen worden. – Hameln. Der in der Emmerstraße wohnende Kaufmann K. wurde morgens in seiner Wohnung vergiftet aufgefunden. Die angestellten Wiederbelebungsversuche waren ohne Erfolg ...*

Der Blick in die regionalen Blätter zeigt es, trotz Nationalsozialismus mit Blockwarten und Kreisleitern, die kleinbürgerliche Lebenswelt war unangefochten und intakt, auch wenn die Partei zuweilen über das *Muckertum* meckerte, wer sich an die Regeln hielt, das Maul nicht aufriß, nicht auffiel, konnte seinen Geschäften nachgehen und es sich gemütlich einrichten, und wenn in der Nachbarschaft jemand unliebsam wurde – allwöchentliche Sprechstunden des Ortsgruppenleiters waren die richtige Adresse, etwaige kleinbürgerliche Normenverstöße anzuzeigen. Hilfreich für den nationalsozialistischen Überwachungsstaat war der latente Neid der kleinen Leute, die mißgünstige Beobachtung jener, die sich nicht an die Regeln hielten. Der Aufforderung zur Denunziation wurde freudig Folge geleistet.

Problematisch hingegen war der Neid in den entsprechend dem Führerprinzip geordneten Parteiorganisationen, die strenge Hierarchie mit der strikten Befehlsgewalt des nächsthöheren Ranges, forderte Mißgunst heraus, insbesondere wenn mit dem Parteiposten Amtsprivilegien verbunden waren. Das Bild von der kameradschaftlich festgefügten Gemeinschaft nationalsozialistischer Kämpfer litt unter neidischen Zänkereien und hinterhältigen Intrigen, und so heißt es in der Dienstanweisung Nr. 124 der SA: *Der schlimmste Feind der Kameradschaft – und leider eine besonders bei uns Deutschen recht heimische häßliche Untugend – ist der Neid. Neid auf den, der mehr hat, und auf den, der mehr kann und leistet. In fast jedem von uns steckt mindestens die Anlage dazu ...*

Monarchen, demokratische Volksvertreter und diktatorische Gewaltherrscher taten stets gut daran, die kleinbürgerlichen Wertvorstellungen zu respektieren, mehr noch, das standeseigentümliche Spezifikum in den Dienst ihrer Machtgelüste zu stellen. Bauern, Adel und Arbeitern genügte es zumeist, sich in den Schranken ihres Standes einzurichten, nicht so die Kleinbürger, die danach trachteten, die Fesseln ihres gesellschaftlichen Ranges zu sprengen. Aufstiegsmöglichkeiten boten nun die Parteiorganisationen, wobei die guten Posten der NSDAP bereits vor der Machtergreifung vergeben und lediglich in den niederen Gliederungen der Partei noch Ämter zu erlangen waren. Strebsame Volksgenossen witterten die Gunst der Stunde, mit Hilfe einer einfachen Parteimitgliedschaft im Berufsleben voranzukommen, auch wenn die *alten Kämpfer* sie als *Märzgefallene* schmähten. Trotz erschwerter Aufnahmebedingungen und strenger Prüfung erreichte die Zahl der Mitglieder bei der Machtergreifung die Millionengrenze und wuchs bis 1945 auf 8,5 Millionen Parteigenossen.

Von überkommenen altständischen Ehrbegriffen kaum belastet, dem eigenen Fortkommen verpflichtet, hegt das Kleinbürgertum kaum moralische Bedenken, denn *man muß sich ja anpassen, wenn man was werden will*, heißt es, und: *schließlich dachten ja alle so,* wird man sich später entschuldigen, später, als man aus allen Wolken fiel, als es hieß, das Dritte Reich sei ein Verbrecherregime gewesen. In der kleinbürgerlichen Lebenswelt wird freilich mit Ehrbegriffen nicht gegeizt, die Begriffe: ehrbares Handwerk, ehrbare Kaufleute, ehrbare Eheleute, Ehrbarkeit scheinen sich besonders auf diesen Stand zu beziehen und beschreiben demnach sogar eine besondere Tugend der Kleinbürger, doch dem Streben nach Macht und höherer Reputation ist ein ausgeprägter Ehrgeiz geschuldet, der zuweilen alle Ehrbarkeit zur Disposition stellt. Legitimiert werden die kleinen Ehrlosigkeiten – ein wenig zu bescheißen, die Steuerbehörde, den Geschäftspartner, Nachbarn und Freunde – mit dem Hinweis, daß man schließlich auch zurecht kommen muß, *denn von nichts kommt nichts*. Mit Augenzwinkern ist dies Konsens unter den *haste was, biste was*-Kleinbürgern, zumal die Vorteilnahme die materielle Grundlage des Handels und Wandels ist. Bürgerliche Ehren sind durch Wohlverhalten zu erlangen, innerhalb des Lebenskreises und gegenüber der Obrigkeit, gemeinhin Bürgerpflicht genannt, wird es mit *Bürgerlichen Ehrenrechten* belohnt, die nur bei Kapitalverbrechen strafverschärfend aberkannt werden.

Der fragile Ehrencodex des Kleinbürgertums war für das Gewaltsystem vielfältig nutzbar zu machen, harmlose Geschäftemacherei mit Parteidevotionalien, gastronomischer Ausnutzung trinkfreudiger Parteimenschen, mit einem Türschild *Juden unerwünscht* angedient, jüdischen Geschäften die Schaufensterscheiben zertrümmern, brandstiftende Schändung jüdischer Gotteshäuser und schließlich die Bereicherung an fremdem Eigentum – Taten und Handlungen, die der bürgerlichen Ehre kaum entsprachen. Die kleinen und die schweren Untaten peinigten das Gewissen nicht, schließlich hatte der Führer sie dazu ermuntert und im übrigen das Volk von der alten Mottenkisten-Ehrbarkeit entbunden, denn nun hieß es: *Unsere Ehre heißt Treue,* und damit war einzig und unbedingt dem Führer Adolf Hitler Treue geschuldet, sein Wunsch und Wille, sein Befehl stand über Moral und guten Sitten, ja mehr noch: *Ehrlos* war, wer ihm die Gefolgschaft versagte.

Kriegsfanfaren

Als Mussolini seine Truppen in Albanien einmarschieren ließ, hielt es der amerikanische Präsident für notwendig, den beiden europäischen Diktatoren eine Warnung zukommen zu lassen. In der ungewöhnlichen und unglücklichen Form eines öffentlichen Briefes hatte Roosevelt Italien und Deutschland aufgefordert, 31 namentlich genannten Staaten eine Nichtangriffsgarantie zu geben, um damit deutlich zu machen, daß beide Adressaten den Weltfrieden gefährdeten. Für Hitler war dies die willkommene Gelegenheit, sich der Weltöffentlichkeit als Friedenspolitiker zu offerieren und vor dem Reichstag dem amerikanischen Präsidenten eine Antwort zu erteilen. Es war die brillanteste und geschickteste Rede, die er je gehalten hatte, indem er in ruhiger und staatsmännischer Form seinen Friedenswillen bekundete und im Zusammenhang mit den von Roosevelt befürchteten faschistisch-nationalsozialistischen Expansionsplänen darlegte, *sich die Mühe gemacht zu haben, bei den aufgeführten Staaten festzustellen, erstens, ob sie sich bedroht fühlen, zweitens, ob vor allem diese Anfrage Roo-*

sevelts an uns durch eine Anregung ihrerseits oder wenigstens mit ihrem Einverständnis erfolgt sei. Die Beantwortung war eine durchweg negative, zum Teil schroff Ablehnende. Allerdings konnte an einige der angeführten Staaten und Nationen diese Rückfrage nicht zugeleitet werden, weil sie sich – wie zum Beispiel Syrien – nicht im Besitz ihrer Freiheit befinden, sondern von militärischen Kräften demokratischer Staaten besetzt gehalten und damit rechtlos gemacht sind.

Der Hinweis auf die gewalttätige Kolonialpolitik der demokratischen Staaten erregte Hohngelächter der Abgeordneten, die alsdann, begleitet von artigem Beifall, den Bericht des Führers über seine Friedenswerke entgegennahmen. Mit Stolz verwies Hitler auf seine zurückliegenden Leistungen und insbesondere darauf, daß er jenen *Vertrag von Versailles Blatt um Blatt beseitigte, und die 448 Artikel außer Kraft setzte, die als gemeinste Vergewaltigung zu gelten hätten, die jemals Völkern und Menschen zugemutet worden ist. Ich habe die uns 1919 geraubten Provinzen dem Reich wieder zurückgegeben, ich habe Millionen von uns weggerissener, tiefunglücklicher Deutscher wieder in die Heimat geführt, ich habe die tausendjährige historische Einheit des deutschen Lebensraums wieder hergestellt und ich habe, Herr Präsident, mich bemüht dies alles zu tun, ohne einen Tropfen Blut zu vergießen.* Mit einer Belehrung des Präsidenten tat der Führer seinen Abgeordneten und der Weltöffentlichkeit noch einmal unmißverständlich kund, daß sein Einigungswerk noch nicht vollendet war, die deutsche Stadt Danzig noch auf ihre Heimkehr in das Reich wartete, *denn Herr Präsident, längst bevor ein Weißer amerikanischen Boden betrat, Danzig bereits eine deutsche Stadt gewesen war.*

Im Frühjahr und Sommer des Jahres 1939 schien die Kriegsgefahr gebannt, die Menschen in Berlin, Paris, London, Warschau und Rom hegten die fromme Hoffnung, daß sich die Kriegsgefahr des Jahres 1938 nicht noch einmal wiederholen würde, und so wähnte man sich in Sicherheit, fest davon überzeugt, daß die europäischen Politiker sich schon einigen würden. Am 20. April hatte der Führer seinen 50. Geburtstag gefeiert, der der Mehrheit des deutschen Volkes Anlaß gab, dem deutschen Messias ihre sklavische Liebe und religiöse Verehrung kundzutun. Seit Bismarcks Geburtstagen hatten Bahn und Frachtfuhrunternehmer nicht so viele Geschenke des Volkes zu transportieren, wie an diesem Führergeburtstag; doch gerührt von der lautstarken Liebe seines Volkes, plagten den Führer düstere Gedanken, nämlich die angstvolle Befürchtung, daß die Vorsehung seine messianische Bestimmung vorzeitig beenden würde. Den Vorfahren war kein langes Leben beschieden gewesen, und folglich erschien ihm bei der Erfüllung seiner Aufgabe, Deutschland zu Macht und Größe zu führen, Eile geboten. Noch gönnte er seinem Volk eine unbeschwerte Urlaubstimmung, KdF-Ferienfrohsinn in den Bergen, an der See und auf Kreuzfahrten, um zugleich auf dem poltisch-diplomatischen Feld die Danzig-Frage zu erörtern und mit moderaten Vorschlägen eine Lösung herbeizuführen.

Nur dem Duce hatte Hitler seine Kriegsabsichten angedeutet, der daraufhin seinen Außenminister mit dem Auftrag nach Berlin entsandte, mäßigenden Einfluß auf den Führer zu nehmen und bei Uneinsichtigkeit sogar den *Stahlpakt* zur Disposition zu stellen. Auch Chamberlain hegte noch die Hoffnung, seine Politik des Appeasements fortsetzen zu können, ein frommer Wunsch, denn am 21. August konnte Hitler seinen geschicktesten Schachzug über den Reichsrundfunk bekannt geben lassen: Deutschland und die Sowjetunion hatten einen Nichtangriffspakt abgeschlossen, dessen geheimes Zusatzabkommen eine Teilung Polens festschrieb. In wenigen Tagen, so versicherte der deutsche Außenminister dem neuen Partner Stalin, werde Deutschland die Danzig-Frage lösen und die Sowjetunion mit altem russischen Gebiet belohnen. Damit war die Voraussetzung geschaffen, die Danzig-Frage gewaltsam zu lösen. Am 1. September fiel die deutsche Armee in Polen ein, Frankreich und England erklärten dem Reich den Krieg, der Zweite Weltkrieg hatte begonnen.

Für die deutschen Bürger war der Krieg gut zu ertragen, ein Krieg den man nicht jubelnd begrüßte, doch gefaßt und mit dunklen Erinnerungen an den Ersten Weltkrieg hingenommen hatte.

Nun war wahr geworden, was linke Politiker in den Tagen der nationalsozialistischen Machtergreifung prophezeit hatten: *Hitler bedeutet Krieg,* doch die kleinbürgerliche Vergeßlichkeit läßt Propheten nicht gelten, gestern war gestern und nur das Heute ist wichtig. Nun war Krieg und das Volk der Opportunisten glaubte sich durch den Führer zum glorreichen Sieg geführt. Greifbar nahe war der bürgerliche Traum des 19. Jahrhunderts: Deutschlands Weltgeltung. Die bedingungslose Treue der Deutschen zu ihrer Obrigkeit galt den Machthabern als deutsche Tugend, den wenigen Freigeistern hingegen als unausrottbares Laster. Heinrich Mann hatte dem *Untertan* literarische Gestalt verliehen, Kurt Tucholsky hatte sich über den stets angepaßten und stets gehorsamen deutschen Spießer mokiert. Der Appell des Königs nach der verlorenen Schlacht des Jahres 1806:

Ruhe ist die erste Bürgerpflicht, war zum geflügelten Wort geworden, und schied die Deutschen von den aufmüpfigen Franzosen, den quirligen Italienern, den kritischen Briten. Obrigkeitsdenken und mangelnde Zivilcourage war den Deutschen angelastet, doch der zur Tugend erhobene Gehorsam war nicht allein feige Angepaßtheit, sondern Ausdruck einer deutschen Sehnsucht. Deutschtiefinnerlich war zu belegen, daß obrigkeitliches Denken notwendig war, um der alten deutschen Zwietracht zu begegnen, einem Führer bedingungslos zu folgen, hieß auch, die deutschen Stämme zu einen.

Der Führer führte seine Truppen in wenigen Monaten von Sieg zu Sieg, und bald fanden die Deutschen Gefallen an den Blitzkriegen ihrer stolzen Wehrmacht, die ihnen und der Welt die deutsche Überlegenheit so eindrucksvoll vor Augen hielt und sie glauben ließ, einem Herrenvolk anzugehören. Überdies erinnerte der Vormarsch an Anno Dunnemals, den Krieg 1870/71, wenn die Kriegsberichterstatter über die ritterliche Behandlung des Gegners rührselig berichteten, die Siegesmeldungen von Kirchengeläut und frommen Dankchorälen begleitet wurden. Gott stand offenkundig an der Seite des Reiches, und so bestiegen die Geistlichen die Kanzeln, um in ihren Dankgebeten den Höchsten zu preisen, weil das alte Recht in Europa wiederhergestellt war und alle Deutschen unter dem Schutz und Schirm des Reiches leben durften. Ende 1940 war die alte deutsche Sehnsucht erfüllt, keine feindliche Macht stand an den Grenzen des Deutschen Reiches, die Nachbarstaaten waren besetzt oder mit sogenannten Freundschaftsverträgen mit dem Reich verbunden.

Es erinnerte an alten Kriegsbrauch des 19. Jahrhunderts, wenn gefallene Gegner mit militärischen Ehren beigesetzt wurden, von den militärischen Stäben besetzte gräfliche Chateaus Schonung erfuhren und die Besitzer zum Diner geladen wurden. Als Herzog Christian Ludwig zu Mecklenburg als Kompanieführer auf dem Vormarsch das Gut eines französischen Grafen passierte, meldete er sich selbstverständlich bei dem Standesgenossen, der ihn liebenswürdig zur Tafel lud und versprach, für die Beerdigung einiger gefallener deutschen Soldaten in seinem Gutspark Sorge zu tragen. Selbstverständlich machte der junge Leutnant. B. einen Besuch bei seinen dänischen Verwandten, die es genossen, in ihrem Vetter einen Hitlergegner sehen zu können. Tröstlich war es auch für den polnischen Grafen, daß der Sohn seines deutschen Jagdfreundes Grüße seines Vaters überbrachte und seine Abscheu über die NS-Nachhut äußerte.

Mit derartigem Ritterbrauch hatte es mit dem Überfall auf die Sowjetunion ein Ende. Die Filmaufnahmegeräte der Kriegsberichterstatter dokumentierten Massen von Kriegsgefangenen, die suggerieren sollten, daß die deutsche Wehrmacht auf eine dumpfe Herde von Untermenschen gestoßen war. Im Lichtbild und auf Filmstreifen wurden den Deutschen finstere Typen vor Augen gehalten, deren Gestalt und Physiognomie verdeutlichen sollte, daß dieser Feldzug nicht mit dem Krieg im Westen zu vergleichen sei. Das war ein geschickter Propagandatrick aus der Hexenküche des Propagandaministeriums, denn wer genauer hinsah, sah vom Krieg gezeichnete Menschen, mitleiderregend ausgehungert und zerlumpt, doch Goebbels kannte den Ordnungs- und Sauberkeitswahn des deutschen Kleinbürgers, der, außerstande kausal zu denken, Schmutz und Dreck mit Minderwertigkeit assoziierte. Ähnliche Aufnahmen aus dem Warschauer Ghetto sollten den Judenhaß befördern, doch die eifrigen Goebbels-Schüler hatten auch verhungerte und verwahrloste Kinder aufgenommen, das hätte bei den kinderlieben Deutschen möglicherweise Mitleid erregt und folglich gab Goebbels diese Filme nicht frei.

Dieser Krieg, so hatte es Hitler bestimmt, sei ein Weltanschauungskrieg, ein Kreuzzug gegen den jüdischen Bolschewismus und zugleich ein Eroberungskrieg zur Erlangung deutschen Lebensraums. Menschlichkeit, ritterliche Soldatenehre und Humanitätsduseleien waren gegenüber der ostischen Rasse und dem vom Bolschewismus verunstalteten *Menschenmüll* nicht angebracht. Als dem Führer französische Pressemeldungen vorgelegt wurden, in denen darauf hingewiesen wurde, daß der deutsche Krieg gegen den Bolschewismus eigentlich als europäischer Krieg von ganz Europa zu führen wäre, resümierte der Führer, ob dies heißen sollte, daß alle Europäer an den Früchten des Sieges partizipieren wollten? Wesentlich müsse es daher sein, die Welt über die Kriegsziele Deutschlands im unklaren zu lassen. Der Öffentlichkeit sollte nur mitgeteilt werden, daß Deutschland im Sinne der Bewohner in den eroberten Gebieten für Ruhe, Ordnung und Ernährung sorgen würde: *erschießen, aussiedeln tun wir trotzdem*. Den Leuten würde man sagen: *Die Deutschen kommen als Sendboten der Freiheit. Doch zum Beispiel die Krim wird geräumt und deutsch besiedelt, auch die altösterreichischen Gebiete, wie Galizien, werden Reichsgebiet. Mit Genugtuung hätte er zur Kenntnis genommen*, so Hitler, *daß Stalin zu einem Partisanenkrieg aufgefordert hätte, dies wäre nur von Vorteil, denn nun könnte man das zum Anlaß nehmen auszurotten, was gegen uns ist*. Den ihm nachfolgenden Führern sollte ans Herz gelegt werden, dafür Sorge zu tragen, daß *nie wieder ein Slawe eine Waffe in die Hand bekommt*, und wenn man von den Engländern zu lernen bereit sei, wie eine richtige Kolonialpolitik auszusehen habe, würde im Osten ein neuer Garten Eden entstehen.

Kolonisieren, beherrschen, verwalten, erschließen und ausbeuten oblag den bewährten Führern der Partei, den Parteisoldaten und den willigen Helfern, die vom Führer plein pouvoir erhalten hatten, den bedrängten Völkern zu zeigen, was unter dem Schreckensruf *furor teutonicus* verstanden sein sollte. Joseph Goebbels hatte mit der Verkündigung des Volkskriegs diesem Vernichtungskampf eine historische Legitimation verliehen, indem er an die alte Sehnsucht des deutsch-bürgerlichen Aufbruchs erinnerte, Deutschland zur kontinentalen Großmacht zu erheben. Eine Volksarmee und einen Volkskrieg hatten sich die ersten Parlamentarier in der Paulskirche erhofft, einen Krieg gegen Dänemark oder, wie der Abgeordnete Ernst Bassermann forderte, womöglich gegen Rußland und, weitergehend der Abgeordnete August Reichensperger, der für das geeinte deutsche Volk die welthistorische Mission reklamierte, seinen Einfluß bis zum Schwarzen Meer auszudehnen. Ausdehnung, Expansion des Reiches forderten auch die Paulskirchen-Erben, die Alldeutschen und Liberalen, die Stresemann-Deutschen, die bereits den Ersten Weltkrieg mit großen Gebietserweiterungen belohnt wissen wollten.

Da weite Teile des politischen Deutschland und namentlich die konservativen Rechten Sympathien für Rußland gehegt hatten, ließ die NS-Propaganda den Kampf gegen den Bolschewismus in den Vordergrund stellen und die Untermenschentheorie mit der jüdisch-bolschewistischen Herrschaft untermauern. Die zahlreichen russischen Emigranten in Westeuropa blieben vom Rassenwahn der Nationalsozialisten unbehelligt, und schweren Herzens ließ es Hitler zu, daß sowjetische Überläufer in der deutschen Wehrmacht und in der SS Waffendienst gegen den Bolschewismus leisteten. Während Hitler zum einen ankündigte, das geistige Rußland mit der Einäscherung der Zentren Moskau und Leningrad zerstören zu wollen, wurde zum anderen die russische Literatur zum Beispiel durch Verfilmungen der großen dichterischen Meisterwerke Rußlands geehrt.

Der nationalsozialistischen Staatselite war empfohlen, ihr Herrenmenschentum auch äußerlich kundzutun, mit goldbetreßten Uniformen, großen, chromblitzenden Automobilen und schließlich repräsentativen Stadt- und Landsitzen. Der Lebensstil sollte durch die

Kriegseinsparungen nicht eingeschränkt sein, und so zogen die Herren oder ihre Vermittler raubend und plündernd durch die besetzten Gebiete, um sich mit Kunstschätzen und edlen Landesprodukten einzudecken. Besonders eifrig betrieb der Reichsmarschall seine Raubzüge, und Dr. Goebbels hatte keine Skrupel, noch während des von ihm verkündeten totalen Krieges, sich ein Domizil in der Nähe der Reichskanzlei bauen zu lassen. Seine Gastereien auf dem Landsitz Lanke gestaltete er freilich kriegsbedingt: Um die unter Mangel kaum leidenden Herren der Partei zu ärgern, ließ er nach dem Essen das mit einer kleinen Schere ausgestattete Hausmädchen die sorgsam errechneten Lebensmittelkarten-Abschnitte einsammeln. Vom Unmut der Bevölkerung unberührt, zeigten auch die mächtigen Gauleiter ein luxuriöses Herrenmenschentum und zuweilen nutzten sie das höchst komplizierte Netzwerk eines parteiinternen Beschaffungswesens, denn der standesgemäße Bedarf war aus dem gewährten Salär kaum zu decken, und so bedurfte es entsprechender Kontakte zu Parteistellen, die kostengünstig die Plünderware aus den eroberten Gebieten verteilten.

Wie es sozialistischer Brauch ist, waren dem Volk die Segnungen des nationalen Sozialismus für spätere Zeiten versprochen, nach dem Endsieg etwa, oder nach Abschluß der Ostkolonisierung, die zwar rasche Fortschritte machte, aber natürlich erst an ihrem Anfang stand. Gründlich, weil für ewige Zeiten festgeschrieben, sollte dieses Werk vorbereitet sein, und so beauftragte man die Wissenschaft, zum Beispiel Volks- und Landeskundler, das neue Siedlungsgebiet zu erforschen und für die Nachwelt zu dokumentieren, was bald nicht mehr existieren würde, zum Beispiel die Geschichte und Sprache des Judentums. Der praktischen Arbeit widmete sich die eigens gegründete Kolonialhochschule, deren Institute für Geographie, Wirtschafts- und Verkehrsgeographie sowie deren landwirtschaftliche Fakultät auszuarbeiten hatten, wie sich das künftige deutsche Bauernland im Osten entwickeln sollte.

Die rechtliche Legitimation der Ostkolonisierung hatten zuvor namhafte Wissenschaftler des Reiches belegt, die den Stiftern der deutschen Volksgeschichte des 19. Jahrhunderts folgten, indem sie in den alten Germanen die ersten Deutschen erkannten und folglich germanische Siedlungsgebiete für Deutschland reklamierten. Die Vorgeschichtler Kossinna und La Baume hatten germanische Siedlungen an der Memel, am Narew und am Bug entdeckt und damit diese Gebiete in das Großdeutsche Reichsinteresse des Jahres 1939 einbezogen:

Großdeutschland war dort, wo vor etwa 2000 Jahren Germanen siedelten. Zwei Jahre darauf hatte die Wehrmacht weitere Gebiete erobert, Gebiete, in denen die Vorgeschichtler keinen Germanenschutt aus dem Boden zu kratzen vermochten, und so war den Historikern aufgetragen, deutsche Territorialansprüche herauszufinden. Sie fanden heraus, daß einst deutsches Recht in Minsk gegolten hätte, womit bewiesen war, daß die Erschließung des europäischen Ostens das Werk der Deutschen war und in ihrer Bedeutung der Erschließung des Westens durch die Römer gleichkäme. *Es gäbe kein westwärts gewendetes und von abendländischer Kultur erfülltes Osteuropa ohne den Ausdehnungsdrang, die Handelstätigkeiten und die kolonisatorischen Fähigkeiten des deutschen Volkes. Dreihundert Jahre haben die Deutschen an die Erschließung des europäischen Ostens gewendet. Er lag wüst und leer, als sie im 11. Jahrhundert ihre ersten Fahrten antraten, und er war von blühenden Städten und Siedlungen deutschen Ursprungs bedeckt, als der Strom der Auswanderer sich erschöpfte,* heißt es bei dem NS-Wissenschaftler Stegemann, der des weiteren daran erinnerte, *daß dieser Gemeinschaftsgedanke nun seine Auferstehung feiere.*

Mit der Durchsetzung der neuen Gemeinschaftsaufgabe hatte der Führer seinen Gauleiter Arthur Greiser betraut. Dieser hatte bereits 1941 einen Erfolgsbericht über die Germanisierung polnischer Gebiete vorlegen können. *Der Sinn der Wiedereingliederung alten Kulturbodens im deutschen Osten erfüllt sich erst nach seiner Eroberung durch das Schwert,* schrieb er in einem Schulungsbrief der Partei, *er findet seine Krönung im systematischen Ausbau des Landes zu einem starken Schutzwall und zur Kornkammer des Großdeutschen Reiches. Im Vordergrund allen Planens und Beginnens stand und steht die Besiedlung der wiedergewonnenen deutschen Ostgebiete mit ausschließlich deutschen Menschen. So war es nötig, das bereits vorhandene eingesessene deutsche Volkstum zu sammeln, zu sichten und scharf abzugrenzen.* Ungeteilt glücklich war man über diese Deutschen freilich nicht, zumal zahlreiche Menschen mit ungeklärtem Stammbaum ihr Deutschtum reklamierten, und so mußte ein Verfahren ersonnen werden, mit bestimmten Beurteilungsmerkmalen die Spreu vom Weizen zu trennen.

Auch wenn die Ahnenreihe einigermaßen makellos war und der Anteil deutschen Blutes als ausreichend befunden wurde, die enge Nachbarschaft mit der polnischen Bevölkerung hätte manche Familien angekränkelt und deutsche Ordnung und Sauberkeit mißachten lassen. Für diese polnisierten Deutschen mußten die NSV, die Frauenschaft, der BDM und die Hitlerjugend Erziehungsprogramme entwickeln und in mühevoller Arbeit zur Anwendung bringen.

Durch gelebtes Vorbild erfolgreicher war die Ansiedlung von über 200 000 deutschen Siedlern aus dem Reich, meist junge Familien, die auf polnischem Grund und Boden eine effektive Landwirtschaft betrieben und nach Greisers und des Führers Willen nicht nur das eroberte Gebiet zu einer deutschen Kornkammer entwickelten, sondern darüber hinaus auch zur Kinderkammer des Reiches erhoben. Beklagt aber wurde auch, daß die Zahl der Siedlungswilligen bei weitem nicht ausreiche und kriegsbedingt sich in Grenzen hielt, und so forderte der Gouverneur alle Gaue auf, junge Menschen in das Kolonialgebiet zu entsenden, *denn nur dann erst wird die Rückgewinnung urgermanischen Bodens ihre Krönung finden, weil die eingesessene deutsche Bevölkerung zum Teil schon polnische Verhältnisse übernommen hatte,* waren die Reinrassigen besonders zur Wachsamkeit aufgefordert, *daß sich keine Fremdstämmigen in den deutschen Volkskörper einschleichen. Der Volkstumskampf ist erst beendet, wenn der letzte Fremdstämmige diesen deutschen Raum verlassen hat.*

Nationalsozialismus – Hitlerismus

Die militärischen Erfolge im Osten waren den Parteigenossen als Sieg der Weltanschauung gepriesen, doch aus den Schulungsbriefen der Partei war nur wenig über die NS-Weltanschauung zu erfahren, und eigentlich wußte das einzelne Parteimitglied nur wenig über die *Nationalsozialistische Idee,* die vom Weltanschauungspapst Alfred Rosenberg zwar in seinem *Mythus* pseudowissenschaftlich-historisch zusammengefaßt sein sollte, doch selbst vom Führer als unlesbar befunden wurde. Ideologische Festlegungen liebte der Führer nicht, fest von seiner Unfehlbarkeit überzeugt, konnte er auf seine persönliche, in *Mein Kampf* niedergeschriebene politische Entwicklung verweisen und darüber hinaus darauf bauen, daß die Vasallen seine in endlosen Monologen geäußerten Meinungen und Willensbekundungen als Führerworte aufzeichneten und sogleich politisch umsetzten. Die Partei hatte nicht die Aufgabe, eine nationalsozialistische Ideologie zu diskutieren, sie und das gesamte deutsche Volk waren angehalten, den Führer befehlen zu lassen und zu folgen.

Gauleiter Henlein hatte im Sinne des Führers dargelegt, daß *die na-*
tionalsozialistische Idee nicht eine Lehre ist, die sich in Dogmen dar-
stellt und durch Worte allein darlegen läßt, sondern daß sie eine im
Leben, in Gesinnung und Tat zum Ausdruck kommende Äußerung
unseres deutschen Bluts- und Charakterwesens verkörpert. Ein Herrenvolk sollten die Deutschen sein, und damit war jeder Volksgenosse
aufgefordert, *zur Schaffung des Typus der deutschen Persönlichkeit*
als feste und geschlossene Charakterprägung, die leiblich und seelisch
und geistig Ausdruck unseres Blutes ist, einen Beitrag zu leisten. Dies
sei ein wichtiger Teil der Selbstarbeit, *weil Deutschland schon heute –*
aber besonders nach dem Kriege – eine große Anzahl Menschen ab-
stellen muß, die beauftragt mit einer Aufgabe politischer, wirtschaft-
licher oder kultureller Art, oft inmitten eines anderen Volkstums das
Deutsche Reich und unser Volk zu repräsentieren haben.

Das 19. Jahrhundert hatte den Führer gebildet und geprägt, tränen-
feuchte Historienpflege des bürgerlich-politischen Aufbruchs zur
Zeit der Befreiungskriege, das Germanengetümel der frühen Stifter
einer Volksgeschichte, die radikalen Bücherpyromanen, die Fürsten-
hasser und großdeutschen Reichsromantiker, die Verschwörungs-
theoretiker, die das Germanentum von überstaatlichen Mächten bedroht sahen, die alldeutschen Imperialisten, die mittelständischen
Antisemiten, die Übermenschen-Philosophen und schließlich die liberalen nationalen Sozialisten, sie alle subsumierten sich im Hirn des
Führers, der sich nicht zuletzt durch sein Wissen legitimiert sah, sein
Volk zu retten. Seine hirnsprengende Halbbildung fand ein Ventil, wenn sich die Hofgesellschaft zu den Mahlzeiten um den Führer
versammelte und er unwidersprochen in endlosen Monologen sich
seiner Wissensfracht entledigen konnte. Die Monologe, von Steno-
grafen festgehalten, erhielten zuweilen Gesetzeskraft und erlaubten
seiner Umgebung tiefe Einblicke in des Führers Gedankenwelt.

Euphorie herrschte an der Hitlertafel im Jahre 1942, als der grauenvolle Winter überwunden war und das Großgermanische Reich
greifbar vor Augen stand. Beeindruckt von den Berichten des Reichsführers SS über den Fortschritt der Festigung des deutschen Volkstums im Osten, stand in den Apriltagen das künftige Reich im Mittelpunkt der Tischgespräche im Führerhauptquartier. Wie sollte das
Weltreich heißen? Germanisches Reich oder nur Reich? Letzteres
wurde für besser befunden, weil auch nichtdeutsche Germanen im
Osten siedeln sollten, denn auf Nord- und Nordwestgermanen aus

Skandinavien und Holland war angesichts der Größe des künftigen Siedlungsgebiets nicht zu verzichten. Auch bezüglich der Jugenderziehung nichtdeutscher Germanen konnte Himmler Erfolge vorweisen, vor allem in den nationalsozialistischen Erziehungsanstalten in Holland wurden entsprechende Fortschritte erzielt. Auf Tschechen und Polen sollte verzichtet werden, und auch die Idee des Reichsführers SS, slawische Blondschöpfe als Germanen zu requirieren, fand nicht die Billigung Hitlers, Eindeutschungen von Slawen würde nur Führungspersönlichkeiten schaffen, mit denen man im Ernstfall Schwierigkeiten bekommen könnte.

Für den Osten, Polen und künftig auch die Sowjetunion sollte es bei dem bisher beschrittenen Weg bleiben. *Bei der Besiedelung dieses Raumes,* so Hitler, *soll der Reichsbauer in hervorragend schönen Siedlungen hausen: die deutschen Stellen und Behörden sollen wunderbare Gebäulichkeiten haben, die Gouverneure Paläste. Um die Dienststellen herum baut sich an, was der Aufrechterhaltung des Lebens dient und um die Stadt wird auf 30 bis 40 km ein Ring gelegt von schönen Dörfern, durch die besten Straßen verbunden. Was dann kommt ist eine andere Welt, in der wir die Russen leben lassen wie sie wollen, wie sie wünschen, nur daß wir sie beherrschen. Im Falle einer Revolution brauchen wir dann nur ein paar Bomben auf die Städte werfen und die Sache ist erledigt. Einmal im Jahr wird dann ein Trupp Kirgisen durch die Reichshauptstadt geführt, um ihre Vorstellung mit der Gewalt und Größe ihrer steinernen Denkmale zu erfüllen.* Hier hielt der Führer inne, um etwas betrübt hinzuzufügen: *Wenn ich dem deutschen Volke nur eingeben könnte, was dieser Raum für die Zukunft bedeutet.*

Damit sprach Hitler das enttäuschende Mißbehagen der Deutschen an, im Osten siedeln zu sollen. In ihrer Feldpost schrieben die Soldaten Horrorberichte über die eroberten Gebiete, schrecklich der mörderische Winter 1941/42, primitiv die Behausungen der Menschen, elend die Städte und Dörfer und unwirtlich das Land, in dem leben zu müssen, ein Alptraum bedeutete. Kolonialgelüste waren nicht zu wecken, *vielleicht,* so hoffte der Führer, *würden die gewaltigen Kriegsanstrengungen des Volkes das Bedürfnis wecken, für all die Opfer auch belohnt zu werden. Als er, zum Beispiel an der Atlantikküste die riesigen Bunkeranlagen besichtigte, hätte ihn ein einfacher deutscher Betonarbeiter angesprochen und gefragt: Hier gehen wir doch nicht wieder weg, mein Führer? Das wäre doch ewig schade um die viele Arbeit! Die Bemerkung dieses Mannes,* so Hitler, *enthalte unendlich viel Lebensweisheit, bestätige sie doch, daß ein*

Mensch von dem Grund und Boden, in dem Schweiß seiner Arbeit steckt, unter keinen Umständen wieder weichen wolle. Zumindest die Herren der Tafelrunde konnte der Führer auch hinsichtlich des Westens beruhigen: *Natürlich werde nichts in der Welt uns veranlassen, die durch den Westfeldzug erworbene Position aufzugeben, um uns wieder auf die kleine Nordseebucht zu beschränken. Genauso wie auf der Krim werden wir dort bleiben.*

Auch wenn das Volk wenig Lust zeigte, das Reich zu verlassen, um etwa im Osten zu siedeln, Volksmeinung interessierte den Führer wenig, *denn was für ein Glück ist es doch für die Regierungen, daß die Menschen nicht denken. Denken gibt es nur in der Erteilung oder im Vollzug eines Befehls. Wäre es anders, so könnte die menschliche Gesellschaft nicht bestehen,* erklärte er seinen Tischgenossen, die sich einigermaßen verblüfft zeigten, daß der Stifter der deutschen Volksgenossenschaft von der Solidarität der völkischen Gemeinschaft keinesfalls überzeugt war. *Wenn man den Menschen ihre individuelle Freiheit lasse, so benehmen sie sich wie die Affen,* notierte der Stenograf die Führerworte, *keiner wolle dulden, daß der andere mehr habe als er und je näher sie zusammenwohnen, desto größer sei die Feindschaft unter ihnen. Je mehr man die straffen Zügel der staatlichen Organisation lockere und der individuellen Freiheit Raum gäbe, desto mehr lenke man die Geschicke des Volkes in die Bahnen des kulturellen Rückschritts.*

Über die ewige Rederei von Gemeinschaft könne er nur lachen, *da die großen Schwätzer meinten Gemeinschaften sich zusammenzureden. Wenn in seiner Heimat die Bauernjungen und Bauernknechte im Krug zusammengekommen seien, sei dieser Ausdruck des Geselligkeitsgefühls mit zunehmendem Alkoholgenuß in einer immer stärkeren Rauferei und Messerstecherei ausgeartet. Erst das Erscheinen des Gendarmen habe die ganze Gesellschaft zu einer einzigen großen Gemeinschaft zusammengeschweißt.* Gemeinschaft lasse sich eben nur durch Gewalt schaffen und erhalten. Was für die Bauernburschen und Knechte seiner Heimat galt, betraf auch die Oberschicht und im besonderen Maße die Mittelschicht, deren Gemeinschaftsgefühl sich zwar nicht durch Raufereien gestärkt sah, sondern von der Drangsal des kleinbürgerlichen Normendiktats zusammengehalten war, das sich in einem regen Denunziantentum äußerte.

Mit geradezu demoskopischer Akribie sammelte die Gestapo das Volksgemurmel, Stammtischgerüchte, Denunziationen, Verleumdungen und Führungskritik, die als *Meldungen aus dem Reich* auch dem

Führer vorgelegt wurden, doch derartige Petzereien interessierten ihn kaum, wichtiger waren ihm die Begnadigungsgesuche der Volkschädlinge, über die er zumeist abschlägig beschied, weil er die zahlreichen Todesurteile für gemeinschaftsbildend hielt und deshalb auch in der Presse veröffentlicht sehen wollte: *Der 56jährige Louis Birck aus Wiesbaden,* so war in der *Deutschen Allgemeinen Zeitung* zu lesen, *den der Volksgerichtshof zum Tode verurteilt hat, wurde hingerichtet. Seit Beginn des Krieges verbreitete Birck die Hetzparolen des feindlichen Rundfunks. In verschiedenen, ihm nachgewiesenen Fällen, machte er sich an Volksgenossen heran und versuchte, ihre Zuversicht und ihren Glauben an den Endsieg zu erschüttern. Sein Treiben ist um so schändlicher, als er vor allem Soldatenfrauen zum Gegenstand seiner Zersetzungsversuche machte. Er ist mit seiner niederträchtigen Handlungsweise der kämpfenden Front in den Rücken gefallen und hat somit das Recht verwirkt, weiterhin der Volksgemeinschaft anzugehören.*

Diese und ähnliche Meldungen verfehlten ihre Wirkung nicht, die unter dem Druck der Staatsgewalt zusammengeschweißte Volksgemeinschaft erfüllte, wenn nicht freudig, so doch ernst und gehorsamdiszipliniert die geforderten Kriegsanstrengungen. Für Hitler war diese Zwangsherrschaft notwendige Konsequenz aus den Erfahrungen des Ersten Weltkriegs, *der,* so glaubte er, *unter anderem auch durch die Fürstenmilde verlorengegangen wäre. Kriegsgerichte hatten damals 148 Todesurteile verhängt, verurteilt wurden mörderische Gewalttäter, Vergewaltiger und Plünderer, die zumeist vom Kaiser zu Haftstrafen begnadigt wurden.* Nur 18 Urteile wurden vollstreckt, gefühlsduselige Sentimentalität, wie Hitler befand, der die Massentodesurteile der französischen Militärgerichte für kriegsentscheidend hielt und seine 19000 vollstreckten Urteile als Sieg des geschlossenen Willens zum Endsieg gepriesen wissen wollte. Für Volk und Partei galt sein Grundsatz, daß seine Befehle nicht verstanden werden müßten, wohl aber in unbedingtem Gehorsam auszuführen seien. Diese ständeübergreifende Gehorsamspflicht, die Frevler aus allen Schichten des Volkes dem Tode überantwortete, war eben auch gelebter Nationalsozialismus, der in den harten Kriegsjahren die Spreu vom Weizen trennte, damit nach dem Krieg das deutsche Volk mit den Segnungen des nationalen Sozialismus belohnt sein würde.

Dem deutschen Volk war von Anbeginn der nationalsozialistischen Herrschaft vor Augen gehalten, daß im Zentrum des Hitlerismus der Antisemitismus stand, die Juden an allem Schuld waren, da sie das zweite Reich zersetzt, die Völker Europas in den Ersten Weltkrieg gehetzt, den Bolschewismus und den Kapitalismus gestiftet und nun abermals einen Krieg entfacht hätten. In einem Volk, das sich selbst nicht liebt, von partikularistischem Hader und nachbarschaftlicher Feindseligkeit geprägt ist, fällt Fremdenfeindlichkeit auf fruchtbaren Boden. Zum Leidwesen der nationalsozialistischen Propaganda stieß die Stiftung eines volksgemeinschaftlichen Antisemitismus jedoch an Grenzen, so daß die Führung zuweilen zu beklagen hatte, daß jeder Deutsche mit seinem anständigen Juden das große Reinigungswerk konterkariere.

Viele Parteiführer hatten den Pogrom des Jahres 1938 für töricht gehalten, ihnen mag deutlich geworden sein, daß die jüdische Bevölkerung nicht als fremd empfunden wurde; in den kleinen Städten waren die Juden als Geschäftstreibende, Vieh- und Getreidehändler, Ärzte und Rechtsanwälte integrierter und anerkannter Teil der kleinbürgerlichen Lebenswelt. Nicht mehr oder minder geachtet als Angehörige anderer Glaubensgemeinschaften waren auch die großbürgerlichen Juden, deren gesellschaftliche Stellung durch ihr Bekenntnis kaum geschmälert war. Die geringen Wahlerfolge der mittelständisch-antisemitischen Parteien dokumentierten, daß der Antisemitismus sich in Deutschland in Grenzen hielt. Antisemitische Gefühle waren in größerem Umfang erst zu entfachen, als es der Propaganda gelang, Normenverstöße oder abweichendes Verhalten offenkundig zu machen, indem man die Juden sozial deklassierte und sie durch das daraus folgende armutsbedingte Verhalten und die normenabweichenden Reaktionen auf die schikanösen Zwangsmaßnahmen der Volksgemeinschaft lästig wurden.

Die Machtverehrung der Deutschen, die sie stets an die Seite der Täter stellt und den Opfern gern schuldhaftes Verhalten gegenüber den Tätern nachweist, zeigte endlich Früchte, als die Nationalsozialisten die Juden vom bürgerlichen Leben ausschlossen und sie damit zu erkennbaren Außenseitern machten. Dieses deutscheigentümliche Verhalten, aber auch die feige Scham über die staatlichen Schikanen und Gewalttaten gegenüber den Juden, führten schließlich zu dem ignoranten Wegschauen und achselzuckenden Hinnehmen der die *Endlösung der Judenfrage* einleitenden Zwangsdeportationen. Das kleinbürgerliche Umfeld schenkte der Propaganda, im jüdischen

Nachbarn einen Knecht der bolschewistisch-jüdischen Weltverschwö-
rung oder menschenfeindlichen Plutokraten sehen zu sollen, selbstverständlich keinen Glauben, doch um Ärger zu vermeiden, beteiligte
man sich am Boykott und zeigte sich erleichtert, als die Juden aus ihren Geschäften und Wohnungen vertrieben wurden und die Stadt
verlassen mußten. Die deutsche Schande war damit aus den Augen
und damit aus dem Sinn, und auch als Fronturlauber im Familienkreis über grauenvolle Vorkommnisse im Rücken der Front berichteten, verpflichtete man sich zum Schweigen und widmete sich der
eigenen Trauer über die Gefallenen der Front und die Opfer des beginnenden Luftterrors auf deutsche Städte.

Rot und Reaktion erschossen
Endabrechnung und Finale.

Wie es Brauch war, sprach der Führer zum 9. November 1943 vor
den alten Kämpfern, es waren prophetische Worte die seine Mitstreiter hörten: *Ich lese jede Woche mindestens drei-viermal, daß ich entweder einen Nervenzusammenbruch bekommen habe oder ich hätte
meinen Freund Göring abgesetzt und Göring wäre nach Schweden
gefahren, dann wieder habe mich Göring abgesetzt, dann hat die Partei umgekehrt die Wehrmacht abgesetzt – in diesem Falle sagen sie
dann nicht mehr Wehrmacht – sondern Reichswehr – und dann wieder haben die Generale gegen mich eine Revolution gemacht, und
dann wieder habe ich die Generale verhaften und einsperren lassen,
usw. Sie können überzeugt sein: A l l e s i s t m ö g l i c h – aber das ich
die Nerven verliere ist völlig ausgeschlossen*
Ein knappes Jahr später, am 20. Juli 1944, waren Hitler starke
Nerven abverlangt. Nach einigen fehlgeschlagenen Versuchen schien
es zunächst dem Oberst Graf Stauffenberg endlich gelungen zu sein,
den Führer in die Luft zu sprengen. Als Stauffenberg schließlich dann
doch seinen Mitputschisten gestehen musste, daß es nicht geklappt
hatte, war der Putsch gescheitert, noch am selben Nachmittag konnte
Hitler wieder den Staatsgeschäften nachgehen, den Duce empfangen
und Rachemaßnahmen anordnen. *Ein Wunder hat mich bewahrt,*
hatte Hitler dem Duce gesagt, worauf der abergläubische Italiener
Hitlers Hände ergriff und beteuerte: *Ja es ist ein Wunder, es ist ein
Wunder.* Der Hofstaat nahm das Gotteswunder auf und bald lief die
Wundermär durch die Lande, und so sah sich schließlich das gesamte

deutsche Volk des göttlichen Auftrags des deutschen Messias versichert.

In der Nachbarschaft des Tatorts waren Arbeiter mit Betonierungsarbeiten beschäftigt, und so glaubten die Ermittlungsbeamten zunächst hier den Attentäter suchen zu müssen, doch der Führer wußte, daß ein deutscher Arbeiter niemals die Hand gegen ihn erheben würde und so sah er sich bestätigt, als ihm die Listen der Verschwörer vorgelegt wurden, die ein Auszug aus dem Genealogischen Handbuchs des Adels hätten sein können. Der Vorwurf der Kritiker, die beobachtend den Ereignissen des 20. Juli zugeschaut hatten, der Putsch sei schlecht vorbereitet gewesen und dilettantisch ausgeführt, offenbarte das schlechte Gewissen der deutschen Untertanen ebenso wie ihren Neid auf den unter endgültigen Beweis gestellten souveränen Mut, aber den ethischen Rang der Heroentat vermochte er nicht zu schmälern.

Am 20. September erteilte Churchill im Unterhaus der deutschen Opposition noch einmal retrospektiv eine deutliche Absage und schwor das Parlament auf das britische Kriegsziel ein: *Zweimal in unserem Leben und dreimal in dem unserer Väter haben die Deutschen die Welt in ihre Expansions- und Aggressionskriege gestürzt. Sie schätzen die Freiheit nicht. Das Herz Deutschlands ist Preußen, dort ist die Quelle der sich immer wiederholenden Pestilenz. Die Deutschen sind von Natur kriegerisch und seit 150 Jahren falsch erzogen.*

Preußische Könige der vergangenen 150 Jahre hätten der Klage Churchills freilich zugestimmt, Friedrich Wilhelm III., der seine kriegerischen Heißsporne vergeblich zu besänftigen suchte, und sein Sohn Friedrich Wilhelm IV., den das Kriegsgeschrei der Frankfurter Parlamentarier ängstigte, Wilhelm I., der sich durch Bismarck in die Einigungskriege gedrängt sah und größte Bedenken gegen die Annahme der kleindeutschen Kaiserkrone hegte, Kaiser Friedrich, der die bismarcksche Politik zugunsten einer allgemeinen Liberalisierung nach englischem Vorbild abgelöst wissen wollte, und schließlich Wilhelm II., der sich vergeblich gegen die imperialen Gelüste des deutschen Bürgertums wehrte und von den Kolonialdeutschen als Feigling geschmäht wurde. Das preußische Junkertum stand den Expansions- und Aggressionsgelüsten des imperialen Bürgertums fern und hatte allenfalls seinen politischen Einfluß zur Durchsetzung strenger Zollgesetze geltend gemacht und im übrigen bereits im 19. Jahrhundert weitgehend politisch die Macht verloren.

Daß zum Zeitpunkt der Churchill-Rede englische Soldaten nicht nur im Krieg mit Deutschland an den Fronten standen, sondern mit ihrer militärischen Präsenz in allen Teilen der Welt das gewaltige Imperium zu sichern hatten, erwähnte Churchill nicht. In der Einschätzung des Putsches, daß nur eine kleine Offiziersclique Hitler beseitigen wollte, glich die Propaganda des Westens der der Nazis, doch die folgenden Monate zeigten, daß der Kreis der Verschwörer doch nicht so klein war, und die Henker reiche Arbeit hatten. Das finale furioso an den Fronten wurde in der Heimat von mordwütigen Richtern begleitet, die des Führers Wunsch erfüllten, nun gnadenlos abzurechnen. Es waren nicht nur fanatische Nationalsozialisten die Hitler zujubelten, als er jenen Deutschen, die das letzte Opfer nicht zu geben bereit waren, ein strenges Blutgericht androhte. *Wenn an der Front zehntausende Menschen, unsere liebsten Volksgenossen, fallen,* hatte er ihnen zugerufen, *dann werden wir wirklich nicht zurückschrecken einige hunderte Verbrecher Zuhause ohne weiteres dem Tode zu übergeben.*

Solange der Volksgenosse davon nicht betroffen war, konnte man freudig zustimmen, doch zugleich hieß es, sich angepaßt wachsam zu zeigen, denn es bestand kein Zweifel, daß es genug Volksgenossen gab, die ihren Beitrag zum Sieg mit Denunziationen leisteten. Die angstvollen Stunden mit der Hausgemeinschaft im Luftschutzkeller, wo zuweilen angesichts des drohenden Todes unbedachte Äußerungen fielen, waren gleichermaßen gefährlich wie ungehaltene Bemerkungen in der Schlange vor den Lebensmittelgeschäften, überall lauerten die Lauscher, deren Meldungen tödlich sein konnten. Es war dies auch eine Form des deutscheigentümlichen nationalen Sozialismus, der ohne Ansehen von Person und Stand die Frevler an Volk und Staat auf das Schafott führte.

Für die Mehrheit des deutschen Volkes hatten die alliierten Zuchtmeister später den Begriff *Mitläufer* gefunden, sie waren es, die das Bild des nationalsozialistischen Deutschland prägten. Die ewigen deutschen Spießer, deren gutdeutsche Bürgergesinnung sich so prächtig im Nationalsozialismus vollenden konnte. Die Bürger, vom Liberalismus des 19. Jahrhunderts geprägt, die niemals in den braunen Kolonnen mitmarschiert waren, die zuweilen im vertrauten Kreis auch Kritik übten, für die Karriere aber einen schnöden Opportunismus pflegten, in guten Positionen waren, als Fachleute des Rechts das Recht beugten, als Mediziner Geisteskranke für die Todesspritze selektieren, das Theater liebten, mit Goethe durch das Jahr gingen und mit Nietzsches Übermenschen Hitler zu erklären suchten. Hitler hatte alle moralischen Bedenken ausgeräumt und ihre Mitläuferschaft legitimiert und sie zu willigen Helfern des Regimes gemacht.

Auch als die Feindtruppen bereits den Boden des Deutschen Reiches betreten hatten, glaubte man noch an Wunder, zumindest in den noch unbesetzten Gebieten.

Die Agonie des Dritten Reiches begann im Januar 1945, als sowjetische Truppen im Osten die Reichsgrenze überschritten und grausame Rache an Frauen, Greisen und Kindern nahmen, plündernd zerstörten, was die Kämpfe verschont hatten. Deutschland war in Schutt und Asche versunken, und der Propagandaminister inszenierte eine *schrecklich-schöne Götterdämmerung*, verkündete mystisch-mythische Visionen und lichte Hoffnungen, Wunder, die eine vom Geheimnis des Weltschicksals umflorte Vorsehung für das deutsche Volk noch immer bereithielt. Begleitet von todesschwangeren musikalischen Endzeitklängen und verzweifelten Versprechungen der längst in Bunkern hockenden Führung, fern der Realität, auf Armeen hoffend, die nicht mehr existierten, Wunderwaffen ankündigend und schließlich den Bruch der feindlichen Koalition beschwörend, stürzte das Reich unaufhaltsam in den Abgrund, und erst als die Panzerspitzen der Sowjets die Reichshauptstadt erreicht hatten, setzte sich auch bei den Mächtigen des Dritten Reiches die Erkenntnis durch, daß das deutsche Volk ihrer nicht würdig sei und den Sieg nicht verdient habe.

Über Deutschland und Europa hatte die ungleiche Koalition bereits in Jalta Beschlüsse gefaßt, nun da der Feind niedergerungen, traf man sich noch einmal symbolträchtig in Potsdam. Einhellig hatten die Verbündeten nicht im Nationalsozialismus den Weltfeind gesehen – schließlich hatten alle Kriegsmächte mit dem nationalsozialistischen Deutschland einträglichen Handel getrieben, wirtschaftliche und politische Verhandlungen geführt und den Führer hofiert, der eigentliche Feind war Preußen, und so hatte man beschlossen, sich zur Siegeskonferenz im Zentrum des preußischen Militarismus, in Potsdam, zu treffen.

Aus allen Himmelsrichtungen war der Feind über das Deutsche Reich hergefallen, vor sich hertreibend: Flüchtlinge, flüchtende Soldaten der Wehrmacht und Heimatvertriebene. Auf den Weg gemacht, den Siegern entgegen, hatten sich auch tausende Kriegsgefangene, KZ-Insassen und vom Sklavenjoch befreite Zwangsarbeiter. Heimatlos waren sie alle, und nun galt es, nach den Jahren der Bedrückung, im Chaos zu überleben. Hinter sich gelassen hatten fast alle ihre bürgerliche Existenz. Beruf, Wohnung oder Haus und das soziale Umfeld waren bald ferne Vergangenheit, unbestimmt die Zukunft in den überfüllten Dörfern und zertrümmerten Städten. Der Ordnung und Sauberkeit hatte sich das deutsche Volk geweiht, und jetzt war der Stolz der Nation zusammengesunken, die Errungenschaften der Zivilisation unbrauchbar geworden. Auf den Straßen zog ein Heerwurm zerlumpter Gestalten, ein furchteinflößendes herrenloses Volk, Mord und Diebstahl offenbarten den Zusammenbruch aller Ordnung. In den Bunkern der Städte, auf den Bahnhöfen hockten, lethargisch-verzweifelt die Entwurzelten und warteten vergeblich auf eine ordnende Hand.

Aber da gab es auch die andere Seite, die kleinen deutschen Städte und Dörfer, die der Krieg verschont hatte, Gemeinwesen mit gepflegten Bürgerhäusern und intakten Versorgungseinrichtungen, Dörfer mit satten Bauernhöfen, Kleinstädte mit Handeltreibenden und Handwerkern, freilich vom Feind besetzt und auch von Flüchtlingen bedrängt, doch hier verlief das tägliche Leben weitgehend in den alten Bahnen, die Frühlingsgartenpflege wollte gemacht sein, der Acker bestellt, das Vieh auf die Weide gebracht, in den Geschäften der Mangel mehr oder minder gerecht verteilt werden, und auch die Handwerker konnten sich über den Mangel an Aufträgen nicht beklagen.

In den großen Städten boten die zerstörten Zentren und Arbeiterquartiere ein jämmerliches Bild, hier konzentrierte sich das ganze Elend des Zusammenbruchs, doch in Vorstädten, draußen in den Villenvierteln und Gartenstädten, hatte sich der Frieden weitgehend konserviert, und sogar der traditionell gepflegte Nachbarschaftsstreit war angesichts der Flüchtlingszuweisungen suspendiert. Man hielt zusammen, wenn es galt, sich gegen die Zwangseinquartierungen von Heimatlosen zu wehren. Machtlos war man hingegen, wenn die Besatzungsmacht ein Auge auf eine schöne Villa oder eine angenehme Wohngegend für die Eigennutzung geworfen hatte, dann hieß es, sich fügen und das Los der Millionen Wohnungssuchenden zu teilen.

Für alle Besatzungsmächte galt der Potsdamer Konferenzbeschluß, in ihrem Herrschaftsgebiet unverzüglich und mit harter Hand das deutsche Volk zur Friedfertigkeit und Demokratie zu erziehen, doch bezüglich der Pädagogik hatte jede Macht plein pouvoir. Übel hatten es die Deutschen der sowjetischen Besatzungszone getroffen, die zunächst den Rachegelüsten der Soldaten ausgesetzt waren und nicht minder hart drangsaliert wurden, wie zuvor die Vertriebenen aus den Ostgebieten des Reiches. Euphorisch berichteten die sowjetischen Soldaten in ihren Feldpostbriefen an die Lieben zu Hause, wie sie es den kleinen und großen Fritzens nun besorgten. Menschenleben galten in den Tagen des Einmarsches der Roten Armee nicht viel, Männer, die sich den Vergewaltigern ihrer Frauen in den Weg stellten, wurden erschossen, ebenso vermeintliche Kapitalisten, aber auch Frauen, Greisinnen und Mädchen, nachdem eine Horde Soldaten über sie hergefallen war und sie derart geschunden waren, daß ein Gnadenschuß angebracht erschien. Glück hatte, wer durch eine Kugel ein schnelles Ende fand, andere, Schuldige und Unschuldige, sahen sich grauenvollen Torturen ausgesetzt.

Ganz anders erlebten die Deutschen in den Westzonen den Einmarsch der Sieger, der Briten, die streng, doch weitgehend gerecht, sogleich nach der Besetzung Ruhe und Ordnung herstellten und mit der gut vorbereiteten Erziehungsarbeit begannen. Kolonialerfahren wußte man mit unzivilisierten Wilden umzugehen und mit Härte, aber auch Nachsicht die erforderlichen Maßnahmen durchzusetzen.

Die amerikanischen Besatzungssoldaten waren angehalten, sich mit äußerster Vorsicht den Deutschen zu nähern und darauf gefaßt zu sein, daß fanatische Deutsche hinterhältigen Widerstand leisten würden. Um so erstaunter waren sie, daß unmittelbar nach ihrem Einmarsch sich ihnen willige deutsche Helfer andienten und sie zuweilen wie Befreier empfangen wurden. Angesichts der devoten Haltung der Besiegten schien besonderes Mißtrauen geboten und gnadenlose Härte angezeigt. Mit Faustschlägen und Knüppelhieben hieß es, die Krauts auf Trab zu bringen, des Nazitums Verdächtige in Haft zu nehmen und Widerspenstigkeit mit Stockschlägen zu strafen. Kleine Plünderungen wurden von der militärischen Führung geduldet, und so übersetzten die Befreiten das Staatskürzel der Amerikaner mit U hren S ammler A rmee. Die Begehrlichkeit der GIs, waren aber vor allem Souvenirs, Zeugnisse der NS-Herrschaft und des deutschen Militarismus.

Die tiefe Devotion der Deutschen vor ihren amerikanischen Besatzern gründete aber vor allem in dem fabelhaften Erscheinungsbild der Soldaten, tadellose Uniformen und gepflegtes Kriegsgerät und, nicht zu vergessen, die üppige Marketenderware: Coca Cola, Weißbrot, Corned beef und Zigaretten im Überfluß. Den deutschen Fräuleins gelang es zuerst, das strikte Fraternisierungsverbot aufzubrechen, denn schließlich waren sie ja keine Brüder, sondern hübsche Mädels, die für ein wenig Luxus sich gerne lieben ließen. Wie wenig die rassenpolitische Erziehung der Nationalsozialisten Früchte getragen hatte, zeigte das Verhältnis der Deutschen zu den farbigen Soldaten der US-Army, von denen man sagte, daß sie freundlicher und weniger stolz und herrisch seien. Vielleicht erinnerten sich viele schwarze US-Soldaten an das weiße Herrenvolk der Heimat, an den Rassendünkel ihrer Landsleute, wenn sie an den US-Einrichtungen Schilder sahen: *Für Deutsche und Hunde verboten.* Für die Vereinigten Staaten von Amerika hatten sie gesiegt, waren dafür mit Kriegsauszeichnungen geehrt, doch in der Heimat gab es noch immer an Geschäften und Restaurants die Hinweise: *Für Nigger verboten.*

Durch die Gnade der Alliierten hatten auch die Franzosen ein kleines Besatzungsgebiet erhalten, ein Triumph für die unrühmliche Armee, die 1940 so schmachvoll kapituliert hatte, und es daher den Deutschen nun heimzahlen wollte. Während in der Heimat eine Tyrannei des Pöbels die Schmach der Kollaboration zu tilgen trachtete, spielte im Süden des Reiches das französische Militär Grande Armée, zelebrierte napoleonisches Herrentum, Gott dankend, daß die erniedrigte Grande Nation ein wenig am Sieg partizipieren durfte.

Die Schreckensnachrichten aus dem Osten fanden bei den Westdeutschen wenig Widerhall, sie waren ohnehin den Leuten aus dem Osten gram, jenen, die versuchten, in den Westen zu gelangen, und das Wenige, das einem verblieben war, noch schmälerten. Solidarität war schließlich eine Nazi-Parole, und gern übernahm man die Argumentation der Sieger, nach der die Vertreibung als Ergebnis des Nazi-Krieges hingenommen werden müsse. Man wird im Westen dabei bleiben, den Flüchtlingen und Vertriebenen ihr Opfer als Sühne für die Kriegsschuld zu erklären, und sich empört zeigen, daß die Leute aus dem Osten einen Lastenausgleich verlangten. Moral ist nicht eine deutsche Tugend, wenn sie Geld kostet oder sich nicht amortisiert.

In verschiedenen Orten, so hieß es in einem Behördenbericht an die Militäradministration, *konnte die Unterbringung der Flüchtlinge nur zwangsweise unter Amtshilfe der Polizei erfolgen. In einigen Fällen wurde sogar tätlicher Widerstand geleistet oder eine bedrohliche Haltung der Haus- und Wohnungseigentümer eingenommen.* In einem nordwestdeutschen Städtchen zeigte sich der Verwaltungschef erschüttert und berichtete seinem englischen Vorgesetzten: *Die im Zuge der Zwangseinweisungen hier eingetroffenen Flüchtlinge hatten unsagbares Leid hinter sich. Von den Polen ausgeplündert, gehetzt und mißhandelt kamen die meisten nur mit dem Allernotwendigsten bekleidet hier an. Die erlittenen Strapazen und Entbehrungen hatten es mit sich gebracht, daß die Flüchtlinge sehr entkräftet und ausgehungert waren und im allgemeinen einen bedauernswerten Ein-*

druck machten. Derartige Berichte nahmen die Sieger gern entgegen, bestätigten sie doch den miesen Charakter der Deutschen, denen Menschlichkeit und Mitleid fremd waren. In einem Land, wo Ordnung, Sauberkeit und Normenverhalten zur höchsten Tugend erhoben war, wo die einheimischen Haushalte noch ihren ritualisierten Waschtag zelebrierten, die sonnabendliche Körperpflege Brauch und Sitte geblieben, das Treppenhaus und die Fenster blitzblank geputzt waren, konnte das ungepflegte Flüchtlingsvolk nur Ekel und Abscheu erfahren.

Schon bald nach der blutigen Herrschaft der sowjetischen Soldateska gelang es der militärischen Führung, ihre Truppen einigermaßen zu bändigen. In Moskau hatte man beschlossen, die Sowjetarmee von den deutschen kommunistischen Vasallen als Befreier feiern zu lassen, und so verfügte man eine gelenkte und propagandistisch begleitete Fraternisierung. Russische Offiziersfamilien wurden in leerstehende oder beschlagnahmte Naziwohnungen eingewiesen und wohnten zuweilen gutnachbarschaftlich in deutschen Hausgemeinschaften. Russenkinder spielten mit deutschen Altersgenossen, und die in Mangel und Entbehrungen erfahrenen russischen Offiziersfrauen ließen die deutschen Nachbarn am Überfluß ihrer Marketenderwaren partizipieren. Die enge Nachbarschaft mit den Besatzern weckte bei den Deutschen bald ihr altes Herrenbewußtsein, erlebte man doch nun in nächster Nähe das primitive Russentum, unglaubliche Geschichten wurden kolportiert, wuschen die doch ihre Kartoffeln im Clo und suchten sie nach der Spülung ein Stockwerk tiefer, gutmütige Russen ließen sich das Scheißprozedere artig erklären. Amüsement brachten auch die Geschichten über unflätige Tischmanieren und schließlich konnte man ungeniert lachen, wenn der Russenvater seine Alte prügelte oder er in besoffenem Zustand ihre Rache erfuhr. Pläsier bot auch kindisches Herumturnen auf dem Fahrrad oder der Umgang mit der deutschen Haustechnik.

Angst und Schrecken setzte wieder ein, als deutsche Kommunisten die Verwaltungen übernahmen, die Städte in Bezirke aufteilten und deren Vorsitzende ihre Arbeit aufnahmen, Hauskontrollen durchführten und, begleitet von russischen Soldaten, Ausweiskontrollen vornahmen. Die Normalisierung in der sowjetischen Besatzungszone ging einher mit der Herrschaft des NKWD, der mit Verhaftungen und willkürlichen Verschleppungen Angst und Schrecken verbreitete.

Diktatur

Die Zukunft Deutschlands
Kleinbürgerland

Seit Anbeginn des Krieges war das Feindbild der Alliierten fest umrissen. Den deutschen Partikularismus forcierend, blieb Preußen der altböse Feind, der seit Friedrich dem Großen kriegslüstern die friedvollen Europäer mit Waffenlärm beängstigt hätte. In der Blütezeit der NS-Diktatur hatten die westlichen Demokratien zuweilen mit dem nationalen Sozialismus in Deutschland Frieden geschlossen und den Kampf der neuen Machthaber gegen die Reaktion mit Wohlgefallen beobachtet. Innenpolitische Auseinandersetzungen in der Anfangszeit der Diktatur betrachtete man als Diadochenkämpfe der NS-Leute mit den Junkern, Militärs und Schlotbaronen. Letztere hatten die braune Partei in den Sattel gehoben und geglaubt, Hitler in die Zucht nehmen zu können, ein Irrtum, den die Reaktion nun bitter bezahlen mußte, wie das demokratische Ausland nicht ohne Schadenfreude konstatierte.

So groß auch die ideologisch-politischen Meinungsverschiedenheiten der Kriegskoalition waren, mit ihrem Feindbild war ein ein festes einigendes Band geknüpft. Für die Sowjets waren das preußische Junkertum und die deutsche Kapitalistenklasse Teil ihrer Klassenfeinddefinition. Für die US-Amerikaner entsprach das Feindbild ihren Vorstellungen von Aristokratie und Despotie, so wie sie die emigrierten Europäer im 18. und 19. Jahrhundert hinter sich gelassen und mit dem die Amerikaner im eigenen Land in den Sezessionskriegen aufgeräumt hatten. Der Kampf der Nordstaaten gegen den aristokratischen Süden war von puritanischem Moralismus und handfesten ökonomischen Interessen getragen. Am Ende des amerikanischen Bürgerkrieges waren die prachtvollen klassizistischen Gutshäuser zerstört, die alte Oberschicht entmachtet, als Sklavenhalter desavouiert. Die Nivellierung der Gesellschaft und das aufkommende Neureichentum wurden als demokratischer Fortschritt gepriesen. Die Verquickung materieller und ideeller Ziele summierte sich zu einer amerikanischen Weltmission, in deren Rahmen die USA nun bereits zum zweiten Mal in Europa eingegriffen hatten.

Im Mai des Jahres 1945 waren die Gutshäuser der preußischen Junker gebrandschatzt, mit ihren Leuten hatten sich die Besitzer auf die Flucht in den Westen begeben, bettelarm mußten sie Zuflucht im Altreich suchen. Obgleich die Engländer es besser wußten, ihre Korrespondenten, Diplomaten und Geheimdienstler Kontakte zum deutschen Widerstand unterhalten hatten und die Namen und das Herkommen der Oppositionellen kannten, blieben sie auf Distanz und hielten an ihrem bereits im Ersten Weltkrieg gepflegtem Preußen-Feindbild fest.

Bereits während des Krieges hatte sich die englische Propaganda auf die Junker, Militaristen, und Schlotbarone eingeschossen und die *Kleinen Leute* hofiert. Der Rundfunkpropagandist des Londoner Rundfunks, Mr. Hugh Green, und seine Leute setzten auf das einfache Volk, und so kamen im Rundfunk des Königreiches einfache Leute zu Wort, Kriegsgefangene, die Angehörige und Kameraden daheim aufforderten, mit Hitler und dem Junkertum Schluß zu machen. Das neue Deutschland, so die BBC-Deutschen, sollte ein Deutschland der kleinen Leute sein, *die Weihnachten lieben, zur Kirche gehen und Ruhe und Ordnung wollen,* und Mr. Green ergänzte, mit wem der Friede Gestaltung erfahren sollte: *Deutsche Industrielle und Diplomaten bemühten sich in Lissabon und Stockholm um einen Frieden »unter Gentlemen«. Darauf gibt es nur eine Antwort: Friede mit dem deutschen Volk? Ja! Friede mit den Vertretern des Hitler-Systems? Niemals!! Friede mit dem Herrenclub? Niemals! Friede mit den Großindustriellen? Niemals! Friede mit den Reichsmarschällen, Generalfeldmarschällen, Generalen? Niemals!*

Die Junker-Generale hatten bereits vor dem Krieg verschiedentlich Kontakte zu englischen Diplomaten herzustellen versucht und sich schweren Herzens des Vorwurfs des Landesverrats ausgesetzt, man hatte ihnen die kalte Schulter gezeigt. Als dann schließlich der verzweifelte Versuch, Hitler zu beseitigen, am 20. Juli 1944 gescheitert war, beeilte sich Churchill im Unterhaus klarzustellen, daß *sich die Herren in Berlin nun gegenseitig die Macht streitig machten* und sein Außenminister ergänzte: *das Attentat müsse eine Aufforderung, sein die alliierten Kriegsanstrengungen zu verdoppeln, denn es brauche nicht gesagt werden, daß die Rivalen, die Hitler die Macht streitig machen wollten, keine Freunde der Alliierten wären.*

Diese Einschätzung teilten die Briten mit der nationalsozialistischen Propaganda, die den Putsch als Versuch eines *kleinen Klüngels ehrgeiziger und zugleich verbrecherisch dummer Offiziere* der Reaktion darstellten, einer Reaktion, die von Anbeginn der Feind des nationalsozialistischen Deutschlands war. Im Reichsrundfunk erklärte Goebbels dem deutschen Volk: Daß die Verräter die verdiente Strafe erfahren, *verlangt das deutsche Volk. Es will nun auch von den letzten kümmerlichen Überbleibseln einer reaktionären Rückständigkeit befreit werden, von jenen zweifelhaften Gestalten, die noch in den Vorstellungen des 17. Jahrhunderts leben, die unsern Volksstaat nicht verstehen wollen und nicht verstehen können, die dem Führer nicht verzeihen, daß er auch dem Sohn des Volkes den Weg zur Offizierslaufbahn eröffnet hat und daß in unserem Regime jeder nur nach Leistung und nicht nach Namen, Geburt und Vermögen gemessen wird.*

Derartige Worte hört das Volk gern, und so mußten die Rundfunkreporter nicht lange nach Volkesstimme suchen, nach einfachen Menschen, die unter Tränen ihre Treuebekenntnisse zum Führer bekundeten: *Wir wollen ihn doch behalten, unsern Führer, wir lassen ihn uns doch nicht totmachen von dieser Bande,* tönte es aus dem Volksempfänger. Während die einen Rache schworen, priesen heulende Weiber die gütige Vorsehung, die den Führer nun abermals behütet hatte. Zwei Jahre nach dem 20. Juli 1944 würdigte Churchill den deutschen Widerstand, es war eine Grabrede, denn Preußen existierte zu diesem Zeitpunkt nicht mehr und das christlich-konservative Deutschland war tot, endgültig von der politischen Bühne verschwunden. In einem großen Exodus waren jene Familien gen Westen getrieben, die eng mit der deutschen Geschichte verwoben und 1918 entmachtet, noch am ehesten dem Nationalsozialismus widerstanden hatten, die zurückgezogen auf ihren Gütern, argwöhnisch von den braunen Herren beobachtet, versuchten, das anständige Deutschland vorzuleben.

Dem einfachen G.I. war für die Nazihatz die Instruktion an die Hand gegeben, adeligen Namensträgern mit besonderem Mißtrauen zu begegnen, *die Vons,* so ein amerikanischer Sergeant zu dem Journalisten und Schriftsteller John Dos Passos, *sind alle Nazis.* Für die Amerikaner behielt auch nach dem Kriege die Anweisung des *Kriegsinformationsamtes,* die Nazi-Version des 20. Julis zu übernehmen, nach der die Putschisten lediglich ehrgeizige, reaktionäre Ziele verfolgt hätten, Gültigkeit. Das Thema Junkeropposition blieb tabu und unterlag weiterhin der Zensur. Korrespondenten wurde verboten, an konservative Widerstandsaktionen während des Dritten Reiches zu erinnern. Überlebenden des Putsches untersagte man die Veröffentlichung ihrer Berichte. Als die Erinnerungen eines führenden Mitglieds des Widerstands in einem Schweizer Verlag erschienen, wurde das Buch auf Anweisung der Militärregierung in die Liste des *in Deutschland verbotenen Nazi-Schrifttums* aufgenommen.

In der Züricher *Weltwoche* kritisierte der US-Journalist Robert Ingrimm 1948, nun bereits auf den beginnenden Kalten Krieg verweisend, diese Besatzungspolitik, *die den Sowjets in die Hände spielte, deren Absicht es von Anbeginn gewesen wäre, die Junker und die Kapitalisten in den Staub zu ziehen.* Ingrimm beklagte, daß die Nürnberber Anklagebehörde im Sinne der Russen vertuschen wolle, daß der Nationalsozialismus ein Verwandter des Kommunismus wäre und daß gegen beide die deutschen Konservativen Front gemacht hätten. *Die Kempners von Nürnberg*, so Ingrimm, *können nicht darüber hinwegtäuschen, daß die Liste der nach dem 20. Juli Hingerichteten sich wie ein Auszug aus dem Gothaer Almanach liest … Tief drinnen waren die Anbeter der Massen dem Führer viel näher, als den Moltkes und Stauffenbergs.*

In den Jahren von 1946 bis 1948 waren in der Tat in den Gerichtssälen merkwürdige Bündnisse zustande gekommen. Die amerikanischen Ankläger ließen SS-Kronzeugen, in Ketten gefesselt und dem Tode geweiht, in den Zeugenstand treten, wo sie noch einmal ihren tiefen Haß gegen die feinen Herren der Wehrmacht bekunden durften. Als fanatischer Nationalsozialist trat auch der SS-Gruppenführer Otto Ohlendorf auf. Man hatte seine Hinrichtung bis zum Abschluß seiner Aussagen hinausgeschoben. Als Chef einer Einsatzgruppe ließ er nach eigenem Bekunden 90000 Zivilisten hinter der Front erschießen, und nun hörten die Ankläger sich genüßlich die Haßtiraden dieses Scheusals gegen die Wehrmacht an. Allen Beteiligten war klar, daß der Todgeweihte versuchte, mit seinen belastenden Aussagen die reaktionären Offiziere mit in den Abgrund zu reißen. Der Salmuth-Prozeß offenbarte, daß es nicht unbedingt um Gerechtigkeit ging. Der General hatte in schuldhafter Verstrickung einen Liquidierungsbefehl für russische Zivilisten auf den Dienstweg gebracht. Der Urheber dieser Mordanweisung hingegen blieb unbehelligt: General Vincent Müller rüstete bereits in russischen Diensten die Deutsche Volkspolizei auf.

Das neue Deutschland
Kleine Leute

Der demokratische Wiederaufbau sollte ganz unten beginnen, bei den kleinen Leuten, den Arbeitern und Angestellten, und so galt es zunächst, die Gewerkschaften neu zu gründen und aufzubauen und als nächsten Schritt in den Kommunen Wahlen zu organisieren, um demokratisch-kontrollierte Verwaltungen zu etablieren. Als Hauptstützen des demokratischen und antifaschistischen Wiederaufbaus betrachtete man zunächst in allen Besatzungszonen Kommunisten und Sozialdemokraten, ihr hoffnungsloser, aber mutiger Widerstand gegen die Nationalsozialisten war meist hinreichend zu belegen. Daß sehr bald die Kommunisten und bisweilen auch die Sozialdemokraten zu schwierigen Partnern der Sieger wurden, lag nicht nur an dem sich abzeichnenden Zerwürfnis der Verbündeten und den unterschiedlichen Interessen in ihren Besatzungszonen, sondern vor allem am Selbstbewußtsein der einstigen Widerstandskämpfer, denen nicht vorzuwerfen war, dem Hitlerregime gedient zu haben, und die auch jetzt nicht bereit waren, sich den Siegern bedingungslos zu unterwerfen.

Einfacher gestaltete sich die Zusammenarbeit mit den bürgerlichen Politikanwärtern. Auch für ihre politischen Ambitionen galt die Forderung der Besatzungsbehörden, vom Nazitum unbelastet zu sein. In den Kommunen war diese Bedingung verhältnismäßig leicht festzustellen, hier kannte jeder jeden, und so war allgemein bekannt, wer Parteigenosse war oder sogar ein Amt bekleidet hatte. Für die bürgerlichen Parteipolitiker auf der Reichsebene war es hingegen weitaus schwieriger, die geforderte *weiße Weste* vorzuweisen, selten konnte das Privileg, sich dem Widerstand zurechnen zu dürfen, reklamiert werden. Ihre Mitwirkung an der Machtergreifung Hitlers, die Zustimmung zum Ermächtigungsgesetz und ihre existenzsichernden Verbeugungen vor den Nazis waren dunkle Punkte, die zu tilgen einige Mühe kostete. Die Politoffiziere der Alliierten erfuhren in diesem Zusammenhang, daß es in Deutschland eine bis dahin unbekannte Form des Widerstands gegeben hatte, die gefahrlose, jedoch trotzige *innere Emigration*.

Während die Westmächte sich zunächst schwer taten, den sich ihnen offerierenden Demokraten zu trauen, zeigten sich die Sowjets wesentlich kooperativer. Sie hatten bereits in den Kriegsjahren ihre künftige deutsche Führung gut vorbereitet. Noch während der

Kampfhandlungen um die Reichshauptstadt landete in Berlin die *Gruppe Ulbricht,* die präpariert war, in enger Zusammenarbeit mit den sowjetischen Militärbehörden die Schlüsselstellung beim *demokratischen* Wiederaufbau zu übernehmen. Von Anbeginn war deutlich, daß den alten Genossen unter Aufsicht ihrer Schutzherren das Gesetz des Handelns übertragen war, trotzdem legten die sowjetischen Führungsoffiziere wert darauf, den Anschein einer demokratischen Entwicklung zu erwecken. Zu diesem Zweck hatten sie in ihrem Gepäck eine Liste namhafter bürgerlicher Politiker der Weimarer Zeit, Parteifunktionäre und ehemalige Reichstagsabgeordnete, die nicht zu den Nazis übergelaufen waren. Den örtlichen Militärorganen oblag es, die Rekrutierung vorzunehmen, wobei soldatischem Brauch folgend, die Amtsannahme bisweilen mit einer in Anschlag gebrachten Waffe befördert wurde, so jedenfalls erlebte der Politiker Ernst Lemmer seine Wiederverwendung: *Du Bürgermeister!,* hatte ein Rotarmist bestimmt, und als Lemmer diese Ernennung abzuwehren versuchte, zeigte der Soldat bedrohlich auf seine Maschinenpistole, worauf Lemmer sich in sein Schicksal fügte.

Die Eile der Sowjets bei der Etablierung demokratischer Parteien, vor allem in Berlin, hatte Gründe. Zum einen gingen sie davon aus, daß aus den Berliner Gründungen Reichsparteien entstehen würden, die sie von Anbeginn zu kontrollieren gedachten, zum anderen behagte ihnen die Nähe der Parteiaktivisten und der Parteizentren zum Alliierten Kontrollrat. Mit großzügiger Unterstützung der sowjetischen Militäradministration durften bereits einen Monat nach der bedingungslosen Kapitulation einige demokratiewillige Aktivisten unterschiedlicher politischer Herkunft eine neue bürgerliche Partei gründen. Ehemalige Zentrumspolitiker und Männer der einstigen *Deutschen Demokratischen Partei* schlossen sich zu einer *Christlich Demokratischen Union* zusammen. Zeitgleich, aber von den britischen Militärbehörden nicht gebilligt, versuchten einige Herren unter der Leitung des früheren Sekretärs des Zentrums, Peter Joseph Schaeven, in Köln eine Christdemokratische Partei aus der Taufe zu heben. Weitere Gründungsmitglieder der Rheinland-CDU waren der frühere Generalsekretär des Windthorst-Bundes Theodor Scharmitzel und der Leiter des *Volksvereins für das katholische Deutschland* Leo Schwering. Die politische Herkunft der ersten westdeutschen CDU-Aktivisten wies die Richtung der Partei, und nicht von ungefähr begleitete der Hausvater des Kölner Doms, Josef Kardinal

Frings, die Gründungsphase der Christlichen Union mit seinem Segen. Noch mangelte es an einem Parteiprogramm, doch wurde daran bereits im ehrwürdigen Kloster Walberberg gebastelt.

Von diesen klerikalen Einflüssen ahnten die Berliner Parteifreunde freilich nichts, sie sahen sich als Gründungsgremium, zumal in der britischen Besatzungszone mit den Verordnungen Nr. 8 bis 12 vom 15. 9. 45 politische Parteien lediglich auf Kreis- und Landesebene tätig werden durften. Bezüglich der Parteienzulassung hatte der britische Chef der *Political Division*, Oberstleutnant Annan im Dezember 1945 wissen lassen, daß die Militärbehörden einer Parteienzersplitterung entgegenwirken wollten und lediglich drei Parteien zuzulassen gedachten, und zwar: Die Sozialdemokratische Partei, die Kommunisten und als bürgerliche Partei die Christdemokraten. Die Genehmigung nur einer bürgerlichen Partei bedeutete für die Gründungsphase einige Hemmnisse, denn die unterschiedliche politische Herkunft der Vorstandsmitglieder, bestehend aus Zentrumsleuten, Deutschnationalen und Liberalen der DDP sowie dem *Katholischen Volksverein*, eröffnete endlose und ermüdende Diskussionen über die Parteiziele.

Grundtenor des neuen bürgerlichen Aufbruchs war die Betroffenheit über die Nazidiktatur. Die bürgerliche Geschichte und damit auch die eigene Vita war von Irrwegen belastet, einstige Werte, nun in den Staub gesunken, sollten überprüft und gewogen werden. Rettung verhießen die *christlichen Tugenden,* gegen die auch die *Reeducation* kaum etwas einwenden konnte und die auch von den Russen, entsprechend interpretiert, akzeptiert würden. Mit einem verhaltenen *mea culpa* sollte der bürgerliche Anteil am Nationalsozialismus getilgt werden. *Ich mache mich nicht im geringsten einer sogenannten radikalen, einer revolutionären Gesinnung schuldig,* erklärte der Berliner CDU-Mitbegründer Jakob Kaiser, *wenn ich sage, die Zeit der bürgerlichen Ordnung ist vorbei.* Nach dem Scheitern des Nationalsozialismus glaubte man nun an einen christlichen Sozialismus, fußend auf der katholischen Soziallehre, die einst in den christlichen Gewerkschaften gepflegt wurde. Zukunftsperspektiven bot aber auch der Gedanke an ein künftiges *Vereintes Europa*, freilich ein von den christlichen Werten des Abendlandes geprägtes Westeuropa als Bollwerk gegen den Bolschewismus.

Mit diesen Gedanken vermochten sich auch einstige Nationalsozialisten anzufreunden, die ihren Antikommunismus bei der katholischen Kirche in guten Händen wußten, und so mußten die alliierten

Politkontrolleure erschrocken feststellen, daß nach der einjährigen Gründungsphase der CDU sich offensichtlich ehemalige Nationalsozialisten in dieser Partei sammelten. Innerhalb eines Jahres konnte zum Beispiel die Hamburger CDU 554 Mitglieder aufweisen, doch entsetzt stellten die Briten fest, daß davon 224 Parteifreunde einst das Mitgliedsbuch der NSDAP besessen hatten. Unregelmäßigkeiten des Parteivorstandes in Würzburg veranlaßten die Militärregierung, die Kassenbücher und die Mitglieder des Ortsverbandes zu überprüfen. Als festgestellt wurde, daß auch hier überdurchschnittlich viele ehemalige Nationalsozialisten Aufnahme gefunden hatten, lösten die amerikanischen Behörden den Verband auf.

Der Zulauf der Nazis hatte selbstverständlich Gründe, während die Arbeiterparteien die Abrechnung mit dem Nationalsozialismus als Voraussetzung des demokratischen Wiederaufbaus betrachteten, versuchten die Christdemokraten den Mantel christlicher Nächstenliebe auszubreiten und das Gleichnis vom *verirrten Schäflein* zu predigen: *Gott ist der Herr der Geschichte*, hieß es in einem Wahlaufruf der CDU im September 1945, *und Christus die Kraft und das Gesetz unseres Lebens. Die deutsche Politik unter der Herrschaft des Nationalsozialismus hat diese Wahrheit geleugnet und mißachtet. Das deutsche Volk ist deshalb in die Katastrophe getrieben worden. Rettung und Aufstieg hängen ab von der Wirksamkeit der christlichen Lebenskräfte im Volke. Deshalb bekennen wir uns zum demokratischen Staat, der christlich, deutsch und sozial ist.* Im Schoße der gnadenspendenden christlichen Partei, so wurde versprochen, war gewissermaßen Generalabsolution zu erhalten.

Doch mit Bibelfestigkeit war kein Parteiprogramm zu schaffen, vielfältig waren die Meinungen, hinzu kamen partikularistischer Eigensinn und deutliche antipreußische Vorbehalte gegen die zumeist protestantischen Berliner und ostdeutschen Delegierten. Anläßlich dieser Treffen waren Spannungen nicht zu verleugnen, wobei den Berlinern auffiel, daß stets der ehemalige Kölner Bürgermeister und preußische Staatsrat Konrad Adenauer anwesend war, sich aber im Hintergrund hielt und lediglich die Debatten aufmerksam verfolgte, ohne selber das Wort zu ergreifen. Die westdeutschen Tagungen der CDU wurden mit Vorliebe hinter Klostermauern abgehalten, wohlbetreut von Nonnen, gab es zudem ausreichend Speis und Trank, in jenen Jahren des Mangels ein Vorzug, der nicht zu verachten war. Als sich Anfang 1946 im Nonnenkloster Neheim-Hüsten 27 Parteivertreter abermals zu einer Grundsatzdebatte versammelten, konnte man sich wiederum nicht auf ein Parteiprogramm einigen. Einige Herren wünschten eine größere Anlehnung an die einstigen Ziele des Zentrums, andere vertraten die Ideen der christlichen Gewerkschaften und tendierten dazu, die Sozialdemokraten links zu überholen, aber auch Einzelidealisten referierten ihre philosophischen Erkenntnisse oder schlugen pragmatische Grundsätze und organisatorische Notwendigkeiten vor.

In diesem heillosen Durcheinander erhob sich endlich Adenauer, aus der Tasche zog er einen kleinen Zettel, auf dem er sein Parteiprogramm notiert hatte, einige dürre, unverbindliche Grundsätze, denen er eine allgemein gehaltene Präambel vorangestellt hatte. Dieses einfache Papier nichtssagender Allgemeinplätze war die Erlösung, und fortan war der alte Herr der Mittelpunkt, die Führungsgestalt der Partei. Um die unsicheren, noch dazu im Einflußgebiet der Sowjets agierenden Ost-CDU Leute zurückzudrängen, strebte der neue Parteiführer den raschen Zusammenschluß der West-Landesparteien unter seinem Vorsitz an.

Indessen entfalteten sich in engem Kontakt zu westdeutschen CDU-Führern in den Klöstern des Westens und Südens äußerst rege politische Aktivitäten, die frommen Männer sahen die Stunde gekommen, die Heilslehren der Kirche bei der Gestaltung der neuen Gesellschaft kraftvoll einzubringen. In diesem Sinne wurde ein Blatt gegründet, das sich *Neue Ordnung, Zeitschrift für Religion und Kultur* nannte und auf holzigem Papier in Heidelberg gedruckt wurde. Dieses Traktat wurde auch vom Kloster Walberberg mit Beiträgen beliefert, so mit einem Artikel des Dominikaners Laurentius Siemer, der darin verkündete, daß *bis zum Beginn des 8. Jahrhunderts Ostelbien für das deutsche Volk wenig bedeutete. Es war Westelbien gegenüber in jeder Beziehung minderwertig.* Von gutkatholischem Geist beseelt, begründete Siemer seine These mit einem kulturgeschichtlichen Exkurs, nach dem Kleist und Lessing *nur Soldatendramen* schufen, im übrigen Kleist sogar im Selbstmord endete, *denn Berlin war damals noch kein Platz für Dichter.* Mitleid verspürte der fromme Mann für Eichendorff, dessen Klage: *Ich sehne mich nach Hause und weiß noch nicht wohin,* Glaubenslosigkeit verriet. Hermann Sudermann war *tendenziöser Ostpreuße* und Richard Dehmel *obszöner Spreewälder,* Schopenhauer *pessimistischer Danziger* und Friedrich Nietzsche *ein von polnischen Vorfahren abstammender Vorläufer der Partei der Gauleiter und des Massenjubels.* Zweitrangig waren danach auch alle ostdeutschen Komponisten.

Hauptanliegen aber war dem angesehenen Sozialtheoretiker Siemer, daran zu erinnern, daß *die lutherische Bewegung in Wittenberg östlich der Elbe entstanden ist.* Das Fazit seines kulturhistorischen Streifzuges gab die Stimmung wieder, die das West- und Süddeutsche Christenvolk angesichts der Flüchtlingsströme aus dem Osten empfand: *Nun ist ein gewaltiger Umschwung erfolgt. Die Völker Ostelbiens sind zu einem großen Teil aus ihren Wohnsitzen vertrieben und müssen nun um Aufnahme bitten im alten Deutschland. Man mag erschreckt sein über diese Tatsache, aber nichts geschieht von ungefähr. Bedeutet nicht für das seelisch eigenartig gestaltete ostelbische Volk der Zwangsaufenthalt im Westen und Süden Deutschlands eine notwendige Läuterung, wodurch es erst für seine eigentliche Größe aufnahmebereit gemacht wird?* Für den Beschluß seines Beitrages hatte Siemer ein klarstellendes Zitat von Thomas von Aquin ausgewählt: *Gottes geordnete Gerechtigkeit – gebietet, daß ER die Schuld nicht ungesühnt läßt.*

Welch ein Trost für das west- und süddeutsche Christenvolk, war doch der Sündenfall *Drittes Reich* lediglich eine Abkehr vom gutkatholischen Glauben und folglich hatte das *seelisch eigenartig gestaltete Volk des Ostens* die Hauptschuld daran zu tragen. Das Leid der Vertriebenen als *gerechte Strafe* zu betrachten, kam den um ihren verbliebenen Besitz ringenden Bürgern und Bauern *im alten Deutschland* sehr gelegen, war doch damit das Gebot christlicher Nächstenliebe eingeschränkt, denn wenn *Gottes geordnete Gerechtigkeit* wirken, die von dem Höchsten diktierte Strafe für das gottlose Fehlverhalten der Ostdeutschen Läuterung bewirken sollte, durfte auch das Teilen der materiellen Güter bescheiden ausfallen.

Bereits im Dezember 1945 hatte der Kölner Kardinal Frings in einer Rundfunkansprache deutlich gemacht, welche Konsequenzen aus dem christlich-abendländischen Neubeginn zu ziehen wären: *Viele wollen heute anknüpfen an die Tradition des christlichen Abendlandes. Wir stimmen freudig ein, wenn der Ausdruck richtig verstanden wird. Manche denken sich das christliche Abendland als eine Mischung aus antikem Humanismus, der Ethik der Bergpredigt und der Eigenart der europäischen Völker. So aber ist das Christliche Abendland nicht entstanden. Seine Geburtsstunde schlug vielmehr, als der volle christliche Glaube durch Vermittlung der Kirche Christi die abendländischen Völker, die mehr oder minder von antiker Kultur geformt oder berührt wurden, ergriff, und zur gestaltenden Kraft in ihnen wurde. Wer aber vom Christentum, christlicher Haltung, vom christlichen Abendland spricht und meint nicht diesen Glauben an Christi Gottessohnschaft und höchstes Königtum, treibt ein unredliches Spiel mit heiligen Worten.* Bei der Gestaltung des Christlichen Abendlandes gedachte die römische Kirche mitzuwirken, und so entstand in den Mönchszellen der Klöster und den Residenzen der hohen Würdenträger abermals eine neue deutsche Geschichte, eine Geschichte, die bei der Gottesregentschaft Karls des Großen begann. Karl, der wiedererstandene David, dessen Untertanen das neue Volk Israel waren und in dem großen, die kirchliche und weltliche Macht vereinenden Kaiser, Gottes gerechte Ordnung anerkannten und mit Gehorsam den Schöpferwillen ehrten. In der Vergangenheit, nicht nur im Dritten Reich, hatte das deutsche Volk die Mahnungen der heiligen Kirche mißachtet, war Ketzern und Häretikern erlegen, das Böse gelangte zur Herrschaft, bis endlich Gott mit seinem schrecklichen Strafgericht zur Umkehr rief und zur Rückkehr in den Schoß der Kirche aufforderte.

Der politische Neubeginn war für die Linksparteien, Sozialdemokraten und Kommunisten, gleichermaßen mit vielfältigen Schwierigkeiten verbunden. Beide Parteien reklamierten aus ihrer entschiedenen Gegnerschaft zum Nationalsozialismus einen besonderen Führungsanspruch. Noch vor den Parteiengründungen hatten sich in vielen Städten und Betrieben sogenannte *Antifas* gebildet. Sozialdemokraten, Kommunisten und zuweilen auch bürgerlich-christliche Gewerkschaftler versuchten gemeinsam, das tägliche Leben zu organisieren und vor allem die Verwaltungen der Kommunen und Betriebe von Nationalsozialisten zu säubern. Diese antifaschistischen Gruppen wurden jedoch von den Militärbehörden verboten, das Selbstbewußtsein der einstigen Widerständler mißfiel den politischen Offizieren der Sieger, die ausschließlich gehorsame Befehlsempfänger dulden wollten und eine verantwortliche Mitarbeit der Deutschen noch nicht für geboten hielten. Geordnet und unter der Kontrolle der Besatzungsmacht sollte die Neugründung der Parteien verlaufen, wobei die britische und die sowjetische Militäradministration bereits vor Ende des Krieges Emigranten und Kriegsgefangene, Führungskräfte und Gewährsleute der Siegermächte für die Parteineugründungen geschult hatten.

Zunächst nicht offen ausgetragen, aber durchaus spürbar überschattete die Linksparteien ein bereits während der Naziherrschaft sich abzeichnender Konflikt zwischen den Emigranten und den in

Deutschland verbliebenen Widerstandskämpfern. Die Opfer glaubten, nach ihrer Leidenszeit in den Konzentrationslagern besonders legitimiert zu sein, die Führung der Parteien zu übernehmen und erwarteten von den Siegern eine Würdigung ihrer Verdienste. Den Emigranten warfen sie vor, nur allzu willfährig die von ihren Politoffizieren diktierten Vorstellungen zu erfüllen und der Bevölkerung mit dem Hochmut der Unbelasteten zu begegnen. Besatzungsmächten und Emigranten waren diese Politmoralisten lästig und hinderlich bei der Erfüllung der Kontrollratsbeschlüsse. Für die Sowjets war unstrittig, daß die Emigrantengruppe Ulbricht den politischen Wiederaufbau, selbstverständlich entsprechend ihrer Direktiven, zu organisieren hatte.

Die SPD hingegen stand von Anbeginn unter der Leitung des hochangesehenen einstigen Reichstagsabgeordneten Kurt Schumacher, ein im Lande gebliebener aufrechter Widerstandskämpfer, der nur durch ein Wunder eine zehnjährige Haftzeit überlebt hatte. Unter der Aufsicht der Briten organisierte er in Hannover die Parteigründung. Auch ihm waren die Aktivitäten der Berliner Genossen suspekt, denn dort war Otto Grotewohl zum Vorsitzenden des Zentralausschusses der SPD gewählt worden. Auch Grotewohl war in Deutschland geblieben, hatte aber das Dritte Reich einigermaßen glimpflich überstanden. Nach einer kurzen Haftzeit wurde er von den Nationalsozialisten nicht daran gehindert, als Kaufmann in Berlin und Hamburg seinen Geschäften nachzugehen. Überdies war seine Parteikarriere nicht ganz makellos, 1918 hatte er sich der USPD angeschlossen, war dann aber aus unbekannten Gründen in den Schoß der SPD zurückgekehrt. Mochte auch zunächst Grotewohls offenkundige Absicht, den politischen Neubeginn der Arbeiterparteien für die Wiedervereinigung der Arbeiterklasse zu nutzen, bei vielen Genossen Sympathien erwecken, den westdeutschen Genossen, vor allem Kurt Schumacher, war klar, daß dies der Wunsch der Sowjets war, die eine mächtige Einheitspartei für ihre Zwecke benötigten. Die Entwicklung der Ost-SPD gab ihm recht, die Sowjets verstärkten den Druck auf die Partei und machten deutlich, daß die KPD die Führung der Arbeiterklasse übernehmen sollte.

Kurt Schumacher hatte bereits 1945 einen scharfen antikommunistischen Kurs eingeschlagen, er hegte keine Zweifel, daß der Gruppe Ulbricht ein stalinistischer, moskauhöriger Weg befohlen war. Nach Schumachers Vorstellungen sollte die SPD eine Traditionspartei bleiben, im Kern die alte Arbeiterpartei, die seit dem Kaiserreich in Deutschland große Erfolge errungen und noch mehr Niederlagen erduldet hatte. Mit dem Industrieproletariat allein waren allerdings Regierungsmehrheiten nicht zu erringen, und so offerierte Schumacher den Wählern die SPD als *Partei des arbeitenden Volkes in Stadt und Land,* worin sich der kleinbürgerliche Mittelstand eingeschlossen wissen sollte. *Der Sozialismus ist das Programm für Arbeiter, Angestellte, Bauern, Handwerker und Gewerbetreibende und geistige Berufe,* hieß es in einem Gründungspapier, *weil diese Berufszweige in einem unüberbrückbaren Gegensatz zu der Ausbeuterschicht stehen.* Der so erweiterte Klassenbegriff unterschied sich kaum von dem der Kommunisten, die in ihrer antifaschistischen Einheitsfront alle Kräfte des Volkes, sofern sie *guten Willens* waren, unter der Führung der Arbeiterklasse vereinen wollten. Die Abgrenzung der West-SPD zur KPD in Ost und West lag in der Person Kurt Schumachers begründet, der mutig und durch seinen Widerstand im Dritten Reich legitimiert, als deutscher Patriot keinen neuen Fronherren dienen wollte. Sein Antikommunismus, seine leidenschaftliche Absage an jede Form des Totalitarismus stieß auf das Wohlwollen der Briten, die als erste erkannten, daß die Sowjetisierung der Ostzone rasch voranschritt und daß die Aktivitäten der KPD in ihrer Zone tunlichst eingeschränkt werden sollten.

Mitwirkende
Geheime Missionen

Der Kalte Krieg hatte noch nicht seine groteske Phase erreicht, als die Engländer den einstigen deutschen Polizeioffizier Ordischewski in die hannoversche Gründungszentrale der SPD einschleusten. Er war in englischer Kriegsgefangenschaft für besondere Aufgaben im Nachkriegsdeutschland vorbereitet worden und residierte nun mit dem neuen Namen Stephan Thomas in einer geheimnisvollen streng bewachten und verdrahteten Villa. Mit Unterstützung des britischen Geheimdienstes entstand hier ein Parteigeheimdienst, der unter dem Namen *Ost-Büro* angeblich die politische Entwicklung in der sowjetischen Besatzungszone beobachten, in Wahrheit jedoch die kommunistischen Aktivitäten in der Ost-SPD dokumentieren und Unterwanderungsversuche in der West-Partei inhibieren sollte.

Selbstverständlich hatten die Geheimdienste der Siegermächte einen gehörigen Anteil an der Personalauswahl der künftigen deutschen

Politiker und Verwaltungsbeamten, nicht nur bei der Überprüfung ihrer politischen Zuverlässigkeit, sondern auch in bezug auf geheimdienstliche Möglichkeiten der Loyalitätssicherung durch die Abgabe von Verpflichtungserklärungen für eine Zusammenarbeit. Die Engländer und Russen hatten bereits in den Kriegsgefangenlagern sogenannte Stinker angeworben, Spitzel, die zunächst die Mitgefangenen aushorchen sollten und nun als Beobachter in den Parteien eingesetzt wurden. Der Einsatz des Mitgliedes des *Political Intelligence Service* Erwin Schöttle in Kriegsgefangenlagern in Großbritannien hatte ein unangenehmes Nachspiel im Unterhaus. Schöttle hatte die Aufgabe, ankommende Gefangene auszuhorchen und Kommunisten zu selektieren, die sodann in Lager für hartnäckige Nazis nach Schottland und Kanada verlegt wurden. Das Parlament mußte sich mit diesen Spitzeldiensten beschäftigen, als herauskam, daß in solchen Lagern kommunistische Gefangene von Nazis erschlagen worden waren. Im Dienst des Political Intelligence Service standen auch Waldemar von Knoeringen, Deckname Mister Held, und Fritz Heine, der so auffällig arbeitete, daß er von den Genossen den Spitznamen *Besatzerheine* erhielt und enttarnt von der politischen Bühne abtrat.

Solcherart geheimdienstliche Aktivitäten waren in allen Besatzungszonen und in allen Parteien Brauch. Die betroffenen Politiker empfanden dies auch nicht als Makel, die politische Macht lag bei den Siegern, und so hatte man keinen Einfluß darauf, von wem man die Befehle empfing. Bei einer internen Funktionärsversammlung der SPD in Berlin-Schlachtensee am 6. Oktober 1955 wurde dieses Thema von einigen Genossen vergangenheitsbewältigend angesprochen, doch der anwesende Senator a.D. Otto Bach, noch immer Mitglied des Westberliner Parteivorstandes und Mitglied des Rundfunkrates beim Sender Freies Berlin, beruhigte die Genossen, indem er erklärte: *Nach 1945 haben wir alle, die wir jetzt an führender Stelle in der Bundesrepublik Deutschland und in Berlin tätig sind, irgendwelche geheime Kontakte zu den westlichen Siegermächten unterhalten. Wir haben diese Kontakte benutzt, um unsere Organisationen aufzubauen und um in der Ostzone Widerstandsarbeit leisten zu können. Die meisten dieser Kontakte sind in der Zwischenzeit wieder fallen gelassen worden, weil wir jetzt auf eigenen Füßen stehen ...*

Geheimdienste aber pflegen sich der Mitarbeit ihrer Kundschafter meist länger zu versichern, indem kleine oder größere Bestechungsleistungen oder Kenntnisse von unerfreulichen, nicht für die Öffentlichkeit bestimmten dunklen Kapiteln des Lebensweges ein Treueverhältnis der Angeworbenen mit dem Dienst begründen, wie noch zwei Jahre nach Gründung der Bundesrepublik der Fall Schmeißer offenkundig machte, der die Verstrickung der Christdemokraten mit dem französischen Geheimdienst aufdeckte. Was ein Magazin enthüllt hatte, wurde im Parlament unter den Tisch gekehrt, denn schließlich hatten alle Parteien entsprechende Erfahrungen, und schließlich hatte man sich auch nichts vorzuwerfen, die fremden Dienste waren ja Freunde. Die parlamentarische Behandlung endete in einer Ehrenerklärung für die Opposition, indem der SPD-Sprecher Kühn, die Fälle seiner Partei, Thomas und Knoeringen im Gedächtnis, klarstellte: *Die sozialdemokratische Fraktion macht sich selbstverständlich das Material der Beschuldigungen und Behauptungen des ehemaligen Agenten Schmeißer nicht zu eigen. Das Geschmeiß aller Agentenfiguren, die als Giftblüten auf dem Sumpf von Krieg und Niederlagen gediehen sind, ist für uns nicht Kronzeuge der innenpolitischen Auseinandersetzung. Es waren eben die meisten, nicht alle geheimen Kontakte zu den westlichen Geheimdiensten fallengelassen, weil wir jetzt auf eigenen Füßen stehen,* hatte richtig das Berliner SPD-Vorstandsmitglied Bach gesagt, und wer mit Sumpfblüten und Geschmeiß gemeint war, blieb ebenfalls ungeklärt.

Aufbauarbeit
Alliierte Presse-und Kulturpolitik

Die zügige Wiederherstellung der administrativen Ordnung und der Neuaufbau der politischen Parteien war bereits 1946 dank des sprichwörtlichen Organisationstalents der Deutschen abgeschlossen. Eine weitaus schwierigere Aufgabe war für die Besatzungsbehörden die Wiederzulassung einer demokratischen Presse, einer Presse, die einerseits den Anspruch erheben sollte, frei und unabhängig zu sein, andererseits jedoch der Zensur der Militärbehörden unterliegen mußte. Der Widerspruch wurde mit der Notwendigkeit einer demokratischen Erziehung der deutschen Journalisten erklärt. Schließlich konnte die gleichgeschaltete, im Dienste der Nationalsozialisten stehende Presse nicht das Fundament für einen journalistischen Wiederaufbau sein, altehrwürdige Blätter mit gutem Namen waren durch die Nazis korrumpiert und die einstigen Redakteure als Erfüllungsgehilfen des Reichspropagandaministerium desavouiert.

Als ersten Schritt hatten die jeweiligen Besatzungsmächte zunächst offizielle Organe ihrer Militäradministration gegründet, die von den politischen Abteilungen der Militärverwaltung gestaltet und zumeist von deutschen Emigranten geleitet wurden. Der zweite Schritt war die Zulassung von Lizenzzeitungen, in der sowjetischen Besatzungszone vor allem Organe der demokratischen Parteien, in den Besatzungszonen der Westalliierten wurde als Grundstock für eine freie unabhängiges Presse an die Tradition der Zeitungslandschaft der Weimarer Republik angeknüpft. Für die Politoffiziere war es eine Sisyphusarbeit, unbelastete Lizenzträger ausfindig zu machen, fachlich qualifizierte Emigranten, Journalisten, die von den Nazis mit Berufsverboten belegt waren, und Widerstandskämpfer konnten zwar gefunden werden, doch mangelte es an weiteren zuverlässigen Redakteuren mit weißer Weste.

Einen Ausweg boten die zahlreichen jungen Journalisten, Schriftsteller, Intellektuellen und Drehbuchautoren, die ihre Wehrpflicht in den sogenannten Propagandakompanien der Wehrmacht abgeleistet hatten, sie hatten nicht dem Reichsminister für Propaganda unterstanden und galten somit als minderbelastet, so daß einzelnen von ihnen sogar eine Lizenz angeboten wurde. Als Bewährungsprobe galten ihre Reportagen über die Kriegsverbrecherprozesse in Nürnberg, sowie ihr Geschick, der deutschen Öffentlichkeit die Maßnahmen der Militärregierung plausibel zu machen. Chancen, eine Zeitungslizenz zu bekommen, hatten auch jene Parteipolitiker, die bereits in der Landespolitik demokratische Meriten erworben hatten. Förderlich für die Bewerbung war es, sich vom Kollegen Kultusminister einen Professorentitel beilegen zu lassen, damit war nicht nur Reputation erlangt, es konnten auch mit dem Ruf des Professors wissenschaftlich-versponnener Zerstreutheit und Weltferne braune Flecken der Vergangenheit getilgt werden.

Für die etablierten deutschen Intellektuellen, Geisteswissenschaftler und Literaten erwies sich der Zusammenbruch auch als persönliche Katastrophe. Ein großer Teil ihres Lebenswerkes stand auf dem Index, hatte Aufnahme gefunden in der Liste der in Deutschland verbotenen Literatur. Ihnen war Schweigen geboten und ihre zaghaften Versuche, alte Freundschaften mit jenen zu erwärmen, die vor der Diktatur geflohen waren, stießen nicht immer auf Gegenliebe. Wer sich unbelastet glaubte, für sich die *innere Emigration* reklamierte oder windelweiche *mea culpa*-Bekenntnisse ablegte, konnte nicht unbedingt auf Generalpardon hoffen, geschweige denn mit der Erlaubnis rechnen, wieder publizieren zu dürfen. Einstweilen zog es ein großer Teil der einstigen deutschen Geistesgrößen vor, sich zu ducken oder, wo immer sich dazu Gelegenheit bot, Schuldbekenntnisse abzulegen, weniger über die eigene Schuld und Verstrickung, als vielmehr über die der Deutschen, der Nationalsozialisten.

Gottfried Benn, voreilig hatte er die *Nationale Revolution* des Führers willkommen geheißen, ungeachtet seiner Kenntnisse über die Ziele der Hitlerpartei. Und erst als der Haß und die Barbarei offenkundig wurden, sich erfüllte, was der Führer angekündigt hatte, wandte sich Benn von seinem Idol ab, beizeiten – und dennoch eine peinliche Läuterung. Friedrich Meinecke, kein Nationalsozialist, durfte 1946 seine *Betrachtungen und Erinnerungen* dem deutschen Publikum vorlegen und ihm den *Weg zur deutschen Katastrophe* nach Irrwegen, Holzwegen und Sackgassen, die auch er beschritten hatte, vor Augen halten. Einkehr und Umkehr empfahl er seinen Landsleuten, um nun, *ein neues, zwar gebeugtes, aber reines Dasein zu beginnen und den Entschluß zu stärken, für die Rettung des uns verbliebenen Restes deutscher Volks – und Kultursubstanz, den uns verbleibenden Rest der Kraft einzusehen.* Sein Rettungsvorschlag war angesichts des Scherbenhaufens rührend: In jeder Stadt und größeren Ortschaft sollten sich die Kulturfreunde gleichen Sinnes im Namen Goethes zusammenfinden. Aus diesen Goethegemeinden würde dann der geschändete deutsche Idealismus neu ersprießen. Für ihn galt es, die Zeugnisse der großen deutschen Geister, durch den Klang der menschlichen Stimme den Hörern wieder in das Herz zu tragen und schließlich edelster deutscher Musik und Poesie wieder Geltung zu verschaffen. Mit Goethe, Schiller und den deutschen Idealisten hatten sich freilich auch die Nationalsozialisten geschmückt, auch sie hatten in den Kulturbeilagen der Zeitungen und im Reichsrundfunk *edelste deutsche Bürgerkultur* gepflegt. Vor Rüstungsarbeitern hatten namhafte Schauspieler aus deutscher Klassik gelesen und Furtwängler mit seinen Berliner Philharmonikern Beethoven aufgeführt.

Im Hause der Schriftstellerin Ilse Schneyder-Lengyel, hoch droben im Allgäu, trafen sich im Schicksalsjahr der Westdeutschen einige Schriftsteller und Publizisten mit dem festen Entschluß, Abschied zu nehmen von dem Gedankenschwulst der bürgerlichen Kultur, die *junge Literatur zu sammeln und zu fördern.* Jahre später erinnerte sich ein Mitgründer dieser Gruppe an die ersten Treffen: *Der Ton der*

kritischen Äußerungen ist rauh, die Sätze kurz und knapp, unmißver-
ständlich. Niemand nimmt ein Blatt vor dem Mund. Jedes vorgele-
sene Wort wird gewogen, ob es noch verwendbar ist, oder vielleicht
veraltet, verbraucht in den Jahren der Diktatur, der Zeit der großen
Sprachabnutzung. Jeder Satz wird, wie man sagt, abgeklopft, jeder
unnötige Schnörkel gerügt. Verworfen werden die großen Worte, die
nichts besagen und nach Ansicht der Kritisierenden ihren Inhalt ver-
loren haben: Herz, Schmerz, Lust und Leid. Was Bestand hat vor den
Ohren der Teilnehmer sind die knappen Aussagesätze. Gertrude
Stein und Ernest Hemingway sind gleichsam unbemerkt im Raum ...
Die neue Literatur sollte eine Absage sein, ein unmißverständliches
Nein zur bürgerlichen Verlogenheit, die sich auch in ihrer Sprache
entlarvt hatte. Mit dem gebotenen Ernst der Stunde war die schulmeisterliche Belehrungsrunde von einem heiligen Eifer des Neube-
ginns beseelt und jeder zugleich willig bereit, sich dem korrigierenden
Kollektiv und den Vorbildern zu beugen.

Mit dem Jungdeutschland-Aufbruch folgte man einer kleinbürgerlichen Tradition: Sich dem Diktat einer Gemeinschaft zu unterwerfen, schenkte Sicherheit und Geborgenheit und, in jenen Tagen
besonders wichtig, die Gelegenheit, mit der sozialtherapeutischen
Gruppenarbeit einen Standort zu finden und die Irrungen und Wirrungen der eigenen Vergangenheit mit dem neuen Geist der Zeit in
Einklang zu bringen. Nicht von ungefähr pflegt man in Deutschland
von der *schreibenden Zunft* zu sprechen: Der Hainbund, die Philister
der Gemütlichkeit und all die folgenden dichtenden Epigonen, entsagten der individuellen Entwicklung, der Gefahr, unangepaßt das
Schicksal des Außenseiters tragen zu müssen und bezogen ihr Selbstwertgefühl aus dem elitären Gemeinschaftsbewußtsein.

Während die Bürgerliteraten sich trotzig-beleidigt und tief gekränkt
um den greisen Hans Grimm scharten, in seinem schönen Domizil
Kloster Lippoldsberg sich aus ihren Werken vorlasen, das deutsche
Elend beklagten und auf den Weltenrichter hofften, der ihnen dereinst Gerechtigkeit widerfahren lassen würde, pflegte die Gruppe 47
die Kahlschlag –, Trümmer- und Bewältigungsliteratur. Nüchtern, re-
portagehaft dokumentierte sie den Gegenwartsstand des deutschen
Dilemmas, das Elend der Zeit als bittere Konsequenz und Bilanz der
Vergangenheit. Die Elendsbeschreibungen fanden ein breites Betrof-
fenheitspublikum, doch die große Masse der Deutschen wollte nur
ungern lesen, was ohnehin drückend vor Augen stand und überdies

so emotionslos intellektuell beschrieben war. Da entsagte man lieber der braven Handwerksarbeit der Epigonen und genoß die Originale: Hemingway, Maugham und Steinbeck. Als die Trümmer noch nicht vollständig beiseite geräumt, doch schon wieder Bananen zu kaufen waren und das tägliche Leben sich einigermaßen normalisiert hatte, wünschten die Menschen, die alten Geschichten nun endlich ruhen zu lassen, so daß Heinrich Böll 1950 ein eindringliches Bekenntnis zur Trümmerliteratur ablegen mußte und die Öffentlichkeit ermahnte, mit dem wachsenden Wohlstand nicht von der Vergangenheitsbewältigung abzulassen.

Die spürbare politische Wende und die bedrückende Ahnung, daß der beginnende Kalte Krieg neue Konflikte eröffnen würde, hatte bei der Gründung der Gruppe 47 Pate gestanden. Einige Gründungsmitglieder waren engagierte Sozialisten, Männer, die in den letzten Kriegstagen in amerikanischen Kriegsgefangenenlagern an der Zeitschrift *Der Ruf* mitgearbeitet hatten und sich unter Anleitung amerikanischer Presseoffiziere an der Umerziehung der Mitgefangenen beteiligen durften. Als der Feind das deutsche Volk noch klar in Nationalsozialisten, Mitläufer und Widerständler geschieden hatte, gewährten die amerikanischen Redakteure ihren deutschen Helfern weitgehende Freiheiten. Den deutschen Linksintellektuellen gefielen die freundlichen Gefühle, die Roosevelt dem großen Führer, dem big boss der Sowjetunion, Josef Stalin, entgegengebracht hatte, sie hofften auf eine Synthese sozialistischer und demokratischer Wertvorstellungen.

Mit der Kapitulation Deutschlands mochten die amerikanischen Führungsoffiziere derartige intellektuelle Gedankenspiele nicht mehr zulassen, vermehrt griffen sie in die Redaktionsarbeit ein und zensierten die Artikel der deutschen Mitarbeiter. Sich von diesen Eingriffen freimachend, gründeten Hans Werner Richter und Alfred Andersch 1946 in München erneut den *Ruf,* der schon bald nach seinem Erscheinen zur herausragenden Publikation im Nachkriegsdeutschland wurde. Der Erfolg kam nicht von ungefähr, das Blatt zeigte sich überaus kritisch gegenüber der Besatzungsmacht. Andersch betrachtete sich als altes KPD-Mitglied legitimiert, Kritik zu üben und scheute sich nicht, die Amerikaner als Imperialisten zu schmähen und ihnen vorzuwerfen, die Rooseveltsche Politik zu verraten, indem sie bei der Gestaltung der neuen europäischen Friedensordnung die Sowjetunion ausschlossen. So viel Meinungsfreiheit wollten die Besatzungsbehörden dann doch nicht zulassen, die Redaktion des *Ruf* wurde ausgetauscht. Hans Werner Richter versuchte daraufhin, eine neue Zeitschrift zu gründen, die den Namen *Skorpion* erhalten sollte, vergeblich, da die Lizenz nicht erteilt wurde. Die Presseoffiziere verloren das Interesse an den einstigen Reeducation-Helfern und überließen es der zuständigen Abteilung ihrer Verwaltung, die politischen Aktivitäten der in Ungnade Gefallenen zu beobachten. Derart eingeschüchtert, beugten sie sich der machtvollen Realität und zogen sich in die Gruppe 47 zurück, blieben antifaschistisch, unterließen es aber, gegen die Besatzungsmacht mehr als erlaubt zu opponieren.

Die Westalliierten hatten wenig Neigung, das deutsche Kulturleben besonders zu fördern, sie wollten zunächst reinigend selektieren und umerziehen und hielten es für ratsam, auf Volksschulniveau ganz unten zu beginnen. Andere Pläne hatte die sowjetische Besatzungsmacht, ohnehin der deutschen Kultur mehr zugetan, initiierten die Sowjets die Gründung des *Kulturbundes zur demokratischen Erneuerung Deutschlands*. Die erste Zusammenkunft des Bundes fand am 3. Juli 1945 im unzerstörten Gebäude des Berliner Rundfunks statt, und schon wenige Wochen später verfügte man über einen eigenen Verlag, der zwei Zeitschriften herausgeben durfte, den *Aufbau* und den *Sonntag*. Präsident des Kulturbundes wurde der Rußland-Emigrant Johannes R. Becher, Vizepräsidenten wurden der Schriftsteller Bernhard Kellermann, der Altphilologe Johannes Stroux und der Maler Karl Hofer. Herbeigeschafft hatten die Russen auch den ziemlich hinfälligen greisen Gerhart Hauptmann, der, von ehrerbietigen Sowjetoffizieren liebevoll betreut, die späte Ehrung der Ernennung zum Ehrenpräsidenten sichtlich genoß, wobei ein russischer Kulturoffizier darlegte, daß der große alte Mann das Alte und das Neue Deutschland versöhnen und vereinen sollte.

Mit Leitungsaufgaben des Bundes betraute man eine illustre Schar des deutschen Kulturlebens und der Wissenschaften, Marxisten, wie den Physiker Robert Havemann, den Nationalbolschewisten Ernst Niekisch, einst von den Kommunisten als Renegat geschmäht, den SPD-Politiker Gustav Dahrendorf und die CDU-Aktivisten Ernst Lemmer und Ferdinand Friedensburg. Namhafte Künstler und Künstlerinnen wie Renée Sintenis, Max Pechstein, Otto Nagel, Schauspieler und Regisseure wie Paul Wegener und der aus der Schweiz zurückgekehrte Wolfgang Langhoff. Besonders stolz waren die Russen auf das Engagement von Ricarda Huch, Anna Seghers, Ludwig Renn, Günther Weisenborn und Willi Bredel. Es entsprach den weitgesteckten Zielen der Sowjetpolitik, das Grundsatzprogramm des Kulturbundes zunächst unverbindlich und vage formulieren zu lassen. Für die Aufgabe des *demokratischen Wiederaufbaus der deutschen Kultur* waren alle Kulturschaffenden zu gewinnen. Bürgerliche und marxistische Geistesgrößen wollten gemeinsam die Nazi-Ideologie bekämpfen und an einer Neubestimmung der historischen Entwicklung Deutschlands arbeiten. Dazu galt es, das humanistische Erbe wiederzuentdecken und zu fördern. Besondere Zustimmung fand Punkt 5 der Satzung, nach dem die geistigen Errungenschaften anderer Völker, vor allem aber der Sowjetunion, in den kulturellen Neuaufbau Deutschlands einbezogen sein sollten. Als Hauptanliegen des Bundes war festgeschrieben, an der geistigen Gesundung des Volkes mitzuwirken und dabei den Blick besonders auf die Jugend zu richten.

Die Westalliierten betrachteten den Kulturbund von Anbeginn skeptisch und behinderten seine Arbeit in ihren Besatzungszonen nach Kräften. Allenfalls auf örtlichen Ebenen duldeten sie unpolitische Veranstaltungen, vorausgesetzt der Kulturbund wurde nicht als Veranstalter genannt.

Wollte ein Deutscher die in der NS-Zeit verbotene Kunst betrachten, mußte er in die russische Zone reisen, wo die geretteten Werke ausgestellt wurden, vor allem 1946 anläßlich der *Allgemeinen Kunstausstellung,* die erstmals moderne Kunst aus drei Besatzungszonen zeigte. Nur die Briten hatten sich geweigert, Exposite in die sowjetische Besatzungszone zu entsenden. Ein erster *Deutscher Schriftstellerkongreß* konnte erst 1947 in Berlin stattfinden. Mit Spannung wurde das Zusammentreffen der emigrierten Literaten mit den im Lande verbliebenen Schriftstellern erwartet, doch der Kalte Krieg warf bereits seine Schatten auf den Kongreß und wurde schließlich zum Anlaß genommen, den Kulturbund in den Westsektoren der Stadt zu verbieten. Es folgten sodann die Verbotsverfügungen der Besatzungsbehörden in den Westzonen.

Welche Bedeutung die sowjetische Besatzungsmacht dem Kulturbund beimaß, zeigte die großzügige finanzielle Unterstützung, an der auch die weniger aktiven Mitglieder partizipierten, die mit Extrarationen und angenehmen Erholungsaufenthalten, zum Beispiel an der Ostsee, bei guter Laune gehalten wurden. Großzügig wurden von den Russen auch kleine opportunistische Anfechtungen der Kulturschaffenden während des Dritten Reiches übersehen, vorausgesetzt, sie zeigten sich auch den neuen Herren gegenüber gehorsam.

Für die bürgerlichen Intellektuellen in den Westzonen war der Neubeginn mit weitaus größeren Schwierigkeiten verbunden. Auch sie mußten Bilanz ziehen und den Lebensweg und das Lebenswerk einer kritischen Betrachtung unterziehen; belastende Verstrickungen galt es, nach Möglichkeit zu tilgen oder entschuldigend zu erklären. Entsprechend der Bilanz hieß es, sich entweder zu ducken und hin und wieder sondierend das Haupt zu erheben, abzuwarten und zu prüfen, ob die Luft rein war. Einstweilen reklamierte man für sich das Recht auf Irrtum und pflegte einen trotzigen elitären Individualismus, der sich nur mit etlicher interpretatorischer Anstrengung auf Goethe berufen konnte. Der greise Olympier hatte bekundet: *Ich habe in meinem Berufe als Schriftsteller nie gefragt: Was will die große Masse und wie nutze ich dem Ganzen? Sondern ich habe immer nur dahin getrachtet, mich selbst einsichtiger und besser zu machen, den Gehalt meiner eigenen Persönlichkeit zu steigern und dann immer nur auszusprechen, was ich als gut und wahr erkannt hatte. Dies hat freilich, wie ich nicht leugnen will, in einem großen Kreis gewirkt und genützt, aber das war nicht Zweck, sondern ganz notwendige Folge, wie sie bei allen Wirkungen natürlicher Kräfte stattfindet.*

So wollten die Intellektuellen sich nun auch gesehen wissen, abgehoben von der großen Masse. Einst hatten sie mit Alldeutschland im Herzen, einen deutschen Messias erhofft und dann den Führer begrüßt. Sie hatten den braunen Brei mit angerührt und schnell erkannt, daß sie Kot gerührt hatten. Ihr Privileg, schneller als das blöde Volk das Unheil erkannt zu haben, für das sie Wegbereiter gewesen waren, ließ sie die *große Masse* verachten. Sie hatten sich geirrt, Hitler war nicht der aus deutscher Prophezeiung erwachsene Übermensch, den sie mit aufs Schild gehoben hatten, und so erneuerte Gottfried Benn die Hölderlin-Klage und beschimpfte jene, die auch er an der Nase herumgeführt hatte: *Ein Volk in der Masse ohne bestimmte Form des Geschmacks, im ganzen unberührt von der moralischen und ästhetischen Verfeinerung benachbarter Kulturländer, philosophisch von konfuser idealistischer Begrifflichkeit, prosaisch dumpf und unpointiert, ein Volk der Praxis mit dem – wie seine Entwicklung lehrt – alleinigen biologischen Ausweg zur Vergeistigung durch das Mittel der Romantisierung oder der Universalisierung, läßt eine antisemitische Bewegung hoch, die ihm seine niedrigsten Ideale phraselogisch verzaubert, nämlich Kleinhausiedlung, darin subventionierten, durch Steuergesetze vergünstigten*

Geschlechtsverkehr; in der Küche selbstgezogenes Rapsöl, selbstbe-brütete Eierkuchen, Eiergraupen; am Leibe Heimatkurkeln, Grauf-lanell und als Kunst und Innenleben funkisch gegröhlte Sturmbann-lieder. Darin erkennt sich ein Volk. Ein Turnreck im Garten und auf den Höhen Johannesfeuer – das ist der Vollgermane. Ein Schützen-platz und der zinnerne Humpen von Bock, das sei sein Element. Und nun blicken sie fragend die gebildeten Nationen an und erwar-ten mit einer kindlich anmutenden Naivität deren bewunderndes Erstaunen …

Dies 1946 von Gottfried Benn, der selbst den Führer als deut-schen Messias gefeiert hatte, der dies alles bereits vor seiner Macht-ergreifung angekündigt hatte: Kleinbausiedlung und Judenhatz. Kul-tisch-völkische Johannisfeuer der Vollgermanen, sie brannten schon und Benn hatte sie gesehen – und er hatte sie gutgeheißen. Sein in-tellektuelles Privileg, des Zeitgeistes eher überdrüssig sein zu dürfen als die *große Masse*, gestattete ihm nun den geistigen Hochmut. Benn hatte Nietzsches Verheißung vom *Kommenden* falsch interpre-tiert, der Führer hatte sich als falscher Erlöser entpuppt und also war nun nach dem Zusammenbruch weiter zu hoffen. Für Benn war das eigentliche Deutschsein noch immer am Wirken und Wer-den, und so wähnte er das gelobte Land mit neuen Eliten hinter dem Horizont.

Auch für Ernst Jünger war der in Stahlgewittern gehärtete Über-mensch eine Hoffnung geblieben. Von den Nationalsozialisten um-worben, hatte er sich ihnen widersetzt, er hatte ihnen von Anbeginn den Adel der Auserwählten nicht zubilligen wollen. Zwei Jahre nach dem Zusammenbruch rezipierte er am Beispiel der Science-fiction-Stadt Heliopolis die Jahre der Hitlerzeit – intellektuell distanziert, so als hätte er keinen Anteil daran. Heliopolis war eine fiktive Stadt in einer ungeschichtlichen Zeit, hinter deren Mauern der ewig gleich verlaufende, die Menschheitsgeschichte bewegende Kampf fragwür-diger Machteliten tobte, über deren Wirkung und Wert der Welten-richter als Allegorie des wahren elitären Weltgeistes entschied. Wo-mit zu erahnen war, daß Jünger sich an der Seite der elitären Kräfte des Wirkens und Werdens zu sehen wünschte, die sich niederer Ideo-logien und menschlicher Heilskonstruktionen entzogen. Eine große Leserschaft hatte *Heliopolis* nicht erreicht, doch die Fernsicht auf das Dritte Reich, so kurz nach seinem Untergang, wurde intellektueller Brauch. Je deutlicher das Ausmaß der deutschen Katastrophe wurde, um so mehr wurde das Geschehen verdrängend als unabänderlicher

Lauf der Geschichte betrachtet, in dessen Fortgang einzugreifen dem Einzelnen versagt war.

Auf die Zukunft vorbereitet
Reinigung

Eine Handvoll Hauptschuldiger standen in Nürnberg vor dem Siegertribunal, und nur allzu gern nahm das Volk ihr Sündenbockopfer an und zeigte sich beleidigt, daß die Sieger dennoch von jedem Deutschen Rechenschaft über die Vergangenheit verlangten. Die Einsetzung unbelasteter, aber nicht immer unabhängiger deutscher Entnazifizierer, sollte eine Selbstreinigung suggerieren, doch die Mehrheit mußte sich nicht verantworten, die Jubler und anonymen Denunzianten blieben ungeschoren, vorgeladen wurden die Mitglieder der NS-Partei und Angehörige der NS-Organisationen, die nun Gelegenheit hatten, den Richtern, die nicht selten Opfer waren, ihre Unschuld zu beteuern und nach Möglichkeit die reinwaschenden *Persilscheine,* eidesstattliche Versicherungen von Unschuldigen, sich anständig verhalten zu haben, vorzulegen. In der Wahrheitsfindung oft ungeübte Männer und Frauen befanden über Schuld oder Unschuld, verteilten nach bestem Wissen und Gewissen Zensuren für das Betragen während der braunen Jahre, nicht immer gerecht und meist schmerzlich für die *kleinen Hitler,* die niederen Amtswalter, die nichts anderes verbrochen hatten, als ihre kleinbürgerlichen Ordnungsnormen mit den Machtmitteln der Partei durchgesetzt zu haben.

Für kurze Zeit waren die Mitglieder der Entnazifizierungskommissionen nicht ohne Einfluß, bisweilen konnten sie bei der Wohnraumbeschaffung behilflich sein, *gute Beziehungen* herstellen und Kontakte zu den örtlichen Militärbehörden eröffnen. Wohl dem, der nach der Prozedur als *Mitläufer* eingestuft, weitere Nachstellungen nicht mehr zu befürchten hatte. Belastete Nationalsozialisten, die den Besatzungsbehörden zu Diensten waren, blieb die Entnazifizierung erspart.

Äußerst gekränkt zeigte sich der liberale Politiker Theodor Heuss, der bereits an der Neugründung einer Partei beteiligt und Lizenzinhaber einer Zeitung war, als auch er vor die Prüfungskommission geladen wurde, da es einige dunkle Punkte in seinem Lebensweg gegeben hatte, nicht zuletzt die Zustimmung zum Ermächtigungsgesetz.

Angesichts der strengen Bestrafung, mit der die kleinen Amtswalter zu rechnen hatten, war die Mitwirkung an der Beseitigung der Demokratie nicht gerade gering zu bewerten. Es wird ungeklärt bleiben, wie es geschehen konnte, daß Heuss schließlich unvorgeladen und ungetadelt blieb, war es eine Intervention höherer Militärdienststellen oder der Respekt der Kommissionsmitglieder vor dem bereits wieder aktiven Politiker?

Die Siegermächte konnten zum Beginn des Jahres 1947 zufrieden mit dem Fortgang ihrer demokratischen Aufbauarbeit sein. Auf der Kommunal- und Landesebene waren demokratische Strukturen gebildet, die Parteien hatten sich etabliert, die Organisation rechtsradikaler Gruppen konnte verhindert werden und das beginnende politische Leben stand unter der Kontrolle der zuständigen Sicherheitsorgane.

Zumindest in den Westzonen war den Kirchen eine Sonderstellung eingeräumt. Bereits unmittelbar nach der Besetzung hatten sich die Ortskommandanten der Autorität der Geistlichen bedient und mit ihnen die Fragen der zivilen Ordnung geklärt. Vor allem die katholische Kirche beanspruchte von Anbeginn eine gestaltende Mitwirkung am politischen Wiederaufbau. Zum Zeichen dessen berief Pius XII. drei deutsche Kardinäle, die vernehmlich die alten Positionen der Zentrumspartei anmahnten und im übrigen über die schwarzen, oder besser gesagt braunen Schafe in ihren Reihen schwiegen. Unerwähnt blieb auch die Rolle des Vatikans im Zusammenhang mit der Auflösung des Zentrums und dem Ränkespiel um den Abschluß des Reichskonkordats mit Hitler, wobei das päpstliche Abkommen mit dem NS-Regime nun als politisch-diplomatische Notwendigkeit erklärt wurde, mit der schlimmeres verhütet worden sei.

In übler Lage befand sich die evangelische Kirche, die als schwere Last die sogenannten *Deutschen Christen* unter dem Reichsbischof Müller zu tragen hatte. Führende Geistliche hatten 1933 die *Nationale Revolution* emphatisch begrüßt und, evangelischem Brauch entsprechend, mit Luthers antipäpstlicher Bibelinterpretation das evangelische Christenvolk zum Gehorsam gegenüber der NS-Obrigkeit verpflichtet. Mit kirchlichen *Persilscheinen* konnten allerdings die wenigen Pastoren und Gemeindemitglieder der *Bekennenden Kirche*, voran der streitbare Pfarrer Martin Niemöller, den gestrauchelten Brüdern und Schwestern helfen. Als reinigende Zäsur und für den geläuterten Fortgang der Kirchenarbeit legten die Kirchenväter *Vor*

Gott und der Welt das *Stuttgarter Schuldbekenntnis ab,* mit dem man sich selbst Generalabsolution erteilte und sich verpflichtete, am Aufbau der neuen Gesellschaft mitzuwirken. In Konkurrenz zur katholischen Kirche meldeten damit auch die Protestanten ihren Anspruch an der Mitgestaltung der Gesellschaft an. Anders als die Katholiken, deren Oberhaupt sich nationalen Autoritäten entzog, war es für die evangelische Kirche ungleich schwerer, in der säkularisierten Welt ihren Platz zu behaupten. Nach altem Rezept verpflichtete sie sich dem Zeitgeist, diente sich den jeweils politischen Mächten an oder übte, wenn es opportun erschien, volkstümliche Opposition.

Deutsche an einen Tisch?
Die Spaltung

Die anhaltende Fluchtbewegung aus der sowjetischen Besatzungszone machte deutlich, welche Deutschen das bessere Los gezogen hatten, und daß man eine Verfestigung der deutschen Teilung erwartete. Vom Wandel der von den Briten eingeleiteten und schließlich von den Amerikanern mitgetragenen Deutschlandpolitik erfuhren die Deutschen im Juni 1947. Der amerikanische Außenminister George Marshall hatte zu Beginn des Monats an der Havard Universität eine programmatische Rede gehalten und in diesem Zusammenhang Europa ein umfassendes Hilfsangebot gemacht, vorausgesetzt die europäischen Staaten einigten sich über die Koordination ihrer Wirtschaft. Eingeschlossen in dieses Programm sollte auch Deutschland sein. Das Angebot galt auch für die Sowjetunion, doch wurde sehr bald deutlich, daß die republikanische Mehrheit in Amerika sich bereits antikommunistisch profilierte und auf Konfrontationskurs zur Sowjetunion ging, so daß diese fromme Absicht sehr bald zu den Akten gelegt wurde. Für Deutschland hieß dies, nur die Westdeutschen durften auf die Segnungen des Marshallplanes hoffen, die Ostdeutschen blieben ausgeschlossen.

Bereits einen Tag nach dieser Rede war in Deutschland der Politikwandel offensichtlich. Die deutschen Ministerpräsidenten hatten von den Westmächten das Signal bekommen, daß die Westintegration der Westzonen möglich wäre. Die siegreichen Kulturnationen folgten damit einer länger gehegten Absicht, es nicht zu arg mit den Deutschen zu treiben, eine allzu gestrenge Zuchtrute bedeutete möglicherweise eine Stärkung der westdeutschen Kommunisten, wie Sympathiekundgebungen der Arbeiterschaft im Ruhrgebiet für den KPD-Führer Max Reimann befürchten ließen. Vor allem die Engländer glaubten, eine weitere Gefahr zu erkennen, nämlich das Wiederentstehen eines deutschen Nationalismus durch eine länger anhaltende Teilung Deutschlands.

Zweifellos würde die Westintegration diese Teilung befestigen, und so hatte man beschlossen, dem bayrischen Ministerpräsidenten zu gestatten, die Landeschefs Gesamtdeutschlands nach München einzuladen, um gemeinsam die Zukunft Deutschlands zu erörtern. Dies war die offizielle Version für die deutsche Öffentlichkeit, denn eigentlich war man sich sicher, daß die Russen die Teilnahme der ostdeutschen Ministerpräsidenten nicht gestatten würden, und so hatte man sich darauf eingerichtet, im Namen der unter der Sowjetherrschaft lebenden Deutschen mitzuhandeln. Doch welch ein Entsetzen, als sich herausstellte, daß die Sowjets ihren Ministerpräsidenten die Reise nach München erlaubten und sie ausdrücklich befugt waren, über die Bildung einer deutschen Zentralverwaltung zu verhandeln, sowie eine Verständigung der demokratischen Parteien und der Gewerkschaften zur Schaffung eines Einheitsstaates zu suchen. Um die Herren aus dem Osten recht schnell wieder los zu werden, provozierte man sie zunächst mit einer bereits vorbereiteten Tagesordnung und gestattete es ihnen nicht, weitere Tagesordnungspunkte vorzuschlagen. Damit wurde deutlich, daß die Einladung der mitteldeutschen Länderchefs nicht ernst gemeint war.

Absicht war es gewesen, dank des erhofften Reiseverbotes seitens der Russen die Unterdrückung der Menschen in der Ostzone beklagen zu können – eine Klage, die besonders wirksam gewesen wäre, da die Mehrheit der Ost-Ministerpräsidenten keine Kommunisten waren, sondern Sozialdemokraten und Liberale. Diese Männer waren sich ihrer Rechtlosigkeit bewußt und betrachteten die Konferenz lediglich als eine Demonstration für die Reichseinheit und als eine Solidaritätsbekundung für alle Deutschen. Die Kollegen des Westens sahen dies allerdings anders, die braven Maurer, Tischler und kleinen Angestellten, von den Alliierten nobilitiert, dachten mehr an die in Aussicht gestellten Segnungen, als an vaterländische Gefühle und altväterliche Bürgerträume eines deutschen Nationalstaates, und so entschied sich in der Nacht vom 5. auf den 6. Juni 1947 das deutsche Schicksal, die Ost-Ministerpräsidenten versuchten einen letzten Kompromiß, beharrten nicht auf einer Einheitsstaatdiskussion und baten lediglich darum, ihre Vorstellungen verlesen zu dürfen, nicht als politische Demonstration, sondern als Pflichtübung gegenüber ihrer Besatzungsmacht, um sodann, dem Ernst der Stunde angemessen, über erreichbare deutsch-deutsche Gemeinsamkeiten zu sprechen. Die elf westdeutschen Ministerpräsidenten, mehrheitlich der SPD angehörend, zeigten sich hart und machten deutlich, daß ihre Ost-Kollegen im Dienste der Sowjets standen und nicht demokratisch legitimiert wären, eine Einlassung, die bei der Einladung nicht in Betracht gezogen worden war. Man hatte sich bereits für die Teilung, für den Weststaat entschieden, und so bedurfte es keines diplomatischen Feingefühls, keiner Verpflichtung gegenüber den sogenannten Brüdern und Schwestern im Osten. Die Eingeladenen wurden kurzerhand zur Abreise gedrängt, man wollte unter sich sein.

Staatsgründer
Geburt der deutschen Republiken

Nachdem man sich des Ostens entledigt hatte, konnte Bayern ohne Störenfriede die westdeutschen Ministerpräsidenten zu einer Vorkonferenz der Länder nach Herrenchiemsee einladen. In der herrlichen vom Krieg verschonten Landschaft ließ es sich gut von friedvollen normalen Zeiten träumen, und so disputierte man einträchtig über die künftige deutsche Verfassung, wobei die Herren wußten, daß die alliierten Vorgaben bereits festgeschrieben waren. Die Amerikaner hatten vorgeschlagen, eine demokratisch legitimierte verfassungsgebende Versammlung einzuberufen, doch so viel Volkssouveränität hielten die Länderchefs nicht für geboten, sie plädierten für einen parlamentarischen Rat, dessen Abgeordnete von den Landtagen gewählt werden sollten, und auch die erarbeitete Verfassung wollten sie von den Landtagen beschließen lassen. Um den Amerikanern diesen Vorschlag plausibel zu machen, gab man vor, damit den provisorischen Charakter des Gesetzeswerkes unterstreichen zu wollen. Nicht diskutabel waren die alliierten Vorgaben bezüglich der föderalistischen Struktur des neuen Staates. Am 1. September 1948 trat der Parlamentarische Rat mit 65 von den Landtagen gewählten Mitgliedern zu seiner ersten Sitzung zusammen. Keiner das deutsche Volk repräsentierenden Versammlung, sondern Parteipolitikern der CDU, SPD, FDP, DP, Zentrum und der KPD war die Schaffung einer deutschen Verfassung anvertraut. Präsident war Konrad Adenauer und Vorsitzender des Hauptausschusses Carlo Schmid.

Da saßen sie nun im Bonner Museum Koenig inmitten naturkundlicher Exposite und ausgestopfter Tieren zusammen, die Väter und wenigen Mütter des Grundgesetzes, dreifünftel von ihnen Beamte, meist Juristen, und beratschlagten auf Geheiß und unter reger Anteilnahme der Besatzungsmächte, welche Ordnung sich der neue Staat geben sollte. An den Befehlen der Siegermächte war nicht zu rütteln, wobei der geforderte Föderalismus auch im Interesse der Länder lag, die sich lediglich über ein praktikables und ausgewogenes Verhältnis zwischen der Zentralregierung und der Ländervertretung zusammenraufen mußten. Widerstand der Amerikaner erfuhren die Sozialdemokraten, als sie ihre Vorstellungen einer sozialistischen Wirtschaftsordnung in der Verfassung festschreiben wollten: Planwirtschaft, Enteignung der Schlüsselindustrie und der Banken. Sie mußten retirieren, eine sozialistische Republik wollten vor allem die Amerikaner nicht zulassen. Inhibieren wollten die Alliierten auch den Verfassungsauftrag einer Versorgungsregelung für die Beamten. Die Artikel 33 und 131 hatten sogar NS-Beamte begünstigt. Doch hier zeigte sich der Parlamentarische Rat mit seinem hohen Beamtenanteil hartnäckig, so daß die hohe Aufsicht schließlich nachgab.

Auseinandersetzungen gab es auch um den Einfluß der etablierten Kirchen, die über die Christdemokraten und das Zentrum die christlichen Wertvorstellungen verfassungsmäßig verankert sehen wollten, während die Liberalen und Sozialisten auf dem laizistischen Prinzip beharrten. Der geschlossene Kompromiß befriedigte keine der Parteien und vor allem die Kirchen zeigten sich enttäuscht.

Mit Vehemenz forderten die wenigen Verfassungsmütter die Gleichberechtigung der Geschlechter und eröffneten damit eine kurios-groteske Debatte, denn die erdrückende Mehrheit der Männer bestand auf ihren kleinbürgerlichen Familienvorstellungen. Das Wahlrecht wollten die Herren den Frauen selbstverständlich gestatten, doch von weitergehenden emanzipatorischen Forderungen, wie Gleichberechtigung in Beruf, Gesellschaft und Familie wollte man nichts hören. Mit welcher Unlust die männlichen Grundgesetzstifter die frauenemanzipatorischen Artikel ins Grundgesetz aufnahmen, dokumentierten in der Folgezeit die zahlreichen Urteile des Bundesverfassungsgerichts, die immer wieder höchstrichterlich die Rechte der Frauen durchsetzen mußten.

Von den Alliierten angemahnt und von jenen Politikern, die bereits Abgeordnete des Reichstags gewesen waren, unterstützt, hieß es, die Schwächen der Verfassung der ersten Republik zu vermeiden. Dies galt insbesondere für die verfassungsrechtliche Stellung des Bundespräsidenten, dem lediglich repräsentative Pflichten eingeräumt wurden. Instabile Regierungen sollten durch eine Stärkung des Amtes des Bundeskanzlers vermieden werden. Um der Welt und den Alliierten ein geläutertes Deutschland vor Augen zu halten, setzten die Verfassungsstifter, erstmalig in der deutschen Verfassungsgeschichte, die Grund- und Menschenrechte an die erste Stelle. Zum Schutz und zur rechtlichen Interpretation des Grundgesetzes wurde schließlich das Bundesverfassungsgericht in der Verfassung verankert. Schon bald nach der Verabschiedung des Grundgesetzes durch die Länderparlamente, nur Bayern lehnte es ab, wurde dieses Verfassungswerk als Krönung des deutschen Parlamentarismus gepriesen, nicht zuletzt, weil es so herausragend die Grundrechte garantierte.

Zunächst waren dies allerdings nur Willensbekundungen, denn selbstverständlich hatten sich die Alliierten alle innen- und außenpolitischen Rechte vorbehalten. Als die Siegermächte im Verlauf der demokratischen Entwicklung der Bundesrepublik den Deutschen einige Souveränitätsrechte übertrugen, zeigte es sich allerdings, daß man mit den Grundrechten zu üppig umgegangen war, insbesondere diese Artikel bedurften der einschränkenden Nachbearbeitung. Daß die Mehrzahl der Grundgesetzänderungen die Grundrechte betrafen, spricht nicht unbedingt für die Weisheit der Grundgesetzväter, Rechte, die zur Disposition stehen, werden kaum ernst genommen und eignen sich nicht für Treueschwüre, und so war bald deutlich, daß dieses Grundgesetz der Bundesrepublik keinen Verfassungsenthusiasmus begründen konnte.

Als Feigenblatt zur Bekundung des deutschen Einheitswillens hatte der Parlamentarische Rat dem Grundgesetz eine entsprechende Willensbekundung zur Reichseinheit vorangestellt, die insofern keine Verfassungsverpflichtung war, als sich die Siegermächte alle Fragen, die das ganze Deutschland betrafen, vorbehalten hatten.

Der Wahlkampf zum ersten Deutschen Bundestag zentrierte sich völlig auf die richtungsweisende Entscheidung der Wähler, ob diese Republik einen sozialistischen oder bürgerlich-liberalen Weg beschreiten sollte. Die Sozialdemokraten sahen sich als Favoriten, nicht zuletzt durch die charismatische Ausstrahlung ihres Spitzenkandidaten Kurt Schumacher. Sein Kontrahent war der greise einstige Kölner Oberbürgermeister und preußische Staatsrat Konrad Adenauer, zu alt, wie man in der SPD glaubte, um in ihm eine ernste Gefahr sehen zu können. Einhellig antikommunistisch zeigten sich die beiden großen politisch relevanten Blöcke, die staatssozialistischen und um die Reichseinheit besorgten Sozialdemokraten auf der einen, die mehr von kleinbürgerlich-mittelständischen Urtugenden geleiteten bürgerlichen Parteien unter der Führung der CDU auf der anderen Seite.

Mit der Verabschiedung des Grundgesetzes durch die Länder trat die Bundesrepublik Deutschland in die Geschichte, doch erst die Wahl zum ersten Deutschen Bundestag gab dieser provisorischen Republik die demokratische Legitimation. Die Hoffnung der Parteien, daß die Bevölkerung den politischen Neubeginn mit einer großen Wahlbeteiligung unterstützen würde, erfüllte sich freilich nicht im gewünschten Maße, über 20 % der Wahlberechtigten waren nicht zu den Wahlurnen geschritten.

Mit Spannung hatten die Alliierten das Wahlergebnis erwartet. Eindeutige Sieger waren die Sozialdemokraten, doch insgesamt konnten die bürgerlichen Parteien eine hauchdünne Mehrheit erreichen. In zähen Verhandlungen hatten sich schließlich die Christdemokraten, Liberalen und die kleine *Deutsche Partei* auf eine Koalition einigen können. Die Wahl des Bundeskanzlers zeigte, auf welch schwachen Füßen die Regierung stand. Mit nur einer Stimme Mehrheit, es war seine eigene, wurde Konrad Adenauer zum ersten Bundeskanzler gewählt. Das hohe Alter, so war man sich einig, würde seine Kanzlerschaft auf eine Legislaturperiode begrenzen und die knappe Mehrheit der Regierungskoalition der Opposition größere Mitwirkung bei der Gestaltung der Republik einräumen. Die politische Handlungsfreiheit des ersten deutschen Bundestages war freilich begrenzt, über der Regierung wachten die *Hohen Kommissare,* die symbolträchtig auf dem Petersberg residierten und nicht nur kontrollierend, sondern auch leitend und lenkend an der Regierungsarbeit beteiligt waren. Das hinderte die frei gewählten Abgeordneten nicht, mit Eifer und gebührendem Ernst, in freier Rede politischen Gestaltungswillen zu bekunden und Beschlüsse zu fassen, auch wenn sie wußten, daß die endgültige Entscheidung auf dem Petersberg getroffen wurde.

Es war eine merkwürdige Zusammensetzung von Volksvertretern: ältere Damen und Herren, die bereits parlamentarische Erfahrung als Mitglieder des Reichstags gemacht hatten, Widerstandskämpfer und Opfer der Nazidiktatur, heimgekehrte Emigranten, Männer und Frauen, die sich nicht unbedingt Antifaschisten nennen konnten, aber irgendwie doch einmal Schwierigkeiten mit den Nazis hatten, einfache Mitläufer, die sich gern als *innere Emigranten* bezeichneten.

Im ersten *Handbuch des deutschen Bundestages* waren die Lebensläufe der Abgeordneten nachzulesen, selbstverfaßte Kurzbiografien, die vor allem bei den bürgerlichen Volksvertretern auffallende Lücken aufwiesen, in denen die Jahre zwischen 1933 bis 1945 getilgt waren. Bezeichnend der sich ständig wiederholende Eintrag: 1933 *vom politischen Leben ausgeschlossen*, mit dem kundgetan sein sollte, daß man in Opposition zum Nazi-Regime gestanden hatte, was ein wenig geschwindelt war, weil man einer Partei angehört hatte, die sich nach der Zustimmung zum Ermächtigungsgesetz und der Wahlempfehlung für die Nationalsozialisten selbst aufgelöst hatte. Das Bekenntnis, der NS-Partei oder einer ihrer Gliederungen angehört zu haben, war nicht verlangt, und so wurde der Eindruck erweckt, daß sämtliche Bundestagsabgeordnete eine blütenweiße Weste vorweisen könnten – mit einer Ausnahme, der Abgeordnete Henckel von Donnersmarck, der sich der Wahrheit und Ehrlichkeit verpflichtet sah und meinte, daß zum demokratischen Wiederaufbau ein persönliches Bekenntnis verlangt war, erklärte als Einziger seine Mitgliedschaft in der NSDAP, eine Ehrlichkeit, die freilich inzwischen gefahrlos war, da die Siegermächte erkannt hatten, daß die ehemaligen Nationalsozialisten ihnen im Kalten Krieg besonders treue Verbündete waren.

Die hohen Kommissare beobachteten die Bundestagsdebatten mit größter Aufmerksamkeit, schließlich hatten sie den Auftrag ihrer Regierungen zu erfüllen, Garanten der demokratischen Entwicklung Deutschlands zu sein. Selbstverständlich durften Gesetze und Verordnungen ohne ihre vorherige Zustimmung nicht vom Bundestag verabschiedet werden, und tatsächlich machten sie von ihrem Vetorecht Gebrauch, wenn die Beschlüsse mit *den von den Besatzungsbehörden selbst getätigten Beschlüssen oder Maßnahmen im Widerspruch stehen.* Schließlich arbeitete die deutsche Regierung auf Probe, und entsprechend war im § 3 des Besatzungsstatuts festgehalten: *Die Besatzungsbehörden behalten sich das Recht vor zur gänzlichen oder teilweisen Wiederaufnahme der Ausübung der uneingeschränkten Autorität, wenn sie ein derartiges Vorgehen für die Sicherheit oder Wahrung einer demokratischen Regierung in Deutschland, oder in Verfolg internationaler Verpflichtungen ihrer Regierungen als wesentlich ansehen.*
Begeistert konnte auch Mr. Green sein, einst Feindpropagandachef beim Londoner Rundfunk und jetzt in Hamburg helfende Hand beim Nordwestdeutschen Rundfunk. Er hatte sich ein Deutschland

der *kleinen Leute* gewünscht, ein Blick in das Handbuch des Deutschen Bundestages zeigte es: Die Repräsentanten des Deutschen Volkes entstammten mehrheitlich dem Kleinbürgertum. Zu danken war dies der indirekten Wahl, nämlich der Kandidatenwahl durch die Orts- und Kreisverbände der Parteien, deren Wunschabgeordneten das kleinbürgerliche Milieu der Basis widerspiegelte. Gewählt wurden Lokalheroen, die ihre Meriten in der kommunalen Selbstverwaltung, der Wegeunterhaltung, dem Wasserrecht und der Fäkalienentsorgung aber auch in der Verwaltung des Mangels, erworben hatten. Daraus folgend zeigten sich die alliierten Stifter der Demokratie, vor allem die Engländer etwas bekümmert über den Stil der Bundestagsdebatten. Die überwiegende Mehrheit *kleiner Leute*, Männer und Frauen, die Unflätigkeit für das Wesen der Volkssouveränität hielten und unter *Deutsch gesprochen* nicht gerade abendländisch-gesittete Konversation verstanden.

Terence Prittie, ein englischer Journalist, empfand den ersten Deutschen Bundestag als *eine seltsame, ja beängstigende Versammlung. Zunächst einmal herrschte ein unglaublicher Lärm. Nach zwölf Jahren Nazidiktatur und vier Jahren Militärregierung war die Reaktion vieler Mitglieder wie die von Kindern, die gerade aus der Schule kamen. Ständig fanden Unterbrechungen statt und Beschimpfungen zwischen den Rechten und den Linken wurden häufig quer durch den Saal ausgetauscht. Viele der Reden waren unverständlich, ja sogar unsinnig, z.B.wurde nie klar, wofür die Loritz Partei eintrat ...*

Einem anderen angelsächsischen Beobachter blieb der Anlaß einer *mörderischen Debatte völlig schleierhaft, ein auf den Tisch hauen, mit den Füßen stampfen und krakeelendes wüstes Durcheinander.* Die aufsichtführenden Hohen Kommissare sahen allerdings in diesen Flegeleien und Ungezogenheiten keinen Anlaß zum Einschreiten und teilten die Auffassung Pritties, daß nach den Jahren der Unfreiheit der Überschwang erklärlich sei. Ein bißchen paßte das Benehmen vieler Abgeordneten in das Bild der europäischen Nachbarn vom *häßlichen Deutschen.* Sir Christopher Steel, der zweite britische Hochkommissar, meldete seiner Regierung im Stile eines Kolonialoffiziers, der aus dem inneren Afrikas berichtet: *Die grotesken Hanswurstiaden der deutschen Parlamentarier, führen mir die demoralisierende Wirkung einer langen Besatzungszeit vor Augen.*

Ungeachtet der geringen politischen Gestaltungsmöglichkeiten, zeigten sich die Volksvertreter erstaunlich selbstbewußt, in rührender Gewichtigkeit suggerierten sie sich den Wählern als handlungsberechtigt, dies wurde freilich von den Hohen Kommissaren gefördert, die ihre Befehlsgewalt weitgehend diskret ausübten.

Es waren nur wenige deutsche Politiker, die in das Bewußtsein der deutschen Öffentlichkeit gelangten. In erster Linie der Bundeskanzler Konrad Adenauer, dem es bald gelang, den Stil der jungen deutschen Teilrepublik prägend zu beeinflussen. Als Patriarch herrschte er über die bürgerliche Koalition, der er seinen politischen Gestaltungswillen aufzwang. Zudem war es ihm gelungen, die eigene Partei mit eiserner Hand zu führen. Sein Herkommen und sein Lebensweg bestimmten seine politischen Vorstellungen, die er hartnäckig und zuweilen auf verschlungenen Wegen zum Ziel führte.

Gestalten der Politik
Kleinbürgerliche Karrieren

Aufgewachsen war Konrad Adenauer im Kölner Kleinbürgermilieu, sein Vater war Kanzlist beim Stadtgericht, und so war dem Sohn das hohe Amt nicht an der Wiege gesungen. Die bescheidenen finanziellen Verhältnisse des Elternhauses zwangen zur Aufnahme von Pensionären, und überdies mußte die Mutter mit Näharbeiten einen Beitrag zur Haushaltskasse erwirtschaften. Im Hause der Adenauers herrschte die gediegene Wohlanständigkeit des subalternen Beamtentums, dessen Lebenswelt sich um das Einkommen, die kleinbürgerliche Reputation, Pünktlichkeit, Sauberkeit und Ordnung rankte. Man war nicht streng, aber gut katholisch und also auch antipreußisch und antiprotestantisch. Eine kleine Erbschaft investierte der Vater in die Söhne, Konrad und seine zwei Brüder sollten einmal was besseres werden, und so wurde das Geld in eine höhere Bildung investiert. Sohn Konrad studierte Jura und trat nach erfolgreichem Abschluß des Studiums in den Dienst eines angesehenen Kölner Anwalts. Eigentlich wollte er Notar werden, doch eine günstige Einheirat in die reiche, wohlangesehene Familie Wallraf eröffnete ihm die Möglichkeit, in der städtischen Verwaltung Karriere zu machen. Ein Wallraf war in jener Zeit Oberbürgermeister und so wurde Konrad Adenauer im Jahre 1906 zehnter Beigeordneter und Chef des Steuerdezernats und schließlich nach getreuer Pflichterfüllung 1917 Oberbürgermeister seiner Vaterstadt

Tiefverwurzelt war seine antipreußische Gesinnung, Preußen, das war Bevormundung und Zentralismus, unverziehen war Bismarcks antikatholischer Kulturkampf. *Los von Preußen* hatte sich die Zentrumspartei, in deren Reihen auch Adenauer stand, auf ihre Fahnen geschrieben. In Köln hatte kleinbürgerlicher Opportunismus zwar dem Hohenzollernkaiser Wilhelm II. schon zu Lebzeiten ein Denkmal gesetzt, das einzige in Deutschland, doch nach dem Ende des Kaiserreichs rührten sich die antipreußischen Kräfte, die sich nicht nur aus Preußens Vorherrschaft, sondern aus dem Reichsverband lösen wollten. Der rheinische Separatismus hatte gute Gründe: Ein an Frankreich angelehnter Rheinbundstaat hatte gute Aussichten, den Folgen der deutschen Niederlage zu entgehen. Über die Bestrebungen der Separatisten vorzüglich informiert und entsprechende Kontakte pflegend, zog es Adenauer vor, sich abwartend zu verhalten. Doch als deutlich wurde, daß es einen westdeutschen Separatstaat nicht geben würde, wandte er sich wieder der preußischen Provinzialpolitik zu und wurde sogar zum Präsidenten des Preußischen Staatsrats gewählt. Dieses Amt führte ihn regelmäßig in die ungeliebte Reichshauptstadt Berlin, die er als heidnisch empfand und durch die sich sein Preußengroll noch verstärkte. Als bekannter Zentrumspolitiker war er sogar für das Amt des Reichskanzlers im Gespräch, doch die Separatismusgerüchte ließen die Verantwortlichen von einer Nominierung Abstand nehmen.

Mit der Machtergreifung der Nationalsozialisten endete die politische Tätigkeit, am 13. März 1933 erfolgte die Entfernung aus dem Amt des Oberbürgermeisters, womit zugleich eine Verhaftung in Aussicht stand. Adenauer zog es vor, Köln zu verlassen und seinen Aufenthaltsort häufiger zu wechseln, doch als deutlich wurde, daß die neuen Machthaber an ihm kein Interesse zeigten, bezog er in der kleinen Gemeinde Rhöndorf ein Eigenheim. Kleine Schikanen, zum Beispiel die Aufforderung, das Stadtgebiet und die nähere Umgebung Kölns zu verlassen, wurden wieder aufgehoben, darüber hinaus gewährte ihm der NS-Stadtrat eine Pension und eine Entschädigung von 230000 Reichsmark für seinen Grundbesitz in Köln. Wohlversorgt und unbehelligt, genoß der Pensionär ein beschaulich-ruhiges Landleben.

Als der einstige Amtskollege, der Leipziger Oberbürgermeister Carl Friedrich Goerdeler den Ruheständler am Rhein um ein Gespräch bat, ahnte Adenauer, daß es um eine Verschwörung gegen das Regime ging und lehnte ab. Trotzdem verhaftete die Gestapo nach dem Putsch vom 20. Juli auch ihn, ohne daß eine Mitwisserschaft bewiesen werden konnte. Einmal im Visier der Gestapo, war es schwer, sich aus ihren Fängen zu befreien, zumal unsicher war, inwieweit die Verschwörer ihn ohne sein Wissen in ihre Pläne einbezogen hatten. Eine Erkrankung und die Einweisung in ein Krankenhaus beendete zunächst die Gestapoaufsicht. Durch die Hilfe eines befreundeten Wehrmachtsoffiziers gelang schließlich die Flucht, die ihn zunächst in eine abgelegene Mühle in den Westerwald führte. Als es der Gestapo gelang, das Versteck aufzuspüren, war die Situation zunächst prekär und die neuen Haftbedingungen ungleich unangenehmer. Offensichtlich aber hatten sich die Verdächtigungen nicht erhärten lassen, denn Adenauer wurde entlassen, außergewöhnlich in jener Zeit, als Verdächtigungen ausreichten, um vermeintliche Staatsfeinde zu erschießen.

Von der englischen Besatzungsmacht wieder in das Oberbürgermeisteramt eingesetzt, waren die Aufgaben im zerstörten Köln kaum zu bewältigen, zumal für den versierten Verwaltungsmann Adenauer die Eingriffe und Bevormundungen der Besatzungsoffiziere bei der Fülle der Probleme eher hinderlich waren und überdies der Zivilist Adenauer die militärischen Befehlsstrukturen für unangemessen hielt. Den Engländern war dieser Mann lästig und folglich wurde er mit der Begründung, er sei unfähig, entlassen.

Adenauers sozialdemokratischer Widerpart Kurt Schumacher hatte das Dritte Reich nicht so unbeschadet überstanden. Auch er entstammte einem soliden Kleinbürgerhaus, die Eltern hatten ein gut florierendes Geschäft in Culm, und so konnte Sohn Kurt in geordneten deutschnationalen Verhältnissen heranwachsen. Das väterliche Geschäft erlaubte eine gute Schulbildung und ein Studium. Bei Ausbruch des Ersten Weltkrieges zeigte sich der Vater beglückt, als sich sein Sohn kriegsfreiwillig meldete und wie der Großteil der deutschen Jugend begeistert ins Feld zog, eine Begeisterung, die im Verlauf des Schreckens und Grauens des Krieges dahinschwand. Schwer verwundet und desillusioniert suchte er in der Heimat Kontakt zur sozialdemokratischen Partei und wurde in den Revolutionswirren Mitglied des Arbeiter- und Soldatenrats. Zunächst als Redakteur in Württemberg tätig, wurde er schließlich für die SPD in den württembergischen Landtag gewählt. In der Endzeit der Weimarer Republik von 1930 bis 1933 war er Mitglied des Reichstages, wo er in harter Konfrontation zu den Nationalsozialisten stand.

Einer breiten Öffentlichkeit wurde Schumacher in dieser Zeit bekannt, als er den NS-Gauleiter Joseph Goebbels hart attackierte, worauf dieser dem aufrechten Patrioten vaterlandslose Gesinnung vorwarf. Der bürgerliche Abgeordnete Ernst Lemmer stellte sich demonstrativ vor den SPD-Abgeordneten und wies empört daraufhin, daß Goebbels nicht im Felde gestanden hätte und somit nicht befugt sei, an der nationalen Gesinnung des schwerverwundeten Kurt Schumacher zu zweifeln. Damit war eine persönliche Feindschaft zwischen Schumacher und Goebbels begründet, mit der Folge, daß der mutige SPD-Mann bereits 1933 in KZ-Haft genommen wurde. Mit nur kurzen Unterbrechungen verbrachte er die Jahre der NS-Herrschaft bis 1944 in Haft. Gesundheitlich schwer angeschlagen, bekümmerte er sich unmittelbar nach Kriegsende um den Wiederaufbau der SPD, wobei seine integre Haltung auch gegenüber den Siegern ihn zur unangefochtenen Autorität der Partei machte.

Die Jahre des Wiederaufbaues und des folgenden Wirtschaftswunders sind untrennbar mit einem Namen verknüpft: Ludwig Erhard. Seine Familie entstammte dem fränkischen Kleinbauerntum. Der Vater Ludwig Erhards verließ mit 26 Jahren den elterlichen Hof und begründete in Fürth ein Weiß- und Kurzwarengeschäft. In den Kleinbürgerstand erhoben, konnte es sich die Familie leisten, Sohn Ludwig eine gute Ausbildung zu ermöglichen. Nach dem Studium der Wirtschaftswissenschaften und einigen Semestern Soziologie erhielt der Jüngling eine Anstellung am *Institut für Wirtschaftsordnung der deutschen Fertigwaren,* dessen Leiter er schließlich wurde. Im Dienste der Kriegswirtschaft stehend, blieb er während des Zweiten Weltkrieges von den Nationalsozialisten unbehelligt. Dienstlich und freundschaftlich verbunden war Erhard mit dem Geschichtsphilosophen und Staatstheoretiker Alfred Müller-Armack, der im Jahre 1940 in Münster die *Forschungsstelle für allgemeine und textile Marktwirtschaft* gegründet hatte.

Nach dem Krieg beschäftigte sich Müller-Armack mit wirtschaftstheoretischen Modellen für den Wiederaufbau der deutschen Wirtschaft. Fazit seiner Überlegungen, die er seinem Freund Erhard wärmstens empfahl, subsumierte er in dem Begriff *Soziale Marktwirtschaft.* Der Begriff war freilich nicht neu, er ging zurück auf die sogenannte *Freiburger Schule* der Neoliberalen Eucken, Röpke, Rüstow und Böhm, die einen staatlich kontrollierten Kapitalismus forderten. Der Wirtschaftsliberalismus, so hatte vor allem Alexander Rüstow verkündet, hatte versagt, weil er sich, zum Beispiel im Gründungsdeutschland, hemmungslos und sozial verantwortungslos ent-

wickelt hatte. *Die tiefe Unzufriedenheit des modernen Industriearbei-*
ters, so hatte er geschrieben, *ist bedingt durch seine unmenschliche*
und menschenunwürdige Vitalsituation, die Unnatur und Naturferne
der Großstadt, die Schrumpfung des Familienlebens, das Wohnen
in Mietskasernen und Straßenschluchten, die herdenhafte Fabrik-
arbeit in Arbeitskasernen und nach Kommando, die sinnferne Teil-
haftigkeit dieser Arbeit, ihr gehetztes Tempo und die nicht geringere
Hetze und betäubende Sinnlosigkeit großstädtischer Vergnügungen
und Zerstreuungen. Ein Umdenken hatte Rüstow gefordert, indem
er die Rückkehr zur *Vitalsituation der Bauern* vorschlug. Das Volk,
einschließlich des Proletariats, müsse ein Volk von Eigentümern
werden.

Das war freilich gut nationalsozialistisch gedacht, denn auch der
Führer hatte für das arbeitende Volk Grundeigentum und Teilhabe
an den Konsumgütern gefordert. Hermann-Göring-Siedlungen wurden gebaut, den Arbeitern war ein Volkswagen versprochen, Kraft-
durch-Freude-Urlaub gespendet und Kraft-durch-Freude-Kultur für
alle gestiftet. Konnte auch in dem überbesiedelten Deutschland nicht
jedem Bürger Grund und Boden überantwortet, so sollte doch wenigstens die Teilhabe des gesamten Volkes an der Konsumgüterpro-
duktion ermöglicht werden. Konsum versprach einen satten Binnenmarkt und damit Vollbeschäftigung, die wiederum die Kaufkraft
erhöhte. Nicht gerade Land, so doch aber Konsumtand würde einen
allgemeinen Wohlstand begründen oder – so lautete die künftige Parole der Christdemokraten – *Wohlstand für Alle.*

Grundsätzlich hatte Ludwig Erhard mit der Rezeption der *Freibur-*
ger Schule einen Grundkonsens der demokratischen Parteien, einschließlich der Sozialdemokraten, hergestellt. Zwar verlangten die
Sozialisten noch mehr soziale Gerechtigkeit, auch hätten sie es gern
gesehen, die Schlüsselindustrie zu verstaatlichen und die Wirtschaft
planwirtschaftlich zu lenken, doch Wohlstand für alle forderten
auch sie.

Die Liberalen erkannten frohlockend die neoliberale Wurzel der
sozialen Marktwirtschaft und erinnerten an den bereits in der vor-
parlamentarischen Debatte gefundenen Parteienkonsens, daß nicht
die Bürger dem Staat, sondern der Staat den Bürgern zu dienen habe.
Ludwig Erhard, eigentlich ein Liberaler und zugleich christlich-sozialen Gedanken nicht abgeneigt, wurde so zur gestaltenden Kraft der
jungen Bundesrepublik. Zunächst hatte Erhard jedoch kaum Gelegenheit, seine Wirtschaftstheorien zu verwirklichen. Von den ameri-

kanischen Besatzungsbehörden zum bayrischen Wirtschaftsminister ernannt, mußte er ihren Direktiven folgen. Als sich herausstellte, daß im Wirtschaftsministerium Durchstechereien und Korruption erblüht waren, reinigten die Amerikaner rigoros den Augiasstall und entließen den Wirtschaftsminister. Als Trost verlieh ihm der Universitätsoffizier den Titel eines Ehrenprofessors. Neues Betätigungsfeld für den Professor fand sich im Mindener Wirtschaftsamt, das von dem Sozialisten Viktor Agartz geleitet wurde, der zu diesem Zeitpunkt noch das Vertrauen der Engländer genoß, von den Amerikanern jedoch als engagierter Sozialist mißtrauisch beobachtet wurde.

Aus allen Teilen des Reiches strömten Männer und Frauen in die provisorische Hauptstadt Bonn. Ehemalige Mitarbeiter der Reichsministerien, altgediente Ministerialbürokraten, Nachkriegskarrieristen und gewählte Volksvertreter, ehemalige Emigranten und Widerstandskämpfer, einstige Nationalsozialisten, Gewerkschafter und Vertreter von Wirtschaftsverbänden, Belastete und Unbelastete mußten nun friedlich zusammenwirken und unter der Ägide der Hohen Kommissare der Demokratie Gestalt verleihen. Problematisch erschien einigen Verantwortlichen der hohe Anteil von Nationalsozialisten in der Bonner Bürokratie, allein im Auswärtigen Amt lag der Anteil der NSDAP-Mitglieder bei 60 %, im Justizministerium hatte eine noch größere Zahl Nazis Unterschlupf gefunden. Auch in den Parteien mußten sich Belastete und Unbelastete arrangieren, für die Nationalsozialisten war es hilfreich, ihren Irrtum und ihre Unwissenheit über die Untaten Hitlers zu bekennen, um so von den Unbelasteten Läuterung attestiert zu bekommen. Generalabsolution hatten bereits mit dem Ausbruch des Kalten Krieges die Alliierten erteilt. Der Verfasser des Kommentars der NS-Judengesetze, Hans Globke, war eine Entdeckung der Engländer, die dem Bürokraten die Stadtkämmerei von Aachen anvertraut hatten und der nun Staatssekretär im Bundeskanzleramt wurde.

In menschenunwürdige Haft, in einem Gänsestall, hatten die Franzosen den ehemaligen Kriegsverwaltungsrat im okkupierten Frankreich, Carlo Schmid, genommen. Kriegsverwaltungsräte standen eo ipso auf den schwarzen Listen der Alliierten, da sie die *Entnahmen für das Reich aus den besetzten Gebieten* zu organisieren hatten und ihnen damit eine Beteiligung an den Raubzügen der Nationalsozialisten unterstellt wurde. Überdies war der Häftling denunziert, freundschaftliche Beziehungen zum NS-Kreisleiter von Tübingen gepflegt zu haben. Die Haft währte jedoch nicht lange, als sich herausstellte, daß Schmid einen altadeligen französischen Großvater und damit entsprechend der französischen Gesetzgebung sogar Anspruch auf einen französischen Paß hatte. Mit dem Eintritt in die SPD und der Rekultivierung seiner familiären Wurzel war auch ihm Pardon gegeben.

Nach seiner Wahl zum Bundespräsidenten nahm Theodor Heuss den einstigen persönlichen Referenten des Propagandaministers Dr. Joseph Goebbels unter seine Fittiche. Werner Stephan fand zunächst im Bundespräsidialamt Wiederverwendung, um sodann in der FDP zum Bundesgeschäftsführer zu avancieren. Mit der zunehmenden Verschärfung des Kalten Krieges sahen sich die ehemaligen Nationalsozialisten als Antibolschewisten weitgehend rehabilitiert, während Kommunisten fortschreitend größeren Repressionen ausgesetzt waren. Auch geläuterte Kommunisten wurden genötigt, ihre proletarische Vergangenheit zu eliminieren, so daß dem Abgeordneten der SPD, Herbert Wehner, geraten schien, im Handbuch des Deutschen Bundestages den Zeitraum von 1930 bis 1945 unerwähnt zu lassen.

Als gelernter kaufmännischer Angestellter hatte Wehner durch Vermittlung der *Roten Hilfe,* einer Hilfsorganisation der radikalen Linken, den Schriftsteller Erich Mühsam kennengelernt und durch ihn eine Anstellung bei der Mühsam-Zeitschrift *Fanal* erhalten. Im Jahre 1927 trennte sich Wehner von Mühsam und trat der KPD bei. Die Partei belohnte seinen Entschluß mit einer steilen Parteikarriere, bereits 1928 wurde Wehner stellvertretender Parteisekretär in Sachsen, 1930 Abgeordneter der KPD im sächsischen Landtag und schließlich, kurz vor der Machtergreifung der Nationalsozialisten, technischer Sekretär an der Seite Ernst Thälmanns im Politbüro. Seine Aufgabe war die ideologische Überwachung der Genossen. In der Illegalität erfüllte er Parteiaufträge im Saarland, bis er endlich im Jahre 1936 als Mitglied des ZK der KPD nach Moskau gerufen wurde. Hier diente er unter anderem im Exekutivkomitee der Komintern dem Italiener Palmiro Togliatti als Referent für deutsche Fragen, war Referent am deutschen Sektor der Leninschule und in den Jahren 1938 bis 1941 Referent für deutsche und mitteleuropäische Angelegenheiten im Stabe Georgi Dimitroffs. Während des Krieges erfüllte Wehner Spitzeldienste im neutralen Schweden. Zu seinem Auftrag gehörte es, Dossiers über das Verhalten der Exilgenossen zu verfassen. Trotz aller konspirativen Vorsicht wurde er schließlich von der schwedischen Polizei enttarnt und sodann, entsprechend dem Kapitel 8/ § 14/2 des schwedischen Strafgesetzbuches, zunächst zu einem Jahr, zweitinstanzlich zu zwei Jahren Zuchthaus verurteilt. Als Wehner sich mit Ulbricht entzweite, entschloß er sich, seine politische Karriere in der West-SPD fortzusetzen. Zum Segen dieser Partei, die angesichts der unterschiedlichen Auffassungen und Flügel des geschickten Taktikers bedurfte.

Der Repräsentant
Ein Gründungsvater

Auf ganz andere Weise prägend für den staatlichen Neubeginn war der liberale Politiker Theodor Heuss, der erste Präsident der Bundesrepublik Deutschland, dem zwar nach der Verfassung kaum Rechte eingeräumt waren, der dennoch aber dem hohen Repräsentationsamt über seine Amtszeit hinaus einen verpflichtenden Stil verlieh. Seine Nominierung entsprach allerdings kaum der Würde des Amtes, sondern war Teil harter Koalitionsverhandlungen mit der entsprechenden Postenverteilung. Auch wenn die Vorgänge um die Wahl unersprießlich waren, es war eine glückliche Wahl, denn die Mehrheit der Deutschen identifizierte sich mit der Vita ihres Präsidenten, die mit der Volksweisheit treffend beschrieben ist: *Nur wer sich ändert, ist sich treu.*

Auch Heuss entstammte dem ehrgeizigen Kleinbürgerstand, sein Vater war Straßenbaumeister, der sich zum Tiefbauingenieur emporgearbeitet hatte. Den Heuss-Söhnen konnte eine gute Schulausbildung ermöglicht werden. Sohn Theodor war nach dem Abitur der weitere Lebensweg noch unklar und so ging er zunächst, dem heimatlich, kleinbürgerlichen Ambiente entfliehend, auf Wanderschaft. Eine seiner Reisestationen war Hannover, wo zur Zeit seiner Ankunft gerade die *national-soziale Vertreterkonferenz* des Friedrich-Naumann-Kreises tagte. Mit höchstem Interesse verfolgte der junge Heuss die Vorträge, ließ sich begeistern vom nationalen Sozialismus, der die Lösung der sogenannten *Arbeiterfrage* versprach. Während dieser Tagung lernte er unter anderem den begeisterten Naumann-Anhänger Otto Nuschke kennen, der den Jüngling unter seine Fittiche nahm und in den Kreis einführte. Während sich die sozialistischen Ideen um den sogenannten preußischen Sozialismus rankten, hielt man sich bezüglich des Nationalismus an die Alldeutschen, teilte mit ihnen den soupçon gegen den feigen Wilhelm II., dessen Friedenspolitik den bürgerlichen Expansionsgelüsten entgegenstand. Durch den Naumannkreis lernte Heuss Max Weber und Eugen Diederichs kennen, die Kaisergegner und strammdeutschen Nationalisten.

Auch nach seiner Übersiedlung nach Berlin, besuchte Heuss den regelmäßig tagenden *Liberalen Stammtisch* der Naumannianer in den *Württembergischen Weinstuben* in der Nähe des Potsdamer Platzes. In einem Hinterzimmer benörgelten die künftigen Politiker, unter anderem Hugo Preuß, Theodor Barth und Rudolf Breitscheid, die Politik des Reiches und dilettierten mit staatsmännischer Besserwisserei. Die Weltstadt Berlin faszinierte den Provinzler Heuss, dem die erste Gesellschaft verschlossen blieb und der sich nun das Habit des Bohèmien gab. *Schon seit geraumer Zeit trug ich einen sehr breitkrempigen Hut, der die freie Zunft der »Geistigen« markierte,* schrieb er später, *ich hatte die Krawatte als überflüssig abgeschafft und brachte viele Jahre die Schneider in Verlegenheit, weil die Weste nicht immer den zuverlässigen Anschluß an den modischen hohen Kragen fand.* Sein Hang zum *Geistigen* vollendete sich nach einigen Mühen mit seiner Promotion im Fach Nationalökonomie, auch für seine Doktorarbeit hatte er ein *geistiges Thema* gewählt, nämlich *Der Weingärtnerstand in Heilbronn*. Das verblüffende Fazit dieser wissenschaftlichen Arbeit konnte Heuss in einem kurzen Schlußsatz der akademischen Welt mitteilen: *Der beste Schutz des einheimischen Weinbaus liegt bei einem zahlreichen und kaufkräftigen Konsumentenstand*. Wichtiger als geistige Höhenflüge war die mit der Erlangung der Doktorwürde erreichte bürgerliche Reputation. *Meine Mutter hat den Doktor Titel ihres jüngsten aufs freudigste genossen. Die älteren Brüder folgten im braven und gemäßen Abstand.*
Trotz akademischer Weihen, in der guten Gesellschaft fand er keine Aufnahme und so nutzte er die Kunst als alternative Möglichkeit kleinbürgerlicher Bildungslegitimation. Vor allem mit der zeitgeistgeprägten Modekunst war elitärer, die Ungebildeten und Unverständigen ausschließender Avantgardismus zu erlangen. *Was erlebten wir damals nach 1900 in unserer Seele?* erinnerte sich Heuss später: *Etwas wie einen Aufstand gegen die Geschichte. Am sinnfälligsten war das in der bildenden Kunst. Die Künstler waren ein nicht zu übersehender Faktor im Kampf gegen veraltete feudale und konventionelle bürgerliche Lebensart.* Seine Altersgenossen zogen bald darauf mit Begeisterung in den Krieg, Theodor Heuss blieb kriegsun-

tauglich in der Heimat und so begleitete er das große Völkermorden entsprechend dem Kriegsverlauf mit Siegesjubel, Skepsis und schließlich zum Ende des Dramas mit der allgemeinen *Das konnte ja nicht gut gehen*-Bürgerweisheit.

Das Kriegsende bedeutete für Heuss den ersehnten Beschluß der Adels- und Fürstenherrschaft, und er begrüßte 1918 die *Stunde der Parteien,* die auch ihm den ersehnten Aufstieg schenken sollte. Sein Biograph schilderte die Stimmung des Jungliberalen in dieser Stunde: *Vier Wochen nach dem Desaster, den die alte politische Garde aus Adel und Militär angerichtet hatte, wird die Deutsche Demokratische Partei gegründet. Friedrich Naumann und Theodor Heuss stehen Pate.* Dem national-sozialen-alldeutschen Kriegsgeschrei war demnach die Schuld am Kriege nicht anzulasten, Heuss und seine Freunde hatten Sündenböcke gefunden: den Adel und das Militär. Die ganz große Karriere blieb Heuss freilich versagt, seinen Lebensunterhalt bestritt er als Journalist und Gelegenheitsschriftsteller, bis er schließlich an der Berliner Hochschule für Politik eine Anstellung als Studienleiter erhielt, die 1930 in eine Dozentenstelle umgewandelt wurde.

Das Schicksalsjahr 1933 erlebte Heuss als Reichstagabgeordneter der DDP, deren wenige Abgeordnete geschlossen dem Ermächtigungsgesetz Hitlers zustimmten, *unter Fraktionszwang,* wie Heuss später entschuldigend beteuerte, doch ein Jahr zuvor hatte er für die *Deutsche Verlagsanstalt* eine kleine Broschüre mit dem Titel *Hitlers Weg* der Öffentlichkeit vorgelegt, die bei seinen politischen Freunden keine ungeteilte Freude fand. Der Autor, der inzwischen eine Straßburger Professorentochter geheiratet und sich zugleich eine gefälligere Familiengeschichte zugelegt hatte, bemäkelte zunächst die einfache Herkunft des Führers der NS-Partei, *den Sohn eines kleinen Beamten mit dörflichem Hintergrund, einziges Kind auf dem nicht nur die Liebe, sondern auch der Ehrgeiz der Eltern ruht. Der Junge soll in der staatlichen Behördenstufung höher kommen ... doch das will er nicht ...*

Beim Schreiben dieser Zeilen mögen Heuss Parallelen zum eigenen Lebensweg aufgefallen sein. Für ihn eröffneten Friedrich Naumanns nationalsoziale Ideen den kleinbürgerlichen Ausbruch, für Hitler, so Heuss, Lueger und Schönerer, *denn ihnen dankt er den antikapitalistisch gefärbten Antisemitismus, der bei dem großen Wiener Bürgermeister und Demagogen bekanntlich fast behagliche Züge trägt. Auf Schönerer gehen Mißtrauen und Haß gegen alle Habsburgerei zurück.* Für letzteres konnte Heuss Verständnis zeigen, er mißtraute und haßte die Hohenzollerei. Einige Heuss-Freunde waren entsetzt über die wohlmeinende Schilderung des Hitlerismus, der im Jahre 1932 unter dem Gauleiter Goebbels in Berlin bereits sein wahres Gesicht zeigte. Auch Goebbels hatte die Schrift gelesen, hielt sie jedoch für nicht treffend, und glaubte, daß Bürger wie Heuss den wahren Nationalsozialismus niemals richtig begreifen könnten. Doch vermutlich wollte Heuss lediglich an die *wahre Lehre des nationalen Sozialismus* und an seinen Meister Friedrich Naumann erinnern, den Hitler-Anhängern galt es kundzutun, aus welchem Brunnen ihr Führer schöpfte, und wo die Unterschiede lagen: *Die Wissenschaft des Nationalsozialismus ist die Rassenkunde. Sie spielt für die Festigung des politischen Gefühls eine ähnliche Rolle, wie die wissenschaftliche Seite des Marxismus.*

Heuss wollte deutlich machen, daß es zwischen Adolf Hitler und August Bebel mehr Gemeinsamkeiten gab, als mit Friedrich Naumann, denn die erstgenannten waren Massenpolitiker und hatten *ihre bedeutensten Bücher in Festungshaft geschrieben.* Deutlich werden sollte, daß der Hitlerismus der sozialistischen Bewegung zuzurechnen und keine bürgerlich-soziale Idee war. Für Karl Marx, so Heuss, war der Motor des geschichtlichen Werdens der Klassenkampf, während Hitler in seinem Buch *Mein Kampf* keine idealen Forderungen verkündete, sondern *das Seiende und Währende das Gesetz seiner Entwicklung darstellt, sein politisches Werden seinen Volksgenossen zur Nachfolge empfiehlt.* Beiden, Karl Marx und Adolf Hitler billigte Heuss zu, einen neuen Blick der Weltsicht eröffnet zu haben: doch *die Schlüsselworte bei Hitler heißen nicht Mehrwert und Klassenkampf, sondern Blut und Rasse. Auch sie sind wie vor Marx die wirtschaftlichen Gesetze, als geschichtsbildende Kräfte für das Auge verschüttet gewesen.*

Die Verharmlosung des hitlerischen Rassewahns und das freundlich gezeichnete Hitlerbild waren angesichts der politischen Agitation der NS-Partei, so kurz vor der Machtübernahme, wohl mehr als weltfremd. Heuss stand Hitler näher als Marx und Bebel, und so mußte er folglich nicht das Los vieler Demokraten teilen, er blieb von den Nationalsozialisten unbehelligt und durfte ungehindert seine publizistische Tätigkeit fortführen. Schmerzlich war ihm der Verlust der Abgeordnetendiäten, denn die Manuskripthonorare waren gering, so daß der Lebenserwerb von der Gattin bestritten werden mußte. Überhaupt hatte sich die eheliche Verbindung mit Elly, geborene Knapp als segensreich erwiesen. Bereits als Braut hatte sie das

Selbstbewußtsein ihres Anverlobten gestärkt und befördert, Theodeor hatte ihr zuliebe das Bohèmeleben aufgegeben und teilte fortan das Streben seiner Geliebten, in die höhere Gesellschaftsschicht aufzusteigen. Bereits als junges Mädchen genoß Elly Knapp die *feinen Kreise*. Ihr Vater war Rektor der Universität Straßburg, der bei Abwesenheit seiner Gemahlin der Tochter Repräsentationspflichten übertrug. Begeistert schilderte Elly in einem Brief an den Verlobten ihre Begegnung mit dem Kaisersohn August Wilhelm von Preußen: *Als der Champagner kam, nahm er sein Glas, beugte sich zu mir und sagte leise: »Wir sind ja in der gleichen Lage* (beide waren im Verlobtenstand) *Das hat ihm mein Herz gewonnen. Es war doch interessant, die oberste Gesellschaftsschicht so als dazugehöriger Mensch anzugucken. Im ganzen war ich angenehm enttäuscht.*

Nun in den Jahren des Dritten Reiches erwies sich die gesellschaftliche Gewandtheit der Gattin als vorteilhaft, unermüdlich knüpfte sie Kontakte zu einflußreichen Persönlichkeiten aus Politik und Wirtschaft. In einer glückhaften Eingebung hatte sie eine Werbefirma gegründet und so warb sie in der Gesellschaft mit gutem Erfolg um Aufträge. Vornehmlich für die Wirtschaft produzierte sie Werbetexte für Zeitungen, Rundfunk und Kino und, unbelastet von politischen Bedenken, erfüllte sie auch Aufträge des Reichspropagandaministeriums, für das sie *Rundfunkdurchsprüche und kleine Hörspiele verfaßte*. Durch die Bekanntschaft mit dem Geschäftsführer des *Instituts für Wirtschaftsbeobachtung*, Dipl. Kfm. Ludwig Erhard, wurden ihr überdies Vortragsreisen zum Thema Werbung vermittelt, die wiederum neue Aufträge erbrachten. Dem unternehmerischen Geschick von Elly Heuss-Knapp war es zu danken, daß die Familie nicht Not litt, eine Villa konnte erworben und ein großbürgerlicher Lebensstil gepflegt werden. Vor diesem Hintergrund konnte der Ehegemahl frei aller Sorgen schriftstellern und journalistisch arbeiten.

Ein wenig hatte er schon unter seiner demokratischen Vergangenheit zu leiden, auch wenn er zweiter Vorsitzender des strammdeutschen *Vereins für das Deutschtum im Ausland* war. Für seine journalistische Tätigkeit erwies es sich als Glücksfall, im Propagandaministerium einen Gönner zu wissen, den persönlichen Referenten des Ministers Werner Stephan. Als Heuss eine Biographie über Friedrich Naumann geschrieben hatte, versäumte er es, das Werk der parteiamtlichen Prüfungskommission vorzulegen, weil er der Meinung war, der Untertitel *Der Mann, das Werk, die Zeit* wiese das Buch als nicht genehmigungspflichtiges Geschichtsbuch aus. Ohne Wissen von Gönner Stephan wurde Heuss daraufhin in das Propagandaministerium einbestellt. In einem äußerst freundlichen Gespräch tat der sachbearbeitende Beamte kund, daß seitens der Partei großes Interesse an Naumann bestand.

Heuss wurde deutlich, daß die Nationalsozialisten den nationalsozialen Verein für sich reklamierten, wie dies bereits aus der kurzen, bei Ploetz erschienen *Geschichte der NSDAP* zu entnehmen war. Gegen eine wissenschaftliche Naumann-Biographie, so erklärte der Beamte, könnten also seitens der Partei keine Bedenken geltend gemacht werden. Zufrieden notierte Heuss, *mir scheint, daß anerkannt wird, daß ich durch die Jahre lang während unmittelbare Arbeit- und Lebensgemeinschaft mit Naumann für diese Aufgabe in erster Linie berufen erscheine; jedoch wird das Wirken Naumanns wegen des Komplexes national sozialer Verein und wegen der Kriegspolitik nicht lediglich als historisches Faktum betrachtet, sondern auch als Politikum angesehen. Deshalb ist mein Buch zur Prüfung angefordert.* Die Prüfung der Biographie durch die amtliche Zensur ergab eine völlige Übereinstimmung der Partei mit dem Naumann-Bild des Verfassers und somit konnte das Werk unbeanstandet erscheinen

Auch während des Krieges mangelte es nicht an Aufträgen oder Versuchungen, so als Heuss die Mitarbeit an der Wochenzeitung *Das Reich* angetragen wurde. Dieses während des Krieges gegründete Blatt war eine publizistische Meisterleistung vor allem des Propagandaministers, der mit seinen regelmäßigen Leitartikeln und einem von deutschen Geistesgrößen redigierten Kulturteil vor allem deutsche und nichtdeutsche Intellektuelle erreichen wollte. In einer Zeit, da das Deutschlandbild ausschließlich vom martialischen Anblick seiner siegreichen Soldaten geprägt wurde, sollte *Das Reich* in der Heimat und im Ausland an die Kulturnation Deutschland erinnern. Heuss hatte keine Bedenken, diese Kulturnische zu nutzen, zumal die großzügigen Honorare nicht verachtet sein wollten. Die Mitarbeit an dieser Zeitung eröffnete ihm auch Aufträge für die Wiener Ausgabe des NS-Parteiorgans *Völkischer Beobachter,* für den er eine Kriegsberichterstattung über die *Organisation Todt verfaßte.*

Nach dem Zusammenbruch war es für Heuss zunächst etwas schwierig, seinen Widerstand gegen den Nationalsozialismus zu belegen. Nach langem Nachsinnen erinnerte er sich schließlich, daß er sich geweigert hatte, Beiträge an die *Deutsche Arbeitsfront* zu leisten, und diese NS-Organisation ihm sogar einen Zahlungsbefehl zugeleitet, ja mehr noch sogar Strafgebühren angedroht hatte. Einem Journalisten hatte er dies berichtet, der für die Nachwelt den Akt des Widerstandes gegen das NS-Regime festhielt: *Ich zahlte,* hatte sich Heuss gerühmt, *und trat aus.* Einem Freund gegenüber erwies er sich 1946 aufrichtiger, ihm bekannte er: *An mir ist das Schicksal vorbeigegangen.*

Schicksalsbestimmend für die Nachkriegskarriere war jedoch sein jüdischer Freund Gustav Stolper, der sich in der amerikanischen Emigration an seinen Freund Theodor Heuss erinnerte und ihn den US-Behörden als unbelastet empfahl. Der Name Heuss stand somit auf der Liste des Reedukationoffiziers Shepard Stone, der in Berlin studiert hatte und sich noch an ein anderes Deutschland, als das der Nazis erinnerte. Stone erteilte seinem Schützling die Lizenz für die *Rhein-Neckar-Zeitung* und versicherte dem betulichen Gelehrtentyp seine Gewogenheit. Zugleich hatte der ehrgeizige Schwabe eine Professur an der Technischen Universität erlangen können, doch beides, Professur und Journalismus wollten ihm nicht genügen, er wollte wieder in die Politik und so machte er sich auf den beschwerlichen Weg nach Wiesbaden, um seinem Mentor Stone *sein Problem* vorzutragen. *Herr Professor, was ist ihr Problem?* hatte Stone gefragt, und Heuss, der seinen Gönner nicht verärgern wollte, erklärte: *Reinhold Maier möchte, daß ich mit ihm in Stuttgart die erste Landesregierung bilde. Was soll ich tun, nachdem ich jetzt die Zeitung habe? Sie müssen sich jetzt sofort entscheiden,* hatte Stone ihm geantwortet, *ob sie ein erfolgreicher Verleger bleiben, oder ein schlechter Politiker werden wollen.*

Heuss entschied sich für die Politik und ließ sich zum Vorsitzenden der *Deutschen Demokratischen Partei* wählen, wurde Kultusminister in der Regierung Reinhold Maier in Stuttgart, Mitglied des Parlamentarischen Rates und schließlich, nach Gründung der Bundesrepublik Deutschland, Koalitionspartner der Adenauer-Regierung. Über seine Verwendung hatte Adenauer lange nachgesonnen, bis er schließlich zum Ergebnis gekommen war, den erfahrenen Parlamentarier nicht ins Kabinett zu berufen und ihm lieber das Amt des Bundespräsidenten anzutragen. Als Gegenkandidat war Kurt Schumacher angetreten, ein ernstzunehmender Rivale, wie Heuss konstatierte, denn *er hatte den Vorteil während der NS-Zeit im Konzentrationslager gesessen zu haben, doch die Vergangenheit hat das Wahlvolk noch nie beschwert; bei den Wahlen ist das unbedeutend, weil die Bürger nicht zurück, sondern vorwärts schauen.*

Als nach drei Wahlgängen endlich Heuss als erster Bundespräsident der Bundesrepublik Deutschland bestimmt war, zollten ihm nur seine

Wähler Beifall, die unterlegenen Sozialdemokraten erhoben sich nicht von ihren Sitzen, als er die Bundesversammlung verließ. Triumphal verlief allerdings die Huldigung der Bonner Bürger, als der Präsident am Abend vom Balkon des Rathauses zum Volke sprach und auf den marktzierenden Obelisken verwies, der an die schwarz-rot-goldene Fahnenhißung durch die 48er Revolutionäre Gottfried Kinkel, Ernst Moritz Arndt und Friedrich Dahlmann erinnerte. Bereits vor der Bundesversammlung hatte Heuss das Paulskirchenparlament zum Vorbild der Bonner Republik erhoben und als süddeutscher Liberaler sich und die neue Republik in die Tradition der bürgerlichen Revolution eingesetzt, ohne freilich die großdeutschen Ideale des historischen Vorbilds zu erwähnen.

Heuss wußte, daß sein Präsidentenamt ihm keine politische Macht einräumte und so beschloß er in der Zeit der Staatswerdung der zweiten Republik mit all seinen Kräften Identifikationsfigur zu sein. In dem ihm eigenen unerschütterlichen Selbstbewußtsein hatte er seine Wahlmänner und -frauen mit den Worten belobigt: *Ich bin ein Glücksfall, denn ich bin Wissenschaftler und Schriftsteller. So etwas sieht die Welt gern.*

In der Tat, neben Konrad Adenauer gelang es dem ersten Bundespräsidenten, dem fremdgeleiteten Provisorium ein wenig den Schein eines normalen Staates zu geben und das Volk vergessen zu lassen, daß Deutschlands Schicksal in den Hauptstädten der Großmächte entschieden wurde. Unermüdlich und mit großen Worten pries er mit Blick auf die unter der Russenherrschaft stehenden Nachbarn, die wiedererrungene Freiheit, die beste deutsche Verfassung und die Staatsinstitutionen. Gern aber ließ er auch sich preisen, hörte es mit Wohlwollen, wenn er als *bestes Staatsoberhaupt, das Deutschland bisher gehabt hatte* belobigt wurde. Heuss ließ es gern geschehen, als *Wahlkönig* bezeichnet zu werden und widersprach nicht, als der Bonner Kolumnist Walter Dirks seinen Amtsstil als ein *Nachbild der konstitutionellen Monarchie* empfand.

Mit kleinbürgerlichen soupçon pflegte Heuss seine mokante Haltung gegenüber dem Adel und genoß es, als der Kaisersohn Oskar mit Rucksack auf dem Rücken bei ihm vorstellig wurde, um den Johanniterorden staatlich anerkennen zu lassen und en passant mit dem Fürsten Hohenzollern-Familienintrigen zu spinnen. Für die Repräsentation des Amtes bedurfte es allerdings etikettekundiger Adeliger, aus dem Auswärtigen Amt holte sich Heuss den klugen Hans von Herwarth als Protokollchef und in Kleidungsfragen ließ sich Elly

Heuss-Knapp von Ehrengard von Brockdorf beraten. Als Mangel wurden die zunächst wenig repräsentativen Unterkünfte empfunden, das Palais Schaumburg hatten noch belgische Soldaten okkupiert und in der Villa Hammerschmidt waren Flüchtlinge und Ausgebombte einquartiert. In Notquartieren hatte man sich behelfsmäßig eingerichtet und ein wenig Staatsrepräsentation mit Versatzstücken der Adelskultur geschaffen. Lastwagen karrten aus Schlössern und Museen fürstliches Mobiliar und Bilderschmuck heran, um so ein wenig deutsche Kultur zu demonstrieren.

Wurde zunächst die Präsidentschaft Heuss vor allem von der Linken bedauert, sehr bald zeigte es sich, daß er sein Amt zur allgemeinen Zufriedenheit gestaltete. Er war der richtige Repräsentant der Bundesrepublik Deutschland, weil sich in seiner Person der kleinbürgerliche Aufbruch und die prägende mittelständische Gesellschaft verkörperten. Aus kleinen Verhältnissen hatte er sich in rastlosem Streben das Privileg *Bildungsbürger* zugelegt und aus seiner Vita ein für viele Deutsche vorbildhaftes deutsches Schicksal konstruiert. In einer verblüffenden Contradictio in adiecto hatten ihm seine Biographen das Privileg *passiver Widerstandkämpfer* beigegeben, womit er legitimiert war, an der Bewältigung der ruchlosen Vergangenheit mitzuwirken, indem er zum Beispiel die den Deutschen von den Alliierten angelastete Kollektivschuld, in *Kollektivscham* gemildert wissen wollte. In diesem Sinne bewährte Heuss sich als wahre Integrationsfigur in der bunt zusammengewürfelten Bonner Gesellschaft.

Zwei deutsche Staaten
Die Sogenannte

Als den Russen deutlich geworden war, daß die Zuständigkeit des Alliierten Kontrollrates für das ganze Deutschland von den Westmächten de facto außer Kraft gesetzt war, leiteten auch sie in ihrem Besatzungsgebiet eine eigene staatliche Entwicklung ein. Dem westdeutschen Wirtschaftsrat folgte in ihrer Zone der *Deutsche Wirtschaftskongreß*. Entsprechend dem *Parlamentarischen Rat* gründete sich der *Deutsche Volkskongreß* beziehungsweise der *Deutsche Volksrat*, bestehend aus Parteien und Massenorganisationen, der die von einem Verfassungsausschuß ausgearbeitete Verfassung am 19. März 1949 nach geringfügigen Änderungen verabschiedete. Am 15. und 16. Mai 1949 fand schließlich in der sowjetischen Besat-

zungszone eine Wahl statt, mit der über eine willkürlich zusammen-
gesetzte *Einheitsliste* eines *Blockes der antifaschistischen Parteien
und Massenorganisationen* lediglich mit Ja oder Nein entschieden
werden konnte. Nur 61,8 % der Bürger war zu den Wahlurnen geschritten, ein mageres Ergebnis nach einer langen und intensiven pro-
pagandistischen Vorbereitung. Trotzdem galt die Einheitsliste als
angenommen, worauf der *Dritte Deutsche Volkskongress* die Verfassung bestätigte und 330 Abgeordnete für den neuen *Deutschen
Volksrat* bestimmte. Am 7. Oktober konstituierte sich dieser Volksrat als *Provisorische Volkskammer der Deutschen Demokratischen
Republik,* die eine ebenfalls noch provisorische Regierung berief und
zugleich eine Länderkammer einrichtete.

Die Verfassungsstifter der DDR hatten sich weitgehend die Weimarer Verfassung zum Vorbild genommen, doch Papier ist geduldig,
und so mißtrauten die Bürger dem demokratischen Versprechen angesichts der Russenherrschaft.

Als Präsidenten hatten die DDR-Parlamentarier den Altkommu-
nisten Wilhelm Pieck erkoren. Der einstige Tischler hatte eine lupen-
reine KPD-Vergangenheit und unbeschadet im Moskauer Exil die
stalinistischen Säuberungen überstanden. Als Mitbegründer des *Nationalkomitees Freies Deutschland* kam er in den Stab Walter Ulbrichts, mit dem er gemeinsam an der Vorbereitung der politischen
Neugestaltung Deutschlands nach dem Sieg der Sowjettruppen arbeitete. Nun im Greisenalter, repräsentierte er die Deutsche Demokratische Republik mit großväterlicher Würde, überwand sich sogar,
zu den Staatsakten den bourgeoisen Cut anzuziehen, ein feudales
Schloß zu beziehen und so allen Schichten der Bevölkerung ein jovia-
ler Landesherr zu sein.

Mächtigster Mann der DDR war der einstige Tischler Walter Ulbricht, dessen Parteikarriere 1919 in der KPD begonnen hatte und der
bereits mit 28 Jahren Sekretär der Bezirksleitung Groß-Thüringen geworden war. Auch Ulbricht emigrierte 1933 in die Sowjetunion, wo
er sich als begeisterter Stalinist profilierte und es zum Entsetzen vieler
deutscher Genossen sogar so weit trieb, den Hitler-Stalin-Pakt und
die deutschen Siege in Polen und Frankreich zu bejubeln. Nach Ausbruch des Krieges mit der Sowjetunion erfüllte es ihn mit Stolz, sich
als Teilnehmer des *Großen Vaterländischen Krieges* bezeichnen zu
dürfen, sowohl in den Reihen der Roten Armee, als auch als Mitbegründer des Nationalkomitees Freies Deutschland. Seine Stalintreue
honorierte der große Führer mit der Ernennung zum Leiter des poli-

tischen Wiederaufbaugremiums für die sowjetische Besatzungszone, das als *Gruppe Ulbricht* bereits vor der Kapitulation in Berlin eintraf. Zunächst stellvertretender Ministerpräsident, blieb er der Mann im Hintergrund, doch jedem war klar, daß er im Sinne der Sowjets für die politische Weichenstellung verantwortlich war.

Von Anbeginn war beschlossen, die Kommunisten zur ersten Führungskraft zu erheben, ein Ziel, das angesichts der sich mitbewerbenden SPD kaum zu erreichen war, so daß vordringlich die Vereinigung der beiden Arbeiterparteien forciert werden mußte. Mit kräftigem Druck der Russen, Verhaftungen und Einschüchterungen der SPD-Genossen, kam es schließlich zu einer Vereinigung, der Gründung der *Sozialistischen Einheitspartei Deutschlands,* mit der ein sogenannter *deutscher* Weg zum Sozialismus versprochen war. Unter dem *deutschen* Weg verstand die Partei die Mobilisierung aller gesellschaftlichen Kräfte beim *demokratischen Wiederaufbau* unter der Leitung der Arbeiterklasse. Bereits 1945 hatten die Sowjets die sogenannte *Blockpolitik* befohlen, das hieß, daß alle Parteien im *Block antifaschistischer Parteien* zusammengeschlossen waren, so daß für Mehrheitsbeschlüsse nicht Koalitionen gebildet werden mußten, sondern alle Parteien an der Regierungsarbeit beteiligt wurden. Nach Gründung der Zentralgewalt beteiligte die SED auch die CDU, die LDPD und die auf Befehl der Sowjets später gegründete Nationaldemokratische Partei sowie eine Bauernpartei an der Regierung. Unter der Ägide der SED waren somit auch die bürgerlichen Parteien in die Gestaltung der Gesellschaft einbezogen, wodurch auch im Osten kleinbürgerlichen Opportunisten Aufstiegsmöglichkeiten eröffnet waren.

Insbesondere der Gründungsbefehl für die Nationaldemokratische Partei machte die Absicht der Sowjets deutlich, alle Kräfte des Volkes, eingeschlossen die kleinen Nazis und Konservativen, für den neuen Staat zu gewinnen. Als Vorsitzenden hatten sie ihren altbewährten Geheimdienstagenten Dr. Lothar Bolz bestimmt, der bereits als Rechtsanwalt am Oberlandesgericht Breslau in sowjetischen Diensten stand. Als ihm der Boden in Deutschland zu heiß wurde, emigrierte er in die Sowjetunion, wo er als Hochschullehrer an verschiedenen Universitäten, unter anderem auch an der Leninschule tätig war. Für die Leitung einer Altnazipartei prädestinierten ihn seine konspirativen Erfahrungen, doch offiziell hieß es, daß er als Mitbegründer des Nationalkomitees freies Deutschland zur Führung einer nationalen Partei berufen wäre.

Eine Nazivergangenheit hatte man dem Hauptvorstandsmitglied Heinrich Hohmann zugebilligt. Der Sohn eines Bremerhavener Reederei-Direktors war wie Bolz Jurist und schon 1933 Mitglied der NSDAP geworden. Mit dem Eintritt in die Wehrmacht als Berufsoffizier erlosch zwangsweise die Parteizugehörigkeit. Als Teilnehmer des Rußlandfeldzuges geriet er in sowjetische Gefangenschaft, in deren Verlauf er Mitglied des Nationalkomitees wurde. Nach seiner Entlassung in die sowjetische Zone wurde er für die *Westarbeit* eingesetzt, es oblag ihm, in der DDR alte Offizierskameraden um sich zu sammeln, die mit nationalkonservativen Ideen, insbesondere den tradierten russisch-preußischen Gemeinsamkeiten, die Kameraden im Westen von einer deutsch-sowjetischen Zusammenarbeit überzeugen sollten. Im Parteiprogramm der Nationaldemokraten waren freilich keinerlei nationalistische Forderung verankert, sondern festgeschrieben, daß als historische Konsequenz des Versagens des deutschen Bürgertums der Schluß gezogen werden müsse, sich der Arbeiterklasse zu unterwerfen, die Enteignung der Schlüsselindustrien und die Bodenreform zu bejahen und zu unterstützen, und daran mitzuwirken, die Selbstinitiative beim Aufbau des Sozialismus zu befördern. Das Gelingen des sozialistisch-deutschen Zukunftsmodells sei der Garant für die deutsche Einheit.

Nicht alle bürgerlichen Politiker mochten sich widerspruchslos der SED unterwerfen, und so erfuhr die Partei der Arbeiterklasse Unterstützung von den sowjetischen Behörden, die mit bewährten Methoden jene Politiker bedrängten, die sich den Moskauer Deutschlandplänen widersetzten.

Säuberungen hüben und drüben klärten die Fronten des Kalten Krieges. In den Westen gingen die führenden Ost-CDU-Politiker Jakob Kaiser, Ernst Lemmer und Professor Friedensburg, zurückgeblieben war ausgerechnet der Altliberale Otto Nuschke, ehedem Mitglied des Friedrich-Naumann-Kreises und nach dem Krieg Gründungsmitglied der CDU. *Abgehauen,* wie die Volksterminologie lautete, waren auch der LDPD-Politiker Wolfgang Mischnick, während vielen unbotmäßigen SPD-Mitgliedern die Flucht nicht gelungen war – als *Schumacher-Spione* wurden bis 1948 einhundertfünfzehn Genossen in sowjetische Haft genommen. Mit den Mächtigen arrangiert hatte sich der erste Ministerpräsident der DDR, Otto Grotewohl, der gehorsam die Befehle der Sowjets befolgte.

Die Frontbereinigung betraf aber nicht nur die Politiker, auch Wissenschaftler, Künstler, Literaten und Journalisten wechselten die

Linien. Der Sohn des Geheimen Legationsrates Julius Eduard von Schnitzler, Karl Eduard, Inhaber einer kleinen Speditionsfirma und Zahlmeister im Zweiten Weltkrieg, war in britischer Kriegsgefangenschaft in der Deutschlandabteilung der BBC zum Rundfunkjournalisten herangebildet und 1945 zum Leiter der politischen Redaktion des NWDR in Köln ernannt worden. Bereits 1947 verließ er den Westen, trat in die SED ein und begann im Ost-Funk seine Kariere als *Sudel-Ede*. Die Übersiedlung in den Osten schien auch dem langjährigen Lehrer an der berühmten Folkwangschule in Essen, Ottmar Gerster, geboten, nachdem er den Engländern als Mitbegründer des Kulturbundes verdächtig geworden war. In Weimar fand er ein neues Betätigungsfeld als Direktor der Hochschule für Musik. Aus Dankbarkeit für die freundliche Aufnahme in der DDR komponierte er im Stile sozialistischer Jubelmusik die Kantate *Eisenhüttenstadt*.

Nach abenteuerlichen Wanderungen *zwischen den Welten* fand auch Stefan Heym im Arbeiter- und Bauernstaat endlich eine neue Heimat. Für SPD-Zeitungen und die *Weltbühne* hatte er in Weimarer Zeit Gedichte geschrieben. Als Jude emigrierte er 1933 in die Tschechoslowakei und schließlich in die USA. In New York war er Chefredakteur der linken Wochenzeitung *Deutsches Echo*. Von 1943 bis 1945 diente er in der US-Armee, zuletzt als Offizier in der Abteilung psychologische Kriegführung. Im besetzten Deutschland hatte er die amerikanische *Neue Zeitung* mitbegründet, doch als sich herausstellte, daß er offensichtlich Sympathien für die Kommunisten hegte, schickten ihn seine Vorgesetzten zurück in die USA. Engagiert verfolgte er die politische Entwicklung in Deutschland, vor allem in der DDR, dem ersten sozialistischen Staat auf deutschem Boden – offensichtlich das bessere Deutschland, in dem die Hoffnungen und Träume der intellektuellen Linken sich zu erfüllen schienen. Im Jahre 1952 entschloß er sich, die USA zu verlassen und DDR-Bürger zu werden.

Die braunen und die roten Ideologen hatten den Deutschen bewegte Lebensläufe und Schicksale aufgezwungen, und die Besatzungsmächte entschieden nun über Schuld und Unschuld, rechten oder falschen Glauben. Entsprechend ihrem Urteil wurde über den weiteren Lebensweg entschieden, wer sich ihrem Willen beugte, konnte rasch emporsteigen, jedoch bei Ungehorsam auch tief herabstürzen. Mit kanonischer Endgültigkeit hatten sie Rechtsfrieden gestiftet und einstige Feinde, Kontrahenten und politische Widersacher, Opfer und Täter ihrem Willen untergeordnet. Als kommunistische Altgenossen darüber murrten, daß sie im Verlauf parteiinterner Überprüfungen von ehemaligen Nazis vernommen wurden, konnte für Abhilfe nicht gesorgt werden, weil die Sowjets den 7,7 % ehemaligen Nationalsozialisten und nun Neugenossen in der SED Generalpardon erteilt hatten.

Allen Siegermächten gemeinsam war die Absicht, die alte deutsche Führungselite zu zerschlagen. Einhellig war in Potsdam der Beschluß gefaßt, das Militaristen- und Junkerland Preußen aufzulösen, ein symbolischer Akt, der ein neues Deutschland begründen sollte. Binnen kurzer Zeit hatten die Sowjets aus ihrem Besatzungsgebiet die alte Führungsschicht vertrieben, die zwar im Westen Aufnahme gefunden hatte, jedoch bitterarm in Flüchtlingslagern, Notunterkünften oder bei Verwandten Unterschlupf suchen mußte und, mit dem Überlebenskampf beschäftigt, vom politischen Handeln ausgeschlossen war. Bei der Neugründung der Parteien hatten überdies die Alliierten eine Konservative Partei nicht vorgesehen.

Trotz der unterschiedlichen Vorstellungen von der gesellschaftlichen Entwicklung in ihren Zonen, einig waren sich die alliierten Staatsgründer über die ständische Zusammensetzung der neuen politischen Führungsschicht. Privilegiert war vor allem das Kleinbürgertum, mittelständische Akademiker und der Handwerkerstand, wobei der hohe Anteil von Juristen auffiel und merkwürdigerweise die ehrenwerte Zunft der Tischler überproportional vertreten war. Im Kabinett Adenauer entstammte der Postminister Schubert einer Schreinerfamilie und der Arbeitsminister Storch hatte sogar noch eigenhändig den Hobel regiert. Auch der DDR-Präsident Pieck und der stellvertretende Ministerpräsident Ulbricht waren Tischler. Aber auch andere kleinbürgerliche Berufe versuchten sich in der Politik: Heinrich Hellwege, der westdeutsche Bundesratsminister, hatte seine Karriere im elterlichen Gemischtwarenhandel begonnen und Jakob Kaiser war Buchbinder. Aus kleinbürgerlich-proletarischem Hause kamen auch zahlreiche Länderchefs: Niedersachsens Karl Arnold war Lederarbeiter, aus einer Glasbläserfamilie stammte Hamburgs Max Brauer, Hans Erhards Vater war Kommunalbeamter und der populäre Bremer Bürgermeister Wilhelm Kaisen Maurer.

Aus taktischen Gründen bediente sich die DDR-Führung für die außenpolitische Repräsentation konservativ-großbürgerlicher Politiker. Zum Außenminister wurde Georg Dertinger ernannt, der einst Chefredakteur des Bundesblatt der Frontkämpfervereinigung *Stahlhelm* und Mitglied des rechtskonservativen *Tatkreis* gewesen war.

Durch Franz von Papen war er in den *Herrenclub* gelangt, für die Nationalsozialisten allerdings keine gute Empfehlung, so daß er nach 1933 Zuflucht bei kirchlich-konservativen Kreisen um den evangelischen Theologen Otto Dibelius suchte. Als Reaktionär wurde ihm 1935 untersagt, für deutsche Zeitungen zu schreiben. In der sowjetischen Besatzungszone erwarb er erste Meriten im Zusammenhang mit den von den Sowjets befohlenen Säuberungen der bürgerlichen Parteien. Nützlich erwies er sich auch beim Kurswechsel der SED bezüglich der Anerkennung der Oder-Neiße-Grenze zu Polen. Da die Kommunisten als deutsche Patrioten energisch gegen den Verzicht auf die deutschen Ostgebiete eingetreten waren, sollte auf Geheiß der Russen ein bürgerlicher Politiker die Abtretung deutscher Gebiete an Polen vollziehen. Kein Kommunist, sondern der bürgerliche Politiker Dertinger unterzeichnete als DDR-Außenminister den *Oder-Neiße-Friedensvertrag*, ein Sündenfall, der schlecht gelohnt wurde. Als Spion wurde er 1953 vom Staatssicherheitsdienst verhaftet und 1954 zu 15 Jahren Zuchthaus verurteilt. Nach zehnjähriger Haftverbüßung erfolgte erst 1964 seine Begnadigung.

Staatslegitimation
Historische Wurzeln

Schon wenige Jahre nach dem Zusammenbruch war es den meisten Deutschen gelungen, ihre Vita korrigierend und tilgend zu bereinigen und den neuen politischen Erfordernissen anzupassen. Desgleichen galt es, den neuen Staatsgründungen ein historisches Fundament zu verleihen. In den verfassungsgebenden Gremien in Ost und West hatte man sich von Anbeginn darauf geeinigt, an die bürgerlich-demokratischen Traditionen anzuknüpfen und den Geist der Frankfurter Paulskirchenversammlung sowie der Weimarer Verfassungsstifter zu bewahren. Zum Zeichen dessen hatte man sich hüben und drüben sehr schnell auf die Staatsfarben schwarz-rot-gold einigen können, ohne freilich den Symbolgehalt dieser Farben, die großdeutschen Träume der Frankfurter und Weimarer Republikaner zu adaptieren, wie überhaupt eine Diskussion über die verhängnisvollen Stränge des bürgerlich-demokratischen, nationalistisch-großdeutschen Aufbruchs unterblieb.

Die Stiftung einer neuen deutschen Geschichte übernahmen die politischen Parteien, für die Sozialdemokraten geschah dies mit dem

Aufruf *Konsequenzen der deutschen Politik,* mit dem Kurt Schumacher die Deutschen von einer Kollektivschuld freisprach und allein den Nationalsozialisten, Großkapitalisten und Militärs die Schuld am Untergang anlastete. Daß die Mehrheit des deutschen Volkes dem Führer gefolgt war und seine Untaten bejubelt und mitgetragen hatte, war für den um die Wählergunst ringenden Parteipolitiker ohne Belang. Widerstand gegen die Nationalsozialisten hatten zweifellos auch die Kommunisten geleistet, doch weil der Kalte Krieg bereits entbrannt und von den Sozialdemokraten mitgefochten wurde, lastete er der zweiten Arbeiterpartei die Mitschuld am Untergang der Weimarer Republik an. Die Nationalsozialisten und die Kommunisten hatten einen militanten Kampf gegen den ersten demokratisch-republikanischen deutschen Staat geführt. Als Sachwalterin der Demokratie und sozialer Gerechtigkeit offerierte die SPD dem deutschen Volk ihren aus ihrer Geschichte legitimierten Führungsanspruch.

Für die Christdemokraten hatte bereits der Klerus gesprochen, so daß sich die um die Wählergunst besorgte Partei weitgehend aus der Geschichtsdebatte heraushalten konnte. Für sie war der braune Ungeist ein Werk des Teufels, der mit seinen altbekannten Verführungskünsten das Volk genarrt und in den Abgrund gerissen hatte, worauf es nun galt, durch die Gnadenmittel der Christen sowie eine richtige Stimmenabgabe die Läuterung zu beginnen.

Bereits in der Verfassungsdebatte erinnerten die Liberalen, vom Paulskirchengeist beseelt, an ihren prägenden Anteil am demokratischen Aufbruch seit der 48er Revolution. Damals in Frankfurt hatten sie den Keim der deutschen Demokratie gelegt. An die Kriegs- und Haßgesänge jener Zeit, den sträflichen Nationalismus, wollte man angesichts des deutschen Zusammenbruchs allerdings nicht erinnert sein. In Vergessenheit geraten war auch die Verstrickung der Liberalen mit den Alldeutschen und den imperialistischen Kräften der Großindustrie. Friedrich Naumanns national-sozialer Verein wurde nun zu einem Arbeiterwohltätigkeitsverein verharmlost und der vor dem ersten Weltkrieg als feiger Friedensfürst geschmähte Wilhelm II. ward jetzt als Kriegskaiser diffamiert. Der Anteil der Liberalen am Untergang der Republik von Weimar, einmütig hatte man dem Ermächtigungsgesetz zugestimmt, lag in ferner Vergangenheit und wurde nun der *Kollektivscham* zugerechnet.

Die deutschen Historiker hielten es zunächst für unzeitgemäß, die jüngste deutsche Geschichte zu bewerten und überließen die neudeutsche Geschichtsbetrachtung den Intellektuellen. Angesichts der deutschen Untaten hatte man den Begriff *Vergangenheitsbewältigung* gefunden, wobei von Anbeginn deutlich wurde, daß die im deutschen Namen verübten Verbrechen kaum zu bewältigen waren. Wie aber war es möglich geworden und wem war die Schuld anzulasten? Hilfreich war zunächst die Auffassung der Alliierten, die William Montgomery McGovern in seiner Schrift *From Luther to Hitler* niedergelegt hatte. Danach war mit dem eigentümlichen teutonischen Charakter die verhängnisvolle Geschichte zu erklären; ein Charakter, der von Thomas Mann in seinem 1947 veröffentlichten *Doktor Faustus* beschrieben war. Danach war der NS-Faschismus das Ergebnis der Gesamtgeschichte der Deutschen. Seit den Bauernkriegen folgten den Revolutionen stets siegreiche Gegenrevolutionen, so daß sich kein demokratisches Bewußtsein hätte entwickeln können.

Ein Jahr zuvor hatte sich schon Alexander Abusch in seinem Traktat *Der Irrweg einer Nation* in diesem Sinne geäußert. Lichtpunkte der deutschen Geschichte waren für ihn die großen Revolten, die Bauernkriege, die Befreiungskriege und die SPD-Kämpfe, revolutionäre Bewegungen, die Abusch stets durch Konterrevolutionen zunichte gemacht sah. Auch Fritz Helling beklagte das Scheitern der Bauernkriege, der 48er Revolution und der Revolution von 1918, sah jedoch als größtes Verhängnis die Konterrevolution des Großkapitals und des Junkertums durch ihre nationalsozialistischen Erfüllungsgehilfen.

Es war keine gute Idee, an die ruhmlosen deutschen Revolutionen und angeblichen Konterrevolutionen zu erinnern. Nicht nur die deutsche Geschichte hatte es gezeigt: Niemals wurde ohne eine intellektuelle Führung aus murrender Menge eine revolutionäre Masse, die Führer verkündeten den revolutionären Sieg mit der Stiftung neuer Gewaltherrschaften, die stets Konterrevolutionen herausforderten. Deutschen Revolutionen oder korrekter beschrieben, Volkserhebungen folgten kaum Konterrevolutionen. Den Bauernkriegen nicht, weil sie keine Revolution waren, sondern ein reaktionäres Aufbegehren gegen das humanistische neue Recht, das Beharren auf altem heidnisch-barbarischen Rechtsbrauch. Der aus Frankreich herübergewehten, und von polnischen Nationalisten inspirierten 48er Revolution war Erfolg beschieden, ein deutsches Parlament in der Paulskirche war beauftragt, eine Verfassung zu erarbeiten, das Volk prügelte seine Volksvertreter auseinander, weil diese einen Krieg gegen Dänemark nicht zu entfachen vermochten. In den Wirren nach dem Ersten Weltkrieg eine Revolution zu erkennen, vermochten nicht einmal die russischen Bolschewisten, die mit größten Anstrengungen die Unruhen unterstützten. In jenen Wirrnissen waren es nicht die Junker, das Kapital und das Militär, die ihre alte Ordnung wiederherstellen, sondern die proletarisch-revolutionäre Minderheit scheiterte in ihrem Kampf um eine Sowjetrepublik, mit dem sie nicht die Mehrheitssozialisten und vor allem nicht das Kleinbürgertum, die Masse erreichen konnte.

Den erbitterten Kampf der Nationalsozialisten gegen die *Reaktion*, worunter sie die Konservativen verstanden, und die Ereignisse vom 20 Juli 1944 ließ auch Friedrich Wilhelm Foerster unberücksichtigt, weil er in der *unheilvollen Verpreußung Deutschlands seit Friedrich I.* die Wurzel des Nationalsozialismus zu erkennen glaubte und, die Geschichte notzüchtigend, dynastische Erbfolgekriege zu hegemonialen Nationalkriegen umdeutete. Daß der Nationalismus eine Errungenschaft und Folge bürgerlichen Umuts war, hatte auch Fritz Harzendorf nicht bemerkt. In seiner Schrift *So kam es. Von Bismarck zu Hitler* erwähnte er nicht Bismarcks Widerwillen gegen die nationalistischen bürgerlichen Heißsporne des Jahres 1848 und auch nicht Bismarcks Kampf für die kleindeutsche Lösung, sondern leitete vom antiösterreichischen preußischen Hegemonialstreben das Dritte Reich ab. In seiner *Deutschen Frage* verstieg sich Wilhelm Röpke sogar zu der Behauptung, daß Preußen den *präkollektivistischen Einheitsmenschen und das proletarische Massenwesen* gezüchtet hätte. Solche Töne hörten die Sieger gern, die ja Preußen als Hort des Militarismus aufgelöst hatten, und entsprechend war es auch opportun, den Leichnam zu schänden.

Sorgsamer und historisch kenntnisreich folgte Gerhard Ritter der Auffassung von Friedrich Meinecke, beide sahen durch die Französische Revolution die *Idee der Masse* geboren, deren Ideale Erwerb, Macht und Wohlleben zu einem demokratischen Sozialismus und Nationalismus geführt hätten. Dieser Wurzel wäre sowohl der Faschismus, als auch der Bolschewismus entsprossen. Daraus ergab sich, daß eine spezifische Schuld dem deutschen Volk nicht anzulasten sei.

Die katholische Geschichtssicht hatte Eduard Hemmerle in seiner Schrift *Der Weg in die Katastrophe* dargetan. Westdeutscher Partikularismus und katholischer Rochus auf Bismarcks unverziehenen Kulturkampf ließen ihn für sein Elaborat den Untertitel *Von Bismarck bis Hitler* finden. Mit des Reichsgründers *Borussimus* hatte danach der Weg in den Abgrund begonnen und weil Bismarck antikatholisch, also ein Antichrist war, sei das Reich untergegangen, woraus zu lernen sei, wieder zum Christentum zurückzukehren. Der Weg in den Abgrund war auch von Walter Hagemann beschrieben und mit der unheilvollen protestantischen Hohenzollerndynastie erklärt, die im Bündnis mit dem Großkapital Urheber des Zusammenbruchs gewesen sei.

Fazit der Sündenbocksuche war das unausgesprochene, aber dennoch deutlich gemachte Eingeständnis, daß nicht das volkssouveräne Handeln, zum Beispiel die Wahlen und politischen Willensbekundungen, für die Nation schicksalbestimmend waren, sondern *die da oben*, die Mächtigen, denen man sich wie eh und je ausgeliefert sah und denen man sich, in obrigkeitsstaatlichem Denken verharrend, unterworfen hatte.

König Maximilian von Bayern hatte mehr als hundert Jahre zuvor im Gespräch mit Leopold von Ranke bereits diesen Aspekt der Volkssouveränität erörtert und die Frage gestellt, wie denn demokratisch legitimierte Staatsverbrechen zu bewerten wären. Die Nachkriegsdeutschen hatten ihre Antwort gefunden und ihre Hände in Unschuld gewaschen, oder wie Karl Jaspers, der eine Personifizierung des Schuldigen verneinte, den Zusammenbruch okkulten Phänomen zugeschrieben, einem Dämon, so wie er in der Offenbarung des Johannes angekündigt war – ein Gedanke, der dem protestantischen Theologen Helmut Thielicke ausnehmend gut gefiel, weil auch er den lutherischen *altbösen Feind* verantwortlich machte.

Zu Beginn des 19. Jahrhunderts hatten bürgerliche Geschichtsforscher dem deutschen Volk eine Nationalgeschichte geschenkt, die im Verlauf des stürmischen bürgerlichen Aufbruchs entsprechend dem Zeitgeist und geänderten politischen Erfordernissen vielfältige Nachbesserungen erfuhr. Für die zahlreichen zukunftsvisionären Heilslehren bedurfte es tiefliegender historischer Wurzeln, mit denen die deutschen Ideologien sich zu legitimieren suchten. Überdies stand einer deutschen Vaterlandsgeschichte ein ausgeprägter Partikularismus im Wege, Animositäten gegenüber den anderen Landsmannschaften, Süd-Nord-West- und Ost-Gegensätze, lokal-und heimatpatriotische Biedermannspflege führten zu einem zuweilen grotesken Verhältnis zur deutschen Geschichte. Im besonderen Maße fiel dies den kommunistisch geschulten, im historischen Materialismus belehrten deutschen Wissenschaftlern und Parteifunktionären auf, die gelernt hatten, die historischen Figuren entsprechend dem Klassenstandpunkt zu bewerten und im Kontakt mit den ausländischen Klassenbrüdern die Erfahrung machten, daß zum Beispiel die polnischen, russischen oder tschechischen Genossen ihre vaterländische Geschichte und nationale Heroen ungebrochen ehrten und für die Devastierung der Geschichte durch die deutschen Genossen kein Verständnis zeigten.

Der amerikanischen Journalistin Freda Utley war das merkwürdige Verhältnis der Deutschen zu ihrer Geschichte insbesondere aus den Gesprächen mit jungen Leuten deutlich geworden. *Das Schicksal, so hatte ihr ein junger Gewerkschaftssekretär dargelegt, hat uns in die Mitte Europas gestellt und so strömen von allen Seiten Einflüsse nach Deutschland herein und stoßen hier heftiger aufeinander als anderswo. Die Probleme haben bei uns schärfere Konturen als in irgend einem anderen Land. Der Deutsche neigt dazu, aus jeder Frage ein Weltanschauungsproblem zu machen. Die Religionskriege haben sich in Deutschland verheerender ausgewirkt als irgendwo sonst, weil unser Glaube immer »entweder-oder« ist. Für uns sind Kompromisse immer faul. So wenden wir uns in der Politik heute den gleichen Extremen zu: äußerster Nationalismus auf der einen, Verleugnung jedes Nationalgefühls auf der anderen Seite. Wir betreiben auch die Politik mit einer Art religiöser Überzeugung und betrachten den als »Feind«, der anders denkt wie wir.*

Freda Utley folgerte daraus, daß dieser Extremismus, dieser stete Wandel des Geschichtsbildes und die Vergötzung des Zeitgeistes die Ursache der Geschichtslosigkeit der Deutschen sei und überdies ihren Ruf begründete unzuverlässig zu sein. *Ist der Nationalismus im Aufstieg, so ergänzte Freda Utley den Gewerkschaftssekretär, so gehören die Deutschen zu den gewalttätigsten und skrupellosesten Völkern, wenden sie sich dem Pazifismus und Internationalismus zu, dann ertragen sie Provokationen, Ungerechtigkeiten und leiden mit einer Geduld wie kaum ein anderes Volk, und Leiden mit einer Geduld wie kaum ein anderes Volk. Diese Tendenz zu Extremen und zur Kompromißfeindschaft ist auch für den heftigen Parteienkampf mitverantwortlich, der zur Zerstörung der Weimarer Republik beitrug. Ganz anders die Engländer die instinktiv Parteiinteressen den Nationalinteressen unterordnen, treiben die Deutschen die innenpolitischen Gegensätze so weit, daß innere Konflikte zu einer Art »kaltem Bürgerkrieg« führen, wenn nicht gerade Krieg oder ein autoritäres Regime sie eine.*

Ausländische Beobachter glaubten zuweilen, in diesen Extremen einen besonders perfiden Charakter der Deutschen auszumachen zu können. Aber zumeist vermag der flüchtige Blick des Fremden die Unterschiede der Schichtungen nicht wahrzunehmen und erkennt naheliegenderweise nur die extremen Auffälligkeiten. Durch eine gemeinsame, alle Stände vereinende Geschichte legitimieren sich Völker als Kulturnationen, auf eine solche Nationalgeschichte verzichtet das deutsche Kleinbürgertum, kleine Leute leben im jetzt und heute und richten ihren Sinn strebend und schaffend in die Zukunft. Das macht sie so unberechenbar, zum Beispiel, wenn sie als Volk und Souverän Entscheidungen zu treffen haben. Ohne Geschichte oder historischen Kontext folgen sie mehrheitlichen Tagesstimmungen und dem vermeintlichen Gebot der Stunde, ohne sich bewußt zu sein, in einer historisch gewachsenen Kontinuität zu stehen. Entsprechend ist es ihnen auch nicht anzulasten, wenn sie nicht entschuldigend, sondern erklärend ihr Handeln begründen: *damals so gedacht zu haben – es damals ja noch nicht gewußt hatten* oder das Credo kleinbürgerlicher Lebensmaxime zitieren: *Nur wer sich ändert, ist sich treu!*

Wunderland
Vom Aufbauwunder zum Wirtschaftswunder

Als im Jahre 1952 Karl Ritter von Klimsch über 2500 *Köpfe der Politik, Wirtschaft, Kunst und Wissenschaft* in Kurzbiographien vorstellte, wurde deutlich, daß die alten Köpfe der Wirtschaft sich wieder recht gut etabliert hatten. Klimsch konnte mit Recht jene Persönlichkeiten preisen, die ihr *Unternehmen nach dem Zusammenbruch* 1945 *manchmal aus dem Nichts heraus wieder aufgebaut haben oder deren Werke durch* die *Kriegs-und Nachkriegsmaßnahmen vernichtet, demontiert oder enteignet wurden.* Alle *haben an ihrer Stelle* und *zu ihrem Teil mit dazu beigetragen, was heute im In- und Ausland als »Wunder des deutschen Wiederaufbaus«* bezeichnet wird. Noch sprach man vom Wiederaufbauwunder, dem bald das *Wirtschaftswunder* folgen sollte, doch einstweilen partizipierten, bei niedrigen Löhnen und großem Arbeitseifer der Werktätigen, lediglich die Unternehmer am *Deutschen Wunder.*

Bereits ein Jahr nach der Gründung der Bundesrepublik Deutschland meldeten etliche Unternehmen eine Steigerung gegenüber der Vorkriegsproduktion und stetig steigende Exportaufträge. Handel und Gewerbe pflegen sich nicht von der Last der Geschichte befrachten zu lassen, ihr Sinnen und Trachten ist in die Zukunft gerichtet und vom Profitstreben diktiert, so daß es zuweilen Not tut, auch mit dem Teufel einen Pakt einzugehen. Für die Wirtschaft war die Kriegsproduktion nicht von Nachteil gewesen, mit billigen Zwangsarbeitern hatte man enorme Leistungen erzielt und sich am NS-Programm *Vernichtung durch Arbeit* beteiligt, doch nun war vergeben und vergessen, wieder einmal stand man im Dienste des Volkes, freilich unter neuen Herren, denen man sich gemäß alter Sitte und Gewohnheit andiente.

Zum Glück der Nachkriegsdeutschen herrschte zu Beginn des Wiederaufbaues Krieg, nur ein Kalter Krieg, der aber das stete Verlangen der Deutschen nach einem Feindbild zu befriedigen vermochte und überdies die Schrecken des Dritten Reiches milderte, indem zumindest ihr seit 1941 geführter antibolschewistischer Kampf jetzt sogar von den Westmächten gewürdigt zu sein schien. Das von den Sowjets den DDR-Bürgern verordnete Feindbild, die imperialistischen Kriegstreiber des Westens, war den Ostdeutschen freilich schwer zu vermitteln und mochte nur einer Minderheit gefallen, die Umstände des Russeneinmarsches, die Ausschreitungen der Soldaten und die willkürlichen Verhaftungen minderten die Freude über die Befreiung. Bereits im zweiten Jahr nach der Gründung der Deutschen Demokratischen Republik zogen es über 200000 Bürger vor, den gepriesenen Arbeiter- und Bauernstaat zu verlassen, nicht zuletzt wegen der chaotischen Wirtschaftspolitik, die kaum dazu angetan war, private Eigeninitiative zu befördern.

Ganz anders in Westdeutschland. Als Bundeskanzler Adenauer im ersten Deutschen Bundestag seine Antrittsrede hielt, konnte er den Abgeordneten bereits eine erste Erfolgsbilanz der deutschen Wirtschaft verkünden. Ungeachtet der noch zum Beginn des Jahres 1949 durchgeführten Demontagen, wurde kräftig produziert. Zum Jahreswechsel hatte die *Times* noch gemeldet, daß die *Borbecker Rüstungswerke der Firma Krupp auf dem Wege in die Sowjetunion* wären, doch nun sollte mit der Demontage Schluß sein, denn, so war in einem englischen Kommuniqué nachzulesen, bis zum Jahre 1949 wären *insgesamt 598000 t Maschinen und anderes Material aus der britischen Zone entnommen worden, wovon 163896 t in die Sowjetunion, 18618 t an die CSR, 1789 t an Albanien und 45135 t an Jugoslawien geliefert wurden.* Schrott, wie die deutschen Wirtschaftsfunktionäre befanden, die unverzüglich mit der Produktion und dem Ankauf neuer Maschinen ihre Betriebe modernisierten und damit auch besser und mehr zu produzieren vermochten.

Erfolge aber hatten auch die Kommunal-, Landes- und Bundespolitiker zu melden, vereint war es gelungen, die Kriegsfolgen zwar nicht zu beseitigen, aber entschieden zu mildern. Zumindest konnte den Menschen Hoffnung gemacht werden, den Flüchtlingen und Bombenopfern, die noch immer in Notquartieren hausten und durch die rege, allenthalben sichtbare Bautätigkeit Aussicht auf eine Wohnung erhielten, den Arbeitslosen, denen die Wiedereingliederung in einen Beruf wieder möglich wurde, den Witwen und Waisen und den Kriegsopfern, die zunehmend soziale Betreuung erfuhren. All dies waren die brennenden Fragen der Politik, während die Außenpolitik zunächst die Bundespolitiker nicht sonderlich beschwerte, zumal die sogenannte *Deutschlandfrage* zu den Vorbehaltsrechten der Alliierten gehörte und auch der Schutz des Staates unter dem Schild der 7. US-Armee stand.

Die ersten Wiederaufbaujahre der Bonner Republik prägten das Selbstwertgefühl der Westdeutschen, deren Jubelchronisten schließlich den westdeutschen Weg zu Wohlstand und Ansehen als *Modell Deutschland* der Welt offerierten. Mit deutschen Tugenden, Fleiß, Ordnung und Sauberkeit war aus dem Wiederaufbauwunder ein Wirtschaftswunder entstanden. Das Rezept war die *soziale Marktwirtschaft* des Wirtschaftswundervaters Ludwig Erhard, mit der allen Schichten der Bevölkerung Wohlstand versprochen war.

Überdies konnte binnen kurzer Zeit im Lande Ordnung hergestellt, der Staat wohl organisiert und, trotz des nicht abreißenden Flüchtlingsstromes aus dem Osten, soziale Stabilität erreicht werden. Spezialisten, die bereits den Krieg organisiert hatten, fanden ein reiches Betätigungsfeld. Lagerspezialisten des Dritten Reiches lenkten die Flüchtlingsströme, bedrückend zuweilen ihr fachmännisches Vokabular: Transport, Ausschleusung, Lagerleiter, Blockleiter, Laufzettel oder Desinfektion, Krankenrevier, Blockdienst, Hygienedienst signalisierten Ordnung und Sauberkeit.

Doch wahr ist auch, daß die Flüchtlinge keinesfalls willkommen waren, Solidarität bedurfte der staatlichen Nachhilfe. Die *Pollacken* aus dem Osten, *die Rittergutsbesitzer im Blumentopf* waren lästig, und so schien es geraten, die Auffang-, Durchgangs- und Stammlager nach Möglichkeit in den stadtfernen aufgelassenen Militäranlagen einzurichten. Mit geballter Faust in der Tasche betrachteten die vom

Kriege Verschonten die den Habenichtsen aus dem Osten zuteil werdenden Segnungen, und als schließlich der Bundestag ein Lastenausgleichgesetz verabschiedete, jene, die nahezu unbeschadet den Krieg überstanden hatten, gesetzlich zu einer Solidaritätsabgabe verpflichtete, war des Klagens kein Ende.

Kriegen, besonders verlorenen, folgen zumeist wohlfeile Zeiten, weil der Wiederaufbauwille des Einzelnen sich zu einer gewaltigen volkswirtschaftlichen Gesamtleistung vereint. Die junge Bundesrepublik profitierte von diesem Wirtschaftsaufbruch der Einheimischen und der Flüchtlinge. Überdies hatten die Westalliierten aus dem Debakel nach dem Ersten Weltkrieg Schlüsse gezogen, indem sie nicht noch einmal den Deutschen die Wirtschaftsgrundlagen entzogen, sondern mit aller Kraft nun mit Förderungsprogrammen den Wiederaufbau unterstützten.

In den Konferenzen der Kriegskoalition gegen Deutschland hatten die Staatsmänner noch andere Pläne für die europäische Nachkriegsordnung verfolgt und vor allem den Nationen durch die Zerschlagung des Hitlerismus einen ewigen Frieden verheißen, doch nun, vier Jahre nach der Potsdamer Konferenz, entbrannte erneut ein Krieg, die einstige Koalition war zusammengebrochen, wie es in den letzten Kriegstagen der nationalsozialistische Propagandaminister Dr. Goebbels vorhergesehen hatte. Im fernen Osten, in Korea, hatten die Amerikaner den *freien Westen* zu verteidigen, ein Glücksfall für die Westdeutschen, die fünf Jahre nach der bedingungslosen Kapitulation nicht ohne Schadenfreude an ihren antibolschewistischen Kampf erinnerten.

Wirtschaftsfördernd durchliefen in Wellen Konsumgelüste die Gesellschaft, zunächst die Freßwelle, ausgelöst durch das reichhaltige Angebot an Lebensmitteln, es lockte der fette Fleischsalat, der Sonntagsbraten war wieder zu haben und die Buttercremetorte, dazu echter Bohnenkaffee. Der Konfektionshandel zeigte in seinen Schaufenstern wieder Friedensware in solider modischer Verarbeitung, Möbelgeschäfte offerierten Tütenlampen und Nierentische als Attribute des modernen Lebensgefühls. Neben dem wachsenden Export erwies sich der Nachholbedarf der Konsumenten als Motor des Wirtschaftswunders, dem auch jene vertrauten, in deren Lohntüte zwar nicht viel, wohl aber gutes Geld steckte. Die harte gute Währung war der Stolz der Teilnation, die nach all den Jahren der Versprechungen, der Einschränkungen und des Mangels und der erniedrigenden Armut nun ein neues Selbstwertgefühl erhielt. Zu Beginn der 50er Jahre wurde der Typ des Bundesbürgers konditioniert, der *haste was, biste was*-Kleinbürger, der am Stand seiner Anschaffungen seine gesellschaftliche Stellung maß. In dieser Zeit etablierte sich zugleich die neue kommunale Führungselite, das mittelständische Kleinbürgertum, das den politischen Gremien der kommunalen Selbstverwaltungen seine Ordnungsnormen diktierte, konsumfixiert, investitionswillig und von kleinbürgerlichen Wertvorstellungen erfüllt, gestaltete es das bundesrepublikanische Biedermeier, die westdeutsche Kleinbürgerkultur, die den Bonner Staat optisch und stimmungsmäßig prägte.

Ein in jenen Jahren kursierender Volkswitz kennzeichnete treffend die Politik des Kanzlers, der nach der Befriedigung der kleinbürgerlichen Sehnsucht nach Ruhe, Ordnung und vor allem materieller Sicherheit endlich die von den Nationalsozialisten versprochenen und vom Führer durch den Krieg dispensierten Wohltaten erfüllte. Eine alte Frau, so erzählte der Witz, hatte an einer Ausfahrt ihrer Landsmannschaft in die Bundeshauptstadt Bonn teilgenommen. Wieder bei ihren Lieben daheim, berichtete sie über ihre Erlebnisse, die Weinprobe bei einem rheinischen Winzer, die Besichtigung des Bundesrates und des Bundestages, ja und endlich hätte sie auch den Führer gesehen, leibhaftig vor sich, *aber alt ist er geworden, sehr alt ...*

Allwöchentlich berichtete die Wochenschau in den Kinos vom Fortschritt der Wirtschaft, dem Wohnungsbau, von Siedlungseinweihungen, schöner als die Hermann-Göring-Siedlungen, gezeigt wurden Bilder von der Wiederherstellung und dem Neubau von Autobahnstrecken, der Produktionsstätte des KdF-Wagens, auch Volkswagen genannt, der seit 1935 jedem Deutschen für 999 Reichsmark versprochen war. Noch mußten für die Standardausführung dieses Autos acht bis zehn Durchschnittsmonatslöhne aufgebracht werden, doch mit den fortschreitenden Lohnerhöhungen rückte auch dieser Traum näher. In den Medien wurde angepriesen, was das Herz des Bürgers entzückte, zur Kräftigung der Wirtschaft ließ Ludwig Erhard zum Konsum animieren, einem Konsum, der sich zunächst an den Bedürfnissen der Wiederaufbauzeit orientierte, für die beengten Wohnungen Klapp-, Falt- und Kombimöbel, wundersame Gerätschaften für Küche und Haus, platzsparend und vielseitig verwendbar. Der Normalbürger durfte freilich von vielen Begehrlichkeiten nur träumen, doch aus Verheißungen wurden Wünsche, die durch Sparen und Ratenzahlungsangebote Wirklichkeit werden konnten: ein Radioapparat, schöner als der Volksempfänger der Nazis, ein Jobis-Kostüm oder gar ein elektrisches Haushaltsgerät, ein Staubsauger oder ein Mixer. Sozialisten, auch die Nationalen pflegen so etwas als Lohn steter Gefolgschaftstreue zu versprechen, Adenauer und sein Wirtschaftswunder-Professor machten Wünsche wahr, wie ein fleißbefördernder Neidblick auf die Nachbarn zeigte.

Vor allem die Westmächte überschätzen die Gefahr eines deutschen Nationalismus, befürchtet hatten sie, daß die Aufteilung des deutschen Reichsgebietes und die ethnischen Korrekturen Unruhen auslösen könnten. Verwundert hatte sie allerdings die mangelnde Solidarität und Feindseligkeit gegenüber den Flüchtlingen und Vertriebenen durch die eigenen Landsleute im Westen, die oft zur Mitmenschlichkeit gezwungen werden mußten. Vor allem die englischen Politiker glaubten der britischen Öffentlichkeit eine Massenvertreibung nicht plausibel machen zu können, und so hatte Churchill an der vierten Sitzung der Konferenz von Jalta bereits entsprechende Bedenken geäußert. Stalin beruhigte ihn, indem er versicherte, daß *in den Teilen Deutschlands, die die Rote Armee eingenommen hat, fast keine deutsche Bevölkerung vorhanden sei.* Worauf Churchill erleichtert ergänzte: *Außerdem seien 6 bis 7 Millionen Deutsche schon getötet, und bis Kriegsende werden es noch mehr sein, wahrscheinlich nicht weniger als 1 bis 1,5 Millionen. Deshalb schlage er vor, die Vernichtung der Deutschen nicht einzustellen.*

Das gesteckte Ziel konnte erreicht werden, doch das Problem war damit nicht gelöst. Erst der Kalte Krieg entschärfte die Situation, da im Verlauf des antibolschewistischen Kampfes die Vertriebenen und Flüchtlinge mit Billigung der West-Führungsmächte den Opfern des Sowjetimperialismus zugerechnet werden durften. Die Vertriebenen durften sich organisieren und sogar feierlich ihr *Recht auf Heimat* proklamieren. Es war lediglich ein symbolischer Akt, der nicht den Handlungsbereich der Bundesregierung betraf, sondern Angelegenheit der Vier Mächte blieb. Mit Unterstützung der Regierung wurden allenthalben in den Städten Zentren des ostdeutschen Heimatgedenkens eingerichtet, *Häuser des Deutschen Ostens,* mit Veranstaltungsräumen und Geschäftsstellen der Landsmannschaften. Städte und Kreise waren angewiesen, Patenschaften mit Kreisen und Städten des deutschen Ostens zu übernehmen und in den örtlichen Museen entsprechende *Heimatstuben* einzurichten und jährlich ein Heimattreffen auszurichten. Eine innenministerielle Anordnung verfügte, daß *aushängende Karten oder kartographische Darstellungen von Deutschland, die es nicht in seinen Grenzen von 1937 wiedergeben und die nicht als Teildarstellungen besonders gekennzeichnet sind, aus allen Diensträumen mit Publikumsverkehr zu entfernen sind.*

Als Beitrag des Ostgedenkens empfahl das Bundesverkehrsministerium, in den Gasträumen der Raststätten der Autobahnen auch ein Ambiente entsprechend der *Eigenart der deutschen Ostgebiete zu schaffen. Zum Beispiel könnte eine »Schlesische Stube« eingerichtet und ferner gute Bilder ostdeutscher Städte aufgehängt werden.* Für die Regionalkünstler wurden Wettbewerbe ausgelobt, ostdeutsche Gedächtnismonumente für die Mittelstreifen der Autobahnen zu entwerfen, und überdies sollten vor der Zonengrenze Schilder mit Entfernungshinweisen auf die ostdeutschen Städte wie Danzig, Königsberg, Breslau, Gleiwitz und Beuthen aufgestellt werden. Daß Danzig und das Sudetenland nicht innerhalb der Grenzen von 1937 lagen, blieb ohne Belang, den Vertriebenen aus diesen Gebieten war die Rückkehr auf Grund des Rechtes auf Heimat und dem Selbstbestimmungsrecht der Völker gleichermaßen versprochen.

Alljährlich manifestierte sich der Rückkehrwille der Vertriebenen an den großen Heimattreffen. Sonderzüge und Busse brachten an sommerlichen Wochenenden tausende Ostdeutsche zu den Heimattagen, die von Politikern aller Parteien für ihre sogenannten *Sonntagsreden* genutzt wurden, in denen nach einem festgelegten Prozedere das Unrecht der Vertreibung beklagt, das Recht auf Heimat beschworen und die baldige Rückkehr angekündigt wurde. Im März 1952 hatte überdies Adenauer in einer Rundfunkrede bekannt gegeben, daß die Heimkehr nicht nur in die Ostzone und die deutschen Ostgebiete bevorstünde, sondern daß es *um die Befreiung von Osteuropa hinter dem Eisernen Vorhang ginge.* Vor der Befreiung stand allerdings die Verpflichtung zur Wachsamkeit und Stärke gegenüber dem Osten – und die Notwendigkeit der deutschen Wiederbewaffnung, diesmal an der Seite des Westens und mit ausdrücklicher Billigung der Briten und Amerikaner.

Trotz des Drängens der Alliierten, glaubten die Sozialdemokraten, dem deutschen Volk eine Armee nicht zumuten zu können, und so beschlossen sie, beizeiten auf der richtigen Seite zu stehen und die Führung der pazifistischen Opposition zu übernehmen. Ausgerechnet der Zivilist Adenauer, er hatte niemals Waffendienst geleistet und mehr als einmal seine Aversion gegen das Militär geäußert, hatte bereits in der Gründungsphase der Bundesrepublik im Gespräch mit ausländischen Journalisten die Frage einer deutschen Wiederaufrüstung angesprochen und erklärt, die Garantie der deutschen Westintegration wäre ein deutscher Verteidigungsbeitrag.

Mit ausdrücklicher Billigung der Alliierten richtete die Regierung das *Amt Blank* ein, praktisch ein Ministerium zur Vorbereitung der Remilitarisierung, in dem führende Wehrmachtsoffiziere die Organisation einer deutschen Armee erarbeiteten. Den deutschen Regierungsmitgliedern oblag es indessen, die Öffentlichkeit auf die neuen Verteidigungsaufgaben vorzubereiten und in Rede und Schrift Deutschlands historische Aufgabe, Schutzschild gegen den Osten zu sein, zu beschwören. Außenminister Heinrich von Brentano ergriff als Festredner zur 1000-Jahrfeier der Schlacht auf dem Lechfeld die Gelegenheit, Deutschlands ewige Bestimmung darzulegen: *In der Tat,* so rief er den Versammelten zu, *stehen die Probleme, die nun 1000 Jahre zurückliegen, in deutlicher Parallele mit denjenigen Problemen, die uns jetzt im Abendlande wieder bedrängen. Damals standen vor den Toren des Abendlandes, vor den Toren dieser Stadt (Augsburg), in der wir weilen, die heidnischen Nomadenscharen des Ostens; Verderben und Untergang drohten. Jetzt stehen wiederum, nicht sehr viel weiter von dieser Stadt entfernt, die Massen des Ostens und wiederum sehen wir der Gefahr ins Auge, daß das Abendland von ihnen überrannt wird und ihnen zur Beute fallen kann. In gewisser Hinsicht ist die Gefahr heute gewaltiger als damals. Denn nicht vereinzelte Nomadenhorden sind es jetzt, mit denen wir es zu tun haben, sondert, ein Block von der Größe eines Erdteils, wohlorganisiert und gegliedert und nicht wie damals steht uns das bloße Heidentum wilder Völkerscharen gegenüber, sondern das neue Heidentum, mit dem wir jetzt zu rechnen haben, ist ein Heidentum des weltlichen Fanatismus ...*

So wortreich und kompromißlos die SPD-Führung auch ihre Ablehnung der Remilitarisierung bekundete und die militanten christdemokratischen Reden und Knüppeleinsätze der Polizei gegen die Demonstranten brandmarkte, mit dem Fortschritt der Wiederbewaffnungsverhandlungen und dem offenkundigen Interesse der Alliierten an deutschen Soldaten erschien es den Sozialdemokraten angeraten, sich vorsichtig retirierend von der Protestbewegung abzusetzen. Ein Verrat, der von den Gewerkschaften und der Friedensbewegung bald bemerkt wurde und wieder einmal an den alten Vorwurf der Radikalsozialisten erinnerte, die nach der Niederschlagung der Revolution von 1918 dem sozialdemokratischen Wehrminister Noske vorgeworfen hatten, seine reaktionären *Bluthunde* auf Arbeiter gehetzt zu haben. Damals skandierten nicht nur Kommunisten: *Wer hat uns verraten – Sozialdemokraten.*

Die Wählermehrheit vertraute dem Patriarchen Adenauer, der großen Vaterfigur der Kriegerwitwen und Verlobten gefallener Soldaten, dem Hoffnungsträger der Flüchtlinge und Entrechteten, vor allem aber vertraute ihm der Mittelstand, dem der Wahlslogan der CDU *Keine Experimente* so recht aus dem Herzen gesprochen war. Insbesondere der kleinbürgerliche Mittelstand partizipierte an der Wirtschaftspolitik Ludwig Erhards und seiner Parole *Wohlstand für alle,* mit der ein Fortgang der guten Geschäfte verheißen war. Die SPD war angesichts des Wohlstandswachstums des Kleinbürgertums mit ihren düsteren Wirtschaftsprognosen Lügen gestraft und selbst der in früheren Zeiten stets bewährte und parteipolitisch genutzte Sozialneid wollte nicht mehr fruchten. Wieder einmal mußten die Sozialdemokraten retirieren, sich mit dem Kapitalismus versöhnen und ihre Forderungen nach einer sozialistischen Planwirtschaft zurücknehmen.

Für die Zeitgenossen waren es bereits die *goldenen 50er Jahre,* für die Alt- und Neureichen, die sich besonders begünstigt sahen – aber auch für jene, die sich noch zu bescheiden hatten und denen mit einem noch spärlichen Durchschnittsgehalt kein Luxus beschieden, aber Besserung der Lebensverhältnisse in Aussicht gestellt war.

Nicht von ungefähr hatten sich die Staatsgründer die Provinzstadt Bonn als Regierungssitz ausgewählt, diese landschaftlich schön gelegene Mittelstadt mit einer durch die preußischen Prinzen nobilitierten Universität, war ein Hort rheinisch-idyllischer Gemütlichkeit und verkörperte wie kaum eine andere Stadt provinzielle Kleinbürgerlichkeit, ein Ort geschäftigen mittelständischen Treibens, in dem es sich biedermeierlich wohnen ließ und in dem Ruhe und Ordnung den Tagesablauf bestimmten. Keine pulsierende Metropole mit Künstlern und aufmüpfigen Literaten, unruhestiftender ständischer Schichtung oder gar bevölkert von Wundervögeln der Subkultur, fern von *Pinschern,* wie einige Jahre später ein Bundeskanzler Literaten und Intellektuelle nannte. Bonn symbolisierte den Traum der kleinbürgerlichen Gesellschaft eines Staates, der den Normen des Mittelmaßes entsprach, und in dem Ruhe die erste Bürgerpflicht war.

Dieser Gesellschaft Gestalt zu verleihen, oblag den Politikern, die von Anbeginn einen demokratischen Grundkonsens gefunden hatten und im Werben um die Mitte den Parteienhader hintanstellten. Der enge Kontakt der Politiker zu den Journalisten, die durch die Nähe entstandene familiäre Atmosphäre hatte auf sonderbare Weise die Medien in die Politik eingebunden und zum Sprachrohr der staatstragenden Parteien gemacht. Freiwillig gleichgeschaltet hatte sich auch die deutsche Filmindustrie, deren Produktion weitgehend den Intentionen der Regierung folgte, dem Volk wieder Zuversicht und Vertrauen zu schenken. Ernste und heitere Filmproduktionen rankten sich um patriarchalische Wirtschaftskapitäne, Unternehmer, die des Wirtschaftsprofessors Erhard soziale Marktwirtschaft praktizierten, sich jovial dem Volke näherten und jungen, strebsamen Männern, womöglich Söhnen von Kriegerwitwen, eine Berufschance eröffneten, die zum krönenden Film-Happy end als Preis des Fleißes, die niedere Herkunft des tüchtigen Mitarbeiters vergessend, die Tochter mit dem ehrgeizigen Jüngling verheirateten. Problemfilme, so wollten es die Regierung, die Produzenten und das Publikum, sollten den Wiederaufbaualltag nicht belasten, und folglich zeigten sich die alten, bereits im Dritten Reich gefeierten Mimen, in herrlicher Wald-, Berg- oder Heidekulisse. So dramatisch auch die Filmgeschichte verlief, am Ende, wenn zarte Geigenklänge den Kinosaal erfüllten, heiratete das arme Mädchen dann doch den Standesherren, oder der Förster die Tochter aus gutem Hause.

Als im Deutschen Bundestag die Wehrdebatten tobten und im Parlament unterschiedliche Standpunkte deutlich wurden, produzierten die Filmgesellschaften Kriegsfilme, einige wenige pazifistischen Inhalts, doch in der Mehrzahl erinnerten sie an den antinationalsozialistischen, aber dennoch pflichterfüllenden Soldaten

Gebrauchskultur
Kleinbürgerliche Lebenswelt

Für das Bildungsbürgertum und das lesefreudige Kleinbürgertum, boten die Buchhandlungen auch noch in den 50er Jahren vor allem amerikanische Literatur feil: Ernest Hemingway, John Steinbeck und für die Damen Pearl S. Buck standen auf den Bestsellerlisten. Daneben die bereinigte zeitgenössische deutsche Literatur: Hans Carossa, Gottfried Benn, Ernst Wiechert und Agnes Miegel. In aller Munde, aber weniger gelesen, die Autoren der Gruppe 47. Auch in den Theatern setzte man auf Altbewährtes, die deutschen Klassiker in traditioneller Inszenierung, Regisseure, die Zeitgenössisch-Kritisches wagten, wurden mit Buhrufen bedacht und waren von Abonnementskündigungen bedroht. Galerien und Museen offerierten dem kunstbeflissenen Publikum mit Vorliebe die aus dem Dritten Reich verbannte moderne Kunst, von einem Großteil der Betrachter noch als *entartet* empfunden, von der kleinbürgerlichen Bildungselite jedoch mit trotziger Kunstkennerschaft bewundert.

Zur Standeslegitimation der neuen kleinbürgerlichen Führungselite bedurfte es neben der materiellen Reputation auch einer angemessenen Bürgerkultur. Den Neureichen, den Etablierten des Wirtschaftswunderlandes und jenen, die vom Luxus und modernen Zeitgefühl noch träumen mußten, war seit der Mitte der 50er Jahre Helmut Kindlers Zeitschrift *Das Schönste* gewidmet. Mit belehrenden Artikeln und schön bebildert, erwies sich *Das Schönste* als Nothelfer in den Fragen eines kulturvollen Lebensstils, indem gezeigt wurde, wie man sich stilvoll zu kleiden hatte, gut und richtig aß, das Hauswesen kultiviert gestaltete und kulturvoll reiste. Erschlossen wurden dem Leser die *Schönheiten der Kultur,* die *Zauberwelt des Theaters* wurde eröffnet, angeregt wurde zum Genuß von Konzerten im Rundfunk und in Musikhallen, verwiesen ward auf *Bilder vor denen die Welt verweilt,* Landhäuser der bereits Prominenten aber auch geschmackvoll eingerichtete Mietwohnungen wurden gezeigt.

Vor allem aber wurden die Berichte über die benachbarten Kulturnationen begierig aufgenommen, jenen Nationen, die nun als befreundet galten und denen man sich zugehörig fühlte. Über eine eigene verehrungswürdige bundesrepublikanische Prominenz war bedauerlicherweise noch nicht zu berichten. Große gesellschaftliche Ereignisse waren noch rar, allenfalls anläßlich der alljährlichen Landespressebälle und des Bundespresseballs war die neue Elite vereint und zur Freude der Nation auch in den Medien vorgeführt. Auf den Fernsehschirmen sah man dann die Volksvertreter, die sich volkstümlich zeigten und sich zuweilen nach dem Geplärr der Schlagerstars auf der Tanzfläche bewegten. Nicht fehlen durften die Lieblinge der Unterhaltungsbranche, die sich dem Greisenalter nahenden UFA-Stars, die auch einst die Führerempfänge genossen hatten, aber auch die Jungstars der Filmindustrie. Eingeladen waren auch Literaten und Künstler, Männer der Wirtschaft und der Gewerkschaften, eine bunte, gutgelaunte Mischung der neudeutschen Gesellschaft, die in satter Selbstzufriedenheit ihren Aufstieg genoß. Es waren ungezwungene, mit keiner steifen Etikette und altmodischen Konventionen befrachtete Feste, die entsprechend dem Fortschritt der Ausgelassenheit und des Trunkes in einer fröhlichen Schunkelstimmung mündeten.

Der kulturellen Wiederaufbauzeit waren Zeiten vorausgegangen, die nicht nach Kultur verlangten; man hatte sich behelfen müssen, in der Nahrungssuche, aber auch im Rahmen der Wohnungsbewirtschaftung, hatte auf engem Raum zu leben, ohne ausreichendes Heizmaterial und elektrische Versorgung. Erst kommt das Essen, dann kommt die Kultur, diese marxistische Weisheit stand in den ersten Jahren nach der Stunde Null offenkundig vor Augen. Bei einem durchschnittlichen Einkommen von 500 bis 700 Mark für Verheiratete mit Kindern bedurfte es auch noch zur Mitte der 50er Jahre größter Anstrengungen der Hausfrauen, einen Sparbetrag zur Seite zu legen. Von den Frauen war verlangt, mit Fleiß und Umsicht die Geschäfte des familiären Alltags zu betreiben.

In den Kriegszeiten oblag den Frauen vaterländische Pflichterfüllung. Kriegsdienst in Munitionsfabriken und Wehrwirtschaftsbetrieben, in Behörden, bei der Reichsbahn oder den städtischen Verkehrsbetrieben. In den folgenden Notjahren, die Männer befanden sich zu einem Großteil noch in Kriegsgefangenschaft, hatten sie den Lebensunterhalt für die Familie zu bestreiten, mußten *Schlangestehen* vor den Zuteilungsstellen und mühselige Hamsterfahrten auf sich nehmen. Sie räumten Trümmer und pflegten nachbarschaftliche Solidarität. Andere ließen sich aus Not oder einfach aus Sehnsucht nach Zuneigung von einem Besatzungssoldaten versorgen, erkauften sich für ein wenig Liebe einen bescheidenen Luxus, zuweilen mit Folgen, die sie in die Hände von Engelmacherinnen trieben – oder aber Konsequenzen ziehen ließ, indem sie sich von ihren fremd gewordenen Männern trennten und neue Bindungen eingingen. Für viele Frauen war die Heimkehr der Ehegatten eine weitere schwere Belastung, demoralisiert vom Krieg und der Gefangenschaft, den Familien entfremdet, bedurfte es großer Geduld und Nachsicht, die aufzubringen nicht allen gegeben war.

Die Familie, so hatten es auch die Stifter des Grundgesetzes bestimmt, stand unter dem besonderen Schutz des Staates, gewissermaßen in Aufsichtsfunktion über die eheliche Gemeinschaft hatten obrigkeitliche Behörden darüber zu wachen, was kirchliche und weltliche Feudalherren den Eheleuten bereits im Mittelalter auferlegt und abverlangt hatten: Die eheliche Treue und Sittenreinheit, die Kindeserzeugung und lebenslange Versorgung. Verstöße gegen das Ehegelöbnis wurden nach dem Kriminalrecht sowie im Rahmen der Sanktionen, die von der kleinbürgerlichen Lebenswelt für Normenverstöße bereitgehalten wurden, geahndet.

Was mit Liebe und Sex so hoffnungsvoll begann, endete zuweilen in Überdruß oder gar Hader, und so sahen sich menschenfreundliche Aufklärer seit der Mitte des 18. Jahrhunderts veranlaßt, den Eheleuten Ratgeber an die Hand zu geben, belehrende Traktate, mit denen die Last der ehelichen Zwangsgemeinschaften zu mildern war. In der Altväterliteratur war den Eheleuten zur Verschönerung des Ehelebens vor allem ein nicht ausschweifendes, widernatürliches, sondern gesundes natürliches Liebesleben empfohlen. Die folgende Hausväterliteratur des 19. Jahrhunderts ließ diese Seite der Ehe unerwähnt, und auch die modernen Ratgeber der 50er Jahre des 20. Jahrhunderts hielten diesen Aspekt für überflüssig.

Renommierte Verlage legten angesichts der offenkundigen zeitbedingten Probleme staatspolitisch wertvolle Hilfsbüchlein für die *moderne Frau* auf, deren Autorinnen, einstige NS-Frauenschaftsführerinnen oder christliche Familienexpertinnen, Ratschläge für die zeitgemäße Ehe gaben. Nach wie vor sollte die Familie als *Keimzelle des Staates* gelten, waren die kleinsten Zellen des Gemeinwesens gesund, wäre auch der Staat gesund. Diese staatliche Gesundheitspflege war den Frauen überantwortet, freilich eine schwere Last, angesichts der beengten Wohnverhältnisse, ohne Hauspersonal und bei erwünschter reicher Kinderschar. *Selbst ist die Frau* war der frauenemanzipatorische Ruf der Berufshausfrauen in den 50er Jahren.

Was darunter zu verstehen war, erklärte Martha Maria Gehrcke in ihrem Ratgeber. Die Frage, was denn *eine Frau zu einer umworbenen und geliebten Frau, zum Mittelpunkt eines eigenen kleinen Reiches macht?* beantwortete sie mit der Forderung, *in erster Linie wieder Frau zu sein,* dem aufgezwungenen Männerdasein der Notzeiten zu entsagen und trotz des modernen Tempos sowie der vermehrten häuslichen Pflichten wieder weibliche Tugenden zu pflegen. *Wir müssen lernen, mit unserer Zeit und unserm Geld sinnvoll umzugehen. Das gibt uns Raum für die schönen, so echt weiblichen Dinge des Lebens und die Möglichkeit, andere glücklich zu machen. Eine versorgte, abgehetzte oder ungepflegte Frau strahlt keine Anzie-*

hungskraft aus und baut kein Heim. Mann und Kinder glücklich zu machen und bei all dem hübsch und gepflegt zu bleiben macht Spaß. Ernten sie fröhlich die Früchte ihrer Mühen, lassen sie sich bewundern, verehren, lieben. Aber gewähren sie keinem Mann Einblicke in ihre Betriebsgeheimnisse, stöhnen sie nie! Sie sind eine moderne Frau, sie machen das gewissermaßen aus dem Handgelenk und lächeln. Denn: Selbst ist die Frau!

Oberhaupt der Familie sollte wieder der Ehegatte sein, der Ernährer, dessen Schaffenskraft zum Nutzen der Volkswirtschaft und des Wirtschaftswunders gehegt und gepflegt werden mußte. Entsprechend einer betriebswirtschaftlichen Planung des Wirtschaftsbetriebes, sollte auch der Haushalt organisiert und diszipliniert werden, verlangt war die perfekte Betreuung des Gatten und der Kinder, wobei letztere das Erholungsbedürfnis des nach dem Arbeitstag erschöpften Ehemannes nicht stören durften. Ordnung und Sauberkeit waren jedoch nur mit einem genau festgelegten Tagesprogramm zu erreichen, das nach den Vorstellungen der Hauswirtschaftsexperten noch vor der Beendigung des Hausherrenschlafes zu beginnen hatte, *spätestens jedoch um 6 Uhr morgens.*

Bezüglich der ehelichen Sexualität wurde von den Ratgebern deutlich gemacht, daß im Verlauf der Ehejahre ein Wandel in den Beziehungen der Partner eintreten müßte, *die Neigung, die sie in der Jugend zueinander geführt, oft leidenschaftlich getrieben, wird sich zu einem Zusammengehörigkeitsgefühl entwickeln. Der täglich wachsende Schatz gemeinsamer Erinnerungen schafft allmählich eine Harmonie unauflösbarer Kameradschaft ...* tröstete eine Familienexpertin. Die deutsche Ehe sollte nicht von Leidenschaft befleckt werden, denn die Ehe diente dem Gemeinwohl, indem in ihr nützliche Glieder der Gesellschaft herangezogen wurden, Arbeit und Pflicht zierte die Familie, und so war die Jugend aufgefordert, sich freudig die Ehelast aufzubürden, beizeiten für eine sichere Existenz zu sorgen, einen Partner zu suchen, ihn zum Traualtar zu führen, Kinder zu zeugen, sie in Sauberkeit und Ordnung heranwachsen zu lassen. Ein wenig beförderte der Staat die Ehelust mit seinem Sexualstrafrecht, nach dem der außereheliche Geschlechtsverkehr verboten war, Hausbesitzer, Zimmerwirtinnen aber auch Eltern konnten mit einer Haftstrafe rechnen, wenn sie Unsittlichkeiten ihrer Mieter oder gar der eigenen Kindern unter ihrem Dach zuließen.

Die Erziehung der Kinder oblag der Schule und dem Elternhaus, beiden war gesetzlich *Gewalt* zugebilligt, um ordentliche Menschen

heranzuziehen. Während den Knaben ein wenig mehr Freiheit eingeräumt wurde, war für die Mädchen eine etwas strengere Erziehung
anempfohlen, vor allem sollten die weiblichen Tugenden früh entwickelt, beizeiten die häuslichen Pflichten erlernt und sie vorsichtig an
die Bestimmung zur Mutterschaft herangeführt werden.

Ein natürlicher weiblicher Trieb, so erfahren wir aus den Ratgebern jener Jahre, ist der Nestbau, ein Glück für die Familie, die diesem Trieb eine schöne Heimstatt zu verdanken hat. Die Heimgestal-
tung als weitere Domäne der Frau bedurfte jedoch gleichermaßen der
lenkenden Anweisungen. Danach sollte das deutsche Wohnzimmer
Mittelpunkt der Familie sein, ersatzweise die Küche, die kleinbürgerliche Wohnküche, in der nicht nur die Mahlzeiten zubereitet und eingenommen wurden, sondern auch zur Schonung der sogenannten
guten Stube das Familienleben stattfand. Geringere Anforderungen
wurden an die Schlafräume gestellt, hier waren vor allem Regeln
bezüglich der Hygiene zu beachten, Staubfreiheit und für die Gewährleistung eines erholsamen Schlafes eine gute Durchlüftung des
Raumes und der Betten. An Möblement war für das eheliche Schlafgemach neben den monströsen Betten, Kleiderschrank und ein Fri-
siertisch empfohlen, auf keinen Fall sollte dieser Raum als Abstell-
platz genutzt werden, allenfalls die Nähmaschine durfte hier noch
untergestellt werden.

Als Visitenkarte des Hauses galt das Clo, aus etymologisch unerforschlichem Grund Toilette genannt, in dem sich auch eine Bade-
wanne befand. Neben der Küche konnte hier die Ehefrau die ganze
Meisterschaft ihrer Putzkenntnisse entfalten, ging es doch angesichts
der glatten Kachelflächen nicht nur um Sauberkeit, sondern auch um
den Kunstfleiß eines streifenfreien Hochglanzputzens. Noch nie in
der deutschen Ordnungs- und Sauberkeitsgeschichte waren die häuslichen Reinigungsanforderungen so hoch gestellt wie seit Beginn der
5oer Jahre. Befördert durch die chemische Industrie, die mit gewaltigen Produktionssteigerungen wahre Wunder an Reinigungsmitteln in
jeder Konsistenz feilbot, Deutschland zum wohl saubersten Land der
Welt machte. Über die Medien informierte die Werbung die Hausfrauen über den jeweiligen Stand der deutschen Putzkultur und offerierte ständig neue Sauber-, Weiß- und Glanzmacher, so daß es sich
die Hausfrauen selber zuzuschreiben hatten, vom Ehegatten getadelt,
von Freundinnen und im Bekanntenkreis verachtet und folglich von
nächtlichen Albträumen geplagt zu werden. Von keiner Geschlechts-
genossin der ganzen Welt wollte sich die deutsche Frau in ihrem Putz-

eifer übertroffen sehen, und so gab es wohl kein Land auf der Erde, das eine höhere Zahl an Haushaltsunfällen zu beklagen hatte, als Deutschland, wo alljährlich unzählige Frauen nach waghalsigen Kletterpartien zu schwer zugänglichen oder verborgenen Schmutzherden im Dienste der Sauberkeit das Leben wagten.

Der Reinigungseifer widmete sich zunächst der Wäsche, den Haushaltsgegenständen, der Küche und dem Clo, den Fußböden und dem Möblement, vermutlich weniger der Körperpflege, belegt durch einen geringen Verbrauch von Körperseife und die hohen Verkaufszahlen von geruchstilgenden, parfümierenden Stiften und Wässerchen. Noch immer war es für die Familienmitglieder Brauch, am Sonnabend ein Bad zu nehmen, erstaunt zeigten sich die ersten Touristen, daß sogar die preiswerten Hotelzimmer in den mediterranen Ländern eine Dusche oder ein Bad und gar ein, allerdings sittlich fragwürdiges, Bidet aufzuweisen hatten, wo doch in Deutschland für *Zimmer mit fließend kaltem und warmem Wasser* ein Luxuszuschlag erhoben wurde.

Pflegeleicht sollte die deutsche Wohnung sein und entsprechend war das Haus zu gestalten, der dringende Wunsch nach leicht abwischbaren Türen und putzleichten großen Fensterglasflächen erforderte entsprechende bauliche Maßnahmen, Sprossen und Zierrat wurden entfernt und durch reinigungsfreundliche Bauelemente ersetzt. Alte Baustile erhielten ein neues Gesicht, wirkten moderner, zeitgemäßer, indem man das Formengefühl vergangener Epochen beseitigte, die alten Vorstellungen vom Schönen und Dekorativen verwarf und sie durch Sauberkeit und Ordnung ersetzte. Ästhetik maß sich fortan an der Gebrauchsfreundlichkeit, praktisch und pflegeleicht sollte die moderne Lebenswelt sein, eingeschlossen die staubfreie Wohnkultur.

Größere Individualität bei der Einrichtung der Wohnungen hatte die Möbelindustrie nicht vorgesehen, so daß als weiteres Themenfeld der Frauenzeitschriften die Hausfrauen zu einer emsigen Dekorationstätigkeit angeregt wurden. Zu den industriellen Möbelscheußlichkeiten, der rustikal bodenständigen Dürerhaushandwerksarbeit, gesellten sich die hausfraulichen *Bastelecken*-Produktionen. Angepriesen wurde das Basteln geflochtener Blumenampeln, von Küchentischdeckchen aus Bast. Außerdem war für die häusliche Dekoration vor allem Bambus verlangt, aus dem Blumenhalter, Salatbestecke, Garderobenständer und vieles mehr zu fertigen waren. Zum modernen Bild, ein van Gogh-Druck oder etwas von Feininger, wollten freilich die alten Möbel nicht mehr passen, und so war empfohlen, vom

Mahagonimöbel den Zierrat zu entfernen und nach gründlicher Vorbehandlung des Holzes den Schrank oder die Kommode mit einem weißen Farbanstrich zu verschönen.

Anfang der 6oer Jahre hatte die Bastelwut ihren Höhepunkt erreicht, und da sie dem modernen Lebensstil zugerechnet wurde, hatte man ihr auch eine englische Bezeichnung gegeben: *do it yourself,* womit den Greueltaten bastelnder Hausfrauen und heimwerkender Hausväter kaum noch Grenzen gesetzt waren, zumal durch die einsetzende Reiselust der Deutschen Anregungen für die heimische *Wohnlandschaft* aus den Urlaubsländern mitgebracht wurden.

In einem gesellschaftspolitischen Bericht hatte der *Spiegel* das stillose Sammelsurium der bundesrepublikanischen Wohnkultur beklagt und die Wohnungen der neuen Elite als *Grotten des deutschen Spießertums* bezeichnet. Damit hatte der *Spiegel* einen neuen Trend aufgegriffen, der bereits seit geraumer Zeit von Innenarchitekten gefordert wurde. Danach war Klarheit und Kargheit verlangt, es galt nunmehr, sich des alten kleinbürgerlichen Ambientes zu entledigen und die modernen Zeiten auch im Heim zu genießen. Die Folge war eine das ganze Volk erfassende gewaltige Entrümpelungsaktion, worauf die örtlichen Müllbetriebe sofort reagieren mußten, indem sie sogenannte *Sperrmülltage* organisierten, die Platz schufen für Neuanschaffungen, eine Schrankwand mit integrierter Schallplatten- und Radioanlage und verspiegelter, innenbeleuchteter Hausbar. Dazu eine Sitzgruppe mit Couchtisch. Andere gaben skandinavischem Kiefernholz den Vorzug und beleuchteten die Kargheit mit einer japanischen Papierampel. Als besonders kulturvoll galt eine Mischung aus antikem Fundus und modernem Design – etwa einem Eiermannstuhl, von Professor Egon Eiermann für die Brüssler Weltausstellung konstruiert, hatte dieses Sitzmöbel bereits in den 5oer Jahren Eingang in das deutsche Wohnzimmer gefunden. Trotz aller gutgemeinten Bemühungen, die Häßlichkeit der bundesrepublikanischen *Wohnlandschaften* blieb unübertroffen, den Verirrungen waren keine Grenzen gesetzt: Freunde der sogenannten Stilmöbel wurden von den Möbelhäusern gleichermaßen bedient wie die Liebhaber der weißen Schleiflackeinrichtung. Angeregt durch eine Unzahl von sogenannten Wohnzeitschriften war fortan die deutsche Wohnung einem steten Wandel unterzogen, dem Kreislauf der Sperrmülltage und dem Besuch der Möbelhäuser unterworfen.

Der Aufwand der permanenten Modernisierung und der mietvertraglich festgeschriebenen Renovierung des Heims erwies sich als positiver volkswirtschaftlicher Faktor bezüglich der Ausbreitung sogenannter *Heimwerkermärkte*, die sich seit Beginn der 6oer Jahre in den Stadtrandgebieten etablierten. Des weiteren eröffneten sich damit auch frauenemanzipatorische Aspekte, indem der männliche Gestaltungstrieb familienstabilisierend zu nutzen war. *Baumärkte* animierten nun auch die Ehemänner zu häuslicher Tätigkeit – ein Fortschritt, dem sich die Ratgeber für die moderne Frau mit Tips und Regeln annahmen. Danach war die Förderung des Familiensinns durch das Heimwerken höher zu bewerten, als der damit angerichtete Schaden. Niemals, so wurde empfohlen, sollten die Handwerkerkünste des Ehegatten in Zweifel gezogen werden, sträflich die Hausfrauenfrage: *Sollen wir nicht doch lieber einen Handwerker holen?* Unbedingtes Vertrauen in die Allwissenheit und Alleskönnerschaft des Haushaltungsvorstandes wäre die Voraussetzung einer guten harmonischen Ehe.

Eine große Frauenzeitschrift hatte ihren Leserinnen die Preisfrage gestellt, welche Gattenbehandlung sie für erfolgreich hielten.Den ersten Preis bekam eine Hausfrau zuerkannt, die als kürzestes Rezept die Empfehlung gab: *Man füttere die Bestie*, für die Jury eine humorige, aber dennoch zutreffende Lebensweisheit, *in der viel Wahrheit liegt*. Aus dem Ratschlag der ersten Preisträgerinnen sowie den Vorschlägen der folgenden Preisbedachten hatte die Zeitschrift drei Regeln zusammengestellt, mit denen die Ehe harmonisch zu gestalten war. Erstens: *Man lasse ihn in Ruhe, Zeitungslesen am Morgen, brummige Schweiger, bleiben sie gelassen, denn wenn er spricht, hat es Gewicht und wird immer wieder zum Beweis tiefen Vertrauens und inniger Verbundenheit. Also: Lassen Sie ihn in Ruhe! Regel zwei: Man lasse ihn aussprechen und rede nicht dazwischen. Regel drei: Man lasse ihm sein Hobby – und seinen Stammtisch ...*

Für die Männer galt das Bastelhobby als Ausgleich zum Gleichmaß des Berufs, für die Frauen war das Dekorieren der Wohnung als medizinisch-psychologische Therapie zur Milderung des pflichtbeladenen Ehelebens empfohlen: *Obgleich alles was wir basteln es ja auch zu kaufen gibt*, schrieb Eheratgeberin Constanze, *Ärzte und Psychologen sehen im Basteln einen gesunden Ausgleich gegen gleichförmige Mechanisierung und geisttötende Fließarbeit, ein ideales Mittel zur Freizeitgestaltung, ja sogar ein Heilmittel gegen viele seelisch bedingte Krankheiten.* Eine Erkenntnis, die staatliche Volkshochschulen aufgriffen und für Hausfrauen Kurse im Töpfern, Malen, Ikebana, Makramee und Tiffanybasteln anboten.

Frauenrechte

Ein halbes Jahrhundert zuvor hatte es auch in Deutschland eine rege frauenemanzipatorische Bewegung gegeben, die kämpferisch für die Gleichberechtigung und für Frauenrechte eingetreten war. Freilich nicht so radikal wie die englischen Schwestern, die mit Regenschirmen auf Polizisten eingedroschen und sogar Bomben gelegt hatten, doch hörbar und beachtet waren auch die Frauenrechtlerinnen in Deutschland, die meist aus dem Bildungsbürgertum kamen und bereits vor dem Ersten Weltkrieg große Erfolge erzielt hatten. Unbeteiligt am frauenemanzipatorischen Geschlechterkampf, weil vom kleinbürgerlichen Familienideal des 19. Jahrhunderts nicht betroffen, waren Bäuerinnen, adelige Landfrauen und Frauen der proletarischen Unterschicht.

Mitgliederstarke Frauenverbände prägten auch die Weimarer Republik, in deren Verfassung erstmals die Gleichberechtigung und das Frauenwahlrecht festgeschrieben waren. Trotz völkischer Frauenrechtlerinnen und einer mitgliederstarken NS-Frauenschaft, im Dritten Reich galt Frauenemanzipation als suspekt, gefordert war die Kameradenehe mit rassenbiologischer Zuchtbestimmung der deutschen Frau, die in völkischer Verantwortung Hüterin der Sippe sein sollte. Unverheiratete Frauen, womöglich noch mit akademischer Ausbildung, galten als asozial, wenn sie ihren natürlichen Kinderwunsch nicht stillten.

An dieser Auffassung hatte sich beim Rechtsnachfolger des Dritten Reiches nichts geändert, obgleich, wie eine Frauenexpertin schrieb, *nach Erhebungen es in der Bundesrepublik, als Folge des zweiten Weltkrieges, noch immer einen Frauenüberschuß von drei Millionen gibt, wobei die Jahrgänge zwischen 30 und 40 am stärksten betroffen sind, gibt.* Ausdrücklich wies die Autorin daraufhin, *daß dies den Frauen nicht anzulasten ist, da sie ja Opfer des Krieges sind, diese ohne ihr Verschulden zur Ehelosigkeit verurteilten Frauen haben früheren Generationen das eine voraus, daß ihnen heute jeder Beruf offen steht. Trotzdem leidet eine unverheiratete Frau auch heute noch oft unter unbewußten Minderwertigkeitskomplexen.*

Unter Minderwertigkeitsgefühlen aber litten auch die im Ehealltag erstorbenen Hausfrauen, Mütter, die befürchteten, im steten Umgang mit den Kindern zu verblöden; ihnen empfahlen die Familienexperten eine behutsame innereheliche Emanzipation, *weil es bei uns viele, ansonsten gute und liebevolle Ehemänner gibt, die sich nicht zur ge-*

ringsten Hilfeleistung im Haushalt entschließen können. *Sie finden es unmännlich und bei manchen erstreckt sich dieses Vorurteil sogar auf das Schieben des Kinderwagens. Aus den Vereinigten Staaten hört man extreme Erscheinungen: Von dem jungen Vater, der abends müde von der Arbeit kommt und dann die Kinder badet und zu Bett bringt, während die Frau des Hauses gerade noch den Tisch abräumt, fürs gemeinsame Spülen.* Nach Ansicht der Autorin ging so viel Emanzipation zu weit, denn *wenn unsere eigene Arbeit sich ausschließlich im Rahmen der Häuslichkeit abspielt, sollten wir im allgemeinen fähig sein, dabei ohne den Mann auszukommen.* Hier war ein vernünftiges Mittelmaß anzuempfehlen.

Härte und Konsequenz gegenüber dem Ehegatten war den Frauen bei Verstößen, zum Beispiel gegen das häusliche Ordnungs- und Sauberkeitsgebot zugebilligt, dann war *gesunder Widerspruch am rechten Platz, weil er den wechselseitigen Gedankenaustausch ungemein belebt. Manche Männer brauchen gelegentlich eine drastische Behandlung.* Damit hatte die Familienexpertin kleinbürgerlichen Ehebrauch treffend beschrieben, der sich im häuslich-intimen Umgang häufig friedlos gestaltete und nicht immer von Höflichkeit diktiert war. Unter *wechselseitigem Gedankenaustausch* wurden zumeist lautstarke Auseinandersetzungen um die Kindererziehung, das Haushaltsgeld, Sauberkeits- und Ordnungsfragen verstanden. Die ordentliche Kleidung, das propere Haus, die nach außen dargestellte Harmonie, konnten nicht darüber hinwegtäuschen, daß der eheliche Krach mit lautem Weibergekreische und polterndem Männerbölken kleinbürgerlicher Brauch war und aus der Wurzeltiefe des Herkommens zuweilen ein ordinäres Gezänk hervorbrach. *Fein zu sein,* ein feines Benehmen an den Tag zu legen, war Teil der Garderobe und nur zu besonderen Anlässen verlangt. *En famille* durfte man sich gehen lassen, natürlich sein und schlechte Laune verbreiten.

Hausgeselligkeiten bedurften einer anstrengenden Vorbereitungszeit mit radikalen Reinigungsarbeiten und einem hemmungslosen Dekorationseifer. Der ehrgeizige Wettstreit um die sauberste Heimstatt, die beste Küche des Freundeskreises überschattete die Festesfreude der Gastgeber, die beim Erscheinen der Gäste häufig deutliche Zeichen der Ermattung zeigten und überdies während der Geselligkeit unter der Unsicherheit litten, ob alle Arrangements das Wohlgefallen der Gäste fanden und nicht Anlaß zu übler Nachrede gaben. Die ritualisierten Übelnehmereien waren kaum zu verhindern, auch wenn im Verlauf der Party durch den Alkohol die Lustigkeit befördert wurde, kriesches Frauenlachen und heiteres Männergrölen Amüsement verrieten.

Hitlers Kinder

Ordnung und Sauberkeit, Fleiß und Strebsamkeit sind die herausragenden kleinbürgerlichen Tugenden, die es beizeiten, möglichst schon im Kleinkinderalter, dem Nachwuchs zu vermitteln gilt. Wichtigste Familiensorge sind die schulischen Leistungen, die ständig überprüft und bei Leistungsschwächen von den Eltern mit einem gestrengen Drohpotential korrigiert werden. Der Krieg und vor allem die notvollen Nachkriegsjahre hatten die alten kleinbürgerliche Werte in Frage beziehungsweise Redlichkeit und Bürgertugend zur Disposition gestellt, wovon insbesondere die Kinder und Jugendlichen betroffen waren. Mit dem Beginn des staatlichen Wiederaufbaues galt die Sorge den jungen Menschen. Die Jugendlichen waren in die Zerstörungen des Krieges hineingewachsen, hatten im Bombenhagel ihren schweren Dienst an den Flakgeschützen geleistet, Menschen gerettet und grauenvolle Bilder des Todes und menschlichen Elends verkraften müssen. Zugleich vertraten sie die im Felde stehenden oder in der Gefangenschaft ausharrenden Väter, sorgten an der Seite der Mütter für den Erhalt der Familie. Überdies war die Jugend im besonderen Maße nationalsozialistisch indoktriniert und in den NS-Erziehungsinstitutionen auf das Tausendjährige Reich vorbereitet worden.

Aber auch die jüngeren, im Kriege geborenen Kinder, die zur Zeit der Gründung der beiden deutschen Staaten Acht- bis Zehnjährigen, waren kleine Erwachsene, halfen beim *Kohlenklau* und *Organisieren*. Allen Mitgliedern der Familien war die Last des Überlebenskampfes auferlegt, und wer überleben wollte, der mußte die kleinbürgerlichen Tugenden und Moralvorstellungen mißachten. Die jüngeren Geschwister sahen die ältere Schwester mit einem *Besatzer* poussieren, in der sowjetischen Besatzungszone hörten die Kinder von den Ängsten der Frauen und Mädchen vor Vergewaltigungen, und bei vielen Müttern erschien ein *Onkel,* der Lebensmittel brachte und über Nacht blieb. Gefährliche Trümmerflächen waren abenteuerliche Spielplätze, auf denen sich en passant noch Verwertbares finden ließ. Spielzeug bastelten sich die Kinder aus Kriegsmaterial, Feuerwerke waren mit

Munition zu entfachen und Granatenringe beim Schrotthändler zu verkaufen. Zwischen den *Barackenkindern* der Flüchtlingslager und den Einheimischen tobten blutige Bandenkriege.

Die Wiederaufnahme des Schulbetriebes hatte für die Alliierten bereits kurz nach der Kapitulation höchste Priorität. Doch wer sollte die Kinder unterrichten? Dem alten Lehrkörper war nicht zu trauen, und eine ausreichende Zahl unbelasteter, womöglich in der Nazizeit relegierter Lehrer und Lehrerinnen zu finden, bedurfte einer langwierigen Prüfungsarbeit. Churchill hatte den schönen Plan erwogen, 17000 Lehrer auf die Insel Helgoland zu deportieren und einen notdürftigen Unterricht geprüften Schulmeistern zu überantworten. Die Russen organisierten Schnellkurse für sogenannte *Junglehrer,* die an der Seite der über den geringen Fachverstand dieser Notlehrer verzweifelten unbelasteten altgedienten Lehrer oft mehr Schaden als Nutzen anrichteten.

Schülerbefragungen des Jahres 1948 zeichneten ein trauriges Bild von den Lebensbedingungen der Kinder und Jugendlichen, 10 % der Väter waren gefallen, 6 % befanden sich noch in Gefangenschaft, 4 % galten als vermißt und 2 % der Schüler hatten ihre Mutter verloren. In den Großstädten verzeichneten die Behörden 42,7 % alleinerziehende Frauen, 31,4 % der Familien waren ausgebombt und wohnten in Notquartieren, 41,6 % der Kinder hatten kein eigenes Bett, 7 % der Schulkinder waren Flüchtlinge.

Innerhalb von zwei Jahren war in Ost und West großartiges geleistet worden, familienunterstützende Maßnahmen hatten die schlimmste Not gelindert. Durch die Schulspeisungen und Milchzuteilungen war der allgemein beklagten Unterernährung begegnet und durch die schulärztliche Betreuung der Gesundheitszustand gehoben. Auch die befürchtete seelische Verwahrlosung war ausgeblieben, abgesehen davon, daß die Jugendlichen reifer, erwachsener und kritischer waren, zeigte es sich, daß gerade sie Sehnsucht nach Normalität hatten. Sorge bereitete das Problem der sogenannten Schlüsselkinder, tagsüber während der Arbeitszeit der berufstätigen Mütter und Väter, blieben viele Kinder unbetreut, an einem Band um den Hals trugen sie den Wohnungsschlüssel, ältere Kinder beaufsichtigten ihre jüngeren Geschwister, machten das Essen warm und besorgten die Hausarbeit. So sehr auch diese Kinder bedauert wurden, behördliche Erhebungen konnten besondere Schädigungen an Leib und Seele bei den Schlüsselkindern nicht feststellen, *bei den 7 bis 14jährigen,* so hieß es in einem Bericht, *wurden trotz der Benachteiligungen, wie schlechten Wohnverhältnissen, unvollständigen Familien etc., keine schlechteren Schulleistungen festgestellt, die Leistungen sind sogar besser als bei den Kindern aus dem sogenannten guten Milieu. Auch die schulärztlichen Untersuchungen bestätigten den alleinerziehenden Müttern eine gute Betreuung ihrer Kinder, nur 9 % der Kinder aus Restfamilien zeigten einen schlechten Gesundheitszustand.*

Diese im allgemeinen beruhigenden Erhebungen fanden nicht den Beifall der christlichdemokratischen Politiker, die mit Schreckensmeldungen über die Jugendsituation ihre Familienvorstellungen propagandistisch zu untermauern trachteten. Mit der Stabilisierung des Arbeitsmarktes wollten sie das kleinbürgerlich-christliche Familienideal wieder durchgesetzt wissen, vor allem aber sollten die Frauen aus der Erwerbsarbeit herausgedrängt werden, sich wieder um die Familie bekümmern, um staatstragend daran mitzuwirken, daß nach Krieg und demoralisierender Nachkriegszeit aus der kleinsten Zelle der Gesellschaft wieder Opferbereitschaft, Achtung christlicher Werte, Sittlichkeit und Fleiß zur Gesundung der Nation sprießen würden. Demoskopische Befragungen der deutschen Erziehungsberechtigten zeigten, daß diese Forderungen mehrheitlich gebilligt wurden. Vor allem Ordnungsliebe und Fleiß sahen die meisten, nämlich 41 % der Eltern als Haupterziehungsziel, 28 % wollten vordringlich ihre Kinder zur Selbständigkeit und zu freien Menschen heranbilden und 25 % betrachteten Gehorsam und Unterordnung als wichtig.

Unstrittig blieb die geschlechtsspezifische Erziehung. Zu ganzen Kerlen sollten die Jungen erzogen werden. Das Soldatenspielen war freilich nicht mehr gefördert, dafür galt es nun, Indianerkämpfe auszufechten. Erst im Verlauf der Wiederbewaffnungsdebatte wurden die Spielzeugläden wieder mit US-Kriegsmaterial aufgerüstet. Den allgemeinen Wirtschaftsaufstieg begleitete die Spielzeugindustrie mit Bastel- und Experimentierkästen für Knaben, beliebt aber war auch mechanisches Blechspielzeug, Autos und Eisenbahnen und größere blechgestanzte Techniklandschaften mit schwebenden, fliegenden und fahrenden Verkehrsmitteln. Den Mädchen blieb die Beschäftigung mit Puppen, Puppenhäusern und sonstigen auf die Mutterschaft und Haushaltsführung vorbereitendem Spielzeug.

Die während des Krieges und in den ersten Nachkriegsjahren geborenen Kinder hatten zum Teil gesundheitliche Schäden erlitten aber auch die Wirtschaftswunderkinder der 50er Jahre, denen in guter Absicht und befördert durch die Lebensmittelindustrie ein überaus nahrhaftes Kraftfutter eingeflößt wurde. Die Mastnahrung führte zu kindlicher Fettleibigkeit und Trägheit, vor deren Folgen die Kinderärzte vergeblich warnten. Wie denn überhaupt die jungen Mütter bestrebt waren, nach der Zeit des Elends an ihren Babys wiedergutzumachen, was der Kriegsgeneration versagt geblieben war.

So sehr auch die Adenauerregierung die Freundschaft zur amerikanischen Schutzmacht pflegte und die massive Einflußnahme der USA als Zeichen der Freundschaft darstellte, die Amerikanisierung der Jugend erfüllte die Christpolitiker mit Sorge. Den deutschen Ohren nicht immer hold war die aus dem Freundesland hereingebrochene Populärmusik, die sich bei der Jugend zunehmender Beliebtheit erfreute, von der älteren Generation jedoch immer noch als Negermusik empfunden wurde. Die enthemmenden Rock'n Roll-Töne ließen ernste sittliche und gesundheitliche Schäden befürchten, und so war den Musiklehrern an den Schulen aufgetragen, mit Carl Orff und deutschem Liedgut den westlichen Mißklängen entgegenzutreten. Vergeblich, Bill Haley und Elvis Presley vermochten die Jugend mehr zu begeistern, Filmtheater, die Presleyfilme zeigten, waren Sammelpunkte der Jugendlichen und Ausgangspunkt für lärmende Streifzüge durch die Stadt. Polizei, Bürger und Nachbarn solcher Filmtheater erhoben Klage bei den Ordnungsbehörden, die den Kinobesitzern auferlegten, unmittelbar nach Vorstellungsende die Lichter zu löschen und für die Zerstreuung der Menschenansammlung Sorge zu tragen. Idole wie James Dean brachten die Heranwachsenden auf dumme Gedanken, beförderten Renitenz und Unbotmäßigkeiten gegen die Väter sowie Rowdytum im Straßenverkehr, gefährliche Autorennen der amerikanischen Wohlstandsjugend wurden von den deutschen Jungen mit ihren Kleinkrafträdern nachempfunden.

Die amerikanisierte Jugend pflegte man als *Halbstarke* zu bezeichnen, die bald mit ihren knatternden Mopeds und den Eckenstehereien zu einem polizeirelevanten Ärgernis wurden. Vergeblich versuchte die Lehrerschaft, auf die Kleidung einzuwirken, die *Nietenhosen* zu verbieten und den Mädchen Hosen zu untersagen. Zwei Tage hatte der Bundestag im Oktober 1956 über die mißratene Jugend debattiert. Einhellig teilten die Abgeordneten die Sorge um das Halbstarkenproblem, dem man mit Strenge begegnen wollte, indem den Ländern angeraten wurde, die Polizeiaufsicht zu verstärken und in Zusammenarbeit mit den Jugendbehörden härter durchzugreifen. Der Staat wollte überdies mit pädagogischen Maßnahmen, wie betreuten Jugendheimen und *Häusern der offenen Tür*, eine sinnvolle

Freizeitgestaltung ermöglichen. Die deutsche Filmindustrie wurde angeregt, mit positiven Jugendfilmen den amerikanischen Produktionen entgegenzutreten. Mit harmlosen Halbstarkenfilmen versuchte man, die Jugend in die Kinos zu locken, wo auf der Leinwand der deutschgemäße Rock'n Roll-Star Peter Krauss seine musikalischen Greueltaten verübte, deutsches Liedgut in Countryklänge transponierte, was sogar Musiklehrer entzückte.

Angesichts des bedrohlichen Zustandes der Jugend berief Konrad Adenauer den sittenstrengen Katholiken Wuermeling zum *Minister für Familie, Jugend und Sport.* Zu diesem Amt prädestinierte ihn seine aktive Mitgliedschaft in der Laienbewegung *Fides Romanum,* deren Ziele in einem Rundschreiben nachzulesen waren: *Natürlich müssen alle Katholiken von Liebe und Begeisterung zum Oberhaupt der Kirche erfüllt sein und jeder katholische Christ muß auf die Stimme Petri hören. Die F.R. stellt aber die geistig geschulten und sich ständig schulenden Aktivisten, jene kleine Kernschar von Männern, die sich zu besonderem Einsatz zu des Papstes Ehre und Recht, zu besonderen Leistungen verpflichteten, auf das das Wort des Papstes überall vernommen wird. Der Fides-Mann leistet im Sinne dieser Verpflichtung ganz konkrete, vorbedachte Arbeit, sowohl in privatem, wie insbesondere im öffentlichen Raum. Er bedient sich hierbei der die öffentliche Meinung formenden neuzeitlichen Mittel.*

Für die Brüderschaft war Wuermeling *unser Mann in Bonn,* wo er an hervorragender Stelle katholische Familienpolitik gestalten und durchsetzen sollte. In seiner Schrift *Familie, Gabe und Aufgabe* hatte er dargelegt, daß *die Familie nach wie vor Urzelle der Gesamtgesellschaft und auch des Staates ist. Eine Ehe vollendet sich mit einer reichen Kinderschar und Mutterglück ist stets von Anfang an nicht nur mit großer Verantwortung, sondern auch mit stetem Verzicht verbunden. Diese Gabe und Aufgabe der Selbsthingabe und Selbstverleugnung um höherer Ziele willen ist es auch, die die Mutter zur verständnisvollen Lebensbegleiterin des Mannes und des Vaters, zum Herzen der Familie werden läßt.* Den Wohlstandsbürgern aber, jenen, die den Verlockungen des Wirtschaftswunders bereits erlegen waren, *die sich hemmungslos dem Genuß hingaben und keine ethische Gedankenwelt mehr kennen, keine staatliche Ordnung akzeptieren,* hielt der Minister die drohende Gefahr aus dem Osten vor Augen. Die deutsche Familie wollte er als Bollwerk gegen den Bolschewismus sehen, denn, so Wuermeling, *Millionen innerlich gesunder Familien mit rechtschaffend erzogenen Kindern, sind die Sicherung gegen die drohende Gefahr der kinderreichen Völker des Ostens und mindestens so wichtig wie alle militärische Sicherung.* Verlangt war die biedermeierliche, kindzentrierte, Familie die unter Staatsschutz stand und deren Wachstum mit Erfolgsprämien belohnt wurde.

Für dieses Ziel wurde tief ins Füllhorn staatlicher Steuermittel gegriffen. Mit der Verschärfung des aus der Feudalzeit stammenden *Hagestolzenrechts* wurden Unverheiratete mit einer höheren Steuerlast befrachtet und auch kinderlose Paare mit größeren Abgaben belegt. Auch mittellosen Ehepaaren wurde eine große Kinderschar empfohlen, Sozialleistungen und zinslose Kredite subventionierten den ehelichen Geschlechtsverkehr. Die Wuermeling-Karte erlaubte auch kinderreichen Familien eine Ausfahrt ins Grüne mit der Bundesbahn.

Wie einst die Nationalsozialisten kämpften die Familienpolitiker abermals gegen die bürgerliche Zweikinderehe und folglich auch gegen jede Methode unnatürlicher Verhütung. Schon den NS-Familienideologen waren die bei Friseuren und Clomännern feilgebotenen Präservative, denen der Volksmund nicht von ungefähr die Bezeichnung *Pariser* gegeben hatte, ein Greuel. Galten doch die geilen Franzosen als Hauptbenutzer dieser Verhütungsmittel, weil in diesem bevölkerungsarmen Land die sexuelle Lust über der Lust zum Kind stand, und mit den Gummis nicht nur verhütet, sondern auch der *Franzosenkrankheit* begegnet werden konnte. Auch im Deutschland der Nachkriegszeit kämpfte der Staat gegen das öffentliche Feilbieten von Kondomen, nachdem die Kirche wiederholt Präservative mit einem frommen Bann belegt hatte. Ein neues Gesetz war jedoch nicht vonnöten, denn noch immer hatte die Polizeiverordnung des Chefs der Deutschen Polizei, Heinrich Himmler, aus dem Jahre 1941 Gültigkeit, nach der es verboten war, Präservative zu verkaufen, zu benutzen oder *sonstwie in den Verkehr zu bringen.*

Wie zu Himmlers Zeiten stand der frommen Absicht die Realität entgegen, in den Kriegszeiten benötigte das Militär aus volksgesundheitlichen Gründen für die wehrmachtseigenen Puffs Kondome, und in der Nachkriegszeit verlangten die Gesundheitsämter angesichts der bedrohlichen Zunahme von Geschlechtskrankheiten Präventivmittel. So blieb es bei der Praxis, das öffentliche Feilbieten von Verhütungsmitteln zu verbieten, den Gebrauch aber zu dulden und durch pädagogische Maßnahmen für eine unbefleckte Jugend zu werben, zum Beispiel mit der Aufklärungsschrift *Euer Sohn in der Entwicklungskrise* von A. Gugler, in der dem männlichen Jugendlichen ans Herz gelegt wurde: *ich muß meinen Leib stark und rein, meine Seele hochgemut und tapfer erhalten, denn ich will ja einmal meiner Familie, meinem Volk, meiner Heimat, meiner Kirche dienen.* Das neue christdemokratische Deutschland sollte das Land eines tugendsamen Gottesvolkes sein: sittenrein, fleißig sich mehrend und fromm.

Deutscher Wettkampf
Das bessere Deutschland?

Es ist dies die Zeit, da sich in Westdeutschland bereits der Typ des *Bundesbürgers* herausbildete. Der spürbare wirtschaftliche Aufstieg in den 5oer Jahren ließ die Westdeutschen hoffnungsvoll in die Zukunft blicken, auch wenn es noch Not und Elend gab und die Kriegslasten allenthalben vor Augen standen. Doch eine große Mehrheit hatte es sich in der kleinbürgerlich-zufriedenen Lebenswelt bereits behaglich gemacht.

Im Osten hingegen vermochten sich die Bürger mit ihrer *DDR* nicht so herzlich anzufreunden. Von Anbeginn sah sich die Mehrheit durch die russische Beatzungsmacht bedrängt und fühlte sich auf der falschen, benachteiligten Seite. In den ersten notvollen Nachkriegsjahren hatte man den Exodus der Kapitalisten und Großagrarier kaum zur Kenntnis genommen und auch die Bodenreform wurde mehr als Kriegsrepressalie bewertet. Von den tiefgreifenden Sozialisierungsmaßnahmen der Sowjets glaubte sich der Mittelstand nicht betroffen, und so stand man den westdeutschen Kleinunternehmern im Wideraufbauwillen nicht nach. Hüben wie drüben galt es, den verbliebenen Besitzstand zu retten, aus dem Rest einen Neubeginn zu organisieren. Der emsige Wirtschaftsaufbau schien den zuständigen Sowjetadministratoren zu gefallen, die sogar ein Auge zudrückten, wenn alte Kontakte zu westdeutschen Geschäftspartnern reaktiviert wurden. Der kleinbürgerlich-mittelständische Aufbauwille war von der Hoffnung getragen, daß den Russen an einer raschen Genesung der Wirtschaft gelegen sein müßte.

Die Ernüchterung kam, als deutlich wurde, daß die Besatzungsbehörden lediglich das verbliebene Wirtschaftspotential ordneten und die Fabrikanlagen und Werkstätten funktionsfähig wissen wollten, um sie sodann als Reparationsleistung in die Sowjetunion abzutransportieren. Entmutigt und ruiniert verließen in einem zweiten Flüchtlingsschub die Eigentümer der devastierten Betriebe die Sowjetzone, ein Aderlaß der schwerwiegende Folgen für die Entwicklung der Ostwirtschaft haben sollte. Unbehelligt blieben zunächst noch die kleinen Handwerker und Gewerbetreibenden, deren wirtschaftliche Leistungsfähigkeit angesichts des Mangels nur gering war und die, auf bessere Zeiten hoffend, zunächst damit beschäftigt waren, ihren Haus- und Grundbesitz zu bewahren.

So sehr auch die Arbeiter als die neuen Herren hofiert wurden, ihre Haltung blieb abwartend und auch die relativ üppige Schwerarbeiterlebensmittelkarte vermochte sie nicht davon zu überzeugen, daß der angekündigte Arbeiter- und Bauernstaat sich zu einem Paradies entwickeln würde, zumal ihre Haupttätigkeit darin bestand, ihre Betriebe für die Sowjets zu demontieren. In großen Freudenjubel brachen auch nicht die einstigen Gutstagelöhner und vertriebenen Bauern aus dem Osten aus, als ihnen die Bodenreform winzige Ackerparzellen bescherte. Die Parole *Junkerland in Bauernhand* klang besonders für die Landwirte, die im Osten große Bauernhöfe verloren hatten, wie Hohn. Wohlstand war auf den zugewiesenen kleinen Flächen kaum zu erlangen, und auch die Wohnverhältnisse blieben noch lange Zeit katastrophal. Unzufrieden zeigten sich auch die Bauern, die zunehmend einem an die Feudalzeit erinnernden Ablieferungsdruck ausgesetzt wurden und sich ständig gegenüber unnachsichtigen Kontrolleuren zu verantworten hatten. Zufriedener zeigten sich die Intellektuellen und Wissenschaftler, die von den Sowjets zur Wiederverwendung bestimmt wurden. Auch hier zeigten sich die politischen Offiziere der Roten Armee großzügig, die Reputation der Geistesgrößen wog schwerer als eine etwaige Mitgliedschaft in der NSDAP, wobei den deutschen Genossen die Auswahlkriterien ihrer sowjetischen Freunde bisweilen unverständlich blieben, wenn weniger belastete Professoren verhaftet und in Konzentrationslager gebracht, belastete ehemalige NS-Parteimitglieder hingegen wieder in Rang und Würden eingesetzt wurden.

Schon bald nach Kriegsende hatte sich an den altehrwürdigen Universitäten wieder jene kleinbürgerliche Akademikerzunft etabliert, die sich seit eh und je mit den Mächtigen zu arrangieren verstand und unverdrossen die Privilegien des Standes genoß, zum Beispiel eine nur den *Intelligenzlern* vorbehaltene Lebensmittelkarte oder eine zuvorkommende Unterstützung bei der Wohnraumbeschaffung. Begeisterung für den neuen Staat zeigten die Intellektuellen, die sich dem Widerstand zurechneten oder in der NS-Zeit emigrieren mußten und nun in die Deutsche Demokratische Republik zurückkehrten, um sich endlich ihren Lebenswunsch zu erfüllen, daran mitzuwirken, einen *ersten sozialistischen Staat auf deutschem Boden* zu gestalten. Sie waren es vor allem, die in den offiziellen Gründungsjubel einfielen, während sich die übrige Bevölkerung zurückhielt, sich über den merkwürdigen Staatsnamen belustigte oder argwöhnisch die Entwicklung abzuwarten gedachte.

Als schließlich Walter Ulbricht den *Aufbau des Sozialismus* verkündete, parteiamtlich die künftige Entwicklung der DDR beschlossen war, setzte erneut eine Fluchtwelle ein, zumal dieser Prozeß von größeren Verhaftungswellen begleitet wurde. Volksbeglückende Ideologien pflegen ihr menschenfreundliches Werk stets mit Repressalien durchzusetzen, die braven Bürger von den Volksschädlingen zu scheiden, und so fahndeten die Rechtsorgane verstärkt nach feindlicher Agententätigkeit, nach raffgierigen Bürgern, die auf Speichern und in Kellern Lebensmittel horteten.

Mit dem *Gesetz zum Schutz des Volkseigentums* vermochten staatliche Behörden, Betriebsleiter und Werktätige in Angst und Schrecken zu versetzen. Die Mangelwirtschaft zwang die Betriebsleitungen zuweilen zu ungesetzlichen Improvisationen, was leicht zum Vorwurf des *Beiseiteschaffens von Volkseigentum führte* und mit Zuchthausstrafen bis zu 25 Jahren geahndet wurde. Mit einer unverständlichen Steuergesetzgebung war privaten Händlern und Gewerbetreibenden das Leben schwer zu machen. Auf eine Steuerprüfung folgte meist die Verhaftung und Übernahme der Firma durch die staatliche *Handelsorganisation* oder die *Konsumgenossenschaft*.

Die Organe der sozialistischen Rechtssprechung waren zu größtem Fleiß angehalten und konnten der Partei im März 1953 die Erfolgsmeldung übermitteln, daß sie über 10000 Bürger der Deutschen Demokratischen Republik in die berüchtigten Strafanstalten für politische Häftlinge überstellt hatten. Statistisch festgehalten war auch, daß auf jeden Häftling drei Bürger kamen, die dem ersten deutschen Arbeiter- und Bauernstaat den Rücken kehrten und in den Westen gegangen waren. Es hatte vor allem die Kleinbürger hart getroffen, sie waren es, die vornehmlich die DDR verließen oder in Haft genommen wurden. Und in der Tat, für die SED war die Zeit des demokratischen Scheins und des Buhlens um den kleinbürgerlichen Klassenfeind vorbei. Im Sinne des großen Führers des Weltkommunismus, Josef Stalin, galt es nun, alle Kraft dem Aufbau des Sozialismus zu widmen. Am Personenkult um den Genossen Stalin partizipierten auch die *hervorragenden Persönlichkeiten der Deutschen Demokratischen Republik,* vor allem Walter Ulbricht, der sich im Glanze der Lichtgestalt Stalins beschienen sah. Im Frühjahr 1953 starb der große Führer und pflichtgemäß verordnete die Partei dem Volk der DDR tiefe Staatstrauer. Auch nach dem Tode Stalins sah die SED keinen Grund, den begonnenen Kurs zu ändern, trotz der Volkstrauer standen nächtens schwarze EMW-Limousinen mit verhängten Fenstern in den Straßen, ein sicheres Zeichen dafür, daß wieder einmal ein Volksfrevler im Schutze der Nacht abgeholt wurde.

Stolz über das Erreichte und hoffnungsfroh reiste am 2. Juni 1953 der Ministerpräsident Otto Grotewohl nach Moskau, begleitet wurde er von Walter Ulbricht und Fred Oelßner. Die Genossen wollten den sowjetischen Freunden über den Fortgang des Aufbaus des Sozialismus in der DDR berichten. Bereits in der ersten Verhandlung mit der neuen Sowjetführung wurde deutlich, daß der große Bruder unzufrieden mit den deutschen Genossen war. Die sowjetischen Behörden in der DDR hatten alarmierende Dossiers über die Stimmung der DDR-Bevölkerung nach Moskau gesandt, die nun dem DDR-Ministerpräsidenten vorgelegt wurden. Es blieb den ostdeutschen Genossen nicht verborgen, daß die sowjetische Führung dem ehemaligen Sozialdemokraten Grotewohl freundlich gesonnen war, während Ulbricht sich etwas muffig behandelt sah. Als alter Kenner sowjetischer Führungsgepflogenheiten bemerkte er, daß sein Stern offensichtlich im Sinken war.

Wieder in Berlin angelangt, trat Grotewohl unverzüglich vor das Mikrophon des Deutschlandsenders, um eine Rede zu halten. Die Bürger, die bereits auf gepackten Koffern saßen, trauten ihren Ohren nicht, als der Ministerpräsident Fehler der Regierung und der Partei eingestand und beklagte, daß *sich Menschen durch die Flucht in den Westen von der Deutschen Demokratischen Republik abwenden.* Fortan sollte ein neuer Kurs gelten, der vor allem den kleinbürgerlichen Mittelstand entlasten sollte. Mehrmals am Tage verlas an diesem denkwürdigen 9. Juni 1953 ein Nachrichtensprecher die Konsequenzen der Regierung: Die Geschäftstreibenden sollten unverzüglich aus der Haft entlassen werden und ihre Betriebe zurückerhalten. Relegierte Schüler wurden gebeten, ihre Schule wieder zu besuchen, Flüchtlinge sollten zurückkehren, selbstverständlich straffrei, ja mehr noch, erlittener Schaden sollte großzügig wiedergutgemacht werden. Nicht entschließen konnte sich die Regierung, die kurz zuvor befohlene Erhöhung der Arbeitsnormen zurückzunehmen.

Ein verhängnisvolles Versäumnis, das zu Unruhen in der Arbeiterschaft führte. Ausgerechnet die hofierten und privilegierten Bauarbeiter der Berliner Stalinallee traten am 16. Juni in den Streik und gingen mit der Forderung nach Senkung der Normen auf die Straße. Weitere Berliner Betriebe folgten, und schließlich sprang der Funke auch auf die größeren Städte der DDR über. Als mit Parolen wie *Spitzbart, Bauch und Brille, sind nicht des Volkes Wille* die Abdankung der Regierung und freie Wahlen gefordert wurden, griff die Besatzungsmacht ein, rückten sowjetische Panzer vor und beendeten den Volksaufstand blutig.

Seit den Bauernkriegen hatte es in Deutschland keine Erhebung gegeben, die unbefrachtet von fremden Einflüssen und Ideologen, lediglich vom Freiheitswillen und vom Rechtsempfinden einfacher Menschen getragen, die Obrigkeit bedrängte. Ohne eine revolutionäre Organisation und ideologische Einpeitscher war das Volk auf die Straße gegangen und hatte nach Freiheit gerufen. Für die alten Kommunisten war dies ein Schock und der Gedanke kaum zu ertragen, daß die Arbeiter- und Bauernmacht auf Arbeiter schoß. Die Kleinbürger in Ost und West hatten, altem Brauch entsprechend, ängstlich hinter der Gardine das Geschehen beobachtet. Für Freiheit und Recht sein Leben zu wagen, ist des deutschen Spießers Sache nicht, derartige Ideale besingt man oder proklamiert sie, wenn es an der Zeit und die Luft rein ist. Diesen Part hatten die westdeutschen Brüder übernommen, Politiker, die, besorgt um ihre Sicherheit, auf die Arbeiterschaft der DDR mäßigend einzuwirken versuchten. Sogar eine Solidarisierung der West-Gewerkschaften mit den Streikenden war ausgeblieben, ja mehr noch, die DGB-Führung hatte dringende Appelle an die Ostkollegen gerichtet, nicht mit *unüberlegten Handlungen* zu provozieren. Anläßlich des zahlreichen Trauergedenkens in Westdeutschland vertrösteten Politiker aller Couleurs die *Brüder und Schwestern* auf kommende Zeiten, da auch ihnen die Freiheit geschenkt würde, einstweilen aber galt die alte Tugend: Ruhe ist die erste Bürgerpflicht.

Geschwiegen hatten die Intellektuellen, die Literaten und Kulturschaffenden in Ost und West, ihr Kampf galt allenfalls dem untergegangenen nationalsozialistischen Unrechtsstaat, über die stalinistischen Verbrechen schwiegen sie und folgten der Tradition deutscher Ideologen, Unrecht entsprechend der Weltanschauung zu bewerten.

Im Osten war ihnen von der Partei aufgetragen, die sozialistische Wurzel der Hitlerbewegung zu negieren und, um Parallelen im Erscheinungsbild beider Ideologien zumindest verbal zu tilgen, die Bezeichnung Nationalsozialismus zu vermeiden und statt dessen die Hitlerpartei als Faschisten zu bezeichnen, eine gefährliche Verharmlosung des Nationalsozialismus, der kaum mit dem italienischen Faschismus zu vergleichen war.

Mit vorsichtiger Sympathie beobachtete man Vorgänge im *Aufbau-Verlag*, wo Walter Janka, Wolfgang Harich, die Redakteure des *Sonntag*, Heinz Zöger und Gustav Jung, und der Rundfunkjournalist Richard Wolf eine Oppositionsgruppe gebildet hatten. Die Verhaftung ließ nicht lange auf sich warten, und als sie vor Gericht standen, saßen unter den Zuschauern auch jene Literaten und Künstler, die ihr Leben und Wirken dem Humanismus gewidmet, das Unrecht der Nationalsozialisten gebrandmarkt und für Menschlichkeit gekämpft hatten: Anna Seghers, Willi Bredel und Helene Weigel, sie lauschten interessiert der Verhandlung und schwiegen – wohl kaum aus Angst vor Repressalien, denn ihr Wort hatte in der Welt noch Geltung, sie demonstrierten deutsche Intellektuellenverlogenheit.

Brüder und Schwestern
Ost-West-Kontakte

Das Dritte Reich und die entbehrungsreichen Jahre des Krieges und der Nachkriegszeit hatten die soziale Schichtung in Deutschland nivelliert, kleinbürgerliche Lebenswerte zur gesellschaftlichen Norm erhoben. Dieser gesellschaftlichen Entwicklung trug der Bundesgerichtshof Rechnung, indem er höchstrichterlich die Richtlinie der staatserhaltenden sittlichen Werte festschrieb. *Der richtige Maßstab für die Beurteilung der Frage, was das Scham- und Sittlichkeitsgefühl erträgt,* so sagten die höchsten Richter, *ist die Anschauung der normalen und gesunden Menschen.* Der normale und gesunde westdeutsche Bürger litt nach wie vor keine Homosexuellen, für die, so der Erlanger Religionswissenschaftler Hans-Joachim Schoeps, *noch immer nicht das Dritte Reich zu Ende war,* litt keine Pornographie, Unzuchtsbeschreibungen – Literatur und Kunst eingeschlossen –, billigte hingegen staatsanwaltliche Beschlagnahmen in Buchhandlungen und Galerien.

Sauber sollte Deutschland nach dem Willen seiner Bürger sein, für die nach Umfragen demoskopischer Meinungssucher die NS-Zeit an sich eine gute Sache gewesen, wobei eingeräumt wurde, daß sie *falsch ausgeführt worden* wäre. Bedauert wurde die Abschaffung der Todesstrafe und gefordert blieben Arbeitslager für Asoziale. Der Kalte Krieg half, die *autoritäre Demokratie* zu festigen und auszubauen, die rechtsradikale SRP und die KPD wurden verboten und in einem langwierigen Prozeß außerhalb der Rechtsordnung gesamtdeutsche Wiedervereinigungsträumer, Neutralisten und Sozialphantasten aus den gesellschaftlich relevanten Gruppen entfernt. Unter Berücksichtigung der besonderen Erfordernisse des Kalten Krieges etablierten sich in den gesellschaftlichen Organisationen, Parteien und Gewerkschaften sogenannte *Ostbüros,* die in Zusammenarbeit mit den Diensten der Schutzmächte die Entwicklung der DDR beobachteten, aber auch für ideologische Festigkeit der eigenen Mitglieder sorgend und prüfend tätig waren.

Die englische Militärmacht hatte der SPD den nachrichtendienstlich erfahrenen Stephan Thomas alias Ordischewski offeriert, der zunächst im Bundesvorstand der Partei *Ostreferent* war und alsdann Leiter des Ost-Büros der Partei wurde. Das Büro beschränkte sich nicht nur auf die Beobachtung der politischen Entwicklung in der DDR, die Befragung von Ostzonenflüchtlingen und die Anwerbung von V-Leuten für die DDR-Erkundungen, sondern betätigte sich auch aktiv an subversiven Aktionen in der Sowjetzone, zum Beispiel im Herbst 1950, als die West-Kalten-Krieger mit gefälschten Transportpapieren der Reichsbahn fünf Kühlwagen mit Butter aus Polen tagelang durch die DDR fahren ließen. Nach acht Tagen landete der Transport auf einem Abstellgleis des Güterbahnhofes in Rostock. Als schließlich die Bahnbeamten die Wagentüren öffneten war die kostbare Fracht verdorben. Flüchtlingsbefragungen durch das Ostbüro bestätigten den Erfolg, in Leipzig, so wurde berichtet, hatte es Unruhen gegeben, weil die versprochene Butterlieferung nicht eingetroffen war. Die Bevölkerung machte natürlich die SED dafür verantwortlich, daß die ohnehin kleine Butterration nicht ausgegeben wurde. Im Winter desselben Jahres beschuldigte die Zonenbevölkerung ihre Funktionäre, nicht rechtzeitig für Kartoffeln gesorgt zu haben. Tatsächlich erfroren die Erdfrüchte auf Abstellgleisen von DDR-Bahnhöfen. Auch diese Transporte waren von Westberlin aus mit nachgedruckten Reichsbahnpapieren in die Irre geleitet worden. Das Nachrichtenmagazin *Der Spiegel* hatte diese Aktionen anläßlich des Wechsels von Stephan Thomas vom *Ostbüro* zur *Friedrich-Ebert-Stiftung* enthüllt.

Ein Ostbüro unterhielt auch die CDU, auf Grund einer Anregung des amerikanischen Geheimdienstes bereits 1948 gegründet und in Westberlin angesiedelt. Zum Leiter hatte Jakob Kaiser Werner Jöhren berufen, eine gute Wahl, denn auch er hatte Geheimdiensterfahrung. Vor allem sollte das Büro die Ost-CDU beobachten und alte Parteikontakte pflegen. Noch glaubte Kaiser, mit dem Ostbüro ein Machtmittel gegenüber der West-CDU Konrad Adenauers in den Händen zu halten und damit dem gesamtdeutschen Gedanken zu dienen. Entsprechend ließ er das Büro weitere Organisationen initiieren, zum Beispiel die *Vereinigung politischer Ostflüchtlinge*, deren Vorstand durch Personalunion mit dem Ostbüro verbunden war. Adenauer blieb dieses Bestreben selbstverständlich nicht verborgen und er beobachtete die Aktivitäten dieser Institution mit Mißtrauen, zumal ihm die Berliner Parteifreunde mit ihrem ständigen Wiedervereinigungsgerede auf die Nerven gingen.

Zur Stärkung seiner Macht stattete Ernst Lemmer als Bundesminister für gesamtdeutsche Fragen aus seinem Hausetat das Ostbüro mit großzügigen Geldzuwendungen aus, für den Kanzler Grund genug, seinen ungeliebten Berliner Minister zu bändigen. Er unterstellte das Büro dem Parteivorstand und beauftragte seinen Intimus Johann Baptist Gradl mit der Beaufsichtigung. Diesen Affront wollte Lemmer freilich nicht hinnehmen, er beauftragte den Verfassungsschutz, den Adenauerfreund Gradl zu observieren, nachdem ihm zugeraunt worden war, daß der sich sonst so kirchentreu und fromm gebende Gradl, es mit der Tugend nicht so genau nähme. Tatsächlich wurde der Verfassungsschutz fündig, der Inkriminierte pflegte seine Freizeit in der berüchtigten Charlottenburger *Paris Bar* zu verbringen, wo er im trunkenen Zustand den Damen des horizontalen Gewerbes CDU-Interna erzählte. Dafür erhielt der lebensfrohe Gradl zwar einen Parteiverweis, behielt aber dennoch das Vertrauen Adenauers, der auf keinen Fall den Wiedervereinigungsromantiker Lemmer obsiegen lassen wollte, ihn sukzessive entmachtete und schließlich als Bundespostminister großzügig kalt stellte.

Auch die FDP unterhielt ein Ostbüro in der ehemaligen Reichshauptstadt, gleichfalls sich der Aufgabe widmend, Kontakte zur Ost-LDP zu pflegen. Durch die großangelegte Kampagne der DDR-Staatssicherheit gegen die LDP und eine systematische Verhaftungswelle verlor allerdings bald das FDP-Ostbüro einen Großteil seiner V-Leute in der DDR.

Ausländische Beobachter des Fortschritts der deutschen Teilung, vor allem die Alliierten, zeigten sich darüber verwundert, daß die Spaltung Deutschlands so rasch voranschritt und offensichtlich von den deutschen Politikern betrieben wurde. Die Ostbüros der Parteien und die *gesamtdeutschen Organisationen,* wie die sogenannten *Freiheitlichen Juristen* oder das von Johann Baptist Gradl geleitete *Kuratorium Unteilbares Deutschland,* suchten nicht nach Lösungen zur Überwindung der Teilung, sondern verstanden sich als Institutionen des Kalten Krieges. Zu vermuten gewesen wäre, daß die deutschen Politiker in West und Ost, gewissermaßen mit einem *Augenzwinkern* und ein wenig patriotischen Gefühlen, außerhalb des Grabenkrieges zueinander Kontakte gesucht, etwa an den Siegermächten vorbei, die trennenden Ideologien und unterschiedlichen materiellen Interessen hintanstellend, über deutsch-deutsche Gemeinsamkeiten Gespräche gesucht hätten. Auch wenn die Frontpolitiker sich dessen bewußt waren, daß alle Fragen, *die Deutschland als Ganzes betrafen,* zu den alliierten Vorbehaltsrechten gehörten, so wären doch noch private Kontakte möglich gewesen, zumal noch alte Bekanntschaften und Parteifreundschaften aus der Weimarer Zeit hätten reaktiviert werden können.

Der stellvertretende Ministerpräsident der DDR, Otto Nuschke, war seit der gemeinsamen Zeit im national-sozialen Verein Friedrich Naumanns, mit Theodor Heuss freundschaftlich verbunden. Otto Grotewohl kannte die führenden Männer und Frauen der West-SPD persönlich, und auch die CDU-Politiker wußten von alten Parteifreunden in der DDR. Als Wilhelm Pieck als Staatspräsident der DDR seinem westdeutschen Amtskollegen Heuss einen versöhnlichen Brief geschrieben und ein persönliches Gespräch vorgeschlagen hatte, wies Heuss dieses Ansinnen empört zurück. Mit Ost-Politikern sprach man nicht, nicht unter vier Augen und auch nicht privat.

Ausgetragen wurde ein kleinbürgerlicher Nachbarschaftsstreit, so wie er in diesem Stand seit alters her Brauch war. Man sprach nicht miteinander oder belegte sich mit verbalen Beleidigungen, keifte über den Zaun oder schikanierte sich mit schadenstiftenden Bosheiten. Nachbarschaftsstreit hatte in Deutschland eine lange Tradition, füllte Rechtssammlungen und war Gegenstand zahlreicher höchstrichterlicher Urteile. Unter den Augen einer belustigten Weltöffentlichkeit zelebrierten die deutschen Politiker mit teutonischer Gründlichkeit nachbarschaftliche Feindseligkeit, die im Verlauf des

Fortschritts des westdeutschen Wirtschaftswunders eine weitere kleinbürgerliche Attitüde erhielt. Eine außerordentlich wirkungsvolle Waffe des traditionellen Kleinbürgerhaders war die bewußt ins Feld geführte neidauslösende Prahlerei, ein schmucker Garten, ein wohlgepflegtes Haus, eine aufwendige Kleiderpracht forderten den mißgünstigen Ärger der Nachbarn weit mehr heraus, als das machtlose Wortgepolter über den Gartenzaun.

In diesem Sinne demonstrierten die Westdeutschen den armen *Brüder und Schwestern* in der Zone genüßlich ihren Wohlstand, takelten sich anläßlich eines Ostbesuchs besonders chic auf, führten ihre chromblitzenden Autos vor und belächelten unverhohlen die Errungenschaften des Ostens. Das *wir und ihr, wir im Westen und ihr im Osten-Gespräch* überschattete die privaten Besuche von Freunden und Verwandten und trug mehr zur Teilung bei, als die diplomatischen Gefechte des Kalten Krieges.

Sitte und Brauch
Kleinbürgerliche Lebenswelt

In der Heimatliteratur und in den sogenannten Volksstücken wurde die kleinbürgerliche Lebenswelt gemeinhin gemütlich und beschaulich und als Hort gesunden Empfindens beschrieben. In Brauch und Sitte eingebunden und von nachbarschaftlicher Solidarität geprägt, eigentlich eine Idylle, wären da nicht die quälende Furcht, durch Fehlverhalten unangenehm aufzufallen, und die zwanghafte Emsigkeit, den Erwartungen der Nachbarschaft zu entsprechen. Von Volksschauspielern verharmlosend karikiert, ist das Kleine-Leute-Leben von Klatsch und Tratsch, von Mißtrauen und Furcht vor Neid und Mißgunst überschattet.

Für die traditionellen Kleinbürgerquartiere der kleinen und mittleren Städte mag zuweilen dieses Bild der engen Lebenswelt noch zutreffend sein, doch durch die Flüchtlingszuweisungen der Kriegs- und Nachkriegszeit sowie der zunehmenden von der Wirtschaft diktierten Mobilität veränderte sich die Mittelschicht, indem die alten Quartiersbindungen verlorengingen und die Kleinfamilie und der nicht mehr in der unmittelbaren Nachbarschaft heimische Freundeskreis zum Mittelpunkt der kleinbürgerlichen Lebenswelt wurde. So wichtig dieser Freundeskreis für das Lebensgefühl auch genommen wird, er ist einem ständigen Wechsel unterworfen, da er dem überkommenen Normendiktat und der individuellen Lebensentwicklung entsprechen muß. Bedingt durch den individuellen Lebensweg, den Bildungsaufstieg, den materiellen Fortschritt, die Partnerschaft und den Familienstand wandelt sich das Ritual des kleinbürgerlichen gesellschaftlichen Lebens.

Voraussetzung für eine freundschaftliche Harmonie ist die gemeinsame Pflege des jeweils gültigen Zeitgeistes, wenn Literatur konsumiert wird, so ist sie medienempfohlen, der Musikgeschmack folgt den Hitlisten oder der Hörgewohnheit des Freundeskreises, die Geselligkeit ist gleichermaßen ritualisiert, eingeschlossen die Bewirtung und der Ablauf des Festes. Ein äußerst wichtiger Aspekt des Zugehörigkeitsgefühls ist überdies das Wohnambiente, in zeitlichem Wechsel von Möbelhäusern diktiert. Große Bedeutung wird der standesprägenden Kleidermode, einschließlich der Haartracht und der Accessoires, beigemessen. In dieses Ritual ist die Kinderbetreuung eingeschlossen, die den jeweiligen *modernen* Empfehlungen zu folgen hat, aber auch familiäre Sitten und Gebräuche, Auffassungen, Ansichten und politische Bekenntnisse stehen ständig zur Disposition, ändern sich mit der herrschenden Meinung oder dem Karriereverlauf, der Generationszugehörigkeit und bei Veränderungen der Zusammensetzung des Freundeskreises. Der Alltagsablauf und die Freizeitgestaltung sind gleichermaßen von der Mode diktiert. Die intensiven Säuberungs- und Dekorationstätigkeiten und die Kinderbetreuung sind pflichtbeladen freudlos, freudlos aber auch die von Kommunalverwaltungen und Werbegemeinschaften inszenierten Freizeitangebote, Stadtfeste, besondere Märkte, Waldlehrpfade und Sportwettkämpfe, Volksläufe oder Fahrradrennen.

Der rasche Wechsel der Moden und Lebenswerte, zwanghaft konsumiert, wird kollektiv vollzogen und trägt zuweilen pathologische Züge, wenn er zu Störungen der Persönlichkeitsstruktur führt, die bei einem bilanzziehenden Innehalten, zum Beispiel bei der Betrachtung alter Familienalben oder beim Austausch von Erinnerungen in einem verwunderten, *ach nein, wie wir damals aussahen,* oder in dem klagenden Bekenntnis, daß *es früher eigentlich schöner war und das man trotz bescheidener Umstände glücklicher gewesen wäre,* münden.

Geschichtslos und nicht mit besonderen familientraditionellen Wertvorstellungen und Ehrbegriffen befrachtet, beschränken sich die

Erziehungsziele auf Sekundärtugenden, wie Sauberkeit, Ordnung – der Rest der Erziehungsarbeit wird an die Schule delegiert, wo eine gleichermaßen kleinbürgerliche Lehrerschaft im Rahmen der staatlich festgelegten Erziehungsnormen für angepaßtes Verhalten Sorge zu tragen hat. Der kleinbürgerliche Lebenslauf von der Wiege bis zur Bahre nimmt damit einen programmierten uniformen Verlauf, der freilich durch gleichermaßen ritualisierte, namentlich in der Jugendzeit versuchte, kollektive Ausbruchversuche einige Jahre unterbrochen erscheint, mit der Familiengründung jedoch wieder in die vorherbestimmte Bahn zurückkehrt.

Die Erkenntnis der gesellschaftlichen Institutionen, wie Parteien, wirtschaftliche Interessenverbände, Kirchen und Gewerkschaften, daß nur in der Mitte der Gesellschaft Mehrheiten und Nutzungspotential zu gewinnen sind, beeinflußt maßgeblich Programme, Stil und Werbung der jeweiligen Organisationen, die sich deshalb verstärkt um das Kleinbürgertum bemühen und diesen Stand des Mittelmaßes als eigentlichen Souverän hofieren. Damit ist die Mittelschicht zum gesellschaftlichen Maßstab erhoben, sind deren Wertvorstellungen, zum Beispiel für politische Entscheidungen, richtungweisend. Die an entsprechend dürftigen Lebensbedürfnissen gemessenen Glücksverheißungen der Politiker finden ihre Grenzen am Mittelmaß und wecken im Ergebnis Enttäuschung, die bei den uniformierten Individuen zu programmierter Unzufriedenheit führen, weil Ideal und Wirklichkeit, Glückssehnsucht und die Realität des normendiktierten Alltags sich nicht versöhnen lassen, die diffusen Hoffnungsträume unerfüllbar sind und stets im kleinbürgerlichen Mief enden.

Die Beliebtheit der Mitte bei den um die Wählergunst ringenden Politikern fußt überdies auf der leichten Manipulierbarkeit der kleinbürgerlichen Masse – und Masse ist, so Ortega y Gasset, der Durchschnittsmensch. *Masse ist die Gesamtheit der nicht besonders Qualifizierten,* und, so ist hinzuzufügen, unabhängig von der beruflichen Ausbildung, an nur wenigen unumstößlichen Wertvorstellungen beharrlich Festhaltenden.

Seit der Mitte des 19. Jahrhunderts zentrierten sich die bürgerlichen Wertvorstellungen um die Familie und die Kinder, deren Unterhalt den kleinbürgerlichen Materialismus legitimierte, zumal überdies die Kinderzeugung eine nationalpolitisch-völkische Weihe erhielt. *Um der Kinder willen existiert die Ehe als soziale Einrichtung,* schrieb 1907 Doktor Wilhelm Schallmayer: *Zu den wichtigsten Be-*

dingungen des Standhaltens und Gedeihen eines jeden Volkes oder einer Nation gehört die Erziehung eines an Zahl und Qualität günstigen Nachwuchses. Diesem Bedürfnis hat jede Sexualordnung in erster Linie zu dienen. Den Grundpfeiler der Sexualordnung bildet bei allen Völkern die Einrichtung der Ehe. Den Zwecken der Lüstlinge ist sie im allgemeinen recht wenig angepaßt, desto besser der Schaffung und Pflege eines Nachwuchses von ersprießlicher Kraft und Zahl. Aus dieser *sexual ordnenden* Aufgabe der Familie leitet sich die kleinbürgerliche Mutterschaftsideologie her, die seit dem Biedermeier alle Zeiten überdauerte und vor allem an die Frauen besondere Anforderungen stellt.

Im Kinderwagen, als Säugling bereits mit den Idealvorstellungen und Hoffnungen der Eltern durch die Namensgebung belastet, ist der kleine Erdenbürger sogleich der Mittelpunkt der Familie. Das Ergebnis einer mehr oder minder prickelnden erotischen Vereinigung, durch die modernen Erkenntnisse der Geburtenplanung häufig bewußt und von animalischem Vermehrungstrieb gezeugt, ist nun das zivilisationspathologische Opfer einer bis dahin verschütteten und durch die Schwangerschaft, Geburt und Stillzeit geweckten Naturerfahrung, die entsprechend dem zeitgeistgeprägten Modeokkultismus tiefinnerlich genossen sein soll. Die esoterisch-naturreligiöse Phase endet mit der alltäglichen Organisation der Babywartung. Bereits in der Schwangerschaft hatte das Elternpaar um den Vornamen gerungen, und da im Kleinbürgertum eine verpflichtende Familientradition der Namensgebung nicht üblich ist, half bei der Auswahl ein Liebesfilm, eine Figur aus einem Bestseller, ein Schlagertext, eine Anregung aus dem letzten Urlaubsland oder die Affinität zu einer fremden Kultur.

In den ersten Nachkriegsjahren sah man sich noch den tradierten deutschen Namen verpflichtet: Hans, Peter, Heinz, Klaus, Dieter und Jürgen hießen noch immer die Knaben, die Mädchen nannte man Karin, Renate, Gisela, Ingrid und Erika. In jener Zeit war die Babyausstattung noch nicht einem Modediktat unterworfen, die Kleidung war der Not gehorchend, einfach, die Kinderzimmer spartanischpraktisch. In den 60er und 70er Jahren änderten sich wohlstandsbedingt die Anforderungen an die Kindesausstattung, und Kinderliebe maß sich am Preis der für zwingend notwendig erachteten Ausstattung. Säuglinge und Kinder wurden verstärkt in die Mode integriert, wobei sogar der zeitgemäße Wohnstil bei der Namensgebung half, als ein skandinavisches Möbelhaus die deutschen Wohn-

und Kinderzimmer eroberte, gab man den Knaben vornehmlich die nordischen Namen Sven, Nils und Lars, bei den Mädchen bevorzugte man allerdings die Welt des Schlagers und des Films, sie hießen Nicole, Michaela, Stephanie, Melanie, Sandra, Tanja, Miriam oder Manuela.

Auch die Kinder und Jugendlichen partizipierten am wohlgeordneten Wirtschaftswunderland, in dem die Spielzeugindustrie boomte, die Konfektionsgeschäfte beizeiten für ein Modebewußtsein sorgten, und die Werbung Kindern und Jugendlichen einen satten Konsum offerierte, dem sich die Eltern ohne schlechtes Gewissen kaum zu entziehen vermochten. Da auch die Kinder in die Ruhe- und Ordnungspolitik einbezogen wurden, entzog man ihnen die Räume für das Spielen und Herumtollen in einer größeren Kinderschar und empfahl die organisierte Kinderbeschäftigung in Sportvereinen, den Jungen die Modesportarten, den Mädchen, einer animalisch-frühreifen Neigung folgend, das Reiten.

Brauch blieb es auch, die Sprößlinge musikalisch zu bilden, favorisiert wurde nach wie vor der Klavierunterricht, auch wenn der Zwangsunterricht zumeist wenig Früchte zeitigte. Zur Qual geriet die schulische Erziehung, deren Bildungsrichtlinien einem steten Wechsel unterlagen, überdies noch regionale, parteipolitisch begründete Unterschiede aufwiesen und Eltern und Kindern das Leben vergällten. Auch wenn sich der soziale Volksgemeinschaftsgeist bewahrt hatte, für die kleinbürgerliche Familienidylle galt noch immer der alte Standeshochmut gegenüber armen oder gar niederen Schichten, vor denen es die eigenen Kinder zu bewahren galt, ein schweres Unterfangen beim Besuch einer staatlichen Schule und der sozial gemischten Klassenzusammensetzung.

Eine besondere Sorge machte die Beobachtung, daß die wohlstandsgemästeten Kinder offensichtlich früher reiften und eigentlich noch im Kindesalter sexuell aktiv wurden. Aufmerksame Eltern ließen ihre Töchter vorsorglich nicht mit der strammbusigen Barbiepuppe spielen, achteten auf sportliche Betätigung und verhinderten asozialen Umgang, wußte man doch, daß von den Unterschichten eine diesbezügliche Gefahr ausging. Bereits zu Kaiserzeiten war dies festgestellt, am 21. August des Jahres 1895 hatte die königliche Schulverwaltung zu Lüneburg in einem Rundschreiben an die Dorfschullehrer festgestellt, daß *nicht nur einzelne Kinder, sondern fast alle, welche der Ober- und Mittelstufe angehören, längere Zeit hindurch miteinander unzüchtige Handlungen vorgenom-*

men. Es ist festgestellt worden, daß es dabei mehrfach zu ge-
schlechtlicher Vereinigung von Knaben und Mädchen unter 12 Jah-
ren gekommen ist.

Sexualität war nach wie vor ein Tabuthema, die außerehelichen
Folgen ein schwerer Normenverstoß und überdies noch immer ein
strafwürdiges Verbrechen für jene Personen, die eine geschlechtliche
Vereinigung ermöglicht und geduldet hatten. Das änderte sich Anfang der 6oer Jahre, als Oswald Kolle und andere Volksaufklärer
nicht mehr über die ekligen gesundheitlichen Gefahren der Liebe
sprachen, sondern in den Medien den deutschen Bürgern ein wenig
mehr sexuelle Lust empfahlen und diesbezügliche Gebrauchsanwei-
sungen gaben. Uraltes Menschheitswissen erfuhr eine moderne Auf-
bereitung mit dem Ziel, belehrend und anregend das deutsche Bett
mit einer lustvollen Liebesakrobatik zu beleben. Begierig wurde diese
neue Sexwelle von der Jugend aufgegriffen und Teil des Jugendprotestes der 6oer Jahre. Im Kampf um die Befreiung aus den Fesseln des
kleinbürgerlichen Muffs und der gesellschaftspolitischen Enge waren mit dem Schlachtruf *wer zweimal mit der gleichen pennt, gehört*
schon zum Establishment die staatsanwaltlichen Tugendwächter der
Nation zu provozieren, die sich bald nicht mehr in der Lage sahen,
die zahlreichen Verstöße gegen die Unzuchtsparagraphen des Strafgesetzbuches zu verfolgen.

Bereits der kleinbürgerliche Aufbruch der sogenannten Jugendbewegung hatte die verlogene Gesellschaft der Kaiserzeit mit prakti-
zierter naturnaher Liebeslust und der Forderung nach einer natürlichen und gesunden Einstellung zum Körper und dem anderen
Geschlecht provoziert. Die Vereinigung zweier Menschen in mystisch-mythischer Naturstimmung ließ die Liebenden Teil des Brunft-
geschehens werden, und so paarte man sich in Scheunen und Koten,
auf moosigem Waldboden oder im schützenden Kornfeld. Der Lust-
gewinn, *den Ruch der Natur* zu erspüren, war ein Abschied vom bürgerlichen Schlafgemach mit seinen zinnenbekrönten monströsen Betten und dem Bild des segnenden Engels über der Liegestatt, in deren
Pfuhlen sich die bürgerliche Ehe mit der Zeugung des Nachwuchses
vollendete.

Für die Tugendhüter der 6oer Jahre waren die Wohngemeinschaf-
ten der Studenten, die Landkommunen der Aussteiger Laster- und
Sündenhöhlen der freien Liebe, vor der es die Töchter zu schützen
galt. Doch in Wahrheit herrschten in der Durchschnitts-WG die
kleinbürgerliche Ordnung und die unumstößlichen Sauberkeitsge-

setze mit hausmeisterlichen Reinigungsplänen, die von der Gemeinschaft basisdemokratisch in der wohlgeordneten Wohnküche im Großmutterambiente in enervierenden Debatten beschlossen wurden. Abmahnungen und Strafgerichte für Normenverstöße blieben dem WG-Frauentribunal vorbehalten, den Kleinbürgertöchtern, die den alten Frauenstreit um die Technik des Männerpinkelns und das ordnungsgemäße Herunterklappen des Clodeckels mit mehr Temperament und Lust austrugen als die sexuelle Vereinigung auf dem Matratzenlager.

Die Geschichte der Jugendproteste macht deutlich, daß die geforderten gesellschaftspolitischen Veränderungen stets weitgehend unerfüllt blieben und mit dem Eintritt in das Berufsleben und die Einbindung in den Karrierekampf der Kampfesmut der einstigen Rebellen sank. Lediglich durch die Kampfmittel Mode, Sitte und Brauch erhielt die kleinbürgerliche Lebenswelt Impulse, indem sie neue Normen des Zusammenlebens und der Sitten stiftete. Als Protest gegen das spießige Elternhaus war es Brauch geworden, sich auch äußerlich den Proleten anzupassen. In der Mensa und zu Hause bei Tisch zu schmatzen und zu schlürfen, tief über den Teller geneigt, bequem den Arm auf die Tischplatte gestützt, war eine Form, die Solidarität mit der Unterschicht zu zeigen und symbolisierte eine klassenkämpferische antibürgerliche Haltung.

Hausmannskost

In den Kampf gegen die Bourgeoisie war auch eine Rebellion gegen die als spießig empfundene mütterliche Hausmannskost eingeschlossen. Zum Bruch mit der kleinbürgerlichen Vergangenheit gehörte somit die Abkehr vom Sonntagsbraten, der Kohlroulade und dem Oetker-Pudding.

Wahr ist, daß die deutsche Küche unter zwei Kriegen gelitten hatte, und negativ hatte sich auch die von Gesundheitsaposteln der Nachweltkriegszeit in den 20er Jahren kreierte Rohkostideologie ausgewirkt, die von Hauswirtschaftslehrerinnen und Ernährungswissenschaftlern bald zu einem Volksgesundheits-Feldzug ausgeweitet wurde und selbst den Führer des Dritten Reiches zu einer freudlosen, zur Übellaunigkeit führenden Kost animierte. Vom Niedergang der deutschen Küche war die Oberschicht zwar nicht so hart betroffen, das festliche Diner wurde nach wie vor zelebriert, doch auch hier zeigten sich Einbrüche, nicht zuletzt durch die Schwierigkeiten, die edlen Zutaten in guter Qualität zu bekommen. Einen weiteren schweren Schaden erlitten die Kochkünste durch die sogenannte Freßwelle der Wiederaufbauzeit und die ekelerregenden Kreationen der Lebensmittelindustrie, vor allem die mayonnaisefetten Kompositionen aus Fleischbrät, Gewürzgurken und Konservierungsmitteln. Trotzdem, deutsche Großmütter hatten noch einen Rest an schmackhaften Rezepten bewahrt, die bodenständige, regionalspezifische traditionelle Bürgerküche.

Während die politischen Hoffnungsträume des Jugendaufbruchs bald zerstoben, für die Eßkultur hatte der Jugendprotest nachhaltige Folgen. In den großen Metropolen gab es bereits zum Ende des 19. Jahrhunderts für die Oberschicht ausländische Spezialitätenrestaurants, vor allem der französischen und der russischen Küche. Ferngereiste Kaufleute und einstige Missionare konnten sich im chinesischen Restaurant verwöhnen lassen, auch gab es zuweilen Restaurants der italienischen Küche, doch da es in Italien keine Hofküche gab und die Gerichte mehr der Volksküche entstammten, erfreute sie sich keiner großen Beliebtheit. Lucullus' Erbe war im armen Italien verschüttet, mit Teigwaren war das Volk billig zu ernähren. Lediglich die Polenta eroberte die europäische Küche – als Schonkost bei Magenverstimmungen.

Im Verlauf des Nachkriegwirtschaftswunders und der bald erreichten Vollbeschäftigung warben die deutsche Industrie und mittelständische Betriebe verstärkt um ausländische Arbeitnehmer, zunächst vor allem Italiener, Spanier und schließlich auch Südosteuropäer, die für das wiedererstarkte Herrenvolk die niederen Arbeiten verrichten sollten. Als die Arbeitskräfte ihre Familien nachholten, suchten sie sich in den maroden Unterschichtenquartieren der Städte billigen Wohnraum, so daß sich bald in den Bezirken mit hohem Ausländeranteil für die jeweiligen Nationalitäten entsprechende Restaurants etablierten, in denen eine einfache Landeskost angeboten wurde. Diese wenig luxuriösen Kneipen entdeckten die jugendlichen deutschen Zivilisationsflüchtlinge als Alternative zum bürgerlichen Speiselokal und als Beleg ihres antibürgerlichen Lebensstils.

Noch zu Beginn der 6oer Jahre hatten deutsche Touristen über die fremdländische Küche an ihren Reisezielen geklagt, man sprach von Montezumas Rache, wenn der Urlaub durch Diarrhöe vergällt wurde, so daß die Gastronomen ihre Speisekarten den deutschen Eßgewohnheiten anpaßten und mit Schildern *Deutsche Küche* um Gäste warben. In den Medien, Zeitungen und Wochenschauen in der Heimat zeigten belehrende Beiträge den Auslandsreisenden, wie die fremdländische Kost zu genießen sei, zum Beispiel Spaghetti, und gaben Ratschläge, wie Magenverstimmungen durch das Deutschen unverträgliche Olivenöl zu vermeiden wären. Mit dem Fortschritt der Reiselust der Bundesbürger trat auch eine Versöhnung mit der fremdländischen Küche ein, von der Jugend animiert und von Weltaufgeschlossenheit beseelt, entdeckte der deutsche Kleinbürger die Schmuddelkneipen und die für das gehobene Publikum edler gestaltete ausländische Gastronomie. *Zum Italiener, Griechen oder Chinesen gehen* hieß, einen nicht spießigen Geschmack zu haben und war Ausdruck einer multikulturellen Aufgeschlossenheit, wobei der Preis und die Größe der Portionen sich durchaus rechneten.

Die Veränderungen der kleinbürgerlichen Eßkultur eröffneten einen riesigen Markt, vor allem für Buchverlage, die mit Kochbüchern der neuen deutschen multikulturellen Küche einen beträchtlichen Umsatz machten. Die deutsche Hausfrau, die ihre exotische Kochkunst mit dem sogenannten *Toast Hawai* eröffnet hatte, brillierte nun vor allem mit italienischen Gerichten, nivellierte die Geschmacksnerven mit exotischen Gewürzen und entdeckte neue Gemüsesorten. Allenthalben entstanden männerbündische Kochzirkel, Ritterschaften der Kochkunst, die vereinsmäßig organisiert sich zu Gralshütern des guten Geschmacks erhoben. Der Freßwelle folgte die Kreativwelle, die freilich zu einem abenteuerlichen Sammelsurium und grotesken Lebensmittelkompositionen geriet.

Für den Gourmet, der sich noch an die abendländische Eß- und Trinkkultur, die festlichen, den Genuß unterstreichenden Tischsitten erinnerte, wurden die bundesbürgerlichen Partyeinladungen eine magenverstimmende Qual. Als endlich der *Toast Hawai* aus der Mode gekommen war, folgte der amerikanische Grillabend mit fettriefender Bratwurst und Schweinefleisch, begleitet von dem unerträglich brandigen Gestank nach verkohltem Fleisch. Lange Zeit beherrschte ein schleimiger Nudelsalat die gesellige Mahlzeit, hinzu kamen gesottenes, gebratenes, gedünstetes oder rohes mediterranes Gemüse, zumeist in öligen Saucen auf einer Tomatenmarkbasis, die mit Unmengen von Knoblauch gewürzt auch einer Seegurke Geschmack verliehen hätte.

Das Diner vergangener Tage diente vor allem der höflichen Konversation, dem anregenden Gespräch, so daß der schwierigste Teil einer Einladungsvorbereitung in der Festlegung der Tischordnung bestand, Ehepaare sollten nach Möglichkeit weit voneinander entfernt platziert sein, und mit viel Takt mußte dafür gesorgt werden, daß die Damen einen amüsanten Tischherrn hatten. Bestimmte Themen waren Tabu – das Essen, Kinder, hausfraulicher Alltag durfte nicht das Tischgespräch vergällen. Die moderne kleinbürgerliche Party verzichtete auf derartige Zwänge, man lud ohnehin vornehmlich nur Bekannte ein, so daß sich die Konversation um die Alltagsthemen des Freundeskreises rankte. Überdies pflegte man Pärchen und Ehepaare zusammenzusetzen, die notfalls sich allein unterhalten konnten oder zumindest ihr Alltagsschweigen fortsetzten. Lang und gern wurde über das Essen gesprochen, neue Rezepte ausgetauscht, Weinkennerschaft vorgetragen, die letzten Modeanschaffungen mitgeteilt, die Urlaubsreise geschildert, weiterer ausgiebiger Gesprächsstoff waren das Auto und vor allem die Kinder.

Lange Zeit war es Brauch, die Gäste vor einer Leinwand Platz nehmen zu lassen und Diaprojektionen der Urlaubsbilder zu zeigen. Reminiszenzen vom Familienleben am Badestrand, Impressionen vom touristischen Leben des Gastlandes, aber auch jene Bilder, die man zur Dokumentation einer Klage gegen den Reiseveranstalter geschossen hatte, tropfende Wasserhähne, Stolpergefahren, die von unsachgemäß verlegten Gehwegplatten ausgingen, und sonstigen von deutscher Norm abweichenden Mißlichkeiten. Abgelöst wurde dieser Betrachtungszwang von der Sitte, den Gästen die Landesküche des Urlaubslandes vorzusetzen und damit einen belehrenden Vortrag über die fremdländischen Eßgewohnheiten zu verbinden.

Mit Kind und Kegel
Reiselust

Im 19. Jahrhundert galten die Engländer, befördert durch die Kolonien und weltweiten Handelsverbindungen, als reisefreudigstes Volk. Die Deutschen hielten sich in jener Zeit an ihre traditionellen Reiseziele, die adelige Oberschicht traf sich in Biarritz, Como oder in St. Moritz, die Mittelschicht bereiste den Harz, fuhr an den Rhein oder an die See und das Bildungsbürgertum begab sich auf Goethes Spuren nach Italien. Den volkswirtschaftlichen Nutzen des Tourismus, einerseits als Wirtschaftszweig und zum anderen als sozialisierende und arbeitsleistungsfördernde Maßnahme, erkannten bereits die Nationalsozialisten, die ihre der *Deutschen Arbeitsfront* zugeordneten Urlaubsorganisation *Kraft durch Freude* zu einem volksbeglückenden Reiseunternehmen ausbauten.

Mit dem Ausbruch des Zweiten Weltkriegs war den Soldaten der Wehrmacht, den Amtswaltern der Partei und tausenden von Zivilbediensteten auf makabre Art Gelegenheit gegeben, fremde Länder kennenzulernen, wobei es nach den Kampfhandlungen durchaus auch angenehme ausländische Aufenthaltsorte gab, zum Beispiel in Frankreich, Italien, Norwegen und Griechenland, auch Holland, Belgien und Dänemark waren beliebt, ärger hatte es die Kameraden getroffen, die in den heißen Wüsten Afrikas oder in der Sowjetunion kämpfen mußten.

In den ersten Nachkriegsjahren war an Urlaubsreisen nicht zu denken, doch bereits 1949 prophezeite der Urlaubsspezialist Carl Degener, daß *die Deutschen reisen werden wie noch nie, vorausgesetzt sie werden satt.* Es bedurfte nur weniger Jahre, um mit Hilfe altbewährter *Kraft durch Freude*-Spezialisten kommerzielle Urlaubermassentransporte durch Westdeutschland zu organisieren. Die Idee war es, die der Trümmerlandschaften überdrüssigen Städter in die unzerstörten Gegenden Deutschlands zu verfrachten, insbesondere nach Oberbayern und in den Schwarzwald. Die Filmindustrie beförderte die Reiselust mit positivem Filmstoff, meist lustigen Inhalts, vor unberührter, bäuerlich-urwüchsiger Heimatkulisse und auch der deutsche Schlager besang verstärkt die heimatlichen Urlaubsziele. Als endlich seit Mitte der 50er Jahre auch Auslandsreisen angeboten wurden, entwickelte sich die deutsche Reisebranche zu einem bedeutenden Zweig der Volkswirtschaft mit ständig steigenden Umsatzzahlen.

Zur kleinbürgerlichen Wohlstandsreputation gehörte fortan die Fernreise, zunächst zu Urlaubszielen, die während des Krieges bereits die Soldaten kennengelernt hatten und die nun auch der Familie gezeigt sein wollten. Für das Bildungspublikum organisierten akademische Reisedienste sogenannte Studienreisen, doch die große Masse wünschte, am Mittelmeer oder am Gardasee sich in der Sonne zu aalen und Badefreuden zu genießen. Arbeiter mochten sich zunächst nicht zu Auslandsreisen entschließen, der Hauptanteil der Urlauber bestand aus Angestellten und Beamten, die es zum Teil sogar wagten, mit dem eigenen Auto fremde Länder zu bereisen. Die Reiseforscher und Veranstalter glaubten zunächst, daß die Urlauber ein Kontrastprogramm zum heimischen Alltag wünschten, vor allem erholsame Ruhe und Einsamkeit suchten – ein Irrtum, besonderer Beliebtheit erfreuten sich die großen Urlaubszentren mit überfüllten Hotels und lärmendem Vergnügen auf Straßen und Plätzen.

Der massenhafte Aufbruch der Reisedeutschen war auch durch die spürbare Distanz der Gastgeber nicht zu bremsen, wohl auch aus diesem Grund suchte man das kollektive Urlaubsvergnügen mit den eigenen Landsleuten. Beklemmende Gefühle der Einheimischen, die bisweilen an den Kriegs- und Heldenuntaten-Reminiszenzen ihrer Gäste Teilhabe hatten, wurden als unangemessene Empfindlichkeit oder sogar Deutschenhaß gewertet, eine Undankbarkeit, angesichts des Deutschmarksegens, von dem man erwartete, daß er alte Wunden heilen würde. Mit großen Anstrengungen und gewaltigen Investitionen konnten in den touristischen Zentren Italiens die Urlaubsbedürfnisse der Bundesbürger weitgehend befriedigt werden, mit der Folge, daß sukzessive Preiserhöhungen nicht ausbleiben konnten, die alsdann Spanien zu unterbieten wußte.

In größter Eile steigerten spanische Bauunternehmer ihre Betonproduktion und errichteten, von der Costa del Sol ausgehend, an ihrer Küste riesige Hotelhochhäuser, die zwar wenig gemütlich und auch nicht landesspezifisch aussahen, doch dafür einen sauberen und ordentlichen Eindruck machten und damit die Voraussetzung boten, von den Deutschen bevorzugt frequentiert zu werden. Der deutsche Massentourismus, so hatten Optimisten vermutet, würde die Deutschen ein wenig weltoffener und aufgeschlossener machen, fremde Länder, Sitten und Kulturen kennenzulernen bildet und dient der Völkerverständigung, ein Irrtum, wie sich bald herausstellte, denn die Urlaubsreise war Teil des Wohlstandsrituals, und so war es wichtig, den Daheimgebliebenen eine bunte Postkarte zu schicken und nach der Rückkehr vor Freunden und Verwandten mit den Urlaubsreminiszenzen zu prahlen.

Im Dritten Reich hatten KDF-Funktionäre veranlaßt, in die Reisepässe ein Merkblatt einzufügen, in dem es neben nützlichen Reisetips unter anderem auch hieß: *Bedenke im Ausland, daß du ein Deutscher bist,* womit ein gutes Benehmen eingefordert war. Solcherart Reglementierung gab es selbstverständlich nach dem Kriege nicht mehr, und so fielen die Teutonen, DM-stolz und ungehemmt selbstbewußt über Europa her. *Die Deutschen sind Wandervögel,* schrieb ein italienischer Beobachter, *sie lieben die kostbarsten Wochen des Jahres. Wohlausgestattet mit Fotoausrüstung und Spezialkleidung und gut versichert. Sechs Monate planen sie, informieren sich, generalstabsmäßig die Vorbereitung, sechs Monate reden sie darüber in Lichtbild-*

vorführungen vor Verwandten und Freunden oder vor Gericht, wenn mit Kakerlaken in der Dusche Regreß eingeklagt wird. Da gibt es viele Arten: Mit dicken Büchern bewaffnet auf den Spuren der Kunst und Kultur. Männer mit kurzen Hosen, die herumlaufen und Kneipen studieren. Sie haben alle eine Erwartungshaltung: nämlich mit gutem Geld eine optimale Leistung zu erfahren. Sie erwarten deutsche Organisation und weil sie zahlen Sonderbehandlung. Anschließend berichten sie über ihre Erfahrung. Strafzettel sind Deutschfeindlichkeit, dem besoffenen Grölen Einhalt gebietende Polizisten ebenfalls. Enervierende Studienrätinnen empfinden nach dem Nerv die gereizten Hostessen und Museumsführer als deutschfeindlich. Sie schreiben an Botschaften und örtliche Zeitungen Beschwerden und nie Lob.

Die Tageszeitung *Hamburger Abendblatt* hatte ihre Leser aufgefordert, ihre Urlaubserfahrungen der Reiseredaktion zu übermitteln, die veröffentlichten Briefe waren Tadel und Mißstimmung und enthielten nur wenig Lob, eine Dame hatte Argentinien besucht, sie war begeistert von speziellen Gummibesen, mit der Aufwärter mit größtem Erfolg die Bahnsteige säuberten.

Die Deutschen sind das reiselustigste Volk, konstatierte 1961 die *Süddeutsche Zeitung,* ohne zu ahnen, was den europäischen Nachbarn und den Überseeländern noch bevorstand. Die Tourismussteigerung wurde 1962 eröffnet, als ein deutscher Reiseunternehmer ein urlaubergefülltes Flugzeug nach Mallorca starten ließ. Zwölf Jahre später transportierten Pauschalreisenanbieter bereits sieben Millionen Deutsche auf das kleine Eiland, das einst ein Geheimtip englischer Individualisten war und bald mit 13 Millionen Teutonen fest in deutsche Hand gelangte.

Mit den Flugzeugtransporten nach Mallorca hatte das touristische Jetset-Zeitalter begonnen, der Ferienexodus führte fortan zu den entlegensten Winkeln der Welt, einst einsame Gegenden wurden von düsengetriebenen Großraumflugzeugen angeflogen, und es gab kaum einen Ort, den sich die Deutschen nicht erobert hatten. Wieder aufgenommen wurden auch die Kreuzfahrten mit griechischen und russischen Billigschiffen, die mit standardisiertem Programm und volkstümlicher Animation einige Tage oder Wochen die Weltmeere durchquerten, wobei das Publikum die Stippvisiten zu den Häfen der Welt zwar als Bereicherung der Reise empfand, viel mehr aber das wohlorganisierte Bordleben genoß, die bunten Abende mit Entertainer, auf dem Festland glücklosen Schlagersängern, Provinzbuffos und Zauberkünstlern. Schon wenige Tage nach Beginn der Reise formierte sich an Bord eine Mikrokleinbürgerwelt mit Klatsch und Tratsch, Neid und Kampf um Bordstühle, günstige Plätze in der Lounge oder im Speisesaal, Kabinennachbarschaftsstreit und, als Höhepunkt der Reise, kollektive Beschwerdeaktionen gegen die Kreuzfahrtleitung.

Teil des Jugendaufbruchs der 60er Jahre war auch eine rege, die amerikanische Hippiebewegung nachahmende, Reisefreudigkeit. Mekka der deutschen Freizeit-Blumenkinder war das liberale Amsterdam, längere Ferien- oder Urlaubstage verbrachte man auf griechischen Inseln, nicht zuletzt weil dort die amerikanischen flower power-Typen zu finden waren, die den deutschen Jugendlichen das befristete Gefühl der Teilhabe an der großen weiten Welt gaben.

Einfluß auf das Urlaubsverhalten der Deutschen hatte auch die medienbekannte Schicht der Reichen und Neureichen, allen voran die sogenannten Playboys, deren Vorliebe für bestimmte Urlaubsorte nicht geheim blieb und zu einem Aufbruch jener führte, die am Glamour der High Society partizipieren oder wenigstens als Zaungäste das Treiben der Prominenten beobachten wollten. Einen Blick vom Müßiggang der Großen zu erhaschen, beflügelte die Phantasie über deren Luxusleben, die üppigen Gelage, die ausgelassenen Vergnügen mit dekadenten Spielen und nicht zuletzt die sexuellen Exzesse mit den schönsten Frauen der Welt. Spätestens wenn die Wohnwagen des bundesbürgerlichen Schrumpelvolks heranrückten, verzog sich die Hautvolee und suchte sich neue Rückzugsgebiete.

Eine besondere Spezies deutscher Urlauber waren die sogenannten Camper, die durch die Anschaffung eines verhältnismäßig teuren, sogenannten Wohnwagens an diese Form des Urlaubs gekettet waren und alljährlich diese mehr oder weniger monströsen Vehikel an ihr Auto kuppelten und, wie einst das fahrende Volk, Europa heimsuchten. Auf speziellen Plätzen entfaltete sich eine besondere Art des Urlaubsgenusses in der engen Nachbarschaft Gleichgesinnter, die mit festen Regeln und strengem Brauch, die kleinbürgerliche Lebenswelt in den Urlaubsort transponierten. Besonders gerühmt wurde es, wenn sich alljährlich wiedertreffend und über Jahre eine Feriennachbarschaft bildete, zu deren geselligen Höhepunkten die wechselseitigen Einladungen zum Grillabend oder Umtrunk gehörten. Für die Hausfrauen war ein solcher Urlaub eine schwere Herausforderung, galt es doch unter der normenüberwachenden Aufsicht der Mitcamper das Familienleben, womöglich mit einer größeren Schar von Kindern zu organisieren, in der kleinen Küche des Wohnwagens das

Essen zu bereiten und für Ordnung und Sauberkeit im fahrenden Schmuckstück zu sorgen. Wer des anstrengenden Reisens mit dem Campingwagen überdrüssig wurde, mietete sich einen festen Platz, möglichst in einem Urlaubsgebiet, als Ersatz für ein Wochenendhaus. Liebevoll wurde dann der kleine Stellplatz umzäunt, mit Gartenzierden, kleiner Windmühle oder blumenaufnehmenden Waschbetonampeln dekoriert, so wetteiferte die kleine Gemeinde der Dauercamper um das schönste Miniaturgrundstück.

Für die weniger gutverdienende jugendliche Mittelschicht boten die Reiseveranstalter, in Anlehnung an die Urlaubsgewohnheiten der Reichen, sogenannte Clubreisen an. Für durchschnittlich drei Wochen war in diesen Ferienclubs an den Palmenstränden des exotischen Südens ein sorgloser, betreuter Urlaub zu genießen. Ein clubeigener Badestrand, zu Spiel und Sport anregende Animateure und Folkloreabende boten reichlich Pläsier und verführten nicht dazu, außerhalb des Clubs sich in Gefahr zu begeben. Einziger Kontakt zu den Einheimischen war das Bedienungspersonal, und wer Lust hatte, das Land kennenzulernen, konnte an einer organisierten Landpartie mit den hauseigenen Jeeps teilnehmen. Als gelungen galt ein solches Ferienvergnügen, wenn die cluborganisierte Partnervermittlung erfolgreich war und womöglich ein prickelndes Sexabenteuer die Ferientage krönte.

Spezielle Männerwünsche befriedigten Reiseunternehmer, die Pauschalreisen nach Fernost organisierten und Flugzeugladungen geiler Kerle in sogenannten *Bumsbombern* vor allem nach Thailand brachten. Notorische Puffbesucher und chronische Onanisten, die in Bangkok und in der Provinz die billigen Prostituiertentarife nutzten, sich ungehemmt und ungestraft ihren pädophilen Neigungen hingaben, mit Kindersex prahlen durften und damit eine neue Variante des häßlichen deutschmarkstarken Deutschen vorführten.

Den dornenreichen Bemühungen, dem kleinbürgerlichen Milieu zu entfliehen, durch Adaption neuer Eßgewohnheiten, moderner Bildungsinhalte und Zeitgeist sich der Vergangenheit zu entledigen, waren jedoch Grenzen gesetzt, wenn im privaten Umfeld eine verständnislose Verwandtschaft, auf kleinbürgerliche Lebensinhalte beharrende Eltern und Geschwister den Ausbruch behinderten und durch störende Einflüsse den Modegenuß minderten. In der Heimat alterierte man sich über Nachbarn, Handwerker, Freunde und das Wetter, beklagte den aufreibenden Berufsalltag und die Unfreundlichkeit der Mitmenschen. Um dem allen wenigstens einige Wochen zu entfliehen und womöglich mehr oder minder große Summen an Schwarzgeld vor dem Fiskus zu retten, wurde es Brauch, Immobilien im Ausland zu erwerben. Non plus ultra kleinbürgerlicher Reputation war ein Haus in der Toskana, nicht ganz so begehrenswert eine Finka in Spanien.

Nicht immer zur Freude der Einheimischen erwarben Deutsche in den Sonnenländern Grundbesitz, der mit Häusern eines nachempfundenem Landhaustils oder spießigen Bungalows bebaut wurde, beliebt waren auch alte restaurierungsbedürftige Gemäuer. Die Verkäufer und Handwerker wußten den Geldsegen zu schätzen, auch die Geschäftsleute verachteten die Kaufkraft der Neubürger nicht. Spätestens im Verlauf der Bauarbeiten wurde das Verhältnis zu den Ordnungsbehörden, den Bauarbeitern und Planausführenden getrübt, wenn Landesitten dem Willen und den Wünschen der deutschen Auftraggeber nicht entsprachen. Deutscher Bauherrenbrauch gegen den südlichen Schlendrian und das Pochen auf deutsche Ordnungsnormen, endete freilich meist in einer Niederlage, hartnäckig widersetzten sich die Südländer dem deutschen Wesen, an dem die Welt noch nie genesen wollte. Daheim allerdings priesen die teutonischen Landesflüchtlinge die lockere mediterrane Lebensart und beteuerten ihre Fähigkeit, daran zu partizipieren, zeigten sich als Kenner der Landesküche und des Weines, ihre eigene Nationalgeschichte war ihnen weitgehend unbekannt, doch über die Kultur und Geschichte der neuen Heimat hatten sie sich umfassend gebildet. Der Zugang zur Oberschicht des Gastlandes blieb verschlossen, wie auch die nachbarschaftlichen Kontakte distanziert blieben, von den Deutschen meist unbemerkt, weil die Liebenswürdigkeit und Freundlichkeit nicht Sympathie oder freundschaftliche Zuneigung ausdrückte, sondern die erwünschten Geschäftbeziehungen beförderten.

Konsumgesellschaft
Statussymbol Auto

Das 19. Jahrhundert fand für den Prototyp des Deutschen die schmähende Bezeichnung Spießbürger, Philister, Biedermeier oder Michel, weniger freundlich waren die Namen, die von den zahlreichen Kriegsfeinden benutzt wurden: Hunnen, Krauts und Wurst. In der Zeit nach dem Zweiten Weltkrieg hatte ein Film den Nachkriegsdeutschen den Namen *Otto Normalverbraucher* gegeben, ihm zur Seite stand das naive, etwas törichte *Lieschen Müller*. Mit den Wohlstandjahren wandelte sich *Otto Normalverbraucher*, der sich mit der Normalverbraucher-Lebensmittekarte durchgeschlagen hatte, zum *Bundesbürger* oder auch *Verbraucher*, dem zur Lebensgestaltung *Verbrauchermärkte und Verbraucherzentralen* gewidmet wurden. Die hemmungslose Verbraucherlust animierte schließlich linksorientierte Kulturideologen den Begriff *Kulturverbraucher* zu kreieren.

Auch wenn das Wirtschaftswunder sich vor allem durch den glücklichen Verlauf des Außenhandels stabilisierte, einen hohen Anteil an der prächtig gedeihenden Volkswirtschaft hatte auch der Binnenmarkt, den der *Verbraucher* entsprechend dem Wahlslogan der CDU, *Wohlstand für Alle* kräftig frequentierte. Gegen den Massenkonsum hatten auch die Sozialisten nichts einzuwenden, den sie durch die Forderung nach mehr Freizeit für die Arbeitnehmer noch gesteigert wissen wollten.

Bereits die Nationalsozialisten hatten jedem deutschen Volksgenossen als Freizeitpläsier ein eigenes Auto versprochen, den minderverdienenden den Volkswagen. Durch den Krieg konnte dieses Versprechen nicht eingelöst werden, und so wurden einstweilen in der Stadt des KdF-Wagens Kübelwagen für die Wehrmacht gebaut. Nach dem Krieg aber sollte das Herrenvolk den gewaltigen Raum des germanischen Weltreichs mit dem Auto durcheilen können. In den 50er Jahren konnte endlich auch dieses Versprechen eingelöst werden, aus dem Weltreich war freilich nichts geworden, doch die deutschen Autobahnen hatten den Krieg überdauert und warteten darauf, wieder befahren zu werden. Schadhaftes wurde ausgebessert, nicht fertiggestellte Strecken konnten rasch gebaut und geplante Projekte ausgeführt werden. Unter der Ägide der amerikanischen Mutterfirmen produzierten bereits zum Ende der 40er Jahre Opel und Ford, aber auch die deutschen Hersteller Mercedes, DKW und BMW konnten ihre Produktionsstätten wieder eröffnen.

Zum Symbol des wirtschaftlichen Aufstiegs und der verheißenen Volksmotorisierung jedoch wurde der von Hitler entworfene und von Porsche verbesserte Volkswagen, der bald das deutsche Straßenbild beherrschte. Mitte der 50er Jahre mußte der Durchschnittsverdiener allerdings noch etwa zehn Monatsgehälter ersparen, um ein graues Standardmodell sein eigen nennen zu können, doch Abzahlungsverträge ermöglichten auch jenen die Teilnahme an der mobilen Gesellschaft, die nicht zu den Gutverdienenden gehörten. Insbesondere für dienstleistende Berufe erwies sich das Auto als segensreiches, geschäftsförderndes Betriebsmittel, zunehmend diente es aber auch der Freizeitgestaltung. Bunte Werbeprospekte offerierten das Familienauto für das Wochenende im Grünen oder gar für die Urlaubsreise, womöglich zu fernen Zielen des Auslands. Das Begehren, am Straßenverkehr teilzuhaben, wurde schließlich bei den Bundesbürgern so drängend, daß findige Konstrukteure Miniaturautos entwarfen, winzige Vehikel, an Ein-Mann-U-Boote erinnernde, kunststoff- und blechumkleidete Motorräder, mit wohlklingenden Namen wie *Isetta* oder *Goggomobil*, vom Volksmund allerdings als *Mensch in Aspik* oder *Leukoplastbomber* verulkt.

Das vielfältige Angebot an Kraftfahrzeugen unterschiedlicher Preisgruppen führte sehr bald zu einem wichtigen Indiz der Klassenzugehörigkeit, wobei zunächst der Volkswagen von der Ständeklassifikation ausgeschlossen blieb, da auch die reiche Fabrikantengattin den Käfer als Zweitwagen nutzte und reiche Snobs mit dem VW Understatement demonstrierten. Angesichts eines regen Gebrauchtwagenhandels und der Möglichkeit, durch Kredite ein Auto zu finanzieren, bedurfte es einiger Kenntnisse, an Hand des Kraftfahrzeuges die ständische Zugehörigkeit auszumachen. Grundsätzlich blieb bei der Zuordnung die Automarke nicht unbeachtet, wobei kleine Details eine Feinzuordnung ermöglichten. Theoretisch war es möglich, daß ein Arbeiter eine Nobelkarosse lenkte, und so war es wichtig, das Baujahr festzustellen, des weiteren zu beachten, ob womöglich auf der Ablage Klopapier in einem gehäkelten Überzug lag, den Rücksitz ein Kissen mit appliziertem Autokennzeichen zierte, am Heck des Autos Aufkleber der Urlaubsorte prangten, oder mit beleidigenden Sprüchen andere Verkehrsteilnehmer belehrt wurden.

Das untrüglichste Reputationszeichen war die sofortige Anschaffung der neuen Modelle, wobei es hilfreich war, die von Zeit zu Zeit in den Medien veröffentlichten sogenannten Imageempfehlungen zu beachten.

Höflichkeit und Rücksichtnahme gehörte nicht zur Imagepflege, im Straßenverkehr galt, was der Soziologe Coser als *Ventilsitte* bezeichnete. In der kleinbürgerlichen Normengesellschaft gestaute Aggressionen ließen sich in der Anonymität der Verkehrsteilnehmer ableiten, indem man besonders harsch mit Höchstgeschwindigkeit dahinbrauste, auch unter Lebensbedrohung auf seinem Recht beharrte und mit waghalsigen Fahrmanövern oder einer besonderen beleidigenden Zeichensprache das Autofahren zu einem abenteuerlichen Erlebnis machte.

Während der *Verbraucher* im allgemeinen sich bezüglich seiner Gesundheit außerordentlich besorgt zeigte, ja zuweilen in panikartige Zustände über Killerviren, chemieverseuchte Lebensmittel, Fischmaden und Elektrostrahlen geriet, wurden Unfälle im Straßenverkehr gottergeben hingenommen. Schwerstverletzungen und Todesfälle, der Wochenendtod im Grünen, statistisch alljährlich verbucht, löste keine größere Beunruhigung aus. Siebzehntausend Opfer von Fischwürmern oder gar die Explosion eines Atomkraftwerkes hätten die Republik zweifellos in Agonie gestürzt und der Öffentlichkeit und dem Gesetzgeber nachhaltig zum Handeln Veranlassung gegeben, die enorm hohe Anzahl an Verkehrstoten betrachtete man hingegen als unvermeidliche Opfer der Zivilisation. Genauer betrachtet hatte dieser Aderlaß unter dem Aspekt der Coserschen Ventilsitte in der Tat eine gesellschaftpolitische Komponente: In der bis in alle Lebensbereiche und Lebenssituationen reichenden staatlichen Gesetzesfürsorge wollte der Verbraucher mit dem Slogan *Freie Fahrt für freie Bürger* dem Staat einen kleinen Rest individueller Freiheit und Eigenverantwortung abtrotzen.

Wohl in keinem Land der Welt war die Verkehrsregelung so gut organisiert, war die Sicherheitskontrolle der Fahrzeuge so streng wie in Deutschland, doch gerade in diesem Spannungsfeld von perfekter Reglementierung zum einen und bürgerlichem Freiheitswillen zum anderen, gedieh der Straßenverkehr zu einem Kampffeld unter der Devise *Einer gegen alle*. Mit der Kleidung und dem ordentlich gesäuberten Auto demonstrierte man bürgerliche Reputation, doch im Blech eingeschlossen und isoliert war ein wildes Teutonentum auszuleben. Mit dem Begriff Rechtsstaat konnte der Bürger im allgemeinen wenig anfangen, mit Ausnahme im Bereich des Straßenverkehrsrechts, dort beharrte man auf seinem Recht sogar dann, wenn die Durchsetzung todesbedrohlich war.

Psychologisch ungeklärt blieb die Frage nach der Ursache des sogenannten Rasens, war es fehlgeleiteter sportlicher Ehrgeiz, Renomiersucht im Sinne teures Auto – schnelles Auto oder griff die einfache Erklärung, daß kleine Leute sich grundsätzlich gehetzt wissen, das Domestikencharakteristikum, sich permanent zur Eile getrieben zu fühlen, eine Art genetischer Defekt? Wie anders ließen sich sonst die todesverachtenden Wagnisse erklären, mit Karacho in Nebelbänke oder Eisfelder hineinzurasen.

Eltern, die sich im Normalfall besorgt um ihre Kinder zeigten und alles nur Erdenkliche für das Wohlergehen ihrer Lieblinge taten, ließen unbesorgt ihre Sprößlinge am Kampfgeschehen auf der Straße teilhaben, weniger als pädagogische Erziehungsmaßnahme zur Angstüberwindung oder als Lehrstück für den Umgang mit den Imponderabilien des Lebens, sondern hier konnte der Vater autoritätsbefördernden Heldengeist vorführen, die Mutter ihre gelungene Emanzipation demonstrieren.

Gesunder Körper – gesunder Geist
Sportvereine

Bereits seit Turnvater Jahns Zeiten galten sportliche Betätigungen als Präventiv- und Heilmittel gegen die Onanie, *die*, wie es in einschlägigen Aufklärungsschriften hieß, *unnatürliche Befriedigung des Geschlechtstriebes, welche bei männlichen wie bei weiblichen Personen vorkommt und darin besteht, daß die betreffende Person sich selbst durch allerhand Manipulationen mit den Geschlechtsteilen Wollustempfindungen zu verschaffen sucht.*

Unstrittig war, daß *die Selbstbefleckung eine körperliche und geistige Zerrüttung herbeiführen kann.* Weil, durch *böses Beispiel verleitet,* sogar Kinder von diesem verwerflichen Laster befallen waren, schlugen Pädagogen und Ärzte vor, *die jungen Leute bereits vor dem Anbruch der Pubertät streng zu beaufsichtigen und den erwachenden Trieb durch zweckmäßige körperliche Tätigkeit abzuleiten.* Insbesondere bei den Anzeichen Magerkeit und Blässe war zu vermuten, daß die Kinder dem Laster frönten, worauf *eine mäßige Nahrungszufuhr, gewürzlose Kost, kühle Bekleidung und ein kühles Lager, das möglichst mit nichtbeschwertem Magen aufgesucht werden sollte,* ärztlich verordnet wurde, wie denn überhaupt *nicht geduldet sein sollte, daß Kinder ohne zu schlafen im Bette liegen bleiben.* War das Unheil bereits eingetreten, versprachen *kühle Fußbäder, sowie Turn- und Schwimmübungen* Abhilfe.

Doch die Mitgliedschaft in einem Sportverein diente lange nicht mehr vornehmlich der Onanieprävention, sondern hatte weitere Erziehungsziele, nämlich die Beförderung kleinbürgerlicher Tugenden: Disziplin, Einordnung und vor allem im Wettkampf beförderter Ehrgeiz, der Beste sein zu wollen, in Gewinner und Versager zu scheiden.

Für die Unterschichten gründeten sich um die Jahrhundertwende zahlreiche Fußballvereine, die vornehmlich den Proleten vorbehalten blieben, bald jedoch den Fußballsport zu einem allgemeinen Volksvergnügen erhoben. Durch Massenveranstaltungen erfuhren die Wettkämpfe eine große Popularität, die nun, nach dem verlorenen Krieg, durch ein großes internationales Sportereignis noch gesteigert wurde. Im Jahre 1954 gelang es der deutschen Nationalmannschaft, den Weltmeistertitel zu erringen und damit nach den verheerenden Kriegsniederlagen dem deutschen Volk endlich wieder einen Siegeslorbeer zu schenken. Die ganze Nation hatte an den Radioapparaten mit den deutschen Jungs gezittert und gefiebert und als dann schließlich das Siegtor gefallen war, erfüllte die deutschen Lande ein nicht endenwollender Jubel, den auch jene teilten, die diesen Sport, der von unmäßigem Biergenuß und unflätigem Schlachtenbummlergegröle begleitet war, eigentlich nicht goutierten. Auch wenn das *gute* Kleinbürgertum andere Sportarten vorzog, der Fußball war fortan Teil des nationalen Selbstwertgefühls und diente nicht mehr vornehmlich der Körperertüchtigung, sondern wurde, von professionellen Spielern vorgeführt, zum Massenvergnügen, eingeschlossen die blutigen Auseinandersetzungen rivalisierender Schlachtenbummler.

Für den kleinbürgerlichen Aufstieg waren vornehmere Sportarten vonnöten, Tennis zum Beispiel oder der Reitsport. Am Rande der Städte entstanden Spielstätten und Reiterhöfe, womöglich mit einem Clubhaus, in dem das gesellige Leben gepflegt werden konnte. Für ehemalige Gutsbesitzer aus dem Osten oder brotlose Kavallerieoffiziere war der Reitunterricht eine lukrative Einnahmequelle, wenn sie die Kleinbürgerjugend, vor allem den Mädchen, das Glück auf den Rücken der Pferde erfahren ließen. Den Pferdesport ließen sich die Eltern etwas kosten, und zuweilen verspürten auch sie die Lust, sich hoch zu Pferde der Nachbarschaft zu zeigen. Ungeachtet des Reitlehrers Rat, war es Mode, auf großen Gäulen zu sitzen, kleine Leute fühlten sich auf Riesenpferden sichtlich gehoben.

Trotz schikanöser Aufnahmebedingungen der Nobelvereine, war der Zufluß ebenfalls zu Geld gekommener Nachrücker nicht zu verhindern, mit der Folge, daß innerhalb der Vereine unersprießliche hierarchische Kämpfe ausgetragen wurden, die das gesellige Leben zuweilen überschatteten und das erhoffte Upperclass-Gefühl schmälerten. Neue Sportarten mußten gefunden werden, zum Beispiel das Non-Plus-Ultra feiner Lebensart, das Golfspielen. Auf den wenigen deutschen Golfplätzen frönte eine kleine Sportelite dieser Leidenschaft, denn der finanzielle Aufwand für Einrichtung und Unterhaltung der Plätze war immens, so daß die hohen Mitgliedsbeiträge oder gar Beteiligungen an den Sportstätten kaum von Minderverdienenden aufzubringen waren. Mit den zunehmenden Schwierigkeiten der Landwirtschaft und der Frage nach der Nutzung unrentabler Ackerflächen versprach die Anlage von Golfplätzen für die Landwirte einen kleinen finanziellen Ausgleich, und so entstanden seit den 70er Jahren allenthalben in Deutschland neue Spielflächen, mit der Folge, daß auch das mittelständische Volk an diesem für nobel erachteten Sport partizipieren durfte, der örtliche Bauunternehmer, Friseur oder Sparkassenleiter das Vereinsleben prägte.

Mit der zunehmenden Bedeutung der Massenmedien, insbesondere des Fernsehens, rückte das Sportgeschehen immer mehr in das öffentliche Interesse, und so wuchs die Zahl der passiven Sportverbraucher, die en famille oder mit dem Freundeskreis die Sportsendungen sowie die großen Wettbewerbe am Fernsehapparat begleiteten. Fettige Snacks und reichlicher Biergenuß beförderten die Unlust an eigener sportlicher Betätigung, eine kontraproduktive Seite des Mediensports, warnend konstatierten die Gesundheitspolitiker eine bedrohliche Verfettung der Verbraucherdeutschen.

Bei internationalen Wettkämpfen wurde deutlich, daß Turnvater Jahns vaterländische Leibesertüchtigung und sein Motto *ohne germanischen Körper, kein germanischer Geist* die bewegte deutsche Geschichte überdauert hatte, von der ganzen Nation angespornt, kämpften deutsche Sportlerinnen und Sportler für das Ansehen der Nation, traten mit heiligem Eifer für Deutschland an. Die einen für das sozialistische Vaterland, die anderen für die kapitalistischen Sponsoren und zur Stärkung des bundesrepublikanischen Selbstwertgefühls. Gemeinsam befand man sich in einem totalen Sportkrieg, an dem sich auch die chemische Industrie beteiligte, die mit kraftfördernden Substanzen großartige Weltbestleistungen und wundersame Athleten produzierte, Geschlechtsumwandlungen bewerkstelligte und Hermaphroditen eine neue Lebensperspektive bot.

Weniger befördert wurde der sogenannte Breitensport, der in traditionellen Sportvereinen gepflegt wurde und vor allem der Geselligkeit diente. Eine größere Beliebtheit erlangten hingegen die von der amerikanischen Leitkultur herübergeschwappten Sportmoden, die einer besonderen, meist kakelbunten Kleidung bedurften und bisweilen auch merkwürdiger Hilfsmittel: Spezialstöcke zum hurtigen Gehen, gefährlich anmutende Rollschuhe oder aber monströse Gerätschaften zur Ausbildung der Muskeln.

Sittenbilder
Geselligkeit und Streitkultur

Bereits im 19. Jahrhundert beklagten frauenemanzipatorische Aktivistinnen den langsamen Fortschritt der Gleichberechtigung, zu Recht, denn noch immer waren Bildung und Politik eine Männerdomäne und berufstätige Frauen diskriminiert, doch bezüglich der Rolle der Frau in der Ehe und Familie war die Klage oftmals unberechtigt. Die Hausfrau und Mutter genoß erhebliche Schutzrechte, und nicht immer herrschte der Mann im Haus, bösartigen, sogenannten Hausdrachen, den Gatten und die Kinder mit strenger Hand regierenden Ehefrauen waren gesetzlich kaum Grenzen gesetzt, und sie waren immerhin so häufig, daß der Volksmund sie zum Gegenstand zahlreicher sprichwörtlicher Redensarten nahm.

Im Rahmen der kleinbürgerlichen Normenfestlegung oblag es den Frauen, sich für die häuslichen Finanzen verantwortlich zu zeigen, wobei dem Ehegatten eine Kontrollfunktion zugebilligt, vor allem aber der Gelderwerb aufgebürdet war. Zierde der Frau war es, mit dem Einkommen gut zu wirtschaften, die Familienmitglieder zu kleiden, zu beköstigen und überdies für die Darstellung der Standeszugehörigkeit zu sorgen – eine schwierige Aufgabe, denn die Einhaltung von Sitte und Brauch, die Inszenierung der modernen und zeitgeistdiktierten kleinbürgerlichen Lebenswelt war kostspielig und überdies einem raschen Wandel unterworfen.

Auch die moderne Frau der 60er Jahre hielt an der alten Rollenverteilung fest, fühlte sich dennoch emanzipiert, denn schließlich hatte sie sich aus freien Stücken für die Familie entscheiden können. Im Vergleich zu ihren kinderlosen Geschlechtsgenossinnen plagten sie freilich auch zuweilen Neidgefühle und nicht immer erwies sich der von den Politikern und der Kirche gepredigte *Adel der Mutterschaft* als Quelle der Glückseligkeit, zumal auf Dauer der öde und verblödende Umgang mit Kindern Folgen zeigte.

Die daraus erwachsende Unzufriedenheit vermochte die Elterngeneration kaum zu teilen, denn jener war es noch vergönnt gewesen, sich ein sogenanntes *Mädchen* leisten zu können, eine billige, auch im Kleinbürgerhaushalt dienende Hilfe, der auch die Kinderbetreuung oblag. Erstaunlicherweise wurde sich selbst in kleinbürgerlichen Neureichenfamilien Hauspersonal selten gegönnt, vermutlich weil man sich nicht durch seinesgleichen beobachtet fühlen wollte, denn schließlich wollte man sich im Hause ungeniert bewegen können und die Diskrepanz zwischen dem nach Außen zur Schau gestellten Schein und dem innerhalb der Familie zelebrierten Kleinbürgertum nicht offenkundig machen.

So unterschied sich auch bei den bundesdeutschen Neureichs der Alltag kaum von dem der Minderverdienenden, der hausfrauliche Arbeitstag bestand aus Putzen, Einkaufen, Kinderversorgung und der Essenzubereitung. Das reduzierte gesellige Leben beschränkte sich auf Gemeinsamkeiten mit *befreundeten Ehepaaren,* die sich in gleicher Situation befanden und deren Leben sich gleichermaßen auf Kinder, Nachbarschaft Auto, Tagesereignisse und Mode zentrierte.

Der tiefgreifende Schichtungswandel hatte überdies auch eine Veränderung der Umgangsformen und gesellschaftlichen Konventionen zur Folge, die der kleinbürgerlichen Lebenswelt entsprachen und das entsprechende Normendiktat berücksichtigten. Auch die sogenannten kleinen Leute adaptierten einst Sitte und Brauch der Oberschicht, doch diese Gesellschaftsschicht galt nun als unmodern, überlebt oder war selbst in den Mittelstand herabgesunken und hatte die Vorbildrolle verloren. Die neuen Umgangsformen nahmen eine größere Rücksicht auf das sogenannte *gesunde Volksempfinden,* nachdem Höflichkeit mit undeutscher Falschheit und Unehrlichkeit gleichgesetzt wurde. Fortan war es kein faux pas mehr, bei Tisch über das Essen zu reden, Papierservietten auf den Tisch zu legen oder den Gästen die Teilhabe der Kinder an der Tafel zuzumuten. Feinfühlige Ästheten verfielen der gesellschaftlichen Ächtung, wenn sie den beizenden Geruch in den Windeln monierten oder gar Appetitlosigkeit verspürten, wenn die Mutter nach dem Windelwechsel mit der Essenszubereitung fortfuhr. Als Kinderfeindlichkeit galt nun auch die Beanstandung der Sitte, zu spätabendlicher Stunde mit Kleinkindern Restaurants zu besuchen.

Eine bemerkenswerte, das kleinbürgerliche Soll-und-Haben-Denken charakterisierende Sitte war auch im Rahmen des mittelständischen Einladungsrituals zu beobachten. Normative Pflicht für die Gäste war es, vor Beginn des geselligen Zusammenseins, gewissermaßen als Dank und Entgelt, ein Gastgeschenk abzuliefern. Sowohl in der höheren Gesellschaftsschicht als auch in den niederen Klassen war das Schenken stets eine diffizile Frage des Takts, und so war es in der Oberschicht Brauch, sich diesbezüglich zurückzuhalten, dem häuslichen Dienstpersonal bei der Abreise ein anständiges Trinkgeld zu geben und darüber nachzusinnen den Gastgebern eine sehr persönliche Aufmerksamkeit zukommen zu lassen, ein Büchlein zum Thema, über das man sich angeregt unterhalten hatte, eine kleine ganz persönliche Bastelarbeit oder eine Winzigkeit symbolischen Charakters. In der Unterschicht hingegen war es Sitte, zunächst ein Geschenk mit dem Bemerken, *so etwas doch nicht annehmen zu können*, zurückzuweisen, alsdann noch eine geraume Weile die Entgegennahme zu verweigern, um es schließlich mit vielen Dankbekundungen dann doch anzunehmen. Binnen kurzer Zeit mußte dann allerdings ein Geschenkausgleich erfolgen, eine Gegengabe ungefähr des gleichen Wertes.

Aus diesem *Auge um Auge, Zahn um Zahn-Prinzip* hatte sich jenes merkwürdige Blumenzeremoniell entwickelt, mit dem jede Geselligkeit eröffnet wurde. Bei der Ankunft des Gastes überreichte dieser der Hausfrau mit einem Dank für die Einladung ein Blumenarrangement nach Möglichkeit im Werte des Verzehrs und verpflichtete die Hausfrau damit, zunächst die Pflanzen zu versorgen, eine passende Vase zu finden, das mitgelieferte Haltbarkeitspulver hinzuzugeben, für das Gebinde einen gebührenden Platz zu bestimmen und den Gästen den Spender mitzuteilen. Bei einer größeren Gästezahl ein aufwendiges und langwieriges Ritual und zusätzliche Arbeit für die Hausfrau, deren Wohnung durch die Schnittblumen zunächst einen modrigen Gewächshausgeruch erhielt, der nach wenigen Tagen durch den raschen Blumentod in einen penetranten Leichenhallendunst umschlug.

Ungeklärt blieb, warum insbesondere in den Nachkriegsjahren es Mode wurde, die Übellaunigkeit und Muffigkeit im Umgang mit den Mitmenschen zur gesellschaftlichen Norm zu erheben. Der Sittenwandel, so vermutete man, wurde durch die notvollen Kriegs- und Nachkriegsjahre ausgelöst, als die Devise *jeder ist sich selbst der Nächste* galt, und nur mit Rücksichtslosigkeit ein Überleben möglich war. Mit Höflichkeit war ein Platz in den öffentlichen Verkehrsmitteln nicht zu ergattern und auch bei der Nahrungsbeschaffung halfen kaum mitmenschliche Gefühle. Auch die überfallartige Konfrontation mit der demokratischen Staatsform mag dazu beigetragen haben, daß die Deutschen streitlustiger wurden und sie ihre Aggressionen im Rahmen der zugebilligten Persönlichkeitsrechte ausleben durften.

Zu konstatieren war, daß bereits in der sogenannten Keimzelle des Staates, der Familie, aber auch in den Freundeskreisen und sogar in den Liebesbeziehungen der Umgangston ruppiger und rauher wurde. Seit den 70er Jahren verschärfte sich überdies der zwischenmenschliche Krieg durch die zunehmende frauenemanzipatorische Streitlust – eine Entwicklung, die im Zusammenhang mit der Mode, sich von Psychologen therapieren lassen zu müssen, befördert wurde. Im Spannungsfeld der Familie, den tradierten Lebensnormen und den Mode- und Zeitgeistanforderungen fanden sich insbesondere die jungen Frauen nicht zurecht und versprachen sich Hilfe bei jenen psychologischen Fachleuten, die es sich zur Aufgabe gemacht hatten, den Individuen die Normenanpassung in der modernen Massengesellschaft zu ermöglichen. Die gutgemeinte Absicht, neue Verhaltensnormen zu entwickeln, über sogenannte Befindlichkeiten zu sprechen, auf dem individuellen Recht zu beharren und sich aus den Fesseln altmodischer Diktate zu befreien, führte zu endlosen innerfamiliären Streitdebatten, enervierenden Partnerauseinandersetzungen und diktierte den Lebensgemeinschaften neue Zwänge und Normen.

Arbeiterparadies

Es war für Walter Ulbricht eine Genugtuung, seinen westdeutschen Kontrahenten Adenauer politisch überlebt zu haben. Mit größten Anstrengungen, so glaubte Ulbricht, könnte es auch gelingen, den gleichen Lebensstandard wie in Westdeutschland zu erreichen, ja vielleicht sogar zu übertreffen, und so lautete die Parole: *Vorwärts im Kampf für den Sieg des Sozialismus!* Während die Medien den Bürgern bessere Zukunftsaussichten verhießen, war den Genossen die *Lösung der ökonomischen Hauptaufgabe* aufgetragen. Doch die Lösung dieser Hauptaufgabe erwies sich schwieriger als erwartet, und so wurde es Brauch, daß die Verantwortlichen, die *hervorragenden Persönlichkeiten aus Staat und Gesellschaft,* verstärkt die Betriebe bereisten, mit den Arbeitern sprachen und der zahlreichen Journalistenbegleitung die Erfolgsbilanz diktierten. Aufgabe der Medien war es, den Fortschritt zu suggerieren, doch die Bevölkerung blieb angesichts des offenkundigen Mangels skeptisch und übelgelaunt und richtete nach wie vor den Blick gen Westen, maß die sogenannten *Errungenschaften der DDR* am bundesrepublikanischen Wohlstand. Als marxistisch-leninistischer Theoretiker betrachtete Ulbricht diese Vergleichsmöglichkeiten seiner Bürger als Hauptgefahr beim Aufbau des Sozialismus, denn schließlich galt es ja nicht, eine kleinbürgerliche Wohlstandsgesellschaft zu etablieren, sondern eine sozialistische Menschengemeinschaft zu schaffen, die nicht konsumdiktiert nach dem *haste was-biste was*-Prinzip den kapitalistischen Marktgesetzen unterworfen war.

Im Gegensatz zur Sowjetunion, deren nachrevolutionärer Kampf nicht durch eine breite Mittelschicht behindert worden war, sahen sich die deutschen Kommunisten bei ihrer Staatsgründung vor die schwere Aufgabe gestellt, die mehrheitlich kleinbürgerliche Gesellschaft umzugestalten. Den sowjetischen Freunden war es in den ersten Nachkriegsjahren gelungen, die alte Elite, das Großbürgertum und die Junker rasch zu entmachten, das Kleinbürgertum hatten sie jedoch weitgehend unbehelligt gelassen, so daß es nun an der SED war, diesen hartnäckigen Feind des Sozialismus zu sozialisieren, wobei verhindert werden mußte, daß der Mittelstand das Land verließ, denn dies hätte ja eine Entvölkerung des Landes bedeutet. Die Kleinbürgerfrage war zu allen Zeiten für die Marxisten ein heikles Thema, das theoretisch zu lösen war, in der Praxis aber erhebliche Schwierigkeiten aufwarf. Angetreten war die Partei der Arbeiterklasse mit der Forderung, die Lebensverhältnisse der Proleten zu bessern, sie an den materiellen und kulturellen Gütern nicht nur teilhaben zu lassen, sondern sie in ihren Besitz zu nehmen – aber hieß dies nicht, die Arbeiter in den Kleinbürgerstand zu translozieren und mit dem Mittelstand zu verschmelzen?

In der Sowjetunion hatte man mit der Stiftung des *Sowjetmenschen* einen Ausweg gefunden, der Sowjetmensch war der neue Menschentyp in der sozialistischen Gesellschaft, ein für die deutschen Genossen vorbildliches Wesen, das man freilich der deutschen Bevölkerung kaum offerieren konnte. Mehr noch als die Sorge um das ökonomische Ungleichgewicht zu Westdeutschland bedrückte Walter Ulbricht die Furcht vor der Verkleinbürgerlichung der DDR-Gesellschaft. Mit Hilfe der Staatssicherheit hatte er die typischen kleinbürgerlichen Vereine verbieten, Brauchtum und Sitte der Kleinbürger nicht wiedererstehen lassen und überdies versucht, den mittelständischen Materialismus einzudämmen. In seinen Reden geißelte er das kleinbürgerliche *mehr Schein als Sein*-Konsumverhalten, das er mit dem Werbespruch eines Einzelhändlers: *Früher so wie heute, Kleider machen Leute* treffend beschrieben sah.

Zum Zeichen seiner proletarischen Gesinnung zeigte sich Ulbricht gern in der Öffentlichkeit in Ledermantel und proletarischer Mütze und gestattete den Medien zuweilen Einblicke in sein Privatleben, das in seiner Bescheidenheit sich von den anderen Bürgern nicht unterscheiden sollte, aber doch mehr als kleinbürgerlich empfunden wurde. Mit dem Bauprojekt *Stalinallee* hatte er ein Modell der künftigen sozialistischen Lebensgemeinschaft geschaffen, in nahezu großbürgerlichen Wohnungen sollte der DDR-Bürger sich als Herr des sozialistischen Gemeinwesens fühlen.

Die alte *Volkshausidee* aufgreifend, regte Ulbricht den Bau von Volkspalästen an, neoklassizistische Schlößchen, in denen eine neue Kultur reifen und in deren feudalem Ambiente sich ein niveauvolles gesellschaftliches Leben entwickeln sollte. Trotzdem, es lag ein tiefer Graben zwischen den Bürgern und ihrem Staat, von dem sich viele ausgeschlossen sahen und der einer großen Mehrheit nicht Heimat sein konnte. Für die Partei war dies vor allem eine Frage der Agitation, und so wurde verstärkt in den Schulen und Betrieben durch Schulungen ideologische Aufklärungsarbeit geleistet, ein Pflichtprogramm, das zuweilen für Agitatoren und Schüler zur Qual geriet. Trotz höchster Anstrengungen wollte die Bewältigung der schweren Versorgungskrisen nicht gelingen, und so konterkarierte der Kampf der Individuen um den Erhalt der kleinbürgerlichen Lebenswelt die wohlgemeinten Bemühungen der Parteiidealisten, das sozialistische Bewußtsein der Bürger zu befördern.

Überdies hatten sich viele Altgenossen den Aufbau des Sozialismus anders vorgestellt, und zuweilen schien es so, daß die alten Parteisoldaten den Funktionären des Apparats lästig wurden, denn schließlich waren die zwei Seiten der Medaille, idealistischer Anspruch zum einen und die Erfordernisse des Regierens zum anderen, kaum miteinander zu vereinbaren. Möglich war dies nur durch die Etablierung eines gut ausgebauten Herrschaftssystems: Ein Heer von Spitzeln und Denunzianten hatte das Ohr am Volk und meldete den Verantwortlichen den Unmut der Bürger über die Unzulänglichkeiten des Gemeinwesens und die daraus folgende Verfestigung der kleinbürgerlichen Gewohnheiten: Eigenbrötelei, Individualismus, Ressortgeist und Gruppenegoismus. Abhilfe versprach man sich von einer umfassenden, das alte bürgerliche Bildungssystem ablösenden Bildungsreform, der Einführung der obligatorischen zehnklassigen, allgemeinbildenden polytechnischen Schule, der Reform des Hochschulwesens und der verstärkten Möglichkeit zur Höherqualifizierung auf dem zweiten Bildungsweg.

Aufstieg durch Bildung barg freilich die Gefahr individualistischen Hochmuts, und so stiftete Ulbricht die zehn Gebote der *Sozialistischen Moral*, zehn Richtlinien, die mit kanonischer Verbindlichkeit zu Leitpunkten des *allseits gebildeten sozialistischen Bürgers* der DDR erhoben wurden. Ein jedes Gebot begann mit dem kategorischen *Du sollst,* und so sollte der DDR-Bürger sich *stets für die internationale Solidarität der Arbeiterklasse einsetzen, eine unverbrüchliche Verbundenheit für die sozialistischen Länder zeigen, das Vaterland lieben, alle Kraft und Fähigkeiten für die Verteidigung der Arbeiter- und Bauernmacht einsetzen, gegen die Ausbeuter Front machen und gute Taten für den Sozialismus vollbringen, beim Aufbau des Sozialismus im Geiste gegenseitiger Hilfe und Kameradschaft mitwirken, das Kollektiv achten und Kritik beherzigen, das Volkseigentum schützen und mehren, nach Verbesserung der eigenen Leistung streben, Arbeitsdisziplin üben und die Kinder im Geiste des Sozialismus erziehen. Sauber sollte der DDR-Bürger sein, anständig leben und seine Familie achten und schließlich Solidarität mit den um ihre Freiheit kämpfenden Völker üben.*

Auch mit Geboten war die Verkleinbürgerlichung der DDR-Gesellschaft nicht zu verhindern, und selbst die Altgenossen mit proletarischer Herkunft waren nicht gegen kleinbürgerliche Tendenzen immunisiert. Allerdings war damit ein nicht vorhergesehener Prozeß der deutsch-deutschen Entfremdung eingeleitet, der sukzessive voranschritt und die Teilung verfestigte. Nicht die ideologischen Barrieren spalteten die Nation, sondern die unterschiedliche Entwicklung der beiden Kleinbürgerkulturen, denn kleinbürgerliche Gemeinschaften werden von gemeinschaftlichem Brauch und kollektiven Sitten zusammengehalten, Abweichungen davon trennen und wecken eine aggressive Abwehrhaltung. Dieses Phänomen erschwerte zunehmend die deutsch-deutschen Beziehungen und schien eine Wiedervereinigung unmöglich zu machen.

Wes ist des Deutschen Vaterland?

In Anbetracht des lästigen historischen Erbes hatten sich die Politiker bei der Staatsrepräsentation Bescheidenheit auferlegt und auf nationales Pathos verzichtet. Als im Jahre 1949 die verfassungsstiftende Versammlung im Bonner Museum König ihre verantwortungsvolle Arbeit beendet hatte, wollten die Damen und Herren nicht ohne ein Zeichen ihres patriotischen Hochgefühls auseinandergehen. Eine Nationalhymne war noch nicht bestimmt, und so erhoben sich die Landesvertreter spontan von ihren Sitzen und stimmten jenes Lied an, mit dem einst Schulfeiern beendet wurden: *Ich hab mich ergeben, mit Herz und mit Hand, mein deutsches Vaterland.*

Das deutsche Vaterland war viele lange Jahre eine bürgerliche Hoffnung geblieben, denn es sollte, wie Ernst Moritz Arndt einst gefordert hatte, *das einig Vaterland sein.* So sehr sich auch die Bonner Verfassungsstifter des bürgerlichen Aufbruchs des 19. Jahrhunderts verpflichtet sahen, ihr Gründungsakt spaltete erneut das Vaterland, eine Schmach, die durch das rechtliche Konstrukt gemildert sein sollte, daß sich die neue Bundesrepublik zumindest als Rechtsnachfolger des Deutschen Reiches betrachtete und überdies mit einer dem Grundgesetz vorausgeschickten Präambel dem deutschen Volk die Wiedervereinigung ans Herz legte. Doch mit dem fortschreitenden Vollzug der Teilung war des Deutschen Vaterland nur noch eine historische Reminiszenz, und zunehmend geriet die Präambel des Grundgesetzes in Vergessenheit.

Nach langen Diskussionen hatten sich auch die deutschen Bundesbürger eine Nationalhymne gegeben, jenes *Lied der Deutschen* von Hoffmann von Fallersleben, das Friedrich Ebert zur Nationalhymne der ersten Republik bestimmt hatte. Das *Deutschland, Deutschland über alles* der ersten Strophe hielt man freilich nicht mehr für angemessen, und so wurde lediglich die dritte Strophe zum Absingen empfohlen, jener Vers, der die Einheit und Freiheit des deutschen Vaterlands beschwor.

Auch die von Johannes R. Becher verfaßte DDR-Hymne ermahnte die Bürger, dem einigen deutschen Vaterland *zum guten zu dienen*, eine Verpflichtung, die Walter Ulbricht mit der Diskussion und der Verabschiedung des sogenannten *Nationalen Dokuments* 1962 erneuert wissen wollte. Die DDR-Führung hatte sich weniger schwer getan, ihren Bürgern ein Vaterland zu schenken, freilich ein sozialistisches und vor allem friedliebendes Vaterland, das es wieder wert war zu verteidigen, wenn möglich im Ehrenkleid der *Nationalen Volksarmee*, aber auch an den Produktions- und Ausbildungsstätten. In anrührenden Liedern besangen *Junge Pioniere* die Heimat: *Unsere Heimat, das sind nicht nur die Täler und Berge ...* Mit seinem *Nationalen Dokument* wollte Ulbricht an die Tradition der Arbeiterbewegung erinnern, die sich in ihrer langen Geschichte stets zur Einheit bekannt hatte, wobei er verschwieg, daß man einst im Reichstag gegen Bismarcks kleindeutsche Reichseinheit opponiert und Großdeutschland gefordert hatte.

Die Vaterlandsdebatte zum Beginn der 60er Jahre wurde vornehmlich von den DDR-Intellektuellen bestritten, die gehorsam der Parteilinie folgten. Wolfgang Langhoff, der große Schauspieler und Intendant des *Deutschen Theater* in Ostberlin, erklärte seinen Künstlerkollegen: *Dieses Dokument* (Das Nationale Dokument) *beweist uns und zeigt es uns, daß jede ideologische Grenzgängerei, jedes wandern zwischen zwei Welten endgültig vorbei ist. Und auf die Frage* »Was ist des Deutschen Vaterland?« *kann nur geantwortet werden: Jetzt hier, die Deutsche Demokratische Republik, ist des Deutschen Vaterland, denn sie ist auch die einzige Sachwalterin der deutschen Kultur und an eine Vereinigung kann erst dann wieder gedacht werden, wenn in Westdeutschland auch die eigenen und die fremden Fronvögte verjagt sein werden, dann erst kann auch jenes Wort wahr werden, von jenem einigen Volk von Brüdern, das wir sein wollen, wenn die Voraussetzungen in Westdeutschland geschaffen sein werden, das wir gemeinsam den Weg in den Sozialismus beschreiten können.*

Trotzdem, die Spitzel der Sicherheitsorgane hatten es festgestellt: Nicht alle DDR-Bürger betrachteten ihr Land als Vaterland. Eine Umfrage der Bezirksleitung Potsdam der SED ergab, daß 40 % der Befragten noch immer Gesamtdeutschland als Vaterland betrachteten. Vermutlich lag die Zahl der Patrioten sogar noch höher, denn selbst überzeugte Kommunisten mochten sich mit der Teilung nicht abfinden. Noch niemals in der Geschichte der deutschen Arbeiterbewegung hatte es einen Separatismus gegeben. Nur unter dem Druck der sowjetischen Besatzungsmacht hatten die deutschen Kommunisten sich mit der Abtretung der deutschen Ostgebiete an Polen abgefunden und nicht von ungefähr einen bürgerlichen Politiker den *Oder-Neiße-Friedensvertrag* unterzeichnen lassen.

In der Bundesrepublik tat man sich schwerer mit der Heimat und dem Vaterland. Auch dort gab es sogenannte *Vaterländische Kreise* und die in sogenannten *Landsmannschaften* organisierten Flüchtlinge und Vertriebenen aus dem Osten, die vor der Welt auf ihrem *Recht auf Heimat* beharrten. Alljährlich trafen sie sich anläßlich ihrer *Heimattage* in den westdeutschen Partnerstädten, beklagten den Verlust der Heimat, pflegten Volkstum und forderten die Rückkehr in ihr angestammtes Gebiet. *Auch drüben ist Deutschland* stand auf Schildern an der Grenze zum *kommunistischen Herrschaftsbereich* oder auch, den Blick weiter gen Osten gerichtet, *Dreigeteilt niemals!*, denn auch Königsberg und Breslau waren ja noch immer, höchstrichterlich bestätigt, deutsche Städte. Zum Erbe der Väter gehörte auch die Heimat, und so sammelte sich in der *Deutschen Jugend des Ostens* die erbberechtigte zweite Generation, Heimat pflegend und bündisch organisiert, unterstrichen die Mädels und Jungen den unverzichtbaren Anspruch auf den deutschen Osten. Sie wußten, wo Stettin, Danzig und Kattowitz auf der Landkarte zu finden waren, nahmen teil an den Veranstaltungen in den *Häusern des Deutschen Ostens,* wo greise Herren sich der Heimat erinnerten, Diapositive alter Stadtansichten auf die Leinwand warfen und den heutigen Zustand beklagten. Die übrige Jugend kannte sich da weniger aus, interessierte sich kaum dafür, daß drüben auch Deutschland sein sollte, drüben, das war der dunkle Osten, kommunistisch beherrscht und fern der eigenen Lebenswelt.

Es war keine Debatte über die Wiedervereinigung, die in der Bundesrepublik eine Vaterlandsdiskussion auslöste, sondern ein süddeutscher Schulskandal erregte die Gemüter und ließ einige Intellektuelle die Frage stellen, ob der Begriff Vaterland denn überhaupt noch zeitgemäß sei. In einem altehrwürdigen Gymnasium hatte ein Lehrer eine Wandaufschrift aus der Erbauungszeit der Lehranstalt entdeckt, die das Kaiserreich, die Weimarer Republik, das Dritte Reich überdauert hatte und nun zum Stein des Anstoßes geworden war: *Dulce et decorum est pro patria mori: Süß und ehrenvoll ist es, für das Vaterland zu sterben.*

Mit diesem Rückgriff auf die Antike hatte einst Klopstock seine Ode *Das neue Jahrhundert* schließen lassen, womit er nach Auffassung des Literaturkritikers Marcel Reich-Ranicki dem großen Heer deutscher Schreibtischtäter zuzurechnen wäre. Damit war wieder einmal das Dilemma der Intellektuellen offenkundig geworden, die zum einen den bürgerlichen Aufbruch gegen die Feudalherren priesen und die mit den großen Gestalten des deutschen Geistesaufbruchs ihre Bildung legitimierten, zum anderen aber jenen verhängnisvollen Strang der Bürgergeschichte negierten, der geradewegs zum Dritten Reich geführt hatte.

Entgangen war freilich dem populären, zeitgeistbefrachteten Literaturpapst das Anliegen Klopstocks und seiner bürgerlichen Zeitgenossen, sich von den schirmenden, aber auch bevormundenden Feudalherren zu lösen und, wie einst die Spießbürger in den Städten, wehrende Selbstverantwortung zu übernehmen. Klopstock hatte einen republikanischen Appell an die Bürger gerichtet, für ihren Besitz, ihre Freiheit eigenverantwortlich einzutreten und im Falle einer Bedrohung durch den Feind mannhaft zu den Waffen zu greifen. Der Väter Land galt es zu besitzen und folglich auch zu verteidigen, nicht nur gegen fremde, sondern auch gegen die eigenen Fronherren.

Nun hatte sich über die hehren demokratisch-republikanischen Traditionen der Schatten der Nationalsozialisten gelegt, und es mußte abermals deutsche Geschichte getilgt und neu geschrieben werden. Ehe der Malerquast die bürgerliche Freiheitsreminiszenz auslöschte, tobte es in den Medien, Politstiftungen und evangelische Akademien luden zu Disputationsrunden ein und animierten Gelehrte, Kirchenfürsten und Politiker, den Vaterlandsbegriff neu zu bestimmen. Fortan war die vaterländische Todessehnsucht zu verachten, weil vom Dritten Reich mißbraucht und überdies irrelevant, weil Deutschland-West unter dem Schutzschirm der GIs der 7. US-Army stand und die eigenen Streitkräfte weder der Verteidigung noch dem Angriff dienten, sondern lediglich abschrecken sollten.

Zwei feindliche deutsche Armeen standen sich gegenüber, freilich unter fremdem Oberbefehl, doch eingebunden in den Kalten Krieg, der sich bisweilen erhitzte und Zweifel an der Mär von der Abschreckung aufkommen ließ. Den Verantwortlichen in den Schaltzentralen der Macht war deutlich geworden, auf welch dünnem Boden der Frieden gründete, und es bedurfte größter Anstrengungen, den Bürgern das Gefühl der Sicherheit zu bewahren. Angesichts der Teilung war es für die deutschen Politiker in Ost und West nicht leicht, ihren Soldaten zu erklären, wofür sie unter Waffen standen. Zu diesem Zweck mußte die Geschichte abermals neu geschrieben und eine historische Legitimation gefunden werden.

Geschichtsideologen

Für Walter Ulbricht, der seiner Armee auf Geheiß der Russen eine preußisch-deutsche Tradition geschenkt hatte, war das geistige Rüstzeug für die *Friedenswacht* schnell gefunden. *In beiden deutschen Staaten*, so hatte er verkündet, *spricht man heute vom Erbe der Väter, aber die Konzernherren und Hitler-Generale meinen offensichtlich ein ganz anderes Erbe als die Arbeiter und Bauern und die fortschrittliche Intelligenz, für uns ist das Erbe der Väter, der Humanismus von Goethe, Marx, Liebknecht und Thälmann. Für Herrn Lübke, den Vertreter der westdeutschen Reaktion, ist das Erbe der Väter die Herrschaft irgendwelcher Karolingerkönige und die für zwei Weltkriege verantwortlichen Ostlandritter. Von den beiden Weltkriegen sagte Herr Lübke, sie hätten neben vielem Schlechten, aber auch gute Dinge bewirkt. Zu ihnen gehören ... der Größenwahn Wil-*

helm II. wie die Osterfahrungen eines General Heusingers. Die Staatsführung der DDR repräsentiert echte Liebe des Volkes zu seinem Vaterland, in dem Betriebe dem Volke gehören, in der die Bauernbefreiung zum Siege geführt wurde und in dem auch die Staatsmacht in den Händen des arbeitenden Volkes liegt.

Vom Vaterland mochte man hingegen in der Bundesrepublik nicht sprechen, der Freiheit hatte man sich hier verpflichtet und vor allem dem Antikommunismus. Um vor den Gefahren des modernen Antichristen zu warnen, rief der Jesuitenpater Johannes Leppich die Massen auf die Straßen und forderte zu einem geistigen Feldzug gegen den Bolschewismus auf. Sein Ordensbruder Pater Gustav Gundlach, Berater des Papstes, forderte sogar den Waffengang gegen die rote Pest und verlangte im Rahmen einer Tagung der katholischen Akademie in Würzburg *den totalen Atomkrieg gegen die Sowjetunion.* Bedenken, daß ein solcher Krieg das Ende der Menschheit bedeuten würde, zerstreute er mit dem Hinweis, *auch wenn die ganze Welt darüber zugrunde gehen müßte, ist kein Argument gegen den Atomkrieg, denn die Menschen tragen keine Verantwortung für das Ende der Welt. In diesem Fall könnten wir sagen, daß Gott der Herrscher selbst die Verantwortung übernehmen würde.*

Deutschland, das war einhellige Übereinkunft, hatte endlich aus seiner Geschichte Konsequenzen gezogen, indem es dem trotzigen und verhängnisvollen Satz *Viel Feind, viel Ehr* abgeschworen hatte und nun in einem starken Bündnis offensichtlich auf der richtigen Seite stand. Hitler, so erläuterte der Bundesverteidigungsminister Franz Josef Strauß den Abgeordneten des Bundestages, hätte den *Fehler gemacht, gleichzeitig einen Fall Blau, Gelb und Grün auszuarbeiten, heute kann die Bundesrepublik Deutschland ihre militärischen Pläne nur im Hinblick auf den Fall Rot ausrichten.*

Während die Verantwortlichen sich bisweilen schon als siegreiche Feldherren sahen, wagte die Öffentlichkeit und vor allem die jungen Soldaten der Bundeswehr an das Szenario des Schreckens nicht einmal zu denken. Die jungen Offiziere beruhigten die Ängste ihrer Mütter mit dem Argument, daß die Bundeswehr einen Ernstfall nicht zu befürchten habe, und sahen sich allenfalls von Beförderungsstopps bedroht. Spannungen entstanden zuweilen mit den älteren Vorgesetzten, die noch in der Wehrmacht gedient hatten, im Kasino sich der alten Zeiten erinnerten und noch wert auf den guten alten Soldatenbrauch legten. Die Altgedienten hatten die Bundeswehr begründet und im Verlauf des Aufbaus dem Bundespräsidenten ein wenig deutsche Militärtradition abgetrotzt und sogar der ursprünglich schmucklosen grauen Uniform einige bunte Effekte hinzufügen dürfen.

Den Wehrpflichtigen waren Tradition und militärische Brauchtumspflege weitgehend gleichgültig, der Zwangsdienst beim *Bund* war ihnen lästige Pflicht und wurde mit einem überreichlichen Biergenuß erträglich gemacht. Zum Wochenende befand sich die Armee im Kurzurlaub, dann blieb das häßliche Ehrenkleid im Spind und ein kurzes Zivilleben wurde bei Mutter und Freundin genossen. Schule der Nation sollte die Streitmacht nicht sein, argwöhnisch von der Linken beobachtet, war es Aufgabe der Verteidigungsminister, die Armee aus der öffentlichen Diskussion herauszuhalten und dem grundsätzlich militärfeindlichen Kleinbürgertum eine bürgerliche Bundeswehr zu präsentieren, die im Gegensatz zur Vergangenheit nicht mehr eine Domäne des Adels und der konservativen Kreise sein sollte, sondern als Bürgerarmee unter der Kontrolle des Parlaments dem Primat der Politik unterlag. Einem Stab alter Wehrmachtsoffiziere war überdies aufgetragen, in diesem Sinne der Armee ein neues Selbstverständnis zu geben, Direktiven für den Status der Soldaten zu erarbeiten und dafür Sorge zu tragen, daß sich die Bundeswehr nicht zu einem Staat im Staate entwickeln und jeglicher Kastengeist von Anbeginn inhibiert sein würde.

Die Herren sahen sich zuweilen in den Fußstapfen der großen Heeresreformer, die seit dem Beginn des 19. Jahrhunderts, ihrer Zeit weit voraus, bereits das Fundament einer modernen Armee geschaffen und zumindest theoretisch der Volksarmee Gestalt verliehen hatten. Theoretisch, weil die Erfordernisse des militärischen Alltags und nicht zuletzt die subalternen Machtgelüste niederer Chargen bisweilen die Achtung vor der Würde des Menschen außer acht ließen. Die neudeutschen Reformer hatten unter dem Begriff *Innere Führung* den Befehlsgewaltigen Mäßigung bei der militärischen Ausbildung verordnet und auf die Rechte des *Staatsbürgers in Uniform* verwiesen, doch nach wie vor sah sich der einfache Soldat in seinen bürgerlichen Rechten eingeschränkt und tat gut daran, nicht den Zorn seiner Vorgesetzten herauszufordern. Nicht anders erging es den Leidensgefährten in der *Nationalen Volksarmee* der DDR, denen überdies noch der mühevolle Drill der preußisch-deutschen Militärtradition abverlangt wurde und deren Militärkarriere zudem Auswirkungen auf die berufliche Entwicklung hatte.

Als die Redakteure einer westdeutschen Jugendsendung das weltanschauliche Rüstzeug der Bundeswehrsoldaten zum Gegenstand eines Rundfunkfeatures machten, wurde eine erstaunliche Parallelität zur DDR deutlich, die von ihren Soldaten von Anbeginn die Verteidigung des gesellschaftlichen Systems verlangt hatte. Als die bundesrepublikanischen Journalisten einem jungen Offizier die Frage stellten, was ihm das Vaterland bedeuten würde *und ob es nicht überhaupt heute unmöglich wäre, bei soviel falsch verstandener und mißbrauchter Tradition noch vom Vaterland zu sprechen,* antwortete der Proband: *Ich bin 27 und Oberleutnant bei den Panzergrenadieren.*

Journalist: *Wird bei ihnen über das Vaterland diskutiert?*

Offizier: *Ja wenn sie mich fragen, ich muß sagen ja, es wird zu Hause diskutiert und es wird auch diskutiert bei uns in den Leutnantskreisen, wir diskutieren es mit unseren Fähnrichen, nicht im Dienst unbedingt, sondern teilweise auch außer Dienst, immer wenn wir durch irgendwelche politische Ereignisse oder so mit diesem Begriff Vaterland in Berührung kommen. Für mich ist Deutschland mein Vaterland und zwar deshalb, weil ich in dem gesamten Deutschland meine geschichtliche Heimat sehe, in diesem territorial begrenzten Gebiet hat sich, haben meine Väter, meine Vorfahren gelebt, haben dort Geschichte, Kultur entwickelt, daher ist also das gesamte Deutschland mein Vaterland.*

Damit hatte der junge Mann zunächst seine adelige Wurzel geoutet und Landes- und Familiengeschichte miteinander verschmolzen, eine nicht mehr zeitgemäße Einstellung, lediglich auf die Vergangenheit bezogen und so fuhr er fort: *die Bundesrepublik betrachte ich insofern als mein Vaterland, als in ihr eine gesellschaftliche Lebensform durchgeführt wird, die mir zusagt, die in den jetzigen Ostgebieten nicht durchgeführt wird. So muß ich also in etwa den Vaterlandsbegriff zweiteilen in meiner Auffassung.*

Journalist: *Ja, wenn es gilt das Vaterland zu verteidigen, was verteidigen sie dann?* Offizier: *Dann verteidige ich die Lebensform, wie sie hier bei uns in Westdeutschland gehandhabt wird*

Journalist: *Dann sehen sie den Begriff Vaterland nicht unbedingt räumlich?*

Offizier: *Nein, ich kann ihn nach Westen hin ausdehnen, weil auch in den westeuropäischen Ländern die Lebensform geführt wird, wie bei uns und dort auch so verteidigt wird wie bei uns.*

Die meinungsbildenden Redakteure zeigten sich über diesen neuen, der deutschen Gegenwartspolitik angepaßten Vaterlandsbegriff befriedigt. In Deutschland Ost und Deutschland West war damit wieder einmal Geschichte getilgt, diesmal die eigene historische Legitimation der beiden deutschen Provisorien, die nach zwanzigjähriger Teilung den Symbolgehalt ihrer Staatsinsignien löschen mußten. Die Befragung weiterer Jugendlicher, zum Beispiel die im *Ring politischer Jugend* zusammengeschlossenen Mitglieder parteipolitisch gebundener Jugendorganisationen bestätigte eine erfolgreiche Jugendarbeit. *Wird das in der Vergangenheit so oft strapazierte Wort Vaterland mit einem neuen Inhalt zu füllen sein?*, fragten die Herren vom Rundfunk. Der Vertreter der Jungsozialisten konnte dem nur zustimmen: *Gerade im Hinblick auf die Entwicklung des Vereinten Europa, wo im Rahmen der freiheitlichen und demokratischen Länder, dieser Begriff Vaterland immer mehr verschwindet und es immer stärker zu einem einheitlichen Etwas wird, da gibt es also eine Reihe von Vaterländern.*

Redakteur: *Ja geben sie also dem Vaterland keine großen Chancen mehr?* Jugendlicher: *Nein*

Der Vertreter der mehr konservativen Regierungspartei mochte nicht unbedingt vom Vaterland Abschied nehmen und bekannte: *Zwar ist richtig, daß der Begriff Vaterland sehr belastet ist durch die Vergangenheit, ich würde aber meinen, daß, weil ich es für notwendig halte, um wieder zu einem solchen Begriff zu kommen und einen solchen Begriff Vaterland wieder mit einem neuen Inhalt zu versehen, es durchaus notwendig ist, die sogenannte Vergangenheit zu bewältigen.*

Der Politjüngling hatte das rechte Wort gefunden, *die sogenannte Vergangenheit,* im bundesrepublikanischen Sprachgebrauch bedeutete *sogenannt* recht eigentlich *nicht vorhanden,* wie zum Beispiel die DDR, die als *sogenannte DDR* zwar existierte, aber für die Westdeutschen als nicht vorhanden galt. So war auch die Vergangenheit gestrichen.

Zusammenfassend stellten die Journalisten fest, daß unter den Jugendlichen keine Vaterlandsliebe mehr zu entdecken war. *Die Meinungen meiner jungen Gesprächspartner lassen sich in drei Gruppen einteilen,* moderierte der Chefredakteur Dethard Fissen mit Genugtuung, *jene die das Vaterland ablehnen, weil ihrer Meinung der Begriff aufgehört hat zu existieren, eine zweite Gruppe sieht das Vaterland in der Zukunft in einem vereinten Europa und eine dritte Gruppe definiert das zukünftige Vaterland als sittliche Lebensform.*

Nicht ohne Grund hatten es die Jugendrundfunker unterlassen, Jugendliche in den europäischen Nachbarländern nach ihrem Vaterlandsbegriff zu befragen, es hätte die jungen Leute möglicherweise irritiert, daß jenseits der deutschen Grenzen noch immer Traditionalismus und vermottete nationalistische Vorstellungen herrschten. Durch den Bruch mit der Vergangenheit und das Abschütteln der lästigen Fesseln der Geschichte betrachteten sich die Deutschen als Vorreiter und Musterknaben der europäischen Einigung. Doch die Ausdehnung des Vaterlandsbegriffs auf das europäische Ausland erweckte auch Mißtrauen bei jenen, die sich an den demokratisch-republikanischen Strang der deutschen Geschichte erinnerten.

Am neuen, geläuterten deutschen Wesen sollte wieder einmal die Welt genesen: *Die Deutschen,* so klagte der damalige italienische Botschafter, *betrachten sich stets als Monade des Guten – und zuweilen auch des Schlechten – sowieso als etwas Besonderes. Es ist kein Zufall, daß die Idee des »Sonderwegs« in Deutschland entstanden ist. Immer messen sie die anderen am deutschen Metrum und am deutschen Beispiel.* Für Botschafter Ferraris barg der *verrostete Zugang der Deutschen zu ihrer Geschichte* beunruhigende Gefahren, denn nicht zum ersten Mal legitimierten die Deutschen mit genotzüchtigter Geschichte ihren Herrschaftsanspruch. Der *verrostete Zugang zur Geschichte* hatte freilich Gründe, die leichthin mit dem Unrechtsystem der Nationalsozialisten erklärt wurden. Daß der Nationalsozialismus seine Wurzeln im demokratischen Aufbruch des deutschen Bürgertums hatte, machte die vom jungen Parteifunktionär als *sogenannte Vergangenheit* postulierte Geschichte so schwierig, und so zog man es eben vor, nach Möglichkeit die deutsche Geschichte mit dem Jahre Null, mit der totalen Kapitulation des Deutschen Reiches beginnen zu lassen.

Dabei hatte es großer Anstrengungen des gemeinen Volkes bedurft, am Vaterland partizipieren zu dürfen, denn nur die landsitzenden Feudalherren und hernach auch die feldbestellenden Bauern durften sich des Vaterlands rühmen, nur *der bebauende acker, der vom Vater besessene acker, das land worin mein Vater lebte, welches angehöriger ich mich betrachte,* war der Väter Land, klagten noch die Gebrüder Grimm. Das Privileg, feindliche Bedrohungen abzuwehren, hatte der Grundherr: *der mit redlichem Gewissen/für Gott und für das Vaterland / für Gott, der ihm es läßt genießen / Zu fechten geht mit strenger Hand* dichtete einst Martin Opitz. Für die unprivilegierte Mehrheit war das Vaterland in die himmlischen Gefilde verwiesen, nämlich ins jenseitige Vaterland Gottes, *der unsere Seele führet/ hin in das Vaterland / da er an Gottes Hand / sitzt, herr-*

schet und regieret. Dem Kleinbürger war erst mit dem Erwerb eines Grundstücks ein Vaterland gegeben, in der Vaterstadt, die ihn zu den *patriota* rechnete, wenn er mit dem Spieß bewaffnet, sich an der Verteidigung des Gemeinwesens beteiligen durfte. An dieses bürgerliche Privileg hatten Klopstock und Zelter erinnern wollen, als sie dieses Recht auf Vaterland auf das ganze bürgerlich selbstbestimmte Deutschland ausgedehnt wissen wollten. Dem widersetzten sich die Fürsten, und auch Goethe versuchte, seinem Freund Zelter so weitreichende Forderungen auszureden: *auch er (Zelter) steckt in dem seichten Dilettantismus der Zeit, der in altertümelei und vaterländelei einen falschen Grund, in frömmelei ein schwächendes Element findet ...*

Dem Verbraucher-Bundesbürger blieb es selbst überlassen, wie er es mit dem Vaterland hielt und ob es ihn nach historischer Wurzel gelüstete. Für den modernen Zeitgeist bedurfte es des Vaterlandes nicht, vom Staat verlangte man Wohlstand und soziale Fürsorge und darüber hinaus Sicherheit und Ordnung.

Für den Standort der Nachkriegsgeneration war vor allem die Familie prägend, die Großeltern, sie hatten das Kaiserreich erlebt und ihre historischen Reminiszenzen entsprachen ihrer Herkunft, die Eltern, mehrheitlich während der NS-Zeit Mitläufer, die *nicht alles falsch fanden,* doch vom *Krieg die Nase voll hatten und nichts mehr davon wissen wollten,* andere sahen sich *der schönsten Jahre ihres Lebens beraubt,* enervierend aber auch die Heldenväter, die ständig im Familienkreis sich ihrer Kriegsverdienste rühmten und dem männlichen Nachwuchs wünschten, daß auch ihnen einmal *die Hammelbeine lang gezogen würden,* so wie es bei ihnen der Fähnleinführer oder der Spieß zu ihrem Guten einst getan hatten

In den Bildungsbürgerfamilien war es Brauch, die braunen Jahre mit verbalen, kollektiven *mea culpa*-Bekenntnissen zu bejammern und nach Möglichkeit einen scheinheiligen Philosemitismus zu pflegen, scheinheilig, weil die Karriere zumeist im Dritten Reich begonnen hatte und wohl kaum so erfolgreich verlaufen wäre, wenn man nicht schon damals *mit der Zeit gegangen wäre,* so wie man nun wieder *mit der Zeit ging,* nachplapperte was die Medien vorgaben.

Mit der von den individuellen oder ständischen Begehrlichkeiten geleiteten Wahlentscheidung waren die staatsbürgerlichen Pflichten erschöpft, der Wahltag galt als Bekenntnis zur Demokratie, und mit Genugtuung konnten die Schöpfer der Bundesrepublik Deutschland feststellen, daß die Deutschen mehrheitlich den großen Volksparteien ihre Stimme gaben und damit vor der Welt das Bekenntnis ablegten, daß sie dem nationalistischen, antidemokratischen Denken abgeschworen hatten.

Mit dieser Bundesrepublik Deutschland, aus dem Schaum des kalten Krieges geboren, bin ich aufgewachsen, schrieb Wolf-Dieter Narr, Jahrgang 1937. *Ich gehöre ihr an als ihr Bürger. Ohne diese BRD wäre ich anders geworden. Sie hat mich geprägt. Zugleich war für mich die Bundesrepublik, seitdem ich über meine Gedanken nachzudenken gelernt habe, immer eine Art hypothetisches Gebilde, ein Staat auf Abruf. Kaum im Sinne des in der Präambel des Grundgesetzes niedergelegten und 1973 vom Bundesverfassungsgericht fälschlicher und quasilegislatorische Befugnisse annehmender Weise zum Schlußstein der Verfassung erhobenen Wiedervereinigungsgebots. Denn als Wende gegen den Nationalstaat, jedenfalls in deutscher Begründung, habe ich Anfang der 5oer Jahre die West- und Europapolitik der Adenauer-Regierung verstanden und enthusiastisch unterstützt ... Hypothetisch erschien mir die BRD wegen der Vorbehalte, die ich aus ihrer Nachfolgeschaft, aus ihrer Kontinuität und Diskontinuität zum nationalsozialistischen Deutschland ergeben. Auf Grund dieser Vorbehalte, in Fragen, in Anforderungen übersetzt, entstand eine nie überwundene, eine nie zu überwindende gewünschte Distanz. Darum begreife ich bis heute nur auf sozialpsychologischen Umwegen, daß die meisten meiner Zeitgenossen geradezu hundertprozentige Bundesrepublikaner und Bundesrepublikanerinnen geworden zu sein scheinen, auch wenn sie hier oder dort das Taschenmesser ihrer Kritik zücken*

Für die junge, von den Verbrechen der Nationalsozialisten unbelastete Generation wurde das Erbe der Väter besonders schmerzlich empfunden, wenn sie die Freiheit des Reisens genießen wollten und im Ausland mit den Untaten der Elterngeneration konfrontiert wurden. So sehr sie auch bemüht waren, weltoffen-modern zu erscheinen und möglichst das Deutschsein zu verleugnen, fremde Gastgebersitten zu übernehmen und sich verständnisvoll für fremde Sitten zu zeigen, zuweilen brach dann doch das deutsche Wesen hervor, zum Beispiel, wenn Minderwertigkeitsgefühle als peinliche Begleiterscheinung dieser Geschichtslosigkeit offenkundig wurden und die deutschen Gäste gegenüber den Gastgebern sich als Musterknaben darboten, die Nationalgefühl und Patriotismus überwunden hatten. *Ich habe im Ausland immer versucht das Bild des typischen Deutschen zu unterlaufen von dem ich glaubte, die Einheimischen würden es von mir haben,* berichtete Walter Satzinger, der in Frankreich studiert hatte. *Ich gab mich sehr freundlichpersönlich (und war vielleicht doch nur jovial), vermied herrisches Gehabe trat, betont bescheiden auf (und wirkte vielleicht anbiedernd) verzichtete auf äußere Korrektheit, kleidete mich lässig (und mag gerade dadurch den Eindruck des Blasierten gemacht haben). Mit anderen Worten: Ich wollte alles andere, denn wie ein Deutscher wirken und verhielt mich geradewegs so, wie es typisch ist für viele Deutsche meiner Generation: Oft spürte ich darin auch meine Herkunft: daß ich ungeduldig wurde, wenn nichts voranging, unwillig wegen der Unpünktlichkeit der anderen, ungehalten über die Ungeschicklichkeiten, Ausflüchte, über ihren Mangel an Ernst, Akkuratesse und Engagement – stereotypisch deutsch also auch ich?*

So sehr sich auch die Bundesbürger bemühten, sie blieben deutsch. Ja mehr noch, die größeren Freiheiten, die ihnen gewährt wurden, der Verlust des Vorbilds der alten Elite oder der zwingenden Knute eines Diktators, ließen das deutsche Wesen in seiner jammervollen kleinbürgerlichen Form noch stärker hervortreten als je zuvor.

Machtwechsel

Ulbrichts Triumph, Adenauer politisch überlebt zu haben, währte nicht lange, auch er hatte sich wie der westdeutsche Kanzler in den Fangstricken der eingeschränkten Rechte eines deutschen Politikers verheddert. Vielleicht war es seinem Alter geschuldet, daß er sich sogar einiger Beliebtheit erfreute, möglich aber auch, daß sein Ordnungssinn honoriert wurde. Seine Besorgnis einer Verwestlichung der Jugend teilte er mit den Westkollegen und seinen Ordnungsbürgern in der DDR.

Mehrheitlich wurde die Aversion Ulbrichts gegen die Negermusik des Westens, Jeans und Petticoats geteilt. Manch brave Eltern teilten die Sorge der Staatsorgane, daß Rock und Jazz einen ungünstigen Einfluß auf die Erziehung ausübten und billigten es, daß die Staatssicherheit eingriff, wenn zum Beispiel Jugendliche ihre Idole im Westen um Autogrammkarten anschrieben. Die Ruhe- und Ordnungsbürger verargten ihrem Staat auch nicht die Einrichtung von Arbeitslagern für Asoziale und Rowdys, war doch altem Brauch entsprechend, harte

Arbeit das beste Korrektionsmittel, und so zeigten sich auch viele Westbürger von dieser DDR-Errungenschaft, die sie auch in der Bundesrepublik gern gesehen hätten, angetan. Dank der *Firma* war zumindest ein deutscher Traum in der DDR verwirklicht, es herrschte Ruhe und Ordnung, und so war ein Wort stets aus dem Munde der Bürokraten, Rechtspfleger und Sicherheitswahrer zu hören: *ordnungsgemäß* – ordnungsgemäße Dokumente, ein ordnungsgemäßes Leben und schließlich eine ordnungsgemäße Gesinnung waren die Voraussetzung des ordnungsgemäßen gesellschaftlichen Lebens.

Wenn Politiker des Westens oder des Osten regelmäßig zu ihren Führungsmächten fuhren, bedeutete dies eine überprüfende Ausrichtung der Vasallentreue und zuweilen auch den Beginn eines neuen Kurses oder Machtwechsels. Mit einem Schreiben an den *Teuren Genossen Breschnew* hatten Mitglieder des Politbüros dem mächtigen Mann die offensichtlichen Wiedervereinigunsgelüste und andere Unarten Walter Ulbrichts gepetzt und um ein Ende der Ulbricht-Macht gebeten, *weil sein schwieriger Charakter nicht mehr hinzunehmen wäre, er sich unfehlbar fühlte und völlig sinnlose Pläne verfolge, die sogar über das Jahr 2000 reichen sollten. In völliger Selbstüberschätzung maße er sich eine schöpferische Weiterentwicklung des Marxismus-Leninismus an und verfolge gegenüber der DDR eine persönliche Linie.* Erlösung kam im April 1971, als Breschnew dem *werten Genossen Ulbricht* nahelegte, sein hohes Parteiamt niederzulegen. Ohne Widerworte und mit tiefverinnerlichtem Parteigehorsam willigte Ulbricht unverzüglich ein. Es war eine Entlassung erster Klasse, denn Ulbricht blieb Staatsratvorsitzender und Mitglied des Politbüros. Der so Geehrte zeigte sich dankbar, doch seine Ehefrau Lotte war tief gekränkt, so beleidigt, daß sie beim Breschnew-Besuch in Berlin anläßlich eines Staatsakts ihre beiden Hände in einen Verband hüllte, um dem Sowjetführer nicht Beifall zollen zu müssen Gemäß dem Willen der Sowjetunion hatte man dem DDR-Staatsgründer noch einige Einflußmöglichkeiten belassen, die dieser auch zu nutzen verstand, als Landesvater und vor allem als Mitglied des Politbüros. Für seinen intriganten Nachfolger Erich Honecker war das ein unerträglicher Zustand, den er freilich ohne sowjetische Billigung nicht zu ändern vermochte, und so entschloß er sich, seinem greisen Widersacher mit fürsorglicher Liebe zu begegnen, ihm auf Grund seiner gesundheitlichen Schwächen Ruhe und Schonung angedeihen zu lassen, aus Sorge um das Wohlergehen des Parteiveteranen seine Amtsgeschäfte einzuschränken und öffentliche Auftritte zu verhindern. Die Taktik hatte Erfolg, Walter Ulbricht schwand sukzessive aus dem Bewußtsein der Öffentlichkeit, seine Aufgaben übernahm weitgehend der neue Mann der DDR, Erich Honecker.

Auch in Westdeutschland hatte die amerikanische Führungsmacht einen Machtwechsel eingeleitet, der neue Mann hieß Willy Brandt, der zunächst mit einigen Schwierigkeiten konfrontiert wurde. *Echt und recht uth ein ehelichen ehebedde geboren,* lautete das mittelalterliche Gebot, um in den Kleinbürgerstand aufgenommen zu werden. Bis weit in das 20. Jahrhundert hatte sich das alte Recht erhalten, nachdem *Unzuchtsbrüche,* Kinder unehelicher Geburt, gegenüber den *echt un recht geborenen* benachteiligt wurden. Im Wahlkampf hatten Dunkelmänner nicht unerwähnt gelassen, daß Willy Brandt das Kind einer unverheirateten Verkäuferin sei.

Die Spießerkampagne fruchtete nicht, vielleicht hatte der Volksaufklärer Oswald Kolle dazu beigetragen, die außereheliche Liebeslust nicht mehr unter dem Aspekt des immer noch geltenden Unzuchtsparagraphen des Strafgesetzbuches zu betrachten. Vor allem aber hatte die SPD sich den amerikanischen Wahlkampf zum Vorbild genommen und dem Wähler Willy Brandt als neue Lichtgestalt offeriert und ihn zu einem deutschen Kennedy stilisieren lassen. Brandt hatte sich den charismatischen amerikanischen Präsidenten nicht nur als politisches Vorbild erkoren, als die Präsidentengattin der amerikanischen Öffentlichkeit ein Kind gebar, hatte sich die Beliebtheit der Kennedys noch einmal gesteigert, und so bemühte auch Willy Brandt noch einmal seine Gattin und schenkte der Nation einen Knaben.

Als Kanzler erfreute sich Brandt zunehmender Beliebtheit, doch weniger in seiner Partei, die ihre Führer noch immer an der kargen Kleinbürgertradition gemessen sehen wollte, etwa wie sie die graue Eminenz der SPD, Herbert Wehner, verkörperte. Stets alteriert und schlecht gelaunt mußte ein deutscher Arbeiterführer aussehen, denn schließlich befand man sich in einem unaufhaltsamen Kampf um soziale Gerechtigkeit, gegen Ausbeutertum und Reaktion.

Willy Brandt hatte in jugendlichem Alter seine Heimatstadt todesbedroht verlassen müssen, er war der kleinbürgerlichen Lebenswelt Lübecks entflohen und war fern seines angestammten Milieus in Norwegen von einer anderen Lebenswelt geprägt worden. Die deutsche Enge und Kleinkariertheit hatte er kaum kennengelernt, und so fiel es ihm schwer, sich den muffigen Parteinormen anzupassen. Bereits in Berlin war er den ausländischen Diplomaten aufgefallen, weil er sich von seinen stieseligen ungewandten Genossen abhob und als Bürgermeister eine liebenswürdige und gewinnend-diplomatische Konversation zu führen vermochte, was zu dem Gerücht führte, seine Mutter wäre als Dienstmagd von einem ostelbischen Junker geschwängert worden. Die spießigen Genossen sahen dies freilich anders und deuteten seinen aristokratischen, sinnenfrohen Lebenswandel als Belastung, gaben ihm den Spitznamen Willy Weinbrand und kolportierten seine Lust am schönen Geschlecht. Auch als Bundeskanzler gab er Grund zur Klage, aufmerksame Genossen notierten sittliche Verfehlungen, die unverzüglich dem Parteionkel Wehner zugetragen wurden, der zunächst schweigend die Vorwürfe zur Kenntnis nahm, um sie, wenn vonnöten, zu nutzen. Als Herbert Wehner den Sturz Brandts beschlossen hatte, wurde der Öffentlichkeit der Rücktritt mit einer Agentenstory erklärt, der Auslandsdienst des Ministeriums für Staatssicherheit der DDR hatte in die nächste Umgebung des Kanzlers einen Spion eingeschleust, der zwar enttarnt, aber vom deutschen Dienst aus dubiosen Gründen nicht unschädlich gemacht worden war.

Größeres Interesse zeigten die westdeutschen Geheimdienstleute für das Privatleben Brandts, und so rankten sich bald wilde Gerüchte um Vorgänge im Sonderzug des Kanzlers. Ausführliche Befragungen der Sicherheitskräfte ergaben, daß der Kanzler sich von Damen begleiten ließ und eine von ihm bevorzugte Journalistin sogar ein Collier liegengelassen hatte. Ein zurückgelassenes Schmuckstück einer jungen Frau, daran vermochten sich Männerphantasien zu erlaben, und so wurde Wehner dies vom Geheimdienstchef vorgetragen, aus Staatsschutzinteressen freilich, denn so las man es in spannenden Politthrillern oder sah es in Agentenfilmen, das Feld der Spionage ist für Agentinnen das Liebeslager. Aufatmen ging durch die Partei, als Brandt zurücktrat, und nur wenigen Genossen standen Tränen der Wut und Enttäuschung in den Augen, als der Königsmörder Wehner seine heuchlerische Abschiedsrede hielt.

Posthum feierte man den Gestürzten als großen Staatsmann und *Architekten der neuen Ostpolitik*. Für die Opposition und die Heimatvertriebenen war er *Landesverräter* und Verzichtspolitiker, der deutsche Erde preisgegeben hatte. Mit seiner Reise nach Erfurt wurde er zum Hoffnungsträger der Ostdeutschen, der Jubel und Willy-Brandt-Rufe ließen erahnen, daß die DDR-Bürger sich mit der Teilung nicht abgefunden hatten. Die Jahre seiner Kanzlerschaft hatten aber auch gezeigt, daß der deutsche Spießbürger auf Sitte und Brauch hält und letzten Endes abweichendes Verhalten nicht duldet.

In Ost und West wurde der Grundlagenvertrag widersprüchlich aufgenommen, als *ersten Schritt zur* Normalisierung wurde er gewertet, und in der Tat bis zur Normalisierung waren noch viele Schritte zu machen, denn unberührt vom Vertrag war die Grenze, an der auch weiterhin geschossen wurde. Die große Mehrheit hatte sich an die blutige Realität der Maueropfer gewöhnt, man hatte die Teilung weitgehend akzeptiert, zunehmend wurde die DDR Ausland, das war ein anderer Staat, der ja schließlich machen konnte, was er wollte, und im übrigen, gottseisgeklagt, gab es ja viele menschenrechtsverachtende Staaten auf der Welt. Die evidente Ähnlichkeit der deutschen Grenzanlagen mit ihren beleuchteten Stacheldrahtsperren, Wachttürmen, Scheinwerfern, Todesstreifen, Selbstschußanlagen und Betonhindernissen mit den nationalsozialistischen Lagern wurden kaum wahrgenommen.

Ideal und Leben

Die deutsch-deutsche Gemeinsamkeit der NS-Geschichte hatten die Bundesbürger mit dem schrecklichen Wort *Wiedergutmachung* hinter sich gelassen. Mit DM-Zahlungen an die Opfer und an den jungen israelischen Staat schien das Unrecht getilgt. Mit Unmut sahen sich die Westdeutschen allerdings seit 1962 abermals mit den Schatten der Vergangenheit konfrontiert, als deutsche Richter über die Untaten im Vernichtungslager Auschwitz zu richten hatten. Das geringe Strafmaß und etliche Freisprüche bestärkten die Öffentlichkeit in ihrer Ahnung, daß es wohl doch nicht so schlimm gewesen sein konnte. Doch insbesondere die studentische Jugend beobachtete die sich lang hinziehenden Prozesse kritisch und mit Argwohn und versuchte, mit insistierenden Fragen von der Elterngeneration zu erfahren, wie es denn wirklich zu den Verbrechen hatte kommen können.

Bislang hatte man stets von den Untaten der Nazis gesprochen, einer Minderheit, die eine brave Mehrheit beherrscht, ein bißchen verführt und manchmal auch gezwungen hatte, Böses zu tun. So jedenfalls hatten sich die Angeklagten, einfache biedere Bürger, im Auschwitzprozeß verteidigt und dabei Worte der Begründung des Unrechts gefunden, wie sie auch die Eltern und Lehrer zuweilen im

Munde führten. Die junge Nachkriegsgeneration war hellhörig geworden angesichts des in der Geschichte einzigartigen Völkermordes, der nun ungeachtet der milden Urteile, so offenkundig wurde, daß erstmals die Täter gezwungen waren, vor deutschen Richtern zu bekennen, und sie überdies deutlich machten, daß Hitler und seine Nationalsozialisten viele Helfer hatten. Jugendliche Neugier war es, endlich auch im persönlichen Umfeld den ganz gewöhnlichen Unrechtsalltag der jüngsten Vergangenheit aufzudecken und sich jenen zuzuwenden, die in der Zeit der Gewaltherrschaft Widerstand geleistet hatten. Es waren dies nicht selten jene Linken, die halbblind die stalinistischen Verbrechen übersehen hatten und deren unkritische Haltung zum Stalinismus sie nicht befähigte, die Wurzeln der großen Tragödien des 20. Jahrhunderts zu erkennen.

Weltbeglückende Ideologien schließen Moral aus, wenn auf dem Weg zum Menschenglück das Recht reklamiert wird, mit einer Gewaltherrschaft die heilsbringende Revolution zu vollenden. Die Vernichtung der *Volksschädlinge* als philanthropische Tat mit intellektueller Distanz als Folge einer Revolution hinzunehmen, weil die ermordeten Opfer den ideologischen Standort nicht in Frage stellen dürfen, heißt in Wahrheit das Morden zu billigen. In der deutschen Ideologiegeschichte steckt die Wurzel dieser teutonischen Amoralität, die zutiefst unmoralische Seite des Weltanschauungsdeutschen manifestierte sich in der Erbsenzählerei der linken und rechten Ideologen, die nun die Opfer ihrer Gewaltherrschaft gegeneinander aufrechneten und sich unfähig zeigten, um diese Opfer zu trauern. Nicht einmal die historische Forschung vermochte, an die Wurzeln des deutschen Unheils zu gelangen, und focht stattdessen einen ideologiebefrachteten Historikerstreit aus, ohne zu klären, wie das Unfaßbare geschehen konnte. Wohlorganisiert hatte die nationalsozialistische Tötungsmaschinerie funktioniert und generalstabsmäßig war die *Endlösung* ausgeführt worden. Unfaßbar schien zu sein, wie in den deformierten Hirnen der Tötungswahn reifen konnte und wie sich so viele willige Vollstrecker fanden.

Die Opfer der NS-Gewaltherrschaft hatten in deutschen Konzentrationslagern gelitten, waren in deutschen Gaskammern gestorben und von deutschen Folterknechten geschunden worden, doch die Täter, Mitläufer und Volksgenossen gaben vor, von allem nichts gewußt zu haben, und lasteten die Untaten *den Nationalsozialisten* an, so als wären diese eine fremde Macht gewesen, die wie ein Ungewitter über Deutschland hereingebrochen war. Wer aber wollte bestreiten, daß die europäischen Massengesellschaften mit ihrer Vorliebe zum Suffix, den die Weitsicht einschränkenden, alleinseligmachenden *Ismen,* im Namen des Kommunismus, Kapitalismus, Sozialismus, Faschismus und Nationalsozialismus den Völkern grauenvolle Blutopfer abverlangt hatten und es in Europa viele ideologiemotivierte Mörder gab, die ihre Verbrechen mit den Untaten der Anderen zu begründen versuchten. Doch die tiefe Amoralität der Deutschen erreichte ihren Höhepunkt, als marxistische Historiker die stalinistischen Verbrechen mit der Einzigkeit von Auschwitz zu tilgen suchten. Wieder einmal offenbarten Intellektuelle, daß tiefinnerlich in der deutschen Seele verborgen, ein bösartiges Wesen weste und waberte, das in stetem Hader mit den indizierten Idealen der Ideologiestifter rang, die als Voraussetzung ihrer menschheitsbeglückenden Visionen die Liquidierung der Feinde ihrer unumstößlichen Wahrheit forderten.

Mit Entsetzen hatte bereits Friedrich von Spee diese böse Seite der Deutschen konstatiert, als er die grauenvollen, christlich legitimierten Hexenverbrennungen im Deutschland der frühen Neuzeit zu erklären versuchte. In seinem Gedicht *Ideal und Leben* hatte Schiller diese deutsche Verlogenheit idealisiert und zur Tugend erhoben. Dieser ewige Zwiespalt zwischen Schein und Wirklichkeit wurde während der Auschwitz-Prozesse abermals deutlich und veranlaßte die Psychoanalytiker Alexander und Margarethe Mitscherlich der Frage nachzugehen, wie es geschehen konnte, daß sich die Deutschen offensichtlich ihrer Verantwortung für die Geschehnisse im Dritten Reich entzogen. Der Titel ihrer Veröffentlichung *Die Unfähigkeit zu trauern* war bereits die verharmlosende Antwort, verharmlosend, weil die Autoren das Phänomen auf die Untaten des Dritten Reiches beschränkten und den roten Faden der deutschen Ideologiegeschichte außer Betracht ließen.

Zu allen Zeiten war der Mittelstand in Deutschland der volkswirtschaftliche Motor und hatte nach Kriegs- und Notzeiten stets für *wohlfeile Zeiten* gesorgt. Das geschichtslose Kleinbürgertum, von materialistischen Lebenswerten geprägt, war zu allen Zeiten an politisch-gesellschaftlicher Gestaltung nur im Rahmen seiner wirtschaftlichen Expansionsmöglichkeiten interessiert und maß die Obrigkeiten lediglich an der ihm zuteil werdenden Förderung. Daran hatte sich auch nach den Jahren des Dritten Reiches nichts geändert. Die Mitscherlichs hatten geglaubt, daß die gewaltigen Aufbauleistungen und das folgende Wirtschaftswunder durch die Flucht aus der Vergangenheit erst ermöglicht worden wären. Durch den Verlust des historischen Gewissens wäre auch eine reinigende Selbstanklage inhibiert worden.

Auch wenn zuweilen in den ritualisierten Gedenkfeiern die Bewältigung der Vergangenheit angemahnt war, zu einer wirklichen Aufarbeitung im Freudschen Sinne, nämlich sich zu erinnern und durchzuarbeiten, kam es nicht. Allgemein und grundsätzlich räumten die Deutschen einen Irrweg ein, doch zugleich wußten sie auch viele Entschuldigungen und Rechtfertigungen anzuführen, zumal sie auch lustvolle Erinnerungen an ihren Führer pflegten, der sie zu einem Herrenvolkleben ermuntert und ihren kleinbürgerlichen Hochmut forcierte hatte. Trotz der Drangsalierungen der Besatzungsmächte hatte man sich den Hochmut bewahrt, ja mehr noch, den neuen Herren wollte man es zeigen, was mit den deutschen Tugenden Fleiß, Ordnung und Organisationskunst zu schaffen war. Erst die unbelastete junge Generation empörte sich über die Untaten der Nazis und war bereit, sich der Vergangenheit zu stellen, unvorstellbar war für sie das millionenfache Morden, die gigantische Arbeit der Tötungsmaschinerie hatte neue Dimensionen des Massenmordens gesetzt, so daß gegenwärtige Verbrechen und Menschenrechtsverletzungen, die nach wie vor außerhalb ihrer engen Lebenswelt Opfer forderten, zum Beispiel an der Mauer, unbeachtet und unbetrauert bleiben konnten.

Erst als sich in der amerikanischen Öffentlichkeit Widerstand gegen den brutalen Krieg in Vietnam formierte, und in der Gesellschaft ein kraftvolles moralisches Gewissen mit der lebendigen Erinnerung an die Ideale der Gründungsväter die Menschen zum Protest auf die Straße trieb, wandte sich auch die deutsche Jugend der Gegenwart zu, freilich nicht erkennend, daß die Bürger der Vereinigten Staaten an ihre Regierung einen moralischen Appell richteten, die Deutschen hingegen ihre Sympathie den kommunistischen Gewaltherrschern schenkten, die nun die Stärkeren zu sein schienen, denn nachgeben, retirieren, Schuld einzugestehen ist Ausdruck von Schwäche und Schwäche verachtet der deutsche Kleinbürger.

Bildungsnotstand

Erste Anzeichen eines zunehmenden Bildungsverfalls bemerkte die Wirtschaft, die einen Großteil der Jugend für nicht ausbildungsfähig hielt. Bereits 1964 hatte Georg Picht in der Wochenzeitung *Christ und Welt* in seiner Serie *Die deutsche Bildungskatastrophe* einen hoffnungslosen Notstand konstatiert und damit eine heftige Diskussion ausgelöst. Bald war der Bildungsnotstand in aller Munde, um ihre Zukunft besorgte Schüler und Studenten gingen auf die Straße, und die Politiker versprachen baldige Reformen. Zunächst zentrierten sich die Debatten um das Thema *Ausschöpfung der Bildungsreserven* für den Bedarf der Wirtschaft, denn seit langem machten die Unternehmen darauf aufmerksam, daß die Ausbildungsinhalte veraltet und durch den Mangel an qualifizierten Kräften Wettbewerbsnachteile auf dem internationalen Markt zu konstatieren seien. Die wenigen deutschen Spitzenwissenschaftler zogen es bereits vor, die besseren Forschungsmöglichkeiten in den USA zu nutzen.

Diesen Aspekt wollte die neue sozial-liberale Koalitionsregierung unter Willy Brandt nicht gelten lassen. Ihr bildungspolitisches Konzept legte ein größeres Gewicht auf das aufklärerisch-philanthropische Ziel der Breitenbildung, die Idee der Veredelung des Menschen durch Bildung, so wie es die Aufklärer des 18. Jahrhunderts für das Kleinbürgertum und Wilhelm Liebknecht und August Bebel für das Proletariat gefordert hatten. Die sozialdemokratische Forderung entsprach der marxistischen Auffassung, daß nicht Genie und Begabung vonnöten, sondern durch gleiche Bildungschancen in einer klassenlosen und gerechten Gesellschaft ein höchstes Bildungsniveau zu erreichen wäre. Statt eigenbrötlerisch-individualistischer Genietaten wäre das Wissenschaftskollektiv effektiver, so wie das geforderte Lernkollektiv bessere Bildungsergebnisse erzielen könnte. Das bildungspolitische Schlagwort der SPD lautete deshalb *Chancengleichheit*, die nun mit zahlreichen Reformgesetzen in den sozialdemokratisch regierten Bundesländern durchgesetzt wurde.

Die Befürchtung konservativer Pädagogen, daß in kollektiven Lerngruppen mit leistungsschwachen und begabten Schülern, günstigstenfalls das Lernergebnis im Mittelmaß liegen würde, wurde nicht als Nachteil empfunden. Durch die Kulturhoheit der Länder blieb die Bildungsreform freilich nur Stückwerk, weil regionale Besonderheiten bedacht werden mußten. Besonders halsstarrig zeigte sich Bayern, das auf seine Bekenntnisschulen nicht verzichten wollte.

Für viele Eltern ging die christlich-katholische Indoktrination ihrer Kinder zu weit, und tatsächlich konnte nach einem Volksentscheid mit der bayrischen Staatsregierung ein Kompromiß gefunden werden. Im katholisch geprägten, SPD-regierten Nordrhein-Westfalen obsiegte gleichermaßen die Kirche, ein großer Teil der Konfessionsschulen blieb erhalten, doch mehrheitlich war in der Bundesrepublik, trotz heftigstem Widerstand der Kirche, die Konfessionalisierung der Volksschule beendet.

Die merkwürdige, aber bezeichnende Scheu der bundesrepublikanisch-demokratischen Politiker vor dem Begriff Volk ließ sie die alte Volksschule in Hauptschule umbenennen. Die als Aufwertung verstandene neue Bezeichnung wurde mit dem erweiterten Lernstoff, zum Beispiel Fremdsprachen, begründet. Besonders Stolz war man auf die Einführung der Gesamtschulen und die Gewährung finanzieller Unterstützung für sozial-schwache Schüler und Studenten.

Den organisatorischen Reformen sollte sich zugleich eine geistige Neuorientierung beigesellen. Kommissionen wurden mit der Modernisierung der Lehrpläne beauftragt und angewiesen, die Schulbücher nach *vordemokratischen Inhalten* zu durchforsten und nicht mehr Genehmes zu streichen. Des weiteren sollten pädagogische Konzepte erarbeitet werden mit dem Ziel einer Stärkung der Selbsttätigkeit und Kooperationsfähigkeit der Schüler, die schließlich in einer Verbesserung der Mitbestimmung der Lernenden münden sollte. Das neue Schlagwort lautete *Demokratisierung der Gesellschaft*, worunter man eine stärkere Beteiligung der Bürger an politischen Entscheidungen verstanden wissen wollte. Dies sollte auch für den Bereich des staatlichen Erziehungswesens gelten, doch die gutgemeinten Absichten endeten in einem Debakel, zumal den Eltern zugesichert war, am Reformprozeß demokratisch mitbestimmend teilhaben zu dürfen, die ideologischen Vorgaben aber derart starr waren, daß ihnen lediglich die Zustimmung zugestanden werden konnte.

Das Ergebnis der Bildungsreform blieb mager und hatte zur Folge, daß die Schule zum Experimentierfeld zeitgeistbefrachteter Ideologen wurde, zum Nachteil der Schüler und zum Ärger der Eltern, die sich der staatlichen Bevormundung machtlos ausgeliefert sahen. Dem allgemeinen Unmut versuchten die Bildungspolitiker mit dem Hinweis auf die Erhöhung der Bildungsausgaben zu mildern, die immerhin verdoppelt von wurden. Der Bildungsnotstand schien mit 100000 neuen Studienplätzen und der Neuanstellung einer beträchtlichen Zahl von Lehrern behoben.

Der Lehrerberuf stand traditionell unter kleinbürgerlicher Ägide, *unser Kind studiert auf Lehrer,* pflegten brave Eltern mit Stolz zu sagen, wenn ihr Nachwuchs den ersten Schritt des kleinbürgerlichen Bildungsaufbruchs wagte. Damit war die Schule die Pflanzstätte kleinbürgerlicher Lebenswerte und erziehungsprägende Institution der Halbbildung und des normenfestlegenden Mittelmaßes, der sich nur die wohlhabenden Eltern entziehen konnten, die es sich leisten wollten, ihre Kinder privaten Erziehungsstätten anzuvertrauen. Im allgemeinen erfreute sich der Lehrerstand in der Wirtschaftswundergesellschaft keines großen Ansehens, verriet doch bereits die Wahl einer pädagogischen Ausbildung eine größere Lust auf Freizeit und geringen Arbeitseinsatz. So sehr auch die Lehrerschaft ihre Arbeitsüberlastung beteuerte und vorgab, daß mit der Unterrichtsvorbereitung und dem Korrigieren von Klassenarbeiten die vermeintlich üppige Freizeit erheblich geschmälert sei, glaubhaft war dies nicht, da nachbarschaftliche Kontrolle die Lehrer bei der Freizeitgestaltung beobachtete, und es überdies kaum für möglich gehalten wurde, daß bei ständiger Wiederholung des Lehrstoffes größere Vorbereitungszeiten vonnöten seien. Weiterbildung und Aktualisierung des Wissensstandes war auch von jenen Berufen verlangt, die sich keiner so großen Arbeitszeitfreistellungen erfreuen durften. Die reformierenden Bildungspolitiker der 70er Jahre hatten in der Lehrerklage über die Arbeitsüberlastung Ausbildungsdefizite vermutet und beschlossen, das Lehrerstudium auszuweiten und zu verbessern.

Seit der Mitte des 19. Jahrhunderts hatte sich eine brauchbare und effektive Lehrerausbildung entwickelt, die sich optimal an den Bedürfnissen der Schule orientierte. Für die Volksschullehrer gab es sogenannte Präparandenanstalten, die praxisbezogen eine tüchtige Schulmeistergeneration ausbildeten. Für die höheren Schulen bedurfte es eines Studiums. Die verbesserten Ausbildungswege hatten zweifellos den Lehrern mehr Ansehen verschafft, doch im allgemeinen blieb diesem unglücklichen Stand die gesellschaftliche Anerkennung versagt, und so glaubte man mit der Bildungsreform der 70er Jahre auch hier einen Wandel zu schaffen. Non plus ultra sollte eine akademische Ausbildung sein, und so verlangte man fortan von allen Lehramtskandidaten ein wissenschaftliches Übersoll, in dem sogar die Volksschullehrer mit einer für ihre spätere Verwendung nutzlosen Wissenslast befrachtet wurden. Mit der akademischen Weihe des einfachen Lehrervolks war auch eine Verbesserung der Besoldung versprochen, ein Versprechen, das die Gymnasiallehrer in Harnisch brachte, worauf eine Oberstufenreform folgen mußte, die den Oberschullehrern wieder standesgemäße Vorteile einräumte.

Reformen pflegen in Deutschland vor allem mit Sprachverschönerungen einherzugehen, und entsprechend trennte man sich von alten Begriffen, wie zum Beispiel Pädagogik, fortan hieß es *Erziehungswissenschaften,* weil man auch jenen Modefächern in den Schulen ein Betätigungsfeld eröffnen wollte, die außerhalb des staatlichen Arbeitsmarktes schwer zu vermitteln waren. Soziologen und Psychologen war an den Hochschulen und den Schulen ein weiteres Feld erschlossen, um gemeinsam mit der Lehrerschaft neue Wortschöpfungen zu erarbeiteten: *Operationalisierung von Lernzielen, Lernzielkontrollen und methodenbezogene Kenntnisse und Fähigkeiten* versprachen ein Ende des Bildungsnotstands und ließen die Elternschaft hoffen. Der Streit um die wahre Lehre und vor allem um die Besoldung, Freizeit und soziale Sicherheit überschattete einige Jahre die Schule und half zunächst den Schülern wenig. Fazit der Reform war schließlich, daß die Lehrer nicht mehr am Erfolg ihrer Lehrtätigkeit gemessen wurden, sondern die Schüler an den von der Wissenschaft erarbeiteten Lernzielen, und so trauerten viele Eltern ihren Paukern nach, priesen ihre alten Dorfschullehrer, die schrulligen Gymnasialprofessoren, die auf besondere Weise die kleinbürgerliche Honoratiorenschaft bereichert und doch so viel Gutes bewirkt hatten.

Mit der Bildungsreform wurde die Schule zu einem familienbeherrschenden Übel, dem man mit Selbsthilfegruppen zu begegnen trachtete, die mit Schülernottelefonen suizidgefährdete Kinder von Verzweiflungstaten abzuhalten versuchten oder außerschulische Lernhilfen anboten. Robustere Kinder mit einem gesunden Selbstbehauptungswillen halfen sich mit einer schützenden *Null-Bockhaltung* oder reagierten aggressiv gegenüber Mitschülern und Lehrern. Der nicht neue Kampf zwischen Lehrerinteressen und Schülerwohl mündete in einem Bildungsfiasko, ohne daß die Verantwortlichen ihre ideologischen Vorgaben auf den Prüfstand zu stellen bereit waren, für sie war unumstößliche Wahrheit, daß sich nicht ihre reformierte Schule verändern mußte, sondern die Schüler, worauf festgestellt wurde, daß die Kinder krank waren und der psychologisch-medizinischen Fürsorge bedurften, bislang unbekannte psychische Defekte der Kinder wurden den erschrockenen Eltern vorgehalten, die schuldbewußt der Behandlung zustimmten und dankbar die auch ihnen angediente Betreuung annahmen.

In der feudalen Gesellschaft sorgte periodisch der sogenannte Nobilitierungsschub, die Erhebung hervorragender Persönlichkeiten in den Adelsstand für eine Auffrischung der Elite, ein Brauch, der in der bürgerlich-republikanischen Gesellschaft durch die Verleihung akademischer Titel beibehalten wurde. Mit der Bildungsreform war Gelegenheit gegeben, diese kostspielige Form der Nobiltierung einzuleiten, indem man die alten technischen Lehranstalten in sogenannte Fachhochschulen umwandelte und den Lehrern den Professorentitel gestattete. Auch die Technikumschüler erhielten einen akademischen Grad, ohne daß sie damit den Hochschulabsolventen gleichgestellt wurden, wie sich auch bei den weiteren *Schmalspurausbildungsstätten* für Verwaltungsbeamte, Polizisten und Soldaten am Lehrstoff und am Ausbildungsziel kaum etwas änderte, ein Diplom und die Ehre, von einem Professor unterwiesen zu sein, hob zumindest die Bildungsstatistik.

Soweit war die Bildungsreform ein Erfolg, die kleinbürgerliche Gesellschaft war auf ein größeres Bildungsfundament des Mittelmaßes gestellt, durch Bildung eine starke selbstbewußte Kleinbürgerelite gebildet. *Die Unterschiede der Bildung,* so hatte bereits Max Weber über die bürgerliche Gesellschaft geschrieben, *sind eine der allerstärksten, rein innerlich wirkenden sozialen Schranken, vor allem in Deutschland, wo fast sämtliche privilegierten Stellungen innerhalb und außerhalb des Staatsdienstes nicht nur an eine Qualifikation von Fachwissen, sondern von allgemeiner Bildung geknüpft sind ...*

Die Bildungsreform hatte sich, nachdem die alte Elite entmachtet und beseitigt worden war, den Bedürfnissen der neuen kleinbürgerlichen Gesellschaft angepaßt.

Die großen Leuchten der deutschen Aufklärung, die Dichter, Denker und die Koryphäen des wissenschaftlichen Aufbruchs des 19. Jahrhunderts, die oft lausige Schüler und einen holprigen Bildungsweg gegangen waren, wären zweifellos am modernen Bildungssystem gescheitert, da die normativ und gesetzlich geregelte Ausbildung geistige Höhenflüge nicht gestattet und sowohl schlechte, als auch überragende außerhalb des Lernziels liegende Leistungen in der kleinbürgerlichen Gesellschaft als Normenverstoß gelten. Freigeister sollten bereits an den landesherrschaftlichen Universitäten der Feudalherren nicht herangezüchtet werden, damals wie heute galt es, staatstreue und gehorsame Diener zu bilden, und so war und ist die Universität nicht der Ort für Genies und potentielle Unruhestifter.

Vor allem war die Universität Pflanzstätte für den kleinbürgerlichen Amtsadel, dem bereits in der Studienzeit seine künftige machtvolle Eliterolle versprochen wurde, und so drängte es die Hochschulabsolventen in den Staatsdienst oder in die Angestelltenpositionen der Wirtschaft. Nur 9,2 % der deutschen Jungakademiker entschlossen sich, für eine selbständige Tätigkeit das Risiko einer eigenverantwortlichen Lebensplanung einzugehen. Immerhin, die Politiker zeigten sich stolz auf ihr Bildungswerk, und so wagte eine SPD-Grundsatzkommission nach einigen Jahren reformierter Bildungspolitik die Frage zu stellen: *Ist die Bundesrepublik Deutschland eine Kulturgesellschaft im Kulturstaat?* Eine gute Frage, über die auch der langjährige Parteivorsitzende Willy Brandt nachgesonnen hatte und schließlich in seinen Memoiren bekannte: *daß auf der Ebene der zuständigen Länder unter Verantwortung von Parteifreunden, das Abitur ohne Deutsch gemacht werden konnte und aus den Lehrplänen Geschichte verschwand, will mir heute noch nicht gefallen.*

Trotz Erhöhung der Bildungsausgaben, bemerkte vor allem die Wirtschaft weiterhin einen rapiden Rückgang des Bildungsniveaus bei den Lehrlingen und Hochschulabsolventen. Offenkundig war, daß die Parole *Chancengleichheit* dazu geführt hatte, die Lernziele dem zwangsläufig unaufhaltsam sinkenden Klassendurchschnitt anzupassen, eine verhängnisvolle Entwicklung, die besonders die Hauptschule betraf, die im Verlauf der Jahre zur Hilfsschule degradiert wurde. Bei einer allgemeinen Schulpflicht wuchs die Zahl der Analphabeten auf drei bis vier Millionen, mit steigender Tendenz, worin allerdings die zunehmende Leseunfähigkeit nicht enthalten ist. Eine internationale Erhebung der Vereinten Nationen ergab für Deutschland ein erschütterndes Ergebnis: *14,4 % der Deutschen verfügen nur über elementare Fähigkeiten, einen einfachen Prosatext zu entziffern, 34,2 Prozent sind gerade in der Lage, in einem solchen Text simple Einzelinformationen zu erkennen und miteinander zu verknüpfen. Das heißt,* so beklagte die *Stiftung Lesen* 1997, *48,6 % der Deutschen haben ernsthafte Probleme mit dem Lesen.* Abhilfe versprach die Einleitung einer Rechtschreibreform, die der Lernfähigkeit der ABC-Schützen angepaßt sein sollte und nach der sich fortan auch die Autoren, Dichter und Denker zu richten hätten.

Tröstlicher verlief der Rechentest, hier zeigte sich, daß die Einkaufsfreude der Konsumdeutschen Früchte getragen hatte, einfaches addieren und subtrahieren fiel ihnen leichter.

Vom deutschen Wesen ...
Ein Bildungskleinbürger

Nachfolger Kanzler Brandts war der Hamburger Politiker Helmut Schmidt, ein Glücksgriff der SPD, denn er verkörperte die Jugendgeneration des Wiederaufbaus, jene Jugend, die im Dritten Reich von der HJ und der Wehrmacht zum Herrenmenschentum erzogen und schließlich so bitter enttäuscht worden war. Schmidt hatte seine Karriere in der Hamburger SPD begonnen und war dort zum Innensenator aufgestiegen. Der Volksmund hatte ihm den Spitznamen *Schmidt-Schnauze* beigelegt, weil er innerhalb der Partei und im Parlament mit rüden Worten zu kritisieren verstand und offensichtlich nichts von höflichen Konventionen hielt. Mit der Redewendung *mal deutsch gesprochen* wurde vom Volk das ehrliche und klare Teutonenwort gepriesen, deutschdeutlich seine Meinung zu sagen, ehrte einen Politiker. Gelobt wurde auch seine norddeutsche Kargheit und seine Nähe zum Volk, ungeachtet seines Aufstiegs bewohnte er ein bescheidenes Reihenhaus im kleinbürgerlich geprägten Stadtteil Langenhorn. Volkstümlich war auch seine Ehegattin Loki, deren Dialektschwächen den Hamburgern gefiel und die mit ihrem Engagement für die Fauna und Flora der Heimat Unabhängigkeit von ihrem hohen Gatten bekundete. Schmidts Aufstieg in der SPD war nicht ohne Hindernisse verlaufen, denn die Partei der Hansestadt war von den Traditionalisten geprägt, den Altgenossen und Gralshütern der ehrwürdigen Arbeiterpartei, die dem ehemaligen Wehrmachtsoffizier mit einigen Vorbehalten begegneten.

Seine Tüchtigkeit und sein Organisationstalent wurden zwar anerkannt, doch sein harscher Ton in den Parteigremien zuweilen bemängelt. Ärger empfanden dies die Mitarbeiter der Innenbehörde, die sich zuweilen als Rekruten behandelt sahen und das militärische Vorgesetztenlob *streng aber gerecht* für eine Zivilbehörde nicht angemessen empfanden. Für eine Parteikarriere in der zur Kleinbürgerpartei mutierten SPD konnte es dennoch nicht von Schaden sein, proletarische Ahnen im Ahnenpaß nachzuweisen.

Um die parteiinternen Vorbehalte auszuräumen, rühmte sich Schmidt eines Arbeitergroßvaters, doch eigentlich hatte Helmut Schmidt zwei Großväter, den wohlhabenden jüdischen Bankier Gumbel und den Adoptivgroßvater Schmidt. Mit Recht gedachte Helmut Schmidt mit größter Hochachtung seines einfachen Adoptivopas, der seinem Vater eine Schreibtischarbeit in einem Rechtsan-

waltsbüro ermöglichte, wo er sich zum Bürovorsteher emporarbei-
tete und, weil ihm diese Arbeit nicht genügte, eine Lehrerausbildung
begann, die er mit der Qualifikation zum Diplom-Handelslehrer beschloß. Sohn Helmut wuchs also in guter mittelständischer Assiette
heran, besuchte die angesehene *Lichtwarkschule*, die sich dem Na-
mensgeber, dem Hamburger Kunsthistoriker Alfred Lichtwark verpflichtet sah, indem sie die schönen Künste im besonderen Maße
beförderte und der musischen Erziehung einen breiten Raum einräumte. In dieser Schule lernte Schmidt seine spätere Frau Loki Glaser kennen, ein Mädchen aus kleinen Verhältnissen und wie Helmut
musisch ambitioniert. Aus den gemeinsamen Interessen und durch
den Liebreiz des Mädels entwickelte sich eine innige Schülerliebe,
die über die Jahre Bestand haben sollte. Auch Vater Glaser pflegte die
schöne Kunst des Musizierens, spielte behend die Geige und sah es
mit Genugtuung, daß jedes seiner Kinder ein Instrument beherrschte.
Überdies war Vater Glaser kein gewöhnlicher Handwerker, er war
Elektriker, ein Beruf, der in seiner Lehrzeit noch etwas besonderes
war und Technik und Fortschritt symbolisierte.

Der große Respekt strebsamer kleiner Leute gegenüber der höheren Lehrerschaft war mit der Ehrfurcht vor Bildung verknüpft,
lernen zu dürfen war ein Privileg, denn Bildung wurde als Macht
empfunden, und so versprachen die Lehrer bei Fleiß und Aufmerksamkeit ein erfolgreiches Leben. *Für das Leben lernen wir, nicht für
die Schule* stand zuweilen über dem Schultor, und so waren insbesondere jene Schüler angehalten, bessere Leistungen zu erbringen, die
der Enge der Herkunft entfliehen wollten. Seinen Aufbruch zu Höherem verdankte Schmidt seiner Schule, und so bekundeten er und Loki
über all die Jahre ihren Lehrern Dankbarkeit, nicht zuletzt für die
kulturellen Beigaben. Wer wollte eine solche Schule und die rührende
Dankbarkeit der Schüler nicht loben, doch Schulbildung, normen-
diktierte Bildungsanregungen beinhalten auch verhängnisvolle Defizite und nicht selten folgt einem guten Zeugnisabschluß geistiger
Hochmut und halbgebildete Selbstüberschätzung, die überdies durch
die außerschulische nationalsozialistische Erziehung in der HJ auf
fatale Weise befördert wurde, indem die deutsche Bildungsüberlegen-
heit mit einer kraftvollen Männlichkeit nach dem Motto *ohne germanischen Körper, kein germanischer Geist* errungen sein sollte.

Karl Julius Weber hatte die deutschen Bildungsbürger treffend als
Großhändler der Gelehrsamkeit beschrieben und damit ihren Hang
zur Wissensanhäufung charakterisiert, die es ihnen unmöglich macht,

die gesammelten Informationen zu verknüpfen und Zusammenhänge zu erkennen. Etwas gelernt zu haben, befähigte den deutschen Lehrer, alles besser zu wissen und *vernünftig* beurteilen zu können, gestattete ihm aber nicht den Ausflug in die Regionen des freien Denkens. Diese Wissensfracht des Erlernten machte die Deutschen so anfällig für heilbringende Ideologien und pseudowissenschaftliche Weltanschauungen. Die Geborgenheit in der Familie der Kommunisten, Sozialisten, Nationalsozialisten mit ihren kanonischen Wahrheiten und Regeln wog schwerer als die in der kleinbürgerlichen Lebenswelt für gefährlich gehaltene Unabhängigkeit des Geistes, denn Freigeister, so hatte schon Matthias Claudius beklagt, halten sich nicht an Ordnung und Sauberkeit, waschen sich nicht und neigen zu einem Lotterleben.

Wie für die große Masse seiner Generation bedeutete auch für Helmut Schmidt der Zusammenbruch einen Sturz in den Abgrund, Entsetzen erfüllte diese junge Kriegergeneration über die Untaten der Nationalsozialisten und zugleich betrauerte sie den Verlust der bisherigen Lebenswerte, die ihnen weniger nationalsozialistisch geprägt erschienen, sondern von den ewig gültigen Tugenden der kameradschaftlichen Gemeinschaft diktiert waren. Der Verzweiflung über den bisherigen Lebensweg der Irrtümer und falschen Ideale, folgte ein *Gefühl der Leere und der Empfindung*, so ein Schmidt-Biograph, *daß Deutschland ein großes weltanschauliches Sanierungsgebiet* wäre. Bis schließlich in diesen geistigen Leerraum das Licht der Sozialdemokratie fiel, bedurfte es einer langen Suche und einer Räumung des geistigen Trümmerschutts, aus dem Schmidt als ewig gültigen Wert das Kameradschaftserlebnis in die neue Zeit hinüberrettete.

Als Ersatz für den Verlust der Kriegskameradschaft fand er die ehrwürdige SPD, die mit dieser Tugend die schwersten Jahre der deutschen Geschichte überstanden hatte, und so schrieb er: *Der Maxime der Kameradschaft liegt, und das entdeckte ich mit vielen Kameraden gemeinsam, die gleiche sittliche Grundhaltung im Verhältnis zu anderen zugrunde, wie dem Solidaritätsprinzip der Sozialisten.* Damit war die Vergangenheit mit der Gegenwart versöhnt, der Offizierskamerad hatte eine neue Kameradschaft gefunden, auch wenn vielen Altgenossen diese Parallelität nicht schmeckte und es ihnen schwer fiel, den forschen jungen Genossen als einen der Ihren zu betrachten.

Zumindest äußerlich demonstrierte Schmidt proletarische Klassenzugehörigkeit, indem er im Andenken an seinen Hafenarbeiter-Großvater sich mit einer proletarischen Mütze bedeckte. Vorbild war ihm der beliebte Bremer Bürgermeister Wilhelm Kaisen, der sich gern der Öffentlichkeit mit einer Schippermütze zeigte. Zum Bundeskanzler erhoben, führte diese Kopfbedeckung freilich zu einigen Irritationen, Diplomaten pflegen auf eine korrekte Kleidung großen Wert zu legen, und so wurde diese Extravaganz indigniert mißverstanden. Entschuldigend wurde zuweilen darauf hingewiesen, daß der Kaiserbruder Prinz Heinrich in der Öffentlichkeit mit einer solchen Mütze aufgetreten wäre, freilich nur an Bord eines Schiffes. Terence Prittie, ein wohlwollender Beobachter der Bonner Republik, versuchte schließlich seinen Landsleuten das ungewöhnliche Habit zu erklären, *Schmidt,* so schrieb er, *sagte einmal die Deutschen sollten keinen Helm mit Federbusch mehr tragen, er wollte lieber seiner Mütze treu bleiben, die er schon zehn, oder mehr Jahre trage. Schmidts bescheidene Schirmmütze hat etwas ganz Volkstümliches an sich, wie er selbst auch und wie Brandt es ebenfalls an sich hatte. Mit der schrecklichen Ausnahme von Hitler waren es stets Aristokraten, oder genügend etablierte Angehörige des Mittelstandes gewesen, die in der Vergangenheit Deutschland regierten. Männer aus dem Volk scheinen hingegen eine besondere Fähigkeit zu besitzen, die deutsche Demokratie zu konsolidieren.*

Das Lob Pritties war ein Eigenlob für die westalliierte Deutschlandpolitik nach dem Kriege, die zu verhindern gesucht hatte, daß die alte Elite am demokratischen Wiederaufbau beteiligt wurde. Immerhin war es der ausnahmslos kleinbürgerlichen Führungsschicht der Bundesrepublik gelungen, eine wehrhafte, von der Öffentlichkeit akzeptierte Demokratie zu schaffen, deren Stabilität die Festschreibung kleinbürgerlicher Normen und Lebenswerte garantierte. Um dieses zu bekräftigen, hatten bereits die Staatsrepräsentanten der ersten Stunde, dem Provisorium eine bürgerliche Bescheidenheit verordnet und selbst nach der Gründung der Bundeswehr auf jegliches militärisches Gepränge verzichtet. Staatsbesucher wurden als Freunde empfangen, denen man ein buntes Bild des deutschen zivilen Wohlstandslebens zu zeigen pflegte. Protokollarische Schnitzer und Peinlichkeiten führten kaum zu diplomatischen Schwierigkeiten, da die Welt den besonderen Status der Bundesrepublik akzeptierte und ohnehin die deutschen Diplomaten sich keiner großen Wertschätzung erfreuten.

Die zuweilen tölpelhaften Mißgriffe bei der bundesrepublikanischen Staatsrepräsentation erfuhren während der Regierung Schmidt eine Steigerung, nicht zuletzt durch des Regierungschefs hanseatische

Kargheit. Nicht erst seit Napoleons ruinöser Kontinentalsperre hatten die Bürger der Freien und Hansestadt Hamburg eine besondere Affinität zum britischen Inselvolk. Hamburger Kaufleute pflegten nach guten Geschäften ihren wirtschaftliche Aufstieg den städtischen Standesgenossen mit einer feineren Lebensart kundzutun, wobei es als allerfeinst galt, die englische Lebensart zu adaptieren. Das vornehme Haus zierte englisches Mobiliar, und vor allem in der Kleidung folgte man dem britischen Vorbild, freilich ordentlicher und adretter.

Die anglophile Neigung forderte angelsächsisches *Understatement*, in der deutschen Version freilich als Unhöflichkeit mißverstanden. Um Bürgerstolz zu demonstrieren, durften Hanseaten keine fürstlichen Orden annehmen, Staatsgäste mißachtete der Bürgermeister mit einem Empfang im Treppenhaus, eine Sitte, mit der den frankophilen Feudalherren britisch-liberale Gesinnung bekundet sein sollte. Schmidt entstammte nicht der städtischen Upperclass, doch als Senator gab er sich hanseatisch-englisch und auch als Bundeskanzler verleugnete er nicht seine hamburgische Bürgerlichkeit.

Trotz des innigen Verhältnisses der Hamburger zu den Engländern, die Realität des politischen Alltags hatte bei ihm die Erkenntnis wachsen lassen, daß die Briten konventionell-hochnäsig wären. Den diplomatischen Umgangsformen abhold, zeigte er sich im Verlauf von Verhandlungen mit dem britischen Premier Harold Wilson als hartnäckiger Gesprächspartner, der mit deutscher Gradlinigkeit die anstehenden Probleme gelöst wissen wollte und sich vor allem über Außenminister James Callaghan aegriert zeigte, der versuchte, mit ausgesuchter Höflichkeit dem teutonischen Gast zu imponieren, gewissermaßen mit übertrieben gutem Beispiel an diplomatischen Brauch erinnern wollte. Diese Korrektheit empfand der deutsche Bundeskanzler als jovial-herablassend und sah seinen Eindruck bestätigt, als David Owens in einem Zeitungsinterview die Bemerkung gemacht hatte, *daß die deutsch-französischen Schäferstündchen nie lange währen.* Als deutsche Reaktion zitierte die britische Presse den Kanzler, der daraufhin gesagt haben sollte, Owens sei *ein draufgängerischer Tollpatsch* – ein offensichtlich stimmungsmachend falsches Zitat, das ohne Mühe von der deutschen Seite zu dementieren gewesen wäre, doch als Meisterleistung diplomatischer Unkunst ließ Schmidt erklären, er habe lediglich gesagt, Owen wäre *ein bißchen jung und zeige sich manchmal etwas übereifrig.*

Mit lehrerhafter Selbstgerechtigkeit erlaubte sich Schmidt, Zensuren zu erteilen, gutgemeint freilich und ohne Arg und Gespür für diplomatische Gepflogenheiten, die er für überlebt und nicht mehr zeitgemäß hielt. Ein amerikanisches Magazin zitierte einen Berater des Kanzlers, der für seinen Chef um Verständnis warb und entschuldigend erklärte: *Schmidt ist ein Mensch, der nicht im luftleeren Raum leben kann, wenn im Westen eine Lücke in der Führung vorhanden ist, ist er bereit einzuspringen, er hält sich eindeutig für die Nummer eins in Europa.* Die Mehrheit der Bundesrepublikaner teilte diese Auffassung, nicht zuletzt weil ihr touristisches Bild von der Welt ihnen bestätigte, daß nicht nur ihre Regierung, sondern das deutsche Gemeinwesen Vorbildcharakter hatte.

Die Bundesrepublik, so schrieb in diesen Tagen ein Journalist, *ist die erfolgreichste Gesellschaft in Europa. Es handelt sich um eine Gesellschaft, die den schlimmen Klassengegensatz der Briten, den beinahe zyklisch auftretenden revolutionären Fanatismus der Franzosen und den ruinösem Wettstreit zwischen Konzernen und der Arbeiterschaft bei den Italienern umgeht und sich vom Vaterlandskult abwendet.* Auch wenn dies die europäischen Nachbarn nicht hören wollten, die deutschen Wirtschaftswunderbürger zeigten sich einig, daß am neuen deutschen Wesen die Welt genesen könnte, *politisch sind wir ein Zwerg,* so hatte der Bundeskanzler konstatiert, *doch wirtschaftlich eine Riese.* Ein deutsches Sprichwort sagt *Geld regiert die Welt,* also galt es, mit der Kraft der Deutschmark Einfluß zu nehmen. *Deutschland,* so beschwichtigte der Kanzler, *strebt in Europa keine politische Führung an,* worauf Clyde Farnsworth im *New York Times Magazine* warnend darauf hinwies, *daß diese Rolle der Bundesrepublik wegen der Schwäche der anderen Regierungen und der unbezähmbaren Schaffenskraft der deutschen Wirtschaft aufgedrängt werden könnte.*

Mit Argwohn beobachteten die Alliierten die Entwicklung in Westdeutschland und argwöhnisch zeigte sich auch der linke Flügel der SPD, der mit Sorge Schmidts Nähe zu den Wirtschaftsbossen beklagte. Mißbehagen äußerten auch die Linksintellektuellen, die sich noch für Brandt so kräftig engagiert und die politische Wende hoffnungsfroh unterstützend begleitet hatten. Kritisiert wurden sein Führungsstil, seine volkspädagogische Sicht der Welt, mit der er sich befähigt glaubte, schulmeisterliche Belehrungen zu erteilen, unerträglich sein Sachverstand auf allen Gebieten, die Kunst eingeschlossen. Die französischen Freunde nannten ihn in Erinnerung an die deutsche Besatzungszeit *le Feldwebel,* zu Unrecht, denn sie kannten den deutschen Schulmeister nicht, dessen Menschenbild sich an Noten mißt und der zwanghaft belehren und bewerten muß. Zensuren erhielten die Großen der Welt, Präsident Jimmy Carters *Ausrüstung für sein hohes Amt bestand aus einem Vorrat aus gutem Willen, einer beträchtlichen Intelligenz und einem unverkennbaren persönlichen Sendungsbewußtsein,* lobte Schmidt, um sogleich dem Zeugnis die schlechte Note hinzuzufügen: *Es fehlten ihm die Kenntnisse der russischen Geschichte, Tradition und Mentalität. Er wußte nicht, daß die Russen keine Bürgerrechte im Sinne der englischen, der amerikanischen oder der französischen kennen und nie gekannt haben.* Zu kritisieren war auch die Unbildung der Amerikaner, die wenig Kenntnisse über die europäische Kultur hatten, eine Kultur freilich, die jene Europäer, die in der Neuen Welt Zuflucht suchten mit Unfreiheit und muffiger Enge verbanden und die den amerikanischen Soldaten angesichts von Dachau und Buchenwald als Barbarei erschienen war.

Dreißig Jahre nach dem Krieg glaubten die Bundesbürger einen Anspruch zu haben, von der Welt geliebt zu werden, und so war es Brauch, daß die Medien Erhebungen nach dem Ansehen der Deutschen machten und traurig feststellen mußten, daß sich das Deutschenbild im Ausland nur wenig geändert hatte. Hartnäckig hielten sich die alten Vorurteile, obwohl der Kanzler doch bei den Staatsmännern der ganzen Welt Ansehen genoß. Im Fernsehen konnte man beobachten, wie der Bundeskanzler sich deutschnatürlich im Kreis der Großen bewegte und aus der Gebärdensprache war zu erkennen, wie selbstbewußt er sein Land vertrat, wenn er kumpelhaft Hand an die Kollegen legte, um Vertrautheit zu demonstrieren. Zu rühmen war auch seine persönliche Freundschaft zu Valéry Giscard d'Estaing, den er mit dem Vornamen ansprach und mit dem er der deutsch-französischen Aussöhnung eine private Attitüde verlieh.

Auf einem Foto war eine Begegnung mit dem mächtigen Sowjetführer Leonid Breschnew festgehalten. Es zeigte Schmidt in der Umarmung des Potentaten, der mit russischer Herzlichkeit seinen Gast einvernahm, ein Bild zum Frösteln und eine Allegorie auf die deutsche Ostpolitik, die zum einen von der Lust der Deutschen an der Macht, und zum anderen an der Last der politischen Handlungsunfreiheit krankte. Machiavelli hätte wohl ein infames Lächeln aufgelegt, wäre es ihm vergönnt gewesen, den Dilettantismus teutonischer Nachkriegspolitik erleben zu dürfen.

Ein Nachfahre dieses großen Lehrmeisters der Diplomatie und Staatskunst, der italienische Botschafter Graf Ferraris, hatte seine Erfahrungen als italienischer Geschäftsträger in Bonn in einem kleinen Bändchen zusammengefaßt und darauf hingewiesen, daß in der Vergangenheit die sogenannte *Deutsche Frage* stets die internationale Politik tangiert hatte und daß bis in die Gegenwart das deutsche Schicksal einen hohen Stellenwert für die Außenpolitik hat. *Was deutsche Politiker sagen,* schrieb er, *wird gehört, kommentiert und darauf reagiert. Vernunft, Rationalität und Vorsicht sind die Instrumente der Außenpolitik. Man muß fragen ob die Deutschen die Eigenschaften der Diplomatie haben ... Die inneren Widersprüche der Deutschen treten in der Außenpolitik zutage. Die deutschen Diplomaten sind erstklassig in ihrem Einsatz, in der Intensität ihrer Arbeit und auch ihr Wunsch, für die Republik und Demokratie zu dienen. Sie haben nach 1945 alles daran gesetzt alte Traditionen des AA zu durchbrechen. Weil sie gründlich sind, sind sie darin zu weit gegangen. Mit dem AA zusammenzuarbeiten ist ein Vergnügen. Die Deutschen Diplomaten im Amt lügen nicht, sind hilfsbereit, sie erläutern alles mit großer Klarheit, sie legen alles auf den Tisch, versuchen Standpunkte der anderen zu begreifen, sie sind gut informiert, belesen, kulturell wach. Kurz: Sie sind hoffnungslos aufrichtig, ehrlich und offenherzig.*

Alles großartige Tugenden, wie Ferraris lobte, doch damit auch Störenfriede in der professionellen Diplomatie, weil sie *keine Schüler eines gut durchdachten und ausgewogenen Machiavellismus sind.* Die vorbildlichen und tugendsamen Deutschen glaubten, damit nach der Hitlerzeit ihre Läuterung zu bekunden *Darf man,* so fragte der italienische Diplomat, *diese Tugenden kritisieren? Aber natürlich, wenn eine solche Ehrlichkeit dazu führt, daß diese Diplomaten niemals darauf verzichten, unangenehme Standpunkte zu vertreten ... Wenn es ein »Nein« sein soll, dann sagen sie es sofort, ohne abzuwarten, ob nicht andere Kollegen anderer Länder diesen Schritt tun werden, damit die Deutschen sich nicht in der unangenehmen Lage derjenigen befinden, die immer nein sagen ... Ich will nicht behaupten, daß die deutschen Diplomaten unfähig sind, aber auch allzu große Ehrlichkeit ist eine Art von Hysterie oder Neigung zur Radikalisierung. Wäre es nicht ratsamer, mit Mäßigung ehrlich zu sein und legitime Interessen so zu ummanteln, daß man die Nerven der anderen nicht überstrapaziert? Man sollte nicht vergessen, daß die meisten von uns ihre allzu ehrlichen Mitmenschen (...) nicht besonders gerne haben ... Es ist Paradox. Das Land Deutschland, das Nationalismus und Imperialismus zu den Extremen des Wahns eines 1000jährigen Reiches getrieben hat, ist bescheiden geworden. Doch diese Beschei-*

denheit ist zu groß geworden, wenn es um die Hervorbringung neuer
Ideen geht. Es ist der Ausdruck eines Widerspruchs.

Die wohlgesonnene Ermahnung Ferraris blieb ungehört, weil unverstanden, doch erahnt war, daß man nach wie vor der belächelte deutsche Michel war, über dessen Ehrlichkeit und Gradlinigkeit sich die Welt mokierte, zum Wandel aber keine Veranlassung bestand, weil Moral eine deutsche Tugend ist. Politisch Lied, ein garstig Lied, pflegte der deutsche Kleinbürger zu sagen. Darin war die Diplomatie eingeschlossen.

Als Meister teutonischer Gradlinigkeit der sozialdemokratischen Regierung erwies sich der agile Hamburger Genosse Hans Apel, dessen volkstümliche Art ihn dazu prädestinierte, zum Staatssekretär im Auswärtigen Amt erhoben zu werden. Seine diplomatische Feuertaufe erhielt er, als er seinen Minister im EU-Ministerrat vertreten durfte, und ihm damit Gelegenheit gegeben wurde, endlich einmal in diesem erlauchten Kreis Deutschtacheles zu reden. *Beim Geld hört die Freundschaft auf* pflegt der Volksmund zu sagen, und so wurde Apel deutlich, als die Herren stundenlang um den heißen Brei herumredeten, mit dem Ziel, Deutschland noch mehr zur Kasse zu bitten. Da war diplomatisches Verhandlungsgeschick nicht mehr vonnöten, und so erklärte Apel kurz und harsch: *Deutschland ist nicht der Zahlmeister Europas.*

Ein Diplomat hätte für eine solche Aussage zweifellos mehrere Stunden benötigt, vergleichbar mit dem Geschäft orientalischer Teppichhändler, hätte man geboten, verworfen, einen neuen Preis genannt und nach langem, wortreichen Feilschen sich schließlich auf eine Summe geeinigt. Ein zeitraubendes Ritual, das Apel für unnötig und uneffektiv hielt. Überdies zeigte er sich darüber belustigt, daß die Herren Minister offensichtlich indigniert waren und versuchten, diese diplomatische Entgleisung mit der Unerfahrenheit ihres deutschen Partners zu entschuldigen. Die verhaltene Kritik brachte Apel in noch größere Rage, als *junger Mann,* mit dem Nachsicht zu üben wäre, wollte er nicht gesehen werden, reagierte beleidigt und gekränkt, so daß der britische Außenminister Sir Douglas Home, ihn darauf hinwies, daß er bereits 1938 in München dabeigewesen wäre, womit er bekunden wollte, daß er mit der Teutonendiplomatie der Deutschen einige Erfahrung hatte. Der feine Hinweis des englischen Diplomaten, daß in München Hitler die Regeln der europäischen Diplomatie mißachtet hatte, blieb von Apel unverstanden, weil er gelernt hatte, daß sich England damals schwach gezeigt hätte, indem es auf die Kunst der Diplomatie setzte, und so entgegnete er dem britischen Außenminister: *Und darauf sind Sie wohl noch stolz!*

Dieser ungeheuerliche Vorfall widerspiegelte allerdings die Auffassung vieler Bundesbürger, daß nicht die Deutschen an den Untaten der Nationalsozialisten allein die Schuld trugen, sondern auch England und Frankreich, die so lange gezögert hatten dem NS-Unwesen mit Waffengewalt ein Ende zu machen. Die neue Regierung der jungen Leute glaubte sich ohnehin von der Last der NS-Zeit weniger bedrückt, und auch die älteren trieben bisweilen mit der Vergangenheit makabre Späßchen. Der Außenminister und spätere Bundespräsident Walter Scheel, eine rheinische Frohnatur, die zuweilen auch öffentlich Gesangstücke darbot, pflegte nach Art karnevalistischer Büttenredner deutschen Humor und brachte seine Zuhörer zum Lachen, wenn er den französischen Politiker Jacques Chirac in Anspielung an den nationalsozialistischen Reichsjugendführer Baldur von Schirach, Baldur de Schirac nannte.

Einen solchen Humor verstand auch der dröge Hamburger Hans Apel, der freilich seine Kritik an den Verbündeten mit Ernst und Gewicht vortrug, neben den Engländern mißfielen ihm vor allem die Amerikaner, deren Führungsriege, *ob Finanzminister, ob Verteidigungsminister, die Vertreter der Regierung Carter sind alle gleich, ... fixiert auf die Forderungen der USA, unverschämt in der Vertretung der eigenen Interessen, mit wenig Verständnis für komplexe, psychologische, politische Probleme der Europäer.* Unerträglich empfand es Apel, daß *auch nach 33 Jahren nach Ende des zweiten Weltkrieges wir uns noch immer nicht so äußern können, das unserer eigenen Interessenlage entspricht.*

Die eingeschränkte Souveränität der Bundesrepublik milderte die großspurigen Töne ihrer Politiker; sie sorgten für einen belustigenden Anekdotenschatz der in Bonn akkreditierten Diplomaten, vor allem aber sahen die Stifter der westdeutschen Demokratie darin eine ganz natürliche Fortentwicklung ihres Ziehkindes, das in diesen Jahren gleichsam in die Pubertät eintrat, mit der die kleinen Flegeleien zu entschuldigen waren.

Die pubertierende Republik glaubte in jugendlicher Selbstüberschätzung, ihre *erfolgreichste Gesellschaft in Europa* der Welt als Vorbild empfehlen zu dürfen. In über zwei Jahrzehnten hatte man sich als demokratischer Musterschüler bewiesen, die soziale Marktwirtschaft durchgesetzt, die Kriegslasten getilgt und *Wohlstand für alle* geschaffen. Es war eine Gesellschaft ohne Glanz und Gloria, wohlgeordnet in kleinbürgerlichen Ordnungsnormen und Werten. Die alte Elite war einer gut ausgebildeten Amtselite gewichen, die sicherstellte, daß ein gesundes Mittelmaß den gesellschaftlichen Frieden wahrte.

Die staatstragende Mitte hatte dem Land ihre freudlos-muffelige Alltagswelt aufgezwungen, zu der die alte bürgerliche Hochkultur wenig passen wollte, so daß man fortan die staatliche Kulturförderung den unsoignierten Unterschichten als Stadtteilkultur zukommen ließ. Angesichts der unerträglichen Kleinbürgerlichkeit gründete der Kabarettist Werner Fink seine *Partei der radikalen Mitte*, eine Eulenspiegelei, über die freilich kaum gelacht wurde, zu stolz und selbstbewußt war die mehrheitliche Mitte, so daß der Witz unverstanden blieb.

Die Bundesrepublikaner und ihre frei gewählten Politiker waren vom Vorbildcharakter ihrer Gesellschaft unerschütterlich überzeugt, und die Presse half das neue Selbstbewußtsein zu artikulieren, indem sie sich über den französischen Nationalismus, die Instabilität der italienischen Regierungen, das antiquierte England und den Pomp amerikanischer Staatsrepräsentation mokierte. Der Schaden blieb freilich gering, denn Deutschland hatte in der ausländischen Presse keinen besonderen Unterhaltungswert, und deutschen Politikern wurde in Paris, Rom, London und Washington keine Schlagzeile eingeräumt.

Anders die in Bonn akkreditierten Botschafter, sie betrachteten das wachsende deutsche Sendungsbewußsein mit Argwohn, ließ doch der teutonische Hang zum Extremen befürchten, daß sie mit ihrem Modell Deutschland den Frieden der europäischen Völkerfamilie störten. *Um Gottes Willen, schrieb der italienische Botschafter, sollten die Deutschen das »deutsche Modell« nicht zur Nachahmung empfehlen. Warum? Der deutschen Lebensart mangelt es an Attraktivität. Wer käme schon auf die Idee als Ausländer z.B. seinen Lebensabend im doch so schönen Deutschland zu verleben? Wer Pferd und Fischfang wünscht, geht nach Irland, Sommerfreude nach Süd-Spanien, Freunde von Kunst und landschaftlicher Schönheit in die Toskana und wer die Berge liebt, geht in die Schweiz. Warum also nicht Deutschland, das so viele Annehmlichkeiten bietet? Deutsche selbst, aber vor allem Fremde assoziieren deutsch mit langweilig, schwerfällig, überordentlich und vielleicht auch streitbar, wenn es um Nachbarschaften geht. Alle Assoziierungen sind negativ.*

Französisch heißt joie de vivre, Lebensfreude; Italien: dolce far niente, Leichtigkeit des Lebens. Englisch für Originalität des Beneh-

mens und der Kleidung, für Lebensstil. Was ist es nun, was den Deutschen so im Wege steht: Gründlichkeit, das in andere Sprachen nicht zu übersetzen ist. Alles gründlich zu machen ist der Preis, der zu bezahlen ist, wenn man in diesem Lande leben will.

Graf Ferraris maßte sich nicht an, den Deutschen Belehrungen zu erteilen, hielt es aber für notwendig, mit vornehmer Zurückhaltung die Ursachen der zahlreichen Mißverständnisse darzulegen, freilich ohne Erfolg, weil seine Sprache nicht verstanden wurde und seine deutschen Kollegen ihn für ein Fossil aus längst vergangenen Tagen hielten. Und in der Tat, der Lebensweg des italienischen Grafen unterschied sich von dem der deutschen Politiker, die ihre Karriere ganz unten begonnen hatten, *vor Ort* oder *an der Basis*, wo nicht vornehmes Getue gepflegt wurde, sondern wo man mit harten Bandagen um Mandate und Führungspositionen zu kämpfen hatte.

Die benachbarten Kulturnationen hatten nicht so gewaltige Brüche ihrer Geschichte durchlitten und verfügten noch über eine gewachsene Elite, die für die nachwachsende kleinbürgerliche Führungsschicht Orientierung und Vorbild geblieben war. Die Sieger hatten den Deutschen diese Wurzel gekappt und den kleinen Leuten die Bürde der Verantwortung übertragen, die nun aus wilder Wurzel ihr Provisorium zu gestalten hatten und im Gegensatz zu ihren, von den sowjetischen Freunden auf ihre künftigen Aufgaben vorbereiteten, ostdeutschen Politikerkollegen, nahezu ahnungslos ihre Ämter hatten übernehmen müssen. Halt und Maßstab ihres Handelns waren ihre kleinbürgerlichen Wertvorstellungen, Wertvorstellungen die das Kleinbürgertum für das Maß aller Dinge hält, weil das mittelmäßig-normale die Klassengegensätze mildert und gesellschaftlichen Frieden verspricht. Diplomatisches Ränkespiel oder gar Geheimdiplomatie widersprachen dem deutschehrlichen Charakter und entsprechend hatten sich die deutschen Politiker aus ihrer Handwerkersprache den Begriff *Politik mit Augenmaß* entlehnt, mit Augenmaß glaubte man, sich seinen Platz in der Welt sichern zu können.

Wer wollte bestreiten, daß es für die Deutschen nicht leicht war, mit den ehemaligen Siegern, und nun verbündeten Freunden zurechtzukommen, hatten sich doch die Bündnispartner erhebliche Einflußmöglichkeiten auf die deutsche Regierung vertraglich gesichert, und so konnte es nicht ausbleiben, daß ihr jovial-gnädiger Ton zuweilen kränkte und die Minderwertigkeitsgefühle verfestigte. Auf der anderen Seite hatten in der Ost-West-Auseinandersetzung die Führungsmächte Federn lassen müssen und gegenüber den Neutralen und Vasallen einen Machtverlust erlitten, den auch die Deutschen zu nutzen wußten. Die Zuchtrute der Alliierten schreckte nicht mehr, und so glaubte man, sich auch mehr Selbstbewußtsein leisten zu dürfen.

Staatsbesuch

Nichts bewundert der deutsche Kleinbürger mehr als Macht und stets faszinierten ihn die Mächtigen dieser Welt. Die kleine Freiheit, die im Verlauf der Jahre den westdeutschen Politikern eingeräumt wurde, erlaubte ihnen auch, vor den Türen der bewunderten Diktatoren zu antichambrieren, die Politiker der Linken kokettierten mit den machtvollen Heroen der kommunistischen Welt, die Politiker der Rechten zeigten sich angetan von den letzten antibolschewistischen Diktatoren, zum Beispiel in Lateinamerika.

Höhepunkt der politischen Karriere des Bundeskanzlers Schmidt war der Staatsbesuch des Sowjetführers Breschnew in der Bundesrepublik. Mit Akribie war zuvor das Protokoll erarbeitet, wußte man doch, daß die Russen sich in Fragen der Etikette besonders pingelig zeigten. Schmidt war es ein besonderes Anliegen, dem hohen Gast eine friedvolle-zivile Bundesrepublik vorzuführen und sich dem Sowjetimperator, dessen feudaler Lebensstil nach Zarenart so gar nicht zum Arbeiterführer passen wollte, als *erster leitender Angestellter des Staates* darzustellen.

Zum Beweis seiner Bescheidenheit verwies er gern und häufig auf seine kleinbürgerliche Wohnstatt in Hamburg-Langenhorn, die in der Tat Prunk und Pomp vermissen ließ und ohne Schnörkel und Tand mittelständische Wohnkultur repräsentierte. Ein bißchen Luftwaffencasino mit Dürerhausambiente, asymmetrisch modern die Wirkung des Wohnzimmers, vor getäfelter Wand das aproportionale Meublement, darauf abgestimmt der Expressionistenschinken, modern auch die Lampe über dem Tisch, an eine umgestülpte Waschschüssel erinnernd, rustikal die Kaminwand, ein Lichtband als Oberlicht. Auf dem Tisch ein Arbeitsmaidenblumenstrauß, aus Keramik die gedrehte Streifenwalzenbodenvase. Irden auch die Schmuckteller an der Wand, wohlgeordnet der Inhalt der Bücherwand. Als stolze Hausbesitzer wollten er und Gattin Loki dem Staatsbesuch eine freundschaftliche Note verleihen, und so luden sie den hohen Gast zu *einem privaten Mittagessen* in ihr Heim, nicht zuletzt mit dem missionarisch-didaktischen Anliegen, dem Schloßbewohner Breschnew deutsche Arbeiterpolitikerbescheidenheit zu demonstrieren.

Die Begleitung des Kremlchefs zeigte sich selbstverständlich entsetzt und befürchtete protokollarische Schwierigkeiten, zumal beim Staatsbankett bereits ein Mißgeschick zu beklagen gewesen war. Die Gattin des Bundespräsidenten Scheel hatte als Tischdame Breschnews plötzlich eine tätschelnde Hand an ihrem Bein verspürt. Hatte der Sowjetführer Feuer gefangen, zeigte er menschliche Gefühle? Seine ungerührten maskenhaften Gesichtszüge verrieten jedoch keinerlei Erregungen. Zu ihrer Erleichterung bemerkte sie einen Heilgehilfen aus dem sowjetischen Stab unter dem Tisch, der das Bein seines Herren suchte, um ihm eine kräftigende Spritze zu verabreichen. Damit war der in der Staatsetikette unerfahrenen First Lady eindrucksvoll vor Augen gehalten, warum das Protokoll so wichtig genommen und unter Diplomaten ein etwas steifer, stets auf Korrektheit bedachter Umgang gepflegt wurde.

In jahrhundertealtem Brauch hatten sich auf der diplomatischen Bühne Gepflogenheiten entwickelt, die den menschlichen und intimen Imponderabilien Rechnung trugen, zumal auf kulturelle, religiöse, weltanschauliche, aber auch ganz profane Gewohnheiten oder Empfindlichkeiten der Gäste Rücksicht genommen werden mußte. Selbstverständlich, daß Muslimen kein Schweinefleisch und Alkohol angeboten werden durfte. Die Speisefolge eines Staatsbanketts mußte unterschiedlichen Essgewohnheiten entsprechen, und so war es üblich, auf Landeskost zu verzichten. Russen zum Beispiel verachten den in Deutschland so beliebten Spargel, von dem sie zu sagen pflegen: 10 % Geschmack und 90 % Wasser. Daß der Genuß von Spargel beim Wasserlassen unangenehme Eigenschaften zeitigt, disqualifiziert dieses nicht überall geschätzte Gemüse. Nichtsdestotrotz hatte bereits Adenauer die Russen mit einem Spargelessen gequält, und so entschloß sich Frau Loki, den sowjetischen Gästen auch in ihrem Haus deutschen Spargel mit Schinken zu offerieren. Schließlich sollten die Russen deutsche Lebensart kennenlernen, im privaten Ambiente das norddeutsche Frühlingsessen genießen.

Die Bedenken des Protokolls waren lügengestraft, denn Schmidts hatten den Eindruck, daß die Gäste *locker und vertrauensvoll* die Annehmlichkeiten ihres Hauses genossen, auch wenn es ein wenig beengt war, und die Gastgeber etwas improvisieren mußten. *Meine Wohnung,* so berichtete Schmidt mit berechtigtem Stolz, *ist mit Büchern gut gefüllt, plötzlich bemerkte jemand, daß Breschnew sich in*

einen Sessel direkt unter die vierzig Bände Marx-Engels gesetzt hatte.
Großes Gelächter. Dann wurde es ernst. Die Gäste wollten noch vor
dem Mittagessen über Politik reden. Also ließen wir die anderen
Gäste im Wohnzimmer mit meiner Frau allein und zogen zu viert in
mein kleines Arbeitszimmer. Dort gab es nur drei Sitzgelegenheiten.
Genscher mußte wohl auf der Bücherleiter gehockt haben. Die bei-
den Dolmetscher standen. Eine Stunde später ging es die Treppe wie-
der hinunter.

Mit besonderer Freude genoß es der Kanzler, daß den Russen angesichts der wohlbestückten Bücherwand sein hohes Bildungsniveau
vor Augen gestellt war: *und viele russische Schriftsteller entdeckten,*
man sprach über russische Literatur. Die russischen Gäste konnten
sehen, daß wir nicht anhand von Spickzetteln aus dem Auswärtigen
Amt redeten, sondern aus eigener Kenntnis und daß die Deutschen
eine ganze Menge von russischer Literatur verstanden.

Es ehrte den deutschen Bundeskanzler, daß er die deutsche Bildung
derart rühmte, wohlwissend, daß er mit seinen Literaturkenntnissen
zu einer Minderheit gehörte und 48 % seiner Landsleute nicht lese-
fähig waren. Alles in allem war der Staatsbesuch nicht von großen
Erfolgen gekrönt, wohl aber war es Schmidt gelungen, den Sow-
jetmächtigen eine Belehrung über volkstümliche Politik zu erteilen:
Nachbarn des Kanzlers nahmen Anteil am hohen Besuch, schossen
Fotos, und Breschnew wollte es gar nicht glauben, daß dies einfache
Leute waren, die in dieser ehemals gewerkschaftseigenen *Neue Hei-*
mat-Siedlung in der Nachbarschaft des deutschen Bundeskanzlers
wohnten. Indessen war die Stimmung im Reihenhaus gehoben und
heiter, sichtlich genossen die Russen den exotischen Ort des Treffens,
so daß der von der Umgebung Breschnews am meisten befürchtete
Augenblick diskret erledigt werden konnte, zum Empfang der le-
bensnotwendigen Spritze wurde der Leibarzt mit seinem hohen Patienten in das Clo des Bundeskanzlers bemüht.

Fortan sollten derart private Einladungen eine deutsche Spezialität
werden, auch Schmidts Nachfolger Helmut Kohl nötigte ausländische Staatsgäste in sein Oggersheimer Domizil, wo er regionale
Landeskost verabreichte und sogar den kränkelnden, zartwirkenden
französischen Staatspräsidenten mit seinem Leibgericht *Pfälzer Sau-*
magen zu stärken suchte.

Wir Kleinbürger
Jugendaufbruch

Der kleinbürgerliche Aufbruch der Jugendbewegung am Ende des 19. Jahrhunderts suchte das einfache Leben, draußen in der Natur bei den Bauern. Die wohlbehüteten Kleinbürgersöhne und -töchter der frühen Bundesrepublik entdeckten ihr Vorbild im Proletariat, mit dessen vermeintlichen Sitten und Gebräuchen die Wohlstandkinder ihre Eltern besonders provozierend zu schrecken vermochten. Die Standeserniedrigung pflegte jedoch nicht lange zu währen, bei den ersten Fortschritten des beruflichen Aufstiegs, spätestens aber mit der Erlangung der angestrebten Reputation, galt es, sich im neuen Stand einzurichten, ausgewiesen durch einen Garderobenwechsel und die Übernahme der Sitten und Gebräuche des so mühsam erreichten gehobeneren Lebensumfelds. Um so beachtenswerter war es, daß der Tübinger Kulturwissenschaftler Hermann Bausinger im Jahre 1994 in der *Zeitschrift für Volkskunde* unter dem Titel *Wir Kleinbürger* sich zu seiner Kleinbürgervergangenheit bekannte.

Der Beitrag war freilich keine standesbezogene Untersuchung im Sinne der volkskundlichen Brauch-und-Sitte-Forschung, sondern die Überarbeitung eines Vortrags, der sich *primär auf die jüngere Universitäts- und Wissenschaftsgeschichte bezog.* Auch für Bausinger war der Kleinbürgerbegriff *mit negativen Akzenten versehen, ein nicht unbedingt einladendes Milieu, in Vorurteilen befangen und ängstlich auf Ordnung bedacht – leicht angestaubte bürgerliche Attitüden aufrechterhaltend.* Doch trotz alledem, der Gelehrte folgte einer Ehrenrettung dieses mißachteten Standes durch Martin Walser, der zwar auch den Kleinbürgern Enge und Provinzialität zuschrieb, dabei aber zu bedenken gab, daß diese Schicht die Mehrheit der Bevölkerung ausmacht und es nur *wenigen vergönnt ist zu den sogenannten besseren Leuten überzulaufen.*

Walsers Lob für den Mittelstand gründete im besonderen *Aufwärtsstreben dieses Standes, denn die Familien der Unterschichten haben nicht das Selbstbewußtsein, ihre Kinder mit wetterfesten Identitäten auszustatten, dennoch aus der Enge und Begrenztheit zu kommen und trotzdem zu verstehen, das heißt etwas, vermittelt sogar eine gewisse Überlegenheit gegenüber denen, die sich schon immer unangefochten in weiten Horizonten bewegt haben. Das erzeugt einen eigentümlichen Stolz, der freilich seinerseits nicht ganz wetterfest ist.* Während Walser das ehrgeizige Bildungsstreben der Kleinbürger als spezifische Eigenschaft dieses Standes erkannte, folgte Bausinger der Ansicht Ralf Dahrendorfs, daß Bildung bislang von sozialen Vorgaben abhängig und als bürgerliches Privileg lediglich das *Entfaltungsmedium privilegierter Schichten gewesen wäre*. Mit Dahrendorfs 1965 erhobener Forderung *Bildung ist Bürgerrecht* sei zugleich der Anspruch erhoben *Bildung ist auch Kleinbürgerrecht*.

Damals, so Bausinger, hätten Bildungspolitiker und Bildungstheoretiker versucht, *breite Schichten an die Bildung heranzuführen, weil Soziologen festgestellt hatten, daß Bildung strukturell als eine Art Schonraum für die Vererbung von Privilegien funktionierte, statistisch belegt, denn zwei Drittel, zum Beispiel der Juristen und Mediziner, kamen aus Familien der obersten fünf Prozent der Statushierarchie. Die Professoren waren erstaunlich oft Professorensöhne. Noch immer also war die nivellierte Mittelstandsgesellschaft eine Herkunftsgesellschaft*.

Mit diesem Forschungsergebnis waren die Soziologen einem alten Kleinbürgervorurteil erlegen, einem Vorurteil, das vor allem Angehörige der ersten Bildungsgeneration pflegten, die gegenüber der etablierten Wissenschaft und vor allen der Professorenschaft noch ein gehörig Maß an Minderwertigkeitsgefühlen hegten. Ein Blick auf die deutsche Wissenschaftsgeschichte hätte sie belehrt, daß die Universitäten von Anbeginn eine Domäne des Kleinbürgertums waren und die großen Gelehrten und Leuchten der Wissenschaft durchweg kleinen Verhältnissen entstammten. Die entsprechenden Statistiken seit dem 18. Jahrhundert belegen einen steten Zufluß aus der niederen Schicht, freilich nicht aus dem Proletariat, so wie es auch in den 6oer Jahren nicht gelungen war, *den akademischen Nachwuchs in der ganzen Breite der Gesellschaft zu mobilisieren*, wie Bausinger zu Recht beklagte.

Mit seinem statistischen Beleg für den hohen Anteil der Studierenden aus der *Statushierarchie*, den Ärzten und Juristen, hatte er ein irreführendes Beispiel ausgewählt, denn vor allem die Anwälte und Mediziner suchten angesichts ihrer florierenden Kanzleien beziehungsweise privaten Krankenhäuser oder Arztpraxen Erbhöfe zu begründen, mittelständische Existenzen, die vererbt sein wollten, womit auf die Nachkommen ein besonderer Druck ausgeübt wurde, dem väterlichen Vorbild bei der Auswahl des Studiums zu folgen, um hernach den Familienbetrieb übernehmen zum können. Eine Hoffnung, die sich freilich nicht immer erfüllte, denn Bildung war nicht vererbbar und nicht nur vom Fleiß abhängig. Die vehemente klein-

bürgerliche Jugendforderung nach Chancengleichheit und die nei-
dische Scheelsucht auf die vermeintliche Statushierarchie offenbarte
spätestens nach der Erzeugung eines eigenen Nachwuchses eine
deutscheigentümliche Verlogenheit, wenn die Neubildungsbürger
konsequenterweise ihren Kindern recht eigentlich eine akademische
Ausbildung hätten verweigern müssen, um nachfolgenden, nach Bildung strebenden Unterprivilegierten ein Universitätsstudium zu ermöglichen. Elterliche Fürsorge und Liebe geriet damit in einen ideologischen Konflikt, der freilich zugunsten der Elternliebe entschieden
wurde, und selbst in den sozialistischen Staaten, wo es Brauch war,
Akademikerkindern ein Studium zu verweigern, blieb die Nomenklatur von diesen Beschränkungen ausgeschlossen. Doch es war schwer,
den Status in der Bildungshierarchie über Generationen zu bewahren, eine Familiengeschichte zu begründen, wie sie der Adel und die
Bauern hatten, und so behalf sich die Bildungselite mit einem exi-
stenzlegitimierenden Hochmut,

So sehr auch die Sozialisten die Unterschicht verehrten und romantisch verklärten, ihr angehören wollte man nicht, ja mehr noch, die
verbalen Sympathiebekundungen für die niederen Schichten fanden
ihre Grenzen, wenn es hieß, die Seinen vor dem Umgang mit den
Schmuddelkindern zu bewahren. Der Elterngeneration der 68er war
dies freilich nicht gelungen, zumindest im Habit und bei der Woh-
nungswahl strebte die Ausbruchjugend zum Proletariat, ohne freilich
auf Gegenliebe zu stoßen, und eher Feindseligkeit erweckend, betrachteten sich die jungen Revoluzzer dennoch als klassenkämpferische Brüder der Arbeiterklasse, wobei es sich für die studentische
Jugend als Mangel erwies, keine Berührungspunkte mit dem eigentlichen Klassenfeind in Person des ausbeuterischen Kapitalisten zu haben. So spielte man Revolution innerhalb der Universität, indem die
Statushierarchie, die Professoren, den Part der Ausbeuterklasse zu
übernehmen hatten.

Überdies hatte sich an den Universitäten unbeschadet vom Zeitgeist und historischen Wandel alter akademischer Brauch erhalten,
ehrwürdige Rituale, mit denen der Stand seinen Aufstieg und seine
Reputation bekräftigte, Traditionen, die der jeweils neuen Statushierarchie den Anschein historischer Wurzel gaben und mit denen den
Hinzugekommenen eine verpflichtende Geschichte verliehen wurde.
Diesem *Muff von tausend Jahren unter den Talaren* hatte man gleichermaßen den Kampf angesagt wie den sich daraus herleitenden
autoritären Machtritualen der akademischen Amtsträger: den bil-

dungsbefrachteten *Wahren-Guten-Schönen-Dienern*, dem gestrengen Sauerbruch-Typ, der seine Kleine-Leute-Herkunft mit Staralürren eliminierte, in den Schlössern der Reichen verkehrte, weil er in den Gedärmen von Präsidenten und Fürsten geschnippelt hatte, polterig-jovial auch arme Leute behandelte und vor allem Assistenten und Studenten *coram publico* anschiß. Der Geisteswissenschaftler, der aus tiefer Bildungswurzel schöpfte und mit seinem Wissen die Studenten drangsalierte, sie zu einem Nichts degradierte, wenn sie im Lateinischen nicht sattelfest waren. Der unberechenbare Architekturprofessor, der Ästhetik und Baukunst gepachtet hatte und mit unerbittlicher Kritik die Ideenwelt seiner Schüler zerstörte. Der Heuss-Typ, Goethe auf der Zunge, voll bürgerlicher Würde und 1000jähriger Wissensfracht im Kopf.

Mitbestimmung bei den Lehrinhalten und gleichberechtigte Partnerschaft der Lernenden mit den Lehrenden mit dem Ziel einer zeitgemäßen Bildung ohne den nutzlosen Wissensballast des Bildungsbürgertums hieß die Forderung der neuen Ausbruchgeneration. Zeitgemäß vor allem sollte das Bildungsziel sein, und so erschreckte ein junger Kunsthistoriker seinen Doktorvater mit einer Dissertationsarbeit über den *Bamberger Reiter*. Nachdem ihm geheißen war, an Hand der Literatur sich der edlen Ritterwelt zu nähern, und er aus schwärmerischen Festschriften, dezidierten Kunstführern von der Welt des Adels, den Rittertugenden erfuhr, in Wahrheit jedoch in einer untergegangenen Welt herumstocherte, Staub und Moder von gestern, ohne Relevanz für die moderne Zeit, empfand er es als konsequent, endlich wissenschaftlich zu begründen, daß es an der Zeit wäre, den *Bamberger Reiter* zu entfernen, wegzupacken oder zumindest unbeachtet zu lassen. Auch für den Kunstwissenschaftler gab es gesellschaftspolitisch relevante Themen, die Starossabauten sozialistischer Wohnungsplanung oder der Wiener Arbeiterwohnungsbau und die Zeugnisse der Siedlungsbewegungen der 20er Jahre. Ansonsten galt es, einen klaren Klassenstandpunkt zu vertreten und die deutsche Kultur als Zeugnis der Ausbeutergesellschaft zu entlarven.

Darüber hinaus schickte man sich an, die Hochschule zu entstauben, deutschgründlich zu reinigen und vor allem die Lerninhalte zu modernisieren und von alter Wissensfracht zu befreien. Die Aufräumungsarbeiten fanden allerdings ihre Grenzen bei den *exakten Wissenschaften*, die Naturwissenschaftler und Techniker, deren Lernergebnisse *exakt* zu überprüfen waren und bei denen in Anbetracht ihrer künftigen verantwortungsvollen Aufgaben Wissenslücken katastrophale Folgen gehabt hätten, zeigten sich von den studentischen Unruhen weitgehend unberührt.

Der große Zulauf kleinbürgerlicher Lernwilliger zu den Geisteswissenschaften, den Sozialwissenschaften und der Psychologie hatte vor allem zwei Gründe, zum einen waren kaum Vorkenntnisse vonnöten, und zum anderen versprach man sich von diesen Disziplinen individuelle Hilfe und zuweilen sogar therapeutische Hilfestellung bei der Aufarbeitung der ungeliebten und belastenden kleinbürgerlichen Vergangenheit. Für das Fach Volkskunde war dies nicht neu, und auch Altertumsforscher früherer Zeiten motivierten ihren Forscherfleiß mit einer subjektiven Vergangenheitsbewältigung, neu war jedoch das Bekenntnis zum Stand, und so erklärte Bausinger das wachsende Interesse, zum Beispiel an der Volkskunde, die er in *Empirische Kulturforschung* umbenannt wissen wollte, mit dem Hinweis, daß dieses Fach *Gegenstände und Probleme behandelt, die fast immer auch mit dem eigenen Milieu, der eigenen Herkunft zu tun haben,* die moderne Kulturforschung also endlich *Kleinbürger-Kultur als Kultur erfahrbar, aber auch kritisierbar macht.* Bausinger hatte sich geirrt oder war seinem ersten Eindruck von der erlauchten Professorenschaft erlegen, eine tradierte Statushierarchie hatte es nie gegeben, wohl aber eine historisch gewachsene Bürgerkultur, an deren Entwicklung und Formung die Universitäten maßgeblich beteiligt waren, nicht zuletzt, weil durch die universitäre Brauchtumspflege und den historisch verwurzelten akademischen Bildungshochmut kleinbürgerliche Erinnerungen zu tilgen waren. Die Universitäten, wie Handwerkskooperationen in Brauchtum und Sitte eingebunden und von Normen der Anpassung geprägt, waren nicht nur ein Hort der Bildung und Ausbildung, sondern auch eine kleinbürgerliche Nobilitierungsinstitution, die als Lohn für Anpassung vor allem den aufwärtsstrebenden Unterschichten den Aufstieg in das Bildungsbürgertum ermöglichten und so dem materialistischen Großbürgertum und der Adelskultur ein reputierliches Bildungsgroßbürgertum zur Seite stellte, freilich ohne Erbhöfe und zinsträchtige Zukunftsinvestitionen für die Nachkommenschaft.

In der Kleinbürgergesellschaft Bundesrepublik Deutschland war die Konkurrenz zu den höheren Schichten der Großbürger- und Adelskultur nicht mehr vonnöten, sie hatten ihre Vorbildrolle verloren, und folglich galten andere gesellschaftliche Konventionen. Die Mittelstandgesellschaft folgte neuen Idolen und richtete sich ihr Gemeinwesen entsprechend ihren Wünsche und Begehrlichkeiten ein,

Begehrlichkeiten, die der neuen Zeit entsprachen und kaum mehr der verstaubten, abgelebten Kultur bedurften. Damit war auch das Gelehrtenbrimborium an den Hochschulen in Frage gestellt, und dementsprechend versah Bausinger sein Kleinbürgerbekenntnis mit dem Untertitel *Die Unterwanderung der Kultur,* die, 1968 begonnen, zum Zeitpunkt seines Vortrages, 1994, allenthalben, auch an den Universitäten, so erfolgreich verlaufen war.

1968

Nicht zuletzt durch die in Permanenz geschürten und sorglich ge-pflegten Ängste vor der kommunistischen Bedrohung hatte sich die bundesrepublikanische Nomenklatur behaglich einzurichten ver-mocht. Der Kalte Krieg und die ständig beschworene Gefahr der *kommunistischen Unterwanderung* gestatteten die Etablierung der *autoritären Demokratie,* in der die Verantwortlichen nicht *fortwäh-rend mit dem Grundgesetz unter dem Arm herumlaufen konnten,* wie ein Minister gestand, und die zuweilen mit Mitteln außerhalb der Legalität geschützt werden mußte. Angesichts der Bedrohung war die jüngste Geschichte aus dem Bewußtsein der mehr oder minder Schuldigen getilgt, und wenn der innere und äußere Feind die Finger in alte Wunden legte, war dies plausibel als Angriff auf die freiheit-lich-demokratische Ordnung zu entlarven und zurückzuweisen.

Seit jenen 60er Jahren gab es weitere *Unterwanderungsversuche,* nicht von jenseits des eisernen Vorhangs, wenngleich die Staats-schutzorgane dies gerne nachgewiesen hätten, sondern als Teil des Unterwanderungsversuchs der jungen Kleinbürgergeneration, die un-ter dem Schlagwort *Kampf dem Establishment* die verkrusteten Strukturen des neuen Biedermeiers aufzubrechen versuchte. *Da ging es um unsere Herkunft* erinnerte sich Walter Satzinger, *und wir sahen wie jämmerlich sie war, die Generation unserer Eltern! Sind sie viel-leicht auch kleine Mittäter gewesen, Mitwisser und Dulder der Taten waren sie bestimmt; und wenn selbst das nicht, so wären sie doch im-merhin jetzt verpflichtet gewesen, sich den Tatsachen zu stellen, nichts mehr hören wollten sie davon, einmal muß ja Schluß sein. Die Wirtschaftswunderhelden, ein windiges Häuflein von Feiglingen und Verbrechern? ... Konnte da noch verbindlich bleiben, was sie uns als richtig, gut und erstrebenswert vorgestellt und eingebleut hatten? War der Kommunismus wirklich von Übel und die parlamentarische*

Demokratie die beste aller möglichen? Sollte materieller Wohlstand weiterhin das höchste Ziel einer Gesellschaft sein und dessen Erreichen der Beweis für die Überlegenheit ihres Systems?

Allein die Fragen waren für die Mächtigen Blasphemie, Verrat an den Idealen der freien Welt, sollte doch die undankbare Jugend nach *drüben* gehen, in den anderen Teil Deutschlands, in das Arbeiter- und Bauernparadies. Schule, Politiker, staatsbürgerliche Bildungs- und Erziehungsinstitutionen hatten bislang bis zum Überdruß eine *Brüder und Schwester-Romantik* gepflegt, und gerade deshalb war die Republik im Osten ein *fernes Land*, ein Staat der schlechte Schlagzeilen machte, der sich hinter der Mauer verbarg, an dessen Grenzen Menschen erschossen wurden – gewissermaßen vor der Haustür zerrissen Minen die Gliedmaßen von Flüchtlingen, zerfetzten Selbstschußanlagen menschliche Körper.

Der Elterngeneration hatte man Täterschaft oder zumindest duldende Mitwisserschaft am Dritten Reich vorgehalten, die Söhne und Töchter verschlossen nun abermals die Augen oder suchten, deutscheigentümlich, die Untaten der neuen Täter zu erklären, denn schließlich pflegen alle Staaten ihre Grenze zu schützen. Die zweifellos unerfreulichen Vorgänge an der Mauer waren Grund genug, nicht sonderlich hinzuschauen, und so wußte man nur wenig über den DDR-Staat. Mit der Schulklasse hatte ein Großteil der Jugend einen Berlin-Besuch absolviert, gutgemeint vom *Ministerium für gesamtdeutsche Fragen* finanziert. Mit der S-Bahn war die Klasse auch in den Ostteil der Stadt gefahren, nach *Dunkeldeutschland,* weil die Straßen so spärlich beleuchtet, ein bißchen unheimlich war es dort, muffige Grenzbeamte hatten einen bei der Ausreise ausgehorcht und eigentlich waren alle froh, das armselige Land wieder verlassen zu können.

Welch ein Kontrast – wenn des abends *im freien Teil* der Stadt auf die Piste gegangen wurde. Anderntags besichtigten sie dann den deutschen Horror, die Gedenkstätten jüngster deutscher Geschichte, die Galgen in Plötzensee und die Todeskreuze in der Bernauer Straße. Die fiktive deutsche Hauptstadt offerierte sich den jungen Besuchern nicht als Ort hehrer Geschichtserinnerung, und auch der erste sozialistische Staat auf deutschem Boden zeigte sich wenig attraktiv. Da stellte sich die Frage, warum man die da drüben nicht in Ruhe ließ, denn schließlich ging einen das ja nichts an, sollten sie doch leben wie sie wollten. Die deutsche Version des Sozialismus fand wenige Sympathisanten, doch ferner gelegene Sozialismusmodelle erschienen den Suchenden als erstrebenswerte Lichtpunkte einer besseren Gesellschaft, die chinesische Variante etwa, oder der Weg der vietnamesischen Genossen unter der Führung des greisen Ho Chi Minh. Zuweilen sah man sich an der Seite jener Freiheitsbewegungen in der Dritten Welt, die noch nicht den Sieg errungen hatten und von denen gehofft wurde, daß sie eine brauchbare Alternative zu den etablierten sozialistischen Staaten entwickeln würden, den Betonkommunisten in der Sowjetunion und in der DDR. Der Feind dieser Befreiungsbewegungen war auch der Feind der deutschen Junggenossen, die CIA-gesteuerten USA, die in Vietnam bombten, die in Lateinamerika und anderswo Diktatoren stützten und die Weltwirtschaft beherrschten. An der Seite der weltweiten Befreiungsbewegungen galt es, einen antiimperialistischen Kampf gegen die Supermacht Amerika zu führen, den deutschen Vasallenstaat eingeschlossen

Von der Universität hatte sich die Aufbruchjugend das geistige Rüstzeug für diesen Kampf erhofft, Klarheit in bezug auf die anstehenden Fragen der Zeit, Impulse für die von den Intellektuellen angemahnten gesellschaftlichen Reformen. Das konfuse Gedankenkonglomerat wollte geordnet und zu einem Programm geformt sein, ersehnt war wieder einmal eine deutsche menschheitsbeglückende Ideologie. Herübergeweht war der Protest aus den USA, der sich dort allerdings weniger bierernst und gründlich artikuliert hatte und weitgehend poetisch-musikalisch ausgetragen wurde, oberflächlich und unernst, wie die deutschen Schwerenöter befanden. Erst war die Bundesrepublik *uns zu wenig amerikanisch im gesellschaftlichen Habitus,* bekannte der Zeitgenosse Satzinger, *dann zu sehr USA verhaftet, in Politik und Wirtschaft.*

Rettungsanker für die gestrandete Generation war zunächst die sogenannte *Frankfurter Schule:* Max Horkheimers und Theodor W. Adornos *kritische Theorie,* die wieder einmal der Tradition deutscher Grübelgelehrter folgte, die sich seit der Aufklärung bemühten, die Veredelung der Menschheit zum Bildungsziel zu erheben. Mit einem gesamtgesellschaftlichen Erklärungsanspruch sollten abermals die düsteren Zustände des deutschen Gemeinwesens vorbildhaft für die Welt gedeutet und verändert werden.

Auch die neudeutsche Jugendbewegung adaptierte aus den USA eine romantisch-musikalische Attitüde des Aufbruchs, kopierte die Barden des amerikanischen Protestes, doch die Klänge und Texte der deutschen Epigonen blieben freudlose Unkunst und erinnerten nicht ohne Absicht an das Tandaradei der Jugendbewegung oder gar an das Agitprop-Gejammer aus der Kampfzeit der KPD. Auf der Burg

Waldeck versammelten sich die politischen Kleinkünstler, trugen ihr Liedgut vor, nicht gerade in Eintracht und Harmonie, sondern sich um die reine Lehre alteriert attackierend, denn inzwischen war man wieder im 19. Jahrhundert angekommen, hatte Karl Marx wiederentdeckt und seine Schriften zum Evangelium erhoben. Bis dahin hatte dieser gewissermaßen auf dem Index gestanden, seine Werke waren für bundesdeutsche Bürger nur schwer erhältlich, und allein die Lektüre seiner Schriften machte den Leser verdächtig, ein Verfassungsfeind zu sein. Für den Bürger sollte es genügen, die diesbezüglichen Rezeptionen der *Bundeszentrale für politische Bildung* zu studieren, und auch die katholische Kirche gab entsprechende antikommunistische Traktate heraus.

Marx, im Original gelesen, ließ die Suchenden schließlich die Frankfurter Schule verwerfen, Horkheimer und Adorno wurden von Herbert Marcuse abgelöst, einem in den USA wirkenden Altmarxisten, der bereits in den 20er Jahren von der KPD als Renegat geschmäht worden war und der auf sonderliche Weise den Marxismus mit der Esoterik verschmolzen hatte, womit er den deutschen Hintersinngrüblern ein weiteres Feld tiefschürfender Gedankenausflüge eröffnete.

Die neuen Heilsbringer, Adorno, Marx und Marcuse, erwiesen sich letztendlich doch nicht tauglich, den Mief dieser kleinbürgerlichen Bundesrepublik zu zerstreuen, zumal es ihren Jüngern nicht gegeben war, außerhalb des Campus zu agieren, geschweige denn die Massen zu mobilisieren. Als die Erstachtundsechziger bereits ihren *Marsch durch die Institutionen* begonnen hatten, und ihr Kampf gegen das Establishment bereits Jugenderinnerung war, schickten sich die nachfolgenden Wirtschaftswunderkinder an, das Erbe der Erben der »Alten« anzutreten: Kleinstadtjugend, ein bißchen als Hippies kostümiert, in den Grünanlagen Shit rauchend, aufmüpfig in der Schule und im zum Jugendzimmer umgestalteten Kinderzimmer ein Che-Guevara-Poster über dem Bett. Es war die überversorgte Jugend, der kaum ein Wunsch abgeschlagen wurde, die zu konsumieren gelernt hatte und überdies in den Medien ihre Wünsche artikuliert sah.

Erhalten hatte sich der verbale Protest, noch immer existierte die RAF als terroristischer Staatsfeind Nr. 1 mit einer erklecklichen Anzahl jugendlicher Sympathisanten, da gab es noch immer die Hausbesetzerszene, in der sich jene Jugendliche sammelten, die der spießigen Welt der Eltern entflohen waren und nun Geborgenheit in der Gruppe der Zivilisationsflüchtlinge suchten. Ihnen vermochten die staatstragenden Parteien keine politische Heimat zu bieten, mehr noch, der Parteienstaat trat ihnen in Gestalt knüppelnder Büttel entgegen, denn nach wie vor setzten die Politiker auf das probate Erziehungsmittel der Zuchtrute und befahlen ihren Sicherheitskräften, auf die unbotmäßige Jugend einzudreschen.

Grün
Stadtparkideologen

Anfang der 70er Jahre berichteten die bundesrepublikanischen Medien hin und wieder über eine Bewegung in Schweden, die unter dem Begriff *Milieuschutz* sich der bedrohten Natur annahm, indem sie vom Staat und vor allem der Industrie nachhaltige Maßnahmen forderte, dem Fortschreiten der Naturverwüstung ein Ende zu machen. Die Naturschutzbewegung hatte auch in Deutschland eine lange Tradition, der Heidedichter Hermann Löns hatte nicht nur in Wald und Flur seine Flinte auf das Wildgetier abgeschossen, sondern auch einen intensiven Naturschutz gefordert, die Urbewohner eingeschlossen, denn Naturschutz war für Hermann Löns zugleich deutsch-germanischer Rasseschutz. Die Wandervogelbewegung hatte dem Heidedichter den Weg gewiesen, sie sah in der Verstädterung und in der hemmungslosen Industrialisierung einen menschenverachtenden Fortschritt, und so suchte sie in der Natur, draußen vor der Stadt, ihr Heil, dort, wo die alten deutschen Mythen noch zu erspüren waren und alter Brauch aus Wurzeltiefe quoll.

Diesen Gedanken hatten die Nationalsozialisten freudig aufgegriffen, und so sammelten sich vor allem um den NS-Ärzteführer Leonardo Conti junge Mediziner, die im Rahmen der Förderung der Volksgesundheit bei der Industrie und der staatlichen Planung massive Maßnahmen zum Schutze der Menschen und der Natur anmahnten. Mit Aufklärungsschriften sollte das Bewußtsein der Menschen für die Umwelt geweckt werden, nicht nur für die Deutschen, sondern in den Kriegsjahren auch in den besetzten Gebieten. Nicht immer hatten die Naturschützer Erfolg. Als ausgerechnet in der Lüneburger Heide die Wehrmacht ein großes Gebiet als Truppenübungsplatz reklamierte, sah sich der Reichsbauernführer mit den schwarzen Fahnen des Bauernprotestes konfrontiert. Sein Einsatz für den Naturschutz war nicht von Erfolg beschieden, und so mußte er in der Parteiführung wie bei der Bauernschaft einen herben Autoritätsverlust hinnehmen.

Im Verlauf des wirtschaftlichen Aufstiegs der Bundesrepublik, der grenzenlosen Wachstumseuphorie der ersten Wiederaufbaujahre fanden zunächst Naturschützer kein Gehör, und zuweilen schien es so, daß heimatpflegende Vereine sich lediglich die Dokumentation des aussterbenden Bestandes zur Aufgabe gemacht hätten.

Ein Einzelkämpfer, der CDU-Abgeordnete Herbert Gruhl, hatte sich schließlich dieses Themas angenommen, Mitkämpfer gesammelt und eine Partei-Arbeitsgruppe für *Umweltvorsorge* gegründet, deren Vorsitz er übernahm. Als es ihm 1973 gelang, eine interparlamentarische Arbeitsgruppe zu initiieren, erregte dies den Unwillen seiner Parteifreunde, und so entschloß sich Gruhl, resigniert über die Ignoranz der Partei, 1978 die CDU zu verlassen und die *Grüne Aktion Zukunft* (GAZ) zu begründen. Zunächst glaubte man, daß sich in der neuen Bewegung jene Kräfte sammelten, die mit Ernst den Raubbau an der Natur beklagten und einen raschen Wandel im Bewußtsein der Menschen befördert wissen wollten, so wie es Gruhl in seinem 1978 erschienenen Buch *Ein Planet wird geplündert. Die Schreckensbilanz unserer Politik* gefordert hatte. Doch bald wurde deutlich, daß die Aktion zu einem Sammelbecken der politisch Heimatlosen wurde, der Mitbegründer der *CSU* und späterhin Gründer der rechtsradikalen *Aktionsgemeinschaft Unabhängiger Deutscher,* August Hausleiter, fand ebenso Gefallen am Umweltschutz wie der NS-Naturschützer Baldur Springmann. Einzelpersonen aus der rechtsextremen Szene wie auch aus linken Hausbesetzerkreisen sahen in der eigentlich von konservativen Werten geprägten Bewegung ein neues politisches Betätigungsfeld. Heftige ideologische Auseinandersetzungen ließen zuweilen das ursprüngliche Anliegen des Umweltschutzes vergessen, und so retirierte Gruhl abermals, er verließ seine Aktion und gründete mit mäßigem Erfolg eine der Naturbewahrung verpflichtete Partei.

Aus Bürgerinitiativen und sogenannten *Grünen Listen* und der Gruhlschen *Grünen Aktion Zukunft* hatte sich 1980 schließlich die politische Partei *Die Grünen* gebildet, die zunächst kein Programm festgeschrieben hatte, sondern sich lediglich zu einem Bekenntnis entschließen konnte, nämlich den Partei-Grundwerten *ökologisch, sozial, basisdemokratisch, gewaltfrei.* Weniger mit der Ökologie zu tun hatten ihre außen- und gesellschaftspolitischen Vorstellungen, die zunächst die Linke und die Rechtsradikalen zu einen vermochten, zum Beispiel die neutralistischen Tendenzen, die bereits Jahre zuvor Hausleiter vertreten hatte, und einen unterschiedlich motivierten Pazifismus. Vorrangig sollte jedoch der Kampf gegen das Wachstumsdenken und die daraus resultierenden Umweltzerstörung sein, wobei die gefährliche Technologie der friedlichen Atomnutzung zum Symbol des Kampfeswillens erhoben wurde. Tatsächlich gelang es der jungen Partei bis 1986, in viele Länderparlamente einzuziehen. Als endlich bei der Bundestagswahl vom 25. Januar 1987 42 Grüne Abgeordnete in den Bundestag gewählt wurden, war das Parteienspektrum der Republik um eine neue linke Partei reicher, denn zielsicher und mit jugendlichem Elan hatten sich die Linken bereits bei den innerparteilichen Delegiertenwahlen durchgesetzt.

Da saßen nun die 42 meist jungen Politrüpel im Deutschen Bundestag und bereits ihr demonstrativ bürgerschreckender Einzug anläßlich der konstituierenden Sitzung war eine Provokation, ein Happening der Unreife und Mißachtung des ehrwürdigen Hauses. Unisono tadelten alle etablierten Parteien die 8,3 % verantwortungslosen Wähler, die diese Dilettanten zu Volksvertretern erhoben hatten, und schworen sich Einigkeit bei der Verteidigung der Würde des Parlaments. Niemand, so gelobten sie, würde jemals mit diesen jungen Leuten zusammenarbeiten.

Symbolträchtig hatten sich die *Grünen* als programmatisches Parteilogo die von der Speiseölindustrie so begehrte mittelamerikanische Ölfruchtblüte *Helianthus*, gemeinhin *Sonnenblume* genannt, ausgewählt, eine Nutzpflanze, die vor allem in Amerika, Rußland und Südosteuropa im intensiven Plantagenanbau für die Margarineherstellung produziert wird, in Deutschland aber auch als dekorative Zierblume die Balkonkästen und Hausgärten verschönt. Die nun zur Parteiblume erhobene Pflanze stellte den urbanen Charakter der Partei sinnfällig vor Augen, und so war es naheliegend, daß an den folgenden Parteitagen die ökologisch-drängenden Fragen weitgehend in den Hintergrund rückten und die um den Naturschutz, Tierschutz und den Landschaftsschutz besorgten Aktivisten ihren Einfluß verloren. Für die führenden Agitatoren war die Umweltverseuchung die Folge des hemmungslosen Kapitalismus, und also galt es, einen antikapitalistischen Kampf gegen den Wachstumswahn zu führen. Hauptfeinde waren die Atom-, die chemische und die Autoindustrie, was wiederum die Arbeitnehmer dieser Sparten erboste, die sich daraufhin mit ihren Ausbeutern solidarisierten und die *Grünen* als Arbeiterfeinde denunzierten.

Bereits den Naturschützern der Jugendbewegung war es nicht unbedingt um den Naturerhalt gegangen, sie forderten unter dem

Aspekt der Landschaftspflege eine Ästhetisierung der Natur, die germanische Rassepflege eingeschlossen. Auch für sie stand der Mensch im Vordergrund ihrer Bemühungen, ihm sollte in der verschönten und gepflegten Kulturlandschaft ein Kontrast zur Maschinenwelt des Alltags geschenkt sein. Die moderne grüne Jugendbewegung wollte diesem nationalen, engstirnigen Aspekt nicht folgen und betrachtete sich als Weltenmahner, wieder einmal sollte am deutschen Wesen die Welt genesen, und so ermahnten sie die Menschheit, sich ihrem Streben anzuschließen. Kinder eines Landes, in dem es kaum noch eine Naturlandschaft gab, in dem die Raubtiere des Waldes nahezu ausgerottet waren, sahen sich legitimiert, für den Erhalt des Regenwaldes einzutreten und die raubbautreibenden fernen Völkern vorwurfsvoll zu belehren.

Aus der soziologischen Struktur der Mitglieder und Wähler der *Grünen* ergab sich des weiteren eines ihrer forciertesten Themenfelder: der prekäre Zusammenhang von Bevölkerungsentwicklung und Altersversorgung, der bereits seit dem späten 19. Jahrhundert die Meinungsfreude von Politikern jeglicher Couleur herausgfordert hatte, zumal es galt, sich damit einer drängenden mittelständischen Sorge anzunehmen. Es war die Sorge um die Alterssicherung, die mit der Deformation der Alterspyramide in Gefahr geraten war. Dieses rentensichernde Gleichgewicht war nicht zuletzt durch das Wohlstandsdenken der Bevölkerung in Unordnung geraten.

Am 1. Dezember 1906 gab es in den Reichsgrenzen 60 Millionen Deutsche, damit gehörte Deutschland zu den überbevölkerten Staaten Europas, wobei ein jährlicher Zuwachs von 800000 Menschen Anlaß zu großer Sorge gab, man sprach vom Volk ohne Raum, dem endlich ein Platz an der Sonne zu gewähren sei, was heißen sollte, daß Deutschland Kolonien begehrte. Als nach dem Ersten Weltkrieg die Deutschen ihre Kolonien verloren hatten, erschien der politische Roman *Volk ohne Raum* von Hans Grimm, der die deutsche Überbevölkerung dramatisch beschrieb, und die Gesundung Deutschlands von der Rückgabe der Auslandsbesitzungen abhängig machte.

Auch der Führer beklagte die dramatische Bevölkerungsdichte seines Landes, trotzdem wurde das *Volk ohne Raum* aufgefordert, sich fleißig zu vermehren. Mit Mutterkreuzen, in der Form subventionierten Geschlechtsverkehrs, daß mit jeder Geburt das sogenannte Ehestandsdarlehen getilgt werden konnte, dem Verbot von Präservativen, Mutterschaftserziehung im BDM und großangelegten Propagandaaktionen sollte das Volk zur Zeugung animiert werden. Für sein kontinentales Kolonialreich benötigte der Führer *Menschenmaterial,* in breiten Strömen sollten deutsche Siedler, die Weiten Rußlands besiedeln. Das Volk gehorchte und triumphierend konnte der Reichsminister dem jubelnden Volk zu Beginn des Krieges mitteilen, *daß das deutsche Volk mehr Kinder zur Welt gebracht hat, als das Englische und Französische Volk zusammen.* Die Weltmachtträume waren 1945 zerstoben, doch in der bislang gesunden Alterspyramide hatte sich ein dicker Pfropfen gebildet.

Die mit jährlich 1,4 Millionen Lebendgeburten enorm geburtenstarken Jahrgänge zwischen 1933 bis 1940 ließen eine weitere Deformierung des Altersaufbaus in den 50er und 60er Jahren prognostizieren, denn der Logik folgend bedeuten geburtenstarke Jahrgänge auch nachfolgenden Geburtenüberschuß, den der Bevölkerungsstatistiker Flaskämper graphisch mit dem Bild einer *zerzausten Wettertanne* beschrieb. Um aus der *zerzausten Wettertanne* wieder eine *Alterspyramide* werden zu lassen, müßten zunächst über eine Millionen Kinder pro Jahr gezeugt werden, und da die Alten immer älter werden, wären auch die folgenden Generationen aufgefordert, fleißigen Geschlechtsverkehr, hoffentlich nur zum Wohle der Renten, auszuüben.

Zum Wohle der Lebensqualität wäre die wachsende Bevölkerungsdichte freilich nicht, denn schon heute dichter besiedelt als China, bedeutete das für Deutschland weitere Urbanisierung der Dörfer, Zerstörung von Natur, Luftverseuchung und notwendige umweltpolitische Zwangsmaßnahmen mit Freiheitsverlusten. Die beklemmenden Konsequenzen wachsender Bevölkerungsdichte werden bereits heute deutlich: Exporte von Abfall und Giftstoffen, rigoroser Raubbau an den Ressourcen, die Vernachlässigung ärztlicher Betreuung und schließlich die Liberalisierung der sogenannten Sterbehilfe.

Nationalsozialistisches Gedankengut ist dank der Nachkriegsentwicklung aus den Hirnen der Deutschen weitgehend getilgt, doch die Angst vor dem Volkstod hat sich hartnäckig gehalten und belegt auf eindrucksvolle Weise die Schwierigkeiten der Deutschen, kausal zu denken. Die offenkundigen Verwerfungen des Altersaufbaus veranlaßten die Politiker, im Jahre 1973 ein Bundesinstitut für Bevölkerungsforschung zu etablieren, dessen Direktor Hermann Schubnell bereits in jenen Jahren darauf hinwies, daß *eine Bevölkerung nicht ständig zunehmen kann* und die Forderung nach permanentem Volkswachstum ein Relikt des 18. Jahrhunderts ist. Die hochindustrielle, technisierte und rationalisierte Gesellschaft benötigt zunehmend weniger, doch höher qualifizierte Arbeitskräfte, und so erhofften sich die Bevölkerungswissenschaftler des westdeutschen Staates einen natürlichen Bevölkerungsrückgang von 62 Millionen im Jahre 1970 auf 57 Millionen Bundesbürger bis zur Jahrtausendwende. *Ist das nicht eine große Chance mit den Wachstumsproblemen fertig zu werden?*, fragte Hermann Schubnell und erntete bei den Politikern Unverständnis, denn sie verharrten in der tradierten Volksvorstellung, eine große Kinderschar wäre der Alterssicherung dienlich.

Hätten die Deutschen ihre Weltmachtgelüste nicht mit einem forcierten Volkswachstum zu befriedigen versucht, wäre die Alterspyramide nicht zu einer zerzausten Wetterfahne verunstaltet und das von Bismarck gestiftete Rentensystem durcheinander geraten. Was wäre wenn, ist eine müßige Frage, doch über die anstehenden Probleme vor dem Hintergrund der Ursachen nachzudenken und neue Ideen der sozialen Absicherung zu entwickeln, ist den Politikern nicht gegeben.

Für die *Grünen* als typisch urbane Bewegung war das eigentliche Problem nicht erkennbar, sie forderten die Abkehr vom nationalstaatlichen Denken und verlangten, Deutschland zum Einwanderungsland zu erklären und den Bevölkerungsschwund durch den Zuzug von Ausländern auszugleichen. Mehrheitlich lehnten die Deutschen eine weitere Zunahme der Bevölkerung ab und auch die farbenfroh in Aussicht gestellte Urbanisierung des Gemeinwesens, die multikulturelle Bereicherung der Gesellschaft vermochte die Skeptiker nicht zu überzeugen, sie fanden an der Unterschichten-Volkskultur der Einwanderer keine Freude und vermißten nach wie vor den Zufluß fremder Hochkulturen.

Andere glaubten, in der mitteleuropäischen Überbevölkerung eine Hauptursache der Umweltprobleme zu erkennen, namentlich Deutschland hatte sein Bevölkerungswachstum kaum zu verkraften vermocht. Mit Recht wiesen die *Grünen* darauf hin, daß die gute Infrastruktur der stadtnahen ländlichen Gebiete sehr leicht zu urbanisieren und ausreichend Platz für Wohnungen und industrielle Arbeitsplätze für die Zuwanderer zu schaffen wäre. Und in der Tat: Städtische Raumplaner bewiesen, daß der Schreckensruf besorgter Naturromantiker *das Boot ist voll* bei forciertem Straßenbau und rationellem Wohnungsbau purer Unsinn wäre.

Positivistischer Ingenieursglaube wußte, daß alle Probleme der Menschheit naturwissenschaftlich-technisch zu meistern, verhängnisvolle Entwicklungen zu korrigieren und durch bessere Lösungen zu ersetzen wären. Gegen die luftverseuchenden Kraftwerke hatte man Atomkraftwerke entwickelt, bis sich herausstellte, daß auch von diesen Energiefabriken Gefahren ausgingen, und so setzte man Hoffnung auf stromerzeugende Windräder, die freilich den Vogelschützern nicht behagten, alsdann wünschten sich die modernen Positivisten Solaranlagen und erneuerbare Energiequellen, kurz, nach wie vor zeigte man sich unerschütterlich im Glauben an den menschheitsbeglückenden technischen Fortschritt – vorausgesetzt es gelang, einen neuen sozialisierten Menschen zu schaffen, der verantwortungsbewußt und solidarisch an der Pflege der Umwelt mitwirkte, wenn nötig unter Zwang und Gewalt. Nur so war das biblische Gebot, *fruchtbar zu sein und sich zu mehren und die Erde zu füllen und sie untertan zu machen, zu herrschen über die Fische im Meer und über die Vögel unter dem Himmel und über alles Getier, das auf Erden kriecht,* zu erfüllen.

Von Anbeginn ihrer Parteigründung gelang es den *Grünen* nicht, die im steten Widerstreit agierenden Richtungen zu versöhnen, die neopositivistischen Realos und die pragmatischen sozialistisch, esoterischen Heilsideologen. Das einzige Band, das diese Partei zusammenhielt, war ihre idealistische menschheitsbeglückende Idee von einer lichten Zukunft, und zu Unrecht bezichtigten die Gegner diese Partei, sie sei katastrophenfixiert und verbreite allenfalls Betrübnis und Besorgtheit. Wie alle Rettungsideologen vertraten auch sie einen hoffnungsfrohen Optimismus, vorausgesetzt die Menschen wären bereit, ihnen zu folgen.

Wie in einer Nußschale birgt diese Partei von ihrer Gründung, ihren zahlreichen Wandlungen bis zur Regierungspartei das Charakteristikum mittelständischer Gesinnungsgemeinschaften: Vom stürmischen Jugendaufbruch, dem idealistischen Gestaltungswillen im Dienste einer schönen neuen Welt bis zur Rückkehr in die stillen Gewässer der kleinbürgerlichen Lebenswelt alterte die Partei entsprechend der Rückkehr ihrer Protagonisten zur Wurzel ihres Herkommens.

Volkskultur

Die Westdeutschen hatten als Bundesbürger und Verbraucher ihre Identität gefunden, mit Hilfe ihrer Siegermächte war der jahrhundertealte Kleinbürgertraum Wirklichkeit geworden: Auf einem gesunden wirtschaftlichen Fundament pflegten die Deutschen ihre Verbraucherkultur, wählten ihre Regierungen, die Ruhe und Ordnung stifteten, die soziale Symmetrie wahrten, vor allem aber den Besitzstand hüteten und Wohlstand und gesellschaftlichen Frieden sicherten.

Für die Ostdeutschen hatte die Partei ihre eigenen Vorstellungen vom idealen DDR-Bürger, doch trotz kostspieliger und mühevoller Erziehungsarbeit wollte es nicht gelingen, den *allseits gebildeten, sozialistischen Menschen* aus der Retorte der sozialistischen Menschenschöpfer zu destillieren, eine für die deutschen Ideologie-Idealisten besonders schmerzliche Erfahrung, denn schließlich waren sie angetreten, im Mutterland des Marxismus Wirklichkeit werden zu lassen, was bislang auf keinem Quadratmillimeter der Welt gelungen war, den Aufbau des Sozialismus als ersten Schritt zum Kommunismus.

Das hehre Ziel behinderten die Menschen, die sich offensichtlich auch durch diktatorische Zwangsmaßnahmen nicht zu ihrem Glück zwingen lassen wollten und Individualismus, Eigenbrötlerei und Eigennutz dem klassenlosen Paradies vorzogen. Ideal und Wirklichkeit wollten sich auch hier nicht versöhnen lassen, mit der Folge, daß der erste sozialistische Staat auf deutschem Boden in Stagnation verharrte und seine Bürger sich resigniert in das Private zurückzogen und zunehmend nach alternativen Lebensformen suchten. Weitgehend tolerierte Freiräume boten die christlichen Kirchen, die zwar kaum noch kirchensteuerzahlende Mitglieder hatten, durch finanzielle Hilfe aus dem Westen jedoch die kleinen Gemeinden am Leben erhielten und überdies für von den Bildungsmöglichkeiten des Staates ausgeschlossene Oppositionelle im Kirchendienst Arbeitsmöglichkeiten schaffen konnten. Vor allem in den protestantischen Pfarrhäusern entwickelte sich ein für die DDR prägender alternativer Lebensstil – Refugien individualistischer Unabhängigkeit. Materiell durch westdeutsche Partnergemeinden abgesichert, hatten die Pastoren eine privilegierte Stellung und blieben, von der Amtskirche geschützt, weitgehend staatlich unbehelligt – vorausgesetzt, sie hielten sich an die von den Kirchenoberen ausgehandelten Spielregeln.

Märtyrertum war von den Christen der DDR nicht verlangt, doch allein die Existenz der altehrwürdigen Kirche signalisierte Opposition und wurde Anziehungspunkt für Männer und Frauen, die dem sozialistischen Alltag zu entfliehen trachteten, indem sie gleich den Katakombenchristen, Geborgenheit in der Gemeinschaft des Glaubens suchten. Freilich, das christliche Bekenntnis hatte keine Zwangsmaßnahmen zur Folge, schließlich gab es eine christlich-demokratische Partei, doch jene, die ihre Karriere mit Hilfe der atheistischen Partei der Arbeiterklasse gemacht hatten und sich dennoch, womöglich in Gewissensnot, einem Seelsorger anvertrauten, hatten bei Entdeckung des Frevels mit existenzbedrohenden Folgen zu rechnen.

Mit besonderer Sorge betrachteten die Sicherheitsorgane des Staates das nicht dramatische, aber dennoch beunruhigend wachsende Engagement junger Leute in der Kirche, wobei festgestellt war, daß viele Jugendliche aus nicht traditionell kirchlich eingestellten Familien stammten, die weniger von christlichem Glaubenseifer beseelt waren, sondern mit der christlichen Lehre ihre oppositionelle Haltung legitimierten, gegen die Militarisierung der Gesellschaft protestierten oder aber eine Diskussion über den Umweltschutz zu entfachen suchten. Es waren vor allem linke Positionen, die seit längerem bereits in der Westkirche debattiert und nun von den jungen Pastoren in der DDR aufgegriffen wurden. Mehr noch als ihre Glaubensbrüder im Westen waren die ostdeutschen protestantischen Christen bislang vom konservativen Dibelius-Protestantismus und dem strengen pietistischen Fundamentalismus der Herrenhuter geprägt, doch nun entließen die theologischen Hochschulen und Predigerseminare eine DDR-Version der 68er, sozialdemokratisch-christliche Fortschrittschristen, die ihre seelsorgerischen Pflichten mit einem christlich-sozialistischem Engagement verknüpften. Für die Hüter der Staatsicherheit war damit eine ernste Gefahr heraufbeschworen, denn nichts war für die Partei der Arbeiterklasse gefährlicher, als der sozialdemokratische Revisionismus, dem mit allen konspirativen Mitteln begegnet werden mußte, und so richteten sie ihre Lauschgeräte auf Pastorenhäuser, etablierten Spitzel in Bibelkreisen und ließen ihre Informanten an den Gottesdiensten teilhaben.

In Gegensatz zur sozialistischen Lebenswelt entwickelte sich eine pastorale Subkultur, die den kleinbürgerlichen Jugendaufbruch der westdeutschen 68er nachahmte und einen neuen Typ des DDR-Bürgers kreierte. Bärtige Zausel, deren unsoignierte Kleidung Individualismus demonstrieren sollte. Prägend auch der Wohnstil, der sich vom DDR-Design der VEB-Wohnungseinrichter abhob, weißgestrichen die Wände und karg möbliert mit abgebeiztem Kleinbürgermeublement der Gründerzeit, Omas Küchenschrank und womöglich auch noch ihr Sofa aus der *guten Stube,* ein bißchen christliches Kunstgewerbe oder verträglicher Expressionismus, Ernst Barlach etwa oder Käthe Kollwitz.

Totalitäre Herrscher pflegten zu allen Zeiten ihre Kunstschaffenden zu rühmen und zu ehren, vorausgesetzt jene bejubelten das menschheitsbeglückende Ideal und verschönten die nur allzu oft unvollkommene Realität. Noch während die Sowjettruppen marodierend das Land verwüsteten und unwiederbringliches Kulturgut zerstörten, erfüllten gebildete sowjetische Kulturoffiziere ihren Auftrag, die deutschen Dichter und Denker, Literaten und bildenden Künstler zu sammeln, um gemeinsam in ihrer Besatzungszone die deutsche Kultur wiederauferstehen zu lassen. Von diesem Neubeginn hatte die DDR sehr lange zehren können, berühmte Künstler des Theaters, Maler, Bildhauer und Dichter erfreuten sich der Privilegien, die ihnen die Besatzungsmacht gewährte.

Mit dem Fortschritt des gesellschaftlichen Wandels waren jedoch auch die Künstler aufgefordert ihren Beitrag zur sozialistischen Umgestaltung zu leisten, und so zerstörten die im Politbüro beschlossenen Kulturdirektiven sukzessive den freien Geist künstlerischen Schaffens, bis sich schließlich Ulbrichts Kunstverständnis wie Mehltau über den so hoffnungsvoll erblühten Garten des Guten, Wahren und Schönen legte. Unter Erich Honecker war zunächst eine Änderung der Kulturpolitik nicht zu verspüren, um so mehr wurde aufgemerkt, als er in einer Rede en passant auch über die künftige Rolle der Künstler sprach und sagte: *Wenn man von den festen Positionen des Sozialismus ausgeht, kann es meines Erachtens auf dem Gebiet der Kunst und Kultur keine Tabus geben, das betrifft sowohl Fragen der inhaltlichen Gestaltung als auch des Stils, kurz gesagt, Fragen dessen, was man die künstlerische Meisterschaft nennt.*

Damit war die Hoffnung auf eine liberalere Haltung der Kulturfunktionäre erweckt, und so waren es zunächst die arrivierten bildenden Künstler wie Wolfgang Mattheuer, Willi Sitte und Werner Tübke, die das Terrain der neuen Freiheit eruierten und schließlich sogar ihre Schüler animierten, in den Akademiesälen debattierend und experimentierend den reglementierten Kunstmuff der vergangenen Jahre zu verscheuchen. Auch die Theater erhielten neue Impulse, über die DDR hinaus erregte Ulrich Plenzdorf mit seinen Inszenierungen Aufsehen, vor allem in der Bundesrepublik, deren Intellektuelle nur zu gern ihre sozialistischen Träume in der DDR verwirklicht gesehen hätten und in diesem kulturpolitischen Ruck nach vorn ein Zeichen wachsender Freiheit zu erkennen glaubten.

Aus eigenem Klassenkampf kannten die Kommunisten die Macht des geschriebenen Wortes, Bücher waren die Wegbereiter von Revolutionen und Machtveränderungen, und so hatten auch sie daraus die Lehre gezogen und mit Zensur und Druckverboten eine staatsfromme Literatur etabliert. Der neue kulturpolitische Kurs indes hatte Hoffnungen auch bei den Literaten erweckt, Christa Wolf, Erich Strittmatter und Erich Loest gestattete man kritische Töne, in Maßen freilich und durch geringe Auflagenhöhen behindert. Als Stefan Heym den Zensoren einen 17.-Juni-Roman vorlegte, war die Grenze der Duldsamkeit überschritten, und so blieb es bei der alten Praxis der parteilichen Bevormundung.

Zu einem offenen Machtkampf zwischen den argwöhnisch beobachteten Intellektuellen und den Organen der Staatsicherheit kam es, als der junge Gesangsbarde Wolf Biermann die offizielle Singebewegung der FDJ mit kritischen Texten erzürnte. Biermann hatte 1953 Hamburg verlassen, war in die DDR emigriert und bereits 1965 ins Visier der Staatssicherheit geraten. Festgestellt hatte die *Firma* staatsgefährdende Hetze und, wie üblich, bereits einen staatsschützenden Maßnahmenkatalog erarbeitet, in dem sogar die Strafmaßnahmen künftiger Sanktionen in Vorschlag gebracht worden war, unter anderem auch der Entzug der DDR-Staatsbürgerschaft mit der Folge einer Abschiebung in die Bundesrepublik, eine Strafe über die tausende zur Ausreise drängende Bürger gejubelt hätten. Nicht so Biermann, der noch immer seinen Traum vom menschlichen Sozialismus in der DDR verwirklicht sehen wollte. Als dem Barden Gelegenheit zu einem Auftritt in der Bundesrepublik gegeben wurde, war selbstverständlich die Staatssicherheit dabei, die der Führung bestätigend mitteilen konnte, daß Biermann wiederholt die DDR diffamiert hätte, und so wurde ihm noch vor seiner Heimkehr in die DDR die Staatsbürgerschaft aberkannt.

Biermanns aufmüpfiger Agitprop-Gesang war nicht jedermanns Sache, doch der offenkundig einsame Entschluß Erich Mielkes solidarisierte die um größere Freiheiten ringenden Künstler, die heftigsten Protest gegen die Ausweisung erhoben. Zunächst hatten nur 13 Kulturschaffende einen entsprechenden Brief an das Politbüro unterzeichnet, denen weitere 39 bekannte Künstler folgten – eine offene Kriegserklärung an den staatsschützenden Urheber der Zwangsmaßnahme, der nun plein pouvoir hatte, wieder für Ordnung und Sauberkeit zu sorgen. Die klassenfeindlichen Tendenzen waren offen zu Tage getreten, und folglich war auch mit offenem Visier mit den üblichen Zwangsmitteln der Gefahr zu begegnen, mit Abschiebungen, verschärfter Zensur, Ausschlüssen aus den Berufsverbänden wurde wieder Ruhe geschaffen. Bei den prominenten Protestierern beließ man es bei Verwarnungen und berufseinschränkenden Maßnahmen, auf die namenlosen Oppositionellen und *Hetzblattverfasser* wurden hingegen die Ermittlungsbehörden angesetzt, die schließlich 14 Personen dingfest machen und zu empfindlichen Haftstrafen verurteilen lassen konnten. Fazit der Machtprobe war die einhellige Auffassung im Politbüro, die Intellektuellen wieder stärker in die Pflicht zu nehmen und sich verstärkt der vernachlässigten Arbeiterklasse zuzuwenden.

Im Weststaat hatte der Bildungsnotstand Früchte getragen: Die Verehrung des *Großen Vorsitzenden* Mao, vor allem seiner Kulturrevolution, war Anregung für die kleinbürgerlichen Heißsporne an deutschen Hochschulen, klassenkämpferisch dem Bildungsbürgertum den Garaus zu machen. Die Forderung lautete: Demokratisierung der Kultur, eine Kampfparole, die einige wenige Personen herausforderte, den Kampf gegen die verstaubte Bürgerkultur zu entfachen, die im Verbraucherland Deutschland ohnehin kaum noch wahrnehmbar war. Die bekannten Nachkriegsliteraten zehrten an ihrem Nachruhm und versuchten, den Zeitgeist zu bedienen. Die Verlage bemühten sich auf dem internationalen Buchmarkt um Lizenzen. Erhebungen ergaben, daß nur 8 % der gekauften Bücher gelesen wurden, doch tröstlicherweise noch immer Bücher als Raumschmuck die Schrankwände füllten.

Den arrivierten bildenden Künstlern, die von ihrer Arbeit ihren Lebensunterhalt bestreiten mußten, entzog die neue Erkenntnis der Kunstwissenschaftler, daß jede kreative Betätigung Kunst sei, weitgehend ihre Existenzgrundlage. Fortan wälzten sich lebende Kunstwerke, egomanische Selbstdarsteller in tierischen Gedärmen, gestalteten Müll oder kreierten Markenkunst, in dem sie ihren Kunstwerken signifikanten Gebrauchsmusterschutz gaben und über Jahrzehnte Langweile produzierten. Während in der DDR strikt zwischen Künstlern und Volkskünstlern mit eigenen Berufsverbänden geschieden wurde, animierte im Westen die Kunstdemokratie zu einem ungebändigten Kunstfleiß, Zeichenlehrer, Schüler, Rentner und vor allem nach Lebenssinn suchende Hausfrauen weihten sich der Kunst und strapazierten Leinwände, Zeichenkarton und Spanplatten, um diagnostizierte Persönlichkeitskrisen maltherapeutisch zu bewältigen. Provinzielle Kunstinitiativen förderten die *bemühte Kunst* mit Dorfgalerien und heimattümelnden Kunstevents, zum Schaden der regional ansässigen Künstler, die vor dem Kunstdiktat des Mittelmaßes und Dilettantismus kapitulieren mußten.

Nachbarn
Zwei Staaten

Erschrocken hatten die Parteioberen in der DDR die sinkende Anzahl von Arbeitern und den hohen Anteil von SED-Bürokraten im Zentralkomitee zur Kenntnis genommen, wobei sie ignorierten, daß es in der gesamten DDR-Geschichte keinem Produktionsarbeiter gelungen war, bis ins Politbüro aufzusteigen. In diesem erlauchten Kreis blieb man unter sich, war aufeinander eingespielt, und so verliefen die Sitzungen reibungslos und in der Beschlußfassung einhellig, *in einer Klassenzimmeratmosphäre,* wie Politbüromitglied Günter Schabowski später bekannte.

Die Ausgrenzung der Arbeiter in den politischen Gremien bedrückte hingegen die von der Arbeiterpartei zur Volkspartei mutierte SPD in der Bundesrepublik weniger. Mit den Arbeitern waren keine Wahlen zu gewinnen, und überdies hatten sich die gesellschaftlichen Strukturen mit der Lohnpolitik der Gewerkschaften nivelliert, Angestellte und Arbeiter waren Verbraucher mit nahezu gleichem Konsumverhalten. Daß allerdings 1996 nur 6 von 252 Abgeordneten der SPD dem Arbeiterstand angehörten, dokumentiert eindrucksvoll den Sieg des Kleinbürgertums an der Basis der Partei.

Die Hinwendung zum einfachen Volk sollte auch für die DDR-Bürger Früchte tragen, der Lebensstandard verbesserte sich, und so schien die Devise *ohne Fleiß, kein Preis* akzeptiert zu werden. Der Kampf gegen die Verkleinbürgerlichung der Gesellschaft war längst aufgegeben, und so verfestigte sich die spießige Puschenkultur, die sich weitgehend am Weststaat orientierte, eingeschlossen die tradierte kleinbürgerliche Familienidylle, kindzentriert, pflichtbeladen und normendiktiert. In den festen Regeln von Sauberkeit und Ordnung zelebrierte man Gemütlichkeit im Heim und wenn möglich genossenschaftliches Gemeinschaftsleben im blitzsauberen Kleingarten, draußen, am Rande der Stadt.

Probleme bereitete der DDR-Führung die wachsende Devisenknappheit, ausgelöst durch die Rohstoffkrisen, zunächst der Anstieg der Ölpreise, der zum verstärkten Abbau der stinkenden Braunkohle zwang, was jedoch nicht annähernd den Bedarf deckte, so daß die Betriebe zu Einsparmaßnahmen gezwungen wurden und Produktions- und Verteilungsstockungen die Folge waren. Nur noch funzeliges Licht erhellte nächtens das Land, worauf die Westberliner die DDR als Dunkelland bezeichneten, doch die Bevölkerung nahm die Energiekrise gelassen hin, zumal der Hausbrand weiterhin subventioniert wurde und Heizkraftwerke nach wie vor Fernwärme in die Plattensiedelungen pumpten. Mit größtem Unmut nahm die Bevölkerung die weltmarktbedingte Verteuerung des Kaffees auf, vor allem bei den sprichwörtlichen Kaffeesachsen rumorte es, als in der HO und im Konsum minderwertiger Kaffeeverschnitt mit hochtrabenden, vielversprechenden Markennamen feilgeboten wurde. Zur Chefsache erklärt, bekümmerte sich Honecker persönlich um die Kaffeefrage, indem er sich laufend über die Laborkünste der Lebensmitteltechniker informieren ließ, die fieberhaft an einem trinkbaren, echten Kaffee einsparenden Ersatzgebräu arbeiteten. Außenpolitisch hatte die Sowjetmacht der DDR kaum eigene Initiativen eingeräumt und unmißverständlich eine Abgrenzung zur Bundesrepublik verlangt. Dennoch war der Kontakt zu den Politikern im Westen freundlicher geworden, man traf sich und vor allem benutzte man zuweilen das Telefon, um von Mensch zu Mensch nachbarschaftlichen Plausch zu halten.

In den Jahrzehnten der deutschen Teilung war der deutsch-deutsche Dialog vor allem von kleinkarierten Schuldzuweisungen und Zanksucht beherrscht und erinnerte zuweilen an einen permanenten Krach im kleinbürgerlichen Treppenhaus. Mit der Akzeptanz der Grenzbefestigungen und der Anerkennung der Realität, vor allem aber der gemeinsamen Geschichtstilgung änderte sich merklich das Nachbarschaftsverhältnis.

Als am 19. Februar 1980 bei Erich Honecker das Telefon schrillte, war es eigentlich für den älteren Herren Bettgehzeit, um so mehr freute sich der Anrufer Helmut Schmidt, den Staatsratsvorsitzenden *noch erwischt zu haben*. Die Verständigung war zunächst schlecht, obwohl die Abhöranlagen eigentlich störungsfrei arbeiteten und die Staatsführung der DDR, im Gegensatz zu ihren Bürgern, über ein einigermaßen funktionierendes Telefonnetz verfügte. *Können sie mal am Mikrofon wackeln?*, hatte der Bundeskanzler geraten, und als der Staatsratsvorsitzende *gewackelt hatte,* ging es tatsächlich besser. Honecker war zu Ohren gekommen, daß Schmidt den Eindruck hätte, ihm mit seiner Telefoniererei auf den Wecker zu gehen und so beeilte sich der DDR-Führer zunächst zu versichern, daß dem nicht so sei. Für Schmidt war dies ein Mißverständnis, er hätte doch nur gesagt, *ich bin immer derjenige der anruft*, und vorwurfsvoll fügte er hinzu: *Sie könnten auch mal anrufen! Ja, ja, natürlich* gab Honecker kleinlaut zu, *aber beim letzten Mal wollte ich ja anrufen, da kamen sie mir zuvor.*

Die Medien der Bundesrepublik und der DDR berichteten stets mit Ernst über die wichtigen deutsch-deutschen Gespräche unter Staatsmännern und erweckten den Eindruck, beiden Staaten wäre bereits politische Handlungsfreiheit von ihren Schutzmächten gewährt. Der Verlauf des Telefonats offenbarte freilich die gesamtdeutsche Realität zweier teilsouveräner Staatsgebilde, deren politische Führer sich ihrer tatsächlichen Ohnmacht bewußt waren, und so sprach man über landesväterliche Sorgen, lobte einander oder klagte über die Last des Regierens.

Euer Lebensstandard hat sicherlich einen sehr hohen Stand erreicht, konstatierte Schmidt und Honecker bestätigte stolz, daß man ziemlich gleich auf diesem Gebiet stände.

Bei uns, so Schmidt, *müssen die Leute alle aufgefordert werden weniger zu essen.* Dem konnte der Staatsratsvorsitzende nur zustimmen, denn das viele Essen *schadet der Gesundheit, nur essen die DDR-Bürger trotzdem nicht weniger, wir haben den höchsten pro-Kopf-Verbrauch an Butter, 14 Kilogramm.* Viel zu viel, empfand der Bundeskanzler, *die sollen doch lieber Margarine essen, da werden sie nicht so fett davon.*

Damit war ein weiteres Thema gefunden, die guten Vorsätze, die so schwer einzuhalten sind, zum Beispiel das Kaffeetrinken, *ich trinke viel zu viel Kaffee*, klagte Honecker, *obgleich der so teuer ist. Früher tat man das nicht, nur die Sachsen, die tranken schon immer Kaffee. Blümchenkaffee*, erinnerte sich der Bundeskanzler und Honecker fiel *Kathreiners Malzkaffee* ein. Unisono bedauerten die Staatsführer, daß *die Leute damit nicht mehr zufrieden sind.*

Unvermittelt kamen daraufhin die Herren auf die große Politik, und Schmidt wollte hören, wie denn das Treffen mit Leonid Breschnew verlaufen wäre. Die Besprechung war nur kurz, berichtete Honecker, doch dann hätte man eine ganze Flasche Wodka getrunken. Diese russische Sitte kannte auch der Kanzler, *da muß man ja aufpassen, daß er einen nicht unter den Tisch trinkt, weil er ja so stark im Nehmen ist. Ich habe immer Angst, wenn ich soviel trinken muß.*

Diese Furcht teilte der Generalsekretär nicht, er hatte *gern mitgetrunken*, und im übrigen, so petzte er, *hatte einer nur Wasser getrunken*. Beim letzten Treffen hätte es sogar zwei Verweigerer gegeben, doch die mußten diesmal auch saufen, *zwar keinen Wodka, die mußten das Getränk für die Intelligenz trinken, den Cognac, eine ganze Flasche und trotzdem verlief alles bewundernswert, denn am Anschluß haben wir noch Fernsehen geschaut*.

Nachdem man so anregend geklönt hatte, wuchs bei Schmidt der Wunsch, sich doch wieder einmal sehen zu können, vielleicht so nebenbei im Ausland, vielleicht anläßlich der Inthronisierung des Papstes, doch da wollte Honecker nicht hin und so schlug er einen gemeinsamen Segeltörn vor. *Im Winter zu kalt und im Winter segelt man nicht*, belehrte ihn Schmidt. Wie wär's denn mit einem spontanen Mittagessen, fragte daraufhin der Kanzler, *oder ist das eine Schnapsidee? Das wäre eine Möglichkeit*, meinte der DDR-Führer, *aber da muß ich vorher meinen Freund wegen des Treffpunkts einschalten. Den Briefträger?* fragte der Kanzler, *Ja*, antwortete Honecker, womit die schwierige Frage der Begegnungsmöglichkeiten immer noch nicht geklärt war. *Ich könnte ja die ständige Vertretung einmal besuchen*, blieb Schmidt hartnäckig, doch der Generalsekretär befand es für besser, wenn der Kanzler die Hauptstadt der DDR als Tourist besuchen würde, *da können wir uns dann irgendwo treffen. Ich würde Sie dann entsprechend leiten lassen*.

Der freundliche Männerplausch konnte nicht darüber hinwegtäuschen, daß der Spielraum für eine Annäherung bescheiden war, doch immerhin, der Kalte Krieg wurde weniger heftig ausgetragen, man sprach miteinander und zeigte sich angesichts der Abhängigkeit von den jeweiligen Führungsmächten verständnisvoll. Die DDR-Führung freute sich über die sozialdemokratische Regierung in Westdeutschland und beobachtete mit Wohlwollen die innerparteilichen Querelen mit dem linken Flügel der Partei, half auch in den Wahlkämpfen, indem sie einen Fortschritt in den deutsch-deutschen Beziehungen demonstrierte und mit konspirativen Mitteln Wahlhilfe gab. Die Bundesregierung revanchierte sich mit Artigkeiten, propagierte eine neue Realpolitik, indem sie die Wiedervereinigungsträumer als gestrige Nationalromantiker schmähte und die Frage der deutschen Einheit als nicht auf der Tagesordnung stehend zu den Akten legte. Über lästige Forderungen der DDR wurde laut nachgedacht, so über die Anerkennung der DDR-Staatsbürgerschaft und die Auflösung des Zentralregisters für SED-Unrechtstaten in Salzgitter, für viele Linke der SPD war die DDR-Staatsbürgerschaft ein Faktum und das Dokumentieren der Mauerverbrechen ein Relikt aus dem Kalten Krieg.

Trotz des deutschen Schönredens, der Kalte Krieg schwelte weiterhin, und ausgerechnet der sozialdemokratische Kanzler Schmidt sollte sein Opfer werden. Der sogenannte NATO-Doppelbeschluß, die Reaktion der Europäer auf die forcierte Raketenaufrüstung der Sowjetunion, wurde von der Linken in Westdeutschland kritisiert, und als sich der *Onkel*, Herbert Wehner, gegen den Kanzler auf die Seite der Regierungsgegner stellte, waren Schmidts Tage gezählt.

Auch in der Koalition knirschte es, große Teile der FDP-Fraktion betrachteten die Entwicklung innerhalb der SPD mit Sorge und zeigten sich bezüglich der Wirtschaftspolitik unzufrieden, drängten auf Sparmaßnahmen und forderten einen massiven Sozialabbau, ohne Erfolg, denn für den Kanzler hätten diesbezügliche Maßnahmen einen weiteren Machtverlust in seiner Partei bedeutet. Helmut Schmidt war handlungsunfähig geworden, innenpolitisch ohne Erfolge und außenpolitisch durch die innerparteilichen Querelen glücklos. Oppositionsführer war in jenen Tagen Helmut Kohl, den Kanzler Schmidt mit Verachtung strafte, schließlich ließ er sich als Staatsmann huldigen, dem der ungeschlachte Mann aus Oggersheim nicht das Wasser reichen konnte. Anders sein Vizekanzler und Außenminister Hans Dietrich Genscher, der mit Kohl im vertraulichen *Du* kommunizierte und bereits seit längerem engere Kontakte unterhielt.

Im März 1982 hatte Außenminister Genscher gegenüber seinem Ministerkollegen Apel die Fassung über den Staatsmann Schmidt verloren und den verdatterten Minister mit den Worten angeherrscht: *Mein Herr! Sehen Sie nicht, daß der Kanzler um unsere richtige Politik immer wieder Scheiße schmiert, die ich dann immer wieder abkratzen muß? Meinen Sie, daß mir das Spaß macht? Wie lange soll das noch gut gehen?* Es ging nicht mehr lange gut, unter vier Augen trafen sich wenige Wochen später Helmut Kohl und Hans Dietrich Genscher zu einem intensiven Gespräch, dessen Ergebnis praktisch das Ende der Koalition bedeutete. Der Außenminister der Regierung Schmidt versprach dem Oppositionsführer keine gegen die Vorstellungen der CDU gerichtete Politik zu vertreten, während Kohl beteuerte mit allen Mitteln die Existenzerhaltung der FDP zu sichern. Im Spätsommer 1982 unterlag Kanzler Schmidt einem konstruktiven Mißtrauensantrag, neuer Kanzler war Helmut Kohl, ein farbloser, starkbeleibter Mann, den die Linke für etwas minderbemittelt hielt und der bald als *Birne* den politischen Witz der Bundesbürger herausforderte. Für die Opposition, Exkanzler Schmidt eingeschlossen, war der neue Kanzler ein Synonym für deutsche Tumbheit und Blödigkeit, dem man weniger politisch-inhaltlich entgegentrat, sondern mit mitleidsvollem Hochmut begegnete.

Die politische Klasse

Auch der neue Bundeskanzler entstammte einem kleinbürgerlichen Hause, sein Vater Johann Kaspar Kohl war auf einem Pfälzer Kleinbauernhof groß geworden und hatte sich zum Finanzbeamten emporgearbeitet, korrekt und sparsam auf eine wohlgeordnete Familie bedacht, war er in Oggersheim ein angesehener Mitbürger. Kurz vor Kriegsende hatte die Kohls ein schwerer Schicksalsschlag getroffen, der älteste Sohn hatte den Soldatentod gefunden, so daß sich nun alle Hoffnungen auf Helmut richteten. Als 17jähriger, so versicherte ein Biograph, hätte er bereits gewußt *der erste Mann in diesem Lande zu sein.* Der frühe Beschluß, Politiker zu werden, ließ ihn zuweilen die Schule vernachlässigen, Ämter und Aufgaben in der CDU erschienen ihm wichtiger als die Paukerei. In Anbetracht seiner angestrebten Laufbahn hatte er sich einen eigenen Lehrplan mit den Schwerpunkten Politik, Geschichte und Deutsch erarbeitet, die Naturwissenschaften wurden hintangestellt. Nach dem Abitur studierte er an der Frankfurter Johann-Wolfgang-Goethe-Universität, desgleichen auf die Politikerlaufbahn zielgerichtet die Fächer Nationalökonomie, Rechtswissenschaften und Psychologie. Daneben belegte er historische Seminare und bekümmerte sich intensiv um das Staatsrecht. Als Thema seiner Promotionsarbeit wählte er: *Die politische Entwicklung der Pfalz und das Wiedererstehen der politischen Parteien nach 1945,* eine gelungene Arbeit, die mit einem *cum laude* honoriert wurde.

Mit dieser qualifizierten Ausbildung war Kohl unter den Politikerkollegen eine Ausnahme, denn mehrheitlich war es Brauch, als Autodidakt zu politisieren und ohne *handwerkliche Ausbildung zu regieren.* Als Vorbereitungszeit für die *Stellung als erster Mann des Landes* betrachtete Kohl auch seine Bewährungsprobe in einem bürgerlichen Beruf, und so wurde er zunächst Direktionsassistent in der mittelständischen Eisengießerei Mock. Bereits zu Gustav Stresemanns

Zeiten war es für angehende Politiker von Vorteil, erste wirtschaftspolitische Erfahrungen in Wirtschaftsverbänden zu sammeln, und so nahm auch Kohl dankbar das Angebot an, im Landesverband der chemischen Industrie Rheinland Pfalz die Referentenstelle für Wirtschafts- und Steuerpolitik zu übernehmen. Seinem Arbeitgeber kam es nicht ungelegen, daß der junge Mann parallel zu seinen Arbeitspflichten die Parteikarriere forcierte, zunächst in den Jungen Union, durch die er, erst 23jährig, in den geschäftsführenden Vorstand der pfälzischen CDU gelangte.

Mit seinem Einzug in den Landtag war er schließlich in die oberste Riege der Landespolitiker aufgestiegen, ein Aufstieg, der hart erkämpft war, denn der Fortschritt in der Parteihierarchie bedeutete Anpassung, die Kunst der Intrige war verlangt und das Gespür für die innerparteilichen Machtverhältnisse. Um in den alles entscheidenden Delegiertenversammlungen die Gewogenheit der Basis zu erlangen, wurden nicht die Tugenden von Klosterschülern erwartet, da galt es, die hehren Ziele der Partei im Munde zu führen und zugleich einen harten Machtpoker auszutragen. Helmut Kohl hatte Geschick und Fortune, unaufhaltsam wuchs seine Reputation, so daß er 1969 zum Ministerpräsidenten gewählt, endlich auch Einfluß auf die Bundespartei nehmen konnte. Auf dieser höchsten Ebene der Parteiarbeit fand er bald seine Gegner, vor allem Rainer Barzel, der gewiefte Taktiker, der dem jungen Mann aus Rheinland Pfalz die Lehre erteilte, nicht zu forsch die eigene Parteikarriere zu verfolgen, sondern die Regeln der Ochsentour einzuhalten. Niederlagen machen stark und motivieren zu größeren Anstrengungen, dem Schritt zurück folgte ein gewaltiger Sprung nach vorn, Helmut Kohl gelang es, zum Fraktionsvorsitzenden gewählt zu werden. Als Oppositionsführer war er an die Spitze der bundesrepublikanischen Polithierarchie aufgestiegen, doch sein Wählervolk hatte er noch nicht gefunden.

Der staatstragende Teil der Kriegsgeneration, die einstigen HJ-Pimpfe und BDM-Maiden hatten in Bundeskanzler Schmidt ihren politischen Führer gefunden, forsch, männlich, verkörperte er die Tugenden ihrer prägenden Jugendjahre, während Kohl als farblos und inkompetent empfunden wurde. In der eigenen Partei hatte man indessen bald herausgefunden, daß Kohl unterschätzt wurde, mit Geschick hatte er die Fraktion diszipliniert und auf den Machtwechsel vorbereitet. Seine denkwürdige Wahl zum Bundeskanzler hatte seinen Koalitionspartner an eine innerparteiliche Zerreißprobe geführt, der linke Flügel der FDP zeigte sich entsetzt und etliche Abgeordnete zogen sich zurück, andere verließen die Partei oder erwarben die Mitgliedschaft der SPD. Für die Opposition war unzweifelhaft, daß die Kohl-Kanzlerschaft nicht von langer Dauer sein konnte, der schlichte Mann zur Führung nicht befähigt und insbesondere auf internationaler Ebene eine Katastrophe sei.

Die staatsmännische Reputation ihrer Kanzler hatte die SPD mit den guten Englischkenntnissen der Amtsträger belegt, Sprachkenntnisse, die Kohl nicht hatte, wie man entrüstet feststellte, nicht wissend, daß es diplomatischer Brauch war, sich distanzschaffender Dolmetscher zu bedienen, die der Unterhaltung einen emotionslosen Verlauf gaben und Mißgriffe bei den Formulierungen milderten. Kanzler Schmidt, dessen Wortbeiträge auch im Englischen deutschbarsch klangen, hätte sicher bei Beibehaltung des alten bewährten Brauchs manch diplomatisches Mißverständnis vermieden. Aber auch der neue Bundeskanzler bewies zunächst wenig außenpolitisches Geschick, die Rolle des Staatsmannes wollte ihm nur schwer gelingen, wenn er großmächtig tölpelig Ehrenkompanien abschritt, mit mundartlicher Sprachbehinderung politische Erklärungen abgab und sich mit seinem deutschen Gardemaß etwas stieselig mit den Großen der Welt zeigte. Ein Volkskanzler war er nicht, und insbesondere der modebewußte, wahlentscheidende Mittelstand vermißte das zeitgemäße kleinbürgerliche Habit.

Als staatsanwaltliche Ermittlungen Unregelmäßigkeiten im Zusammenhang der Parteispendenpraxis einleiteten und ein Untersuchungsausschuß des deutschen Bundestages auch dem Kanzler insistierende Fragen stellte, bewies der Inkriminierte starke Nerven, schwieg und bediente sich der alten Praxis, nach der nur der bewiesene Frevel zu beichten war. Seinem Finanzminister Otto Graf Lambsdorff waren hingegen gerichtsrelevante Verfehlungen nachzuweisen, er wurde rechtskräftig verurteilt und mußte demissionieren.

Auch auf dem Felde der Außenpolitik war der Regierung wenig Erfolg beschieden, die von Brandt eingeleitete neue Ostpolitik wurde zwar weitergeführt, zugleich aber mußten die Altkämpen des Kalten Krieges innerhalb der CDU besänftigt werden, Berufsvertriebene, deren landsmannschaftliche Verbände an Mitgliederschwund litten, die längst ihre machtbegründende Gefolgschaft verloren hatten und nun das letzte Aufgebot der Unentwegten ins Feld führten. Das gleiche galt für die Soldaten-, Heimkehrer- und Kriegsopferverbände sowie die zahllosen Organisationen, die sich dem Antibolschewismus verschworen hatten und nun tief enttäuscht mit dem Erben Adenauers haderten. Der Bundeskanzler tröstete mit Reminiszenzen aus der deutschen Geschichte und Treuebekenntnissen zu Volk und Vaterland und verwies auf das wachsende Europa, das neue und große politische Veränderungen verhieß. Glücklos verliefen seine Versöhnungsgesten mit den ehemaligen Kriegsgegnern auf Schlachtfeldern und Soldatenfriedhöfen, mit denen er historische Wurzeltiefe und Verantwortung vor der Geschichte demonstrieren wollte, zugleich es aber fertigbrachte, ausgerechnet den Staatschef des Landes, das im besonderem Maße unter den Deutschen gelitten hatte, den sowjetischen Generalsekretär Michail Gorbatschow mit Joseph Goebbels zu vergleichen.

Dennoch, zur Verblüffung seiner Gegner, errang die CDU unter Helmut Kohl zwischen 1983 bis 1990 achtunggebietende Wahlergebnisse, die umso erstaunlicher waren als die Auguren in steter Regelmäßigkeit seinen Untergang prognostizierten. Insbesondere die professionellen Wahlstrategen glaubten, die vermeintliche Unbeliebtheit des Kanzlers mit seinen ungeschickten Auftritten in der Öffentlichkeit erklären zu können, vor allem im Fernsehen, wenn er die Journalisten maßregelte, polternd beschimpfte oder nach Serenissimus-Art den Hinweis mißachtete, daß sich das Volk doch maßgeblich über die Medien informiere. Doch offensichtlich fühlten sich die Bürger durch sein Wortgepolter nicht beleidigt und teilten den soupçon des Kanzlers gegen die frechen Journalisten.

Hilfreich für seinen Machterhalt war auch der desolate Zustand der opponierenden sozialdemokratischen Partei, die in diesen Jahren durch harte innerparteiliche Auseinandersetzungen geschwächt war. An der Spitze der Partei stand der knochentrockene, schulmeisterliche Vorsitzende Hans-Jochen Vogel, ein ehrenwerter Moralapostel, der zwischen der zur Macht drängenden jungen Parteigarde und den regierungserfahrenen Altgenossen lavieren mußte und kaum in der Lage war, die unterschiedlichen Fraktionen zu disziplinieren. Sozialdemokratischer Brauch war es, in der Opposition die Traditionen der Arbeiterpartei zu pflegen, soziale Gerechtigkeit verlangend, ein Herz für die kleinen Leute zu zeigen und jene linken Positionen zu vertreten, die in der Regierungsverantwortung ein Wirtschaftschaos hervorgerufen hätten. Das marxistische Erbe bewahrte die Jugendorganisation, die Jungsozialisten, deren aufmüpfige Mitglieder einen steten Kampf gegen die etablierten Genossen führten und denen ein Rebellentum in Maßen zugebilligt war.

Im Kampf um die Führungspositionen innerhalb der Partei

drängte nun die Nachkriegsgeneration zur Macht, junge Leute, die in das Wirtschaftswunder hineingewachsen waren und die wenig Respekt vor den Altgenossen zeigten. Sie waren Teil des politischen Jugendaufbruchs in den 6oer Jahren, hatten mit der außerparlamentarischen Opposition sympathisiert und ihre Parteikarriere als *Marsch durch die Institutionen* verstanden. Der ritualisierte Aufstieg in der Hierarchie hatte zwar Konzessionen verlangt, zuweilen zum angepaßten Verhalten gezwungen und der Förderung eines Seniors bedurft, eines Uraltgenossen, der dem Enkel die entscheidenden Gremien eröffnete. Nach dem pubertierenden Revoluzzertum folgte die verantwortungsvolle Tätigkeit auf der kommunalen Ebene, der, wenn man sich gemeinschaftsverträglich und gemäßigt entwickelt hatte, ein Karriereaufstieg auf Landesebene folgte.

Einige der Enkel hatten bereits hohe landespolitische Ämter erreicht, als Oppositionspolitiker oder sogar Ministerpräsidenten, sie zeigten sich nun entschlossen, die Partei mit einem neuen, linken Geist zu erfüllen und die lästigen Altgenossen zu stürzen, mit der Folge, daß die SPD sich in Gesprächskreise und Fraktionen spaltete, doch wichtiger als die Formierung von Gefolgschaften, war die Stiftung eines neuen Politikertyps, der dem modernen kleinbürgerlichen Lebensstil entsprach. Mit dem Begriff *Toskanafraktion* war das nachrückende Kleinbürgertum treffend beschrieben, zumal darin nicht nur die neue Generation Politiker, sondern auch die zeitgeistprägende Mittelschicht-Hautevolee, Schauspieler, Friseure, Modeschöpfer, Werbemanager und Journalisten eingeschlossen war.

Das Werden und Wirken in der Heimat verlangte Rücksichten auf Brauch und Sitte des ritualisierten Alltags, die Auseinandersetzung mit den kleinkariert-gründlichen Verhandlungspartnern, Gremien und Verbänden, Mitkämpfern, Genossen, Kunden, Geschäftspartnern, neidisch-mißgünstigen Konkurrenten, Vorgesetzten, Firmenchefs oder den einflußreich Mächtigen. Eingebunden in die muffigspießige Kleinbürgerrealität, befrachtet mit der eigenen Wurzel, drängte es zur Flucht aus dem deutschen Kampfgebiet in jene mediterranen Gefilde, die seit eh und je den entwurzelten Kleinbürgern als Eldorado der Sinnenlust erschienen war. Der geschäftliche oder politische Aufstieg war begleitet von der Erfüllung eines Traums, ein sonnendurchflutetes Haus in der Toskana, zumindest für einige Wochen Teilhabe an der locker-leichten Lebensart der Südländer, mit Wein, obligater olivengeölter Mehlspeise und wenn möglich mit einem Weib, frisch, jung und schön.

Wieder zu Hause, tröstete *der Italiener,* bei dem man sich mit den Freunden traf, dessen Speisen und Wein unter Kennern als Geheimtip gerühmt wurden. Terrakotta zierte Haus und Garten und verlieh der Heimstatt südländisches Ambiente, zumindest im privaten wollte man die leichte Lebensart des Südens adaptieren. Das neue Jungdeutschland wähnte sich welterfahren und verwies mit Stolz auf das durch sie gewandelte Bild des einst häßlichen Deutschen.

Vor allem war der Ballast der Konventionen abgestreift, *seit 1945, mehr noch seit dem Ende der 60er Jahre, wird in Deutschland weniger kommandiert,* schrieb Martin Greiffenhagen in der Zeitung *Das Parlament. Diener und Knicks sind vergessen, die preußische Regel »keine Widerworte« gilt nicht mehr. Stand für das Wort »deutsch« früher Ordnung, Pünktlichkeit, Fleiß und Arbeitswut, so sind wir auch in dieser Hinsicht normaler geworden. Nicht jeder wäscht bei uns nach dem Essen gleich ab, sondern viele lassen das Geschirr auch mal stehen zugunsten eines gemütlichen Kaffees oder eines gemeinsamen Spaziergangs.* Locker wollte man sein, unkonventionell und volkstümlich, freilich gezwungenermaßen mit Einschränkungen, denn der Karrierekampf erforderte eine sorgfältige Beobachtung der Mitte, denn das Mittelmaß schied nach wie vor das Normale vom Unnormalen.

Die Westdeutschen hatten bereits in den ersten Jahren nach der Gründung der Bundesrepublik das idyllische Bonn am Rhein als ihre Bundeshauptstadt akzeptiert. Gemütlich hatten es sich die Regierung und die Abgeordneten des Bundestages dort eingerichtet, und die freundlichen Bürger der Stadt unterstrichen das bürgerlich-bescheidene Ambiente des neudeutschen Regierungssitzes, ohne Republikanische Garde oder sonstige verstaubte Attribute traditioneller Staatsrepräsentation. Die Hauptstadtgründung aus wilder Wurzel hatte modernen Architekten die Möglichkeit gegeben, ihre Vorstellungen der zeitgemäßen Gestaltung einer Verwaltungsmetropole zu verwirklichen, und so dokumentierte die bauliche Entwicklung der Stadt auch eine kleine Baugeschichte der Nachkriegszeit, von den kargen Provisorien der ersten Wiederaufbauzeit bis zur Stahl- und Glaskonstruktion der Moderne, zum Beispiel des Bundestages, der in seiner konstruktivistischen Gestaltung zu einer Allegorie moderner Gesetzesfabriken geriet.

Der Fleiß der Parlamentarier maß sich an der Anzahl der Gesetze, Bestimmungen und Verordnungen, die den Bürgern aufzuerlegen waren, damit sie in Sicherheit, Ruhe und Ordnung ihren Geschäften nachgehen konnten und die kleinbürgerlichen Lebenswerte ein festes rechtliches Fundament erhielten. Bundes- und Landesgesetzgeber nannten es *Handlungsbedarf*, wenn sie neue Rechtslücken entdeckten, zum Beispiel, wenn es galt, neidverhindernde Steuergesetze zu beschließen; bei der offenkundigen Streitlust in kleinbürgerlichen Nachbarschaften hieß es, Richtlinien für das Zaunwesen, die Gartenpflege, den Baumbewuchs und das Hundegebell festzulegen, geordnet werden mußten alle Bereiche des Zusammenlebens in der Massengesellschaft, in der dem Individium zwar grundsätzlich größtmögliche Freiheiten eingeräumt waren, deren Erfüllung allerdings Chaos und Unfrieden bedeutet hätten, und so waren Bundestag, Länder- und Kreistage, Gemeinderäte und nicht zuletzt die hohen Gerichte unablässig damit beschäftigt, der Exekutive, den Beamten und Sachwaltern des Staates ein Machtinstrumentarium des staatlichen Gewaltmonopols an die Hand zu geben.

In Anbetracht des Rechtsgrundsatzes *Unwissenheit schützt vor Strafe nicht,* hatte die unüberschaubare Gesetzesflut die häßliche Folge, daß nahezu jeder Bürger zum Gesetzesbrecher wurde – eine beklagenswerte Entwicklung der Demokratie, die sich doch durch den Souverän, das Volk, legitimierte, indem das Volk zum einen seine Volksvertreter in freier Wahl erkor und zu Gesetzesstiftern erhob, und sich zum anderen in deren Regeln und Verordnungen hoffnungslos verstrickt sah. Welcher Bürger konnte erahnen, daß für die Haltung eines Ziegenbockes staatliche Gesetzesvorgaben zu erfüllen waren, und wie sollte er bei garantierter Baufreiheit vermuten, daß die ursprünglich für den Hausbau zu beachtenden 48 Gesetze und Verordnungen innerhalb eines Zeitraums von 15 Jahren auf 250 Bestimmungen angewachsen waren.

Der Regelungseifer der Mehrheit der Abgeordneten hatte jene Volksvertreter der Parlamentsarbeit entsagen lassen, die es als selbständige Unternehmer gelernt hatten, effektiv und rationell ihre Betriebe zu organisieren, und so blieben vornehmlich Angestellte, Beamte und Lehrer als Abgeordnete übrig, die ihr normengeregeltes Handwerk beherrschten und im besonderen Maße befähigt waren, den kleinbürgerlichen Lebenswerten Gesetzeskraft zu verleihen und das alte mittelständisch-städtische Ideal des ruhigen und gesicherten Nachtwächtergemeinwesens zu verwirklichen.

Als weitere Folge des Regelungseifers wucherte ungehemmt die sogenannte Bürokratie, denn die Durchsetzung staatlichen Willens bedurfte eines mit Hoheitsbefugnissen ausgestatteten riesigen Personalbestands, so daß im Verlauf der Jahre jeder fünfte Arbeitnehmer in staatlichen Diensten stand. Von der Ministerialbürokratie bis herab zu den Gemeindebürokraten halfen die treueeidgebundenen Staatsbeamten der Exekutive, die schwere Bürde des Regierens zu tragen, das Gemeinwesen zu perfektionieren und nichts ungeregelt zu lassen. Ministerialbeamte faßten für das Ministerialblatt des Bundes auf zehn Seiten zusammen, was bezüglich eines Jagdscheins zu beachten sein soll, welches Format er haben muß, welche Papierqualität verwendet und wie er korrekt ausgefüllt werden mußte. Der einfache Bürger hatte Schwierigkeiten, das gedrechselte Kanzleideutsch zu erfassen, ein weiteres Merkmal des Bürokratendespotismus, den bereits Alexis de Tocqueville prophezeit hatte: *Ich erblicke eine Menge einzelner ähnlicher und gleichgestellter Menschen, über diese erhebt sich eine gewaltige bevormundende Macht, die allein für sie sorgt. Sie arbeitet gerne für deren Wohl, sie will aber auch deren alleiniger Beherrscher sein. In dem Grade, wie die Befugnisse der Zentralgewalt zunehmen, vermehrt sich die Zahl der sie vertretenden Beamten. Sie bilden ein Volk innerhalb des Volkes und da die Regierung ihre Festigkeit auf sie überträgt, ersetzen sie in jedem von ihnen mehr und mehr die Aristokratie.*

Die Herrschaft der Aristokraten hatte das Bürgertum in einem langen zähen Kampf abzuschütteln vermocht und sich dafür eine neue Despotie geschaffen, die gnadenlose Herrschaft der Bürokratie. Gnadenlos, weil vor dem Gesetz alle Bürger gleich sind, und die Exekutive unnachsichtig das Gleichheitsprinzip durchzusetzen hat, getreu dem Wortlaut des Gesetzes und ungeachtet des individuellen Einzelfalls. Verfassungsauftrag der Parlamentarier ist es, Gesetze zu stiften, zu perfektionieren und damit dem Willen und den Gelüsten der Mehrheit zu entsprechen, delegierte Repräsentanten müssen jedoch nicht unbedingt von philanthropischen Gefühlen geleitet sein, und zuweilen verfestigt sich auch irrationales gesundes Volksempfinden zu Gesetzestexten.

Wer wollte bestreiten, daß in der Massengesellschaft und angesichts der dramatischen Überbevölkerung gestrenge Regeln des Zusammenlebens vonnöten sind. Bereits der Lockruf des Mittelalters *Stadtluft macht frei* war ein schönes Versprechen, das in der bedrückenden Enge der Städte kaum zu erfüllen war. Die fortschreitende Einschränkung der Freiheitsrechte führte schließlich zu den grotesken Zunftregeln und Ratssatzungen, die den Niedergang der Städte einleiteten, indem sie die Produktion und den Handel behinderten und die Herrschaft des Mittelmaßes verfestigten. Die Herrschaft der Kleinbürger vermochte im Bündnis mit den Feudalherren die Industrialisierung lange verzögern, verhindern konnte sie den Wirtschaftsaufbruch nicht, doch in keinem Land der Welt prägte der Mittelstand die politisch-ökonomische Entwicklung so stark wie in Deutschland.

Auch hierzulande führte das Proletariat mit Arbeitsniederlegungen einen erbitterten Verteilungskampf, doch ohne revolutionären Elan und stets seinen kleinbürgerlichen Führern treu ergeben, deren gesellschaftspolitische Forderungen sich kaum von denen des Mittelstandes unterschieden. Erst als die Sozialdemokraten im Verlauf der Revolution von 1918 die politische Verantwortung übernahmen, sich an die Spitze des Staatswesens setzten und für Ruhe und Ordnung sorgten, konnte die Partei als Voraussetzung für eine mehrheitsgestützte Regierungsarbeit mit den Stimmen des Kleinbürgertums rechnen. Nicht anders verhielt es ich bei den weiteren, ursprünglich ständisch gewichteten Parteien, die gleichermaßen um den Mittelstand warben.

Für die Parteienentwicklung nach dem Zweiten Weltkrieg war von Anbeginn deutlich geworden, daß nur jene politischen Gruppierungen an die Macht gelangen würden, die sich der Kleinbürger versicherten und sich als sogenannte Volksparteien dem Mittelmaß verpflichteten. So sehr auch die Bundesbürger bemüht waren, das Bild vom häßlichen Deutschen zu revidieren, sich weltoffen zu zeigen, die tradierten kleinbürgerlichen Lebensideale prägten ungebrochen das Gemeinwesen und zwangen die politischen Verantwortlichen, dem Wählerwillen zu entsprechen, und so erfreuten sich jene Bundeskanzler besonderer Beliebtheit, die sich der kleinbürgerlichen Sehnsucht nach Ruhe, Ordnung und Sicherheit im besondere Maße annahmen. Nach zahlreichen Verfassungsänderungen hatte man sich schließlich eine *wehrhafte* oder auch *autoritäre Demokratie* geschaffen, die störende politische Fehlentwicklungen weitgehend zu verhindern vermochte.

Dem Ruhebedürfnis der Kleinbürger entsprach es, daß jeglicher Extremismus im Keim erstickt und darüber hinaus der Deutschen lustvoller Genuß an feindlicher Bedrohung gepflegt wurde. Vor allem genoß man die Feindschaft mit den Kommunisten, glaubte sich von einer Handvoll Terroristen bedroht und suchte sich, enttäuscht vom Verlust des bolschewistischen Hauptgegners, einen neuen Staatsfeind in den sogenannten überstaatlichen Mächten, vor allem amerikanischen Sekten, die sich anschickten das Gemeinwesen zu unterwandern. Die Machtergreifung durch mafiose Verbrecherorganisationen suchte man durch strenge Gesetze zu verhindern, drängte auf die Aushöhlung des Post- und Fernmeldegeheimnisses und die Zulassung elektronischer Abhöranlagen.

Unterstützt von den Kirchen ängstigten sich weite Teile der Bevölkerung auch vor der Zunahme nichtchristlicher Glaubensgemeinschaften, insbesondere den Muslimen, wie denn überhaupt der Zuzug von exotischen Ausländern die biedermeierliche Idylle zu gefährden schien. Die Politiker mußten dem Ausland gegenüber wiederholt versichern, daß die Brandanschläge auf Asylantenheime nicht Ausdruck eines besonderen Fremdenhasses waren – mit Recht, denn offensichtlich war, daß die deutschen Bürger sich untereinander auch nicht mochten und überwiegend durchweg misanthropisch gesonnen waren.

Nachbarschaftlicher Streit an Grundstücksgrenzen eskalierte zuweilen zu dramatischen Familientragödien und beschäftigte Polizei und Gerichte. Aus gutem Grund hatten die Politiker mit strikten Waffengesetzen die Bürger entwaffnet und dem Staat das alleinige Gewaltmonopol überantwortet.

Einig war sich das Volk, daß in seinem staatlichen Haus Ordnung und Sauberkeit herrschten, kulturhistorischer Ballast getilgt und Städte und Dörfer eine moderne Gestaltung erhalten hatten, pflegeleicht und praktisch, der Zeit entsprechend.

In diese Ordnung war der soziale Frieden eingeschlossen, der durch neidmindernde Gesetze gewahrt blieb und an dem auch jene partizipierten, die am Wirtschaftsaufbruch keine Teilhabe hatten. Die Armen und Gestrauchelten hatten einen Rechtsanspruch auf Hilfe, vorausgesetzt sie unterwarfen sich den kleinbürgerlichen Normen der Gesellschaft und gehorchten den Auflagen der Bürokratie, die als Gegenleistung allerdings den gläsernen Bürger verlangte, der bereitwillig Auskunft über sich und die Seinen gab und sich freiwillig unter die Aufsicht des Staates stellte.

Unter der Obhut der Solidargemeinschaft ließ es sich bequem leben, und mehrheitlich zogen es die Bundesbürger vor, ihr Engagement für das Gemeinwesen auf die Erfüllung des Wahlrechts zu beschränken und im übrigen die soziale Marktwirtschaft zu genießen, zu konsumieren und die Freizeitangebote zu nutzen – Brot und Spiele in Form von Stadtfesten mit Pilzpfannen, Bratwurstständen und Fischbuden, Freizeitparks mit Karussells und Achterbahnen, folkloristischem Mummenschanz und nicht zuletzt Massenveranstaltungen des Sports.

An die Repräsentanten dieses volksbeglückenden Staates, die Politiker, waren fast unerfüllbare Anforderungen gestellt, verlangt waren moralische Qualitäten, selbstlose Amtsausübung, Würde und vor allem Popularität, angesichts der ständigen Medienpräsenz eine Gratwanderung, deren Gelingen von vielen Imponderabilien abhängig war. Die Wählermehrheit ließ sich weniger von staatsmännischen Qualitäten beeindrucken, sondern wünschte sich seine Volksvertreter modisch gekleidet, von einem prominenten Friseur coiffiert und in Sitte und Brauch dem Zeitgeist verpflichtet. Unerlässlich für die Spitzenkandidaten der Parteien war es daher, vor dem Wahlkampf entsprechende Fachinstitute zu konsultieren, die Sprachkorrekturen vornahmen, die Kleidung festlegten, die Auftritte programmierten und die Typenzuordnung deutlicher herausarbeiteten.

Eine schwierige Aufgabe, denn nicht immer war der Volksgeschmack eindeutig auszumachen, und bisweilen scheiterte die Homunkulusarbeit auch am schauspielerischen Unvermögen der Probanden. Durch Medienberichterstattung hatte das Publikum Vergleichsmöglichkeiten mit den Staatsrepräsentanten der Kulturnationen, die durchweg sehr würdevoll ihr hohes Amt repräsentierten und, das erspürten sogar die Deutschen, achtunggebietender wirkten. Gewiß war es erfrischend volkstümlich, den hochrangigen Politiker im Radlerdress auf seinem Fahrrad zu sehen, und Mitgefühl beseelte die Zuschauer, als er nach einem bösen Sturz das Krankenbett hüten mußte. Als Volksgenosse Jedermann errang der Jungpolitiker Sympathien, der sich halbnackt joggend in den städtischen Parkanlagen der Öffentlichkeit darbot, und Fußballspiele prominenter Politiker erfreuten sich durchaus großer Beliebtheit, doch zuweilen empfanden die Bürger die Hanswurstiaden im Narrenkostüm oder die Auftritte anläßlich sogenannter bunter Fernsehabende auch als peinliche Zurschaustellung.

Besonders unangenehm fielen die Mißgriffe deutscher Politiker im Ausland auf, wenn sie sich in Unkenntnis der Regeln des guten Stils und des Benehmens als teutonische Grobiane aufführten. Zuweilen waren auch die Berateragenturen in den Fragen der diplomatischen Etikette nicht sattelfest, so als sie ihren Klienten empfahlen, wie Lehrer mit durchgedrückten Knien zu gehen, lässig und weltmännisch und nach englischer Dandyclubart womöglich mit einer Hand in der Hosentasche. Fortan wurde es deutscher Brauch, sogar an der Seite ausländischer Damen, die Hand in der Hose zu vergraben und mit gestrafftem Hosenboden einherzustolzieren, Billard spielend, wie der Volksmund zu sagen pflegt.

Nur eine Minderheit der Deutschen litt unter der Stillosigkeit der deutschen Politiker und tröstete sich mit dem demokratischen Bekenntnis, daß die gewählten Volksvertreter ein Spiegelbild der gesellschaftlichen Realität wären, und jedes Volk sich seine ihm gebührenden Repräsentanten erwählen würde. In diesem Sinne erfüllten die Politiker auch eine Vorbildrolle, indem sie den Medien in Talkshows oder Exklusivberichten Einblicke in ihr Privatleben, in ihren ganz gewöhnlichen Alltag gewährten und am eigenen Beispiel ihre gesellschaftspolitischen Vorstellungen demonstrierten.

Die Verwirklichung der Emanzipation in der Familie offerierte eine prominente Politikerin, Fachfrau auf dem Gebiet der Staatsfinanzen, der Öffentlichkeit, indem sie ihren Ehegatten als Hausmann und Privatsekretär vorführte und überdies auch ihren Anteil an der Kinderaufzucht darlegte. Vor allem achtete sie auf pünktliche Stillzeiten, über die ihre Sekretärin zu wachen hatte, der es gestattet war, finanzpolitische Sitzungen mit der Meldung *Ihr Sohn ist da* unterbrechen zu lassen. Dann begab sich die Mutter in das Nebenzimmer, um Sohn Robbi an die Brust zu legen und zuweilen durfte dann auch noch die dreijährige Tochter *mitnuckeln*. Ein animalischer Wonnegenuß angesichts des politischen Tagesgeschehen und ein befriedigendes Gefühl, daß in dieser Zeit die Herren im Sitzungsraum warten mußten, *da läuft die Welt um dich herum vorbei, da wirst du ruhig,* bekannte sie, und hatte sich damit die Gunst des kindzentrierten Kleinbürgertums gesichert. Mit Wohlwollen wurde zudem ihr Bekenntnis quittiert, mit Kultur nichts am Hut zu haben und daß ihr die Lektüre des Steuerrechts genug wäre.

Über die Bildschirme des Fernsehens ließ eine andere Politikerin die Nation an ihrem späten Liebesglück mit einem bekannten Fernsehstar teilhaben. Millionen durften ihre Vorbereitungszeit für den schönsten Moment im Leben einer Frau miterleben, das Brautkleid und den Schmuck bewundern und schließlich das Paar zur Trauung begleiten. Als schöne Bereicherung der zu diesem Zeitpunkt geführten Diskussionen zum Thema Alterssex wurden ihre Bekenntnisse über die sexuellen Vorzüge ihres Auserwählten durchaus positiv aufgenommen.

Mit frauenemanzipatorischem Engagement hatte sich auch die Bundestagspräsidentin beliebt gemacht, aus einer Lehrerfamilie stammend, der Vater war Schulrat, hatte sie sich auch für die Erziehungswissenschaften entschieden und sogar in diesem Fach eine Professur erlangen können. In ihren dozierenden Reden verbreitete sie mit Vorliebe schulmeisterliches gesundes Kleinbürgerempfinden, das sie geachtet wissen wollte und dessen Werte sie der Gesellschaft zur Gesundung empfahl. Das daniederliegende deutsche Familienleben glaubte sie durch die Wiedereinführung der kleinbürgerlichen Wohnküche beleben zu können, und so empfahl sie den Architekten, bei ihrer Wohnungsbauplanung die Küchenräume größer anzulegen. Der kleinkarierte Neid der Bundesdeutschen machte auch vor ihr nicht halt, als behauptet wurde, ihr Ehemann wäre auf Staatskosten mit dem Auto gefahren und ihre staatlich finanzierten Flugreisen hätten auch Privatausflüge eingeschlossen.

Obwohl die Ehepartner der Politiker nicht offiziell mit öffentlichen Aufgaben betraut waren, erweckten sie dennoch das Interesse der Medien, die vor allem den Gattinnen der regierenden Oberhäupter der Länder und das Bundes besondere Aufmerksamkeit schenkten, indem sie den Damen den Titel *First Lady* verliehen oder ihnen gar als *Landesmütter* feudale Weihen gaben. Erwartet wurde von den Damen das Engagement auf dem Felde der Wohltätigkeit und überdies die Unterstützung ihrer Gatten bei den repräsentativen Staatspflichten.

Ein tüchtiger hessischer Ministerpräsident hatte sich Verdienste bezüglich der Renovierung und Ausstattung einer angemessenen Dienstvilla erworben. Nicht zuletzt durch die tätige Mithilfe seiner Gemahlin wurde ihm und seinen Nachfolgern ein feudales Ambiente geschenkt, in dem es eine Lust war zu regieren. Für 10000 Mark hatte Gattin Karin Tischwäsche angeschafft, fast die gleiche Summe kostete die Ausstattung des ehelichen Schlafgemaches, und allein der Ministerpräsidententhron schlug mit 2661 DM zu Buche. Die mit der Zahlungsabwicklung betrauten Beamten taten gehorsam ihre Pflicht, indem sie klaglos die Rechnungen beglichen und amüsiert den Kopf schüttelten, *wenn Karin wieder einmal zugeschlagen hatte.* Nachfragen bezüglich der sachlichen und fachlichen Kontrolle vermieden die Staatsdiener tunlichst, denn, so hieß es, *Karin trägt die Nase sehr hoch und hätte nichts übrig für kleine Leute.* Die *First Lady* führte auch im Ministerpräsidentenhaus ein strenges Regiment, indem sie auch offizielle Besucher maßregelte, zum Beispiel, wenn diese bei geöffneten Fenstern im Sitzungszimmer rauchten und der Mief in ihre darüberliegenden Privatgemächer drang. Dann rauschte die Herrin mit böser Hausfrauenmiene durch die Staatsräume und schloß ostentativ die Fenster. *Sie ist eben die Herrin des Hauses,* pflegten dann die Beamten erklärend zu entschuldigen.

Auf dem Felde der hauswirtschaftlichen Erziehung hatte auch die Gattin eines Bundespräsidenten Meriten erworben, indem sie im Rahmen einer Fernsehserie prominente Gäste zum gemeinsamen Kochen in die Präsidentenküche einlud und en passant dem deutschen Volk ihre Küchengeheimnisse verriet. Unnachsichtig tadelte die erste Hauswirtschaftslehrerin der Nation, wenn den Eingeladenen durch Unkunst ein Mißgeschick widerfuhr, vermochte aber auch Lob zu spenden, wenn das Ergebnis der gemeinsamen Arbeit gelungen war. Ihr Feldzug für die gute Hausmannskost zeigte Früchte, denn auch die Gattin des Bundeskanzlers beeilte sich, ein Kochbuch der Öffentlichkeit zu präsentieren: Die Lieblingsgerichte ihres hohen Gatten, den Pfälzer Saumagen und die traditionellen Kohlgerichte.

Es wäre unrecht, den bundesrepublikanischen Staatsrepräsentanten den Mangel an diplomatischer Erfahrung anzulasten, schließlich gelangten sie fast ausnahmslos aus einer kleinbürgerlichen Lebenswelt in die hohen Ämter, und vielen war es gelungen, im Verlauf ihrer Amtszeit Erfahrungen zu sammeln und an ihren Aufgaben zu wachsen. Irritierend für das beobachtende Tagespublikum war jedoch die Diskrepanz ihrer öffentlichen Auftritte, wenn sie sich zum Beispiel in Gesellschaft ausländischer Staatsmänner um gute Umgangsformen zumindest bemühten, auf der anderen Seite jedoch im Bundestag deutschem parlamentarischen Brauch zu entsprechen hatten und sich bemühen mußten, den politischen Gegner verbal zu desavouieren. In der Weimarer Republik hatte es bisweilen im Parlament heftige Prügelszenen gegeben, zu derartige Eskalationen der Gewalt kam es im Bonner Bundestag nicht mehr, doch die wütenden Attacken blieben weiterhin üblich, wobei es besonders beliebt war, den politischen Gegner mangelnde Intelligenz beziehungsweise Dummheit vorzuhalten, in der repräsentativen Demokratie eine problematische Form der Beleidigung, denn schließlich vertraten die so Geschmähten den Souverän, das Wahlvolk, das sich damit gleichermaßen der Beschränktheit geziehen sah.

In einem Land, in dem Originale und ausgeprägte Persönlichkeiten als spinnerte Außenseiter betrachtet werden, sind an die führenden Politiker besonders strenge Anforderungen der Normenanpassung gerichtet, und folglich sind sie gut beraten, sich einer ständigen Selbstüberprüfung zu unterziehen, wobei ihnen die Ergebnisse meinungsforschender Institute Korrekturen ermöglichen, die nach Möglichkeit mit Hilfe von imagepflegenden Beratern erfolgen sollten. Für die angemessene Selbstdarstellung sind zunächst die durch den Bewacherstab martialisch wirkenden öffentlichen Auftritte hilfreich, gewichtige Bodyguards und Polizisten halten das Volk auf Distanz, das als Kulisse fungiert und zuvor durch Plakate mit der messianischen Ankündigung *XY kommt!* herbeigerufen wurde. Erlaubt waren kleine persönliche Markenzeichen, eine Tabakspfeife, ein typisches Kleidungsstück oder eine besondere Redewendung. Einige Landesherren, so ein saarländischer Ministerpräsident, ließen ihr Erscheinen mit einem flotten Marsch ankündigen, beliebt war es auch, von Trachtengruppen und selbstverständlich von den örtlichen Honoratioren empfangen zu werden.

Geburtstage

Wenn die hervorragendsten Ärzte der Deutschen Demokratischen Republik sich über den geöffneten Leib ihres Staatsratsvorsitzenden beugten und mit den Mitteln der modernen Medizin den maroden Gesundheitszustand des alten Mannes zu verbessern suchten, glaubten sie zuweilen den *Kalk rieseln zu* hören. Die morose Verfassung des ersten Mannes der Partei und des Staates hatte etwas Allegorisches: Die junge Republik, die sich auf den 40. Jahrestag ihrer Gründung vorbereitete, war entsprechend ihrer Staatsrepräsentanten gealtert. Wer wollte leugnen, daß sie einst mit jugendfrischem Elan an den Aufbau des Sozialismus herangegangen wären, daß sie zumindest den Versuch unternommen hatten, zwischen den Bevormundungen des *Brudervolkes* und dem ruinösen Wettbewerb mit dem deutschen Weststaat ihren Weg zum Sozialismus zu finden.

Zur Gründung der DDR hatte man sich eine Nationalhymne gewählt, Hanns Eisler hatte die Töne gesetzt und dabei ein wenig Peter Kreuders *Good by Johnny* im Ohr gehabt, Johannes R. Becher schuf den Text: *Auferstanden aus Ruinen*, hieß es dort. Nach 40 Jahren rotteten die Innenstädte zu Ruinenlandschaften, zum Guten wollte man Deutschland dienen, *Deutschland, einig Vaterland*. Die Nationalhymne wurde nicht mehr gesungen, die kurze Geschichte, die politischen Realitäten hatten den Text sinnentleert.

In der *Partei der Arbeiterklasse* war die Staatsführung herangewachsen, die Partei hatte sie erzogen, auf den Gegner eingeschworen, den Klassenfeind, der offen und subversiv sein schändliches Werk betrieb. Ihr Schicksal war es, den *Klassenfeind* im eigenen Volk ausgemacht zu haben, und das hieß mit scharfen Augen beobachten, mit großen Ohren zu lauschen und mit harter Hand das Volk zu lenken. Aber auch die westdeutschen Stifter des Grundgesetzes mißtrauten ihrem Volk, waren sich ihrer Bürger nicht sicher, versagten ihnen Plebiszite und bauten überdies auf die beschirmenden *Vorbehaltsrechte* ihrer Besatzungsmächte. Die *wehrhafte Demokratie* genügte den Westdeutschen, und die wahlwerbende Forderung Willy Brandts *Mehr Demokratie wagen*, erschien den Hütern der Bonner Republik ein zu großes Wagnis, unruhestiftenden direkten Volksentscheiden setzten sie den Slogan *Wohlstand für alle* entgegen, denn Volkswohlfahrt hieß zu allen Zeiten: Sicherheit, Ordnung und geruhsame Zufriedenheit.

Aus dem Arbeiteraufstand vom 17. Juni hatte die DDR-Staatsmacht Lehren gezogen, die Staatsorgane hatten sich gewappnet und Betriebskampfgruppen waren auf einen Ernstfall vorbereitet, und so wähnte man sich in Sicherheit, gutbewacht, draußen vor Berlin in der kleinbürgerlichen Idylle von Wandlitz.

Ludwig Börne notierte in seinen Aphorismen: *Nicht allen Revolutionen gehen Zeichen und Warnungen vorher; es gibt auch eine politische Apoplexie.* Manchen Potentaten mag eine Volkserhebung wie ein Schlag getroffen haben, fern von der politischen Realität und der Volksstimmung haben sich zuweilen die Mächtigen vom Volk geliebt und verehrt und in Sicherheit geglaubt. Doch Börne irrte, niemals in der Geschichte gab es Revolutionen ohne Ankündigung, und bereits am Maß des Sicherheitsbedürfnisses eines Staates offenbarte sich der fragile Zustand einer Gesellschaft. Für Repräsentanten der Macht ist es meist zu spät, wenn durch ihre Palastgemäuer das bedrohliche Geräusch herannahender Volkshaufen an ihr Ohr dringt, unheimlich der in Parolen artikulierte Unmut, der durch revolutionäre Entschlossenheit zur Masse geeinten Volksmenge.

Die Bilder von den Staatsfeierlichkeiten zum 40. Jahrestag der Gründung der Deutschen Demokratischer Republik lassen bezweifeln, ob der greise Staatsratsvorsitzende die Rufe der Bürger hörte. In gehobener Stimmung war er zu sehen, glücklich im Kreise der hohen Gäste aus aller Welt. Artig der Beifall, als er den ersten sozialistischen Staat auf deutschem Boden lobpreiste. Als die Claqueure die *Errungenschaften* der DDR bejubelten, mag mancher Funktionär sich zurückgehalten haben, denn es hatte sich längst herumgesprochen: Die Deutsche Demokratische Republik näherte sich dem Staatsbankrott.

Draußen riefen die Menschen nach Gorbatschow, staatlich verordneter Jubel hatte stets das Hochleben der Sowjetführer verordnet, doch diesmal waren die Rufe subversiv, für die DDR-Führung war die einstige Staatsdevise *Von der Sowjetunion lernen, heißt siegen lernen* mittlerweile zum Albtraum geworden.

Gorbatschows gesellschaftliche Reformen betrafen die DDR nicht, hieß es, die DDR wäre mit der Sowjetunion nicht zu vergleichen. Aber: *Glasnost* und *Perestroika* erlaubten der Führung der DDR, von einem eigenen Weg zum Sozialismus zu sprechen – wenige Jahre zuvor hätte dies eine Intervention der Sowjetmacht provoziert. Die Mahnung Gorbatschows *Wer zu spät kommt, den bestraft das Leben,* blieb ungehört. In diesen Tagen der *Montagsdemonstrationen* nicht nur in Leipzig, sondern auch in den anderen Bezirkshauptstädten, war es ohnehin zu spät, der *Demokratische Zentralismus* lähmte den Staatsapparat, im *Klassenzimmer* Politbüro fehlte die Lehrkraft, in der schwersten Stunde der Partei war die Spitze der Hierarchie krank, die Schreckensnachrichten aus allen Teilen der Republik und die wirtschaftspolitischen Probleme erlaubten keine Machtkämpfe, es fehlte der Hoffnungsträger, der Mann, der Rettung versprach. Man hatte die Zeichen der Volkserhebung nicht wahrhaben wollen, die Meldungen der Bezirksleitungen ignoriert und sich auf die Sicherheitsorgane verlassen, aber was nutzten die Pläne für den Ernstfall, wenn die Befehlsempfänger ohne Instruktionen waren.

Am 23. Mai 1989 hatte auch die Bundesrepublik 40. Geburtstag gefeiert. Mit bescheidenen Feiern gedachte man der Staatsgründung, deutscheigentümlich unbescheiden waren die Festreden. Gepriesen wurde die 1949 begonnene *Erfolgsgeschichte Deutschland.* Das beste Deutschland, das es je gab, hieß es. Die Nationalhymne des Weststaates wurde noch gesungen: Nicht *Deutschland, Deutschland über alles,* nur der Rest des Liedes: *Einigkeit und Recht und Freiheit.* Die beschworene Einheit, so hatte Willy Brandt allerdings gesagt, wäre eine *Deutsche Lebenslüge.* Trotzdem, Nationalfeiertag war der 17. Juni, der Tag der deutschen Einheit. Auch die großdeutschen Farben, schwarz-rot-gold, wurden noch gehißt. Ein bißchen Deutschland, Deutschland über alles erklang aus den Reden, wenn vom weltgenesenden *Erfolgsmodell Deutschland* gesprochen wurde, gemeint waren damit die Wiederaufbaujahre, das Wirtschaftswunder und vor allem die demokratische Entwicklung, jenen zum Vorbild empfohlen, die sie ermöglicht hatten.

Während die Politiker sich demokratisch beweihräucherten, feierte das Bonner Stadtvolk auf dem Markt ein heiteres Volksfest, den Föderalismus unterstreichend, präsentieren Gäste aus allen Bundesländern regionale Eigenarten, Kleinbürgervereine zeigten heimattümelnden Partikularismus. Wohlwollend kommentierte ein Journalist das Volkstreiben: Nationales Pathos wäre nicht zu entdecken. Danach war dem Volke auch nicht, man war zuhauf gekommen, um im Menschengetümmel zu flanieren, die volksbeglückenden Wohltaten zu genießen und vor allem an Bratwurststand und Bierwagen zu verweilen. Die Feiertagsreden der Politiker fanden kaum Interesse, denn recht eigentlich war nicht viel zu feiern. Das Wirtschaftswunder war ferne Erinnerung, die Arbeitslosenzahl näherte sich der 3-Millionengrenze, die sozialen Sicherungssysteme waren rettungsbedürftig, der größte Arbeitgeber der Bundesrepublik, die mittelständischen Betriebe beklagten eine wachsende Zahl von Insolvenzen. Man sprach von einem Reformstau, gemeint war die absehbare Rezession, dramatisch verschärft durch eine ständige Neuverschuldung der öffentlichen Haushalte. Milliarden Deutscher Mark hatte man in der Europäischen Union versenkt, geerntet hatte man eine unsinnige Bürokratie, verwundert hatte man sich über den raschen wirtschaftlichen Aufstieg der europäischen Armenhäuser – Irland, Spanien und Portugal – und zuweilen klagte man über die deutsche Rolle des Zahlmeisters der EU.

Einig Volk?

Wäre die alte Welt am 9. November 1989 noch intakt gewesen, dann wäre für das Bündnis der Warschauer Pakt-Staaten in den Abendstunden dieses Tages der Verteidigungsfall eingetreten. Als Westberliner Bürger die Grenzanlagen der DDR erklommen und beschädigten, und die Westalliierten dies nicht verhinderten, hätte ein Hilfeersuchen der DDR-Regierung das Bündnis zum Eingreifen verpflichtet. *Niemals wieder,* so hatte Honecker stets wiederholt, *dürfe von deutschem Boden ein Krieg ausgehen*; und niemand dachte in Ostberlin oder in den Bruderstaaten in diesen Stunden an Krieg, fassungslos sahen die Menschen in aller Welt die Aufnahmen vom Brandenburger Tor. War das eine Revolution? Eine kleine Unsicherheit, ein Versprecher eines Politbüro-Mitglieds löste die Lawine aus, das Ventil hatte sich geöffnet, das Tor war auf. Revolutionäre Horden, marodierender Pöbel, Arbeiter mit geballten Fäusten – nichts von alldem war zu sehen, nur Freude, unsagbare Freude.

Als die Welt Mitfreude und Bewunderung bekundete, meldeten sich die ersten kleinbürgerlichen Bedenkenträger, die Ruhe-und-Ordnung-Deutschen, ein westdeutscher Journalist verwies nach langem Nachdenken auf Portugal, bestand darauf, daß die Panzer des Militärputsches auch eine friedliche Revolution ausgelöst hätten. Andere wurden nicht müde, daran zu erinnern, daß es auch ungut hätte ausgehen können, mit dem ewigen *wenn* und *ja aber* erinnert der Kleinbürger an seine muffige Lebenswelt, die um nichts in der Welt durch Normenverstöße gestört werden darf. Die DDR-Bürger als Empfänger humanitärer Hilfe, so akzeptierte man die *Menschen da drüben*, als Revolutionäre ohne Führer und Waffen – da mochte bei den Musterknaben der westdeutschen Demokratie schon Neid aufkommen.

Die Gegner der deutschen Einheit, die deutschen Partikularisten, an ihrer Seite die ehemaligen Kriegsgegner und kleinen Nachbarstaaten, sahen zunächst die Selbstbefreiung der Ostdeutschen gelassen, zwei freie deutsche Staaten im wachsenden Europa, das würde man dulden können. Hin und wieder aber scheint die Muse der Geschichte selbst die Feder in die Hand zu nehmen und hochdroben im Olymp den Fortlauf der Ereignisse zu bestimmen. Andere nennen es die Gunst der Stunde und wieder andere sagen, daß Männer die Geschichte machen. Oder durchlief die Deutsche Geschichte doch ein roter Faden, urdeutsch mystisch-mythisch im Urgrund der Volksseele schlummernd: *Wir wollen sein ein einig Volk von Brüdern?* Der Fortgang der Ereignisse, die kurze Regierungszeit der alten Machthaber, der runde Tisch, die ernsthaften und würdevollen Massenversammlungen und schließlich das erste, frei gewählte Parlament in der DDR, die vom Volk legitimierte Regierung und schließlich die Einigung, das alles konnte geschehen, weil die Kraft des Willens eines mündigen Volkes nicht zu ignorieren war.

Seinen Abgang von der politischen Bühne kommentierte der Vorsitzende des Freien Deutschen Gewerkschaftsbundes mit den Worten: *Nun sollen eure Polizisten im Westen sehen, wie sie mit den Trabbis fertig werden.* Vor allem aber durften in dieser Zeit die Westdeutschen ihre Überlegenheit demonstrieren, ihr Statussymbol, das Auto, neben der mickrigen Rennpappe der Ossis zeigte es: Den Wettkampf der Systeme, den hatten sie gewonnen. Private Häuser, Feuerwehrgeräteschuppen und Gemeindeeinrichtungen hatten die Menschen im Osten geöffnet, Kaffee und selbstgebackenen Kuchen bereitgehalten, um die Gäste aus dem Westen zu begrüßen. Doch zunehmend kamen merkwürdige Gäste: Fahrendes Volk mit Teppichen, Handlungsreisende mit Haustüren, barockes, rustikales Türdesign oder zeitgemäßes Riffelglas im Aluminiumrahmen ließen sie überteuert ins marode Mauerwerk montieren, Busunternehmer, die zu kostenlosen Ausfahrten einluden, und dann Rheumadecken feilboten, Versicherungsvertreter, die für alle Zukunft Sicherheit verkauften, Autohändler, die ihre Schrottplätze geleert hatten und schließlich requirierende Altbesitzer, die mit Zollstock und Bandmaß die künftige Nutzung ihrer wiedergewonnen Immobilien planten.

Die ersten Sendboten der westdeutschen freiheitlichen Demokratie lösten Verwunderung aus, in den Medien hatte man ihnen nur eine Nebenrolle eingeräumt, eine Stimme hatten sie dort nicht, umso lauter waren sie auf den Straßen: Neonazis aus der Bundesrepublik, sahen im Osten Morgenrot. Seit der Gründung der Bundesrepublik waren sie präsent, ihr politischer Kampf hatte sie gelehrt, daß soziale Brennpunkte, gesellschaftliche Krisen und Fremdenhaß ihr Acker ist, ihre Parolen auf fruchtbarem Boden Nahrung finden, wenn dumpfe, aber auch konkrete Ängste das Volk bewegen. In Gemeinderäten, Städte- und Länderparlamenten der Bundesrepublik hatten sie parlamentarische Erfahrung sammeln können, angesichts des Umbruchs und der Zukunftsungewißheit vieler Ostdeutscher glaubten sie nun, hier Terrain gewinnen zu können.

Noch in den Zeiten der frei gewählten DDR-Regierung, als die Länder von Regierungsbeauftragten verwaltet wurden, strömten *Berater* aus dem Westen gen Osten. In der Heimatbehörde abkömmliche Verwaltungsfachleute, in der Parteiarbeit nicht ausgelastete Parteigeschäftsführer und niederes Management mittelständischer Wirtschaft. Es wäre Unrecht getan, pauschal diesen Leuten Eigennutz oder gar bösen Willen zu unterstellen, auch Unfähigkeit oder mindere Qualifikation traf nicht immer zu. Oft standen sie am falschen Betätigungsplatz, vor allem aber am falschen Ort, denn die DDR war ihnen ein fremdes Land, herangewachsen und ausgebildet in der spießigen Hierarchie ihrer Behörde oder Firma, in den Normen kleinbürgerlicher Ordnung hatten sie Improvisation und Phantasie nicht gelernt, und beides wäre notwenig gewesen, um zu verhindern, was bereits in den Kommunen und Ländern des Westens sich so verhängnisvoll entwickelt hatte: die Herrschaft der Bürokraten. Herausgerissen aus ihrer spießigen Lebenswelt, sprachen sie eine andere Sprache, dabei sahen sie sich als moderne Zeitgenossen, hielten sich an die Kleiderordnung, schieden in businesslook und outdoor-Habit, wähnten sich weltgewandt, als Urlaubsdeutsche hatten sie die Ferienziele in Westeuropa und zuweilen auch Übersee kennengelernt, Spanien und Frankreich waren ihnen näher als Leipzig, Cottbus oder Schwerin. Schon in den 6oer Jahren hatte es in Westdeutschland geheißen: *Vaterland ist dort, wo westliche Lebensart gelebt wird.*

Kulturkampf der Verfassungspatrioten

Als die sogenannten *Abwickler,* Betriebsberater und Wirtschaftsfachleute, die Massenarbeitslosigkeit im Osten in Gang setzten, trat paradoxerweise verstärkt eine West-Ost-Wanderung ein. Die zunehmende Arbeitslosigkeit im Westen, vor allem in den mittleren Führungspositionen und der Karrierestau im öffentlichen Dienst, in Kulturinstitutionen und Krankenhäusern, veranlaßte vor allem junge Akademiker und qualifizierte Fachkräfte, ihr Heil im Osten zu suchen. Für viele ein schwerer Entschluß, zumal wenn die Familie, die Ehefrau und Kinder überzeugt werden mußten, das gewohnte Milieu zu verlassen. Es war Neuland für sie, und so nannte eine Medizinergattin ihren Bericht über die Familienerfahrung im Osten *Neuland.*

Bereits der Besitz dieses Buches ist peinlich und wahrhaft kein Kleinod im Bücherschrank. Dennoch, für Kulturwissenschaftler und Soziologen ist es Pflichtlektüre, weil der Bericht schlüssige Auskünfte über die Schwierigkeiten des deutsch-deutschen Zusammenwachsens gibt. Im Westen offensichtlich im Karrierestau, wurde dem Ehegatten eine höhere Stelle in einem brandenburgischen Krankenhaus angeboten, eine große Chance, und brav folgte die Gattin dem Gatten, denn alle materiellen Ansprüche der kleinbürgerlichen Lebenswelt schienen sich zu erfüllen. Die Schwierigkeiten begannen in der Schule, die Mitschüler mochten mit dem verzogenen Arztkind nicht spielen, und die Lehrerin ignorierte die Erziehungsweisheiten der besorgten Mutter.

Ein Grund, warum sich die Nachbarschaft den Neubürgern anpassen sollte, war nicht unbedingt einzusehen, doch die Westdeutschen sind in diesem Punkt verwöhnt, schließlich hatten sich die Gastgeber in den südländischen Urlaubsorten auch auf die deutsche Mentalität eingestellt, *man spricht deutsch,* bietet heimisches Bier und toleriert deutscheigentümlichen Brauch und kleinbürgerliche Gewohnheit. Freilich, dafür zahlt man auch in harter Währung, aber recht eigentlich glaubten die Bundesbürger, mit ihren normendiktierten Sitten den Gastgebern auch Lebensart vermittelt zu haben und schlußendlich auf diese Weise die europäische Einigung zu forcieren. Die Hausfrau aus dem Westen war konsterniert und empfand ihr nachbarschaftliches Umfeld unzeitgemäß rückständig und beschloß, eine Missionsarbeit zu beginnen.

Daheim hatte sie im Freundeskreis mit der mediterranen Küche Furore gemacht, also lud sie zum Essen ein, Pasta, Antipasti, fremdes Gewürz und exotisches Beiwerk fanden nicht so recht Anklang, als ein Gast gar ein Gratin mit dem spießigen deutschen Bauernfrühstück verglich, gab sie auf, resignierte aber nicht, denn nun widmete sie sich dem äußeren Erscheinungsbild des völlig unmodischen Klinikpersonals. Damals waren sogenannte Leggins Pflichtkleidung, nicht unbedingt für die Dame der Upperclass, aber im Mittelstand war diese, an Unterkleidung erinnernde Hose ein wichtiger Teil der Garderobe. Mit den kakelbunten Beinkleidern wollte sie dem medizinischen Personal ihres Gatten Modebewußtsein offerieren, willig ließen sich die Damen auf eine Anprobe ein, schüttelten sich vor Lachen, amüsierten sich über Kolleginnen, deren Figuren für die engen Hosen ungeeignet erschienen. Mit Bitterkeit mußte unsere Missionarin erkennen, daß man im *Neuland* der Mode abhold war und auf Altbewährtem beharrte.

Das Buch war bald vergriffen und wurde nicht wieder aufgelegt, nicht weil es keine Leser gefunden hatte, die Erziehungsarbeit der Autorin hätte nach wenigen Monaten aktualisierte Moden erfordert, neue Gerichte hatten die Pasta abgelöst, roher Fisch war angesagt oder die in Flor gekommene junge Küche. Nicht auszudenken, daß die Ost-Damen sich dann doch noch in Leggins zwängten, zu spät, weil Leggins-Trägerinnen längst schon als spießig-altmodisch galten.

Mancher Leser wird verärgert diesen kleinbürgerlichen Hausfrauenquatsch in den Papiercontainer geworfen haben und nicht bis zum Schlüssel der deutsch-deutschen Mißverständnisse vorgedrungen sein: Anläßlich einer Einladung alterierte sich die Autorin über die Eingeborenen-Küche, empfand sie spießig und fühlte sich an ihre Oma erinnert. Man sieht sie vor sich, die Kittelkleid-Großmutter, kann sich das kleinbürgerliche Küchentisch-Ambiente vorstellen, dem die Enkelin entwachsen ist, die mit der Heirat eines Doktors die Vergangenheit getilgt und Aufnahme in einem anderen kleinbürgerlichen Lebenskreis mit veränderten, aber gleichermaßen starren Verhaltensnormen gefunden hat.

Geht man den deutsch-deutschen Ressentiments, den Vorurteilen und Stereotypen auf den Grund, so beklagen sich beide Seiten über unterschiedliche Sitten, Gebräuche, Sprachunterschiede, Kleidungsmerkmale, Arbeitsgewohnheiten und Lebensmodelle. Womit wir an der Wurzel eines gesellschaftspathologischen Phänomens angelangt sind, die symptomatisch für kleinbürgerliche Lebenskreise ist. Voraussetzung eines friedlichen Miteinanders in kleinbürgerlichen Gesellschaften ist die Normenanpassung gleicher Sitten und Gebräuche. Mit dem abrupten Zusammenprall der gegensätzlich entwickelten west- und ostdeutschen Kleinbürgerkulturen mußte eine tiefe Kluft aufbrechen, die sich verfestigen wird, so wie der Partikularismus zwischen den Norddeutschen und Süddeutschen, den katholischen und protestantischen Ländern seit Jahrhunderten tradiert wird. Die Verkleinbürgerlichung der Gesellschaft fördert diese Gegensätze, bisweilen mit humorigen Sticheleien, doch häufiger ist kleinkarierte Spießigkeit zu konstatieren: Denn was ist gegen die Häuslebauer und den Ländlestolz, die Brauchtums-Dirndl- und Lederhosen-Süddeutschen einzuwenden, oder wer wollte sie missen, die Hanseaten und Norddeutschen, die über die See schauen, deren Kultur und Lebensgefühl, von der weiten Welt befruchtet, etwas großzügiger und weltzugewandter erscheint.

Den wurzeltiefen Stammeshader pflegte der Journalist Wolfgang Herles in seinem Buch *Nationalrausch,* mit dem er die Wiedervereinigung bitter beklagt. Sein Verlag nennt ihn die Stimme der westdeutschen Nachkriegsgeneration, die sich mit der Bundesrepublik Deutschland und Europa identifiziert. In Süddeutschland 1950 geboren, war er in Wohlstandsjahre hineingeboren, im kleinbürgerlichen Milieu einer deutschen Mittelstadt herangewachsen, man möchte ihm Strebsamkeit und Ehrgeiz zubilligen, seine Dankbarkeit gegenüber seinem Staat ehrt ihn, diese Dankbarkeit teilt er mit jener DDR-Nachkriegsgeneration, die auch ihrem Staat Karriere und Reputation zu danken hat und die, wie er, ein wenig zu unkritisch ihr persönliches Wohlergehen mit Staatstreue belohnt. Herles weiß sich und die Bürger Westdeutschlands zufrieden, *versöhnt mit sich selbst, ihrem Staat und ihrer Rolle in der Welt. Ein wenig schon, so macht es den Anschein, haben sie Lebensart und Lebensstil, auch politische Verhaltensweisen und Einstellungen von ihren westlichen Nachbarn angenommen. Die Deutschen im Westen sind gelassener, nüchterner, weltläufiger geworden. Die Macht der Gewohnheit ist ihnen lieber, als die Macht des Schicksals. Wäre das nicht ein schöner Sieg der*

Deutschen über sich selbst, und fast schon ein kleiner Sieg für ein Kind Europas ...

Schöner kann die kleinbürgerliche Idylle Bundesrepublik Deutschland nicht beschrieben sein: Selbstzufriedenheit und Streben nach *Weltniveau*, wie einst auch der Staatsratsvorsitzende der DDR seinen Bürgern empfohlen hatte. Nicht gelungen war ihm die Übernahme der Lebensart und des Lebensstils der östlichen Nachbarn. Sich selbst besiegt zu haben, das Deutsche zu tilgen und *westliche Lebensart* zu adaptieren, so recht gelungen ist es auch den Westdeutschen nicht.

Gewiß, weltzugewandt sind die Sitten und Gebräuche: Die Nahrungsgewohnheiten hatten sich geändert, auf deutscher Küche, altem Diner beharrte nur noch die Upperclass. Also Pasta und Pizza, Hamburger und Fingerfood; die alte Salzstange und die Häppchen zum Fernsehen mußten den Tappas weichen. In der Kleidung pflegte man ohnehin schon lange *Weltläufigkeit*, sogar Greise verzichteten auf die altmodische Hutmode und bedeckten sich mit einer Baseballcape, derart liebgewonnen, daß sie sogar in Innenräumen getragen wurde, wie ohnehin die amerikanische Freizeitmode bevorzugt wurde.

Auch die altmodische deutsche Sprache sollte nicht mehr nach kleinkarierter Provinzialität klingen. Dienstleister machten aus ihren Unternehmen Weltfirmen, indem sie sich des Englischen bedienten: call-center, Service Point, kiss and ride-Zone und schließlich der Dorfbäcker, der seine Brötchen, Schnecken und Heißwecken im Back-shop feilbot. Lachen mußte man über die Ostdeutschen, die ihre Backhähnchen nach dem englischen *broiled,* Broiler benannten.

Vielleicht ist die Identitätssuche jenes jungen Menschen in einem Flecken Norddeutschlands zu weit gegangen, der sich als Alltagkleidung eine Schottentracht wählte, zu weit gegangen, weil echte Schotten daran Anstoß nehmen könnten, doch wer wird die Flamenco-Tanzgruppen, die Square-Tänzer oder die zahlreichen Musiker bemäkeln, die ihre Vorbilder bei den Kulturnationen gefunden haben. Bei allen Mühen, sich des Deutschen zu entledigen, gelungen ist es auch den Westdeutschen nicht – denn ist das Epigonentum nicht eine besonders typische deutsche Eigentümlichkeit, wie die Kulturgeschichte des Kleinbürgertums zeigt.

Widersprechen kann man Herles auch nicht, wenn er kalauert, daß den Nachkriegsdeutschen im Westen *die Macht der Gewohnheit, lieber war, als die Macht des Schicksals.* Gewohnheit, keine Experimente, ein unaufgeregtes Leben in gewohnten Lebensbahnen, ist höchstes Glück im Kleinbürgerquartier, und Ängste vor Schicksalsschlägen beherrschen permanent die bundesrepublikanische Gesellschaft: Fischwürmer, Fleischgammel, Schneekatastrophen, passive Rauchvergiftung. Die Angst vor Schicksalsschlägen und die Forderung an den Staat, die Menschen vor allem Ungemach zu schützen, beherrschen täglich die Medien und beschäftigen die Politiker, die jeder nur denkbaren Gefahrenquelle mit Gesetzeskraft zu begegnen versuchen.

Unter diesem Aspekt ist es nachvollziehbar, daß von Herles die Revolution in der DDR, auch wenn es nur eine friedliche war, als Schicksalsschlag gesehen wird. Konfus und vom Gefühl diktiert sind seine historischen Argumente gegen die deutsche Einheit: Als Süddeutscher tradiert er Biergartenunmut über die *Saupreiß'n* und das *heidnische Berlin*: Nicht die Berliner, beteuert Herles, aber die Stadt *steht symbolisch für alle Schaurigkeiten der deutschen Geschichte, für Militarismus, Diktatur, Intoleranz, Untertanengeist und Nationalismus, Pickelhauben und Hakenkreuze, Hammer und Sichel: auch das sind Markenzeichen der Berliner Geschichte von Kaiser Wilhelm über die Nazis bis zu den Stalinisten. Aber ja doch. Berlins glänzende Historie haben wir in Bonn nicht ganz verdrängt, den Großen Fritz, die tolerante Aufklärung. Bloß da gab es damals kein Deutsches Reich.*

Mit diesem Zitat ist geradezu grell ein wesentliches kleinbürgerliches Charakteristikum illustriert: Kleinbürger haben keine Geschichte, keine eigene und keine nationale. Das heißt nicht, daß sie auf Geschichte verzichten wollen, sie schreiben sich ihre Geschichte – ihre eigene und die nationale – entsprechend ihrem Bedarf. Nach Herles, im Klappentext wird sein Studium der Geschichte erwähnt, gab es ein Zweites und ein Drittes Reich und der historische Laie fragt verwundert, warum es denn bei Herles kein Erstes Reich gibt. In Anbetracht seines Geschichtsstudiums unterstellen wir ihm, von der Existenz des ersten Reiches Kenntnis zu haben, nämlich dem Heiligen Römischen Reich Deutscher Nation, dessen Krone der Habsburger-Kaiser 1806 in Wien niederlegte. Der Autor, so wollen wir annehmen, meinte dieses Reich vergessen zu können, weil es damals noch keinen Nationalstaat gab. Doch sogleich ist man abermals irritiert: Durch die Wiedervereinigung befürchtet Herles die Rückkehr zum nationalstaatlichen Denken. Auch wenn die umliegenden europäischen Kulturstaaten die deutsche Forderung nach einem Ende der Nationalstaatlichkeit in einem vereinten Europa nicht hören mögen, auf dieser deutschen Vorreiterrolle beharren die deutschen europäischen Musterknaben.

Mit der Fortsetzung des Zitats aus dem Werk des Nachkriegsdeutschen Herles verzweifelt der historische Laie vollends: *Der Kriegstreiber und Freiheitsverhinderer Bismarck ...*, so lesen wir, *hat Berlin zur Hauptstadt gemacht. Die deutschen Fürsten, auch die Hohenzollern wollten das nicht. Ihm ging es um die Hegemonie Preußens über die deutschen Länder, um Restauration der alten Ordnung, statt um die Werte der nationalen Revolutionen 1789 in Frankreich und 1848 in Deutschland.*

Die Werte der bürgerlichen *nationalen Revolutionen* rankten sich aber doch vor allem um den geforderten Nationalstaat, einen nationalstaatlichen Krieg für die deutsche Einheit verlangten die deutschen Revolutionäre. Und waren sie nicht nach Berlin gereist, um dem Preußenkönig die Deutsche Kaiserkrone anzudienen? Ein deutsches Vaterland, *von der Maas bis an die Memel, von der Etsch bis an den Belt*, wollten sie entstehen lassen. Wenn dies Herles als Freiheitskampf rühmt, dann war Bismarck, gottseisgedankt in der Tat mit seinem kleindeutschen Reich ein *Freiheitsverhinderer*.

Mit seinen antipreußischen Ressentiments, eingeschlossen seine Furcht, die *konfessionelle Symmetrie,* das Gleichgewicht zwischen Katholiken und Protestanten könnte das *Gewohnte*, die bundesrepublikanische Ruhe und Ordnung gefährden, wettert er gegen Berlin und preist das bescheidene, von der Geschichte unbelastete katholische Bonn, als hätte es dort nicht den Kreisleiter Eichler gegeben, den Parteigenossen Oberbürgermeister Rickert, zu deren Bilanz auch die über 500 Bonner Bürger gehörten, die Opfer des Naziterrors wurden. Auch in Bonn wurden Hakenkreuzfahnen gehißt und jüdische Bürger verschleppt und getötet. Doch sollte man in Deutschland nicht nach Städten, Orten und Gemeinden suchen, denen man symbolhaft deutsche Schuld auflädt, ob Berlin oder Bonn, München oder Leipzig, in allen Städten jubelte das Volk den braunen Führern zu. Das Land Preußen existiert nicht mehr, es ist untergegangen, weil seine Feinde im Preußentum das deutsche Verhängnis zu sehen glaubten, zum preußischen Nachruhm gehört, daß die schrecklichsten Gestalten des Dritten Reiches, Hitler und seine furchtbarsten Mörder keine Preußen waren. Und daß die braune Partei aus der *Hauptstadt der Bewegung* München mit Terror und Mordtaten Berlin und seine Menschen nie ganz eroberte.

Von deutscher Geschichte und historischer Verantwortung ist in Herles' Buch kaum etwas zu lesen. Mit dem Verzicht auf nationalstaatliches Denken und Nationalgefühl ist dies auch nicht notwendig, in diesem Sinne wird seine Abkehr vom Nationalstaat verständlich. Seine Nachkriegsgenerationsgenossen, so der Autor, wären *Verfassungspatrioten*. Möglich, daß damit ihre Geschichte erst mit der Gründung der Bundesrepublik den Anfang nehmen soll oder mit dem Tag ihrer Geburt im Geltungsbereich des Grundgesetzes, dessen Präambel sie nicht als verbindliche Verpflichtung betrachteten. Den Verfassungsstiftern zu unterstellen, sie hätten die in der Präambel bekundete *Verantwortung vor Gott und den Menschen, von dem Willen beseelt, seine nationale und staatliche Einheit zu wahren ...* lediglich als unverbindliche Floskel verstanden, läßt am Verfassungspatriotismus des Autors zweifeln. Der parlamentarische Rat *hat auch für jene Deutschen gehandelt, denen mitzuwirken versagt war. Das gesamte Deutsche Volk bleibt aufgefordert, in freier Selbstbestimmung die Einheit und Freiheit Deutschlands zu vollenden.*

Es war eine schmerzliche Einschränkung der verfassungsgebenden Versammlung durch die Alliierten, dem Vereinigungsgebot keinen Artikel im Grundgesetz einräumen zu dürfen. Bis zur deutschen Vereinigung im Jahre 1990 hatte die Bundesrepublik Deutschland nicht die volle Souveränität erlangt, galten die alliierten Vorbehaltsrechte, bezüglich aller, das ganze Deutschland betreffenden Fragen, also der Wiedervereinigung. Vorbehalten hatten sich die Siegermächte auch weitgehende Rechte bezüglich ihrer Truppenkontingente und ihres Sicherheitsbedürfnisses, gestattet hatten sie der Bundesrepublik die Rechtsnachfolge des Deutschen Reiches und im Artikel 116 den Alleinvertretungsanspruch aller Deutschen. *Deutscher im Sinne des Grundgesetzes ist ... wer die deutsche Staatsbürgerschaft besitzt oder als Flüchtling (DDR) oder Vertriebener (Ostgebiete) ... in dem Gebiet des Deutschen Reiches nach dem Stande vom 31. Dez. 1937 Aufnahme gefunden hat.*

Damit wären etwa den Danzigern, den Böhmen oder Bevölkerungsgruppen in Oberschlesien die Staatsangehörigkeit verwehrt, doch als Nachfolgestaat des Deutschen Reiches übernahm die Bundesregierung als Anhang zum Grundgesetz die Reichsgesetzgebung vom 22. Juli 1913, die nationalsozialistischen Verordnungen vom 5.Februar 1934 und des *Ministerrats für die Reichsverteidigung* vom 20. Januar 1942. Bis zur letzten Stunde der alten Bundesrepublik Deutschland verweigerten die Bonner Politiker, entsprechend den Bestimmungen des Grundgesetzes und der Reichsgesetzgebung, der DDR ein eigenes Staatsbürgerrecht.

Mit der Rechtsordnung begründen die Weststaat-Getreuen ihren Verfassungspatriotismus als Alternative zum nationalstaatlichen Denken. Die Geschichte zu notzüchtigen, ist überkommener kleinbürgerlicher Brauch und schließt offensichtlich auch die Rechtsnormen ein, die entsprechend den politischen Gegebenheiten zur Disposition stehen. Für die Mehrzahl der Deutschen, die *Verfassungspatrioten* eingeschlossen, ist das Grundgesetz, ein Gesetz wie das Bürgerliche Gesetzbuch oder das Strafgesetzbuch, Rüstzeug und Arbeitsmaterial für ihren Rechtsanwalt, und ansonsten von geringem Interesse, zumal im Verlauf der Gesetzesarbeit die Parlamentarier bei den Grundrechten laufend einschränkend nachgebessert haben und die festgeschriebenen Menschenrechte erst auf dem Prüfstand stehen, wenn die Verfassungsrealität an der Verfassungsabsicht gemessen wird. Ob die Würde des Menschen gewahrt bleibt, wenn Armut und Siechtum ihn in die Obhut der Gesellschaft zwingt, entscheidet sich im Einzelfall und hängt weitgehend vom Kulturzustand einer Gesellschaft ab.

Wenn *Verfassungspatriotismus* Wachsamkeit gegenüber allen Feinden der Verfassung, den politischen Rattenfängern und auch, und vor allem, dem machthungrigen Staat bedeutet, dann wollen wir den Patriotismus loben. Mißtrauen ist geboten, wenn damit die alte kleinbürgerliche Untugend verkleistert wird, in *patria* und *peregrini* zu scheiden.

Zwei Bücher, die Hausfrauengeschichten aus *Neuland* und die von der Furcht vor Veränderungen diktierten Ängste im *Nationalrausch,* so konfus und zuweilen töricht sie auch empfunden sein mögen, der Unmut und die Ängste sollten ernstgenommen werden. Bei Störungen und Veränderungen der Gesellschaft wachsen sie aus dumpfem Urgrund – beispielsweise wuchsen sie als die Heimatvertriebenen im Westen aufgenommen werden mußten. In den Besatzungsmächten fanden die Vertriebenen Beschützer vor dem Haß ihrer Landsleute. Ihre Barackenlager wurden hämisch Klein-Sibirien genannt. Die Früchte ihres Fleißes, die Siedlungen am Rande der Ortschaften Polackei. Ängste wuchsen auch, als plötzlich Fremde, ausländische Arbeitskräfte das gewohnte Bild veränderten und damit die Sorge wuchs, eigene Identität ginge verloren, das Fremde rüttele an der *Gewohnheit,* an der alten Ordnung. Die Angst wich ein wenig, als die Fremden sich in Ghettos zurückzogen.

Die Bedrohungsängste vor den einstigen *Brüdern und Schwestern in der DDR,* die, so Herles, *noch kürzlich ... am westlichen Rand Sibiriens* gelebt hatten, werden mit der Zeit weichen. Die Psychologen wissen, daß Angst ein Affektzustand bei drohenden Wertverlusten ist. Die überversorgte und behütete westdeutsche Nachkriegsgeneration mit ihrer permanenten Besorgtheit vor unbestimmten Gefahren und Bedrohungen wird allerdings lernen müssen, daß der Nachtwächterstaat Bundesrepublik Deutschland in einer veränderten Welt nicht bestehen kann. Daran tragen die Ostdeutschen keine Schuld, im Gegenteil, ihr Staat ging unter, weil die Totalversorgung seiner Bürger das Land in den Staatsbankrott führte.

Dies zu erkennen, ist den *Verfassungspatrioten* nicht geschenkt, weil Vorurteile und ihr engherziges, kleinwesteuropäisches Weltbild nicht der Realität entsprechen und sie von ihrer heilen Idylle nicht lassen wollen. Christlich-abendländischer Katholizismus glaubte den Teufel, im Osten, das hat sich tief in die Seelen der Frommen eingegraben. Herles: *Die großmäulige Natur des wie Dracula aus dem Grab steigenden Preußentums.*

Im unpreußischen Weststaat, so lesen wir, gab es im Gegensatz zur DDR immerhin eine 68er Bewegung, die das Land veränderte, modernisierte und freier machte. Die Rote Armee Fraktion erwähnt Herles nicht, die 68er marschierten durch die Institutionen zu ihrer Wurzel in die kleinbürgerliche Ordnung, von der Karriere bis zum beschaulichen Beamtenruhestand. Die RAF gab auf. Die Bürgerrechtsbewegung der DDR, der friedliche Aufstand der Bürger verjagte eine wohlgerüstete Staatsmacht, an der folgenden Herrschaft der Kleinbürger scheitert auch sie.

Den kleinbürgerlichen Bedenkenträgern wird es kein Trost sein, auf die gemeinsamen Zeugnisse der deutschen Kultur zu verweisen, deren Erinnerungsstätten nach dem Fall der Mauer wieder aufgesucht werden können: Quedlinburg, Weimar, entlang der Ostseeküste die Zeugnisse der norddeutschen Backsteingotik, Wörlitz und Muskau, die Wartburg und all die Stätten und Zeugnisse der gemeinsamen deutschen Geschichte. Aber das geht den Kleinbürger nichts an, Geschichte rechnet sich nicht, und so klagt man über die Kosten der Vereinigung und pflegt seinen kleinkarierten Partikularismus.

Als zu erkennen war, daß der *Aufbau Ost* langsamer als erwartet verlief, ein Großteil des von West nach Ost transferierten Geldes wieder auf Firmenkonten im Westen verbucht worden war und blühende Landschaften auf sich warten ließen, wählten die Ostdeutschen den Vereinigungskanzler Kohl ab. Die Alternative waren die erklärten Gegner der Wiedervereinigung: Gerhard Schröder und Oskar Lafontaine, die nach unentschiedenem Machtkampf in der SPD als Duo ihren wahlkampf bestritten hatten. Aber auch große Teile der westdeutschen Wähler waren des alten Kanzlers überdrüssig, 16 lange Jahre Regierungszeit riefen nach Neubeginn und vor allem nach dringend notwendigen Reformen.

Für seinen Wahlkampf hatte sich Schröder Rat bei Tony Blair geholt, der seine alte Labour Partei aus den Fesseln des 19. Jahrhunderts befreit hatte und nicht mehr um Wählergunst bei der Arbeiterschaft und den Gewerkschaften buhlte, sondern um den mehrheitsbestimmenden neuen Mittelstand warb. Ein Mittelstand, der sich nicht an der alten britischen gesellschaftlichen Schichtung maß, sondern am Einkommen und den sich daraus ergebenden Lebensmodellen. Damit war auch in Deutschland ein großes Wählerpotential zu umwerben, die *Neue Mitte*, die Masse der Verbraucher, deren Wünsche und Bedürfnisse von der Industrie und den Dienstleistern sehr genau erforscht worden waren und die an Hand dieser Untersuchungsergebnisse auch politisch zu nutzen waren.

Bereits in den Jahren zuvor hatte man sich auf die kleinbürgerliche Mehrheit eingestellt, doch tunlichst die Kleinbürger nicht Kleinbürger genannt. Die Parteien, die Wirtschaft, die Kirchen und sonstigen gesellschaftlich relevanten Kräfte bemühten sich um die Mehrheit, indem sie sich zum Beispiel zu Volksparteien oder Volkskirchen machten. Die Lebensmittelketten nannten ihre Läden Verbrauchermärkte, die Rundfunk- und Fernsehanstalten wurden Publikumssender, wobei die Unterhaltungsindustrie es für geraten hielt, das zuweilen im alten Mittelstand mit negativen Vorurteilen befrachtete Wort Volk, durch das englisch verkürzte Pop zu ersetzen: Popkultur klang besser als Volkskultur und poppig klang lustiger, moderner als volkstümlich. Popmusik ließ sich nicht mit schrammelnder und jodelnder Volksmusik assoziieren.

Reformiertes Kleinbürgertum
Die neue Mitte

Die Mitgliederstruktur der Parteien zeigte schon seit Jahren, daß die tradierten ständischen Interessen für die Parteiarbeit keine Bedeutung mehr hatten. Mitte der 80er Jahre zählte die alte Arbeiterpartei SPD noch 27,57 % Arbeiter in ihren Reihen, dominierend war jedoch mit 36,3 % der Mittelstand. Selbständige und Landwirte waren mit unter 5 % kaum vertreten. Da die Bundestagskandidaten von der Parteibasis gewählt werden, sagt die Fraktionszusammensetzung auch etwas über die Machtstrukturen der Parteien aus: 1996 sind nur 6 der 252 Abgeordneten der SPD Arbeiter. Über 200 Parlamentarier entstammen den klassischen kleinbürgerlichen Berufen: Angestellte in Wirtschaftsbetrieben, im öffentlichen Dienst und vor allem Lehrer. Im Gegensatz zu den Sowjets, die in ihrem Besatzungsgebiet die alte Parteienstruktur der Weimarer Republik wieder hergestellt wissen wollten, hatten die Westalliierten die Neuzulassung einer konservativen Partei nicht gestattet. Die Christlich Demokratische Union war zunächst eine Neugründung der katholischen Zentrumspartei, die sich aber offen hielt für zahlreiche Konservative und ehemalige Nationalsozialisten. Seit Mitte der 60er Jahre wurden sie zuweilen als Konservative bezeichnet, der bayrische Ministerpräsident rühmte in Bierlaune seine CSU sogar als *bundesrepublikanische Preußen.* An die Gründungszeit der CDU erinnert der hohe Anteil katholischer Mitglieder, an die 60 % sind es noch in den 80er Jahren, etwa 34 % sind Protestanten. Auch die CDU ist eine Mittelstandspartei, es dominieren die Angestellten, Beamten, mittelständischen Händler und Handwerker. 10 % der Mitglieder gaben als Beruf *Arbeiter* an. Im Bundestag 1996 waren 17 Land- und Forstwirte und 2 Arbeiter vertreten. Von den 294 Abgeordneten entstammten dem Mittelstand 220 Abgeordnete, mehrheitlich Angestellte und Beamte des öffentlichen Dienstes. Bei den kleineren Parteien, den Grünen, der FDP und der PDS überwiegt desgleichen die Mitte, wobei es bemerkenswert ist, daß von den 30 Parlamentariern der PDS nur 3 Genossen Arbeiter waren.

Mehr noch als in Großbritannien mit seiner traditionsbewußten Arbeiterschaft und konservativen Upperclass, entsprach der Begriff *Neue Mitte* der gesellschaftlichen Realität in Deutschland. Die gemeinsamen Notjahre nach dem Zusammenbruch, die Wiederaufbaujahre und das Wirtschaftswunder hatten die alte ständische Ordnung beseitigt, Profiteure und Verlierer, Neureiche und Arme hervorgebracht, die große Mehrheit jedoch am wirtschaftlichen Aufstieg teilhaben lassen. Steigende Einkommen in allen Gesellschaftsschichten und der wachsende und florierende Markt verwischten die alten Klassengegensätze, *Wohlstand für alle* war keine politische Floskel, sondern war Konsens der Volksparteien, die sich in ihren Volkswohlfahrten mit jedem Wahlkampf überboten. Angestellten-, Beamten-, Handwerker- und Arbeitereinkommen unterschieden sich kaum, in Zeiten der Konjunktur wußten Handwerker und Arbeiter mehr in ihrer Lohntüte als die Angestellten, zum Beispiel des öffentlichen Dienstes. Lebensstil, Modeverbrauch, Sitten und Gebräuche und die Organisation des Privaten blieben allerdings ständisch geprägt.

Auch in der DDR mit der mächtigen Partei der Arbeiterklasse, der SED, war nicht das produzierende Proletariat die herrschende Klasse. Arbeiterkinder wurden für den Bildungsaufstieg zwar bevorzugt, doch war das Ziel erreicht, hatte man sich innerhalb der Funktionärsklasse behauptet und in der kleinbürgerlich anmutenden Nomenklatur eingerichtet, sah man sich als politische Elite privilegiert, und wünschte diese Privilegien auch auf die nächste Generation ausgedehnt. Mit der unaufhaltsamen Verkleinbürgerlichung der DDR wuchsen auch die materiellen Gelüste der Bürger, und so hatte, trotz Mangelwirtschaft und Devisenknappheit, die Verbesserung der Lebensverhältnisse oberste Priorität.

Das Versprechen, den westdeutschen Standard zu überbieten, war ständiges Ziel der politischen Führung. Die Diskussionen auf höchster Ebene über die Konstruktion eines Volksautos, die Kaffee- und Südfrüchte-Kampagnen und die Luxusgüterproduktion waren von dem Wunsch beseelt, den Bürgern einen mit den Westdeutschen vergleichbaren Wohlstand zu schenken. Nicht nur das Mißlingen der Planwirtschaft ließ die gute Absicht scheitern, ruinöse Exportbedingungen, die Mangelwirtschaft der Verbündeten und die Probleme der Energieverteuerung auf dem Weltmarkt waren eine stete unlösbare Herausforderung. Trotzdem, der Lebensstandard in der DDR war höher, als bei den östlichen Nachbarn oder in den Armengebieten Westeuropas. Darüber hinaus hatte sich ein zweiter, der Volkswirtschaft nicht zuträglicher Markt gebildet: Ein Geflecht aus Beziehungen und Freundschaftsdiensten, verbunden mit Nachbarschaftshilfe und Solidarität, milderte den Mangel und beförderte den Rückzug ins Private, die Etablierung einer Idylle, die sich weniger an den Traditionen der Arbeiterklasse, sondern mehr an kleinbürgerlichen Lebensidealen maß.

Die *Neue Mitte* sollte von der Bundesregierung des Kanzlers Schröder bedient werden. Bereits im Wahlkampf hatten Designer, Stylisten und Modeberater ihm zur Seite gestanden, den Ansprüchen des Publikums zu genügen. Die Verbrauchermitte, in ihrem Umfeld in stetem Konsumwettbewerb, achtet auf das Erscheinungsbild ihrer Fernsehpolitiker und spart nicht an Kritik, wenn Kleidung und Haartracht nicht ihren Vorstellungen entsprechen. Sympathie und Wählergunst hängen wesentlich davon ab, ob der Kandidat sich dem aktuellen Modediktat unterwirft und überdies deutlich kund tut, aus dem Volke zu kommen, sich möglichst aus kleinen Verhältnissen emporgearbeitet zu haben, einer Flasche Bier nicht abhold und dem Fußballfeld nicht abgeneigt zu sein. Der Wortschatz sollte nicht sehr groß, volkstümlich-verständlich und bisweilen auch ein wenig derb direkt dem *kleinen Mann* entsprechen. Gerhard Schröder bot dieses Bild glänzend und wurde bald als Medienkanzler gefeiert.

Generell genießen Politiker kein hohes Ansehen, zumindest nicht in der Diskussion am Bratwurststand oder sonstigen geselligen Zusammenkünften. Dann wird ihnen unterstellt, nur in ihre Tasche zu wirtschaften, sich Wohltaten zukommen lassen, das Volk aber mit Lasten und Kosten ständig zu schröpfen. Als medienpräsente Prominente genießen sie aber eine interessierte Aufmerksamkeit, denn die Quote der Fernsehauftritte entscheidet über den Grad der gesellschaftlichen Stellung, kreiert Promis, gleichgültig ob mit politischen Statements, Hanswurstiaden, schauspielerischen Leistungen oder in Talkshows vorgeführt. Es ist allerdings nicht leicht, der Gunst der *Neuen Mitte* versichert zu sein, kontrolliert, gelobt oder getadelt von den Medien und von Meinungsbefragungen überprüft, ist der Zeiger der Beliebtheitsskala schwankend.

Weder Tony Blair, noch Gerhard Schröder wollten die *Neue Mitte* volkskundlich-soziologisch ergründet sehen, es genügte ihnen, vage die gesellschaftliche Mitte auszumachen und sie, als Mehrheit hofiert, ihrer Volkspartei als Wähler einzuverleiben.

Gottfried Benn hatte es noch leicht, nach dem Krieg die Mitte, das Volk in wenigen Sätzen zu beschreiben, jenes Kleinbürgertum, das wie alle Deutschen seinerzeit Federn lassen mußte, aber mit seinen Wertmaßstäben die Jahre des Nationalsozialismus einigermaßen unbeschadet überdauert hatten *Das Volk in der Masse ohne bestimmten Geschmack, im ganzen unberührt von der moralischen und ästhetischen Verfeinerung benachbarter Kulturländer ... Kleinbausiedlung, darin subventionierter Geschlechtsverkehr; in der Küche ... selbstbebrütete Eierkuchen, Eiergraupen; am Leibe Heimatkurkeln, Grauflanell ... Ein Schützenplatz und zinnerne Humpen von Bock, das sei sein Element ...*

Aber warum sich über schlechten Geschmack und, wenn es Spaß macht, staatlich subventionierten Geschlechtsverkehr erregen. Das wäre in Ordnung – und sich über Sitte und Brauch eines Standes zu alterieren, hieße ja, kleinbürgerlichen Standesdünkel zu pflegen. Unmut ist verständlich, wenn man zwingend vom Diktat der Normen tangiert ist, *herrschende Meinung* das Recht beugt, oder wenn die Distanzlosigkeit kleiner Leute bis ins Private vorgedrungen und mit missionarischer Hartnäckigkeit alle Lebensbereiche erfaßt werden. Aus dem Kleinbürgertum erwuchsen große Künstler, Dichter, Denker und Gelehrte, sie hatten Ehrgeiz und fanden Förderer und Vorbilder; nach oben zu kommen war ihr Streben, und das bedeutete auch das Bemühen, kultiviertere Lebensformen anzunehmen.

Das hat die *Neue Mitte* nicht mehr nötig, sie herrscht, und ihr Maß und Stolz ist das Mittelmaß, wer diesem Mittelmaß das Wort redet, ist ihr Mann oder ihre Frau. Der Strafkatalog für Nomenverstöße in kleinbürgerlichen Gemeinschaften beginnt mit Spott, verschärft sich mit boshafter Nachrede und endet mit der Ausgrenzung, Sanktionen, mit denen es sich der Stand untereinander schwer macht. In der gemischten Gesellschaft der *Neuen-Mitte*-Volksherrschaft sind davon auch Minderheiten, Außenseiter und fossile Randgruppen betroffen. Auch wenn mit der Macht der Scheelsucht Politiker dazu gedrängt werden, kapitalbedingte Unabhängigkeit zu eliminieren, die sogenannte Schere zwischen Reichtum und finanzieller Mitte durch Steuern- und Abgaben zu schließen – Geld und Besitz sichert Freiheiten und setzt die Glücklichen in die Lage, sich der lästigen Beeinträchtigungen durch die Massengesellschaft zu entziehen.

Da jedoch die Vorbildrolle einer gebildeten Oberschicht verloren gegangen ist, das neureiche Kleinbürgertum nicht mehr bestrebt ist, seine Wurzeln zu kappen, sondern den standesspezifischen Zeitgeist mit seinen modediktierten Statussymbolen extrem auslebt, entstehen sogenannte Trends, die von der Konsumgüterindustrie aufgegriffen und der breiten Verbraucherschicht aufgezwungen werden. Nicht der Lebensstil unterscheidet, sondern Design und Preis. Sich der kommerziellen, politischen, seelsorgerischen und kulturellen Volksbeglückungen zu entziehen, wird zunehmend anstrengender und aufreibender.

Noch in den 60er Jahren war es Elternanliegen aller Schichten, ihre Kinder in eine Tanzschule zu schicken, nicht nur um dort einen mehr oder weniger anmutigen Tanzschritt zu erlernen, dem Deutschen Tanzlehrerverband und den Erziehungsberechtigten war es auch angelegen, soziales Verhalten in Form guter Manieren zu vermitteln. *Ein kleines Brevier neuzeitlicher Umgangsformen* wurde den Jugendlichen überreicht, aus dem man lernen konnte, wie man einen Fürst,

Herzog, Rabbiner oder Dekan anzureden hatte, obwohl die Mehrheit der Schüler wohl kaum in eine derartige Verlegenheit kam. Verwiesen war darauf, daß mit guten Umgangsformen der Lebenserfolg erleichtert wird – mit Tischmanieren, Höflichkeit gegenüber Damen und den Regeln bürgerlicher Geselligkeit.

Die Empfehlungen der damaligen Zeit, würden heute amüsierte Verwunderung ernten, was nicht heißen soll, daß man sich nicht neue, gleichermaßen strenge Verhaltensregeln gegeben hat. Man rühmt sich, entsprechend dem modernen Lebensgefühl freier und ungezwungener zu sein und auf die unzeitgemäßen Fesseln der Konvention verzichten zu können. Es wäre gewiss asozial, die mehrheitliche Volkssitte nicht zu tolerieren, auch wenn es zuweilen schwer fällt, sich in die neuen Umgangsformen einbezogen zu sehen. Die Gewißheit der Mitte, das Maß der Dinge zu sein, entschuldigt ihre Rücksichtslosigkeit und Unfähigkeit, die Minderheit zu akzeptieren.

Die öffentlichen Einrichtungen sind ihnen gestiftet, und so soll nicht gemurrt sein, daß sie massenweise frequentiert sind, städtische Grünflächen dienen heute einer anderen Bestimmung, als ursprünglich gedacht. Die von Skulpturen gesäumten Wege luden zum Flanieren ein, gesittet schritten Bürger durch gepflegtes Grün, Ruhe und Entspannung nach den Anstrengungen des Tages, der Woche suchend. Menschenfreundlicher Sinn erfreut sich heute eines bunten Treibens: Läufer per pedes und mit Rollen unter den Füßen eilen über die Wege, Radler schrecken wenig hurtige Greise, Hunde tummeln sich auf dem Rasen, der bevölkert von Freundes- und Familiengruppen, die, niedergelassen auf Decken und Campinggestühl, nicht mehr einen Picknickkorb umlagern, sondern aufwendige mobile Kochstellen aufgestellt haben und schmausend und trinkend südländisches Ambiente pflegen. Fettbrand tilgt den Duft der Natur. Herrschender Brauch heißt Teilhabe am Speisespaß der Leute, heißt duldendes Verständnis für abendliche Grillvergnügen im Nachbargarten oder gar auf dem Balkon, für Geruchsempfindliche gilt es dann, sich zusammenzunehmen und, wenn möglich, den Geruch des verbrannten Fleisches durch Schließen der Fenster und Türen zu mildern.

Die hektische Zeit permanenter Kommunikation und eines offensichtlich stark ausgeprägten Mitteilungsbedürfnisses mindert die Gastlichkeit von Speiselokalen und anderen Etablissements der öffentlichen Gastronomie. War es früher üblich, sich vom Ober ein Journal oder eine Zeitung bringen zu lassen, vorausgesetzt, daß man ohne Gesellschaft Einkehr hielt, überwiegt heute die Beschäftigung mit einem Handtelefon, dessen technische Möglichkeiten allerlei Pläsier bieten und, nach geraumer Zeit der Spielerei, zwingend zu einem Telefonat animieren. Mag auch die Vielfalt der Klingeltöne eine geraume Weile amüsant sein, die zwangsweise Teilhabe an Beziehungskrisen, Liebesbeweisen, Hausfrauentratsch und Geschäftsabwicklungen schränkt die Entspannungsmöglichkeiten ein, zumal das in der Gastronomie üblich gewordene Musikdiktat vom Endlosband nicht abstellbar ist, und der Versuch um Ruhe zu bitten, mit dem Hinweis, daß die Mehrheit der Gäste dies so wünsche, verständnislos zurückgewiesen wird.

Gastronomen und Gäste sind herausgefordert, Kinderfreundlichkeit zu beweisen, wenn Familien ihren kleinbürgerlichen Alltag öffentlich machen und mit Kindern in Gaststätten einkehren. Der abendliche Schoppen Wein, das gemütlich getrunkene Bier und womöglich ein Imbiß oder eine Abendmahlzeit als Einleitung eines geruhsamen Feierabends nach getaner Arbeit wird durch die moderne Kinderhaltung zur Strapaze. Die Häufigkeit in öffentlichen Räumen auch die Abendstunden mit Kindern verleben zu müssen, hängt vermutlich mit modernen Erkenntnissen der Erziehungswissenschaften zusammen, nach dem geregelte Bettgehzeiten dem Kindeswohl abträglich sind. Möglich auch, daß Eltern in erzieherischer Absicht der Gesellschaft die Last der Kinderaufzucht vor Augen halten wollen oder mit dem Zwang der Teilhabe an den frohgemuten oder unmutbekundenden Aktivitäten ihrer Lieblinge einfach nur die Solidarität der Mitmenschen einfordern möchten.

Ein Sittenwandel hat sich auch bei der privaten Gastlichkeit vollzogen, war es einst üblich, die Kinder von den Erwachsenen zu separieren, so muß man heute gewärtig sein, als Gast verpflichtet zu werden, sich mit dem Nachwuchs der Gastgeber zu beschäftigen. Da die Kunst der Unterhaltung ohnehin weitgehend vernachlässigt wird, sie sich unter Müttern und Vätern zumeist um die Kinder, die Erziehung, den Kindergarten oder die Schule zentriert, kann es ratsamer sein, sich in das Schicksal zu ergeben und seine Aufmerksamkeit ganz auf die Kinder zu richten und zur Vermeidung all zu großen Lärms, zu versuchen, sich am Spiel der Irrwische zu beteiligen. Des Wohlwollens der Gastgeber ist man versichert. Sind auch Großeltern anwesend, so ist geraten, einfach still auszuharren, dann ist es geboten, mit Oma und Opa versonnen oder verzückt dem freien Spiel zuzuschauen und höflich beim Nachwuchs Hochbegabtheit zu konstatieren.

Auch in Haushalten ohne Kinder sollte man als Gast nicht Amüsement erwarten, Vorstellungen verbindlicher Konversation als Einstieg für ein Gespräch, gelten als unmodern, verbindendes Element sind allenfalls kurze Produktbeschreibungen und Nachfragen über die Zusammensetzung der meist mediterran-öligen Gerichte, die in der Küche angerichtet sind und fortwährend als *lecker* gepriesen werden müssen. Verwundert verläßt man diese mitunter als *Party* bezeichneten Versammlungen, hört beim Fortgehen ein munteres Stimmengewirr und Lachgewieher und fragt sich, wer mag sich dort so angeregt unterhalten, hatte man selbst doch den ganzen Abend kaum Gelegenheit, ein Gespräch zu initiieren?

Gemeinhin glaubt man, die spießig, kleinbürgerliche Wohnung genau beschreiben zu können, ein Irrtum, denn – wie Eßgewohnheiten und Kleidermode – wandelt sich auch das private Ambiente der Häuslichkeit. Unisono ist das Mobiliar der Großeltern und Eltern als spießig abgetan und der Aufstieg in die *Neue Mitte* mit Hilfe der Möbelindustrie auch durch die Einrichtung bekundet, und da dieser Neu-Mittelstand nicht mehr als homogenes Kleinbürgertum zu charakterisieren ist, gibt es zahlreiche Facetten des Geschmacks. Da findet sich die klassische Schrankwand, die lederne oder flauschige Sitzgruppe, die Auslegeware, das alles hell erleuchtet vom halogenen Deckenlicht, die Designerwohnung, spärlich das Meublement, oftmals ähnelt die Behausung einer Bar, die Küche mit elektronischer Vielfalt an Geräten, ein Tresen trennt sie vom kargen Wohnraum, ohne Bildschmuck die Wände, Musikboxen und die dazu gehörigen Apparate, das Fernsehgerät sind Gestaltungselemente. Andere machen es sich wohnlich, indem sie das Ambiente ihres bevorzugten Urlaubslandes oder Kulturvorbildes adaptieren: mediterran, skandinavisch oder englisch, oder wieder andere übernehmen die Schaukoje ihres Möbelgeschäfts oder lassen sich vom Baumarkt inspirieren. Vor allem aber ist die Wohnung putzsauber und ordentlich und alles Individuelle, Erinnerungen oder Bilder, die vom Herkommen oder der Familie erzählen könnten, finden sich nicht. Fremde, denen kleinbürgerliche Sitten unbekannt, sei Sauberkeit dringend empfohlen, die sogenannte Auslegeware will geschont sein und soll, möglichst milbenfrei, kein gesundheitliches Risiko darstellen, und so wird verlangt, vor dem Betreten dieser Puppenstube die Schuhe auszuziehen, eine peinliche Überraschung für Leute mit Schweißmauken oder Löchern in den Socken.

Der eleganten Dame, die passend zu ihrer Garderobe die Schuhe auswählte, gewissermaßen mit der Schuhauswahl sich zu einem Ge-

samtkunstwerk gestaltete, ist geraten diesen Brauch bei ihrer Kleider-
auswahl zu berücksichtigen. Unangemessen festliche Kleidung einer
Dame oder eines Herren wirkt auf Strümpfen oder mit zur Verfügung
gestellten hauseigenen Puschen deplaciert. Geselligkeit ist Freizeitgestaltung, und so ist es gestattet, nein ratsam, auch zu Festlichkeiten in
Freizeitkleidung zu erscheinen. Dies gilt auch für Theaterbesuche
oder Konzerte, denen mit einer legeren Kleidung der Ruch des Elitären genommen wird – was auch unerwünschte Klassengegensätze
mindert.

Der demokratisierte Kulturbegriff hat die alte Kulturdefinition des
bürgerlichen Aufbruchs getilgt und alle Bereice der Freizeitgestaltung zur Kultur erhoben. Man spricht von einer *Freizeitkultur*, der
Schützenfeste, Fußballspiele, Stadtfeste gleichermaßen zugeordnet
sind wie die alten, als bürgerlich geschmähten Kulturinstitutionen,
die ihren Ruf, mit dem Geld des Steuerzahlers ausschließlich dem Bildungsbürgertum gewidmet zu sein, loswerden wollen und sich volkstümlich öffnen, um dem Bedürfnis der kleinen Leute Rechnung tragen,
Vergnügen in massenhafter Gesellschaft zu suchen: Welttenöre im
Stadion, Bachkonzerte auf Marktplätzen, Theater in aufgelassenen
Fabrikhallen, werden zu Ereignissen, Events genannt. Dem wollen die
Museen nicht nachstehen, Museumsnächte, historische Märkte und
Sonderausstellungen locken Massen, zehren an den eigentlichen Aufgaben, gehegte, wissenschaftlich betreute Schatzkammern der Nation
zu sein. Das historische Erbe bewahren, die Besucher bilden und informieren, war volkspädagogische Aufgabe und jedermann konnte
daran teilhaben. Eine dumpf dahintrabende Menschenmenge, die
sich von einer Beköstigungsstelle zur anderen vorarbeitet, und lebende Bilder historischer Inszenierungen zu bewundern hat, erfährt
kaum kulturgeschichtliche Einsichten und Zusammenhänge.

Schwer zu ergründen ist die Ursache der allgemeinen Muffigkeit
im Alltagsleben, maulige Kunden und unfreundliche Dienstleister,
die in einer Mischung aus Argwohn und Mißlaunigkeit der Gesellschaft einen unfrohen Charakter verleihen. Weltgewandtheit scheint
mit energisch unhöflicher Widerborstigkeit verwechselt zu werden,
vor allem, wenn mit einer Geldleistung besondere Erwartungen verknüpft sind. In der Gastronomie, im Ladengeschäft oder bei sonstigen
Diensten beobachtet man nicht selten einen absurden Machtkampf:
zänkische Auseinandersetzungen zwischen dem als Neue Mitte ge-
adelten Personal mit den gleichermaßen in diesem Rang nobilitierten
Kunden. Man mag sich nicht in Deutschland, und so klagte Hölder-

lin: *Es ist ein hartes Wort und dennoch sag ich's, weil es Wahrheit ist:
ich kann kein Volk mir denken, das zerrissner wäre, wie die Deutschen. Handwerker siehst du, aber keine Menschen ...*

Hochkultur und Leitkultur

Von den Deutschen in Ost und West weitgehend ungewürdigt blieb,
daß die friedliche Revolution in der DDR und die folgende Vereinigung die Bundesrepublik Deutschland zum souveränen Staat erhob,
die alten Vorbehaltsrechte und Intervenierungstruppen in beiden Teilen Deutschlands ihren Status verloren. Bereits für die Regierung
Kohl, aber noch viel mehr für den Kanzler Schröder galt es, die neue
Rolle Deutschlands in Europa und der Welt zu definieren. Koalitionspartner waren die *Grünen*, beziehungsweise die Leitfigur dieser
Partei, Josef Fischer, dessen kleinbürgerliche Metamorphose vom
prügelnden linken Chaoten zum gewichtig dreinschauenden Staatsmann, die Personifizierung der Kleinbürger-Sentenz war: *Nur wer
sich wandelt, ist sich treu.* Als Vizekanzler beanspruchte er das Amt
des Außenministers, entsagte der ministeriellen Sorge um Müll, Ener-
giesparen und sonstige umweltbesorgte Themen und legitimierte
seine staatsmännische Qualifikation in einem Büchlein mit dem Titel:
Risiko Deutschland.

Tiefgeschürft in der deutschen Geschichte, glaubte er aus volkspä-
dagogischem Schrifttum zur deutschen Geschichte herausgelesen zu
haben, daß Deutschland keine besonders ausgeprägte demokratische
Tradition habe. Die mißlungenen deutschen Revolutionen wären gescheitert und hätten mit dem Sieg der Reaktion geendet. Seine Klage
über diesen Verlauf der Geschichte hinderte ihn nicht, als außenpolitische Zukunftsverpflichtung die Position der ultramontanen Reaktion des 19. Jahrhunderts zu empfehlen: Die Einbindung Deutschlands in das *Konzert der Mächte* und die Abkehr vom Nationalismus.
Der Paulskirchenruf, daß in der Welt kein Donnerschlag ohne
Deutschland ertönen dürfe, wurde von ihm goutiert, allerdings nicht
im nationalistischen Sinne der 48er Revolutionäre, sondern als frie-
densdienstleistender Partner der Völkerfamilie. Das neue Deutschland zeigte Verständnis und ein wenig Stolz, daß sein Außenminister
auf internationalem Parkett agierte, Fischer war der beliebteste Politiker, nicht zuletzt weil Eltern, deren Zöglinge auch nicht den geraden Weg gingen und recht aufmüpfige Tunichgute waren, an sein

Beispiel die Hoffnung knüpften, daß auch ihrem mißratenem Nachwuchs einmal Chancen für einen gesellschaftlichen Aufstieg eröffnet würden.

Kanzler und Außenminister genossen sichtlich ihre Auftritte in fremden Ländern und in Gesellschaft der Großen der Welt und da das Sprichwort sagt *reisen bildet,* mag ihnen aufgefallen sein, daß Deutschland im Vergleich zu den Kulturnationen einige Defizite hat. Dem Kulturestablishment hatte man einst den Kampf angesagt und vor allem *gesunkenes Kulturgut* gefördert, nun wollte man auch kulturell Weltgeltung erlangen, den hohen Gästen aus dem Ausland etwas zeigen können. Grundgesetzlich war festgeschrieben, daß Kultur und Bildung Angelegenheiten der Länder ist, deren Kulturförderung allerdings unterschiedlich gewichtet, nicht immer von den Regierungschefs ernst genommen wird. Mit der Ernennung eines Kulturstaatsministers zeigte Kanzler Schröder Engagement für die deutsche Kultur, auch die Bundesregierung wollte es sich zum Anliegen machen, das Gute, Wahre und Schöne zu fördern, an höchster Stelle angesiedelt, sollte der *Hochkultur* wieder Geltung verschafft werden. Der grüne Koalitionspartner widersprach dem nicht, obwohl man seit Jahren eine multikulturelle Gesellschaft gefordert hatte, ohne allerdings konkrete Vorstellungen geäußert zu haben, was man sich darunter vorzustellen hatte. Praktizierte Versuche beschränkten sich auf Präsentationen bunter Volkskulturen aus fernen Ländern, mehr angenommen und von den Deutschen frequentiert, war die Vielzahl exotischer Speiselokale, weniger interessiert zeigte man sich am Kulturleben jener Länder, aus denen die Immigranten kamen, etwa dem Theater, der Oper, der bildenden Kunst und der Literatur.

Für die christdemokratische Opposition war das eine Herausforderung, ebenfalls eine Kulturdebatte zu führen. Angeregt von der Integrationsdiskussion und der im Widerstreit der Meinungen ungeklärten Frage, ob Deutschland ein Einwanderungsland wäre, sollte den Einwanderern eine deutsche *Leitkultur* verordnet werden, vermutlich in der frommen Hoffnung, daß die starken Kulturbindungen und die religiöse Verankerung, vor allem der Muslime, sich mit deutschem Brauch und deutscher Sitte versöhnen ließen. Daß die christlich-abendländischen Werte der Ungläubigen bei den Muslimen wenig Anklang finden würden, war auch den Politchristen klar, und folglich sann man darüber nach, was man den Neubürgern als *Leitkultur* andienen könnte. Eine überaus schwierige Frage, zumal auch die deutschblütige Bevölkerung eine Leitkultur vermißte.

Man hatte sich zwar in den Urlaubsorten anregen lassen, gewissermaßen als Souvenir Lebensstil aus den Kulturländern mitgebracht, folkloristische Baustile adaptiert, Eßgewohnheiten übernommen und sich mit der Freizeitgestaltung internationales Flair gegeben, aus den Eckkneipen des Quartiers roch es nicht mehr nach Bratkartoffeln, sondern nach exotischen Gewürzen, der alte Stammtischmuff und die Weinklause waren passé, auf Flachbildschirmen verfolgte man zum Modegetränk das Sportgeschehen, vergaß am Abend den Alltag und begab sich in das Ambiente des Cluburlaubs. Ein wenig deutsche Kultur war dem Weihnachtsfest vorbehalten, Kirchenmusik, Weihnachtsbrauch und Weihnachtsschmuck durfte lange Zeit noch deutscheigentümlich sein, doch zunehmend bemächtigte sich des adventlichen Treibens der Coca Cola-Santa Claus, die amerikanischen Christmas songs und vor allem der nachbarschaftliche Wettbewerb um den höchsten Lichterglanz der Hausdekoration. Weiterer jahreszeitlicher Volksbrauch kam aus Amerika, zum Valentinstag gesellten sich Halloween und Hexentanz.

Der *Verfassungspatriot* Wolfgang Herles sprach für eine ganze Generation, als er die Überwindung nationalstaatlichen Denkens zur Erfolgsgeschichte des Weststaates zählte: *Von den Vereinigten Staaten von Amerika haben sie* (die Deutschen) *seit dem Kriege viel gelernt. Nicht zuletzt, daß die große Demokratie »Staatsbürger-Nation« ist und keine »ethnische Schicksalsgemeinschaft«, um Jürgen Habermas' Begriffspaar zu verwenden. Dieser multikulturelle Wert der amerikanischen Nation liegt auch der europäischen Idee zugrunde.* Doch am neudeutschen Wesen, eine Vorbildrolle für die europäischen Kulturnationen zu übernehmen, wird Europa kaum genesen wollen. Nationalstaat und Nationalkultur sind untrennbar miteinander verknüpft, und Gott sei's gedankt, werden die europäischen Kulturländer die deutsche multikulti-Unkultur amüsiert tolerieren, es sich aber verbitten, am deutschen Wesen genesen zu sollen.

Die eifrigen Bemühungen der kleinbürgerlichen Elite, ihre Leitkulturen, vor allem das amerikanische Vorbild zu adaptieren, hat etwas Anrührendes, weil deutscher Perfektionismus stets geneigt war, die Kulturimporte deutscheigentümlich zu verbessern: Begehrt und nur selten von Deutschen errungen, ist der amerikanische Filmpreis *Oscar*, dem eine teutonische Schwester entgegen gesetzt wurde, und damit das Plagiat nicht zu peinlich wirkte, schenkte man zum Zeugnis der vorbildlichen Geschlechtergerechtigkeit in Deutschland der Filmtrophäe einen weiblichen Namen: Mit einer *Lola* suchte man, den

Amerikanern Konkurrenz zu machen. Internationale Anerkennung fand der Preis allerdings nicht, aber das Verleihungszeremoniell gab den Mimen und Zuschauern zumindest ein wenig flair von Hollywood und der großen Welt.

Gerühmt wird aus unerforschlichem Grund der Deutschen Organisationstalent, wobei vermutet werden muß, daß dieses Vorurteil nicht an privater und staatlicher Dienstleistung gemessen wurde, denn Kenner der deutschen Realität bezeichnen Deutschland diesbezüglich als Entwicklungsland. An Versuchen, dies zu ändern, mangelt es nicht, sie beschränken sich allerdings auf Wortverschönerungen, indem man mit Anglizismen den Mangel zu tilgen trachtet und zumindest verbal *Weltniveau* signalisiert. Mancher Tourist richtet bei Gelegenheit seine Kamera auf landestypische Ordnungshüter, Polizisten in den charakteristischen Uniformen traditionsbewußter Staaten. In Deutschland würde man kaum auf diese Idee kommen, denn die Dienstkluft der Schutzleute wurde hierzulande von einem Modedesigner kreiert. Gewissermaßen als Prêt-à-porter entworfen, liefen die bedauernswerten Schutzleute bald in modischen Fehlfarben daher. Ein Hamburger Politschelm wollte dies geändert wissen, in Erinnerung an die englischen Uniformen der Besatzungszeit in den Nachkriegsjahren sollte wieder blauer Stoff die Polizisten kleiden. Ein neuer Modemacher wurde beauftragt, die Damen und Herren der Staatsmacht modisch auszustatten, er entwarf beziehungsweise übernahm die Dienstuniform der New Yorker Cops. Doch in der Tracht stecken nicht die ausgesuchten, *coolen* lässigen Typen der Weltmetropole, sondern brave deutsche Schutzleute, denen, so wollen wir hoffen, der harte und gefährliche Dienst amerikanischer Polizisten erspart bleibt. Auch bezüglich des Umgangs mit den Bürgern, sei gewünscht, daß lediglich mit dem Habit die amerikanische Leitkultur gewürdigt ist.

Der Bildungsnotstand der 70er Jahre war indessen zur Bildungskatastrophe gereift, Schulabgänger der Hauptschulen waren weitgehend des Lesens und Rechnens nicht fähig und für Handwerksberufe ungeeignet. Allgemeinbildung war nicht einmal im Ansatz vorhanden. *Vom Erbe der Väter,* war der Titel eines Lehrbuches für die Volksschulen des Jahres 1956, dem Kontrollfragen für die Lehrer beigegeben waren, die von den Schülern in einem Aufsatz oder Referat beantwortet werden mussten: *Aufgabe: Man nannte Augustus auch »Mehrer des Reiches«. Kannst du diesen Beinamen begründen?,* lautete eine Frage aus der römischen Geschichte. An den Fragen: *Warum suchte Otto der Große die Hilfe der deutschen Bischöfe. Wie belohnte er ihre Dienste. Wie sicherte Otto sein Reich im Osten?«*, würden Abiturienten zur Zeit der Bildungskatastrophe schmählich scheitern. Ungelöst bliebe vermutlich auch die Aufgabe: *Berichte über die Gründung des Großfürstentums Rußland!* Verlangt waren überdies kunsthistorische Kenntnisse, zum Beispiel der unterschiedlichen Stile, der Renaissance, des Barocks bis zum Bauhaus und die Erklärung wirtschafts- und sozialgeschichtlicher Zusammenhänge.

Moderne Pädagogen lehnten derartige Wissensfracht als Überforderung ihrer Schüler kategorisch ab, denn bei sinkender Aufnahmefähigkeit und fortschreitender Konzentrationsschwäche vermochten sie kaum die notwendigen Grundfächer zu vermitteln. Volksbildungsaufgaben haben weitgehend die Medien übernommen, vor allem die öffentlichen Rundfunkanstalten berichten über die *Volks- und Hochkultur,* Fernsehprofessoren unterrichten über die deutsche *History,* nicht immer wissenschaftlich fundiert, doch volkspädagogisch nützlich, denn mit dezidierten Geschichtskenntnissen könnte das Volk zuweilen auf dumme Gedanken kommen.

Mit Medienevents wurde der Erfolg ihrer Bildungsarbeit gemessen, nach dem Vorbild von Schlagerwettbewerben wurden Zuschauerbefragungen initiiert. *Unsere Besten* sollten gewählt werden, die größten Deutschen, die Zierden des einstigen Volkes der *Dichter und Denker.* Zehn Deutsche sollte das Volk in sein Pantheon wählen. Staatsmänner, Märtyrer, Dichter und Denker wollte der Fernsehsender in seiner Ruhmeshalle einen Platz einräumen. Es muß bezweifelt werden, ob es dem ausgebürgerten Albert Einstein gefallen hätte, daß die Deutschen ihm den 10. Platz zuwiesen. Den Erfinder der Buchdruckerkunst wird der 8. Rang gefreut haben, Goethe und Johann Sebastian Bach wären mit der unteren Hälfte, in die sie verwiesen wurden, vermutlich nicht zufrieden gewesen. Als gebildeter Mann hätte Willy Brandt seinen 5. Platz wohl abgetreten, zum Beispiel an Immanuel Kant, dessen 200. Todestag im Jahr des Wettbewerbs von den Russen in Königsberg festlich gewürdigt wurde. Die Siegeslorbeeren errangen der Stifter des Klassenkampfes, Karl Marx, dessen Utopie von der *Diktatur des Proletariats* gottlob der Menschheit erspart blieb; des weiteren Martin Luther, dessen Beliebtheit wohl einem Hollywood-Film jener Tage geschuldet war.

Die Mehrheit des Volkes entschied sich, Konrad Adenauer zum größten Deutschen aller Zeiten zu erheben. Sein Wirken für ein christlich-abendländisches Karolingerreich, das an der Elbe endet, fand die lenkende Unterstützung der Siegermächte, doch die Westdeutschen verbanden mit seiner Kanzlerschaft den Aufbruch in die Wohlstandsjahre des Wirtschaftswunders, und weil der Kleinbürger materialistisch gesonnen ist, war die Wahl ehrlich und folgerichtig. Die mediale Volksbefragung machte deutlich, daß die Geschichtslosigkeit des Kleinbürgertums die Kulturgeschichte einschließt. Offenkundig wurde aber auch die Fragwürdigkeit abgefragter Volksmeinung, denn begleitet wurde der Ausscheidungskampf von medienerfahrenen Meinungsbildnern, die den Trend jener Jahre befördert wissen wollten, mit der Gründung der westdeutschen Bundesrepublik eine neudeutsche Geschichte beginnen zu lassen.

Unbestritten erfreuen sich die großen deutschen Komponisten in aller Welt einer hohen Wertschätzung, wenngleich das Volk, aus dem sie sich erhoben, mehr den geraden Takt und einfachen Rhythmus der Marschmusik goutiert oder mit Modeklängen das gegenwärtige Lebensgefühl kundtut. *Die Kulturverantwortlichen des Senders haben wieder einmal zugeschlagen und das Volksempfinden sprechen lassen,* hieß es in einer Presseerklärung der *Anstalt des öffentlichen Rechts,* mit der eine Zuschauerbefragung veröffentlicht wurde, die *unsere besten Komponisten* herausgefunden hatte. Gesiegt hatte eine volkstümliche Weise.

Als die Kulturredakteure schließlich die *Mittegesellschaft* nach ihren liebsten Büchern fragten, entschied sich das Volk für den Engländer J.R.R. Tolkien und die Bibel. Von Harry Potter weit abgeschlagen wurden ehrlicherweise die deutschen Renommierdichter Goethe, Hesse, Fontane, Mann, Hauptmann und andere ungelesene Geistesgrößen, die immer dann herhalten müssen, wenn die Deutschen an ihr Dichter- und Denkertum erinnern. Überraschend war das Ergebnis freilich nicht, denn die Statistiker hatten festgestellt, daß nur 13,4 % der lesefähigen Deutschen in der Lage sind, anspruchsvolle Texte zu erfassen.

Nach dem Bildungsnotstand und der Bildungskatastrophe folgte der Bildungsschock der sogenannten Pisastudie, eine internationale Untersuchung der Qualität schulischer Ausbildung, deren weltweiter Vergleich Deutschlands Bildungskatastrophe bestätigte und die Diskussion über eine deutsche Leitkultur überschattete. Politiker aller Parteien versprachen baldige Abhilfe, informierten sich in jenen Ländern, die gute Lernergebnisse bei ihren Schülern erreicht hatten, zum Beispiel Finnland, dessen Schulsystem hochgelobt zum

Vorbild erkoren, bald jedoch wieder verworfen wurde: Ehemalige DDR-Lehrer erinnerten daran, daß finnische Lehrer bei ihnen hospitiert hatten, weil von Finnland das DDR-Schulsystem übernommen wurde.

Inhalte für eine vorbildhafte deutsche Leitkultur vermochte die CDU nicht festzumachen, die Aufforderung, auch die Parteibasis möge sich an dieser Diskussion beteiligen, fand keinen Widerhall, so daß man sich schließlich damit begnügte, dem Grundgesetz der Bundesrepublik Deutschland den Status einer Leitkultur zu verleihen. Den frommen Muslim wird's kaum tangieren, und selbst der Artikel 4/2: *Die ungestörte Religionsausübung wird gewährleistet*, wird ihn nicht zum dankbaren Verfassungspatrioten machen, sein Gebet lautet: *Im Namen Allahs, des Allbarmherzigen! Lob und Preis sei Allah, dem Herrn aller Weltbewohner, dem gnädigen Allerbarmer, der am Tage des Gerichts herrscht. Dir allein wollen wir dienen, und zu dir allein flehen wir um Beistand. Führe uns den rechten Weg, den Weg derer, welcher sich Deiner Gnade freuen – und nicht den Pfad jener, über die du zürnst oder die in die Irre gehen.*

Im Kulturkampf retirierend, wurde der Streit um die Leitkultur schließlich am Kopfschmuck frommer Frauen festgemacht. Zumindest der im Staatsamt dienenden Muslima sollte das Tragen eines Kopftuches nicht gestattet sein, provozierend sei ein solches Bekenntnis ihres Glaubens, war die Begründung, doch daß sich ausgerechnet der Glaubenskrieg an einem Kleidungsutensil entzündete, kam nicht von ungefähr, schließlich gehörte das Kopftuch hierzulande zur Tracht des ackerbautreibenden Landvolks und kleinbürgerliche Hausfrauen trugen es in Haus, Garten und bisweilen beim Einkauf, zum Normenverstoß wurde dieser Kopfschmuck, als der modische Fortschritt andere Kopfbedeckungen diktierte.

Das politische Geschehen in der Bundesrepublik Deutschland ist eine Aufeinandererfolge sogenannter Reformstaus, worunter verstanden wird, daß gesellschaftliche Probleme nur zögernd gelöst werden, und sich die Verantwortlichen außerstande sehen, nachhaltige Lösungen zu finden. Höchstes Lob erfährt ein Politiker, wenn ihm Kompromißfähigkeit attestiert wird. Über die anstehenden Probleme vor dem Hintergrund der Ursachen nachzudenken und neue Ideen zu entwickeln, ist den Politikern nicht gegeben. Das ist ihnen nicht vorzuwerfen, denn schließlich sind sie zumeist ohne besondere Qualifikation in ihr Amt gelangt und auf den Rat widerstreitender Sachverständiger angewiesen. Aus der Fülle des ihnen zur Verfügung stehenden Wissenspotentials der Wissenschaft und ihrer Fachbehörden müssen sie unter Berücksichtigung der Parteizwänge und der unterschiedlichen ökonomischen Interessen schließlich zu Entscheidungen kommen, über die dann Mehrheiten entscheiden.

Die schöne Idee einer parlamentarischen Demokratie, einer Volksvertretung aller Schichten und unterschiedlicher Interessenkategorien der Bevölkerung hat in Deutschland keine Tradition, da sich nur selten die ständische Idee durchzusetzen vermochte. Bereits in der Paulskirche dominierte die bürgerliche Mitte, auch wenn noch die Stimmen der Ober- und Unterschicht zu hören waren. Das änderte sich auch nicht im Reichstag, im Gegenteil, mit der zunehmenden Reputation des Abgeordnetenmandats strebte das Kleinbürgertum zum politischen Amt, womit ihm eine weitere Möglichkeit des gesellschaftlichen Aufstiegs eröffnet war. Das es schließlich dominierend wurde, und folglich Parlament und Regierung die Herrschaft der Mitte verfestigten, ist die Ursache für die Unfähigkeit, außerhalb des kleinbürgerlichen Normendiktats nach Lösungen gesellschaftlich notwendiger Reformen zu suchen.

Ein Jahrzehnt nach der Überwindung der Teilung hatte das geeinte Deutschland seine Rolle in der Welt noch nicht so recht gefunden. Die stets bekundete Abkehr vom Nationalstaat war dabei nicht hilfreich, inmitten stolzer Nationalstaaten, die ungebrochen an ihren historischen Traditionen festhielten, erlabte man sich an seiner europäischen Vorreiterrolle, fühlte sich aber auch im Vergleich zu den Nachbarn unattraktiv, ohne zu ahnen, was die anderen wohl haben mochten, was man selbst nicht hatte. Die deutschen Tankstellen fanden die Antwort: Deutschland war auserwählt, eine Fußball-Weltmeisterschaft auszurichten, und zu diesem Anlaß wurden in den Tankstellen kleine Autofähnchen feilgeboten, schwarz-rot-goldene Flaggen, leicht am Auto zu befestigen und bald flatterte buntes Syntetic an den Autos. Verfassungspatrioten und andere Miesmacher wollten zunächst darin einen unerlaubten Patriotismus erkennen, retirierten aber, als das Bekenntnis zu den Nationalfarben das ganze Volk erfaßte. Schließlich war dies ja ein neuer Brauch, nicht wie es die deutschen Diktaturen einst gehalten hatten, erzwungener Fahnenschmuck am Fenster, sondern freiwillig anmontiert am Liebsten, was die Deutschen hatten, dem Auto, und für das Schönste, dem sich die ganze Mitte hingegeben: dem Fußballspiel.

Die Welt zu Gast bei Freunden hatte man sich als Motto des *Volksevents* gewählt, und in den Medien wurde man nicht müde, die Begeisterung der ausländischen Gäste für die deutsche Organisationskunst und Gastfreundschaft zu kolportieren, mit einer Ausnahme: Aus einem italienischen Naturschutzprogramm hatte sich ein tapsiger Bär nach Deutschland begeben, der Angst und Schrecken verbreitete, ein Wildtier in Deutschland? Undenkbar dies, und folglich wurde er von deutschen Waidmännern erlegt. Vielleicht hatte das Tier aus seinem Bärenhimmel lenkend in die Weltspiele eingegriffen, sein Heimatland Italien gewann gegen Deutschland, die Gerechtigkeit war wieder hergestellt.

Die Deutschen hatten sich eine Kanzlerin erkoren, noch dazu eine Ostdeutsche, deren Beliebtheit stieg, als sie sich fußballbegeistert zeigte und offensichtlich im Ausland Furore machte. Vor allem versuchte sie, die Glaubwürdigkeit deutscher Politik wieder zu erlangen, die ihr Vorgänger verspielt hatte, als er seinen Wahlkampf mit deutschem Pazifismus bestritt, Amerikas Irak-Krieg als völkerrechtswidrig brandmarkte und zugleich Schulterschluß mit seinem russischen Freund Putin demonstrierte, der zeitgleich in Tschetschenien mit blutiger Faust regierte. Das Völkerrecht über die Menschenrechte stellend, suchte Kanzler Schröder in China moralische Unterstützung gegen Amerika und verwunderte sich, daß dieser Affront die transatlantischen Beziehungen trübte. Das ist es, was der italienische Botschafter Graf Ferraris als *Deutsche Schizophrenie* bezeichnete.

Auch die Kanzlerin Merkel sah sich mit den latenten Angstzuständen der Deutschen konfrontiert: Eingebunden in die große Völkerfamilie, konnte die Bundesrepublik sich nicht vor militärischen Auslandseinsetzen drücken, vorausgesetzt, die uniformierten Bürger kamen in keine brenzligen Situationen oder wurden von den kämpfenden Soldaten der anderen Nationen beschützt. Mit Unmut reagieren jene Staaten, die für die internationale Völkergemeinschaft Opfer bringen müssen, auf die vollmundigen Reden deutscher Politiker über den Weltfrieden und die Verpflichtungen, die der internationale Terrorismus den zivilisierten Staaten abverlangt; vor allem aber aegriert, daß die Deutschen in allen internationalen Gremien das gewichtige Wort führen, sich aber angstvoll winden, wenn mehr Engagement eingefordert wird.

Muttiland

Bereits bei ihrer Kandidatur zum Amt des Bundeskanzlers wurde aus den eigenen konservativen Reihen Kritik laut, daß sich die Prätendentin Merkel Mutterglück versagt hatte. Nach ihrer Wahl tilgte sie diesen Makel, indem sie einer Dame das Familienministerium überantwortete, die das demographische Soll um etliches überschritten hatte. Für die altbackenen Eheromantiker war die Familie lutherischen Ausmaßes der Ministerin Labsal und Hoffnung zugleich: So wünschte man sich die moderne *Deutsche Frau und Mutter*, Hüterin des Familienglücks, dennoch gesellschaftlich engagiert und gemeinnützig tätig, mit hausmusizierenden Kindern und einem stillen Gatten. Sie war das rechte Vorbild, den Deutschen die Ängste vor dem Volkstod zu nehmen und kraftvolle Maßnahmen zur Gesundung des Volkskörpers einzuleiten. Hyperaktiv und hartnäckig warb sie um Kindersegen, und wieder einmal blieb schleierhaft, wo sich die propagandalenkende Institution versteckt, die bundesweite Medienkampagnen zu entfachen vermag. In allen Medien widmete man sich der Volkstoddebatte, in den öffentlichen Rundfunkanstalten bombardierte man eine ganze Woche die Hörer und Zuschauer mit Familien- und Mutterschaftsthemen unter der nicht neuen Losung: *Kinder sind Zukunft.*

Die Frage: Haben Kinder eine Zukunft?, war nicht gestellt, und die an der Basis arbeitenden Mitarbeiter sozialer Dienste, die mit einer wachsenden Kinderarmut konfrontiert sind, wurden nicht gefragt. Gefragt wurde eine junge Studentin, deren Mut zum Kind auch ohne Abschluß der Ausbildung gelobt wurde. *Die Kleine ist mein Lottogewinn, auch wenn ich kein Geld habe – es wird schon werden,* frohlockte die junge Mutter und auf wessen Kosten auch immer, wird sie möglicherweise ihr Germanistikstudium beenden können. Dann wird die frohgemute junge Frau das Versprechen der Politiker eingelöst wissen wollen, daß Bildungsqualifikation die Berufschancen erhöht. Nur, die Liste der wartenden arbeitslosen Akademiker ist lang, denn bislang schützte die Qualifikation nicht vor Arbeitslosigkeit oder ausbeuterischer Unterbezahlung. Daß die Zahl der Arbeitsplätze kontinuierlich abnimmt, wird nicht geleugnet, und so wird mit dem erhofften Bevölkerungswachstum mehr Bildung versprochen, denn nur die schlechtqualifizierten Jugendlichen fänden keine Ausbildungsstellen. Der Wechsel für die Zukunft heißt mehr Investition in Bildung, doch die seit Jahren kontinuierliche Erhöhung der Bildungsausgaben trug keine Früchte, trotz einer weiteren Anpassung an das Mittelmaß.

Feind des geforderten Mittelmaßes als Garantie des gesellschaftlichen Friedens und der sozialen Gerechtigkeit ist der vermeintliche Schlendrian des Müßigganges ebenso, wie das ehrgeizige Streben, sich durch Leistung von der Mitte zu entfernen. Die Normenkontrollen der kleinbürgerlichen Gesellschaft behindern jegliche Formen qualifizierter Elitebildung, weil Eliten die soziale Struktur der Neuen-Mitte-Gesellschaft gefährden. Das heißt nicht, daß diese Gesellschaft auf Leitbilder und Vorbilder verzichtet, im Gegenteil, die Medien offerieren täglich sogenannte Prominente, Promis, deren herausragende Vorbildrolle an der Zahl ihrer Fernsehauftritte gemessen wird. Das sind freilich nicht die wenigen, zum Beispiel mit dem Nobelpreis ausgezeichneten Wissenschaftler, Literaten, bildenden Künstler und sonstigen Geistesgrößen, sondern die schillernden Figuren der Talmi-Gesellschaft, Superstars, Megastars, Sportler und Schauspieler, die zu allem und jedem Kommentare absondern und besonders beliebt sind, wenn sie ohne besondere Lebensleistung in den Prominentenstand erhoben wurden. Sie sind es, die die leistungsunwillige Kinder- und Jugendgeneration glauben machen, auch ohne Anstrengungen in den Sternenhimmel der Spaß- und Freizeitgesellschaft aufsteigen zu können.

Zu Worte kamen auch glückliche Eltern, die trotz beengter Wohnverhältnisse ihren Kinderwunsch erfüllt hatten und die kindzentrierte Hauswirtschaft als Bereicherung empfanden. Aus solchen Gründen zu verzichten, *sei Egoismus*, erklärte eine Mutter. Das Kind wurde nicht gefragt, wie es sich auf so engem Raum fühlte, unter der ständigen Aufsicht und Anleitung der Erwachsenen. Ohnehin fiel auf, daß in der Diskussion zum Thema *Kinder sind Zukunft* weniger von den Kindern und ihrer Zukunft gesprochen wurde, als von den Gefühlen und Befindlichkeiten der Mütter, deren vehemente Klage über die Benachteiligungen der Familie und die Ungerechtigkeiten gegenüber dem kinderlosen Teil der Gesellschaft von der Politik dankbar aufgegriffen wird. Da wird anklagend gejammert: *Der Staat tut viel zu wenig für uns, weil Kinder halt Privatsache sind,* und sogleich reagiert die Politik mit Absichtsbekundungen, Kinderreiche materiell besser zu stellen. Vorgeschlagen werden Strafgelder für Kinderlose, jene also, die ohnehin steuerlich mehrbelastet, zum Beispiel im Berufsleben zugunsten der Kollegin Mutter zurückstehen müssen: In den Urlaubsplänen und ad hoc anstehenden Sondereinsätzen im Betrieb, wenn der Schnupfen oder Husten eines Kindes die Mutter dienstunfähig macht.

Staatliche Mithilfe verlangten 67 % befragter Frauen auch bei der Erziehung der Männer. Zwar hatte frauenemanzipierter Kampf bereits große Fortschritte bei der Schaffung des *Neuen Mannes* erreicht, der Familienpappi, der die mütterlich-kleinbürgerlichen Vorstellungen einer Partnerschaft von der Schwangerschaft bis zur Kinderaufzucht liebevoll und gut angeleitet teilt, doch noch immer vorhandene Defizite wünschten die Frauen staatlich geregelt, zum Beispiel bei gewünschter Berufstätigkeit den Ehemann zum Erziehungsurlaub gesetzlich zu verpflichten, gewissermaßen als späte Rache für die erniedrigende Rolle der einstigen kleinbürgerlichen Hausfrau und Mutter, von der Einfalt und häuslicher Fleiß verlangt war und die von der Alltagslast gezeichnet, den ehelichen Beischlaf oder eine Freundin des Gatten dulden mußte.

Die kleinbürgerliche Ehe ist nicht als sexuelle Lustgemeinschaft konzipiert, sondern mit *Wertvorstellungen* befrachtet, die sich um Pflicht, Verzicht und Arbeit ranken. Modernen verheirateten berufstätigen Frauen geht es nicht anders, als einst ihren Vätern, erfolgreich, zuweilen auch bewundert und von Kollegen umworben, ist die abendliche Heimkehr zum Hausvater eine Qual. Der von der Tageslast mit den Kindern und der Sorge um häusliche Ordnung gezeichnete puschige Pappi ist nur noch wenig attraktiv und mehr Last, denn Lust – und folglich wird die Scheidung längst nicht mehr von ungetreuen Ehegatten begehrt, sondern gleichberechtigt von den Gattinnen. Nicht nur von den berufstätigen Powerfrauen mit Hausmännern, sondern auch von jenen, die eine geraume Zeit sich um Haus und Kinder bekümmerten und bald feststellen, daß nach dieser sogenannten *Auszeit* ein neuer Anfang mit neuem Partner und neuem Glück drängend wird.

Die Ehe als unterste ökonomische Einheit des Staates, privilegiert und in strenge Rechtsvorschriften eingebunden, ist nach wie vor das Lebensmodell der Mehrheit. Verheiratet waren um das Jahr 1900 etwa 35 % der Bevölkerung, der Anteil der Ledigen lag bei 59,5 %, ein hoher Anteil, der mit den gesellschaftlichen Anforderungen an den Familienernährer zu erklären ist. Im Verlauf von hundert Jahren, im Jahre 2000 hat sich der Anteil der Verheirateten kaum verändert, er lag bei etwa 39,1 %, der Ledigenanteil, nun Singles genannt, betrug 48,1 %. Scheiden ließen sich an der Schwelle zum 20. Jahrhundert 0,2 %, zum Beginn des 21. Jahrhunderts 4,9 %. Der Anteil der Alleinerziehenden verschwand in den frühen Statistiken unter den verwitweten und geschiedenen Bevölkerungsteilen und ist heute im Verhältnis zu den über 9 Millionen Verheirateten mit über 2,5 Millionen *Singleerziehern* derart hoch, daß die christlichen Hüter der zeugenden und rackernden Tugendehe mit dem Hinweis auf das biblische Gebot, *seid fruchtbar und mehret euch*, sogar das verwerfliche Laster der außerehelichen Unkeuschheit tolerieren, vorausgesetzt dem bösen Tun folgt nach der Lust die Last der Kindschaft. Nicht nur die frommen Sexualtheoretiker der Kirche, für die Abtreibung und Verhütung nach wie vor zu den Todsünden gehört, sondern auch die weltlichen Förderer des Bevölkerungswachstums versuchen sich in der Stiftung sogenannter *Werte*, einer Abkehr von der spaßdiktierten Sexualität und der materialistischen Bequemlichkeit, die zur chemischen Verhütung verleitet und mit der Schwangerschaftsabbrüche legitimiert werden.

Mit der Weisheit des Alters pflegte Konrad Adenauer darauf hinzuweisen, daß die Menschen *Kinder sowieso kriegen* und diesbezügliche staatliche Eingriffe nicht vonnöten wären. Und in der Tat, über die Hälfte aller Frauen besteht nach wie vor auf Erfüllung ihres Kinderwunsches, unabhängig von den wirtschaftlichen Zwängen, partnerschaftlichen Problemen und Zukunftsaussichten der Kinder.

Weitgehend bedeutungslos geworden ist die Motivation der landsitzenden Bevölkerung, Anerben zu zeugen und ererbten Besitz nachfolgenden Generationen zu überantworten. Das Leben auf eigener Scholle bedeutet kaum noch Freiheit und Unabhängigkeit, Landbesitz rechnet sich als Bauland besser als beackert. Besitz und Familientradition und die Vorstellung, nur Glied in einer Ahnenkette zu sein, stößt auf Unverständnis, denn man lebt heute und nicht gestern.

Tradiert wird zwar noch der alte kleinbürgerliche Wunsch: *Unsere Kinder sollen es mal besser haben als wir,* dafür ist man auch bereit, Opfer zu bringen, doch auf die bedauernswerten Kinder werden die eigenen unerreichten materiellen Träume und Hoffnungen, die kleinbürgerlichen Statussymbole, die unabdingbaren Attribute der *hastewas-biste was*-Gesellschaft projiziert. Unverdrossen glaubt man, daß Bildung auch Aufstieg bedeutet, doch Georg Philipp Harsdörffers *Nürnberger Trichter* war nur zum Eintrichtern der Dicht- und Reimkunst erfunden, unbrauchbares Zeug, und nicht mit Geld und Gut aufzuwiegen.

Die Zukunft der Kinder wünscht man von staatlicher Fürsorge geleitet, entsprechend den Lebensvorstellungen der Mütter, eine mit Hilfe der öffentlichen Hand begleitete Erziehung in der Familie, der

Kinderkrippe, dem Kindergarten und der Schule. Dem Mütterwohl geschuldet ist die Dressur der Kinder in den Verwahranstalten, die mit genormten Erziehungs- und Lernprogrammen beizeiten eigenbrötlerische Individualität und ungewünschte Auffälligkeiten korrigieren. Schulische Kontrolle erreichen auch jene, die ihre Kinder nicht dem Diktat der Erziehungswissenschaften ausgeliefert wissen möchten, sie müssen gewärtig sein, daß staatliche Institutionen eingreifen und Einfluß nehmen.

Herrschender Brauch zwingt Mütter und Väter zur motorisierten Mobilität, den Ankauf eines Kindertransportautos, denn verlangt wird eine ständige, streng geregelte Betreuung der Kinder, Schularbeiten, Lernstunden, Musikstunden, Sportstunden, Kindergeburtstage und beaufsichtigter Kontakt zu anderen Kindern in anderen Familien. Von Gewaltfreiheit und viel Liebe soll die Erziehung geleitet sein und mit Abscheu und Entsetzen hören moderne Eltern, daß sich der Großvater in seiner Kindheit mit anderen Jungen geprügelt hatte, mit Flitzbogen schoß und böse Streiche machte, bei seinen Pfadfindern sogar Prügeleien angesetzt wurden. Um derartigen Gefahren zu begegnen, hält man seine Zöglinge unter angeleiteter Aufsicht und prüft die familiären Verhältnisse der Spielgefährten. Verzweiflung beherrscht das Familienleben, wenn die Jugendlichen sich aus den Zwängen und Bevormundungen zu lösen versuchen und in ihrem geordneten und organisierten Lebensumfeld Freiräume suchen oder mit Aggressivität reagieren.

Erziehungsjahre, Familiengeld, Chancengleichhheit und Mutterschaftsrechte werden die Familie nicht retten, vor allem aber den Frauen neue Bürden auferlegen. Auch wenn die gesellschaftlichen Normen des gewünschten *Muttilandes*, dem Mutter-und-Kind-Paradies mit Mutter-und-Kind-Zwangsgesetzen zu erfüllen wären, hätte Helene Lange, die streitbare Kämpferin für Frauenrechte zum Beginn des 20. Jahrhunderts wohl Recht, als sie bekannte: *Es erwacht bei uns Frauen stärker und stärker das Gefühl für den Wert unseres Eigenlebens und wir beanspruchen daher die selbständige Gestaltung unseres inneren Lebens.* Nach über hundert Jahren Frauenkampf scheint sich das *innere Leben* auf die Erfüllung des Kinderwunsches zu reduzieren, unabhängig von der Gründung einer Familie, denkbarer im Rahmen einer staatsfinanzierten Gebärtätigkeit. Die Alternative, ein Doppelname oder die gattenfinanzierte Zweitkarriere als Okkultheilerin erwies sich für die Rettung des alten Modells Familie als wenig tragfähig.

Gefordert ist der um alle Lebensbereiche besorgte Nachtwächterstaat, beginnend in den kleinbürgerlich selbstverwalteten Kommunen, die, geleitet vom Eigennutz um Bauland und gewerbliche Interessen, auf ständiges Wachstum bedacht sind. Zuzug und Gewerbeansiedlung füllt die Gemeindekassen und befördert die gewünschte Urbanisierung, der mit absurden, kostspieligen Ordnungs- und Organisationsmaßnahmen Gestalt verliehen wird. Von allen staatlichen Institutionen, von den Gemeinden bis hinauf zu der volksherrschaftlichen Gesetzgebung der Länder und des Bundes wird ein *rund um Sorglospaket* administrativer Maßnahmen erwartet, die alle Imponderabilien und Gefahren an Leib und Gut ausschließen und den jeweiligen medienbeförderten Volksängsten Rechnung tragen.

Die Güte einer demokratischen Gesellschaft, so wird zuweilen bekundet, mißt sich an eigenverantwortlichen mündigen Bürgern, die kritisch und wachsam die politischen Entscheidungen begleiten. Die *Neue Mitte* wünscht jedoch, von der Politik weitgehend unbehelligt gelassen zu werden und überläßt es den Verantwortlichen, Sicherheit und Ordnung zu gewährleisten. Dankbar fügt sie sich in das Regelwerk ihrer Gesellschaft, auch wenn bisweilen nachgefragt sein sollte, ob die Reglementierungslust der Regierungen der Gesellschaft gut tut, und so befördert die Fügsamkeit der Bürger die Lust der Regierenden an der Bevormundung der Menschen. Der sich zur *politischen Klasse* erhobene Neuadel weiß sich mit der Macht der mehrheitlichen Mitte ausgestattet, die manchen Diktator mit Neid erfüllen würde.

Über viele Jahre lamentierte der Führer und Reichskanzler über die Schädlichkeit des Rauchens, das er am liebsten verboten gesehen hätte. Über so viel Macht glaubte er nicht verfügen zu können und vertagte seine Absicht, mit rigorosen Maßnahmen gegen das Laster vorzugehen auf die Zeit nach dem Endsieg, mit dem er erst die Errichtung der totalen Diktatur für möglich hielt: *Aber sobald Friede ist, soll mir das aufhören. Wir brauchen unsere Devisen zu etwas Besserem als dazu, Gift bei uns einzuführen.* Derartige Skrupel müssen die volksherrschaftlichen Repräsentanten der Mitte nicht bedrücken, ihre Vorstellungen vom Volksglück können sie unbeschadet mit Verboten und Zwängen durchsetzen: Strafbedrohtes Rauchverbot, Maßnahmen gegen Fettleibigkeit, Telefonüberwachung, sogenannte Lauschangriffe, Kontenschnüffelei und die vielfältigen Anwendungen der elektronischen Überwachung ernten keinen Protest, denn der gehorsame Bürger tut, was man ihm sagt, und nur Leute, die keine *weiße Weste,* die etwas zu verbergen haben, opponieren gegen die Staatsmacht.

Der politische Alltag ist wenig von Parteidoktrin und Weltanschauungen belastet, das parlamentarische Szenarium mit Reden vor leerem Plenum und gelangweilter Unaufgeregtheit dient lediglich der Traditionspflege der parlamentarischen Demokratie, die politischen Entscheidungen werden andernorts abgesprochen und ausgehandelt. Politische Programme haben bei den Volksparteien ihre Bedeutung verloren, das Werben um die Mitte erlaubt keine politischen Extravaganzen, keine Zukunftsvisionen. Statt dessen müssen die Programme interpretationsfähige Aussagen zum Gebrauch für die Wahlkampfstrategie enthalten, denn bei allen ritualisierten Kampfdebatten der Kontrahenten, ist letzten Endes jede Koalition möglich, sind Kompromisse kalkuliert und der Streit um den Wähler, das Wortgetöse gegenseitiger Anfeindungen schnell beigelegt. Sorge bereiten allerdings die Wähler, die sich fragen, ob es der Mühen wert ist, den beschwerlichen Gang zu den Wahlurnen auf sich zu nehmen, weil es eigentlich doch egal ist, welche Mitte die Mitte regiert.

In Continuo

Die Zeiten ändern sich-und wir uns mit ihnen, pflegt der Kleinbürger zu sagen, was heißen soll, daß *die Zeiten* ad acta gelegt sind, und die Gegenwart entsprechend der erfüllten Wünsche und Hoffnungen auf die Zukunft ausgerichtet ist. Die Lust am Hab und Gut und das *haste was bist du was-*Streben bedeuten aber auch eine stete Unzufriedenheit, und zuweilen quälen Ängste, die den Kleinbürgerstand latent freudlos erscheinen lassen. Dem Geschick seiner Führer ist es anzurechnen, ob Gegenwart und Zukunft in einem mehr rosigen Licht erscheinen oder von bösen Ahnungen überschattet werden. Der deutsche Kleinbürger folgt seinen Idolen und Führern bedingungslos, erträgt sogar Entbehrungen und aufgebürdete Lasten, toleriert sogar Mißwirtschaft und Eigennutz, vorausgesetzt ihre Auserkorenen rütteln nicht an den Grundfesten der kleinbürgerlichen Ordnungsnormen, die keinesfalls so starr und eng sind, wie gern behauptet wird.

Die Ordnungsnormen werden von der *herrschende Meinung* diktiert und stehen entsprechend dem Zeitgeist permanent zur Disposition. Sekundär sind die Grundtugenden: Ordnung, Sauberkeit, Strebsamkeit und die Unarten: Neid, Mißgunst und Ehr – Geiz. Primäres

Charakteristikum des Kleinbürgers ist ein steter Wandel seiner Anschauungen, Meinungen, Moden, er ist ein Blatt im Wind des jeweiligen Zeitgeistes. Die landsitzenden Stände, besorgt um den Besitz ihrer Ahnen und Erben, die Proleten, angewiesen auf die Solidarität
ihrer Klasse, verloren ihren gesellschaftlichen Einfluß, weil sie *Gesinnung* hatten. August Winnig schrieb nieder, was seine Genossen um
1900 anläßlich eines Geswerkschaftskongresses bewegte:

*Ich will es euch sagen, sagte der erste Prolet: so nach meinem dum-
men Verstand, es bedeutet das Maul die Meinung, und das Herz die
Gesinnung. Habt ihr schon einmal daran gedacht, daß Meinung und
Gesinnung ganz verschiedene Dinge sind ... Ich habe ... heute über
viele Dinge eine andere Meinung als vor acht oder zehn Jahren. Wie
ist das gekommen? Nun, ich habe mehr kennengelernt, ich habe gesehen und gehört, und da habe ich meine Meinung geändert. Die
Meinung ist also von den Eindrücken abhängig, die ich von von der
Umwelt bekomme, darum kann ich sie ändern. Mit der Gesinnung ist
das anders-die kann sich nämlich nicht ändern.*

*Ein weiterer nahm das Wort: Deine Philosophie ist nicht voll-
ständig. Die Meinung ist nämlich nicht allein das Ergebnis unserer
Eindrücke aus der Umwelt, sondern es kommt noch etwas anderes
hinzu, und gerade das, was du beiseite schobst, die Gesinnung. Wir
bekommen die Eindrücke von der Umwelt und denken darüber nach.
Aber indem wir das tun, mischt sich unsere Gesinnung ein und leitet
unsere Gedanken. Du sagtest, du hättest deine Meinung geändert;
richtig müßtest du sagen: Deine Meinung hat sich geändert. Wir sind
nämlich nicht Herr über unsere Meinung, sondern die bildet sich
ohne unseren Willen und sogar gegen unseren Willen, und das
kommt von der Gesinnung, über die wir keine Macht haben*

*Es meldete sich ein fünfter. Ihr sprecht soviel von Gesinnung; was
ist das nun eigentlich? Wenn ich es euch sage, so werdet ihr mich aus-
lachen, aber wenn ihr's euch überlegt habt, werdet ihr mir recht geben. Gesinnung ist Liebe ... Unsere Gesinnung kann uns keiner rauben, denn das sind Werte, die wir im Herzen tragen, heißt es. Wenn
ich Liebe statt Werte sage, dann verstehe ich diesen Satz.*

Kleinbürgerliche Lebensmodelle würden an *Gesinnung* scheitern,
mit Werten, die auf Liebe gründen, lassen sich keine Geschäfte machen, ist der Aufstieg in den Hierarchien kaum möglich. Ideale,
Werte, philanthropische Gefühle gestattet sich die kleinbürgerliche
Jugend, sie gelten als Entwicklungsphase auf dem Weg nach oben
und stehen zur Disposition, wenn das gesteckte Ziel erreicht sein

will. Das Ziel, dem kleinbürgerlichen Urgrund zu entfliehen und die Vergangenheit abzustreifen.

Ohne revolutionäre Aufgeregtheit und Mobilisierung der Massen siegte die Mitte, das Mittelmaß, das Kleinbürgertum, Man beklagt soziale Ungerechtigkeiten, und Sozialisten, Christen und brave Bürger spekulieren kapitalistisch an der Börse. Man beklagt den Kapitalismus sowie Massenarbeitslosigkeit und erwartet zugleich satte Dividenden. Ist es Verlogenheit oder die Unfähigkeit zum kausalen Denken, wenn nach Werten gerufen wird, und man sich als weltbeglückender Sachwalter des Friedens und der Gerechtigkeit darstellt, zugleich aber Neidinstinkte pflegt, und im eigenen Hauswesen Egoismus und Eigennutz herrschen.

Es ist die Herrschaft der Mitte, für die Werte und moralische Bindungen nicht gelten, weil sie keinen materiellen Vorteil versprechen. Ihre Repräsentanten sehen sich von der Mehrheit nobilitiert und glauben sich damit zum Regieren befähigt. Die sie dazu erkoren, wollen genießen, erwarten meßbaren Nutzen, und so plündert die neue Elite das Erbe, die Hinterlassenschaft vorheriger Generationen. Von der Gewogenheit der Mehrheit hängt ihr Schicksal ab, und so muß das Füllhorn mit Wohltaten stets gefüllt sein, um nach Bedarf hinzugreifen und großzügig auszustreuen.

Das Konstrukt der Diktatur der Proletariats scheiterte, weil die einstigen Glücksversprechungen einer klassenlosen Gesellschaft nicht eingelöst werden konnten, und Diktaturen selten eine Ewigkeit währen. Dem hartnäckigen Kampf des Kleinbürgertums um die Macht hingegen war Erfolg beschieden, die Feudalherrschaft, der Großbürgerkapitalismus und die Diktatur des Proletariats wurden beseitigt, die neue Herrschaft ist: Die Diktatur der Kleinbürger.

Personenregister